lonely planet

MEXIQUE

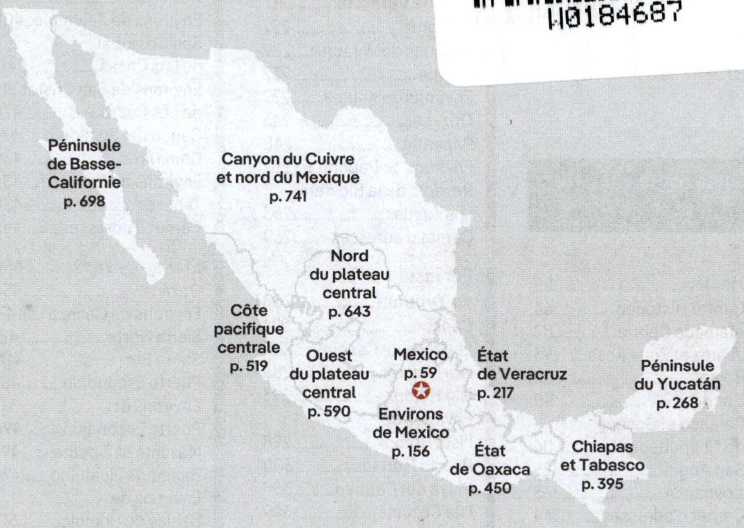

Kate Armstrong, Joel Balsam, Ray Bartlett, John Hecht,
Nellie Huang, Anna Kaminski, Regis St Louis, Phillip Tang

SOMMAIRE

Préparer son voyage

Sur la route

Trajinera **(barque typique), Xochimilco (p. 132)**

Tacos au bœuf

À DROITE : MATTEO COLOMBO/GETTY IMAGES © EN HAUT À GAUCHE : BRENT HOFACKER/SHUTTERSTOCK © ; EN BAS À GAUCHE : @FITOPARDO/GETTY IMAGES ©

Mariachis, Convento de San Antonio de Padua (p. 351)

Carnet pratique

Comprendre le Mexique

Danseurs mayas, Guanajuato (p. 648)

MEXIQUE

LE VOYAGE COMMENCE ICI

Au Mexique, **Guanajuato** (voir p. 648) exerce sur moi une irrésistible attraction. Où que je m'aventure dans ce pays extraordinaire, je finis toujours par revenir dans cette ville du plateau central. Guanajuato, c'est le Mexique, authentique, bruyant, coloré, vivant ! Ses habitants, mélange de gens du coin, Indiens ou non, et d'étrangers, savent festoyer à leur façon, avec leurs festivals, leurs fêtes religieuses et leurs groupes de mariachis. Depuis les années 1960, les étudiants divertissent les visiteurs avec les *callejoneadas* (voir p. 649) et déambulent dans les rues en chantant et en racontant des histoires. Guanajuato n'a pas la sophistication de Mexico, ni les plages du Quintana Roo, ni la forêt qui enserre San Cristobal de Las Casas. Son charme vient d'ailleurs : de ses maisons multicolores, de l'odeur des *enchiladas mineras*, le plat local, des légendes liées à son tumultueux passé minier, de ses marchands de nourriture ambulants. Ajoutez à cela une riche vie culturelle – son orchestre, son festival Cervantino, et les représentations au Teatro Juárez – et on a une seule envie en la quittant : y revenir. Comme je le fais depuis 15 ans.

Kate Armstrong

@nomaditis

Kate est journaliste de voyage. Passionnée par le Mexique, elle y consacre régulièrement des articles.

Autre aventure favorite : parcourir la forêt lacandone du Chiapas (p. 411) pour observer les oiseaux, explorer les sites archéologiques mayas et s'isoler du monde avec ses habitants qui la chérissent plus que tout.

SUR LE TERRAIN

Nos auteurs présentent les lieux qui, pour eux, incarnent le mieux le Mexique.

La **Reserva Mariposa Monarca** (p. 623) est le théâtre d'un merveilleux ballet de la nature : la migration annuelle des papillons monarques. Considérés comme des âmes revenant pour le Día de Muertos, ces grands papillons orange quittent tous les hivers le Canada et s'installent par millions dans les forêts de sapins du Michoacán. Pourtant, ce spectacle majestueux pourrait cesser à jamais à cause de la déforestation illégale et du changement climatique.

Joel Balsam

@joelbalsam

Joel Balsam est journaliste indépendant et auteur de guides. Ses écrits ont été publiés dans le monde entier.

La **péninsule de Basse-Californie** (p. 698), une étroite bande de désert qui s'avance entre deux fascinants univers aquatiques – l'océan Pacifique et la mer de Cortés –, constitue l'un des décors naturels les plus remarquables au monde. Ses habitants, son territoire et son histoire ne demandent qu'à être découverts et appréciés.

Ray Bartlett

@kaisoradotcom

Ray Bartlett est auteur de voyage, photographe et romancier.

Parfois, on découvre un endroit où l'on se sent parfaitement bien. Ce peut être grâce à la beauté de la nature, à la chaleur des personnes rencontrées, à la découverte d'un mode de vie différent. C'est tout cela à la fois dans le village mixtèque de **Santiago Apoala** (p. 506), niché au milieu de cascades embrumées, de lagunes turquoise et d'imposantes formations rocheuses. Aucune distraction moderne en vue, juste la nature dans toute sa splendeur.

John Hecht

@john_hecht

Auteur de voyage depuis plus de vingt ans, John a contribué à des dizaines d'ouvrages sur le Mexique.

Monterrey (p. 767) est probablement la plus belle surprise que m'a jamais réservée le Mexique. Je ne pensais vraiment pas apprécier un jour une mégalopole, mais cette ville aux multiples facettes m'a convertie. L'effervescence du Barrio Antiguo, l'opulence du quartier San Pedro et les pics montagneux acérés en toile de fond, tout cela se conjugue pour faire de Monterrey une ville captivante qui a mille choses à raconter.

Nellie Huang

@wildjunket

Nellie est une maman aventurière, écrivaine et reporter de voyage, passionnée par son pays d'adoption, le Mexique.

Puerto Vallarta (p. 535) est une ville remarquable à bien des égards. Elle parvient à mettre à l'honneur tout à la fois l'art indien, une gastronomie exceptionnelle, quelques-unes des plus belles plages du Mexique et une vie marine d'une grande richesse. Son hospitalité envers les membres de la communauté LGBTQI+ n'a pas d'équivalent dans le pays.

Anna Kaminski

@ACKaminski

Anna est une auteure de voyage spécialisée dans le monde hispanophone, qui s'intéresse tout particulièrement aux cultures préhispaniques.

La **Plaza Grande** (p. 345), place arborée du centre historique, est le cœur battant de Mérida. Elle est entourée de quelques-uns des édifices majeurs de la ville. Mais la place centrale est surtout le principal point de rendez-vous des habitants : que ce soit pour fêter le Nouvel An, voir un concert en plein air ou simplement retrouver des amis, tous s'y réunissent, comme ils l'ont toujours fait depuis le XVIe siècle.

Regis St Louis

Regis est l'auteur de plus de 100 guides de voyage et a beaucoup écrit sur la culture, la gastronomie et l'exploration du Mexique.

Aller manger des tacos *al pastor* à **Mexico** (p. 89), c'est un rituel. Cette petite galette à la viande de porc épicée est un condensé du grand métissage mexicain. Avant de la savourer, observez-la et écoutez son histoire : celui d'un grand périple à travers les mers, quand des immigrants venus du Liban ajoutèrent leurs épices au petit taco mexicain. Une rencontre culinaire revendiquée par la capitale. Mexico est un véritable creuset.

Phillip Tang

hellophillip.com ; @mrtangtangtang

Phillip a vécu plus de 10 ans à Mexico et a contribué à des dizaines de guides Lonely Planet.

NOS AUTEURS

Ashley Harrell

@where_smashley_went

Journaliste indépendante établie en Californie, Ashley écrit sur les thèmes du voyage et des activités de plein air. Elle a contribué à plus de 50 guides Lonely Planet sur les Amériques, l'Asie du Sud-Est et l'Afrique, et a souvent choisi ses missions en fonction des destinations qui lui permettaient de faire de la plongée sous-marine.

Liza Prado

@liza.prado

Liza Prado est écrivaine de voyage depuis 2004, date à laquelle elle a tourné le dos au conseil juridique en entreprise pour se consacrer à l'écriture de voyage, sans jamais se retourner. On lui doit plus de 50 guides et d'innombrables articles sur les Amériques.

Train du canyon du Cuivre
Montez à bord du train le plus spectaculaire du Mexique. (p. 748)
Guanajuato
Profitez d'une ville universitaire charmante et effervescente. (p. 64
Espíritu Santo
Camping, snorkeling et kayak à loisir. (p. 718)
El Arco
Arche rocheuse, surf et somptueux couchers du soleil. (p. 704)
Puerto Vallarta
Une extraordinaire immersion dans l'art traditionnel. (p. 535)
Reserva Mariposa Monarca
Admirez des millions de papillons monarques en migration. (p. 623)
San Diego
Tijuana
Mexicali
Colorado
Yuma
San Luis
Ensenada
Sonoyta
Picacho del Diablo
Puerto Peñasco
Nogales
Agua Prieta
El Paso
Ciudad Juárez
Río Bravo del Norte
Río Grande
ÉTATS-UNIS
Isla Ángel de la Guarda
Isla Tiburón
Hermosillo
Ojinaga
Guerrero Negro
Isla de Cedros
Cuauhtémoc
Chihuahua
Sierra Madre Oriental
Péninsule de Basse-Californie
Mer de Cortés (Golfe de Californie)
Ciudad Obregón
Delicias
Hidalgo del Parral
Loreto
Isla del Carmen
Los Mochis
Cerro Mohinora
Gómez Palacio
Torreón
Sierra Madre Occidental
Isla San José
Culiacán
Saltill
La Paz
Isla Cerralvo
Durango
San José del Cabo
Cabo San Lucas
Mazatlán
Cerro Gordo
San Luis Potosí
Zacatecas
Aguascalientes
Islas Marías
Tepic
Guanajua
Puerto Vallarta
Guadalajara
Volcán Nevado de Colima (4 260 m)
Lago de Chapala
Pátzcuar
Colima
Islas Revillagigedo
Sierra Madre del Sur
Lázaro Cárdenas
Zihuat
OCÉAN PACIFIQUE

Reserva de la Biosfera Sierra Gorda

Explorez une forêt tropicale humide et des églises missionnaires. (p. 683)

Teotihuacán

Découvrez l'un des plus fascinants ensembles de pyramides préhispaniques. (p. 162)

Chichén Itzá

Un site maya fantastique et une des plus belles pyramides du pays. (p. 364)

Pico de Orizaba

Hissez-vous sur le plus haut sommet du Mexique. (p. 246)

Palenque

Déambulez et rêvez dans cette gigantesque cité maya. (p. 400)

Mexico

Explorez sans compter cette métropole surprenante et sophistiquée. (p. 59)

Oaxaca

Le meilleur de l'artisanat mexicain et des mezcals haut de gamme. (p. 456)

ART ET ARTISANAT

Les *artesanías* (artisanats) mexicains portent en eux la passion d'un peuple pour la couleur, la joie et la tradition. Nombreuses sont les techniques traditionnelles empruntées aux temps préhispaniques que perpétuent les *indígenas*, descendants indiens du Mexique précolombien. Des savoir-faire essentiels, en tête desquels se trouve le textile, utilisé pour les habits, les tapis, les hamacs… D'une région à l'autre, céramiques, masques et créations à base de perles flatteront votre goût pour l'artisanat, tout comme les objets en laque ou en bois. Autant de techniques et de choix ornementaux illustrant la singularité d'un lieu, d'une population.

Arbre de vie

Laissez-vous séduire par l'exquis *árbol de la vida* (arbre de vie), sculpture propre à Metepec, mais répandue dans tout le pays.

Signification des masques

Le masque accompagne les danses, cérémonies et rites mexicains depuis des millénaires. Ou comment entrer d'emblée dans la peau d'un personnage, d'une créature ou d'une déité.

Livre à feuilleter

L'ouvrage *Les Textiles mayas*, de Régis Bertrand (2006), présente des motifs originaux à la symbolique très forte, transmis de génération en génération, à travers une sélection de costumes traditionnels mayas.

Céramiques de Talavera, Puebla (p. 176)

VIVRE L'ARTISANAT LOCAL

Longez le ❶ **Lago de Pátzcuaro** et découvrez les créations en vente au cœur des *pueblos hospitales*, villages d'art historiques des Purépechas. (p. 624)

Jetez un coup d'œil aux authentiques et inimitables carreaux émaillés mexicains : les *talaveras*, originaires de ❷ **Puebla**. (p. 176)

Poussez la porte des ateliers d'Oaxaca en quête de poteries à l'argile noire et découvrez les *alebrijes* dans le ❸ **Valle de Zimatlán** (p. 476). Faites un tour au **Teotitlán del Valle** (p. 477) pour de délicats tapis et tapisseries zapotèques.

Découvrez le berceau et le musée de la célèbre poupée Lele, poupée de chiffon originaire de l'État de Querétaro, dans le village pittoresque d' ❹ **Amealco de Bonfil**. (p. 681)

Intéressez-vous de plus près au textile au Centro de Textiles del Mundo Maya, à ❺ **San Cristóbal de Las Casas** (p. 413). On peut acheter des *huipiles*, tissages et couvertures traditionnels, à la **Sna Jolobil** (p. 417).

Marché de Tlacolula (p. 475)

AU CŒUR DES MARCHÉS

Au Mexique, le marché est un véritable art de vivre. Immergez-vous dans les arômes et les saveurs des cultures régionales, des mangues sucrées aux piments *ancho*, légèrement fumés. Les marchés d'artisanat et *tianguis* (marchés en plein air) offrent aussi bien des créations locales que des produits d'occasion ou du matériel agricole.

Marchander ou pas ?

Marchander n'est pas nécessairement une habitude parmi les populations *indígenas*, qui consacrent des mois à la confection de leurs objets, avec un grand savoir-faire. Ne l'oubliez pas, peu importe la quantité achetée.

Manger sur place

La partie *comedor* des marchés mexicains, où sont installés des bancs, permet de se régaler de petits plats pas chers concoctés sur place.

MARCHÉS À NE PAS MANQUER

Déambulez dans le plus vaste marché couvert d'Amérique latine, le Mercado San Juan de Dios, à ❶ **Guadalajara**. (p. 596)

Joignez-vous aux habitués du Mercado Medellín (p. 107), du Mercado de Coyoacán (p. 138) ou du bazar à ciel ouvert de ❷ **Mexico**. (p. 59)

Mêlez-vous à la foule de ❸ **Tlacolula** sur l'un des plus vieux marchés de l'Oaxaca, lieu de rencontre pour les villageois zapotèques. (p. 475)

Profitez des trois marchés de ❹ **San Cristóbal de Las Casas**. (p. 413)

Ne boudez pas les tacos au marlin et les tortillas de crevettes frites au Mercado Pino Suárez, dans la ❺ **vieille ville de Mazatlán**. (p. 528)

EAU BIENFAITRICE

La jungle, l'intense saison des pluies et les vastes bassins versants du pays font naître des cascades, des rapides et des cénotes (puits naturels profonds). Partir à leur découverte au gré de paysages luxuriants, de routes reculées et de petits villages, est déjà un plaisir en soi. Sur place, le Mexique prouve une fois de plus qu'il est décidément un pays aux visages pluriels.

Préparez vos visites

Vérifiez à l'avance si la période est indiquée pour vous aventurer dans les terres et leurs points d'eau. Les précipitations peuvent rendre les routes impraticables et empêcher l'accès aux sites.

Protégez l'eau

N'appliquez pas de crème solaire avant de plonger dans un cénote, afin de préserver la qualité de l'eau et la beauté des lieux.

Cascade XXL

Culminant à 453 m lors de la saison des pluies, la Piedra Volada, dans le Chihuahua, est la plus haute chute d'eau du Mexique.

LE PLAISIR À LA SOURCE

D'un cénote à l'autre, baignez-vous au cœur du ❶ **Yucatán**, savourant leur singularité, des cavités rustiques aux endroits dotés de spas. (p. 333)

La région de ❷ **La Huasteca Potosina** est ponctuée de cascades, de piscines naturelles et de sites se prêtant aux activités aquatiques (sorties en canoë, excursions thématiques, etc.). (p. 671)

Pour une pause au calme après la visite de Tequila, filez à la ❸ **Cascada las Azules** et aux bassins d'eau de source du **Balneario La Toma**. (p. 617)

Partez pour ❹ **Creel**, où sources chaudes et cascades sont accessibles en une journée de marche, de route ou de randonnée à cheval. (p. 752)

Ébattez-vous (avec prudence) dans les chutes d'eau agitées et les bassins d' ❺ **Agua Azul** (p. 410) et **Misol-Há** (p. 409).

TCHIN !

Si Mexique rime avec tequila, le mezcal est davantage la star des bars ces derniers temps : les *mezcalerías* ont le vent en poupe, notamment auprès des jeunes. Tequila et mezcal ont tous deux pour origine l'agave, mais sont très différents (voir p. 617). Le vin mexicain n'est pas en reste et s'est taillé une petite notoriété, notamment dans les États du Guanajuato et du Querétaro. Des régions entières y sont couvertes de vignes et la visite de domaines est toujours un plaisir.

Avec modération

Le taux d'alcool du mezcal est compris entre 40% et 55%. Il est à peine plus bas pour la tequila. À consommer avec grande modération, donc.

Raicilla

On connaît la tequila, le mezcal, mais la *raicilla* ? Cette boisson alcoolisée, elle aussi à base d'agave, jusque-là peu connue hors de Jalisco, a fait son entrée dans la cour des grands (p. 558).

Ce que dit la loi

L'alcoolémie maximale autorisée varie d'un État à l'autre, mais le taux se situe le plus souvent entre 0,4 et 0,8 g/L de sang. Pas d'alcool avant 18 ans.

Vignoble, Valle de Guadalupe (p. 726)

DÉCOUVERTES ET DÉGUSTATIONS

Poussez la porte d'excellentes *mezcalerías* (et apprenez à boire le mezcal comme il se doit) dans l' ❶ **Oaxaca**. (p. 450)

Goûtez à l'histoire et à la production de *raicilla*, alcool régional traditionnel à base d'agave, dans de très bonnes *coctelerías* du ❷ **Jalisco**. (p. 558)

Montez à bord du ❸ **José Cuervo Express**, à Guadalajara, pour visiter une célèbre distillerie et profiter des animations sur place. (p. 614)

Frottez-vous à la culture viticole, admirez de véritables œuvres architecturales et goûtez à des repas haut de gamme dans les domaines de l'État du ❹ **Guanajuato**. (p. 648)

Partez pour une journée de dégustations dans le ❺ **Valle de Guadalupe**. (p. 726)

Monarque, Reserva Mariposa Monarca (p. 623)

VIE SAUVAGE

Le Mexique jouit d'une fascinante faune sauvage, des baleines de la mer de Cortés aux armées de tortues venues pondre sur le rivage, en passant par les papillons au cœur des forêts. À chaque saison s'offrent aux regards attentifs et curieux des opportunités d'observer des espèces spécifiques et toute l'année la joie d'une nature sauvage.

Initiatives locales

Nombre de programmes de protection des tortues sont pilotés au niveau local. Pour en savoir plus, poussez la porte de leurs bureaux (parfois de simples cabanes) sur la plage.

Oiseaux rares

Pour des informations ornithologiques, renseignez-vous dans les villes et villages. Il y a peu d'excursions dédiées, mais il y aura souvent une personne avisée pour vous servir de guide.

RENCONTRES AVEC LA FAUNE

Émerveillez-vous parmi des millions de papillons dans la ❶ **Reserva Mariposa Monarca, à Morelia.** (p. 623)

Assistez à l'arrivée des tortues sur la ❷ **Playa Escobilla** et participez à leur protection. (p. 492)

Filez à ❸ **San Blas** : 250 espèces endémiques d'oiseaux vivent dans les environs. (p. 556)

Admirez, entre autres, martins-pêcheurs et balbuzards à ❹ **El Fuerte**, site ornithologique de renom. (p. 757)

Partez pour un écotour à ❺ **La Ventanilla** : crocos, tortues et nuées d'oiseaux migrateurs ! (p. 497)

SOUS LES VAGUES

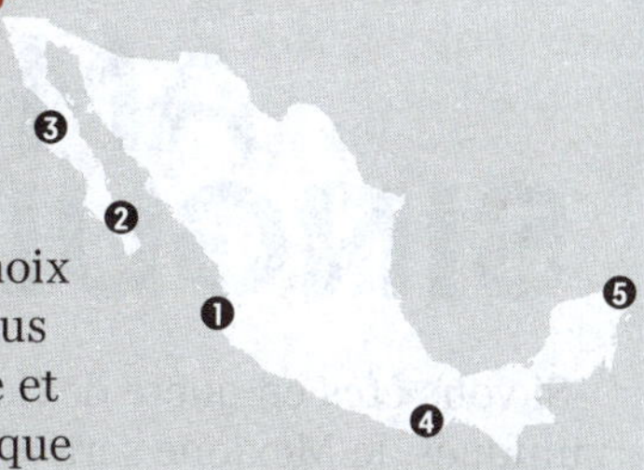

Le Mexique est une destination de choix pour observer la faune marine, et plus particulièrement les baleines à bosse et les requins-baleines sur la côte pacifique et la péninsule de Basse-Californie, ou les requins-marteaux dans la mer de Cortés. Des agences agréées proposent des sorties au départ de certaines grandes villes, parfois même avec une session de snorkeling.

Saison des baleines

Au Mexique, la saison des baleines s'étend généralement de fin novembre à mars (parfois début avril). Ouvrez bien les yeux lorsque vous longerez la côte !

Protection des baleines

Les tour-opérateurs dignes de ce nom n'acceptent pas le port de crème solaire classique et n'autorisent pas à toucher les animaux, à plonger sous eux ou à les importuner de quelque manière que ce soit.

Autres animaux à voir

Citons les oiseaux marins et, selon les régions, les lions de mer, les éléphants de mer et les otaries de l'île Guadalupe (menacées d'extinction), surtout sur la péninsule de Basse-Californie.

RENCONTRER BALEINES ET REQUINS

Prenez le bateau jusqu'aux ❶ **Islas Marietas**, deux îles volcaniques inhabitées, au cœur d'un site naturel marin protégé, lieu de migration des baleines à bosse. (p. 565)

Partez en compagnie d'un biologiste confirmé pour plonger avec les requins-baleines, animaux pacifiques et fascinants, à ❷ **La Paz Bay**, sur la péninsule de Basse-Californie. (p. 712)

Montez à bord d'une *panga* à ❸ **Guerrero Negro** et, si vous avez de la chance, regardez passer les baleines grises en partance vers le sud pour donner naissance à leurs petits. (p. 731)

De novembre à mars, plongez dans le royaume des baleines à bosse ou repérez-les depuis le rivage dans la charmante baie de ❹ **Huatulco**. (p. 498)

Nagez aux côtés de requins-baleines venus se nourrir aux abords de l'❺ **Isla Holbox**. (p. 293)

ÂME SINGULIÈRE

Si vous êtes en quête de lieux et de traditions uniques, le Mexique sera au rendez-vous. Il y a la *lucha libre* (catch mexicain), les plongeons fous depuis les falaises, la *charrería* (tradition équestre) et les *callejoneadas* (fêtes de rues) où l'on emboîte le pas aux musiciens. C'est aussi là que vous attendent le plus gros arbre du monde, des sculptures surréalistes dans un jardin dédaléen ou encore une boîte de nuit installée dans une ancienne mine. Les occasions ne manquent pas de côtoyer la culture locale sous toutes ses formes (avec l'occasionnelle touche excentrique).

Prix fixes

Les visites des sites sont généralement soumises à tarification fixe. Attendez-vous parfois à une forte affluence : ces lieux plaisent à tous, locaux comme touristes.

Passion lucha libre

La *lucha libre*, inspirée de la lutte olympique et de la lutte gréco-romaine, est née au XIXe siècle sous l'égide d'Enrique Ugartechea, natif de Veracruz.

Entrez dans la danse

Les envies de parenthèses culturelles authentiques seront comblées en périphérie de Mexico, où les habitants se retrouvent pour danser. (p. 92)

DE GAUCHE À DROITE : ANDRZEJ ROSTEK/SHUTTERSTOCK ©, MARIO ANGUT/SHUTTERSTOCK ©, FITOPARDO/GETTY IMAGES ©

Las Pozas (p. 674), Xilitla

NULLE PART AILLEURS

Arpentez des musées aussi étranges que géniaux à ❶ **Mexico**, entre chaussures, instruments médicaux et chapelets. (p. 79)

Encouragez les *luchadores* (catcheurs) qui donnent tout lors des rencontres de *lucha libre* à ❷ **Guadalajara** (p. 606) et **Mexico** (p. 108).

Laissez-vous conquérir par les cow-boys et leurs étalons à la faveur d'une *charrería*, sport national mexicain, à ❸ **Guadalajara**. (p. 606)

Explorez le jardin labyrinthique tropical de ❹ **Las Pozas** et livrez-vous à la contemplation devant les marches qui ne mènent nulle part et autres sculptures étonnantes. (p. 674)

Playa Paraiso (p. 321), Tulum

PLACE À LA PLAGE

Avec plus de 9 000 km de côtes, le Mexique est aussi une terre de plages, des petites baies envahies de fêtards aux étendues de sable blanc soyeux bercées par une mer couleur azur. Du côté du Pacifique, les familles resteront de préférence sur les plages surveillées : l'océan et les courants peuvent être imprévisibles.

Vigilance extrême

Toute baignade dans le Pacifique peut être dangereuse, même pour les surfeurs et nageurs les plus chevronnés. Les baïnes et vagues violentes sont aussi fréquentes que soudaines.

Surveillance

Attention : seules les plages de ville ou de village sont surveillées.

VAMOS A LA PLAYA

Montez à bord d'une *lancha* pour rejoindre les îles au large de Veracruz, comme la ❶ **Isla de Enmedio**. (p. 228)

Repérez les meilleures places au soleil en vous baladant sur le littoral de ❷ **Tulum**, célèbre pour ses plages de sable blanc et la mer des Caraïbes d'un bleu céruléen. (p. 321)

Choisissez l'une des petites baies aux eaux azurées et sable fin de la côte de ❸ **La Paz**. (p. 715)

Profitez de vastes plages et de dunes titanesques à Playa Bamba et Playa Chipehua, sur l' ❹ **isthme de Tehuantepec**. (p. 503)

Glissez vos orteils comme dans du sucre glace dans le sable de ❺ **Playa Holbox**. (p. 295)

TRAINS ET PANORAMAS

Le réseau ferroviaire national mexicain a cessé de fonctionner il y a longtemps, à l'exception d'une ligne panoramique dans le canyon du Cuivre, star géologique et magique. Trois *teleféricos* vous tendront également les bras (et peut-être les nerfs, en mode grand frisson) en surplomb de plusieurs villes. Un autre train touristique vous conduira de Guadalajara à une distillerie de tequila. Enfin, le Tren Maya sera mis en service progressivement au cours de l'année 2024.

Tren Maya

Le Train Maya, synonyme de destruction de vastes étendues de jungle, reliera dès 2024 des sites touristiques majeurs de la péninsule du Yucatán et du Chiapas.

Teleférico

Ce terme désigne à la fois les funiculaires, comme celui de Guanajuato, et les téléphériques, comme ceux de Zacatecas et Orizaba.

Déclin ferroviaire

Largement développé à la fin du XIXe siècle par le controversé Porfirio Díaz, resté longtemps au pouvoir, le service ferroviaire mexicain a presque fini de décliner dans les années 1980, entre manque d'investissement et privatisation.

PRENDRE DE LA HAUTEUR

La plus célèbre ligne mexicaine, le Ferrocarril Chihuahua Pacífico ❶ (**"El Chepe"**, chemin de fer du canyon du Cuivre) est une merveille d'ingénierie. Le grand-angle époustouflant sur le canyon justifie à lui seul le long trajet. (p. 748)

Raide mais rapide, le funiculaire de la ville de ❷ **Guanajuato** vous mène à la statue d'El Pípila, héros de l'indépendance. (p. 651)

Parcourez, depuis les airs, l'ancienne ville minière de ❸ **Zacatecas** direction La Bufa, avec son musée, ses monuments et sa vue imprenable. (p. 687)

Laissez le *teleférico* d' ❹ **Orizaba**, perché à 320 m d'altitude, vous transporter de la rive au Cerro del Borrego. (p. 247)

Embrassez ❺ **Durango** du regard en prenant le Paseo Teleférico jusqu'au Mirador de los Remedios, et visitez une église au passé intéressant et controversé. (p. 777)

TROUVEZ LA FÈVE

Le cacao est cultivé au Mexique depuis des millénaires. Les Olmèques en firent la découverte, puis il devint sacré pour les Mayas et les Aztèques. L'empereur aztèque Moctezuma le consommait, dit-on, pour ses supposées vertus aphrodisiaques. Le café fut, lui, introduit au Mexique dans le courant du XVIIIe et conquit le pays. Il ne vous reste plus qu'à profiter des joies du café et du chocolat sous toutes leurs formes !

Circuits thématiques

L'offre thématique autour du café et du chocolat est pléthorique, mais rien ne vous empêche de composer votre propre programme. (p. 419, p. 468)

Terre de café

Pour une aventure originale, passez la nuit à Pluma Hidalgo dans une authentique *finca* caféière. (p. 486)

Déguster un bon café

Le Chiapas arrive en tête de file des régions productrices de café. San Cristóbal de Las Casas jouit d'excellentes adresses pour y goûter, tout comme Mexico, Guadalajara et San Miguel de Allende.

DE GAUCHE À DROITE : ARINA P HABICH/SHUTTERSTOCK ©, MARI TERE/SHUTTERSTOCK ©, ANTON_IVANOV/SHUTTERSTOCK ©

Choco-Story (p. 360)

LE MEILLEUR DU CAFÉ ET DU CHOCOLAT

N'essayez même pas de résister à la tentation du cacao et du chocolat à ❶ **Oaxaca**. (p. 465)

Commandez votre café bio et découvrez des adresses de la troisième vague à ❷ **San Cristóbal de Las Casas.** (p. 419)

Faites tinter votre cuillère sur votre verre à café et profitez du spectacle : ainsi sert-on le café à ❸ **Veracruz.** (p. 225)

Suivez un cours accéléré sur la culture, la torréfaction et la préparation de l'arabica à ❹ **Coatepec**, capitale mexicaine du café. (p. 238)

Cédez à la tentation au ❺ **Choco-Story**, musée consacré au chocolat, près d'Uxmal. (p. 360)

Voladores (p. 538), Papantla

RENCONTRES CULTURELLES

Au Mexique, les *mestizos* sont issus du métissage des peuples et les *indígenas* sont les descendants des populations préhispaniques. Parmi ces derniers, certains accueillent avec plaisir les touristes afin de leur présenter leurs traditions, qu'elles soient culinaires, artisanales ou autres.

Un pays, des peuples

Selon la Comisión Nacional para el Desarrollo de los Pueblos Indígenas, 25,7 millions de Mexicains sont des descendants d'Indiens, avec 63 langues parlées au sein de divers groupes.

Généalogie

Environ 1,5 million d'individus d'ascendance maya vivent sur la péninsule du Yucatán ; les Tzotzil et Tzeltal du Chiapas sont eux aussi des descendants directs du peuple maya.

MEILLEURES EXPÉRIENCES CULTURELLES

Purifiez votre corps dans un ❶ *temazcal*, **bain de vapeur** de tradition chamanique. (p. 195)

Admirez les *voladores* et découvrez d'autres traditions totonaques à ❷ **Papantla**. (p. 249)

Visitez des villages tzotzils et tzeltals près de ❸ **San Cristóbal de Las Casas**. (p. 418)

À ❹ **Oaxaca**, suivez des cours pour avoir les bases du zapotèque. (p. 465)

Faites connaissance avec les Rarámuris (ou Tarahumaras), qui vivent dans le canyon du Cuivre, au ❺ **Museo Tarahumara**, à Creel. (p. 752)

MUSÉES EN CAPITALE

Capitale tentaculaire, la ville de Mexico a derrière elle un passé riche, fascinant, foisonnant et, aujourd'hui, autant de musées pour le célébrer. Archéologie, arts populaires, fresques, culture contemporaine... La liste est longue, la renommée mondiale méritée.

Ouverture

Venez à la première heure avant la foule. Sachez que dimanche (entrée gratuite) rime avec pic de fréquentation et que le lundi est le jour de fermeture des musées.

Museo Nacional de Antropología

Si vous êtes pressé, filez vers la salle consacrée à la cité de Teotihuacán, où des maquettes donnent vie au site archéologique.

Choisir la qualité plus que la quantité

Au vu des temps de trajet entre deux musées, ne voyez pas trop grand : cantonnez-vous à un (ou deux) par jour, en vous intéressant aussi au quartier qui l'entoure.

MUSÉES INCONTOURNABLES

Traversez l'histoire mexicaine grâce à un parcours captivant et accessible au sein du **Museo Nacional de Antropología**. (p. 118)

Laissez-vous emporter par la créativité de Frida Kahlo dans ce qui fut sa demeure, au **Museo Frida Kahlo: La Casa Azul**. (p. 135)

Émerveillez-vous devant les fresques peintes par les grands muralistes mexicains dans le **Palacio de Bellas Artes**. (p. 84)

Régalez-vous visuellement au **Museo de Arte Popular**, dont les collections colorées ont tout pour plaire. (p. 86)

Découvrez l'**Antiguo Colegio de San Ildefonso** et la première fresque signée Diego Rivera, ainsi que les œuvres extraordinaires d'autres peintres muralistes mexicains. (p. 72)

VOYAGE BOTANIQUE

Les jardins botaniques mexicains se distinguent autant par leurs plantes que par leur histoire. Entre cactus, anciens domaines coloniaux et oasis dans des déserts réhabilités, ces jardins sont exquis. La plupart valorisent la flore locale, d'autres présentent la diversité des plantes mexicaines. Les fascinants jardins ethnobotaniques explorent le rapport des humains à ce règne végétal, en racontant le rôle des plantes en cuisine, en médecine et dans les traditions artistiques.

DE GAUCHE À DROITE : FRANCISCO J RAMOS GALLEGO/SHUTTERSTOCK ©, DANITA DELIMONT/SHUTTERSTOCK ©, REISEGRAFCH/SHUTTERSTOCK ©

Protégez les insectes

Certains jardins occupent des zones faciles d'accès, tandis que d'autres se trouvent dans la jungle. Dans tous les cas, choisissez une crème solaire et/ou un répulsif respectueux de l'environnement : les plantes ont besoin des insectes pollinisateurs pour survivre.

Cactus par milliers

Le Mexique abrite le plus grand nombre d'espèces de cactus au monde, dont la plus haute, *Pachycereus pringlei*, peut atteindre 19 m.

Planifiez votre visite

Renseignez-vous auprès de la population locale au sujet des heures les plus propices à l'observation des insectes et des oiseaux, véritables bonus dans ces cadres si magiques.

Cosmovitral Jardín Botánico (p. 207), Toluca

JARDINS D'ÉDEN

Le jardin ethnobotanique ❶ **El Charco del Ingenio**, à San Miguel de Allende, illustre à merveille l'engagement environnemental et l'esprit de communauté. (p. 657)

Le ❷ **Cosmovitral Jardín Botánico**, à Toluca, se démarque par son immense serre à vitraux et ses splendides parterres de fleurs. (p. 207)

Oaxaca abrite le plus grand nombre d'espèces végétales du pays, comme le montre le très plaisant ❸ **Jardín Etnobotánico de Oaxaca**. (p. 469)

Orchidées, broméliacées, agaves et palmiers suffiront déjà à vous charmer, au cœur du ❹ **Jardín Botánico de Vallarta**. (p. 542)

Arpentez à votre rythme le luxuriant ❺ **Jardín Botánico Dr Alfredo Barrera Marín**, près de Puerto Morelos. (p. 302)

La Huasteca Potosina (p. 671)

EN PLEINE JUNGLE

Environ un quart du pays – principalement à l'est et au sud – est couvert de jungle. La jungle lacandone, la plus vaste du Mexique, s'étend du Chiapas au Honduras, et englobe la pointe sud de la péninsule du Yucatán. C'est un privilège que de s'aventurer dans ces régions et d'aller à la rencontre des personnes qui les peuplent.

Mauvais départ

Le Tren Maya, 1 500 km de ligne ferroviaire pour relier divers sites touristiques, est très controversée : impact environnemental désastreux et étendues de jungle détruites.

Piqûre de rappel

Pensez impérativement à partir avec suffisamment d'eau, de la crème solaire et un répulsif respectueux de l'environnement (interdit pour se baigner dans un cénote).

EN PLEINE JUNGLE

Randonnez dans la forêt de nuages de la ❶ **Reserva de la Biósfera Sierra Gorda**, et découvrez ses missions coloniales. (p. 683)

Enfoncez-vous au cœur de la ❷ **Selva Lacandona**, terre des Lacandons qui y vivent loin de tout. (p. 411)

Évadez-vous direction la ❸ **Huasteca Potosina**, avec ses chutes d'eau et activités aquatiques. (p. 671)

Au beau milieu de la jungle et loin de toute civilisation, explorez les fascinantes pyramides mayas de ❹ **Calakmul**. (p. 371)

Marchez dans la jungle jusqu'à ❺ **Altavista**, où se trouvent les pétroglyphes les mieux préservés du Nayarit. (p. 555)

MEXICO : LES INCONTOURNABLES

Mexico peut intimider par sa taille et ses possibilités. Mais beaucoup de sites à voir sont aisément accessibles, surtout si vous choisissez de vous concentrer sur un ou deux quartiers à la fois, avec leurs musées, leurs places, leurs marchés et le ballet quotidien des habitants. Si vous hésitez sur votre programme, voici quelques incontournables.

Musique mariachi

Le plus facile pour aller écouter et voir les mariachis vêtus de leurs plus belles parures est de vous rendre Plaza Garibaldi. (p. 72)

Le Ballet Folklórico de Mexico

Il reste souvent des places disponibles le jour de la représentation. Assister à un spectacle de la troupe est aussi l'unique moyen d'admirer le théâtre du Palacio de Bellas Artes.

Ressources utiles

Le site officiel du gouvernement fédéral à destination des touristes, visit-mexico.mx, recèle quelques informations utiles sur la capitale et le reste du pays. Les États se chargent le plus souvent individuellement de leur communication touristique, tout comme les municipalités.

À FAIRE (HORS MUSÉES) À MEXICO

Dégustez de nombreux **tacos** dans les quartiers de Roma (p. 101) et Condesa (p. 110) pour vous faire le palais, entre le *cochinita pibíl* (rôti de porc longue cuisson) et les *chapulines* (sauterelles grillées).

Installez-vous dans une **cantina** et succombez à la sérénade (sonore) des mariachis, trompette à la bouche et ballades dans le cœur. (p. 72)

Préparez votre appareil photo et votre "pied marin", puis à vous les **canaux aztèques de Xochimilco**. (p. 142)

Réservez votre place au **Ballet Folklórico**, référence en matière de danse traditionnelle mexicaine et détaillez les subtilités régionales. (p. 84)

Arpentez les rues pavées de **San Ángel**, quartier marqué par l'âme de Frida Kahlo et haut lieu de création, puis visitez sa maison-atelier. (p. 125)

VILLES ET RÉGIONS

Composez votre voyage selon vos envies.

Péninsule de Basse-Californie

DÉSERT, SURF ET SOLEIL

C'est l'un des meilleurs *road trips* à faire au monde. La péninsule de Basse-Californie vous régale de ses superbes plages, de ses paysages désertiques, de sa faune et de sa flore uniques, ou encore de ses petites villes insolites à chaque virage. Dégustez les vins du Valle de Guadalupe, allez surfer à Cerritos ou nager avec les requins-baleines à La Paz.

p. 698

Côte pacifique centrale

VILLES DE SURF ET DE PLAGE

La côte ouest du Mexique, la plus sauvage et la moins urbanisée du pays, est battue par les rouleaux du Pacifique et attire les surfeurs. Elle est parsemée de villes très animées comme Puerto Vallarta, connue pour sa vitalité artistique et ses superbes plages. Dans les terres, vous pourrez arpenter les rues pavées à l'architecture coloniale de l'un des *pueblos mágicos* (villages magiques) du pays, San Sebastián del Oeste.

p. 519

Canyon du Cuivre et nord du Mexique

MONTAGNES ET DÉSERTS SPECTACULAIRES

Explorez ce Far West à bord du Ferrocarril Chihuahua Pacífico (surnommé "El Chepe"), véritable périple ferroviaire à travers la Barranca del Cobre (le canyon du Cuivre). Imprégnez-vous de la culture *norteña* à Chihuahua et à Durango, et découvrez les musées, les parcs et autres surprises de la ville cosmopolite de Monterrey.

p. 741

Ouest du plateau central

GUADALAJARA, TEQUILA ET PAPILLONS

Deuxième plus grande ville du Mexique, Guadalajara est le berceau d'une bonne partie des traditions et de la cuisine mexicaines. La région regorge de "villages magiques", dont Tequila, où l'on fabrique encore le plus célèbre alcool mexicain. Le centre du Michoacán est peuplé de millions de papillons et de plusieurs villes renommées pour leur artisanat.

p. 590

Environs de Mexico

PYRAMIDES, VILLES ANCESTRALES ET CHARME NATUREL

En quittant la capitale, de charmantes petites villes vous attendent de toutes parts. Consacrer une journée aux extraordinaires pyramides de Teotihuacán est indispensable. Les sites archéologiques de Tula, Malinalco et Tepoztlán recèlent de grands mystères. On ira prendre un bol d'air frais dans les cités insolites de Mineral del Chico, Valle de Bravo et Cuetzalan, tandis que les fascinantes villes coloniales de Cuernavaca, Taxco et Puebla ne sont qu'à quelques heures de route.

p. 156

Nord du plateau central

VILLES COLONIALES, DÉSERTS ET RÉSERVES DE BIOSPHÈRE

Des vastes déserts à la forêt tropicale, des ruelles pavées aux villes modernes, de la cuisine de rue à la gastronomie chic, le nord du plateau central du Mexique ne déçoit jamais. Flânez dans la superbe ville coloniale de San Miguel de Allende, découvrez la réserve de biosphère de la Sierra Gorda, "joyau vert" du centre du Mexique, ou plongez dans les cascades de la Huasteca Potosina.

p. 643

État de Veracruz

CAFÉ, HAUT PLATEAU ET LITTORAL

S'étirant le long du golfe du Mexique, l'État de Veracruz ravira ceux qui veulent sortir des sentiers battus. Profitez de l'ambiance singulière de la ville de Veracruz et son *zócalo* animé, puis sillonnez les villages de montagne où l'on cultive le café. Découvrez la plus grande collection au monde de têtes olmèques géantes à Xalapa ou lancez-vous dans l'ascension du plus haut sommet du pays, le Pico de Orizaba, où la vue est à couper le souffle.

p. 217

Mexico

MÉTROPOLE COSMOPOLITE EN PLEIN ESSOR

De l'immense Museo Nacional de Antropología à la célèbre Maison bleue de Frida Kahlo, c'est toute la richesse de la culture mexicaine qui se donne à voir à Mexico, capitale tentaculaire et débordante de vie. Les quartiers paisibles de Condesa, Roma et Coyoacán surprennent par leurs beaux hôtels particuliers réhabilités. Commandez un délicieux taco dans la rue, ou enfilez votre plus belle tenue pour aller savourer le meilleur *mole* du monde, suivi d'un excellent mezcal.

p. 59

Péninsule du Yucatán

SITES MAYAS, PLAGES ET VILLES HISTORIQUES

Le Yucatán est la porte d'entrée vers de véritables merveilles de la nature ou créées de la main de l'homme. Détendez-vous sur les plages des Caraïbes près de Cancún, Tulum et l'Isla Cozumel, puis regagnez les terres où vous attendent des sites mayas époustouflants, comme Chichén Itzá et Uxmal. Vous y trouverez également des villes éclatantes de couleurs et chargées d'histoire : Mérida, Valladolid et Campeche.

p. 268

État de Oaxaca

TRADITIONS, AVANT-GARDE… ET PAYSAGES DE RÊVE

De la scène artistique animée de la ville de Oaxaca à l'infinie créativité artisanale des populations indigènes locales, l'État de Oaxaca est un fascinant carrefour culturel. Comme en témoignent les champs d'agaves, il est aussi le cœur de la production de mezcal. La côte pacifique tropicale est constellée de sublimes plages aux eaux peuplées de dauphins et de tortues, tandis que les montagnes brumeuses de la Sierra Norte promettent de palpitantes échappées sauvages.

p. 450

Chiapas et Tabasco

VESTIGES RECULÉS ET CHUTES D'EAU

Les États les plus méridionaux du Mexique attirent les amateurs d'aventure avec leurs sites archéologiques nichés dans la jungle (comme l'extraordinaire Yaxchilán), leurs cascades ensorcelantes et leurs lacs isolés dans les forêts de pins. Explorez les sites archéologiques de Palenque, découvrez la culture indienne à San Cristóbal de Las Casas, puis ressourcez-vous dans les eaux turquoise d'El Chiflón et des Lagos de Montebello.

p. 395

Observation des baleines, Cabo San Lucas (p. 707)

ITINÉRAIRES

Road trip en Basse-Californie

Durée : 1 semaine **Distance :** 1 200 km

De Tijuana à Los Cabos, la deuxième plus longue péninsule du monde est idéale pour les road trips, avec 1 200 km de route serpentant à travers déserts et villages pittoresques, et longeant des côtes et des canyons spectaculaires. En chemin, vous pourrez apercevoir des baleines, déguster de bons vins et profiter de spots de plongée sensationnels.

1 2

DE TIJUANA À ENSENADA 1 JOUR

De **Tijuana** (p. 732), rejoignez le **Valle de Guadalupe** (p. 726) pour une dégustation de vins et de charcuterie. À **Ensenada** (p. 724), régalez-vous d'excellents tacos de poisson. Pour les amateurs de surf, faites une halte à **San Miguel**, un peu plus au nord.

Détour : *Depuis Ensenada, remontez vers la Sierra San Pedro Mártir pour découvrir son parc national et admirer sa superbe forêt de conifères.* *2 heures de route*

3

GUERRERO NEGRO 1 JOUR

Continuez vers le sud par la Carretera Transpeninsular et ses paysages désertiques surréalistes jusqu'à **Guerrero Negro** (p. 731), où les marais salants se prêtent à l'observation des oiseaux. En février et mars, guettez les baleines grises de Californie migrant vers le sud – elles donnent naissance à leurs petits dans la toute proche **Laguna Ojo de Liebre** (p. 731).

4

LORETO 1 JOUR

Traversez le Desierto de Vizcaíno vers **San Ignacio**, oasis de verdure où les Jésuites fondèrent la magnifique Misión San Ignacio de Kadakaamán. À **Santa Rosalía**, visitez l'Iglesia de Santa Bárbara conçue par Gustave Eiffel. Faites une halte à **Mulegé**, qui abrite l'impressionnante Misión Santa Rosalía, puis longez la côte jusqu'à **Loreto** (p. 720), qui termine cette étape en beauté.

5

LA PAZ ET SES ENVIRONS 2 JOURS

De magnifiques plages bordent la route menant à **La Paz** (p. 712), peut-être la plus "mexicaine" des villes de la péninsule. Baladez-vous le long de son *malecón* et autour de la Plaza Constitución pour en apprécier le charme intemporel. Prévoyez une demi-journée sur l'île d'**Espíritu Santo** (p. 718), puis partez à la découverte de la **Reserva de la Biosfera Sierra de la Laguna** (p. 707).

6

LOS CABOS ET SES ENVIRONS 2 JOURS

Imprégnez-vous de l'énergie spirituelle de **Todos Santos** (p. 710). Ralliez l'exubérante **Cabo San Lucas** (p. 704), aux plages prisées, et la paisible **San José del Cabo** (p. 704), avec ses galeries d'art, cafés et bonnes tables. Enfin, plongez dans la vie sous-marine du récif corallien de **Cabo Pulmo** (p. 711).

***Détour :** Partez en excursion vers la Finisterra (p. 705), pointe de la péninsule et site le plus impressionnant de Cabo San Lucas, avec sa mystérieuse arche de pierre.*

NAILOTL/SHUTTERSTOCK ©

Cascada de Tamul (p. 672), Huasteca Potosina

ITINÉRAIRES

Cités coloniales et forêts de nuages

Durée : 10 jours **Distance :** 1 050 km

Cet itinéraire explore le nord du plateau central. Baptisée "berceau de l'indépendance" en raison de son rôle central dans le combat livré par le Mexique pour son indépendance, la région abrite villes coloniales splendides, musées d'art, sites préhispaniques et cascades féeriques.

1

SAN MIGUEL DE ALLENDE
2 JOURS

Démarrez à **San Miguel de Allende** (p. 655), l'une des destinations les plus attrayantes du Mexique avec son architecture coloniale et son atmosphère cosmopolite. Prévoyez une journée pour découvrir les sources chaudes et les vignobles des environs, et une demi-journée à la **Cañada de la Virgen** (p. 662).

2

DOLORES HIDALGO
1 JOUR

La ravissante bourgade de **Dolores Hidalgo** (p. 653) fut le berceau du mouvement d'indépendance au Mexique. Partez à la découverte de l'histoire à travers ses intéressants musées, profitez de l'atmosphère ambiante, des fameux glaciers et des ateliers de céramique.

3

GUANAJUATO 1 JOUR

Avec ses opulents édifices coloniaux, ses places arborées et ses maisons colorées, **Guanajuato** (p. 648) est l'une des plus belles villes du Mexique. On peut y passer une journée entière à déambuler de musées en églises, de cafés en boutiques d'artisanat. Prenez le *funicular* vers El Pípila pour une vue spectaculaire, notamment au coucher du soleil.

MARCOS E RAMOS PONCIANO/SHUTTERSTOCK ©, RUBI RODRIGUEZ MARTINEZ/SHUTTERSTOCK ©, ELIJAH-LOVKOFF/GETTY IMAGES ©

4
QUERÉTARO 2 JOURS
Pendant une journée, explorez le passé riche en histoire de **Querétaro** (p. 672), ses fantastiques galeries d'art, son aqueduc et ses cafés. Le lendemain, partez en excursion vers les jolies villes de **Tequisquiapan** et **Bernal** (p. 680), ou participez à un circuit plus formel de la **route des vins et des fromages** (p. 681).

5
RESERVA DE LA BIOSFERA SIERRA GORDA 2 JOURS
Empruntez la longue et tortueuse route de **Jalpan**, dans la **Reserva de la Biosfera Sierra Gorda** (p. 683). Visitez au moins une des missions coloniales. Le jour suivant, partez en randonnée vers les nombreuses cascades, rivières et forêts de nuages des environs. Si vous restez plus longtemps, ne ratez pas le **Sótano del Barro** (p. 685).

6 7
XILITLA ET SAN LUIS POTOSÍ 3 JOURS
Gagnez la ville de **Xilitla** (p. 674), cernée par la jungle, et visitez l'étonnant jardin de **Las Pozas** (p. 674). Pour des sensations fortes, faites un détour par les gouffres de **Las Golondrinas** et **Las Huahuas**. Sinon, gagnez la **Huasteca Potosina** (p. 671) et ses fantastiques chutes d'eau. 5 heures 30 de route vous séparent de **San Luis Potosí** (p. 664), dernière étape de cet itinéraire riche en musées.

LEONID ANDRONOV/SHUTTERSTOCK ©

Teotihuacán (p. 162)

ITINÉRAIRES

Plages et temples

Durée : 1 mois **Distance :** environ 3 700 km

De Mexico aux plages caribéennes, cet itinéraire offre un condensé de ce que le Mexique a de plus beau à offrir au voyageur : une capitale bluffante, des villes coloniales pleines de charme, des pyramides émergeant de la jungle, des plages et des îles spectaculaires – et, partout, des traditions mayas bien ancrées.

1

MEXICO 4 JOURS

Explorez l'exaltante **Mexico** (p. 59), son *centro histórico*, ses riches musées et le **Palacio de Bellas Artes**. Régalez-vous de cuisine de rue ou de repas gastronomiques, admirez l'architecture Art déco et déambulez dans les quartiers autrefois fréquentés par Frida Kahlo et Diego Rivera. De là, partez en excursion à **Teotihuacán** (p. 162), capitale du plus vaste empire préhispanique du Mexique.

2 3

VERACRUZ ET OAXACA

6 JOURS

Voyagez vers la cité portuaire festive de **Veracruz** (p. 217). Ensuite, prenez la route pour **Oaxaca** (p. 456) et consacrez au moins une journée pour découvrir cette ville coloniale pleine de charme, où se trouve le plus bel artisanat du pays. Consacrez un autre journée à l'ancienne capitale zapotèque, **Monte Albán** (p. 472). N'oubliez pas de goûter à la succulente cuisine de la région !

4 5

CÔTE DE OAXACA ET SAN CRISTÓBAL DE LAS CASAS

3 JOURS

Au départ de Oaxaca, la route est longue pour rejoindre les plages de **Puerto Escondido** (p. 487), **Mazunte, Zipolite** (p. 493) et du **Parque Nacional Lagunas de Chacahua** (p. 491), mais le jeu en vaut largement la chandelle. Prenez le soleil et sautez dans les vagues avant de gagner **San Cristóbal de Las Casas** (p. 413), sublime ville des hauts plateaux entourés de villages indiens.

KIT LEONG/SHUTTERSTOCK ©, NYKER/SHUTTERSTOCK ©, JACKKPHOTO/SHUTTERSTOCK ©

6 7

PALENQUE ET MÉRIDA

6 JOURS

Consacrez une journée à **Palenque** (p. 400), merveilleuse cité maya enfouie dans la jungle, puis pénétrez dans la forêt lacandone pour visiter **Yaxchilán** (p. 411) et rencontrer les communautés locales. Mettez le cap vers **Campeche** (p. 369), ancienne cité coloniale animée. Le lendemain, rejoignez **Mérida** (p. 343), excellent point de chute pour gagner **Uxmal** (p. 354) et les sites de la **Ruta Puuc** (p. 356).

8 9

CHICHÉN ITZÁ ET TULUM

5 JOURS

Passez une journée entière à **Chichén Itzá** (p. 364), le plus réputé des sites mayas du Yucatán. Ensuite, direction **Tulum** (p. 319) et ses vestiges mayas en bord de mer. Profitez des plages voisines, et remontez la **Riviera Maya** jusqu'à **Playa del Carmen** (p. 304), en passant par l'**Isla Cozumel** (p. 309), excellents sites pour la plongée et le snorkeling.

10

CANCÚN ET SES ENVIRONS

3 JOURS

À 2 heures de route au nord, achevez votre périple à **Cancún** (p. 274), station balnéaire par excellence. Si son caractère commercial est trop intense pour vous, partez explorer les cénotes et sites mayas voisins, ou prenez un bateau jusqu'aux îles paradisiaques des environs, l'**Isla Mujeres** (p. 285) ou l'**Isla Holbox** (p. 293) – vous pourrez, à certaines saisons, nager avec les requins-baleines.

DIETER BAUWENS/SHUTTERSTOCK ©, ANTON_IVANOV/SHUTTERSTOCK ©, DARIOAYALA/SHUTTERSTOCK ©

Canyon du Cuivre (p. 746)

ITINÉRAIRES

Côte pacifique et canyon du Cuivre

Durée : 2-3 semaines **Distance :** env. 1790 km

Voici un itinéraire pensé pour les aventuriers avides de destinations atypiques. Ce voyage (qui peut se parcourir en sens inverse) démarre à Guadalajara, avant de vous mener sur la côte pacifique jusqu'à Mazatlán. La route de Los Mochis est longue, mais le célèbre train El Chepe ainsi que les aventures que le canyon du Cuivre vous valent le détour.

1

GUADALAJARA ⏱ 3 JOURS

Départ à **Guadalajara** (p. 596), deuxième plus grande ville du Mexique, dotée d'un aéroport international bien connecté. Au programme : musique mariachi, *charros* (cow-boys mexicains) et excellente cuisine locale. Réservez une journée ou deux pour explorer les *pueblos mágicos* aux couleurs pastel de **Tlaquepaque** (p. 601) et **Colonia Americana**, puis aventurez-vous vers la ville de **Tequila** (p. 613) et les pyramides de **Guachimontones** (p. 611).

2 3

SAYULITA OU PUERTO VALLARTA ⏱ 2 JOURS

Depuis Guadalajara, prenez la route durant 4 heures 30 pour rejoindre **Sayulita** (p. 550), ou optez pour la grande station balnéaire de **Puerto Vallarta** (p. 535), plus au sud. Chacune peut servir de base pour explorer les magnifiques plages de la côte. Au soleil ou dans les vagues, prenez des forces pour la semaine plutôt rythmée qui vous attend.

4

MAZATLÁN 2 JOURS

Explorez **Mazatlán** (p. 524), une ville coloniale en plein renouveau. Visitez le cœur historique rénové, régalez-vous de cuisine de rue dans les marchés et faites le plein d'art et d'artisanat mexicains dans la vieille ville. Parcourez à pied ou à vélo le *malecón* (promenade en bord de mer). À 1 heure de route vers le nord, admirez les centaines d'anciens pétroglyphes de **Las Labradas** (p. 533), gravés dans la roche.

5

LOS MOCHIS 1 JOUR

Pour rejoindre Los Mochis, comptez environ 4 heures 30 de route. Plutôt tranquille, cette ville proposerait les meilleurs poissons et fruits de mer du nord du Mexique. Si vous avez le temps, visitez le Museo Regional del Valle del Fuerte et le Jardín Botánico Benjamin Francis Johnston. Attention toutefois à ne pas rater **El Chepe** (p. 478) : le trajet à bord de ce train est inoubliable !

6

CANYON DU CUIVRE
1 SEMAINE

De Los Mochis à Chihuahua, sans descendre du train, le trajet peut se parcourir en 10 heures seulement. Cependant, vous passeriez à côté de l'exploration du **canyon du Cuivre** (p. 746), situé sur cette ligne. Réservez-vous une semaine pour faire étape dans les villages charmants d'**El Fuerte**, **Bahuichivo**, **Divisadero** et **Creel** (p. 752). Terminus **Chihuahua** (p. 759).

QUAND PARTIR

Canyons et déserts hérissés de cactus, jungles bruissante de vie et plages paradisiaques : le Mexique est une mosaïque de milieux et de climats, et chaque saison réserve des découvertes merveilleuses.

Le Mexique possède deux saisons principales : une saison des pluies entre mai et octobre, et une saison sèche entre octobre et avril. En dehors de ces deux périodes, le climat diffère selon les régions, pouvant être sec, humide, froid ou chaud en fonction de l'altitude, de la proximité des océans, etc. Il est donc utile de se renseigner au préalable.

Novembre est une période idéale pour vous rendre à peu près partout, même si les températures baissent dans le nord du pays. Durant la saison des pluies, les hauts plateaux se couvrent d'une végétation luxuriante mais certaines zones de forêt deviennent inaccessibles. Janvier est une bonne période pour se rendre sur la côte. Le temps reste sec en février. La basse saison démarre en mai ; c'est aussi le début de la saison humide dans le Sud.

Réservation recommandée

Mieux vaut réserver votre hébergement bien à l'avance durant la Semaine sainte, ainsi qu'entre Noël et lé Nouvel An, lorsque les Mexicains passent leurs vacances en famille. Les prix augmentent alors vertigineusement ; c'est aussi le cas pendant les festivals. Dans le Yucatán, les hôtels sont pris d'assaut par les touristes nord-américains et européens – soyez prévoyant !

PAROLE D'HABITANT

PLAISIRS D'AUTOMNE

Les lieux "confidentiels" de la capitale par le guide Alberto Hernández de Lago (mexicosecretoguiado.com).

"Ma saison préférée à Mexico est l'automne, entre octobre et décembre. Bien que les températures soient assez constantes tout au long de l'année, il y fait légèrement plus frais à cette époque et j'adore ça ! C'est une période dédiée aux fêtes, avec de nombreux festivals se déroulant en octobre. J'aime en particulier la fête des Fleurs, qui transforme le quartier de Polanco en jardin multicolore. Les préparatifs de Noël sont, eux aussi, magnifiques."

Ruines de Tulum **(p. 324)**

TEMPÉRATURES DE L'EAU DANS LE QUINTANA ROO

C'est au mois d'août que l'eau est la plus chaude dans le Quintana Roo, avec une moyenne de 29°C. En janvier, le mois le plus frais, la température moyenne de l'eau atteint 25°C.

La météo au fil des mois

JANVIER	FÉVRIER	MARS	AVRIL	MAI	JUIN
Température maximale : **22°C**	Température maximale : **23°C**	Température maximale : **26°C**	Température maximale : **26°C**	Température maximale : **27°C**	Température maximale : **26°C**
Précipitations : 10 ml	Précipitations : 5 ml	Précipitations : 14 ml	Précipitations : 14 ml	Précipitations : 24 ml	Précipitations : 61 ml

MOIS SECS

La période comprise entre décembre et avril est celle la saison sèche au Mexique. En journée, la température moyenne varie généralement entre 10°C et 32°C, mais les températures peuvent chuter de manière significative la nuit. Renseignez-vous sur la météo de votre destination et n'oubliez pas d'emporter des vêtements adaptés.

Le Mexique à l'heure de la fiesta

Mars/avril Durant la **Semana Santa** se déroulent messes, processions solennelles et rituels très anciens. Une foule nombreuse se presse pour assister à une reconstitution de la Passion du Christ dans le quartier d'Iztapalapa, à Mexico.

Novembre Tout le Mexique commémore le **Día de Muertos**, le jour de la Toussaint – qui rime avec autels, bouquets de soucis et crânes en sucre. Voir p. 55 pour trouver les meilleurs endroits où célébrer cette fête.

NovembreLe 20 novembre, villes et villages célèbrent le **Día de la Revolución**, qui commémore le début de la révolution mexicaine de 1910 à grand renfort d'effigies miniatures de Pancho Villa, avec chapeau et moustache.

Décembre Au cours des neuf nuits de **Las Posadas**, les Mexicains revivent le voyage de Joseph et Marie. Tout le monde se presse à l'église locale où une messe est célébrée. Les festivités culminent lors de la naissance de Jésus à Noël, suivie par un festin servi à minuit dans tous les foyers.

Des fêtes insolites qui méritent le détour

Janvier Chiapa de Corzo (p. 428) célèbre la **Fiesta de Enero** : 12 jours de festivités endiablées avec des spécialités culinaires régionales, de la musique et la célèbre danse masquée Parachico.

Mars et septembre Chichén Itzá (p. 364) connaît une forte affluence lors des **équinoxes de printemps et d'automne**, moment précis de l'année où les ombres dessinent sur les angles de la pyramide d'El Castillo la silhouette d'un serpent.

Août Au son de la musique, défilés et cyclistes sont mis à l'honneur lors la **Feria Huamantla** (p. 186). Le dernier soir, *La Noche Que Nadie Duerme* ("La nuit où personne ne dort"). Les habitants couvrent les rues de la ville de *tapetes* (tapis) très élaborés, réalisés avec des fleurs et de la sciure de bois.

Fin août/début septembre Venus de tout le pays, les mariachis se rassemblent à Guadalajara (p. 596) pour se défier en chant et en musique lors des **Rencontres Internationales des mariachis**.

PAROLE D'HABITANT

SENSATIONS AU FIL DES SAISONS

Giovanna Navarro gère l'hôtel Pug Seal Allan Poe de Polanco, à Mexico. @haurieya

"J'adore la saison des pluies à Mexico. Il ne fait jamais froid, le soleil brille toujours à un moment ou à un autre. J'aime la façon dont la pluie s'abat sur la ville. Après l'averse, tout s'anime et des endroits comme le Palais national et le Zócalo sont magnifiques. La pluie donne vie à l'architecture et relief à l'histoire. Après la pluie, même les sons de la ville sont différents."

Rencontres internationales des mariachis

VENT FROID

Vous savez qu'il est là lorsque les Mexicains se mettent à marmonner : *"el Norte"*. Ce vent glacial en provenance du golfe du Mexique s'abat alors sur les États situés le long du golfe : Tamaulipas, Veracruz, Tabasco, Campeche et Yucatán.

JUILLET	AOÛT		OCTOBRE	NOVEMBRE	DÉCEMBRE
Température maximale : **24°C** Précipitations : 70 ml	Température maximale : **25°C** Précipitations : 55 ml	Température maximale : **25°C** Précipitations : 38 ml	Température maximale : **24°C** Précipitations : 18 ml	Température maximale : **23°C** Précipitations : 2 ml	Température maximale : **23°C** Précipitations : 2 ml

À GAUCHE : OLIGALLEGO/SHUTTERSTOCK © ; À DROITE : CINEMATIC COLLECTION/ALAMY STOCK PHOTO ©

Jardín Etnobotánico de Oaxaca (p. 469)

AVANT DE PARTIR POUR LE MEXIQUE

Nos recommandations pour bien se préparer.

Dans sa valise

Vêtements Le climat varie selon les régions – préparez-vous en conséquence ! Sur les plages du Golfe, il fait chaud et humide de mai à octobre : préparez des vêtements en coton ou en tissu séchant vite. Pendant la saison des pluies, une veste imperméable est indispensable partout. Et à l'intérieur des terres, de mai à octobre, pensez à prendre un pull, les soirées sont parfois fraîches.

Chaussures En général, de bonnes chaussures de marche sont recommandées. Les talons peuvent poser problème loin des grandes villes, les trottoirs étant irréguliers. Près de l'océan, les chaussures aquatiques sont très utiles.

Chapeaux Au Mexique, le soleil tape fort ! Un chapeau et une bonne crème solaire sont donc indispensables, ne sortez pas sans ! Tout comme dans les hautes terres à l'altitude plus élevée.

À savoir

Les salutations (*buenos días/tardes*) sont usuelles, y compris pour les étrangers.

Dites *señor* ou *señora/señorita*, surtout pour demander quelque chose.

Au restaurant, il est normal de **recevoir ou de souhaiter** un *buen provecho* (bon appétit). Il en va de même pour vos voisins de table.

Les Mexicains ont le contact facile lors des présentations : poignée de main ou bise sur une joue sont de mise.

LIRE

Chocolat amer (*Like Water for Chocolate*, 1992) de Laura Esquivel. Ce livre (adapté en film) capture à merveille les saveurs de l'amour et de la cuisine mexicaine.

Mantra (2001) de Rodrigo Fresán. Un livre magique et une vision hallucinée de Mexico par cet écrivain argentin.

American Dirt (2020) de Jeanine Cummins. Ce roman imagine l'épopée d'une Mexicaine et de son fils tentant de rejoindre les États-Unis.

Le Labyrinthe de la Solitude (*El laberinto de la soledad*, 1950) d'Octavio Paz. Une longue dissertation du poète, lauréat du prix Nobel de littérature, sur la quête identitaire de son pays.

En quelques mots

Hola (*oh*-lah) est le "bonjour" du Mexique.

Por favor ou "s'il vous plaît" est toujours pratique, aussi pour désigner une marchandise qui vous intéresse.

Gracias, ou "merci", est fréquemment utilisé (et toujours apprécié).

Ayúdame signifie "aidez-moi".

La cuenta por favor veut dire "l'addition, s'il vous plaît", nécessaire aux restaurants du Mexique – les serveurs ne vous l'apporteront pas spontanément.

No muy picoso, por favor est pratique si vous ne supportez pas bien la nourriture très épicée.

No entiendo signifie "je ne comprends pas".

Habla inglés, por favor ? est une façon polie de demander si quelqu'un parle anglais.

Cuanto cuesta ? est le "combien ça coûte ?" local.

Tiene cambio ? on vous demande si vous avez la monnaie ou de plus petits billets – une question fréquente au vu de la mystérieuse pénurie de petite monnaie.

Puedo verlo ? pour demander poliment si vous pouvez examiner quelque chose, dans un magasin ou sur le stand d'un marché.

Soy vegetariano/a (masculin/féminin) ou ***soy vegano/a*** ou même ***no como carne***. À préciser si vous ne mangez pas de viande. Pour éviter qu'on ne présume que vous mangiez du poulet ou du poisson, ajoutez ***ni pollo, ni pescado*** (ni poulet, ni poisson).

VOIR

Amours chiennes (*Amores Perros*, Alejandro González Iñárritu, 2000) Un film complexe et audacieux, qui a révélé son réalisateur à l'international.

Roma (Alejandro González Iñárritu, 2018) Raconte la vie d'une domestique mixtèque (indigène mésoaméricaine).

Coco (Lee Unkrich, 2017) Un film d'animation drôle et touchant autour du Día de Muertos (jour des Morts).

Y Tu Mamá También (photo ci-dessus, Alfonso Cuarón, 2001) Deux adolescents quittent Mexico pour un voyage initiatique.

ÉCOUTER

Mexico Matters (CSIS, csis.org/podcasts/mexico-matters) Podcast intellectuel intéressant, sur la politique étrangère, l'économie, le commerce et la sécurité du pays (en anglais).

Lo mejor de José Alfredo Jiménez (José Alfredo Jiménez, 1990) Adoré de son public, José Alfredo Jiménez est toujours considéré comme le roi de la *ranchera* (country mexicaine).

Error (The Warning, 2022) Originaires de Monterrey, ces trois sœurs mexicaines enflamment la scène du hard rock/metal depuis 2013.

Vestido de Etiqueta por Eduardo Magallanes (Juan Gabriel, 2016) Dernier album de cette icône de la pop mexicaine (de la *ranchera* au disco), décédée peu après sa sortie.

Cochinita pibil **(porc effiloché)**

À TABLE !

Qu'il s'agisse de succulents tacos mangés sur le pouce ou d'un menu élaboré, la scène culinaire mexicaine est particulièrement goûteuse, variée et créative.

On peut dire, sans exagérer, que la nourriture occupe une place centrale dans le cœur des Mexicains, qui passent une grande partie de leur journée à cuisiner et à savourer des plats faits de produits locaux. Ceux-ci contiennent en général trois ingrédients phares : les haricots, les piments et le maïs. Déjà cultivés avant l'arrivée des Espagnols, ils sont encore à la base de nombreux plats, même dans les restaurants chics. Pour autant, le Mexique propose tout un éventail de saveurs et de mets. Chaque région a ses propres variantes culinaires : produits de la mer (sur les côtes), *enchiladas* (avec différentes garnitures selon la région) et *pozoles* (potées). Les spécialités régionales comprennent les *moles* (à Oaxaca et dans l'intérieur des terres) et la *cochinita pibil* (porc effiloché du Yucatán), par exemple.

Au-delà du fait de se nourrir, la cuisine est un moyen de communication pour les Mexicains, comme le montre le roman *Chocolat amer* de Laura Esquivel et son adaptation au cinéma par Alfonso Arau, sous le titre *Les Épices de la passion*. La nourriture est source de réconfort et permet d'exprimer son affection. Peu importe le type de gourmet que vous êtes, vous en repartirez rassasié.

Moles

Pour de nombreux Mexicains, le *mole*, sauce riche et épaisse à base de piment, de noix et d'épices, est le plat phare de leur cuisine. Il accompagne du poulet, de la dinde ou du porc. Mais pour beaucoup, c'est cette sauce qui fait tout le plat. Les voyageurs entendent souvent parler du *mole* au chocolat, l'un des

Meilleurs plats mexicains

COCHINITA PIBIL
Porc mariné et effiloché du Yucatán servi en tacos avec des accompagnements.

TACO DE PESCADO
Taco de poisson frit ou grillé, une spécialité de la péninsule de Basse-Californie.

BIRRIA
Ragoût de chèvre braisée du Jalisco, servi avec un bouillon de tomates aux herbes.

ingrédients du *mole poblano*, originaire de Puebla (p. 177). Mais les Mexicains s'accordent à dire que la ville du *mole* est Oaxaca, aussi appelée "la terre des sept *moles*" : *mole negro* (avec un soupçon de chocolat), *mole amarillo, mole verde, mole colorado, mole rojo, manch manteles* et *chichilo negro*.

Une cuisine épicée : mythe ou réalité ?

Contrairement à ce qu'on peut penser, la cuisine mexicaine n'est pas forcément épicée. Évidemment, certains plats vous donneront un coup de chaud, surtout dans le Yucatán où on apprécie le piment habanero, un des plus forts au monde. Mais une fois cuit, le piment perd souvent en intensité. Même dans les plats à base de piment, comme le délicieux *chile enogada*, celui-ci est généralement mariné pour atténuer sa force. Cependant, sachez que les *salsas* (sauces ou condiments) contiennent souvent des piments crus très forts. Placées au centre de la table, chacun assaisonne selon ses goûts, comme avec le sel et le poivre.

Cuisine végétarienne et végan

Vegetariano ne fait pas forcément partie du vocabulaire des Mexicains. Et *vegano*, encore moins. Toutefois, dans les grandes villes ou lieux très touristiques, le véganisme trouve un certain écho et des restaurants en font leur spécialité (p. 115). N'importe où, les végétariens peuvent demander à combiner des ingrédients communs (œuf, riz, fromage, avocat) à une base de maïs, haricots et piments. Garnissez une tortilla tiède de ce mélange et vous obtenez un plat alléchant. De plus, de nombreux en-cas traditionnels sont, à la base, végétariens, comme les *quesadillas* aux *nopales* (feuilles de cactus), au *huitlacoche* (charbon du maïs) ou aux fleurs de courgettes, ainsi que l'*arroz a la mexicana* (riz à la mexicaine). Mais certains plats sont cuisinés avec du bouillon ou des graisses animales, comme la *manteca* (saindoux).

SANDORFOTOGRAFIA/SHUTTERSTOCK ©

ÉVÉNEMENTS CULINAIRES

Feria del Ponche, Pan y Café (photo ci-dessus ; p. 633) En avril, Colima célèbre les bonnes choses : le punch, le pain et le café ! Un conseil : venez le ventre vide.

Festival del Mole Poblano (feriadelosmoles.com) Chaque mois de juin, Puebla fête sa principale contribution à la cuisine mexicaine : la sauce au chocolat *mole poblano*.

Catando (catando-mexico.com) Fin novembre, des viticulteurs de tout le pays se rassemblent à Guanajuato pour présenter leurs meilleurs crus. Vous pouvez simplement vous y promener ou vous offrir des dégustations.

Festival Gourmet International (festivalgourmet.com.mx/en) En novembre, Puerto Vallarta accueille des chefs, pendant un "marathon" de 10 jours, pour fêter les arts culinaires.

Feria del Queso y Vino (feriadelquesoyvino.com.mx) En mai ou juin, des producteurs locaux de vins et de fromages se réunissent au *pueblo mágico* (village magique) de Tequisquiapan.

MARCOS CASTILLO/SHUTTERSTOCK ©

Tlayuda

HUACHINANGO A LA VERACRUZANA	TLAYUDA	SOPA DE LIMA	ARROZ A LA TUMBADA	CABRITO
Vivaneau rouge mariné et cuit dans une sauce aux olives et aux câpres.	Grande tortilla de maïs de Oaxaca avec des haricots et de la viande.	Soupe traditionnelle du Yucatán à la dinde ou au poulet, avec un bouillon au citron vert.	Riz aux produits de la mer de Veracruz, préparé dans un pot de terre cuite.	Spécialité de Monterrey : cabri (chevreau) saumuré, ficelé et braisé.

Spécialités locales

La cuisine mexicaine est un patchwork de spécialités régionales. Une fois sur place, demandez quel est le plat ou le produit local typique. En voici quelques-uns.

Pour les curieux

Tacos de ojos (tacos aux yeux de bœuf) Yeux de bœufs émincés et cuits à la vapeur pour agrémenter un taco.
Ahuatle (œufs d'insectes) Aliment préhispanique composé d'œufs d'insectes et de larves de mouches.
Escamoles Larves de fourmis qui ressemblent à du riz.
Chapulines Sauterelles séchées, fumées ou frites dans une poudre de citron vert et de piment.

Chapulines

En-cas et cuisine de rue

Tamale Maïs cuit dans une feuille de maïs (ou de bananier), avec du fromage, de la viande ou des piments.
Gordita Chausson de **masa** (tortilla de maïs) fourré et cuit sur un *comal* (plaque chauffée).
Quesadilla Tortilla garnie de fromage, pliée en deux et cuite à la poêle ou sur une plaque.
Churros Beignets sous forme de bâtons, parfois accompagnés de sauce au chocolat ou de confiture de lait.

Boissons

Pulque Boisson préhispanique composée de sève d'agave (*aguamiel*) fermentée. C'est un des alcools les plus anciens et populaires du Mexique, avec la tequila et le mezcal. La plupart des touristes connaissent la tequila, mais, depuis peu, le *pulque* et le mezcal sont à la mode auprès des jeunes générations. Vous en saurez plus sur le mezcal et la tequila p. 616.

TABLES D'EXCEPTION

Máximo (p. 105) Eduardo García cuisine des ingrédients frais pour un menu innovant : tout simplement excellent.

Rosetta À Mexico, ce restaurant (rien à voir avec la boulangerie p. 106) revisite la cuisine traditionnelle mexicaine de façon originale.

Alcade Célèbre joyau de Guadalajara, le menu dégustation vaut le détour (alcalde.com.mx).

Casa Oaxaca (p. 459) Alejandro Ruíz excelle dans son interprétation des classiques de Oaxaca.

Ku'uk Une cuisine du Yucatán moderne dans une demeure historique et majestueuse de Mérida (kuukrestaurant.com).

Áperi Ce restaurant avec cuisine ouverte est très apprécié par la clientèle de San Miguel de Allende (doscasas.com.mx/aperi).

UNE ANNÉE DANS L'ASSIETTE

MARS-AVR

Pendant le Carême, la viande est souvent remplacée par des *romeritos* (une plante sauvage), servis avec une sauce *mole*.

MAI-OCT

C'est la saison du *huitlacoche*, champignon grisâtre qui pousse sur les épis de maïs. Presque comparable à la truffe, sa saveur douce agrémente très bien les tortillas.

AOÛT-SEPT

Les noix et la grenade sont de sortie. On les retrouve dans le *chile en nogada* dont les couleurs rappellent le drapeau mexicain : un plat idéal pour la fête nationale (16 septembre).

OCT-DÉC

Le *pan de muertos* (pain des morts) et les *calaveras de azúcar* (crânes de sucre) sont à l'honneur pour le Día de Muertos, tandis que la dinde et le *bacalao* (morue séchée) sont typiques du repas de Noël mexicain.

En haut : *Huachinango a la veracruzana* (p. 227). En bas : *Quesadillas*

ANDREA IZZOTI/SHUTTERSTOCK ©

Kayak, El Arco de Cabo San Lucas (p. 705)

ACTIVITÉS DE PLEIN AIR

Le Mexique est une destination idéale pour les adeptes de randonnée, d'activités aquatiques, de balades à cheval, d'ornithologie, et bien plus encore...

Avec ses reliefs, ses jungles et ses forêts de nuages, les aventuriers ne seront pas déçus. Les amoureux de sensations fortes trouveront aussi leur bonheur auprès des sommets enneigés et des volcans, des vagues et des rapides. Dans un autre style, vous pouvez explorer des cénotes (puits naturels d'eau douce), vous perdre dans des décors luxuriants, parcourir des déserts à cheval ou admirer la richesse de la faune en pleine jungle. Ajoutez à cela l'observation des baleines, le kitesurf et la découverte de canyons, et le Mexique a de quoi contenter tous les férus de grand air.

Surf

Bordé par plus de 10 000 km de côtes, le Mexique est... une destination de surf ! Les plages de la côte Pacifique offrent une grande variété de *beach breaks*, *points breaks*, *jetty breaks* et *reef breaks* pour débutants et chevronnés. La côte compte des spots de classe internationale, à l'image du légendaire Mexican Pipeline de Puerto Escondido. Sans oublier Mazatlán, Sayulita, La Saladita, La Ticla, Troncones... Le littoral de l'État de Oaxaca, avec ses plages souvent préservées, regorge de spots peu connus.

Autres activités de plein air

RANDONNÉE ÉQUESTRE
Parcourez à cheval les hauts plateaux désertiques hérissés de cactus autour de l'ancienne cité argentifère de **Real de Catorce** (p. 669).

OBSERVATION DES OISEAUX
Traversez les mangroves à bord d'une *lancha* (bateau à moteur) afin d'observer la faune locale sur la **Laguna de Manialtepec** (p. 490).

PLANCHE À VOILE ET KITESURF
En hiver, les alizés attirent les adeptes de planche à voile, de kitesurf et d'autres sports de glisse à **La Ventana** (p. 719).

EN FAMILLE

Reserva de la Biosfera Mariposa Monarca (p. 623) Chaque hiver, des millions de papillons monarques viennent hiberner ici.

Écoles de surf (p. 550) Initiez-vous sur des vagues faciles à Sayulita, Mazatlán ou Puerto Escondido.

Museo Nacional de Antropología (p. 118) Fascinantes collections dédiées aux civilisations préhispaniques.

Playa Escobilla (p. 492) Assistez à une *arribada*, quand des milliers de tortues viennent pondre sur la plage.

Côte pacifique centrale (p. 541) et péninsule de Basse-Californie (p. 723) Prenez la mer pour voir tortues, dauphins et baleines.

Creel (p. 752) Point de chute idéal pour explorer le canyon du Cuivre (balade à cheval, cascades, tyroliennes, train...)

La péninsule de Basse-Californie est également idéale pour tous les surfeurs. Le spot de San Miguel (près d'Ensenada) reste encore peu fréquenté, tandis que les énormes vagues de Cerritos et Zippers attirent les foules.

On peut pratiquer le surf presque toute l'année, mais la meilleure saison est d'avril à octobre. Attention toutefois aux ouragans entre juillet et octobre, qui peuvent s'accompagner d'une houle très forte et dangereuse.

Les écoles de surf ne manquent pas et proposent des cours pour tous les niveaux.

Promenade et randonnée

Au Mexique, la marche et la randonnée s'adaptent à toutes les envies : simple balade ou trek, le long de cours d'eau, vers des cascades ou des sites archéologiques, dans la jungle ou en montagne... Les plus expérimentés graviront les nombreux volcans majestueux du pays. L'État de Veracruz compte le plus haut d'entre eux, le Pico de Orizaba (5 636 m), ainsi que le Volcán San Martín (1 748 m). Ailleurs, vous pouvez randonner sur le Nevado de Colima (4 260 m) enneigé, ainsi qu'au Iztaccíhuatl (5 220 m) ou au Paricutín (2 800 m), le volcan le plus "jeune" d'Amérique. Si le train permet de traverser le canyon du Cuivre, on peut aussi se promener au bord de gorges spectaculaires. À la Barranca de Huentitán, près de Guadalajara, un sentier suit une ancienne voie ferrée très pentue.

Plongée et snorkeling

Les mers cristallines et turquoise ainsi que l'extraordinaire richesse de la faune et de la flore aquatiques du Mexique sont parfaites pour l'exploration de la vie sous-marine.

Avec ses centaines de kilomètres de côte caribéenne et la deuxième plus grande barrière de corail du monde, la péninsule du Yucatán est le paradis des amateurs de plongée et de snorkeling. Banco Chinchorro et l'Isla Cozumel tiennent la vedette, et le Museo Subacuático de Arte de Cancún (MUSA) n'a pas d'équivalent.

La réputation de la péninsule de Basse-Californie n'est plus à faire. Le récif corallien près de Cabo Pulmo est l'une des plus grandes et des plus riches réserves marines au monde. Sans oublier Loreto et les zones autour de La Paz. Les baleines à bosse et les requins-baleines sont présents l'été, tandis que septembre et octobre sont plus propices à l'observation des requins marteaux dans le golfe de Californie.

Dans l'État de Oaxaca, Huatulco compte plus de 100 sites de plongée. Avec ses eaux chaudes, ses fonds marins pleins de vie et sa mer calme presque toute l'année, l'endroit convient aux débutants.

Et rappelez-vous que les spots les plus remarquables ne se trouvent pas exclusivement en mer ! Songez aux innombrables cénotes de la péninsule du Yucatán ou aux lacs de la Huasteca Potosina.

OBSERVATION DES BALEINES
De mi-décembre à mi-mars, à **Puerto Escondido** (p. 489) et à **Santa Cruz Huatulco** (p. 500).

KAYAK ET RAFTING
Depuis **Jalcomulco** (p. 240), descendez les rapides des rivières venues de la **Sierra Madre Oriental**. Circuits adaptés à tous les niveaux.

VÉLO
Outre le train, le vélo permet aussi de découvrir les vallées, forêts et lacs du **canyon du Cuivre** (p. 752).

BASSINS NATURELS ET CASCADES
Rafraîchissez-vous dans des piscines naturelles et admirez des chutes d'eau près de **Palenque** (p. 409).

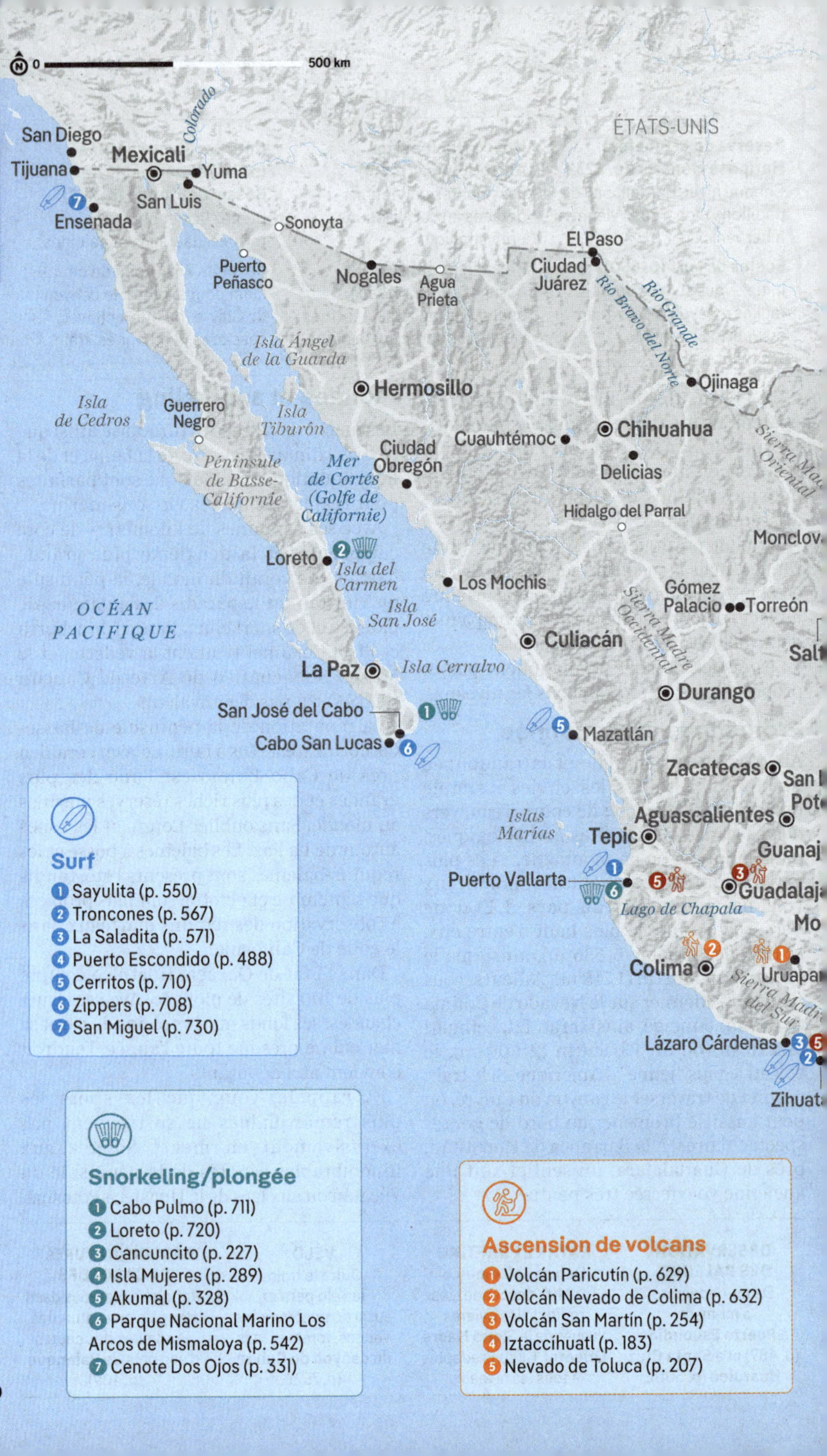
0
500 km
ÉTATS-UNIS
San Diego
Tijuana
Mexicali
Yuma
Colorado
San Luis
Ensenada
Sonoyta
Puerto Peñasco
Nogales
Agua Prieta
El Paso
Ciudad Juárez
Río Bravo del Norte
Río Grande
Ojinaga
Isla Ángel de la Guarda
Hermosillo
Isla de Cedros
Guerrero Negro
Isla Tiburón
Cuauhtémoc
Chihuahua
Sierra Madre Oriental
Delicias
Ciudad Obregón
Péninsule de Basse-Californie
Mer de Cortés (Golfe de Californie)
Hidalgo del Parral
Monclov
Loreto
Isla del Carmen
Los Mochis
Gómez Palacio
Torreón
OCÉAN PACIFIQUE
Isla San José
Sierra Madre Occidental
Culiacán
Sal
La Paz
Isla Cerralvo
Durango
San José del Cabo
Cabo San Lucas
Mazatlán
Zacatecas
San L
Pot
Islas Marías
Aguascalientes
Tepic
Guanaj
Puerto Vallarta
Guadalaj
Lago de Chapala
Mo
Colima
Uruapa
Sierra Madre del Sur
Lázaro Cárdenas
Zihuat
Surf
1 Sayulita (p. 550)
2 Troncones (p. 567)
3 La Saladita (p. 571)
4 Puerto Escondido (p. 488)
5 Cerritos (p. 710)
6 Zippers (p. 708)
7 San Miguel (p. 730)
Snorkeling/plongée
1 Cabo Pulmo (p. 711)
2 Loreto (p. 720)
3 Cancuncito (p. 227)
4 Isla Mujeres (p. 289)
5 Akumal (p. 328)
6 Parque Nacional Marino Los Arcos de Mismaloya (p. 542)
7 Cenote Dos Ojos (p. 331)
Ascension de volcans
1 Volcán Paricutín (p. 629)
2 Volcán Nevado de Colima (p. 632)
3 Volcán San Martín (p. 254)
4 Iztaccíhuatl (p. 183)
5 Nevado de Toluca (p. 207)

LES MEILLEURS SPOTS

Notre sélection d'activités de plein air

Promenade/randonnée

1. Sierra Norte (p. 481)
2. Sentier de l'aqueduc, San Agustín Etla (p. 474)
3. Barranca de Huentitán (p. 606)
4. Parque Ecológico Chipinque (p. 774)
5. Sierra Madre (Cerro de la Bufa p. 560 ; Cueva de la Majahua p. 568)

Parcs nationaux

1. Cañón del Sumidero (p. 424)
2. Parque Nacional Lagunas de Chacahua (p. 491)
3. Parque Nacional Iztaccíhuatl-Popocatépetl (p. 183)
4. Reserva de la Biosfera Sierra Gorda (p. 683)
5. Parque Nacional Lagunas de Montebello (p. 434)

ECSTK22/SHUTTERSTOCK ©

Uxmal (p. 353)

EXCURSIONS

EXPLOREZ LES SITES ARCHÉOLOGIQUES

Le Mexique est constellé de sites préhispaniques, certains nichés dans la jungle, d'autres perchés sur de hauts plateaux désertiques. Tout en conservant une part de mystère, pyramides, temples et jeux de balle nous plongent au cœur des civilisations qui les ont édifiés.

CONSEILS PRATIQUES

Les sites les plus célèbres étant souvent pris d'assaut, arrivez sur place tôt le matin, avant les bus de touristes. Les vestiges situés dans des zones reculées ou noyés dans une jungle épaisse sont les plus exaltants pour les aventuriers dans l'âme.

Les droits d'entrée vont de la gratuité à 500 $M (un supplément est généralement demandé pour être autorisé à prendre des photographies).

Protégez-vous du soleil et des insectes, en particulier des moustiques sur les sites de jungle. Prévoyez de l'eau, de préférence dans des bouteilles réutilisables, ainsi que de quoi manger (et remporter vos déchets). Vous ne trouverez aucune échoppe près des sites les moins connus ou laissés à l'état d'abandon.

ACCESSIBILITÉ ET LANGUE

Les sites majeurs sont généralement accessibles en fauteuil roulant, mais les moins connus peuvent nécessiter d'emprunter des chemins rocailleux ou de traverser des zones herbeuses.

Les panneaux d'information sont d'habitude en espagnol, mais certains sont doublés d'une traduction anglaise, voire dans une langue autochtone.

GUIDES

Sur la plupart des sites, des guides agréés attendent les visiteurs à l'entrée, à côté des

TOP 10 DES MEILLEURS SITES

Tous les sites vous charmeront par leur atmosphère, leur histoire et leur emplacement. Certains sont toutefois plus reculés que d'autres, comme Yaxchilán, qui n'est accessible qu'au terme d'une heure de trajet fluvial. Voici notre sélection, ainsi que la meilleure période de l'année pour découvrir ces lieux :

Teotihuacán, centre du Mexique. Toute l'année.
Chichén Itzá, péninsule du Yucatán. Septembre à novembre.
Uxmal, péninsule du Yucatán. Septembre à novembre.
Palenque, Chiapas. Octobre à mai
Monte Albán, Oaxaca. Octobre à mai.
Yaxchilán, Chiapas. Octobre à mai.
Calakmul, péninsule du Yucatán. Novembre à mai.
Tulum, péninsule du Yucatán. Novembre à juin.
El Tajín, Veracruz. Octobre à mai
Templo Mayor, Mexico. Toute l'année.

guichets. Beaucoup sont polyglottes et vous pourrez discuter un peu avec eux avant de prendre une décision. Un bon guide peut vraiment donner souffle et vie à un site. D'autres guides non agréés sont souvent présents et ouverts à la négociation Pour les sites plus reculés, des visites guidées sont souvent proposées au départ des villes alentour.

SITES MOINS CONNUS

De nouveaux sites sont régulièrement découverts ou fouillés, et certains joyaux méconnus valent réellement le détour.Parmi les découvertes les plus récentes figurent **Xihuacan** (p. 576), qui n'a été découvert qu'en 2007 dans le Guerrero ; **Cañada de la Virgen** (p. 662), dans le Guanajuato ; **Guachimontones** (p. 611), dans l'État du Jalisco, aux étonnantes pyramides circulaires. Pour les pétroglyphes, **Altavista** (p. 555), dans l'État du Nayarit, est le site le mieux conservé, tandis que **Las Labradas** (p. 533), dans le Sinaloa, présente des motifs que l'on suppose liés au solstice d'été.

Monte Alban (p. 472)

LES CIVILISATIONS ANCIENNES DU MEXIQUE

Depuis le XIXe siècle, les archéologues ne cessent de mettre au jour des vestiges préhispaniques au Mexique. Nombre de sites ont été restaurés et ouverts au public ; d'autres n'ont été explorés qu'en partie, et des milliers encore restent enfouis ou cachés dans la forêt. Les grandes civilisations passées sont :

- Les **Olmèques** (de 1200 à 400 av. J.-C.), concentrés sur le littoral du golfe du Mexique, ont forgé la "culture mère" du Mexique, avec, entre autres héritages, ces sculptures de pierre géantes également appelées têtes olmèques.
- Si leur ethnie d'appartenance (totonaque, nahua, otomí...) reste sujette à débat, les **Teotihuacáns** (Ier siècle av. J.-C.-VIIe siècle), grands bâtisseurs, nous ont laissé d'immenses pyramides, dressées à 50 km au nord de Mexico.
- Les **Mayas** (de 250 à 900), principalement établis dans le sud-est du Mexique et dans les zones limitrophes du Guatemala et du Belize, sont connus pour leurs temples somptueux et leur travail de la pierre. La culture maya est encore bien vivante aujourd'hui parmi les autochtones qui peuplent ces régions.
- Les **Toltèques** (de 750 à 1150), dont la culture a marqué un certain nombre de cités-États du centre du Mexique, ont laissé comme vestiges célèbres les sculptures guerrières de Tula.
- Les **Aztèques** (de 1325 à 1521) ont régné sur l'essentiel du centre du pays, depuis le golfe du Mexique jusqu'au Pacifique. Le site aztèque le plus connu est le Templo Mayor de Mexico.

R.M. NUNES/SHUTTERSTOCK ©

Xantolo, Guanajuato

ÉVÉNEMENT

DÍA DE MUERTOS AU MEXIQUE

Día de Muertos (le jour des Morts) en dit long sur la spiritualité et la conception de la mort au Mexique. Les 1er et 2 novembre (respectivement la Toussaint et le jour des Morts dans certaines religions), les Mexicains se remémorent et célèbrent leurs défunts.

LES ORIGINES

Cette tradition combine catholicisme et croyances préhispaniques vieilles de 3 000 ans. Les Aztèques pensaient que les défunts rejoignaient un au-delà appelé Mictlān, mais que le jour des Morts, célébré à l'origine en août, ils pouvaient momentanément retourner chez eux. Les conquistadores catholiques ont déplacé cette fête pour la faire coïncider avec la Toussaint (1er novembre) et le jour des Morts (2 novembre), conformément à leur principe d'assimilation par métissage culturel.

LES CÉLÉBRATIONS

En fêtant la mort, les Mexicains célèbrent la vie, à leur manière : avec de la nourriture, des boissons, de la musique, leurs amis, leur famille et des décorations colorées. En 2008, l'Unesco a ajouté Día de Muertos au Patrimoine culturel immatériel.

Dans de nombreuses communautés indiennes, cette fête reste un événement très spirituel. Dans ces cas, on pourrait presque parler de *Noche de Muertos* (nuit des Morts) car les familles passent toute la nuit au cimetière, à communier avec leurs défunts. Selon l'endroit, cette célébration peut revêtir un caractère joyeux, avec boissons et mariachis. Mais les familles peuvent aussi rendre hommage à leurs morts de façon plus sobre (l'alcool est interdit dans certains cimetières), en nettoyant leurs tombes.

CONSEILS

Les grandes parades comme celles de Mexico et de Pátzcuaro attirent les foules. Réservez votre hébergement bien en amont, et le jour J, arrivez tôt !

Pour mieux comprendre les traditions et les subtilités de cette fête, pensez aux visites guidées comme celles d'**Aztec Explorers** (aztecexplorers.com), à Mexico.

Il n'est pas nécessaire de participer à une parade. En effet, aller d'un autel à l'autre (p. 78) peut s'avérer plus touchant et authentique.

Même si vous n'êtes que spectateur, faites-vous maquiller et portez un costume, mais sans perdre de vue la dimension très spirituelle de cette fête. Respectez les coutumes locales.

OFRENDA ET *CALAVERAS*

Un des principaux éléments de cette fête est l'*ofrenda* (autel) installée chez soi ou au cimetière. On la décore de *cempasúchil* (soucis) orange et jaunes censés guider le mort vers sa tombe, et on y ajoute des assiettes de *tamales* (plats en papillote), des crânes de sucre et du *pan de muerto*, une sorte de brioche. On prévoit de l'eau (pour étancher la soif des esprits) ainsi que le plat ou l'aliment préféré du défunt. De l'encens de copal (résine) peut être brûlé pour purifier la zone autour de l'autel.

Les squelettes et les *calaveras* (têtes de mort) sont omniprésents lors de cette fête. Ces dernières sont inspirées de La Catrina de José Guadalupe Posada, squelette "personnifié" élégant qui représente la mort et fait figure de satire de la société de son époque.

ADDI_SETYAWAN/SHUTTERSTOCK ©

Parade du Día de Muertos, Mexico

OÙ SE MÊLER À LA FÊTE

- **Mexico** (p. 78) Vous pourrez y voir différentes parades, des *ofrendas* érigées en mémoire de personnalités locales, des crânes géants décorés, des *alebrijes* (figures animales), du *papel picado* (décorations de papier de soie) et des maquillages, entre autres.
- **Oaxaca** (p. 456) Une des meilleures destinations pour le Día de Muertos : toute la ville et les villages environnants vivent au rythme des processions costumées, des parades musicales et des veillées aux chandelles.
- **Lago de Pátzcuaro** (p. 626) Ce qui fait l'attrait de Pátzcuaro à cette période de l'année est son respect des traditions : *cempasúchil, pan de muerto,* bougies et boissons pour attirer les âmes, enfants déguisés en *Catrinas* et bateaux illuminés sur le lac.
- **Mérida** (p. 343) Le Paseo de las Ánimas attire beaucoup de touristes (même si cette tradition n'a débuté qu'en 2008). Le 31 octobre au soir, les participants revêtent le costume traditionnel et se maquillent dans le style de La Catrina.
- **Huasteca** Dans cette région qui occupe une partie des États du Tamaulipas, de Veracruz, Puebla, Hidalgo, San Luis Potosí et du Guanajuato, le Día de Muertos est appelé *Xantolo* (prononcé "chantolo"). Les locaux portent des masques de bois sculptés à la main et des costumes traditionnels pour participer à de longues parades animées.

MEXIQUE

SUR LA ROUTE

Les chapitres de cette partie s'organisent autour des sites essentiels, qui pourront vous servir de base pour partir à la découverte des environs. Vous y trouverez toutes nos recommandations ainsi que des conseils d'habitants de la région pour vivre des expériences uniques.

Cenote Suytun (p. 359), péninsule du Yucatán

Ci-dessus : El Ángel (p. 96), Paseo de la Reforma ; page de droite : Museo Frida Kahlo (p. 135)

QUARTIERS PRINCIPAUX

CENTRO HISTÓRICO
Centre historique animé.
p. 64

ALAMEDA CENTRAL
La culture à ciel ouvert.
p. 82

JUÁREZ ET ZONA ROSA
Bars gays et quartier branché.
p. 93

ROMA
Boutiques de créateurs et beaux édifices.
p. 101

MEXICO

PALAIS, TACOS, FRIDA ET COCKTAILS

L'ancienne capitale aztèque incarne, depuis toujours, le centre du système solaire mexicain. Boudée par le passé, cette mégalopole en pleine mutation, aux innombrables richesses culturelles, est plus sûre et bien plus agréable à vivre qu'on ne l'imagine.

Mexico incarne autant la culture et les arts du pays que son histoire, dont les traces, comme l'héritage, se discernent partout. Ici, des cathédrales tutoient les cieux, tandis que, dans les profondeurs de la terre, les fondations des temples aztèques renvoient à la Tenochtitlán impériale. Ses places et ses rues s'animent sporadiquement de formes d'expression ancestrales, telles que danses préhispaniques et airs de mariachis. Les défilés traditionnels, à l'exemple de celui du Día de Muertos (jour des Morts) attirent des foules immenses, unies dans un même esprit de célébration. Des recettes traditionnelles de tout le Mexique, du Oaxaca au Yucatán, sont revisitées par les plus grands chefs, mais se retrouvent aussi dans les stands de cuisine de rue, où il est facile de se régaler sans presque rien débourser.

La vie, ici, foisonne, toute d'authenticité. Que l'on se promène dans l'opulent quartier de Polanco, ou celui, bohème, de Roma, le spectacle est partout, entre parcs et restaurants ombragés, cafés chics et immeubles d'inspiration haussmannienne.

Dans la ville de Frida Kahlo et Diego Rivera, l'art se joue des limites comme des préjugés. Des musées remarquables y couvrent toutes les époques de l'histoire mexicaine, mais ce sont les fresques ornant les façades de ses bâtiments publics qui témoignent le mieux de celle de son peuple, de l'ère aztèque aux luttes coloniales. Ces œuvres le disputent à d'autres, plus récentes, émaillant les différents quartiers de la capitale, où le château et la "forêt" de Chapultepec voisinent avec d'étincelantes tours de verre. Loin des idées reçues, Mexico n'a pas fini de vous émerveiller.

S'orienter

Mexico est une ville tentaculaire, mais la plupart des sites à voir sont concentrés dans quelques secteurs. Une fois que l'on a compris comment passer de l'un à l'autre, il est facile de se déplacer. Voici les principaux quartiers et sites d'intérêt de la capitale mexicaine.

DEPUIS L'AÉROPORT

Les taxis officiels, les plus sûrs, ont leur station à la sortie des douanes et facturent des forfaits fixes par zones. Pour commander un Uber, utilisez le Wi-Fi gratuit. Des bus *metrobús* desservent le Zócalo (45 minutes) depuis la *puerta 7* (sortie) du terminal 1 et la *puerta 3* du terminal 2.

À PIED ET À VÉLO

La marche est le meilleur moyen d'explorer les différents quartiers, en particulier Condesa, Roma, Coyoacán et le Bosque de Chapultepec. Le vélo est également une option agréable. Vous pourrez utiliser le réseau de vélos en partage Ecobici (ecobici.cdmx.gob.mx) avec

SÉCURITÉ

C'est dans les endroits les plus fréquentés par les étrangers, notamment la Plaza Garibaldi, la Zona Rosa et Condesa, tard les nuits de week-end, que les vols sont les plus courants. Soyez sur vos gardes à l'aéroport et dans les gares routières. Aux heures d'affluence, les rames de métro et les bus sont le terrain de chasse des pickpockets. En cas d'agression, n'opposez pas de résistance, pour ne pas risquer un mauvais coup.

MÉTRO

Le métro (www.metro.cdmx.gob.mx) est le moyen le plus rapide de se déplacer dans Mexico. Le réseau de 195 stations, 12 lignes et plus de 226 km de voies est emprunté par 4,4 millions de personnes en semaine. Les rames passent toutes les 2 à 3 minutes aux heures de pointe, moment où il faut particulièrement se méfier des pickpockets. Le prix du trajet (5 $M) en fait l'un des métros les moins chers du monde.

METROBÚS

Circulant sur 7 lignes à travers toute la ville, le *metrobús* (www.metrobus.cdmx.gob.mx) est un double bus à accordéon, qui dispose de son propre couloir et s'arrête à de nombreuses stations. Il est accessible aux fauteuils roulants. Il faut acheter une carte (15 $M) puis payer 6 $M par trajet.

TAXI ET UBER

Passez par votre hôtel pour commander un taxi en toute sécurité ; n'en hélez jamais un dans la rue. Uber est un moyen bon marché, efficace et assez sûr pour se déplacer, et a changé la vie des habitants comme des visiteurs.

Planifier son séjour

Cette ville est un univers en soi, et on pourrait passer des mois à en découvrir les musées, galeries et monuments, arpenter ses places et ses parcs, visiter ses églises, édifices coloniaux et sites archéologiques.

PRAKICHTREETASAYUTH/SHUTTERSTOCK ©

Templo Mayor (p. 66)

Jour 1

Matin

● Commencez la journée au **Zócalo** (p. 68), jadis le centre de l'univers aztèque. Explorez les ruines préhispaniques du **Templo Mayor** (p. 66) avant d'aller admirer les fresques murales de Diego Rivera au **Palacio Nacional** (p. 68).

Après-midi

● Au déjeuner, goûtez les légendaires tacos au *suadero* (poitrine de bœuf) de **Los Cocuyos** (p. 73), avant d'aller voir la superbe façade en carreaux de faïence bleu et blanc de la **Casa de los Azulejos** (p. 74). Jetez un coup d'œil à l'intérieur pour admirer la fresque de José Clemente Orozco.

Soir

● Le soir venu, festoyez de mets traditionnels et sirotez un mezcal en écoutant les mariachis sur la très animée **Plaza Garibaldi** (p. 72).

VOUS AIMEREZ AUSSI...

Aventurez-vous hors du centre pour parcourir dans une barque colorée les canaux fleuris de **Xochimilco** au son des mariachis.

SHOPPING ARTISANAL

Faites un saut au **Centro de Artesanías La Ciudadela** (p. 87) pour acheter, à prix raisonnable, des objets artisanaux de tout le pays.

ESSAYEZ LE PULQUE

Goûtez les *pulques* (boisson fermentée aztèque faible en alcool), aux saveurs variées, de la **Pulquería La Hija De Los Apaches**, petit bistrot sans prétention.

PRENEZ LE MÉTRO

Si, tel un *chilango* (habitant de Mexico), vous prenez le métro, vous aurez chaud, mais ne débourserez presque rien et échapperez aux embouteillages.

DE GAUCHE À DROITE : ARTURO VEREA/SHUTTERSTOCK ©, GUAJILLO STUDIO/SHUTTERSTOCK ©, ALEXANDRA LANDE/SHUTTERSTOCK ©

Jour 2

Matin

- Le deuxième jour, plongez dans l'histoire du Mexique au vaste **Museo Nacional de Antropología** (p. 118). Puis, admirez le plus grand parc urbain d'Amérique latine depuis le **Castillo de Chapultepec** (p. 120), en découvrant au passage les plantes endémiques du **Jardín Botánico** (p. 122).

Après-midi

- Arpentez les rues jalonnées de cafés de **Roma** (p. 101) et déjeunez tard (à la mexicaine) à **Contramar** (p. 106). Ensuite, contemplez les édifices Art déco dressés face aux arbres du **Parque México** (p. 111), à Condesa.

Soir

- La soirée pourra débuter par un cocktail créatif chez **Baltra** (p. 113) avant de goûter aux tacos de la **Taquería Orinoco** (p. 109).

Jour 3

Matin

- Commencez par vous promener entre les fontaines bordant les allées arborées de l'**Alameda Central** (p. 86), en prenant le temps d'observer l'architecture Art déco et la fresque de Diego Rivera ornant le **Palacio de Bellas Artes** (p. 84). Poursuivez avec les œuvres des "trois grands" muralistes à l'**Antiguo Colegio de San Ildefonso** (p. 72), puis remettez-vous de vos émotions avec la cuisine de **Sin Nombre** (p. 88).

Après-midi

- Après le déjeuner, aventurez-vous plus au sud pour visiter la mythique Maison bleue du **Museo Frida Kahlo** (p. 135), à Coyoacán.

Soir

- Au crépuscule, allez dîner et déguster du mezcal à l'agréable **Jardín Centenario** (p. 139).

VISITEZ UN MARCHÉ AUX FLEURS

Plongez dans l'océan de *cempasúchiles* (œillets d'Inde) du **Mercado Jamaica** aux abords du jour des Morts.

DÎNEZ DANS UN GARAGE

Aventurez-vous à Narvarte, au sud de Roma, pour dîner de *tacos al pastor* dans un garage qui se mue en **taquería** à la nuit tombée.

DÉCOUVREZ LES PYRAMIDES

La ville préhispanique de **Teotihuacán**, à 50 km au nord de Mexico, se rejoint aisément à la faveur d'une excursion.

VIBREZ AVEC LA LUTTE MEXICAINE

Faites un saut dans le quartier interlope de Doctores pour assister à un combat de *lucha libre* à l'**Arena México**.

DE GAUCHE À DROITE : ANGELA OSTAFICHUK/SHUTTERSTOCK ©, BRANDON ROSENBLUM/GETTY IMAGES ©,CLICKSDEMEXICO/SHUTTERSTOCK ©, INGRID MUHLENBROCK/RIOT GAMES/GETTY IMAGES ©

CENTRO HISTÓRICO

UN CENTRE HISTORIQUE ANIMÉ

Le Centro Histórico (centre historique), classé par l'Unesco et riche de ses bâtiments et musées, est le lieu idéal pour commencer votre exploration de Mexico.

Il a pour cœur l'immense Zócalo, la place principale, entourée de ruines préhispaniques, de majestueux édifices coloniaux et d'une cathédrale imposante qui, ensemble, témoignent de la longue histoire de Mexico. C'est ici que les "trois grands" du muralisme mexicain, Diego Rivera en tête, ont orné les édifices publics d'œuvres proclamant que l'art de la fresque est non seulement destiné au peuple, mais en est également la voix.

Les rues du Centro sont animées de jour comme de nuit. Dans leurs vastes marchés traditionnels, on trouve spécialités locales et singuliers produits, tels qu'articles de sorcellerie. Les bars, eux, sont remplis d'étudiants.

Ces dernières années, le quartier a fait peau neuve. Les rues en ont été repavées, l'éclairage et la circulation, améliorés, et la sécurité, renforcée. De nouveaux musées, restaurants et clubs se sont installés dans les bâtiments rénovés, participant de ce regain de vie.

Pour les infos pratiques, voir le Carnet d'adresses p. 144
Pour les transports dans le quartier, voir p. 60.

À SAVOIR

Le Centro Histórico est immense, et l'on s'y perd aisément. Prenez le Zócalo et le Palacio de Bellas Artes (dans l'Alameda Central) pour points de repère. Ils sont reliés par l'Avenida Madero, piétonne et invariablement bondée. L'Avenida 5 de Mayo, parallèle à celle-ci, est bien plus calme.

KAMIRA/SHUTTERSTOCK ©

Parvis de la Catedral (p. 69)

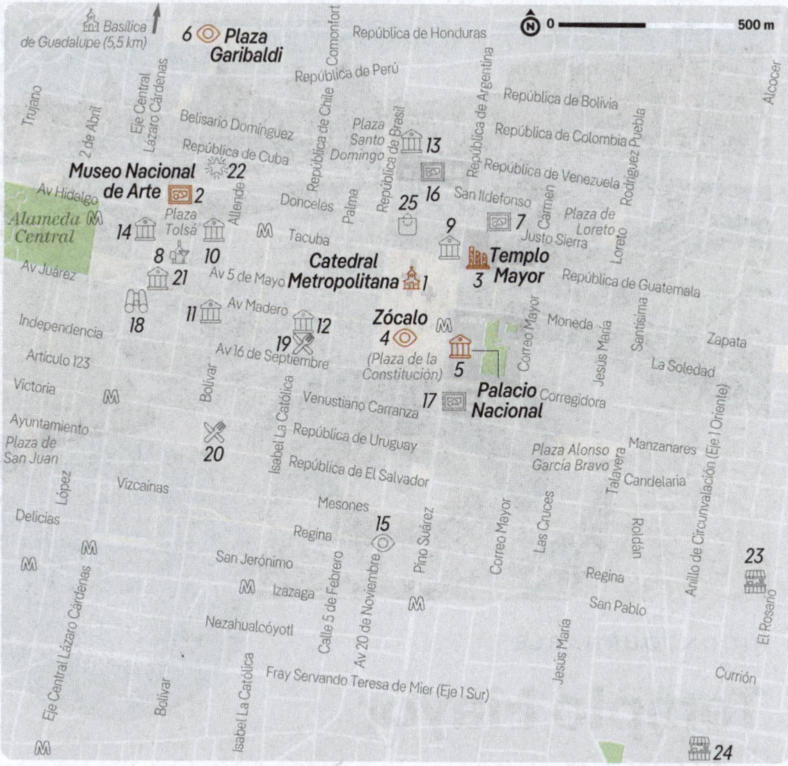

INCONTOURNABLES
1 Catedral Metropolitana
2 Museo Nacional de Arte
3 Templo Mayor
4 Zócalo
5 Palacio Nacional
6 Plaza Garibaldi

VOIR
7 Antiguo Colegio de San Ildefonso
8 Casa de los Azulejos
9 Museo Archivo de la Fotografía
10 Museo de la Tortura
11 Museo del Calzado El Borceguí
12 Museo del Estanquillo
13 Palacio de la Inquisición
14 Palacio Postal
15 Regina
16 Secretaría de Educación Pública
17 Suprema Corte de Justicia
18 Torre Latinoamericana

SE RESTAURER
19 Azul Histórico
20 Los Cocuyos

PRENDRE UN VERRE ET FAIRE LA FÊTE
21 Bar La Ópera
22 La Purísima

SHOPPING
23 Mercado de la Merced
24 Mercado de Sonora
25 Pasaje Catedral

Mercado de la Merced

UN MARCHÉ GIGANTESQUE OÙ L'ON TROUVE DE TOUT

La Merced est de retour ! En 2019, un incendie en a détruit 630 étals, mais cet immense marché, le plus grand de Mexico, retrouve peu à peu sa gloire chaotique d'autrefois. Il occupe quatre pâtés de maison, et on y trouve des produits de consommation courante à des prix défiant toute concurrence. Les étals d'épices, de piments et d'ingrédients mexicains en tous genres (des larves de fourmis aux fruits confits), sont un festival de couleurs. La section confiseries déborde de bonbons des quatre coins du pays ; fin octobre, à l'approche de la fête des Morts, des montagnes de crânes en sucre investissent les lieux.

Dans l'aire de restauration, on se régale de tacos, *moles* (sorte de sauce au piment) et de *tlacoyos* (tortillas ovales garnies de porc ou de fromage).

WITR/SHUTTERSTOCK ©

Scannez ce QR-code pour connaître les tarifs et les horaires d'ouverture.

INCONTOURNABLE

Templo Mayor

Dans la cosmologie aztèque, ce sanctuaire était le centre de l'univers. Érigé en l'honneur des dieux du Soleil et de la Pluie, le Templo Mayor était au cœur de la vie religieuse et politique. Chaque nouveau souverain y fit des agrandissements. La découverte de ses temples, ruines, musées et reliques parfois macabres constitue un fascinant voyage à travers l'histoire des origines de Mexico.

À NE PAS MANQUER

- Museo del Templo Mayor
- Museo Subterráneo
- Plaza del Templo Mayor
- Exposition sur les fouilles
- Sanctuaire de Tláloc

Le grand temple de Tenochtitlán

Ce sanctuaire aurait été bâti à l'endroit exact où les Aztèques, alors peuple nomade en quête d'un lieu où s'établir, virent un aigle perché sur un cactus, un serpent dans le bec, comme le leur avait annoncé une prophétie. Légende ou histoire, l'aigle et le serpent sont désormais un des symboles du Mexique.

Découverte

Avant d'être détruit par les Espagnols dans les années 1520, le "grand temple" aztèque (Teocalli, littéralement "maison de Dieu") de Tenochtitlán se dressait à l'emplacement de la cathédrale et des maisons situées au nord et à l'est. En 1978, après la découverte d'un disque de pierre de 8 tonnes représentant la déesse lunaire aztèque Coyolxauhqui, on décida de démolir les bâtiments coloniaux pour mettre au jour le Templo Mayor.

Expansion et sacrifices

À l'instar d'autres édifices sacrés de Tenochtitlán, le temple fut agrandi à plusieurs reprises. Chaque nouvelle construction, édifiée par dessus la précédente, s'accompagnait d'un sacrifice de prisonniers. Les vestiges visibles aujourd'hui correspondent ainsi à sept différentes phases de l'édification du temple.

Sanctuaire de Tláloc

Au centre du temple se tient une plateforme bâtie vers 1400. Sur sa moitié sud, une pierre sacrificielle se dresse devant un sanctuaire dédié à Huitzilopochtli, dieu guerrier aztèque, tandis que sur sa moitié nord un *chac-mool* (statue maya allongée) fait face au sanctuaire de Tláloc, dieu de la Pluie et de l'Eau. À l'arrivée des Espagnols s'élevait à cet endroit une pyramide double haute de 40 m, avec d'abrupts escaliers jumeaux menant aux sanctuaires des deux divinités.

Plaza del Templo Mayor

L'accès au temple et au musée se situe à l'est de la cathédrale, de l'autre côté de la Plaza del Templo Mayor, d'où l'on peut voir une bonne partie de l'extérieur du *templo* sans y pénétrer. Des guides accrédités (munis d'une carte Sectur) proposent leurs services à l'entrée.

Museo del Templo Mayor

Outre une maquette de Tenochtitlán et des objets découverts sur le site, le musée (entrée incluse dans celle du temple) offre un bon aperçu de la civilisation aztèque (ou mexica). La pièce maîtresse est la grande pierre votive circulaire de Coyolxauhqui ("la déesse aux grelots sur le visage"), que l'on découvre dans toute sa splendeur depuis l'étage supérieur. La divinité est présentée décapitée par son frère Huitzilopochtli (dieu-colibri de la Guerre, du Soleil et des Sacrifices humains), qui tua également les 400 autres frères de la déesse pour assurer sa domination divine. Une autre pièce remarquable, découverte lors de travaux en 2022, est une sculpture aztèque de Xipe Tótec ("l'écorché"), divinité de la fertilité et de l'agriculture dont le culte impliquait des sacrifices humains.

Exposition sur les fouilles

Dans une autre entrée du temple récemment ouverte au public, on peut voir des objets découverts pendant les quatre années qu'a duré l'excavation de la salle : objets funéraires, ossements, les vestiges du Cuauhxicalco (le "lieu du vaisseau de l'aigle"), structure circulaire où étaient ensevelis les restes des grands dirigeants, mais aussi de la porcelaine fine de l'époque coloniale.

Museo Subterráneo

Ce nouvel espace muséal souterrain, ouvert en 2022, donne accès à la base de la pyramide du Templo de Ehécatl (une des manifestations de Quetzalcóatl, le serpent à plumes), tandis que des maquettes donnent une idée de la place de l'édifice au sein de l'ensemble.

MYSTÈRES ROYAUX

En 2017, une tour formée de plus de 650 crânes humains fut découverte près du Templo Mayor. On pense qu'il s'agit du Huey Tzompantli, un mur d'ossements mentionné par les conquistadors espagnols au XVIe siècle, mais longtemps resté sujet d'incrédulité. D'autres trouvailles plus récentes ont renouvelé l'espoir de mettre au jour des tombes aztèques royales, restées introuvables malgré des décennies de fouilles.

À SAVOIR

- L'entrée est gratuite pour les résidents mexicains le dimanche, ce qui en fait le jour le plus fréquenté.
- Des guides anglophones, et parfois francophones, présents à l'entrée, vous aideront à donner vie à l'ensemble des ruines.
- Il est interdit d'emporter de l'eau dans le temple.
- Si vous manquez de temps pour visiter le temple, vous pouvez admirer gratuitement une grande partie du site depuis la Plaza del Templo Mayor.
- Les différentes couches excavées du site sont reliées par des escaliers, peu adaptés aux personnes à mobilité réduite.

Le Zócalo

LA PLACE PRINCIPALE

Cœur de Mexico, la Plaza de la Constitución est plus communément appelée le Zócalo, le "socle" en espagnol. Au XIXe siècle, il était prévu d'y installer un monument à l'indépendance, mais l'œuvre ne fut jamais réalisée et il n'en demeura que le piédestal, d'où le surnom de la place. Mesurant 220 m de long du nord au sud et 240 m d'est en ouest, c'est l'une des plus vastes places du monde. Le centre cérémoniel de la cité aztèque de Tenochtitlán (p. 66), appelé Teocalli, se trouve au nord-est du *zócalo*. Aujourd'hui, le Zócalo constitue le siège du pouvoir temporel et spirituel. On y trouve, à l'est, le Palacio Nacional (ci-contre), au nord, la Catedral Metropolitana, (page ci-contre) et, au sud, les bureaux du gouvernement de la ville. Des bijouteries et des hôtels de luxe bordent l'arcade appelée Portal de Mercaderes, à l'ouest de la place.

Tous les jours, des Danzantes Aztecas, vêtus de pagnes en peau de serpent et arborant aux chevilles des bracelets de coquillages, dansent et chantent en náhuatl sur le Zócalo, tandis que des percussionnistes jouent du *huehuetl* (tambour indien ressemblant aux congas) et du *teponaztli* (tambour en forme de tonneau). Ce rituel évoque le *mitote* aztèque, une cérémonie endiablée qui se déroulait au moment des récoltes, même si rien n'atteste que les mouvements des danseurs correspondent à ceux de leurs ancêtres.

Important lieu de rassemblement, le Zócalo accueille aussi bien les grandes manifestations et des concerts que les spectaculaires expositions d'autels pour le Día de Muertos (jour des Morts ; p. 78). Le gigantesque drapeau mexicain flottant en son centre est hissé chaque matin à 8h par des soldats, et baissé à 18h.

Fresque de Rivera

Palacio Nacional

FRESQUES DE RIVERA DANS LE PALAIS PRÉSIDENTIEL

Ce somptueux palais de la période coloniale abrite le siège de la présidence et du Trésor fédéral. Le premier palais érigé à cet endroit fut édifié par l'empereur aztèque Moctezuma II au début du XVIe siècle. Cortés le fit détruire en 1521 pour faire place à une forteresse, que la Couronne espagnole racheta pour y loger les vice-rois de Nouvelle-Espagne.

On visite le palais (une pièce d'identité est requise) pour y admirer les remarquables fresques peintes par Diego Rivera de 1929 à 1951. Celles du patio central ont pour thème la civilisation mexicaine, de l'arrivée de Quetzalcóatl (le dieu serpent à plumes aztèque) à la période postrévolutionnaire. Les neuf fresques qui couvrent les murs nord et est du 1er étage au-dessus du patio évoquent la vie avant la conquête espagnole.

Le Zócalo et le Palacio Nacional

Catedral Metropolitana

Catedral Metropolitana

UNE CATHÉDRALE MONUMENTALE

Emblématique de Mexico, cette cathédrale monumentale (109 m de long, 59 m de large et 65 m de haut) fut bâtie par les conquistadors à partir de 1573 sur une partie du Templo Mayor (p. 66), dont des pierres furent remployées sur le chantier. La construction se poursuivit pendant toute la période coloniale, comme en témoigne la diversité de ses styles architecturaux. L'extérieur ne fut achevé qu'en 1813, lorsque l'architecte Manuel Tolsá réalisa la tour de l'horloge, surmontée des statues de la Foi, de l'Espérance et de la Charité, ainsi que le superbe dôme central.

La première chose que l'on remarque en pénétrant dans la cathédrale est l'**Altar de Perdón** (autel du Pardon), richement sculpté et doré à la feuille. Les fidèles défilent inlassablement au pied du **Señor del Veneno** (Seigneur du Poison), un Christ à la peau mate.

Œuvre maîtresse et joyau artistique de la cathédrale, l'**Altar de los Reyes** (autel des Rois, XVIIIe siècle) se trouve derrière le maître-autel. Quatorze chapelles richement ornées flanquent les deux côtés de l'édifice, tandis que de gigantesques **panneaux peints** par les maîtres de l'époque coloniale Juan Correa et Cristóbal de Villalpando couvrent les murs de la sacristie, par laquelle a commencé la construction de la cathédrale.

L'entrée est libre, mais il est demandé de ne pas déambuler dans l'édifice pendant la messe (le dimanche à midi). Un don est requis pour pénétrer dans la **Sacristía Mayor**, ornée de feuilles d'or, et dans la **crypte**, où des guides fournissent des explications.

Museo Archivo de la Fotografía

MEXICO EN PHOTOS

En sortant de la cathédrale, prenez sur votre gauche vers l'édifice colonial du XVIe siècle abritant le Museo Archivo de la Fotografía, qui accueille des expositions photographiques temporaires ayant invariablement trait à Mexico. Le musée possède un fonds impressionnant de plus de 12 000 clichés, qui couvre l'intégralité de l'histoire de la photographie au Mexique. Les images vont de portraits célèbres d'artistes et de personnalités politiques à de splendides photographies de paysages en passant par de captivantes scènes de rue. Explications en espagnol uniquement.

Altar de Perdón

Museo del Estanquillo

MUSÉE DE LA CULTURE POP

Occupant un magnifique édifice néoclassique à deux rues du Zócalo, ce musée renferme des objets réunis par l'essayiste et collectionneur Carlos Monsiváis (1938-2010), natif de Mexico. Reflets de la culture populaire, ses photos, peintures, affiches de films, bandes dessinées, etc., illustrent les différentes phases du développement de la capitale. Ne manquez pas les gravures de *calaveras* de José Guadalupe Posada (1852-1913), lesquelles ont largement contribué à populariser l'imagerie des squelettes associée aux célébrations du jour des Morts.

WANGKUN JIA/SHUTTERSTOCK ©

Museo del Estanquillo

Calle Regina

STREET ART ET BARS ANIMÉS

La calle Regina est une rue piétonne à l'ambiance estudiantine. Des bars à bières, des ateliers de théâtre, des auberges de jeunesse, une sculpture murale d'herbe vivante et des *fondas* (auberges traditionnelles) bon marché y voisinent avec une église et des édifices coloniaux. Mais cette rue se distingue surtout par les fresques de *street art* qui en ornent les murs. Il n'est d'ailleurs pas rare d'y voir des artistes en plein travail. On peut y voir notamment une œuvre de l'artiste Guillermo Heredia, qui signe sous le nom de Sr. Niuk, qui parodie une fresque célèbre de Diego Rivera, *Sueño de una tarde dominical en la Alameda Central.*

Museo Nacional de Arte

MUSÉE D'ART DANS UN PALAIS

Ce musée présente des collections couvrant toutes les écoles de l'art mexicain jusqu'au début du XXe siècle. Les œuvres de José María Velasco Gómez (1840-1912) représentant la vie dans le Valle de México à la fin du XIXe siècle comptent parmi les plus intéressantes. La bibliothèque renferme une vaste collection d'ouvrages sur l'art mexicain.

Construit vers 1900 sur le modèle des palais Renaissance italiens, le musée mérite aussi une visite pour son aménagement intérieur. Des visites guidées gratuites sont proposées (espagnol et anglais).

Devant le musée trône la statue équestre de Charles IV d'Espagne, du sculpteur et architecte Manuel Tolsá (1757-1816).

Bar La Ópera

LE BAR DES PRÉSIDENTS ET DES ÉCRIVAINS

Ce somptueux bar-restaurant à la parisienne a vu défiler presque tous les présidents du pays, ainsi que des figures littéraires telles que Carlos Monsiváis ou Gabriel García Márquez. Le superbe plafond cuivré porte toujours la marque de la balle qu'aurait tirée Pancho Villa en 1914 pour faire taire des clients trop bruyants. Avec ses box en noyer sombre importés de La Nouvelle-Orléans, l'établissement reste un bastion de la tradition depuis le XIXe siècle. Le mieux est de s'y contenter d'un verre, même si l'on dit le plus grand bien des escargots franco-mexicains au chipotle.

Bar La Ópera

Panorama depuis la Torre Latinoamericana

Torre Latinoamericana

POINT DE VUE IMPRENABLE SUR LA VILLE

Lorsque le *smog* de Mexico relâche son emprise, rien ne vaut la plateforme d'observation du 44e étage et le bar-lounge du 41e étage de ce gratte-ciel pour prendre la mesure de l'immensité de la métropole. Construite en 1956, la Torre Latinoamericana était alors le plus haut édifice d'Amérique latine (166 m). Bien arrimée au sol grâce à des pylônes ancrés en profondeur, elle a résisté à plusieurs séismes majeurs, dont ceux de 1985, 2017 et 2022.

Au prix de l'entrée correspond l'accès au bâtiment pour une journée, ce qui permet d'admirer la vue de jour, puis de nuit. Il comprend également la visite d'un musée retraçant l'histoire de Mexico. L'entrée est libre si vous n'allez qu'au bar.

Palacio Postal

SOMPTUEUX BUREAU DE POSTE BAROQUE

Érigé en 1907 par Adamo Boari, l'architecte du Palacio de Bellas Artes (p. 84), ce palais de style italianisant est bien plus que la simple poste centrale de Mexico. L'édifice est un incroyable mélange de styles Art nouveau, Art déco, rococo, néoclassique et mauresque. Sa façade en pierre beige s'orne de colonnes baroques, et de fines dentelles de pierre sculptée encadrent les fenêtres. Les rampes en bronze du monumental escalier intérieur ont été coulées à Florence. Dans le petit **musée de la Poste**, à l'étage, les philatélistes pourront admirer le premier timbre émis au Mexique.

Antiguo Colegio de San Ildefonso

LE PATIO DES "TROIS GRANDS" DU MURALISME

Dans les années 1920, Diego Rivera, José Clemente Orozco et David Alfaro Siqueiros ont peint des fresques dans cet ancien collège jésuite du XVIe siècle. La plupart des panneaux du patio principal sont dus à Orozco – remarquez en particulier, sous l'escalier, le portrait d'Hernán Cortés et de sa concubine amérindienne, La Malinche. L'amphithéâtre, près du vestibule, renferme la première fresque de Rivera, *La Creación*, entreprise à son retour d'Europe en 1923. San Ildefonso accueille également d'excellentes expositions temporaires d'art.

Plaza Garibaldi

Plaza Garibaldi

MARIACHIS, RESTAURANTS ET MUSÉE DE LA TEQUILA

Tous les soirs, les orchestres de mariachis de la ville entonnent des ballades sur cette place. Vêtus de costumes à sequins argentés, ils chauffent leurs trompettes et accordent leurs guitares en attendant que quelqu'un paie pour une chanson. Il y a aussi les groupes de *son jarocho,* originaires de Veracruz et tout de blanc vêtus, ainsi que des groupes *norteños* qui entonnent des airs folkloriques du nord du pays. Notoirement mal famée, la place Garibaldi est en cours de rénovation et la sécurité a été renforcée, mais il convient tout de même de rester sur ses gardes. Vérifiez l'addition dans les restaurants et évitez de retirer de l'argent dans le coin.

La dernière nouveauté de la place, le **Museo del Tequila y el Mezcal**, retrace l'origine et les procédés de fabrication des deux alcools d'agave emblématiques du Mexique.

Antiguo Colegio de San Ildefonso

Secretaría de Educación Pública

FRESQUES MURALES DE RIVERA EN PLEIN AIR

Diego Rivera ornait les édifices publics de ses fresques murales pour rendre l'art accessible à tous. Celles du ministère de l'Éducation se trouvent dans les cours intérieures de l'institution, auxquelles on accède librement.

Les deux cours avant sont ornées de 120 fresques réalisées dans les années 1920 par Rivera, qui y voyait un tableau de "la vraie vie des gens". Chaque cour a son propre thème : celle de l'extrémité est traite du travail, de l'industrie et de l'agriculture, tandis que la cour intérieure est consacrée aux traditions et aux fêtes. À l'étage supérieur de cette dernière, d'autres scènes évoquent les révolutions prolétarienne et agraire, sous une bannière rouge où est inscrit un *corrido* (rengaine populaire). On notera la présence de Frida Kahlo sur le premier panneau, représentée sous les traits d'une ouvrière.

Ailleurs, *La Cena capitalista* est célèbre pour sa représentation d'un "dîner capitaliste" composé de pièces de monnaie, sur laquelle est inscrite la devise "L'Or ne vaut rien si l'on n'a rien à manger". C'est donc ici, sous le nez des fonctionnaires et en manière de camouflet aux États-Unis, que Rivera et Kahlo affichèrent leurs convictions marxistes.

Azul Histórico

GASTRONOMIE SUR COUR

Véritable joyau du Centro, Azul attire une clientèle aisée, venue profiter d'une expérience gastronomique unique dans un cadre exceptionnel. Le chef Ricardo Muñoz Zurita revisite les recettes mexicaines traditionnelles comme le *pescado tikin xic*, plat alléchant du Yucatán à base de mérou, bananes plantains et lanières de tortillas. On dîne dans un splendide patio arboré encadré d'arches voûtées, au cœur d'un bel ensemble d'édifices anciens.

Los Cocuyos

Tacos au *suadero*

Los Cocuyos

DES TACOS DE LÉGENDE

La capitale mexicaine ne manque pas de stands de tacos au *suadero* (poitrine de bœuf), mais les amateurs vous diront qu'aucun n'égale ceux de Los Cocuyos. Laissez votre nez vous guider jusqu'aux marmites où mijote la viande et cédez à la tentation d'un copieux *campechano* (taco au bœuf et à la saucisse). Les plus audacieux tenteront les *tacos de ojo* (à l'œil) ou de *lengua* (langue). Les végétariens se rabattront sur les tacos aux *nopales* (pousses de cactus), même s'ils sont cuits sur la même plaque chauffante que la viande. Il y a du monde, mais l'attente vaut la peine.

La Purísima

CLUB GAY ET RUE LGBTQI+

La Zona Rosa (p. 93) n'est plus le seul centre de gravité de la communauté LGBTQI+ à Mexico. Dans la Calle República de Cuba (côté Alameda Central), les clubs gays s'alignent, si proches les uns des autres qu'on dirait un seul et même établissement. La Purí, comme l'appellent les habitués, est légendaire. À l'étage, c'est un mix branché de kitsch et de cabaret. En bas, c'est bondé et plus pop. Son Christ affublé de talons aiguilles et ceint de néons est célèbre dans le quartier et sur les réseaux sociaux. L'endroit est également connu pour ses interminables files d'attente ; arrivez tôt si vous ne voulez pas y passer des heures, même si sociabiliser dans la rue participe du charme de l'endroit.

Casa de los Azulejos

DÉJEUNEZ DANS UN DÉCOR DE FAÏENCE

En arrivant sur l'artère piétonnière du Centro Histórico, vous remarquerez d'emblée l'extravagante Casa de los Azulejos, édifiée en 1596 pour les comtes de Valle de Orizaba. L'essentiel des carreaux de faïence bleu et blanc des murs extérieurs a été fabriqué en Chine et acheminé au Mexique par des galions espagnols de Manille. Une fresque deJosé Clemente Orozco (1925) orne l'escalier, et l'accès à l'étage est libre.

Sur place, le restaurant Sanborns (www.sanborns.com.mx) sert une cuisine mexicaine plus abordable que ne le laisserait supposer la splendeur de sa cour couverte agrémentée d'une fontaine maure.

Casa de los Azulejos

À GAUCHE : ATOSAN/SHUTTERSTOCK © ; EN BAS À GAUCHE : MELVYN LONGHURST/ALAMY STOCK PHOTO ©

Suprema Corte de Justicia

DES FRESQUES CONTRE LA VIOLENCE D'ÉTAT

En 1940, le muraliste José Clemente Orozco a peint quatre panneaux au 2e niveau de l'escalier central de la Cour suprême, dont deux abordent le thème de la justice. Sur le même sujet, *La historia de la justicia en México* (*L'Histoire de la justice au Mexique*), réalisée en 2009 par Rafael Cauduro, natif de Mexico, couvre trois niveaux de l'escalier sud-ouest de l'édifice. Exécutée dans le style hyperréaliste cher à Cauduro, cette série (également appelée *Les Sept Pires crimes*) dresse le catalogue des crimes perpétrés par l'État contre le peuple, notamment la pratique persistante de la torture pour obtenir des aveux. À l'angle sud-est du bâtiment, *La busqueda de la justicia* (*La Quête de justice*) d'Ismael Ramos Huitrón évoque le combat incessant du peuple mexicain pour que la justice fasse son office, tout comme *La justicia* (*La Justice*), œuvre empreinte de réalisme social de l'artiste mexicano-japonais Luis Nishizawa qui orne l'escalier nord-ouest.

Des audioguides gratuits sont disponibles jusqu'à 16h. Entrée sur présentation d'une pièce d'identité.

Suprema Corte de Justicia

BALADE DANS LE CENTRO HISTÓRICO

Rien ne vaut une promenade à pied pour apprécier pleinement la richesse du Centro Histórico.

Démarrez à **1 Ex Teresa Arte Actual** (p. 144), édifice incliné du XVIIe siècle, où l'on prend toute la mesure du phénomène d'enfoncement progressif de la ville dans le sol meuble sur lequel les Aztèques en ont bâti les fondations.

En traversant le **2 zócalo** (p. 68), l'une des plus vastes places au monde, observez les édifices construits sur des temples aztèques. Certains de ces imposants bâtiments coloniaux ont été édifiés avec des matériaux prélevés dans les ruines préhispaniques.

Poursuivez vers l'ouest par l'Avenida Madero, très animée, qui conduit à la **3 Torre Latinoamericana** (p. 71). Montez sur la plateforme de ce gratte-ciel pour admirer la vue panoramique et la vallée de Mexico, qui se déploie à perte de vue.

Prenez ensuite le temps de musarder dans l'**4 Alameda Central** (p. 86), parc citadin où l'on peut voir des fontaines et une fresque de Diego Rivera (partie ouest).

Traversez l'Avenida Juárez pour rejoindre la Calle Dolores et prenez une bière ou une tequila dans l'une des plus anciennes cantinas de la ville, **5 El Tío Pepe**.

Poursuivez vers le sud dans Dolores, jusqu'au **6 Mercado San Juan** (p. 89), un marché créé il y a 60 ans. À la **Gastrónomica San Juan**, vous dégusterez de délicieux plats accompagnés, si vous le souhaitez, d'un verre de vin.

Sortez par la Calle Pugibet et allez vers l'ouest jusqu'au croisement de Balderas, où se trouve le **7 Mercado de Artesanías La Ciudadela** (p. 87), grand marché d'artisanat à prix raisonnables.

Piquez vers l'est pour regagner le cœur de la ville et la **8 Calle Regina**, rue piétonne animée. Asseyez-vous à la terrasse de l'une des *mezcalerías* ou dans le petit **bar à *pulque***, à l'angle de Mesones et du Callejón de Mesones, qui sert ce breuvage depuis plus d'un siècle. *¡Salud!*

NATALIIA MILKO / ISTOCK ©

Scannez ce QR-code pour connaître les tarifs et les horaires d'ouverture.

INCONTOURNABLE

Plaza de las Tres Culturas

Symbole de la fusion des racines précolombiennes et espagnoles au sein de l'identité *mestiza*, la place des Trois-Cultures réunit les pyramides aztèques de Tlatelolco, le Templo de Santiago, église espagnole du XVIIe siècle, et, au sud de la place, la tour moderne qui accueille désormais le Centro Cultural Universitario.

À NE PAS MANQUER

- La pyramide de Tlatelolco
- La fresque du XVIIe siècle dans le Templo de Santiago
- Le M68
- Le jardín de Santiago

Tlatelolco

Le marché de Teotihuacán

De récentes découvertes archéologiques ont ébranlé un certain nombre de certitudes qu'on avait sur l'origine de la ville préhispanique de Tlatelolco. Un fait avéré néanmoins : à la veille de la conquête espagnole, la cité accueillait l'un des plus grands marchés du continent, relié par une chaussée au centre cérémoniel de Teotihuacán. Lorsqu'il le découvrit, Cortés décrivit une “grande place [...] toute fermée de portiques, où, journellement, plus de 60 000 âmes achètent et vendent”.

La visite

Un sentier permet de faire le tour des ruines de la grande pyramide et des autres bâtiments aztèques. Tout comme le Templo Mayor de Teotihuacán, le principal édifice de Tlatelolco fut construit par étapes, chacun des 7 temples étant édifié au-dessus du précédent. La pyramide apparente, l'une des premières construites, possède des escaliers jumeaux qui devaient s'élever jusqu'aux temples dédiés à Tláloc et à Huitzilopochtli. Les murs extérieurs sont ornés de glyphes calendaires sculptés.

Templo de Santiago

Après la chute de Teotihuacán, les Espagnols érigèrent un premier sanctuaire sur le site de Tlatelolco. Un second édifice, érigé sous la direction du missionnaire franciscain Juan de Torquemada, fut achevé en 1609. Les Indiens durent construire eux-mêmes l'église en remployant, pour une grande partie, les pierres des constructions aztèques. Un fragment d'une divinité en pierre associée aux terres agricoles est encore visible sur le côté est de l'édifice, à l'arrière de l'abside. En entrant par le portail principal de l'église, on aperçoit les fonts baptismaux de Juan Diego (voir Basílica de Guadalupe, p. 81).

Centro Cultural Universitario Tlatelolco

Situé dans l'imposante tour de Tlatelolco, ce centre culturel dépend de l'Universidad Nacional Autónoma de México (UNAM). Il se consacre, sur 5 500 m², au "renforcement de la citoyenneté et de la démocratie au profit de la construction de la paix". Profondément réaménagé en 2018, il abrite deux espaces muséaux remarquables.

M68

Le Memorial del 68, ou M68, est un parcours multimédia qui plonge le visiteur dans l'un des épisodes les plus tragiques de l'histoire contemporaine du Mexique. Le 2 octobre, veille de l'ouverture des Jeux olympiques, les *granaderos* – une unité de police spécialisée dans le contrôle des émeutes – ouvraient le feu sur 8 000 étudiants qui manifestaient contre la corruption politique et l'autoritarisme du président Gustavo Díaz Ordaz. S'il n'y a jamais eu de chiffres officiels concernant le nombre de victimes, le bilan le plus communément admis est de 300 morts parmi les manifestants. Des dispositifs numériques, des œuvres d'art et des documents d'archives plongent le visiteur dans cet épisode et tissent des parallèles avec d'autres mouvements sociaux qui ont contribué à la reconnaissance des droits au Mexique.

Collection Xaltilolli

Ouvert fin 2021, ce centre d'interprétation s'appuie sur la présentation de quelque 200 pièces provenant de Tlatelolco (Xaltilolli en langue náhuatl) pour amener le visiteur à une réflexion sur "l'art, la mémoire et la résistance". Les artefacts, mais aussi des maquettes géantes, des cartes interactives ou encore des projections holographiques présentent les quatre "couches historiques" de Tlatelolco : l'ère préhispanique, la colonisation, l'ère moderne et la période contemporaine.

LA CHUTE DE TLATELOLCO

Lors du siège de la capitale aztèque, les Espagnols, conduits par Cortés, écrasèrent les défenseurs de Tlatelolco et leur chef Cuauhtémoc. Sur la place, une inscription récente évoque ces événements en ces termes : "Ce qui s'est passé ne fut ni une victoire ni une défaite, mais la douloureuse naissance du peuple *mestizo*, incarnation du Mexique d'aujourd'hui."

À SAVOIR

- Des trolleybus remontent l'Eje Central Lázaro Cárdenas vers le nord et longent la Plaza de las Tres Culturas.
- L'accès au site archéologique est payant (75 $M). Des visites guidées gratuites, en espagnol, sont proposées de 8 h à 13 h du lundi au vendredi.
- Le Centro Cultural Universitario Tlatelolco accueille aussi des expositions d'art contemporain, des projections et des cycles de cinéma.
- Chaque 2 octobre, une marche a lieu de Tlatelolco au Zócalo en mémoire des étudiants tués en 1968.

LE TOP DES SPECTACLES DANS LE CENTRO HISTÓRICO

Arena Coliseo
La plus intime et la moins grande des deux salles de catch mexicain de la ville présente de flamboyants *luchadores* (lutteurs) dans une ambiance de cirque.

Zinco Jazz Club
Restaurant et club en sous-sol, avec concerts de jazz et de funk, ainsi que des hommages à Sinatra ou encore à Amy Winehouse.

Salón Tenampa
La tequila coule à flots dans cette joyeuse *cantina* de la Plaza Garibaldi, où l'on peut manger au son des mariachis.

Café de Tacuba
Restaurant mexicain de légende où d'énergiques *estudiantinas* (groupes musicaux d'étudiants) animent les repas du mercredi au dimanche.

GABRIEL PEREZ/GETTY IMAGES ©

Catrina, Día de Muertos

À VOIR AUSSI DANS LE CENTRO HISTÓRICO

Les autels du Día de Muertos

AUTELS ORNEMENTÉS ET DÉFILÉ ENDIABLÉ

Le Día de Muertos (jour des Morts) est une tradition mexicaine, célébrée le 2 novembre et les jours qui précèdent, pendant laquelle on rend hommage aux défunts. Afin d'attirer les esprits pour participer à la fête, de magnifiques *ofrendas* (autels) surgissent un peu partout. Ils sont ornés de motifs complexes aux couleurs vives et on y dépose des bougies, de l'encens, des *cempasúchiles* (fleurs de souci) et les mets favoris des défunts.

La plupart des musées ont une *ofrenda* à visiter, et certaines des plus belles peuvent être admirées à **Anahuacalli** (p. 135), sur la **Plaza Santo Domingo** dans le Centro Histórico, dans le quartier de San Andrés Mixquic, à l'extrême sud-est de la ville, et au **Museo Dolores Olmedo**, réputé pour ses œuvres de Diego Rivera et Frida Kahlo. Comme le musée doit être transféré courant 2024 à Chapultepec, il peut être fermé lors de votre passage.

Organisé depuis 2016 (en s'inspirant initialement de la fausse parade figurant dans *Spectre*, le James Bond réalisé par Sam Mendes), l'immense **Desfile de Día de Muertos** rassemble plus d'un millier de danseurs et artistes costumés accompagnant les marionnettes géantes de *calaveras* (squelettes). Le défilé part du Bosque de Chapultepec, puis suit le Paseo de la Reforma, décoré pour l'occasion de gigantesques *cráneos* (crânes),

OÙ SE LOGER DANS LE CENTRO HISTÓRICO

Mexico City Hostel
Proche du Zócalo, une auberge de jeunesse calme et d'un excellent rapport qualité/prix, avec parties communes spacieuses et entrée sécurisée. **$**

Hotel Catedral
Emplacement fantastique juste à côté de la cathédrale, avec des chambres (en partie) modernisées et un restaurant qui vaut le détour. **$$**

Gran Hotel Ciudad de México
La grande verrière de vitraux réalisée par Tiffany et les luxueuses chambres sont presque éclipsées par les fabuleux brunchs avec vue sur le Zócalo. **$$$**

MATTHEW CLEMENTE/SHUTTERSTOCK ©

Le *pulque* mexicain

jusqu'au Zócalo (p. 68). Des centaines de familles viennent assister au spectacle et admirer les autels à thèmes variés de la **Megaofrenda**, sur la place. Les spectateurs font également partie du spectacle, entre costumes excentriques de Halloween, *Catrinas* (élégantes bien mises arborant un maquillage de squelette) et messieurs en smoking grimés en *calaveras*.

Retrouvez la programmation complète des célébrations sur le site Internet officiel de la ville (mexicocity.cdmx.gob.mx).

Des musées insolites et merveilleux

CHAUSSURES, TORTURE, MÉDECINE ET SORCELLERIE

Mexico est la ville comptant le plus de musées au monde après Londres, et certains des moins visités sont résolument insolites. Les amateurs de chaussures apprécieront le **Museo del Calzado El Borceguí**, du nom du plus ancien chausseur du Mexique (1865), et dont la collection compte plus de 2 000 paires. Parmi les célèbres pieds qui ont les honneurs des lieux, citons ceux des auteurs mexicains Carlos Fuentes et Elena Poniatowska, ou encore ceux de Louis XIV et de la reine Elizabeth II. Les grandes pointures ne sont pas oubliées, avec le 49 de la star du basket Magic Johnson ou les bottes portées par Neil Armstrong sur la Lune. La collection peut faire aussi dans la simplicité, comme en témoignent des sandales japonaises en paille de riz. Fashionistas et fétichistes apprécieront le classement des styles par décennie.

Pour qui préfère le macabre, le **Museo de Medicina**, installé au Palacio de la Inquisición, ancien siège de l'Inquisition (jusqu'à

LE TOP DES RESTAURANTS DU CENTRO HISTÓRICO

Coox Hanal
Cuisine du Yucatán sans chichis dans un restaurant ouvert en 1953 par le boxeur Raúl Salazar. Goûtez la *cochinita pibil* (porc braisé). $

La Casa de las Sirenas
Ce restaurant, qui surplombe le Zócalo dans un édifice du XVIIe siècle, sert des spécialités régionales contemporaines comme du poulet au *mole* de graines de courge. $$

Al Andalus
La nombreuse communauté libanaise de Mexico apprécie les shawarmas, falafels et feuilles de vigne servis ici. $$

El Cardenal
Savourez, sur fond de piano, une cuisine mexicaine traditionnelle dans un bel hôtel particulier. $$$

OÙ PRENDRE UN VERRE DANS LE CENTRO HISTÓRICO

La Faena
Bar à l'ancienne rempli d'objets liés à la tauromachie. Ses prix modiques attirent une clientèle jeune.

Nardo Cocktail Club
Ce bar-galerie d'avant-garde sert un excellent "Águila y Sol", cocktail à base de cactus.

Hostería La Bota
Chaque *cerveza* (bière) et cocktail au mezcal consommé dans ce rade jonché de bric-à-brac aide à financer des initiatives artistiques locales.

Basílica de Guadalupe

VISITES GUIDÉES

L'agence **Beyond the Surface** (www.travelmexicocity.com.mx) organise des visites guidées, en anglais ou en espagnol à travers la ville, axées sur différents thèmes : fresques et art de rue, visite d'un marché puis séance de cuisine mexicaine - avant dégustation ! ; ou encore un circuit nocturne autour de la *lucha libre*. Vous pouvez aussi opter pour la visite privée de 8 heures (avec pauses) pour une exploration de la ville à la carte. Le plus : les guides qui mènent les visites des sites préhispaniques et coloniaux sont calés en histoire et en anthropologie (les droits d'entrée des sites ne sont pas inclus).

sa suppression en Espagne, en 1820), expose une collection d'instruments médicaux et de parties de corps humains conservés dans des bocaux, ainsi que des explications sur la médecine mexicaine traditionnelle. Pas assez morbide ? Essayez le **Museo de la Tortura**, où l'on peut voir des instruments de torture européens datant du XIVe au XIXe siècle, notamment une chaise d'interrogatoire hérissée de pointes métalliques ainsi qu'une effroyable hache de bourreau.

Pour une expérience plus spirituelle, le **Pasaje Catedral**, en face de la cathédrale, est un passage rempli de boutiques vendant des objets, religieux ou de piété, en tous genres, dont des chapelets, des chérubins à suspendre et des figurines. Certains articles flirtent avec le paganisme et l'ésotérisme, comme des représentations de la Virgen de Guadalupe et de la Santa Muerte (la Sainte Mort), des bouquets de sauge pour purifier l'esprit ou encore des *cuatecomates*, un fruit censé guérir des affections respiratoires. D'autres produits mystérieux vous attendent au **Mercado de Sonora**, à 2 pâtés de maisons au sud de la station de métro Merced, dont les étals de sorcellerie débordent de poupées vaudou, d'amulettes et de tous les ingrédients nécessaires à la préparation de potions.

MERVEILLES D'ARCHITECTURE À LA BASÍLICA DE GUADALUPE

Capilla del Pocito
Chapelle baroque du XVIIIe siècle, aussi belle que singulière avec sa forme circulaire.

Clocher de la Basílica
Conçu en 1991 par l'architecte du musée d'Anthropologie (p. 118), le clocher comporte plusieurs dispositifs de mesure du temps, dont un calendrier lunaire aztèque.

Jardín del Tepeyac
Jardin paradisiaque avec des statues-fontaines représentant les apparitions de la Vierge à des Indiens.

Basílica de Guadalupe

LE LIEU DE PÈLERINAGE CATHOLIQUE LE PLUS VISITÉ AU MONDE

L'histoire de ce lieu commença en décembre 1531, lorsque Juan Diego, un Indien converti au christianisme, raconta que la Vierge Marie lui était apparue sur une colline, le Cerro del Tepeyac, jadis un lieu saint aztèque. Après plusieurs autres manifestations, on y édifia un lieu de culte en l'honneur de la Vierge de Guadalupe.

Au fil des siècles, la Vierge de Guadalupe fut créditée de toutes sortes de miracles, ce qui contribua largement à l'évangélisation des populations indiennes du Mexique, tout comme ses représentations sous des traits résolument mexicains, évoquant une version christianisée de la déesse mère aztèque Tonantzin. La Vierge finit par être déclarée patronne du Mexique en 1737, et Juan Diego fut canonisé, en 2002, par le pape Jean-Paul II.

Les sanctuaires mariaux qui entourent la colline sont les plus vénérés du Mexique. Ils attirent chaque jour des milliers de pèlerins, voire des centaines de milliers à l'approche de la fête de Notre-Dame de Guadalupe, le 12 décembre. Certains franchissent à genoux les derniers mètres qui les séparent de l'autel.

Au début du XVIIIe siècle, une Basílica de Guadalupe fut érigée sur le site de l'ancien sanctuaire pour accueillir les pèlerins de plus en plus nombreux. Mais l'édifice à 4 tours coiffé d'un dôme jaune (appelé à présent Antigua Basílica) finit par ne plus pouvoir remplir son office. Aussi décida-t-on, dans les années 1970, de lui adjoindre une nouvelle Basílica de Nuestra Señora de Guadalupe. Dessiné par l'architecte Pedro Ramírez Vázquez, ce vaste bâtiment rond et ouvert peut accueillir plus de 40 000 fidèles. Des tapis roulants amènent les visiteurs aussi près que possible de l'image de la Vierge, vêtue d'une cape verte ourlée d'or, trônant au-dessus du maître-autel. Il y a une messe toutes les heures.

TURIBÚS

Ces bus rouges à impériale (www.turibus.com.mx) sont officiellement des bus touristiques, mais ils s'avèrent très pratiques pour se déplacer dans Mexico. Ils parcourent quatre *circuitos* (itinéraires) en ville : Centro (centre), Sur (sud, y compris le Museo Frida Kahlo), Hippódromo (Polanco et Chapultepec) et Basílica (nord). Le billet permet de monter et descendre à volonté à n'importe quel arrêt du parcours (15 minutes à 1 heure entre chaque passage). Les quatre lignes partent du côté ouest de la Catedral Metropolitana.

Les billets-bracelets (adulte/enfant 210-130 $M) sont vendus à bord et aux principaux arrêts, comme El Ángel ou Mercado Roma.

Turibús

COMMENT CIRCULER

Métro La station Zócalo est au cœur du Centro Histórico. Allende se trouve à l'ouest. Sinon, traversez l'agitation de Calle Madero depuis Bellas Artes ou longez les bars étudiants de la Calle Regina depuis Isabel La Católica.

Metrobús Depuis l'aéroport, la ligne 4 du Metrobús traverse le Centro Histórico.

ALAMEDA CENTRAL

LA CULTURE À CIEL OUVERT

Cernée d'édifices historiques, l'Alameda Central fut conçue en 1592 comme un jardin pour le palais des vice-rois, où l'élite de la ville venait se promener, se faire voir et converser. De larges pans du quartier furent détruits lors du séisme de 1985, mais l'endroit fait depuis l'objet d'ambitieux projets de réaménagement. Ses espaces verts, exempts de vendeurs de rue, sont un lieu prisé pour trouver un peu de calme.

Le quartier prolonge le Centro Histórico à l'est (de nombreux habitants ne font pas de distinction entre l'un et l'autre), et s'étend à l'ouest le long du Paseo de la Reforma jusqu'au Monumento a la Revolución (mémorial des héros), puis aux quartiers voisins de San Rafael et Santa María la Ribera, en plein essor.

Les stations de métro Bellas Artes et Hidalgo se trouvent de part et d'autre du parc, respectivement à l'est et à l'ouest.

Pour les infos pratiques, voir le Carnet d'adresses p. 146

À SAVOIR

Les stations de métro Bellas Artes et Hidalgo sont respectivement situées à l'est et à l'ouest de l'Alameda.
La plupart des musées, dont le Museo de Arte Popular et le Palacio de Bellas Artes, sont fermés le lundi et gratuits le dimanche.

Alameda Central

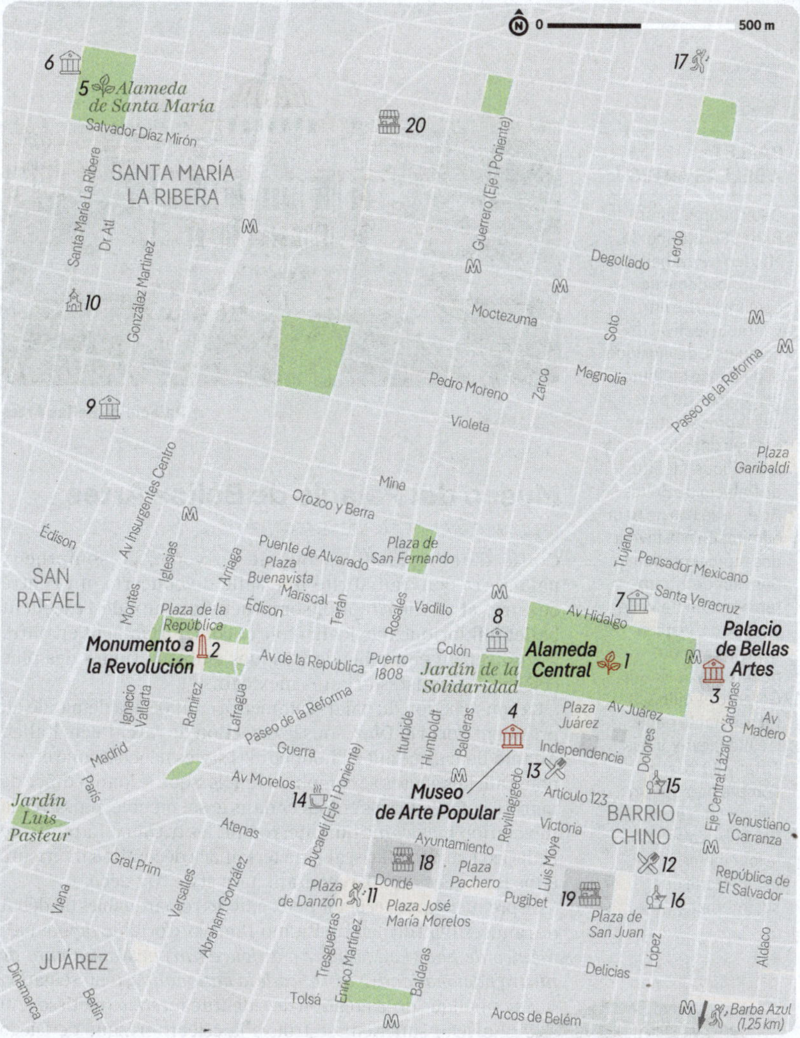

INCONTOURNABLES
1 Alameda Central
2 Monumento a la Revolución
3 Palacio de Bellas Artes
4 Museo de Arte Popular

VOIR
5 Alameda de Santa María la Ribera
6 Museo del Instituto de Geología de la UNAM
7 Museo Franz Mayer
8 Museo Mural Diego Rivera
9 Museo Universitario del Chopo
10 Parroquia Josefina Sagrada Familia

ACTIVITÉS
11 Plaza de Danzón

SE RESTAURER
12 El Huequito
13 Sin Nombre

PRENDRE UN VERRE ET FAIRE LA FÊTE
(voir 13) Bósforo
14 Café La Habana
15 Cantina Tío Pepe
16 Pulquería Las Duelistas
17 Salón Los Ángeles

SHOPPING
18 Centro de Artesanías La Ciudadela
19 Mercado San Juan
20 Tianguis Cultural del Chopo

BALLET À BELLAS ARTES

Deux heures durant, le **Ballet Folklórico de México** (www.ballet-folkloricodemexico.com.mx) offre un véritable festival de costumes, de musique et de danse de toutes les régions du pays. Les représentations ont lieu dans le magnifique théâtre du Palacio de Bellas Artes, que l'on ne peut admirer qu'à la faveur des représentations. Son mur de vitraux représentant le Valle de México, inspiré d'une œuvre du peintre mexicain Gerardo Murillo, fut assemblé par le joaillier new-yorkais Tiffany & Co. et compte presque un million de pièces. Les billets s'achètent le jour même à la billetterie ou sur Internet.

JOHN COLETTI/GETTY IMAGES ©

Palacio de Bellas Artes

Museo del Palacio de Bellas Artes

UN JOYAU D'ART ET D'ARCHITECTURE

Coiffé d'une splendide coupole en verre, ce somptueux palais Art nouveau abrite une salle de concerts, un centre culturel et le théâtre aux somptueux vitraux de l'excellent ballet folklorique mexicain (voir ci-contre). On peut en outre y admirer un ensemble de fresques emblématiques des plus célèbres muralistes artistes mexicains.

La construction du palais commença en 1905 à la demande du président Porfirio Díaz, sous la direction de l'architecte italien Adamo Boari, qui mit à l'honneur les styles néoclassique et Art nouveau. Les choses se compliquèrent lorsque le lourd édifice de marbre commença à s'enfoncer dans le sol meuble, puis avec la Révolution mexicaine qui interrompit les travaux. L'architecte Federico Ernesto Mariscal Piña termina la décoration intérieure dans les années 1930, recourant à un style Art déco.

Le premier étage accueille deux œuvres remarquables du début des années 1950 du peintre Rufino Tamayo, d'origine zapotèque : *México de hoy* (*Le Mexique d'aujourd'hui*) et *Nacimiento de nustra nacionalidad* (*Naissance de la nationalité*), représentation symbolique de la création de l'identité *mestiza* (métisse). Au niveau supérieur se trouve la célèbre fresque de Diego Rivera *El hombre en el cruce de caminos* (*L'Homme à la croisée des chemins*), commandée à l'origine pour le Rockefeller Center de New York. Les Rockefeller détruisirent la première version de l'œuvre, dont Rivera refusait d'ôter la figure de Lénine, mais l'artiste la recréa ici en 1934. Au nord se déploie le triptyque de David Alfaro Siqueiros *La nueva democracia* (*La Nouvelle Démocracie*) et l'œuvre en quatre panneaux de Rivera, *Carnaval de la vida mexicana* (*Carnaval de la vie mexicaine*). Côté est, *La katharsis* de José Clemente Orozco illustre le conflit entre les deux composantes contradictoires de l'homme, le "naturel" et le "social".

PLUS DE MURALES

Des fresques murales de Los Tres Grande (Rivera, Orozco et Siqueiros) ornent l'**Antiguo Colegio de San Ildefonso** (p. 72), dans le Centro. Certaines des plus belles fresques de Rivera se trouvent dans les cours de la **Secretaría de Educación Pública** (p. 72).

Monumento a la Revolución

HÉROS DU MEXIQUE ET PANORAMA

Inauguré en 1938, ce monument abrite les tombes des héros révolutionnaires et postrévolutionnaires Pancho Villa, Francisco Madero, Venustiano Carranza, Plutarco Elías Calles et Lázaro Cárdenas, et symbolise l'indépendance et la résilience mexicaines. Les visiteurs apprécient tout particulièrement le **Paseo Linternilla**, dont la lanterne culmine à 65 m de hauteur : on y grimpe par un ascenseur vitré menant à un escalier en spirale (inadapté aux jeunes enfants) qui monte vers une terrasse panoramique. Juste en dessous, la terrasse d'observation à 360°, moins haute mais tout aussi spectaculaire, est le niveau le plus élevé accessible sans le pass d'accès complet.

On peut aussi découvrir le squelette de l'édifice dans les **1910 Structure Galleries**, et visiter une intéressante galerie d'art en sous-sol, le **Paseo Cimentación**, où des expositions temporaires sont installées au cœur du labyrinthe de poutres d'acier soutenant l'édifice.

Aménagé sous la place et le monument, le **Museo Nacional de la Revolución** couvre 63 ans d'histoire, de l'instauration de la Constitution garantissant le respect des droits de l'homme en 1857 à l'installation du gouvernement postrévolutionnaire en 1920. Explications en espagnol uniquement.

La Révolution vint interrompre la construction de ce bâtiment destiné à l'origine à être la chambre des députés. Il fut un temps question de le détruire, mais on choisit finalement de le modifier pour lui donner une nouvelle fonction.

Les enfants aiment à batifoler sous les jets d'eau des fontaines, et la nuit, des lumières colorées viennent souligner les détails architecturaux de l'édifice réhabilité.

Monumento a la Revolución

UN REPAS AVEC VUE SUR LE MONUMENTO

La **Terraza Cha Cha** est aussi festive que son nom le laisse supposer. Rien de tel qu'une margarita et une *tuna tostada* (grande tortilla croustillante), sur cette terrasse avec vue directe sur le Monumento a la Revolución, pour mettre l'humeur à la fête. Les familles apprécient le menu varié – viandes et poissons grillés, huîtres, *aguachile* (crevettes marinées au citron vert) et tacos de langue de bœuf, de canard, de crabe ou de fleur de courgette. L'ambiance feutrée du bar à cocktails laisse place, le week-end, à des concerts et DJ-sets. Réservez pour une place en terrasse.

Museo de Arte Populaire

LE MEILLEUR MUSÉE D'ARTISANAT TRADITIONNEL

Importante vitrine de l'art folklorique mexicain, ce musée regorge d'objets d'artisanat classés par thèmes. Une jolie carte murale présente les régions du Mexique et leurs traditions, notamment les masques de carnaval du Chiapas, les *alebrijes* (figurines d'animaux fantastiques) de Oaxaca, et les *ofrendas* (autels) du Día de Muertos.

Ne manquez pas les costumes des différentes régions du pays et la section dédiée au jour des Morts. Le musée est installé dans l'ancienne caserne principale des pompiers, superbe illustration de l'architecture Art déco des années 1920 signée Vicente Mendiola. La boutique du rez-de-chaussée vend des objets artisanaux de qualité que vous aurez du mal à trouver ailleurs.

Alameda Central

Alameda Central

UN ESPACE VERT HISTORIQUE DU CENTRE

À l'instar de Central Park pour les New-Yorkais, l'Alameda Central offre un refuge aux *Chilangos* désireux d'échapper un instant à la frénésie du Centro. Le dimanche, en particulier, on s'y promène en famille tandis que les amoureux se retrouvent sur les bancs entourant les 12 fontaines du parc.

Il y avait ici, au XIVe siècle, un marché aztèque de Teotihuacán, transformé par les Espagnols en lieu d'exécution publique sous l'Inquisition. Le parc, aménagé à la fin du XVIe siècle, tire son nom des *álamos* (peupliers) plantés sur son étendue rectangulaire. À la fin du XIXe siècle, orné de statues à l'européenne et éclairé par des réverbères à gaz, il devint un lieu prisé des élites et des visiteurs de renom, venus y voir et se faire voir. Le poète américain William Cullen Bryant s'en inspira lorsqu'il milita pour la création de Central Park.

Les vendeurs de rue ne sont pas autorisés dans le parc. Le Palacio de Bellas Artes (p. 84) se situe à l'est de l'Alameda Central et, côté ouest, se trouvent les boutiques de souvenirs du Barrio Alameda. Au sud, on rejoint des magasins de proximité, des restaurants de milieu de gamme corrects et le Barrio Chino (quartier chinois ; p. 91).

Alebrije

Plaza de Danzón

Plaza de Danzón

APPRENEZ UNE DANSE CUBANO-MEXICAINE

Si vous aimez danser, venez apprendre quelques pas sur la Plaza de Danzón, au nord-ouest de La Ciudadela, près du métro Balderas. Des couples de tous âges (mais assez peu de jeunes) y viennent tous les samedis dès 11h s'adonner au *danzón*, une danse cubaine élégante et complexe importée au Mexique au XIXe siècle. Des cours de cette danse et d'autres sont dispensés ici. Des danseurs de salsa et de *cumbia* (danse colombienne) se joignent à la fête vers 15h. Même si vous ne vous lancez pas, les évolutions des couples en costumes d'autrefois sont un spectacle qui vaut le détour.

Mercado de Artesanías La Ciudadela

UN CHOIX REMARQUABLE D'OBJETS ARTISANAUX

Les prix de ce gigantesque marché artisanal sont étonnamment raisonnables pour un espace commercial de cette taille. Si Mexico est la dernière étape de votre voyage, c'est l'endroit idéal pour chiner des objets artisanaux de qualité (souvent produits en série) des quatre coins du Mexique. On y trouve notamment des *alebrijes* (animaux fantastiques en bois peint) du Oaxaca, des carreaux de Talavera de Puebla peints à la main, des guitares de Paracho, des articles en perles huicholes, les tissus otomis brodés à la main d'animaux colorés et des masques de *lucha libre*.

Les articles les plus singuliers, quasiment introuvables ailleurs, sont les *retablos*, des canettes de soda peintes à la main célébrant des figures saintes, censées aider à affronter les problèmes du quotidien.

Les céramiques de qualité supérieure sont naturellement plus chères. Le mieux est de faire un premier tour puis d'aller déjeuner dans une *fonda* (auberge traditionnelle) en plein air, au centre du marché, pour réfléchir et comparer vos coups de cœur avant de vous décider.

Mercado de Artesanías La Ciudadela

Museo Mural Diego Rivera

WHO'S WHO DE L'HISTOIRE DU MURALISME MEXICAIN

Ce musée a été construit en 1986 pour abriter l'une des œuvres les plus célèbres de Diego Rivera, *Sueño de una tarde dominical en la Alameda Central* (*Songe d'un dimanche après-midi dans l'Alameda Central*), une fresque murale de 15 m de long peinte en 1947. Celle-ci se trouvait dans l'Hotel du Prado avant sa destruction lors du séisme de 1985. De grandes figures de l'histoire mexicaine depuis l'époque coloniale, dont Hernán Cortés, Benito Juárez, Porfirio Díaz et Francisco Madero, y sont regroupées autour d'une *Catrina* (squelette vêtu d'atours féminins prérévolutionnaires). Des notices permettent d'identifier les personnages, qui incluent Rivera lui-même et Frida Kahlo.

Museo Franz Mayer

Museo Franz Mayer

PHOTOJOURNALISME ET CULTURE MEXICAINE

Dans ce pays où les assassinats de journalistes sont fréquents, ce musée accueille chaque année l'exposition World Press Photo (www.worldpressphoto.org), organisée de fin juillet à octobre.

Le musée présente également la collection d'argenterie, de céramiques, de textiles et de mobilier mexicains rassemblée par Franz Mayer, financier né en Allemagne en 1882, qui fit du Mexique son pays d'adoption.

Les salles donnent sur un superbe patio de style colonial abritant un excellent café.

Le musée occupe l'Iglesia de la Santa Veracruz, édifiée à l'origine en 1586 et reconstruite au XVIIIe siècle. Remarquez ses deux portes de style baroque mexicain.

Diego Rivera est représenté sur les billets de 500 pesos

Sin Nombre

CUISINE DU OAXACA DANS UN LIEU BIEN CACHÉ

Trop bon pour rester secret, ce restaurant "sans nom", près de la *mezcalería* (bar à mezcal) Bósfaro, sert dans des assiettes en terre cuite des spécialités du Oaxaca et d'autres régions du Mexique d'inspiration "slow food", comme le *conejo encacahuatado* (lapin accompagné d'une sauce piquante aux cacahuètes et de patates douces) ou le *pulpo en morita* (calamar grillé et piments fumés et fruités). Ici, pas de groupes bruyants, mais des connaisseurs locaux venus profiter d'un moment intime, dans une atmosphère industrielle chic.

El Huequito

LES EXPERTS DU TACO DE RUE

Ces grands professionnels préparent de délicieux *tacos al pastor* (porc mariné rôti à la broche) depuis 1959. Ils affirment même avoir importé à l'époque la spécialité à Mexico depuis les quartiers libanais de Puebla – la dispora libanaise serait à l'origine de cette recette désormais incontournable dans le pays. Les succursales présentes en villes ont de grandes salles où s'asseoir, mais, allez savoir pourquoi, les tacos sont meilleurs dans le mouchoir de poche d'origine. Il y a toujours de l'attente, mais vous ne serez pas déçu d'avoir patienté.

Tacos, El Huequito

Mercado San Juan

Mercado San Juan

MARCHÉ ALIMENTAIRE INSOLITE

Ce petit marché est spécialisé dans les produits alimentaires rares et recherchés, à l'exemple des insectes, de l'autruche, du chevreuil et de fruits peu communs. Chefs et gastronomes viennent y trouver des ingrédients difficiles à dénicher ailleurs, tels que le *huitlacoche*, un champignon parasite du maïs, prisé pour ses arômes de truffe et de shiitake. L'endroit est fascinant, même pour qui s'en tient au tout-venant, et vous pourrez déguster les produits sur place. Près des entrées, les jus de fruits, paellas et ceviches attirent également les foules. Les plus aventureux goûteront les *chapulines* (sauterelles frites), un mets traditionnel au Mexique.

Bósforo

BAR À MEZCALS BRANCHÉ

On passerait facilement à côté de la plus sympathique *mezcalería* de quartier de Mexico. Derrière le rideau quelconque de Bósforo, on savoure des mezcals de première qualité, en profitant d'une sélection musicale éclectique et d'une excellente cuisine de pub. Il n'y a pas de menu, simplement une ardoise avec les prix. Demandez conseil (on y parle anglais) et commencez par un cocktail au mezcal. Il est interdit de prendre des photos, ce qui entretient le mystère de ce lieu prisé des jeunes créatifs branchés. L'éclairage à la bougie confère une ambiance tamisée à l'endroit, souvent bondé jusque dans la mezzanine.

EVE OREA/SHUTTERSTOCK ©

Kiosco Morisco

À VOIR AUSSI À ALAMEDA CENTRAL

Cantinas, écrivains et révolutionnaires

TRADITIONS ET CRÉATION AUTOUR D'UN VERRE

Les campagnes s'invitent dans les bars de la métropole mexicaine. Le *pulque*, boisson sacrée aztèque, tirée de la fermentation de la sève du *maguey* (agave), est passé du statut de boisson rurale pittoresque à celui de symbole de résistance face aux élites étrangères et à leurs bières importées. La **Pulquería Las Duelistas**, à quatre rues du Palacio de Bellas Artes, est une *pulquería* typique, redécouverte par une clientèle de jeunes artistes et musiciens. Le *pulque*, dont il existe des saveurs variées, y est servi directement depuis le tonneau. Les tables en Formica et les murs couverts de graffitis forment un cadre décontracté, propice aux rencontres, où l'on se retrouve entre amis.

À leur arrivée au Mexique, les Espagnols commencèrent à distiller l'agave pour en faire de la tequila et du mezcal. On trouve encore dans le Centro et l'Alameda Central des endroits où enchaîner les *shots* à la manière de William Burroughs au début des années 1950. On raconte que le père de la Beat Generation a décidé d'écrire sur une "cantina bon marché" dans son premier roman, *Junkie* (1953), après avoir passé du temps à

LE TOP DES CAFÉS DE L'ALAMEDA CENTRAL

Farmacia Internacional
Brunchs dans une salle élégante avec café corsé et laits de soja ou de noix de macadamia, muesli maison au yaourt, œufs et salades.

Panadería Regis
On a bonheur à prendre un expresso accompagné d'un *ocho* (pâtisserie mexicaine) en bordure du parc.

Finca Don Porfirio
Au 8e étage du grand magasin Sears, savourez un café en profitant de la vue.

OÙ SE LOGER DANS ALAMEDA CENTRAL

Casa MX Alameda
Les fêtes sur le rooftop ne perturbent pas la quiétude des dortoirs de cette auberge de jeunesse au nord du parc. **$**

Plaza Revolución Hotel
Chambres chics et modernes, quatre rues à l'est du Monumento a la Revolución. **$$**

Palace Hotel
Hôtel spacieux avec vue sur la ville, concerts, piscine et un décor moderne, près du Palacio de Bellas Artes. **$$$**

la **Cantina Tío Pepe**, l'un des bars les plus anciens et les plus traditionnels de la ville. Depuis près de 140 ans, ce "saloon" a vu défiler politiciens mexicains en vue et artistes célèbres.

Des journalistes et des écrivains tels que Gabriel García Márquez, Roberto Bolaño et Octavio Paz fréquentaient le **Café La Habana**, café à l'ancienne où Fidel Castro et Che Guevara avaient leurs habitudes, tandis que la révolution cubaine était encore en projet.

Santa María la Ribera, un quartier en plein essor

UN NOUVEAU QUARTIER BRANCHÉ

Immédiatement au nord-ouest de l'Alameda Central, **Santa María la Ribera** est le nouveau quartier à la mode de Mexico. Ses rues paisibles sont flanquées de demeures néoclassiques typiques du *Porfiriato*, période de la fin du XIXe siècle où l'architecture et les arts s'inspirant de la France, chère au président Porfirio Díaz. Passé de riche faubourg à friche industrielle, le quartier a enfin recouvré un nouveau souffle.

Au cœur du quartier se trouve l'**Alameda de Santa María la Ribera**, place et parc dont l'attrait principal est l'élégant **Kiosco Morisco**, conçu par l'architecte mexicain José Ramón Ibarrola pour l'Exposition universelle de 1884 à La Nouvelle-Orléans. Le kiosque présente des ornements de style mudéjar, un mélange d'architectures espagnole et maure. Le week-end, on y vient danser sur de la *cumbia* ou de la K-pop.

Le **Museo del Instituto de Geología de la UNAM**, à l'extrémité nord-ouest du parc, est un bel exemple d'architecture Art nouveau du *Porfiriato*. Commandé en 1890 par le président Porfirio Díaz, l'édifice, dont la façade en pierre volcanique est sculptée de représentations typiquement mexicaines, arbore, à l'intérieur, un impressionnant escalier double. Sa collection comprend, entre autres, les premiers fossiles de dinosaures découverts au Mexique, des météorites et un squelette de mammouth.

Au sud du parc, la **Parroquia Josefina Sagrada Familia** est un chef-d'œuvre néo-byzantin de 1899, avec dômes, arches, colonnes de marbre et découpes florales d'inspiration islamique.

Enfin, impossible de manquer les hautes flèches en acier et la façade en métal et verre du **Museo Universitario del Chopo**. Construit en partie en Allemagne en 1902 puis acheminé au Mexique en 1905, c'est aujourd'hui un musée d'art moderne présentant des artistes émergents. Le musée accueille par ailleurs des spectacles de danse moderne et des projections de films d'art et d'essai mexicains et étrangers.

UN MINI-CHINATOWN

Le quartier chinois de Mexico fait face au Palacio de Bellas Artes. On peut y voir une entrée en pagode, des lions en pierre et des lanternes.

Agressés, tués ou chassés par des forcenés lors de la révolution mexicaine de 1911, les marchands chinois qui s'étaient installés au XIXe siècle à Mexicali et Torreón, dans le nord du pays, fuirent vers la capitale mexicaine. Dès les années 1930, les rues Dolores et Luis Moya comptaient leur lot de pâtisseries chinoises, ainsi que de ces fameux *cafes chinos*, avec leurs *bisquets* (pâtisseries aujourd'hui considérées comme mexicaines) et leurs repas bon marché.

Si le Barrio Chino (Chinatown) est, de nos jours, l'un des plus petits quartiers chinois du monde, il reprend vigueur. L'Arco Chino (Av Independencia 32), une arche chinoise coconçue par des artistes mexicains symbolise l'espoir d'un nouvel essor.

OÙ SE RESTAURER DANS ALAMEDA CENTRAL

El Cuadrilátero
Propriété du lutteur Super Astro, ce restaurant de *tortas* (sandwichs) est décoré de masques de *lucha libre*. **$**

Taquería Tlaquepaque
Cantine mexicaine servant des classiques de Guadalajara comme la *birria* (ragoût à la chèvre). **$**

El Cardenal
Restaurant mexicain familial à l'ancienne servant petits-déjeuners traditionnels et cuisine maison. **$$**

LE TOP DES LIEUX ARTISTIQUES À SANTA MARÍA LA RIBERA

Eucalipto 20
Ce collectif d'artistes *queers* expose et vend de l'art, et organise le week-end des soirées pizza artisanale et vin.

Casa Equis
Pionnier de l'art émergent et lieu de rencontres pour les habitants et les artistes autour de bières artisanales et d'en-cas.

Moonrise
Planches de skate décorées par des artistes locaux, street wear et magazines.

Galería Rab 63
Cette minuscule galerie expose des artistes locaux et organise des soirées d'expositions.

Ranzö Café y libros
Café-librairie avec ouvrages de créateurs, bagels et élégants fauteuils en velours.

Barba Azul

Dansez hors des sentiers battus

MEXICO AUTHENTIQUE, RUDE ET À L'ANCIENNE

Aventurez-vous hors de l'Alameda Central pour explorer des banlieues moins touristiques où s'épanouissent de singulières sous-cultures. Ses lumières rouges et ses murs peints de danseurs et de flammes plantent l'atmosphère de **Barba Azul**, discothèque aux airs de cabaret où l'on peut louer les services d'un *fichero* ou d'une *fichera* (cavalier). Depuis les années 1950, c'est ici qu'ont lieu les meilleures soirées salsa, merengue et *son* (musique folklorique) en ville. Vérifiez bien l'addition et appelez un taxi officiel en partant.

Au **Salón Los Ángeles**, les amateurs se régaleront des remarquables orchestres et des gracieuses évolutions des danseurs dans une élégante salle de bal de 1937. Le dimanche, on joue de la salsa et de la *cumbia* (musique venue de Colombie). Le mardi, le swing et le *danzón* attirent un public un peu plus âgé. Le dancing se trouve dans la Colonia Guerrero, un quartier un peu sinistre – prenez un taxi officiel ou un Uber.

En journée, des jeunes font revivre les années 1980 et 1990 au **Tianguis Cultural del Chopo**, marché en plein air où se rencontrent différentes mouvances (goth, metal, indie et punk en particulier) et où l'on trouve vêtements neufs et d'occasion, tatouages, piercings et colorations capillaires. À l'extrémité nord du marché, de jeunes groupes de musique se produisent devant un public parfois sous influence. Surveillez bien vos affaires et attendez-vous à ce qu'on vous propose discrètement de la drogue.

OÙ SE RESTAURER À SANTA MARÍA LA RIBERA

Kolobok
Dans le parc, une institution de la communauté russe, où l'on sert raviolis, bortsch, gâteau au miel. **$**

Mercado La Dalia
Installez-vous à l'un des comptoirs de ce marché pour de savoureux *tacos de carnitas* (tacos au porc braisé). **$**

Sabina
Gorditas (tortillas garnies) au poulpe et cocktails de premier ordre, dans une élégante demeure rénovée avec jardin. **$$**

JUÁREZ ET ZONA ROSA

BARS GAYS ET QUARTIER BRANCHÉ

En constante évolution, la Zona Rosa est un quartier hétéroclite où se côtoient restaurants coréens, hôtels d'affaires, magasins de souvenirs et fast-foods. Le soir, le quartier vibre au rythme des clubs gays et des bars sportifs. Depuis la pandémie, des vendeuses de rue se sont approprié l'espace devant la station de métro Insurgentes pour proposer des babioles aux passants, ajoutant encore à l'ambiance chaotique du quartier.

Pour découvrir les beaux quartiers, flânez jusqu'à Cuauhtémoc, au nord, ou à l'est jusqu'à Juárez. Cette nouvelle enclave tendance est née en 1906 afin de créer un quartier huppé réservé aux étrangers et à l'élite porfirienne. Pour les *Chilangos*, l'ensemble du secteur est souvent désigné par le nom de son artère principale, "Reforma".

Pour les infos pratiques, voir le Carnet d'adresses p. 148

À SAVOIR

Le métro Insurgentes débouche sur une grande place au cœur du quartier (même Roma n'est pas loin).

En *metrobús*, descendez à la station Insurgentes pour la Zona Rosa ; El Ángel pour Cuauhtémoc (au nord de la Zona Rosa) ; Hamburgo pour Juárez (à l'est, traversez l'Avenida Insurgentes).

Zona Rosa

INCONTOURNABLES
1 Paseo de la Reforma

VOIR
2 El Ángel
3 Little Seoul
4 Little Tokyo
5 Plaza Washington

SE RESTAURER
6 Tacos Gabriel
7 Tamales Madre
8 La Rifa Chocolatería

PRENDRE UN VERRE ET FAIRE LA FÊTE
9 Nicho Bears & Bar
10 Rico
11 Xaman Bar
12 Blow Bar
13 Cabarétito Fusión
14 Kinky

SHOPPING
15 Bazar Fusión

Paseo de la Reforma

Paseo de la Reforma

TOUT MEXICO DANS UN BOULEVARD

Communément appelé “Reforma”, ce large boulevard bordé d’arbres file de Tlatelolco au **Bosque de Chapultepec**, au sud-ouest, contournant au passage l’Alameda Central avant de traverser Juárez et la Zona Rosa. L’empereur Maximilien de Habsbourg aurait créé cet axe pour relier son château, sur la colline de Chapultepec, à la vieille ville. Après l’exécution de Maximilien, le boulevard fut rebaptisé en hommage aux réformes mises en place par le président Benito Juárez.

Large et invitant à la promenade, l’avenue possède de vastes terre-pleins centraux ornés de statues, où s’installent régulièrement des foires aux livres et des expositions. Elle est également ponctuée d’une succession d’immenses *glorietas* (ronds-points), à commencer par **El Caballito**, près de l’Alameda Central, où se dresse la statue d’une tête de cheval jaune du sculpteur Sebastián. Ensuite vient le **Centro Bursátil**, tour angulaire doublée d’un bâtiment coiffé d’un dôme de miroirs où est installée la Bolsa (Bourse du Mexique). On arrive enfin au symbole de Mexico, **El Ángel** (p. 96), puis au monument surnommé **La Diana Cazadora** (*Diane chasseresse*), un bronze de 1942 représentant la déesse visant le ciel avec son arc. Le Paseo devient plus arboré en s’approchant du **Bosque de Chapultepec** (p. 124) et du **Castillo de Chapultepec** (p. 120). Vous trouverez dans ce secteur d’excellents musées – **Museo de Arte Moderno** (p. 120), **Museo Tamayo** (p. 117) et **Museo Nacional de Antropología** (p. 118). Plus loin, à Polanco, vous croiserez l’**Auditorio Nacional**, salles de 10 000 places où se produisent les grands noms du rock et de la pop mexicaine et étrangère.

LA REFORMA EN BUS

Explorez l’intégralité du boulevard en transports en commun à bord d’un bus à deux niveaux. La Línea 7 de *metrobús* couvre en effet les parties les plus intéressantes du Paseo de la Reforma, et l’on peut généralement trouver une place assise le week-end ou de 10h à 16h en semaine. Le trajet, confortable et peu onéreux, démarre Plaza Garibaldi, passe par tous les monuments du Paseo jusqu’à El Ángel, puis se poursuit vers le Bosque de Chapultepec (terminus le dimanche avant 14h) et le Museo Nacional de Antropología avant de s’arrêter à l’Auditorio Nacional.

Plaza Washington

LE CŒUR VERDOYANT DE JUÁREZ

Entourée d'arbres, la Plaza Washington (où se dressait autrefois une statue de George Washington, déplacée depuis au Bosque de Chapultepec) symbolise à merveille le renouveau du quartier de Juárez. On s'y prélasse sous les arbres chez le chocolatier Rifa (p. 98) ou l'on y mange des sandwichs au poulet frit de **Cicatriz**, un repaire de nomades numériques. Tout autour de la place se cachent bars et boutiques nichés entre les échoppes de *tortas* (sandwichs) et de pizza.

El Ángel

Torta al pastor

El Ángel

LE SYMBOLE DORÉ DE MEXICO

Emblème de Mexico, *El Ángel* (L'Ange), est une statue dorée de Niké, déesse grecque ailée de la Victoire, installée en 1910 sur une colonne de 45 m de haut à l'occasion du centenaire de l'indépendance. Le monument sert de mausolée à Miguel Hidalgo, José María Morelos, Ignacio Allende ainsi qu'à neuf autres figures de la lutte pour l'indépendance. Des milliers de gens se rassemblent ici pour célébrer la fête de l'Indépendance (16 septembre), la Saint-Sylvestre, les victoires de l'équipe nationale de football, ou encore lors de concerts gratuits occasionnels.

L'endroit est aussi coutumier des manifestations politiques. En août 2019, par exemple, El Ángel a été couvert de graffitis destinés à attirer l'attention sur les féminicides et les inégalités hommes-femmes dans le pays.

Les abords sont un agréable lieu de promenade. Pour s'approcher du monument, il faut attendre une ouverture dans la circulation automobile, car il n'y a aucun feu tricolore.

Tamales

Tamales Madre

DÉLICIEUSE PÂTE DE MAÏS À LA VAPEUR

Le paradis des *tamales*, en particulier pour les végétariens ! Avez-vous été déçu par les *tamales* à base de saindoux et pauvres en garniture des vendeurs à vélo hurlant "*Tamales* !" dans leurs mégaphones à travers tout Mexico ? Alors, venez goûter ceux servis dans la salle minimaliste et moderne de Tamales Madre. Ici, on les cuit à la vapeur et sans *manteca* (saindoux) dans de la *masa* (pâte de maïs) enveloppée dans une feuille de maïs ou de banane plantain. Le résultat : de délicieux *tamales* au *mole* (sauce au chocolat) avec poulet ou banane plantain, à la *hoja santa* ("poivre mexicain", une plante aromatique), ou encore à la crème de noix de pécan. On mange installé à une grande table commune où l'on peut observer les cuisiniers à l'œuvre et converser avec les autres convives.

Tacos Gabriel

FESTIN DE TACOS À CUAUHTÉMOC

Les tacos de Gabriel ne sont pas tout à fait comme les autres. Le *camarón* (crevette), les *hongos* (champignons), le poulet et le classique *lechón* (cochon de lait) ont ici la cote. Ce qui fait l'excellence de Gabriel, ce sont ses tortillas maison et ses six délicieuses *salsas*, de l'acidulée *piña habanero* au goût fumé de la sauce au chipotle. Les *tostaditas adobadas* (chips de maïs) épicées, légendaires, sont à déguster avec une bière ou une *agua fresca*, une eau de fruit rafraîchissante. Derrière l'enseigne en néon vintage, la salle est petite, et l'attente peut être longue le week-end.

Tacos

Pequeño Seúl et Pequeño Tokio

LA CORÉE, LE JAPON ET LE MEXIQUE DANS L'ASSIETTE

Quartier aux multiples facettes, la Zona Rosa a son quartier coréen et son quartier japonais ! Dans le **Pequeño Seúl** (Petit Séoul), les épiceries, bars à karaoké, restaurants de barbecue, cafés et salons de beauté servent une clientèle d'authentiques Coréens. Dans le quartier voisin de Cuauhtémoc se trouve le **Pequeño Tokio** (Petit Tokyo), notamment dans la Calle Río Panuco et alentour. En journée, les employés de bureau et des ambassades déjeunent dans les restaurants de ramen et les bistros de *sandos* (sandwichs). La nuit, on dort sur des futons dans l'élégance épurée de **Ryo Kan** (ryokan.mx), après un dîner dans l'atmosphère chic de l'époque d'Edo chez **Koku** (app.koku.adomicil.io). On peut aussi goûter les tacos fusion d'**Ánimo Ay Caldos!** (animo-ay-caldos.negocio.site) avant de terminer la soirée par un cocktail, au son des vinyles du **Tokyo Music Bar** (edokobayashi.com).

La Rifa Chocolatería

DOUCEURS PRÉHISPANIQUES CHOCOLATÉES

Dans cet établissement de la Plaza Washington, les recettes préhispaniques à base de cacao sont préparées artisanalement, et l'on y sert un chocolat chaud fermenté à la saveur intense. Optez pour un chocolat à base d'eau pour un goût authentique (tel celui des origines) et crémeux, et n'hésitez pas à demander un chocolat mi-sucré ou une touche de piment.

Les salades et tartes au chocolat, à la mangue et à la figue sont également à tomber. Vous pourrez aussi goûter des *tamales de mole* (*tamales* avec sauce épicée au cacao) ou des *chalupas de chapulines* (mini-tortillas aux sauterelles) si vous préférez le salé.

Tamales de mole

Bazar Fusión

MARCHÉ D'ARTISANAT

Dans une *casona* (grande maison) reconvertie typique du quartier de Juárez, une dizaine de boutiques indépendantes vendent cadeaux-souvenirs, vêtements et meubles, la plupart avec une touche mexicaine. C'est l'endroit idéal pour se procurer des produits durables et des articles de beauté végans. Du vendredi au dimanche, un marché s'installe dans la cour et présente, chaque semaine, des produits et des aliments d'une région différente. On peut généralement y acheter du mezcal artisanal après avoir discuté avec les producteurs. Un café sert des en-cas gastronomiques, tels que de la pizza aux *chapulines* (sauterelles) ou à l'aubergine. Un lieu parfait pour se promener à l'heure du brunch et se faire une idée du quartier.

EN HAUT À GAUCHE : MARCUS CASTILLO/SHUTTERSTOCK ©

Mini-tortillas aux *chapulines*

Xaman Bar

COCKTAILS DANS UN BAR SECRET

Un bar *underground* dans tous les sens du terme. Trouvez l'entrée cachée et descendez dans ce temple obscur où l'on voue un culte à la mixologie. Des herbes comme de la sauge colorent le mezcal servi dans des noix de coco évidées, tandis que des saveurs fumées, de câpres et d'anis, parfument des cocktails versés dans des récipients en marbre. Les espaces design et les noms des cocktails, comme "voyage astral", confèrent au lieu une ambiance mystique-chic. Mais, sorcellerie mise à part, les cocktails sont enchanteurs. Avec le **Hanky Panky** (www.hankypanky.mx), c'est l'un des bars secrets (mais raffinés) qui font de Juárez (même si le Xaman est techniquement à Cuauhtémoc) le quartier qu'il est.

GUILLERMOPHOTO/SHUTTERSTOCK ©

Cyclistes sur le Paseo de la Reforma

À VOIR AUSSI À JUÁREZ ET DANS LA ZONA ROSA

Dimanche sans voitures

TOUS AU PASEO DE LA REFORMA !

Le dimanche (hormis le dernier du mois), le Paseo de la Reforma est fermé à la circulation automobile de 8h à 14h entre le Bosque de Chapultepec et l'Alameda Central : c'est le Paseo Dominical. Joignez-vous aux légions de *Chilangos* (habitants de Mexico) qui prennent alors possession du vaste boulevard – à pied, à skate, à vélo ou à trottinette.

À cette occasion, l'itinéraire de 26 km du *"ciclotón"* suit la Reforma entre l'Auditorio Nacional et la Basílica de Guadalupe, passant devant les monuments El Caballito, Centro Bursátil, El Ángel et La Diana Cazadora.

Si vous venez un autre jour, l'essentiel de l'itinéraire comporte des *ciclovías* (voies cyclables réservées). La *ciclovía* du Paseo de la Reforma est séparée de la circulation automobile par des petits ralentisseurs, et rouler à vélo est autorisé dans le Bosque de Chapultepec – ce qui se révèle pratique pour en voir les différents sites d'intérêt, loin les uns des autres.

Vous trouverez votre bonheur parmi un choix toujours changeant d'applis de location de vélos et de trottinettes en partage. Vous pourrez aussi louer un vélo du réseau municipal Ecobici (ecobici.cdmx.gob.mx) avec une carte bancaire. Les stations Bicigratis (sur Reforma et Fuente de Cibeles) permettent même d'emprunter un vélo gratuitement pendant 3 heures sur présentation d'un passeport.

LE TOP DES RESTAURANTS DE JUÁREZ ET DE LA ZONA ROSA

Yug Vegetariano
Propose, depuis plus de 50 ans, une cuisine végétarienne et végane sans prétention, ainsi qu'un superbe buffet au déjeuner. $

Masala y Maiz
Cuisine fusion indienne/est-africaine/mexicaine de haute volée, avec d'excellents plats végétariens et des vins bio. $$

Alba Cocina Local
Menu saisonnier de petits-déjeuners et dîners mexicains avec une touche de créativité. La cuisine fait des merveilles avec l'artichaut et le poulpe. $$

Café NiN
Éminemment photogénique, ce bistro-boulangerie, tout en dorures, filiale de la Panadería Rosetta (p. 106), est un paradis du brunch. $$

OÙ SE LOGER À JUÁREZ ET DANS LA ZONA ROSA

Capsule Hostel
Auberge de jeunesse de Juárez, conçue sur le principe des capsules à la japonaise dans une version luxueuse. $

Casa González
Établissement géré en famille depuis près d'un siècle, avec des chambres calmes et un patio verdoyant. $$

Hotele Geneve
Cette institution de la Zona Rosa a conservé une atmosphère Belle Époque tout en dorures. $$$

Zona Rosa

MERVEILLES ARCHITECTURALES DE JUÁREZ ET DE LA ZONA ROSA

Calle Havre
Une rue flanquée de *casonas* (grandes maisons) superbement rénovées, de la Mansion Havre (un hôtel) au restaurant Havre 77.

Museo de Cera, Londres 6
Merveille Art nouveau revêtue de carreaux de céramique, abritant un musée de cire.

Edificio Vizcaya, Bucareli 128
Cet immeuble était l'un des premiers de Juárez à disposer d'eau courante lors de son inauguration en 1924.

Secretaria de Salubridad, Lieja 7
Imposant bâtiment administratif Art déco près de Chapultepec, inauguré en 1929.

Soirée LGBTQI+ dans la Zona Rosa

LA CAPITALE QUEER DU MEXIQUE

Mexico représente une lueur d'espoir pour les innombrables gays, lesbiennes et trans fuyant les petites villes moins tolérantes du Mexique et même d'autres pays d'Amérique latine. Tous se retrouvent dans la Zona Rosa, où l'on fait la fête dans les bars et clubs d'Amberes, et où l'on s'aventure même dans les bars des sports voisins sans rencontrer le moindre problème. Dans la Zona Rosa, on se rit du code vestimentaire *nice* (snob) des soirées gays de Polanco et Condesa.

La jeunesse locale et les fêtards venus d'ailleurs se retrouvent au **Rico** (p. 149), un établissement un peu crasseux, mais qui ferme très tard, avec spectacles de drag-queens et jardin sur le toit. Tout aussi bondés, le **Cabarétito Fusión** (p. 149) et le 3e étage du **Blow Bar** (p. 149), où le reggaeton est roi, sont des hauts lieux du *perreo* (danse provocante). Arrivez à l'ouverture pour éviter les files d'attente.

De retour sur **Amberes**, artère centrale du quartier gay, maints petits bars vous attendent avec leurs pistes de danse et, pour certains, des vitrines. On se presse notamment au **Kinky** (p. 149), avec sa terrasse sur le toit, ses gogo boys et une playlist pop attirant une clientèle de trentenaires plus habillée. Le jeudi est réputé pour la soirée lesbienne "Ellas".

La communauté *bear* fréquente l'accueillant **Nicho Bears and Bar** (p. 149), tandis que les ténèbres du *dark room* de **Tom's Leather Bar** (p. 149) accueille des soirées très *hot*.

Comme dans tous les bars, faites attention aux pickpockets.

OBJETS ARTISANAUX ET ART À JUÁREZ ET DANS LA ZONA ROSA

Antigüedades Plaza del Ángel
Le week-end, un marché aux puces s'installe dans les allées de ce village d'antiquaires chic de la Zona Rosa.

Fonart
Ce magasin d'artisanat géré par le gouvernement vend des articles de qualité des quatre coins du Mexique.

México Hecho Arte
Œuvres d'art contemporain et artisanat traditionnel se côtoient au nord d'El Ángel, à Cuauhtémoc.

ROMA

BOUTIQUES DE CRÉATEURS ET BEAUX ÉDIFICES

Autrefois peuplé d'artistes et d'écrivains, le quartier de Roma est désormais envahi de magasins de haute couture et de restaurants internationaux, même si ses petites rues restent marquées d'un esprit bohème. C'est dans les salons de tatouage, les boutiques de créateurs, les clubs, les magasins de vinyles, les cafés végans et les salons de coiffure de Roma que naissent les nouvelles tendances de tout Mexico. Explorez les alentours d'Álvaro Obregón, l'artère principale de Roma, pour découvrir les cafés, *taquerías*, galeries et boutiques indépendantes émaillant les rues arborées du secteur. En descendant Orizaba, on passe par deux places charmantes : Río de Janeiro, avec sa réplique du *David* de Michel-Ange, et Luis Cabrera, ornée d'une belle fontaine.

Roma Norte (nord) concentre l'activité du quartier. En allant vers Roma Sur (sud), le rythme ralentit à mesure que le voisinage se fait plus résidentiel, avant de repartir de plus belle autour du Mercado Medellín et des *fondas* (auberges), bars et boutiques colombiennes qui l'entourent. De l'autre côté d'Insurgentes, on rejoint le quartier huppé de Condesa.

Pour les infos pratiques, voir le Carnet d'adresses p. 149

À SAVOIR

La station de métro Insurgentes débouche à l'entrée nord de Roma.

Les arrêts de Metrobús Álvaro Obregón et Jardín Pushkin se situent à chaque extrémité de la principale avenue.

Malgré des rumeurs de renouveau, les rues sombres de Doctores se vident à la nuit tombée, encourageant les agressions.

Plaza Río de Janeiro

VOIR
1 Museo del Objeto del Objeto
2 Plaza La Romita
3 Plaza Luis Cabrera
4 Centro de Cultura Casa Lamm

SE RESTAURER
5 Antojitos La Romita
6 Cabrera 7
7 Contramar
8 El Parnita
9 Expendio de Maíz
10 Forever
11 Maximo
12 Mercado Medellin
13 Mercado Roma
(voir 8) Páramo
14 Por Siempre Vegana Taquería
15 Rosetta
16 Tacos Álvaro Obregón
17 Taquería Orinoco
18 Taquitos Frontera

PRENDRE UN VERRE ET FAIRE LA FÊTE
19 Licorería Limantour

SORTIR
20 Arena México

Centro de Cultura Casa Lamm

ART ET ARCHITECTURE BOURGEOISE

Rare maison bourgeoise du début du XIXe siècle ayant échappé à la destruction, cette opulente demeure aux façades ocre témoigne de l'architecture en vogue à l'époque, avec des influences européennes et, en particulier, française. Elle fut construite pour Lewis Lamm, entrepreneur qui, avec son père, fut à l'origine du développement du quartier de Roma. Depuis 1994, l'édifice abrite un espace culturel dynamique qui accueille des conférences. On y trouve aussi une galerie d'art exposant des artistes mexicains contemporains, une excellente bibliothèque d'art et le restaurant bistronomique **Nueve Nueve** (www.nuevenueve.com.mx).

Plaza Rio De Janeiro

Plaza Luis Cabrera

UN PEU D'HISTOIRE SUR LA ROUTE

Tout au long des années 1950, Roma était l'un des repaires des auteurs de la Beat Generation. Sur la Plaza Luis Cabrera, des poètes comme Allen Ginsberg déambulaient autour de la Fontaine, sous l'emprise de la drogue, cherchant l'inspiration et l'âme de Mexico. Une photo de Kerouac entouré d'amis a peut-être été prise ici. La place, aujourd'hui plus tranquille, est un espace artistique à ciel ouvert, avec des amoureux assis sur les bancs, des restaurants aménagés dans de vieilles demeures reconverties et des cafés où vous pourrez écrire votre propre chef-d'œuvre. La tête géante de bronze est signée Javier Marín, artiste résidant à Roma. Avec la **Plaza Rio De Janeiro** (et sa statue de David), la Plaza Luis Cabrera, en lisière de Roma Norte, seront une halte au cours de votre exploration du quartier.

Plaza Luis Cabrera

Museo del Objeto del Objeto

OBJETS MEXICAINS EN TOUS GENRES

Organisé sur deux niveaux, ce musée du design offre une vision originale de l'histoire mexicaine grâce à des expositions thématiques ("Le Football au Mexique", par exemple) montées à partir d'une collection de plus de 100 000 pièces, certaines remontant à la guerre d'Indépendance (1810). La collection permanente rassemble des objets tels que des machines à écrire, des affiches, des boîtes d'allumettes, des tampons encreurs et toutes sortes de boîtes en métal (pour le tabac, le cirage ou les aiguilles à gramophone). Les explications en anglais sont peu nombreuses, mais le musée donne un aperçu fascinant des occupations des Mexicains au fil des siècles.

La Romita

UNE OASIS SECRÈTE DANS ROMA

Plaza de Romita

Sitôt rendu sur la Plaza de Romita, on se croit arrivé dans un *pueblo mágico* (village magique). Les pins occultent le monde moderne et l'on se retrouve seul face à une fontaine. Le temps semble ralentir, comme si l'on était en 1953, l'année où fut construite l'**église Rectoria de San Francisco Javier**, d'un blanc immaculé. En remontant encore le temps, La Romita (surnom du quartier) était partie prenante du Tenochtitlan préhispanique, bien avant Roma. C'est également ici que le réalisateur hispano-mexicain Luis Buñuel a en partie tourné *Los Olvidados* (1950). La Romita semble oubliée du reste du monde, et l'on y entend le crépitement des tortillas chaudes dévalant le tapis roulant dans la *tortillería* délabrée vieille d'un demi-siècle. C'est le Mexico d'autrefois, à l'instar du restaurant **Antojitos La Romita** (p. 149), qui sert des *enchiladas* et autres classiques sans chichis et à prix doux. Dans l'*huerto* (pépinière), des bénévoles organisent des ateliers sur le lien entre ce que nous cultivons et ce que nous mangeons.

Expendio de Maíz

DÉLICES À LA PLAQUE CHAUDE

Une expérience à la fois unique et incontournable. Ici, ni menu, ni nom officiel (à l'exception du panneau "marchand de maïs"), mais juste une table commune à laquelle sont servis, dans la bonne humeur, des mets tout juste grillés sur le *comal* (poêle plate sans bords). Les employés détaillent chaque plat, comme les *carnitas* (porc effiloché) croustillantes et fumées servies sur des tortillas maison avec du fromage du Oaxaca fondu. Les ingrédients sont pour la plupart bio et de saison. Chaque type de plat a une version végétarienne. Une fois rassasié, dites-leur d'arrêter. Comptez 200 $M environ pour quatre en-cas copieux et une boisson telle que kombucha ou mezcal. Espèces uniquement ; beaucoup d'attente.

Tortillería, La Romita

Mercado Roma

Mercado Roma

L'AVANT-GARDE GASTRONOMIQUE

Le week-end, cette halle gastronomique a des allures d'événement sur tapis rouge pour familles aisées et clientèle bien mise (Mercado Roma a fait l'objet d'articles dans de grands magazines de mode). Après tout, Condesa, le quartier huppé, est tout proche. C'est un espace impressionnant, bien qu'exigu et tape-à-l'œil, où l'on se retrouve pour manger et boire. Côté gastronomie, on y a droit à du haut de gamme en provenance des quatre coins de la ville, des tacos de maïs bleu au *tuétano* (moelle), *tlayudas* (grande tortilla garnie), en passant par les paellas et les burgers gourmets. Les cuisines végane et internationale sont bien représentées également. La partie "marché" se prête à faire le plein d'épices et d'ingrédients difficiles à trouver ailleurs.

Maximo

TIRER LE MEILLEUR DES PRODUITS DE LA RÉGION

Maximo est le fer de lance de la nouvelle scène culinaire de Mexico. Sa carte, en constante évolution, mêle recettes européennes et quelques mexicaines, à base d'ingrédients frais et de saison, dans des plats tels que les fleurs de courgettes farcies au crabe ou le ceviche de poulpe. Eduardo García, propriétaire et chef, a perfectionné ses talents de cuisinier chez Pujol, à Polanco, sous la tutelle du célèbre chef Enrique Olvera. Parmi les dernières nouveautés : un changement de nom (l'ancien était Máximo Bistrot Local), la grange aménagée et une seconde adresse sur Álvaro Obregón. Réservation indispensable.

Licorería Limantour

LE TEMPLE DU COCKTAIL MEXICAIN

Ce bar à cocktails endiablé est régulièrement classé parmi les 50 meilleurs bars du monde et qualifié, moyennant controverses, de meilleur bar d'Amérique latine. Le service et les cocktails sont à la hauteur de cette réputation. Les créations les plus locales font un tabac, comme le "Guava" ou le "Al Pastor", hommage à la garniture à l'ananas de l'omniprésent *taco*. Les trois niveaux sont souvent bondés et il faut arriver tôt pour espérer trouver une table libre sur le toit. Mais c'est au bar, à regarder les mixologues à l'œuvre, que l'on profite le mieux de l'ambiance. Une deuxième adresse est ouverte à Polanco, face au Parque Lincoln.

Rosetta

PÂTISSERIE ET RESTAURANT D'EXCEPTION

Cette institution prépare chaque jour de fantastiques pâtisseries mexicaines et françaises, ainsi que d'authentiques croissants et baguettes. L'espace extérieur, tout en tables et box couverts, a pour cadre l'architecture à la française de la Calle Orizaba. Les sandwichs et les petits-déjeuners de Rosetta ont un goût de revenez-y. Et le soir, c'est dans la maison de ville rénovée du restaurant du même nom, au coin de la rue, que vous irez faire un dîner romantique de *mole* rose, de *tamales* à la patate douce et d'un dessert à la *hoja santa* ("poivre mexicain", une plante aromatique).

Rosetta

Contramar

DÉLICES DE LA MER ET AMBIANCE ANIMÉE

Les fruits de mer sont à l'honneur dans ce restaurant à l'ambiance balnéaire et au service impeccable. Le week-end, les serveurs se bousculent et on a l'impression que la moitié de la ville vient y bruncher dans ses plus beaux atours. La spécialité est le filet de thon à la Contramar, arrosé de sauce au piment rouge et au persil et grillé à la perfection. En entrée, optez pour les *tostadas* (tortillas croustillantes) au thon et à l'avocat. Vous pouvez aussi vous installer au bar avec un *carajillo* (cocktail à base de café et de liqueur), commander un accompagnement et profiter de l'effervescence de Roma. Réservation conseillée.

Tostadas de atún

ROBERTO MICHEL / ISTOCK PHOTO ©

Une *fonda* sur le Mercado Medellín

Mercado Medellín

UN AUTHENTIQUE MARCHÉ MEXICAIN

Les marchés de Mexico donnent un aperçu du quotidien des habitants, dans un festival de couleurs et d'effluves alléchants. De taille raisonnable, le Mercado Medellín met l'accent sur la qualité et a la particularité de vendre des produits d'autres pays d'Amérique latine.

Le spectacle est tout autant visuel qu'olfactif. D'un côté du marché, des lamelles de *chicharrón* (couenne de porc) rôtissent sous les lampes à chaleur, tandis que des effluves de lotions s'échappent des salons de beauté ; de l'autre, des bâtons d'encens se consument sous les effigies de Santa Muerte. Les *sempasuchiles* (soucis) embaument les allées pour le jour des Morts et laissent place au *nochebuenas* (poinsettias) à Noël.

À l'entrée, des épiceries fines vendent des bonbons au tamarin et des fraises séchées au piment. Les vendeurs vous héleront à grand renfort de *"Qué le doy ?"* (Que puis-je vous donner ?) et de gestes vantant leurs étals de *guanabanás* (corrosols), de *nopales* (cactus) et de sauces *mole*. Continuez entre les piñatas à l'effigie de politiciens et autres personnages.

Le marché est apprécié des immigrants du continent, venus y acheter des ingrédients du reste de l'Amérique latine. **El Conde de Medellín** sert un excellent café de Colombie et du Chiapas. À l'arrière du marché, un natif de La Havane sert à **Helados Palmeiro** des glaces à la cubaine préparées selon des recettes de sa grand-mère, comme celle au *mantecado* (vanille-muscade).

Un repas sur le marché

LES FONDAS

L'entrée de la Calle Coahuila abrite une demi-douzaine de *fondas* (gargotes familiales) aux nappes en plastique fleuries, dont les menus déjeuner, d'un excellent rapport qualité/ prix, se composent de spécialités mexicaines sans chichis. Sinon, installez-vous dans la section boucherie pour déguster des tacos garnis de viande ou de *chicharrones* (couenne de porc frite) tout chauds. Pour la soif, des stands font des jus de fruits et légumes pressés.

PHOTOS PAYANTES

Sur quelques stands, des panneaux annoncent le tarif de 5 $M pour prendre des photos. Achetez des mangues ou des grenades ailleurs et demandez au marchand la permission d'immortaliser son étalage.

POURQUOI J'AIME LE MERCADO MEDELLÍN

Phillip Tang, auteur
Le **Mercado Medellín** (p. 107) n'est pas seulement un endroit où l'on peut humer des épices et acheter un presse-citron. C'est un concentré de la vie quotidienne au Mexique. J'y fais mon marché depuis 2011 et je m'y faisais aussi couper les cheveux par une fille qui m'expliquait les chansons *rancheras* qui passaient à la radio. Ce marché est une vitrine des saveurs de toute l'Amérique latine ; on peut y trouver le Pérou, le Guatemala et le Mexique rassemblés en une seule allée. C'est là que j'ai découvert le goût sucré évoquant le potiron et le miel du *mamey* (le sapote) : une mémorable première fois. Malgré la gentrification de Roma, les vieilles traditions y sont encore florissantes.

Luchador

À VOIR AUSSI À ROMA

L'authentique Lucha Libre

ASSISTER À UN COMBAT DE CATCH MEXICAIN

L'**Arena México** est le temple du catch dans la capitale. Situé juste en face de Roma, de l'autre côté de l'avenue, ce stade de 17 000 places s'emplit, chaque semaine, d'une clameur digne des combats de gladiateurs, lorsque de flamboyants *luchadores* (lutteurs) s'affrontent par équipes ou en tête à tête. Trois ou quatre combats précèdent la confrontation entre les têtes d'affiche.

C'est là une expérience culturelle unique, même pour qui n'est pas fan de catch. Certains apprécient davantage les danseurs folkloriques qui meublent les entractes.

Mentionnons toutefois quelques pièges à éviter. Tout d'abord, le quartier de Doctores n'est pas sûr. Arrivez par l'est, en venant de Roma, plutôt que par l'ouest. Une fois sur place, ignorez les revendeurs à la sauvette : ils tenteront de vous convaincre que le combat affiche complet mais il reste presque toujours des places aux guichets. N'hésitez pas à en choisir à bon marché. Elles sont certes plus loin de la scène, derrière un grillage, mais l'ambiance est unique. Si vous préférez des places plus chères et plus près des lutteurs, ayez soin de réserver pour les combats du vendredi (prenez vos billets au guichet n°1).

Le programme est accessible sur le site du Consejo Mundial de Lucha Libre (cmll.com).

OÙ SE LOGER À ROMA

Hotel Monarca
Hôtel de type auberge de jeunesse d'un excellent rapport qualité/prix au cœur de l'action, donc bruyant. **$**

Hotel Milán
Un hôtel moderne, avec déco minimaliste, des chambres petites mais propres, et une literie de qualité. **$$**

Hotel Stanza
Base douillette avec salle de gym, à l'extrémité est d'Álvaro Obregón. **$$**

DANIEL GARZÓN/500PX ©

Cine Tonalá

Trouvez le taco qui vous correspond

À L'ANCIENNE OU LE TOP DU TOP

Au Mexique, les tacos sont un bon moyen de prendre la mesure d'un quartier.

Roma Sur (sud), bien que voisine des beaux quartiers de Condesa, reste un lieu populaire. En face d'un marché de quartier, les employés couverts de tatouages de **Por Siempre Vegana Taquería** font merveille à partir de soja et autres succédanés de viande, sans la condescendance de rigueur dans certaines adresses véganes. À Roma Norte (nord), les tacos gagnent en raffinement, avec les tortillas faites main et le porc rôti à petit feu d'**El Parnita**. Le soir, la clientèle branchée du **Páramo** boit des cocktails et s'enfile des tacos de thon grillé au miel dans sa vaste salle.

Sur l'avenue principale animée de Roma Norte, **Tacos Álvaro Obregón** sert des tacos à la langue dans un décor évoquant le passé populaire du quartier. **Taquitos Frontera** a également rang d'institution avec ses excellents *tacos al pastor* à prix doux et son cadre sans chichis.

Dans la partie plus huppée de Roma Norte, les *tacos gobernador* (à la crevette) de **Cabrera 7** sont divins, et se savourent en terrasse à l'ombre des arbres de la Plaza Luis Cabrera, un cocktail à la main. Mais peut-être préférerez-vous la superbe façade Art déco de **Forever** pour accompagner vos tacos végans au piment.

Tard dans la nuit, la **Taquería Orinoco** se remplit de fêtards branchés de Roma venus déguster des tacos au porc parmi les meilleurs en ville.

PAROLE D'HABITANT : SORTIR À ROMA

Armando López Muñoz, scénariste et animateur radio, nous livre ses conseils pour une soirée réussie à Roma. Instagram @laroid_palmus Twitter @doktorpalma

Covadonga
Cantina décontractée appréciée des férus de culture, seuls ou en groupe. Il y a de tout – *hipsters*, vieux Espagnols, employés de bureau, journalistes et artistes. Excellente cuisine hispano-mexicaine.

Casa Franca
Du bon jazz au cœur de Roma. L'endroit compte de nombreux espaces, ce qui est parfait pour les couples et les petits groupes. Excellente cuisine *franca* (italo-argentine), en bas.

Cine Tonalá
Parfait pour prendre un verre, avec cuisine mexicano-internationale, films d'art et d'essai et parfois des concerts de musique expérimentale.

OÙ SE RESTAURER À ROMA

l Hidalguense
'agneau *barbacoa* (cuit à a broche dans des feuilles 'agave) de ce restaurant st légendaire. **$$**

Yemanyá
Produits de la mer avec une touche mexicaine pour des saveurs uniques. Le patio est charmant. **$$$**

Departamento
Adresse branchée, avec un restaurant de cuisine moderne et un club où ont lieu des concerts. **$$$**

CONDESA

CHIC ET VERDURE

L'architecture de la Colonia Condesa, ses esplanades plantées de palmiers et ses parcs pleins de vie renvoient au havre de paix pour les nouvelles élites qu'était le quartier au début du XXe siècle. Depuis, le succès de ses restaurants, boutiques et lieux de vie nocturne ne s'est jamais démenti. Pendant et après la pandémie, l'endroit a accueilli nomades numériques et expatriés d'Europe et des États-Unis. Accompagnant le mouvement, un nombre croissant de cafés, restaurants et hébergements s'adressent à ces nouveaux venus comme aux visiteurs. Heureusement, on retrouve encore, en flânant sur ses terre-pleins flanqués d'édifices Art déco et de style colonial californien, le charme du Condesa originel. Ce quartier a pour cœur le paisible Parque México, dont la forme ovale rappelle qu'il s'agissait jadis d'un hippodrome. On ne saurait se lasser de cette enclave arborée en pleine métropole.

Pour les infos pratiques, voir le Carnet d'adresses p. 150

À SAVOIR

Quatre stations encadrent Condesa : Patriotismo et Chilpancingo au sud, Juanacatlán à l'ouest, Sevilla dans la partie nord, plus calme.

Chilpancingo, Campeche, Sonora et Durango sont les arrêts de Metrobús les plus proches et les plus pratiques.

Parque Mexico

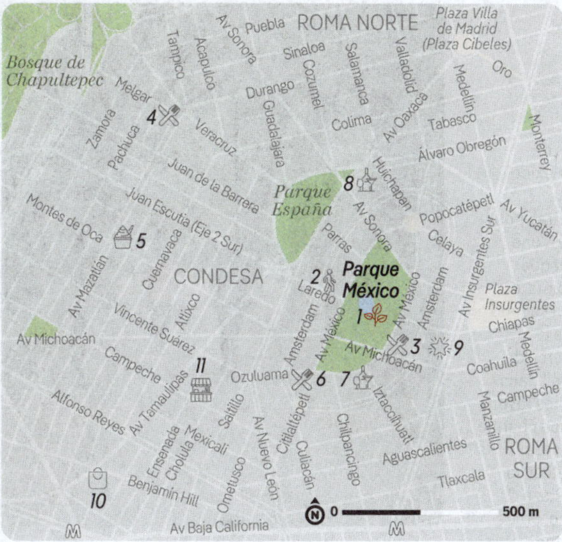

INCONTOURNABLE
1 Parque México

ACTIVITÉS
2 Amsterdam

SE RESTAURER
3 El Moro
4 Lardo
5 Nevería Roxy
6 Pastelería Maque

PRENDRE UN VERRE ET FAIRE LA FÊTE
7 Baltra
8 La Clandestina
9 Tom's Leather Bar

SHOPPING
10 Libreria Rosario Castellanos
11 Tianguis de Condesa

Parque México

LE POUMON VERT DU QUARTIER

Pour explorer Condesa, autant commencer par son cœur, l'animé et verdoyant Parque México, où se retrouvent badauds, familles et sportifs du dimanche. Cet espace est l'épicentre du quartier, et chaque rue qui y mène vaut d'être arpentée. Inauguré en 1927, ce parc Art déco arbore, à son entrée principale, la statue d'une *indígena* portant des cruches d'eau, œuvre du grand sculpteur mexicain José María Fernández Urbina, à qui l'on doit également la reconstruction d'*El Ángel* (p. 96) en 1957.

Le **Parque España**, qui compte également une aire de jeux pour enfants, est à deux rues au nord-ouest.

El Moro

PAUSE SUCRÉE AU BORD DU PARQUE MÉXICO

L'aventure El Moro a débuté dans les années 1930, lorsqu'un immigrant espagnol, poussé par le mal du pays, s'est mis à vendre des *churros* depuis sa voiture sur le Zócalo. De nos jours, la succursale du Parque México arbore les carreaux bleu et blanc distinctifs de la franchise. Les *churros*, saupoudrés de cannelle ou de sucre, se dégustent avec du chocolat chaud à la mexicaine (léger) ou à l'espagnole (épais et sirupeux).

***Churros*, El Moro**

Amsterdam

PETITE PROMENADE À CONDESA

Au cœur de Condesa, les pâtés de maisons encadrant le Parque México sont eux-mêmes entourés d'une avenue, dont le terre-plein central, pour large part arboré, est parcouru d'une promenade que n'interrompent que des carrefours et des ronds-points. Il s'agit d'Amsterdam, presque un second parc autour du premier. En faire le tour complet donne un bon aperçu de Condesa, en jetant un coup d'œil dans les rues qui en partent comme les rayons d'une roue. Chaque portion a son charme propre, avec ses sculptures et ses places – la ravissante Plaza Citlaltépetl et sa fontaine, au sud, ou encore la Plaza Popocatépetl, de style Art déco, ornée de carreaux de Talavera importés de Puebla.

Amsterdam

Mezcal

La Clandestina

DÉGUSTATION DE MEZCAL EN MODE SPEAKEASY

Conçue sur le modèle d'une petite échoppe familiale de campagne, la Clandestina propose une carte détaillant le procédé de distillation des 22 mezcals disposés dans des jarres sur de hauts rayonnages. Les néophytes gagneront à opter pour une dégustation de trois mezcals accompagnée d'explications du personnel (parfois en anglais selon le personnel). L'*espadín reposado*, un mezcal vieux fumé, est excellent. Fidèle à son nom, l'endroit ne possède qu'une petite enseigne extérieure, seulement connue des initiés.

Lardo

BISTROT ENTRE MEXIQUE ET EUROPE

Cet élégant bistrot, convivial et lumineux, cultive des saveurs mexicaines qu'il relève de touches européennes de fraîcheur. Filiale de la chaîne de pâtisseries Rosetta (p. 106), Lardo se surpasse avec des plats savamment équilibrés comme les petites pizzas courgette-menthe verte, le vivaneau rouge sauce *pepita* ou le petit poulet à l'*adobo* (piment rouge). À l'heure du brunch, on s'y presse pour savourer d'excellents *chilaquiles*, petit-déjeuner mexicain léger typique composé de chips au maïs nappées de *salsa* et garnies d'œufs au plat ou de viande. Si vous n'avez pas le temps d'attendre qu'une table ou une place au bar se libère, rabattez-vous sur la vitrine de vente à emporter, où vous trouverez d'excellentes *conchas* (brioches glacées) et autres pâtisseries.

Baltra

Baltra

COCKTAILS À LA MEXICAINE

Avec son éclairage tamisé et son décor aux allures de cabinet de curiosités – évocation du voyage de Darwin sur l'île de Baltra, aux Galápagos –, ce bar donne envie de prolonger la dégustation de son cocktail. Les employés, anglophones et compétents, pourront vous aider à faire votre choix parmi les excellentes créations du lieu, par exemple le "Pacífica" (mezcal, concombre et une pointe de piment *habanero*). À noter que Baltra a déjà figuré dans le prestigieux classement des "World's 50 Best Bars". L'endroit est souvent bondé ; pensez à réserver le week-end. Les mardis Martini connaissent également un pic d'affluence.

Pastelería Maque

CAFÉ-BOULANGERIE FRANCO-MEXICAIN

Ce café-boulangerie de style parisien, proche du Parque México, attire la population huppée de Condesa, qui s'y donne rendez-vous pour un café le matin ou un Irish coffee le soir. Les serveurs passent avec des plateaux de croissants chauds et d'une multitude de pâtisseries mexicaines ou françaises. Le président Porfirio Díaz (1830-1915) était féru de culture française, et le tournant du XXe siècle vit une vague d'architecture, de mode de vie et de cuisine à la parisienne marquer durablement Condesa. S'y ajouta par la suite une touche locale. Les *conchas* (brioches) mexicaines de Maque ont une texture parfaite héritée de l'excellence de la pâtisserie française. On ne fait d'ailleurs pas plus "Condesa" qu'avec un brunch de *flor de calabaza* (fleur de courgette) chez Maque.

Conchas

Nevería Roxy

UN GLACIER À L'ANCIENNE

En pénétrant dans ce glacier, on a l'impression de faire un saut dans le temps. Les deux adresses de Condesa ont conservé leurs charmants auvents à rayures, leurs tabourets rembourrés et leurs finitions chromées datant des débuts de la Nevería Roxy, en 1946. L'enseigne se fournit en fruits au marché de La Merced (p. 65) pour fabriquer ses *helados* (glaces) et *nieves* (sorbets). Les parfums mexicains ont la part belle – *mamey* (fruit du sapotier à la saveur douce), *arroz con leche* (riz au lait), *guanábana* (corossol) et noix de coco-Kahlúa (liqueur de café) – mais il y en a aussi de plus classiques. Le week-end, l'endroit est envahi de familles et de jeunes branchés de Condesa. L'enseigne compte des succursales un peu partout dans Mexico.

Librería Rosario Castellanos

Librería Rosario Castellanos

GRANDE LIBRAIRIE AVEC SALLE DE LECTURE

L'impressionnant cadre Art déco du Centro Cultural Bella Época abrite l'une des plus grandes librairies d'Amérique latine. Il s'agissait autrefois d'un cinéma, d'où sa sa taille (3 000 m²), et des événements littéraires y sont régulièrement organisés. Il s'agit de l'endroit idéal pour trouver votre auteur latino-américain favori ou en découvrir de nouveaux.

Il est aisé, et permis, de passer plusieurs heures à feuilleter des ouvrages sur les sofas ou dans le café. Le seul obstacle consiste à en trouver un qui ne soit pas scellé dans du plastique. Il y a un bon choix de livres de photographie, d'art, de voyages et d'ouvrages sur la culture mexicaine, ainsi que des CD, des DVD et de beaux cadeaux-souvenirs.

Tianguis de Condesa

Tianguis de Condesa

MARCHÉ DU MARDI

Visiter un *tianguis* (bazar en plein air) est une bonne façon de se frotter à la vie mexicaine. Même dans ce quartier huppé, le *tianguis* du mardi affiche le charme rustique de n'importe quel marché de petite ville. On y trouve des articles à prix doux – vêtements, antiquités, cadeaux et produits frais. Vous pourrez aussi, posé sur un tabouret, sous la bâche de l'un des stands alimentaires, grignoter tacos et *flautas* (tacos roulés et frits).

N'hésitez pas à acheter des avocats, fruits ou noix aux femmes *indígenas* installées sur les bords du marché : elles n'ont les moyens ni de louer un étal, ni de s'approvisionner chez les grossistes.

Se Compran Colchones

LES CAMIONNETTES DE FIERRO VIEJO DE MEXICO

Spectacle courant dans les rues de Mexico, ces camionnettes de ferrailleurs circulent dans tous les quartiers, même Condesa. Elles sont conduites par des jeunes gens qui jouent à fond, sur des haut-parleurs, une voix de jeune fille préenregistrée : *"Se compran colchones, tambores, refrigeradores..."*, annonçant qu'ils achètent matelas, sommiers, réfrigérateurs et "*fierro viejo*" (de la ferraille).

L'enregistrement d'origine, réalisé par un ferrailleur avec la voix de sa fille de 15 ans, en 2005, a été depuis remixé et parodié à l'envi, mais est resté gravé dans le cœur des expatriés. Les habitants préfèrent donner ou vendre, moyennant moins de 50 $M, leurs vieux lits plutôt que de payer pour les faire enlever. Les ressorts et autres parties métalliques en sont ensuite recyclés.

Les soirées, elles, ne sont guère plus calmes, et ponctuées des annonces bruyantes des vendeurs de *tamales* à vélo et du grincement strident des fours tournants où cuisent des *camotes* (patates douces rôties).

Hôtel Red Tree House

À VOIR AUSSI À CONDESA

Excursion végane au Parque México

EN-CAS ET REPAS VÉGANS ET VÉGÉTARIENS

Les recettes végétariennes et la *comida vegana* (nourriture végane) ont la cote à Condesa. Pour répondre aux besoins d'habitants et de visiteurs de plus en plus cosmopolites et préoccupés de leur santé, presque tous les restaurants proposent au moins un plat végétarien ou végan. Commencez par un en-cas sans viande autour du Parque México, comme les pitas aux falafels de **Falafelito**, les burgers au "poulet" croustillant de **fakc-yeah** et un café à **Tierra Garat**, qui propose du lait de soja sans supplément.

Pour quelque chose de plus copieux, essayez les soupes de nouilles véganes de **V Ramen**, au nord-est, ou passez chez **Veganion Antojería**, non loin, pour des imitations de viandes très poussées dont des *milanesas* (escalope panée) et des *molcajetes* (ragoûts épicés de "viande" et de cactus *nopal* cuits dans un mortier en pierre).

À l'ouest, **u.to.pi.a** sert de succulentes pizzas à pâte croustillante garnies de fromage de tapioca et de champignons. **Veguísima** propose des burritos sur des tables en plein air, mais le vrai joyau de l'ouest de Condesa est **Green Corner**, non strictement végan, mais dont la carte, renouvelée quotidiennement, compte des plats végans et bio. De l'autre côté de l'avenue, **India Mandala** (p. 151) sert des plats indiens végétariens savoureux et authentiques.

PAROLE D'HABITANT : OÙ SE RESTAURER À CONDESA

Karen Villagómez, gérant du bar Ciena à Condesa et propriétaire des pâtisseries *ñom*, partage ses adresses. @flevrs_

Esquina Común
La chef Ana Dolores et son partenaire servent des dîners dans leur appartement de Condesa. Le concept est d'utiliser les ingrédients disponibles ce jour-là.

Antolina
Axé sur la cuisine mexicaine, le mezcal, et le respect d'ingrédients de saison, ce restaurant se fournit en légumes dans les *chinampas* (fermes flottantes) de Xochimilco (p. 142) pour créer des plats colorés.

Lagerbar
Plats on ne peut plus mexicains, comme le *chamorro* (jarret de bœuf) et la *tostada* au poulpe. Idéal pour un repas entre amis.

HÉBERGEMENTS CHICS À CONDESA

Casa Comtesse
Huit chambres raffinées dans un édifice des années 1940 ; petits-déjeuners somptueux et personnel serviable. **$$**

Red Tree House
B&B élégant avec chambres stylées, patio, jardin et happy hours pour vous faire de nouveaux amis. **$$$**

Condesa Haus
Superbe maison de designer, idéalement située et paisible. Fernando et son équipe sont aux petits soins. **$$$**

POLANCO ET BOSQUE DE CHAPULTEPEC

MUSÉES HAUT DE GAMME ET PARC IMMENSE

Réputé pour ses restaurants gastronomiques et ses boutiques de créateurs de mode, Polanco est un lieu de privilèges. Ce quartier chic est apparu dans les années 1940 pour offrir une autre solution à une classe moyenne émergente désireuse d'échapper à la foule du Centro. Aujourd'hui, le commun des mortels peut dîner dans des restaurants prestigieux et visiter certains des plus remarquables musées de la capitale, avant une promenade dans l'immense Bosque de Chapultepec. Ce parc, qui s'étend sur plus de 4 km^2, comprend quatre lacs et un ancien palais impérial, le "château". Le dimanche, des vendeurs en investissent les allées principales pour satisfaire aux besoins des légions de familles venues pique-niquer, faire de la barque sur le lac et visiter les musées.

Pour les infos pratiques, voir le Carnet d'adresses p. 151

À SAVOIR

La plupart des sites d'intérêt de Chapultepec sont à proximité ou dans la *1a Sección*, dans la partie est du parc. Les musées Soumaya et Jumex sont à 25 minutes de marche de la station de métro Polanco ; une balade qui permet de découvrir de belles boutiques et des demeures de luxe où vit l'élite économique de la capitale.

FERRANTRAITE/GETTY IMAGES ©

Castillo de Chapultepec

POLANCO ET BOSQUE DE CHAPULTEPEC

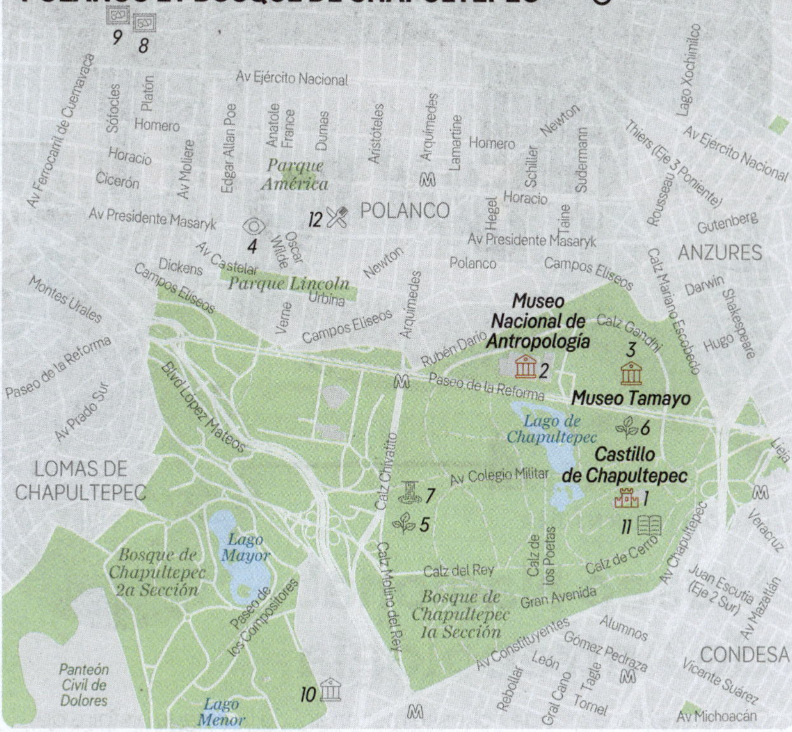

INCONTOURNABLES
1 Castillo de Chapultepec
2 Museo Nacional de Antropología
3 Museo Tamayo

VOIR
4 Avenida Masaryk
5 Bosque de Chapultepec
6 Jardín Botánico
7 Monumental Fuente de Nezahualcóyotl
8 Museo Jumex
9 Museo Soumaya
10 Papalote Museo del Niño

ACTIVITÉS
11 Audiorama

SE RESTAURER
12 Pujol

Museo Tamayo

ART CONTEMPORAIN AU CŒUR DU PARC

Ce petit musée expose des œuvres d'avant-garde venues du monde entier alternant avec des expositions thématiques de pièces de la collection Tamayo, ainsi qu'une ou deux autres petites expositions temporaires. Il est bondé le dimanche, jour où l'entrée est gratuite.

L'édifice à plusieurs niveaux a été conçu pour abriter la collection d'art contemporain offerte en donation par le peintre Rufino Tamayo (1899-1991), originaire du Oaxaca, aux habitants de Mexico. C'est l'un des joyaux architecturaux, d'ailleurs primé, de la capitale. La conception brutaliste tout en strates des architectes mexicains Teodoro González de León et Abraham Zabludovsky, aujourd'hui décédés, s'inspire des pyramides préhispaniques. Bâti en 1981, le musée a été rénové et agrandi en 2012.

ANTON_IVANOV/SHUTTERSTOCK ©

Scannez ce QR-code pour accéder au site du musée.

INCONTOURNABLE

Museo Nacional de Antropología

Ce musée d'une grande richesse met en scène la longue histoire du Mexique de manière attrayante et accessible. On y observe de près toutes sortes d'artefacts et même la reproduction d'une pyramide de Teotihuacán. Des statues de têtes géantes olmèques et des temples ornementés trônent dans les cours extérieures verdoyantes.

À NE PAS MANQUER
- Pierre du Soleil
- Masque de jade du dieu chauve-souris Camazotz
- Temple de Quetzalcóatl
- Têtes olmèques
- Tombeau de Pakal
- Coiffe de Moctezuma

Fontaine et anthropologie

Passé l'entrée, on découvre la magnifique colonne-fontaine du patio central surnommée *el paraguas* (le parapluie). Récemment restaurée, cette œuvre monumentale (la colonne, de 12 m de hauteur, supporte une "ombrelle" de plus de 4 000 m^2 !) a été conçue par l'architecte Pedro Ramírez Vázquez (1919-2013). Chaque côté de la colonne présente une sculpture différente évoquant le Mexique et son histoire.

Commencez la visite du musée par la droite avec une introduction sur l'arrivée des premiers habitants et leur transition vers une vie agricole sédentaire dans le plateau central du Mexique.

Salle Teotihuacán

Maquettes et objets du premier grand État d'Amérique sont exposés ici. La maquette colorée du **temple de Quetzalcóatl** donne une idée de l'aspect du site, lorsque tous les bâtiments étaient peints de couleurs vives.

Los Toltecas

La visite se poursuit vers Los Toltecas, où l'on peut voir l'une des quatre **Atlantes** en basalte en provenance du temple de Tlahuizcalpantecuhtli, à Tula. Ne manquez pas les sculptures de serpents, dont le *trono bicéfalo*, trône toltèque à deux têtes.

Mexica

La salle suivante, consacrée aux Mexicas, ou Aztèques, est un festival pour les yeux. On y admire la célèbre pierre du Soleil, mise au jour sous le Zócalo en 1790, et de superbes statues de divinités du panthéon aztèque.

La pierre du Soleil

En apprendre plus sur cette pierre, longtemps qualifiée par erreur de "calendrier aztèque", fait partie des points forts de la visite. Ce disque de basalte couvert de glyphes et pesant 24 tonnes était probablement un autel cérémoniel lié au dieu aztèque du soleil, Tonatiuh, représenté au centre dans le signe Ollin, qui signifie le mouvement.

Statues chac-mool

Les statues mésoaméricaines à forme humaine appelées *chac-mool* auraient servi d'autels à offrandes, ou de pierres sacrificielles, destinées à recueillir le cœur des guerriers sacrifiés lors de sanglants rituels propitiatoires. Les *chac-mool* de cette salle proviennent de différents temples à travers le pays.

Coiffe de Moctezuma

Moctezuma II était l'empereur aztèque lors de la conquête espagnole, il y a 500 ans. Une superbe réplique de sa coiffe colorée, faite de plumes de paons et d'autres oiseaux, est accrochée à un mur.

Oaxaca et le golfe du Mexique

Les salles suivantes abordent le remarquable patrimoine des civilisations du Oaxaca et du golfe du Mexique, avec notamment deux têtes olmèques, vieilles de 3 000 ans et pesant près de 20 tonnes chacune.

Ne manquez pas le **masque de jade** du dieu chauve-souris zapotèque Camazotz, mis au jour dans les ruines des pyramides de Monte Albam.

La cour extérieure de la salle des États du golfe accueille une reproduction de la statue du dieu de la mort Mictlantecuhtli de **Veracruz**, ornée de crânes humains et de têtes de jaguars.

Les Mayas

Ne manquez pas la maquette grandeur nature du **tombeau du roi Pakal**, découvert dans les profondeurs du Templo de las Inscripciones, à Palenque.

Les Mayas jouaient à un **jeu de balle** dont l'enjeu était simple : la mort pour les perdants. Les anneaux de pierre, faisant office de buts, que l'on peut voir ici, sont des reproductions.

VISITE EXPRESS

Si vous manquez de temps, passez directement à la salle Teotihuacán pour voir la reproduction de la pyramide. Filez ensuite voir la coiffe de Moctezuma et la pierre du Soleil – emblèmes quasi mystiques du Mexique – dans la salle Mexica. Coupez ensuite jusqu'à la salle du Oaxaca et admirez une tête olmèque en chemin vers la salle maya et le masque mortuaire en jade de Pakal.

À SAVOIR

- À l'entrée, renseignez-vous sur les visites guidées gratuites d'une heure (espagnol et anglais).
- Le musée est vaste, et il est difficile de tout voir en une seule visite. Planifiez votre itinéraire grâce au plan des salles sur le site Web du musée.
- En entrant, commencez la visite par la droite. Les salles se succèdent par ordre chronologique dans le sens inverse des aiguilles d'une montre.
- Comme la plupart de ceux de Mexico, le musée est fermé le lundi.
- Il n'y a qu'un café-restaurant dans le musée, mais de nombreux stands d'en-cas sont installés à l'entrée.

MUSEO DE ARTE MODERNO

Inauguré en 1964, le musée d'Art moderne, à quelques minutes de marche du Castillo de Chapultepec, renferme une collection d'œuvres majeures des grands artistes mexicains contemporains et du XXe siècle. Il s'y trouve notamment une salle de photographie et des toiles de Dr Atl, Rivera, Siqueiros, Orozco, Remedios Varo, Tamayo et O'Gorman. On peut aussi admirer *Las dos Fridas* (*Les deux Fridas*), sans doute l'un des plus célèbres tableaux de Frida Kahlo. Le musée organise également de bonnes expositions temporaires, majoritairement consacrées aux artistes mexicains. Ne manquez pas l'agréable jardin de sculptures.

Museo de Arte Moderno

Castillo de Chapultepec

Castillo de Chapultepec

CHÂTEAU OPULENT AVEC VUE SUR LA VILLE

Vestige de l'aristocratie mexicaine d'autrefois, le "château" qui coiffe la colline de Chapultepec, commencé en 1785, ne fut achevé qu'après l'indépendance, époque à laquelle il devint l'Académie militaire nationale. L'empereur Maximilien et l'impératrice Carlota en firent leur demeure dès leur arrivée en 1864, et le rénovèrent.

L'extrémité est du château abrite leurs appartements impériaux, dont les salons richement meublés s'ouvrent sur une terrasse offrant une vue panoramique sur Mexico qui constitue à elle seule un motif de visite.

Le château servit de résidence aux présidents du Mexique jusqu'en 1939, date à laquelle le président Lázaro Cárdenas le transforma en Museo Nacional de Historia (musée national d'Histoire).

Les somptueux appartements à l'étage sont ceux de Porfirio Díaz, premier président à s'être installé au château, à la fin du XIXe siècle. Au centre se trouve un patio où une tour marque le sommet de la colline de Chapultepec, 45 m au-dessus du niveau de la rue.

Pour rejoindre le château, suivez la route qui gravit la colline à l'arrière du Monumento a los Niños Héroes, reconnaissable à ses six colonnes, proches du métro Chapultepec, à l'entrée est du parc du même nom, ou empruntez le petit train, qui part toutes les 15 minutes pendant les horaires d'ouverture. L'accès à l'entrée du sommet est libre, mais pour pénétrer dans le château et admirer la vue, il faut acheter un billet. Des audioguides sont disponibles. Il est interdit d'emporter boissons et nourriture à l'intérieur, mais il y a une consigne.

Museo Jumex

Museo Jumex

GRANDS NOMS DE L'ART CONTEMPORAIN

L'unique héritier de la marque de jus de fruits Jumex a réuni l'une des plus importantes collections d'art contemporain d'Amérique latine, à découvrir au Museo Jumex. Les accrochages temporaires s'appuient sur un fonds de quelque 2 600 œuvres d'artistes mexicains et internationaux de renom, dont Gabriel Orozco, Fernanda Gomez, Andy Warhol et Jeff Koons. Le singulier toit en dents de scie est la réponse de l'architecte britannique David Chipperfield à l'absence d'uniformité architecturale du quartier. Montez aux balcons pour une belle vue sur le Museo Soumaya.

Museo Soumaya

ARCHITECTURE ÉTINCELANTE, RODIN ET DALÍ

L'extérieur argenté de ce musée, en forme de cube distordu par rotation, éclipserait presque les œuvres qu'il abrite. Commandé par le milliardaire mexicain Carlos Slim, qui lui a donné le nom de sa défunte épouse, ce mastodonte de six niveaux, dont la façade est recouverte de 16 000 hexagones d'aluminium, est l'œuvre de son beau-fils, l'architecte Fernando Romero, conseillé pour l'occasion par l'architecte américano-canadien Frank Gehry.

L'intérieur, immense, abrite plus de 60 000 œuvres d'art de facture inégale. Le mieux consiste à monter directement par les passerelles en spirale jusqu'au dernier niveau pour voir l'impressionnante collection de sculptures de Rodin, dont une épreuve du célèbre *Penseur*, et du surréaliste catalan Salvador Dalí. Le musée renferme aussi des fresques intéressantes de Rivera et Siqueiros, une sculpture imposante de Botero et des toiles d'impressionnistes français.

Museo Soumaya

JARDÍN BOTÁNICO

Mettant en valeur la grande diversité de la flore mexicaine, ce jardin de 4 ha est divisé en sections reflétant les zones climatiques du pays. Les cactus et les agaves ont la part belle, aux côtés d'une serre d'orchidées rares. L'endroit a été largement rénové en 2018, avec l'ajout d'un espace planté de piments locaux et un autre consacré aux sauterelles dans leur environnement végétal de prédilection. Il se situe dans le nord-est du Bosque, à 200 m à l'est du Museo Nacional de Antropología.

Monumental Fuente de Nezahualcóyotl

Monumental Fuente de Nezahualcóyotl

UNE MONUMENTALE FONTAINE-HOMMAGE

Tout à l'ouest du Bosque de Chapultepec, cette "fontaine monumentale" qui se déploie sur 1 250 m² est l'œuvre du sculpteur Luis Ortiz Monasterio. Inaugurée en 1956 et construite dans la pierre noire de Xaltocan, elle évoque une construction aztèque. Elle est ponctuée de huit bas-reliefs, et des jets d'eau jaillissent des mâchoires de statues de coyotes jusqu'à l'effigie de Nezahualcóyotl, *tlatoani* (dirigeant religieux et militaire) de Texcoco de 1431 à 1472. La fontaine rend ainsi hommage à ce dignitaire qui supervisa, entre autres, la construction d'un aqueduc pour acheminer les eaux douces de Chapultepec par-dessus le Lago de Texcoco jusqu'à la capitale préhispanique.

Papalote Museo del Niño

Papalote Museo del Niño

MUSÉE DES SCIENCES DANS LE PARC

Vos enfants ne voudront plus partir de ce musée interactif très innovant, où ils pourront laisser s'exprimer le scientifique qui est en eux, monter une émission de radio, participer à des fouilles archéologiques et essayer toutes sortes de jeux et de gadgets technologiques. Côté Mexique, on peut observer de près les curieux axolotls et des plantes de Xochimilco, en apprendre davantage sur la vie urbaine à Mexico et essayer des vêtements mexicains du passé. Les plus jeunes apprécieront aussi l'écran sphérique "domodigital" du planétarium et le cinéma IMAX.

Pujol

Pujol

CUISINE DE RUE GASTRONOMIQUE

Comptant parmi les meilleures tables du pays, Pujol réinterprète, à la manière contemporaine, les classiques de la cuisine mexicaine. Le chef Enrique Olvera, très réputé, renouvelle fréquemment la carte, ajoutant par exemple des touches asiatiques à des spécialités du Oaxaca. Le *menú degustación* est un véritable festival pour les sens. Parmi les délices, citons le *tamal* grillé à l'aubergine, l'*infladita langosta* (soufflé de maïs à la langouste) et, sur le menu principal, le célèbre *mole madre*. Peut-être trouvera-t-on meilleur dans des lieux plus modestes, mais Pujol est une destination en soi pour son décor exclusif et moderne. Il est nécessaire de réserver longtemps en avance.

GALERIA LÓPEZ QUIROGA

Proche des boutiques chics, cette belle galerie d'art a pignon sur rue depuis plus de 40 ans. Elle est spécialisée dans les sculptures, peintures et photographies d'artistes contemporains mexicains et latino-américains, tels que Francisco Toledo, Sebastião Salgado Rufino Tamayo et José Luis Cuevas.

Shopping haut de gamme

LA CINQUIÈME AVENUE DE MEXICO

Polanco allie, à la prospérité des anciennes fortunes, celle des nouveaux riches. Pour vous faire une idée du quotidien de ces élites, faites un tour sur l'**Avenida Presidente Masaryk**, où les plus grands créateurs de mode ont pignon sur rue entre les boutiques de quartier nichées à l'ombre des arbres. Le **Pasaje Polanco** est un passage ultra-chic associant des boutiques spécialisées et un grand magasin d'artisanat vendant sacs à main, masques de *lucha libre* et art folklorique du jour des Morts. Au nord-ouest, sur Moliere, le centre commercial de luxe **El Palacio de Hierro** (p. 152) occupe un imposant édifice triangulaire. Plus au nord, le ravissant espace commercial **Antara** (p. 152), en partie en plein air, se prête au lèche-vitrine avant d'aller visiter les musées autour du Museo Soumaya (p. 121).

El Palacio de Hierro

SHUTTERSTOCK ©

Monumental Fuente de Nezahualcóyotl

LE TOP DES RESTAURANTS DE POLANCO

El Rey del Suadero
Goûtez les légendaires tacos *suadero* et *al pastor* d'El Rey, plébiscité même par les grands chefs. **$**

Taquería El Turix
Cette *taquería* à l'ancienne ne sert que de la *cochinita pibil* (effilochés de porc mariné) préparée selon une recette de famille vieille de 50 ans. **$**

Sala Gastronómica
La carte du restaurant du Museo Nacional de Antropología propose un voyage à travers le Mexique, notamment au Tamaulipas avec l'assiette mixte *tampiqueña*. **$$**

Quintonil
Régulièrement cité parmi les meilleurs restaurants du monde pour sa cuisine mexicaine inventive à base d'ingrédients bio de la région. **$$$**

À VOIR AUSSI AU BOSQUE DE CHAPULTEPEC

Assez de musées !

LE PARC EN FAMILLE

Pour les enfants (et les adultes) que les musées ennuient, il y a bien des choses à faire en plein air dans le quartier. La 1ra *sección* du **Bosque de Chapultepec**, la plus vaste et la plus intéressante, est sillonnée de beaux sentiers de promenade. **Colegio Militar**, le chemin qui passe sous le lac, est le seul à être flanqué d'échoppes, où sont vendus des en-cas mexicains et américains, ainsi que des jouets et des masques de *lucha libre*. L'emplacement des entrées n'est pas évident à repérer sur les cartes ; les plus pratiques se trouvent à l'extrémité est et en face du **Museo Nacional de Antropología** (p. 118). À une centaine de mètres de l'entrée du musée, des Indiens totonaques exécutent, toutes les demi-heures, leur spectaculaire rite des **voladores**, consistant à "s'envoler" du haut d'un poteau haut de 20 m (pourboire de rigueur). De l'autre côté de la route, au **Lago de Chapultepec**, vous pourrez louer un kayak, un pédalo ou une barque pour évoluer parmi les canards. Ensuite, faites un tour au **Jardín Botánico** (p. 122) pour y découvrir une flore variée, répartie selon les zones climatiques du Mexique. On y trouve également abondance de cactus et d'agaves, une belle serre aux orchidées rares, et des sculptures d'insectes surdimensionnées qui amusent beaucoup les enfants.

Audiorama, derrière le château, est un jardin-bibliothèque secret où l'on peut faire une pause tranquille et emprunter gratuitement des ouvrages, sur fond de musique diffusée par des haut-parleurs cachés dans les arbres.

OÙ PRENDRE UN VERRE À POLANCO

Cafebrería El Péndulo
Du café et des cocktails en terrasse, un livre à la main : voici ce que propose ce café-librairie.

Cafe Joselo
Bon café et en-cas variés en face des arbres du Parque Lincoln.

Fifty Mils
Cocktails mondialement célèbres, à savourer dans les cours verdoyantes du Four Seasons.

SAN ÁNGEL

LE CHARME DES RUES PAVÉES

À 12 km au sud-ouest du centre-ville et à 3,5 km à l'est de Coyoacán seulement, le village de San Ángel fut peuplé par des dominicains aussitôt après la conquête espagnole. Bien qu'étant désormais encerclé par la métropole, il a conservé sa splendeur coloniale. Le Templo y Museo de El Carmen, dans la crypte duquel reposent des momies, témoigne de ses origines de ville monastique carmélite.

On associe souvent San Ángel au grand marché artisanal qui, s'installant le samedi sur la Plaza San Jacinto, illustre la réputation de l'endroit comme refuge pour artistes et familles fortunées. Frida Kahlo et Diego Rivera furent ses résidents les plus célèbres, et l'on peut visiter leurs maisons adjacentes et leurs ateliers.

Si l'arrivée par l'Avenida Insurgentes tient du chaos habituel de Mexico, il suffit de flâner en direction de l'ouest pour retrouver l'âme authentique du vieux village aux rues pavées, enclave paisible de demeures coloniales aux imposantes portes en bois, avec géraniums en pots aux grilles des fenêtres et bougainvillées cascadant sur les murs en pierre.

Pour les infos pratiques, voir le Carnet d'adresses p. 152

À SAVOIR

L'arrêt La Bombilla du *metrobús*, sur l'Avenida Insurgentes, se trouve à 500 m à l'est de la Plaza San Jacinto. Vous pouvez aussi prendre un bus à la station de métro Miguel Ángel de Quevedo, à 1 km à l'est, ou à la station Barranca del Muerto, à 1,5 km au nord dans l'Avenida Revolución.

INCONTOURNABLES
1 Museo Casa Estudio Diego Rivera y Frida Kahlo
2 Templo y Museo de El Carmen

VOIR
3 Casa de la Marqueza de Selva Nevada
4 Jardín de la Bombilla
5 Museo Casa del Risco
6 Museo de Arte Carrillo Gil
7 Parroquia de San Jacinto
8 Plaza de El Carmen
9 Plaza de los Arcángeles
10 Plaza San Jacinto

Plaza San Jacinto

INCONTOURNABLE

Museo Casa Estudio Diego Rivera y Frida Kahlo

Frida Kahlo (1907-1954) et son époux Diego Rivera (1886-1957) vécurent ici de 1934 à 1940 après un séjour de trois ans aux États-Unis. Leurs maisons et ateliers, reliés par une passerelle, sont à l'image de leurs vies, liées l'une à l'autre mais séparées. Vous y verrez notamment les pièces de vie tout en simplicité de Frida Kahlo et l'atelier de Diego Rivera.

À NE PAS MANQUER

La passerelle accessible depuis le toit-terrasse

La petite baignoire qui inspira à Frida Kahlo son tableau célèbre.

La bibliothèque de Diego Rivera

Dans ces maisons s'écrivit un pan de l'histoire de l'art. Ici, l'artiste mexicaine Frida Kahlo (p. 132) peignit deux œuvres qui établirent sa réputation : *Lo que el agua me dió* (*Ce que l'eau m'a donné*), où toute sa vie est représentée dans une baignoire) et *El difunto dimas* (représentant un enfant mort).

Une architecture fonctionnaliste

Le lieu fut conçu par l'architecte et peintre Juan O'Gorman (1905-1982), un ami du couple. Ces maisons incarnent le fonctionnalisme de Le Corbusier, en respectant son principe de l'efficacité absolue et en laissant apparents certains éléments de la structure.

Ensemble mais séparés

Frida, Diego et O'Gorman avaient chacun leur propre "maison", réunissant pièces de vie et atelier. Les maisons de Diego (rouge) et Frida (bleu garance) sont reliées par une passerelle, illustration matérielle du mode de vie du couple. La maison-atelier de O'Gorman et, pour partie, celle de Frida, ont été vidées et transformées pour accueillir des expositions temporaires.

Cactus et couleurs

Avec sa clôture de hauts cactus, ses plafonds d'argile et les couleurs des bâtiments, l'ensemble évoque un *pueblo* (village) mexicain. Ce style prosaïque n'était pas du goût des aristocrates de San Ángel qui habitaient les maisons voisines. Aujourd'hui, la rue porte le nom de Rivera.

Maison de Diego Rivera

L'atelier du muraliste

La maison de Rivera est particulièrement intéressante. Dans son atelier, à l'étage, ont été conservés ses outils de travail : les pinceaux et pots striés de coulures de peinture donnent l'impression que l'artiste n'est sorti que pour un moment. Rivera a réalisé 3 000 œuvres dans cet atelier où il travailla jusqu'à son décès, en 1957. On y voit aussi la collection d'art populaire de l'artiste – énormes squelettes et *judas* (démons) en papier mâché, poupées et poteries. À droite, des bocaux de pigments et des chevalets jonchent l'endroit où Rivera préparait son matériel.

Une mezzanine surmonte l'atelier. C'est là, dans les fauteuils verts, que s'installait Frida Kahlo pour reposer son dos.

Un lieu de vie

Dans la chambrette de Rivera, le lit semble petit pour un homme de 1,85 m. Tous les meubles et objets visibles ici, ainsi que la salle de bains attenante, sont d'origine. La petite bibliothèque donnant sur le toit-terrasse conserve les livres du peintre.

Maison de Frida Kahlo

La maison de Frida est petite, sobre et presque vide, abstraction faite des expositions temporaires. Tout est austère : le coin cuisine, la chambre garnie d'un lit simple, et la salle de bains sombre où tout est d'origine, sauf les robinets. Son atelier, doté de trois baies vitrées, se trouvait à l'étage.

En 1941, Frida retourna vivre seule dans sa maison de Coyoacán et y demeura jusqu'à sa mort, en 1954.

D'UNE MAISON BLEUE À L'AUTRE

Combiner les visites de San Ángel et de Coyoacán peut vous faire gagner du temps, surtout si vous souhaitez simplement voir les maisons de Frida Kahlo. Le **Fridabús** fait la navette entre les deux résidences de l'artiste, mais le départ se fait uniquement au **Museo Frida Kahlo** de Coyoacán (p. 135) ;.commencez par là.

À SAVOIR

- Le dimanche, l'entrée est gratuite, mais le musée n'est pas bondé pour autant.
- Le musée se situe à 2 km de l'arrêt de metrobús La Bombilla (venez à pied ou en taxi).
- Le site Internet propose une visite virtuelle complète du musée (inba.gob.mx/recinto/51).
- De l'autre côté de la rue se dresse une ancienne hacienda à *pulque* où se tient aujourd'hui un restaurant haut de gamme, le San Ángel Inn (p. 131). C'est là que Pancho Villa et Emiliano Zapata se partagèrent le contrôle du pays en 1914.

Jardín de la Bombilla

Jardín de la Bombilla

UNE STATUE À LA SOVIÉTIQUE

Ce parc à l'abondante végétation tropicale s'étend à l'est de l'Avenida Insurgentes. Il fut aménagé en 1935 et tire son nom du restaurant, situé à cet emplacement, où fut assassiné en 1928 le président Álvaro Obregón par un étudiant catholique.

Les allées du parc encerclent le **Monumento a Álvaro Obregón**, sanctuaire monolithique à la gloire du président postrévolutionnaire signé du sculpteur mexicain Ignacio Asúnsolo. Les sculptures de travailleurs, de soldats et d'un aigle majestueux se reflétant dans le bassin évoquent le style réaliste soviétique. À l'origine, le monument conservait le bras qu'Obregón, alors général, avait perdu en 1915 lors de la bataille de Celaya – bras qui fut finalement incinéré en 1989.

En juillet, le parc offre une débauche de couleurs à l'occasion de La Feria de las Flores, grande fête des fleurs.

Templo y Museo de El Carmen

ÉGLISE CARMÉLITE ET MOMIES

C'est avec ce monastère superbement préservé qu'est né San Ángel. Le **Templo del Carmen**, construit en 1615, était également une école tenue par les *Carmelitas Descalzas* (Carmélites déchaussées). Le village aztèque de Tenanitla s'étendit alors autour de l'édifice avant de devenir San Ángel. L'église est un exemple saisissant d'architecture herrérienne, avec ses coupoles de carreaux de Talavera de Puebla et son autel baroque doré.

Le **Museo de El Carmen** adjacent, installé dans l'ancienne école des carmélites, est une malle aux trésors d'art sacré. On peut y voir des peintures à l'huile du maître mexicain Cristóbal de Villalpando, mais le clou de la visite reste les momies exposées dans la somptueuse crypte. Elles furent découvertes pendant la Révolution par des zapatistes en quête de trésors cachés. Il pourrait s'agir des dépouilles des bienfaiteurs de l'ordre remontant au XVIIe siècle

Dans la cour, l'aqueduc servait à irriguer les anciens vergers des carmélites, une tâche qui, avec l'étude des écritures, faisait partie de leurs obligations religieuses.

EN HAUT À GAUCHE : GILL_FIGUEROA/SHUTTERSTOCK ©

Museo de El Carmen

Museo de Arte Carrillo Gil

PETIT MUSÉE, GRANDS MURALISTES

On ne saurait se lasser des *Los Tres Grandes*, les trois grands muralistes mexicains. On peut voir des œuvres mineures de Diego Rivera, José Clemente Orozco et David Alfaro Siqueiros dans l'un des premiers musées d'art contemporain de la ville, fondé par Álvaro Carrillo Gil, homme d'affaires et pédiatre du Yucatán, pour abriter sa vaste collection. De longues rampes donnent accès à des expositions temporaires réparties sur trois niveaux, consacrées à des artistes d'avant-garde.

Biblioteca Central

Ciudad Universitaria

FRESQUE GÉANTE ET ART CONTEMPORAIN

À 2 km au sud de San Ángel, la Ciudad Universitaria est le campus principal de l'UNAM (Universidad Nacional Autónoma de México). Ses quelque 330 000 étudiants et 38 000 enseignants font d'elle la plus grande université d'Amérique latine. Chef-d'œuvre architectural, l'UNAM a été classée au patrimoine mondial de l'Unesco en 2007.

La plupart des locaux de l'université sont répartis à la lisière septentrionale du campus. En entrant par l'Avenida Insurgentes, on localise sans difficulté la **Biblioteca Central**, bâtiment de 9 étages entièrement couvert d'une fresque en mosaïques de l'artiste mexicain Juan O'Gorman. Intitulée *Representación histórica de la cultura* (*Représentation historique de la culture* ; 1953), l'œuvre intègre des éléments de l'histoire mexicaine et aztèque. La paroi sud du bâtiment administratif de **La Rectoría**, à la lisière ouest du vaste jardin central, s'orne d'une mosaïque très expressive de Siqueiros, où l'on peut voir des étudiants exhortés par le peuple.

De l'autre côté de l'Avenida Insurgentes, l'**Estadio Olímpico** a été construit en roche volcanique pour les Jeux olympiques de 1968. D'une capacité de 72 000 places, c'est aujourd'hui le stade de l'équipe de football de l'UNAM, les Pumas. L'entrée principale est surmontée d'une fresque en relief de Diego Rivera sur le thème du sport dans l'histoire mexicaine. À l'est de l'esplanade principale, la **Facultad de Medicina** possède une assez étonnante mosaïque murale sur le thème du *mestizaje* (métissage) mexicain, traité par Francisco Eppens.

À 2 km au sud, une autre partie du campus héberge le **Museo Universitario Arte Contemporáneo/MUAC** (p. 130), un centre culturel doté de théâtres, cinémas et musées très intéressants, et un restaurant fort plaisant, l'**Azul y Oro** (www.azul.rest/azul-y-oro).

LE CAMPUS EN PUMABÚS

Le campus est immense et prévoyez de bonnes chaussures si vous souhaitez en faire le tour. Autre option, faire comme les étudiants et montez dans le "Pumabús" (www.dgsgm.unam.mx/pumabus.html) à la sortie de la station de métro Universidad. Cette navette gratuite relie les différents sites du campus tous les jours, avec un service restreint le week-end et pendant les vacances.

DESIERTO DE LOS LEONES

À une demi-heure de route seulement de San Ángel s'étendent les forêts de pins et de chênes, fraîches et odorantes, du Desierto de Los Leones. L'attraction principale de ce parc national est le **Convento Santo Desierto del Carmen**, un ancien couvent de carmélites du XVIIe siècle. C'est aujourd'hui un musée que l'on visite accompagné de guides en soutanes et sandales, qui vous feront découvrir les salles du couvent et les vastes jardins en détaillant l'histoire et la vie quotidienne des carmélites. De multiples sentiers sillonnent le parc, mais tenez-vous-en au chemin principal, car des voleurs rôdent.

MUAC

Desierto de Los Leones

Museo Universitario Arte Contemporáneo (MUAC)

UN MUSÉE POUR L'AVANT-GARDE

Dessiné par l'architecte mexicain Teodoro González de León (1926-2016), ce musée d'art contemporain présente une façade pentue en verre de style minimaliste, qui contraste nettement avec les bâtiments des années 1970 du campus universitaire (p. 129). À l'intérieur, 9 salles spacieuses offrent à des expositions temporaires une superbe luminosité et une impressionnante hauteur sous plafond. La collection permanente réunit peintures, installations audio, sculptures et œuvres multimédias d'artistes mexicains et étrangers. Souvent remarquables, les expositions temporaires d'art contemporain présentent l'avant-garde du Mexique et d'ailleurs, à l'exemple des travaux de l'artiste chinois Ai Weiwei.

Museo Casa del Risco

ART RELIGIEUX ET BAROQUE MEXICAIN

Cette belle demeure du XVIIIe siècle, typique du quartier de San Ángel, occupe le flanc nord de la Plaza San Jacinto. Le bâtiment s'organise autour d'une cour, où trône une somptueuse fontaine parée d'une délirante mosaïque de Talavera et de porcelaine de Chine. Le musée abrite une riche collection d'art baroque mexicain et de peintures médiévales européennes à l'étage.

San Ángel Inn

À VOIR AUSSI À SAN ÁNGEL

Art et architectures vivants

BELLES DEMEURES ET MARCHÉS D'ART

Ses statues, jardins et *casonas* (grandes maisons) font de San Ángel un musée à ciel ouvert, qui s'explore à pied. Commencez la visite à la **Plaza de El Carmen**, cernée de beautés : côté sud, les lignes épurées du **Centro Cultural San Ángel**, bâti en 1887, et la façade néoclassique du **Chucho el Roto** (aujourd'hui la Biblioteca Revoluciones) dissimulant deux belles cours ; au nord-ouest, la **Casa del Mayorazgo Fagoaga**, demeure d'un négociant en or du XVIIe siècle.

Plus à l'ouest, Amargura, une rue moins fréquentée, mène à la **Plaza San Jacinto**, qui date du XVIIIe siècle. Chaque samedi s'y installe le **Bazaar Sábado** (p. 152) et ses objets artisanaux de haute qualité venant des quatre coins du Mexique. Des *casonas* reconverties y surplombent une **fontaine** et un **portrait sculpté de Diego Rivera** en forme de chevalet.

Le **Museo Casa del Risco** (p. 130), reconnaissable à l'ocre de sa façade, est au milieu du côté nord de la place. Le week-end, une **foire aux antiquités** s'installe devant le musée.

Côté ouest de la place se dresse la **Parroquia de San Jacinto** : édifiée au XVIe siècle, elle est l'une des plus anciennes églises de Mexico. On peut voir dans le jardin le plus ancien **crucifix** en pierre du Mexique. Au coin marquant l'intersection Árbol-Hidalgo, la façade aux tons caramel de la **Casa de la Marqueza de Selva Nevada**, qui appartenait

OÙ SE RESTAURER À SAN ÁNGEL

Santana del Mar
Dans une salle design animée, on se délecte de produits de la mer à prix doux, comme des tacos au thon grillé. $

El Cardenal San Ángel
Une cuisine traditionnelle mexicaine réputée – l'endroit où goûter au tacos d'*escamoles* (larves de fourmis). $$

San Ángel Inn
Des classiques de la cuisine mexicaine, servis dans l'élégant jardin d'une ancienne hacienda de *pulque*. $$$

FRIDA, LA DOULEUR EN PEINTURE

Frida Kahlo est née à Coyoacán en 1907. Elle contracta à 6 ans une poliomyélite qui lui laissa une atrophie de la jambe droite. En 1925, elle fut victime d'un terrible accident de bus qui lui causa des fractures à la jambe droite, au bassin et aux côtes. C'est pendant sa convalescence qu'elle commença à peindre. La douleur, à la fois physique et psychique, allait bientôt devenir le thème dominant dans ses œuvres. Elle affirma : "je suis ma propre muse".

Kahlo n'a exposé qu'une seule fois de son vivant au Mexique, en 1953, et dut être transportée au vernissage sur un brancard. De cette exposition, Rivera dit : "Quiconque y a assisté n'a pu que s'émerveiller de la grandeur de son talent." Elle mourut dans la Maison bleue de Coyoacán (p. 135) l'année suivante.

SAULE/ADOBESTOCK ©

Plaza San Jacinto et Casa Museo del Risco

jadis à l'ambassadeur d'Autriche-Hongrie, est ornée de portes en bois de style mudéjar. Prenez vers le sud sur Árbol puis à gauche sur Frontera jusqu'à la **Plaza de los Arcángeles**, dont les bougainvillées, arches de pierre et belles demeures couvertes de lierre forment un cadre enchanteur.

Nature en fête

JUILLET AU JARDÍN DE LA BOMBILLA

En juillet, la **Feria de las Flores** (fête des Fleurs) emplit de couleurs le **Jardín de la Bombilla** (p. 128). Les festivités durent une semaine avec exposition et vente d'une multitude de variétés de plantes, des activités familiales, des spectacles, des expositions de peinture et sculpture à thème botanique. Créé il y a plus de 150 ans, ce festival s'enracine dans la période préhispanique : les fidèles de Xiuhtecuhtli (dieu des Fleurs) lui déposaient alors des offrandes de fleurs en remerciement des récoltes abondantes. Le reste du temps, un marché aux fleurs permanent se tient face à l'angle nord-est de la **Plaza del Carmen**.

COYOACÁN

VIE DE BOHÈME ET MAISON DE FRIDA

À 10 km au sud du centre-ville, Coyoacán ("lieu des coyotes", en náhuatl) servit de base au conquistador Hernán Cortés après la chute de Teotihuacán. L'expansion de la capitale n'a absorbé ce village que depuis quelques décennies, et Coyoacán a conservé son identité, ses rues étroites de l'époque coloniale, ses cafés et son ambiance animée.

L'ancien fief de Léon Trotski et de Frida Kahlo (dont les maisons sont devenues de passionnants musées) est aussi un lieu de contre-culture, surtout le week-end, lorsque musiciens, mimes et artisans attirent sur les places une foule bon enfant. Coyoacán, c'est la vie de *pueblo* (village) en pleine métropole.

Pour les infos pratiques, voir le Carnet d'adresses p. 153

À SAVOIR

Les stations de métro les plus proches de Coyoacán (1,5 à 2 km) sont Viveros, Coyoacán et General Anaya. Une plaisante promenade de 1 km mène de la station Coyoacán jusqu'au cœur du quartier.

Maison colorée de Coyoacán

INCONTOURNABLE
1 Museo Frida Kahlo

VOIR
2 Casa de Cortés
3 Centro Cultural Jesús Reyes Heroles
4 Fonoteca Nacional
5 Jardín Centenario & Plaza Hidalgo
6 Museo Casa de Léon Trotski
7 Museo Nacional de Culturas Populares
8 Museo Nacional de la Acuarela 'Alfredo Guati Rojo'
9 Parque Frida Kahlo
10 Parroquia de San Juan Bautista

SE RESTAURER
11 Churreria General de la Republica
12 Corazón de Maguey
13 El Kiosko de Coyoacán
14 Los Danzantes
15 Mercado de Antojitos

PRENDRE UN VERRE ET FAIRE LA FÊTE
16 Café El Jarocho
17 Cantina La Coyoacana

SORTIR
18 Cineteca Nacional

SHOPPING
19 Bazar Artesanal Mexicano
20 Mercado de Coyoacán

Museo Frida Kahlo

LA CÉLÈBRE "CAZA AZUL"

Frida Kahlo naquit, vécut et mourut dans cette Casa Azul (Maison bleue), aujourd'hui devenue un musée. Rares sont les visiteurs de Mexico qui ne fassent le pèlerinage jusqu'ici pour mieux comprendre l'œuvre complexe de cette artiste d'exception.

Construite par le père de Frida, Guillermo, trois ans avant sa naissance, la maison est pleine de souvenirs et effets personnels évoquant sa longue relation, tantôt houleuse, avec son époux Diego Rivera et le cercle d'intellectuels de gauche qu'ils recevaient. Ustensiles de cuisine, bijoux, photos et autres objets du quotidien de l'artiste se mêlent à ses œuvres et à des objets préhispaniques et d'artisanat mexicain.

La collection s'est enrichie avec l'ouverture, en 2004, de deux pièces de la maison scellées en 1954, dévoilant archives, photos et lettres du couple d'artistes. Depuis 2012, l'exposition "Les Apparences peuvent être trompeuses : la garde-robe de Frida Kahlo" met l'accent sur son image publique et son célèbre style à travers de nombreuses robes retrouvées dans sa salle de bains, ainsi que les corsets que ses infirmités l'amenaient à porter.

Qu'il s'agisse de ses épreuves physiques, de son sens de la mode, de ses idées politiques (remarquez les photos de Marx et de Staline au-dessus de son lit), des thèmes de son art ou de sa célébrité, le musée explore toutes les facettes de la vie de Frida.

Arrivez tôt pour échapper à la foule, en particulier le week-end ; réservez sur Internet pour éviter les longues files d'attente.

MUSÉE ANAHUACALLI

Dessiné par Diego Rivera pour abriter sa collection d'art préhispanique, le musée Anahuacalli, à 5 km au sud de Coyoacán, est un édifice de pierre volcanique aux airs de temple. Il abrite aussi l'un des ateliers de Rivera, ainsi qu'une étude pour *L'Homme à la croisée des chemins*, la fresque commandée puis détruite par le Rockefeller Center en 1934, mais que Rivera repeignit à l'identique au Palacio de Bellas Artes.

L'entrée au musée est comprise dans le billet pour le Museo Frida Kahlo (ci-contre), d'où le Fridabús rejoint Anahuacalli le week-end. L'Anahuacalli se trouve à 3,5 km au sud de Coyoacán.

Museo Frida Kahlo

VISITES COUPLÉES

Le week-end, profitez du Fridabús, une navette qui fait la liaison entre la Casa Azul, le **Museo Casa Estudio Diego Rivera y Frida Kahlo** (p. 126), à San Ángel, et le **musée Anahuacalli** (ci-dessus). Tickets en vente uniquement au Museo Frida Kahlo.

Café El Jarocho

TEMPLE DU CAFÉ DE VERACRUZ

Quant il s'agit de café au Mexique, on ne fait pas plus traditionnel que le *café de olla* – infusé dans des pots en terre cuite avec une pointe de cannelle et d'autres épices. C'est la raison pour laquelle on se presse au Café El Jarocho, sur Cuauhtémoc. Véritable institution du quartier, on y sert du café de Veracruz (les habitants de Veracruz sont surnommés *Jarochos*) à des amateurs qui viennent souvent à Coyoacán juste pour ça. On trouve rarement une place assise, et la plupart des clients boivent leur café dans la rue ou sur les bancs installés sur le trottoir. D'autres adresses ont ouvert à Coyoacán mais pour une expérience unique, c'est ici que ça se passe.

Café El Jarocho

Museo Casa de Léon Trotski

UNE MAISON EN EXIL

C'est dans cette maison, aujourd'hui convertie en musée, qu'en 1940 un agent stalinien, un Catalan du nom de Ramón Mercader, assassina le révolutionnaire Léon Trotski d'un coup de piolet dans le crâne.

Devancé par Staline dans la course au pouvoir en Union soviétique, Trotski en fut expulsé en 1929. Condamné à mort par contumace, il trouva refuge au Mexique en 1937. Après avoir occupé la Maison bleue de Frida Kahlo avec son épouse Natalia, il déménagea quelques rues plus loin après s'être brouillé avec le couple Kahlo-Rivera.

Le mobilier de Trotski est resté quasiment intact. Des objets personnels sont exposés dans les bâtiments entourant le patio, où les cendres de Trotski reposent dans une tombe gravée d'une faucille et d'un marteau. On peut voir des impacts de balles dans sa chambre, traces d'une tentative d'assassinat.

Museo Casa de Léon Trotski

Cineteca Nacional

HAUT LIEU DU CINÉMA D'ART ET D'ESSAI

La Cineteca Nacional est un cinéma pas comme les autres. Son ambiance évoque davantage un centre artistique à destination des cinéphiles, et son extérieur en impose. Le complexe projette sur 10 écrans des films indépendants mexicains et étrangers (sous-titrés en espagnol, jamais doublés) et les amoureux du 7e art, dont maints étudiants, se retrouvent avant les séances pour boire et manger un morceau dans les cafés ou le jardin de la cinémathèque.

Le complexe accueille en novembre un festival de film international, la Muestra Internacional de Cine. D'octobre à mars, des séances en plein air gratuites sont organisées à la tombée de la nuit dans le jardin à l'arrière. Sur place, la Galería de la Cineteca Nacional, dédiée au cinéma mexicain, propose des expositions sur le cinéma international.

Los Danzantes

CUISINE TRADITIONNELLE ET MEZCAL DE HAUTE VOLÉE

La cuisine mexicaine traditionnelle de Los Danzantes s'agrémente de touches contemporaines, avec des plats comme les raviolis au *huitlacoche* (champignon du maïs similaire à la truffe) nappés de *chile poblano* (sauce pimentée), le poulet bio au *mole* noir ou la *hoja santa* ("poivre mexicain", une plante aromatique) garnie de fromage et de piment chipotle. À déguster aussi : le mezcal produit par la fameuse distillerie du restaurant.

La "Teporada de los Bichos" ("saison des insectes"), de début mai à début juin, est l'occasion de s'aventurer à goûter *escamoles* (larves de fourmis), *gusanos* (ver de l'agave), *chicatanas* (fourmis ailées) et autres mets à base d'insectes.

Los Danzantes

Cuicuilco

Cuicuilco

UNE CITÉ MÉSOAMÉRICAINE ENGLOUTIE PAR LA LAVE

Au sud-ouest de Coyoacán, Cuicuilco compte parmi les plus importants et plus anciens vestiges d'implantations humaines préhispaniques sur la Ciudad de México, et témoigne d'une civilisation installée sur les rives du Lago de Xochimilco quelque 800 ans av. J.-C. À son âge d'or, le IIe siècle av. J.-C., ce "lieu des chants et de la danse" a compté jusqu'à 40 000 habitants. À la même époque, Teotihuacán commençait tout juste à gagner en importance.

Le site fut abandonné deux siècles plus tard lorsqu'il fut en grande partie englouti par la lave après l'éruption du volcan Xitle.

La pièce maîtresse du site est un monticule circulaire de 23 m de haut évoquant une pyramide. Les fouilles archéologiques continuent de mettre au jour de nouvelles sections mais de grandes portions du site sont encore envahies d'herbe, conférant aux lieux une atmosphère de mystère.

Tlalpan

UN QUARTIER EXCENTRÉ ET PRÉSERVÉ

Au sud de Coyoacán, Tlalpan est la plus grande division administrative de Mexico. Autour de son *zócalo*, le quartier est encore ce qu'était Coyoacán jadis : un village bohème à l'impressionnante architecture coloniale. L'élégante **Casa Frisaac** abrite des expositions temporaires, tandis que le **Museo de Historia de Tlalpán** expose des trouvailles archéologiques faites à Cuicuilco. Quelques bons restaurants bordent les arcades entourant la ravissante place principale. **Alipús**, qui propose d'excellents mezcals (les marques Alipús et Los Danzantes), et sert une soupe inventée à Tlalpan, le *caldo tlalpeño*.

Tlalpan s'étend au pied de la chaîne d'Ajusco, et jouit d'un climat plus frais et humide. Prenez le *metrobús* (ligne 1) jusqu'à Fuentes Brotantes, à quatre rues à l'ouest de la place principale.

Mercado de Coyoacán

TOSTADAS À GOGO

Chapulines

Étalages de fruits de toutes les couleurs, piñatas se balançant dans les allées et stands de piments et d'épices – tout l'assortiment traditionnel des marchés du Mexique est là. Mais ici, la vedette, c'est la *tostada*, servie croustillante et débordant de délices de la mer. Installez-vous sur un banc à l'un des nombreux stands et goûtez des *tostadas de pulpo* (poulpe), *jaiba* (crabe), *atún* (thon) ou la classique *tostada de camarón* (ceviche de crevettes) couronnée d'avocat. Les palais les plus téméraires pourront essayer les *chapulines* (sauterelles) – idéal à l'apéritif – les *alacranes* (scorpions) et d'autres insectes craquants. Vous pourrez siroter un jus de fruits extra-frais en parcourant les interminables allées d'*artesanías* (objets artisanaux). À l'approche du jour des Morts (fin octobre), des crânes en sucre et des autels décorés colorent le marché.

Le marché est à mi-chemin entre le Museo Frida Kahlo et la place principale de Coyoacán – l'occasion d'une agréable promenade doublée d'un arrêt aux stands.

La Coyoacana

Cantina La Coyoacana

MARIACHIS, TEQUILA ET VIANDE

Passé les portes battantes de type saloon, filez tout droit vers le patio extérieur, où des mariachis font le spectacle dans ce débit de boissons traditionnel, véritable institution de Coyoacán. Payez pour qu'ils vous jouent une chanson *ranchera* (traditionnelle) ou écoutez ce qu'ils jouent pour d'autres. Vous ne passerez pas meilleur après-midi qu'en vous laissant griser par l'ambiance tout en profitant d'une carte d'en-cas et de plats bien fournie. Ici, les vedettes sont les *molcajetes*, un mortier en pierre débordant de lamelles de steak et d'autres viandes recouvertes de *chicharrón* (couenne de porc grillée) et de guacamole, qu'on déguste accompagné d'un cocktail au mezcal.

El Kiosko de Coyoacán

À VOIR AUSSI À COYOACÁN

Sous l'œil des coyotes

PROMENADE DANS LE CENTRE DE COYOACÁN

La vie à Coyoacán se concentre autour du Jardín Centenario et de la Plaza Hidalgo, deux places contiguës qui s'animent surtout le week-end. Au centre du **Jardín Centenario** se dresse une fontaine ornée des coyotes emblématiques du village, tandis que la **Plaza Hidalgo**, pavée et plus grande, est ornée d'une statue de Miguel Hidalgo, héros de l'indépendance, et d'une rotonde en vitraux.

Au Jardín Centenario, ne manquez pas le restaurant mexicain **Corazón de Maguey**, qui sert des versions haut de gamme de spécialités de régions productrices de mezcal comme le Oaxaca.

Côté nord de la Plaza Hidalgo, découvrez la **Casa de Cortés**, où le conquistador Hernán Cortés établit le premier gouvernement municipal du Mexique pendant le siège de Teotihuacán. Le côté sud est dominé par la **Parroquia de San Juan Bautista** et son ancien monastère attenant. Remarquez l'arche double, les **Arcadas Atrial**, autrefois l'entrée de la Parroquia. En face de l'église, on fait la queue devant plusieurs

AVENIDA FRANCISCO SOSA

Vieille de 450 ans, cette avenue était jadis la principale voie de communication entre Coyoacán et le village de San Ángel. Aujourd'hui, l'avenue est flanquée de plus de 60 édifices classés monuments historiques par l'Institut national d'anthropologie et d'histoire, et s'y promener tient d'une véritable féerie architecturale. Ne manquez pas la **Casa de Diego de Ordaz**, l'édifice classé le plus proche du Jardín Centenario, un exemple impressionnant d'architecture mudéjare datant de 1756. La maison n'est pas ouverte au public, et peu d'indices permettent d'affirmer que le conquistador Diego de Ordaz y a vraiment vécu, mais le lieu est intéressant, même vu de l'extérieur.

OÙ SE LOGER À COYOACÁN

Hostal Cuija Coyoacán
Auberge de jeunesse bon marché du réseau HI, proche des sites d'intérêt de Coyoacán. **$**

Chalet del Carmen
B&B écologique avec cuisine et mobilier ancien, géré par un sympathique couple suisse. **$$**

Hostal Frida B&B
Cet *hostal* de type pension, tenu en famille, loue six chambres doubles parquetées, certaines avec cuisine. **$$**

PAROLE D'HABITANT : OÙ SE RESTAURER ET PRENDRE UN VERRE À COYOACÁN

Alejandro Serra, natif de Coyoacán et bassiste du groupe May Queen (@ mayqueenofficial), nous livre ses restaurants et bars préférés du quartier. @ale.jandro.s

El Hijo del Cuervo
Excellente taverne à l'ancienne servant des plats typiques. Une petite scène accueille théâtre et musique, surtout des groupes mexicains de rock et de ska.

La Ruta de la Seda
Ce café offre un vaste choix de thés et infusions exotiques, au piment ou au cacao par exemple. Le délicieux gâteau "Kyoto", à base de matcha, est le chef-d'œuvre de la maison.

Duke's Burgers & Beer
Des burgers délicieux et d'excellentes bières artisanales.

glaciers, dont **El Kiosko de Coyoacán**, pour des glaces et sorbets maison. Le **Bazar Artesanal Mexicano**, également tout proche, abonde en bijoux et objets artisanaux de type cadeaux-souvenirs.

Plus authentique, le **Mercado de Antojitos** permet de savourer des en-cas mexicains traditionnels comme des *quesadillas* frites, du *pozole* (potée épicée) et de l'*esquite* (maïs au bouillon). La Plaza Hidalgo est jalonnée d'échoppes de *churros*, dont la **Churrería General de la República**, pour une pause sucrée.

Art et jardins

GALERIES, MUSÉES, JARDINS ET FRIDA

Coyoacán est un quartier tourné vers l'art et la nature. Pour le découvrir de musées en galeries, commencez au **Museo Nacional de la Acuarela "Alfredo Guati Rojo"**. L'*acuarela* (aquarelle) y est à l'honneur à travers des expositions d'artistes du Mexique et d'ailleurs couvrant plusieurs siècles et plusieurs styles. Le musée est gratuit (comme tous ceux présentés ici) et dispose d'un jardin soigné ponctué de palmiers et de cactus. Au coin de la rue, la **Fonoteca Nacional** est consacrée au son. On peut y écouter des archives sonores, admirer des postes de radio anciens et assister à des récitals et autres événements. La resplendissante demeure coloniale était la résidence d'Octavio Paz, poète mexicain décédé en 1998 dont la voix est immortalisée dans les archives. Le ravissant jardin, bordé d'arches et ponctué de haut-parleurs diffusant musique et effets sonores, vaut à lui seul une visite.

Au milieu de la magnifique Avenida Sosa, le **Centro Cultural Jesús Reyes Heroles**, une propriété de l'époque coloniale (1780), accueille des présentations de livres et des cours d'art (en espagnol). Juste à côté, la **Capela de Santa Catarina**, du XVIIe siècle et entièrement peinte en jaune, est l'une des plus anciennes constructions du quartier. Promenez-vous dans le joli jardin bien fourni en yuccas et en jacarandas, où vous croiserez une sculpture de Diego Rivera et Frida Kahlo assis sur un banc. D'autres statues de Frida vous attendent au **Parque Frida Kahlo**, au sud-ouest du quartier, un parc idéal pour les enfants.

Près du centre, le **Museo Nacional de Culturas Populares**, petit mais intéressant, expose dans ses salles et sa cour des objets artisanaux et des costumes nationaux des quatre coins du Mexique. Les *alebrijes* (animaux fantastiques en bois peint) et les masques plaisent aux plus jeunes. Frida Kahlo était une adepte de l'artisanat traditionnel mexicain, et incorporait de la vie paysanne, comme le *rebozo* (châle), dans ses proverbiales tenues.

CAFÉ ET DOUCEURS HAUT DE GAMME À COYOACÁN

Picnic Helados
Goûter la glace artisanale gingembre-mangue ou les brownies à tomber.

Café Negro
Aeropress, infusion à froid et autres méthodes garantissent la qualité du café de cet établissement.

Churrería El Moro Coyoacán
Un lieu où s'asseoir confortablement, pour un festin de churros croustillants et de chocolat chaud onctueux.

Capela de Santa Catarina

Principales pépinières des parcs et jardins de Mexico, les **Viveros de Coyoacán** permettent de rejoindre les places centrales de Coyoacán en faisant une agréable balade dans la verdure. Cet espace vert de 39 ha est un lieu de promenade et de jogging apprécié pour sa verdure luxuriante (attention toutefois aux écureuils, parfois agressifs), situé seulement à 1 km à l'ouest du centre de Coyoacán. Au départ de la station de métro Viveros, il suffit de longer l'Avenida Universidad vers le sud, puis de prendre la première rue à gauche, l'Avenida Progreso.

MEXICO À VÉLO

Avec ses 687 stations, le système de location **Ecobici** (ecobici.cdmx.gob.mx), mis en place par la ville, permet de louer et déposer les bicyclettes rouge et blanc un peu partout dans Mexico. Si se déplacer à vélo dans Mexico n'est pas conseillé partout, vous pouvez emprunter sans crainte les pistes cyclables suivantes.

La *ciclovía*, qui suit l'ancien tracé d'une voie de chemin de fer, part de l'Avenida Ejército Nacional à Polanco, traverse le Bosque de Chapultepec et contourne le Periférico, de La Feria à l'Avenida San Antonio. Plusieurs ponts à la pente assez raide permettent de traverser les voies. Une autre piste cyclable longe l'Avenida Chapultepec, menant du Bosque de Chapultepec au *centro histórico*. Une troisième piste cyclable suit le Paseo de la Reforma (p. 95).

Tous les dimanches, le Paseo de la Reforma et plusieurs autres grandes rues du centre-ville sont fermés à la circulation de 8h à 14h (voir p. 99).

LIBIA SEGURA/SHUTTERSTOCK ©

INCONTOURNABLE

Xochimilco

À la lisière sud de la ville subsiste un réseau de canaux flanqués de "jardins flottants", vivant héritage du passé préhispanique de Mexico. Imitez les familles et les groupes d'amis qui viennent le week-end à Xochimilco pour une paisible et amusante balade au fil de l'eau à bord d'embarcations bariolées.

À NE PAS MANQUER

Une balade en bateau sur les canaux

L'étonnante Isla de las Muñecas

Le marché de Xochimilco

Goûter au *pulque* dans un établissement typique

Les jardins de l'Empire aztèque

À 19 km au sud de Coyoacán, Xochimilco ("lieu où poussent les fleurs" en nahuatl) ravive le souvenir du passé préhispanique de la ville. Les Xochimilcas avaient en effet empilé des végétaux et de la boue dans les eaux peu profondes du Lago de Xochimilco, ramification sud du Lago de Texcoco, pour en faire des jardins fertiles, les *chinampas*, lesquels devinrent le fondement économique de l'Empire aztèque. 180 km de canaux restent navigables aujourd'hui et les *chinampas* sont encore cultivées, notamment avec des plantes ornementales et les emblématiques *cempasúchil* (roses d'Inde) du Jour des morts. En raison de son importance historique et culturelle, le site a été classé au patrimoine mondial de l'Unesco en 1987.

Canal Gondolas

Naviguer sur les canaux à bord d'une *trajinera* (barque d'une vingtaine de places) vivement colorée est une expérience à la fois festive et paisible. Le week-end, une ambiance de fiesta s'empare des canaux, couverts de bateaux transportant familles et groupes d'amis. Mariachis et marchands de nourriture et de boissons déambulent aux abords des *embarcaderos* – il est de tradition de pique-niquer à bord. L'ambiance est bien plus calme en semaine.

Les samedis et dimanches, des *lanchas colectivas* (bateaux-taxis ; aller simple 30 $M/pers) de 60 passagers naviguent sur 1,4 km vers le sud-est entre l'embarcadère de Salitre et celui de Nativitas (près de l'angle de l'Avenida Hermenegildo Galeana et de la Calle del Mercado).

Isla de las Muñecas

Une expérience assez irréelle vous attend à Xochimilco. Louez une gondole jusqu'à l'île aux Poupées, où des centaines de ces jouets, à divers stades de dégradation, pendent aux branches des arbres. Cette installation est l'œuvre d'un habitant de l'île qui repêchait les jouets dans les canaux afin d'apaiser l'esprit d'une fillette qui s'y était noyée. Comptez 4 heures aller-retour en partant de l'embarcadère de Cuemanco. Prenez le métro jusqu'à la station General Anaya, sortez sur la Calzada de Tlalpan (côté est) et parcourez 50 m vers le nord pour prendre un pesero "Tláhuac Paradero". Descendez à l'entrée de l'Embarcadero Cuemanco.

Le village

Outre ses canaux si célèbres, le village de Xochimilco compte d'autres centres d'intérêt. À l'est du Jardín Juárez (place principale du *centro*) s'élève la **Parroquia de San Bernardino de Siena**, la cathédrale du XVIe siècle qui abrite de beaux retables en bois doré. Au sud de la place, le très vivant **Mercado de Xochimilco** investit deux vastes bâtiments : le plus proche du Jardín Juárez est consacré aux produits frais, et possède un coin restauration qui propose des *tamales* (pâte de maïs fourrée de viande, de poisson ou de légumes) et d'autres plats préparés, tandis que l'autre vend des fleurs, des *chapulines* (sauterelles grillées), des douceurs et de l'excellente *barbacoa* (viande marinée et cuite à couvert).

S'Y RENDRE

Prenez la ligne 2 du métro et descendez à la station Tasqueña. Dans la station, suivez les panneaux jusqu'à la correspondance avec le *tren ligero* (métro léger) qui dessert les quartiers inaccessibles en métro. Une fois arrivé au terminus Xochimilco, tournez à gauche (vers le nord) et longez l'Avenida Morelos jusqu'au marché, au Jardín Juárez et à l'église. Sinon, des vélos-taxis vont aux *embarcaderos* (embarcadères).

À SAVOIR

- Le prix officiel pour une balade à bord d'une *trajinera* est de 600 $M par heure et par bateau.
- Le village de Xochimilco est connu pour ses *pulquerías* (bars à *pulque*) rustiques.
- Au sud du Jardín Juárez, le Mercado de Xochimilco abrite des vendeurs de *tamales*.
- Le site de la ville fournit de nombreuses informations sur les activités possibles : www.xochimilco.cdmx.gob.mx

OÙ SE RESTAURER À XOCHIMILCO

Restaurante Lina Xochimilco
Petits-déjeuners copieux, comme des *chilaquiles* et des omelettes nappées de *salsa*, dans une cour. **$**

Torteria La Planta
Près de la station Xochimilco, cette échoppe de *tortas* est idéale pour acheter un sandwich pour votre balade en bateau. **$**

Rincon de Mi Barrio
On se presse pour les buffets du week-end pour un festin de *quesadillas*, de muesli, de fruits et de gaufres. **$$**

Carnet d'adresses

À faire · Shopping · Se restaurer · Se loger · Prendre un verre · Sortir

OFFICES DU TOURISME

Sectur
Bureau du ministère national du Tourisme (55-5250-0151 ; www.gob.mx/sectur ; Av PresidenteMasaryk 172, Bosque de Chapultepec ; 9h-17h lun-ven ; M Polanco).

Alameda
(angle Av Juárezet Dr Mora, Colonia Centro ; M Hidalgo)

Basílica
(55-5748-2085 ; Plaza de lasAméricas 1, Basílica de Guadalupe ; 9h-15h lun-mar, 9h-18h mer-dim ; M La villa-Basílica)

Centro
(55-5518-1003 ; Montede Piedad ; M Zócalo)

Chapultepec
(Paseo de la Reforma ; 9h-18h mer-dim ; M Auditorio). Près du MuseoNacional de Antropología.

Coyoacán
(55-5658-0221 ;Jardín Hidalgo 1, Coyoacán ; 10h-20h ; M Coyoacán)

Nativitas
(55-5653-5209 ; Xochimilco ; 9h-16h lun-ven, 9h-17h sam-dim ; Xochimilco)

Xochimilco
(55-5676-0810 ; www.xochimilco.df.gob.mx/turismo ; Pino 36 ; 8h-19h lun-ven, 9h-18h sam-dim ; M Xochimilco).

Zócalo
(Templo Mayor ; M Zócalo). À l'est de la Catedral Metropolitana.

Zona Rosa
(55-5208-1030 ; anglePaseo de la Reforma et Av Florencia ; 9h-18h mer-dim ; M Insurgentes).

CENTRO HISTÓRICO

Anahuacalli
Voir p. 78 (Musée Diego Rivera Anahuacalli ; 055-5617 4310 ; www.museoanahuacalli.org.mx ; Calle Museo 150, Colonia Coyoacán ; adulte/- 16 ans 100/20 $M ; 11h-17h30 mar-dim ; M Tasqueña, Xotepingo)

Antiguo Colegio de San Ildefonso
Voir p. 72 (055-3602 0035 ; www.sanildefonso.org.mx ; Justo Sierra 16 ; adulte/- 12 ans 50 $M/gratuit, gratuit dim ; 11h-17h30 mar-dim ; M Zócalo)

Basílica de Guadalupe
Voir p. 81 (055-5577 6022 ; www.virgendeguadalupe.org.mx ; Fray Juan de Zumárraga 2, Villa Gustavo A. Madero ; 6h-21h ; M La Villa-Basílica)

Capilla del Pocito
Voir p. 80 (055-5577 3844 ; Plaza de las Américas 2, Villa Gustavo A. Madero ; 9h-12h et 16h-18h ; M La Villa-Basílica)

Casa de los Azulejos
Voir p. 74 (maison des Azulejos ; 0 55-5512-1331 ; Av Francisco I, Madero 4 ; 7h-1h ; M Allende)

Catedral Metropolitana
Voir p. 69 (Cathédrale métropolitaine ; 055-4165 4052 ; catedralmetropolitana.mx ; Plaza de la Constitución ; 10h-18h ; M Zócalo)

Centro Cultural Universitario Tlatelolco
(ext 49646, 55-5117-2818 ; tlatelolco.unam.mx ; Flores Magón 1 ; tarif plein/étudiant 40/20 $M, gratuit dim ; 11h-17h mer-jeu, 11h-18h ven-dim ; M Tlatelolco)

Clocher de la Basílica
Voir p. 80 (Fray Juan de Zumárraga 2 ; M La Villa-Basílica)

Ex Teresa Arte Actual
(55-4122-8020 ; exteresa.bellasartes.gob.mx ; Licenciado Primo Verdad 8, Colonia Centro ; 11h-17h mar-dim ; M Zócalo)

Jardín del Tepeyac
Voir p. 80 (Abasolo 76, Villa Gustavo A. Madeiro ; 24h/24 ; M Martín Carrera)

Megaofrenda
Voir p. 79 (megaofrenda.unam.mx ; Prol. Constitución 58A ; 10h-21h 1-2 nov ; Xochimilco)

Mercado de Sonora
Voir p. 80 (056 4509 2336 ; mercadosonora.com.mx ; Fray Servando Teresa de Mier 419, Colonia Merced Balbuena 7h-18h ; M Merced)

Museo Archivo de la Fotografía
Voir p. 69 (Musée des Archives photographiques ; 055-2616 7057 ; www.cultura.cdmx.gov.mx/recintos/maf ; República de Guatemala 34-38 ; 10h-17h lun-ven ; M Zócalo)

Museo del Calzado El Borcegui
Voir p. 79 (55-5510-0627 ; www.elborcegui.com.mx/museo.htm ;

Bolívar 27 ; ⏰10h-14h et 15h-18h lun-ven, 10h-18h sam ; M Zócalo)

Museo del Estanquillo
Voir p. 70 (☎055-5521 3052 ; www.museodelestanquillo.cdmx.gob.mx ; Isabel La Católica 26 ; ⏰10h-14h et 15h-18h lun, mer-jeu et dim ; M Allende)

Museo del Tequila y el Mezcal
Voir p. 72 (☎055-5526 6540 ; www.mutemgaribaldi.mx ; Plaza Garibaldi ; 70 $M ; ⏰11h-22h dim-mer, 11h-minuit jeu-sam ; M Garibaldi)

Museo Nacional de Arte
Voir p. 70 (Musée national d'Art ; ☎055-8647 5430 ; www.munal.mx ; Calle de Tacuba 8 ; 85 $M, gratuit dim, appareil photo 5 $M ; ⏰10h-18h mer-dim ; M Bellas Artes)

Palacio Nacional
Voir p. 68 (Palais national ; ☎055-3688 1255 ; www.palacionacionaldemexico.mx ; Plaza de la Constitución ; ⏰9h-17h mar-dim ; M Zócalo)

Palacio Postal
Voir p. 71 (☎055-5512 0091 ; Calle de Tacuba 1 ; ⏰8h-16h ln-ven, 8h-12h sam ; M Bellas Artes)

Pasaje Catedral
Voir p. 80 (☎055-5512 2619 ; pasaje-catedral-misericordia.negocio.site ; República de Guatemala 10 ; ⏰10h-19h lun-sam ; M Allende)

Plaza de las Tres Culturas
Voir p. 76 (Place des Trois-Cultures ; ☎055-5583 0295 ; Eje Central Lázaro Cárdenas, angle Flores Magón ; ⏰10h-18h ; M Tlatelolco)

Plaza Santo Domingo
Voir p. 78 (angle República de Venezuela et República de Brasil ; M República de Argentina)

Postal Museum
Voir p. 71 (☎055-5130 4100 ; Calle de Tacuba 1 ; ⏰10h-17h lun-ven, 9h-15h sam ; M Bellas Artes)

Basílica de Guadalupe

Secretaría de Educación Pública
Voir p. 72 (Ministère de l'Éducation ; ☎55-3601 1000 ; República de Brasil 31 ; ⏰8h-16h lun-ven ; M República de Argentina)

Suprema Corte de Justicia
Voir p. 74 (Cour suprême ; ☎55-4113 1000 ; Pino Suárez 2 ; ⏰8h30-17h30 lun-ven ; M Zócalo)

Templo Mayor
Voir p. 66 (☎055-4040 5600 ; www.templomayor.inah.gob.mx ; Seminario 8 ; 90 $M ; ⏰9h-17h mar-dim ; M Zócalo)

Torre Latinoamericana
Voir p. 71 (tour latinoaméricain ; ☎055-5518 7423 ; www.miradorlatino.com ; Eje Central Lázaro Cárdenas 2 ; adulte/enfant 180/140 $M ; ⏰9h-22h ; M Bellas Artes)

Zona Arqueológica Tlatelolco
(☎ 55 5583 0295 ; www.inah.gob.mx/zonas/zona-arqueologica-tlatelolco ; Hamburgo 135, Colonia Juárez, Alcaldía Cuauhtémoc ; ⏰8h-15h lun-ven ; P ; M Tlatelolco)

Turibús
Voir p. 81 (☎055-5133 2444 ; www.turibus.com.mx ; adulte/4-12 ans 210/130 $M, itinéraires thématiques 100-800 $M ; ⏰7h-22h ; M San Lázaro)

Hotel Catedral
Voir p. 78 (☎055-5518 5232 ; www.hotelcatedral.com ; Donceles 95 ; M Zócalo)

Gran Hotel Ciudad de México
Voir p. 78 (☎055-1083 7700 ; www.granhoteldelaciudaddemexico.com.mx ; Av 16 de Septiembre 82 ; M Zócalo)

Mexico City Hostel
Voir p. 78 (☎055-5510 9562 ; www.mexicocityhostel.com ; República de Brasil 11 ; M Zócalo)

Al Andalus
Voir p. 79 (☎055-5522 2528 ; m_andalus171@yahoo.com.mx ; Mesones 171 ; ⏰9h-18h ; M Pino Suárez)

Azul Histórico
Voir p. 73 (☎055-5510 1316 ; www.azul.rest ; Isabel La Católica 30 ; ⏰9h-12h et 13h-23h ; M Zócalo)

Coox Hanal
Voir p. 79 (055-5709 3613 ; www.cooxhanal.com ; Isabel La Católica 83 ; 11h-18h30 ; M Isabel La Católica)

El Cardenal
Voir p. 79 (055-5521 3080 ; www.restauranteelcardenal.com ; Calle de la Palma 23 ; 8h-18h30 ; M Zócalo)

La Casa de las Sirenas
Voir p. 79 (055-5704 3273 ; www.lacasadelassirenas.com.mx ; República de Guatemala 32 ; 12h-23 lun-sam, 12h-19h dim ; M Zócalo)

Los Cocuyos
Voir p. 73 (055-5518 4231 ; Simón Bolívar 59 ; 10h-5h ; M San Juan de Letrán)

Bar La Ópera
Voir p. 71 (055-5512 8959 ; laoperabar.com ; Av. 5 de Mayo 10 ; 13h-23h lun-sam, 13h-18h dim ; M Allende)

Café de Tacuba
Voir p. 78 (055-5521 2048 ; www.cafedetacuba.com.mx ; Calle de Tacuba 28 ; 8h-23h ; M Allende)

Hostería La Bota
Voir p. 79 (055-5709 9016 ; www.facebook.com/labotacultubar ; San Jerónimo 40 ; 13h-23h dim-jeu, 13h-1h ven, 12h-1h sam ; M Isabel La Católica)

La Faena
Voir p. 79 (055-5510 4417 ; Calle de Venustiano Carranza 49 ; 12h-18h lun-mar, 12h-20h mer-jeu et dim, 12h-minuit ven-sam ; M San Juan de Letrán)

La Purísima
Voir p. 73 (República de Cuba 17 ; 19h-3h jeu-sam ; M Bellas Artes)

Nardo Cocktail Club
Voir p. 79 (055-1005 3288 ; www.instagram.com/nardo_cocktailclub ; Venustiano Carranza 69 Local 2 ; 16h-minuit dim-mer, 16h-2h jeu-sam ; M San Juan de Letrán, Zócalo, Allende)

Arena Coliseo
Voir p. 78 (055-5588 0266; cmll.com ; República de Perú 77 ; billets 40-210 $M ; 19h30 sam ; M Lagunilla, República de Chile)

Salón Tenampa
Voir p. 78 (055-5526 6176 ; Plaza Garibaldi 12 ; 14h-2h dim-mer, 14h-3h jeu-sam ; M Garibaldi)

Zinco Jazz Club
Voir p. 78 (055-1131 7760 ; www.zincojazz.com ; Motolinía 20 ; 21h-1h mer-sam ; M Allende)

Mercado de la Merced
Voir p. 65 (angle Anillo de Circunvalación et General Anaya ; 5h30-18h ; M Merced)

Mercado de Sonora
(056-1187 0415 ; Fray Servando Teresa de Mier 419, Merced Balbuena, Venustiano Carranza; 7h-18h ; M Merced)

Mercado San Juan
Voir p. 75 (055-2248 6633 ; 2ª Calle de Ernesto Pugibet 21 ; 7h-18h; M San Juan de Letrán, Plaza San Juan)

ALAMEDA CENTRAL

Alameda Central
Voir p. 86 (Av Juárez ; M Bellas Artes et Hidalgo)

Alameda de Santa María la Ribera
Voir p. 91 (Calle Salvador Díaz Mirón ; M Buenavista)

Casa Equis
Voir p. 92 (055-6066 7129 ; www.instagram.com/casaequis ; Calle Dr. Enrique González Martínez 7-Interior 12 ; 14h-19h sam ; M Revolucion)

Eucalipto 20
Voir p. 92 (055-2684 8285 ; www.instagram.com/eucalipto_20 ; Eucalipto 20 ; 12h-20h mar-sam ; M Buenavista)

Galería Rab 63
Voir p. 92 (Calle Dr. Enrique González Martínez 63 ; M Buenavista)

Mercado de Artesanías La Ciudadela
Voir p. 87 (055-5510 1828 ; angle Balderas et Dondé ; 10h-19h lun-sam, 9h-18h dim ; M Balderas)

Moonrise
Voir p. 92 (055-2503 3217 ; www.moonrise.mx ; Calle de Dr Atl 65 B ; 15h-20h30 mar-sam, 15h-19h dim ; M San Cosme)

Monumento a la Revolución
Voir p. 85 (055-5592 2038 ; www.mrm.mx ; Plaza de la República ; adulte/enfant accès complet 150/130 $M ; 12h-20h lun-jeu, 12h-22h ven-sam, 10h-20h dim ; M Revolucion, Plaza de la República)

Museo de Arte Popular
Voir p. 86 (Musée des Arts populaires ; 055-5510-2201 ; www.map.df.gob.mx ; Revillagigedo 11, angle Independencia ; tarif plein 60 $M, gratuit enfant, étudiant et dim 10h-18h mar-dim ; M Juárez)

Museo del Instituto de Geología de la UNAM
Voir p. 91 (055-5547 3948 ; museo.geologia.unam.mx ; Jaime Torres Bodet 176 ; tarif plein/réduit 30/25 $M ; 10h-17h mar-dim ; M Buenavista)

Museo Mural Diego Rivera
Voir p. 88 (055-1555 1900 ; inba.gob.mx/recinto/46/museo-mural-diego-rivera ; Calle Colón Balderas ; 45 $M ; 10h-18h mar-dim ; M Hidalgo)

Museo Franz Mayer
Voir p. 88 (02-2358 1914 ; www.huashan1914.com ; 1 Bade Rd, Sec 1 ; tarif plein/- 13 ans 45 $M/gratuit ; parc 24h/24 ; M Bellas Artes)

Museo Nacional de la Revolución
Voir p. 85 (musée national de la Révolution ; 055-5546 2115 ; www.cultura.cdmx.gob.mx/recintos/mnr ; Plaza Av. de la República ; tarif plein/réduit 38/19 $M ; 9h-17h mar-ven, 9h-19h sam-dim ; M Revolucion, Plaza de la República)

Museo Universitario del Chopo
Voir p. 91 (055-5546 5484 ; www.chopo.unam.mx ; Calle Dr. Enrique González Martínez 10 ; tarif plein/réduit 40/20 $M, gratuit mer ; 11h30-18h mer-dim ; M San Cosme)

Palacio de Bellas Artes
Voir p. 84 (055-4040 5300 ; palacio.inba.gob.mx ; angle Av Juárez et Eje Central Lázaro Cárdenas ; musée 60 $M, gratuit dim ; 11h-17h mar-dim ; M Bellas Artes)

Parroquia Josefina Sagrada Familia
Voir p. 91 (055-7314 4793 ; www.facebook.com/ParroquiaSagrada-FamiliaJosefinos ; Santa María La Ribera 69 ; M San Cosme)

Paseo Cimentación
Voir p. 85 (055-5592 2038 ; accès complet adulte/enfant 80/60 $M ; 12h-20h lun-jeu, 12h-22h ven-sam, 10h-20h dim ; M Revolucion, Plaza de la República)

Plaza de Danzón
Voir p. 87 (02-2358 1914 ; cours 20-50 $M ; 10h-14h30 et 16h30-18h sam ; M Balderas)

Casa MX Alameda
Voir p. 90 (055-5772 0591 ; www.casamxalameda.com.mx ; Calle Soto 72 ; M Hidalgo)

Palace Hotel
Voir p. 90 (055-5566 2400 ; www.palace-hotel.com.mx ; Ramírez 7 ; M Revolucion, Plaza de la República)

DIEGO GRANDI/SHUTTERSTOCK ©

Défilé du Día de Muertos, Alameda

Plaza Revolución Hotel
Voir p. 90 (055-5234 1910 ; www.hotelplazarevolucion.com ; Terán 35 ; M Hidalgo, Plaza de la República)

El Cardenal
Voir p. 91 (055-5518 6632 ; www.restauranteelcardenal.com ; Av. Juárez 70 ; 8h-18h30 ; M Juárez)

El Cuadrilátero
Voir p. 91 (055-5510 2856 ; Luis Moya 73 ; 8h30-18h30 lun-ven, 9h-19h sam ; M San Juan de Letrán, Plaza San Juan)

El Huequito
Voir p. 89 (055-5518 6632 ; Ayuntamiento 21 ; 8h-18h30 ; M San Juan de Letrán, Plaza San Juan)

Kolobok
Voir p. 92 (055-5541 7085 ; www.kolobok.com.mx ; Calle Salvador Díaz Mirón 87 ; 12h-22h lun-sam, 12h-21h dim ; M Buenavista)

Mercado La Dalia
Voir p. 92 (055-5759 4850 ; Calle del Fresno 225 ; 9h-17h ; M San Cosme)

Sin Nombre
Voir p. 88 (055-5510 2697 ; Calle Luis Moya 31 ; 14h-23h mar-sam ; M Juárez)

Taquería Tlaquepaque
Voir p. 91 (055-5512 3585 ; www.facebook.com/TaqueriaTlaque ; Av 5 de Mayo ; M San Juan de Letrán)

Terraza Cha Cha
Voir p. 85 (055-5705 2272 ; www.terrazachachacha.com ; Av de la República 157, Tabacalera, Cuauhtémoc; 8h30-13h-minuit lun-ven, 13h-1h sam, 10h-19h dim ; M Azcapotzalco)

Bósforo
Voir p. 89 (055-5512 1991 ; Luis Moya 31-local 2 ; 19h-1h30 mar-mer, 19h-2h30 jeu-sam ; M Juárez)

Café La Habana
Voir p. 91 (055-5535 2620 ; Av. Morelos 62 ; 7h-minuit lun-sam, 8h-23h dim ; M Juárez, Expo Reforma)

Farmacia Internacional
Voir p. 90 (055-5086 6220 ; www.facebook.com/internacional.farmacia ; Eje Vial Eje 1 Poniente (Avenida Bucareli) 128 ; 8h30-20h lun-ven, 9h-17h sam, 10h-16h dim ; M Cuauhtémoc)

Finca Don Porfirio
Voir p. 90 (055-5705 5382 ; www.facebook.com/FincaDonPorfirio ; Av De La

Republica, Plaza De La Republica 46-A ; 7h-23h ; M Revolucion)

Panadería Regis
Voir p. 90 (055-5510 9816 ; Calle Dr Mora 1 ; 7h-22h ; M Hidalgo)

Pulquería Las Duelistas
Voir p. 90 (055-1394 0958 ; www.facebook.com/PulqueriaLasDuelistas ; Aranda 28 ; 10h-21h lun-sam ; M San Juan de Letrán)

Ranzö Café y libros
Voir p. 92 (055-7224 8634 ; www.instagram.com/ranzocafe ; Calle Salvador Díaz Mirón 128 ; 13h-22h mar-jeu, 9h-22h sam-dim ; M Buenavista)

Vegamo
Voir p. 92 (055-7158 6934 ; www.vegamomx.com ; Revillagigedo 47 ; 10h-22h lun-ven, 9h-22h sam-dim ; M Juárez)

Ballet Folklórico de México
Voir p. 84 (055-5529 9320 ; Calle Violeta 31 ; 9h30-18h lun-sam ; M Bellas Artes)

Barba Azul
Voir p. 92 (055-5588 6070 ; Simón Bolívar 291 ; 20h-3h mar-sam ; M Obrera)

Tianguis Cultural del Chopo
Voir p. 92 (055-5546 8490 ; Calle Juan Aldama ; 10h-17h sam ; M Buenavista)

Mercado San Juan
Voir p. 89 (055-2248 6633 ; 2ª Calle de Ernesto Pugibet 21 ; 7h-18h ; M San Juan de Letrán, Plaza San Juan)

JUÁREZ ET ZONA ROSA

Antigüedades Plaza del Ángel
Voir p. 100 (02-2358 1914 ; www.facebook.com/Antiguedades.Plaza.del.Angel.Oficial ; Londres 161 ; 10h-18h lun-ven, 10h-16h sam ; M Insurgentes)

Auditorio Nacional
Voir p. 95 (055-9138 1350 ; www.auditorio.com.mx ; Paseo de la Reforma 50 ; M Auditorio)

Edificio Vizcaya
Voir p. 100 (02-2358 1914 ; Bucareli 128 ; parc 24h/24 ; M Cuauhtémoc)

El Caballito
Voir p. 95 (Sin Nombre de Col 6 ; M Hidalgo)

Centro Bursátil
Voir p. 95 (Av. Paseo de la Reforma 255 ; M Insurgentes)

La Diana Cazadora
Voir p. 95 (Diane chasseresse ; angle Reforma et Sevilla ; M Sevilla)

Museo de Arte Moderno
Voir p. 95 (055-8647 5530 ; mam.inba.gob.mx/home.html ; angle av. P.° de la Reforma et Calz Gandhi ; tarif plein/étudiant 85 $M/gratuit, gratuit dim ; 10h15-17h30 mar-dim ; M Chapultepec)

Museo de Cera
Voir p. 100 (055-5546 7670 ; museodecera.com.mx ; Londres 6 ; tarif plein/enfant 170/140 $M ; 11h-19h ; M Cuauhtémoc)

Museo Nacional de Antropología
Voir p. 95 (055-5553 6266 ; www.huashan1914.com ; Av. P.° de la Reforma ; tarif plein/-13 ans 90 $M/gratuit ; 10h-17h mar-sam ; M Auditorio)

Museo Tamayo
Voir p. 95 (055-4122 8200 ; www.museotamayo.org ; Av. P.° de la Reforma 51 ; tarif plein/-12 ans 85 $M/gratuit ; 10h-18h mar-dim ; M Auditorio)

Secretaria de Salubridad
Voir p. 100 (055-5062 1753 ; www.gob.mx/salud ; Lieja 7 ; 8h-18h lun-ven ; M Chapultepec)

La Reforma en bus
Voir p. 95 (0982 277 996 ; taipeibikeworks.com/en ; 9 Chongqing N Rd, Lane 70, Sec 2 ; location journée 600-2 500 $M ; 13h-20h mer-dim)

Capsule Hostel
Voir p. 99 (055-5207 7903 ; Hamburgo 41 ; M Cuauhtémoc, Hamburgo)

Casa González
Voir p. 99 (055-5514 3302 ; hotelcasagonzalez.com ; Calle Rio Sena 69 ; M Sevilla, Reforma)

Hotele Geneve
Voir p. 99 (055-5080 0800 ; www.chillroof.com.tw ; Londres 130 ; M Insurgentes)

Ánimo Ay Caldos!
Voir p. 97 (055-9130 8306 ; animo-ay-caldos.negocio.site ; Calle Rio Elba 31C, Cuauhtémoc ; 12h-22h tlj ; M Chapultepec)

Café NiN
Voir p. 99 (055-9155 4805 ; www.cafenin.com.mx ; Havre 73 ; 7h-21h lun-mer, 7h-22h jeu-sam, 7h-18h dim ; M Insurgentes)

Koku app
Voir p. 97 (055-5207 3344 ; app.koku.adomicil.io ; Calle Rio Lerma 94C, Cuauhtémoc ; 11h30-minuit tlj ; M San Cosme)

La Rifa Chocolatería
Voir p. 98 (055-9155 7684 ; Calle de Dinamarca 47 ; 8h30-2h ; M Cuauhtémoc)

Masala y Maiz
Voir p. 99 (055-1313 8260 ; www.masalaymaiz.com ; Calle Marsella 72 ; 12h-18h mer-lun ; M Insurgentes)

Ryo Kan
Voir p. 97 (055-5514 5587 ; ryokan.mx ; Calle Rio Pánuco 166, Cuauhtémoc ; 24h/24 tlj ; M Sevilla)

Tacos Gabriel
Voir p. 97 (055-5207 6276 ; Calle Río Sena 87-Local A ; 12h-minuit ; M Cuauhtémoc)

Tamales Madre
Voir p. 97 (055-3191 5331 ; tamalesmadre.com ; Calle Liverpool 44a ; 8h-18h mar-dim ; M Cuauhtémoc)

Tokyo Music Bar (edokobayashi.com)
Voir p. 97 (055-3035 4220 ; edokobayashi.com ; Calle Rio Pánuco 132, Cuauhtémoc ; 19h-2h lun-sam, 18h-minuit dim ; M Sevilla)

Yug Vegetariano
Voir p. 99 (055-5525 5330 ; lovegetariano.com ; Calle Varsovia 3 ; 9h-18h ; M Sevilla)

Blow Bar
Voir p. 100 (055-2230 1556 ; www.instagram.com/blowbarmx ; Calle de Niza 40 ; 21h-3h jeu, 20h-4h ven-sam ; M Insurgentes)

Cabarétito Fusión
Voir p. 100 (www.cabaretito.com.mx ; Londres 77 ; 18h-2h jeu, 18h-3h ven-sam ; M Insurgentes)

Kinky
Voir p. 100 (055-5514 4920 ; kinkybar.com.mx ; Calle Amberes 1 ; 21h-3h jeu, 21h-4h ven-sam ; M Insurgentes)

Nicho Bears and Bar
Voir p. 100 (www.facebook.com/BearMexCom ; Londres 182 ; 21h-3h jeu, 20h-3h ven-sam ; M Insurgentes)

Rico
Voir p. 100 (www.facebook.com/ricoclubcdmx ; Calle de Niza 45 ; 19h-2h mer-dim ; M Insurgentes)

Tom's Leather Bar
Voir p. 100 (www.toms-mexico.com ; Av. Insurgentes Sur 357 ; 21h-4h mar-dim ; M Chilpancingo, Campeches)

Xaman Bar
Voir p. 98 (055-4813 0937 ; xaman.bar ; Copenhague 6 ; 19h-1h mer, 19h-2h jeu-sam ; M Insurgentes)

INSPIRED BY MAPS / SHUTTERSTOCK ©

Tacos végétariens, Roma

Antigüedades Plaza del Ángel
Voir p. 100 (www.facebook.com/Antiguedades.Plaza.del.Angel.Oficial ; Londres 161 ; 10h-19h lun-sam ; M Insurgentes)

Bazar Fusión
Voir p. 98 (055-5511 6328 ; bazarfusion.mitiendanube.com ; Londres 37 ; 11h-19h mar-dim ; M Cuauhtémoc)

Fonart
Voir p. 100 (055-5546 7163 ; www.gob.mx/fonart ; Paseo de la Reforma 116 ; 10h-19h lun-ven, 10h-16h sam-dim ; M Juárez, Reforma)

México Hecho Arte
Voir p. 100 (055-3403 4279 ; Calle Río Lerma 144 ; 10h-21h ; M Insurgentes)

ROMA

Centro de Cultura Casa Lamm
Voir p. 102 (55-5525-1332 ; www.galeriacasalamm.com.mx ; Álvaro Obregón 99, Colonia Roma ; 10h-19h lun-sam, 10h-18h dim ; Insurgentes)

Museo del Objeto del Objeto
Voir p. 103 (055-5533 9635 ; www.elmodo.mx ; Colima 145 ; tarif plein/étudiant 60/30 $M ; 10h-18h mar-dim ; M Insurgentes, Durango)

Hotel Milán
Voir p. 108 (Av. Alvaro Obregon 94 ; M Insurgentes, Álvaro Obregón)

Hotel Monarca
Voir p. 108 (055-5584 0461 ; hotelmonarca.com.mx ; Av. Álvaro Obregón 32 ; M Niños Héroes-Poder Judicial CDMX)

Hotel Stanza
Voir p. 108 (055-5208 0052 ; www.stanzahotel.com ; Av. Álvaro Obregón 13 ; M Niños Héroes-Poder Judicial CDMX, Jardín Pushkin)

Antojitos La Romita
Voir p. 104 (055-5525 4439 ; La Romita, Roma Nte ; 8h30-17h sam-dim ; M Cuauhtémoc)

Cabrera
Voir p. 109 (055-5264 4465 ; www.facebook.com/cabrera7 ; Plaza Luis Cabrera N7 ; 13h-23h lun-mer, 13h-minuit jeu-sam, 12h-22h dim ; M Hospital General)

Contramar
Voir p. 106 (055-5514 3169 ; www.contramar.com.mx ; Calle de Durango 200 ; 12h-20h lun-ven, 11h-20h sam-dim ; M Insurgentes, Durango)

Departamento
Voir p. 109 (055-4579 0617 ; departamento.tv/ ; Av. Álvaro Obregón 154 ; 18h-tard mer-jeu, 14h-tard ven-dim ; M Insurgentes)

El Hidalguense
Voir p. 109 (055-5564 0538 ; El Hidalguense ; 7h-17h ven-lun et mer ; M Chilpancingo, Campeche)

El Parnita
Voir p. 109 (055-5264 7551 ; www.elparnita.com ; Av. Yucatan 84 ; 13h-21h mar, 13h-23h mer-sam, 13h-18h dim ; M Hospital General, Sonora)

Expendio de Maíz
Voir p. 104 (055-2498 9964 ; www.instagram.com/exp_maiz ; Av. Yucatan 84 ; 9h30-17h45 mar-dim ; M Hospital General)

Forever
Voir p. 109 (055-6726 0975 ; www.forevervegano.com ; Guanajuato 54 ; 9h30-22h lun-mer, 9h30-23h jeu-sam, 9h-19h dim ; M Hospital General)

Helados Palmeiro
Voir p. 107 (055-3913 8413 ; Mercado Menchol Ocampo ; 10h-18h jeu-dim ; M Chilpancingo)

Maximo
Voir p. 105 (055-5264 4291 ; www.maximobistrot.com.mx ; Av. Álvaro Obregón 65 Bis ; 13h-17h et 18h-1h lun-sam, 13h-17h dim ; M Niños Héroes-Poder Judicial CDMX)

Mercado Roma
Voir p. 105 (055-5564 1396 ; mercadoroma.com ; Calle Querétaro 225 ; 10h-21h ; M Insurgentes)

Páramo
Voir p. 109 (055-3474 2613 ; www.facebook.com/ParamoRoma ; Yucatán 84, local E3 ; 14h-minuit ; M Hospital General)

Por Siempre Vegana Taquería
Voir p. 109 (055-6162 5350 ; www.facebook.com/porsiempreveganataqueria ; Coahuila 169 ; 10h-23h lun-sam, 10h-21h dim ; M Chilpancingo)

Rosetta
Voir p. 106 (055-5533 7804 ; rosetta.com.mx ; Colima 166 ; 13h-minuit lun-sam ; M Insurgentes)

Tacos Álvaro Obregón
Voir p. 109 (055-1543 8804 ; www.taqueriaalvaroo.com ; 13h-22h15 lun-sam ; M Polanco)

Taquería Orinoco
Voir p. 109 (055-5514 6917 ; taqueriaorinoco.com ; Taquería Orinoco ; M Insurgentes)

Taquitos Frontera
Voir p. 109 (055-4622 9268 ; Merida 109 ; 13h-minuit dim-mer, 13h-3h jeu-sam ; M Niños Héroes-Poder Judicial CDMX)

Yemanyá
Voir p. 109 (055-8437 4050 ; www.yemanya.mx ; Cda. Orizaba 154 ; 12h-22h lun-mer, 12h-23h jeu-sam, 12h-18h dim ; M Hospital General)

Casa Franca
Voir p. 109 (www.facebook.com/Lacasamerida109 ; Calle Merida 109 ; 17h-2h mar, 18h-2h mer-sam ; M Niños Héroes-Poder Judicial CDMX, Jardín Pushkin)

Cine Tonalá
Voir p. 109 (055-2663 7293 ; www.cinetonala.mx ; Tonalá 261 ; 13h-1h mar-dim ; M Centro Médico, Campeche)

Covadonga
Voir p. 109 (055-5533 2701 ; Puebla 121 ; M Insurgentes)

El Conde de Medellín
Voir p. 107 (055-4089 1223 ; www.facebook.com/specialitycoffescondemexico ; Campeche 20 ; 8h30-18h lun-sam, 9h-17h30 dim ; M Chilpancingo)

Licorería Limantour
Voir p. 106 (055-5264 4122 ; limantour.tv ; Av. Álvaro Obregón 106 ; 18h-minuit dim-jeu, 15h-2h ven-sam ; M Insurgentes)

Arena México
Voir p. 108 (055-5588 0266 ; cmll.com ; Dr. Lavista 189 ; M Cuauhtémoc, Cuauhtémoc)

Mercado Medellín
Voir p. 107 (055-5264 1467 ; Campeche 101 ; 8h-18h ; M Chilpancingo)

CONDESA

Parque México
Voir p. 111 (Av. México ; M Chilpancingo ou Sevilla)

Amsterdam
Voir p. 112 (Av. Ámsterdam 4 ; M Insurgentes)

Casa Comtesse
Voir p. 115 (055-5277 5418 ; casacomtesse.com ; Av. Benjamín Franklin 197 ; M Patriotismo, Escandón)

Condesa Haus
Voir p. 115 (055-5256 2494 ; condesahaus.com ; Cuernavaca 142 ; M Patriotismo)

Red Tree House
Voir p. 115 (055-5584 3829 ; www.theredtreehouse.com ; Culiacan 6 ; M Chilpancingo, Campeche)

Antolina
Voir p. 115 (055-5211 6845 ; Aguascalientes 232 ; 13h-22h30 lun-sam, 13h-22h dim ; M Chilpancingo)

El Moro
Voir p. 111 (elmoro.mx ; Av Michoacán 27 ; 8h-23h ; M Chilpancingo)

Esquina Común
Voir p. 115 (www.instagram.com/esquinacomun ; Fernando Montes

de Oca 86 ; 13h-23 ven-sam, 13h-19h dim ; M Juanacatlán)

fakc-yeah
Voir p. 115 (055-1857 5281 ; www.facebook.com/Oyster2022 ; Av Nuevo León 144 ; 13h-22h mar-sam, 13h-21h dim ; M Chilpancingo)

Falafelito
Voir p. 115 (055-6391 1007 ; falafelito.com ; Malintzin 165 ; 11h-22h jeu-mer ; Campeche)

Green Corner
Voir p. 115 (055-1054 7699 ; Avenida Mazatlan 81 ; 8h-22h ; M Juanacatlán)

India Mandala
Voir p. 115 (055-5341 5335 ; General San, Pedro A. de Los Santos 72-b ; 10h30-19h ; M Juanacatlán)

Lagerbar
Voir p. 115 (Campeche 322 ; 13h-23h30 mar-mer, 13h-minuit jeu-sam, 13h-20h dim ; M Chilpancingo)

Lardo
Voir p. 112 (0982-371 5710 ; lardo.mx ; Agustín Melgar 6 ; 7h30-23h lun-sam, 7h30-17h dim ; M Chapultepec)

Nevería Roxy
Voir p. 113 (055-5211 7731 ; www.neveriaroxy.com.mx ; Av. Tamaulipas 161 ; 11h-20h ; M Patriotismo)

Pastelería Maque
Voir p. 113 (055-5212 1440 ; Varsovia 61 ; 8h-21h lun-dim; M Chilpancingo)

u.to.pi.a
Voir p. 115 (055-2176 7241 ; www.instagram.com/utopiavegan ; Calle Juan Escutia 63 ; 14h-22h ; M Chapultepec)

V Ramen
Voir p. 115 (056-1877 0700 ; Av. Álvaro Obregón 230 ; 13h-22h ; M Insurgentes)

Veganion Antojería
Voir p. 115 (www.facebook.com/Veganionantojeria ; Medellín 118 ;

JOEGIAMPAOLI/GETTY IMAGES ©

Vendeur ambulant, Parque Mexico

11h30-21h lun-ven, 13h30-21h sam-dim ; M Insurgentes)

Veguísima
Voir p. 115 (055-7039 2812 ; www.facebook.com/Veguisima ; Calle Pachuca 59 ; 13h-19h lun, 9h-23h mar-dim ; M Chapultepec)

Baltra
Voir p. 113 (055-5264 1279 ; baltra.bar ; Iztaccihuatl 36D ; 18h-minuit dim-mer, 18h-2h jeu-sam ; M Chilpancingo)

La Clandestina
Voir p. 112 (055-5212 1871 ; laclandestina.mx ; Av. Álvaro Obregón 298 ; 18h30-1h lun-mer, 18h30-2h jeu-sam ; M Sevilla, Campeche)

Tierra Garat
Voir p. 115 (055-5212 1871 ; www.tierragarat.mx ; Ámsterdam 218, Local C ; 7h-20h lun-ven, 8h-21h sam-dim ; M Chilpancingo)

Librería Rosario Castellanos
Voir p. 114 (055-5276 7110 ; Av. Tamaulipas 202 ; 9h-22h lun-sam, 10h-20h dim ; M Patriotismo)

Tianguis de Condesa
Voir p. 114 (Campeche 367 ; 9h-21h ; M Chilpancingo)

POLANCO ET BOSQUE DE CHAPULTEPEC

Audiorama
Voir p. 124 (Parque España 13A ; 9h-18h mar-dim ; M Chapultepec)

Bosque de Chapultepec
Voir p. 124 (055-5271 1939 ; Miguel Hidalgo ; 5h-18h mar-dim ; M Chapultepec)

Castillo de Chapultepec
Voir p. 120 (Château de Chapultepec ; 055-7601 9811 ; mnh.inah.gob.mx ; Bosque de Chapultepec ; 90 $M ; 9h-17h mar-dim ; M Chapultepec)

Galeria López Quiroga
Voir p. 123 (55-5280-1710 ; Aristóteles 169, Colonia Polanco ; 10h-19h mar-ven, 10h-14h sam ; M Polanco)

Jardín Botánico
Voir p. 122 (chapultepec.org.mx/actividad/jardin-botanico ; Av. P.° de la Reforma 126, Bosque de Chapultepec ; 9h-15h mar-dim ; M Chapultepec)

Monumental Fuente de Nezahualcóyotl
Voir p. 122 (055-5271 1939 ; Av. H. Colegio Militar ; 5h-18h mar-dim ; M Auditorio)

Museo de Arte Moderno
Voir p. 120 (Musée d'Art moderne ; 055-8647 5530 ; mam.inba.gob.mx/home.html ; Av. P.° de la Reforma, Bosque de Chapultepec ; 85 $M, gratuit dim ; 10h15-17h45 mar-dim ; M Chapultepec)

Museo Jumex
Voir p. 121 (055-5395 2615 ; www.fundacionjumex.org/es ; Blvd. Miguel de Cervantes Saavedra 303 ; 10h-17h mar-ven et dim, 10h-19h sam ; M San Joaquín)

Museo Nacional de Antropología
Voir p. 118 (Musée national d'Anthropologie ; 055-5553 6266 ; www.mna.inah.gob.mx ; angle Av. P. de la Reforma y Calz Gandhi ; tarif plein/- 13 ans 90$M/gratuit ; 9h-18h mar-sam ; M Auditorio)

Museo Soumaya
Voir p. 121 (055-1103 9800 ; www.museosoumaya.org ; Blvd. Miguel de Cervantes Saavedra ; 10h30-18h30 ; M San Joaquín)

Museo Tamayo
Voir p. 117 (02-2358 1914 ; www.museotamayo.org ; P. de la Reforma 51, Bosque de Chapultepec ; tarif plein/- 12 ans 85 $M/gratuit ; 10h-18h mar-dim ; M Auditorio)

Papalote Museo del Niño
Voir p. 122 (055-5237 1700 ; www.papalote.org.mx ; Av Constituyentes 268, Bosque de Chapultepec ; 215 $M ; 10h-18h mar-ven, 10h-19h dim ; M Constituyentes)

El Rey del Suadero
Voir p. 124 (055-5545 0560 ; Av. Horacio 206 ; 7h-2h ; M Polanco)

Pujol
Voir p. 123 (055-5545 4111 ; pujol.com.mx ; Calle Tennyson 133 ; 13h30-16h et 18h30-23h30 lun-sam ; M Polanco)

Quintonil
Voir p. 124 (055-5280 2680 ; quintonil.com ; Av. Isaac Newton 55 ; 12h-minuit lun-sam ; M Polanco)

Sala Gastronómica
Voir p. 124 (055-5256 2776 ; salagastronomica.mx ; Av. Gandhi ; 9h-17h mar-dim ; M Polanco)

Taquería El Turix
Voir p. 124 (055-5280 6449 ; Av. Emilio Castelar 212 ; 10h-22h ; M Polanco)

Cafe Joselo
Voir p. 124 (055-5281 0849 ; www.facebook.com/joselocafe ; Av. Emilio Castelar 107-F ; 7h-21h45 lun-ven, 8h-21h sam-dim ; M Polanco)

Cafebrería El Péndulo
Voir p. 124 (055-5574 7034 ; pendulo.com ; Av. Alvaro Obregon 86 ; 8h-23h lun-jeu et sam, 8h-12h ven, 9h-22h dim ; M Insurgentes, Álvaro Obregón)

Fifty Mils
Voir p. 124 (055-5230 1818; Av. P.° de la Reforma 500 ; 12h-minuit mar-dim ; M Sevilla)

Antara
Voir p. 123 (055-4593 8870 ; antara.com.mx ; Av. Ejército Nacional Mexicano 843-B ; 11h-21h ; M Polanco)

El Palacio de Hierro
Voir p. 123 (05-5283 7200 ; www.elpalaciodehierro.com ; Av. Moliere 222 ; 11h-21h ; M Polanco)

SAN ÁNGEL

Bazaar Sábado
Voir p. 131 (055-5616 0082 ; www.bazaarsabado.com ; Pl. San Jacinto 11 ; 10h-19h sam ; M Barranca del Muerto, La Bombilla)

Casa de la Marqueza de Selva Nevada
Voir p. 131 (Calle Reina 3 ; M Barranca del Muerto)

Casa del Mayorazgo Fagoaga
Voir p. 131 (Calle de la Amargura 15 ; M Barranca del Muerto)

Centro Cultural San Ángel
Voir p. 131 (055-5205 8016 ; angle Av. Revolución et Francisco I ; 10h-20h ; M Miguel Ángel de Quevedo)

Ciudad Universitaria
Voir p. 129 (Cité universitaire ; www.unam.mx ; M Copilco, Centro Cultural Universitario)

Convento Santo Desierto del Carmen
Voir p. 130 (55-5814-1171/72 ; Cuajimalpa de Morelos, La Venta ; 13 $M ; 10h-17h mar-dim). À 30 km à l'ouest de San Ángel.

Desierto de los Leones
Voir p. 130 (055-5814 1171 ; 10,50 $M ; 9h-14h lun-ven). À 30 km à l'ouest de San Ángel.

Estadio Olímpico
Voir p. 129 (55-5325-9000 ; 055-5528 9834 ; Av Insurgentes Sur 3000, Citudad Unversitaria ; M Universidad)

Jardín de la Bombilla
Voir p. 128 (entre Av de la Paz et Josefina Prior ; M Miguel Ángel de Quevedo, La Bombilla)

Museo Casa del Risco
Voir p. 130 (055-5616 2711 ; www.museocasadelrisco.org.mx ; Plaza San Jacinto 15 ; 10h-17h mar-dim ; M Miguel Ángel de Quevedo, La Bombilla)

Museo Casa Estudio Diego Rivera y Frida Kahlo
Voir p. 126 (Atelier-maison-musée Diego Rivera et Frida Kahlo ;

(055-8647 5470 ; inba.gob.mx/recinto/51 ; angle Av Altavista et Diego Rivera ; tarif plein/étudiant 45 $M/gratuit, gratuit dim ; 10h-18h mar-dim ; M Barranca del Muerto, La Bombilla)

Museo Universitario Arte Contemporáneo (MUAC)
(55-5622-6972 ; Av Insurgentes Sur 3000, Citudad Universitaria ; muac.unam.mx ; tarif plein/-12 ans 40 $M/gratuit, entrée libre dim ; 11h-18h mer-dim ; M Universidad)

Museo de Arte Carrillo Gil
Voir p. 128 (055-8647 5450 ; www.museodeartecarrillogil.com ; Av Revolución 1608, angle Pabellón Altavista ; 65 $M, gratuit dim ; 10h-18h mar-dim ; M Barranca del Muerto, Altavista)

Parroquia de San Jacinto
Voir p. 131 (055-5616 2059 ; Plaza San Jacinto 18-Bis ; 8h-13h et 16h-20h lun-ven, 8h-20h sam, 8h-21h dim ; M Miguel Ángel de Quevedo)

Templo y Museo de El Carmen
Voir p. 128 (055-5616 1504 ; Av Revolución 4 ; adulte/- 13 ans 55 $M/gratuit, gratuit dim ; 10h-17h mar-dim ; M Miguel Ángel de Quevedo, La Bombilla)

El Cardenal San Ángel
Voir p. 131 (055-5550 0293 ; www.restauranteelcardenal.com ; Av. de la Paz 32 ; 8h-18h30 ; M Miguel Ángel de Quevedo, La Bombilla)

San Ángel Inn
Voir p. 131 (055-5616 1402 ; www.sanangelinn.com ; Diego Rivera 50 ; 7h-1h lun-ven, 8h30-1h sam, 8h30-22h dim ; M Barranca del Muerto, Altavista)

Santana del Mar
Voir p. 131 (055-5550 7925 ; www.instagram.com/santana.mx_ ; Av. de la Paz 39 ; 13h-minuit mar-mer, 13h-2h jeu-sam, 13h-23h dim-lun ; M Miguel Ángel de Quevedo)

ELIJAH LOVKOFF / ALAMY STOCK PHOTO ©

Muséo Frida Kahlo : la "caza azul"

La Feria de las Flores
Voir p. 132 (Jardín de la Bombilla ; juil ; M Miguel Ángel de Quevedo)

COYOACÁN

Alipús
Voir p. 137 (055-6363 4375 ; www.alipus.com ; Guadalupe Victoria 15, Colonia Tlalpan ; 13h-23h lun-mer, 11h-minuit jeu, 13h-1h ven-sam, 9h-23h dim ; Fuentes Brotantes)

Anahuacalli
Voir p. 135 (Musée Diego Rivera Anahuacalli ; 055-5617 4310 ; museoanahuacalli.org.mx ; Col. San Pablo Tepetlapa ; tarif plein/enfant 35/20 $M ; 11h-17h30 mar-dim ; M General Anaya, Xotepingo)

Arcadas Atrial
Voir p. 139 (Centenario 4 ; M Viveros/Derechos Humanos)

Casa de Cortés
Voir p. 139 (Antiguo Palacio del Ayuntamiento de Coyoacán ; 055-5484 4500 ; Jardín Hidalgo 1 ; 8h-21h ; M Coyoacán)

Casa Frisaac
Voir p. 137 (055-5485 3266 ; casafrissac-blog.tumblr.com ; Calle Moneda ; 8h-20h ; M Copilco, Fuentes Brotantes)

Centro Cultural Jesús Reyes Heroles
Voir p. 140 (055-5659 3937 ; Av. Francisco Sosa 202 ; 9h-15h et 16h-20h tlj ; M Viveros)

Cuicuilco
Voir p. 137 (Av. Insurgentes Sur ; 9h-17h mar-dim ; M Copilco, Villa Olympica)

Isla de las Muñecas
Voir p. 143 (isladelasmunecas.com ; M Lomas Estrellas)

Fonoteca Nacional
Voir p. 140 (055-4155 0950 ; Av. Francisco Sosa 383 ; 10h-18h lun-ven ; M Viveros)

Museo Casa de León Trotski
Voir p. 136 (055-5658 8732 ; museotrotsky.org.mx ; Av. Río Churubusco 410 ; 10h-17h mar-dim ; M Coyoacán)

Museo de Historia de Tlalpán
Voir p. 137 (055-5485 6036 ; Plaza de la Constitución 10 ; 10h-18h mar-dim ; M Copilco)

Museo Frida Kahlo
Voir p. 135 (055-5554 5999 ; www.museofridakahlo.org.mx ; Londres 247 ; tarif plein lun-ven 250 $M, sam-dim 270 $M, étudiant 50 $M, appareil photo 30 $M ; 10h-18h mar et jeu-dim, 11h-18h mer ; M Coyoacán)

Museo Nacional de Culturas Populares
Voir p. 140 (055-4155 0920 ; mncp.cultura.gob.mx ; angle Av Miguel Hidalgo 289 et Allende ; 18 $M , gratuit dim ; 11h-18h mar-jeu, 11h-19h ven-dim ; M Coyoacán)

Museo Nacional de la Acuarela 'Alfredo Guati Rojo'
Voir p. 140 (055-5554 1801 ; acuarela.org.mx ; Calle Salvador Novo 88 ; 10h-18h ; M Miguel Ángel de Quevedo)

Parque Frida Kahlo
Voir p. 140 (055-4155 0200 ; Fernández Leal ; 7h-18h ; M General Anaya)

Parroquia de San Juan Bautista
Voir p. 139 (Plaza Hidalgo ; 8h-19h30 ; M Coyoacán)

Viveros de Coyoacán
(55-5622-7091 ; Av Progreso 1 ; 6h-18h ; M Viveros)

Chalet del Carmen
Voir p. 139 (055-5659 1611 ; www.chaletdelcarmen.com ; Vicente Guerrero 94 ; M Coyoacán)

Hostal Cuija Coyoacán
Voir p. 139 (055-5659 9310 ; Berlín 268 ; M Coyoacán)

Hostal Frida B&B
Voir p. 139 (Francisco Javier Mina 54 ; M Coyoacán)

Café El Jarocho
Voir p. 139 (055-5554 5418 ; angle Cuauhtemoc 134 et Allende ; 6h-minuit ; M Coyoacán)

Churrería General de la República
Voir p. 140 (055-6830 5637 ; Av. Francisco Sosa 1 ; 9h-minuit dim-ven, 9h-22h30 sam ; M Viveros)

Corazón de Maguey
Voir p. 139 (055-7406 8199 ; www.corazondemaguey.com ; Parque Centenario 9A ; 8h-23h ; M Coyoacán)

El Kiosko de Coyoacán
Voir p. 140 (055-2474 8493 ; Jardin Plaza Hidalgo 6 Local F ; 10h-18h ; M Coyoacán)

Los Danzantes
Voir p. 137 (055-4356 7185 ; www.losdanzantescoyoacan.com ; Parque Centenario 12 ; 12h30-23h lun-jeu, 9h-minuit ven-sam, 9h-23h dim ; M Coyoacán)

Picnic Helados
Voir p. 140 (055-5510 9209 ; picnic-helados.negocio.site ; Malintzin 205-2 ; 11h-19h mer-dim ; M Coyoacán)

Restaurante Lina Xochimilco
Voir p. 143 (055-5676 9523 ; www.facebook.com/Lina.Restaurante ; Calle 5 de Mayo 82, Xaltocan ; 10h-16h mar-ven, 10h-17h sam-dim ; Xochimilco)

Rincon de Mi Barrio
Voir p. 143 (055-8827 1233 ; rincon-de-barrio.negocio.site ; Cda. Morelos 14, Xochimilco ; 9h-18h ; Xochimilco)

Torteria La Planta
Voir p. 143 (Pedro Ramírez del Castillo, Xochimilco ; 9h30-17h lun-ven, 9h30-15h30 sam ; Xochimilco)

Café Negro
Voir p. 140 (055-5554 4514 ; cafenegrocoyoacan.com ; Centenario 16 ; 8h-23h ; M Coyoacán)

Cantina La Coyoacana
Voir p. 138 (055-5658 5337 ; Higuera 14 ; 13h-minuit lun-mar, 12h-1h mer-sam, 12h-22h dim ; M Coyoacán)

Churrería El Moro Coyoacán
Voir p. 140 (elmoro.mx ; Felipe Carrillo Puerto 32 ; 8h-23h ; M Miguel Ángel de Quevedo)

Duke's Burgers & Beer
Voir p. 140 (055-5484 8339 ; dukesburgers.mx ; Felipe Carrillo Puerto 95 ; 14h-23h mer-dim ; M Miguel Ángel de Quevedo)

El Hijo del Cuervo
Voir p. 140 (055-5658 5306 ; elhijodelcuervo.com.mx ; Parque Centenario 17 ; 11h-minuit ; M Coyoacán)

La Ruta de la Seda
Voir p. 140 (055-3869 4888 ; www.caferutadelaseda.com ; Aurora 1 ; 8h-22h ; M Miguel Ángel de Quevedo ou Viveros)

Cineteca Nacional
Voir p. 136 (055-4155 1200 ; www.cinetecanacional.net ; Av. México ; M Coyoacán)

Bazar Artesanal Mexicano
(55-6830-5637 ; Felipe Carillo 25, Coyoacan ; 11h-20h lun-jeu, 11h-21h ven-dim ; M Coyoacan)

Mercado de Antojitos
Voir p. 140 (Higuera 6 ; 10h-23h ; M Coyoacán)

Mercado de Coyoacán
Voir p. 138 (055-4072 1596 ; Ignacio Allende ; M Coyoacán)

Masques de *lucha libre*

ENVIRONS DE MEXICO

PYRAMIDES, SPLENDEURS COLONIALES ET NATURE

De ses bourgades magiques à ses temples hérités de civilisations anciennes, le Mexique authentique est plus accessible qu'on ne le croit.

Si la force de gravité de Mexico peut sembler irrésistible, on y échappe aisément. En 20 minutes de bus à peine, les embouteillages laissent place à des champs verdoyants et à des horizons vallonnés. Même à ne passer qu'une semaine dans la métropole, on ne saurait manquer les sites archéologiques, les *pueblos mágicos* ("villages magiques") et leur richesse culturelle, ainsi que les superbes reliefs montagneux de ses alentours. Mexico, comme la plupart des capitales, n'a pas grand-chose à voir avec les autres villes du pays, fussent-elles toutes proches.

ESKYSTUDIO/SHUTTERSTOCK ©

Aussi fascinantes que soient les pyramides de Teotihuacán, la région a bien d'autres attraits. Vous dégusterez d'emblématiques spécialités à Puebla, Taxco ou Cuernavaca, des villes coloniales de carte postale, avant de vous frotter au charme préhispanique des bourgades de Malinalco et Tepoztlán. Et si l'air frais de la montagne vous appelle, direction l'ambiance festive des *pueblos mágicos* de Cuetzalan et Huamantla, ou la tranquillité de Mineral del Chico, Real del Monte et Valle de Bravo. Les plus aventureux pourront gravir les pentes des volcans d'Iztaccíhuatl et du Nevado de Toluca, sans oublier les vestiges, mémorables quoique peu connus, de la cité de Xochicalco.

Cette vaste contrée allie à merveille activités de plein air, saveurs et détente, le tout à proximité de la capitale.

SITES PRINCIPAUX

TEOTIHUACÁN
Complexe de pyramides anciennes.
p. 162

PUEBLA
Ville coloniale où il fait bon manger.
p. 176

CUERNAVACA
Escapade citadine dans le "printemps éternel".
p. 190

MALINALCO
Une localité voisine de temples aztèques.
p. 199

Ci-dessus : Statues de guerriers, Tula (p. 172) ; à gauche : Puebla (p. 176)

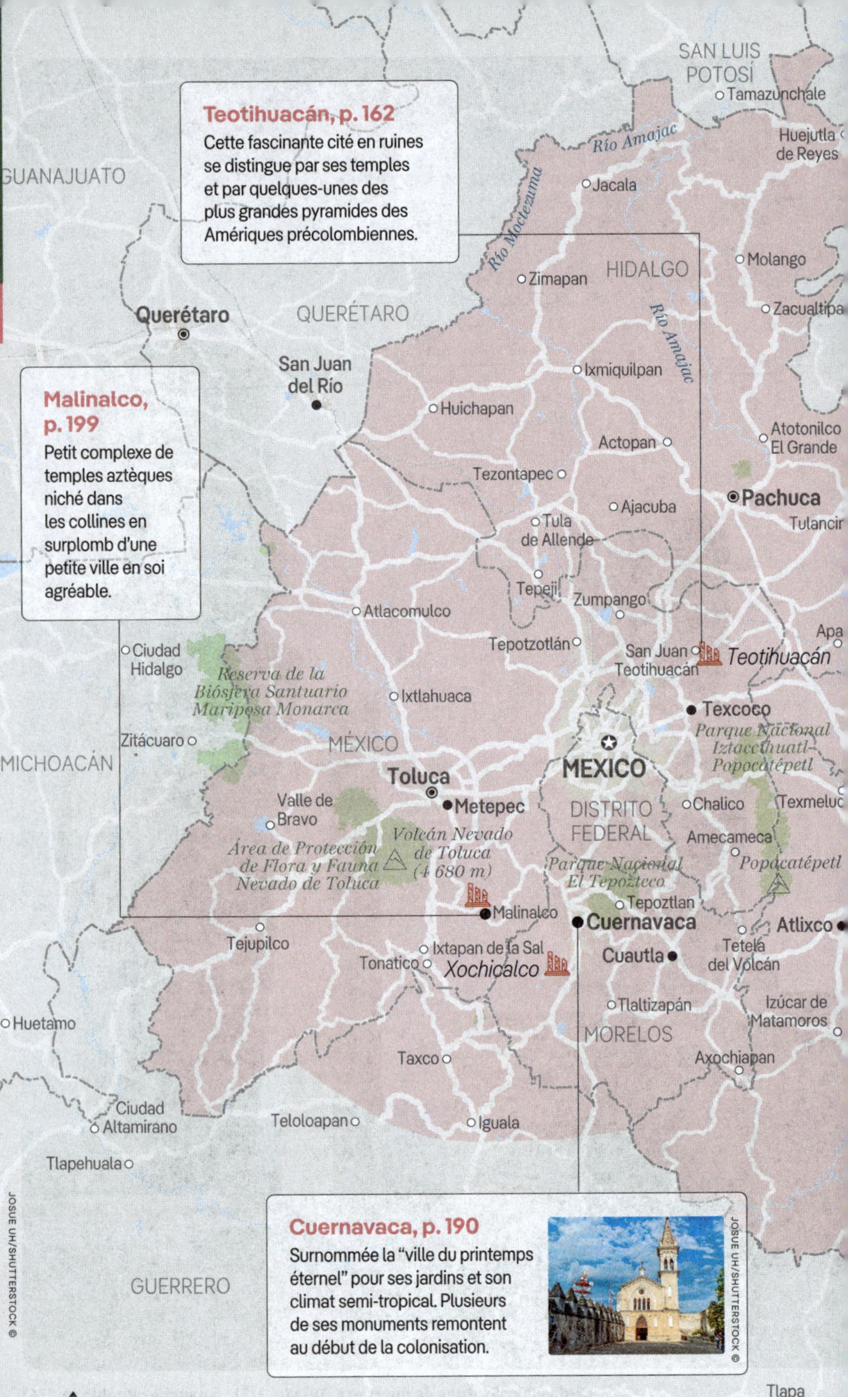

Teotihuacán, p. 162

Cette fascinante cité en ruines se distingue par ses temples et par quelques-unes des plus grandes pyramides des Amériques précolombiennes.

Malinalco, p. 199

Petit complexe de temples aztèques niché dans les collines en surplomb d'une petite ville en soi agréable.

Cuernavaca, p. 190

Surnommée la "ville du printemps éternel" pour ses jardins et son climat semi-tropical. Plusieurs de ses monuments remontent au début de la colonisation.

S'orienter

La région est étendue, mais bien desservie par des bus, abordables et sans escale, au départ des gares routières situées aux quatre points cardinaux de Mexico. Rares sont en revanche les véhicules qui relient les localités entre elles, ce qui oblige en général à repasser par la capitale.

Puebla, p. 176

Berceau culinaire des *chiles en nogada* et du *mole poblano*, Puebla a pour attraits les façades carrelées de ses bâtiments coloniaux, ainsi que sa pyramide.

TAXI

Uber n'opère que dans les grandes villes. Pour vous déplacer entre les agglomérations, renseignez-vous dans les hôtels sur les services forfaitaires de voitures avec chauffeur.

BUS

Un excellent réseau de bus, souvent de 1re classe, relie les villes et la plupart des villages entre eux, ainsi que la capitale. Même les petites localités disposent de services quotidiens confortables vers Mexico et le plus proche carrefour de transports. Des bus de seconde classe et des minibus assurent parfois la liaison entre villes d'un même secteur, mais mieux vaut bien maîtriser l'espagnol, et s'armer de patience en cas de retard ou d'interruption du service. Renseignez-vous dans les hôtels. Hormis pour les sites méconnus, le bus reste le moyen de transport le plus pratique et le plus abordable.

VOITURE

Pour qui souhaite visiter plusieurs villes, la voiture est le meilleur (et parfois le seul) moyen de se déplacer. Il est préférable de louer une voiture à Mexico, Puebla ou Pachuca.

Planifier son séjour

Planifiez vos excursions au départ des quatre gares routières de Mexico : au nord, au sud, à l'est et à l'ouest. Chacune donne accès aux curiosités des secteurs correspondants de la région.

ANTON_IVANOV/SHUTTERSTOCK ©

Taxco (p. 196)

Si vous avez peu de temps

- Les pyramides de **Teotihuacán** (p. 164) sont incontournables, y compris pour qui séjourne dans la capitale. Déambuler dans la plus grande cité de Mésoamérique en contemplant ses imposantes pyramides est une expérience inoubliable. Pour accéder plus facilement au site (à 50 km au nord-est de Mexico), la plupart des visiteurs réservent une excursion à la journée.

- En vous y prenant à l'avance, vous pourrez voir les pyramides illuminées de nuit avec l'**Experiencia Nocturna** (p. 168), ou faire un **tour en montgolfière** (p. 170) à l'aube au-dessus du site.

Au fil des saisons

La météo est très variable, mais les pluies d'été sont au rendez-vous de juillet à septembre. Dans les bourgades de la région, toute occasion se prête à faire la fête.

JANVIER

En ce mois doux et sec, Taxco célèbre la **Fiesta de Santa Prisca**, durant laquelle les habitants font bénir leurs animaux de compagnie.

MARS

Au début du printemps, l'atmosphère se réchauffe à Tepoztlán avec le **Carnaval** de danses costumées des Huehuenches et des Chinelos.

MAI

C'est le **Cinco de Mayo** (le 5 mai) à Puebla, avec grand défilé et deux semaines de festivités.

DE GAUCHE À DROITE : BIROL BALI/SHUTTERSTOCK ©, CLAUDIO BRIONES/SHUTTERSTOCK ©, ALEJANDRO_MUNOZ/SHUTTERSTOCK ©

7 jours de ville en ville

- Après Teotihuacán, mettez le cap au sud de Mexico jusqu'à Tepoztlán (p. 195), pour en découvrir la petite pyramide trônant sur une colline, les activités et le centre-ville plein de charme.

- Passez un après-midi à **Cuernavaca** (p. 190) où vous attendent quelques musées et restaurants de qualité, avant de reprendre la route pour **Taxco** (p. 196). Arpentez les rues pavées et sinueuses de cette ancienne ville de mineurs, et contemplez-en les maisons blanches éparpillées sur les collines.

- Retournez à Mexico, puis dirigez-vous vers l'est jusqu'à **Puebla** (p. 176) et son centre colonial bien conservé, ses façades d'église aux carreaux vernis bleus et blancs, et ses nombreuses spécialités de saison à déguster. S'il vous reste du temps, la pyramide de **Cholula** (p. 176) n'est pas loin.

Si vous avez plus de temps

- Visitez les petites villes des environs de Mexico, à commencer par **Malinalco** (p. 199), dont les bars à mezcals des rues pavées de son centre font un agréable pendant à ses ruines aztèques.

- Passez par **Toluca** (p. 206), où les vitraux d'un jardin botanique unique en son genre racontent l'histoire cosmique des origines de la vie. Ici, les âmes aventureuses pourront partir à l'assaut du volcan endormi du **Nevado de Toluca** (p. 207), tandis que les amateurs de produits de la mer en dégusteront, en bord de lac, à **Valle de Bravo** (p. 205), destination chère à l'élite multiculturelle de la capitale, dans son écrin de collines et de pinèdes.

JUIN

Début juin, Puebla met à l'honneur sa fameuse sauce épicée, le ***mole poblano***.

AOÛT

Le 14 août, **La Noche Que Nadie Duerme** marque le point d'orgue de deux semaines de fête durant lesquelles les rues de Huamantla sont tapissées de sciure de bois.

SEPTEMBRE

Autour de la Fête de l'Indépendance, dégustez des ***chiles en nogada***, notamment à Puebla. Le 7 septembre, la **Fiesta del Templo** de Tepoztlán bat son plein.

OCTOBRE

Les autels et autres activités du **Día de Muertos** se multiplient à Cuernavaca et à Puebla ; Valle de Bravo organise son **Festival de las Almas**.

TEOTIHUACÁN

Rien dans la région ne saurait se comparer à la cité antique de Teotihuacán. Ce complexe de pyramides, à 50 km au nord-est de Mexico, est sans conteste le site archéologique le plus important de cette partie du pays. Tentaculaire par ses dimensions, il le dispute, en renommée, aux sites du Yucatán et du Chiapas.

Dominant le prolongement montagneux du Valle de Mexico, Teotihuacán est surtout célèbre pour ses deux imposantes pyramides, la Pirámide del Sol (Pyramide du Soleil) et la Pirámide de la Luna (Pyramide de la Lune). La cité de Teotihuacán s'étendait sur plus de 20 km², même si l'essentiel de ce que l'on en peut voir aujourd'hui se concentre sur 2 km environ, le long de la Calzada de los Muertos, une longue chaussée pavée.

Explorer ces lieux, c'est se faire une idée des prouesses techniques et architecturales du peuple qui leur donna le jour. La visiter tient d'une plongée dans un passé singulièrement vivant.

Pour les infos pratiques, voir le Carnet d'adresses p. 208

À SAVOIR

La visite de Teotihuacán est fascinante, mais les vendeurs ambulants mettront votre patience à rude épreuve. Le site en est parfois bondé. Tout particulièrement de 10h à 14h, mais aussi les dimanches, les jours fériés et aux alentours de l'équinoxe de printemps ; mieux vaut donc venir tôt le matin.

Templo de Quetzalcóatl (p. 166)

Dîner dans une grotte

DANSE ET REPAS MEXICAINS AUX CHANDELLES

Aménagé dans une vaste grotte à quelques pas de la porte 5 de Teotihuacán, le **Restaurante la Gruta** est non seulement résolument fantaisiste, mais aussi exceptionnel sur le plan culinaire. On ne se sent pas à l'étroit, sous son haut plafond. Par ailleurs, dîner dans une grotte a ses avantages : après une journée de pérégrinations sous le soleil, la fraîcheur en est bienvenue, et la pénombre y donne, à toute heure, un tour romantique au repas.

Une margarita, une bière ou une *limonada* (citron vert mixé) accompagneront à merveille le spectacle de danse traditionnelle de 40 minutes organisé les samedis et dimanches après-midi, et pour lequel il est conseillé de réserver.

On sert ici des plats mexicains et préhispaniques typiques dans des plats en terre cuite, dont le *mole* (poulet sauce chocolat), la *barbacoa* (agneau rôti), les *tamales* (papillotes à base de maïs farcies et cuites à la vapeur avec diverses garnitures), les *tostadas de cochinita* (galettes croustillantes garnies de porc) et les tacos aux *escamoles* (larves de fourmis), étonnamment bons. Le *menú del día* (menu du jour) offre le meilleur rapport qualité-prix.

À LA DÉCOUVERTE DES TEOTIHUACANOS

À Teotihuacán, deux musées donnent un aperçu du peuple qui a prospéré ici, ainsi que de ses prouesses architecturales et techniques.

Le **Museo de Murales Teotihuacanos "Beatriz de la Fuente"** abrite d'impressionnantes reproductions des peintures murales de la Pirámide del Sol et d'autres édifices. Ce sont des reproductions précises et très colorées, qui font justice à l'aspect originel des fresques. Une maquette du site permet également de mieux en appréhender l'échelle.

Le **Museo de Sitio** retrace l'histoire de la cité et conserve divers objets découverts sur le site. Il permet de se faire une idée précise de la vie quotidienne et des pratiques culturelles des habitants de Teotihuacán.

OÙ SE LOGER POUR LES VISITES DE TEOTIHUACÁN AU LEVER DU SOLEIL

Hotel Posada Sol y Luna
Idéal si vous cherchez un hébergement propre et tranquille, à 20 minutes à pied des pyramides. **$**

La Finca del Abuelo Teotihuacán
Oasis de verdure à 10 minutes de la porte 2, avec chambres propres et restaurant. **$$**

Villas Teotihuacán Hotel
Au sud des pyramides, avec salle de sport, spa avec *temazcal* (hutte à sudation), aire de jeux et restaurant. **$$$**

ANNA OM/SHUTTERSTOCK ©

INCONTOURNABLE

Teotihuacán

Teotihuacán était la plus grande cité du Mexique préhispanique, une capitale d'empire, avec ses pyramides et ses mosaïques. Les représentants de divers peuples y vivaient dans des quartiers distincts. Des études réalisées en 2015 suggèrent que des tensions socioculturelles en auraient provoqué l'effondrement.

À NE PAS MANQUER

- Pirámide del Sol
- Pirámide de la Luna
- Templo de Quetzalcóatl
- Fresque du puma
- Calzada de los Muertos
- Restaurante La Gruta
- Museo de Sitio

Calzada de los Muertos

La "chaussée des Morts" est l'axe principal qui relie la plupart des monuments de Teotihuacán. La porte 1 ouvre sur l'Allée au niveau de La Ciudadela. Sur 2 km en direction du nord, l'Allée est bordée des anciens palais de l'élite, ainsi que d'autres édifices majeurs, comme la Pyramide du Soleil. À l'extrémité nord se dresse l'imposante Pyramide de la Lune. Essayez de trouver la mystérieuse fresque murale de puma (ou de jaguar) entre les deux monuments.

Pirámide del Sol

Après celle de Khéops en Égypte (laquelle est également un tombeau, contrairement aux temples de Teotihuacán) et celle de Cholula (p. 179), la Pirámide del Sol (Pyramide du soleil) est, avec 70 m de haut et 222 m de côté, la troisième plus grande pyramide au monde. Construite vers 100 avec 3 millions de tonnes de pierres sans outils métalliques, animaux de trait ni roue, elle domine toute la partie est de la Calzada de los Muertos.

Les Aztèques croyaient qu'elle était dédiée au dieu du Soleil, ce qui se vérifia en 1971 avec la découverte d'un tunnel de 100 m menant d'un point proche du côté ouest de la pyramide à une grotte sous son centre, où furent trouvés des objets religieux. Les experts estiment que le Soleil était vénéré à cet endroit avant la construction de la pyramide et que les habitants considéraient cette grotte comme le lieu de l'origine de la vie.

Lorsque Teotihuacán était à son apogée (entre l'an 375 et 500), le plâtre en était peint de rouge vif, lequel devait luire au crépuscule.

La pyramide compte 248 marches irrégulières. Par souci de conservation du patrimoine, il n'est désormais plus possible de les gravir.

Palacio de Tepantitla

Cette résidence de prêtre, située à 500 mètres au nord-est de la Pirámide del Sol, abrite la fresque la plus célèbre de Teotihuacán, le ***Paradis de Tláloc***. Le dieu de la Pluie, Tláloc, y est représenté entouré de prêtres et autres personnages, ainsi que d'animaux. Au-dessus se trouve le portrait (sinistre) de la **Grande Déesse de Teotihuacán**. Tenue pour une divinité des Ténèbres et de la Guerre, elle est souvent représentée en compagnie de jaguars, de hiboux et d'araignées, des créatures associées au monde souterrain. Observez son ornement nasal prolongé de crocs et ses boucliers ornés de toiles d'araignée.

Museo de Sitio

Juste au sud de la Pirámide del Sol, le musée du Site constitue une bonne halte en milieu de journée. Le musée présente de manière intéressante des objets et des fresques. De vrais squelettes enterrés dans le sol permettent de mieux comprendre les croyances anciennes sur la mort et l'au-delà.

Informations en espagnol et en anglais. À proximité, on trouve le **Jardín Escultórica** (un charmant jardin de sculptures comportant des objets de Teotihuacán), un jardin botanique, un snack-bar, des tables de pique-nique, des toilettes publiques et une librairie vendant des souvenirs de qualité.

Pirámide de la Luna

La "pyramide de la Lune", à l'extrémité nord de la Calzada de los Muertos, est plus petite que celle du Soleil, mais présente des proportions plus harmonieuses. Achevée vers l'an 300, elle le dispute presque, en altitude, à la pyramide du Soleil, cette dernière ayant été construite sur une zone plus élevée. Depuis son sommet, on a une vue imprenable sur l'ensemble du site.

La **Plaza de la Luna**, devant la pyramide, est un bel ensemble de 12 plateformes de temple. Des experts attribuent un symbolisme astronomique au nombre 13 (12 plateformes, plus la pyramide), un nombre clé dans le calendrier rituel

APRÈS LA CHUTE

La Pirámide del Sol a été achevée en l'an 150, sur un ancien sanctuaire rupestre. La cité a commencé à décliner avant de s'effondrer au VIIIe siècle.

Des siècles après sa chute, Teotihuacán était encore un lieu de pèlerinage pour la royauté aztèque qui croyait que tous les dieux s'étaient sacrifiés ici pour mettre le soleil en mouvement au début du "cinquième monde", celui des Aztèques eux-mêmes.

mésoaméricain. L'autel au centre de la place aurait été le site de danses religieuses.

Palacio de Quetzalpapálotl

Au sud-ouest de la pyramide de la Plaza de la Luna, le palais du Quetzal Papillon aurait été la demeure d'un grand prêtre. Les restes d'ours, de tatous et d'autres animaux exotiques découverts dans la zone laissent penser que l'élite faisait ici la cuisine et s'adonnait à des rituels.

Palacio de los Jaguares

Le Palacio de los Jaguares (palais des Jaguars) et le **Templo de los Caracoles Emplumados** (temple des Escargots à plumes) se dressent derrière et en contrebas du Palacio de Quetzalpapálotl. Les murs inférieurs de plusieurs salles donnant sur le patio du Palacio de los Jaguares conservent des fragments de fresques représentant le dieu-jaguar soufflant dans des conques et priant le dieu de la Pluie, Tláloc. Des fresques plus complètes sont conservées au Museo del Sitio.

Le patio du Palacio de los Jaguares donne accès au Templo de los Caracoles Emplumados, un édifice désormais souterrain du IIe ou IIIe siècle. Les sculptures sur sa façade représentent de grands coquillages, servant peut-être d'instruments de musique.

Templo de Quetzalcóatl

La troisième plus grande pyramide de Teotihuacán en est également la plus décorée. Ses quatre degrés restants (sur sept à l'origine) sont ornés de sculptures remarquables. Sur les sections dites *tableros* (panneaux verticaux), le dieu serpent à plumes alterne avec une créature à deux crocs, le serpent de feu, porteur du Soleil dans son périple quotidien à travers le ciel. Dans les orbites aujourd'hui vides étincelaient jadis des yeux en obsidienne, tandis que la pyramide était peinte en bleu. Sur les plans inclinés (*talud*) figure le serpent à plumes de profil.

Le terrible serpent à plumes est un prédécesseur du dieu aztèque ultérieur Quetzalcóatl. Certains experts voient dans les sculptures du temple une représentation de la guerre, d'autres les interprètent comme étant l'image de la création du temps.

La Ciudadela

On pense que ce vaste ensemble de forme carrée était la résidence du chef suprême de la ville, et que ses salles étaient le centre administratif de la cité. Quatre murs épais surmontés de 15 pyramides entourent une immense esplanade dont le monument principal, à l'est, est le Templo de Quetzalcóatl. Ces pyramides représentaient des montagnes dans le cadre de rituels qui consistaient à inonder délibérément l'esplanade, symbole du monde des vivants.

Les restes de 137 personnes ont été retrouvés sous le temple et aux alentours. On a pu établir, au moyen de tests ADN, qu'il s'agissait d'hommes et de femmes amenés de diverses parties de la Mésoamérique pour être sacrifiés ici.

En 2003, de fortes pluies ont creusé un gouffre sous La Ciudadela (La Citadelle), révélant à 17 m sous terre un tunnel garni d'impressionnants paysages miniatures représentant l'au-delà : des décorations en pyrite dessinaient un ciel de nuit étoilé et des bassins de mercure symbolisaient des lacs. On y trouva quantité de trésors rituels, dont des cristaux en forme d'yeux, des jaguars sculptés et des dents de crocodile en diorite.

Palacio de Tetitla et Palacio de Atetelco

Un groupe de palais se situe à l'ouest du secteur principal de Teotihuacán, à plusieurs centaines de mètres au nord-ouest de la Porte n°1. Nombre des peintures murales, découvertes dans les années 1940, sont bien conservées ou restaurées, et parfaitement compréhensibles. Dans le vaste **Palacio de Tetitla**, 120 murs comportent des peintures murales représentant notamment Tláloc, des jaguars, des serpents et des aigles. À 400 m à l'ouest, le **Palacio de Atetelco** possède d'expressives peintures murales de jaguars ou de coyotes (originales ou restaurées) dans le Patio Blanco, à l'angle nord-ouest.

À 100 m au nord-est, le **Palacio de Zacuala** et le **Palacio de Yayahuala**, deux énormes enceintes, servaient sans doute de quartiers d'habitation. Séparés par les allées d'origine, ils comprennent de nombreux patios et pièces, mais peu d'entrées.

MARC VOLK/GETTY IMAGES ©

Sculptures sur le Templo de Quetzalcóatl (p. 166)

À SAVOIR

- Pour qui ne craint pas les visites en groupe, les excursions avec transport en bus et guide peuvent revenir moins cher que d'aller à Teotihuacán par ses propres moyens et d'engager un guide sur place.
- Il n'y a pratiquement pas d'ombre, aussi venez avec un chapeau ou achetez-en un à prix modique sur le site.
- Pour se restaurer, l'offre est très limitée. Vous ne trouverez pratiquement que des restaurants à l'extérieur du site. Prévoyez un casse-croûte et de l'eau, voire un petit panier-repas pour les enfants.
- Le meilleur endroit pour prendre des photos de l'ensemble du site de Teotihuacán est le sommet de la Pirámide de la Luna. Si vous ne pouvez pas la gravir, optez pour la place juste en face.

OÙ SE RESTAURER DANS LES ENVIRONS DE TEOTIHUACÁN

Restaurante Techinanco Derrière la Pirámide de la Luna, ce restaurant chaleureux sert d'excellentes *enchiladas*, ainsi que des plats végans. Espèces uniquement. **$**

Conejo en la Luna Une bonne surprise : copieuses assiettes de barbacoa et grands classiques mexicains, près de la porte 2. **$$**

Restaurante Aguamiel Restaurant mexicain simple et raffiné à la fois, avec jardin, à San Juan Teotihuacán. **$$**

Restaurante La Gruta Plus qu'un restaurant, cette grotte tient d'un moment de gastronomie unique en son genre. **$$$**

À la fin du repas, on vous remettra une bougie que l'on vous invitera à disposer au fond de la grotte avec celles des autres convives. Il s'agit là d'un clin d'œil à un rituel de la renaissance auquel s'adonnaient les préhispaniques dans l'*oztolt* (ou "grotte" en nahuatl).

Saluer l'équinoxe de printemps

ACCUEILLEZ LE SOLEIL LEVANT

Chaque année, au retour du printemps, lorsque l'inclinaison du globe rapproche l'hémisphère Nord du Soleil, des milliers d'adeptes de l'énergie cosmique convergent, vêtus de blanc, vers Teotihuacán. Tous veulent recevoir les premiers rayons de l'astre diurne depuis le sommet de la Pyramide du Soleil. D'après les participants, l'équinoxe est le moment le plus chargé en énergie de l'année. Alors qu'on danse, médite, chante et brûle de l'encens, chacun attend que ses vêtements blancs s'imprègnent de la lueur de l'aube.

Les habitants de Teotihuacán nourrissaient-ils de semblables croyances ? L'archéoastronomie a révélé que le palais de Quetzalcóatl était un observatoire solaire. Aujourd'hui encore, à l'équinoxe de printemps, les rayons du soleil levant créent une ombre qui monte vers des hiboux rouges peints sur le mur. Associé à l'obscurité et à la lumière, le hibou était lié aux étoiles. À l'équinoxe, le Soleil est à la verticale au-dessus de l'équateur : le jour et la nuit sont à l'équilibre.

Par le passé, de longues files d'attente se formaient pour gravir la pyramide, mais depuis quelques années, la pratique est interdite pour protéger les monuments. Cela dit, accueillir le soleil levant, bras ouverts, reste un moment magique toute l'année durant, même au pied de l'édifice.

POUR LES AMATEURS D'HISTOIRE

Pour en savoir davantage encore sur la culture de Teotihuacán, sachez que le **Museo Nacional de Antropología** (p. 118) de Mexico abrite une reconstitution d'une partie de la Pirámide del Sol enduite de rouge comme à l'origine.

Experiencia Nocturna

SPECTACLE SON ET LUMIÈRE SUR LE SITE DES PYRAMIDES

Les pyramides que vous voyez aujourd'hui à Teotihuacán étaient autrefois recouvertes d'un enduit rouge vif qui luisait au coucher du soleil. Le spectacle nocturne de l'Experiencia Nocturna cherche à recréer ce moment de grâce au moyen d'une projection de lumières colorées et de vidéos sur la Pirámide del Sol et la Pirámide de la Luna, le tout accompagné d'une bande-son. Ce spectacle de 35 minutes est peut-être

OÙ FAIRE UNE PAUSE À TEOTIHUACÁN

Jardín Escultórico Joli jardin de sculptures avec toilettes, snack-bar, tables de pique-nique et librairie, près du Museo de Sitio.

Museo de Sitio Un des rares endroits du site où l'on trouve de l'ombre.

Stands de restauration Les stands de restauration ambulants aux portes d'entrée 4 et 5 pourront vous dépanner en cas de petit creux.

ORBON ALIJA/GETTY IMAGES ©

Vue aérienne de la Pirámide del Sol (p. 164)

un peu kitsch, mais il donne à voir les pyramides dans leur aspect originel.

Avant la représentation, des promenades en groupe sont organisées sur la Calzada de los Muertos pour admirer, à la lueur des étoiles, le site vidé de ses visiteurs (il ne faut pas quitter le groupe). Un audioguide de 45 minutes vous fournira des explications sur 10 arrêts, dont les pyramides du Soleil et de la Lune. Votre guide-accompagnateur utilisera sa lampe torche comme un pointeur laser pour attirer l'attention sur différents aspects des peintures murales, ajoutant au côté irréel de la situation. Ensuite, tout le monde ira s'asseoir sur des coussins en face de la Pyramide du Soleil pour assister au spectacle.

Cette "expérience nocturne" est organisée de façon sporadique, et il convient de consulter le site Internet régulièrement, des mois à l'avance, car les billets sont vite épuisés.

UNE VILLE MULTIETHNIQUE

Teotihuacán était divisée en différents quartiers.

Les restes de 137 victimes humaines ont été découverts sous La Ciudadela. Des tests ADN ont révélé qu'ils avaient été amenés de diverses régions de Mésoamérique pour être sacrifiés. Une part de la population était aussi formée de nouveaux venus arrivés de leur plein gré pour servir de main-d'œuvre. Ils débarquèrent en deux vagues consécutives à des éruptions volcaniques survenues aux Ier et IVe siècles, qui les avaient contraints à quitter le bassin sud pour s'installer en périphérie de Teotihuacán.

On estime qu'à un point de son histoire, la cité comptait quelque 200 000 habitants, vivant principalement dans des constructions résidentielles en pierre regroupant plusieurs familles. Un chiffre à mettre en parallèle avec les 58 500 habitants recensés dans la Teotihuacán moderne en 2020.

OÙ PRENDRE UN CAFÉ À SAN JUAN TEOTIHUACÁN

Me Latte Café
Café-bar de la petite ville voisine du site qui sert des cappuccinos et des cafés glacés à emporter.

Chocolateria Macondo
Vous pouvez y boire un café, mais la spécialité est le chocolat chaud, un peu épicé, à la manière préhispanique.

Tierra Café Teotihuacán
Espressos, affogatos et jus de fruits pour commencer la journée, et liqueurs de café avec concert en soirée.

UNE SINGULIÈRE VICTIME

En 2018, la découverte fortuite d'un singe araignée femelle sacrifié rituellement à Teotihuacán a permis d'en savoir un peu plus sur les rapports diplomatiques entre les Mayas et le peuple vivant ici. En amont de cette découverte, on pensait que les civilisations mayas et de Teotihuacán étaient en perpétuel conflit. En effet, des traces laissées par les troupes de Teotihuacán vers l'an 378 avaient été retrouvées en territoire maya. Pourtant, la datation des restes du singe le fait remonter à l'an 300, suggérant qu'il s'agissait là d'un gage symbolique de la part des Mayas en temps de paix. L'analyse des restes de l'animal (fin 2022) indique que le singe aurait été capturé à 3 ans dans un territoire humide maya, avant d'être amené à Teotihuacán. Il aurait ensuite été nourri plusieurs années avant d'être sacrifié.

SL-PHOTOGRAPHY/SHUTTERSTOCK ©

Palacio de Quetzalpapálotl (p. 166)

Vol au-dessus des pyramides

SURVOLEZ TEOTIHUACÁN EN MONTGOLFIÈRE À L'AUBE

Voir les pyramides depuis une montgolfière, c'est sans conteste redécouvrir Teotihuacán, même pour qui l'a déjà visité sur la terre ferme. Il faut arriver sur place avant le lever du soleil, mais ça en vaut la peine. La montgolfière survole la Pirámide del Sol d'assez près pour en distinguer les marches. À 700 mètres d'altitude, on mesure l'étendue de la Calzada de los Muertos. Celle-ci file vers la Pirámide de la Luna, d'abord petite, puis de plus en plus imposante tandis qu'on s'en approche.

Les vols en ballon partent de la municipalité de Teotihuacán entre 5 et 6 heures du matin et durent généralement 45 minutes. Renseignez-vous auprès des opérateurs de montgolfières pour savoir ce qu'ils prévoient en cas de vent trop fort le jour dit. Certains proposent un vol en hélicoptère en compensation.

COMMENT CIRCULER

Pendant la journée, les Autobuses México-San Juan Teotihuacán assurent la liaison entre le Terminal Norte de Mexico et le site archéologique (une heure). Mais comme des vols à main armée se produisent encore parfois dans ces bus, il est plus prudent de prendre un Uber.

De nombreux circuits organisés ont l'avantage de partir du Zócalo, à Mexico, mais aussi de revenir moins cher que de solliciter les services d'un guide pour soi seul. Turibús (www.turibus.com.mx) et Capital Bus (www.capitalbus.com.mx) organisent des excursions à la journée quasi identiques dans des bus à impériale, avec guide bilingue et billet d'entrée inclus. Les excursions font halte à la Basílica de Guadalupe et dans des boutiques touristiques (qu'on le veuille ou non).

Environs de Teotihuacán

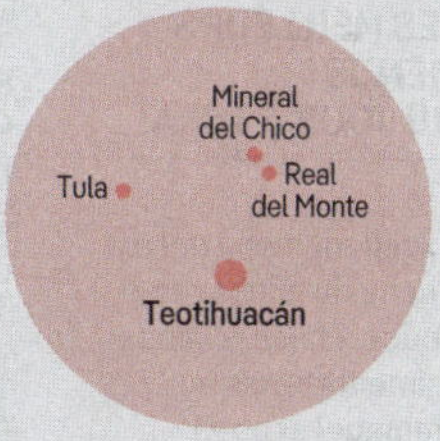

Au nord de la ville de Mexico, les alentours de Teotihuacán vous réservent quelques merveilles préhispaniques pleines de charme et ignorées des touristes.

Les pyramides de Teotihuacán ne sont que le début, car la région vous réserve d'autres vestiges. À quelques encablures en direction du nord-ouest se trouvent les statues de pierre étonnamment bien conservées de Tula. Au nord-est, vous arriverez à Pachuca, la capitale florissante de l'État de Hidalgo. Après avoir profité de son centre historique colonial, partez à la découverte des villages perchés dans les montagnes alentour. Laissez-vous charmer par la beauté du Parque Nacional El Chico et découvrez un singulier mélange des cultures mexicaine et cornouaillaise, dans les anciens villages miniers de Mineral del Chico et Real del Monte : air frais et panoramas d'exception garantis.

Pour les infos pratiques, voir le Carnet d'adresses p. 208

À SAVOIR

La voiture est utile pour explorer toute la zone située au nord de Teotihuacán, mais les bus au départ de Mexico sont fréquents et plus rapides pour les escapades ponctuelles.

Palacio Quemado (p. 172)

Les Atlantes de Tula

STATUES DE GUERRIERS TOLTÈQUES

Tula, cité majeure de la culture toltèque dans le centre du Mexique, est surtout connue pour ses imposantes statues de guerriers en pierre hautes de 4,50 mètres. Bien que plus petite que Teotihuacán, située à 100 km au sud-est, Tula n'en est pas moins fascinante et vaut la peine d'être visitée dans le cadre d'une excursion à la journée, voire, pour les férus d'histoire, d'y passer la nuit.

Bâtisseurs d'empire, les Toltèques impressionnaient les Aztèques, qui les considéraient comme des ancêtres royaux. À l'apogée de Tula, entre 900 et 1150, les paysans cultivaient le cacao sur les terres fertiles et les artisans étaient renommés pour le travail de l'obsidienne (roche volcanique). Mise à sac en 1170, envahie par des tribus voisines, la ville entama une période de déclin avant d'être détruite par les Aztèques.

Les vestiges du principal site cérémoniel se dressent sur une colline à deux kilomètres au nord du charmant centre-ville de Tula et de son *zócalo* (place principale). Le **musée du site**, qui présente des céramiques, des objets en métal, des bijoux et de grandes sculptures, se situe près de l'entrée, au nord de la zona en venant du centre-ville par la Calle Tollan. En venant du musée, la première grande structure est le **Juego de Pelota n°1** (jeu de balle n°1). D'après les archéologues, ses murs étaient décorés de panneaux sculptés, qui furent retirés sous le règne aztèque. En gravissant ensuite la **Pirámide B**, également connue sous le nom de Temple de Quetzalcóatl ou Tlahuizcalpantecuhtli (l'Étoile du Matin), on peut observer les quatre imposantes statues de **guerriers en basalte**, appelées Los Atlantes. Ces guerriers, portant coiffes, pectoraux en forme de papillon et pagnes maintenus par des disques solaires, tiennent des propulseurs, des javelots, des couteaux et des sacs d'encens. Le site donne sur les paysages vallonnés de Tula (et sur les zones industrielles voisines).

Le **Gran Vestíbulo** (Grand Vestibule), aujourd'hui sans toit, longe la pyramide, face à la place. Le banc de pierre sculpté de guerriers, où s'asseyaient peut-être les prêtres et les nobles lors des cérémonies, courait à l'origine sur toute la longueur du vestibule. Au nord de la Pirámide B, le **Coatepantli** (Mur du Serpent), long de 40 m est sculpté de motifs géométriques et d'une rangée de serpents dévorant des squelettes humains. On peut encore distinguer les traces des couleurs vives qui couvraient jadis la plupart des monuments de Tula.

Le **Palacio Quemado** (Palais incendié), juste à l'ouest de la Pirámide B, se compose d'une série de salles et de cours

LES MEILLEURS MENUS DU JOUR À TULA

Las Cazuelas
Excellent *menú del día* (menu du jour) avec soupe, *chiles rellenos* (piments farcis au fromage) et *agua* (mixture de fruits). $

Mana
Cuisine végétarienne maison avec un *menú del día* généreux composé de burgers végétariens, *quesadillas* et lait d'avoine. $

Restaurant Casa Blanca
Plats mexicains de qualité avec buffet varié (13h à 18h). Un des rares établissements du centre situé hors du *zócalo*. $$

OÙ SE LOGER À TULA

Hotel Real Catedral
Hôtel de luxe avec salle de sport et restaurant. Les suites ont des balcons avec vue sur la rue. $

Hotel Casablanca
Petites chambres soignées dans un hôtel d'affaires situé dans le centre, mais au calme. $

Hotel Cuellar
Motel style US, avec piscine, grand parking et lits confortables pour les escapades urbaines plus longues. $$

ABERU.GO/SHUTTERSTOCK ©

Mirador de Peña del Cuervo

ornées de bancs et de reliefs, où se déroulaient probablement des cérémonies.

De l'autre côté de la place, un chemin conduit à la **Sala de Orientación Guadalupe Mastache**, un petit musée qui porte le nom de l'une des premières archéologues à avoir fouillé le site, Alba Guadalupe Mastache (1942-2004). Y sont exposés les immenses pieds de caryatides (figures féminines servant de colonnes porteuses) ainsi qu'une représentation visuelle de ce à quoi devait ressembler le site à son apogée.

Sortie au grand air à Mineral del Chico

PARC NATIONAL ET "VILLAGE MAGIQUE"

Le charme du village minier ancestral de Mineral del Chico (un des *pueblos mágicos*) est tel qu'il en éclipse la capitale de l'État de Hidalgo, Pachuca. Que ce soit sur une journée ou sur un week-end depuis Pachuca (ou même de Teotihuacán en bus via Mexico), vous pourrez facilement vous y rendre ou bien profiter des quelque 30 km^2 du **Parque Nacional El Chico**, classé réserve naturelle depuis 1898.

Une fois sur place, on a droit à une vue magnifique, à de l'air frais, à des cascades et à de formidables sentiers de randonnée

ACTIVITÉS DE PLEIN AIR DANS LE PARQUE NACIONAL EL CHICO

Au départ du centre de Mineral del Chico, des activités avec guide ou en solo sont proposées dans le parc.

Río del Milagro
Petite marche facile de 1,5 km avec ruisseau, cascade et vue sur la vallée. Descendez un peu depuis l'église et suivez les panneaux.

Mirador de Peña del Cuervo
Le *colectivo* qui affiche "carboneras" à Mineral del Chico vous conduira au début du sentier qui mène au mirador.

Centre d'accueil des visiteurs
Renseignez-vous sur les activités avec guide et transport inclus, comme les visites nocturnes du parc ou l'escalade.

Camping
Terrains de camping assez modestes entre le km 7 et le km 10 de la Carretera Pachuca en direction de Mineral del Chico. Informations et réservation des emplacements au centre d'accueil des visiteurs.

OÙ MANGER DE LA TRUITE DE MONTAGNE À MINERAL DEL CHICO

La Gran Compaña
Trucha empapelada (papillote de truite au four) typique suivie d'un cocktail avec vue sur la rue principale de Chico. **$**

Cabañas San Diego
La mère du propriétaire prépare d'excellents plats de truite au bord d'un ruisseau sur la route du village. **$$**

La Trucha Grilla
Poisson grillé avec légumes et champignons sauvages, accompagnés de brochettes de crevettes et sauce salsa. **$$**

LES MEILLEURS PASTIES MEXICAINS DE REAL DEL MONTE

El Serranillo
Accompagnées de *mole verde* (sauce aux graines de citrouille) ou de *papa* (patate), les variantes mexicaines du pasty de Cornouailles sont délicieuses. $

London Paste
Pasties au fromage et à l'ananas servis dans un beau jardin de la rue principale. $

Pastes Dificultad
Pasty de pâte feuilletée (et non brisée comme la plupart) généreusement garni. Goûtez le chorizo et la *zarzamora* (mûres) en dessert. $

IVAN PASCOE/SHUTTERSTOCK ©

Panteón Inglés

de la montagne. Les hôtels du coin vous renseigneront sur les différentes activités de plein air.

Depuis le **mirador de Peña del Cuervo**, perché à 2 770 m d'altitude, on a une vue imprenable sur les montagnes verdoyantes du parc. Les formations rocheuses qui se dessinent au loin sont appelées *Las Monjas* (Les Moniales), en raison de leur forme singulière. Les autres rochers qui se démarquent plus loin encore portent également des noms à connotation religieuse : *Los Frailes* (Les Frères).

La plupart des Mexicains qui viennent passer le week-end ici ne sortent guère de la charmante rue principale d'El Chico (qui traverse la quasi-totalité du village). C'est un lieu accueillant, fidèle à sa devise "*pueblo chico, gente grande*" (petit village, grandes personnes).

En vous aventurant dans les rues adjacentes à la principale, notamment la rue **Corona del Rosal**, vous découvrirez un superbe panorama sur la vallée. On pourra s'attarder dans le labyrinthe de sentiers derrière la **Capilla El Calvario**, chapelle du XIXe siècle située sur les hauteurs par rapport à l'église.

La culture cornouaillaise de Real del Monte

PASTIES ANGLAIS ET MINES DE MONTAGNE

Ce beau village de montagne est un dédale de cottages de style cornouaillais alignés sur des pentes flanquées de pins. Real del Monte (dont le nom officiel est Mineral del Monte) a été colonisé au XIXe siècle par une entreprise britannique venue exploiter ses mines. On peut y passer un agréable après-midi à découvrir où mène chacune de ses rues pavées et escarpées, en faisant quelques haltes dans les boutiques de *pastes* (friands

PAUL ESTRADA/SHUTTERSTOCK ©

Museo de Sitio Mina de Acosta

à la viande). Au **Museo del Paste**, vous découvrirez comment les Anglais ont introduit ce friand cornouaillais (*pasty*) au Mexique, et en apprendrez même la recette.

Des travailleurs originaires de Cornouailles, en Angleterre, ont donc commencé à arriver en 1824, et les archives attestent que c'est ici même qu'ils ont introduit le *fútbol* au Mexique.

Au **Museo de Sitio Mina de Acosta**, casque vissé sur la tête, vous pourrez faire une visite guidée de l'ancienne mine et manipuler des machines à vapeur et autres équipements importés par les Anglais.

Le paisible **Panteón Inglés** (cimetière anglais) datant de 1851 abrite non seulement les tombes des travailleurs anglais (et de leurs descendants mexicains) depuis 1834 (avant même l'officialisation du cimetière), mais aussi celles de mineurs chinois, allemands et néerlandais.

Real del Monte et Mineral del Chico situé au nord-ouest peuvent très bien être regroupés en une seule escapade d'un week-end depuis Mexico. L'air commence à se faire rare ici, et il est normal de ressentir un léger mal des montagnes, mais il est aussi pur et frais, parfois même un peu trop si le vent se lève (prévoyez un pull, voire un manteau).

COMMENT CIRCULER

Pour se rendre à Mineral del Chico et Real del Monte, sachez que vous devrez emprunter des routes de montagne escarpées. Les conducteurs moins expérimentés préféreront donc regagner le Terminal de Autobuses Central del Norte de Mexico, et prendre un bus pour Pachuca, puis un *colectivo* pour les villages de montagne. D'autres bus desservent également Tula. Des bus de seconde classe relient Tula ou Pachuca au départ de San Juan Teotihuacán, mais ce n'est pas plus rapide que de revenir à Mexico pour prendre un bus plus confortable, plus rapide et plus sûr.

PUEBLA

Puebla se distingue par son centre baroque très bien conservé, fort de plus de 1 000 édifices de style colonial et 70 églises ornées de carreaux de Talavera bleus et blancs. Elle ne s'en est pas moins considérablement modernisée et réserve maintes surprises à ses visiteurs. Son identité repose aujourd'hui, pour l'essentiel, sur sa vie culturelle, artistique et nocturne, portée par les jeunes *poblanos* (les habitants de Puebla), les artistes de son quartier bohème et ses musées d'avant-garde. La tradition et l'histoire ne sont pas en reste, et s'expriment lors du Cinco de Mayo et à travers la conservation de pyramide voisine de Cholula.

La ville est de surcroît l'un des hauts lieux de la gastronomie du pays. Nombre de symboles associés au Mexique sont en réalité *poblanos*, qu'il s'agisse de plats comme les *chiles en nogada* ou le *mole poblano* ou même les portraits de Frida Kahlo. Ce sont là autant d'expressions de l'esprit qui anime et porte cette singulière cité.

Pour les infos pratiques, voir le Carnet d'adresses p. 209

À SAVOIR

La plupart des musées de Puebla ferment le lundi et sont gratuits le mardi, mais le Museo Amparo est gratuit le dimanche et le lundi, tandis que le Museo Internacional del Barroco est gratuit le mercredi. La Zona Arqueológica, à côté de Cholula, est gratuite le dimanche.

Carreaux de Talavera, Puebla

Carreaux de Talavera

DÉCOUVRIR LES CARREAUX DE FAÏENCE TRADITIONNELS

Les *azulejos de talavera* – des carreaux de faïence peints de bleu roi et autres couleurs – ornent les façades des nombreuses églises de Puebla. Le choix des couleurs est ici primordial. La Talavera est toujours peinte à la main avec des pigments naturels issus d'une palette de seulement six couleurs : bleu, vert, jaune, orange, mauve et noir.

La véritable Talavera est une céramique recouverte d'une glaçure à base d'étain, réalisée selon diverses techniques introduites par les Espagnols au XVIe siècle. On la confectionne à partir de l'argile tirée du sol volcanique de la région. Inspirée de la porcelaine bleu et blanc introduite par les colons chinois, la poterie de Puebla a gagné le rang d'art, et le commerce en est florissant.

Le **Museo José Luis Bello y González**, ancienne maison de la famille Bello, des industriels du XIXe siècle, abrite la riche collection d'art et d'artisanat familiale. Ce musée comblera les amateurs de porcelaines française, anglaise, japonaise et chinoise, qui y trouveront également une grande collection de Talavera poblana.

On trouve plusieurs bonnes boutiques de Talavera sur la Plazuela de los Sapos et dans les rues avoisinantes.

PUEBLA

INCONTOURNABLES

1 Catedral de Puebla
2 Museo Amparo

À VOIR

3 Museo José Luis Bello y González

SHOPPING

4 Uriarte Talavera

CHOLULA

INCONTOURNABLES

5 Capilla Real de Naturales
6 Pirámide Tepanapa
7 Santuario de Nuestra Señora de los Remedios
8 Zona Arqueológica

À VOIR

9 Museo de Sitio de Cholula

OÙ MANGER DU MOLE POBLANO

Celia's Cafe
Chaque *mole poblano* est servi dans des couverts de Talavera (à vendre) fabriqués sur place. **$**

Restaurante Casareyna
Les *chalupas* (poulet au *mole* sur des petites tortillas) sont aussi remarquables que l'établissement (XVIe siècle). **$$**

El Mural de los Poblanos
La spécialité de la maison : cinq *moles* différents, tous parfaits, servis dans un charmant patio de style colonial. **$$**

MUSÉE INCONTOURNABLE

Le superbe **Museo Amparo** occupe 2 bâtiments coloniaux (un palais et un ancien hôpital) reliés entre eux, datant des XVIe et XVIIe siècles, et déborde d'objets préhispaniques (explications en espagnol et en anglais). Laissez-vous surprendre par l'élégance contemporaine de son intérieur, et remarquez la continuité thématique du dessin mexicain : les mêmes motifs apparaissant sur des dizaines de pièces. Ainsi, la collection de crânes précolombiens réservés au culte ressemble étrangement aux crânes en sucre qui sont vendus aujourd'hui pour le Día de Muertos.

Les pièces les plus grandes sont chères, fragiles et délicates à transporter. **Uriarte Talavera** travaille sa céramique sur place depuis 1824. Dans la salle d'exposition est présentée une superbe collection de pièces de grande qualité, peintes avec raffinement. Des visites de l'usine sont organisées en semaine.

Les saveurs de Puebla

PLATS RÉGIONAUX À NE PAS MANQUER

Depuis les stands de restauration de bord de rue jusqu'aux élégants restaurants de style colonial, le patrimoine culinaire de Puebla s'affiche partout en ville.

La spécialité phare en est le ***mole***, une sauce complexe à base de piments, de noix, de chocolat et d'épices chaudes, généralement nappée sur du poulet. Contrairement au *mole negro* (noir) de Oaxaca, en remplaçant le chocolat par des raisins, la variante *poblana* rouge-brun est plus douce et plus subtile. De même, le "*mole* vert" ou **pipian verde** remplace le chocolat par des graines de citrouille.

Les stands de nourriture de rue servent des ***chalupas*** (épaisses tortillas de miettes de poulets à la sauce salsa), et des ***cemitas*** (minis-burgers typiques de Puebla, à l'avocat et à l'escalope viennoise). Après la Première Guerre mondiale, les immigrants libanais ont introduit le chawarma, qui a évolué en **tacos arabes** : porc accompagné d'ingrédients du Proche-Orient et consommé dans un pain pita plutôt qu'en tortilla.

Puebla s'enorgueillit également de mets saisonniers :

Escamoles (mars à juin) : des larves de fourmis, semblables à du riz et habituellement sautées au beurre.

Gusanos de maguey (avril à mai) : ces vers, qui vivent dans le maguey (agave), sont frits dans une sauce au piment et au *pulque* (boisson légèrement alcoolisée à base d'agave).

Huitlacoche (juin à octobre) : un champignon noir qui pousse sur le maïs, à la saveur envoûtante et terreuse. Parfois écrit *cuitlacoche*.

Chiles en nogada (juillet à septembre) : des piments verts farcis de *picadillo* (viande hachée et fruits secs), nappés d'une sauce crémeuse aux noix et de graines de grenade rouge.

Chapulines (octobre à novembre) : sauterelles évidées, puis séchées, fumées ou frites avec du jus de citron vert et de la poudre de chili.

Quant au dessert, les boutiques de l'Avenida 6 Oriente vendent des sucreries traditionnelles maison de Puebla, dont les ***camotes*** (bâtonnets de patate douce confits) et les ***jamoncillos*** (barres de pâte de graines de citrouille).

OÙ SE LOGER À PUEBLA

Hotel Teresita
Petites chambres modernes, avec salle de bains privative ; superbe emplacement et prix doux ; un bon plan. **$**

Hotel Nube
Chambres de style quasi design avec salles de bains modernes, proches du *zócalo*, mais sans le bruit. **$$**

Hotel Colonial
Ancien monastère jésuite du milieu du XIXe siècle, cet hôtel est un joyau patrimonial très bien situé. **$$$**

Niveau inférieur de la Pirámide Tepanapa

Pirámide Tepanapa

LA PLUS GRANDE PYRAMIDE DU MONDE

Dans la ville de Cholula, à 20 minutes de route du centre de Puebla, l'incroyable Pirámide Tepanapa ressemble davantage à une colline surmontée d'une église, qu'à la plus grande pyramide du monde. Une impression pourtant vite dissipée, sitôt que l'on commence à explorer à pied les tunnels de plusieurs kilomètres qui sillonnent l'intérieur de cet édifice de 4,45 millions de mètres cubes et de 450 m de côté. On entre par celui du flanc nord, pour débuter une étrange expédition de plusieurs centaines de mètres qui, passant par le centre de la pyramide, permet d'en mesurer les premières phases de la construction.

En effet, cette structure en associe plusieurs construites les unes sur les autres de l'an 200 à l'an 400 environ. Les archéologues ont dû creuser plus de 8 kilomètres de tunnels sous cet empilement pour faire le détail des strates de l'édifice.

La **Zona Arqueológica** comprend également des zones excavées autour de la pyramide. On sort du tunnel par le flanc est, près du **Patio de los Altares**. Entourée de platesformes et d'escaliers en diagonale, cette place constituait l'accès principal à la pyramide. Sur les côtés, trois grandes stèles de pierre sont sculptées de **motifs imbriqués de style Veracruz**. À l'extrémité sud, dans une fosse, on trouve un **autel aztèque** daté de juste avant la conquête espagnole. Sur le versant ouest de la butte se dresse une **section reconstruite** de la dernière pyramide, laissant apparaître 2 niveaux plus anciens.

Au lieu de suivre le sentier vers le sud, vous pouvez grimper directement les marches qui mènent au **Santuario de Nuestra Señora de los Remedios**. Richement décorée, cette église du XVIe siècle, qui surmonte la Pirámide Tepanapa et donne sur le

PAROLE D'HABITANT : OÙ RENCONTRER DU MONDE

Alejandro Osorio, artiste "talavera pop" local, livre ses meilleurs bars pour socialiser à Puebla. Instagram : @alejandroosorio.mx

Azotacalles
Non loin de la pyramide de Cholula, ce bar attire les acteurs de la scène musicale alternative, des DJ de talent et autres références du monde de la culture. Les week-ends, on y va surtout pour danser, rencontrer de nouveaux artistes et parler créations.

San Pedrito
Situé en plein cœur de San Pedro Cholula, ce bar sert une grande variété de mezcals, une délicieuse cuisine mexicaine, et passe toujours de la musique de premier choix. La terrasse donne sur la pyramide de Cholula illuminée la nuit.

Hormiga Negra Bar
Large choix de boissons et de bières artisanales ; la fête ne s'arrête jamais. On y vient pour s'amuser, toujours dans un bon esprit.

VISITE À PIED DU VIEUX PUEBLA

Commencez par le **1 zócalo**, au centre de Puebla, ancienne place du marché où se déroulaient les corridas, les pièces de théâtre et les pendaisons. Les arcades qui l'entourent datent du XVIe siècle. Donnant sur la place, la cathédrale la plus haute du Mexique (69 m), la **2 Catedral de Puebla**, de style herrérien-Renaissance mêlé à un style baroque précoce, figura sur les billets de 500 dollars mexicains jusqu'en 2019. En faisant le tour par le sud, apparaît un bâtiment classique de briques et de tuiles du XVIIe siècle, la **3 Casa de la Cultura**, ancien palais épiscopal, puis première bibliothèque publique des Amériques (en 1646).

Promenez-vous sur la **4 Plazuela de los Sapos**, jalonnée d'antiquaires, et rendez-vous sur le marché autour de la fontaine aux crapauds qui a donné son nom (*sapos* pour crapauds) à la place. Faites un saut sur la grande avenue pour voir la **5 fresque murale** d'Oscar Pinto qui s'étire sur toute une rangée de maisons en hommage aux soldats du 5 de Mayo et à leur victoire de 1862 contre les Français. Ensuite, dirigez-vous vers le nord en passant par **6** l'**Edificio Carolino** du XVIe siècle, jusqu'à l'élégante **7 Iglesia de la Compañía**, blanche et liserée de marron, où repose China Poblana. Ses blouses brodées, popularisées par Frida Kahlo, sont devenues un symbole national. En marchant vers le nord-ouest, admirez le **8 Museo Casa del Alfeñique**, représentant de *l'alfeñique*, caractérisé par des décors en stuc très élaborés, et qui doit son nom à une confiserie composée de sucre et de blancs d'œufs (à l'origine de l'actuel massepain de Puebla). Frayez-vous un chemin dans les rues pavées du marché artisanal **9 El Parián**, puis faites une pause au **10 Barrio del Artista**, et observez les artistes à l'ouvrage dans leurs ateliers sous les arcades carrelées. Ici, la statue de marbre *Génesis* de Guadalupe Tecuapetla Romero met en scène deux symboles guerriers préhispaniques : le chat et l'aigle. Non loin de là, le Museo de la Revolución, criblé de traces de balles, fut le théâtre de la première bataille de la révolution de 1910.

Achevez votre tour de ville près du *zócalo* dans la **11 Calle de los Dulces** et ses 40 boutiques de confiseries traditionnelles, qui croise la promenade commerçante bordée d'arbres du **12 5 de Mayo**.

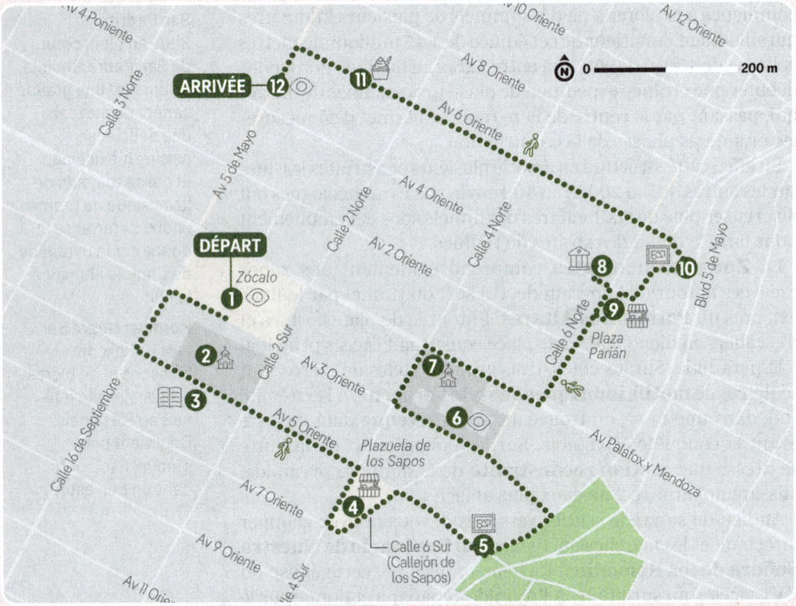

Santuario de Nuestra Señora de los Remedios

Patio de los Altares, est vue, par certains, comme un symbole de la conquête. Il semble possible que les Espagnols aient construit l'église avant de savoir que la colline recelait un temple païen. Vous pouvez y grimper gratuitement, les 15 minutes d'ascension un peu raide (et la vue sur Cholula) débutent près de l'angle nord-ouest de la pyramide.

Le petit **Museo de Sitio de Cholula**, en face de la billetterie, donne une excellente introduction au site, avec une maquette en coupe de la pyramide, montrant les structures superposées.

À 600 m du musée, ne manquez pas la **Capilla Real de Naturales**, avec ses 49 dômes de style mauresque, datant de 1540. Inspirée des mosquées (de la mosquée cathédrale de Cordoue dit-on), la conception de cette chapelle est unique au Mexique, les arches de ses coupoles dessinant de ravissants motifs à l'intérieur. Elle fait partie de l'Ex-Convento de San Gabriel.

LES PLUS BELLES TALAVERAS DE PUEBLA ET CHOLULA

Templo de San Francisco Acatepec, Cholula
Les motifs s'empilent sur la façade de cette église recouverte de *talaveras*.

San Francisco de Las Cinco Llagas
Des panneaux de *talaveras* représentant des urnes florales et des portraits religieux se détachent sur un fond rouge de *ladrillos* (briques).

Capilla del Rosario, Templo de Santo Domingo
Les feuilles d'or et les *talaveras* s'allient, dans cette chapelle baroque, en une explosion chromatique.

Museo de Arte Religioso de Santa Mónica
L'ancienne cuisine mexicaine carrelée de *talaveras* a vu naître les *chiles en nogada*.

COMMENT CIRCULER

La plupart des hôtels et des sites d'intérêt sont accessibles à pied depuis le *zócalo* de Puebla, et il est donc rarement nécessaire de recourir aux moyens de transport.

À la gare routière CAPU (capu.com.mx), allez acheter dans un kiosque un billet de taxi officiel pour El centro (centre-ville), ou commandez un Uber (ils sont autorisés à prendre des clients ici, même si ce n'est pas du goût des chauffeurs de taxi). Ne hélez jamais un taxi dans la rue. Privilégiez la ligne de bus RUTA 3 juste après avoir quitté CAPU jusqu'à la station Clínica 2, à trois pâtés de maisons au sud-est du *zócalo*. Vous aurez besoin d'une carte prépayée, mais pourrez généralement payer directement le vigile qui vous laissera passer.

Pour rejoindre la gare routière depuis le centre-ville, vous pouvez prendre n'importe quel *colectivo* marqué "CAPU" pour le nord à l'angle de l'Avenida 4 et du Blvd 5 de Mayo (ou ailleurs sur ce dernier), ou encore dans la Calle 9 Sur.

Le train touristique a cessé de desservir la Pirámide Tepanapa de Cholula. L'option Uber est pratique et souvent peu chère.

Environs de Puebla

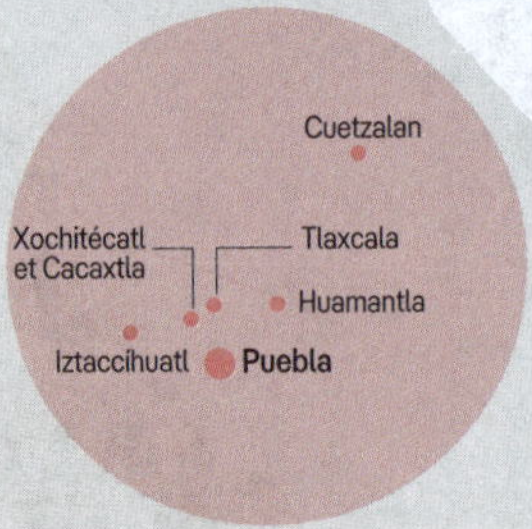

Prenez le temps de vous imprégner de la magie des villages de cette contrée de volcans, et accordez-vous des visites de sites archéologiques.

Embarquez pour un voyage au cœur des campagnes de l'État de Puebla, où résident près de 500 000 autochtones, et leurs riches cultures. Lancez-vous dans l'ascension du sommet enneigé du volcan Iztaccíhuatl. Découvrez les fresques des sites archéologiques des environs de Cacaxtla et Xochitécatl, et laissez-vous séduire par le charme colonial et les festivités insolites de Tlaxcala. Préparez-vous pour le spectacle du festival traditionnel de Huamantla, lors duquel tous se dispensent de dormir. Ou bien aventurez-vous en pleine nature aux abords de Cuetzalan, ville par ailleurs réputée pour ses marchés animés et ses *voladores* (voltigeurs). Quitter Puebla, c'est déjà mettre un pied dans l'aventure.

Pour les infos pratiques, voir le Carnet d'adresses p. 210

À SAVOIR

Puebla est au carrefour de toutes les destinations abordées ici (sauf Cuetzalan). Il est souvent plus rapide de retourner à Puebla que de chercher à relier directement (et plus lentement) chacune des villes.

LEV LEVIN/SHUTTERSTOCK ©

Xochitécatl (p. 187)

Iztaccíhuatl

L'ascension de l'Iztaccíhuatl au contact du volcanisme

GRAVISSEZ LE TROISIÈME PLUS HAUT SOMMET DU MEXIQUE

Troisième plus haut sommet du Mexique, l'Iztaccíhuatl est un volcan éteint situé à 40 km à l'ouest de Puebla. Sa silhouette évoque celle d'une femme endormie et chaque zone du volcan porte le nom d'une partie du corps : La Cabellera (les cheveux) et La Cabeza (la tête) au nord, puis Los Pies (les pieds) au sud. Le point culminant de l'Izta est El Pecho (la poitrine) : 5 220 m, d'où l'on a une vue panoramique sur le plateau, les glaciers et son volcan jumeau, le Popocatépetl. Les sentiers à basse altitude sillonnent des forêts de pins et des prairies tout en offrant différents angles de vue remarquables sur les sommets environnants.

Les forêts abritent près de 1 000 espèces de plantes, dont 45 % de celles connues dans le Valle de Mexico, parmi lesquelles le genévrier du Mexique et une incroyable variété de champignons. Ici, les animaux sont partout. Vous pourrez apercevoir des colibris, des grenouilles, des *zacatuches* (lapins des volcans) ou des coatis (proches des ratons laveurs).

POUR LES AMOUREUX DES VOLCANS

Selon la légende, l'Iztaccíhuatl représente une femme morte de chagrin, persuadée que le Popocatépetl (le volcan situé à 20 km plus au sud) était mort, avant qu'il ne revienne finalement de la guerre pour la retrouver sans vie. Ce drame serait, à ce jour, à l'origine de ses colères explosives.

Les grandes éruptions du Popocatépetl entre 1994 et 2001 ont provoqué l'évacuation de 16 villages et la mise en alerte de 30 millions de personnes vivant non loin. Ces dernières années, plusieurs explosions de cendres ont perturbé le trafic aérien entre Mexico et Toluca. En 2017, une légère émission de fumée et de vapeur s'est produite le même jour qu'un important tremblement de terre, ajoutant au mystère qui entoure ces volcans.

OÙ SE RESTAURER À CHOLULA

La Norberta
Cantine familiale servant des tacos et de l'*aguachile* (crevettes marinées dans le jus de citron vert). **$**

Recaudo
Délices bio végétariens et omnivores, dont *tostadas* de fromage de chèvre et burgers aux haricots. **$**

La Casa de Frida
Cour avec artisanat, concerts, steaks grillés et buffet avec un bon *mole* le week-end. **$$**

POUPON VIVANT

Que feriez-vous si un poupon à l'effigie de Jésus prenait miraculeusement vie et se mettait à marcher ? On raconte pourtant que c'est ce qui se produisit à Tlaxcala en 1914, où le poupon a été surnommé El Santo Niño Milagroso de Tlaxcala. Aujourd'hui, il ne bouge plus, mais vous pourrez aller le voir (et en rapporter une icône) comme les vrais croyants en quête de miracles. Le poupon se trouve dans la **Parroquia de San José** de stuc orange et de faïence bleue (fermée suite au séisme et qui devrait rouvrir prochainement). On raconte qu'il aurait répondu à certaines prières, guéri des blessés par balles et des personnes gravement malades. Les fidèles honorent le poupon de bois tous les 14 février en lui offrant des jouets, des fleurs et des bonbons, et en décorant l'église de ballons comme pour une fête d'enfant.

JOHNNYOLANOCHOA/SHUTTERSTOCK ©

Musée, Tlaxcala

Des oiseaux migrateurs passent également ici sur le chemin qui les conduit du golfe du Mexique au Pacifique.

N'importe quel itinéraire menant au sommet suppose de passer une nuit en montagne. Il peut y avoir du vent et des températures négatives toute l'année, mais cela n'empêche pas les marcheurs, depuis les enfants novices jusqu'aux vétérans de la randonnée, de relever le défi et de profiter de la beauté de l'"Izta".

Avant l'ascension, les marcheurs doivent s'inscrire et payer les droits d'entrée dans le bureau du Parque Nacional Iztaccíhuatl-Popocatépetl.

Trésors artistiques à Tlaxcala

FRIDA KAHLO ET FRESQUE GÉANTE

Capitale du plus petit État du Mexique, **Tlaxcala** affiche, malgré sa taille modeste, une belle richesse d'activités culturelles, notamment sous l'impulsion de ses nombreux étudiants. Elle compte aussi d'excellents restaurants et musées. À moins de une heure de route de Puebla, elle est souvent négligée par les touristes, alors qu'elle comblera les amateurs d'art aspirant à passer une journée tranquille. Dénuée de sites majeurs, elle n'en mérite pas moins le détour.

OÙ SE RESTAURER À TLAXCALA

Pulquería Tía Yola
Pulque maison et *mixiote* (barbecue) tlaxcaltèque dans un patio décoré dans l'esprit du Día de Muertos. $

Fonda del Convento
Restaurant familial et plats traditionnels tlaxcaltèques dont lapin au *pulque* et *pipián* (sauce aux graines de citrouille). $

Posada La Casona de Cortés
Boutique-hôtel abordable organisé autour d'une cour coloniale luxuriante. Presque trop beau pour être vrai. $$

Deux grandes places convergent à l'angle de l'Avenida Independencia et de l'Avenida Muñoz. Celle qui est située au nord, entourée d'édifices coloniaux, forme le *zócalo* (ou Plaza de la Constitución). La Plaza Xicohténcatl est celle qui se trouve au sud.

Le **Museo de Arte de Tlaxcala** est un remarquable petit musée d'art contemporain mexicain, où l'on trouvera notamment des œuvres précoces de Frida Kahlo, rendues après des années de prêt à travers le monde. Le bâtiment principal, sur le *zócalo*, et son annexe accueillent tous deux d'intéressantes expositions temporaires et présentent une belle collection permanente d'art mexicain moderne.

À l'extérieur, le *zócalo* verdoyant de Tlaxcala, la **Plaza de la Constitución**, est dominé par le **Palacio Municipal**, un ancien entrepôt à grains du XVIe siècle, et le **Palacio de Gobierno**, qui renferme l'objet de toutes les curiosités dans la ville : les fresques hautes en couleur de Desiderio Hernández Xochitiotzin retraçant l'histoire de Tlaxcala. Le style très détaillé de l'artiste rappelle les romans graphiques modernes. L'œuvre de 500 m², peinte entre 1967 et 2007, est la dernière des grandes fresques du mouvement muraliste mexicain. Il y a tant à dire à son sujet que vous ne regretterez pas de vous offrir les services d'un guide.

Face à la Plaza Xicohténcatl, se trouve le **Museo de la Memoria Tlaxcala**, un musée d'histoire où les festivités et le folklore indiens sont reconsidérés au prisme du multimédia.

En matière d'emplettes, la **Casa de Artesanías** vend un artisanat de haute qualité issu de la région de Tlaxcala et de Puebla.

Avant de partir, jetez un œil au **Santuario de la Virgen de Ocotlán**. Cette église (qui a rang de basilique), parmi les plus spectaculaires du pays, est un important lieu de pèlerinage.

Au plus près de la nature à Cuetzalan

URBANISME LUXURIANT ET JARDINS DE MONTAGNE

Le superbe trajet jusqu'à Cuetzalan est déjà une aventure en soi. Après le carrefour de Zaragoza, la route devient spectaculaire, grimpe en lacets dans les montagnes et offre des vues époustouflantes jusqu'à Cuetzalan (lieu des quetzals). Cette bourgade isolée et particulièrement humide, construite sur un versant escarpé, est renommée pour ses fêtes exubérantes, ses cérémonies de *voladores* (hommes volants) le week-end et son *tianguis* (marché) dominical, qui attire de nombreux Indiens en costume traditionnel. Par temps clair, le regard porte jusqu'à la côte du Golfe, à 70 km.

LOS VOLADORES

La *danza de los voladores* (danse des "hommes volants"), est exécutée par des acrobates qui tournoient autour d'un mât de 30 mètres suspendus par les chevilles en jouant de la flûte. À Cuetzalan, on peut voir les *voladores* exécuter cette prouesse plusieurs fois par jour devant l'église du *zócalo* la plupart des week-ends.

Ce rituel mésoaméricain a été inscrit au patrimoine culturel immatériel de l'humanité par l'Unesco en 2009. Cette danse est apparue au cours de la période préclassique (de l'an 1000 av. J.-C. à l'an 250) à Veracruz. Quatre danseurs représentent les points cardinaux et un cinquième, le Soleil. Ils tournent 13 fois, nombre dérivé de 52 (le nombre d'années dans un siècle préhispanique) divisé par les quatre cordes utilisées, pour représenter le lever d'un nouveau Soleil.

OÙ FAIRE DU SHOPPING ÉQUITABLE À CUETZALAN

Mercado de Artesanías Matachiuj
Marché équitable avec textiles et objets artisanaux de qualité.

Hotel Taselotzin
Chalet propre de 10 chambres avec restaurant, tenu par 100 artisanes nahuas engagées dans le commerce équitable.

Tianguis dominical
Marché dominical où l'on vend de tout : *guajes* (récipients de calebasse), *yolixpa* (liqueur médicinale), café...

OÙ SE RESTAURER À HUAMANTLA

Xuni
Savoureux *tacos gobernador* (crevettes et avocat) et repas du midi à la carte très prisés, servis dans une cour haute en couleur. $

Restaurant Bar de Cantera
Plats tlaxcaltèques, dont *huazontle* (brocoli aztèque) et buffet à succès le dimanche en terrasse. $

El Quinto Toro
Restaurant familial avec *mixiote* traditionnel de lapin de garenne, et *barbacoa* d'agneau, le tout à la braise. $$

El Herradero
L'endroit le plus chic de Huamantla, avec petits-déjeuners joliment présentés, grillades mexicaines ou cocktails sur un grand toit-terrasse. $$

Au cœur de Cuetzalan, sur le ***zócalo***, trois bâtiments dominent la ligne d'horizon : la tour de l'horloge, la flèche gothique de la **Parroquia de San Francisco** et la tour du **Santuario de Guadalupe**, de style gothique français, avec ses alignements étranges de *jarritos* (vases de terre cuite) décoratifs, et sa conception inspirée du sanctuaire de Lourdes. L'humidité profite, ici, aux palmiers. En quittant la ville en voiture ou en *colectivo*, vous entrez en terres sauvages.

Fort de son panorama, le **Jardín Botánico Xoxoctic** est un petit, mais charmant jardin botanique, situé dans une forêt de montagne à 4 km au nord-est du centre de Cuetzalan. On y trouve notamment des fougères géantes, des cerises tropicales, une serre à papillons et des orchidées exotiques. C'est une halte agréable à faire sur le chemin de **Yohualichán**, à 8 km au nord de la ville. Ce site cérémoniel préhispanique, habité par les Totonaques, comporte des "pyramides" à niches semblables à celles d'El Tajín, à Veracruz, à divers stades de délabrement. Le site est impressionnant, et vaut le détour, ne serait-ce que pour sa belle vue sur la vallée.

À environ 5 km au sud-est de la ville, on trouve deux belles chutes d'eau, la **Cascada Las Brisas** et la **Cascada del Salto**. Les piscines naturelles peu profondes situées au pied des chutes sont froides, mais avenantes. Apportez votre maillot de bain et des chaussures aquatiques : les rochers immergés sont pointus.

Fouler les rues tapissées de Huamantla

FESTIVAL DES TAPIS DE SCIURE DE BOIS TEINTÉE

On vient surtout à Huamantla pour ses *tapetes*. Pendant deux semaines en août, à la faveur de la **Feria Huamantla**, défilés, cyclistes et musique s'emparent de la ville. Le point d'orgue des festivités est marqué par **La Noche Que Nadie Duerme** (La nuit où personne ne dort), le 14 août, lorsque les habitants recouvrent les rues de la ville de *tapetes* : des "tapis", très élaborés, de fleurs, de graines et de sciure de bois teintée. Semblables aux mandalas de sable tibétains, ils figurent des saints, des oiseaux et autres formes géométriques. Les festivités, le flot des foules et les retraites aux flambeaux en l'honneur de la Virgen de la Caridad (Notre-Dame de la Charité) se poursuivent jusqu'au petit matin ; et à 7 heures, les tapis sont balayés.

En 2022, la ville est entrée dans le *Guinness des records* (détrônant le Guatemala) pour le plus long tapis de sciure au monde – six kilomètres linéaires, créés par quelque 240 artisans.

OÙ SE LOGER À HUAMANTLA

Hotel Centenario
Chambres propres et spacieuses aux tons rose saumon et salles de bains modernisées près du *zócalo*. $

La Aurora Hotel Boutique
Appartement aménagé dans une grande maison familiale avec table de ping-pong. $$

Hacienda Soltepec
Hacienda à l'extérieur de la ville, avec vue sur La Malinche, a servi de décor au tournage d'un des films de María Félix. $$$

ELENI MAVRANDONI/SHUTTERSTOCK ©

Pirámide de las Flores

Le reste de l'année, Huamantla est une base plaisante pour explorer la campagne alentour, une fois franchis ses faubourgs tentaculaires. Il existe également des ateliers où l'on peut confectionner son propre *tapete*. La plupart des voyageurs qui font le trajet de 54 km vers le nord-est depuis Puebla restent en ville, autour du *zócalo*, avec le volcan endormi de La Malinche, haut de 4 460 m et baptisé en hommage à l'interprète et amante *indígena* si souvent vilipendée de Cortés, en toile de fond. Les peintures de l'église de Huamantla, la **Parroquia de San Luis Obispo**, valent également le détour.

Si vous voyagez en famille, ne manquez pas le **Museo Nacional del Títere** (musée national des Marionnettes). Amusant pour les enfants de tous âges, il présente des poupées et des marionnettes du monde entier dans un superbe bâtiment rénové sur le *zócalo*.

Exploration des sites de Cacaxtla et Xochitécatl

FRESQUES EXTÉRIEURES ET PYRAMIDE CIRCULAIRE

Ces deux sites archéologiques jumeaux, à 20 km au sud-ouest de Tlaxcala et à 32 km au nord-ouest de Puebla, comptent parmi les plus singuliers du pays.

Cacaxtla (ca-*casht*-la) recèle de remarquables peintures de couleurs vives décrivant des scènes de la vie quotidienne. C'est le seul endroit où l'on peut voir des fresques attestant l'influence maya sur les représentations symboliques en usage sur le plateau central du Mexique. Il faut gravir une colline broussailleuse, avec vue dégagée sur les environs, pour y accéder : du parking en face de l'entrée, vous devrez parcourir 200 m à pied jusqu'à la billetterie, le musée et le restaurant.

SANGLANTES CÉRÉMONIES

Qui a régné sur Puebla ? Cacaxtla était la capitale d'un peuple d'Olmèques-Xicallanca, ou de Mayas Putún, arrivé dans le centre du Mexique dès l'an 450. Après le déclin de Cholula (auquel ils contribuèrent sans doute) vers l'an 600, ils devinrent la puissance dominante du sud de Tlaxcala et de la vallée de Puebla. Cacaxtla connut son apogée entre 650 et 950, puis fut abandonnée vers l'an 1000, peut-être en raison de la venue des Chichimèques.

Posé sur une colline, le site de Xochitécatl servait principalement aux sanglantes cérémonies du mois de Quecholli, données en l'honneur de Mixcoatl, le dieu de la Chasse. Si Cacaxtla était d'abord le lieu de résidence de la classe dirigeante, ce genre de cérémonies pouvaient s'y produire également – la découverte des squelettes de centaines d'enfants mutilés témoigne du sombre passé de Cacaxtla.

LEV LEVIN/SHUTTERSTOCK ©

Fresque, Cacaxtla

De la billetterie, il faut descendre la colline sur 600 m jusqu'au Gran Basamento situé sur la **Plaza Norte**.

Le **Gran Basamento** (Grande Base), plateforme naturelle de 200 m de long et 25 m de haut, est aujourd'hui protégé par un grand toit en métal. Les édifices civils et religieux majeurs de Cacaxtla, ainsi que les résidences des prêtres qui formaient la classe dirigeante se trouvaient à cet endroit.

De là, le chemin fait le tour des ruines dans le sens des aiguilles d'une montre. Avant d'atteindre la première peinture, on arrive à un petit patio avec un autel derrière une fosse carrée, dans laquelle furent découverts de nombreux restes humains. Derrière l'autel, le **Templo de Venus** contient deux figures anthropomorphiques bleues – un homme et une femme – portant des jupes en peau de jaguar. Le nom du temple provient des nombreuses demi-étoiles autour du personnage féminin, associées à la planète Vénus.

De l'autre côté du chemin par rapport à la Plaza Norte, le **Templo Rojo** renferme quatre peintures murales, dont une seule est visible : très colorée, elle est dominée par une rangée d'épis de maïs et de fèves de cacao dont les cosses contiennent des têtes humaines.

Face au côté nord de la Plaza Norte, le long **Mural de la Batalla** (fresque de la Bataille), datant d'avant l'an 700, met en scène un féroce combat. On y voit clairement les Olmèques-Xicallanca (guerriers jaguars) repousser les envahisseurs huastèques (guerriers oiseaux aux parures de jade).

Après le Mural de la Batalla, tournez à gauche et grimpez les marches pour voir le deuxième grand ensemble de fresques (daté de l'an 750 environ) qui montre un personnage en costume de jaguar et un autre peint en noir en costume d'oiseau (peut-être le prêtre-gouverneur des Olmèques-Xicallanca) debout sur un serpent à plumes.

Bien plus anciennes, les ruines de **Xochitécatl** (so-chi-*teh*-catl), à 2 km de marche de là, comprennent une pyramide circulaire, la **Pirámide de la Espiral**, vraisemblablement érigée entre l'an 1000 et 800 av. J.-C., et dont le plan, comme l'emplacement en sommet d'une colline, laissent supposer qu'il s'agissait peut-être d'un observatoire astronomique ou d'un temple d'Ehécatl, le dieu du Vent. Le chemin passe ensuite devant trois autres pyramides.

Le **Basamento de los Volcanes**, seul vestige de la première pyramide, constitue la base de la Pirámide de los Volcanes et comporte des matériaux de deux périodes : des pierres taillées carrées furent posées sur celles d'origine, encore visibles à certains endroits, puis recouvertes de stuc. Les pierres de couleur utilisées pour construire le Palacio Municipal de Tlaxcala proviennent de ce site.

La **Pirámide de la Serpiente** doit son nom à une grande pierre sculptée, avec une tête de serpent à une extrémité. L'élément le plus intéressant est l'immense cuve découverte au centre, creusée dans un seul rocher transporté d'une autre région, qui servait sans doute à conserver de l'eau.

La découverte de plusieurs sculptures et des restes de 30 bébés sacrifiés suggèrent que des rituels dédiés au dieu de la Fertilité se déroulaient dans la **Pirámide de las Flores**. Les enfants étaient sans doute lavés avant le sacrifice dans le vaste bassin creusé dans un rocher au pied de la pyramide.

COMMENT CIRCULER

Des bus desservent Tlaxcala ou Huamantla sans escales depuis les gares routières de TAPO à Mexico ou CAPU à Puebla. Il n'y a pas de bus directs pour Cuetzalan depuis Puebla, mais seulement depuis Mexico. Demandez aux hôtels de Puebla s'ils ont des chauffeurs en mesure de vous emmener. Le trajet jusqu'à Cuetzalan est l'un des plus beaux de la région et constitue une belle aventure en soi.

Rejoindre Cacaxtla-Xochitécatl en transports publics est long et peu pratique : pour rejoindre le site depuis Tlaxcala, prenez un *colectivo* "San Miguel del Milagro" (40 min) au coin d'Escalona et de Sánchez Piedras : il vous déposera à 500 m de Cacaxtla ; depuis Puebla, des bus Flecha Azul relient directement la gare routière CAPU et la ville de Nativitas, à 3 km à l'est de Cacaxtla : de là, prenez un *colectivo* "Zona Arqueológica" jusqu'au site. Des taxis circulent le week-end entre Cacaxtla et Xochitécatl, vous pouvez aussi parcourir à pied les 2 km (environ 25 min).

CUERNAVACA

Nichée dans les collines luxuriantes de l'État de Morelos, Cuernavaca – surnommée la "ville du printemps éternel" – doit son succès à la douceur de son climat, la richesse de son patrimoine culturel et son atmosphère détendue. Promenez-vous dans le centre-ville colonial, offrez-vous un dîner avec vue sur le *zócalo*, admirez les collections d'artisanat des mécènes du coin (tout en commençant la vôtre) et découvrez, non loin, les ruines de Xochicalco.

Autrefois chère à la classe aisée, avec ses grandes haciendas et ses vastes propriétés disséminées dans le paysage, Cuernavaca exerce une séduction intacte sur les visiteurs de tous horizons. Bien que l'air pur d'autrefois ait souffert de l'expansion urbaine, la ville reste une destination prisée qui n'a pas perdu son charme, et se révèle idéale pour un petit week-end au départ de Mexico.

Pour les infos pratiques, voir le Carnet d'adresses p. 212

À SAVOIR

Dans le centre de Cuernavaca, les hôtels et les restaurants s'alignent le long de la rue Miguel Hidalgo qui relie la cathédrale au *zócalo*. Les couche-tard doivent savoir qu'au sud-est se trouve également la zone des bars et des discothèques, dont la musique résonne parfois jusqu'au petit matin les week-ends.

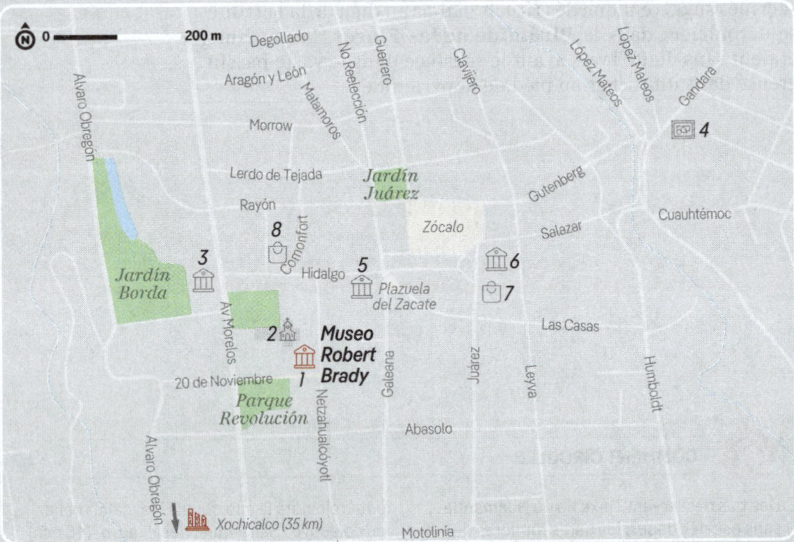

INCONTOURNABLE
1 Museo Robert Brady

VOIR
2 Catedral de Cuernavaca
3 Jardín Borda
4 MMAC
5 MMAPO
(voir 2) Museo de Arte Sacro
(voir 6) Museo Regional de los Pueblos de Morelos
6 Palacio de Cortés

SHOPPING
7 Mercado de Artesanías
8 Marché du livre et de l'artisanat du week-end

Palacio de Cortés

Museo Robert Brady

Un peu d'ostentation

HÔTELS PARTICULIERS ET COLLECTIONS D'ART

Voilà des siècles que Cuernavaca est le lieu de villégiature des privilégiés de la capitale, et ses musées occupent d'anciennes demeures somptueuses. C'est le cas du **Museo Robert Brady**, où les passionnés de design pourront découvrir une collection de plus d'un millier d'œuvres et objets d'art. L'artiste américain Robert Brady (1928-1986) a vécu à Cuernavaca pendant 24 ans, et y est devenu une véritable icône gay. Ses collections font voyager de l'Inde à Haïti en passant par l'Amérique du Sud, à travers des photos personnelles ou des œuvres d'art de Joséphine Baker et de Peggy Guggenheim (qui furent des amies). Toutes les salles et les jardins sont ponctués de peintures, de sculptures, de textiles, d'antiquités et d'objets d'artisanat du monde, mais aussi de création locale. Les travaux de Tamayo, Covarrubias, Rivera et Kahlo sont remarquables.

Autre exemple de démesure, le **Jardín Borda** est inspiré de Versailles. Il s'agit d'une extravagante maison de famille, flanquée de jardins en terrasses avec fontaines. Le domaine fut conçu en 1783 par Manuel de la Borda, prêtre passionné de botanique, afin de compléter la majestueuse demeure de son père, José de la Borda (nom hispanisé de Joseph Gouaux de Laborde Sánchez, né en France, à Oloron, en 1699), qui fit fortune dans les mines

PAROLE D'HABITANT : OÙ SE RESTAURER À CUERNAVACA

Mariela Martínez, designeuse créatrice vivant à Cuernavaca, livre ses meilleurs restaurants de la ville. @mar.sinsal

Casa Hidalgo
Restaurant en plein air avec vue imprenable sur le Palacio de Cortés et le *zócalo*. Les plats et les vins mexicains, variés et délicieux, se dégustent de préférence assis au balcon.

Las Mañanitas
Ce restaurant est tout simplement parfait. Sa délicieuse *sopa de tortilla* et son magnifique jardin où se promènent des paons sont ses deux points forts. Le personnel est très gentil et il y a un bar.

La Casona Restaurante
Excellent repas avec bon vin et service de qualité, après lequel on peut se promener dans l'hacienda. L'atmosphère des lieux laisse imaginer à quoi pouvait ressembler la vie d'autrefois.

OÙ SE LOGER À CUERNAVACA

Hotel Bajo El Volcán
Style appartement de vacances, calme et arboré, années 1980, avec chambres spacieuses et belle piscine. **$**

Home Sweet Home
Maison gardée dans son jus, chaleureuse et calme, avec de beaux volumes, proche de la cathédrale. **$$**

Hotel Hacienda de Cortés
Ancienne sucrerie du XVIe siècle où chaque chambre ouvre sur son jardin et sa terrasse privés. **$$$**

LES MEILLEURS BARS DE CUERNAVACA

Mercado Comonfort
Patio intimiste avec terrasses de bars et de restaurants, ambiance branchée pour siroter des mojitos.

La Verdad Sospechosa
Bar élégant avec musique électro underground et les meilleurs cocktails de la ville. Le cocktail de la maison : mezcal, orange et piment.

Enigma
Bar gay avec spectacles drag-queen de la star locale La Gorda.

Feis Buk
Le "Facebook" (phonétiquement), café-bière grunge qui attire les étudiants et une clientèle alternative.

Penny Lane Beer House
Petit "pub" avec bonne *cerveza de barril* (bière pression) et concerts de groupes de rock locaux.

Pirámide de Quetzalcóatl

d'argent de Taxco. Aménagé dans une aile de la demeure, le **Museo de Sitio** se prête à découvrir le mode de vie de l'aristocratie mexicaine du XIXe siècle. Une toile tristement célèbre représente l'empereur Maximilien dans le jardin en compagnie de La India Bonita, la "jolie indigène", qui devint plus tard sa maîtresse. À partir de 1866, le souverain avait fait de la maison sa résidence estivale.

L'imposant **Palacio de Cortés**, de style médiéval, a été construit en 1535 par Hernán Cortés, sur la base de la pyramide qu'il fit détruire après la prise de Cuauhnáhuac (le nom d'origine de Cuernavaca). Sur les murs du palais (actuellement fermé), une fascinante **fresque** de Diego Rivera, *Historia del Estado de Morelos*. Commandée, au milieu des années 1920, par Dwight Morrow, alors ambassadeur des États-Unis au Mexique, elle dépeint la cruauté, l'oppression et la violence qui marquèrent l'histoire mexicaine de la Conquête à la révolution de 1910.

Art et artisanat du Morelos

ARTS MODERNE ET TRADITIONNEL

La barbe retroussée et la tenue fantaisiste des *chinelos* (danseurs costumés de Morelos) renvoient à la figure du conquistador espagnol. De fait, ce costume traditionnel est né d'une volonté des travailleurs indiens de la région de tourner en dérision par la danse les grands propriétaires terriens. De nos jours, on voit (et on entend) encore les *chinelos* danser dans tout Cuernavaca et Tepoztlán. Vous pourrez approcher au plus près les *chinelos* au **MMAPO**, un musée consacré à l'artisanat du Morelos. La boutique du musée vend des articles de qualité introuvables au **Mercado de Artesanías**, même si les

OÙ DÉJEUNER À CUERNAVACA

Emiliano's
Véritable institution à Cuernavaca, ambiance relax, avec menus du jour à bon prix et *pozole* (gruau de maïs). **$**

La Maga Café
Café bohème avec buffet de fruits, de salades et de plats chauds mexicains, avec vaste choix végétarien. **$$**

Café Alondra Centro
Agréable patio face à la cathédrale pour déguster un *pan de elote* (gâteau de maïs) ou des *enchiladas*. **$$**

200 stands de ce marché sont une véritable mine de poupées et de masques *chinelos* à bon prix, ainsi que d'autres objets artisanaux. Mentionnons par exemple les *casitas* (petites maisons) sculptées dans des épines de *pochote* (arbre mexicain sacré), les maracas à partir de *huaje* (calebasse) et les peintures sur écorce d'*amate*.

Si l'art religieux vous intéresse, visitez le petit **Museo de Arte Sacro** (dans la grande cathédrale de Cuernavaca), qui présente 92 peintures, décorations et sculptures datant du XVIe au XXe siècle. Sur le trottoir d'en face, le **marché du livre et de l'artisanat du week-end** s'étale sur deux rues.

Le **Museo Regional de los Pueblos de Morelos**, installé dans le Palacio de Cortés, met à l'honneur les cultures et l'histoire du Mexique. Le rez-de-chaussée est consacré aux cultures préhispaniques, notamment aux Tlahuicas et à leurs relations avec l'Empire aztèque. Faites un retour à la modernité au musée d'art contemporain **MMAC** et ses collections temporaires et permanentes regroupant quelque 1200 tableaux et dessins de costumes de l'artiste mexicain Juan Soriano. Le jardin ombragé où sont exposées les sculptures de Soriano est une bonne façon de s'extraire un moment du tumulte de la Plaza de Armas.

Découvrir le site de Xochicalco

OBSERVATOIRE, VESTIGES ET PYRAMIDE

Perché sur un plateau, on trouve l'un des sites archéologiques majeurs du centre du Mexique, classé au Patrimoine mondial. **Xochicalco** fait une excursion à la journée mémorable et relativement facile à organiser au départ de Cuernavaca. Le site en est assez vaste pour justifier les 38 km de trajet, sans être suffisamment connu pour être envahi par les touristes.

Les vestiges de pierre blanche, dont beaucoup restent à fouiller, s'étalent sur quelque 10 km². Si l'on trouve ici des témoignages de différentes cultures – tlahuica, toltèque, olmèque, zapotèque, mixtèque et aztèque –, c'est que l'endroit fut un grand carrefour commercial, culturel et religieux. Lorsque Teotihuacán commença à décliner, vers 650-700, Xochicalco prit de l'importance et atteignit son apogée entre 650 et 900, se retrouvant au cœur d'un vaste réseau de relations culturelles et commerciales.

Le monument phare du site est la **Pirámide de Quetzalcóatl**. Les archéologues supposent que des prêtres astronomes s'y rencontraient au début et à la fin des cycles de 52 ans du calendrier précolombien. Information sur place en anglais et en espagnol.

Vers 650, des chefs spirituels zapotèques, mayas et de la côte du Golfe se réunirent ici pour harmoniser leurs calendriers respectifs. Une grotte appelée **El Observatorio** servait "d'observatoire" aux scientifiques qui étudiaient les étoiles.

LA CATHÉDRALE "INDIENNE" DE CUERNAVACA

Cette cathédrale a été construite par des autochtones. Le travail forcé a commencé cinq ans après que Cortés a repris Tenochtitlán aux Aztèques. Sur ordre des franciscains, les travaux ont commencé en 1526.

La cathédrale se dresse dans un *recinto* (enceinte) aux airs de forteresse, destinée à intimider les Indiens tout juste conquis. La **porte latérale** présente des caractéristiques autochtones et européennes. La tête de mort et les os croisés qui la surmontent sont un symbole franciscain ; les pierres rendent hommage aux travailleurs morts sur le chantier. À l'intérieur, la **voûte en berceau** a été assemblée par les Indiens.

À droite, la **Capilla Abierta San José**, construite en plein air pour attirer les autochtones, et la **Capilla de la Tercera Orden**, présentant des sculptures baroques d'Indiens à plumes, réalisées par des artisans locaux.

COMMENT CIRCULER

Le fonctionnement des bus est déroutant, car différentes compagnies partent de plusieurs endroits de la ville. Renseignez-vous sur les trajets envisagés dès l'achat de votre billet dans les gares routières de Mexico.

Cuernavaca se situe à 89 km au sud de Mexico (1h30 en voiture par la route 95 ou 1h via la 95D). Les deux routes continuent au sud jusqu'à Acapulco. La route 95 passe par Taxco, tandis que la 95D est plus rapide et directe.

Environs de Cuernavaca

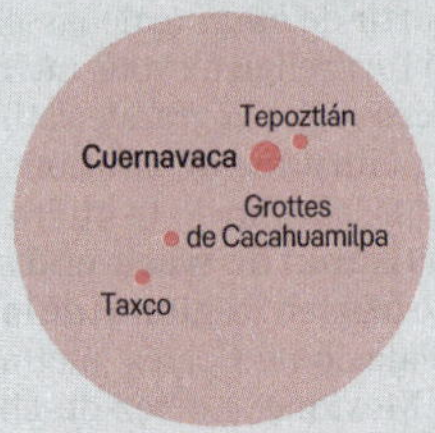

Tepoztlán n'a pas le monopole du charme : les maisons blanches éparpillées de Taxco et les grottes voisines pourraient également vous séduire.

Cuernavaca n'est que le début d'un long périple entre les États de Morelos et de Guerrero. Gravissez une colline où vous attend une pyramide aztèque dans la ville mystique de Tepoztlán. Promenez-vous dans les rues pavées de l'ancienne ville minière de Taxco, et explorez le réseau de cavernes des Grutas de Cacahuamilpa.

L'État de Morelos, où se trouvent Cuernavaca et Tepoztlán, est à la fois l'un des plus petits et des plus peuplés du Mexique. Vous y rencontrerez les mêmes traditions partout, et verrez danser les *chinelos*, avec leurs costumes satiriques, dans tous les festivals. Mieux encore : du fait des nombreux microclimats qui règnent dans les vallées de toutes altitudes, vous pourrez goûter aux nombreux fruits, céréales et légumes que l'on cultive ici depuis l'ère préhispanique.

Pour les infos pratiques, voir le Carnet d'adresses p. 212

À SAVOIR

La semaine est beaucoup plus calme que les week-ends dans cette région, il se peut que vous préfériez l'effervescence du samedi, en particulier à Taxco.

Taxco

MATT GUSH/SHUTTERSTOCK ©

Tepoztlán

Ressourcez-vous à Tepoztlán

SÉJOUR BIEN-ÊTRE ET PYRAMIDE

Un week-end à Tepoztlán déçoit rarement. Lieu de naissance légendaire il y a plus de 1 200 ans de Quetzalcóatl, le dieu serpent tout-puissant des Aztèques, Tepoztlán est un centre nahuatl majeur et une base idéale pour les adeptes du New Age, qui croient en l'énergie créatrice de la région. Encadrée de magnifiques falaises et forte d'un centre historique bien conservé, cette petite ville (située à seulement 45 minutes de Cuernavaca) dégage bel et bien quelque chose de singulier. Elle est réputée pour les séjours santé et bien-être, on y trouve de nombreux praticiens de médecines naturelles, ainsi que des centres de méditation, de yoga et de massages.

Les traditions indiennes sont encore bien vivantes dans ce *pueblo mágico*, et certains anciens parlent encore le nahuatl, tandis que les jeunes l'apprennent à l'école – chose rare, dans le voisinage de Mexico. Les chaînes de fast-food et la franchise de distribution 7-Eleven en sont de surcroît bannies. Au marché, vous pourrez manger des *tortitas* (croquettes) aux sept graines préhispaniques à **El Tlecuil**, un étal spécialisé dans ces produits. Le **temazcal** indien reste également très apprécié. Ce rituel de soin mésoaméricain millénaire se déroule

LES RESTAURANTS LES PLUS CHARMANTS DE TEPOZTLÁN

Tepoznieves
Marchand de glaces maison avec déco colorée, et 100 parfums, dont cactus et ananas-piment. $

Los Colorines
Ambiance "fiesta dans le ranch rose de grand-mère". Piñatas, plats régionaux et terrasse avec vue. $$

La Veladora
Cuisine fusion servie dans un très beau jardin perdu dans les ruelles. $$$

La Sibarita
Le panorama sur la ville et la pyramide vient sublimer un menu euro-mexicain de qualité. $$$

El Ciruelo
Institution locale dans laquelle on sert un menu haut de gamme, avec concert et vue splendide sur les falaises et la pyramide. $$$

OÙ FAIRE UNE CÉRÉMONIE DE TEMAZCAL

Temazcal Tepoztlán
Temazcal très chaud et bien conçu, installé dans de beaux jardins aux abords de la ville.

Temazcal El Shaddai Tepoztlán
Arrière-cour calme sur la route de Tepozteco ; géré par un chaman ; tarifs raisonnables.

Uitetl Nantli Tlali Spa & Temazcal
Guide spirituel patient et perspicace. Des massages sont également proposés.

LES CURIOSITÉS DES MUSÉES DE TAXCO

Museo Casa Figueroa
Maison-musée de 1767 très chaleureuse, avec des bizarreries telles que des statues de Jésus en cheveux, une chambre forte ou une photo de la visite d'Elvis.

Museo Guillermo Spratling
Musée d'archéologie abritant la collection préhispanique de l'orfèvre américain William Spratling, dont des objets de culte phalliques.

Museo de Arte Virreinal
Charmant musée d'art religieux, fort instructif sur les galions de Manille, premiers navires marchands entre les Amériques et l'Extrême-Orient.

Casa Borda
La fenêtre arrière de la maison donne quatre étages plus bas, alors que l'entrée est au niveau du sol.

SANTIAGO CASTILLO CHOMEL/SHUTTERSTOCK ©

Vue aérienne de la Pirámide de Tepozteco

dans une hutte de sudation sombre, où un chaman guide les participants par des chants, tout en versant de l'eau infusée de feuilles médicinales sur des pierres brûlantes. On demande ensuite à des gens qui ne se connaissent pas d'exprimer leurs sentiments intimes.

Mais c'est le principal site de Tepoztlán qui a le plus de succès : la **Pirámide de Tepozteco**, haute de 10 mètres et perchée sur une falaise abrupte, à 400 m au-dessus de la ville, au bout d'un sentier pavé et escarpé. Érigée en l'honneur de Tepoztécatl, le dieu aztèque de la Moisson, de la Fertilité et du *pulque*, la pyramide impressionne par son emplacement et le panorama qu'elle offre sur la vallée. La vie locale entre en ébullition le 7 septembre avec la **Fiesta del Templo** qui, organisée près de la pyramide, dure toute la nuit, avec consommation de *pulque* en l'honneur de Tepoztécatl. Si c'est un peu trop pour vous, visitez donc plutôt le **Museo de Arte Prehispánico Carlos Pellicer**, pour voir les figurines humaines et animales découvertes autour de Tepozteco, ainsi que les pièces d'artisanat ancien, aussi bien olmèques que mayas.

Taxco sous tous les angles

VUES PANORAMIQUES D'UNE VILLE MINIÈRE

Apercevoir pour la première fois au loin les édifices blancs de Taxco qui constellent le flanc abrupt de la vallée suffit à couper le souffle. Cette ville, où l'on exploitait autrefois des gisements d'argent, est l'une des meilleures destinations pour passer le week-end au départ de Cuernavaca ou de la capitale. Avec son architecture coloniale parfaitement conservée, et sa ceinture

OÙ SE RESTAURER ET PRENDRE UN VERRE À TAXCO

Casa Spratling
Fusion mexico-européenne : pizza au poulet *mole* ou *chilaquiles* (chips de maïs avec œuf au plat) et petits-déj. **$**

Sotavento
Excellents plats mexicains et buffets petit-déjeuner du dimanche, avec une cour et vue sur la Santa Prisca. **$$**

Bar Berta
Buvez une Berta (cocktail à base de tequila) sur le balcon qui surplombe le *zócalo* dans cette institution kitsch-chic.

de montagnes et de falaises, elle réserve l'une des plus belles vues sur le plateau central du pays.

Commencez par la place principale du *zócalo*, dominée par l'un des plus beaux joyaux de l'architecture baroque mexicaine et emblème de la ville : le **Templo de Santa Prisca**. Son élément le plus frappant (qui se distingue mieux sur la face latérale) est le contraste entre les clochers, aux façades churrigueresques élaborées, et la nef bien plus simple et élégante. La pierre rose de la façade prend une teinte sublime au soleil – remarquez le bas-relief ovale représentant le baptême du Christ au-dessus du portail. À l'intérieur, les retables finement sculptés et couverts d'or constituent d'autres beaux exemples churrigueresques.

En remontant ensuite la **Plazuela de los Gallos** à gauche de la fontaine, puis en tournant à droite, on accède à une sorte de balcon. Les clochers churrigueresques de ce chef-d'œuvre baroque se dessinent alors, avec une vue de haut sur le *zócalo*.

Revenez sur vos pas dans la rue Gallos, mais cette fois-ci jusqu'à l'étroite intersection avec la rue **Delicias**. Les Volkswagen Coccinelles blanches d'époque sont omniprésentes à Taxco, et à cette intersection délicate, vous les verrez négocier un virage serré comme seuls ces véhicules peuvent le faire.

De la terrasse du boutique-hôtel **Pueblo Lindo** et de son restaurant, **Rosa Amaranto**, on profite d'une vue spectaculaire, digne d'une carte postale. On croirait pouvoir toucher les maisons blanches.

Prenez un taxi Coccinelle ou un minibus et montez pendant 20 minutes jusqu'à la statue du Christ, **Cristo Monumental**, là encore avec un panorama à la clef. Le charme désuet des maisons blanches tient au statut de monument historique national de Taxco, et à l'obligation qui en découle, pour toute nouvelle construction de se conformer au style, au format et aux matériaux des anciennes. Contrairement à de nombreuses cités de l'époque coloniale, et malgré son passé minier, la ville a pour autre atout de n'être pas entourée de banlieues industrielles.

Au nord de Taxco, un **teleférico** (téléphérique) monte jusqu'à l'hôtel Monte Taxco, dont la piscine offre une superbe vue sur la ville et les montagnes alentour.

POURQUOI J'AIME TAXCO

Phillip Tang, écrivain

Marcher dans Taxco, c'est aller de surprise en surprise. Les rues pavées montent, serpentent et redescendent dans tous les sens, comme dans les dessins de labyrinthes de MC Escher. Tantôt je pourchasse les tours de Santa Prisca, tantôt je m'arrête bouche bée à la vue du paysage constellé de maisons blanches. Voilà plus de dix ans que je fréquente les lieux, et je suis encore sous le charme. Taxco, pour moi, c'est comme feuilleter un livre en relief : j'ai hâte de voir la suite et je ne veux jamais que ça s'arrête.

Les grottes de Cacahuamilpa

GROTTE DE STALACTITES PRÈS DE TAXCO

Les **grottes de Cacahuamilpa** constituent une étape obligée pour quiconque visite Taxco ou Cuenavaca. Elles forment l'un des sites naturels les plus spectaculaires du centre du Mexique, et leur taille dépasse l'entendement. Certaines chambres, situées à 2 km de profondeur dans les entrailles de la montagne et parées de stalactites et de stalagmites, affichent jusqu'à 82 m de hauteur sous voûte.

Malheureusement, l'accès au chemin (parfaitement sûr) qui traverse les grottes est interdit en indépendant. Les visiteurs doivent être accompagnés d'un guide (gratuit) qui conduit de grands groupes (départs toutes les heures), avec de fréquents arrêts pour reconnaître des formes présumées (le Père Noël,

VLADIMIR KOROSTYSHEVSKIY/SHUTTERSTOCK ©

Les grottes de Cacahuamilpa

un enfant agenouillé, un gorille...) dans les rochers. À la fin de la visite qui dure une heure, et une fois les éclairages éteints, vous pourrez regagner l'entrée à votre rythme. La plupart des guides ne parlent pas anglais.

De la sortie des grottes, un chemin abrupt conduit en 15 minutes au tumultueux **Río Dos Bocas**. La vue y est spectaculaire toute l'année et des piscines naturelles prêtent à **se baigner** pendant la saison sèche. Apportez de l'anti-moustiques.

Venez plutôt en semaine car les grottes sont souvent bondées le week-end, avec de longues files d'attente. On trouve des restaurants, des stands de nourriture et des boutiques souvenirs près de l'entrée. En arrivant, on peut rejoindre les grottes avec une petite **tyrolienne** au-dessus des arbres, ou bien en faisant les 150 mètres à pied.

Pour rejoindre les grottes, comptez 40 minutes de bus depuis Taxco avec Estrella Roja, et 2 heures depuis Cuernavaca.

COMMENT CIRCULER

Les transports ne sont pas toujours à l'heure dans le secteur. Ajoutez environ 15 % à tous les temps de trajet en bus annoncés.

Pour rejoindre Taxco, vous avez deux options : au départ de la gare Estrella Blanca de Cuernavaca ou de la gare routière sud de Mexico.

Les bus pour les grottes de Cacahuamilpa partent de la gare routière principale de Taxco, la plus proche du *zócalo*, où opèrent Futura et Estrella blanca. La gare routière de Primera Plus et Estrella de Oro (EDO), à 750 m de là au sud de la ville sur la route principale, propose plus de bus pour la capitale.

Ometochtli propose des bus directs de seconde classe pour Tepoztlán depuis la gare routière de Cuernavaca, à quatre pâtés de maisons au nord-est du *zócalo*. Si vous voulez des bus de première classe, vous devez partir de la gare routière sud de Mexico pour ADO/OCC.

MALINALCO

Situé dans une vallée entourée de falaises et de sites archéologiques, ce *pueblo mágico* continue de se muer en un nouveau Tepoztlán, ou en le Valle de Bravo de demain. Il attire beaucoup de monde le week-end, mais la plupart des gens lui préfèrent tout de même des destinations plus faciles d'accès. Les formidables paysages que dévoile la route au sud de Toluca font du trajet qui conduit à Malinalco l'un des plus agréables de la région.

Le cœur de ce gros village est de style colonial. Son *zócalo* animé avec sa rotonde et sa petite place où le nom du village apparaît en lettres géantes lui donnent un charme indéfinissable. Le week-end, on y trouve des stands de nourriture et d'artisanat.

Les bars ont retrouvé une seconde jeunesse depuis la dénomination d'origine accordée au mezcal produit ici. On y trouve aussi des boutiques de style "hippie", un musée interactif des insectes qui ravira les enfants, et un nombre surprenant d'hôtels haut de gamme avec piscines. Malinalco reste néanmoins une bourgade modeste et, en semaine, vous pourriez vous sentir seul.

Pour les infos pratiques, voir le Carnet d'adresses p. 214

À SAVOIR

Les hébergements les plus simples et les moins chers du village ne sont pas sur Internet, il faut les débusquer autour du *zócalo*, la place centrale. La plupart des autres hébergements de qualité pratiquent une fourchette de prix moyens à élevés. La plupart des hôtels avec spa sont un peu plus loin du centre-ville.

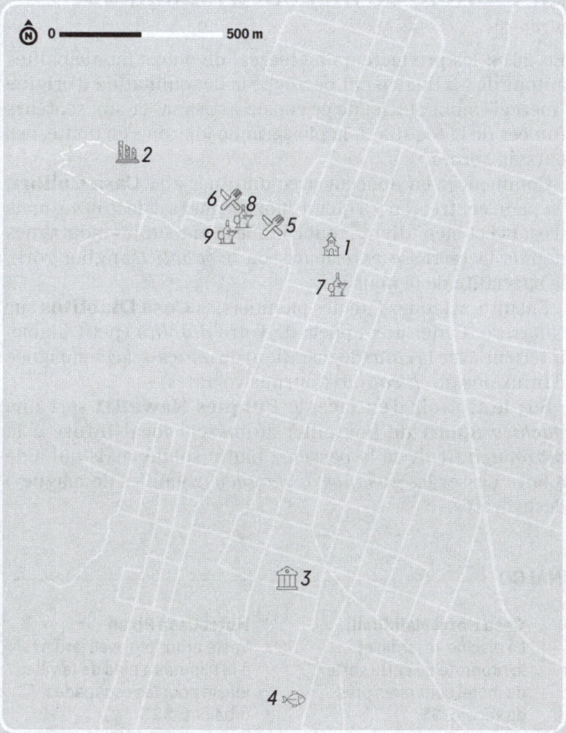

VOIR
1 Couvent des Augustins
2 Temples aztèques
3 Museo Vivo

ACTIVITÉS, COURS ET CIRCUITS ORGANISÉS
4 Criadero las Truchas

SE RESTAURER
5 Casa Colibrí
6 Mixe Cocina Tradicional y Mezcalería

PRENDRE UN VERRE ET FAIRE LA FÊTE
7 Arca De Noe
8 Casa Diablitos
9 Pulques Nawa911

LES MEILLEURES TABLES EN EXTÉRIEUR DE MALINALCO

Los Placeres
Tortitas de huazontle (croquettes de brocoli aztèque) servies dans un jardin décoré d'œuvres d'art. $

La Casa de Valentina
Café-restaurant proposant burgers, pâtes et glaces maison dans une cour ou dans d'agréables recoins. $

Casa Vieja
Grand patio prisé des groupes et où l'on sert de copieux menus du jour et de la truite pour le dîner. $

Le marché
Le mercredi, le samedi et le dimanche, commandez votre repas du midi sur les stands du marché et allez manger sur le *zócalo*. $

Mestizo
Ce bistrot oaxaqueño sert des *tlayudas* (pizzas de tortillas croustillantes) dans un paisible jardin. $$

LIZ PICHARDO/SHUTTERSTOCK © ; PAGE PRÉCÉDENTE : OMAR ALPIZAR/SHUTTERSTOCK ©

Museo Universitario Dr Luis Mario Schneider

La tournée du mezcal à Malinalco

BOISSONS ARTISANALES LOCALES

En 2018, les producteurs de mezcal de douze municipalités autour de Malinalco ont décroché la dénomination d'origine "mezcal", nom officiel de ce cousin artisanal et aux senteurs fumées de la tequila. À la plus grande joie, on s'en doute, des bars du *zócalo*.

Commencez en douceur avec un dîner à la **Casa Colibrí**, en plein centre. Il n'y a qu'un choix de mezcal, le *divino*, mais il est bel et bien "divin", tout comme la vue sur les montagnes depuis la terrasse extérieure, ou le *jabalí* (sanglier rôti), la spécialité de la maison.

Ensuite, attaquez l'un des pionniers, la **Casa Diablitos** sur Guerrero. Cédez aux appels de votre *diablito* (petit diable) intérieur avec la *cata* (dégustation) de mezcals, accompagnée d'infusions de *chicatana* (fourmis volantes).

Sur le trottoir d'en face, le **Pulques Nawa911** sert une *pachita* (quart de bouteille) de mezcal local infusé à la *maracuya* (fruit de la passion), plutôt solide, mais qui aide à faire passer les *gusanos de maguey* (chenilles de maguey) déshydratés.

OÙ SE LOGER À MALINALCO

El Asoleadero
Sur les hauteurs du *zócalo*, piscine extérieure avec vue sur la montagne, pour les petits budgets. $$

Casa Hotel MaliKualli
La piscine, le jardin et la propreté de cette sorte de motel sont rares près du *zócalo*. $$

Hotel Casa Pixan
Vaste propriété avec jardin à 18 minutes à pied de la ville, idéale pour les escapades urbaines. $$$

Temple III, Malinalco

À la première intersection au nord sur Hidalgo, le **Mixe Cocina Tradicional y Mezcalería** sert le mezcal local et celui de Oaxaca, ainsi que des cocktails, avec un menu variable préparé chaque week-end par des cuistots du coin. Autre possibilité plus simple : la pizza aux *chapulines* (sauterelles) avec la *cata*.

Quelques pâtés de maisons plus au sud-est sur Galeana se trouve une vieille cantina de Malinalco, **l'Arca De Noe**. Jusqu'à récemment, le mezcal n'était qu'une boisson sans prétention qu'on buvait dans les campagnes. Vous retrouverez cette atmosphère d'autrefois dans cet établissement, avec ses chaises en plastique, son intérieur bariolé et son mezcal de qualité et à bon prix.

Pêche à la truite et observation d'insectes

ACTIVITÉS ANIMALIÈRES INTERACTIVES ET PÊCHE

À quelques pâtés de maisons au sud du *zócalo*, Malinalco recèle des activités éducatives insolites qui permettent aux enfants (et aux grands enfants) de se familiariser avec les animaux.

FRESQUES FLORALES

Face au *zócalo* de Malinalco, se dresse un couvent augustinien du XVIe siècle très bien restauré, que distingue une façade de style Renaissance. Ses bâtiments principaux, endommagés par un séisme, sont encore fermés au public, mais le cloître a rouvert. Ici, de somptueuses fresques aux motifs végétaux et géométriques se déploient sur chaque mur et voûte. Des peintures représentant les oiseaux et la flore de l'époque, comme le *huacalxochitl*, une herbe médicinale utilisée lors des cérémonies aztèques. Trois médaillons figurent également : Jésus-Christ, Marie et l'emblème des Augustins.

Le service religieux est encore assuré aujourd'hui. L'essentiel du mobilier de l'église (les bancs, la chaire et les peintures de la Vierge de Guadalupe) a été déplacé dans le cloître.

OÙ BOIRE UN CAFÉ MEXICAIN À MALINALCO

Carajillo Malinalco
Son *carajillo* maison est un excellent espresso dont le café est torréfié sur place, amplifié d'une larme de mezcal. $

La Galería
Ce café-bar du *zócalo* sert du mezcal, des lattes et du café glacé sur sa terrasse arrière avec vue sur la montagne. $

La Cereza Cafetería Y Repostería
Café local, galettes d'*elote* (maïs) et *rajas con crema* (sorte de quiche au piment). $

La truite (*trucha*) est très présente dans la vie de la région, mais elle est presque toujours d'élevage. Au **Criadero las Truchas**, vous pourrez pêcher votre propre *trucha* dans de grands bassins extérieurs. Vous paierez la *masa* (l'appât), la canne à pêche et enfin le poisson que vous attraperez (moins de 200 $M le kilo). Ensuite, vous apporterez votre prise dans l'un des restaurants du coin pour la faire nettoyer et cuisiner à votre goût. Vous pourrez la demander en papillotes de feuilles de bananier avec du *nopal* (cactus) et de *l'epazote* (herbe médicinale préhispanique). S'il ne vous intéresse pas de pêcher, vous pourrez choisir votre poisson dans les réservoirs de la ferme.

Le **Museo Vivo**, non loin, abrite toute une collection d'insectes vivants et naturalisés, ainsi que d'autres petites bêtes. C'est une sortie très plaisante. Il est également possible de suivre un parcours où vous serez amené à prendre une tarentule dans vos mains, porter un serpent sur vos épaules, manger une larve et humer des plantes mexicaines. Les enfants et les adultes sont ainsi invités à repenser leur rapport à la nature – tout est en espagnol, mais les éléments interactifs sont universels.

Des temples aztèques haut perchés

UN TEMPLE TAILLÉ DANS LE MONT CUAUHCALLI

Une courte grimpée assez sportive (358 marches à flanc de montagne au-dessus de Malinalco) conduit à l'un des quelques temples aztèques relativement bien conservés (ayant même survécu aux séismes récents) du pays, d'où la vue est superbe sur la vallée et au-delà. Ce site fascinant comprend *El paraíso de los guerreros*, une peinture murale (qui couvrait jadis un mur entier) représentant des guerriers devenus divinités.

Les Aztèques, qui avaient conquis la région en 1476, étaient occupés à construire un lieu de culte ici lorsque arrivèrent les Espagnols. Le temple I, **El Cuauhcalli**, doit sa survie au fait d'avoir été taillé à même la montagne. C'est dans ce monolithe, le Temple de l'Aigle et du Cavalier Jaguar, que les fils des nobles aztèques étaient initiés aux ordres guerriers. Le Cuauhcalli est sculpté d'un seul bloc : l'entrée en forme de serpent, les statues et les 13 marches.

Le **temple IV**, de l'autre côté du site, reste une énigme pour les archéologues. La salle étant orientée de manière à recevoir les premiers rayons du soleil levant, ce sanctuaire pouvait servir au culte mexicain du Soleil, de calendrier solaire ou de lieu de rencontre pour les nobles – ou une combinaison de ces hypothèses.

DU CAMPING DANS UNE CREVASSE

Malinalco est cernée de forêts propices à toutes sortes d'activités de plein air. Le glamping de luxe **MaliKualli** propose des hébergements en dômes écologiques, ainsi que du parapente, de l'escalade et du canyoning. Si vous préférez le yoga et le *temazcal*, vous pourrez vous tourner vers le charmant spa de **Ollinyotl**. Quant à des émotions fortes en pleine montagne, le **MailEmociones** propose du *camping en la grieta*, littéralement du "camping dans une faille". Concrètement, vous dormirez à 20 mètres du sol dans une crevasse. Après une heure de marche à flanc de montagne, vous installerez votre sac de couchage dans une étroite grotte au bord d'un précipice, attaché par des harnais. La vue est inoubliable. Le matin, vous redescendrez en rappel.

TAMBOUR DE GUERRE

Le **Museo de Antropología e Historia** (p. 206) de Toluca abrite un authentique ***tlalpanhuéhuetl*** en bois (tambour de guerre cérémoniel) découvert dans le Temple I, El Cuauhcalli. On appréciera les remarquables gravures qui ornent l'instrument.

El Cuauhcalli, Malinalco

À 50 mètres avant l'entrée du site, le **Museo Universitario Dr Luis Mario Schneider** dédie un bel espace moderne à l'histoire et à l'archéologie de la région.

Depuis le *zócalo*, suivez les panneaux indiquant la *zona arqueológica* qui vous mèneront au départ d'un sentier bien entretenu et balisé. Pour vous épargner la foule, évitez les dimanches (l'entrée est gratuite pour les habitants munis d'une pièce d'identité).

COMMENT CIRCULER

Flecha Roja (flecharoja.com.mx) assure des liaisons directes et quotidiennes en bus depuis la gare routière Poniente de Mexico jusqu'au centre de Malinalco. Il y a trois bus le samedi et le dimanche, et deux en semaine. Sachez qu'il n'y a pas de toilettes à bord. Regardez bien où vous descendez, car les bus retours partent du même endroit et aucun panneau ne vous aidera à retrouver le vôtre. C'est à côté de la banque Santander. Autre solution : prendre un bus pour Mexico depuis la ville voisine de Chalma, mais le voyage est désagréable, peu fiable et beaucoup plus long que ce que les compagnies prétendent.

Environs de Malinalco

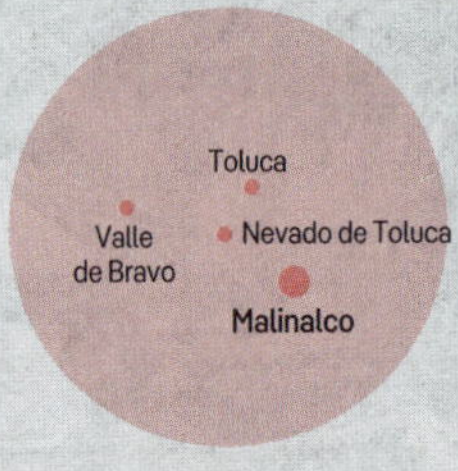

Vers le nord-ouest, à Valle de Bravo, vous attendent des joyaux naturels, de charmantes boutiques, des sports nautiques sur lac et un volcan à escalader.

Valle de Bravo (ou Valle) est le village colonial le plus chic des environs de Malinalco (voire de Mexico) et la meilleure raison de s'aventurer dans le nord-ouest. Il occupe les rives d'un grand lac artificiel. Pour vous y rendre, vous devrez passer par Toluca, au croisement de Malinalco au sud, de Valle à l'ouest et de Mexico à l'est. Si vous bravez les voies rapides de Toluca, vous serez récompensé par le magnifique Cosmovitral Jardín Botánico, une éblouissante serre de vitrail. Sinon, la plupart des gens contournent Toluca par les villes ou la campagne environnante où se succèdent forêts de pins, rivières et un énorme volcan éteint, le Nevado de Toluca.

Pour les infos pratiques, voir le Carnet d'adresses p. 214

À SAVOIR

On peut pratiquer plusieurs sports extrêmes aux abords de chaque bourgade, mais vous aurez besoin de votre propre véhicule ou de vous inscrire à un circuit organisé.

Nevado de Toluca (p. 207)

SUNANDMOONAGS/SHUTTERSTOCK ©

Valle de Bravo

Valle de Bravo ou la vie au bord du lac

VUE SUR L'EAU ET QUARTIER COLONIAL

Avec l'un des plus beaux cœurs de ville coloniaux du centre du Mexique, le charme indéfinissable du *pueblo mágico* de Valle de Bravo en fait l'endroit idéal pour sortir un peu de Mexico ou reprendre vos pérégrinations au départ de Malinalco. Avec ses collines boisées drapées de brume et ses toits de tuiles rouges, le cadre évoque les lacs du nord de l'Italie.

Valle a été rendu célèbre par les habitants les plus aisés de la capitale, qui en ont fait leur destination favorite du week-end.

Les rives du **Lago Avándaro** (lac artificiel d'une centrale hydroélectrique) forment un splendide panorama. Ici, les activités les plus appréciées sont la navigation de plaisance ou le parachute ascensionnel sur le lac, ainsi que le camping et les séjours en bungalow dans les collines.

Plusieurs randonnées vers des haciendas, des fermes à papillons, des cascades et même un temple bouddhique sont envisageables, avec guide ou par soi-même. Le parcours le plus prisé mène au belvédère de **La Peña**, rampe de lancement pour les parapentistes avec panorama sur la totalité du lac. Demandez tous les détails à l'office du tourisme du *zócalo*.

LES MEILLEURS RESTAURANTS DE VALLE DE BRAVO

La Michoacana
Non loin du *zócalo*, avec une vue époustouflante sur le village et le lac. Essayez le saumon à la sauce aux amandes. $

El Punto
Café-boulangerie chic avec patio ; petits-déjeuners bio européens et mexicains, avec jus de fruits, kombucha et pâtisseries. $

Restaurante Paraíso
Fantastique vue sur le lac et menu varié de spécialités de produits de la mer, avec des plats de truite locale originaux. $$

La Chiquita
Bistro rustique où l'on sert les véritables *tlayudas* ("pizza" de tortillas mexicaines) de Oaxaca et du poulet *mole*. $$

OÙ SE LOGER À VALLE DE BRAVO

Hotel San José
Hôtel style ranch proche du *zócalo*, avec vue sur les collines et grandes chambres dotées de lits très confortables. $

Hotel San Sebastian
Les balcons des petites chambres de cet hôtel offrent de superbes vues sur le lac et les toits de tuiles. $$

Hotel y Club de Golf Avándaro
Domaine boisé, terre d'évasion à lui seul, avec piscine, terrain de golf, spa, tennis et cabañas soignées. $$$

Cosmovitral Jardín Botánico

Même si vous vous limitez au charme du centre colonial globalement resté intact, il vaut la peine de passer la nuit sur place. Valle a su s'équiper pour recevoir les visiteurs tout en conservant son authenticité.

Aux origines de l'univers avec la serre de vitrail de Toluca

COSMOLOGIE ET MUSÉES

La plupart des gens ne font que passer par Toluca pour se rendre à Malinalco, Valle de Bravo ou Mexico – tous à 1h30 de route –, mais cette ville dynamique a aussi son lot de trésors à découvrir, notamment de belles places, des arcades commerçantes animées, des galeries d'art et des musées.

Le **Portal Madero** (XIXe siècle), qui s'étend sur 250 m le long de l'Avenida Hidalgo, est un lieu plein de vie, tout comme la galerie marchande qui borde la rue piétonne à l'est, où se retrouvent de nombreux mariachis après 21h. À un pâté de maisons au nord, la grande **Plaza de los Mártires** est entourée de beaux édifices administratifs anciens ; la **cathédrale**, qui date du XIXe siècle, et le **Templo de la Santa Veracruz**, qui remonte au XVIIIe siècle, sont situés du côté sud. Le **Templo del Carmen** (XVIIIe siècle), quant à lui, fait la fierté de la Plaza Garibay (côté nord).

LES MEILLEURS MUSÉES DE TOLUCA

Museo Taller Nishizawa
Consacré aux œuvres de Luis Nishizawa, muraliste japonais installé à Toluca, qui a imprégné les paysages de la région de tout son héritage nippon.

Centro Cultural Mexiquense
Situé à 4,5 km à l'ouest du centre, il abrite les trois musées gratuits suivants :

Museo de Arte Moderno del Estado de México
Art contemporain audacieux de Tamayo et Orozco, et fresque murale sur l'esclavage.

Museo de Antropología e Historia
Retour sur les influences culturelles préhispaniques dans les outils et les textiles jusqu'à nos jours.

Museo de Culturas Populares
Collection très variée d'œuvres d'art et d'objets d'artisanat mexicain traditionnel. Boutique de souvenirs également.

OÙ SE RESTAURER À TOLUCA

La Vaquita Negra del Portal
Cet établissement de 1943 sert des "sandwichs" à la *torta* top qualité et des produits d'épicerie fine. $

La Gloria Chocolatería y Pan 1876
Café familial servant des tacos et des sandwichs, mais la spécialité, ce sont les churros ! $

Petra Fonda
Cuisine mexicaine créative et moderne servie dans une serre très chic. $$

À l'extrémité nord-est de la Plaza Garibay, un des trésors de Toluca mérite le déplacement à lui seul : le spectaculaire **Cosmovitral Jardín Botánico**, un jardin botanique logé dans une serre de vitrail. Cette structure de verre aussi étonnante qu'originale a été construite en 1909 pour accueillir un marché. Elle abrite désormais 3500 m² de jolis jardins, placés sous 48 vitraux conçus par l'artiste tolucan Leopoldo Flores, avec l'aide de 60 artisans. Les 500 000 pièces de verre qui la composent et qui se déclinent en 28 couleurs viennent de 28 pays différents, dont le Japon, la Belgique et l'Italie.

Les vitraux représentent l'évolution de l'humanité à travers l'histoire et son rapport aux étoiles, d'où le "cosmo" dans le nom du jardin. On y retrouve également les grandes dualités à l'œuvre dans notre Univers – création et destruction, vie et mort, jour et nuit. Dans la partie orientale, un homme et une femme se trouvent aux côtés de la nébuleuse d'Andromède ; au centre, le verre coloré donne souffle et vie à la création de l'Univers.

Nevado de Toluca

DEUX SOMMETS POUR UN PANORAMA D'EXCEPTION

Du haut des deux sommets du Nevado de Toluca, également appelé Xinantécatl, on a une vue exceptionnelle sur les lacs de cratère enneigés du Sol et de la Luna. Ce volcan éteint depuis longtemps est l'un des plus hauts sommets de la région et le quatrième plus haut du Mexique. Le **Pico del Águila**, dont on atteint les 4 620 m d'altitude sans difficulté en une journée de marche, est le plus apprécié des randonneurs. Le sommet le plus élevé, le **Pico del Fraile** (4 704 m), est aussi le plus exigeant, puisqu'il faut compter trois à quatre heures de marche supplémentaires. Plus vous atteindrez les sommets tôt dans la journée, meilleures seront vos chances de profiter d'une vue dégagée. De novembre à mars, le sommet est parfois enneigé et fréquenté par les skieurs de fond, mais si les chutes de neige sont trop importantes, l'Área de Protección de Flora y Fauna Nevado de Toluca (ex-Parque Nacional Nevado de Toluca) est fermé.

Le reclassement du parc national en "*zona protegida*" (zone protégée) par le gouvernement mexicain en 2013 est venu légaliser et légitimer les activités minières jusqu'alors illégales dans le parc. Cependant, la plupart des gens considèrent toujours la région comme un parc national.

MERVEILLES ARCHÉOLOGIQUES

Le volcan du Nevado de Toluca abrite 18 sites archéologiques sur ses flancs et ses sommets. Durant les différentes périodes préhispaniques, la zone était un lieu de culte indien où se pratiquaient cérémonies et sacrifices. Les **lacs** eux-mêmes sont également considérés comme des sites archéologiques, car de nombreuses offrandes y ont été déposées, notamment du copal encore présent dans les sédiments du lac.

L'un de ces sites, **Xicotepec**, a même révélé des lames d'obsidienne verte, ainsi que divers objets en céramique multicolore. Des pièces de céramiques ont aussi été retrouvées sur le **Pico Sahagun**, sur le flanc nord du cratère, tandis qu'une stèle semble indiquer un lien entre **El Mirador** et le zénith du soleil.

COMMENT CIRCULER

Le plus simple consiste à revenir à Mexico et à prendre un bus de première classe pour Valle de Bravo. Aucun bus ne permet de rejoindre directement Malinalco sans passer par Toluca ou Mexico, même s'il est possible de se débrouiller avec divers petits peseros (minibus publics) cahoteux.

Avec son aéroport international, sa gare routière chaotique et son train presque toujours en retard (Tren Interurbano de Pasajeros Toluca-Valle de México) qui relie la station de métro Observatorio de Mexico, Toluca est une véritable plaque tournante du transport. Quant à ceux qui fuient la capitale en voiture, ils doivent également emprunter les voies rapides de Toluca et Malinalco pour rejoindre Valle de Bravo. Pour faire de l'escalade, à moins d'être très expérimenté, mieux vaut opter pour une excursion organisée avec transport inclus jusqu'au Nevado de Toluca.

Carnet d'adresses

A faire — Shopping — Se restaurer — Se loger — Prendre un verre — Sortir

TEOTIHUACÁN

Museo de Murales Teotihuacanos "Beatriz de la Fuente"
Voir p. 163 (594 958 2081 ; lugares.inah.gob.mx/es/museos-inah/museo/419-museo-de-murales-teotihuacanos-beatriz-de-la-fuente.html ; Zona Arqueológica de Teotihuacán, Carretera Ecatepec-Pirámides km 22+600 ; inclus dans le billet pour le site de Teotihuacán ; 9h-16h30 tlj)

Museo de Sitio
Voir p. 163 (Museo de la Cultura Teotihuacana ; 594 956 0276 ; Zona Arqueológica de Teotihuacán, Carretera Ecatepec-Pirámides km 22+600 ; inclus dans le billet pour le site de Teotihuacán ; 9h-16h30 tlj)

Teotihuacán
Voir p. 162 (594 956 0276 ; www.teotihuacan.inah.gob.mx ; Zona Arqueológica de Teotihuacán, Carretera Ecatepec-Pirámides km 22+600 ; entrée/appareil photo/parking 90/50/50 $M ; 8h-17h tlj)

Hotel Posada Sol y Luna
Voir p. 163 (594 956 2368 ; hotelposadasolyluna.com.mx ; Av Dr. Jorge Jiménez Cantú 13)

La Finca del Abuelo Teotihuacán
Voir p. 163 (558 349 4864 ; hotel-la-finca-del-abuelo-teotihuacan.negocio.site ; Juárez s/n)

Villas Teotihuacán Hotel
Voir p. 163 (555 836 9020 ; Periférico Sur)

Conejo en la Luna
Voir p. 168 (557 226 9853 ; www.mezcalesartesanales.com ; Circuito de la Zona Arqueológica s/n, entre les portes 1 et 2 ; 9h30-18h lun-ven, 9h30-15h sam)

Restaurante Aguamiel
Voir p. 168 (594 933 2025 ; posadacolibri.com/restaurante ; Prol. Miguel Hidalgo 37 ; 9h-18h dim-jeu, 9h-22h ven-sam)

Restaurante la Gruta
Voir p. 168 (555 191 9799 ; lagruta.mx ; Zona Arqueológica, Porte 5 ; 8h-19h tlj)

Restaurante Techinanco
Voir p. 168 (594 958 2306 ; Periferico 18, Zona Arqueológica, San Martín de las Pirámides ; 10h-17h30 tlj)

Chocolateria Macondo
Voir p. 169 (55 3560 6434 ; www.facebook.com/chocolateriamacondo ; Adolfo López Mateos 3 ; 11h30-20h30 tlj)

Me Latte Café
Voir p. 169 (552 137 2962 ; www.facebook.com/melattecafet ; Melchor Ocampo 1 ; 17h-22h dim-jeu, 17h-22h30 ven-sam)

Tierra Café Teotihuacán
Voir p. 169 (552 527 6771 ; Calle Ignacio Aldama 16 ; 8h-18h lun-sam)

ENVIRONS DE TEOTIHUACÁN

Capilla El Calvario
Voir p. 174 (772 159 4770 ; elchico.mx/lugares/capilla-de-el-calvario ; El Calvario 3, Mineral del Chico ; 7h-18h)

Museo de Sitio Mina de Acosta
Voir p. 175 (771 715 1833 ; www.facebook.com/MuseodeSitioMinaAcosta ; Camino Real a Guerrero s/n, Mineral del Monte ; tarif 80 $M ; 10h-18h mar-dim)

Museo del Paste
Voir p. 175 (771 797 1548 ; www.facebook.com/museo.delpaste ; Av Juárez 114, Mineral del Monte ; tarif or/argent 70/35 $M ; 10h-17h mer-lun)

Panteón Inglés
Voir p. 175 (realdelmonte.com.mx/real/patrimonio/panteon-ingles ; Calle Panteón Inglés, Mineral del Monte ; 9h-17h mar-dim, visites guidées 10h-16h)

Zona Arqueológica de Tula
Voir p. 172 (773 100 36 54 ; Carretera Tula-Tlahuelilpan km 2, Tula de Allende ; tarif 90 $M ; 9h-18h mar-dim)

Hotel Casablanca
Voir p. 172 (773-732-1186 ; www.casablancatula.com ; Pasaje Hidalgo 11, Tula de Allende)

Hotel Real Catedral
Voir p. 172 (773 732 3632 ; www.hotelrealcatedral.com ; Calle Zaragoza 106, Tula de Allende)

Hotel Cuellar
Voir p. 172 (773 732 0442 ; www.facebook.com/cuellarhotel ; 5 de Mayo 23, Tula de Allende)

Las Cazuelas
Voir p. 172 (773 732 2859 ; www.facebook.com/LasCazuelasTula ;

Hidalgo 3, Tula de Allende ; 8h-18h tlj)

El Serranillo
Voir p. 174 (771 797 0781 ; www.facebook.com/restaurantetejeda.elserranillo ; Av Juárez 7-B, Mineral del Monte ; 8h30-22h30 tlj)

La Gran Compaña
Voir p. 173 (771 715 4421 ; www.facebook.com/lagrancompana ; Av General Alfonso Corona del Rosal 10, Mineral Del Chico ; 9h-22h jeu-lun)

La Trucha Grilla
Voir p. 173 (771 777 5639 ; fr-fr.facebook.com/la.truchagrillamineral-delchicohidalgo ; El Calvario 3, Mineral del Chico ; 12h-20h tlj)

London Paste
Voir p. 174 (www.facebook.com/londonpaste ; Carretera Pachuca - Huejutla km 13, Mineral del Monte ; 9h-21h tlj)

Mana
Voir p. 172 (Pasaje Hidalgo 13, Tula de Allende ; 8h-17h)

Pastes Dificultad
Voir p. 174 (771 797 1152 ; Carretera Real del Monte - Pachuca, Mineral del Monte ; 7h-21h)

Restaurant CasaBlanca
Voir p. 172 (773 732 2274 ; www.facebook.com/restaurantecasablancatula ; Hidalgo 114, Tula de Allende ; 7h-21h lun-ven, 7h30-18h dim)

Cabañas San Diego
Voir p. 173 (771 209 3363 ; Av Corona del Rosal s/n, Mineral del Chico)

PUEBLA

Capilla del Rosario, Templo de Santo Domingo
Voir p. 181 (222 242 3643 ; capilladelrosariopuebla.com.mx ; Calle 5 De Mayo ; 9h-13h30 et 16h-18h mar-dim)

LORENA HUERTA/SHUTTERSTOCK ©

Vue aérienne, Teotihuacán

Capilla real de Naturales
Voir p. 181 (Zócalo, Cholula ; 9h30-13h et 16h-18h lun et mer-sam, 9h-15h et 17h-19h dim, fermé mar)

Casa de la Cultura
Voir p. 180 (222 232 4647 ; www.facebook.com/casaculturapuebla ; Calle 5 Oriente 5 ; 10h-20h lun-ven, 10h-18h sam-dim)

Catedral de Puebla
Voir p. 180 (222 232 2316 ; www.arquidiocesisdepuebla.mx ; angle Av 3 Oriente et Calle 16 de Septiembre)

Iglesia de la Compañía
Voir p. 180 (222 232 2375 ; www.facebook.com/TemploDeLaCompania ; angle Av Palafox y Mendoza et Calle 4 Sur ; 10h-20h lun-ven, 9h-20h sam-dim)

Museo Amparo
Voir p. 178 (222 229 3850 ; museoamparo.com ; Calle 2 Sur 708 ; tarif 85 $M, entrée libre étudiant, -13 ans et le dimanche ; 10h-18h mer-lun)

Museo Casa del Alfeñique
Voir p. 180 (222 232 0458 ; museospuebla.puebla.gob.mx/museos/item/139-museo-regional-casa-del-alfenique ; Av 4 Oriente 416 ; tarif plein/réduit 45/23 $M, entrée libre le dimanche ; 10h-17h mar-jeu, 10h-18h ven-dim)

Museo de Arte Religioso de Santa Mónica
Voir p. 181 (222 232 0178 ; mediateca.inah.gob.mx/islandora_74/islandora/object/museo%3A1416 ; Av 18 Poniente 103 ; tarif 70 $M ; 10h-17h mar-dim)

Museo Internacional del Barroco
Voir p. 176 (222 326 7130 ; museospuebla.puebla.gob.mx/museos/item/143-museo-internacional-del-barroco ; Blvd Atlixcáyotl 2501 ; tarif plein/réduit 95/45 $M, visite guidée 230 $M, audioguide 33 $M ; 10h-19h mar-dim)

Museo José Luis Bello y González
Voir p. 177 (222 232 9475 ; museospuebla.puebla.gob.mx/museos/item/3-museo-jose-luis-bello-y-gonzalez ; Av 3 Poniente 302 ; tarif plein/réduit 45/23 $M, entrée libre le dimanche ; 10h-17h mar-jeu, 10h-18h ven-dim)

Museo de la Revolución
Voir p. 180 (222 242 1076 ; www.inah.gob.mx/museos/museo-de-sitio-de-cholula ; angle Av 6 Oriente 206 et 2 Norte ; tarif plein/réduit 45/23 $M ; entrée libre le dimanche ; 10h-18h mar-dim)

Museo de Sitio de Cholula
Voir p. 181 (222 247 9081 ; sic.gob.mx/ficha.php?table=museo&table_id=1198 ; Av 8 Norte 2 ; tarif 90 $M, entrée libre étudiant, -13 ans ; 10h-17h mar-sam)

Pirámide Tepanapa
Voir p. 179 (voir *Zona Arqueológica de Cholula*)

San Francisco de Las Cinco Llagas
Voir p. 181 (222 235 1659 ; angle Blvd Héroes del 5 de Mayo et 14 Oriente 805 ; 8h-19h tlj)

Santuario de Nuestra Señora de los Remedios
Voir p. 179 (222 247 0030 ; www.facebook.com/santuarioremedioscholula ; angle Av Morelos et 6 Sur ; 7h-19h tlj)

Templo de San Francisco Acatepec
Voir p. 181 (Puebla 6, Cholula)

Zona Arqueológica de Cholula
Voir p. 177 (222 247 9081 ; sic.gob.mx/ficha.php?table=zona_arqueologica&table_id=80 ; angle Av Morelos et 8 Norte, Cholula ; tarif 90 $M, entrée libre étudiant, -13 ans ; 10h-17h30 mar-sam)

Hotel Colonial
Voir p. 178 (222 246 4612 ; www.colonial.com.mx ; Calle 4 Sur 105)

Hotel Nube
Voir p. 178 (222 290 2370 ; www.hotelnubepuebla.com ; Av 4 Oriente 407)

Hotel Teresita
Voir p. 178 (222 232 7072 ; www.hotelteresita.com.mx ; Av 3 Poniente 309)

Celia's Cafe
Voir p. 177 (222 242 3663 ; www.talaveracelia.com ; Calle 5 Oriente 608 ; 9h-21h dim-jeu, 9h-22h ven, 9h-23h sam)

El Mural de los Poblanos
Voir p. 177 (222 242 6696 ; elmuraldelospoblanos.com ; Av 16 de Septiembre 506 ; 8h-0h tlj)

Restaurante Casareyna
Voir p. 177 (222 232 0032 ; www.casareyna.com/es/restaurante ; Privada 2 Oriente 1007 ; petit-déjeuner 8h-12h30, déjeuner et dîner 13h-22h30)

Azotacalles
Voir p. 179 (222 192 0783 ; www.facebook.com/azotacallescholula ; Calle 6 Nte. 408, Cholula ; 16h-1h mer-jeu, 16h-2h ven-sam, 14h-20h dim)

Hormiga Negra Bar
Voir p. 179 (222 196 6888 ; www.facebook.com/HormigaNegraMX ; Calle 5 Sur 705 ; 17h30-0h30 mer, 16h-0h jeu, 19h-2h ven-sam)

San Pedrito
Voir p. 179 (221 194 3795 ; es-la.facebook.com/licoreriasnpedrito/?rf=1428401154103576 ; Avenida Morelos 405, San Pedro Cholula ; 20h-0h mar-jeu, 20h-1h ven, 14h-17h et 20h-0h dim)

El Parián
Voir p. 180 (angle Calle 6 Norte et 2 Oriente ; 10h-20h tlj)

Uriarte Talavera
Voir p. 178 (222 2 32 15 98 ; uriartetalavera.com.mx ; Av 4 Poniente 911 ; 10h-19h lun-ven, 10h-18h sam-dim)

ENVIRONS DE PUEBLA

Cacaxtla- Xochitécatl
Voir p. 187 (246 416 0000 ; sic.cultura.gob.mx/ficha.php?table=zona_arqueologica&table_id=106 ; Tlaxcala ; tarif entrée combinée et musées 85 $M, entrée libre étudiant, -13 ans ; 10h-18h mer-dim)

Cascada Las Brisas
Voir p. 186 (233 130 3231 ; www.cuetzalan.gob.mx/turismo/index.php?q=cascada_las_brisas&n=atractivos_turisticos_naturales ; Cuetzalan, tarif accès 25 $M)

Jardín Botánico Xoxoctic
Voir p. 186 (233 331 0027 ; www.facebook.com/jbxoxoctic ; carretera Cuetzalan-Rayon km 2,8, Cuetzalan ; 9h-17h)

Museo de Arte de Tlaxcala
Voir p. 185 (246 466 0352 ; Plaza de la Constitución 21, Tlaxcala ; tarif plein/réduit 20/10 $M, entrée libre -12 ans et le dimanche ; 10h-18h mar-dim)

Museo de la Memoria Tlaxcala
Voir p. 185 (246 466 0792 ; sic.cultura.gob.mx/ficha.php?table=museo&table_id=634 ; Av Independencia 3, Tlaxcala ; 15 $M, entrée libre le dimanche ; 10h-17h tlj)

Museo Nacional del Títere
Voir p. 187 (247 472 1033 ; www.facebook.com/museonacionaldeltitere ; Parque Juárez 15, Huamantla ; entrée libre ; 10h-17h mar-dim)

Palacio de Gobierno
Voir p. 185 (246 465 0500 ; Plaza de la Constitución 3, Tlaxcala ; 8h-18h30 lun-ven)

Palacio Municipal
Voir p. 185 (Plaza de la Constitución, Tlaxcala ; 9h-19h lun-ven)

Parque Nacional Iztaccíhuatl-Popocatépetl
(www.facebook.com/ParqueNacionalIztaccihuatl-PopocatepetlOFICIAL)

Parroquia de San Francisco
Voir p. 186 (☎233 331 0543 ; www.facebook.com/ParroquiaDeCuetzalan ; Calle Miguel Alvarado, Cuetzalan)

Parroquia de San Luis Obispo
Voir p. 187 (☎247 472 0020 ; www.facebook.com/parroquiasanluish ; Parque Juárez 13, Huamantla ; ⌚7h-20h tlj)

Parroquia de San José
Voir p. 184 (☎246 462 1106 ; www.facebook.com/ParroquiaDeSrSanJose-DiocesisDeTlaxcala ; Calle 1 de Mayo 4, Tlaxcala ; ⌚9h-17h lun et mer-ven, 10h-14h sam-dim)

Santuario de Guadalupe
Voir p. 186 (Aldama s/n, Cuetzalan ; entrée libre ; ⌚8h-20h tlj)

Santuario de la Virgen de Ocotlán
Voir p. 185 (☎246 462 1073 ; www.facebook.com/VirgenOcotlan ; Hidalgo 1, Tlaxcala ; ⌚7h-20h tlj)

Yohualichán
Voir p. 186 (☎222 235 4056 ; tarif 70 $M ; ⌚9h-17h mar-dim)

Hacienda Soltepec
Voir p. 186 (☎247 472 1466 ; haciendasoltepec.com ; Carretera Huamantla-Puebla km 3, Huamantla)

Hotel Centenario
Voir p. 186 (☎247 472 0587 ; www.hotelcentenariodehuamantla.com.mx ; Juárez Norte 209, Huamantla)

Hotel Taselotzin
Voir p. 185 (☎233 331 0480 ; www.taselotzin.com ; Yoloxóchitl s/n, Cuetzalan)

La Aurora Hotel Boutique
Voir p. 186 (☎247 102 4030 ; www.laaurorahotellikehome.com ; Privada de San Francisco 4, Huamantla)

MARCVILN/GETTY IMAGES ©

Céramiques de Talavera, Puebla

El Herradero
Voir p. 186 (☎247 472 3358 ; Calle Juarez Nte. 209, Huamantla ; ⌚7h-22h lun-sam, 7h-17h dim)

El Quinto Toro
Voir p. 186 (☎247 130 1101 ; Calle Juarez Nte 300, Huamantla ; ⌚8h-22h tlj)

Fonda del Convento
Voir p. 184 (☎246 462 0765 ; Calzada de San Francisco 1, Tlaxcala ; ⌚8h-20h lun-jeu, 8h-18h ven, 8h-17h sam-dim)

La Casa de Frida
Voir p. 183 (☎222 178 2303 ; Av Miguel Hidalgo 109, San Andrés Cholula ; ⌚9h-18h tlj)

La Norberta
Voir p. 183 (☎227 121 1611 ; www.facebook.com/LaNorberta/?locale=fr_FR ; Calle 6 Nte. 602, San Andrés Cholula ; ⌚9h-0h mar-jeu, 9h-1h ven-sam, 9h-18h dim)

Mercado de Artesanías Matachiuj
Voir p. 185 (☎233 331 8103 ; Miguel Alvarado 33, Cuetzalan ; ⌚9h-19h tlj)

Posada La Casona de Cortés
Voir p. 184 (☎246 462 5477 ; www.lacasonadecortes.com.mx ; Lardizábal 6, Tlaxcala)

Pulquería Tía Yola
Voir p. 184 (☎246 462 7309 ; www.facebook.com/people/Casa-de-los-Magueyes-en-la-Pulqueria-de-la-Tía-Yola/100063939041943 ; Plaza Xicotencatl 7, Tlaxcala ; ⌚11h-21h mar-dim)

Recaudo
Voir p. 183 (☎221 349 8105 ; recaudo.com.mx ; Calle 12 Poniente 105, San Andrés Cholula ; ⌚9h-17h tlj)

Restaurant Bar de Cantera
Voir p. 186 (☎247 688 0506 ; Calle Juarez Nte. 313, Huamantla ; ⌚8h-22h jeu-dim)

Xuni
Voir p. 186 (☎247 472 0248 ; xuni.negocio.site ; Calle Reforma Sur 105-A, Huamantla ; ⌚7h-22h tlj)

Feria Huamantla
Voir p. 186 (☎241 137 1937 ; www.facebook.com/LaFeriaDeHuamantla ; Huamantla ; ⌚août)

Casa de Artesanías
Voir p. 185 (246 462 2337 ; artesanias.tlaxcala.gob.mx ; Av Emilio Sánchez Piedras 1, Tlaxcala ; 9h-17h lun-ven)

Tianguis dominical
Voir p. 185 (Plaza de Cuetzalan ; dim)

CUERNAVACA

Catedral de Cuernavaca
Voir p. 193 (777 312 1290 ; www.facebook.com/CatedralCuer/?locale=es_LA ; angle Miguel Hidalgo 17 et Morelos ; 7h30-20h tlj)

Jardín Borda
Voir p. 191 (777 318 1050 ; sic.cultura.gob.mx/ficha.php?table=centro_cultural&table_id=482 ; Av Morelos 271 ; tarif plein/réduit 30/15 $M, entrée libre le dimanche ; 10h-17h30 mar-dim)

MMAC
Voir p. 193 (Museo Morelense de Arte Contemporaneo ; 0777-608 3350 ; www.mmacjuansoriano.com.mx ; Dr. Guillermo Gándara s/n ; 10h-17h mar-dim)

MMAPO
Voir p. 192 (Museo Morelense de Arte Popular ; 777 318 6200 ; Miguel Hidalgo 239 ; 10h-17h mar-dim)

Museo de Arte Sacro
Voir p. 193 (777 312 1290 ; sic.cultura.gob.mx/ficha.php?table=museo&table_id=2013 ; Miguel Hidalgo 17 ; tarif plein/réduit 30/15 $M ; 10h-14h et 16h-18h mar-dim)

Museo de Sitio
Voir p. 192 (Voir Jardín Borda)

Museo Regional de los Pueblos de Morelos
Voir p. 193 (777 312 8171 ; sic.gob.mx/ficha.php?table=museo&table_id=1044 ; Francisco Leyva 100 ; tarif 90 $M, entrée libre le dimanche ; 9h-18h mar-dim)

Museo Robert Brady
Voir p. 191 (777 316 8554 ; museorobertbrady.com ; Netzahualcóyotl 4 ; tarif plein/réduit 60/40 $M ; 10h-18h mar-dim)

Palacio de Cortés
Voir p. 192 (777 312 8171 ; Francisco Leyva 100 ; voir tarif Museo Regional de los Pueblos de Morelos ; 9h-18h mar-dim)

Capilla de la Tercera Orden
Voir p. 193 (Miguel Hidalgo 17)

Xochicalco
Voir p. 193 (737 374 3092 ; lugares.inah.gob.mx/es/zonas-arqueologicas/zonas/1753-xochicalco.html ; Carretera Federal Xochicalco-Tetlama, tarif 90 $M ; 9h-18h tlj)

Home Sweet Home
Voir p. 191 (777 312 4444 ; homesweethome-hostelhostal.com ; Calle Mariano Abasolo 4)

Hotel Bajo El Volcán
Voir p. 191 (777 312 4873 ; www.hotelbajoelvolcan.com.mx ; Av Alexander Von Humboldt 19)

Hotel Hacienda de Cortés
Voir p. 191 (777 315 8844 ; www.hotelhaciendadecortes.com.mx ; Plaza Kennedy 90)

Café Alondra Centro
Voir p. 192 (777 228 0474 ; cafealondra.com ; Miguel Hidalgo 22 ; 8h-23h tlj)

Casa Hidalgo
Voir p. 191 (777 312 2749 ; www.casahidalgo.com ; Miguel Hidalgo 6 ; 8h30-23h tlj)

Emiliano's
Voir p. 192 (777 318 8054 ; Calle Ignacio Rayon 5-C ; 8h-18h30)

La Casona Restaurante
Voir p. 191 (777 315 8844 ; www.hotelhaciendadecortes.com.mx/restaurante ; Plaza Kennedy 90 ; 7h-11h : petit-déjeuner 7h-12h30, déjeuner 13h30-17h, dîner 19h-23h)

Las Mañanitas
Voir p. 191 (777 362 0000 ; lasmananitas.com.mx/restaurante ; Ricardo Linares 107)

Enigma
Voir p. 192 (777 106 7996 ; www.facebook.com/EnigmaBarCuernavaca ; Calle de Salazar 34 ; 19h-4h jeu, 20h-5h ven-sam)

Feis Buk
Voir p. 192 (Calle Ignacio Comonfort 1 ; 9h-21h lun-ven)

La Maga Café
Voir p. 192 (777 310 3871 ; www.facebook.com/lamagacafe ; Calle Dwight Morrow 9 ; 12h-19h lun-sam)

La Verdad Sospechosa
Voir p. 192 (777 241 8903 ; www.facebook.com/laverdadsospechosa ; Juan Ruiz de Alarcón 13 ; 15h-23h mer-jeu, 17h-2h ven-sam)

Mercado Comonfort
Voir p. 192 (777 241 6602 ; www.facebook.com/mercadocomonfort ; Comonfort 4 ; 14h-0h lun-sam, 15h-0h dim)

Penny Lane Beer House
Voir p. 192 (777 202 6027 ; www.facebook.com/PennyLaneBeerHouse ; Lerdo de Tejada 15 ; 16h30-0h mar-jeu, 17h30-1h ven-sam)

Mercado de Artesanías
Voir p. 192 (Miguel Hidalgo 2 ; 9h-20h lun-sam)

ENVIRONS DE CUERNAVACA

Casa Borda
Voir p. 196 (762 622 6617 ; Plaza Borda 1, Taxco ; entrée libre ; 10h-20h mar-ven, 10h-16h sam-dim)

Cristo Monumental
Voir p. 197 (Calle del Bosque 89, Taxco)

Grottes de Cacahuamilpa
Voir p. 197 (721 104 0156 ; www.facebook.com/lasgrutasdecacahuamilpa-oficial/?locale=es_LA ; Parque Nacional Grutas de Cacahuamilpa ; tarif plein/réduit 150/100 $M ; 10h-17h tlj)

Museo Casa Figueroa
Voir p. 196 (762 622 0003 ; taxcodealarcon.org/museo-casa-de-las-lagrimas-o-casa-figueroa ; Calle de Guadalupe 2, Taxco ; 10h-18h mer-lun)

Museo de Arte Prehispánico Carlos Pellicer
Voir p. 196 (739 395 1098 ; sic.cultura.gob.mx/ficha.php?table=museo&table_id=752 ; Arq Pablo González 2, Tepoztlán ; tarif 10 $M ; 10h-18h mar-dim)

Museo de Arte Virreinal
Voir p. 196 (762 622 5501 ; sic.gob.mx/ficha.php?table=museo&table_id=193 ; Juan Ruiz de Alarcón 12, Taxco ; 50 $M ; 10h-18h mar-dim)

Museo Guillermo Spratling
Voir p. 196 (762 622 1660 ; http://sic.gob.mx/ficha.php?table=museo&table_id=1006 ; Calle Porfirio A. Delgado 1, Taxco ; tarif 65 $M, entrée libre étudiant, -13 ans et le dimanche ; 9h-17h mar-sam, 9h-15h dim)

Pirámide de Tepozteco
Voir p. 196 (777 314 4048 ; Av del Tepozteco s/n, Tepoztlán ; tarif 90 $M ; 9h-16h mer-dim)

Templo de Santa Prisca
Voir p. 197 (762 622 0183 ; Plaza Borda 1, Taxco ; 9h-19h lun-sam, 10h-20h15 dim)

PHOTO SPIRIT/SHUTTERSTOCK ©

Extérieur du Museo Robert Brady

Temazcal El Shaddai Tepoztlán
Voir p. 195 (551 948 5159 ; el-shaddai-temazcalspa.negocio.site ; Del Tepozteco 36, Tepoztlán ; 10h-18h)

Temazcal Tepoztlán
Voir p. 195 (739 395 0010 ; posadadeltepozteco.com.mx/experiencias ; Paraiso 3, Tepoztlán)

Uitetl Nantli Tlali Spa & Temazcal
Voir p. 195 (777 367 1627 ; www.facebook.com/uitetlnantlitlalispaytemazcal ; Calle Netzahualcóyotl 1 bis, Tepoztlán ; 10h-17h mer et ven-dim)

Pueblo Lindo
Voir p. 197 (762 622 3481 ; pueblolindo.com.mx ; Miguel Hidalgo 30, Taxco)

Casa Spratling
Voir p. 196 (762 627 6177 ; www.facebook.com/casaspratling ; Callejón Delicias 23 ; 9h-18h dim-ven, 9h-21h30 sam)

El Ciruelo
Voir p. 195 (558 565 9029 ; www.elciruelo.com.mx ; Av Ignacio Zaragoza 17, Tepoztlán ; petit-déjeuner 8h30-12h tlj, déjeuner 13h-19h tlj, dîner 19h-20h30 ven-sam et 19h-22h30 dim)

El Tlecuil
Voir p. 195 (777 423 0516 ; www.facebook.com/eltlecuiltepoztlan ; Revolución de 1910 4, Tepoztlán ; 8h30-19h tlj)

La Sibarita
Voir p. 195 (393 95 0010 ; posadadeltepozteco.com.mx/restaurante ; Paraíso 3, Tepoztlán ; 8h30-22h dim-jeu, 8h30-23h ven-sam)

La Veladora
Voir p. 195 (739 395 0522 ; casafernanda.com/restaurante ; Niño Artillero 20, Tepoztlán ; déjeuner 9h-13h, dîner 14h-22h)

Los Colorines
Voir p. 195 (739 395 0198 ; www.facebook.com/LosColorinesOficial ; Av del Tepozteco 13, Tepoztlán ; 8h-21h lun-jeu, 8h-22h ven-dim)

Rosa Amaranto
Voir p. 197 (762 622 2872 ; www.facebook.com/RosaAmarantoTaxco ; Calle Miguel Hidalgo 30 ; 8h-22h tlj sf sam 8h-23h)

Sotavento
Voir p. 196 (762 627 1217 ; www.facebook.com/sotaventotaxco ; Calle Juan Ruiz de Alarcón 4, Taxco ; 8h-22h mer-lun)

Tepoznieves
Voir p. 195 (739 395 4745 ; www.tepoznieves.mx ; 5 de Mayo 21, Tepoztlán ; 8h-21h)

Bar Berta
Voir p. 196 (www.facebook.com/barbertataxco ; Plaza Borda 2, Taxco ; 13h-22h mer-lun)

MALINALCO

Museo de Antropología e Historia
Voir p. 206 (Voir *Environs de Malinalco* p. 204)

Museo Universitario Dr Luis Mario Schneider
Voir p. 203 (714 147 1288 ; malinalco.net/inicio/turismo/museo-luis-mario-schnaider ; Calle Amajac s/n ; tarif 10 $M, entrée libre étudiant, enfant ; 10h-17h30 mar-dim)

Museo Vivo
Voir p. 202 (714 147 2242 ; www.museovivo.org ; Calle del Pensamientos s/n ; tarif plein/réduit 125/100 $M ; 10h-16h45 jeu-lun)

Criadero las Truchas
Voir p. 202 (Sierra de Taxco 2)

MailEmociones
Voir p. 202 (722 328 1127 ; www.maliemociones.com.mx)

MaliKualli
Voir p. 202 (722 689 9728 ; www.malikualli.com ; Prol. Pirul s/n ou Av Progreso 11 ; 8h30-16h30 tlj)

Ollinyotl
Voir p. 202 (714 147 2015 ; www.ollinyotl.com.mx ; Cerro del Ciriaco ; massages 650-1 050 $M ; 10h-20h sam, 10h-18h dim)

El Asoleadero
Voir p. 200 (714 147 0184 ; www.maliemociones.com.mx/hoteles-en-malinalco/hotel-asoleadero-malinalco ; angle Av Comercio et Aldama 24)

Hotel Casa Pixan
Voir p. 200 (714 147 0572 ; www.casapixan.com ; La Cruz 18)

Casa Colibrí
Voir p. 200 (712 157 1689 ; restaurantecasacolibri.com ; angle Plaza Principal 106 et Vicente Guerrero ; 14h-22h jeu, 9h-22h ven-sam, 9h-18h dim)

Casa Vieja
Voir p. 200 (722 160 9147 ; casa-vieja-malinalco.negocio.site ; Av Hidalgo ; 9h-18h mer-dim)

La Casa de Valentina
Voir p. 200 (554 075 5459 ; www.lacasadevalentina.com ; Av Hidalgo 213 ; 13h-21h mer-ven, 9h-22h sam, 9h-20h dim)

Los Placeres
Voir p. 200 (714 147 0855 ; losplaceresmalinalco.com ; Plaza Principal ; 14h-18h jeu, 14h-22h ven, 9h30-22h sam, 9h30-18h dim)

Mestizo
Voir p. 200 (722 568 5470 ; mestizo-cafe-pizza.negocio.site ; Av del Progreso s/n ; 14h-21h30 mar-ven, 10h-21h30 sam, 10h-19h dim)

Mixe Cocina Tradicional y Mezcalería
Voir p. 201 (722 568 5470 ; Av Hidalgo 109)

Arca De Noe
Voir p. 201 (Galeana 110-112 ; 9h-21h tlj)

Carajillo Malinalco
Voir p. 201 (www.facebook.com/carajillomalinalco1 ; Galeana 9 ; 17h30-22h jeu-mar)

Casa Diablitos
Voir p. 200 (722 585 6863 ; www.facebook.com/CasaDiablitosOficial ; Vicente Guerrero 8 ; 11h-22h ven, 11h-23h sam, 11h-20h dim)

La Cereza Cafetería Y Repostería
Voir p. 201 (714 147 1948 ; www.facebook.com/lacereza.reposteria ; Vicente Guerrero 101 ; 12h-20h lun-dim)

La Galería
Voir p. 201 (722 464 9533 ; galeriarestmascafe.weebly.com ; Plaza Principal 4 ; 9h-21h mer-ven et dim, 9h-0h sam, 10h-21h dim)

Pulques Nawa911
Voir p. 200 (www.facebook.com/Nawanuevell ; Vicente Guerrero 212 ; 12h-21h ven, 12h-19h sam-dim)

ENVIRONS DE MALINALCO

Centro Cultural Mexiquense
Voir p. 206 (722 274 1131 ; Blvd Jesús Reyes Heroles 302, Toluca ; entrée libre ; 10h-18h mar-sam, 10h-15h dim)

Cosmovitral Jardín Botánico
Voir p. 207 (722 214 6785 ; patrimonioyserviciosc.edomex.gob.mx/cosmovitral ; angle Juárez s/n et Sebastián Lerdo de Tejada, Toluca ; tarif plein/réduit 25/15 $M ; 10h-18h mar-dim)

Museo de Antropología e Historia
Voir p. 206 (722 274 12 00 ; sic.cultura.gob.mx/ficha.php?table=museo&table_id=500 ; Blvd Jesús Reyes Heroles 302, Toluca ; tarif plein/réduit 15/10 $M ; 10h-18h mar-sam, 10h-15h dim)

Museo de Arte Moderno del Estado de México
Voir p. 206 (722 274 1266 ; patrimonioyserviciosc.edomex.gob.mx/museo_arte_moderno ; Blvd Reyes Heroles 302, Toluca ; tarif plein/réduit 10/5 $M, gratuit dim ; 10h-18h mar-sam, 10h-15h dim)

Museo de Culturas Populares
Voir p. 206 (722 274 1266 ; www.cultura.gob.mx/estados/turismo-

cultural-detalle.php?id=52642 ; Blvd Reyes Heroles 302, Toluca ; tarif 10 $M ; 10h-18h mar-sam, 10h-15h dim)

Museo Taller Nishizawa
Voir p. 206 (722 215 7465 ; www.facebook.com/MuseoTallerLuisNishizawa ; Calle Nicolás Bravo Nte. 305, Toluca ; tarif plein/réduit 20/10 $M ; 10h-18h mar-sam, 10h-15h dim)

Hotel San José
Voir p. 205 (san-jose.valledebravohoteles.com ; Callejón San José 103, Valle de Bravo)

Hotel San Sebastian
Voir p. 205 (726 688 5015 ; san-sebastian.valledebravohoteles.com/fr ; angle Calle San Sebastian et Callejón de la Machinhuepa, Valle de Bravo)

Hotel y Club de Golf Avándaro
Voir p. 205 (726 266 0370 ; www.hotelavandaro.com.mx ; Av Vega del Río s/n, Valle de Bravo)

El Punto
Voir p. 205 (726 262 1879 ; elpuntovalledebravo.com ; Calzada de Santa María Ahuacatlán 137, Valle de Bravo ; 9h-18h mer-lun)

La Chiquita
Voir p. 205 (726 262 0596 ; lachiquita.net ; Salitre 104, Valle de Bravo ; 12h-20h jeu, 12h-22h ven-sam, 10h-20h dim)

JAVIER CHAVERO /500PX/GETTY IMAGES ©

Nevado de Toluca

La Gloria Chocolatería y Pan 1876
Voir p. 206 (722 320 3245 ; lagloriachocolateriaypan1876.business.site ; Calle Plutarco González 313, Toluca ; 9h-22h tlj)

La Michoacana
Voir p. 205 (726 262 1625 ; www.facebook.com/people/Restaurante-La-Michoacana/100039388942643 ; Calle De La Cruz 100, Valle de Bravo ; 9h-20h tlj)

La Vaquita Negra del Portal
Voir p. 206 (722 167 0288 ; www.facebook.com/lavaquitanegradelportal ; Calle Nicolás Bravo Sur 124, Toluca ; 8h30-20h)

Petra Fonda
Voir p. 206 (722 174 5080 ; www.facebook.com/PetraFonda ; Matamoros Sur 213, Toluca ; 8h-23h lun-jeu, 9h-2h ven-sam, 8h-19h dim)

Restaurante Paraíso
Voir p. 205 (726 262 4731 ; www.facebook.com/people/Restaurante-Paraíso/100035121287156 ; Fray Gregorio Jiménez de La Cuenca, Valle de Bravo ; 8h-22h lun-jeu, 8h-23h ven-dim)

Festival de las Almas
Voir p. 161 (festivaldelasalmas.com/en ; Valle de Bravo ; oct)

STACYARTUROGI/SHUTTERSTOCK ©

Au-dessus et à droite : Tlacotalpan

ÉTAT DE VERACRUZ

MONTAGNES, PLAGES ET CAFÉ

Cette région entre mer et forêt, le long du golfe du Mexique, gagne à être connue.

L'État de Veracruz s'étire sur une grande partie du golfe du Mexique. C'est dans cette région, riche d'histoire, que les Espagnols partirent à la conquête de l'Empire aztèque, et que la civilisation-mère de la Mésoamérique, celle des Olmèques, se développa et prospéra. Les peuples qui s'y succédèrent laissèrent plusieurs merveilles archéologiques, dont les grandes têtes olmèques en pierre de San Lorenzo Tenochtitlán et les pyramides d'El Tajín.

À Veracruz, la plus ancienne cité d'origine européenne au Mexique, on trouve le plus grand port du pays, ainsi que des plages et des îles préservées. Dans les terres, le Pico de Orizaba, plus haut sommet du pays, toujours couronné de neige, n'est pas très loin du joli *pueblo mágico* (village magique – un titre qui, comme ici, désigne également des villes) d'Orizaba. Xalapa, la capitale de l'État, est entourée de plantations de café et de villages aux rues pavées, tels que Xico et Coatepec. Au sud, sur la côte, la Laguna Catemaco et la réserve de biosphère de Los Tuxtlas plaisent aux visiteurs, avec leur végétation luxuriante et leurs cascades.

Certes, les plages du Yucatán séduisent davantage, et les villes du Oaxaca voisin sont plus riches culturellement, mais l'État de Veracruz affiche une superbe diversité. Avec plus de 720 km de côtes, 24 cours d'eau et 15 lagunes, cette région tranquille réserve son lot de surprises à l'écart des sentiers battus.

SITES PRINCIPAUX

VERACRUZ
Le plus ancien et plus grand port du Mexique.
p. 222

XALAPA
Ville universitaire animée.
p. 232

ORIZABA
Ambiance à l'européenne dans un cadre montagnard.
p. 243

PAPANTLA
Ville aux racines indiennes, connue pour ses *voladores* (hommes volants).
p. 248

RESERVA DE LA BIOSFERA LOS TUXTLAS
Volcan et vie insulaire.
p. 253

S'orienter

Le petit État de Veracruz, qui borde un large pan du golfe du Mexique, brille par sa variété, entre plages, villes montagnardes ou lacs. Voici les sites historiques, culturels et naturels à ne pas manquer.

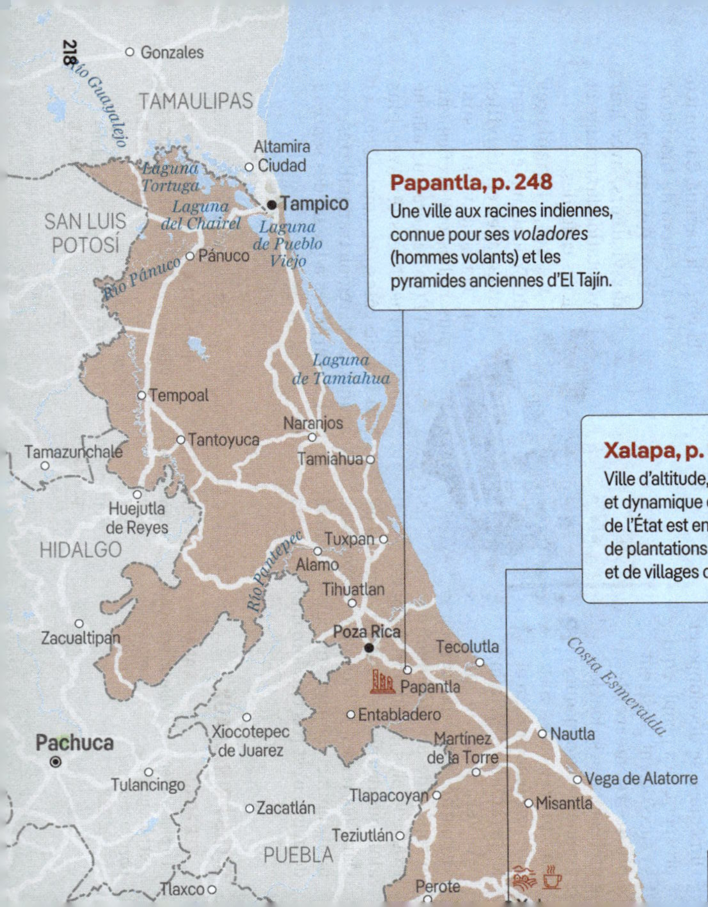

Papantla, p. 248
Une ville aux racines indiennes, connue pour ses *voladores* (hommes volants) et les pyramides anciennes d'El Tajín.

Xalapa, p. 232
Ville d'altitude, la jeune et dynamique capitale de l'État est entourée de plantations de café et de villages coloniaux.

Veracruz, p. 222
La plus ancienne des cités fondées par des Européens au Mexique allie charme historique et plages animées.

BUS

La ville de Veracruz est un grand centre de transports, avec de bonnes liaisons vers la côte et l'arrière-pays. La société ADO (www.facebook.com/TuADO) propose des bus climatisés confortables à destination des principales agglomérations de l'État. Des minibus et des *colectivos* (taxis partagés) circulent entre les villes et les villages.

Orizaba, p. 243

Depuis ce *pueblo mágico*, une des plus belles villes de l'État, on a vue sur le sommet enneigé du Pico de Orizaba, le plus haut du Mexique.

Reserva de la Biosfera Los Tuxtlas, p. 253

Gravissez les flancs du Volcán San Martín, toujours actif, glissez sur les eaux calmes de la Laguna Catemaco, et visitez des îles ponctuées de sculptures olmèques et de jolies cascades.

VOITURE

Le réseau routier est en assez bon état. La route 180, à deux voies, relie les villes côtières entre Veracruz et Papantla, mais pâtit souvent d'embouteillages aux heures de pointe. Vous trouverez des agences de location de voitures à l'aéroport, notamment Hertz (www.hertz.com) et Dollar (www.dollar.com).

TAXI

À Veracruz, les taxis doivent afficher la grille tarifaire officielle des courses par zone de circulation. Ils sont d'usage peu onéreux, et les même prix ont normalement cours dans l'État entier. On trouve également des véhicules Uber à Veracruz et Xalapa.

Planifier son séjour

Les distances sont courtes dans l'État de Veracruz, et aller de la côte aux destinations d'altitude ne prend que deux heures. En vous organisant bien, vous pourrez aisément visiter les villes coloniales, les plantations de café et les forêts des hauts plateaux en une seule semaine.

OOO.PHOTOGRAPHY/SHUTTERSTOCK ©

El Tajín (p. 250)

Jour 1

● Commencez par le centre historique de Veracruz. Le *zócalo* (place principale) est très animé, surtout le dimanche, lorsque les habitants vont à la messe à la **cathédrale** (p. 224). Dégustez un *lechero* (café au lait) au fameux **Gran Café de la Parroquia** (p. 225), et faites tinter votre cuillère contre votre tasse, à la mode locale.

● Plongez-vous dans l'histoire maritime de Veracruz au **Museo Histórico Naval** (p. 225), et continuez jusqu'au phare, le **Faro Carranza** (p. 225), pour assister à la parade de la marine (lundi uniquement). C'est là que débute le *malecón*, la promenade en front de mer, ornée de statues de politiciens célèbres, qui longe des jetées et une immense plage de sable gris.

Au fil des saisons

La meilleure période pour une visite va de décembre à mai, lorsqu'il ne pleut pas. Le carnaval marque la haute saison à Veracruz, et est ponctué d'événements qui valent qu'on affronte la foule.

JANVIER

Tlacotalpan accompagne le **Día de la Candelaria** d'un lâcher de taureaux dans les rues et d'une procession mariale sur le fleuve, suivie d'une flottille de petits bateaux.

FÉVRIER

Le **Carnaval de Veracruz** marque le début de la plus grande fête de la côte est du Mexique, avec défilés, feux d'artifice, samba et spectacles folkloriques.

AVRIL

L'**équinoxe de printemps** est célébré par une danse totonaque traditionnelle, tandis que les premiers rayons du soleil illuminent les pyramides d'El Tajín.

DE GAUCHE À DROITE : MEXICO SHOOTS/GETTY IMAGES ©, JAM MEDIA/GETTY IMAGES ©, JUANARIZAI/SHUTTERSTOCK ©

Jour 2

- Partez plein ouest pour rejoindre **Orizaba** (p. 243) et admirez-y le **Palacio de Hierro** (p. 244), un édifice Art nouveau conçu par Gustave Eiffel, qui abrite aujourd'hui de petits musées. Empruntez le **Teleférico de Orizaba** (p. 244) pour profiter du panorama depuis le Cerro del Borrego. Un sentier en boucle mène à des points de vue où, par beau temps, on aperçoit le plus haut sommet du pays, le Pico de Orizaba.

- En ville, promenez-vous sur les rives du Río Orizaba. Admirez les fresques éclectiques du **Paseo del Arte** (p. 247) en direction de l'aval, ou les animaux de la **Reserva Animal Citlaltépet** (p. 247), sur le Paseo del Río, en allant vers l'amont.

Jour 3

- Si vous avez plus de temps, visitez **Xalapa** (p. 232), au nord-ouest, la capitale de l'État de Veracruz. Le **Museo de Antropología** (p. 235) présente 7 des 17 grandes têtes olmèques en pierre retrouvées au Mexique. Profitez de l'air frais d'altitude dans les nombreux espaces verts de la ville. Le **Parque Ecológico Macuiltépetl** (p. 235) est le plus prisé au coucher du soleil.

- Plus au nord, à **Papantla** (p. 248), explorez les ruines, merveilleusement évocatrices et peu visitées, d'**El Tajín** (p. 250). Juste à côté, des *voladores* (hommes volants) totonaques assurent souvent le spectacle en s'élançant d'un mât, haut de 30 m, avant de descendre en tournoyant, comme en transe.

MAI

La **Feria de Corpus Christi** anime Papantla, avec, à la clé, *voladores* (hommes volants), défilés, combats de taureaux et *charreadas* (rodéos mexicains).

JUIN

Le 18 juin, Papantla ponctue le **Festival de la Vainilla** de danses indiennes et de délices gastronomiques avec, aux étals, toutes sortes de produits à la vanille.

JUILLET

Xico rend hommage à sa sainte patronne entre le 15 et le 24 juillet, durant la **Fiesta de Santa Magdalena**, notamment avec un lâcher de taureaux.

NOVEMBRE

La haute saison débute (hausse des températures, moins de pluie). Les habitants fêtent le **Día de Muertos** en dressant des *altares* (autels) et en allant au cimetière.

VERACRUZ

Érigée sur les rives du golfe du Mexique, la ville de Veracruz, surnommée Heroica Veracruz, est la plus ancienne cité fondée par des Européens au Mexique. Hernan Cortés débarqua sur le continent le 22 avril 1519. Le 9 juillet de la même année, il fit, du campement où lui et ses hommes s'étaient établis, une ville, baptisée *Villa Rica de la Vera Cruz* (Riche Ville de la Vraie Croix).

Quatre siècles durant, Veracruz resta la principale porte du pays sur le monde. Plusieurs fois mise à sac par les Français, les Espagnols et les Nord-Américains, elle a perdu ses plus beaux monuments, remplacés par un ensemble disparate de docks et d'architecture hybride, d'où émergent çà et là de rares chefs-d'œuvre de l'époque coloniale. Ici, d'austères églises côtoient des bâtiments Art déco et des sites modernistes, tous plus ou moins joliment délabrés, mais l'attrait de Veracruz tient davantage à son côté brut qu'à ce qu'elle peut avoir de grandiose.

L'insouciance règne sur le *zócalo* (place principale), surtout le week-end, lors des danses traditionnelles en plein air. À quelques pâtés de maisons à l'est, le *malecón*, une promenade longeant la mer, alterne entre bâtiments Art déco et bars de plage animés. Plus au sud, des gratte-ciel modernes et de grands centres commerciaux marquent l'orée de l'agglomération voisine, Boca del Río.

Pour les infos pratiques, voir le Carnet d'adresses p. 260

À SAVOIR

La ville de Veracruz compte un petit aéroport international moderne, à 18 km au sud-ouest du centre. Il est desservi par des vols fréquents à destination de Mexico, Monterrey, Cancún et Houston. Il n'y a pas de bus entre l'aéroport et la ville, mais la société ADO (www.facebook.com/TuADO) propose des taxis officiels pour le centre-ville, moyennant un tarif forfaitaire de 270 $M. Achetez votre billet dans le hall des arrivées avant de sortir du terminal.

***Zócalo* (p. 224)**

INCONTOURNABLES
1 Museo Histórico Naval
2 Zócalo

VOIR
3 Altar de la Patria
4 Baluarte de Santiago
5 Catedral de Veracruz
6 Faro Carranza
7 Monumento al Emigrante Libanés
8 Palacio Municipal
9 Playa Ostiones
(voir 7) Plaza del Migrante Libanés
10 Torre de Pemex

ACTIVITÉS
11 Paseo del Malecón

PRENDRE UN VERRE
12 Gran Café de la Parroquia

SHOPPING
13 Mercado de Artesanías

Baluarte de Santiago (p. 225)

LES MEILLEURS RESTAURANTS À VERACRUZ

Antojitos Miguel Alemán
Adresse très appréciée de la clientèle locale pour ses *picadas* (petites tortillas aux bords relevés). $

Tacos David
Stand de tacos aux tables toutes simples, servant une unique spécialité : les tacos à la *cochinita pibil* (porc cuit lentement), cuite dans un bouillon parfumé et modérément épicé. $

Fussion Restaurante & Taller
Ce restaurant sert une cuisine mexicaine contemporaine, notamment un *tataki* de thon avec du *mole* et un risotto de poulpe. $$

Namik
Dirigé par le chef Erik Guerrero, le restaurant le plus chic de Veracruz concocte une cuisine gastronomique haut de gamme fière de ses origines locales. $$$

Palacio Municipal

Déambulez sur le zócalo

JOIGNEZ-VOUS À LA FÊTE LE WEEK-END

Toutes les rues de Veracruz mènent au *zócalo* (Plaza de Armas), le cœur du centre historique. Cette jolie place animée est bordée de hauts palmiers, mais aussi des plus beaux bâtiments coloniaux de la ville, de superbes *portales* (arcades) et des terrasses, très fréquentées, d'onéreux restaurants.

Au sud-est de la place, la **catedral de Veracruz** (Nuestra Señora de la Asunción) a été construite, au XVIIIe siècle, en pierre et calcaire corallien. Sa façade néoclassique, blanchie à la chaux, contraste joliment avec les superbes tons bleu-vert des mosaïques de son dôme. Juste en face, le **Palacio Municipal** (hôtel de ville), du XVIIe siècle, se distingue par sa tour de garde, depuis laquelle on observait autrefois les navires arrivant au port.

Le week-end, en soirée, le *zócalo* devient une véritable "scène" en plein air. Bruissant de musique, il est alors investi par des groupes de marimba, des fêtards et des vendeurs de ballons. Les *jarochos* (le surnom populaire des habitants de Veracruz) prennent les danses traditionnelles très au sérieux, en particulier le *danzón*, élégante danse de salon tropicale originaire de Cuba, où se conjuguent contredanse française et rythmes africains.

OÙ SE LOGER À VERACRUZ

Múcara Hotel
Proche de la cathédrale, cette adresse à prix doux loue des chambres sobres et très propres. $

Gran Hotel Diligencias
Cet hôtel réputé, qui donne sur la place principale, est le plus chic de la ville. $$$

Hotel Emporio
Élégant hôtel artistique sur la partie la plus pittoresque du *malecón*. Prenez une chambre avec vue sur la mer. $$$

Forts et musées

DÉCOUVREZ L'HISTOIRE MARITIME

Immergez-vous dans l'histoire de Veracruz au **Museo Histórico Naval**. Aménagé dans une ancienne école navale, ce musée high-tech propose un remarquable voyage dans le passé maritime mexicain. Les expositions couvrent aussi bien la navigation précolombienne et la découverte du Nouveau Monde par Colomb que le commerce avec l'Asie, l'essor de Veracruz et le rôle de la marine actuelle. D'autres parties du musée sont consacrées à l'attaque de Veracruz par les États-Unis en 1847 et en 1914, à un simulateur de navigation et à de nombreuses armes de toutes les époques. Les explications sont uniquement en espagnol.

Derrière le musée, face à la mer, se dresse l'imposant **Faro Carranza**, où fut rédigée la Constitution mexicaine de 1917. Ce bâtiment surmonté d'un phare abrite aujourd'hui le secrétariat de la Marine, mais le rez-de-chaussée est ouvert au public. Chaque lundi matin, la marine mexicaine exécute une belle parade juste devant.

À quelques pâtés de maisons au sud-est, le **Baluarte de Santiago** laisse imaginer Veracruz du temps où elle était encore une ville forte. Construit en 1635, sur ce qui était alors le front de mer, il s'agit du seul bastion restant sur les neuf qui ponctuaient à l'origine la muraille. Usé par les siècles, il détonne quelque peu dans cette petite rue paisible du centre historique.

Concluez votre voyage dans l'histoire navale de Veracruz à **San Juan de Ulúa**, les vestiges de sa forteresse coloniale, à l'extrémité nord-ouest du port moderne. Les premières fortifications furent construites en 1565 sur une île, reliée depuis au continent par une chaussée. Après avoir résisté aux assauts du corsaire Francis Drake, en 1569, l'endroit fut pris par les Français en 1838, puis servit de prison sous le régime de Porfirio Díaz.

Aujourd'hui, le fort n'est plus qu'un enchevêtrement de ponts, de créneaux et de passages. Il est conseillé de réserver une visite guidée à la billetterie.

Goûtez le célèbre lechero de Veracruz

CAFÉ AU LAIT ET TINTEMENTS DE CUILLÈRES

À Veracruz, le **Gran Café de la Parroquia** a rang d'institution depuis 1808. Cet établissement a contribué à développer la culture du café à Veracruz, et a lancé la tradition consistant à faire tinter sa cuillère contre son verre.

C'est ainsi qu'il vous faudra attirer l'attention des serveurs, reconnaissables à leur veste blanche. L'un d'entre eux viendra

LES INFLUENCES AFRO-CUBAINES À VERACRUZ

Veracruz associe plusieurs cultures et identités, mêlées de l'héritage des esclaves afro-cubains amenés pendant la colonisation. Les *jarochos* (habitants de la ville) sont les descendants d'esclaves africains ayant épousé des personnes d'origine européenne ou amérindienne. Cette influence afro-cubaine se décèle dans tous les aspects de la culture *jarocha*, de la musique à la danse en passant par les rituels et la cuisine.

AUTRES MUSÉES À VERACRUZ

Museo de la Ciudad de Veracruz
Installé dans un édifice colonial, il retrace l'histoire de Veracruz depuis l'époque préhispanique.

Museo Agustín Lara
La vie de cette icône musicale est évoquée dans son ancienne maison, entre mobilier et souvenirs personnels.

Centro Cultural La Atarazana
Cet entrepôt colonial reconverti abrite une fresque magnifique signée Melchor Peredo, un muraliste *veracruzano*.

MEILLEURS CAFÉS À VERACRUZ

Impetus
Sirotez un café préparé par des baristas primés dans cet établissement créatif axé sur la qualité.

Antonino's
Cette petite enseigne est réputée pour préparer les meilleurs cafés de la ville.

Finca Sierra del Mar
Ce café, associé à la plantation Sierra del Mar, sert d'excellents cafés et petits-déjeuners.

Gran Café del Portal
Dégustez un *lechero* dans le cadre à l'ancienne soigné de ce joli café, fort d'un espace réservé aux souvenirs.

Gran Café de la Parroquia
Le café où sont nés le *lechero* et la tradition du tintement de cuillère.

ESKYSTUDIO/SHUTTERSTOCK ©

Front de mer

rapidement, muni de deux grands pichets en laiton, l'un rempli de café, et l'autre de lait chaud. Versant une dose d'expresso dans votre verre avant de l'allonger avec du lait versé de très haut, il préparera votre *lechero*, le célèbre café lacté.

Le Parroquia sert aussi des petits-déjeuners et des repas légers, avec une bonne dizaine de recettes à base d'œufs. Plusieurs cafés en ville tentent de l'imiter, dont certains tout proches. La nouvelle adresse du Parrroquia sur le *malecón* mérite une visite.

Promenez-vous sur le Malecón

MONUMENTS ET SCULPTURES EN BORD DE MER

Avec son terminal pétrolier, le littoral de Veracruz n'est peut-être pas le plus joli du pays, mais le **Paseo del Malecón**, promenade de bord de mer longue de 8 km, réserve de bonnes surprises. On y croise des bâtiments Art déco, des bars de plage et des *palapas* (paillotes où manger des produits de la mer), le tout illustrant l'éclectisme de la ville.

Commencez par le **Mercado de Artesanías**, où sont vendus souvenirs et objets artisanaux. Vous verrez ensuite la **Torre de Pemex**, un bâtiment qui appartient à la plus grande compagnie pétrolière du pays et qui se distingue par son architecture mexicaine moderne.

CONCERTS ET BARS À VERACRUZ

Bar Prendes
Idéalement situé sur le *zócalo*, ce bar propose d'excellentes *botanas* (collations) et des bières fraîches.

La Barricas
Les *Jarochos* aiment ce lieu pour sa programmation variée, allant du reggaeton au rock.

La Casona de la Condesa
Ce club proche du bord de mer associe musique live et public enthousiaste.

SERGIO HAYASHI/SHUTTERSTOCK ©

Encacahuatado

La promenade passe devant des jetées, des statues de politiciens connus et des monuments dédiés aux défenseurs de la ville et aux marins disparus en mer. La statue la plus célèbre est le **Monumento al Emigrante Libanés**, qui rend hommage aux immigrants ayant débarqué ici. À deux pâtés de maisons du *malecón*, côté ville, l'**Altar de la Patria** est un obélisque marquant la sépulture de combattants tombés en défendant Veracruz lors de différentes batailles.

Plus au sud, le *malecón* s'élargit pour devenir une promenade piétonne appelée *bulevar* par les habitants. La **Playa Ostiones**, la première des nombreuses plages de sable gris du littoral, est pourvue de bancs et de tables avec parasol.

Plages et îles

DÉTENTE SUR LA CÔTE DU GOLFE

Veracruz est peu connue des voyageurs internationaux, mais prisée des visiteurs mexicains. Au sud du centre-ville, d'assez jolies plages s'étirent jusqu'à Boca del Río. De manière générale, plus on s'éloigne des plateformes pétrolières, plus les plages sont belles.

Prenez un *lancha* (bateau à moteur) près de l'Acuario de Veracruz (le grand aquarium municipal), pour découvrir les îles environnantes. **Cancuncito**, un banc de sable parfois

SPÉCIALITÉS À NE PAS MANQUER À VERACRUZ

Au bord du golfe, les produits de la mer sont rois. Presque tous les restaurants servent du poisson ou des fruits de mer. Les *Veracruzanos* ont combiné leurs racines espagnoles et afro-cubaines pour créer des plats fusion alliant saveurs marines, riz et haricots.

Arroz a la tumbada
Bouillon à base de riz et de produits de la mer.

Huachinango a la veracruzana
Vivaneau frit recouvert d'une sauce tomate épicée.

Chilpachole de jaiba
Ragoût épicé à base de crabe et de piments.

Pollo encacahuatado
Poulet accompagné d'une sauce gourmande à la cacahuète.

Picada
Un *antojito* (en-cas de rue) qui se présente sous la forme d'une petite tortilla aux bords relevés, avec de la crème, du fromage, des oignons et de la sauce.

MEILLEURS RESTAURANTS DE POISSON À VERACRUZ

Palapa Perea Seafood
Ce lieu rustique, à toit de chaume, est apprécié des habitants pour ses produits de la mer frais à prix abordable. $

La Cevicheria
Adresse réputée pour son ceviche (poisson cru mariné) et son *coctel de mariscos* (cocktail de fruits de mer). $$

Villa Rica Mocambo
Une chaîne très populaire de restaurants de poisson, installée depuis longtemps à Veracruz. $$

PAROLE D'HABITANT : OÙ ALLER AVEC DES ENFANTS

Sara Tyler, mère de famille adepte de l'éducation par le voyage et propriétaire de Nomad Publishing, évoque ses endroits préférés avec des enfants à Veracruz.

Parque Zaragoza
Ce parc ombragé au sud du centre-ville est le préféré de ma famille. Les enfants peuvent s'y dépenser en toute sécurité. On trouve de succulentes *picadas* (tortillas aux bords relevés) au marché voisin.

Paseo del Malecón
La promenade en front de mer est idéale pour une balade en soirée. Mes enfants aiment y faire du vélo.

Isla de Enmedio
Cette île à quelques encablures de Veracruz est un petit paradis avec ses plages de sable blanc. Nous y passons souvent nos week-ends.

MATT GUSH/SHUTTERSTOCK ©

Boca del Río

entièrement submergé, est une destination populaire. Vous pourrez y louer du matériel de snorkeling pour explorer le monde sous-marin. La plupart des excursions en bateau passent près de l'**Isla de Sacrificios**, lieu où les Totonaques se livraient à des sacrifices humains, et qui servit plus tard de léproserie. Elle dépend désormais du Parque Marino Nacional Sistema Arrecifal Veracruzano, une réserve maritime protégée, et les bateaux ne sont plus autorisés à y accoster.

L'**Isla de Enmedio** est appréciée des habitants pour ses plages, qui seraient les plus belles de Veracruz. Cette île très protégée fait partie du parc national, et ses eaux transparentes abondent en récifs de corail et en poissons colorés. Faites attention si vous vous y promenez, car les tortues de mer viennent y nidifier dans le sable. Sur place, un sanctuaire de chéloniens protège leurs œufs. L'île se trouve à 25 minutes de hors-bord d'Antón Lizardo, à 30 km au sud-est de Veracruz.

Voisine de cette dernière, la ville de **Boca del Río** comporte une jolie plage, idéale pour les jeunes enfants avec ses eaux peu profondes et ses petites vagues. Depuis quelques années, les environs connaissent une nouvelle jeunesse avec des gratte-ciel aux façades vitrées et des bâtiments modernes, dont le **Foro Boca**, salle de concerts futuriste construite en 2017. Le long du Blvd Camacho, plusieurs restaurants de poisson donnent sur l'embouchure du Río Jamapa ; la Villa Rica Mocambo est l'un des meilleurs. Les *lanchas* à destination des mangroves partent de là.

COMMENT CIRCULER

Le centre de Veracruz se parcourt aisément à pied. Pour aller à la plage, prenez un des bus destination Mocambo-Boca del Río, à l'angle de l'Avenida Zaragoza et d'Arista, près du *zócalo*. Ils passent par le Parque Zamora et le Blvd Camacho avant de rejoindre la Playa Mocambo (20 min), puis Boca del Río (30 min). La gare routière est à 3 km au sud du *zócalo*. Pour accéder au centre-ville, prenez un bus direction Díaz Mirón y Madero. Il passera par le Parque Zamora et l'Avenida Madero.

Environs de Veracruz

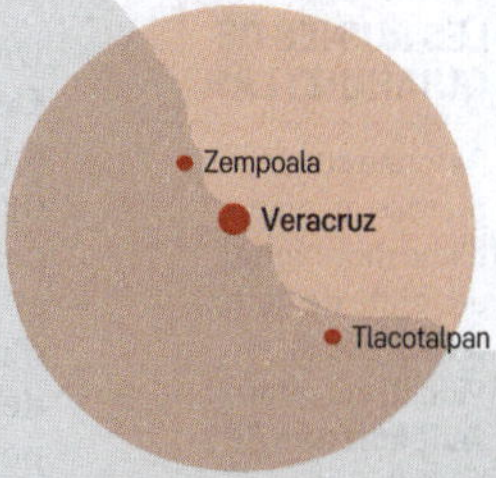

Veracruz est une base idéale pour explorer les ruines historiques, au nord, et les "villages magiques", au sud.

Le littoral est ponctué de sites historiques, de vestiges anciens et de *pueblos mágicos*. La région au nord de la ville revêt une grande importance historique, mais demeure étonnamment sauvage et peu visitée. Les sites archéologiques de Cempoala et Quiahuiztlán méritent une visite pour leurs pyramides à niches carrées, et il est possible de les découvrir en une journée au départ de Veracruz. Au sud de la ville, la superbe cité coloniale de Tlacotalpan est peut-être l'un des sites du Patrimoine mondial les moins connus du Mexique.

Pour les infos pratiques, voir le Carnet d'adresses p. 261

À SAVOIR

Les bus à destination des villes et des sites historiques proches de Veracruz partent de la principale gare routière, ce qui facilite les visites en solo. Si vous préférez partir avec un guide, l'agence Tours y Tickets Veracruz organise des excursions d'une journée en petits groupes dans des véhicules confortables.

Cempoala (p. 230)

LES RUINES DE QUIAHUIZTLÁN

Perchée sur un plateau au pied d'une montagne en forme de corne, tel un Machu Picchu miniature, **Quiahuiztlán** (le "lieu des pluies") est une ancienne cité et nécropole totonaque précolombienne, à 34 km au nord de Zempoala. Le site, d'où se dévoile un panorama dégagé sur le golfe du Mexique, compte deux pyramides, plus de 70 tombeaux et quelques monuments sculptés. Un court sentier monte du plateau principal, qui surplombe l'océan, jusqu'à un site plus élevé regroupant 4 tombeaux.

En dépit de son altitude, le village fut assujetti par les Toltèques entre 800 et 900, puis par les Aztèques vers l'an 1200. Vous pourrez méditer sur son histoire en pleine nature, dans une tranquillité absolue, car vous risquez fort d'avoir l'endroit pour vous seul.

Cempoala : des ruines totonaques méconnues

TEMPLES ET PYRAMIDES HISTORIQUES

Datant d'environ 1200, les vestiges archéologiques de **Cempoala** sont à la périphérie de l'actuelle ville de Zempoala, à environ 48 km au nord de Veracruz. Cette ville totonaque de quelque 30 000 âmes possédait des remparts et des canalisations d'eau et d'évacuation souterrains. Les temples et autres édifices de ce site tranquille et enherbé ont subi d'importantes rénovations ; ils sont pour la plupart émaillés de galets de rivières lisses, mais beaucoup étaient enduits et peints. Des sacrifices humains avaient lieu dans les temples.

Avant d'entrer sur le site, visitez le petit **musée** voisin. Vous y verrez d'intéressantes figurines en argile, des assiettes polychromes, des obsidiennes taillées et des poteries utilisées lors des cérémonies, ainsi que des photos et des descriptions (en espagnol) de tous les bâtiments importants du site. Proche de l'entrée, le **Templo del Muerte** (temple des Morts) abritait autrefois la tombe de Mictecachihuatl, la "Dame de la Mort". Découvert en 1972, le **Templo Mayor** (temple principal) est une pyramide haute de 11 m avec un large escalier menant à un autel.

Lorsque Hernán Cortés et ses hommes arrivèrent à Cempoala, ils passèrent la nuit dans le **Templo de Las Chimeneas**, un temple nommé ainsi pour ses créneaux évoquant des cheminées. Au centre du site, le cercle de pierres porte le nom de **Círculo de los Guerreros**. Autrefois, les soldats captifs devaient y combattre des groupes de guerriers locaux. Peu d'entre eux en sortaient vainqueurs.

La partie ouest comprend deux structures principales : le **Templo del Sol**, où des sacrifices étaient faits au dieu du Soleil Tonatiuh, et le **Templo de la Luna**, au nord, dont la structure évoque les temples aztèques dédiés au dieu du Vent, Ehécatl.

Visitez la ville de Tlacotalpan

PATRIMOINE MONDIAL DE L'UNESCO

Ses bâtiments historiques aux tons pastel, ses élégants pavillons de style européen et son plan parfait en damier ont valu à cette agréable cité d'être inscrite au patrimoine mondial de l'Unesco en 1998. Située à 100 km au sud de Veracruz, Tlacotalpan était autrefois un grand port fluvial qui perdit son importance lors de la construction du chemin de fer.

Aujourd'hui, c'est une ville où l'activité la plus agréable consiste à se balader dans la rue en s'imprégnant de l'ambiance. Elle offre une palette de couleurs extraordinaire : les lumineux

OÙ SE RESTAURER À TLACOTALPAN

Las Brisas del Papaloapan
Le plus populaire des restaurants de poisson au bord du fleuve. On y sert la pêche du jour et de l'*arroz a la tumbada*. **$$**

Restaurant Doña Lala
Le restaurant le plus chic de la ville, avec un grand choix de plats mexicains. **$$**

Rokola
Grâce à son emplacement imbattable sur la Plaza Zaragoza, cette sympathique adresse est toujours animée. **$$**

Tlacotalpan

couchers de soleil sur le **Río Papaloapan** ajoutent des orangés et des jaunes subtils à l'arc-en-ciel que déclinent les maisons coloniales – on pense à La Havane, en plus somnolent. Le vélo est idéal pour explorer cette ville plate. Louez-en à **Bicicleteando** afin de vous promener paisiblement jusqu'au fleuve.

La ville compte deux jolies places contiguës, le **Parque Hidalgo** et la **Plaza Zaragoza**. Au Parque Hidalgo, visitez la **Capilla de la Candelaria**. Cette chapelle rose saumon datant de 1779 possède une voûte faite en calcaire corallien de Veracruz. Dirigez-vous ensuite vers la **Parroquía San Cristóbal**, une superbe église néoclassique du XIXe siècle peinte en bleu et blanc. Ne manquez pas d'aller vous balader au bord de la rivière et dans la rue (*calle*) Cházaro.

À Tlacotalpan, seul le **Museo Salvador Ferrando** mérite une visite. Ce mini-musée, qui porte le nom d'un artiste de la ville, expose des objets et des œuvres éclectiques allant d'anciennes machines à coudre Singer à des portraits de notables locaux. Entrez dans le **Teatro Netzahualcóyotl**, un très joli théâtre de style français construit en 1891, et demandez au concierge d'allumer la salle et la scène afin d'en admirer toute la splendeur.

LA ROUTE D'ALVARADO

Sur la route qui mène de Veracruz à Tlacotalpan, vous traverserez la bourgade de pêcheurs d'Alvarado, fondée au XVIe siècle, et nommée d'après le conquistador espagnol Pedro de Alvarado. On peut y admirer l'imposant Palacio Municipal et l'Iglesia de San Cristóbal, datant de 1770. L'un des sites les plus marquants est le **Monumento a los Héroes de Sotavento,** qui rend hommage aux défenseurs d'Alvarado. Profitez de votre passage pour goûter l'*arroz a la tumbada* (riz et fruits de mer), plat *jarocho* emblématique.

COMMENT CIRCULER

Pour vous rendre au nord de Veracruz, prenez un bus pour Cardel à la gare routière. Des bus fréquents à destination de Zempoala et Quiahuiztlán partent d'un arrêt voisin de l'Hotel Cardel. Les bus allant vers le sud partent également de la gare routière principale. Il y a souvent des bus TRV pour Tlacotalpan.

Pour les infos pratiques, voir le Carnet d'adresses p. 262

XALAPA

Xalapa (prononcée ra-la-pa) réserve maintes surprises aux visiteurs. Elle est peu connue, et beaucoup s'étonnent d'apprendre qu'il s'agit de la capitale de l'État de Veracruz. Au Mexique, elle doit sa réputation au fameux piment vert auquel elle a donné son nom, le jalapeño.

Située en altitude, à seulement 107 km au nord-ouest de la chaleur étouffante de Veracruz, Xalapa profite d'un climat tempéré à l'année. En toute saison, prévoyez une veste légère, ainsi que des chaussures de marche pour en affronter les rues pentues.

La ville doit sa riche vie nocturne et culturelle à sa large population étudiante. L'agréable *centro* (centre-ville) abonde en bars branchés, librairies indépendantes et bons cafés.

À SAVOIR

Des bus ADO (www.facebook.com/TuADO) pour Xalapa partent toutes les heures de la principale gare routière de Veracruz. Le trajet de 107 km dure deux heures. La gare routière moderne de Xalapa, Central de Autobuses de Xalapa (CAXA), est à 2 km à l'est du centre. Pour prendre un taxi pour le centre-ville, achetez d'abord un billet à la gare routière. Un trajet simple ne coûte pas plus de 50 $M. Conduire en ville peut se révéler délicat, les embouteillages étant monnaie courante.

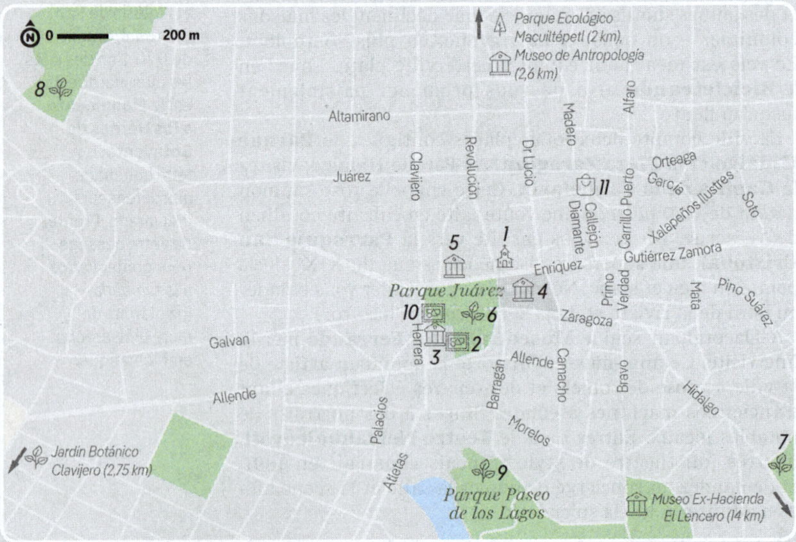

Catedral Metropolitana

VOIR
1 Catedral Metropolitana
2 El Ágora de la Ciudad
3 Museo Casa de Xalapa
4 Palacio de Gobierno
5 Palacio Municipal
6 Parque Juárez
7 Parque Los Berros
8 Parque Los Tecajetes
9 Parque Paseo de los Lagos
10 Pinacoteca Diego Rivera

SHOPPING
11 Callejón del Diamante

Xalapa

Place principale de Xalapa

MUSÉES, PALAIS ET ART MURAL

La place principale de Xalapa, le **Parque Juárez**, est un vaste espace vert orné de haies impeccables et d'araucarias du Chili, où l'on trouve à toute heure des cireurs de chaussures ou des vendeurs de cuisine de rue et de ballons. Perché au sommet d'une colline, le parc évoque une terrasse donnant sur la vallée. Côté sud, on admire une vue sur les couleurs et les rues pittoresques de la ville, ainsi que le Pico de Orizaba, coiffé de neige.

Près du *mirador* (point de vue), la galerie moderne **El Ágora de la Ciudad** accueille des expositions et des projections de films. Au niveau inférieur, vous trouverez une énorme sculpture en mosaïque de Quetzalcoatl, le dieu serpent à plumes, qui sert de terrain de jeu aux enfants, et les sculptures des vertus cardinales : la Force, la Justice, la Prudence et la Tempérance.

À l'ouest de la place, descendez l'escalier pour rejoindre la **Pinoteca Diego Rivera**, une petite galerie qui expose quelques œuvres de Diego Rivera et d'autres créations d'artistes mexicains contemporains, comme José García Ocejo. Juste à côté, le **Museo Casa de Xalapa**, aménagé dans une vieille maison coloniale, évoque l'histoire de Xalapa. Les collections (en espagnol) vont de la préhistoire à la croissance et à l'urbanisation de la ville, mais en abordent aussi la culture et le commerce.

MEILLEURS RESTAURANTS À XALAPA

El Itacate Fonda
Cette cafétéria sobre et populaire sert des plats appréciés de la clientèle locale, à l'exemple du *chile relleno* (poivron farci). $

La Candela
Les habitués viennent s'y régaler d'une cuisine mexicaine créative et de délicieux steaks. $$

Macario Cocina Local
Ce bar gastronomique intime et branché propose des plats *xalapeños* contemporains et d'alléchants *mezcalitos* (cocktails à base de mezcal). $$

El Brou
Aménagé dans un élégant salon colonial haut de plafond, ce restaurant a une carte de spécialités méditerranéennes, libanaises et mexicaines. $$$

OÙ SE LOGER À XALAPA

Posada del Cafeto
Ce B&B accueillant et confortable est installé dans un bâtiment de style colonial au patio luxuriant. $

Mesón del Alférez Xalapa
Ce superbe établissement a l'attrait d'un cadre chic, des chambres sur deux niveaux et un délicieux petit-déjeuner. $$

Hotel Boutique San Antonio
Des chambres récemment rénovées, mais au charme à l'ancienne : poutres apparentes et mobilier en teck. $$$

Sculpture olmèque, Museo de Antropología

OBSERVATION DES OISEAUX À XALAPA

Agglomération assez vaste et engorgée de circulation, Xalapa n'en compte pas moins plusieurs espaces verts et boisés. Les pinèdes en altitude de Las Minas, à environ 7 km au nord-est de la ville, sont idéales pour l'observation des oiseaux. On y aperçoit souvent des trogons montagnards, des moucherolles huppés et des colibris héloïse. **Wildside Nature Tours** organise des sorties ornithologiques dans la région avec des guides naturalistes experts.

Le quotidien n'est pas en reste, comme en témoigne la reconstitution d'une cuisine *xalapeña*.

Au nord de la place principale, le **Palacio Municipal**, austère édifice néoclassique construit en 1855, contraste avec la **Catedral Metropolitana**, sa voisine aux tons de miel. Cette merveille inachevée ne compte pas de deuxième tour, mais n'en impressionne pas moins. Son intérieur associe des éléments néogothiques et baroques, et l'on y trouve un magnifique crucifix en bronze. Le monument recèle la dépouille de l'évêque Rafael Guízar y Valencia, béatifié en 1995 par Jean-Paul II, puis canonisé en 2006 par Benoît XVI. À deux pâtés de maisons au nord-est de la cathédrale, le **Callejón del Diamante** est une allée étroite jalonnée de boutiques et de stands, où l'on vend bijoux, chapeaux et autres objets à bas prix.

En face de la cathédrale, le **Palacio de Gobierno** se distingue par ses arcades ourlées de brun et ses balcons. Il s'agit du siège du gouvernement de l'État de Veracruz, devant lequel passent souvent des manifestations d'étudiants et des marches pour la paix. Au-dessus de l'escalier proche de l'entrée est, une belle peinture murale de Mario Orozco Rivera illustre l'histoire de la justice.

LES SUPERBES ESPACES VERTS DE XALAPA

Parque Los Tecajetes
Parc municipal luxuriant, que distinguent ses canaux et sa forêt tempérée aux arbres moussus.

Parque Paseo de los Lagos
Parc paisible en bord de fleuve, avec sentiers de jogging et pédalos.

Parque Ecological Macuiltépeti
Forêt de nuages à flanc de colline, où observer les oiseaux et admirer le plus beau coucher du soleil de la ville.

Parcs, lacs et points de vue

UN BAIN DE VERDURE EN PLEINE VILLE

Édifiée sur une vaste étendue de forêt tempérée, Xalapa est une ville universitaire animée, riche de nombreux espaces verts.

Juste au sud du Parque Juárez, le **Parque Paseo de los Lagos** compte plus de 3 km de jolis sentiers pédestres longeant un lac paisible. À son extrémité nord, le **Centro Cultural Casa del Lago** accueille des événements culturels et des cours de yoga ouverts à tous. À l'est du lac, le **Parque Los Berros**, jalonné d'arbres, est apprécié des familles pour ses calèches, ses aires de jeux et ses statues commémoratives.

À seulement 1,5 km au nord-ouest du centre, le **Parque Los Tecajetes** est un espace vert luxuriant qui abrite une source d'eau douce alimentant aqueducs recouverts de mousse, fontaines et canaux. Ses grands cèdres et ses jardins ont la faveur des étudiants, qui s'y reposent à l'ombre. Au **Jardín Botánico Clavijero**, à l'orée sud-ouest de la ville, on peut se promener parmi de grands eucalyptus et des cyprès recouverts de mousse espagnole. Ce jardin botanique s'étire sur les 38 ha d'une ancienne plantation de café à flanc de colline, dans une forêt de nuages à 1 400 m d'altitude.

Pour admirer le coucher du soleil et voir Xalapa prendre des tons dorés, optez pour le **Parque Ecológico Macuiltépetl**, une forêt de nuages au sommet d'un volcan éteint, à 5 km au nord du centre. Les sentiers qui en rejoignent le sommet sont parcourus de joggeurs. Ce parc de 40 ha se prête à l'observation des oiseaux, et abrite des espèces uniques comme le moqueur bleu.

Les têtes olmèques géantes

DE COLOSSALES SCULPTURES

Principal attrait de Xalapa, le **Museo de Antropología** renferme la deuxième collection archéologique du pays, après celle de l'immense Museo Nacional de Antropología de Mexico. Installé à 4 km au nord-ouest du centre, ce remarquable musée occupe des galeries reliées entre elles, sur le versant d'une colline luxuriante ponctuée de jardins et d'espaces d'exposition en plein air.

Ses trésors archéologiques en éclipsent jusqu'à l'architecture, pourtant très bien pensée. Les trois civilisations préhispaniques du golfe du Mexique y sont représentées : les Olmèques, les Totonaques et les Huastèques. Les objets sont classés par ordre chronologique, à commencer par les gigantesques têtes olmèques en pierre : sept des dix-sept retrouvées au Mexique sont exposées ici.

LA CIVILISATION OLMÈQUE

C'est à la civilisation olmèque, considérée comme la "culture mère" de Mésoamérique, que l'on doit plusieurs éléments distinctifs repris par d'autres peuples, à l'exemple du jeu de balle. Elle s'est épanouie de 1200 à 900 av. J.-C. environ à San Lorenzo Tenochtitlán, dans le sud de Veracruz, et entre 800 et 400 av. J.-C. à La Venta, dans le Tabasco. Les 17 têtes colossales retrouvées au Mexique l'ont été principalement au cœur de la région olmèque, dans les États de Veracruz et de Tabasco, sur une zone couvrant quelque 275 km d'est en ouest.

SITES CULTURELS À XALAPA

Tierra Luna
Véritable sanctuaire pour artistes, ce lieu bohème propose lectures de poèmes, pièces de théâtre et concerts.

Centro Recreativo Xalapeño
Ce centre accueille sessions d'improvisation musicale, cours de danse, expositions et projections d'art et essai.

Teatro del Estado
Cet imposant théâtre d'État héberge l'Orquesta Sinfónica de Xalapa et le Ballet Folklórico de l'Universidad Veracruzana.

JORGE DUARTE ESTEVAO/GETTY IMAGES ©

Église, Xalapa

Les collections sont superbement présentées (explications seulement en espagnol). Au mur de certaines salles, vous trouverez quelques informations en anglais. N'hésitez pas à louer un audioguide ou à vous joindre à une visite guidée en anglais pour mieux comprendre. Pour accéder au musée, prenez un bus direction Camacho-Tesorería à l'arrêt Enríquez, près du Parque Juárez. Le trajet en taxi coûte 50 $M.

Un voyage dans le temps dans une hacienda

PLONGÉE DANS LE PASSÉ

À 12 km au sud-est de Xalapa, non loin de l'autoroute menant à Veracruz, le **Museo Ex-Hacienda El Lencero** est presque aussi vieux que la Nouvelle-Espagne. Cette ancienne *posada* (auberge) fut fondée en 1525 par Juan Lencero, soldat loyal à Hernán Cortés, pour accueillir les voyageurs entre Mexico et la côte. Des années plus tard, elle s'agrandit avec une ferme à bétail, un atelier de poterie et une plantation de canne à sucre.

Le musée qu'elle abrite désormais comprend une maison meublée d'antiquités et d'objets du XVIe siècle, ainsi qu'une chapelle coloniale, une église paroissiale (Casa de las Monjas), une salle d'armes et des jardins avec un lac et un figuier vieux de 500 ans.

Au départ du centre commercial Plaza Cristal de Xalapa, prenez un bus direction Miradores. Le musée est à 10 minutes à pied de l'autoroute. En voiture depuis Xalapa : parcourez 12 km vers le sud-est sur la route de Veracruz, puis obliquez à droite (vous verrez un panneau) et continuez sur 1 ou 2 km.

MEILLEURS CAFÉS À XALAPA

Flor Catorce
Très populaire parmi les étudiants, cet agréable café comporte plusieurs recoins secrets et une cour luxuriante. $

Cafetal-pan
Cet établissement sobre, associé à la *finca* (ferme) de Coatepec, sert un café de qualité. $

Bolena
Très élégant, cet établissement récent propose du café gourmet et des préparations ancestrales. $$

Caferencial
Tout en sobriété, ce lieu sert d'excellents cafés aux notes aromatiques. $$

COMMENT CIRCULER

Xalapa est un nœud de transports où l'on trouve d'excellentes liaisons pour tout l'État et au-delà, mais aussi nombre d'embouteillages. Il est déconseillé de conduire, car il peut être difficile d'atteindre les collines du centre-ville depuis les vastes zones en périphérie.

Pour prendre un bus à la gare routière CAXA, empruntez n'importe quel véhicule direction Centro à l'arrêt de l'Avenida 20 de Noviembre. Dans le centre-ville, les déplacements en taxi coûtent généralement entre 50 et 150 $M, selon la distance et la durée.

Environs de Xalapa

Les environs de Xalapa allient *fincas* (plantations) de café et villes provinciales au charme rural.

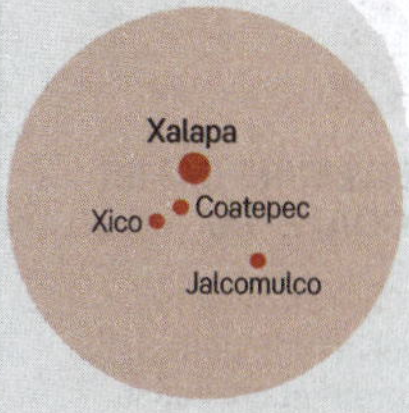

Les montagnes proches de Xalapa associent forêts de nuages, rivières impétueuses et cascades. Son altitude et son climat tempéré humide rendent cette contrée propice à la culture du café. Très prospère depuis le début du XVIIIe siècle, celle-ci a fait la richesse de la région, comme en témoignent les places pavées et les beaux bâtiments coloniaux de ses villes.

Au sud de Xalapa, plusieurs jolis bourgs de montagne, parfaits pour une courte escapade urbaine, bordent la route 7. Coatepec est une bonne base pour des excursions dans les plantations de café et des randonnées jusqu'aux cascades. À 10 km plus au sud, Xico, plus paisible et vallonnée que Coatepec, a la faveur des amateurs de *mole* (sauce traditionnelle et gourmande aux saveurs sucrées-salées). Il est également possible de faire du rafting sur les rapides du Río Antigua à Jalcomulco.

Pour les infos pratiques, voir le Carnet d'adresses p. 262

À SAVOIR

Les déplacements sont assez simples depuis Xalapa. Des bus pour Coatepec et Xico partent régulièrement du Mercado de los Sauces, à 1 km à l'ouest du centre. Un aller simple en taxi coûte généralement moins de 200 $M. Des bus fréquents pour Jalcomulco partent de la gare routière Azteca à Xalapa.

Coatepec (p. 238)

MEILLEURS CAFÉS À COATEPEC

El Café de Avelino
Avelino Hernández, le propriétaire connu sous le nom de Poeta del Café (le "poète du café"), prépare le meilleur café de Coatepec. **$**

La Vereda
Ce café animé, qui donne sur la place principale, sert du café cultivé localement, qui accompagne à merveille ses délicieux gâteaux. **$$**

Santa Cruz Restaurante Café
Cet établissement très original propose du café bio et des plats originaux dans un bâtiment de ferme ocre rouge. **$$**

M Cafe / Museo / Botica
Il est possible de siroter une tasse de l'emblématique breuvage dans l'élégant café du Museo de Cafe Botica, sans même avoir à visiter le musée. **$$**

WIRESTOCK CREATORS/SHUTTERSTOCK ©

Cascada de la Monja

Coatepec : capitale mexicaine du café

SAVOUREZ LE CAFÉ À SA SOURCE

Nichée dans les contreforts de la Sierra Madre, la ville de montagne de **Coatepec**, à seulement 15 km au sud de Xalapa, revendique le titre de capitale mexicaine du café – votre sens olfactif vous le rappellera dès la descente du bus. Le café est cultivé dans les forêts de nuages alentour depuis la fondation de la ville en 1701. Et il s'agit d'un arabica de toute première qualité, qui bénéficie de conditions optimales entre 900 et 1 200 m d'altitude.

Pour en savoir plus sur les différentes techniques de torréfaction et de préparation, direction le **M Café / Museo / Botica**, sur Constitución. Aménagé dans une ancienne *botica* (pharmacie) vieille de 200 ans, cet élégant café et boutique comporte un petit musée proposant des visites guidées. Un barista très compétent vous fera découvrir le processus de production et vous fera goûter le meilleur café de Coatepec.

Un peu à l'extérieur de la ville, **El Cafétal Apan** est un producteur à l'ancienne qui possède sa propre *finca* à seulement 4 km au sud. Visitez l'hacienda et examinez les anciens outils de fabrication du café, puis grimpez dans un pick-up pour

OÙ SE LOGER À COATEPEC

Casa Aroma de Café
Cet hôtel de style colonial possède une cour et des chambres spacieuses affichant lustres et fauteuils en cuir. **$$**

Hotel Mesón del Alférez Coatepec
Maison de ville qui comporte une cour secrète et du mobilier en bois aux touches coloniales. **$$**

Posada Coatepec
Ce superbe hôtel de l'époque coloniale s'organise autour d'un pittoresque patio central garni de plantes. **$$$**

vous promener dans la plantation et vous rafraîchir sous de belles cascades. Les visites de la *finca* doivent être réservées au moins 48 heures à l'avance sur le site Web.

Si Coatepec vit pour le café, on trouve malgré tout quelques sites intéressants aux alentours. Gravissez les rues pavées au nord d'Independencia pour rejoindre le **Cerro de las Culebras** (la "colline du serpent"). Au sommet, une tour ornée d'une statue blanche du Christ donne sur un panorama splendide de Coatepec et des montagnes. Rafraîchissez-vous ensuite dans la **Cascada Bola de Oro**, à 5 km au nord de la ville. Les cascades se trouvent dans une plantation de café qui compte également un bassin naturel où l'on peut nager, ainsi que plusieurs sentiers de randonnée.

Xico la bucolique

VIE PAISIBLE DANS L'ARRIÈRE-PAYS

Située à 8 km au nord de Coatepec, **Xico** est une petite ville de montagne, bien plus paisible que sa voisine. Le week-end, elle attire davantage les amateurs de *mole* et d'artisanat que les inconditionnels du café. Tous les ans, en juillet, elle reçoit davantage encore de visiteurs pour la journée de sa sainte patronne, la **Fiesta de Santa Magdalena**, fêtée avec un lâcher de taureaux à la mode de Pampelune.

En 2011, Xico a rejoint les rangs des *pueblos mágicos*, label décerné par le gouvernement mexicain. Sa rue principale pavée, l'Avenida Miguel Hidalgo, mène à la **Parroquia de Santa María Magdalena**, érigée au sommet d'une colline. Cette église jaune et blanche est proche de la place principale de la ville, le **Parque Xico**, où l'on trouve plusieurs stands de cuisine de rue et d'étals de bonbons. Derrière l'église, le **Museo del Vestido** expose plusieurs des robes portées pour la Santa Magdalena depuis 1910.

À l'angle des rues Aldama et Juárez, le **Museo del Totomoxtle** est un petit musée consacré aux figurines artisanales typiques de la ville, confectionnées à partir d'*hojas de maiz* (feuilles de maïs). Ces poupées ne font pas toujours l'unanimité, mais l'ancienne demeure coloniale, elle, mérite une visite.

Une agréable promenade de 3 km sur la route allant de Coatepec à Xico permet de rejoindre deux belles cascades : la **Cascada de Texolo**, haute de 80 m, et la **Cascada de la Monja**. Cette dernière servit, en 1984, de lieu de tournage pour le film *À la poursuite du diamant vert*, avec Kathleen Turner et Michael Douglas. Les deux cascades invitent à se rafraîchir, mais notez que l'eau peut être froide (même par temps ensoleillé) et que le courant est fort.

OÙ SE RESTAURER À XICO

Restaurant Mesón Xiqueño
Goûtez le célèbre *mole xiqueño* de Xico dans le restaurant le plus connu de la ville. **$$**

Los Portales Texolo
Installez-vous en plein air pour savourer de délicieuses spécialités *xiqueñas*. **$$**

La Casona de Don Gonzalo
Cette adresse pittoresque sert des plats de viande accompagnés du *mole* local. **$$**

El Campanario de Xico
Aménagé sur plusieurs niveaux dans l'emblématique beffroi rouge de la ville, ce restaurant séduisant sert des classiques traditionnels. **$$**

OÙ SE LOGER À XICO

Posada los Naranjos
En plein centre-ville, cet endroit sobre loue des chambres hautes sous plafond, dont certaines sans fenêtre. **$**

Hotel Coyopolan
Cet hôtel à prix doux installé près du fleuve, au sud du centre-ville, arbore un cadre coloré de style mexicain. **$$**

Las Magdalenas
Le boutique-hôtel le plus impressionnant de Xico allie style contemporain et cadre historique. **$$$**

DOUGLASDEPIES/SHUTTERSTOCK ©

Rafting, Río Antigua

LE RAFTING À TLAPACOYAN

Tlapacoyan offre également un excellent spot de rafting à l'embouchure du Río Filobobos (connu sous le nom de Río Bobo). **Aventurec** propose une variété de sorties en kayak et de rafting en eaux vives. Vous pourrez aussi faire de la tyrolienne et des randonnées.

Les rapides de Jalcomulco

AVENTURES EN RAFTING

Sise dans une vallée luxuriante à 30 km au sud-est de Xalapa, la petite ville de Jalcomulco est accolée au Río Antigua (dont cette portion est appelée Río Pescados) et encadrée de collines couvertes de jungle. Le secteur abonde en grottes et superbes coins de baignade, mais est surtout connu pour ses rapides, parmi les meilleurs du Mexique, adaptés aux rafteurs de tous les niveaux.

Jalco Expediciones propose des forfaits rafting comprenant souvent d'autres activités : descente en rappel, équitation, VTT, canyoning, tyrolienne ou *temascal* (bain de vapeur traditionnel). Réservez bien à l'avance, car chaque activité exige généralement un nombre minimum de participants. Installé dans la jungle, à 4 km au nord de la ville, **México Verde** est un établissement ouvert depuis plus longtemps, qui propose des forfaits similaires, dont du glamping dans des tentes de luxe. Il possède aussi un restaurant, une piscine, un spa et un *temascal*.

De nombreux amateurs affluent le week-end mais, le reste du temps, Jalcomulco demeure une bourgade assoupie parmi les plantations de manguiers et les champs de canne à sucre.

OÙ SE LOGER ET SE RESTAURER À JALCOMULCO

Aldea Ecoturismó
Immersion dans la jungle en campant parmi les lianes où en logeant dans une maison au milieu des arbres. **$$**

Restaurante Nachita
Spécialités de la maison : *manuelitos* (langoustes), *torta de mariscos* ou *cazuela* (tourte ou cassolette de fruits de mer. **$$**

Picocanoa Rodavento
Adorables bungalows, luxueuses et grandes tentes safari, piscine et restaurant, au milieu d'un jardin luxuriant. **$$$**

AGEFOTOSTOCK /ALAMY ©

El Cuajilote

Sites archéologiques à Tlapacoyan

VOYAGE DANS LE PASSÉ

À 165 km au nord de Jalcomulco, la ville agricole de Tlapacoyan, entourée de bananeraies et de vergers d'agrumes, mérite néanmoins une halte d'une nuit ne serait-ce que pour visiter les deux fascinants sites archéologiques, désignés globalement sous le nom de **Filobobos**, découverts récemment à proximité.

Composé de temples, de plateformes et de tombeaux partiellement débarrassés de la végétation qui les recouvrait et disposés autour d'une longue place rectangulaire, le site d'**El Cuajilote** date de 600-900 de notre ère. Le paysage environnant vaut à lui seul le déplacement et vous risquez fort d'être les uniques visiteurs. Suivez les indications "Filobobos" au sud de Tlapacoyan, le long d'une route asphaltée – sauf le dernier kilomètre, très cahoteux. Les taxis pour Rancho Grande peuvent vous déposer à l'embranchement où débute ce dernier tronçon.

En arrivant sur le site, les deux premiers édifices sur la droite sont un terrain pour jeu de balle. Juste en face a été dégagé le **Templo Mayor**, une impressionnante pyramide à degrés. Des deux côtés de la place, on distingue les silhouettes d'autres temples et plateformes sous la végétation luxuriante. Un ruisseau sépare le Templo Mayor des vestiges d'autels situés au milieu de la place. Les fouilles archéologiques sont en cours et on n'a pas encore découvert d'où venaient les habitants d'El Cuajilote. Plus de 1 500 figurines phalliques, symboles de fertilité, ont été découvertes dans le sanctuaire A4, laissant supposer l'influence d'un culte de la fertilité huastèque, tandis que les édifices les plus anciens du site (datant peut-être de 1000 av. J.-C.) semblent de style olmèque

OÙ SE LOGER ET SE RESTAURER À TLAPACOYAN

Hotel Posada Oliver
Meilleur hôtel de Tlapacoyan (la concurrence est maigre, il est vrai), il est situé juste à côté de la place principale. Ses arcades en pierre et sa cour emplie de verdure lui confèrent un peu de caractère ; les chambres sont simples mais confortables. **$**

Las Acamallas
Juste à côté de la place principale, ce restaurant sur 2 niveaux est une valeur sûre pour les envies d'*enchiladas*, de poulet cuisiné de mille façons et d'immenses verres de *horchata* (boisson à base de lait de riz). **$$**

ILLUSTRE CÓRDOBA

C'est à **Córdoba** que fut signé, en 1821, le traité qui scella l'indépendance du Mexique. La ville fut fondée en 1618 pour servir de relais entre Mexico et la côte, afin de protéger les intérêts de la Couronne espagnole face à la rébellion des esclaves menée par Gaspar Yanga. Comme halte pour la nuit, Córdoba est moins jolie qu'Orizaba, toute proche, mais plus vivante grâce à sa grand-place, animée de jour comme de nuit, où des noctambules en tenue de soirée côtoient de vieux Mexicanos jouant du marimba au clair de lune. L'imposante cathédrale baroque, la **Catedral de la Inmaculada Concepción**, de loin la plus spectaculaire de l'État, domine l'ensemble. La plupart des sites entourent la place principale, le **Parque de 21 de Mayo**, qui mérite à elle seule le détour.

AGEFOTOSTOCK / ALAMY © ; À DROITE : ABERU.GO/SHUTTERSTOCK ©

Vega de la Peña

et que certaines sculptures en pierre sont de style totonaque. Les archéologues pensent aussi que les deux sites composant Filobobos pourraient avoir été fondés par une civilisation mésoaméricaine inconnue à ce jour.

À 2,5 km d'El Cuajilote, se trouve le site **Vega de la Peña**. Ces 8 km² récemment découvert, accessible qu'à pied et peu visité, présente une ville précolombienne qui n'a encore été que partiellement mise au jour. Elle présente des influences olmèques, huastèques, totonaques et toltèques et son histoire s'étend sur plus de 1 500 ans, de 100 av. J.-C. à l'an 1500, bien qu'elle semble avoir connu son âge d'or entre 1200 et 1500. Ce site, qui comprend un petit terrain de jeu de balle et quelques habitations, est moins spectaculaire que le précèdent mais c'est ce qu'il sous-tend qui impressionne : il est possible que les ruines non encore mises au jour soient beaucoup plus nombreuses qu'on ne le pense actuellement et que la civilisation complexe qui prospéra ici ait joué un rôle commercial et exercé une influence beaucoup plus prépondérants qu'on ne l'a cru jusqu'à présent.

COMMENT CIRCULER

Les environs de Xalapa sont bien desservis par des bus fréquents et des *colectivos*. En solo, il est facile de partir en randonnée et de réserver des visites à la dernière minute sur le thème du café dans les musées. Les activités de plein air à Jalcomulco doivent être réservées à l'avance avec un tour-opérateur, car un nombre minimum de participants est requis. Les agences de sports d'aventure incluent souvent les transferts à Jalcomulco dans leurs forfaits rafting. Depuis/vers Tlapacoyan : de la gare routière (Zaragoza s/n) partent des bus ADO pour Mexico (5h30), Puebla (3h30) et Xalapa (2h30). Pour Veracruz ou Papantla, il faut prendre un bus 2e classe jusqu'à Martínez de la Torre, à 22 km à l'est, d'où partent des correspondances.

ORIZABA

Orizaba charme d'emblée ses visiteurs. Proche du Pico de Orizaba, le plus haut sommet du Mexique, et encadrée de plusieurs montagnes, elle tire parti de son centre-ville magnifiquement aménagé et des quartiers alentour.

L'ambiance à l'européenne y est plus marquée que dans d'autres localités de l'État de Veracruz, comme Córdoba et Xalapa. Durant le Porfiriat (les deux dernières décennies du XIXe siècle), cette cité était reconnue comme la plus riche et la plus industrialisée de l'État de Veracruz. Nombre d'immigrants venus d'Italie, de France, d'Allemagne et de Suède ont apporté avec eux un peu du Vieux Monde, et Orizaba a puisé dans ces influences un peu de ce qu'elle est.

Sa principale curiosité, le Palacio de Hierro, attribué à Gustave Eiffel et importé de Belgique, domine la place principale, le Parque Castillo. Avec sa façade Art nouveau, ses détails en fer forgé, ses fontaines fleuries et ses jardins impeccables, il confère un côté vieille France au centre historique.

Pour les infos pratiques, voir le Carnet d'adresses p. 264

À SAVOIR

Orizaba se situe à 132 km au sud-ouest de Veracruz et à 144 km au sud de Xalapa. La gare moderne ADO est sur l'artère principale, la route 150 (Av Oriente 6), à seulement 350 m au sud-est du centre historique. La plupart des hôtels se trouvent sur cette même route, à quelques minutes de marche de la plupart des sites.

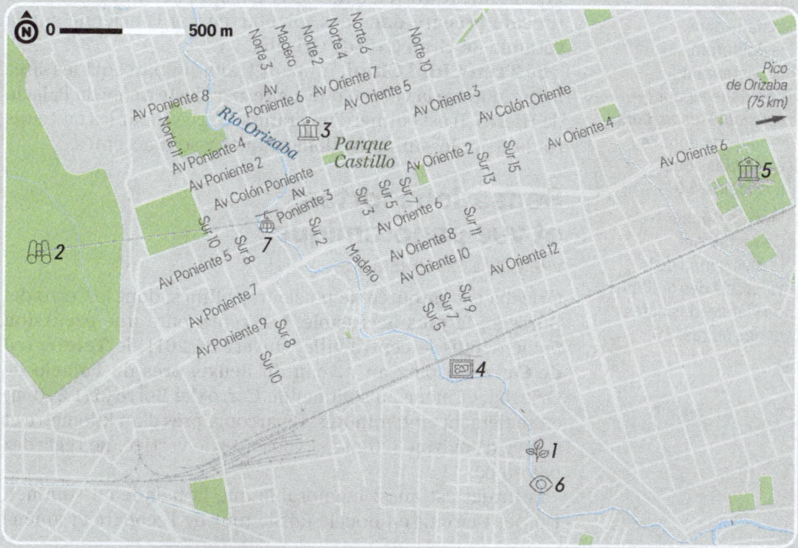

Palacio de Hierro

VOIR
1 Biori Jardín Botánico
2 Cerro del Borrego
3 Palacio de Hierro
4 Paseo del Arte
5 Poliforum Mier y Pesado
6 Rio Orizaba

ACTIVITÉS, COURS & EXCURSIONS
7 Teleférico de Orizaba

OÙ SE RESTAURER À ORIZABA

Super Tortas Orizabeñas
Un lieu apprécié des habitants pour ses *tortas* (sandwichs) frais et simples. $

Gran Café de Orizaba
Sirotez un café dans cet établissement à l'ancienne installé dans le Palacio de Hierro. $

El Artista Bistro
Ce bistrot intime à l'ambiance unique propose un menu sophistiqué de plats élégants. $$

Romantxu Cocina & Bar
Installé dans le Poliforum, ce restaurant populaire a pour spécialité les saveurs méditerranéennes et les classiques mexicains. $$

Marron Cocina
Ce restaurant, le plus connu de la ville, sert des grillades de viande, des pâtes et des pizzas. $$

Un petit bout d'Europe

LA MARQUE DE GUSTAVE EIFFEL

Véritable icône, le **Palacio de Hierro** (palais de fer) vole la vedette avec sa superbe structure en acier, ses murs en fer couleur olive et son toit en acier à plusieurs niveaux. L'ancien Palacio Municipal, dessiné par Gustave Eiffel pour l'Exposition universelle de 1889, fut acheté par le maire d'Orizaba en 1892 pour impressionner le reste du pays avec un hôtel de ville de style européen. Ce bâtiment de 600 tonnes fut expédié de Belgique, pièce par pièce, avant d'être assemblé à Orizaba.

Le Palacio de Hierro servit de mairie pendant 97 ans, jusqu'en 1991, date à laquelle les autorités municipales emménagèrent dans le Palacio de Orizaba. Depuis, l'office de tourisme et plusieurs petits musées y ont été aménagés. Vous pourrez acheter votre *boleto* à l'office. Ce billet d'entrée, qui coûte 50 $M, donne accès aux 14 musées de la ville.

Le **Museo de las Raíces de Orizaba** abrite une collection d'objets archéologiques, et le **Museo de Geográfico de Orizaba** fournit des informations intéressantes sur la géographie de la région. Avec des enfants, visitez le **Museo Interactivo**, qui possède un petit planétarium et propose des expériences scientifiques divertissantes. Entre adultes, optez pour le **Museo de la Cerveza**. Vous en apprendrez davantage sur la plus grande brasserie d'Orizaba et dégusterez gratuitement un verre de bière. Ensuite, détendez-vous avec un café préparé dans des torréfacteurs à l'ancienne sur la véranda du Gran Cafe de Orizaba.

Le **Tren Chipi Chipi**, un petit train qui parcourt les sites historiques de la ville en une heure, part juste à côté du Palacio de Hierro. Il est équipé d'une rampe d'accès pour les fauteuils roulants et les animaux domestiques y sont acceptés.

Sensations fortes et vue panoramique

PRENEZ LE TÉLÉPHÉRIQUE

Orizaba est entourée de plusieurs collines, dont le Cerro del Borrego, la plus accessible, qui représente une excursion facile depuis le centre-ville. Ouvert en 2014, le **Teleférico de Orizaba** part au niveau du fleuve, près du Palacio de Orizaba, et mène au sommet du Cerro del Borrego (1 240 m) en seulement cinq minutes. Il parcourt près d'un kilomètre et s'élève d'environ 320 m : si vous avez le vertige, ne regardez pas en bas !

Le trajet est aussi mémorable que la balade au sommet. Un petit circuit en boucle fait le tour de l'écoparc et amène

OÙ SE LOGER À ORIZABA

Estacion Alameda
Hôtel à prix modique, excellent rapport qualité/prix, avec des chambres spacieuses et un grand patio central. $

Gran Hotel de France
Élégantes chambres modernes et toit-terrasse avec piscine chic dans un boutique-hôtel rénové. $$

Casona 142 Hotel Boutique
Adresse la plus chic : suites contemporaines aménagées avec goût dans un bâtiment colonial historique. $$$

SIMON MCGILL/GETTY IMAGES ©

Teleférico de Orizaba

à plusieurs points de vue. Vous profiterez aussi d'une tyrolienne (100 $M), des ruines d'un fort historique et d'un petit musée militaire. En 1862, une bataille opposa les forces mexicaines et françaises. Les Français surprirent, et battirent, leurs adversaires à l'aube, prenant ainsi possession de la colline du Borrego. Des reconstitutions de la bataille sont parfois organisées (dates et heures disponibles à l'office de tourisme).

Plus loin sur le sentier, grimpez en haut de la tour d'observation pour admirer une vue dégagée sur les montagnes. Par beau temps, le Pico de Orizaba forme un panorama majestueux, avec son sommet enneigé.

Arpentez le Poliforum

UN ESPACE CULTUREL IMPRESSIONNANT

En arrivant à Orizaba depuis Xalapa ou Veracruz, sans doute passerez-vous devant l'immense **Poliforum Mier y Pesado**, sur l'artère principale de la ville (route 150). Ce bâtiment palatial, datant de 1944, se tient dans des jardins impeccables à environ 2 km à l'est du centre-ville. Ancien asile, il a été nommé "Monument artistique national" par le gouvernement mexicain en février 2014.

Il abrite aujourd'hui plusieurs bons musées. Le meilleur d'entre eux est le **Museo del Traje**, consacré aux vêtements traditionnels du Mexique. Les enfants apprécieront le **Museo de Francisco Gabilondo Soler** et ses collections, fortes de nombreux personnages dessinés, qui rendent hommage au compositeur de chansons pour enfants natif d'Orizaba. Le complexe comprend aussi plusieurs cafés et restaurants populaires.

CAÑON DEL RÍO BLANCO

À seulement 5 km à l'est du centre-ville, le Parque Nacional Cañon del Río Blanco est un espace naturel moins connu et un des mieux préservés d'Orizaba. Parc national depuis 1938, il est accessible par un sentier en boucle long de 3,7 km. Ses trois plans d'eau, le barrage de Tuxpango, la Laguna Los Sifones et la Laguna Puerto del Aire, abritent des centaines d'espèces d'oiseaux, dont la sarcelle à ailes bleues, le héron brun et l'ibis aux yeux rouges.

RANDONNÉES DANS LES ENVIRONS D'ORIZABA

Laguna del Chirimoyo
Cette agréable promenade de 900 m fait une boucle autour du petit lac à 4,5 km au nord du centre-ville.

500 escalones
Prisée des athlètes locaux, cette volée de 500 marches mène à un mât et à un monument.

Cerro de Escamela
Ce circuit en boucle de 5,1 km au départ d'Ignacio de la Llave rejoint le sommet de la colline d'Escamela.

ACTIVITÉS POUR LES ENFANTS À ORIZABA

Orizaba est une destination idéale avec des enfants grâce à son mélange d'activités pédagogiques et interactives. Voici les meilleurs sites à visiter en famille.

Planetario Orizaba
Un planétarium high-tech, avec une salle de réalité virtuelle et un observatoire astronomique.

Ojo de Agua
Cette lagune naturelle a été transformée en parc aquatique animé.

Aeroparque
Les amateurs d'aviation seront séduits par ce musée et parc à thème aménagé dans un Boeing 727.

Parque Alameda
Le plus grand et le plus animé des parcs de la ville, fort de nombreux toboggans, structures gonflables et aires de jeux.

Expo Parque de los Dinosaurios
Un petit parc ponctué de grandes sculptures de dinosaures sur fond de montagnes.

Pico de Orizaba

Le point culminant du Mexique

UNE AVENTURE UNIQUE

Haut de 5 636 m, le **Pico de Orizaba** est le plus haut pic du Mexique. En nahuatl, il a pour nom *Citlaltépetl* (montagne de l'étoile). Depuis son sommet coiffé de neige, on peut admirer trois montagnes à l'ouest (Popocatépetl, Iztaccíhuatl et La Malinche) et le golfe du Mexique à l'est.

Par temps dégagé, pour apercevoir le Pico de Orizaba, prenez le téléphérique jusqu'au sommet du Cerro del Borrego. Si vous voulez vous en approcher, plusieurs agences proposent différentes excursions guidées d'une journée qui, par beau temps, grimpent jusqu'à 4 520 m d'altitude, près de l'auberge de jeunesse Fausto González Gomar (le plus haut point accessible en voiture).

Seuls les alpinistes expérimentés et bien équipés, préparés pour le grand froid et le mal des montagnes, peuvent atteindre le sommet. Les glaciers dans la dernière partie de l'ascension sont particulièrement difficiles. De plus, il faut prévoir plusieurs jours pour s'acclimater avant de tenter l'ascension. En dehors d'Orizaba, les autres points de départ fréquents pour cette expédition incluent l'ancienne ville coloniale de Coscomatepec (à 37 km au nord d'Orizaba) et la bourgade de Tlachichuca, à Puebla.

AUTRES ATTRACTIONS À ORIZABA

Museo de Arte del Estado
Ce musée abrite la deuxième plus importante collection permanente d'œuvres de Diego Rivera, avec 33 travaux originaux.

Catedral de San Miguel Arcángel
La cathédrale d'Orizaba, aux tons ocre et jaune, est voisine du Palacio de Hierro.

Gran Teatro Ignacio de la Llave
Ce théâtre de 1875 est considéré comme l'un des meilleurs de l'État (excellente acoustique).

La saison conseillée pour l'ascension va d'octobre à mars, et les mois les plus populaires sont décembre et janvier. Réservez votre expédition bien à l'avance et prévoyez quatre à sept jours pour vous acclimater, atteindre le sommet et revenir. Prenez tout votre temps, car le mal des montagnes à cette altitude peut être fatal.

La ville des eaux agréables

SUPERBES BALADES LE LONG DE LA RIVIÈRE

Orizaba doit son nom au mot nahuatl *Āhuilizāpan*, qui signifie le "lieu aux eaux agréables". Édifiée à une altitude de 1 200 m, la ville se trouve à la confluence de plusieurs rivières, notamment du **Rio Orizaba** qui coule à l'ouest du centre historique. Une promenade agréable le longe, passant devant des fresques et une singulière collection d'animaux sauvages et domestiques.

Treize ponts enjambent la rivière en ville, dont un pont suspendu et le **Puente La Borda**, construit avec des arches en 1776. Commencez la promenade à la gare aval du téléphérique, où un pont branlant se balance au-dessus des eaux tumultueuses de la rivière. Le **Paseo del Arte** (promenade des arts), pavé et long de 5 km, commence à quelques mètres de là, en allant vers l'aval de la rivière. Les deux rives sont ornées de fresques et de sculptures éclectiques signées par des artistes locaux.

À la fin du Paseo del Arte, vous trouverez le **Biori Jardín Botánico**, le plus grand jardin botanique de l'État de Veracruz. On peut y admirer la flore la plus emblématique des cinq continents, dont des orchidées d'Océanie présentées dans des serres uniques, des tulipes multicolores plantées autour d'un moulin hollandais, et des bambous côtoyant des temples asiatiques. Le jardin accueille des ateliers et des cours de yoga pour les visiteurs le week-end.

En partant vers l'amont de la rivière, vous arpenterez le **Paseo del Río** (promenade de la rivière), qui est aussi la **Reserva Animal Citlaltépetl**. Des singes, des perroquets, un cerf, des hippopotames et même un ours occupent de grandes cages réparties au fil de l'eau. Au total, la réserve abrite 46 espèces pour environ 800 animaux, toutes inscrites et protégées par le SEMARNAT (secrétariat à l'environnement et aux ressources naturelles) au Mexique.

GUIDES D'ESCALADE

Il est conseillé d'embaucher un guide, même si vous êtes un trekkeur expérimenté. **Servimont**, à Tlachichuca, est un tour-opérateur établi de longue date qui organise l'ascension jusqu'au sommet du Pico de Orizaba avec un guide anglophone. Si vous voulez vous approcher du pic, mais pas atteindre le sommet, **Turismo Aventura** propose différentes excursions d'une journée qui, par beau temps, grimpent jusqu'à 4 520 m d'altitude, près de l'auberge de jeunesse Fausto González Gomar.

COMMENT CIRCULER

Orizaba est une ville de taille moyenne, et son centre historique se visite assez facilement à pied. Il est déconseillé de conduire, les rues étant étroites et, pour beaucoup, pentues. La gare routière ADO st accessible à pied depuis la place principale, le Parque Castillo. Les taxis sont commodes et abordables (pas plus de 150 $M) pour accéder aux sentiers de randonnée des collines alentour.

PAPANTLA

Le nord de l'État de Veracruz tient, pour beaucoup, de pâturages vallonnés et de zones humides, alors que la Sierra Madre Oriental descend vers la côte du golfe. Les ruines d'El Tajín sont la plus grande curiosité de la région. Elles illustrent parfaitement le passé préhispanique de Veracruz, mais sont moins courues que d'autres grands sites archéologiques du Mexique.

Leur point d'accès, la ville de Papantla de Olarte (Papantla, pour faire court) devient en soi une destination, pour son riche patrimoine amérindien et son emplacement central dans l'une des premières régions productrices de vanille au monde. L'histoire, l'allure et l'ambiance de ce *pueblo mágico* renvoient à son passé, et notamment à l'époque de la grandeur totonaque.

Sa tradition la plus singulière est probablement la danse cérémoniale des *voladores*. Depuis des siècles, ces "hommes volants" s'élancent depuis de vertigineux mâts en bois au son du tambour et de la flûte.

Pour les infos pratiques, voir le Carnet d'adresses p. 265

À SAVOIR

Papantla est à 220 km au nord de Veracruz et à 250 km au nord-est de Xalapa. Les lignes de bus ADO circulent régulièrement entre les grandes villes et la gare routière de Papantla (Juárez et Venustiano Carranza), à quelques minutes de marche du centre-ville en empruntant une rue en pente. Un taxi entre la gare routière et le centre-ville coûte environ 30 $M. Les aéroports les plus proches sont ceux de Veracruz et de Tampico (240 km) dans l'État de Tamaulipas.

Papantla

Découverte du centre de Papantla

FRESQUES ET MONUMENTS TOTONAQUES

Le *zócalo* de Papantla, officiellement dénommé le **Parque Israel C Téllez**, est animé le plus clair du temps. Construite en terrasses à flanc de colline, la place principale de la ville voit passer groupes d'amis et couples. L'ambiance est particulièrement joyeuse le vendredi soir, lorsque tout le monde est invité à assister ou à se joindre au *danzón*, une danse tropicale aux racines cubaines.

En face de la place, le bas-relief **Mural a la Cultura Totonaca** étend ses 50 m sous les lettres colorées formant le nom de Papantla. Cette sculpture dépeint l'histoire des Totonaques et de Veracruz ; un serpent sert de fil conducteur en reliant, assez curieusement, un tailleur de pierre préhispanique, la Pirámide de los Nichos d'El Tajín et une plateforme pétrolière. Teodoro Cano (1932-2019), artiste natif de Papantla, l'a conçue en 1979. Ses autres œuvres, ainsi que plusieurs objets totonaques, sont exposés dans le petit, mais excellent, **Museo de la Ciudad Teodoro Cano**.

Au-dessus du bas-relief, trônant sur une haute plateforme, l'imposante **Catedral de Nuestra Señora de la Asunción** surplombe le *zócalo*. Elle a été édifiée dès 1570, mais de

LA CÉRÉMONIE DES TOTONAQUES À PAPANTLA

Selon une légende totonaque, les dieux auraient dit aux hommes : "Dansez, nous regarderons." Pour apaiser les dieux, les Totonaques auraient créé la tradition étrange et mystique des *voladores*, ces hommes qui s'élancent de mâts hauts de 30 m, et descendent gracieusement en tournoyant, comme en transe. L'homme principal, le musicien, danse au sommet du mât. Il joue de la *chirimía*, un tambour auquel une flûte est attachée : le tambour représente la voix de Dieu, et la flûte, le chant des oiseaux. Ce rituel est le moment fort des célébrations de Corpus Christi qui se déroulent en mai à Papantla. Autrement, vous pouvez l'admirer à El Tajín (tous les jours) et devant la cathédrale de Papantla (du vendredi au dimanche).

OÙ SE LOGER À PAPANTLA

Hotel Vista Inn
Tout en sobriété, cet établissement loue des chambres propres et abordables, avec jolie vue sur la place. **$**

OYO Hotel Totonacapan
Cet hôtel de chaîne affiche un bon rapport confort/prix. **$**

Hotel Tajín
Juste à côté du *zócalo*, cet hôtel un peu daté et défraîchi a une piscine à l'italienne et une jolie vue depuis son toit-terrasse. **$**

nombreuses parties ont été ajoutées au fil des siècles, dont son beffroi, achevé en 1875. Devant, se dresse un mât haut de 30 m, dont les *voladores* totonaques s'élancent pour leur danse rituelle. Ce spectacle hypnotisant a généralement lieu toutes les deux heures entre 9h et 17h30 du vendredi au samedi (tous les jours en haute saison - janvier, février et jours fériés).

Le **Monumento al Volador** domine la ville au sommet de la colline surplombant le *zócalo*. Cette statue, réalisée par Teodoro Cano en 1988, représente un musicien jouant de la flûte afin d'encourager les *voladores* à s'envoler. Elle est accessible rapidement à pied, en grimpant la Calle Centenario au départ de la cathédrale.

LES MYSTÉRIEUX TOTONAQUES

On connaît les civilisations indiennes des Aztèques et des Mayas, ainsi que des Olmèques, dans une moindre mesure, mais les Totonaques demeurent une énigme. L'origine du mot "totonaque" est inconnue. Certains pensent qu'il dériverait d'un mot nahuatl signifiant "homme de la terre chaude" ; d'autres sont persuadés que le mot signifie "trois cœurs" dans un des dialectes totonaques. Les langues totonaques ne sont liées à aucune autre famille linguistique connue, et il est donc difficile de relier ce peuple aux autres civilisations de Mésoamérique. La seule chose dont on est sûr, c'est que les Totonaques furent le premier peuple amérindien rencontré par les Espagnols au Mexique. Aujourd'hui, quelque 300 000 Totonaques vivent principalement dans les États de Veracruz et de Puebla.

Ruines d'El Tajín

EXPLOREZ CETTE ANCIENNE VILLE TOTONAQUE PEU CONNUE

El Tajín est l'une des cités préhispaniques les mieux préservées et les plus importantes de Mésoamérique. Ses pyramides et ses temples se dressent sur une plaine entourée de petites collines verdoyantes à 10 km à l'ouest de Papantla. Répartie sur une zone d'environ 10 km^2 cette ancienne ville merveilleusement évocatrice est le plus impressionnant vestige de la civilisation classique de Veracruz. Elle a été inscrite au patrimoine mondial de l'Unesco en 1992.

On a d'abord cru qu'El Tajín ("tonnerre", "éclair" ou "ouragan" en totonaque) s'était peuplée entre 100 av. J.-C. et 1200, mais les recherches les plus récentes semblent indiquer qu'elle aurait atteint son apogée entre les ans 800 et 900. Elle fut abandonnée vers 1200, peut-être à la suite d'un incendie et d'attaques par des Chichimèques. Rapidement englouti par la jungle, le site resta ignoré des Espagnols jusqu'en 1785.

Édifice le plus emblématique d'El Tajín, la **Pirámide de los Nichos** (pyramide des Niches), parfaitement proportionnée et haute de 18 m, fait toute la particularité du site. Les 6 niveaux inférieurs sont creusés de rangées de petites niches carrées qui symboliseraient le jour et la nuit, et la vie et la mort, dans un univers de dualités. Des archéologues pensent que la pyramide comptait initialement 365 niches, et servait peut-être de calendrier. À son âge d'or, les niches étaient peintes en rouge et noir.

Les fouilles archéologiques ont également permis de retrouver dix-sept terrains de balle à El Tajín. Au nord de la Pirámide de los Nichos, le **Juego de Pelota de las Pinturas** (jeu de balle des peintures) doit son nom aux deux frises géométriques rouge et bleu préservées sur sa face nord.

El Tajín Chico était le quartier administratif où vivaient les membres de l'élite dirigeante de la cité antique. La plupart

OÙ SE RESTAURER À PAPANTLA

Mercado Miguel Hidalgo
Dans ce marché, face au *zócalo*, de nombreuses Totonaques proposent des *chiles rellenos* (poivrons farcis) faits maison. $

Plaza Pardo
Ce joli balcon est le meilleur endroit de Papantla où profiter de l'atmosphère de la ville et savourer des plats créatifs. $$

Ágora Alta Cocina
Ce restaurant haut de gamme propose des plats fusion bien préparés et offre une vue dégagée. $$$

LEONID ANDRONOV/SHUTTERSTOCK ©

Pirámide de los Nichos

des bâtiments sont ornés de frises géométriques créées par une mosaïque de pierres. L'**Edificio I** était sans doute un palais et possède encore de superbes décors gravés et des peintures bleues, jaunes et rouges magnifiquement conservées. Au nord-ouest de la place, la **Plaza de las Columnas** (place des Colonnes), non reconstruite, est l'une des structures majeures du site. Elle comportait à l'origine un patio ouvert et des bâtiments adjacents édifiés à flanc de colline. Des colonnes sculptées réassemblées sont exposées au musée.

Datant d'environ 1150, le **Juego de Pelota Sur** (jeu de balle sud) est le terrain de jeu de balle le plus connu d'El Tajín. Ses murs sont ornés de six reliefs sculptés montrant les sacrifices humains brutaux effectués durant les jeux de balle.

Le relief le plus facile à déchiffrer est celui de l'angle nord-est. Au centre, trois joueurs procèdent à un sacrifice rituel sous les regards des dieux de la Mort et d'un autre personnage : un joueur s'apprête à plonger un couteau dans la poitrine du sacrifié, tandis que le troisième lui tient les bras. Les autres panneaux décrivent diverses scènes de libation cérémonielle de *pulque* (alcool d'agave).

CONSEILS POUR VISITER EL TAJÍN

Le rituel des *voladores* a lieu plusieurs fois par jour près de l'entrée principale du site. Dons appréciés, mais pas obligatoires (50 $M suffisent).

Pour tout voir, prévoyez environ deux heures. Notez que vous devrez parcourir quelques kilomètres. Le site n'est pas ardu ou vallonné, mais il n'est pas adapté aux fauteuils roulants.

Il y a peu d'ombre et la chaleur peut devenir étouffante. Arrivez tôt ou tard, lorsque les températures sont plus clémentes.

La plupart des pyramides et des temples comportent des explications en anglais et en espagnol, mais vous bénéficierez de beaucoup plus d'informations en embauchant un guide. Adressez-vous au centre des visiteurs si vous voulez un guide anglophone.

Le musée du site, près de l'entrée principale, présente une superbe modélisation du site et des objets impressionnants.

COMMENT CIRCULER

Papantla est une petite ville où tout est accessible à pied. Pour rejoindre les ruines, prenez un bus direction Pirámides Tajín sur la Calle 16 de Septiembre. Le trajet en taxi pour ou depuis le site coûte environ 100 $M. Des taxis attendent généralement près des ruines ; autrement, négociez le retour avec votre chauffeur pour qu'il vous attende pendant votre visite.

Environs de Papantla

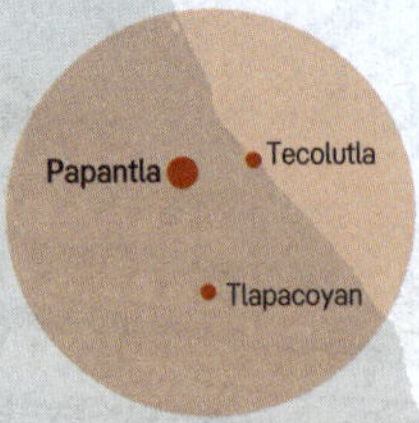

La côte préservée proche de Papantla est ponctuée de villes balnéaires, de rapides tumultueux et de cascades.

Juste au sud de Papantla, la **Costa Esmeralda** (côte d'Émeraude) s'étend sur environ 25 km entre Tecolutla et Nautla. En dépit de ses plages sans attrait, elle attire chaque été des foules de vacanciers Mexicains. La Hwy 180 longe la côte et relie quelques villages.

La ville balnéaire la plus proche de Papantla est Tecolutla. Son principal attrait est **Vida Milenaria**, un centre de conservation des tortues qui protège et relâche des chéloniens depuis plus de 35 ans. Presque chaque matin, en saison, vous pourrez y observer le lâcher de juvéniles.

Au sud de Nautla, prenez la Hwy 129 vers l'intérieur des terres pour atteindre **Tlapacoyan**, où on peut faire du rafting dans les eaux tumultueuses du Río Filobobos et se baigner près de la superbe Cascada de Encanto. L'agence Aventurec propose des forfaits comprenant la nourriture, l'hébergement, et de la tyrolienne ou une randonnée.

Pour les infos pratiques, voir le Carnet d'adresses p. 265

À SAVOIR

Pour rejoindre les villes balnéaires de la Costa Esmeralda, prenez un bus ADO pour Tecolutla à la gare routière, puis empruntez un des bus non directs qui circulent sur la route 180.

Bébés tortues, Costa Esmeralda

RESERVA DE LA BIOSFERA LOS TUXTLAS

Avec ses zones humides, ses forêts tropicales ponctuée de volcans et ses superbes lacs, la Reserva de la Biosfera Los Tuxtlas est une merveille sauvage à l'écart des sentiers battus.

Fondé en 2006 et inscrit au patrimoine mondial de l'Unesco, le site regroupe plusieurs réserves naturelles aux alentours de Catemaco. La partie volcanique, plus sauvage, de la réserve est accessible via San Andrés Tuxtla, et on peut observer les oiseaux dans la Laguna Catemaco en passant par la ville du même nom. Au pied du Volcán San Martín (1 748 m), Ruíz Cortines est un village qui marque le point de départ des randonnées vers les grottes et les ascensions guidées du volcan. La civilisation olmèque a prospéré dans cette région il y a plus de 2 000 ans, et plusieurs têtes olmèques en pierre ont été découvertes sur le site archéologique de Tres Zapotes.

Pour les infos pratiques, voir le Carnet d'adresses *p. 265*

À SAVOIR

San Andrés est le centre de transport pour atteindre Los Tuxtlas, avec de bonnes liaisons en bus pour de nombreuses destinations. Des bus ADO et AU au départ de Veracruz et Xalapa desservent fréquemment la ville. Ils s'arrêtent à leurs gares routières respectives sur Juárez, près de l'autoroute, à environ 10 minutes à pied du centre. Les mêmes compagnies de bus effectuent régulièrement le trajet jusqu'à la gare routière de Catemaco, au bord du lac.

WITOLD SKRYPCZAK / ALAMY STOCK PHOTO

Los Tuxtlas

Visitez San Andrés Tuxtla

CASCADES, VOLCANS ET CIGARES

San Andrés, la plus grande ville de la région, est le principal point d'accès à la réserve de Los Tuxtlas. Moderne, très construite et animée, elle permet de rejoindre les sites plus attrayants de sa périphérie, comme le **Volcán San Martín**. Son centre-ville est bien aménagé et organisé. Au milieu de sa place principale, se dresse une haute église aux tons jaune et orange.

San Andrés est également la capitale du cigare du Mexique, le tabac poussant en abondance dans les champs environnants. Au célèbre **Puros Santa Clara**, à un pâté de maisons de la gare routière, observez les *torcedores* (fabricants de cigares) rouler à la main, avec habileté, des cigares de toutes formes et tailles. Le Magnum, long de 48,3 cm, détient le record Guinness du plus grand cigare vendu au monde. Vous pouvez acheter les *puros* produits ici à des prix défiant toute concurrence.

En passant par San Andrés, ne manquez pas l'impressionnant **Salto de Eyipantla**, une cascade haute de 50 m et large de 40 m qui dévale une façade rocheuse avant de se déverser dans les eaux tumultueuses du Catemaco. Le volume d'eau est au plus haut durant la saison des pluies (août-octobre), lorsque les flots se regroupent pour former un spectaculaire

OÙ SE RESTAURER À SAN ANDRÉS

Restaurant Winni's
Adresse prisée des habitants où il peut être difficile de trouver une place pour le déjeuner. $

El Merendero
Donnant sur la route 180, ce petit resto sert d'excellents steaks et d'autres classiques de l'État de Veracruz. $

La Estación Oaxaqueña
Lieu attrayant et coloré, qui sert des plats du Oaxaca à de très bons prix. $$

OÙ SE LOGER À SAN ANDRÉS

Hotel Posada San Martín
À mi-chemin entre la route principale et la grand-place, posada avec des chambres spacieuses et soignées. $

Hotel Michelle
À l'ouest du centre-ville, maison d'hôtes à l'ancienne avec une piscine et des chambres datées, mais d'un bon prix. $

Piedra Alta Classic
Le plus bel hôtel de la ville. Très bon rapport qualité/prix, délicieux petits-déjeuners et chambres confortables. $$

JOHN MITCHELL/ALAMY STOCK PHOTO ©

Restaurant Colonial

rideau d'eau. Descendez les 250 marches jusqu'au pied de la cascade (10 $M) en profitant de cette "douche" naturelle, ou admirez simplement la vue panoramique depuis la plateforme d'observation au sommet d'un arbre (gratuit). Quelques scènes du film *Apocalypto* de Mel Gibson ont été filmées ici. La cascade se trouve à 12 km au sud-est de San Andrés, dans le village du même nom. Des bus TLT et des taxis partent fréquemment de l'angle de Cabada et de 5 de Mayo à San Andrés.

Les amateurs de grand air apprécient **Ruíz Cortines**, un village à une heure au nord de San Andrés Tuxtla. On y trouve des *cabañas* rustiques et de nombreux loisirs, comme de l'équitation et des randonnées vers les grottes. C'est là que la plupart des voyageurs séjournent avant de grimper sur le Volcán San Martín (1 748 m), le seul volcan actif de l'État de Veracruz. Lors de sa dernière éruption, en 1793, des cendres ont essaimé sur plus de 320 km à la ronde. Les randonnées autour du volcan et l'ascension sont généralement sûres. Il est toutefois conseillé de partir avec un guide, car l'ascension jusqu'au massif volcanique est ardue et exige une bonne forme physique. L'agence Selva de los Colibríes organise des ascensions guidées et des randonnées de trois heures dans les forêts de nuages. Vous pourrez également passer la nuit dans son lodge. Un taxi entre San Andrés et Ruiz Cortines coûte 150 $M, et un *pirata* (pick-up) 40 $M par trajet.

OÙ SE RESTAURER À SANTIAGO TUXTLA

Mercado Municipal
Installé à côté du Museo Tuxteco, ce marché comporte un véritable labyrinthe de stands de cuisine de rue aux arômes alléchants. $

La Tamehua
Cette adresse locale est conseillée par les habitants pour les meilleurs *alambre* (bœuf grillé avec du lard, des poivrons et du fromage) et *queso fundido* (fromage fondu) en ville. $

Restaurant Colonial
Accessible plus haut sur la colline au départ de la gare routière ADO, ce restaurant est le plus chic de la ville. Produits de la mer et viande au menu. $$

OÙ SE LOGER À SANTIAGO TUXTLA

OYO Hotel Santiago Plaza
Cet hôtel de chaîne à prix doux loue des chambres impeccables donnant sur la place principale. $

Mesón de Santiago
Chambres joliment décorées et cour paisible dans un hôtel de style colonial bien préservé. $

Hotel Mirador Santiago
Hôtel isolé à flanc de colline, avec vue sur la ville et entouré d'un jardin paysager. Ne se rejoint qu'en voiture. $$

ARTURO PEÑA ROMANO MEDINA/GETTY IMAGES©

Catemaco

Voyage dans l'histoire à Santiago Tuxtla

IMMERGEZ-VOUS DANS LA CIVILISATION OLMÈQUE

À 15 km à l'ouest de San Andrés, la petite ville de **Santiago Tuxtla** est bien plus décontractée et accueillante. On y vit de façon plus tranquille, autour d'une très jolie place principale ombragée qui compte parmi les joyaux de l'État. Bordé de hauts palmiers, le **Parque Olmeca** est dominé par l'**Iglesia de Sagrado Corazón**, aux tons blanc et rouge, et par les arcades bordées de blanc et de bleu du **Palacio Municipal**.

La tête olmèque en pierre qui se tient dans sa partie ouest est cependant son plus grand attrait. Les Olmèques, la plus ancienne des civilisations mésoaméricaines, sont connus pour avoir sculpté de gigantesques têtes humaines. Avec ses 3,4 m de hauteur et ses 40 tonnes, celle-ci est la plus grande retrouvée à ce jour, et elle se distingue aussi des autres par ses yeux fermés. Ce monolithe porte le nom de "Tête de Cobata", d'après le domaine où il a été retrouvé.

En face du Parque Olmeca, le **Museo Tuxteco** se prête à en apprendre plus sur la civilisation olmèque. Il présente des objets importants, dont une tête olmèque en pierre, des assiettes en céramique utilisées lors des cérémonies de sacrifices humains sur l'Isla de Sacrificios, et la réplique d'un autel de Tres Zapotes.

LE TRIO OLMÈQUE

San Lorenzo Tenochtitlán, à environ 160 km au sud-est de Tres Zapotes, est une autre cité olmèque. Comme La Venta et Tres Zapotes, le site fut un centre olmèque majeur entre 1200 et 900 av. J.-C. Plusieurs têtes olmèques en pierre y ont été mises au jour, dont la plus grande de toutes, qui se trouve désormais au centre de Santiago Tuxtla. Les archéologues pensent que les têtes furent sculptées dans d'énormes rochers transportés sur plus de 150 km entre Los Tuxtlas et San Lorenzo, puis réparties sur le site pour former une ligne nord-sud. La dernière tête géante découverte et d'autres sculptures retrouvées sur place sont exposées dans le musée du site.

OÙ SE RESTAURER À TRES ZAPOTES

Restaurante Doña Chole
Un petit resto local simple qui sert de la *comida típica* (cuisine maison) à prix plus que raisonnables. $

Taqueria Emanuel
Ce petit comptoir propose des tacos très corrects *al pastor* (porc mariné cuit à la broche). $

Polleria Beraca
Adresse sans chichis où l'on peut déguster du poulet rôti à la perfection : peau croustillante et chair tendre. $

Plongez-vous dans l'histoire à Tres Zapotes

LE BERCEAU DE LA CIVILISATION OLMÈQUE

À 25 km à l'ouest de Santiago Tuxtla, Tres Zapotes est un des sites archéologiques majeurs de l'État de Veracruz. Il fut habité par les Olmèques pendant plus de 2 000 ans, d'environ 1200 av. J.-C. à l'an 1000 de notre ère. Son peuplement débuta probablement alors que la grande ville olmèque de La Venta (Tabasco) était encore florissante. Après la destruction de La Venta (vers 400 av. J.-C.), la cité perdura et connut une époque dite "épi-olmèque", durant laquelle la population olmèque déclina au profit d'autres cultures, notamment celles des Izapas et des Mayas.

Tres Zapotes se résume aujourd'hui à quelques monticules dans des champs de maïs, mais le **musée archéologique** renferme d'importantes trouvailles faites sur le site. Une tête olmèque de pierre, haute de 1,5 m et datant d'environ 100 av. J.-C., tient la place d'honneur. Autres œuvres notables, la stèle A, qui représente trois personnages humains dans la gueule d'un jaguar, et une sculpture d'un captif, les mains liées dans le dos.

Pour atteindre Tres Zapotes, prenez un bus local ou un taxi depuis le Sitio Puente Real, à l'extrémité du pont piétonnier au pied de Zaragoza. La route vers Tres Zapotes s'élance vers le sud-ouest depuis Santiago Tuxtla, et un panneau "Zona Arqueológica" indique le chemin depuis la route 180.

Glissez sur les eaux de Catemaco

OBSERVATION DE LA FAUNE ET VISITE DES ÎLES

La ville endormie, un peu à l'abandon, de Catemaco ne voit passer que quelques routards, mais constitue une bonne base pour explorer Los Tuxtlas. Elle se trouve à 11 km à l'est de San Andrés, sur les 16 km de rives de la **Laguna Catemaco**, au cœur de collines volcaniques recouvertes de végétation. Avec sa longue tradition de sorcellerie, sa belle situation en bord de lac et la proximité de trous d'eau et de plages isolées et préservées, Catemaco est un site paisible et intéressant à l'écart des itinéraires touristiques.

Pour découvrir la Laguna Catemaco (qui est en réalité un lac, et non une lagune), prenez une *lancha* (bateau à moteur). Sur le *malecón* (boulevard au bord de l'eau) de Catemaco, la plupart des capitaines proposent des balades d'une ou deux heures sur le lac, avec des pauses sur plusieurs îlots. Pour profiter des flots paisibles et observer les nombreux oiseaux

OÙ SE RESTAURER À CATEMACO

La Casita
Adresse sobre très appréciée des habitants pour son menu varié qui va de tacos à bas prix à du poisson frit. $

La Casa de los Tesoros
À la fois galerie et magasin d'artisanat, ce lieu plutôt hippie sert des petits-déjeuners copieux en journée et de plantureux hamburgers en soirée. $$

La Palapa de Jose
À l'extrémité est du *malecón*, ce restaurant à l'ambiance joyeuse est le préféré de l'équipe de ce guide pour ses délicieux *tegogolos* (escargots). $$

Restaurante & Bar La Moyotera
Faites-vous plaisir avec une impressionnante pile de fruits de mer dans ce restaurant installé sur l'eau qui possède son propre ponton. $$$

OÙ SE LOGER À CATEMACO

Hotel Posada Koniapan
À proximité de la gare routière, bon rapport qualité/prix, grande piscine au bord de l'eau et nombreux espaces verts. $

Hotel Las Brisas
Dans le centre, chambres petits budgets très propres allant de celles à lits jumeaux à des suites familiales de 8 lits. $

Hotel La Finca
Cet hôtel daté est le plus confortable en ville. Balcons donnant sur le lac et piscine équipée de toboggans. $$

des environs, partez tôt en matinée ou plus tard dans l'après-midi (avant 16h, certaines îles étant inaccessibles après 17h).

Plusieurs îles se visitent sur le lac. Des sculptures olmèques ont été découvertes sur la plus grande, l'**Isla Tenaspi**. L'**Isla de los Changos** (île des Singes) est habitée par des singes à face rouge amenés de Thaïlande par les chercheurs de l'Universidad Veracruzana en 1974. Ne les nourrissez pas, car, gâtés par les touristes, ils sont devenus obèses. L'**Isla Agaltepec** abrite, quant à elle, des singes hurleurs, une espèce en danger d'extinction.

À l'est de Catemaco, on trouve quelques plages de sable gris où il est possible de se baigner. Des crocodiles de Morelet vivent dans le lac, mais à ce jour, aucune attaque contre des humains n'a été signalée. Autres habitants des lieux, les escargots *tegogolos*, considérés comme des aphrodisiaques, et que l'on accommode avec des piments et de la tomate. Plusieurs stands de cuisine de rue en vendent sur la place principale, en soirée. Dans les restaurants qui bordent le *malecón*, vous pourrez goûter des plats appréciés des habitants, le *huachinango a la Veracruzana* (vivaneau cuisiné dans une sauce à base de tomate) et le *chipalchole* (soupe à la crevette ou aux pinces de crabe).

LE JOUR DES SORCIERS

Chaque année, le premier vendredi de mars, des centaines de *brujos* (Chamans), de sorciers et de guérisseurs arrivent de tout le Mexique à Catemaco. Ils se réunissent sur le Cerro Mono Blanco, légèrement au nord de la ville, pour une grande cérémonie de purification destinée à les débarrasser des énergies négatives de l'année écoulée. Les Mexicains affluent également par centaines pour consulter un Chaman ou obtenir une *limpia* (purification), dans une curieuse ambiance entre ferveur et hédonisme.

Si vous avez envie de tenter l'expérience, renseignez-vous auprès des habitants pour savoir quels services sont proposés pendant les rituels et combien on vous demandera, mais aussi pour éviter les escrocs.

Une expérience unique à Nanciyaga

RETRAITE SPIRITUELLE DANS LA JUNGLE

Sur la rive nord-est de la Laguna Catemaco, à 8 km de la ville, la **Reserva Ecológica de Nanciyaga** est une écoréserve bien gérée, au thème indien, qui protège une petite poche de forêt tropicale dense. Elle comporte des sentiers de randonnée qui traversent la forêt en croisant des répliques de sculptures olmèques, un étang aux crocodiles, un *temascal* (bain de vapeur) et un planétarium monolithique.

On peut y venir pour la journée pour une marche guidée dans la nature, mais, en y passant la nuit, on y vit la jungle dans toute sa splendeur. La nuitée dans une *cabaña* rustique alimentée à l'énergie solaire comprend un bain de boue, un massage, une randonnée guidée et le prêt de kayaks. Les chambres comprennent uniquement des moustiquaires en guise de fenêtres, et il faut marcher un peu pour rejoindre les salles de bains communes. Le lodge n'est pas pour tout le monde, mais offre une expérience incroyable dans la nature.

L'agréable restaurant au bord du lac sert des plats équilibrés, pour certains végans. Pour rejoindre la réserve, prenez un taxi ou un bateau depuis la place principale de Catemaco.

ÉCO-RETRAITES RUSTIQUES DANS LES ENVIRONS DE CATEMACO

Cabañas Ixaya
Profitez du calme dans ces *cabañas* en bambou entourées par la jungle, à mi-chemin de Catemaco et Sontecomapan. **$**

Ecobiosfera
Écolodge idéal en famille avec hamacs, *palapas* et une petite piscine, à Dos Amates, près de Catemaco. **$$**

Cabañas Cascadas Encantadas
Chambres sobres avec vue spectaculaire, à l'extrémité sud-est de la Laguna Catemaco. **$$**

Reserva Ecológica de Nanciyaga

Lorsque la lagune rencontre la mer

MANGROVES, LAGUNES ET TROUS D'EAU

Depuis Catemaco, une route de 92 km, en grande partie bitumée, se dirige vers la côte en passant par une région surnommée la "Suisse du Mexique" (sans doute pour ses collines verdoyantes et ses vaches) avant d'atteindre la ville de **Sontecomapan**, au bord de la lagune. À 15 km au nord de Catemaco, Sontecomapan sert de point de départ aux excursions d'ornithologie en bateau dans les mangroves de la **Reserva Ecológica Manglares del Toztlan** et n'importe quelle destination sur la Laguna de Sontecompan.

À seulement cinq minutes à pied de l'embarcadère, l'idyllique **Poza de los Enanos** (puits des Nains) est un trou d'eau naturel où les habitants viennent se rafraîchir, parfois en s'élançant tel Tarzan. Le meilleur lieu de séjour est **Los Amigos Ecoturismo**, un établissement paisible proche du lieu où la lagune rencontre l'océan. Il loue de jolies *cabañas* perchées dans la nature, à flanc de colline.

LA CÔTE D'OR

Accessible à seulement 16 km au nord-est de Sontecomapan, la **Costa de Oro** (côte d'Or) est une des plus belles côtes du littoral de l'État de Veracruz. Toutes les *lanchas* de Sontecomapan pourront vous emmener jusqu'au village de pêcheurs de **La Barra**, où l'on trouve des plages agréables et des restaurants de poisson.
Au nord-ouest de La Barra, une route en piteux état mène à **Playa Escondida** (plage cachée), qui doit son nom à sa plage de sable doré peu fréquentée.
En basse saison, en semaine, vous en profiterez sans doute seul.

COMMENT CIRCULER

Les *piratas* (pick-up), vous emmèneront, à prix modique, jusqu'aux villages des environs de Los Tuxtlas et vers la côte. À Catemaco, ces pick-up partent d'un angle de rue, à 5 pâtés de maisons au nord de la gare routière, au coin de Lerdo de Tejada et de Revolución.

À San Andrés, des taxis *colectivos* partent régulièrement du marché. À Santiago, les bus TLT locaux partent des arrêts situés sur Morelos. Les taxis privés permettent également de se déplacer à coût raisonnable entre les villages.

Carnet d'adresses

À faire · Se restaurer · Prendre un verre · Shopping · Se loger · Sortir

VERACRUZ

Acuario de Veracruz
Voir p. 227 (229 931 1020 ; www.aquariumpuertodeveracruz.mx ; Blvd Manuel Ávila Camacho s/n ; tarif plein/réduit 170/110 $M ; 10h-19h lun-jeu, 10h-19h30 ven-dim)

Baluarte de Santiago
Voir p. 225 (229 939 1330 ; lugares.inah.gob.mx/es/museos-inah/museo/397-museo-baluarte-de-santiago.html ; Calle Francisco Canal s/n ; tarif 75 $M ; 9h-17h mar-dim)

Catedral de Veracruz
Voir p. 224 (Nuestra Señora de la Asunción ; 229 932 4829 ; www.facebook.com/CatedraldeVeracruz ; Mario Molina 173 ; 9h-13h et 16h-18h30 lun-sam)

Centro Cultural La Atarazana
Voir p. 225 (229 932 8921 ; www.facebook.com/CentroCulturalAtarazanas ; Julio S Montero s/n ; 10h-18h mar-dim)

Museo Agustín Lara
Voir p. 225 (229 937 0209 ; www.facebook.com/MuseoAgustinLara ; Blvd Adolfo Ruíz Cortines s/n ; tarif plein/réduit 30/15 $M ; 10h-18h mar-dim)

Museo de la Ciudad de Veracruz
Voir p. 225 (229 200 2236 ; www.facebook.com/people/Museo-de-la-Ciudad-de-Veracruz/100057073675599 ; Av Zaragoza 397 ; entrée libre ; 10h-17h mar-dim)

Museo Histórico Naval
Voir p. 225 (229 931 4078 ; Calle Mariano Arista 418 ; tarif plein/réduit 45/30 $M, gratuit - 6 ans ; 10h-17h mar-sam, 11h-18h dim)

Palacio Municipal
Voir p. 224 (229 200 2000 ; www.veracruzmunicipio.gob.mx ; angle Zaragoza et Zamora)

Parque Zaragoza
Voir p. 228 (Ignacio Zaragoza)

San Juan de Ulúa
Voir p. 225 (229 938 5151 ; Cam. Escénico a San Juan de Ulúa ; tarif plein/réduit 60 $M/gratuit ; 9h-16h30 mar-dim)

Gran Hotel Diligencias
Voir p. 224 (229 923 0280 ; beds24.com/booking2.php?propid=190858 ; Av Independencia 1115)

Hotel Emporio
Voir p. 224 (229 989 3300 ; hotelesemporio.com/hoteles/emporio-veracruz ; Paseo Insurgentes Veracruzanos del Malecón 244)

Múcara Hotel
Voir p. 224 (229 358 5264 ; www.hotelmucara.com.mx ; Mario Molina 168)

Antojitos Miguel Alemán
Voir p. 224 (229 937 0399 ; www.facebook.com/Laesquinadelsaborver ; Calle Miguel Aleman 1697 ; 9h-16h lun-mar, 9h-19h mer-sam, 10h30-14h dim)

Fussion Restaurante & Taller
Voir p. 224 (229 932 6164 ; restaurantefussion.com.mx ; Av 1 de Mayo 632 ; 13h-22h lun-jeu, 13h-0h ven-sam, 13h-20h dim)

La Cevicheria
Voir p. 227 (229 989 3300 ; Hotel Emporio, Paseo Insurgentes Veracruzanos 244 ; 10h-18h tlj)

Namik
Voir p. 224 (229 552 2248 ; namik.mx ; Av 1° de Mayo 1675 ; 13h30-23h lun-sam, 13h30-21h dim)

Palapa Perea Seafood
Voir p. 227 (229 200 9894 ; palapa-perea.business.site ; 16 de Septiembre Azueta e Iturbide ; 9h-20h tlj)

Tacos David
Voir p. 224 (229 403 9192 ; www.facebook.com/people/Tacos-David-Suc-Centro-histórico/100023719792619 ; Calle Esteban Morales 536 ; 9h-17h lun-sam, 9h-16h dim)

Villa Rica Mocambo
Voir p. 227 (229 922 37 43 ; www.villa-rica.com ; Av Mocambo 527 ; 11h-22h dim-mer, 11h-23h jeu-sam)

Antonino's
Voir p. 226 (229 155 4118 ; www.facebook.com/AntoninosCafe ; Constituyentes 1544 ; 6h30-22h lun-ven, 8h-22h sam-dim)

Bar Prendes
Voir p. 226 (229 922 2113 ; www.facebook.com/prendesbar ; angle Av Independencia 1056 et Lerdo de Tejada ; 13h-0h lun-mer, 13h-2h jeu-sam, 13h-22h dim)

Finca Sierra del Mar
Voir p. 226 (229 688 3113 ; www.facebook.com/fincasierradelmar ; Calle Miguel Lerdo de Tejada 153 ; 8h-18h tlj)

Gran Café de la Parroquia
Voir p. 226 (grancafedelaparroquia.com ; 3 adresses : Malecón : ☎229 932 2584, Av Valentín Gómez Farías 34), 200 años : ☎2291 300 200 ; Blvd Adolfo Ruíz Cortines 1815), Boulevard 500 (☎229 192 2388, Gabriel Garzón Cossa 212) ; 7h-0h tlj)

Gran Café del Portal
Voir p. 226 (☎229 932 9339 ; grancafedelportal.com.mx/escritorio ; angle Independencia et Zamora ; 7h-0h tlj)

Impetus
Voir p. 226 (☎229 284 6180 ; www.impetus.mx ; Av Fernando de Magallanes 661 ; 8h-22h tlj)

Foro Boca
Voir p. 228 (☎229 358 4472 ; foroboca.mx ; Blvd Vicente Fox Quesada, Boca del Río ; 10h-19h lun-sam)

La Barricas
Voir p. 226 (☎229 193 1593 ; www.facebook.com/Lasbarricasbar ; Calle Constitución 72 ; 14h-4h mar-sam)

La Casona de la Condesa
Voir p. 226 (☎229 933 5451 ; www.facebook.com/lacasona-delacondesa ; Blvd Ruiz Cortines, Boca del Río ; 22h-5h jeu-sam)

Feria de Corpus Christi
Voir p. 221 (www.facebook.com/groups/478298820202805)

Carnaval de Veracruz
Voir p. 220 (☎443 310 8192 ; www.carnavaldeveracruz.org)

Mercado de Artesanías
Voir p. 226 (veracruz.mx/noticia.php?idnota=1434 ; Francisco Landero y Coss ; 7h-0h tlj)

ENVIRONS DE VERACRUZ

Capilla de la Candelaria
Voir p. 231 (Plaza Zaragoza s/n, Tlacotalpan)

MATTGUSH/ISTOCKPHOTO.COM ©
Site archéologique de Quiahuiztlán

Vestiges archéologiques de Cempoala
Voir p. 230 (☎229 934 4208 ; www.inah.gob.mx/zonas/144-zona-arqueologica-de-cempoala-con-museo ; Zempoala ; tarif 70 $M ; 9h-17h tlj)

Museo Salvador Ferrando
Voir p. 231 (sic.cultura.gob.mx/ficha.php?table=museo&table_id=187 ; Manuel María Alegre, Tlacotalpan ; tarif 20 $M ; 10h-19h tlj)

Parroquía San Cristóbal
Voir p. 231 (☎288 884 2224 ; Plaza Zaragoza s/n, Tlacotalpan)

Quiahuiztlán
Voir p. 230 (☎229 934 5282 ; www.inah.gob.mx/zonas/165-zona-arqueologica-de-quiahuiztlan ; Carretera Costera Cardel-Nautla, près de la route 180, Villa Rica ; tarif 70 $M ; 10h-15h30 mar-mer et ven-sam)

Teatro Netzahualcóyotl
Voir p. 231 (☎288 884 3305 ; sic.cultura.gob.mx/ficha.php?table=teatro&table_id=69 ; angle Av Venustiano Carranza et Santos Degollado, Tlacotalpan)

Bicicleteando
Voir p. 231 (☎229 213 8346 ; www.facebook.com/people/Bicicleteando/100063692808161 ; Artesanía Mi Morena, sur un côté de la Parroquía San Cristobal, Tlacotalpan ; 10h-20h tlj)

Tours y Tickets Veracruz
Voir p. 229 (☎229 955 0030 ; turiticket.com ; Local 45C, Plaza Acuario, Veracruz ; 9h-19h tlj)

Las Brisas del Papaloapan
Voir p. 230 (☎288 130 0952 ; www.facebook.com/p/Restaurante-Las-Brisas-Del-Papaloapan-100057307944115 ; Blvd Guillermo Chazaros Lagos, Tlacotalpan ; 9h-19h jeu-mar)

Restaurant Doña Lala
Voir p. 230 (☎288 884 3080 ; Av Venustiano Carranza 11, Tlacotalpan ; 7h-19h tlj)

Rokola
Voir p. 230 (☎288 690 2846 ; Plazuela Agustín Lara, Tlacotalpan ; 17h-1h mar-dim)

XALAPA

Catedral Metropolitana
Voir p. 234 (228 817 3640 ; catedraldexalapa.com.mx ; angle Juan de La Luz Enríquez et Revolución ; 7h30-13h et 16h-20h lun-sam, 6h30-14h et 17h-21h dim)

Centro Cultural Casa del Lago
Voir p. 235 (228 817 2883 ; www.uv.mx/cluv/ ; Paseo de los Lagos s/n ; 10h-15h et 17h-19h lun-ven, 17h-19h sam)

Centro Recreativo Xalapeño
Voir p. 235 (228 818 8735 ; www.facebook.com/xalaparecreativa ; Xalapeños Ilustres 31 ; 8h-17h lun-ven)

El Ágora de la Ciudad
Voir p. 233 (228 818 5730 ; www.facebook.com/AgoradelaCiudad ; Bajos del Parque Juárez s/n ; 9h-19h mar-sam, 9h-20h dim)

Jardín Botánico Clavijero
Voir p. 235 (228 842 1827 ; jardin.inecol.mx ; Carretera antigua a Coatepec 351 ; 9h-17h tlj)

Museo de Antropología
Voir p. 235 (228 815 0920 ; www.uv.mx/max ; Av Xalapa s/n ; tarif plein/réduit 60/30 $M, visite guidée en espagnol 350 $M (10h-15h30 mar-dim), en anglais 700 $M (10h-15h30 mer et ven-sam) audioguide espagnol et anglais 60 $M ; 9h-17h mar-dim)

Museo Casa de Xalapa
Voir p. 233 (228 841 9802 ; www.facebook.com/muxa2016 ; Calle José Joaquín Herrera 7 ; entrée libre ; 10h-19h mar-dim)

Museo Ex-Hacienda El Lencero
Voir p. 236 (228 820 0801 ; http://sic.gob.mx/ficha.php?table=museo&table_id=437 ; Calle Rafael Murillo Camacho s/n ; tarif plein/réduit 50/35 $M ; 10h-17h mar-dim)

Palacio de Gobierno
Voir p. 234 (228 841 7400 ; www.veracruz.gob.mx ; Av Juan de La Luz Enríquez s/n)

Parque Ecological Macuiltépeti
Voir p. 234 (228 753 9790 ; macuiltepetl.org ; entrée principale : entre Calle Tepic et Aguasclientes, autre entrée : Calle Nevado de Toluca ; 6h-19h tlj)

Pinoteca Diego Rivera
Voir p. 233 (228 818 1819 ; www.facebook.com/PinacotecaDiegoRivera.IVEC ; Calle José Joaquín Herrera 5 ; entrée libre ; 10h-18h mar-dim)

Teatro del Estado
Voir p. 235 (228 812 3836 ; www.facebook.com/TeatroDelEstado ; Calle Ignacio de la Llave 2 ; 9h-15h et 16h-18h lun-ven)

Tierra Luna
Voir p. 235 (228 812 1301 ; www.facebook.com/TeatroDelEstado ; Ignacio López Rayón 18 ; 9h-22h lun-sam)

Wildside Nature Tours
Voir p. 234 (888 875 9453 ; wildsidenaturetours.com)

Hotel Boutique San Antonio
Voir p. 233 (228 201 9751 ; www.sanantoniohotelboutique.com ; Benito Juárez 107)

Mesón del Alférez Xalapa
Voir p. 233 (228 818 0113 ; pradodelrio.com ; Sebastián Camacho 2)

Posada del Cafeto
Voir p. 233 (228 817 0023 ; pradodelrio.com/pages/posadacafeto-es ; Dr Canovas 8)

El Brou
Voir p. 233 (228 165 4994 ; www.facebook.com/elbrourestaurante ; Juan Soto 13 ; 9h-17h tlj)

El Itacate Fonda
Voir p. 233 (228 165 0663 ; www.facebook.com/elitacatefonda ; Juan Soto 4 ; 8h-17h30 tlj)

La Candela
Voir p. 233 (228 812 1423 ; www.facebook.com/lacandela.restaurante ; Sebastián Camacho 6 ; 8h-16h30 tlj)

Macario Cocina Local
Voir p. 233 (228 822 5521 ; www.facebook.com/macariococina ; Insurgentes 3 ; 14h-22h mar-jeu, 14h-23h ven-sam, 14h-20h dim)

Bolena
Voir p. 236 (www.facebook.com/bolenacafe ; Calle José María Mata 22 ; 8h-21h tlj)

Caferencial
Voir p. 236 (www.instagram.com/caferencial ; Hidalgo 10 Col ; 10h-21h lun-sam)

Cafetal-pan
Voir p. 236 (228 816 2105 ; www.elcafetalapan.com ; Calle Constitución 48, Coatepec ; 8h-20h tlj)

Flor Catorce
Voir p. 236 (228 132 5126 ; www.facebook.com/florcatorcemx ; José María Morelos 1 ; 8h30-22h30 lun-sam, 9h30-17h dim)

ENVIRONS DE XALAPA

El Cafétal Apan
Voir p. 238 (228 816 5390 ; www.elcafetal.com ; Calle Constitución s/n km 4 Carretera Coatepec - Las Trancas ; tarif à partir de 70 $M ; 9h-17h tlj)

El Cuajilote
Voir p. 241 (229 934 4208 ; www.inah.gob.mx/zonas/148-zona-arqueologica-de-cuajilote ; Tlapacoyan; tarif 75 $M ; 10h-15h30 mar-sam)

M Café / Museo / Botica
Voir p. 238 (228 816 5761 ; mcafe.mx ; Av Constitución 6, Coatepec)

Museo del Totomoxtle
Voir p. 239 (sic.cultura.gob.mx/ficha.php?table=museo&table_id=2383 ; Angle Aldama 102 et Juárez, Xico ; entrée libre ; 9h-14h et 15h-20h tlj)

Museo del Vestido
Voir p. 239 (228 813 0381 ; Sebastián L de Tejada 17, Xico ; tarif 10 $M ; 9h30-18h mar-dim)

Parroquia de Santa María Magdalena
Voir p. 239 (228 813 0381 ; www.facebook.com/p/Parroquia-de-Santa-María-Magdalena-100066457885340 ; Benito Juárez 179, Xico)

Vega de la Peña
Voir p. 242 (229 934 9981 ; www.inah.gob.mx/zonas/180-zona-arqueologica-vega-de-la-pena ; tarif 75 $M ; 10h-15h30 mar-sam)

Aventurec
Voir p. 240 (225 315 4300 ; www.aventurec.com ; Carretera Tlapacoyan - Martinez de la Torre s/n, Tlapacoyan ; forfait journée adulte/enfant 1 045/860 $M)

Jalco Expediciones
Voir p. 240 (279 832 3687 ; www.jalcoexpediciones.com.mx ; Calle 20 de Noviembre 17, Jalcomulco ; forfait journée 950 $M)

México Verde
Voir p. 240 (279 832 3730 ; mexicoverde.com ; Carretera Tuzamapan-Jalcomulco km 4, Jalcomulco ; rafting 4h 950 $M)

Aldea Ecoturismó
Voir p. 240 (228 311 1614 ; www.aldeajalcomulco.com.mx Jalcomulco-Coatepec km 3 Jalcomulco)

Casa Aroma de Café
Voir p. 238 (228 127 5335 ; Calle Luis de San José, Coatepec)

Hotel Coyopolan
Voir p. 239 (228 307 6148 ; www.facebook.com/HotelCoyopolanXico ; Venustiano Carranza Sur s/n, Xico)

Museo de Antropología, Xalapa

Hotel Mesón del Alférez Coatepec
Voir p. 238 (228 816 6744 ; pradodelrio.com/pages/mesonalferez-coatepec-es ; Jiménez del Campillo 47, Coatepec)

Hotel Posada Oliver
Voir p. 241 (225 315 4212 ; www.facebook.com/HOTELPOSADAO ; Av Cuauhtemoc 400, Tlapacoyan)

Las Magdalenas
Voir p. 239 (228 813 0314 ; www.facebook.com/lasmagdalenashotelboutique ; Av Miguel Hidalgo 123, Xico)

Picocanoa Rodaventó
Voir p. 240 (551 993 5143 ; www.picocanoarodavento.com ; Camino a Santa María 5, Jalcomulco)

Posada Coatepec
Voir p. 238 (228 816 0544 ; posadacoatepec.com.mx ; Av Miguel Hidalgo 9, Coatepec)

Posada los Naranjos
Voir p. 239 (228 202 1125 ; www.facebook.com/PosadaLosNaranjos ; Av Miguel Hidalgo 193, Xico)

El Campanario de Xico
Voir p. 239 (228 813 0675 ; www.instagram.com/campanariodexico ; Ignacio Zaragoza 96, Xico ; 8h30-19h30 tlj)

La Casona de Don Gonzalo
Voir p. 239 (228 129 8047 ; www.facebook.com/p/Restaurante-La-Casona-De-Don-Gonzalo-100063521595189 ; José María Morelos y Pavón 49, Xico ; 8h-19h tlj)

Las Acamallas
Voir p. 241 (225 315 1772 ; Calle Heroes de Tlapacoyan 312, Tlapacoyan ; 8h-22h tlj)

Los Portales Texolo
Voir p. 239 (228 200 0341 ; Av Miguel Hidalgo 109, Xico ; 7h-23h tlj)

Restaurant Mesón Xiqueño
Voir p. 239 (228 813 0781 ; www.facebook.com/ElMesonXiq ; Av Miguel Hidalgo 148, Xico ; 9h-21h tlj)

Restaurante Nachita
Voir p. 240 (279 832 3519 ; www.facebook.com/RestauranteNachita ; Francisco I. Madero 4, Jalcomulco ; 8h-21h tlj)

El Café de Avelino
Voir p. 238 (228 180 9577 ; www.facebook.com/elcafedeavelino ; Miguel Rebolledo 21, Coatepec ; 13h-20h tlj)

La Vereda
Voir p. 238 (228 816 1858 ; Calle Luis de San José 3, Coatepec ; 8h-23h tlj)

Santa Cruz Restaurante Café
Voir p. 238 (228 150 0818 ; Calle Zamora 20, Coatepec ; 13h-22h tlj)

ORIZABA

Aeroparque
Voir p. 246 (272 726 2222 ; www.facebook.com/p/Aero-Parque-de-Orizaba-100064369380320 ; Prol. de Nte. 2 2297 ; tarif plein/réduit 50/30 $M ; 11h-19h tlj)

Biori Jardín Botánico
Voir p. 247 (www.facebook.com/BIORIJardinOrizaba ; Av de las Palmas, entre Calle Sur 11 et Calle Cauville ; tarif 50 $M ; 10h-18h tlj)

Catedral de San Miguel Arcángel
Voir p. 246 (272 725 0128 ; www.facebook.com/people/Catedral-de-San-Miguel-Arcángel-Orizaba/100067075367487 ; Francisco I. Madero 88)

Expo Parque de los Dinosaurios
Voir p. 246 (Agrícola Moctezuma ; tarif 100 $M ; 12h-22h jeu-lun)

Museo de Arte del Estado de Veracruz
Voir p. 246 (272 724 3200 ; www.facebook.com/MAEVorizaba ; Av Oriente 4 1262 ; entrée libre ; 10h-19h mar-dim)

Museo de Francisco Gabilondo Soler
Voir p. 245 (272 688 5229 ; https://sic.gob.mx/ficha.php?table=museo&table_id=2007 ; Av Oriente 6 1653 ; tarif 20 $M ; 10h-19h tlj)

Museo de Geográfico de Orizaba
Voir p. 244 (272 728 9136 ; sic.gob.mx/ficha.php?table=museo&table_id=2279 ; Francisco I. Madero Norte ; entrée libre ; 9h-19h tlj)

Museo de la Cerveza
Voir p. 244 (272 728 9136 ; sic.gob.mx/ficha.php?table=museo&table_id=2276 ; Francisco I. Madero Nte s/n ; entrée libre ; 9h-19h tlj)

Museo de las Raíces de Orizaba
Voir p. 244 (272 728 9136 ; sic.cultura.gob.mx/ficha.php?table=museo&table_id=2031 ; Francisco I. Madero Nte s/n ; entrée libre ; 9h-15h et 17h-19h tlj)

Museo del Traje
Voir p. 245 (272 688 5229 ; sic.gob.mx/ficha.php?table=museo&table_id=2378 ; Oriente 6 1653 ; 9h-19h mer-lun)

Museo Interactivo
Voir p. 244 (272 728 9136 ; Francisco I. Madero Nte s/n ; entrée libre ; 9h-19h tlj)

Ojo de Agua
Voir p. 246 (Calle 1, entre Av 5 et Av 7 ; entrée libre ; 6h-20h30, parc aquatique : 10h-17h45 mar-dim)

Palacio de Hierro
Voir p. 243 (272 728 9136 ; www.orizaba.travel/palacio-de-hierro ; Francisco I. Madero Norte ; 9h-19h)

Planetario Orizaba
Voir p. 246 (272 688 9963 ; www.orizaba.travel/planetario-orizaba ; Av. Cri-Cri ; tarif plein/réduit 80/30 $M ; 11h-18h jeu-lun, tlj en haute saison)

Poliforum Mier y Pesado
Voir p. 245 (272 688 5229 ; www.orizaba.travel/poliforum-mier-y-pesado ; Av Oriente 6 1653 ; tarif 25 $M ; 10h-19h tlj, 10h-19h mar-jeu et 10h-20h ven-lun en haute saison)

Gran Teatro Ignacio de la Llave
Voir p. 246 (272 726 2222 ; sic.gob.mx/ficha.php?table=teatro&table_id=600 ; Colón 16)

Tren Chipi Chipi
Voir p. 244 (272 728 91 36 ; www.orizaba.travel/tren-chipi-chipi ; angle Av Francisco I. Madero Norte et Av Poniente 4 ; tarif 1/2 pers 60/100 $M ; toutes les 2h de 12h à 20h mer-dim)

Servimont
Voir p. 247 (245 451 5019 ; www.servimont.com.mx ; J. Ortega Norte 1A, Tlachichuca ; 9h-11h et 16-19h lun-ven)

Turismo Aventura
Voir p. 247 (272 725 1491 ; www.turismoaventuraorizaba.com ; Poniente 9 27 ; forfaits expédition 1-4 pers 3 900-7 500 $M ; 10h-18h lun-ven, 10h-15h dim)

Casona 142 Hotel Boutique
Voir p. 244 (272 688 9838 ; casona142hotelboutique.com ; Av Sur 2 142)

Estacion Alameda
Voir p. 244 (272 688 8072 ; www.facebook.com/estacionalameda ; Av Poniente 13 217)

Gran Hotel de France
Voir p. 244 (272 728 3700 ; www.facebook.com/GammaOrizaba ; Av Oriente 6 186 Sur)

El Artista Bistro
Voir p. 244 (272 725 2379 ; www.facebook.com/ElArtistaBistro ; Av Poniente 379)

Gran Café de Orizaba
Voir p. 244 (272 728 8349 ; angle Av Poniente 2 et Federico I

Madero Norte ; 9h-21h lun-mer et ven, 9h-22h jeu, 10h-21h dim)

Marron Cocina
Voir p. 244 (272 724 0139 ; www.facebook.com/marroncocinagaleria ; Av Oriente 4 355 ; 14h-23h lun-jeu, 14h-0h ven-sam, 14h-21h dim)

Romantxu Cocina & Bar
Voir p. 244 (272 283 8265 ; www.facebook.com/RomantxuCocinaBar ; Oriente 6 1653 ; 9h30-23h lun-ven, 9h-1h sam-dim)

Super Tortas Orizabeñas
Voir p. 244 (272 726 3955 ; www.facebook.com/SuperTortasOrizabenas ; Av Poniente 26 ; 8h-23h tlj)

Teleférico de Orizaba
Voir p. 244 (278 114 7282 ; www.orizaba.travel/teleferico-y-ecoparque ; Plaza Pichucalco, entre Puente Independencia et Poniente 5 ; tarif semaine/week-end 50/70 $M ; 10h-18h lun-ven, 9h-19h sam-dim et jours fériés)

PAPANTLA

Catedral de Nuestra Señora de la Asunción
Voir p. 249 (784 842 0029 ; www.facebook.com/people/Parroquia-de-Nuestra-Señora-de-la-Asunción-Papantla/100071831733990 ; 16 de Septiembre 216 ; 7h-13h et 16h-20h mer-lun)

El Tajín
Voir p. 250 (784 842 8354 ; www.inah.gob.mx/zonas/153-zona-arqueologica-el-tajin-y-museo-de-sitio ; tarif 90 $M/pers ; 9h-17h tlj)

Museo de la Ciudad Teodoro Cano
Voir p. 249 (784 114 6211 ; www.facebook.com/MuseoTeodoroCano ; Calle Rodolfo Curti 101 ; entrée libre ; 10h-18h mar-dim)

Ruines El Tajín

Hotel Tajín
Voir p. 249 (784 842 0121 ; hoteltajin.mx ; Calle José de Núñez y Dominguez 104)

Hotel Vista Inn
Voir p. 249 (784 842 5981 ; www.facebook.com/Hotelvistainnpapant ; Callejón Reforma 102, local 5)

OYO Hotel Totonacapan
Voir p. 249 (angle Olivo et 20 de Noviembre)

Ágora Alta Cocina
Voir p. 250 (784 842 7564 ; www.facebook.com/agorapapantla ; Calle Libertad 301 ; 13h-21h mar-sam, 13h-20h dim)

Mercado Miguel Hidalgo
Voir p. 250 (José Azueta ; 6h-20h tlj)

Plaza Pardo
Voir p. 250 (784 842 0059 ; www.facebook.com/RestaurantePlazaPardo ; Juan Enríquez 105 ; 7h30-23h30 tlj)

ENVIRONS DE PAPANTLA

Vida Milenaria
Voir p. 252 (766 846 0467 ; vidamilenaria.mx ; descente vers la mer de la Calle Niños Héroes 1, Tecolutla)

Aventurec
Voir p. 252 (225 315 4300 ; aventurec.com ; Carretera Tlapacoyan – Martínez de la Torre s/n, Tlapacoyan)

RESERVA DE LA BIOSFERA LOS TUXTLAS

Musée archéologique Tres Zapotes
(229 934 4208 ; www.inah.gob.mx/zonas/185-zona-arqueologica-de-tres-zapotes-con-museo-de-sitio ; Tres Zapotes ; tarif 70 $M ; 9h-17h mar-dim)

Museo Tuxteco
Voir p. 256 (229 934 52 82 ; sic.cultura.gob.mx/ficha.php?table=museo&table_id=682 ; Ángel Carvajal s/n, Santiago Tuxtla ; tarif 65 $M, entrée libre le dimanche ; 9h-17h mar-dim)

Puros Santa Clara
Voir p. 254 (294 947 9900 ; santaclarapuros.com ; Blvd 5 de Febrero 10-1, San Andrés Tuxtla ; 8h-18h30 lun-sam)

Reserva Ecológica de Nanciyaga
Voir p. 258 (294 943 0199 ; nanciyaga.com ; Carretera Coyame km 7, Catemaco)

Reserva Ecológica Manglares del Toztlan
Voir p. 259 (294 127 8190)

Selva de los Colibríes
Voir p. 255 (294 107 1541 ; selvadeloscolibriescom.wordpress.com)

Cabañas Cascadas Encantadas
Voir p. 258 (294 155 7882 ; cabanascascadasencantadas.com, www.facebook.com/caeb2019 ; Catemaco)

Cabañas Ixaya
Voir p. 258 (294 168 6767 ; www.facebook.com/cbixaya ; Calle Dalias 8, Catemaco)

Ecobiosfera
Voir p. 258 (229 161 4491 ; www.ecobiosfera.com/Ecobiosfera ; Dos Amates 35, Catemaco)

Hotel La Finca
Voir p. 257 (294 947 9700 ; www.lafinca.mx ; Carretera 180, km 147, Catemaco)

Hotel Las Brisas
Voir p. 257 (294 943 0057 ; hotelbrisascatemaco.mxhotel.site/fr ; Av Venustiano Carranza 3, Catemaco)

Hotel Michelle
Voir p. 254 (294 942 1764 ; www.hotelmichelle.com ; Hernández y Hernández 280, San Andrés Tuxtla)

Hotel Mirador Santiago
Voir p. 255 (0294-105 0129 ; Calle El Amate, Santiago Tuxtla)

Hotel Posada Koniapan
Voir p. 257 (294 943 0063 ; www.hotelposadakoniapan.com.mx ; angle Av Revolución et Malecón, Catemaco)

Hotel Posada San Martín
Voir p. 254 (294 942 1036 ; www.facebook.com/profile.php?id=100039990616932 ; Av Juárez 304, San Andrés Tuxtla)

Los Amigos Ecoturismo
Voir p. 259 (294 114 2813 ; losamigos.com.mx ; Laguna de Sontecomapan, Catemaco)

Mesón de Santiago
Voir p. 255 (294 947 1670 ; www.facebook.com/HotelMesondeSantiago ; Calle 5 de Mayo 185, Santiago Tuxtla)

OYO Hotel Santiago Plaza
Voir p. 255 (557 100 2057 ; 5 de Mayo, Santiago Tuxtla)

Piedra Alta Classic
Voir p. 254 (294 942 0777 ; hotelespiedraalta.com ; Calle Rascón 2, San Andrés Tuxtla)

El Merendero
Voir p. 254 (294 942 0765 ; www.facebook.com/MerenderoCafe ; angle Blvd 5 de Febrero et Calle 1, San Andrés Tuxtla ; 7h-22h30 tlj)

La Casa de los Tesoros
Voir p. 257 (294 943 2910 ; Aldama 4, Catemaco ; 14h-22h tlj)

La Casita
Voir p. 257 (294 943 1026 ; Matamoros 64, Catemaco ; 10h-19h tlj)

La Estación Oaxaqueña
Voir p. 254 (294 116 1815 ; www.facebook.com/EndareeLaEstacion ; Calle León Medel y Alvarado, San Andrés Tuxtla ; 15h-23h tlj)

La Palapa de Jose
Voir p. 257 (294 109 0404 ; www.facebook.com/profile.php?id=100023152262867 ; Calle Vereda, Playa del Carmen, Catemaco ; 9h-19h tlj)

La Tamehua
Voir p. 255 (294 110 4697 ; www.facebook.com/LaTamehua ; Calle 16 de Septiembre, Santiago Tuxtla ; 19h-23h jeu-mar)

Mercado Municipal
Voir p. 255 (Angel Carvajal 269, Santiago Tuxtla ; 6h30-18h tlj)

Polleria Beraca
Voir p. 256 (294 103 4155 ; www.facebook.com/profile.php?id=100063708593325 ; Tres Zapotes)

Restaurante & Bar La Moyotera
Voir p. 257 (294 103 3530 ; Playa del Carmen, Catemaco ; 9h-21h tlj)

Restaurant Colonial
Voir p. 255 (294 688 0868 ; www.restaurantcolonialposada.com ; Calle Morelos 23, Santiago Tuxtla ; 8h-17h30 tlj)

Restaurante Doña Chole
Voir p. 256 (La Laguna 1, Tres Zapotes)

Restaurant Winni's
Voir p. 254 (294 942 0110 ; www.facebook.com/people/Winnis-Restaurant-Oficial ; Calle 20 de Noviembre s/n, en face du Parque Lerdo, San Andrés Tuxtla ; 8h-17 tlj)

Taqueria Emanuel
Voir p. 256 (Cristobal Colón, Tres Zapotes)

Salto de Eyipantla (p. 254)

PÉNINSULE DU YUCATÁN

PLAGE, VIE SAUVAGE ET SITES ARCHÉOLOGIQUES

Avec ses plages bordées de palmiers, ses temples mayas fascinants et ses villes d'une grande richesse culturelle, la péninsule du Yucatán vous promet un séjour inoubliable.

Vestiges mayas, superbes villes coloniales, eaux azurées des Caraïbes : aucune région mexicaine ne peut se targuer d'autant de beautés naturelles et architecturales que la péninsule du Yucatán. Située à l'extrême sud-est du pays, elle réunit trois États indépendants : le Yucatán, le Quintana Roo et le Campeche.

Outre Cancún, créée ex nihilo dans les années 1960, avec des plages de sable blanc et des stations balnéaires tropicales, les 400 km de littoral caribéen du Mexique alternent stations balnéaires modernes, villes anciennes hautes en couleur et paisibles villages de pêcheurs. Et puis, il y a les îles enchanteresses, telles Cozumel et Isla Mujeres. S'y ajoutent des fonds sous-marins splendides, qui font partie de la deuxième plus grande barrière de corail du monde.

L'arrière-pays forestier de la péninsule recèle de mythiques trésors architecturaux, notamment une pléthore de vestiges mayas impressionnants, parmi lesquels les hautes pyramides de Chichén Itzá, d'Uxmal et de Calakmul. Avec leurs pavés et leurs couleurs pastel, les centres-villes, eux, témoignent de la colonisation espagnole, il y a plus de 400 ans.

Mais le Yucatán est aussi bien ancré dans l'époque actuelle, avec nombre de galeries d'art, marchés d'artisanat, spectacles de rue et une riche vie nocturne. Vous pouvez également faire du snorkeling entre les tortues de mer, du kayak dans une réserve de biosphère ou vous baigner dans un cénote entouré de plantes grimpantes et, en soirée, explorer les saveurs de la cuisine yucatèque dans le patio arboré d'un restaurant, puis siroter un verre en bord de mer.

SITES PRINCIPAUX

CANCÚN
La Mecque clinquante du tourisme.
p. 274

ISLA MUJERES
Une île paradisiaque.
p. 285

ISLA HOLBOX
Sports de vent, plages et nature.
p. 293

PLAYA DEL CARMEN
Vie nocturne, shopping et plages de sable.
p. 304

ISLA COZUMEL
Des spots de plongée mythiques.
p. 309

TULUM
Vestiges mayas et plages ravissantes.
p. 319

Ci-dessus : Cenote Ik Kil (p. 365) ; à gauche : Izamal (p. 351)

BACALAR	MÉRIDA	UXMAL ET LA RUTA PUUC	CHICHÉN ITZÁ	CAMPECHE	CALAKMUL
Superbe lagune et ambiance décontractée. p. 334	Capitale historique, d'une grande richesse. p. 343	Sites archéologiques au cœur de la forêt. p. 353	Splendides temples mayas. p. 364	Ville fortifiée inscrite au Patrimoine mondial. p. 369	Vestiges mayas aux portes de la jungle. p. 372

BUS ET COLECTIVO
Les villes de la péninsule du Yucatán sont très bien desservies par un réseau de bus étendu, en fonction toute la journée. À certains endroits, comme le long de la côte caribéenne, des *colectivos* (minibus ou taxis collectifs) permettent de se déplacer rapidement à moindre coût.

VOITURE
Être motorisé permet d'accéder à des sites archéologiques éloignés, tel Calakmul, et des zones moins développées de la côte nord. Toutefois, les routes étroites, les nid-de-poule et les ralentisseurs rendent la conduite difficile, et les locations de voiture et le carburant coûtent cher.

TRAIN
2024 devrait marquer la fin du projet controversé du Tren Maya (Train maya), ligne ferroviaire de 1 525 km qui reliera toutes les destinations clés de la péninsule du Yucatán, dont Cancún, Tulum, Bacalar, Chichén Itzá, Valladolid et Mérida.

Mérida, p. 343
De hautes cathédrales et des parcs arborés bordent les rues pavées de cette capitale, fleuron culturel de la région, avec un calendrier rempli de festivités bien rempli.

Uxmal et la Ruta Puuc, p. 353
Des temples sur des sites archéologiques éparpillés dans les collines boisées vous immergent dans la civilisation maya. Uxmal est à raison si réputé qu'il évince les autres.

Campeche, p. 369
Au-delà du centre flanqué d'édifices historiques, les fortifications massives de protection contre les pirates témoignent du passé agité de cette jolie ville coloniale.

S'orienter

Outre son splendide littoral ouvert sur le golfe du Mexique et les Caraïbes, la célèbre péninsule recèle nombre de trésors. Couverte de forêts à 65%, elle est constellée de villes historiques, de constructions mayas et de milliers de cénotes.

Isla Holbox, p. 293
Une île au bout du monde, avec des plages de sable si fin qu'on dirait de l'amidon, une brise propice au kitesurf et la possibilité exceptionnelle de voir des requins-baleines.

Cancún, p. 274
La station balnéaire phare : un rêve pour les uns, un cauchemar pour les autres : Au programme, jolies plages, vie nocturne intense, nourriture extra et excursions à la journée.

Playa del Carmen, p. 304
La ville la plus trépidante de la Riviera Maya possède de jolies plages et une longue promenade pédestre bordée de restaurants, de boutiques et de bars.

Isla Cozumel, p. 309
Adorée des plongeurs et des snorkeleurs pour ses spots de rêve, cette île est ceinte d'une route côtière panoramique, ponctuée de rivages pittoresques, de vestiges et de bars de plage.

Tulum, p. 319
Site parfait pour passer la journée à la plage ou pour explorer les sites archéologiques mayas, puis dîner dans un petit bar ou un restaurant responsable.

Chichén Itzá, p. 364
Le site archéologique le plus visité du Mexique est fascinant : pyramides, étonnant jeu de balle maya, cénotes sacrés, et un fantastique spectacle son et lumière pour terminer en beauté.

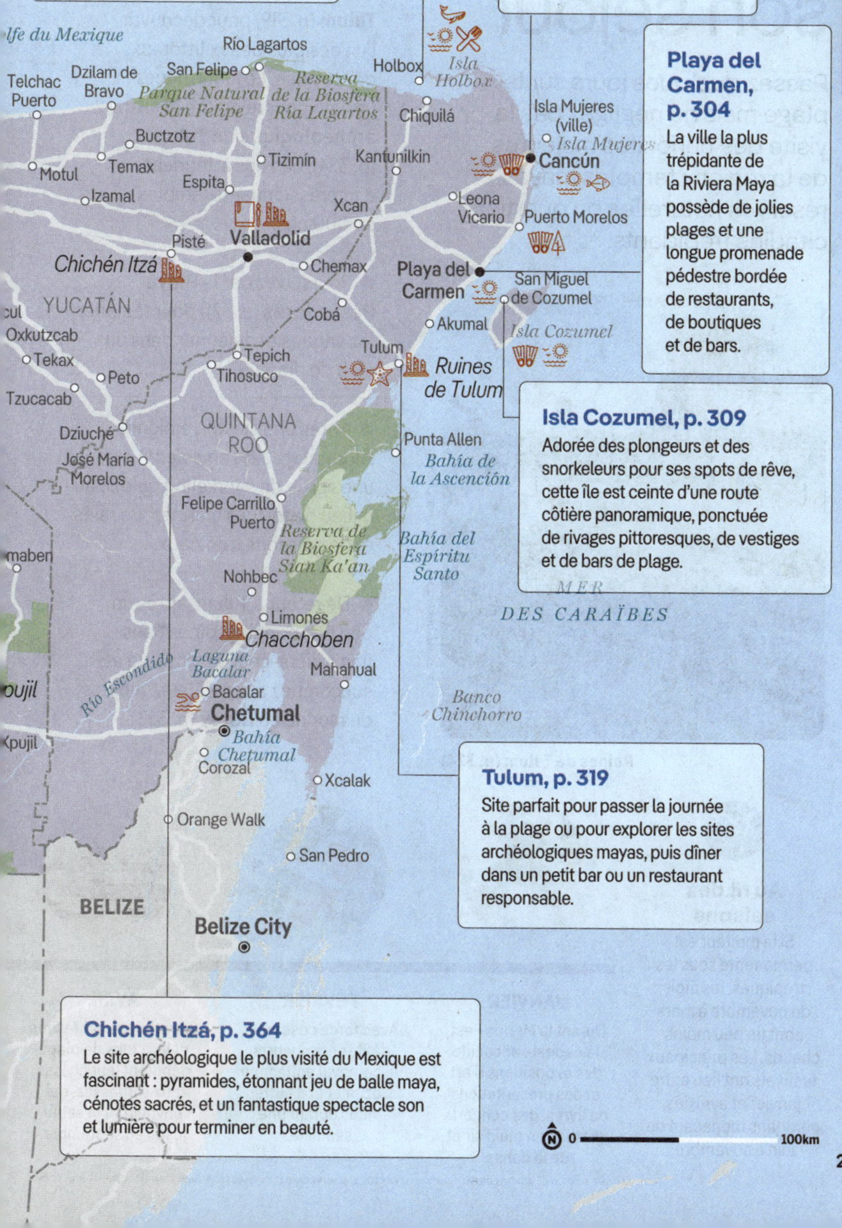

Planifier son séjour

Passez quelques jours sur la plage mais ne négligez pas la visite des curiosités majeures de la région : temples mayas, réserves naturelles ou quartiers citadins trépidants.

WAGNER SANTOS DE ALMEIDA/SHUTTERSTOCK ©

Ruines de Tulum (p. 324)

Si vous n'avez qu'un seul jour

- Rendez-vous directement à **Tulum** (p. 319) pour découvrir l'un des plus beaux littoraux du Mexique. Le matin, louez un vélo pour rejoindre le **site archéologique de Tulum** (p. 324), où vous attendent d'impressionnants temples de 800 ans.
- Poursuivez par la **Playa Pescadores** (p. 321) pour taquiner les vagues et déjeuner dans un club de plage.
- Après une sieste, rejoignez **Akumal** (p. 329) en *colectivo* pour une sortie de snorkeling guidée au milieu de tortues marines, de raies et de poissons tropicaux.
- De retour à Tulum, après un peu de shopping, dînez dans une arrière-cour verdoyante et succombez aux meilleurs mojitos du monde au **Batey** (p. 323).

Au fil des saisons

Si la moiteur est permanente sous les tropiques, les mois de novembre à mars sont un peu moins chauds. Les principaux festivals ont lieu entre janvier et avril, les ouragans menaçant de juin à novembre.

JANVIER

Durant la Mérida Fest, la capitale accueille des expositions d'art et des présentations de livres, des concerts gratuits en plein air et de la danse.

FÉVRIER

Avec force costumes, défilés et concerts, le carnaval enflamme Cozumel et d'autres villes durant une semaine.

AVRIL

Les stations balnéaires et les clubs de plage débutent leur chasse aux sargasses, qui envahiront le sable jusqu'en septembre.

DE GAUCHE À DROITE : ADITUM CREATIVOS/SHUTTERSTOCK ©, AVRESA/GETTY IMAGES ©, DANIROMPHOTO/SHUTTERSTOCK ©

Si vous avez trois jours

- Après un jour à Tulum, rendez-vous de bon matin à **Chichén Itzá** (p. 364) et consacrez plusieurs heures à la visite de ce site maya majeur, parmi les mieux conservés. Ralliez ensuite **Valladolid** (p. 357) pour une balade dans le centre historique et du lèche-vitrines sur la **Calzada de los Frailes** (p. 360), avant un dîner avec vue plongeante sur la place principale.

- Avec son quartier historique animé, **Mérida** (p. 343) occupera idéalement votre troisième jour. Plongez-vous dans le passé à la **Casa de Montejo** (p. 345) et au **Palacio de Gobierno** (p. 345), et dans la culture maya au **Gran Museo del Mundo Maya** (p. 346).

Si vous avez plus de temps

- Profitez des plus belles plages de **Cancún** (p. 274) et de ses excellents bars et restaurants.

- Regagnez **Playa del Carmen** (p. 304) et prenez le ferry pour **Cozumel** (p. 309). Après une sortie de snorkeling au milieu de récifs coralliens époustouflants, rejoignez le village de **Bacalar** (p. 334), au bord d'une lagune magique.

- Cap à l'ouest pour le site archéologique de **Calakmul** (p. 372), en pleine jungle, avant une visite de la ville historique fortifiée de **Campeche** (p. 369).

- Après le mythique site archéologique d'**Uxmal** (p. 353), souvent très fréquenté, filez vers la **Reserva de la Biosfera Ría Celestún** (p. 349), sur la côte ouest.

- Finissez par un festin yucatèque à **Mérida** (p. 343), ville de gastronomes.

MAI

De mai à septembre, la saison des requins-baleines attire les amateurs de vie sauvage sur l'Isla Holbox et la côte nord-est.

SEPTEMBRE

Le pic de la saison des ouragans n'émousse pas les célébrations du *Día de la Independencia* (fête de l'Indépendance mexicaine) .

OCTOBRE

De fin octobre à début novembre, le *Día de Muertos* (jour des Morts) est fêté par des concerts, processions et rassemblements festifs.

DÉCEMBRE

Les touristes affluent pour les congés, les prix grimpent, et le *norte* (vent du nord) peut rendre la mer trop grosse pour la plongée et le snorkeling.

CANCÚN

Pour les infos pratiques, voir le Carnet d'adresses p. 378

À SAVOIR

La plupart des sites touristiques – plages, musées, sites archéologiques et activités nautiques – sont concentrés dans la Zona Hotelera. Depuis Cancún Centro, les bus "R-1", "R-2" ou "Zona Hotelera" vous déposeront où vous le souhaitez le long de la côte.

Il n'y avait qu'une petite bourgade de pêcheurs lorsque le gouvernement décida, au début des années 1970, le développement touristique de cette zone côtière. Cancún est désormais la plus grande station touristique du pays et la ville la plus prospère de la péninsule du Yucatán. C'est aussi la première destination des Caraïbes.

Cancún est divisée en trois parties : la Zona Hotelera, qui s'étend entre une belle lagune et la mer, où s'alignent tous les complexes hôteliers ; El Centro, plus authentique ; et la réserve écologique.

Les super-complexes hôteliers et clubs de vacances ont fait la notoriété de la station. Cependant, la scène culinaire est tout aussi spectaculaire, et c'est même l'une des plus riches du Yucatán.

FREDERICK MILLETT/SHUTTERSTOCK ©

Zona Hotelera (p. 276)

INCONTOURNABLE
1 Museo Maya de Cancún

VOIR
2 Mercado Ki Huic
3 Palacio Municipal
4 Parque de las Palapas
5 Playa Caracol
6 Playa Delfines
7 Playa Gaviota Azul
8 Playa Tortugas

ACTIVITÉS
9 Museo Subacuático de Arte (MUSA)

SE LOGER
10 Hard Rock Cafe
11 Iberostar
12 Le Blanc

SE RESTAURER
13 La Palapa Belga
14 Restaurante Lindo Oaxaca

PRENDRE UN VERRE ET FAIRE LA FÊTE
15 11:11
16 Coco Bongo
17 Laser Hot Bar Beer & Queer
18 H Roof Nightclub
19 The City

TRANSPORTS
20 Avant – Rent a Car

OÙ FAIRE LA FÊTE

Coco Bongo
La soirée débute ici par un spectacle d'artistes qui chantent en playback avant que les noceurs envahissent la piste de danse. Grandiose !

H Roof Nightclub
Ce club sélect s'est imposé comme l'un des hauts lieux de la nuit dans la Zona Hotelera. Les DJ y mixent musiques lounge, hip-hop et latina.

The City
La plus grande boîte de nuit d'Amérique latine fait le plein tous les vendredis soir. Accueillant fréquemment DJ et musiciens de renommée mondiale, elle organise des soirées de folie.

11:11
L'une des meilleures boîtes LGBTQI+ de la ville. Spectacles de drag-queens, stripteases, soirées à thème, etc. Le passage piéton aux couleurs de l'arc-en-ciel est le repère pour savoir que vous n'êtes plus très loin.

ROB ATHERTON/SHUTTERSTOCK ©

Museo Subacuático de Arte (MUSA)

Farniente au soleil

UN PARADIS POUR ADEPTES DU BAIN DE SOLEIL

La **Zona Hotelera** de Cancún est bâtie sur une longue bande de sable qui s'étend entre une belle lagune et la mer des Caraïbes. Avec une eau affichant une température moyenne annuelle de 27,8°C, on comprend pourquoi les voyageurs convergent tout au long de l'année. De nombreux touristes nord-américains reviennent chaque année pour prendre du bon temps et absorber leur dose de vitamine D dans un environnement à la fois décontracté et magnifique.

Les plages de Cancún sont rarement désertes. Des fêtes sont souvent organisées à même le sable, à tout moment. Pour beaucoup, cela fait aussi partie du charme. Pour plus de tranquillité, partez en direction du sud pour rejoindre des coins plus calmes de la **Riviera Maya** (p. 304), de la **Costa Maya** (p. 339), voire poussez jusqu'à **Bacalar** (p. 334).

Si vous logez dans un complexe hôtelier, vous bénéficierez d'un accès privé à un bout du rivage. C'est toujours un peu plus compliqué de se rendre sur les plages, notamment en voiture, car les places de stationnement sont limitées.

Évitez de vous baigner dans la Laguna Nichupté, peuplée de crocodiles. Bien que les attaques soient rares, mieux vaut s'en tenir à la mer.

NOTRE SÉLECTION DE CLUBS DE PLONGÉE

Scuba Cancún
Ce club familial fut le premier à ouvrir à Cancún. Il propose des sorties de pêche, de snorkeling et de plongée (y compris dans des cénotes et de nuit), ainsi que des expéditions au MUSA.

Manta Dive & Snorkel
Ce club, géré par une femme et animé par une bonne équipe d'instructeurs, vous propose des sorties au MUSA et des baignades dans des cénotes.

Scorpio Divers
Plongée en petits groupes. Circuits à Cozumel et sur les spots les plus connus de Cancún.

NOTRE SÉLECTION DES PLUS BELLES PLAGES :

- **Playa Delfines** Magnifique plage, avec parking et équipements. L'eau de la mer des Caraïbes donne une nouvelle définition à la couleur bleue.
- **Playa Caracol** Petite plage fréquentée, proche de nombreux magasins et restaurants de la Zona Hotelera.
- **Playa Tortugas** Plage de sable blanc, à deux pas de l'embarquement des ferries pour l'Isla Mujeres.

Le monde sous-marin à portée de main

PLONGÉE ET SNORKELING DE TOUTE BEAUTÉ

Empruntez un masque et un tuba, enfilez une combinaison de plongée, et basculez par-dessus bord. À vous le frisson, le mystère et l'émerveillement des fonds marins ; les récifs coralliens et les épaves, les grottes, les sculptures sous-marines grouillent de vie et de poissons, dont certaines espèces vues nulle part ailleurs. Cette immersion dans le grand bleu a un côté surréel. Vous serez époustouflé par la myriade de formes, de couleurs et de créatures. Murènes, rascasses, raies, requins, poissons-perroquets, anges de mer, poissons-chirurgiens... : la liste est innombrable. Bonne nouvelle, grâce aux actions de sensibilisation à la fragilité des coraux et à l'action du **Museo Subacuático de Arte (MUSA)**, les coraux affichent des signes de régénération.

Cancún est un bon endroit pour obtenir sa certification PADI. Les cours vont de baptêmes de plongée réalisés en pleine mer à des séances plus techniques de plongée en eaux profondes ou dans des grottes marines.

Grand luxe dans la Zona Hotelera

CLINQUANT ET GLAMOUR

Pour la majorité des visiteurs, Cancún se limite à la Zona Hotelera. L'image que l'on s'en fait est celle d'innombrables rangées d'hôtels gigantesques qui surplombent les luxueuses plages de sable blanc, avec des restaurants de qualité qui bordent la lagune. Tous les grands groupes du secteur hôtelier se taillent une part de ce gâteau clinquant. Il y en a pour tous les budgets, ou presque : les couples les plus fortunés apprécieront le luxe raffiné de l'hôtel **Le Blanc** (certaines formules prévoient même un majordome à votre service !) tandis que des enseignes comme **Iberostar** et **Hard Rock Cafe** s'adressent davantage aux familles. Dans tous ces établissements, vous profiterez globalement des mêmes prestations : une piscine de la taille d'un terrain de football, l'accès à une plage privée, boissons et buffets à volonté. Si vous

MYSTIQUE MUSA

Toute plongée sous-marine s'accompagne d'une part de mystère, mais au **Museo Subacuático de Arte (MUSA)**, c'est carrément une dimension mystique qui est atteinte : imaginez-vous plonger dans un monde sous-marin où reposent des centaines de statues et autres œuvres d'art.

Conçu par le sculpteur d'origine britannique Jason deCaires Taylor pour empêcher les plongeurs de détériorer les récifs coralliens, ce musée aquatique abrite plusieurs centaines de sculptures grandeur nature immergées dans les eaux de Cancún et Isla Mujeres (p. 285). Fabriquées dans un béton marin au pH neutre, elles ne portent pas préjudice à la faune sauvage – même les poissons et d'autres créatures marines viennent s'y nicher.

Ces installations artistiques sont aussi l'occasion de pratiquer le snorkeling ou la plongée. Organisez vos excursions via les clubs spécialisés (p. 290).

OÙ SE RESTAURER

El Fish Fritanga
Produits de la mer savoureux et prix raisonnables pour cet établissement de la Zona Hotelera, qui offre une vue splendide sur la lagune. **$**

Peter's
Ce restaurant chaleureux d'El Centro est l'un des meilleurs de Cancún. Peter Houben, chef néerlandais, fusionne cuisines européenne, mexicaine et internationale. **$$$**

Harry's
Haut lieu de la vie nocturne, cet établissement propose une excellente cuisine et une vue imprenable sur la lagune dans un magnifique décor. Les prix élevés sont justifiés. **$$$**

rêvez de vous poser quelque part et ne plus rien faire pendant quelques jours, vous êtes au bon endroit.

En mars, la station balnéaire est très fréquentée par les étudiants américains, pour le meilleur et pour le pire. Les boîtes de nuit se remplissent de jeunes qui s'adonnent à tous les excès. La Zona Hotelera, ses plages et sa vie nocturne ne sont cependant pas le pré carré des seuls touristes. Des familles du coin fréquentent aussi certaines plages. Les bars et les boîtes de nuit attirent une foule hétérogène, où se mêlent Mexicains et touristes.

Vestiges mayas au bord de la mer des Caraïbes

DES SITES ARCHÉOLOGIQUES DANS UN DÉCOR DE RÊVE

Si pour beaucoup de touristes Cancún est synonyme de fêtes et de plages, la ville offre aussi un certain nombre de sites où découvrir la culture maya.

Pour commencer, rendez-vous au **Museo Maya de Cancún**. Ce musée moderne et très complet abrite l'une des plus importantes collections d'objets mayas du Yucatán. Quelque 400 pièces exposées (bijoux, céramiques, sculptures, etc.) ont été mises au jour sur des sites majeurs de la péninsule et alentour. L'une des 3 salles accueille des expositions temporaires sur les Mayas. Le droit d'entrée inclut l'accès au site archéologique attenant de **San Miguelito** auquel on accède par un petit sentier.

Lovée dans un décor de jungle étonnamment paisible, cette cité maya s'est développée vers 1250 et a disparu avec l'arrivée des conquistadors, vers 1550. Sur la quarantaine d'édifices mis au jour, une quinzaine a été restaurée et est ouverte au public, dont une petite pyramide et un temple à 17 colonnes.

Enfin, terminez ce tour par la **Zona Arqueologica El Rey**, où se dressent un petit temple et plusieurs plateformes cérémonielles. Ne dérangez pas les iguanes qui règnent sur l'ancienne cité. Vous êtes maintenant à deux pas de **Playa Delfines** !

Immersion dans El Centro

LE CANCÚN PLUS AUTHENTIQUE

Les visiteurs négligent souvent le centre-ville, où résident à l'année ses habitants. Plus authentique, c'est dans El Centro que bat le cœur du "véritable" Cancún : brouillon et chaotique, amusant et plein de vie – bref, une vraie ville avec une âme. Vous découvrirez des marchés colorés et des petits commerces du quotidien, des cafés décontractés et des stands de tacos bon marché, des étals où l'on presse des jus de fruits sur place dans une ambiance animée. Quelques rabatteurs et vendeurs de rue interpellent le chaland, mais c'est pour proposer la même camelote qu'aux habitants.

PAROLE D'HABITANT : MON AVIS D'EXPERT POUR LOUER UNE VOITURE

Sarai Bonal, de chez Avant – Rent a Car (avantrentacar.com) partage ses conseils pour louer un véhicule :

Interrogez le loueur avec insistance à propos de l'assurance avant de faire une réservation. Vous éviterez les (mauvaises) surprises à l'arrivée.

Testez le numéro d'appel d'urgence de l'agence lorsque vous récupérez votre voiture, et notez-le bien.

Prenez des photos de la voiture avant de sortir de l'agence de location. Vous disposerez ainsi d'un état des lieux fiable.

Seuls les agents de l'immigration peuvent exiger votre passeport, en aucun cas la police. On peut en revanche vous demander de présenter les papiers du véhicule. En cas d'amende, insistez pour la régler directement au commissariat de police.

MARGARITA AVEC VUE

La Palapa Belga
Cuisine belge en bordure de la lagune – et aussi les meilleures margaritas de Cancún. **$$$**

Casitas
Tentes romantiques en bord de plage pour une soirée de tous les possibles. **$$$**

Parole
Le restaurant italien de la Zona Hotelera, aménagé sur un élégant ponton en bois qui se prolonge dans la mer. **$$$**

MARIUSZ S. JURGIELEWICZ/SHUTTERSTOCK ©

Playa Delfines

Pour déjeuner, **La Habichuela** est une institution : la cuisine maya est à l'honneur (essayez les spécialités au *huitlacoche*, le champignon du maïs). La promenade le long de l'Avenida Nader est bordée de parcs, de magasins et de restaurants. Traversez la rue pour vous rendre au **Palacio Municipal**. Faites une photo devant les lettres colorées de Cancún et sillonnez les étals du **Mercado Ki Huic**, avant de traverser l'Avenida Tulum pour rejoindre le **Parque de las Palapas** (p. 280). En soirée, poussez la porte de l'**Amarula con Acento Tropical**, un superbe bar qui sert des cocktails à base de produits mexicains.

Pour vous y rendre, prenez un taxi ou un bus R-1 ou R-2 depuis la Zona Hotelera.

Cancún et la communauté LGBTQI+

UN LIEU D'ACCUEIL, D'AMUSEMENT ET DE CONVIVIALITÉ

À Cancún, les couples gays et lesbiens sont relativement bien acceptés. Habitants et visiteurs n'y prêtent guère attention. Une certaine retenue s'impose cependant dans les démonstrations d'affection, notamment dans El Centro, mais cette règle vaut pour tous les couples. Vous n'aurez donc aucun problème à mener votre vie comme vous l'entendez, et à profiter d'une vie nocturne que l'on ne rencontre nulle part ailleurs dans le monde. Certaines

STATIONNEMENT : À SAVOIR

Certaines plages (comme Playa Delfines) possèdent un parking, d'autres non ; mais peu importe, car ils se remplissent de bonne heure et vous risquez de ne pas être autorisé à vous arrêter en attendant qu'une place se libère. Essayez d'arriver le plus tôt possible ou en fin de journée pour avoir le plus de chance de stationner facilement.

Un petit pourboire au gardien du parking, et vous avez la garantie qu'il gardera un œil sur votre voiture et vous aidera à sortir de votre place en toute sécurité.

La plupart des taxis vous déposent et viennent vous rechercher à l'heure convenue ; demandez au chauffeur son numéro de téléphone et envoyez-lui un texto ou appelez-le lorsque vous voulez qu'il vienne vous chercher.

Demandez à votre hôtel s'il dispose d'une navette jusqu'à la plage. Elles sont nombreuses à vous déposer le matin et à revenir vous chercher gratuitement dans l'après-midi.

ESCAPADES DEPUIS CANCÚN

Isla Blanca
Découvrez ce à quoi ressemblait Cancún avant le boom touristique ! Cette longue et sublime plage de sable blanc entre une lagune et la mer des Caraïbes est à seulement 20 km au nord de la ville.

Puerto Morelos (p. 300)
À une demi-heure au sud de Cancún, cette paisible bourgade en bord de mer jouit d'un excellent marché d'artisanat et de restaurants étonnamment bons.

Isla Mujeres (p. 285)
Prenez le ferry à Puerto Juárez. Le matin, explorez la côte sud, puis gagnez le nord de l'île pour vous baigner dans les eaux turquoise de Playa Norte.

PARQUE DE LAS PALAPAS

Les Mexicains adorent faire la fête, et c'est encore plus visible à Cancún. Si les festivités destinées aux touristes sont innombrables dans la Zona Hotelera, n'hésitez pas à explorer El Centro pour des réjouissances plus typiques.

Le week-end, les habitants se précipitent au Parque de las Palapas pour profiter des orchestres qui jouent dans les allées, savourer des spécialités et douceurs colportées par les vendeurs ambulants et laisser les enfants s'amuser.

Un conseil pour bien manger : faites la queue là où se pressent les habitants.

Coco Bongo (p. 276)

boîtes de nuit proposent des spectacles de striptease, de burlesque, de drag-queens et autres performances théâtrales.

Si vous dormez à Cancún, vous jouirez du coucher du soleil en sirotant un verre sur une des belles plages. La tournée des boîtes de nuit peut commencer dans la Zona Hotelera et s'achever dans El Centro au **11:11** (à prononcer "oncé oncé"). Le **Laser Hot Bar Beer & Queer**, tout proche, n'est pas en reste. Ne manquez pas le superbe spectacle du **Coco Bongo**, avec des reprises de Freddie Mercury, et bien d'autres. Si vous n'êtes pas fatigué, vous terminerez la nuit sur la plage pour assister au lever du soleil. **Playa Gaviota Azul** est aussi un lieu très fréquenté par la communauté LGBTQI+.

COMMENT CIRCULER

Chaque mode de transport à Cancún a ses avantages et ses inconvénients. La meilleure option reste toutefois les bus R-1 et R-2 de couleur rouge qui desservent la Zona Hotelera et le cœur d'El Centro dans les deux sens. Vous montez à bord pour aller à la plage et pour en revenir, moyennant quelques pesos.

Si le bus n'est pas votre tasse de thé, les taxis, omniprésents, ne sont pas chers, même si le prix de la course pour revenir dans la Zona Hotelera augmente à mesure que la soirée avance ! Les chauffeurs sont, pour la plupart, tout à fait honnêtes, ce qui ne vous empêche pas de convenir du prix avant de monter à bord. Posez en amont la question du prix de la course en taxi à votre hôtel afin d'avoir une idée encore plus précise. Pourboire de rigueur.

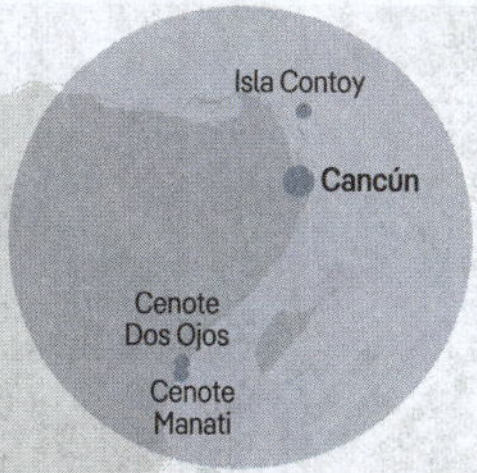

Environs de Cancún

Des expériences enrichissantes et passionnantes attendent tous ceux qui sont prêts à sortir de leurs hôtels "tout inclus".

Pour les infos pratiques, voir le Carnet d'adresses p. 379

À SAVOIR

Les loueurs de voiture sont nombreux. N'hésitez pas à louer un véhicule pendant quelques jours pour sortir de la ville. Pour les précautions d'usage, voir le *Carnet pratique* p. 794.

Les environs de Cancún ont de quoi satisfaire tous les goûts : des voyageurs en solo aux couples en lune de miel, en passant par les familles réunies. La question n'est pas tant de savoir ce qu'il y a à faire que d'identifier le type de distraction que vous souhaitez.

Les parcs à thème ne manquent pas. Leur nom commence souvent par un X (prononcé "ts") : Xcaret, Xplor, Xochimilco, etc. Exploration de grottes, tyroliennes et attractions dans les parcs aquatiques sont aussi très faciles d'accès.

Partez à la découverte des cénotes, ces gouffres d'eau douce dont les Mayas pensaient qu'ils indiquaient la porte du monde souterrain de Xibalbá. Dans ces lieux extraordinaires, le snorkeling ou la plongée sont des expériences inoubliables.

La notoriété de Chichén Itzá (p. 364) est sans égale, mais de nombreux autres sites méritent le détour. N'hésitez pas à explorer les ruines moins connues qui peuvent se montrer tout aussi fascinantes.

Plage de Xcaret (p. 330)

POURQUOI J'AIME CANCÚN

Ray Bartlett, auteur, *@kaisoradotcom*

Quand je suis arrivé à Cancún, je m'attendais à ce que la ville se résume aux boîtes de nuit, aux hôtels et complexes de vacances "tout inclus" où la musique bat son plein en continu et les cocktails coulent à flots. Tout cela est vrai. Mais c'est oublier toutes les pépites dont regorge la ville ! Comme cet incroyable restaurant, **La Palapa Belga** (p. 278), avec sa vue sur la lagune et ses excellentes margaritas ; l'impressionnant **Museo Maya** (p. 278) et ses riches collections ; enfin le **Parque de las Palapas** (p. 280) dans El Centro, et le plaisir de flâner avec la foule qui s'y presse le samedi soir. Plus j'y passe du temps, plus je découvre ses vraies joies et ses trésors cachés.

JULIAN PETERS PHOTOGRAPHY/SHUTTERSTOCK ©

Cenote X'Canché

L'univers surréel des cénotes

DES MONDES SOUTERRAINS, MYSTÉRIEUX ET MAGIQUES

On saisit au premier coup d'œil pourquoi les cénotes étaient sacrés pour les Mayas. Bassins insondables d'un bleu intense, rais de lumière dansant sur les parois sombres : sans même leur donner une dimension spirituelle, vous serez subjugué par la beauté de ces gouffres ennoyés d'eau douce – la péninsule en compterait 2 500 !

La visite d'un cénote sera indéniablement l'un des moments forts de votre séjour au Yucatán. Tous ces bassins naturels sont différents, par leur taille et leur forme, les étonnantes nuances de bleus de leurs eaux, la végétation qu'ils abritent, et l'atmosphère

LES PLUS BEAUX CÉNOTES

Dos Ojos (p. 331)
Les cénotes de ce parc, géré par la communauté maya, font partie d'un des plus vastes réseaux de gouffres et de grottes de la planète.

Cenote Manatí
Nommé d'après les lamantins (*manatís*) qui y nageaient autrefois, ce lieu est un chapelet de sept magnifiques cénotes reliés entre eux par un canal sinuant dans la mangrove.

Cenote X'Canché
Baignade très agréable dans ce vaste cénote situé près des ruines d'Ek' Balam (p. 362).

qui s'en dégage. Certains sont restés assez sauvages : seules des échelles de corde, voire les racines d'un arbre, en permettent l'accès. D'autres ont été prévus pour accueillir les bus de touristes. Tyroliennes, bars et restaurants y ont été aménagés à cet effet, ainsi que des gilets de sauvetage pour assurer la sécurité des baigneurs.

Afin de protéger la pureté de leur eau, veillez à ne pas mettre de crème solaire si vous vous baignez dans un cénote. N'oubliez pas que ces lieux naturels sont peu équipés et que les surfaces peuvent être glissantes. Soyez vigilant. Les cénotes peuvent être très profonds (parfois 60 m, voire plus). Impossible d'aller chercher au fond de l'eau ce que vous aurez fait tomber !

La magnificence des Mayas

UNE CIVILISATION ANCIENNE AUX ACCENTS ACTUELS

La plupart des visiteurs qui viennent à Cancún grimpent dans un bus pour se rendre directement à **Chichén Itzá** (p. 364). La région compte pourtant des dizaines de vestiges archéologiques majeurs qui, pour la plupart, sont hors des sentiers battus et s'avèrent aussi intéressants que le site le plus emblématique de la péninsule. Les Mayas formaient une civilisation préhispanique très avancée. Ils possédaient un calendrier d'une précision de nature à rivaliser avec celle de l'horloge atomique. Leur système d'écriture a été considéré par de nombreux savants comme le plus beau de toutes les langues anciennes. Leurs compétences en astronomie et mathématiques n'avaient rien à envier à ce qui existait alors en Europe. Pourtant, ces cités grandioses furent toutes mystérieusement abandonnées. Jusqu'à leur (re)découverte par John Lloyd Stephens et Frederick Catherwood au milieu du XIXe siècle (ci-contre), elles restèrent enfouies sous une jungle dense. Il fallut de multiples semaines aux archéologues pour mettre au jour de petites sections de ces sites et, à l'époque de leur découverte, ces derniers ont dû se contenter de deviner le sens des inscriptions qu'ils transcrivaient fidèlement.

Aujourd'hui, ces vestiges sont, pour la plupart, faciles d'accès. L'écriture maya a été en grande partie déchiffrée. Chaque jour apporte cependant encore son lot de découvertes sensationnelles. Sur certains sites, il est toujours permis de grimper sur les structures. Lisez bien les panneaux et souvenez-vous que le moindre faux pas peut vous envoyer à l'hôpital. Si vous décidez de partir à l'assaut d'une pyramide, montez en zigzag afin de réduire le risque de chute et faites le plein d'eau avant de démarrer la montée. Et n'oubliez pas de surveiller les singes, les coatis et les perroquets... voire certains insectes rampants !

UNE CIVILISATION INCROYABLE

La redécouverte de nombre de sites mayas remonte aux explorations menées dans les années 1830 à 1840, par deux aventuriers américains : l'archéologue amateur **John Lloyd Stephens** et l'artiste **Frederick Catherwood.**

Ils passèrent de longs mois à explorer les ruines enfouies dans la jungle, documentant leurs découvertes par des écrits et des illustrations détaillées.

Même si la publication de leurs *Aventures de voyage en pays maya* remonte au début des années 1840, ces récits demeurent une précieuse source d'informations. Ils permettent aussi de comprendre comment vivaient les Mayas au milieu du XIXe siècle.

VESTIGES MAYAS AUTOUR DE CANCÚN

Ek' Balam (p. 362)
Constructions impressionnantes et frises incroyablement bien conservées dans ce site reculé, avec un cénote attenant.

Tulum (p. 324)
Vestiges mayas en front de mer offrant une vue splendide depuis un vaste palais perché sur une colline.

Cobá (p. 331)
Il est encore permis de grimper sur la plus haute pyramide du Quintana Roo. Elle possède en outre un vaste réseau de *sacbeob* (chemins cérémoniels).

LA SÉCURITÉ DES TORTUES DE MER

On recense trois espèces de tortues marines à Cancún (tortue caouanne, tortue à écailles, tortue luth) et une tortue d'eau douce (trachémys mésoaméricaine). Afin de préserver leur environnement et d'assurer la survie de la faune marine, il convient de respecter quelques règles essentielles :

Regarder, mais ne pas toucher
Toucher un animal sauvage peut le stresser, voire l'amener à se blesser (à moins que ce ne soit lui qui vous blesse en vous mordant, en vous piquant ou en libérant des toxines urticantes !).

Garder une distance de sécurité
En fonction de l'animal, veillez à ne pas trop vous approcher.

Ne pas s'enduire de crème solaire
Les écrans solaires, même ceux dits "biodégradables", polluent les eaux. Portez un t-shirt anti-UV ou un maillot intégral, qui vous protégera aussi contre les piqûres de méduse.

LUNAMARINA/SHUTTERSTOCK ©

Pélicans, Isla Contoy

Isla Contoy, un paradis inhabité

UN PARC NATIONAL... SUR UNE ÎLE !

Isla Contoy est un endroit idéal pour une escapade d'une journée depuis Cancún ou l'Isla Mujeres. Cette petite île inhabitée, large de 800 m et longue de 8,5 km, est tapissée d'une végétation dense où évoluent plus d'une centaine d'espèces d'oiseaux, parmi lesquelles le pélican brun, le cormoran à aigrettes, le dindon sauvage, le fou brun et la frégate, ainsi que des flamants roses, des aigrettes neigeuses et des hérons blancs. Pour conserver intactes les zones naturelles du parc, seuls 200 visiteurs y ont accès chaque jour.

Si les excursions vers l'Isla Contoy séduisent les amateurs d'oiseaux et de faune marine, elles comblent aussi les autres voyageurs grâce au réseau de sentiers qui parcourt l'île. On peut grimper au sommet d'une tour d'observation haute de 27 m pour admirer le paysage et s'adonner sans restriction au snorkeling.

Vous aurez peut-être la chance de croiser des dauphins, des marsouins ou l'une des espèces de tortues marines qui nichent sur l'île. Entre juin et septembre, on aperçoit souvent des requins-baleines au nord de Contoy.

COMMENT CIRCULER

Il est facile de passer d'un endroit à l'autre. Un réseau de bus au maillage dense relie Cancún aux autres grandes villes. Des *colectivos* plus petits font des allers-retours pour desservir les plus petites villes et les villages, moyennant une somme dérisoire.

L'Isla Contoy est desservie par des bateaux (www.contoytours.com) partant de la V&V Marina, juste au nord de l'embarcadère de Punta Sam.

Pour les infos pratiques, voir le Carnet d'adresses p. 379

ISLA MUJERES

À SAVOIR

On peut rejoindre l'Isla Mujeres depuis plusieurs points d'embarquement à Cancún. Si votre budget est serré, partez de Puerto Juárez. La plupart des visiteurs empruntent un ferry Ultramar (www.ultramarferry.com), facilement réservable depuis son téléphone. Le bus R-1 "Puerto Juárez" à Cancún dessert tous les points de départ de la Zona Hotelera et Puerto Juárez, à Ciudad Cancún.

Sur l'Isla Mujeres, l'atmosphère est généralement plus calme et plus détendue qu'ailleurs dans la baie de Cancún. L'île offre juste ce qu'il faut pour ne pas s'ennuyer : plongée et snorkeling, visite d'une ferme de tortues, ou simplement baignade et farniente sur la magnifique côte nord.

Bien sûr, on y trouve des boutiques clinquantes pour touristes, mais les habitants continuent de s'y déplacer en voiturette de golf, et les plages de sable de corail bordées d'eaux turquoise sont idylliques.

En soirée, le choix est large en matière de restauration et la vie nocturne se déroule tranquillement, à un rythme tout insulaire.

Souvent visitée dans le cadre d'une excursion à la journée, l'Isla Mujeres est pourtant une destination à part entière, plus calme et étonnamment abordable.

Bar de plage, Isla Mujeres

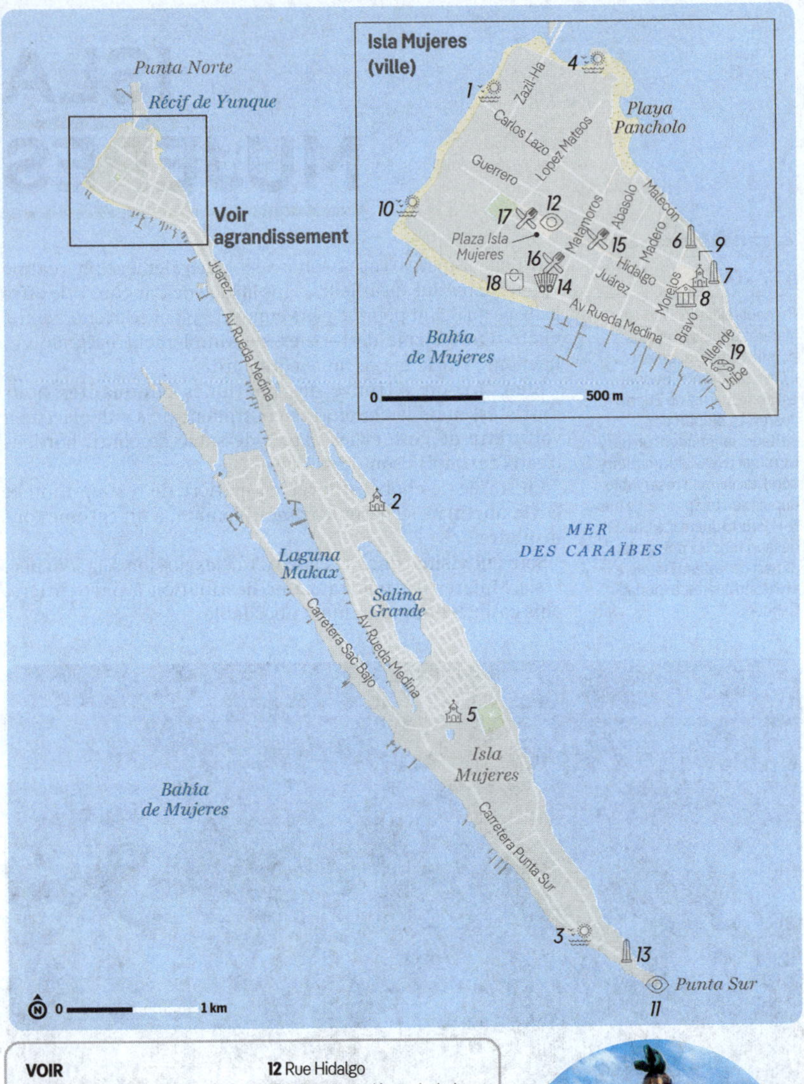

VOIR
1 Buho's
2 Capilla de Guadalupe
3 Garrafón de Castilla
4 Hermosa Caleta
5 Iglesia del Sagrado Corazón
6 La Trigueña
7 Monumento a la Tortuga
8 Musée de la Photographie
9 Parroquia Inmaculada Concepción
(voir 10) Playa El Cocal
10 Playa Norte
11 Punta Sur
12 Rue Hidalgo
13 Statue de la déesse Ixchel

ACTIVITÉS
14 Centre de plongée Carey

SE RESTAURER
15 Los Amigos
16 Olivia
17 Rooster

SHOPPING
18 Avenida Rueda Medina

TRANSPORTS
19 Golf Carts Joaquín

Statue d'Ixchel (p. 290), Punta Sur

DE GAUCHE À DROITE : MARIAKRAY/SHUTTERSTOCK ©, FILIPPO CARLOT/SHUTTERSTOCK ©

Rue Hidalgo

L'histoire de l'Isla Mujeres

UNE DÉESSE ET DES PÊCHEURS

En dépit des quelques vestiges présents à **Punta Sur** (p. 290), il n'est pas certain que les Mayas aient vécu sur l'île. La seule certitude est que les jeunes filles venaient y vénérer la déesse Ixchel – notamment lors du passage de l'enfance à la maturité. En 1517, les Espagnols y accostèrent lors d'une expédition commandée par Francisco Hernandez de Cordoba, et c'est en découvrant les figures votives féminines qu'ils la baptisèrent "l'île aux femmes".

En 1847, lors que la guerre des Castes (une rébellion sociale maya contre la population blanche), quelque 250 pêcheurs indigènes s'installent sur l'île. De jolies églises qui parsèment l'Isla Mujeres attestent d'une influence catholique précoce, encore perceptible aujourd'hui. La petite église de la **Parroquia Inmaculada Concepción**, sur la place centrale de la ville, possède d'intéressantes peintures murales. Elle est au centre

LA GUERRE DES CASTES : UNE RÉBELLION MAYA

Dans la seconde partie du XIXe siècle, les Mayas du Yucatan se révoltent contre les grands propriétaires terriens, d'origine espagnole ou métisse, qui les assujettissent et confisquent leurs terres. La rebellion éclate en juillet 1847 dans le village de Tepich et se répand rapidement. Nombre de colons sont massacrés, de nombreuses villes détruites et les Mayas parviennent à contrôler la majeure partie de la péninsule. En 1901, l'armée mexicaine intervient brutalement.

En 1915, une réforme agraire est décrétée dans tout le pays : elle impose le fractionnement des grandes propriétés et la répartition des *ejidos*, c'est-à-dire le retour des terres collectives aux communautés paysannes.

On estime à 250 000 le nombre de personnes qui perdirent la vie ou durent se résoudre à l'exil.

OÙ SE RESTAURER

Roosters
On y vient pour le petit-déjeuner savoureux et consistant et pour ses smoothies. **$$**

Los Amigos
Les habitants recommandent ce stand de la rue Hidalgo pour la diversité de ses plats mexicains et occidentaux. **$$**

Olivia
Pour un dîner raffiné dans un restaurant paisible à l'écart de Matamoros. **$$$**

MARCHANDER OU PAS, TELLE EST LA QUESTION

N'ayez pas peur de flâner et de regarder les étals. Les vendeurs sont habitués aux touristes qui jettent un œil et passent leur chemin.

Il est courant de négocier les prix. Cela peut faire partie des habitudes culturelles de chacun. Mais ne croyez pas que les vendeurs cherchent à "arnaquer" le touriste. Rappelez-vous qu'ici les commerçants sont souvent des pères et des mères de famille qui essaient de joindre les deux bouts.

Souvenez-vous que le symbole $ peut désigner le peso mexicain ou le dollar américain. La transaction n'est pas la même pour le vendeur !

SVEN HANSCHE/SHUTTERSTOCK ©

Playa Norte

de la vie de nombreux insulaires. Plus éloignée, la **Capilla de Guadalupe** offre une architecture unique avec sa large baie ouverte sur la mer. Encore plus au sud, les abords de la très pittoresque **Iglesia Del Sagrado Corazón** sont ravissants.

Faire son shopping sur Hidalgo

DIFFICILE DE RÉSISTER

La petite ville d'Isla Mujeres, qui occupe l'extrémité nord-est de l'île, est traversée dans sa longueur par la **rue Miguel Hidalgo**, entièrement piétonne, qui court de la place principale

OÙ SE LOGER : COMPLEXES HÔTELIERS

Mía Reef Isla Mujeres
Excellente adresse familiale à la Punta Norte, directement sur Hermosa Caleta. **$$$**

Hotel Privilege Aluxes
Établissement chic et huppé, bien placé pour accéder aux plages et au centre-ville. **$$$**

Ixchel Beach Hotel
Difficile d'être plus près de Playa El Cocal ! Excellents restaurants et grande piscine. **$$$**

jusqu'aux clubs de plage. Elle est bordée de magasins de souvenirs, de restaurants, d'hôtels et de vendeurs en tout genre.

À la nuit tombée, on vient flâner dans les boutiques et on se presse dans des bars et dans ses restaurants. Les produits de la mer sont excellents, tout comme (sans surprise) la cuisine mexicaine. Quelques très bonnes adresses se nichent aussi dans les ruelles adjacentes. Les habitants plebiscitent **Los Amigos**, une institution de longue date, et **Rooster** pour le petit-déjeuner. Tenu par des Israéliens, **Olivia** est une adresse charmante pour le dîner, où on savoure une excellente cuisine méditerranéenne. Sinon, remontez et descendez la rue et laissez parler votre cœur.

Même les moins enclins à faire du shopping auront du mal à refuser les multiples sollicitations. Entre un t-shirt ou un objet artisanal, vous devriez trouver votre bonheur. Le choix d'articles, mexicains ou d'ailleurs, est intéressant, entre hamacs et tissus, argenterie et bijoux. Vérifiez que vos achats sont légalement autorisés aussi bien au Mexique que dans votre pays. Certains produits sont tout bonnement interdits, comme la vente ou l'importation de tortues marines ou d'articles fabriqués à partir de leurs carapaces.

L'**Avenida Rueda Medina** est une autre artère bordée de magasins de souvenirs, entre Lopez Mateos et les terminaux des ferries.

Un paradis de clubs de plage

SABLE, SURF ET SOLEIL

L'Isla Mujeres possède certains clubs de bord de mer parmi les plus charmants et décontractés de la région, dont la plupart sont ouverts à tous et non aux seuls clients d'un hôtel. Vous louez un transat ou un parasol, vous vous badigeonnez de crème solaire, et vous laissez filer le temps paisiblement. Ces clubs sont éparpillés sur toute l'île, avec une ambiance différente de l'un à l'autre. **El Búho** est installé sur Playa Norte. Côté sud, vous pouvez louer du matériel de snorkeling, un casier au **Garrafón de Castilla**, et consommer boissons et plats préparés au bar-restaurant.

Ces établissements proposent parfois des prestations haut de gamme, comme des massages pratiqués sur la plage, sous des pergolas tendues de voiles aériens. Faites un signe au serveur et votre boisson vous sera servie à même votre transat ou votre serviette. Dans certains endroits, la plage est parsemée de parasols recouverts de feuilles de palme. Des hamacs sont à disposition, certains permettant de se balancer les pieds dans l'eau.

NOTRE SÉLECTION DE PLAGES POUR LES ENFANTS

Avec des enfants en bas âge, évitez la baignade le long de la côte est où les vagues et les courants sont imprévisibles.

Playa Norte
Avec ses eaux émeraude transparentes et son sable parsemé d'éclats de corail, c'est la plus belle de toutes. Elle est sûre pour la baignade et on y a pied, même loin du rivage.

Hermosa Caleta
Cette ravissante crique peu profonde dispose d'une zone de baignade calme et d'une partie rocheuse balayée par les vagues, où des poissons colorés trouvent refuge.

Garrafón de Castilla
À la pointe sud de l'île, ce club de plage dispose d'une zone de baignade en eaux calmes et d'un joli spot de snorkeling.

OÙ SE LOGER : PETIT BUDGET

Hotel Sayil
Hôtel simple et sans chichis dans le centre de la ville. $

Poc-Na Hostel
Ancienne adresse qui a fait peau neuve, dans le nord-est de l'île. Accès à une superbe plage. $$

Nomads Hotel & Hostel
Cette auberge-hôtel ravira les amateurs de baignade avec son propre club de plage. $$

LA DÉESSE IXCHEL

Des grandes célébrations aux activités du quotidien, les Mayas vivaient au rythme de la religion. Chacun devait veiller à ce que sa vie soit conforme à la volonté du divin.

Ixchel, également appelée la déesse Jaguar, était l'une des principales divinités du panthéon maya. Elle était aussi la mère de la Terre et du Ciel, ce qui suppose qu'on pouvait lui attribuer… à peu près tout ! Elle est surtout la déesse de la Fertilité, de la Médecine et de la Maternité, trois domaines majeurs.

Isla Mujeres fut pour les femmes mayas un lieu de pèlerinage en l'honneur d'Ixchel (d'où le nom de l'île). Aujourd'hui, elle y est encore très respectée. La statue d'Ixchel, qui se dresse à Punta Sur, est un lieu où l'on se prend en photo. Sa statue aurait d'ailleurs le pouvoir de porter bonheur à ceux qui la touchent, et de protéger les futures mères et leurs enfants.

Les plus actifs s'adonneront au kayak ou au paddle, disponibles à la location. En règle générale, les clubs de plage ne louent pas de matériel de snorkeling ; pensez à apporter votre masque ou à en louer un dans un des centres de plongée.

Balade à Punta Sur

EXPLORATION DE LA POINTE SUD DE L'ÎLE

À l'extrémité sud de l'Isla Mujeres, vous découvrirez la **Punta Sur**, son phare, des ruines mayas, des sentiers de randonnée, une vue spectaculaire sur les falaises érodées par les vagues et une eau incroyablement turquoise.

Il est possible de monter au sommet du phare datant de 1902, où un espace est aménagé pour prendre de belles photos. Non loin se dresse une statue contemporaine d'**Ixchel** (photo p. 286), déesse maya de la Fertilité et de la Lune. La zone abrite un jardin de sculptures laissées au vent et quelques vestiges mayas, dont un temple dédié à Ixchel. En plus d'être un lieu de pèlerinage, le temple servait aux Mayas de poste d'observation astronomique. Ces vestiges ont été endommagés par les ouragans qui se sont succédés au fil des siècles mais leur découverte, face à la mer, est un enchantement.

À la pointe extrême, un sentier descend en escalier vers un cheminement cimenté qui longe le bord de l'eau. Même si d'autres le font, la pêche et la baignade y sont interdites.

Un taxi depuis la bourgade coûte environ 100 $M.

Activités nautiques

PLONGÉE, SNORKELING ET PÊCHE

Si l'Isla Mujeres est une destination balnéaire où beaucoup se contentent de lézarder sur la plage, il est aussi possible d'y pratiquer des activités sportives, notamment la pêche. L'Isla Mujeres est en effet très proche des meilleurs spots de pêche en mer, d'où le succès rencontré par les sorties à la demi-journée ou à la journée proposées sur place. Adressez-vous à **Keen M Boat Charters** et à la **Cooperativa Isla Mujeres Tours**, le petit bureau des pêcheurs qui se trouve à côté du restaurant de poisson Mocambo à côté du restaurant de poisson Mocambo, à deux pas de l'Avenida Rueda Medina. Il en va de même pour la plongée et le snorkeling. Dans les multiples clubs de plage, vous pouvez vous joindre à de fabuleuses plongées ou une visite guidée du **MUSA** (p. 277), pour une découverte hors des sentiers battus. Il est aussi facile de pratiquer la plongée en bouteille car plusieurs sites magnifiques sont proches. **Carey Dive Center** organise des plongées avec une ou deux bouteilles ainsi que des sorties snorkeling.

CENTRES DE PLONGÉE

Sea Hawk Divers
Au programme, plongée sur les récifs, cours, excursions de pêche et circuits snorkeling pour observer les requins-baleines.

Aqua Adventures Eco Divers
Excellente adresse pour le snorkeling avec les requins-baleines. L'agence a accès à 15 sites de plongée sur récifs.

SCUBA Musa
Centre spécialisé dans les excursions au MUSA, le musée d'art sous-marin.

FITOPARDO/GETTY IMAGES ©

Cacerola de pescado **(ragoût de poulpe, crevettes et coquilles Saint-Jacques, sauce *chipotle*)**

Toutes ces aventures vous amèneront à côtoyer différentes espèces de requins, raies, tortues marines, poissons-scorpions, poissons-papillons, murènes et autres, qui ont élu domicile dans ces récifs coralliens qui leur servent de terrain de chasse.

Dîner charmant

SAVEURS ET DIVERSITÉ

L'île compte une grande variété de restaurants, allant d'établissements luxueux à de simples restaurants ou *palapas* sur la plage. Vous aurez le choix entre les spécialités yucatèques ou d'autres régions du Mexique et de nombreux restaurants de cuisines internationale. Burger, pâtes et pizzas satisferont les palais les moins enclins à la découverte.

ASTUCES POUR UN BON COCKTAIL

Nombre de bars se targuent de préparer la "*mejor margarita*" (meilleure magarita) de l'île. Comment séparer le bon grain de l'ivraie – sachant que les mauvais cocktails ne sont pas forcément les moins chers ?

Évitez les cocktails servis dans un gobelet en plastique, de même que ceux déjà présentés tout prêts dans une bouteille. Un bon cocktail est préparé sous vos yeux et servi dans un verre.

Les ingrédients doivent être de bonne qualité et bien dosés. Vérifiez que les jus de fruits sont frais. Une margarita gagnera largement en qualité si elle est préparée avec une bonne *tequila reposado* (vieillie en fûts de chêne).

Sinon, testez l'alcool local, le *xtabentún* (une liqueur au goût anisé, spécialité du Yucatán) ou une *michelada* (un cocktail explosif à la bière, au Clamato – jus de tomates et bouillon de palourdes – et au citron vert).

LES MEILLEURS CLUBS DE PLAGE SUR PLAYA NORTE

El Búho
Au plus près de l'eau, avec une immense paillote, des transats et des balançoires pour siroter au comptoir.

Tarzán
Spot jeune décontracté à l'ambiance surf, proche de la ville.

Mayan Beach Club
Club élégant, reconnaissable à ses parasols bleus, où les cocktails et les plats sont excellents.

VOITURETTES DE GOLF ET SCOOTERS

Bien que l'île soit petite, si vous vous voulez disposer d'un véhicule, optez plutôt pour une voiturette de golf ou un scooter. Toutefois, si vous n'avez pas l'habitude de conduire un scooter, la voiturette de golf est une option plus sûre.

Restez attentif à l'état de la route, aux panneaux de signalisation, aux déviations et aux piétons qui traversent la chaussée.

Tentez votre chance chez **Golf Carts Joaquín** (ci-dessous) ou auprès des autres agences de location, non loin du débarcadère des ferries.

GG-FOTO/SHUTTERSTOCK ©

La Trigueña

Mais il serait dommage de passer à côté des produits de la mer, présents dans de nombreux plats de la cuisine yucatèque : le poisson Tikin-Xik, cuit sur les braises après avoir été baigné dans une sauce à l'achiote (graine de roucou) et à l'orange, les délicieux ceviches (cocktails de poissons et/ou de fruits de mer marinés au citron) ou la *cacerola de pescado* (ci-dessus) mijotée au four.

COMMENT CIRCULER

Nombreux sont ceux qui optent pour une voiturette de golf lors de leurs déplacements sur l'île, ce qui explique leurs files ininterrompues sur les routes. Comptez en moyenne 700 $M/jour (9h à 17h). Golf Carts Joaquín pratique des prix standards pour ce genre de véhicule.

Inspectez soigneusement tout scooter avant de le louer. Les coûts peuvent flamber en haute saison, mais débutent généralement aux alentours de 380 $M/jour (9h à 17h).

Si vous comptez rester en ville (et aller à Punta Sur dans le cadre d'une excursion), songez plutôt à prendre un taxi. Sur l'île, les prix sont fixes, en fonction de la distance parcourue.

Le vélo est un excellent moyen de se déplacer dans les rues étroites de l'île et de découvrir les quartiers périphériques.

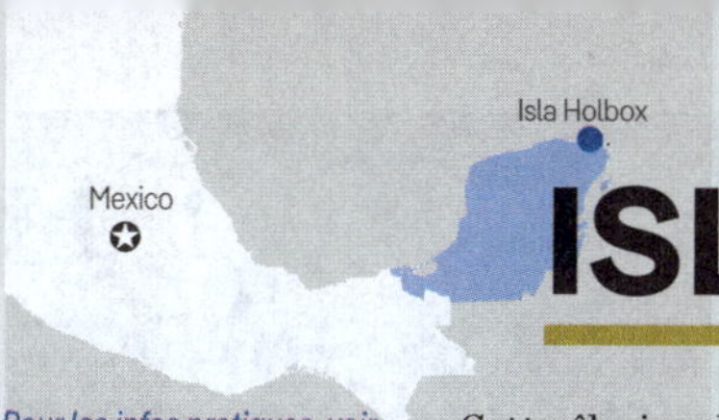

ISLA HOLBOX

Pour les infos pratiques, voir le Carnet d'adresses p. 380

À SAVOIR

Venir sur l'île de Holbox signifie dire adieu aux sargasses (algues brunes) qui envahissent la Riviera Maya en été. Ici, les immenses plages vierges de sable blanc en sont largement préservées.

Cette île insolite et branchée n'attirait autrefois que les véliplanchistes et les amateurs de bronzette, mais les modes changent. Les bars avec balançoires en guise de sièges, les dîners sur le front de mer et les stages de yoga connaissent un formidable essor, au risque d'évincer pêcheurs et petits commerces pour faire de Holbox (prononcez "olboch") une "Tulum du Nord". Les rues recouvertes de sable fin résonnent du vrombissement constant des voiturettes de golf et des véhicules tout-terrain. Pourtant, il est encore possible de s'éloigner de l'agitation et de goûter au calme des plages les plus reculées.

On ne retrouve, nulle part ailleurs au Yucatán, une île d'une telle beauté. Ses bâtiments colorés sont typiques des Caraïbes et ses eaux tirant sur le vert prennent une couleur unique due au mélange des courants océaniques.

Chaque été, les requins-baleines font leur retour, et avec les alizés reviennent les oiseaux migrateurs.

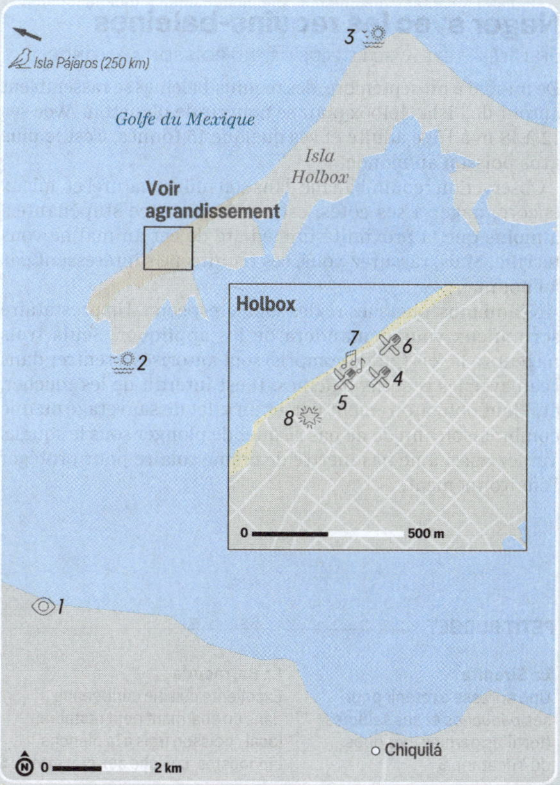

VOIR
1 Cenote Yalahau
2 Isla Pasión
3 Punta Mosquito

SE RESTAURER
4 El Chapulím
5 Pizzeria La Pinsa
6 Salma

SORTIR
7 The Hot Corner
8 Tribu Bar

BIOLUMINESCENCE ÉTINCELANTE

Ce phénomène, visible toute l'année sur l'Isla Holbox, est plus fréquent pendant les mois d'été et coïncide souvent avec la saison des requins-baleines (mai-septembre). Prévoyez de passer vos soirées au bord de l'eau. Après un splendide coucher de soleil, vous pourriez être surpris et émerveillé : à la nuit tombée, la mer scintille à chaque vague ou ondulation de l'eau. Un magnifique spectacle de la nature que l'on doit aux millions de micro-organismes qui, par une réaction chimique, sont capables d'émettre de la lumière.

Le meilleur endroit pour observer la bioluminescence de Holbox est la Playa Punta Coco, à la pointe ouest de l'île (à 2,5 km du centre-ville).

Requin-baleine

Nager avec les requins-baleines

UN TÊTE-À-TÊTE AVEC LE PLUS GRAND POISSON AU MONDE

De mi-mai à mi-septembre, des requins-baleines se rassemblent autour de l'Isla Holbox pour se nourrir de plancton. Avec ses 12 à 18 m à l'âge adulte et ses quelque 15 tonnes, c'est le plus gros poisson au monde.

Observer un requin-baleine dans son milieu naturel et, mieux encore, nager à ses côtés, est une expérience stupéfiante... à moins que la proximité immédiate de cet animal ne vous terrifie. Mais, rassurez-vous, ces requins ne s'intéressent pas à l'homme.

Néanmoins, quelques règles sont à respecter. Un prestataire scrupuleux vous demandera de les appliquer. Seuls trois nageurs à la fois (guide compris) sont autorisés à rentrer dans l'eau avec les requins-baleines. Il est interdit de les toucher, et il faut obligatoirement porter un gilet de sauvetage ou une combinaison afin de ne pas risquer de plonger sous le squale. Veillez aussi à ne pas mettre de crème solaire pour protéger l'environnement.

OÙ SE RESTAURER À PETIT BUDGET

El Chimichurri
Stand de tacos sur la place principale où l'on se régale à très bon prix. $

La Sirenita
Une adresse à retenir pour ses *panuchos* et ses *salbutes* (tortillas garnies, typiques du Yucatán). $

La Barracuda
Excellente cuisine caribéenne dans un charmant petit restaurant local : poisson frais à la plancha, langoustes, ceviche aux crevettes... $

Sable fin et eau turquoise

UN GOÛT DES CARAÏBES : SABLE FIN ET EAU TURQUOISE

Doux mouvement des vagues, sable fin comme de la poudre d'argile et ciel parfait : il se dégage de l'île une tranquillité qui se diffuse non seulement dans votre corps, mais s'infiltre aussi dans votre esprit. Le souffle des alizés est chaud et apaisant. Il n'est pas rare de passer la matinée, voire la journée, à lézarder, siroter une boisson et se baigner. Ne rien faire, c'est la promesse d'un séjour réussi sur l'Isla Holbox.

Les plages les plus fréquentées se situent du côté nord de l'île. Pour des coins plus paisibles et reculés, prenez un taxi, voire un bateau, et vous atteindrez des plages où vous serez seul, entouré peut-être de magnifiques palétuviers.

L'île, située au sein de la **réserve Yum Balam**, abrite une importante faune sauvage, notamment plus d'une centaine d'espèces d'oiseaux (spatules rosées, pélicans, hérons, aigrettes, flamants, etc.). Iguanes, tortues de terre, tortues marines et quelques serpents font partie des reptiles présents sur l'île. Dans les zones plus reculées, sur les îlots et les lagunes, se cachent des crocodiles. Dans l'eau, il n'est pas impossible de marcher sur une raie, attention à vos pieds.

Une île sauvage à explorer

UN TRÉSOR NATUREL AU-DELÀ DES PLAGES

Au-delà des plages, Holbox abrite tout un réseau de mangroves, de canaux et de lagunes. Consacrez une journée à l'exploration des parties sauvages de l'île que la plupart des visiteurs ignorent. Vous vous sentirez loin de la civilisation lorsque vous sillonnerez cet écosystème à bord d'un kayak ou d'un paddle. Des circuits organisés sont le meilleur moyen de découvrir l'abondante faune et flore de l'île.

Tres Islas (le "tour des 3 îles") est un itinéraire qui mène à la **lagune de Yalahau** et son célèbre **cénote**, une véritable fontaine de Jouvence selon les habitants. L'excursion passe également par l'**Isla Pájaros** (l'île aux Oiseaux), refuge pour de nombreux cormorans, pélicans, aigrettes et hérons ; on peut même apercevoir des ibis, des spatules et des flamants roses. Troisième étape, l'**Isla Pasión** est une île tranquille et isolée où vous serez (presque) seul au monde.

PUNTA MOSQUITO

L'étendue de sable qui forme le coude "nord" de l'Isla Holbox est un paradis de faune sauvage. Vu du ciel, c'est un impressionnant réseau de canaux, îlots, mangroves et lagunes.

Grâce à sa brise, Punta Mosquito est, contrairement à ce qu'indique son nom, souvent moins infestée de moustiques que la ville (ce qui ne doit pas vous dissuader d'emporter du répulsif).

Crocodiles, serpents, iguanes, pélicans, flamants roses, spatules et autres pullulent dans cette zone, également prisée pour le snorkeling. Les bateaux qui viennent en excursion sur l'île s'y arrêtent généralement.

AUBERGES SUR L'ISLA HOLBOX

Tribu Hostel & Bar
On se sent vite intégré à la "tribu" dans cette auberge sympa, branchée et conviviale. **$**

Barco Verde Hostel
Nombreux hamacs et tables à disposition dehors pour sympathiser avec les autres hôtes. **$**

Che Holbox Hostel & Bar
Sympathique auberge, haut de gamme, non loin du port des ferries. **$$**

Un paradis pour gourmets

UN FESTIN POUR LES YEUX... ET POUR LE VENTRE

Bien que petite, Holbox compte un nombre étonnant de bons restaurants. Et l'offre ne cesse de s'enrichir grâce à de nouvelles adresses branchées qui dynamisent le centre-ville. Des langoustes des Caraïbes aux plats plus internationaux, en passant par des pâtisseries françaises (**Le Jardin**), il y en a pour tous les goûts. Attention, contre toute attente, les produits de la mer ne sont pas toujours de première fraîcheur. N'hésitez pas à vous renseigner avant de faire votre choix.

Légèrement à l'écart de la place principale, des établissements proposent les traditionnels plats mexicains bon marché. La restauration servie sur la plage est toujours plus chère, mais le décor en vaut la peine. **La Pinsa Tío Pupo** est censée être la meilleure pizza de l'île. Sinon, direction **Salma** pour sa cuisine du monde créative dans un joli cadre. **El Chapulím** est une institution réputée pour ses produits de la mer et ses plats raffinés concoctés par son chef.

Certains restaurants sont plus réputés pour la vue qu'ils offrent que pour leur cuisine. De nombreux établissements de plage côté nord proposent de dîner les pieds dans le sable, à quelques pas de la mer.

Si pour vous ce n'est pas le critère numéro un, allez sur la place principale qui est bordée de bons restaurants. Nombre d'entre eux ont survécu aux saisons (et à un ou deux ouragans !) : ils sont donc une valeur sûre.

LE HAMAC YUCATÈQUE

Pour avoir une position confortable dans un hamac, il ne faut pas s'allonger en long dans son axe, mais perpendiculairement.

Debout, dos au hamac, soulevez-en la moitié par-dessus votre tête, comme si vous enfiliez un châle. Faites-le retomber devant votre visage.

Plongez vers l'arrière, en laissant le reste du hamac couvrir vos pieds. Ainsi, vous étalez le hamac au niveau de sa plus grande largeur avec votre corps... les crochets se trouvant de chaque côté.

Votre dos est ainsi soutenu comme sur un matelas et il reste de la place pour que d'autres vous rejoignent sur le hamac, de part et d'autre.

Sortir et faire la fête

HOLBOX EN SOIRÉE : S'AMUSER SANS EXCÈS

Loin de la démesure de Cancún, vous ne trouverez pas de boîtes de nuit déjantées. Sur l'île, on s'amuse davantage en sirotant une bière ou un cocktail entre amis. La vie nocturne, très agréable, se concentre autour des bars du centre et des clubs de plage.

Pour une ambiance plus festive, faites un tour en ville après la tombée de la nuit et laissez-vous guider par le bruit de la fête. Le bar du **Tribu** accueille sous sa *palapa* des concerts, un cours de salsa hebdomadaire et des soirées quiz le mardi. **The Hot Corner** est l'adresse incontournable à Holbox pour écouter des concerts, danser et boire des verres. Les Mexicains venus du continent préfèrent siroter un cocktail chez **Salma**. Allez aussi jeter un coup d'œil du côté de la plage car de nombreux clubs de plage restent ouverts

D'AUTHENTIQUES HAMACS

Évitez d'acheter votre hamac à Mérida. Vous ferez de bien meilleures affaires au **marché artisanal** (p. 302) de Puerto Morelos.

POUR UN PETIT-DÉJEUNER RAPIDE

Painapol
Excellent café et autres douceurs matinales. **$**

Limoncito
De délicieux petits-déjeuners mexicains sur la place principale. **$$**

Le Jardin
Boulangerie française et café sous un toit en *palapa*. **$$**

Plage, Isla Holbox

en soirée. On profite de l'ambiance et des cocktails, pieds nus dans le sable.

Nombreux sont ceux qui optent pour improviser leur propre soirée sur la plage. Des amis, quelques boissons, et le sable devient votre piste de danse, éclairée par les étoiles – vous aurez même droit à quelques effets spéciaux avec les vagues bioluminescentes qui lèchent le rivage.

PAROLE D'HABITANTE : LA RECETTE D'UN BON TACO

Lorena de León de **Taco Tour Holbox** (www.tacotourholbox.com) organise un tour des meilleurs tacos de l'île. À chaque halte, on goûte un succulent taco, arrosé d'un délicieux cocktail. Elle nous livre ses secrets pour savourer les tacos :

La tortilla De sa couleur à sa texture, elle est votre premier contact avec le taco.

La garniture Le choix des ingrédients est immense, c'est là véritablement l'âme de tout taco.

La *salsa* Certaines sauces sont si savoureuses qu'elles font toute la différence.

Le contexte Parce que manger un taco rime avec sortir et partager un moment avec ses meilleurs amis.

COMMENT CIRCULER

Des ferries (aller 150 $M) se rendent à Holbox au départ de la ville portuaire de Chiquilá en 25 minutes environ. Depuis le débarcadère des ferries, des bus rallient différentes destinations au Yucatán, telles que Mérida et Cancún.

Ne prenez qu'un billet aller pour le ferry à destination de l'Isla Holbox. Vous aurez ensuite le choix entre deux compagnies maritimes pour votre traversée de retour.

Les bus au départ de la gare routière de Cancún (180-244 $M, 3 heures 30) partent pour Chiquilá cinq fois par jour. Vous ne serez pas autorisé à débarquer sur l'île avec une voiture privée, mais votre véhicule sera en sûreté dans le parking de Chiquilá (50-100 $M les 24 heures).

Les rues de sable de Holbox sont étroites et pleines d'ornières, et les voiturettes de golf sont omniprésentes.

Environs de l'Isla Holbox

Solferino, petite ville maya peu visitée, offre une atmosphère hors du temps.

Pour les infos pratiques, voir le Carnet d'adresses p. 380

À SAVOIR

Pour sillonner cette petite portion de la côte yucatèque, privilégiez la location d'une voiture.

Sur leur chemin pour embarquer vers Holbox, rares sont les voyageurs qui prennent le temps de s'arrêter dans les villages côtiers. Le petit village de Solferino mérite à lui seul le détour pour son superbe et célèbre *ceiba* (kapokier), arbre sacré vieux de 700 ans, et son jardin d'orchidées. C'est un village typique, avec ses maisons et ses paillotes noyées dans la verdure, où l'on trouve une bonne offre de cafés et de gargotes bon marché. Pour les amateurs de nature, le centre écotouristique El Corchal propose des sorties en kayak dans une forêt flottante, au plus près d'une incroyable faune sauvage.

Héron blanc

SANATANA/GETTY IMAGES ©

Crocodile américain

En kayak dans la jungle à El Corchal

UNE AVENTURE UNIQUE DANS UN MARÉCAGE

Depuis Solferino, il faut compter 20 minutes de trajet sur une route très accidentée pour accéder à cette **réserve naturelle** peu fréquentée par les touristes. Ensuite, on explore en kayak ou en pirogue (en prenant soin d'être bien protégé contre les moustiques) une grande variété d'écosystèmes : forêt tropicale, marécages, lagunes, cénotes... et la plus grande forêt aquatique de chênes-lièges de tout le Mexique. Certains arbres possèdent des racines flottantes et peuvent ainsi se déplacer avec le vent lors des tempêtes. Cette diversité d'habitats naturels attire de nombreuses espèces végétales et animales uniques. Orchidées et broméliacées envahissent les arbres, et un nombre incommensurable de nénuphars tapissent les eaux calmes.

Au milieu de cette végétation s'ébattent de multiples oiseaux comme le jacana (également appelé le "trotteur de nénuphar", car cet échassier parvient à se déplacer sur les végétaux flottants sans s'y enfoncer), des aigrettes, des hérons, mais aussi des flamants roses et des spatules. Vous apercevrez peut-être un félin sauvage : l'ocelot, bon grimpeur et nageur, le margay (chat-tigre), qui vit exclusivement dans les arbres, ou le jaguar (des femelles ont même été récemment introduites dans le secteur). Les singes-araignées, omniprésents, vous accompagneront de leurs cris durant la balade.

La baignade est interdite, sauf si le guide vous invite à le faire car plusieurs espèces de crocodiles pullulent dans ce fascinant marécage. Ne lésinez pas sur la crème solaire, emportez de l'eau et de la nourriture, sans oublier votre appareil photo.

LES CROCODILES DU YUCATÁN

L'observation des crocodiles dans leur milieu naturel donne toujours le frisson. Les attaques, bien que rares, peuvent se produire. Soyez très prudent lorsque vous êtes au bord de l'eau ; c'est leur endroit de prédilection.

Le crocodile américain *(Crocodylus acutus)* est présent sur tout le continent. De grande taille et pouvant atteindre 6 m de long, il vit aussi bien dans l'eau douce que dans l'eau de mer.

Le crocodile de Morelet *(Crocodylus moreletii)* ne mesure en général que 3 m de long. Reconnaissable à sa tête triangulaire, il vit dans toute la péninsule du Yucatán. Les jeunes crocodiles sont d'un joli jaune rayé, les adultes de couleur marron foncé, légèrement plus sombre que leurs homologues américains.

COMMENT CIRCULER

Des bus relient fréquemment Solferino à d'autres destinations vers le sud et à Chiquilá, au nord. Il est cependant plus pratique de louer un véhicule à Cancún.

PUERTO MORELOS

Pour les infos pratiques, voir le Carnet d'adresses p. 381

À SAVOIR

La place centrale de Puerto Morelos est à 2,5 km à l'est de la route 307, presque au bout de la route principale qui mène en ville. La ville s'étend sur trois rues d'est en ouest, sur plusieurs pâtés de maisons au nord de la place et sur trois longs pâtés de maisons au sud.

À mi-chemin entre Cancún et Playa del Carmen, Puerto Morelos constitue un excellent point d'entrée sur la Riviera Maya. Cette ville décontractée, qui s'étend le long d'un front de mer pittoresque bordé des eaux peu profondes de la mer des Caraïbes, vit de la pêche et de l'écotourisme à petite échelle, loin des grosses industries touristiques du nord et du sud.

Sa plus grande fierté est son récif corallien, qui s'étend à 600 m au large. La ville s'est battue dès les années 1980 pour le protéger. L'alliance des pêcheurs, des écologistes et des chercheurs a porté ses fruits en 1998, lorsque le président d'alors, Ernesto Zedillo, a signé par décret la création du **Parque Nacional Arrecife de Puerto Morelos**. Ce riche écosystème sous-marin est accessible aux visiteurs ; c'est également l'un des récifs coralliens les mieux étudiés du Mexique.

LUNAMARINA/SHUTTERSTOCK ©

Puerto Morelos

Explorer le récif corallien

SNORKELING ET PLONGÉE

Des bandes de vert vif et de bleu foncé alternent en un contraste frappant entre la côte et le récif corallien. Pour les snorkeleurs et les plongeurs, c'est un paysage plein de promesses. Le récif, composé de coraux mous et durs, fait partie de la barrière de corail mésoaméricaine qui s'étend sur plus de 1 000 km le long des côtes du Mexique, du Belize, du Guatemala et du Honduras.

Plusieurs agences, dont les très expérimentées **Wet Set** et **Aquanauts**, organisent des excursions de snorkeling et de plongée. Lors d'une sortie snorkeling standard de 2 heures, le capitaine du bateau vous emmènera sur le récif (à 5 ou à 10 minutes en bateau) pour découvrir un kaléidoscope d'espèces aquatiques : tortues de mer, requins, raies, murènes, langoustes et poissons tropicaux. Au bout de 45 minutes environ, vous rejoindrez un second spot, pour faire le plein d'autres merveilles. En été, de juin à mi-septembre, les requins-baleines sont présents dans la zone ; des sorties snorkeling dédiées permettent d'aller à leur rencontre.

La profondeur de l'eau va de 3 à 6 m. L'équipement est généralement fourni, dont des gilets de sauvetage, obligatoires au sein du parc national. La crème solaire étant interdite, portez un maillot anti-UV.

LA ROUTE DES CÉNOTES

À environ 1 km au sud de la bifurcation vers Puerto Morelos, sur la route 307, un panneau indique la Ruta de los Cenotes : 37 km dans la jungle desservant une dizaine de lieux de baignade enchanteurs. En voici quelques-uns :

Siete Bocas englobe une zone de baignade souterraine et un cénote à ciel ouvert, dans lequel on peut sauter depuis de modestes falaises.

Boca del Puma rassemble deux cénotes ; on peut y pratiquer diverses activités, dont de la tyrolienne.

La Noria est un lieu rafraîchissant où nager, mais aussi faire de la tyrolienne ou de l'équitation.

Pour profiter au mieux de votre excursion, emportez de quoi déjeuner, ainsi qu'un masque et un tuba pour contempler les dessous de ces eaux cristallines. Pour éviter la foule, allez-y tôt le matin.

OÙ SE LOGER

Casa El Moro
Hôtel agréable de centre-ville doté d'un petit jardin avec piscine. **$$**

Hacienda Morelos
Hôtel moderne donnant sur la plage, aux chambres impeccables. **$$**

Layla Guesthouse
Six appartements très bien équipés, restaurant avec menus végans et piscine sur le toit. **$$**

DALLAS STRIBLEY/GETTY IMAGES ©

Marché d'artisanat de Puerto Morelos

LE MARCHÉ D'ARTISANAT

Le marché d'artisanat qui s'étend dans les rues au sud-ouest de la place est l'une des meilleures raisons de se rendre à Puerto Morelos.

Attrape-rêves, poteries et tissus sont très prisés. Si vous cherchez un hamac, n'allez pas plus loin ! Contrairement à ceux vendus dans de plus grandes villes, qui viennent de Mérida, les hamacs que l'on trouve ici sont fabriqués dans la ville même, par des familles du coin.

Les plongeurs avec bouteille auront accès à d'autres parties du récif. Dans les zones riches en algues, on croise plus facilement les tortues de mer qui viennent s'y nourrir. Le spot de plongée nommé Bajito englobe des petits canyons, des arches, des tunnels à traverser et des grottes bordées de coraux, au cœur du parc national. Les plongeurs expérimentés pourront s'aventurer plus profond, par exemple au bien-nommé Aquarium, où l'on voit d'immenses bancs de poissons. Ils pourront également, en compagnie d'un guide, explorer une épave datant de la Seconde Guerre mondiale.

Un aperçu de la jungle dans le Jardín Botánico

PETITE RÉSERVE NATURELLE

Juste au sud-ouest de Puerto Morelos subsiste un vestige luxuriant des vastes forêts côtières qui recouvraient jadis cette partie du nord de la péninsule du Yucatán. Le nom du **Jardín Botánico Dr Alfredo Barrera Marín** est trompeur : il s'agit moins d'un jardin botanique soigné que d'une réserve naturelle sauvage, où la faune est aussi remarquable et diverse que la flore.

Le billet s'achète à l'entrée de la réserve qui s'étend sur 65 ha ; pensez à emprunter un plan ou à photographier le panneau. Un chemin de 2 km, facile à suivre malgré quelques détours, en fait le tour. En l'empruntant dans le sens inverse des aiguilles d'une montre, vous passerez par des sections dédiées aux épiphytes (orchidées et broméliacées), palmiers et fougères, le tout parsemé de quelques étiquettes (surtout en espagnol, parfois en anglais dans la seconde moitié).

Parmi les arbres, vous reconnaîtrez facilement l'impressionnant noix-pain ou *ramón* (*Brosimum alicastrum*), qui peut atteindre

OÙ SE RESTAURER

Cafe Amancia
Café animé donnant sur la place principale et servant les meilleurs petits-déjeuners de la ville. **$$**

El Pirata
Cuisine bio et locale et concerts occasionnels dans l'un des nombreux restaurants de l'Avenida Gómez. **$$**

Al Chimichurri
Grill uruguayen servant des steaks à la cuisson parfaite, des pizzas, des pâtes et des empanadas. **$$$**

40 m de haut et développe de puissantes racines en contrefort ; fruits et feuilles sont utilisés dans la cuisine maya. Le *palo mulato* (*Bursera simaruba*) se reconnaît à son écorce qui pèle. Plus petit, le *palo santo* (*Bulnesia sarmientoi*) a de tout temps été beaucoup utilisé dans la médecine traditionnelle maya, puis, plus récemment, dans l'artisanat et la fabrication d'encens. La réserve englobe une zone de mangrove où scintillent, au milieu des racines immergées dans l'eau saumâtre, les feuilles vertes des mangroves à boutons (*Conocarpus erectus*).

Un impressionnant kapokier, arbre sacré dans la tradition maya, se dresse près d'un ensemble d'habitations traditionnelles avec structures en bois et toits de palapa. Non loin se trouvent un jardin médicinal luxuriant et quelques ruches de *xunan kab* (*Melipona beecheii*), une espèce d'abeille présente dans la mythologie maya : la divinité Ah Muzen Cab, représentée sous la forme d'une abeille, porte le ciel ; des sculptures la représentent dans de nombreux temples, dont Chichén Itzá et Cobá.

En continuant sur le sentier, on arrive dans une zone de ruines. Il s'agit d'un site cérémoniel datant du XVe siècle, encore utilisé en de rares occasions par des chefs spirituels mayas.

Vous passerez ensuite près d'un arbre fruitier appelé sapotillier (*chicozapote*). Remarquez sur son écorce les incisions permettant d'extraire la sève pour produire du *chiclé* (gomme). Le Quintana Roo et l'État voisin du Campeche étaient autrefois les plus gros producteurs de *chiclé* du Mexique. Un campement, avec équipement et outils, est reconstitué ; on y voit les sacs utilisés pour la récolte et un grand chaudron pour faire bouillir la sève.

Tout au long de votre promenade, guettez la faune. Vous entendez un craquement sous les arbres : c'est peut-être un agouti (rongeur sans queue à poils rêches, appelé *sereque* dans la région) ou un coati à nez blanc, cousin agile du raton laveur. Du raffut dans les branches ? Sans doute une bande de singes-araignées (atèles) : ces primates de taille moyenne au pelage sombre (plus clair sur le ventre et le visage), qui sautent d'arbre en arbre et n'hésitent pas à se suspendre la tête en bas tout en dégustant des feuilles et des fruits. Un bruissement plus discret ? Et si cette branche d'un vert intense était en fait un serpent-liane... ?

La réserve est juste à côté de la route 307, à environ 1,5 km au sud de la bifurcation pour Puerto Morelos. Apportez un répulsif antimoustiques car les insectes peuvent être agressifs, surtout de juin à décembre. C'est à l'aube et au coucher du soleil que les chances sont les plus grandes d'observer des animaux.

ESCAPADE SAUVAGE SUR LA RIVIÈRE CROCODILE

Si vous désirez pousser plus loin la découverte de la faune du Yucatán, rendez-vous dans la **Reserva de la Biósfera Ría Lagartos** (p. 362), sur la côte nord de la péninsule, qui abrite notamment des crocodiles et des flamants roses.

CROCO CUN ZOO

Située à 10 minutes en voiture au nord de Puerto Morelos, Croco Cun Zoo est une ancienne ferme de crocodiles transformée en refuge accueillant, notamment, les espèces menacées de la région.

L'entrée comprend une visite guidée (en anglais ou en espagnol) pendant laquelle les visiteurs sont autorisés à interagir avec certains animaux : cerfs de Virginie, boas constrictors, aras, crocodiles, singes-araignées.

La plupart des guides sont très attachés aux animaux et partagent avec enthousiasme des détails de la vie de ces derniers.

Prévoyez de l'antimoustiques.

COMMENT S'Y RENDRE

Depuis Cancún ou Playa del Carmen, des bus Playa Express et des *colectivos* vous déposent sur la route 307, à la bifurcation pour Puerto Morelos. De là, il faut marcher 2,5 km pour rejoindre la ville ; vous pouvez également prendre un taxi ou un *colectivo* à destination du centre-ville, qui s'arrête à la station de taxis à l'angle (sur la Calle José María Morelos).

PLAYA DEL CARMEN

Pour les infos pratiques, voir le Carnet d'adresses p. 381

À SAVOIR

Quinta Avenida et les rues adjacentes sont souvent bondées le soir, surtout le week-end ; il suffit de se déplacer de quelques rues vers l'ouest pour retrouver une ambiance plus locale. Le site everythingplayadelcarmen.com (en anglais) fournit des informations à jour sur la vie locale.

Playa del Carmen est avec Tulum l'une des destinations les plus prisées de la Riviera Maya. Ses plages, qui font face à l'île de Cozumel, attirent les amateurs de soleil qui profitent de l'accès facile aux hôtels, bars et restaurants des abords de Quinta Avenida. Des récifs coralliens regorgent de vie non loin du rivage, tandis qu'on accède rapidement en voiture à des cénotes idylliques.

Playa, comme on l'appelle ici, était un petit village de pêcheurs encore peu connu des touristes dans les années 1990. Sa population (310 000 habitants) a explosé ces trente dernières années, des Mexicains venant des quatre coins du pays pour profiter de l'essor de l'économie locale, largement fondée sur le tourisme. C'est actuellement l'une des villes d'Amérique latine à la plus forte croissance démographique, ainsi que l'une des villes mexicaines les plus cosmopolites, en raison à la fois des visiteurs et des expatriés qu'elle accueille.

INCONTOURNABLES
1 Quinta Avenida

VOIR
2 Galerie Gastón Charó
3 Inti Beach
4 Muelle Constituyentes
5 Museo Frida Kahlo
6 Parque Los Fundadores
7 Portal Maya

SE RESTAURER
8 Chez Céline
9 La Cueva del Chango
10 La Tarraya

PRENDRE UN VERRE ET FAIRE LA FÊTE
11 Chela de Playa
(voir 3) Inti Beach
12 La Bodeguita del Medio
13 La Verbena

SHOPPING
14 Calle Corazón
15 Tierra Huichol

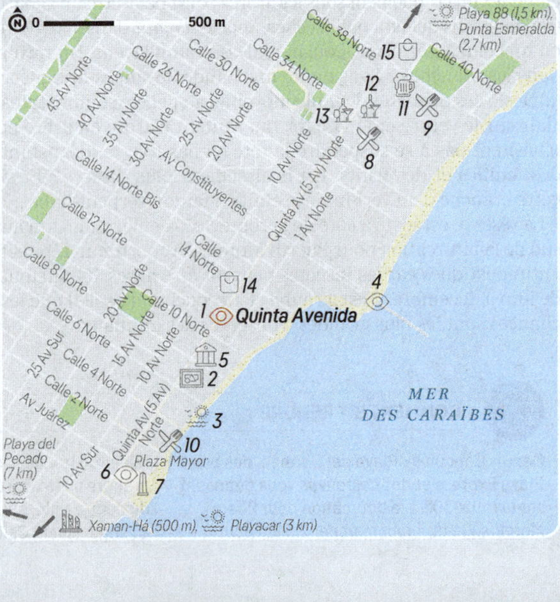

Playa del Carmen

Les plages de Playa del Carmen

EXPLORER LES DIVERS VISAGES DU LITTORAL

Si vous aimez la foule et l'animation, rendez-vous à **Inti Beach**, entre le **Parque Los Fundadores** et le **Muelle Constituyentes**. Entre les restaurants en plein air et les chaises longues à louer, l'ambiance se trouve aussi bien dans l'eau que sur la terre ferme. Vous pourrez faire des châteaux de sable ou vous ébattre dans les vagues, jouer aux raquettes ou ramasser des coquillages.

La densité est plus faible à mesure que l'on monte vers le nord, après le Muelle Constituyentes. Au niveau de la **Playa 88** s'étend un beau front de mer peu urbanisé. Bordée de palmiers et d'arbustes côtiers, la plage de sable est plus large et plus propre (ce qui lui vaut le label Blue Flag) – un endroit idéal pour assister au lever du soleil. On y accède par Calle 88 ou l'Avenida Colosio, un peu plus au sud.

En parcourant tranquillement un autre kilomètre en direction du nord, vous arriverez à **Punta Esmeralda**. Cette belle plage marquant la limite nord de la ville (et qui arbore aussi un "drapeau bleu" pour sa propreté) se distingue par son sable blanc et ses vastes étendues peu fréquentées. On y trouve un petit cénote peu profond qui constitue un bassin idéal pour les enfants ; tôt le matin ou tard le soir, c'est aussi un excellent lieu d'observation des oiseaux. Punta Esmeralda est à environ 4 km du cœur de Quinta Avenida ; le trajet à vélo est agréable. Par ailleurs, un bus parcourt toute la 30 Avenida Norte. Pour rentrer, c'est encore plus simple : montez à bord de n'importe quel bus indiquant "Centro".

SPÉCIALITÉS LOCALES

Huevos motuleños
Œufs frits servis sur une tortilla et garnis de haricots, petits pois, jambon, saucisse, fromage râpé et piment.

Panuchos
Tortilla frite, fourrée aux haricots et recouverte de poulet, salade, tomates et oignons rouges marinés.

Sopes
Épais rond de pâte de maïs légèrement grillé et garni de sauce, de haricots, d'oignons et de fromage.

Chilaquiles
Plat souvent consommé les lendemains de fête ; dans sa version la plus simple, il s'agit de lanières de tortilla arrosées d'une sauce.

Cochinita pibil
Cochon de lait mariné dans du jus d'agrumes et d'achiote (épice à base d'huile de roucou) et rôti dans un trou creusé dans la terre.

OÙ SE RESTAURER

La Cueva del Chango
La "grotte du singe" se divise entre une *palapa* et un jardin luxuriant. Les ingrédients sont frais et naturels. **$$**

Chez Céline
Café-boulangerie français dont les bons petits-déjeuners sains et les excellentes pâtisseries attirent de nombreux clients. **$**

La Tarraya
Ce restaurant, l'un des plus anciens de Playa, sert des produits de la mer à un prix raisonnable, sur la plage. **$$**

PAROLE D'HABITANT : LE PÈRE DU MÉTISSAGE

Originaire de Playa del Carmen, **Pierre Nahataen Alvarez Kauil** conduit des promenades guidées pour **Estación Mexico** (@estacionmexico). Il nous parle d'un personnage méconnu : Gonzalo Guerrero.

En 1511, ce marin espagnol fit naufrage sur la côte du Yucatán et fut asservi par les Mayas. Lorsque le conquistador espagnol Hernán Cortés apprit quelques années plus tard qu'il était encore en vie, il envoya des secours à sa recherche. Mais Guerrero refusa de les suivre. Il avait adopté la culture maya et épousé Zazil Há, la fille du chef Na Chan Can, avec qui il avait eu plusieurs enfants.

Dès lors, Guerrero fut "le renégat" pour les Espagnols ; pour les Mayas, en revanche, il devint le père des *mestizos*, des métisses. Ses enfants furent les premiers à avoir une double ascendance mésoaméricaine et européenne.

Il y a également de belles portions de littoral au sud du centre-ville de Playa del Carmen. Une fois passé le terminal de ferry (juste au sud du Parque Los Fundadores), déchaussez-vous pour marcher sur le beau sable de **Playacar**. Adossée à des immeubles et à des complexes hôteliers, cette plage qui peut paraître sélecte est ouverte à tous à condition d'arriver par la rive. Le sable et les eaux peu profondes plairont aux familles.

Encore quelques minutes de marche vers le sud, et vous arriverez à une bifurcation menant aux **ruines de Xaman-Há**. Ce site libre d'accès, dépourvu de panneaux d'information, a le mérite d'être très peu fréquenté, ce qui lui confère une certaine aura. Xaman-Há signifie "eau du nord". Les vestiges de ces constructions basses à moitié enfouies dans la jungle dateraient du milieu du XIIIe siècle. C'était le point de départ d'un pèlerinage maya pour l'île de Cozumel, où se dressait un temple dédié à Ixchel, déesse de la Fertilité et de la Lune.

Mais si vous cherchez vraiment un petit bijou caché de la Riviera Maya, c'est à **Playa del Pecado** que vous le trouverez. Cette plage nichée tout au sud de la plage de Playacar, bordée de palmiers et d'une forêt littorale, a conservé son caractère sauvage et ne porte presque aucune trace d'occupation humaine. Toutefois, elle se mérite, car il faut parcourir les 4 km qui la séparent du terminal de ferry et franchir pas mal de rochers au passage (pensez à mettre des chaussures adéquates). De plus, l'ombre est rare et les points de restauration inexistants ; prévoyez un chapeau et des réserves d'eau.

Remonter Quinta Avenida

LA PLUS CÉLÈBRE AVENUE PIÉTONNE DE PLAYA

Parallèle au rivage, un peu en retrait, s'étend la plus célèbre avenue piétonne de Playa del Carmen, **Quinta Avenida** (Cinquième Avenue). Bordée de restaurants, de bars et de boutiques, elle arbore selon l'heure un visage différent. Tôt le matin, quand la ville dort encore, quelques promeneurs et joggeurs profitent de l'ombre et du calme. L'après-midi et en début de soirée, les vendeurs de rue et les restaurants, les musiciens, les danseurs et autres artistes de rue contribuent à l'animation.

Le **Parque Los Fundadores** marque l'extrémité sud de l'avenue. On prend le pouls de la ville dans cet espace planté d'arbres. Des étals vendent de l'eau de coco et des jus de fruits frais, tandis que les touristes font la queue pour se faire prendre en photo devant les grosses lettres colorées de "Playa del Carmen". La grande sculpture encadrant l'entrée sur la plage est le **Portal Maya**. Ses silhouettes enroulées rendent hommage à deux éléments constitutifs de la côte : l'eau (à gauche) et le vent

OÙ SE LOGER

Casa de las Flores
Les chambres colorées organisées autour d'un patio et d'une piscine allient style colonial et confort moderne. **$$**

Casa La Pasión
Chambres élégantes avec balcon donnant sur un jardin et une piscine ; toit-terrasse avec bar. **$$**

Hotel Posada Sian Ka'an
L'entrée de cet hôtel bien équipé situé à deux pas de la plage et du centre de Playa imite un temple maya. **$$**

Quinta Avenida

(à droite). Quant aux anneaux, ils évoquent le *juego de pelota*, un jeu de balle préhispanique. Le soir, cette sculpture sert de décor à des concerts, des projections de films ou des spectacles de percussionnistes et de danseurs vêtus en guerriers mayas.

Une fois sorti du parc (par le nord), vous voilà projeté dans un patchwork d'ambiances. De nombreux restaurants sont ouverts sur la rue et accueillent des groupes de rock ou de salsa qui animent les terrasses le soir. Après avoir croisé Calle 6, visitez la **galerie Gastón Charó**, nichée dans une allée : elle présente les œuvres de plus de 40 artistes mexicains et internationaux. Les sculptures anthropomorphiques installées à l'entrée de la galerie sont l'œuvres de l'artiste argentin et fondateur de la galerie Gastón Charó. La galerie renferme d'autres de ses créations.

Un peu plus loin, le **Museo Frida Kahlo** propose une immersion dans la vie et l'œuvre de l'artiste mexicaine au gré d'installations immersives. Toutefois, malgré un prix d'entrée assez élevé, ne vous attendez pas à voir des œuvres originales de l'artiste.

Faites également un petit détour par Calle 8 pour voir la grande peinture murale de l'artiste mexicain **Senkoe**, *Equilibrio*, portrait onirique d'une femme émergeant des nuages sous une explosion de fleurs multicolores. Ce n'est que l'une des nombreuses fresques que recèlent les rues de Playa del Carmen.

HAUTS LIEUX DE LA VIE NOCTURNE À PLAYA

Inti Beach
Ce club de bord de plage accueille presque tous les soirs un DJ et un spectacle de feu (qui commence souvent vers 20h). Un endroit magique où contempler la lune sur la mer en sirotant des cocktails les pieds dans le sable...

La Bodeguita del Medio
Il y a des graffitis sur les murs, les abat-jours et à peu près partout dans ce bar-restaurant cubain où jazz afro-cubain puis salsa résonnent presque tous les soirs.

La Verbena
Ce bar décontracté doté d'un jardin luxuriant à l'arrière propose des concerts de styles variés, allant de la *cumbia* (musique dansante colombienne) au bon vieux reggae.

OÙ PRENDRE UNE BIÈRE ARTISANALE

Chela de Playa
Installé sur la terrasse verdoyante, commandez une bière à la pression de qualité chez ce microbrasseur.

Club de la Cerveza
Un lieu très apprécié servant d'excellentes bières (dont des pressions) qu'on ne trouve nulle part ailleurs.

Colectivo Mexicano Cervecero
Gastropub qui met l'accent sur les bières artisanales locales, associées à des tacos de crevettes ou de poisson.

PLACES ET PARCS

À quelques rues de Quinta Avenida en s'éloignant de l'océan, on tombe sur la place du **Palacio Municipal,** l'hôtel de ville ; sa cour renferme une fresque représentant des monuments de Playa del Carmen. Le parvis de l'hôtel de ville, le **Parque 28 de Julio**, est incontournable le week-end. Des étals de nourriture et d'artisanat de qualité s'y installent (17h-22h, ven-dim).

Envie de verdure ? Rendez-vous au petit **Parque la Ceiba** : aires de jeux pour enfants, zones de pique-nique ombragées et café en plein air. Cours de yoga, projections de films et concerts y sont organisés.

WALTER BIBIKOW/GETTY IMAGES ©

Shopping nocturne

Les boutiques se multiplient à mesure que l'on avance dans l'avenue, surtout au niveau du **centre commercial Calle Corazón**, temple des habituelles enseignes américaines et internationales. C'est aussi l'épicentre de la vie nocturne de Playa del Carmen : le soir, on entend résonner les basses des nombreux clubs bordant les deux côtés de Calle 12.

Le tronçon qui se trouve plus au nord est un peu moins fréquenté. La rue arborée abrite des restaurants et des cafés avec terrasse, mais aussi des vitrines originales, comme celle de **Tierra Huichol**, égayée par les couleurs de ses *alebrijes* (sculptures traditionnelles représentant des créatures fantastiques).

L'avenue devient ensuite plus tranquille. Les palmiers prennent le pas sur l'animation, des œuvres d'art de rue surgissent au coin d'une galerie ou d'un restaurant végan. Avant d'arriver à la fin de la section piétonne, faites un détour par Calle 38 Norte pour une flânerie aux accents culinaires. Cette rue recèle certains des restaurants les plus romantiques de Playa, nichés dans un feuillage tropical dense et éclairés le soir par des guirlandes lumineuses. En face de **Chela de Playa**, pub qui se double d'une microbrasserie, se trouve même un petit cénote.

LE FERRY POUR COZUMEL

Il existe deux compagnies de ferries pour **Cozumel** (p. 309). Un départ a lieu toutes les heures du terminal qui se trouve au bout de la Calle 1 Sur, près du Parque Los Fundadores. Ultramar, un peu plus cher, met 20 minutes pour rejoindre l'île, tandis que Winjet met 40 minutes environ.

COMMENT S'Y RENDRE ET CIRCULER

L'ADO Terminal Alterna est la gare de départ et d'arrivée de la plupart des bus longue distance. Les bus desservant le Quintana Roo partent de l'ADO Terminal Turística, idéalement situé sur Quinta Avenida. Les navettes Playa Express (Av Benito Juárez) permettent de circuler beaucoup plus rapidement sur la Riviera Maya entre Playa del Carmen et Cancún.

Les *colectivos* permettent également de rejoindre Tulum ; les départs sont fréquents de la Calle 1 Sur, près d'Av 45 Norte. Dans la ville de Playa, on peut facilement circuler à pied ou à vélo, ou prendre un taxi pour accéder aux plages les plus éloignées.

ISLA COZUMEL

Pour les infos pratiques, voir le Carnet d'adresses p. 383

À SAVOIR

Si vous louez une voiture, un scooter ou un vélo, sachez que la plupart des rues de San Miguel de Cozumel sont à sens unique. Méfiez-vous des nombreux nids-de-poule et dos d'âne. Le port d'un casque est obligatoire si vous conduisez un scooter.

Difficile de ne pas tomber sous le charme de cette île enchanteresse, la plus grande du Mexique, principalement fréquentée par les croisiéristes, les plongeurs et par ceux qui vivent de la venue de ces derniers. Avec ses eaux claires, chaudes et remplies de coraux, le Parque Nacional Arrecifes de Cozumel en est le grand attrait et ses fonds marins constituent l'un des plus beaux sites de plongée au monde.

La vie sous-marine est également présente sur les murs couverts de fresques de la ville. Prenez le temps d'explorer les parties moins visitées de l'île sur un scooter de location ou au volant d'une décapotable. En suivant la route côtière, vous découvrirez des rivages balayés par le vent, de petites ruines mayas et des bars de plage à flanc de falaise. Le soir venu, vous vous régalerez de plats authentiquement mexicains ou de fruits de mer fraîchement pêchés avant, pourquoi pas, d'entreprendre une superbe plongée nocturne.

RUBI RODRIGUEZ MARTINEZ/SHUTTERSTOCK ©

Isla Cozumel

PAROLE D'HABITANTE : SITES DE PLONGÉE ORIGINAUX

Miranda Ríos González est monitrice de plongée à Cozumel et propriétaire du Miri Adventures.

Grotte aux requins dormants
Ce site au nord de l'île est un must pour les amoureux des requins, car on y croise des requins de récifs de 2 m de long. Certains sont somnolents, d'autres bien éveillés.

Mur des raies aigles
Sur cet autre site au nord, des plongeurs ont observé des groupes d'une quarantaine de raies aigles.

Gorge du Diable
Plongée de niveau avancé à 40 m au large de Punta Sur, prisée de ceux qui aiment aller en profondeur et se faufiler dans des espaces confinés.

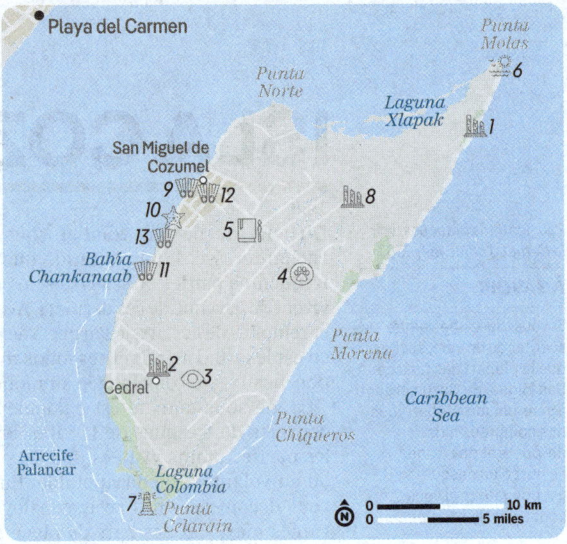

VOIR
1 El Castillo Real
2 El Cedral
3 Jade Cavern
4 Mayan Bee Sanctuary
5 Pueblo Del Maíz
6 Punta Molas
7 Punta Sur Eco Beach Park
8 San Gervasio

ACTIVITÉS
9 Aldora Divers
10 Atlantis Submarine
11 Chankanaab Beach Adventure Park
12 Deep Blue
13 ScubaTony

Aventures sous-marines

SNORKELING ET PLONGÉES MÉMORABLES

Les eaux chaudes et claires qui entourent Cozumel sont pleines de formations coralliennes et autres merveilles marines. On trouve des sites de plongée et de snorkeling de tout niveau, du bain d'étoiles de mer translucides d'**El Cielo** aux grottes marines de la "Gorge du Diable" au large de **Punta Sur**. Les points d'accès sont nombreux, de même que les prestataires qui vous emmènent plus loin au large.

Snorkeling

De nombreux visiteurs de Cozumel louent du matériel de snorkeling pour explorer les sites accessibles depuis les côtes et les clubs de plage. On trouve un bon site juste au nord de

LES MEILLEURS SPOTS DE SNORKELING

Récif de Palancar
Des formations coralliennes majestueuses et une vie marine foisonnante vous y attendent.

Récif de Colombia
On accède en bateau à ce récif peu profond où il n'est pas rare d'observer des tortues marines.

El Ciel
Ici, pas de récif, mais des eaux limpides sur fond de sable blanc où abondent les étoiles de mer.

San Miguel, où le rivage rocheux et une série de blocs de béton offrent des cachettes aux créatures marines. Si vous souhaitez conjuguer snorkeling et détente sur une chaise longue, gagnez un club de plage comme **Buccanos**, **Sky Reef** ou **Playa Palancar Beach Club**. Vous devrez payer l'entrée et/ou le repas, mais vous économiserez sur le prix du bateau. Naturellement, pour profiter des meilleurs sites, mieux vaut gagner les eaux plus profondes.

Les agences spécialisées proposent des excursions régulières dans la partie sud de l'île, plus animée, notamment **Palancar**, **Colombia** et **El Cielo**. Comptez minimum 800 $M, pour une sortie avec boissons et en-cas compris. Pour 1 300 $M plus 98 $M pour l'entrée du parc, **Deep Blue** vous mène en bateau vers d'excellents sites de snorkeling proches de l'extrémité sud de l'île, notamment Palancar, Colombia, Cardona, San Clemente et Paradise.

Les moniteurs vous donneront des consignes de sécurité concernant les courants et le trafic maritime. Si vous êtes seul, il est conseillé d'évaluer au préalable les conditions et de planifier votre itinéraire en sélectionnant soigneusement un point de sortie à courant descendant, puis en restant attentif aux changements de courant. Gardez toujours l'œil (et les deux oreilles) sur le passage des bateaux.

Les conditions sont idéales de mai à septembre, quand l'eau est la plus chaude et la visibilité exceptionnelle. En dehors de cette période, les vents et les courants sont plus forts, et les sites de la partie ouest peuvent être fermés en cas de *norte* (tempête venant du nord). Dans ce cas, rejoignez la côte est, étonnamment calme.

Plongée

Les sites de plongée de Cozumel jouissent d'une fabuleuse visibilité tout au long de l'année (souvent 30 m au moins) et d'une faune marine d'une impressionnante variété : raies léopards, murènes, mérous, barracudas, tortues, requins, corail-cerveau et énormes éponges.

L'île compte des dizaines de centres de plongée. Tous limitent les groupes à 6 ou 8 participants et les plus sérieux prennent la peine de les organiser par niveaux, **ScubaTony** est un centre fiable. **Aldora Divers** est un autre club très réputé, qui fournit des bouteilles en acier, emmène les plongeurs sur des sites moins fréquentés, et organise de temps en temps des sorties de pêche au poisson-lion.

Les prix sont généralement indiqués en dollars américains. Comptez entre 100 et 150 $US les deux plongées consécutives (équipement compris) ou le cours d'initiation. Le brevet Open

LES MEILLEURS SITES DE PLONGÉE

Pared de Santa Rosa
Le spot star. Tombant aux surplombs et tunnels recouverts de coraux et d'éponges. Possibles courants dangereux.

Paseo El Cedral
Plongée dérivante sur un récif coloré foisonnant de vie marine, notamment des poissons-crapauds, endémiques de Cozumel.

Grottes de Palancar
Des grottes, mais aussi des zones sablonneuses et une paroi qui plonge dans les profondeurs.

Épave du C-53
Les plongeurs peuvent explorer ce dragueur de mines de la Seconde Guerre mondiale, coulé en 1999 pour créer un récif artificiel à 24 m de profondeur.

LES MEILLEURS CLUBS DE PLAGE

Buccanos
Bon snorkeling, cuisine savoureuse et dégustations de tequila gratuites dans la Zona Hotelera.

Mr Sancho's
Club de plage familial avec buffet, boissons glacées, chaises longues et kayaks inclus. Équitation possible sur la plage.

Paradise Beach
Les enfants apprécient le parc aquatique flottant et les bateaux-bananes, les adultes les massages et les boissons incluses.

LES MEILLEURS BARS À COCKTAILS AU COUCHER DU SOLEIL

Coconuts
Ce club de plage monte en gamme le soir avec un restaurant et un bar à cocktails de luxe sur le toit.

Hemingway Lounge & Night Club Bar
Somptueux bar-restaurant coiffé d'une *palapa*, avec vue sur la mer sur deux niveaux.

Alberto's Beach Restaurant
Dégustez des fruits de mer fraîchement débarqués du bateau en buvant un cocktail, les orteils dans le sable. Groupe rock les mardis, jeudis et dimanches.

Buccanos at Night
Le soir venu, ce club de plage monte en gamme avec son bar à cocktails et son restaurant raffiné sur le toit.

EDGAR PHOTOSAPIENS/SHUTTERSTOCK ©

Récif de Chankanaab (p. 313)

Water PADI coûte 440 $US. On peut faire des économies en prenant des forfaits de plusieurs plongées ou en réservant en groupe.

En raison des forts courants (parfois jusqu'à 3 nœuds), les plongées dérivantes sont la norme, en particulier le long des nombreux murs. Évaluez toujours les conditions et planifiez votre itinéraire. Pour indiquer votre présence, il est recommandé d'emporter un tube de marquage gonflable (entraînez-vous à le gonfler avant).

En cas d'urgence liée à une décompression, rendez-vous sans attendre à la chambre hyperbare du **Cozumel International Hospital** (hospitalcozumel.com).

Sous-marins

Pour ceux que la plongée n'attire pas mais qui désirent toutefois contempler les fonds marins, **Atlantis Submarines** propose

LES MEILLEURES VISITES ACCOMPAGNÉES

Gozumel
Divers circuits à vélo électrique à San Miguel de Cozumel et le long de la côte avec de sympathiques guides anglophones.

Smiggie's Concierge Services
Très plaisantes visites de San Miguel de Cozumel à pied, sorties de snorkeling à El Cielo et excursions sur mesure.

Gala Naturaleza
En compagnie d'Elvis Jiménez, repérez des oiseaux endémiques comme le colibri émeraude et la paruline jaune.

des excursions en sous-marin au **récif de Chankanaab**. Un trajet de 10 minutes en bateau vous conduit au sous-marin, dans lequel vous entrez en descendant une échelle. Le capitaine plonge ensuite l'appareil jusqu'au récif, où vous pourrez admirer coraux, anguilles jardinières, langoustes et poissons-anges royaux par les grands hublots latéraux. Le sous-marin descend jusqu'à environ 30 m de profondeur et remonte en passant devant l'épave du C-53, souvent explorée par les plongeurs.

Le tour de l'île

PLAGES, FAUNE ET PHARES

Les sites de Cozumel sont distants les uns des autres. Pour en voir un maximum, le plus pratique est de louer une voiture ou un scooter ou de se joindre à l'un des nombreux circuits proposés, en minibus, jeep, taxi, buggy décapotable ou vélo électrique. Les plus téméraires peuvent aussi louer un vélo (à partir de 250 $M/jour) pour parcourir la piste cyclable de la partie est – pittoresque mais venteuse – de l'île. Quel que soit le véhicule choisi, il ne vous faudra qu'une journée pour faire le tour de la partie carrossable de l'île.

Le **Parque Ecológico Punta Sur**, à l'extrémité sud-ouest de l'île, est l'étape la plus intéressante, malgré un droit d'entrée élevé. Vous aurez accès à un phare, à un petit musée nautique et à des ruines mayas. La route passe devant une tour d'observation d'où l'on aperçoit des oiseaux migrateurs et, parfois, des crocodiles. En continuant vers l'ouest, on arrive à une plage de sable blanc bordée d'un récif peu profond ; on y trouve quelques restaurants en plein air et la possibilité de faire des sorties en bateau (12h, 13h et 14h) jusqu'à la Laguna Colombia peuplée de crocodiles et fréquentée par des flamants roses de novembre à mars. En parcourant le parc qui dégage une atmosphère de bout du monde, vous pourrez aussi apercevoir coatis, ratons-laveurs pygmées et tortues dans leur habitat préservé.

Pour vous aventurer à **Punta Molas**, l'extrême nord-est de l'île, mieux vaut réserver un circuit avec Omar's Island Buggy Tours ou Cozumel Lighthouse Project pour éviter de se retrouver coincé sur un chemin de terre isolé. Vous y ferez du snorkeling sur des plages isolées et, sur la route accidentée qui mène à Punta Molas, passerez par **El Castillo Real** ("Le Château Royal"), imposant site maya dont les ruines, comme celles d'Aguada Grande, à quelques kilomètres de marche, ne sont pas très bien conservées, ayant perdu depuis longtemps leur aura. Toutefois, s'y rendre est une aventure

POURQUOI J'AIME COZUMEL

Ashley Harrell, auteure, @where_smashley_went

En tant que plongeuse, j'étais certaine que Cozumel me plairait. Après tout, ses fonds marins sont probablement les plus célèbres des Caraïbes.

En revanche, je ne m'attendais pas à tomber amoureuse de l'île elle-même. C'est le risque quand on parcourt à scooter son littoral balayé par le vent, qu'on boit des mojitos dans des clubs de plage de rêve et qu'on se régale de salade César et de pattes de crabe royal pendant que des mariachis vous jouent une sérénade.

LES PLUS BEAUX SITES SUR LA TERRE FERME

Punta Molas
Sur la pointe nord-est de l'île, un phare abandonné domine des paysages sauvages et déserts.

El Cedral
Ce petit temple de la Fertilité, sans ornementation particulière, est le plus ancien vestige de Cozumel.

Parque Ecológico Punta Sur
À l'extrémité sud-ouest de l'île, ce parc naturel, au coût d'accès un peu élevé, donne accès à un phare, à un petit musée nautique et à des ruines mayas.

HISTOIRE DE L'ÎLE

Les Mayas se seraient établis à Cozumel au IVe siècle de notre ère. Les premiers Espagnols arrivèrent à Cozumel en 1518 et décimèrent les villages.

En 1848, des réfugiés de la guerre des Castes s'y installèrent et, au début du XXe siècle, la population augmenta avec le commerce du *chiclé* (gomme naturelle). Lorsque celui-ci s'effondra avec l'avènement de la gomme synthétique, l'économie se maintint grâce à la construction d'une base aérienne américaine sur l'île pendant la Seconde Guerre mondiale. Après le départ de l'armée américaine, l'économie déclina ce qui provoqua l'exode des habitants à l'exception de quelques pêcheurs.

Dans les années 1960, Cozumel commença à devenir une destination de plongée prisée.

Le tourisme prit son essor dans les années 1980 après la construction d'un aéroport commercial et du premier terminal de ferries.

Crocodile, Parque Ecológico Punta Sur

en soi. Si vous participez au circuit de Cozumel Lighthouse Project, vous participerez également au ramassage des déchets le long du chemin menant au point le plus septentrional de l'île, où se trouve un phare déserté.

À la rencontre des Mayas

HISTOIRE ET CULTURE

L'histoire maya de Cozumel est passionnante, même si ses vestiges ne peuvent rivaliser avec ceux du continent, plus importants et mieux préservés. Certains archéologues pensent que l'île était un pôle d'échanges commercial florissant, d'autres un grand site cérémoniel. Les Mayas établirent une trentaine d'édifices à travers l'île, le mieux conservé étant **San Gervasio**, légèrement au nord du centre géographique de l'île. On pense que c'est là que se trouvait le temple érigé en l'honneur d'Ixchel, la déesse de la Fertilité et de la Lune. Toutes les femmes mayas du Yucatán et au-delà devaient s'y rendre en pèlerinage pour la vénérer. Aujourd'hui, les vestiges sont modestes et les idoles d'argile d'Ixchel ont été détruites par les Espagnols il y a fort longtemps. Des guides officiels (Sinaltur)

OÙ SE RESTAURER

Rasta Bar
Cette *palapa* de la côte est vaut le trajet pour sa vue sur les Caraïbes et ses crevettes à la noix de coco. **$**

Nutty Treesome
Excellente adresse végane avec smoothies sains, salades délicieuses, makis innovants et personnel très souriant. **$**

Cervecería Punta Sur
La seule microbrasserie de l'île propose des bières délicieuses et une superbe pizza au poisson-lion. **$$**

vous aident à replacer le site dans son contexte, mais vous devrez au minimum débourser 600 $M. Le site archéologique d'**El Cedral**, situé à 3 km à l'ouest de Carretera Costera, est tout aussi modeste. De la taille d'une petite maison, le temple de la Fertilité, sans ornementation particulière, est le plus ancien vestige de Cozumel. El Cedral était sûrement un site cérémoniel notable ; la modeste église qui se dresse aujourd'hui à côté des ruines témoigne de l'importance religieuse qu'il revêt encore aux yeux des habitants. Il est peut-être un peu plus intéressant de se rendre au **Cenote Chempita** rempli de chauves-souris qui, pour les Mayas, était l'entrée de l'au-delà.

Si vous aimez les parcs d'attractions, la destination la plus divertissante est de loin le **Pueblo del Maíz**, à environ 10 minutes de route de San Miguel sur la Carretera Transversal. À l'entrée, vous serez accueilli par des employés vêtus de costumes mayas élaborés qui peindront votre visage avec des pigments naturels et vous purifieront avec de l'encens. De là, vous serez guidé vers une série de *palapas*, où des activités pratiques mettent en lumière le mode de vie des Mayas : préparation des *tamales* à la main, dégustation de chocolat et de *pozol* (boisson à base de pâte de maïs), etc. L'ambiance y est plutôt bon enfant.

Roulez encore 5 minutes pour visiter le **Sanctuaire des abeilles mayas**. L'île était un important centre de production de miel à l'époque préhispanique. Sur le domaine se dressent les impressionnantes sculptures en pierre de l'artiste Carlos Pacheco Polanco.

Cozumel à la tombée de la nuit

ACTIVITÉS NOCTURNES

Prendre un verre au coucher du soleil est un must à Cozumel et d'innombrables bars installés sur le front de mer peuvent répondre à la demande. Toutefois, l'animation retombe vers 23h. Si vous flânez suffisamment longtemps à San Miguel de Cozumel, vous trouverez peut-être deux ou trois endroits ouverts tard, mais il y a rarement foule.

Si vous êtes prêt à braver la mer à la nuit tombée, essayez le **snorkeling nocturne** pour observer des créatures marines dans une délicieuse ambiance de ténèbres.

Si vous êtes débutant, contactez Daniel Mendoza Iglesias via Instagram (night_snorkel_cozumel). Ce moniteur de plongée certifié accompagne de nuit des groupes dans des eaux peu profondes depuis près de cinq ans. Il fournit tout le matériel nécessaire (combinaison, masque, palmes, tuba et lampe torche sous-marine).

VOITURE ET SCOOTER : QUELQUES CONSEILS

Voici quelques points importants :

Les rues de San Miguel sont généralement à sens unique. Si vous allez d'est en ouest, respectez les stops à chaque intersection.

Sur le littoral, une des deux routes parallèles devient subitement une piste cyclable à certains endroits. Si vous l'empruntez en voiture ou à scooter, vous risquez une contravention.

Conduire un scooter sans casque est également passible d'une amende.

Attention aux nombreux nids-de-poule et aux *topes* (dos-d'âne).

Souscrivez une assurance lors de la location du véhicule pour éviter les tracas. Les scooters ne peuvent souvent pas être assurés ; soyez particulièrement prudent.

Burritos Gorditos
Une adresse accueillante, réputée pour ses burritos végétariens, au poulet, au porc et au bœuf, tous *muy grande* ! **$**

Casa Mission
Restaurant mexicain traditionnel avec salades César, savoureuses pattes de crabe royal et mariachis itinérants. **$$**

Kondesa
Restaurant haut de gamme innovant dans un décor de jungle. Ne manquez pas les croquettes de poisson-lion. **$$$**

PROMENADE À VÉLO

San Miguel de Cozumel

Même si vous êtes venu à Cozumel principalement pour plonger et siroter des cocktails, ne vous privez pas d'une balade à vélo dans la principale localité de l'île, pour comprendre comment ce lieu est devenu ce qu'il est aujourd'hui et vous immerger dans la culture et la vie locales.

1 Museo de Cozumel

Commencez par ce musée sur deux niveaux, récemment rénové. Le bâtiment qui l'abrite date des années 1930. Il fut l'un des premiers hôtels de l'île. Les expositions qui y sont organisées donnent un bon aperçu de la géographie, des écosystèmes, de l'histoire et de la culture de l'île. Comptez une bonne heure pour en faire le tour. Le café à l'étage offre une vue sur la mer.

Itinéraire : Descendez l'Av Melgar en passant devant les fresques et l'embarcadère des ferries. Prenez à gauche Salas, puis à droite la 5a Av Sur, en continuant vers le sud jusqu'au cimetière.

2 Panteón San Miguel

Derrière un grand portail en fer forgé, le plus ancien cimetière de Cozumel abrite les immenses sépultures élaborées, colorées et surmontées de crucifix des familles de pêcheurs qui vivent sur l'île depuis le début des années 1900. Près de l'entrée, une fresque représente un autel du jour des Morts.

Itinéraire : Descendez la 10a Av Sur, prenez à gauche l'Av Xel-Ha, puis tournez à droite sur la 20 Av Sur.

ARTURO VEREA/SHUTTERSTOCK ©

Iglesia Corpus Christi

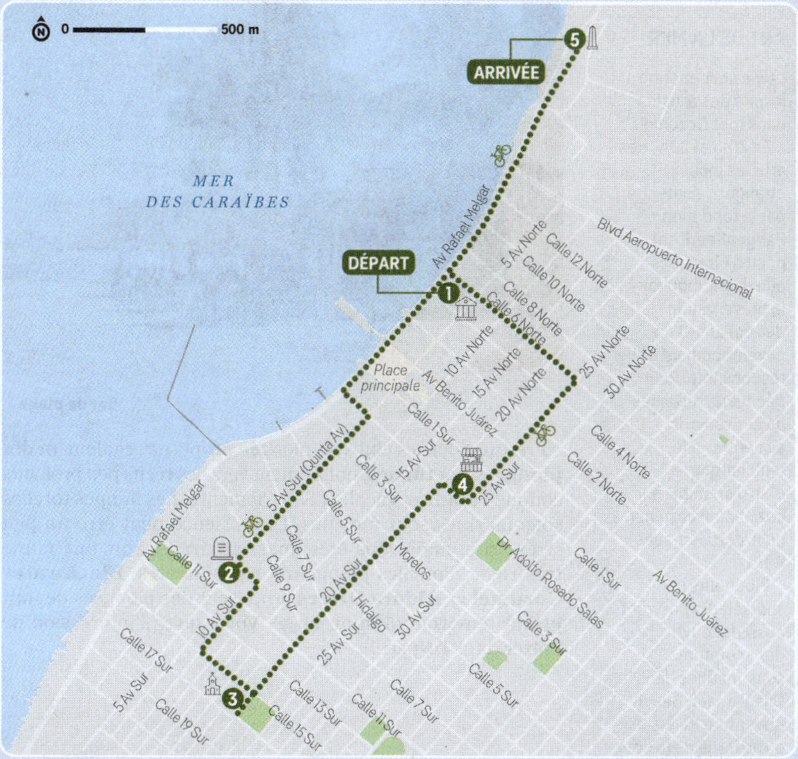

3 Iglesia Corpus Christi

Édifice jaune bouton d'or perché en face du Parque 3 de Mayo, dans l'un des quartiers les plus animés de San Miguel, cette église, avec ses deux clochers symétriques, est la plus imposante de l'île.

Itinéraire : Remontez la 20 Av Sur et prenez à droite Salas ; l'église est sur la gauche.

4 Mercado Municipal

Dans ce marché couvert authentique, on trouve des amoncellements de produits frais importés, des poissons fraîchement pêchés et des pièces de viande suspendues à des crochets. Des restaurants bon marché servent petits-déjeuners à base d'œufs, tacos, *tortas* et jus de fruits. À la Taquería Molina, on peut déjeuner de délicieux tacos de *nopales* (feuilles de cactus comestibles).

Itinéraire : Dirigez-vous vers le nord sur la 20 Av Sur, puis vers l'ouest sur la 6 Norte jusqu'à la côte. Suivez l'Av Melgar vers le nord jusqu'à la réplique d'une pyramide maya.

5 Plaza de las Dos Culturas

Cette place compte une pyramide maya, ainsi que les statues d'une famille maya, d'un missionnaire et du conquistador espagnol Juan de Grijalva, qui débarqua ici en 1518. La première messe catholique du Mexique aurait été célébrée à proximité. À la fin des années 1540, les Espagnols avaient converti ou tué la grande majorité des 10 000 Mayas qui habitaient l'île.

ART DE LA MER

La vie sous-marine a inspiré des artistes dans tout Cozumel.

En 2015 et 2019, des artistes locaux et étrangers, soutenus par la fondation PangeaSeed, ont peint 57 fresques afin de promouvoir la préservation des océans et un développement côtier responsable. Pour découvrir certaines de ces œuvres au centre-ville, téléchargez le plan disponible sur *cozumelmycozumel.com/cozumel-sea-walls/*.

Plongeurs et snorkeleurs pourront aussi découvrir des sculptures sous-marines dans le Chankanaab Beach Adventure Park ainsi qu'au large de la côte près de Sunset Bar, où un artiste a installé une sculpture en forme de molécule d'ADN géante transformée en récif artificiel.

MIKOLAJ NIEMCZEWSKI/ALAMY STOCK PHOTO ©

Bar de plage

Presque tous les clubs de plongée proposent également des **plongées nocturnes**, notamment vers des récifs peu profonds comme Paradise, Yucab et San Clemente. Les lampes torches sous-marines sont fournies. L'expérience peut être un peu stressante, mais vous êtes quasi assuré de voir une faune très riche. Pour les plongeurs expérimentés, **Blackwater Cozumel** et **Aldora Divers** proposent des plongées de nuit jusqu'à environ 25 m au large. Vous aurez l'impression de flotter dans l'espace.

COMMENT S'Y RENDRE

On peut rejoindre l'île en ferry ou en avion.

Des ferries Ultramar et Winjet assurent des liaisons fréquentes entre l'embarcadère de Playa del Carmen et Cozumel de 7h à 22h (aller simple à partir de 216 $M). Le trajet dure environ 45 minutes. Pour faire embarquer son véhicule sur l'île, il faut passer par le terminal des ferries de Calica (Terminal Marítima Punta Venado), à environ 7 km au sud de Playa del Carmen.

Le petit aéroport de Cozumel est à quelque 3 km au nord-est du terminal des ferries. Il accueille des vols directs depuis les États-Unis et le Canada. Les vols européens passent souvent par les États-Unis ou Mexico.

TULUM

Pour les infos pratiques, voir le Carnet d'adresses p. 384

À SAVOIR

Il peut être pratique d'avoir un vélo ou un scooter pour parcourir les 5 km séparant la ville de la plage. Certains hébergements mettent gratuitement des bicyclettes à disposition de leurs clients, mais il y a aussi de nombreuses agences de location en ville, dont iBike Tulum, très fiable.

Son magnifique littoral de sable fin, baigné d'eaux cobalt et balayé de brises tièdes, fait de Tulum l'une des plus belles destinations balnéaires du Mexique. Ses impressionnantes ruines mayas perchées au-dessus des flots en renforcent la beauté. Ajoutons à cela qu'il s'agit d'une excellente destination de snorkeling et de plongée, voisine de splendides cénotes et jouissant d'une vie nocturne dynamique.

Tulum signifie "mur" en maya, mais les anciens habitants appelaient la cité "Zama" ("l'aube"). On doit probablement l'appellation de "Tulum" aux explorateurs du début du XXe siècle. La cité date de la fin de la période postclassique (1200-1521). C'était alors une ville portuaire d'importance. Les Mayas sillonnaient la côte, qui était reliée par des routes commerciales à d'autres régions du Mexique actuel et jusqu'au Honduras.

Si Tulum est aujourd'hui une ville en plein essor, elle n'existait pas il y a encore deux décennies. C'est aujourd'hui une cité à deux visages, selon que l'on se trouve côté centre, plutôt tranquille, ou côté plage, avec ses hôtels et clubs haut de gamme.

Une rue dans le centre de Tulum

INCONTOURNABLES
1 Playa Pescadores
2 Ruines de Tulum

VOIR
3 Casa del Cenote
4 Casa del Halach Uinic
5 El Castillo
6 Mirador Arqueoastronómico
7 Playa Las Palmas
8 Playa Paraíso
9 Templo de las Pinturas
10 Templo del Dios Descendente
11 Templo del Dios Viento

ACTIVITÉS
12 iBike Tulum

SE RESTAURER
13 Asado Argentino
14 La Hoja Verde
15 La Negra Tomasa

PRENDRE UN VERRE ET FAIRE LA FÊTE
16 Bandera
17 Batey
18 La Guarida
19 Mistico Tulum
20 Naná Rooftop Bar

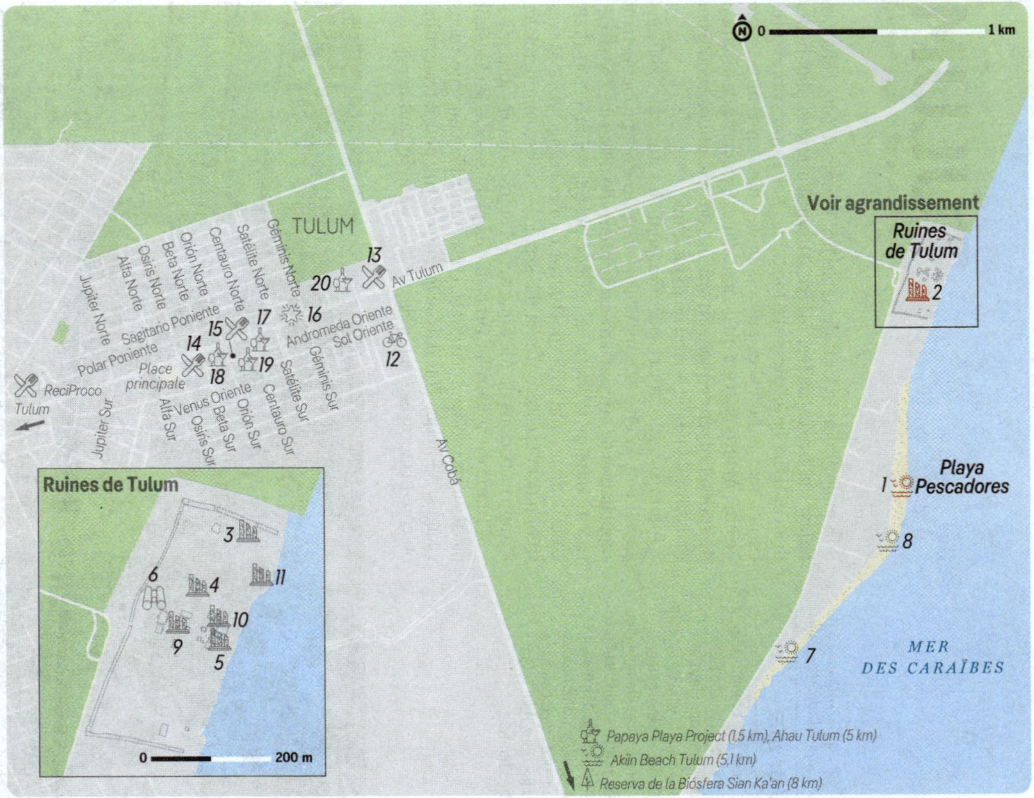

Tulum au crépuscule

Plages de Tulum

EXPLORATION DU LITTORAL

Pas moins de 10 km de sublimes plages de sable blanc longent la ville, du site archéologique de Tulum à la **Reserva de la Biósfera Sian Ka'an**, face à une mer des Caraïbes limpide et tempérée presque tout au long de l'année. Mieux vaut s'y rendre tôt dans la journée pour avoir une bonne place.

Tandis que l'on remonte vers le nord la verdoyante route littorale, un passage inattendu s'ouvre dans la forêt tropicale, véritable fenêtre ouverte sur un autre univers. C'est **Playa Las Palmas**, vaste plage en pente bordée d'eaux bleues, une crique rocheuse d'un côté, un ruban de sable blanc de l'autre.

Encore 700 m plus au nord, on arrive au début de **Playa Paraíso**, plage animée qui comprend plusieurs restaurants et clubs de plage. Au son des basses qui résonnent, les serveurs slaloment entre les chaises longues pour servir ceviches et boissons fraîches.

Playa Pescadores, qui comme son nom l'indique abritait autrefois une communauté de pêcheurs, est encore 300 m plus au nord. Aujourd'hui, les bateaux remontés sur le sable servent davantage aux sorties de snorkeling sur le récif corallien qu'à la pêche. Ces excursions, en plus d'offrir un aperçu des beautés sous-marines, permettent de contempler depuis l'eau le superbe ensemble de ruines dominant la mer – un point de vue qui met vraiment en valeur la majesté du site archéologique de Tulum.

La partie sud du littoral de Tulum est entièrement privatisée ; on y accède par des clubs de plage et des restaurants. À certains endroits, comme l'**Akiin Beach Tulum**, il faut simplement

PAROLE D'HABITANTE : OÙ SORTIR À TULUM

Lucia Dao, fondatrice de la boutique **Honesta Vintage** (@honesta.vintage), partage ses bons plans pour sortir.

La Guarida
Un bar très cosy composé de plusieurs espaces, avec des concerts, des DJ qui mixent des vinyles, des projections de films et des endroits douillets où se poser, dont une salle avec des oreillers !

ReciProco Tulum
À quelques minutes de la ville seulement, et pourtant on se croirait à la campagne... C'est plutôt une adresse pour la journée – pour le petit-déjeuner et le déjeuner –, mais il y a parfois des événements le soir, comme les soirées L8 Nai qui associent DJ et spectacles comiques.

Bandera
Les vendredis et samedis soir, c'est toujours la fête, dans une ambiance plus locale et chaleureuse que dans la plupart des autres bars-restaurants.

TABLES MÉMORABLES

Asado Argentino
L'un des étals installés près de la station Pemex (sur Géminis Norte), qui sert d'appétissants steaks grillés. **$**

La Hoja Verde
Les bols du meilleur restaurant végétarien de Tulum ont leurs fans ! Propose aussi des cours de cuisine. **$$**

La Negra Tomasa
Tacos, *tostadas* et assiettes à partager à base de poissons et fruits de mer, dans un lieu festif entre intérieur et extérieur. **$$**

VIRÉE SHOPPING DANS LE CENTRE DE TULUM

Il n'y a pas que les ruines et les plages, à Tulum. Les boutiques sont de véritables coffres aux trésors où dénicher hamacs, sculptures en bois et bijoux artisanaux, où fouiner par beau temps ou les (rares) jours de pluie. Avenida Tulum (route 307) rassemble un nombre impressionnant de commerces d'artisanat.

Peu de magasins d'alcools offrent autant de variétés que **1 La Valentina**, dont les rayons recèlent plus de 400 sortes de tequilas, ainsi que du mezcal et du *sotol* (alcool fort du nord du Mexique à base de dasylirion). On y trouve également des bouteilles peintes à la main en provenance de distilleries locales, comme Nizayul, et du vin mexicain. Le Santo Tomás de l'État de Basse-Californie est fabriqué depuis les années 1880.

À 150 m en allant vers l'ouest, **2 Kaahal Home** vend des produits éthiques et de qualité, comme des céramiques de Jalisco, des tapisseries issues d'une coopérative de femmes du Chiapas ou les bijoux originaux de la créatrice Olga Prieto. Le magasin voisin, **3 Tulumio**, vend des vêtements et accessoires inspirés par le street art.

La boutique d'occasion **4 Honesta Vintage** est juste après la rue suivante. Elle rassemble des vêtements des décennies passées et des modèles upcyclés. Chemises hawaïennes, vestes en cuir et chapeaux insolites côtoient quelques anciens vinyles.

Traversez Avenida Tulum pour repartir vers l'est jusqu'à l'univers coloré de la boutique d'artisanat **5 Mixik**. On peut y dénicher de petites boîtes renfermant des scènes étonnantes de squelettes qui dansent ou font de la musique, ainsi que des tentures, des robes brodées, des sacs en cuir, des bijoux... Pour finir la balade, direction, **6 Panna e Cioccolato**, qui sert les meilleures glaces de Tulum.

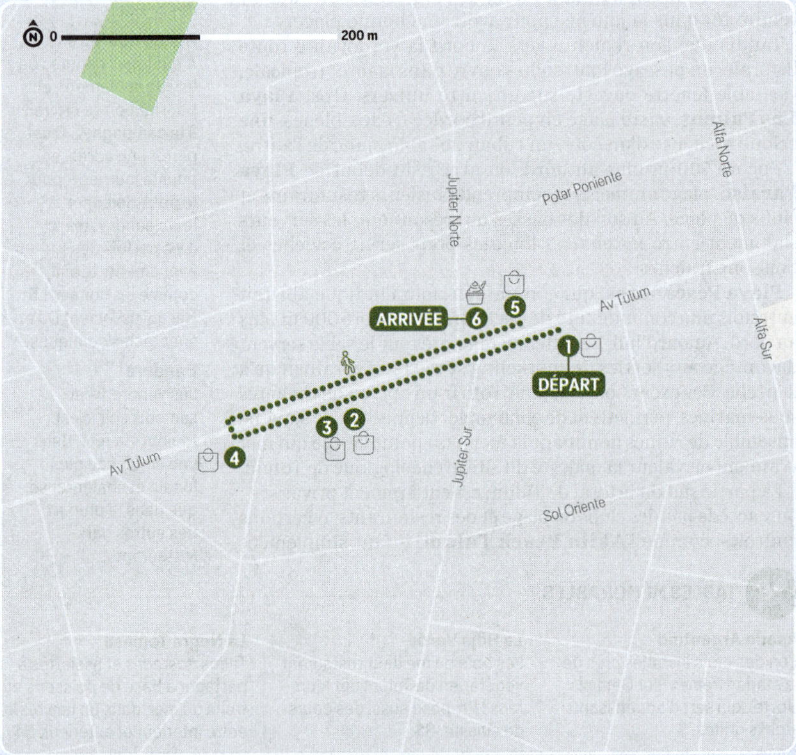

consommer, une boisson suffit. Ailleurs, un montant minimal est exigé pour accéder à l'eau et bénéficier des équipements ; l'**Ahau Tulum**, par exemple, exige une consommation minimale de 100 $US par personne.

De bar en bar à Tulum

BARS, JARDINS ET CLUBS DE PLAGE

Entre concerts, cocktails tropicaux et terrasses luxuriantes, la vie nocturne est intense à Tulum. Son épicentre se trouve Calle Centauro Sur, à deux pas d'Avenida Tulum. Pour commencer la soirée, direction **Batey**, bar très apprécié des expatriés pour son jardin qui accueille des concerts. À l'avant, la terrasse est au cœur de l'animation de la rue. Quel que soit le côté que vous choisissiez, ne manquez pas la boisson phare de la maison : le mojito au jus de canne fraîchement pressé.

À une rue de là, **La Guarida** est le lieu idéal pour passer une soirée à déguster des cocktails et d'excellents vins accompagnés d'en-cas. Les salles et terrasses se multiplient sur les différents niveaux, qui accueillent régulièrement des concerts de funk, soul, flamenco ou encore reggae. Certains soirs, des DJ mixent les vinyles pour le plaisir des amateurs de musique *dance*.

Le **Naná Rooftop Bar**, à 10 minutes à pied du Centauro Sur, est un peu à l'écart des sentiers battus. Perché au 4e étage, ce toit-terrasse dans la brise vous plonge dans une ambiance lounge et propose d'excellents cocktails. Le **Mistico Tulum** baigne dans une atmosphère plus énergique ; installé à l'une des tables de son luxuriant jardin, on mange et on fume le narguilé en écoutant les sets des DJ et en contemplant les prouesses des danseurs de feu.

Les clubs installés sur les plages sont surtout actifs en journée. Le week-end, toutefois, s'y déroulent certaines des soirées les plus festives de Tulum, dans des lieux comme le **Papaya Playa Project**. Le samedi soir, cet hôtel, restaurant et bar de plage de luxe accueille des DJ dans un bel espace donnant sur la mer.

ALLER À LA PLAGE

Pour rejoindre le rivage, il vous suffit d'enfourcher un vélo et de parcourir les 5 km séparant le centre de Tulum de Playa Pescadores.

Des *colectivos* fréquents vont du Parque Rotario à la côte. Ces minibus collectifs marquent l'arrêt à la jonction avec la route qui longe les plages, d'où vous devrez rejoindre à pied l'une des plages du nord de la côte (1,5 km jusqu'à Playa Las Palmas). Si vous vous rendez sur l'une des plages du Sud, restez dans le *colectivo*, qui va jusqu'à l'entrée de la Reserva de la Biósfera Sian Ka'an avant de faire demi-tour. Descendez où vous le souhaitez sur le trajet.

En voiture, vous devrez payer le stationnement (au moins 250 $M) ou l'accès à un club de plage (à partir de 500 $M).

Les courses en taxi de la ville à la plage sont excessivement chères : à partir de 400 $M.

COMMENT S'Y RENDRE

La gare routière ADO, située en centre-ville sur Avenida Tulum, est desservie par des bus longue distance depuis/vers Cancún (la ville et l'aéroport), Bacalar et Mérida, entre autres destinations.

Des *colectivos* à destination de Playa del Carmen partent de plusieurs points d'Avenida Tulum. Les *colectivos* pour Cobá partent de Calle Osiris Norte, presque au niveau d'Avenida Tulum. Pour visiter la Reserva de la Biósfera Sian Ka'an, il faut louer un véhicule ou prendre part à une excursion guidée.

INCONTOURNABLE

Ruines de Tulum

Posés sur leur promontoire en surplomb des eaux turquoise, ces vestiges mayas n'ont peut-être pas la majesté d'autres sites archéologiques tels que Chichén Itzá, mais nul autre ne bénéficie d'une aussi belle vue sur la mer des Caraïbes. Fondée au VIe siècle, la cité maya de Tulum a connu son âge d'or entre 1200 et 1521, grâce à son statut de ville portuaire importante.

À NE PAS MANQUER

- El Castillo
- Templo del Dios Descendente
- Templo de las Pinturas
- Templo del Dios Viento
- Casa del Halach Uinic
- Casa del Cenote
- Mirador Arqueoastronómico

El Castillo

Dominant la mer du haut d'une falaise de 8 m, cet édifice imposant (photo ci-dessus) faisait office de phare guidant les bateaux mayas jusqu'au port. C'était par les petites fenêtres du niveau supérieur que se diffusait la lumière des feux allumés à la tombée de la nuit. La tour de guet fut baptisée El Castillo (Le Château) par les Espagnols. Remarquez aux coins les représentations de Kukulcán (serpent à plumes, en maya) de style toltèque, qui font écho à celles de Chichén Itzá.

Templo del Dios Descendente

Ce temple tient son nom du bas-relief représentant un dieu descendant, dans la niche qui surmonte la porte d'entrée de l'édifice. Le dieu est représenté les jambes en l'air et écartées, les bras en dessous et la tête ornée d'une coiffe. Il tient dans ses mains un objet non identifié. Remarquez l'inclinaison des murs et de la porte, construits intentionnellement légèrement de travers par les bâtisseurs mayas.

Casa del Cenote

La Casa del Cenote tient son nom du petit bassin qui se trouve à sa base, côté sud, et qui était une source d'eau vitale pour l'ancienne cité maya. De petits poissons argentés sillonnent les profondeurs de l'eau trouble. Une petite tombe a été découverte dans l'édifice.

Templo de las Pinturas

Cette construction sur deux niveaux, ornée de colonnes, de gravures et de fresques est l'une des plus élaborées du site de Tulum. La façade de la partie inférieure est gravée de masques et autres motifs, tandis qu'à l'intérieur subsistent des peintures murales qui ont été partiellement restaurées, mais restent difficiles à distinguer. Il s'agit probablement du dernier monument à avoir été construit avant la conquête espagnole.

Templo del Dios del Viento

Isolé sur un promontoire dominant la mer, ce petit temple à deux niveaux se distingue par sa base circulaire, associée à Kukulcán, dieu maya du Vent. En plus du petit autel qu'il renferme, des preuves ont été trouvées de son utilisation pour des cérémonies jusqu'au début du XXe siècle. La légende raconte qu'un sifflement produit par le niveau supérieur de l'édifice avertissait les Mayas des tempêtes et ouragans à venir.

Casa del Halach Uinic

À quelques dizaines de mètres du Templo de las Pinturas se dresse la maison du Halach Uinic, du nom du seigneur et grand prêtre qui y vivait probablement. Bien qu'elle soit partiellement en ruines, on voit encore l'escalier menant à l'entrée encadrée de colonnes et surmontée d'une représentation en stuc. Cette dernière représente également le dieu descendant, qui serait peut-être Ah Muzen Cab, dieu des Abeilles.

Mirador Arqueoastronómico

Peu de plans du site signalent ce superbe point de vue sur l'ensemble des ruines. On y accède en tournant à droite après le Templo de las Pinturas et en continuant vers l'intérieur des terres jusqu'à une vaste étendue d'où se dévoile une vue sur El Castillo et les temples environnants. Un petit panneau souligne l'alignement des édifices en lien avec les solstices et les équinoxes. Par exemple, lorsque le soleil se lève au solstice d'hiver, ses rayons passent par une ouverture pratiquée au sommet du Templo del Dios Descendente.

L'ABANDON DE LA CITÉ

Tulum fut l'une des dernières grandes cités à être abandonnée, environ 75 ans après la conquête espagnole. La nature avait repris ses droits sur la plupart d'entre elles bien avant l'arrivée des Européens. Tulum continua à recevoir la visite de pèlerins mayas pendant des siècles et servit aussi d'abri aux réfugiés de la guerre des Castes.

À SAVOIR

- L'idéal est de visiter le site dès 8h ou en fin de journée.
- Réserver une visite guidée permet d'éviter les files d'attente.
- Apportez un chapeau, de la crème solaire et de l'eau. L'ombre est rare.
- Prévoyez aussi votre maillot de bain pour profiter de la mer après la visite.
- On accède au site à vélo (3,5 km depuis le centre-ville de Tulum) ou en *colectivo*. Tous les minibus à destination de Playa del Carmen pourront vous déposer sur la grand-route, à 1 km à pied de la billetterie.
- Des sorties en bateau de une heure au départ de la plage située en contrebas des ruines permettent de contempler les temples depuis la mer puis de faire du snorkeling.

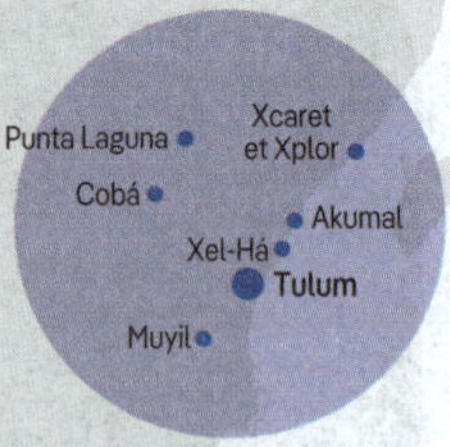

Environs de Tulum

Paysages et édifices remarquables, ruines mayas et plages bordées de coraux : les abords de Tulum sont superbes, qu'on longe la côte ou qu'on s'aventure dans les terres.

Pour les infos pratiques, voir le Carnet d'adresses p. 385

À SAVOIR

Si vous avez envie d'échapper au tumulte de Tulum, passez la nuit dans la paisible ville de Cobá, au bord d'un lac.

Les Mayas ont laissé leur marque sur cette région. Les admirables vestiges de Cobá abritaient autrefois une importante population, tandis qu'à Muyil, on peut encore emprunter les canaux conçus par les ingénieurs mayas. De nombreux toponymes viennent également des Mayas, comme Akumal, le "lieu des tortues", qui possède l'une des plus belles plages pour faire du snorkeling parmi la faune marine. Aujourd'hui, 700 000 personnes parlent encore une langue maya dans le Quintana Roo et la péninsule du Yucatán. À Punta Laguna, une petite communauté maya gère un projet écotouristique.

El Castillo (p. 328), Muyil

Réserve de Sian Ka'an

AVENTURES HORS DES SENTIERS BATTUS

À 10 kilomètres au sud de Tulum, une arche sur la route côtière marque l'entrée de la **Reserva de la Biósfera Sian Ka'an** ("où le ciel est né" ; photo), réserve de biosphère englobant un paysage de jungle et de belles plages où demeure une faune abondante. Après avoir rempli le registre d'inscription et vous être acquitté des frais d'entrée (100 $M par personne), vous pourrez continuer sur une piste très cahoteuse bordée des deux côtés par une forêt dense. Elle est praticable par la plupart des véhicules, bien qu'un 4x4 soit parfois nécessaire, après de fortes pluies.

Reserva de la Biósfera Sian Ka'an

Environ 3 km après l'entrée, il est possible d'embarquer pour une sortie en bateau sur une lagune parsemée d'îles. Cette excursion de 2 heures (à partir de 750 $M par personne) est l'occasion d'apercevoir des lamantins, des crocodiles et de nombreux oiseaux.

Quelques kilomètres plus loin, une petite ouverture entre les arbres donne accès à un parking (pour quelques véhicules seulement) et à un chemin menant à la plage. Ce sera pour vous l'une des rares occasions d'accéder à la côte, presque partout barrée par des propriétés privées. Le paysage vu depuis cette étendue de sable vide est magnifique.

Quelque 10 km plus loin (à environ 14 km de l'entrée), vous atteindrez le **Puente Boca Paila**, pont par lequel la route traverse la lagune, juste avant qu'elle rejoigne la mer des Caraïbes. L'endroit mérite une pause, pour observer les oiseaux, les tortues et les crocodiles qui prennent le soleil.

La progression est plus difficile à mesure que l'on avance vers le sud ; il faut compter 3 heures pour effectuer le trajet de 43 km entre Tulum et **Punta Allen**. Ce village du bout du monde compte quelques restaurants et modestes pensions, et des capitaines de bateau pourront vous y proposer toutes sortes de sorties – observation de la faune, snorkeling, pêche.

LA FAUNE DE SIAN KA'AN

La réserve de Sian Ka'an abrite une modeste population de singes-araignées (atèles) et de singes hurleurs, des crocodiles américains, des tapirs de Baird, quatre espèces de tortues, des crabes terrestres géants, plus de 300 espèces d'oiseaux (dont des spatules rosées et quelques flamants roses), des lamantins, environ 400 espèces de poissons et une large variété de plantes. Community Tours Sian Ka'an, géré par des Mayas, organise des expéditions dans la vaste réserve de biosphère, au départ de Tulum.

Temples et canaux de Muyil

VESTIGES MAYAS ET BAIGNADE DANS LES CANAUX

Muyil, situé à 23 km (20 minutes en voiture) au sud-ouest de Tulum, était la plus importante cité maya au sein de l'actuelle Réserve de biosphère de Sian Ka'an. Habité depuis au moins 300 av. J.-C., le site abrita une petite ville à partir de 250, époque de la construction des premiers temples. Aujourd'hui subsistent quelques ruines dans la végétation dense, que peu de

SE LOGER DANS LES ENVIRONS DE TULUM

Bayou Tulum
Tentes et sobres bungalows avec salle de bains pour faire du glamping dans la jungle, à 3,5 km à l'ouest de Tulum. **$**

Zamna Tulum
Bungalows rustiques mais chics près d'un cénote et de la forêt, à 6 km à l'ouest de Tulum. **$$**

Ajal Tulum
Élégantes cabanes dans les arbres dotées de balcons avec hamacs ; le Cenote Escondido est accessible à pied. **$$$**

M.M. SWEET/GETTY IMAGES ©

Tortue verte, Akumal

touristes visitent en comparaison de sites plus connus comme Tulum ou Cobá. Cela vaut le coup de payer le supplément pour la marche dans la forêt et l'excursion en bateau sur les canaux, qui se termine par une baignade.

La **structure 7H-3**, située près de l'entrée, renferme encore des fragments de peintures murales, ainsi que des éléments caractéristiques de l'architecture maya de la côte ouest, comme les plafonds voûtés et les linteaux soutenus par des colonnes. Un court chemin mène à **El Castillo** (ou structure 8I-13), l'édifice le plus impressionnant du site. Haut de 17 m, ce temple possède un vaste escalier en haut duquel se trouve un autel ; les archéologues y ont mis au jour plus de 200 objets ornementaux (perles, pendentifs, bagues) fabriqués pour être donnés en offrande. À l'arrière (côté est), une frise en stuc représentant deux hérons surmonte un portail en hauteur.

Une fois terminée la visite des ruines, empruntez le sentier qui s'engouffre sur 500 m dans la forêt. C'est en tout début et en fin de journée que les chances d'apercevoir les atèles sont les meilleures. Vous verrez sans doute également de nombreux oiseaux (toucans, trogons à tête noire, macaguas rieurs) ainsi que des coatis, des basilics bruns (une espèce de lézard) et, avec de la chance, un fourmilier.

À mi-chemin environ, une **tour d'observation** en bois que l'on peut gravir offre un beau point de vue sur la jungle et les lagunes qui s'étendent à l'est. Des bateaux peuvent vous

SNORKELING EN AUTONOMIE

Entre les sorties Chemuyil et Xel-Há, un petit panneau du côté est de la route 307 indique une courte piste de terre menant aux deux baies en arc de cercle de Xcacel et Xcacelito. Elles forment l'une des plages les plus belles et les plus propres de la Riviera Maya.

Les eaux se prêtent très bien au snorkeling (apportez votre équipement) et c'est le principal site de ponte du Quintana Roo pour les tortues caouannes et vertes.

Il faut s'acquitter d'un modeste droit d'entrée pour accéder au site, géré par une communauté locale. Nourriture, boissons et crème solaire sont interdites sur cette plage protégée, ouverte de 10h à 16h du mardi au dimanche.

CÉNOTES À L'OUEST DE TULUM

Cenote Escondido
Ce cénote aux eaux limpides cerné par la jungle est facilement accessible à vélo depuis Tulum.

Cenote Cristal
En face du Cenote Escondido, de l'autre côté de la route, celui-ci est tout aussi luxuriant et doté de plateformes de baignade.

Cenote Corazón
Situé à 7 km à l'ouest de Tulum, ce cénote en forme de cœur *(corazón)* est une oasis de verdure.

faire traverser la **Laguna de Muyil** et emprunter un canal étroit jusqu'à la **Laguna Chunyaxché**. Puis, après avoir accosté au bord d'un autre canal, il ne vous restera plus qu'à plonger – l'apogée de toute excursion à Muyil. Muni d'un gilet de sauvetage, vous vous laisserez porter par les eaux cristallines, entre les racines de la mangrove, bercé par le chant des oiseaux.

Apportez un masque et un tuba pour mieux observer les poissons. Vous n'aurez aucun effort à fournir, le courant vous portera sur les 800 m de cette balade sur un ancien canal construit par les Mayas pour relier Muyil à la mer des Caraïbes. Cette liaison était essentielle pour le commerce de biens apportés par la mer tels que l'obsidienne, le jade, le sel et le chocolat. Votre périple s'arrêtera au niveau d'une plateforme où vous attendra le capitaine du bateau ; le retour se fait à pied sur une passerelle en bois.

Des *colectivos* desservent Muyil ; ils partent toutes les heures (à l'heure pile) d'un arrêt qui se trouve sur Avenida Tulum, à une rue à l'ouest de la gare routière de Tulum. Pour le retour, c'est plus simple : il suffit de prendre n'importe quel bus ou *colectivo* à destination de Tulum.

Les tortues d'Akumal

À LA RENCONTRE DE LA FAUNE MARINE

Akumal ("lieu des tortues" en maya) porte on ne peut mieux son nom. Quantité de tortues viennent se nourrir dans les eaux cristallines qui bordent sa plage ombragée de palmiers. Encore récemment, l'accès à la mer était libre et les touristes, guides et kayakistes étaient nombreux à observer, voire toucher les tortues. Depuis la création de la réserve naturelle du **Tsúuk Akumal Parque Natural**, c'est la préservation de l'environnement qui prime, et la vie des tortues et autres animaux marins en a été grandement améliorée.

Pour accéder à la réserve aquatique, il faut désormais réserver une sortie snorkeling en compagnie d'un guide certifié (anglophone) ; masque, tuba et gilet de sauvetage sont inclus. Ces excursions de 45 minutes sont l'occasion d'observer différentes espèces de raies et de poissons tropicaux, des coraux et les fragments d'une épave. Les tortues marines sont les reines de cet univers sous-marin, et rien ne vaut l'émotion de voir l'une de ces créatures à la fois imposantes et gracieuses sortir la tête de l'eau tandis qu'elle broutait le fond marin pour vous regarder dans les yeux.

Akumal abrite aussi la **Laguna Yal-Kú**, à environ 2 km au nord du Tsúuk Akumal Parque Natural. Cette magnifique lagune, qui reçoit parfois la visite de tortues, est surtout

PAROLE D'HABITANT : SITES DE PLONGÉE HORS DU COMMUN

Darwin Zetina (www.facebook.com/marine.lifemx/), biologiste marin et guide aquatique, nous parle des tortues vertes.

Les tortues vertes sont fascinantes : elles se souviennent de l'endroit exact où elles sont nées et reviennent pondre sur la même plage !

La saison de la ponte pour la tortue verte s'étend de mai à juillet. Elles reviennent à terre, creusent un nid et pondent entre 100 et 120 œufs.

Les œufs éclosent au bout de 60 jours environ, le plus souvent juste avant le lever du soleil. Pour les petits, c'est le meilleur moment pour trouver le chemin de la mer tout en évitant les prédateurs. La vie de bébé tortue est fragile : seuls 2% des œufs donneront une tortue qui atteindra l'âge adulte.

OÙ SE RESTAURER À AKUMAL

La Cueva del Pescador
Restaurant décontracté qui sert d'excellents produits de la mer grillés et organise des sorties pêche (ils cuisinent vos prises !). **$$**

Turtle Bay Cafe & Bakery
Parfait à toute heure : petits-déjeuners copieux, burgers et cuisine tex-mex, crème glacée maison. **$$**

La Buena Vida
Vaste carte de poissons et fruits de mer, en-cas et cocktails, servis en plein air en surplomb de la plage. **$$**

réputée pour ses abondantes populations de poissons, faciles à observer dans les eaux claires. Sur les deux sites, l'usage de la crème solaire est interdit ; veillez à porter un T-shirt anti-UV et à vous mettre à l'ombre lorsque vous sortez de l'eau.

Akumal est à 30 km au nord de Tulum, au bord de la route principale menant à Playa del Carmen. De nombreuses agences basées à Tulum et à Playa del Carmen proposent des excursions guidées à Akumal, mais il est également possible de s'adresser directement aux guides qui se trouvent près de l'entrée de la plage. Le complexe qui est en face de l'entrée de la réserve, de l'autre côté de la route, compte des restaurants corrects.

DÉTENTE DANS LA LAGUNE

Si la baignade dans le canal de Muyil n'a pas satisfait vos envies d'activités aquatiques, prévoyez une escapade à la **Laguna Kaan Luum**.

Située à peu près à mi-chemin entre la ville de Tulum et Muyil, cette vaste lagune comprend une section peu profonde dont les eaux turquoise sont clairement délimitées, ce qui permet de se baigner sans risquer de rejoindre des zones profondes.

Peu connue des touristes de Tulum, elle est en revanche très fréquentée par les habitants, surtout le week-end. Ne manquez pas les balançoires et hamacs suspendus au-dessus de l'eau.

Apportez un pique-nique, de l'eau et un chapeau. La crème solaire y est interdite.

Une journée au parc d'attractions

DIVERTISSEMENTS AQUATIQUES

Les quelques parcs d'attractions qui se trouvent entre Cancún et Tulum rencontrent toujours un gros succès auprès des enfants. Beaucoup bénéficient d'un cadre idyllique, renfermant certains des plus beaux cénotes, lagunes et zones naturelles de la côte. On peut aussi trouver ces lieux trop touristiques... La plupart des parcs sont chers (à partir de 110 $US l'entrée), mais on bénéficie généralement de réductions en achetant son billet à l'avance sur le site Internet du parc.

Situé à 58 km au nord de Tulum, **Xcaret** est l'un des premiers parcs. On passe facilement une journée entière à nager dans les rivières souterraines, paresser sur la plage ou au bord des bassins naturels, visiter l'aquarium, la volière et l'enclos des papillons. Il y a également des spectacles (danse, *voladores*) et de belles options de restauration.

Non loin de là, **Xplor** est davantage destiné aux apprentis aventuriers qui veulent faire de la tyrolienne, conduire un quad amphibie dans la forêt tropicale, nager sous les stalactites dans une rivière souterraine et randonner dans des grottes. Déjeuner sous forme de buffet, en-cas et boissons sont compris dans le prix d'entrée.

Enfin, **Xel-Há**, qui se trouve à 13 km au nord de Tulum, se présente comme un aquarium naturel en plein air. Construit autour d'une crique, il propose de nombreuses activités aquatiques, comme du snorkeling dans des cénotes, dans une baie cachée et une rivière à faible courant. La tour de 30 m de haut, qui sert de point de vue, se double d'un toboggan à eau en spirale. Comme à Xplor, la nourriture est incluse dans le prix d'entrée.

Certains parcs proposent en supplément une baignade avec des dauphins. Les associations de défense du bien-être animal soulignent le fait que ces interactions avec des dauphins ou

OÙ SE RESTAURER DANS LES ENVIRONS DE TULUM

Oscar & Lalo
Goûtez les *poblanos* (piments) farcis aux fruits de mer et autres délices de ce restaurant paisible aux allures de jardin. **$$**

Tulum Cervecería Artesanal
Restaurant à l'éthique durable et au design impeccable, doublé d'une brasserie artisanale. Délicieuse pêche du jour. **$$$**

Pandano
Admirez le coucher du soleil sur la mer depuis ce restaurant chic servant une cuisine italienne et mexicaine sophistiquée. **$$$**

Cenote Dos Ojos

autres mammifères marins détenus en captivité génèrent chez eux un grand stress. Il est donc recommandé de les éviter.

À vélo dans les ruines de Cobá

EXPLORER UN VASTE SITE MAYA

Les ruines de Cobá comprennent la plus haute pyramide du Quintana Roo (la deuxième plus haute du Yucatán) et sont immergées dans une jungle épaisse digne d'un décor d'*Indiana Jones*. Les distances entre les différents édifices étant importantes, il est recommandé d'explorer le site à vélo. On peut en louer juste après l'entrée principale.

Mais avant même d'arriver au lieu de location, tournez à droite pour accéder au **Grupo Cobá**. Il s'agit d'une dizaine de constructions, dont des cours, des salles voûtées et un terrain de *juego de pelota* (jeu de balle). Le plus grand édifice est **La Iglesia** (l'Église), imposante pyramide qui rappela aux premiers visiteurs les cathédrales médiévales, d'où son nom.

Après avoir récupéré un vélo, empruntez le chemin menant au **Grupo Nohoch Mul**. Plusieurs sites intéressants s'égrènent sur le parcours. Au nord-est de la bifurcation menant au Grupo de las Pinturas, vous verrez le deuxième terrain de *juego de pelota* de Cobá. Au centre du terrain sont sculptés un crâne

CÉNOTES FÉERIQUES PRÈS DE TULUM

Zacil-Há
Petit cénote à 8 km au nord-ouest de Tulum, propice à la baignade et au snorkeling.

Gran Cenote
Halte bienvenue sur la route des ruines de Cobá, surtout quand il fait chaud, pour faire du snorkeling parmi les petits poissons et dans une grotte.

Cenote Dos Ojos
Sorties snorkeling guidées dans de superbes grottes sous-marines, où stalactites et stalagmites dessinent un décor féerique. Des agences proposent aussi des sorties plongée, à réserver depuis Tulum.

Aktun-Ha (Car Wash)
La légende raconte que les chauffeurs de taxi venaient y laver leur véhicule, d'où le nom. Ce cénote à ciel ouvert et peu fréquenté offre un cadre paisible.

OÙ SE LOGER À COBÁ

Kaab Cobá
Belles chambres bien équipées donnant sur un lac, à deux pas des ruines. **$$**

Mayahau Cobá
Chambres confortables et restaurant correct à un prix abordable ; les ruines sont accessibles à pied. **$$**

Aldea Cobá
Complexe hôtelier charmant installé dans la jungle, aux chambres meublées par des créations d'artisans locaux. **$$$**

PAROLE D'HABITANT : LES CÉRÉMONIES MAYAS

Muriano Canul Abam (www.puntalagunamx.com), guide, évoque les traditions mayas.

Mon grand-père avait une trentaine d'années quand il est arrivé dans la région pour travailler à la récolte du *chiclé*. Par la suite, il a œuvré à la conservation de cet endroit.

C'était aussi un *H-Men*, une sorte de chaman qui présidait des cérémonies (baptêmes ou mariages). Il a transmis son savoir à mon père et à mon oncle qui célèbrent aujourd'hui des cérémonies mayas pour les visiteurs du parc.

Ce sont des rituels de purification et de protection, au cours desquels on fait brûler de la résine de copal (sorte d'encens) et qui donnent un aperçu des cérémonies grandioses d'autrefois, célébrées en l'honneur de divinités telles que Chac, le dieu de la Pluie.

DE GAUCHE À DROITE : MAYAS REHAK/SHUTTERSTOCK ©, DOUGLASDEPIES/SHUTTERSTOCK ©

Xaibé, Cobá

(vainqueur ou perdant du jeu de balle ?) et le bas-relief d'un jaguar. Après le terrain, la piste tourne entre les piliers d'un temple en ruines et débouche sur un carrefour.

Tournez à droite pour rejoindre **Xaibé**, sorte de pyramide semi-circulaire à degrés, presque entièrement restaurée. Son nom signifie "carrefour", car il se dresse à la croisée de quatre *sacbeob* (avenues sacrées en calcaire reliant entre elles les grandes cités mayas). Si vous poursuivez vers le nord, vous passerez devant le Templo 10 et la Stela 30. Cette stèle joliment gravée et moins usée que les autres porte la date 730 et représente un chef dominant deux prisonniers. À côté, un dessin reproduit les détails d'origine.

Gardez du temps pour admirer le majestueux **Nohoch Mul**, temple de 42 m de haut qui est la deuxième plus haute pyramide du Yucatán, derrière celle de Calakmul. Son ascension n'est plus autorisée ; il vous faudra donc faire preuve d'imagination pour visualiser les deux dieux plongeants gravés au-dessus de l'entrée, qui rappellent les sculptures de Tulum. Il fut érigé pendant la période postclassique (1100-1450).

Retournez ensuite à la bifurcation et prenez cette fois-ci le chemin de gauche. Vous arriverez rapidement au **Grupo de las Pinturas** ("groupe des peintures") qui a conservé au-dessus

OÙ SE RESTAURER À COBÁ

El Cocodrilo
Cuisine traditionnelle mexicaine servie sous une *palapa* ; on y accède rapidement à pied depuis les ruines. **$**

Chile Picante
Menu varié, des *panuchos* (tortillas fourrées aux haricots et garnies) aux omelettes végétariennes au *chaya* (manioc bâtard). **$**

La Casa de los Gorditos
Lieu semi-ouvert très accueillant proposant un choix restreint d'excellente cuisine du Yucatán. **$$**

de sa porte des traces de glyphes et de fresques et, à l'intérieur, des vestiges d'un enduit de plâtre très coloré. Au nord-ouest, en face des marches, un sentier mène à une stèle abritée sous une *palapa*. Elle représente une figure royale qui en surmonte deux autres, l'une d'elles agenouillée les mains liées derrière le dos.

Continuez à vélo jusqu'au **Grupo Macanxoc**. Ce site est remarquable pour ses nombreuses stèles restaurées, dont certains des bas-reliefs représenteraient des femmes de sang royal venues de Tikal. Beaucoup sont usées par l'érosion, mais un certain nombre restent en bon état et valent le détour.

Expédition sur la lagune

SINGES, CANYONING ET TYROLIENNE

Le lac de **Punta Laguna** se trouve à 20 km au nord-est de Cobá, à une heure de route environ de Tulum, et constitue un beau détour à associer à la visite des ruines de Cobá. Une petite communauté maya gère un projet écotouristique au sein de la **réserve naturelle d'Otoch Ma'ax Yetel Kooh**, dont les joyaux sont la lagune étincelante et la forêt pleine de vie qui l'entoure.

Il y a plusieurs façons de visiter la réserve, bien que la plupart des visiteurs optent pour l'excursion guidée. L'expérience commence par une cérémonie de purification dans les fumées d'encens, dont le but est d'assurer votre bonne fortune pour les activités de la journée. Votre guide vous emmènera ensuite dans la forêt à la recherche des atèles (singes-araignées), des singes hurleurs et d'espèces végétales rares. En chemin, vous découvrirez l'histoire de la réserve, sa création par des *chicleros* (producteurs de *chiclé*) et sa préservation par leurs enfants et petits-enfants. Elle est gérée aujourd'hui par une coopérative de plus de 30 familles qui vivent et travaillent dans la région et se partagent les revenus tirés du tourisme.

Une fois à la lagune, la visite se poursuit en canoë – l'occasion d'observer de nombreuses espèces d'oiseaux, et peut-être des crocodiles. Ensuite, place au frisson de la descente en tyrolienne sur 240 m au-dessus de l'eau. L'expédition se conclut par une descente dans le Cenote Calaveras, aux belles eaux limpides (attention à ne pas glisser, sous peine de vous transformer en offrande involontaire aux dieux mayas). À la sortie, un petit musée d'une seule salle apporte des informations sur la faune et la flore de la réserve.

Atèle, ou singe-araignée

BAIGNADE DANS DES CÉNOTES PRÈS DE COBÁ

On dénombre trois cénotes à proximité de Cobá, proches les uns des autres. Vous pouvez louer un vélo à Cobá pour vous y rendre. Le premier, **Choo-Ha**, se situe à 6 km au sud-ouest de Cobá ; il s'agit d'une grotte remplie de stalactites dont les eaux peu profondes sont parfaites pour les enfants. Non loin de là se trouve **Tamcach-Ha**, un cénote beaucoup plus profond équipé de plateformes d'où les plus téméraires peuvent sauter dans l'eau. Retournez sur la route principale et continuez sur 3 km pour atteindre **Multum-Ha** et ses eaux limpides.

COMMENT CIRCULER

Les *colectivos* sont les moyens de transport les plus abordables et les plus fiables dans la région. Pour aller vers Akumal et les parcs d'attractions de la Riviera, au nord, prenez un *colectivo* à destination de Playa del Carmen sur Avenida Tulum, en informant le chauffeur de votre destination. Le départ des *colectivos* à destination de Cobá se trouve sur Calle Osiris Norte, au croisement avec Avenida Tulum.

BACALAR

Pour les infos pratiques, voir le Carnet d'adresses p. 387

À SAVOIR

Séjournez si possible non loin de la lagune, dans un hôtel qui dispose de kayaks, de stand-up paddles ou, au moins, d'un ponton avec une belle vue. Réveil matinal pour observer le lever du soleil sur l'eau. Vous serez époustouflé.

Petite et paisible, mais suffisamment développée pour proposer activités et restaurants, la ville de Bacalar se trouve à l'est de la grand-route, à 115 km au sud de la ville-carrefour de Felipe Carrillo Puerto. En dehors de la visite de la vieille forteresse espagnole et des *balnerios* (zones de baignade), il n'y a pas grand-chose à faire. Mais c'est là l'attrait de Bacalar qui tient à ce sentiment profond d'être coupé de tout, conjugué à la possibilité d'observer, au plus près, des beautés naturelles et historiques : la brume qui s'élève de la lagune au lever du soleil ; une jungle broussailleuse où l'on trouve encore jaguars et tapirs ; des vestiges mayas empreints de mystère dissimulés dans une jungle si épaisse qu'il est impossible de les distinguer avant qu'ils ne se dressent devant vous. La ville est en plein essor, ce qui se traduit par l'ouverture de bons restaurants, de bars sympathiques et d'un large choix d'hébergements. Autour de la place centrale, vous trouverez un DAB, un bureau de change, une petite épicerie, une station de taxis et un office du tourisme.

Cenote Negro (p. 336)

POURQUOI J'AIME BACALAR

Ray Bartlett, auteur, @kaisoradotcom

Bacalar est, à bien des égards, ce à quoi ressemblait Tulum au milieu des années 2000 : un joyeux et sympathique mélange de voyageurs et d'habitants, sans rien de tapageur, sans complexes hôteliers clinquants ni trop de circulation. Certes, ici il n'y a pas l'océan, mais l'étonnante lagune de Bacalar est une splendeur. Ses nuances infinies de bleu et de vert me ravissent.

Je crois que Bacalar est, pour moi, d'autant plus précieux aujourd'hui car je sais au fond de moi qu'un jour arrivera où, comme Tulum, Bacalar perdra son caractère de bourg tranquille qui fait sa singularité.

Lac aux sept couleurs

UNE BEAUTÉ INSPIRANTE

La **Laguna Bacalar** est l'une des merveilles du Yucatán. Long de plus de 60 km avec un fond de sable intensément blanc, ce lac d'eau douce est le plus grand de la péninsule. Il est fascinant à observer en surface aussi bien qu'en profondeur car il est relié à un système de nappes phréatiques souterraines, dont une partie formerait le plus vaste réseau de grottes du monde.

Depuis la rive, avec ses nénuphars, ses roseaux et sa faune sauvage (dont des crocodiles !), sa splendeur ne se dément pas. On y pratique diverses activités nautiques au milieu d'une palette de couleurs bleues, vertes et blanches presque irréelles : stand-up paddle et kayak, de même que des sorties en *lanchas* (canots à moteur) et en voiliers disponibles à la location, qui permettent de regagner des coins isolés, sur l'autre rive.

Kayak, Bacalar

STROMATOLITHES

Les merveilles naturelles uniques ne manquent pas à Bacalar. La lagune abrite l'une des toutes premières formes de vie connues sur Terre, les stromatolithes. Certains scientifiques pensent que ces formes de vie primaire ont fait augmenter le niveau d'oxygène dans l'atmosphère terrestre, permettant à d'autres formes de vie de se développer.

Comparables à certains égards aux coraux, ils grandissent pendant des milliers d'années, en poussant vers le haut et vers l'extérieur jusqu'à ressembler à un chou-fleur. Quand ils meurent, le carbonate de calcium durcit et forme la croûte sur laquelle de nouvelles couches s'épanouissent à leur tour.

Ces formations sont fragiles. Veillez à ne pas les toucher ni à vous en approcher de trop près avec votre stand-up paddle, en kayak ou en bateau.

Stromatolithes, Laguna Bacalar

À la pointe sud, le ravissant **Cenote Negro** est un magnifique lieu de baignade de plusieurs dizaines de mètres de profondeur. Vous pouvez plonger depuis un promontoire ou vous prélasser sur un matelas gonflable.

Une place animée et vivante

UNE FORTERESSE, UNE PLACE, UNE VUE

Impossible de manquer les ruines imposantes du **Fuerte San Felipe**. Édifié en 1733 pour protéger les colons espagnols des attaques de pirates et des rébellions des *indígenas*, cette forteresse perchée sur une colline escarpée et verdoyante surplombe la lagune. Elle servit d'avant-poste aux Blancs pendant la guerre des Castes. En 1859, des rebelles mayas s'en emparèrent et la conservèrent jusqu'à la conquête du Quintana Roo par les troupes mexicaines en 1901. Aujourd'hui, elle compte encore quelques murailles, des fossés asséchés et

OÙ SE LOGER

Yak House
Auberge agréable et originale, directement sur la rive de la lagune. **$**

El Roble
Jolies chambres simples dans un petit hôtel familial. **$**

Hotel Laguna Bacalar
Vaste hôtel décoré en bleu et blanc offrant une très belle vue sur la lagune. **$$**

des ouvrages de ferronnerie, en plus d'un petit musée, parfois utilisé pour des spectacles ou des expositions d'art.

Outre la forteresse qui occupe le centre de cette place, c'est la vue derrière celle-ci – avec ses incroyables nuances de vert et de bleu dues à la lagune – qui la rend aussi spectaculaire. Habitants et visiteurs s'y côtoient en harmonie.

Plusieurs restaurants proposant pizzas, cafés et plats végétariens de qualité bordent la place. Quelques bars permettent de passer une soirée décontractée.

Calme et pittoresque à la tombée de la nuit

UNE VIE NOCTURNE SAGE, AUX ANTIPODES DE LA CÔTE NORD

À Bacalar, la vie nocturne n'a rien à voir avec les soirées de Tulum, Playa del Carmen ou Cancún, et c'est mieux ainsi. Ici, pas de discothèques ouvertes jusqu'au petit matin. Vous ne croiserez pas les étudiants américains en vacances qui déferlent habituellement au Mexique pour faire la fête. Pas le moindre rabatteur pour vous vendre ce qu'on ne devrait jamais acheter sur un coin de trottoir.

Ici, on prend place dans un bar pour converser. On échange avec un barman aimable. Certains restaurants restent encore ouverts après la fermeture des cuisines. D'autres établissements concoctent des cocktails artisanaux, comme **Nixtamal**, ou **I Scream Bar**, où se produisent des groupes de musique... sans décibels assourdissants. Certains soirs, le **Galeón Pirata**, un centre culturel installé au bord de l'eau, programme de bons groupes.

Où que vous alliez pour la soirée, l'ambiance sera toujours conviviale et amicale.

Cuisine de rue à Bacalar

ESCAPADE À MAHAHUAL

À 1 heure 30 de Bacalar, cette ravissante bourgade de pêcheurs accueille désormais régulièrement des paquebots de croisière. Quand les navires et leurs flots de touristes repartent, Mahahual reprend son visage "normal" : celui d'un bourg à l'ambiance caribéenne typique? C'est le moment de profiter de la plage pour soi seul ou de partir explorer ses exceptionnels fonds marins. Les centres de plongée proposent diverses expéditions, à la découverte des récifs, des épaves, le long du rivage ou en eaux profondes.

COMMENT CIRCULER

Si vous résidez près de la place, vous pouvez presque tout faire à pied. Sinon, il vous faut un véhicule.

La plupart des hôtels et des pensions mettent des vélos à la disposition de leurs clients.

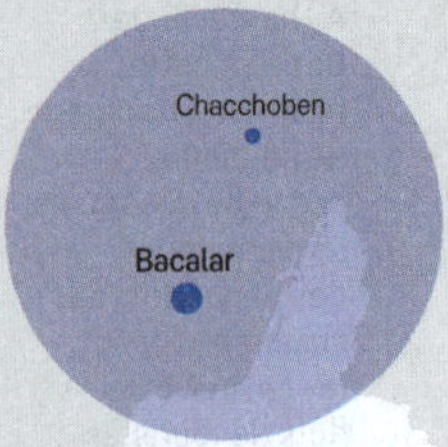

Environs de Bacalar

Entre jungle, ruines, faune, flore, plages et marais la région est riche de découvertes.

La région a joué un rôle central dans la civilisation maya. Des sites majeurs se dissimulent d'ailleurs dans la jungle. Certains n'ont été mis au jour qu'en partie tandis que d'autres sont encore vierges de toutes fouilles archéologiques. L'impressionnante cité de Chacchoben fait exception. Cette excursion est très prisée des croisiéristes qui débarquent pour la journée à Bacalar. Elle est tout aussi intéressante pour les voyageurs qui y séjournent. En chemin, vous passerez par le site de Limones où d'autres ruines sont en surplomb de la route.

Après Bacalar, vous vous aventurerez au milieu d'un paysage tranquille, composé d'*éjidos*, propriétés collectives attribuées à des paysans. Les habitants vivent encore dans des maisons mayas traditionnelles, les femmes portent le *huipile* (longues chasubles traditionnelles sans manches) et travaillent la terre dans les *milpas* (petits champs). Ce mode de vie, resté inchangé depuis des siècles, est précieux. Il doit être respecté et préservé.

Pour les infos pratiques, voir le Carnet d'adresses p. 387

À SAVOIR

Apportez votre répulsif antimoustiques car les produits locaux sont moins efficaces. Vous en aurez besoin, croyez-nous sur parole !

Un *ejido*, Bacalar

JEFF WHYTE/SHUTTERSTOCK ©

Chacchoben

Majesté maya sur la Costa Maya

RIEN À ENVIER À CHICHÉN ITZÁ

Le site de **Chacchoben**, à ne pas confondre avec le village maya du même nom, situé à 11 km de là, s'est ouvert au tourisme en 2002. Une ouverture récente par rapport à d'autres sites célèbres comme Chichén Itzá, qui est inscrit au programme des circuits touristiques depuis les expéditions menées par John Lloyd Stephens et Frederick Catherwood au Mexique (p. 283) en 1841. De plus petite taille, Chacchoben compte moins d'édifices que son homologue du Nord mais il est encore possible de gravir le temple. D'en haut, le point de vue sur la jungle environnante est extraordinaire. Des travaux de restauration archéologique sont en cours.

Le parking est éloigné des premiers édifices ; une jolie promenade vous mène à travers la jungle jusqu'à une clairière et la première pyramide. La deuxième pyramide, encore plus haute, permet d'observer les singes-araignées et les singes hurleurs cachés dans les arbres. Bien qu'il soit peu probable d'en voir, le secteur abrite aussi des espèces rares comme des jaguars et des tapirs, et des animaux plus communs tels que renards, biches et sangliers. Comme sur les nombreux sites alentours, des moustiques féroces sont aussi de la partie. Pensez à l'antimoustiques !

SINGES-ARAIGNÉES ET SINGES HURLEURS

Singes-araignées et singes hurleurs sont deux espèces de singes endémiques de la région. Le singe hurleur étant plus timide, il est difficile à apercevoir. Mais comme son nom le laisse... entendre, il est facile de le localiser à l'ouïe. Les cris démoniaques des singes hurleurs qui emplissent la jungle vous surprendront par leur puissance. Comment un son aussi effrayant peut-il sortir de la gueule d'un animal de la taille d'un basset, si mignon qui plus est ?

Les atèles ou "singes-araignées" doivent ce nom à leur (vague) ressemblance avec une tarentule. Avec un peu d'imagination, vous remarquerez une certaine similarité au niveau des pattes allongées et poilues et de l'abdomen. étroit.

COMMENT CIRCULER

Que l'on arrive en paquebot de croisière ou de Bacalar, Chacchoben est facile d'accès : joignez-vous à une visite organisée en bus ou demandez à un taxi le montant de la course pour vous y conduire, vous attendre et vous ramener. Les vestiges de Limones sont visibles depuis la route. Si vous êtes féru d'archéologie, arrêtez-vous et adressez-vous aux villageois des alentours. Quelqu'un finira par vous faire entrer sur le site.

CHETUMAL

Pour les infos pratiques, voir le Carnet d'adresses p. 387

À SAVOIR

Attention si un "touriste en difficulté" (notamment un prêtre) vous aborde, affolé, en vous racontant une histoire de bagages perdus, de méprise autour des médicaments de son épouse et vous demande de l'argent pour se rendre on ne sait où... Sachez que cette escroquerie perdure depuis une bonne vingtaine d'années.

Capitale du Quintana Roo, Chetumal est une ville relativement paisible, proche de vestiges mayas, d'une jungle luxuriante et des portes du Belize. L'esplanade de la baie accueille un carnaval et d'autres événements, tandis que le Museo de la Cultura Maya moderne est visuellement impressionnant, malgré une collection limitée. Les sites d'intérêt sont rares (aucun circuit touristique n'est organisé), mais l'on voit parfois des lamantins dans les eaux boueuses de la baie ou dans les mangroves voisines. Il est interdit de nager dans la lagune en raison de la présence possible de crocodiles.

Le passage de la frontière vers le Belize est rapide et peu coûteux. Sinon, vous pouvez louer les services d'un chauffeur pour vous conduire à Xcalak, excellente base pour explorer la sublime caye Ambergris, plus grande île du Belize.

Baie de Chetumal

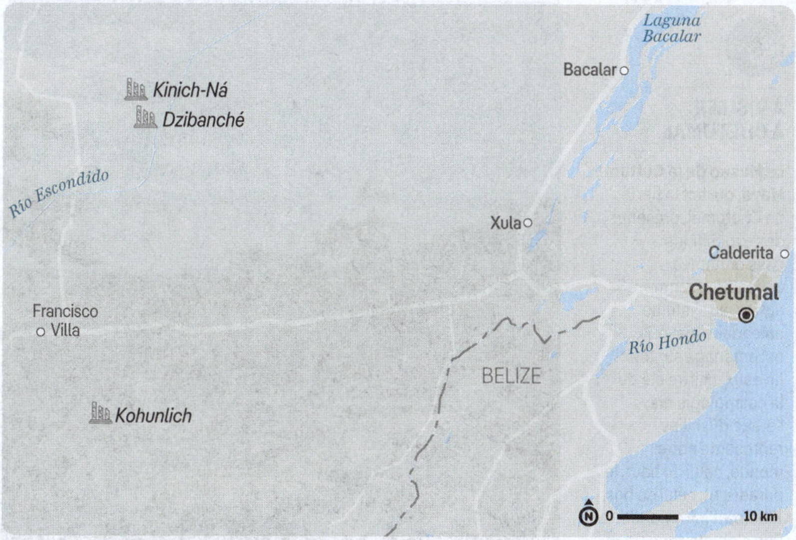

Les sites de Dzibanché, Kohunlich et Kinichná

DES RUINES ÉNIGMATIQUES ET PRESQUE OUBLIÉES

Le **Corredor Arqueológico** englobe les sites archéologiques de Dzibanché, Kohunlich et Kinichná. Chacun mérite la visite, mais lorsqu'on les parcourt tous les trois – ce qui est possible dans le cadre d'une excursion d'une journée, au départ de Chetumal –, ils sont encore plus impressionnants.

Kohunlich, planté sur un tapis de verdure, date de la fin de la période préclassique (100-200) et du début de la période classique (300-600). Il est connu pour le Tempo de los Mascarones (temple des Masques, photo), un édifice pyramidal à l'escalier central flanqué de masques en stuc de 3 m de haut représentant le dieu du Soleil.

L'accès à Dzibanché n'est pas des plus simples, mais ce site vaut absolument la peine pour son cadre reculé et semi-sauvage. **Dzibanché** ("écriture sur bois") était une ville majeure qui s'étendait sur plus de 40 km², avec de nombreux palais et pyramides.

Kinichná, tout proche, est le troisième site dont les structures sont colossales et les arbres très photogéniques

Sculpture de masque sur pierre

OÙ SE RESTAURER

El Abuelo
Surplombant la Laguna Milagros, ce restaurant en extérieur est salué à juste titre pour ses produits de la mer. **$$**

Marisquería El Taco Loco
Une institution à Chetumal. Goûtez la spécialité de la maison, le *camaron empanizado* (crevettes panées) ou le taco de poisson sauté au beurre. **$$**

Vi-Salud
On vient prendre le petit-déjeuner, avec des tas d'options pour les végétariens, dans cette maison centenaire. **$$**

À VISITER À CHETUMAL

Le **Museo de la Cultura Maya**, qui fait la fierté de Chetumal, présente des expositions passionnantes consacrées, entre autres, au système calendaire maya. Il est aménagé sur trois niveaux, chiffre clé de la cosmologie maya : l'étage du milieu représente notre monde, celui du haut, le paradis, et, celui du bas, Xibalbá, l'inframonde. Peu d'objets sont exposés, mais le lieu est intéressant. Visitez-le avant d'aller explorer, non loin de là, les sites de Kohunlich et Dzibanché.

Casa del Sol, Kinichná

avec leurs racines qui émergent des pierres. La beauté de ces trois lieux est frappante. Mais cette visite revêt un caractère spécial, tout du moins pour l'instant, car ces superbes vestiges ne voient passer que très peu de visiteurs. Profitez d'être quasiment seul sur place.

OÙ SE RESTAURER ET SE LOGER

Hotel Noor
Établissement propre et sans prétention, doté d'une piscine et accessible à pied depuis les ferries à destination du Belize.

Sergio's Pizzas
Vous en avez assez du *poc chuc* (porc grillé) ? Vous apprécierez la cuisine italienne de cette institution de Chetumal.

COMMENT CIRCULER

Il faut être motorisé pour sortir de Chetumal. À vous de voir si vous préférez louer et conduire une voiture, prendre un *colectivo* ou faire appel à un taxi. Si vous choisissez cette dernière option, convenez avec le chauffeur, avant le départ, si vous allez visiter un, deux ou les trois sites et entendez-vous sur le prix. Comptez environ une heure de visite pour chacun si bien que pour explorer les trois, il faut prévoir quasiment une journée complète.

Le bus est le moyen de transport le moins onéreux pour se rendre au Belize. Les voyageurs, notamment solo, doivent se méfier des gardes-frontières peu scrupuleux qui vous font souvent patienter au bout de la file d'attente, vous obligeant ainsi à rater votre bus. Pour cette raison, assurez-vous d'emporter avec vous toutes vos affaires lorsque vous entrez dans la zone des douanes. Dans l'idéal, donnez un pourboire au chauffeur du bus afin qu'il ne parte pas sans vous.

En taxi ou en ferry, vous ne rencontrerez pas ce problème, envisagez ces options si votre budget vous le permet.

MÉRIDA

Pour les infos pratiques, voir le Carnet d'adresses p. 387

À SAVOIR

Afin de rendre la ville plus accessible aux cyclistes, la circulation des voitures est interdite sur la partie la plus fréquentée du Paseo de Montejo le dimanche matin (de 8h à 12h). Louez un vélo chez **BiciMérida**, idéalement situé à l'extrémité sud du Paseo.

Depuis la conquête espagnole, Mérida est la capitale administrative et le carrefour culturel de toute la péninsule du Yucatán. Chargée d'histoire, la ville est à la fois provinciale et cosmopolite, avec d'étroites rues pavées, de vastes places bordées d'arbres et les meilleurs musées de la région (ne pas manquer la magnifique collection d'objets mayas du **Gran Museo del Mundo Maya**). Vous y trouverez d'excellents restaurants et hébergements ainsi que des marchés très fréquentés. De plus, la vie culturelle de la ville est bouillonnante et des événements sont organisés presque tous les soirs. C'est une base idéale pour explorer l'État du Yucatán et ses dizaines de sites – des paisibles enclaves du littoral aux immenses sites mayas – dans un périmètre étonnamment limité.

Ville touristique mais pas "attrape-touristes", le carrefour culturel du Yucatán séduit depuis longtemps les voyageurs souhaitant échapper à la foule et au brouhaha des stations balnéaires du Quintana Roo.

Pasaje de la Revolución (p. 346)

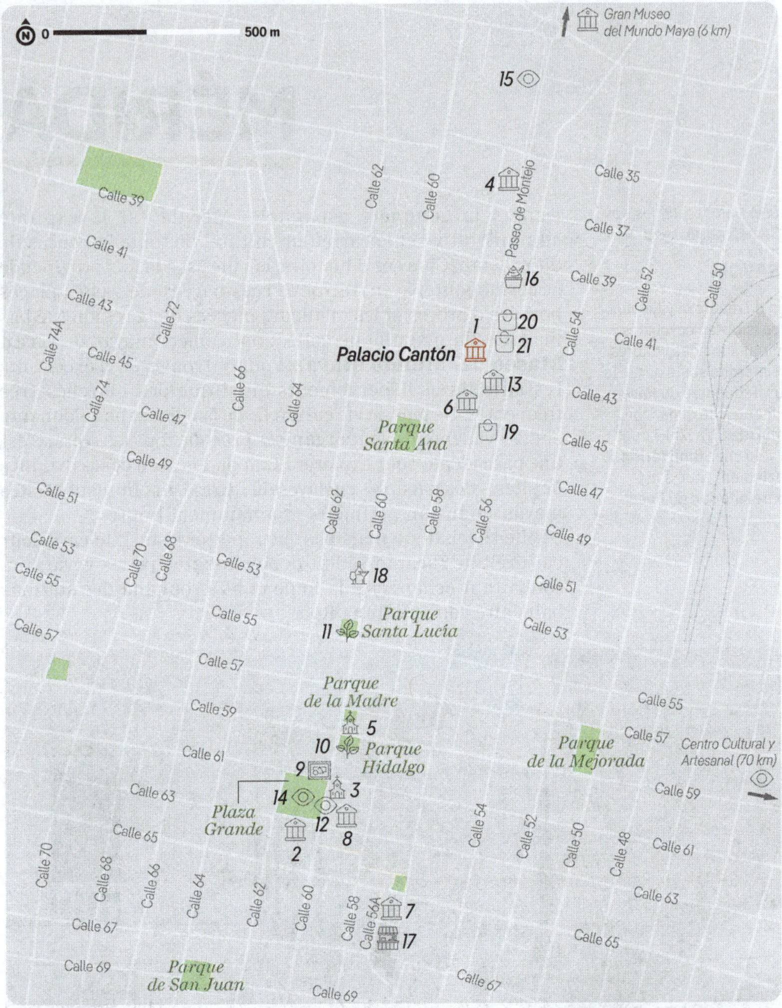

INCONTOURNABLES
1 Palacio Cantón

VOIR
2 Casa de Montejo
3 Catedral de San Ildefonso
4 El Minaret
5 Iglesia de Jesús
6 Montejo 495
7 Museo de la Ciudad
8 Museo Fernando García Ponce-MACAY
9 Palacio de Gobierno
10 Parque Hidalgo
11 Parque Santa Lucía
12 Pasaje de la Revolución
13 Paseo de Montejo
14 Plaza Grande
15 Quinta Montes Molina

SE RESTAURER
16 Dulcería y Sorbetería Colón
17 Mercado Lucas de Gálvez

PRENDRE UN VERRE ET FAIRE LA FÊTE
18 Mercado 60

SHOPPING
19 Casa T'hō
20 Cielo Hamacas
21 Poshería

LA TERRE DE L'OR VERT

Les barons du *henequén* (sisal) firent construire de magnifiques demeures à Mérida. Si vous souhaitez en savoir plus sur les travailleurs qui ont fait leur fortune ainsi que leurs terribles conditions de travail, visitez les haciendas situées au sud de la ville. D'anciennes machines fonctionnent toujours à **Sotuta de Peón** (p. 352).

KAMIRA/SHUTTERSTOCK ©

Casa de Montejo

Le centre historique et son architecture

SITES EMBLÉMATIQUES DES SIÈCLES PASSÉS

Le centre historique constitue le cœur de Mérida : un mélange d'édifices remarquables et de rues animées. Prenez le pouls de la ville sur la pittoresque **Plaza Grande**, bordée d'immenses lauriers qui ombragent les bancs et de larges allées. Revenez en soirée pour assister à des concerts et à d'autres événements.

Sur le côté sud de la place, jetez un œil à la **Casa de Montejo**, bâtie dans les années 1540. Destiné à loger des soldats, l'édifice fut converti en hôtel particulier par la famille Montejo, qui l'occupa jusqu'au XIXe siècle. Remarquez la façade représentant des conquistadores armés de hallebardes foulant au pied la tête des vaincus. Les bustes du conquistador Montejo le Vieux, de son épouse et de sa fille, qui vécurent autrefois dans cette demeure, ornent également la façade.

Dirigez-vous ensuite vers le **Palacio de Gobierno**, un édifice inauguré en 1892 qui abrite le siège du pouvoir exécutif de l'État du Yucatán. Traversez la cour pour entrer dans le bâtiment et montez à l'étage pour admirer les magnifiques fresques et peintures à l'huile de l'artiste local Fernando Castro Pacheco. Achevées à la fin des années 1970, elles retracent une histoire symbolique des Mayas et de leurs relations avec les Espagnols et fournissent un excellent aperçu historique pour qui s'apprête à visiter la région.

La **Catedral de San Ildefonso**, l'une des plus anciennes cathédrales du continent américain, se situe à l'est de la Plaza Grande. Elle fut édifiée entre 1561 et 1598 à l'emplacement d'un

LES MEILLEURS ENDROITS POUR FAIRE LA FÊTE À MÉRIDA

La Negrita
Célèbre bar. Musique tropicale (notamment de la salsa live) et jardin à l'arrière. $

La Fundación Mezcalería
Bar rétro. Le mezcal, les bières et les cocktails y coulent à flots pour un prix tout à fait correct. Musique live en soirée. $

Pipiripau Bar
Cantina qui a une atmosphère bien à elle. Plusieurs salles, et un jardin où vous entendrez parfois de la musique live. Excellents cocktails au mezcal. $$

Mercado 60
Pour s'amuser, boire et goûter à une cuisine internationale dans un marché animé. Musique live (et danse) presque tous les soirs. $$

Bird
Bar joliment décoré proposant jazz, bières artisanales, plats délicieux et simples (dont les meilleures pizzas de la ville). $$

OÙ PRENDRE UN CAFÉ

Manifesto
Bonne ambiance. Café tenu par trois Italiens de Calabre. Sert un des meilleurs cafés de la ville. $

El Apapacho
Café bohème et librairie. Fresques dans le jardin arrière. Plats végétariens. $$

Voltacafé Santa Lucia
Café accueillant. Bons expressos, burritos et *chilaquiles* (plats servis avec tortillas frites). $$

temple maya dont certaines pierres furent réutilisées par les bâtisseurs espagnols. À l'intérieur, derrière l'autel, admirez le *Cristo de la Unidad* (Christ de l'Unité), imposant crucifix, symbole de la réconciliation entre les peuples espagnol et maya.

Trésors du passé et du présent

MARCHÉS, MUSÉES ET PLACES

Après avoir visité les sites majeurs autour de la Plaza Grande, partez à la découverte des sites moins connus de Mérida. Commencez par flâner dans le **Pasaje de la Revolución** où sont exposées des œuvres d'art qui changent régulièrement. À mi-chemin de la galerie, visitez le **Museo Fernando García Ponce-MACAY** qui présente des expositions permanentes de Fernando Castro Pacheco, Fernando García Ponce et Gabriel Ramírez Aznar, trois des peintres les plus célèbres du Yucatán (courants du réalisme et de la rupture), ainsi que des expositions itinérantes d'art contemporain mexicain et étranger. Le musée est installé dans l'ancien palais de l'archevêché.

De la Plaza Grande, dirigez-vous vers le **Museo de la Ciudad** (3 pâtés de maisons au sud-ouest). Situé dans l'ancienne poste, le musée de la ville retrace l'histoire de Mérida de l'époque précolombienne jusqu'au XXe siècle en passant par la belle époque lorsque le *henequén* faisait la richesse de la région.

À côté, plongez-vous dans l'effervescence du **Mercado Municipal Lucas de Gálvez**. Ses nombreux stands vendent de tout, des *panuchos* (tortillas frites garnies de haricots, de viande et de légumes) au ceviche. Les rues avoisinantes sont dédiées à l'art et à l'artisanat.

Continuez vers le nord sur la belle Calle 60. Faites une pause au **Parque Hidalgo**, le temps de savourer une glace ou de prendre un café, avant de traverser la place pour rejoindre l'**Iglesia de Jesús**, construite par les Jésuites au XVIIe siècle à l'emplacement d'un temple maya. On peut encore apercevoir des gravures mayas sur certaines de ses pierres.

À quelques pâtés de maisons au nord, vous arriverez au ravissant petit **Parque Santa Lucía**. Les arcades qui le bordent sur ses flancs nord et ouest abritent plusieurs restaurants avec terrasse.

Flâner sur le Paseo de Montejo

ARCHITECTURE, BOUTIQUES ET *POX*

Avec le **Paseo de Montejo**, parallèle aux Calles 56 et 58, les urbanistes du XIXe siècle cherchèrent à créer un grand boulevard à l'image des Champs-Élysées à Paris. Au nord du quartier historique, un petit rond-point près de la Calle 47 indique le début de cette avenue bordée de majestueux édifices et de trottoirs à l'ombre des arbres, propices à la promenade.

PLONGER DANS LA CIVILISATION MAYA

D'envergure mondiale, le **Gran Museo del Mundo Maya** est l'un des plus beaux musées mexicains consacrés à la civilisation maya.

La collection permanente comprend plus de 1 100 pièces remarquablement préservées, notamment un *chac-mool* (sculpture humaine semi-allongée) exhumé à Chichén Itzá et une figurine tout droit sortie du monde des morts découverte à Ek' Balam (admirez sa ceinture de crânes et sa superbe coiffe en forme de reptile).

Si vous prévoyez de visiter les sites archéologiques de la région, passez d'abord par le musée pour vous familiariser avec l'histoire maya et voir de près certaines des fascinantes pièces découvertes sur les sites.

Il se trouve à environ 12 km au nord du centre-ville dans la direction de Progreso. Les bus indiquant "Siglo XXI" ou "Tapetes" vous y conduiront. (Arrêt de bus sur la Calle 56 près de la Calle 61.)

OÙ DÉGUSTER LA CUISINE YUCATÈQUE

La Chaya Maya
Grand choix de plats yucatèques. Plusieurs restaurants (très appréciés) dans la ville. **$$**

Apoala
Situé sous les arcades du beau Parque Santa Lucía. Cuisine innovante mélangeant les recettes du Oaxaca et du Yucatán. **$$$**

Picheta
Toit terrasse surplombant la Plaza Grande. Cuisine contemporaine et cocktails originaux. **$$$**

Cochinita pibil

À un pâté de maisons plus au nord se trouve la **Casa T'hō**, une vaste demeure du début du XIXe siècle, qui abrite boutiques de vêtements, bijoux, objets de déco, art et artisanat. Situé dans la cour intérieure, un café-restaurant permet de déguster une cuisine qui mêle saveurs locales et internationales.

Continuez jusqu'au pâté de maisons suivant. **Poshería** est le meilleur endroit de la ville pour goûter au *pox,* un alcool distillé à base de maïs, fabriqué par les Mayas du Chiapas. Cette boutique à la devanture colorée propose aussi une petite sélection d'artisanat. À côté, **Cielo Hamacas** vend des hamacs haut de gamme.

Pour vous rafraîchir, goûtez aux boissons glacées de chez **Dulcería y Sorbetería Colón**, une institution à Mérida, ou aux sorbets aux fruits servis dans d'élégantes coupes. N'hésitez pas à goûter les parfums sapote, goyave ou tamarin.

Poursuivez jusqu'à la Calle 35 puis traversez pour visiter le **Quinta Montes Molina**, une fastueuse demeure du XXe siècle. Vous y aurez un aperçu de l'âge d'or du *henequén* considéré comme l'*oro verde* (l'or vert) de la région. Sur le côté ouest du Paseo, admirez des édifices majestueux comme **El Minaret**, un bâtiment datant de 1908 ainsi nommé pour sa tour en forme de minaret. Un peu plus loin se trouve le **Palacio Cantón**, l'ancienne demeure du gouverneur, dont la construction s'est achevée en 1911. Il renferme aujourd'hui un captivant musée d'anthropologie. Vous pouvez vous arrêter au **Montejo 495**, une autre magnifique demeure transformée en musée. Celui-ci présente le style de vie des habitants de la région les plus aisés au début du XXe siècle (visites guidées à réserver bien à l'avance).

PAROLE D'HABITANTE : LES INGRÉDIENTS YUCATÈQUES

Guide proposant des visites à pied, **Melissa Gabriela Aguilar Cervantes** (@meridaestacion mexico) présente la cuisine yucatèque.

L'État du Yucatán est réputé dans tout le Mexique pour sa gastronomie. Le *recado* (pâte d'épices) est la base de la cuisine yucatèque. On en utilise de trois sortes : une pâte verte dans les *papadzules* (sorte d'*enchiladas* agrémentées d'une sauce aux graines de courge), rouge (ajout d'*achiote*, une épice qui est aussi un colorant naturel) pour rehausser le goût du *cochinita pibil* (porc rôti), noire dans le *relleno negro* (ragoût à base de piments grillés). Toutefois, c'est le *queso relleno* que je préfère. Il s'agit d'un plat composé de fromage, de crème de graines de courge et de *masa* (pâte de maïs).

COMMENT CIRCULER

La plupart des lieux d'intérêt sont accessibles à pied dans un rayon de 10 pâtés de maisons au départ de la Plaza Grande. La marche est donc le meilleur moyen de se déplacer.

La principale gare routière de Mérida se situe à l'ADO Centro Histórico TAME (Calle 69 près de la Calle 68). Les bus desservent les grandes villes et l'aéroport (8$M, 20 à 25 min).

Environs de Mérida

Réserves naturelles, villes de bord de mer, haciendas et monastères... les environs de Mérida offrent de quoi occuper plusieurs journées de voyage.

Pour les infos pratiques, voir le Carnet d'adresses p. 389

À SAVOIR

Vous trouverez un grand choix d'hébergements originaux, notamment des bungalows rustiques au bord de la mer (Perla Escondida) et des domaines historiques (Sotuta de Peón).

Les choses à voir et à faire ne manquent pas à 1h30 de route à peine de Mérida. D'anciennes plantations de *henequén* sont nichées dans la forêt au sud de la ville. La culture du sisal se poursuit dans l'une d'entre elles, tandis que d'autres ont été transformées en hébergements haut de gamme avec restaurant et piscine surplombant des jardins parfaitement entretenus.

Bien qu'aucune de ses plages ne donne sur la mer des Caraïbes, l'État du Yucatán possède un littoral attrayant et s'étire de Progreso, ville portuaire animée, à Celestún, petit village de pêcheurs tranquille à deux pas d'une importante réserve naturelle. Dans les zones moins touristiques, on trouve des centaines de cénotes et de grottes peu visités et de petits villages traditionnels où on vit au rythme des travaux agricoles et où on parle la langue maya.

Sur le front de mer, Progreso

Flamants roses, Reserva de la Biósfera Ría Celestún

Écotourisme dans une réserve de biosphère

ÉCOTOURISME GÉRÉ PAR LA COMMUNAUTÉ

À l'ouest de Mérida, Celestún est un village de pêcheurs assoupi, aux portes de la **Reserva de la Biósfera Ría Celestún**, qui abrite une riche faune aviaire, dont une vaste colonie de flamants roses. De nombreux prestataires proposent des sorties en bateau à moteur au départ de la plage, mais il est préférable de réserver une excursion respectueuse de l'environnement, notamment auprès des **Guardianes de los Manglares de Dzinintún**, pionniers de l'écotourisme.

Vous pourrez faire du kayak (à une ou deux places) ou laisser le guide pagayer et vous emmener en canoë à la rencontre de la faune sauvage tout en filant silencieusement sur les eaux bleu-vert. Vous traverserez des tunnels de verdure dans la mangrove jusqu'à une pittoresque lagune en forme de cœur où on observe des martins-pêcheurs voleter tandis que des cormorans postés sur des poteaux d'amarrage font sécher leurs ailes au soleil. Les flamants roses sont les stars des lieux, surtout de février à avril lorsque d'immenses colonies y séjournent. Celestún et la réserve se situent à environ 90 km à l'ouest de Mérida.

PAROLE D'HABITANT : HAUT LIEU DE LA BIODIVERSITÉ

Fondateur de la coopérative **Guardianes de los Manglares de Dzinintún** (@guardianesdzinintun), **José Isaías Uh Canul** est impliqué dans la reforestation de la zone depuis plus de 20 ans.

Les mangroves servent de barrières pour protéger la côte des ouragans et constituent l'habitat de tout un écosystème.

Elles abritent des ocelots, coatis, ratons laveurs, serpents, crocodiles et de nombreuses espèces d'oiseaux, notamment des hérons qui construisent leur nid dans les arbres.

Les racines sont également très importantes pour la faune marine : de nombreux poissons se reproduisent et pondent leurs œufs dans ces zones protégées.

Mon conseil : pour excursion, choisissez un guide passionné par la région et son incroyable biodiversité.

OÙ SE RESTAURER AU BORD DE L'EAU

La Ramada de la Tía Candi
Snack familial décontracté sur la plage. Notre conseil : crevettes à la noix de coco et baignade. $$

Los Pámpanos
Tables sur la plage. Parfait pour admirer le coucher du soleil. Ceviches savoureux et margaritas. $$

La Palapa
Lieu emblématique sur le front de mer. Grand choix de plats. Possibilité de manger à l'intérieur ou à l'extérieur. $$

AVENTURES AU DÉPART DE PROGRESO

Au départ de Progreso, suivez la route 27 en direction de l'est sur 35 km. Vous atteindrez la **Laguna Rosada** (lagune rose), bordée par la mangrove. Tournez à droite et prenez la route de Dzemul-Xtampú pour observer des flamants roses mais aussi des ibis, des hérons et d'autres oiseaux aquatiques. Visitez le site maya peu connu de **Xcambó.**

Reprenez la route 27, continuez pendant 5 km vers l'est pour rejoindre la **Reserva Ecológica Sayachaltun**, une réserve naturelle gérée par la communauté locale. Vous pourrez y faire du kayak ou prendre un bain de boue.

Quelques kilomètres plus loin, faites une pause pour déjeuner à **Telchac Puerto**, village au bord de la mer ou poursuivez jusqu'à **Dzilam de Bravo.** Vous y découvrirez la **Perla Escondida**, un établissement qui propose des hébergements dans des bungalows rustiques et des excursions inoubliables.

Sillonner les étendues sauvages à vélo

ROUTES PITTORESQUES ET RUINES

La **Hacienda Real de Salinas**, située à 5 km au sud de Celestún (et à 93 km de Mérida), constitue une belle destination pour les cyclistes. Elle produisait autrefois du bois pour la teinture et du sel, en même temps qu'elle servait de maison d'été à une famille de Campeche. La décrépitude des bâtiments ne manque pas de charme : on peut voir dans le mur des coquillages mélangés aux matériaux de construction, ainsi que des morceaux de tuiles françaises qui servirent de ballast aux navires en provenance d'Europe. Le nom et l'emplacement de la fabrique (Marseille) sont encore visibles sur les tuiles restées intactes des toits.

En arrivant du sud de la ville par la Calle 4, prenez à gauche à l'embranchement en Y (une route de terre qui longe Puerto Abrigo), puis tournez à droite pour atteindre El Lastre (le Ballast), une péninsule entre l'estuaire et son bras ouest. On y voit parfois flamants, pélicans blancs et autres oiseaux. Location de vélos à la **Casa Bacab** (Calle 11 près de la Calle 12).

Activités en bord de mer à Progreso

PLAGES, PROMENADES ET BAIGNADE

Si vous souhaitez faire une virée au bord de la mer et voir le plus long quai du Mexique (6,5 km), allez à **Progreso** (ou Puerto Progreso). Le *malecón* (promenade du front de mer) et la plage peuvent être envahis par les habitants et les touristes, mais on peut tout de même y profiter d'un moment de détente surtout en famille. Débutez à **Muelle de Pescadores** (quai des Pêcheurs), puis dirigez-vous vers l'est, vous passerez devant les terrasses des restaurants, un skatepark, des glaciers (comme **Gelatopia**) et le **Museo del Meteorito** (dédié aux dinosaures), idéal pour les enfants.

À l'est de la principale plage de Progreso, dont elle est séparée par le port, la **Playa de Cerditos** (la plage des Cochons) est une bande de sable pittoresque qui accueille de petits cochons noir et blanc laissés en liberté plusieurs fois par jour (actuellement à 11h, 15h et 17h). Durant le reste de la journée, ils batifolent dans leur enclos.

Dans la **Reserva Ecológica El Corchito**, vous pourrez vous baigner dans un des bassins d'eau douce entouré de mangroves. Le billet d'entrée comprend la traversée du chenal en bateau pour atteindre la réserve. El Corchito abrite des ratons laveurs, des coatis, des tortues et des petits poissons (nourriture, crème solaire et sacs en plastique interdits).

OÙ SE RESTAURER À PROGRESO

Eladio's
Établissement apprécié pour son emplacement sur le front de mer. Large choix d'entrées à grignoter. **$$**

La Antigua
Un restaurant historique possédant une véranda et une mini-piscine. Plats classiques (excellents petits-déjeuners). **$$**

Crabster
Restaurant chic situé sur le *malecón* (promenade du front de mer). Cuisine axée sur les produits de la mer. **$$$**

EMINOR BS/SHUTTERSTOCK ©

Carriole tirée par un cheval, Convento de San Antonio de Padua

Découvrir la Ciudad Amarillo

MONASTÈRE, TEMPLE ET CENTRE DE L'ARTISANAT MAYA

À une heure de route de Mérida, vers l'est, se trouve **Izamal** surnommée La Ciudad Amarillo (Ville Jaune) en raison de ses édifices coloniaux jaune d'or. La petite ville possède des places au charme désuet sur lesquelles attendent les carrioles tirées par des chevaux. Elle est surtout célèbre pour son imposant **Convento de San Antonio de Padua**, un monastère bâti au XVIe siècle et toujours habité.

De la place principale, prenez la rampe pour rejoindre l'atrium, une grande cour ceinturée d'arcades. Des fresques datant du XVIe siècle ornent les murs du **Santuario de la Virgen de Izamal**, l'église principale du monastère. L'intérieur est plutôt austère hormis le retable riche en dorures. Des visites guidées permettent de découvrir le petit cloître et le musée à l'arrière qui commémore la visite du pape Jean Paul II au monastère en 1993. Il apporta avec lui une couronne d'argent destinée à la **statue de la Vierge d'Izamal**, sainte patronne du Yucatán.

À quelques pâtés de maisons au nord-est de la place, se dresse **Kinich Kakmó**, une imposante pyramide maya (34 m de hauteur) au sommet de laquelle admirer le panorama sur la ville et la campagne alentour.

Juste en face de la place du monastère le **Centro Cultural y Artesanal** est dédié à l'art populaire mexicain. Vous y découvrirez de belles

LES DIEUX D'IZAMAL

Izamal était autrefois une cité prospère et un important centre religieux dont les temples étaient dédiés au culte d'Itzamna, dieu suprême des Mayas, et au dieu du Soleil, Kinich Kakmó. Une dizaine de pyramides étaient consacrées à ces divinités et à d'autres. Nul doute que ces expressions de la spiritualité maya ont conduit les colons espagnols à choisir Izamal pour la construction d'un impressionnant monastère franciscain.

Après avoir conquis la ville, les Espagnols détruisirent la principale pyramide et réutilisèrent les pierres pour ériger le **Convento de San Antonio de Padua**. Sous les arcades du monastère, vous remarquerez des gravures mayas.

CONNAÎTRE LA CIVILISATION MAYA

Le **Gran Museo del Mundo Maya** (p. 346) situé à Mérida vous apportera un éclairage sur les croyances et traditions des Mayas.

OÙ SE RESTAURER À IZAMAL

Kinich
Excellente cuisine yucatèque servie dans une imposante *palapa* par des serveurs en costume traditionnel. **$$**

Restaurante Zamna
Cuisine authentique et traditionnelle préparée dans une immense *palapa* surmontée d'un toit en chaume. **$$**

Restaurante Los Arcos
Sur la place principale, cet établissement possède un petit jardin et sert des plats traditionnels mexicains et des plats végétariens. **$$**

créations réalisées en tissu, papier et argile, notamment une procession funéraire ouvragée représentant un cortège de squelettes en costumes colorés.

Un road-trip dans le passé

ANCIENNES HACIENDAS DE SISAL ET CÉNOTES

L'État du Yucatán serait sans doute resté un coin de campagne délaissé sans la fameuse plante hérissée de feuilles à pointes acérées qui répond au nom savant d'*Agave fourcroydes*. Certains la nomment *henequén* ; d'autres sisal. Quoi qu'il en soit, cet agave dont la fibre servait à fabriquer de solides cordages et de la ficelle fut surnommé "l'or vert" de la fin du XIXe siècle à la fin de la Seconde Guerre mondiale. C'est durant cette période que les "barons du sisal" du Yucatán firent construire de superbes propriétés (haciendas) dédiées à cette culture florissante, qui s'effondra avec l'essor des fibres synthétiques.

Sotuta de Peón, située à environ 32 km au sud de Mérida (50 min du centre en voiture) est la seule hacienda de *henequén* encore en activité. Plusieurs visites guidées (en espagnol et en anglais) ont lieu chaque jour, mais veillez à réserver bien à l'avance. On y apprend la façon dont on extrayait la fibre autrefois avant que les énormes machines révolutionnent l'industrie du sisal ainsi que toutes les étapes de la fabrication : de la culture (il faut attendre sept ans avant de récolter le sisal) au conditionnement de la fibre en énormes balles de 200 kg (environ 8 000 feuilles). Autrefois, les conditions de vie des cueilleurs étaient effroyables. S'ils n'atteignaient pas leur quota (2 500 feuilles par jour), ils étaient fouettés publiquement. Vous pourrez aussi admirer la magnifique demeure restaurée et ses meubles d'époque. Enchaînez avec une promenade en carriole à travers la campagne avant de vous baigner dans un cénote.

Environ 15 km au sud, le **Cenotes Hacienda Mucuyché** est célèbre pour ses superbes cénotes disséminés autour des vestiges d'une hacienda de *henequén*. Réservez bien à l'avance si vous souhaitez participer à la visite guidée des anciens bâtiments et vous baigner dans les eaux cristallines d'un chenal verdoyant et dans deux cénotes (dont l'un porte le nom de l'impératrice Charlotte du Mexique qui fut la première personne à s'y baigner en 1865).

En revenant vers Mérida, faites un détour pour visiter l'**Hacienda Yaxcopoil**. L'accès est gratuit. Vous pourrez y découvrir des bâtiments de style Renaissance française, dont certains ont été magnifiquement restaurés. Ne manquez pas de faire un tour dans le jardin à l'arrière ni dans le bâtiment qui abrite les anciennes machines toujours en état de marche.

PAROLE D'HABITANT : L'ARBRE DE VIE SACRÉ

Guide à Sotuta de Peón et historien, **Felipe A Fuentes** explique la cosmovision maya.

Pour les Mayas, le Yax'ché (ou *ceiba*) était l'élément le plus sacré des villes et des villages, car cet arbre majestueux reliait les trois niveaux du cosmos.

Le tronc représentait le monde terrestre où vivent les humains (niveau intermédiaire), les branches symbolisaient le royaume supérieur et l'accès au monde céleste et les racines guidaient les humains vers le monde souterrain (Xibalba).

Selon les croyances mayas, si l'arbre émettait un son creux lorsqu'on tapait dessus, cela signifiait que les âmes descendaient dans le monde souterrain.

La partie basse du tronc qui paraît plus large ou boursouflée symbolisait une femme enceinte ou la Terre nourricière.

COMMENT CIRCULER

Au départ du terminal Autoprogreso de Mérida, situé sur la Calle 62, de nombreux bus desservent Progreso (23 $M, 55 min). Du terminal Noreste, situé sur les Calles 50 et 67, vous pourrez vous rendre à Celestún (60 $M, 2 heures) et Izamal (85 $M, 1 heure 40). Pour visiter les anciennes haciendas, il est préférable de louer une voiture.

UXMAL ET LA RUTA PUUC

Pour les infos pratiques, voir le Carnet d'adresses p. 390

À SAVOIR

Il est possible, en arrivant dès l'ouverture, de visiter Uxmal et plusieurs sites mayas de la *Ruta Puuc* en une journée au départ de Mérida. Toutefois, mieux vaut prendre son temps et passer la nuit près de Santa Elena.

Uxmal (prononcez *ouchmal*) est l'un des sites mayas les plus impressionnants (et les plus visités) de la région. Ses vestiges richement décorés y sont très bien préservés.

Uxmal était un pôle important dans cette région qui comprenait autrefois les villes satellites de Sayil, Kabah, Xlapak et Labná. Bien qu'*uxmal* signifie "construit trois fois" en langue maya, la cité a en réalité été bâtie cinq fois. Fondée vers 600, la ville comprend des édifices dont le style architectural rappelle celui des hauts plateaux du Mexique, une région avec laquelle elle entretenait vraisemblablement des liens commerciaux. Cette influence se retrouve dans l'iconographie du serpent, les symboles phalliques et les colonnes.

Uxmal est le site le plus important de la Ruta Puuc (route des collines), une région dont les hauteurs boisées sont ponctuées de sites mayas. Le site donne un excellent aperçu de l'architecture puuc et de la civilisation maya.

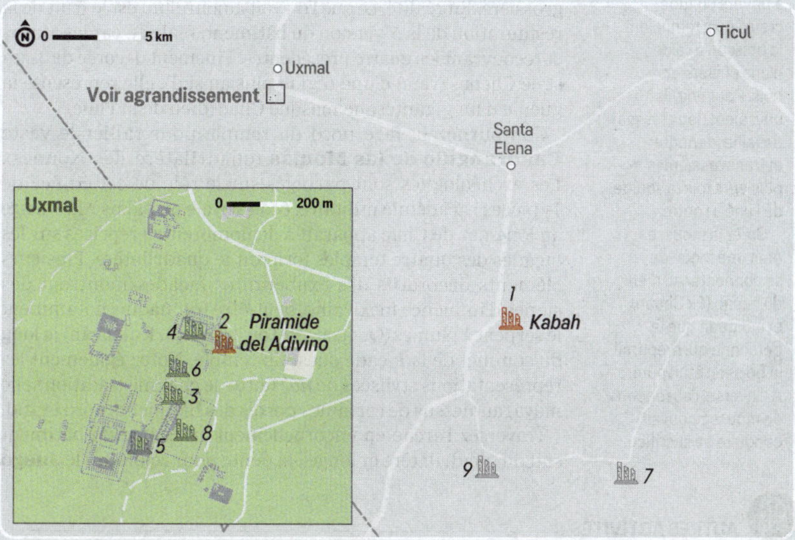

INCONTOURNABLES
1 Kabah
2 Pirámide del Adivino

VOIR
3 Casa de las Tortugas
4 Cuadrángulo de las Monjas
5 Gran Pirámide
6 Juego de Pelota
7 Labná
8 Palacio del Gobernador
9 Sayil

PAROLE D'HABITANTE : LE RITUEL DU CHOCOLAT

Étudiante en droit et experte en chocolat, **Beatriz Dzul Vela** évoque la boisson la plus importante des Mayas.

Le terme moderne "chocolat" vient des mots mayas "Chocol Haa", qui signifient "eau chaude". L'*espuma* (mousse) jouait un rôle essentiel dans la préparation de la boisson utilisée durant des rituels.

Pour commencer, Les Mayas soufflaient à travers un tube creux, puis remuaient la boisson à l'aide d'une cuillère en bois. Pour finir, ils utilisaient deux tasses de taille identique et transvasaient plusieurs fois le liquide de l'une à l'autre.

Créer la mousse était une façon de se connecter au dieu du cacao (Ek Chuah) et indiquait que la personne qui préparait la boisson était pure. À l'inverse, l'absence de mousse pouvait conduire au sacrifice.

RAFAEL MARTIN-GAITERO/SHUTTERSTOCK ©

La Pirámide del Adivino vue du Cuadrángulo de las Monjas

Découvrir le site d'Uxmal

TEMPLES, DIEUX ET SCULPTURES

En approchant d'Uxmal, vous apercevrez la somptueuse **Pirámide del Adivino** (ou Casa del Adivino, la "maison du devin") un temple de 35 m de hauteur à la forme ovale inhabituelle. Bâtie en pierres rondes maintenues avec du ciment, elle paraît grossière. En réalité, ce que l'on voit aujourd'hui est le fruit de la restauration de la 5e version du bâtiment, réalisée par les Mayas et recouvrant les quatre précédentes. Finement décorée dans un style Chenes (venu d'une région plus au sud), elle représente la gueule d'un gigantesque masque Chac (dieu de la Pluie).

Contournez la face nord du temple pour rallier le vaste **Cuadrángulo de las Monjas** (quadrilatère des Nonnes). Les archéologues sont partagés sur le rôle de cet édifice de 74 pièces : académie militaire, école royale ou palais ? Le visage au long nez de Chac apparaît à de nombreuses reprises sur les façades des quatre temples formant le quadrilatère. Plusieurs éléments décoratifs des exubérantes façades montrent des signes d'influence mexicaine, peut-être totonaque, notamment le serpent à plumes (Quetzalcóatl ou, en maya, Kukulcán) le long du sommet de la façade ouest du temple. Notez également les représentations stylisées de *na* (hutte de chaume traditionnelle maya) au-dessus de certaines portes des bâtiments nord et sud.

Traversez l'arche en encorbellement au centre du bâtiment sud du quadrilatère et longez la pente pour rejoindre le **Juego**

AUTRES ACTIVITÉS

Choco-Story
Vous saurez tout sur le chocolat. Dégustation à la fin de la visite. Le luxuriant jardin abrite des singes-araignées et des jaguars.

Museo de las Momias
Découvrez d'inhabituelles momies de jeunes enfants et les cérémonies funéraires des Mayas catholiques à Santa Elena.

Grottoes Loltún
Participez à la visite guidée de l'un des plus vastes ensembles de grottes asséchées de la péninsule du Yucatán.

ANGELA ARENAL/GETTY IMAGES ©

Le dieu Chac, Uxmal

de Pelota (terrain de jeu de balle). De là, tournez à gauche et dirigez-vous vers l'escalier qui mène à la grande terrasse.

La **Casa de las Tortugas** (maison des Tortues) située au sommet de la colline surplombant le Juego de Pelota, tient son nom des tortues sculptées sur sa corniche. Selon un mythe maya, les tortues souffraient autant que les humains de la sécheresse et priaient avec eux pour que le dieu Chac fasse venir la pluie. Sous la corniche court une frise de petites colonnes (ou "nattes enroulées"), caractéristiques du style Puuc.

Non loin, le **Palacio del Gobernador**, avec sa magnifique façade longue de près de 100 m, est sans conteste la plus impressionnante construction d'Uxmal. Les murs sont remplis de pierres (blocaille), recouvertes de ciment et d'un fin placage de dalles de calcaire. La partie inférieure de la façade est lisse, tandis que la partie supérieure est festonnée de figures stylisées de Chac et de motifs géométriques – beaucoup évoquent un treillage.

Sur une petite plateforme, du côté est du palais se trouve le **Trono del Jaguar** (trône du Jaguar), sculpture d'un jaguar à deux têtes. Lorsque le jaguar fut découvert près de son emplacement actuel, personne ne songea à poursuivre les recherches sous la statue. En 1951, cependant, les archéologues fouillèrent plus profondément et découvrirent un trésor, notamment des perles, des boucles d'oreilles en jade, des fers de lances ainsi que des couteaux en obsidienne, soit plus de 900 objets en tout. Non loin, quelque 150 espèces de plantes médicinales étaient cultivées. Il semble qu'elles aient été

HORS DES SENTIERS BATTUS

Près de Calcehtok, soit environ 40 km au nord-ouest d'Uxmal, quittez la route principale et empruntez la piste étroite et cahoteuse. En chemin, si vous recherchez l'aventure, visitez les **Grutas de Calcehtok** (un réseau de grottes). Vous devrez ramper, descendre en rappel et vous frayer un chemin dans le "boyau de la naissance". Prévoyez des vêtements résistants qui ne craignent pas les taches !

Quelques kilomètres plus loin se trouve **Oxkintok**, un site maya peu fréquenté. On y trouve des inscriptions mayas et une pyramide de 15 m de hauteur qu'il est possible de gravir pour découvrir un superbe panorama.

Deux kilomètres plus à l'ouest, les grottes d'**Aktun Usil** étaient considérées comme un site maya sacré et l'entrée du monde souterrain. Admirez les pétroglyphes et les peintures dans la grotte au cours d'une visite guidée (contactez Victor).

OÙ LOGER SUR LA RUTA PUUC

Nueva Altía
Bungalows respectueux de l'environnement. Hamac sur les balcons dans un décor boisé près de Santa Elena. **$$**

Hacienda Uxmal
Propriété historique. Beau dallage au sol, fer forgé, bonne hauteur sous plafond et belle piscine. **$$$**

Pickled Onion
Charmant établissement à Santa Elena. Des bungalows (*cabañas*) avec toit de chaume. Piscine et bon restaurant. **$$**

POURQUOI J'AIME LA RUTA PUUC

Regis St Louis, auteur (@regisstlouis)

Après avoir parcouru les étendues sans reliefs du nord du Yucatán, les collines et la forêt dense de la Ruta Puuc me donnent l'impression de pénétrer dans un autre monde.

J'aime parcourir les sites archéologiques noyés dans la jungle et tomber sur un restaurant sans chichis qui sert une cuisine yucatèque traditionnelle.

J'adore séjourner dans cette région quelques jours (dans la retraite verdoyante de Nueva Altía à Santa Elena, par exemple) et prendre le temps de bavarder avec les habitants qui sont ravis de me prodiguer des conseils sur des lieux cachés de ce coin peu peuplé du Mexique.

utilisées par les Mayas pour traiter les problèmes intestinaux, les morsures de serpent, etc.

Au sud-ouest du Palacio del Gobernador se dresse la **Gran Pirámide**. Cette pyramide haute de 30 m qui s'élève sur 9 étages n'a été restaurée que sur sa face nord. Le quadrilatère du sommet aurait été en grande partie détruit pour qu'une autre pyramide soit érigée par-dessus. Pour une raison inconnue, ces travaux ne furent jamais achevés. Tout en haut, remarquez les sculptures en stuc du dieu Chac, d'oiseaux et de fleurs.

Road-trip sur la Ruta Puuc

LES TEMPLES MAYAS HORS DES SENTIERS BATTUS

Quelque 23 km au sud-est d'Uxmal se trouve le site archéologique de **Kabah**. Il abrite l'impressionnant **Palacio de los Mascarones** (palais des Masques) dont la façade est recouverte de près de 300 masques de Chac, le dieu de la Pluie (ou Serpent céleste). Derrière l'édifice, notez les deux atlantes (statues d'homme utilisées comme colonnes de soutien) restaurés. Ils sont d'autant plus intéressants que les représentations humaines en 3 dimensions sont rares sur les sites mayas. L'un d'entre eux n'a pas de tête et l'autre porte un masque de jaguar sur le crâne.

10 km au sud de Kabah, le site de Sayil est surtout connu pour l'**El Palacio**, un immense édifice sur 3 niveaux et pourvu d'une façade de 85 m de longueur.

Empruntez l'allée au sud du palais sur environ 400 m et bifurquez vers la gauche pour atteindre le temple d'**El Mirador**, dont la "crête" était autrefois rouge vif. Environ 100 m après El Mirador, une stèle protégée par une *palapa* porte un bas-relief érodé représentant un dieu de la Fertilité doté d'un énorme phallus.

Poursuivez votre route jusqu'au site de **Labná**. C'est *le* site incontournable de la Ruta Puuc. Quelque 3 000 Mayas vivaient ici au IXe siècle· Pour subvenir aux besoins de la population sur ces collines arides, l'eau était recueillie dans des dizaines de *chultunes* (citernes), dont plusieurs sont encore visibles. **El Palacio**, le premier édifice que vous verrez, est l'un des plus longs de la région de Puuc. La plupart de ses décorations sont encore en bon état. À l'angle ouest de la façade du bâtiment principal, un serpent tient une tête humaine entre ses mâchoires, symbole de la planète Vénus. En regardant vers la colline, vous verrez un impressionnant masque de Chac, et non loin, le bas d'un corps humain (peut-être celui d'un joueur de balle) portant pagne et guêtres. Labná est surtout connu pour **El Arco**, une magnifique arche de 6 m de hauteur, dont les reliefs, de style Puuc, ornent la partie supérieure de la façade.

COMMENT CIRCULER

Les bus gérés par Sur desservent Uxmal au départ de l'ADO Centro Histórico TAME (Calle 69) à Mérida. Plusieurs départs quotidiens (notamment à 9h), et retours entre 15h et 17h. Si vous êtes bloqué, prenez un taxi pour Muna (tout proche) d'où vous pourrez prendre un *colectivo* (toutes les heures) pour rentrer à Mérida. Les transports en commun s'avèrent peu pratiques pour visiter les sites de la Ruta Puuc, optez plutôt pour la location d'une voiture.

VALLADOLID

Pour les infos pratiques, voir le Carnet d'adresses p. 390

À SAVOIR

Louez un vélo pour faire le tour de la ville et vous rendre aux cénotes chez **Ko'ox Balak**, à quelques pâtés de maisons à l'ouest du Parque Principal. Certains cénotes sont aussi accessibles en *colectivo*. Différents arrêts dans le centre-ville. Demandez à un habitant.

Autrefois surnommée la Sultane de l'Est, la troisième ville du Yucatán est célèbre pour sa douceur de vivre, ses édifices coloniaux aux teintes pastel baignés de soleil, son centre-ville piétonnier, ses étonnantes collections d'art et ses lieux secrets (notamment un cénote à ciel ouvert en plein cœur de la ville). Cette ville provinciale est aussi une excellente base pour visiter Río Lagartos, Chichén Itzá, Ek' Balam et les cénotes des environs.

Avant l'arrivée des Espagnols en 1545, Valladolid s'appelait Zací (prononcez *zaki*). Ce petit village maya était un centre cérémoniel. Les conquistadores détruisirent l'endroit et utilisèrent les pierres des bâtiments pour construire leurs églises et leurs maisons. Durant une grande partie de l'époque coloniale, Valladolid, isolée de l'administration royale (située à Mérida), conserva une certaine autonomie. Les Mayas de la région furent victimes d'une exploitation brutale, qui se poursuivit après l'indépendance du Mexique. Aujourd'hui, Valladolid est un centre de commerce agricole prospère, complété par quelques industries légères et un tourisme en pleine expansion.

Vendeuse de légumes, Valladolid

INCONTOURNABLES
1 Calzada de los Frailes
2 Casa de los Venados

VOIR
3 Choco-Story
4 Convento de San Bernardino de Siena
5 Diez y Siete
6 Iglesia de San Servacio
7 Mercado Municipal
8 Museo de Ropa Étnica de Mexico
9 Parque Principal Francisco Cantón Rosado

ACTIVITÉS
10 Cenote Zací

SE RESTAURER
11 El Mesón de Marqués
12 Tresvanbien
13 Yerbabuena del Sisal

SHOPPING
14 Caracol Púrpura
15 Conesencia
16 Coqui Coqui Perfumeria
17 Vernaculo

Cenote Samulá

Découvrir le centre historique

ART POPULAIRE, CÉNOTES ET CHOCOLAT

Le **Parque Principal Francisco Cantón Rosado** constitue le cœur de la vieille ville. Avant de vous mettre en route, achetez à un vendeur des churros, une glace, ou un *elotes* (épi de maïs).

Au sud de la place, entrez dans l'imposante **Iglesia de San Servacio**. L'édifice aux deux clochers identiques fut inauguré en 1545, démoli puis reconstruit au début du XVIIIe siècle à la suite d'exactions que la ville souhaite oublier. On peut apercevoir sur la façade de l'église les meurtrières utilisées pour la défense durant les rebellions.

Un peu plus loin, la **Casa de los Venados** détient la plus belle collection privée d'art populaire mexicain. Visite guidée (en anglais et en espagnol) uniquement (toutes les heures de 10h à 13h) pour connaître l'origine des pièces les plus remarquables et l'histoire de la demeure coloniale qui les abrite.

Cinq pâtés de maisons au sud le **Museo de Ropa Étnica de Mexico (MUREM)** expose les habits traditionnels de différents groupes ethniques du pays.

LES CÉNOTES PRÈS DE VALLADOLID

Cenote Suytun
Ce cénote possède une plateforme rocheuse éclairée par les rayons du soleil passant par l'ouverture de la voûte effondrée. Venez tôt pour éviter la longue file des visiteurs.
À 9 km de Valladolid, près de la route 180.

Cenote X'Kekén y Samulá
L'entrée payante vous donne accès à deux cénotes à environ 7 km au sud-ouest de Valladolid (une belle balade à vélo). X'Kekén est une gigantesque formation calcaire composée de stalactites éclairées artificiellement. Samulá est un joli bassin situé dans une grotte à ciel ouvert. Des racines d'*álamos* (peupliers) descendent le long des parois.

Hacienda San Lorenzo Oxmán Cenote
L'ancienne hacienda de *henequén* possède un superbe cénote dans une grotte à ciel ouvert, éclairé par une lumière naturelle. Des racines descendent en cascade jusqu'au bassin.

OÙ SE RESTAURER

Yerbabuena del Sisal
Délicieux plats sains et pour beaucoup, végétariens, servis au calme dans le jardin de Parque Sisal. **$$**

El Mesón de Marqués
Surplombe la place principale. Restaurant situé dans une magnifique cour, bar sur toit-terrasse et hôtel historique. **$$$**

Ix Cat Ik
Prenez un taxi pour vous rendre dans ce superbe restaurant. Cuisine maya traditionnelle. **$$$**

PAROLE D'HABITANT : LA SCÈNE ARTISTIQUE DE VALLADOLID

Horazio Sánchez, artiste (www.horaziosanchez.com), organise des visites guidées axées sur la culture maya. Il expose également son travail dans les galeries de la ville. Il présente la scène artistique de Valladolid.

Quelques artistes travaillent dans la région. **Jaime Fierro** est l'un des plus renommés. Ce peintre chilien vit dans le petit village de Tikuch où il crée de nombreuses œuvres ayant pour thème les Mayas. **Rafael Baca,** originaire de Mexico, vit également ici depuis de nombreuses années. Ses *alebrijes* (sculptures d'art populaire mexicain) et ses autres œuvres tout aussi impressionnantes sont visibles à la galerie, **Ik-Kan,** en face du Cenote Zací. **Daniel Baar**, quant à lui, crée des œuvres variées et originales, notamment des fresques murales.

Revenez sur vos pas et, depuis la place, aventurez-vous trois pâtés de maisons au nord-est pour découvrir le **Cenote Zací**, le seul bassin naturel situé dans la ville, aussi petit qu'enchanteur. Un bon restaurant surplombe le bassin. Non loin se trouve le **Mercado Municipal**, marché animé, où vous trouverez fruits et légumes, fleurs, artisanat et plats yucatèques.

Terminez cette balade par **Choco-Story** qui vous plongera dans l'histoire du chocolat : de son importance dans les cérémonies mayas à son succès dans les cours européennes.

Se promener sur la Calzada de los Frailes

ART, ARTISANAT ET ARCHITECTURE

Datant du XVIe siècle, la **Calzada de los Frailes** (ruelle des Moines) reliait Valladolid à Sisal (une ville construite sur les ruines d'un village maya). Aujourd'hui, cette ruelle de 600 m de long est bordée de petites boutiques et de cafés avec jardin. L'architecture y est remarquable.

La ruelle débute à quelques pâtés de maisons à l'ouest du parc principal de la ville. Sur le côté gauche se trouve **Vernaculo**, un petit magasin connu pour ses vases en forme de jaguar, ses chandeliers et ses objets originaux en céramique. À quelques mètres de là, **Conesencia** propose une belle collection d'objets artisanaux : vêtements, poteries, sacs tissés, robes, etc.

Flânez dans l'élégante boutique **Coqui Coqui Perfumeria** qui vend des parfums aux senteurs tropicales. Vous pourrez aussi y prendre un café dans une cour cachée. **Tresvanbien,** sur le trottoir d'en face, vend d'excellents *empanadas* argentins, à déguster dans le jardin.

Non loin, la galerie **Diez y Siete** expose régulièrement des artistes des environs. Certains, en résidence, peignent dans l'atelier situé à l'arrière.

La devanture verte de **Caracol Púrpura** invite à entrer dans ce magasin d'artisanat et de bijoux. À l'intérieur, une Catrina (squelette féminin) portant un sombrero vous accueille.

Poursuivez sur le trottoir de droite pour voir les vestiges d'une construction traditionnelle bien conservés. La **Casa Maya**, plus connue sous le nom de *casita blanca,* est une petite maison aux murs arrondis et blanchis à la chaux surmontée d'un toit de chaume.

Au bout de la ruelle, traversez la place pour visiter le **Convento de San Bernardino de Siena**, édifice aux allures de forteresse construit au XVIe siècle et ayant servi de couvent. Vous pourrez y admirer des fresques du XVIe siècle et visiter un petit musée.

COMMENT CIRCULER

Le centre historique, la Calzada de los Frailes, et la gare routière sont accessibles à pied.

Environs de Valladolid

Gravissez les pyramides mayas, faites une balade en *slow-boat* dans les zones humides et observez l'exceptionnelle biodiversité de ce fascinant recoin du Yucatán.

Pour les infos pratiques, voir le Carnet d'adresses p. 391

À SAVOIR

En cas de grosse chaleur, vous pourrez vous rafraîchir à X'Canché, un cénote accessible en tyrolienne et en rappel près d'Ek' Balam.

Au nord de Valladolid, la route 295 bordée par la forêt traverse des champs et des villages paisibles qui possèdent encore des vestiges des époques maya et coloniale. La route finit à **Río Lagartos** (rivière des Alligators), un tranquille village de pêcheurs qui possède la plus forte concentration de flamants roses du Mexique. C'est un excellent point de chute pour pratiquer diverses activités dans la région : de l'observation de la faune sauvage au farniente sur des plages désertes.

En chemin vers la côte, arrêtez-vous au beau site maya d'Ek' Balam, moins grand et moins touristique que Chichén Itzá. Les façades en stuc travaillées, les sculptures et la stèle qui s'y trouvent donnent un aperçu du passé de ce site, abandonné il y a 1 000 ans pour une raison inconnue.

Ek'Balam

EN DIRECTION DU NORD

Si vous allez vers la côte, arrêtez-vous à **Tizimín** pour visiter l'**Iglesia de los Santos Reyes.** Cette église et le couvent adjacent (de part et d'autre de la Calle 51, sur la place principale) furent bâtis en 1563 par les Franciscains. On pense qu'à l'époque, l'église et le couvent étaient déjà séparés, en raison de l'urbanisation de la ville ; aujourd'hui, une route passe toujours entre les deux bâtiments.

Quelque 6 km au nord-ouest de Tizimín, le **Cenote Kikil** géré par une coopérative est un adorable bassin entouré de beaux jardins paysagers et d'un restaurant.

Venez en semaine pour profiter des eaux turquoise du bassin en solo.

Fascinante Ek' Balam

VESTIGES MAYAS ENFOUIS DANS LA FORÊT

La fascinante cité d'**Ek' Balam** atteignit son apogée au VIIIe siècle avant d'être soudainement abandonnée. Vous accéderez au site par la **Sak bé** (allée blanche) avant de passer sous une arche magnifique. Observez les ruines des murs qui ceinturaient la cité.

Tournez à droite et dirigez-vous vers le **palais ovale** (semblable à un imposant gâteau fait de plusieurs couches de pierres). Son sommet est couronné d'un petit temple qui servit peut-être d'observatoire. Montez en haut du palais et appréciez la vue sur l'ensemble du site, notamment sur l'**Acrópolis** visible au nord.

À côté du palais ovale se trouve la Structure 17, également appelée **Las Gemelas** ("les Jumeaux"). Les deux édifices voûtés et identiques sont érigés l'un à côté de l'autre sur d'imposantes fondations. Non loin se trouve un édifice au toit de chaume qui protège une grande stèle représentant deux figures : celle du bas pourrait représenter **Ukit Kan Le'k Tok'**, le grand chef d'Ek' Balam. Au-dessus, un autre chef (ou un ancêtre) qui lui transmet les pleins pouvoirs. L'inscription indique 840 de notre ère.

En avançant vers le nord, après le terrain de **Juego de Pelota** (jeu de balle), vous parviendrez à la très impressionnante **Acrópolis**, une gigantesque pyramide, dont la base bien restaurée de 160 m de longueur abrite une enfilade de pièces. Surmontant la base, la **pyramide principale** d'Ek' Balam, d'une hauteur de 32 m, est ornée d'une gueule béante de jaguar, sous laquelle sont alignés des crânes en stuc, et sur laquelle repose, sur la droite, un personnage particulièrement expressif. Également du côté droit, d'étonnants personnages ailés ont parfois été qualifiés d'anges mayas – mais il s'agit plus probablement de chamanes ou de médecins.

L'embranchement menant au site archéologique est à 17 km au nord de Valladolid ; les ruines sont 6 km plus loin, en allant vers l'est. Depuis l'entrée d'Ek' Balam, on peut se rendre à pied au **Cenote X'Canché**, qui aurait servi de site cérémoniel.

Aventures sur la côte nord

FLAMANTS ROSES, BATEAU ET LAGUNE ROSE

La **Reserva de la Biósfera Ría Lagartos**, une des grandes réserves de la vie sauvage du Yucatán, est située dans un estuaire bordé de mangroves. De nombreux prestataires y organisent des sorties. Mention spéciale à **Río Lagartos Adventures**. Ces pionniers de l'écotourisme ont en effet à cœur de protéger le site.

Réservez une sortie tôt le matin ou au crépuscule. Ce sont les meilleurs moments pour observer la vie sauvage. Au cours de l'excursion (3 heures), vous apercevrez des crocodiles et une

DES HÉBERGEMENTS DE CHOIX AUTOUR DE VALLADOLID

Genesis Eco-Oasis
À la sortie d'Ek' Balam, un adorable B&B respectueux de l'environnement. **$$**

Casona los Cedros
B&B tenu par des Français. Chambres chics, belle piscine et excellent restaurant. Situé à Espita. **$$$**

Hacienda Kaan Ac
Hacienda datant du XVIe siècle transformée en magnifique hôtel entouré de jardins. **$$$**

ALEXEY OBLOV/SHUTTERSTOCK ©

La lagune rose, Las Coloradas

myriade d'oiseaux : frégates, balbuzards, cormorans, sternes royales, martins-pêcheurs, de nombreuses espèces d'aigrettes et de hérons, ainsi que des flamants roses.

À environ 13 km à l'ouest de Rio Lagartos, le village de pêcheurs de **San Felipe** constitue une étape sympathique sur la côte nord. Au niveau de l'embarcadère, près de la Calle 6, une coopérative de bateliers propose des sorties à l'**Isla Cerritos**. À environ 5 km à l'ouest de San Felipe, la minuscule île fut un carrefour commercial non négligeable à l'époque maya, mais aujourd'hui, seules d'importantes colonies d'oiseaux marins l'habitent.

La plage d'**Isla Bonita** constitue l'autre attraction de San Felipe. Elle se situe sur un îlot, face au village. Vous y trouverez un restaurant tout simple géré par une sympathique famille qui sert la pêche du jour. **Cejas** peut vous y conduire et vous ramener en bateau. Il organise également des sorties en mer commentées.

À 24 km à l'est de Río Lagartos, se trouvent les salines de **Las Coloradas** qui prennent des teintes roses à certains moments de la journée (vers midi en plein soleil). L'entrée est payante. La visite guidée se fait soit à pied, soit à vélo ou dans une camionnette ouverte sur le côté.

PAROLE D'HABITANT : DIVERSITÉ DE LA FAUNE AVIAIRE

Pionnier de l'écotourisme et fondateur de Río Lagartos Adventures, **Diego Antonio Nuñez Martinez** (@riolagartosadventures_) présente la biosphère de la réserve.

Vous découvrirez ici un nombre incroyable d'écosystèmes différents dans un espace relativement réduit : dunes côtières, zones humides, fruticées, hammocks (forêts de feuillus), mangroves et, au cœur de la réserve, forêt tropicale.

Vous verrez des espèces d'oiseaux et des plantes endémiques visibles nulle part ailleurs. Vous apercevrez peut-être des orioles orange, des jacanas noirs, des geais du Yucatán, des caracaras et des arianes du Yucatán, entre autres. Les mois de migration se situent entre septembre et avril. Une période Idéale pour observer des espèces d'oiseaux nombreuses et variées.

COMMENT CIRCULER

Les *colectivos* pour Ek' Balam partent de Valladolid au niveau de l'allée bordée de taxis sur la Calle 37 (entre les Calles 42 et 44). Pour rejoindre la côte, prenez le bus pour Tizimín au départ de la gare routière de Valladolid (au carrefour des Calles 46 et 39). Puis à Tizimín, prenez le bus Noreste pour Río Lagartos (45 $M, 1 heure).

CHICHÉN ITZÁ

Pour les infos pratiques, voir le Carnet d'adresses p. 392

À SAVOIR

Durant les équinoxes de printemps et d'automne, le soleil du matin et du soir crée un jeu d'ombres et de lumières qui donne l'impression qu'un serpent monte ou descend l'escalier sur la façade d'El Castillo. L'illusion est recréée au cours des spectacles son et lumière en soirée.

Bien que très fréquenté, Chichén Itzá, le plus célèbre et le mieux conservé de tous les sites mayas du Yucatán, impressionne toujours. Sans surprise, il a été classé parmi les sept nouvelles merveilles du monde en 2007.

Les premiers hommes s'installèrent à Chichén Itzá vers le VIe siècle. La ville demeura entièrement maya jusqu'aux environs de l'an 1000. C'est à cette époque que la cité tomba sous l'influence des Toltèques arrivés de Tula, leur capitale des hautes terres centrales, au nord de Mexico. Les Toltèques mêlèrent leur culture guerrière à celle des Mayas et introduisirent le culte de Quetzalcóatl (le serpent à plumes, Kukulcán en maya). Des représentations de Chac, le dieu maya de la Pluie, et de Quetzalcóatl se côtoient dans toute la cité.

Nul ne connaît la raison pour laquelle la grande cité fut abandonnée au XVe siècle, mais le site demeura un lieu de pèlerinage maya longtemps après.

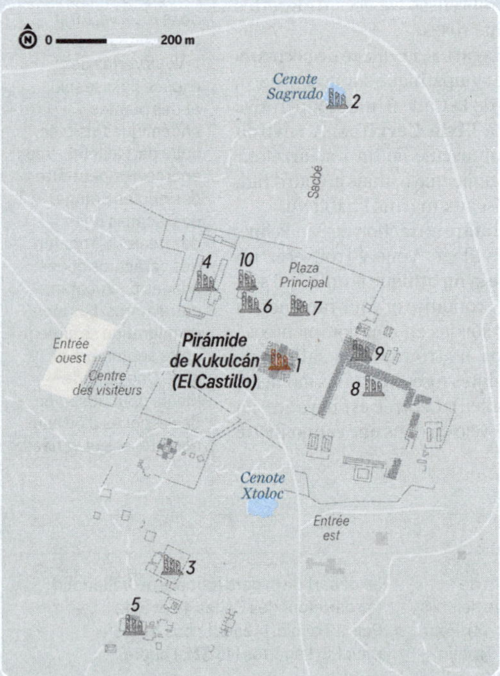

INCONTOURNABLES

1 Pirámide de Kukulcán (El Castillo)

VOIR

2 Cenote Sagrado (cénote sacré)
3 El Caracol (Observatoire)
4 Gran Juego de Pelota (grand terrain de jeu de balle)
5 Nunnery (édifice des Nonnes)
6 Plataforma de Águilas y Jaguares (plateforme des Aigles et des Jaguars)
7 Plateforme de Vénus
8 Plaza de las Mil Columnas (groupe des Mille Colonnes)
9 Templo de los Guerreros (temple des Guerriers)
10 Tzompantli (plateforme des Crânes)

Découvrir la magnifique cité maya

MERVEILLES DU PASSÉ SCULPTÉES DANS LA PIERRE

Lorsque vous entrez sur le site de Chichén Itzá, l'impressionnante **pyramide de Kukulcán** (aussi surnommée El Castillo) se dresse face à vous. Haut de 25 m, l'édifice actuel a été construit sur le temple d'origine bâti vers 800, avant l'invasion toltèque. Une sculpture du serpent à plumes longe les escaliers ; des représentations de guerriers toltèques ornent la porte du sommet.

La structure est en fait une représentation gigantesque, en pierre, du calendrier maya. Chacun des 9 niveaux d'El Castillo est divisé en deux par un escalier : les 18 terrasses ainsi formées symbolisent les 18 mois de 20 jours de l'"année vague" maya. Les 4 escaliers comptent chacun 91 marches. Si l'on ajoute la plateforme au sommet, on obtient 365 marches, soit le nombre de jours dans une année. Sur chaque face de la pyramide, 52 panneaux rappellent les 52 années du cycle calendaire.

Le **Gran Juego de Pelota**, le plus vaste et le plus imposant terrain de jeu de balle du Mexique se situe au nord-ouest de la pyramide. Il est flanqué de temples à chacune de ses extrémités, et est délimité par d'imposants murs parallèles en haut desquels sont placés des anneaux de pierre (l'équivalent des buts). Certains des bas-reliefs sur les murs représentent des scènes de décapitation de joueurs.

Impossible de passer à côté de la **Plataforma de los Cráneos** (plateforme des Crânes). Cette construction en T est ornée de crânes ciselés. Dans les temps reculés, les crânes des victimes sacrificielles étaient exposés sur une structure en bois (*tzompantli* en nahuatl). Jouxtant la plateforme des Crânes, les sculptures de la **Plataforma de las Águilas y los Jaguares** (plateforme des Aigles et des Jaguars) représentent ces animaux occupés à s'emparer des cœurs humains au moyen de leurs serres et de leurs griffes. On estime que cette plateforme faisait partie d'un temple consacré aux ordres militaires chargés de capturer des victimes pour les sacrifices.

La **Plataforma de Venus** voisine est décorée de têtes de serpents à plumes magnifiquement conservées de part et d'autre des escaliers. Les Mayas y suivaient peut-être les cycles de Vénus (qui occupait une place centrale dans leur pratique de

LA ROUTE DES SITES MAYAS

Chichén Itzá est l'un des nombreux sites mayas dans l'État du Yucatán. Vous pourrez également admirer l'ingéniosité des Mayas à **Uxmal** (p. 354) ou assister à un beau spectacle son et lumière et découvrir les magnifiques sites moins connus de la **Ruta Puuc** (p. 356).

MERVEILLES NATURELLES PRÈS DE CHICHÉN ITZÁ

Cenote de Yokdzonot
Le cénote et le parc gérés par les Mayas situés à Yokdzonot, petite ville peu fréquentée à l'ouest de Chichén Itzá, constitue une halte rafraîchissante après une journée sur le site archéologique en plein soleil. Possibilité de se restaurer dans l'établissement situé à côté du cénote.

Cenote Ik Kil
À une courte distance en voiture au sud-est de Chichén Itzá, ce cénote a été transformé en magnifique piscine. De la voûte calcaire bordée de verdure tombent de petites chutes d'eau. Venez à l'ouverture (9h) avant l'arrivée des bus de touristes à partir de 11h.

OÙ SE LOGER PRÈS DE CHICHÉN ITZÁ

La Casa de las Lunas
Établissement apprécié. Chambres donnant sur une petite cour. Situé à Pisté, à 5 min en voiture du site maya. **$$**

Villas Arqueológicas
Petit hôtel au bon rapport qualité-prix, restaurant et piscine près des vestiges mayas. **$$**

Hacienda Chichén
Proche de l'entrée de Chichén Itzá. Charmants bungalows dans un complexe hôtelier entouré d'un jardin. Spa. **$$$**

Chichén Itzá

Promenade à pied

On comprend vite pourquoi le site maya de Chichén Itzá est sur tous les itinéraires touristiques du Mexique. À peine entré, le visiteur est ébloui par l'impressionnante **1 pyramide de Kukulcán** (ou El Castillo, le château), première d'une longue série d'émerveillements.

Une journée suffit pour visiter le site. À quelques mètres de la pyramide s'étend le plus grand **2 terrain de jeu de balle** du monde maya, à côté de sinistres sculptures de crânes et d'aigles dévoreurs de cœurs ornant le temple des Aigles et des Jaguars et la plateforme des Crânes.

De l'autre côté (à l'est) se dressent la très ornementée **3 Plaza de las Mil Columnas** (temple des Mille Colonnes) et le **4 Templo de los Guerreros** (temple des Guerriers). Tout près, au nord d'El Castillo, le profond **5 Cenote Sagrado** était un important site de pèlerinage. De l'autre côté d'El Castillo, d'immenses serpents de pierre veillent sur le tombeau du Grand Prêtre (ou El Osario). Plus au sud, admirez **6 El Caracol** et sa coupole en spirale, l'imposant édifice des Nonnes et les sculptures exubérantes recouvrant La Iglesia (l'Église).

Ce site de 47 ha couvrait, à son apogée, une surface de 3 km², où vivaient environ 90 000 âmes. Vous ne parcourez donc qu'une infime partie de ce qui fut une grande cité maya.

À SAVOIR

Arrivez dès 8h pour profiter tranquillement du site pendant trois bonnes heures avant que les bus ne commencent à déverser leur flot de touristes. Ainsi, vous éviterez aussi les marchands ambulants.

6 El Caracol

Observatoire

Les prêtres mayas se tenaient dans la coupole de l'observatoire circulaire pour annoncer les rituels et les célébrations à venir.

3 Plaza de las Mil Columnas

Temple des Mille Colonnes

Les piliers entourant le temple sont ornés de sculptures de divinités, de dignitaires et de guerriers émérites.

IRINA KLYUCHNIKOVA/SHUTTERSTOCK ©

Pirámide de Kukulcán (Pyramide de Kukulcán)

l Castillo (le château)

ussi imposante soit-elle, cette pyramide ne pourrait supporter passage d'un million de visiteurs par an. Il est donc interdit de gravir, toutefois, la vue d'en bas est déjà spectaculaire.

2 Gran Juego de Pelota

Grand terrain de jeu de balle

Comment peut-on entendre une personne depuis l'autre bout de cette grande aire de jeu ? Encore aujourd'hui, l'acoustique du terrain reste un mystère.

5 Cenote Sagrado

Cenote sacré

Lors de plongées dans le *cenote*, des centaines d'objets précieux furent découverts au fond du bassin, ainsi que les ossements de victimes sacrificielles forcées de sauter dans cet inframonde éternel.

Templo de los Guerreros

emple des Guerriers

es Mayas associaient les guerriers aux aigles et aux jaguars omme l'illustrent les frises des temples. Le jaguar, animal énéré, était le symbole de la force et de l'agilité.

MATYAS REHAK/SHUTTERSTOCK ©

EXPLORER LE CÉNOTE SACRÉ

Au début des années 1900, Edward H. Thompson, chercheur pour le compte du Peabody Museum (université Harvard) et consul des États-Unis au Yucatán, acheta l'hacienda qui comprend aujourd'hui Chichén Itzá pour 750 $M. Sans doute intrigué par les légendes locales évoquant des vierges sacrifiées aux divinités mayas, Thompson décida d'explorer les eaux du cénote.

On découvrit dans ses profondeurs de l'or et des bijoux de jade issus de tous les coins du Mexique, et même de Colombie, ainsi que divers ossements humains. Beaucoup de ces trésors furent envoyés au Peabody Museum. Depuis, certains ont été restitués au Mexique.

Lors de plongées ultérieures, dans les années 1920 et 1960, on fit émerger des centaines d'objets précieux. Il semble que des individus aient été contraints de s'immerger pour l'éternité dans le Cenote Sagrado.

IR STONE/SHUTTERSTOCK ©

Templo de los Guerreros

l'astronomie). Cependant, la fonction exacte du site demeure obscure.

De la plateforme de Vénus, une route cérémonielle sacrée de 400 m (*sacbé*) partant vers le nord permet d'atteindre le **Cenote Sagrado** (cénote sacré), un immense puits rempli d'eau dans lequel les victimes étaient sacrifiées pour les dieux. Le cénote a donné son nom à la ville : "chi" signifie "bouche", "chén "puits" et "itza" "eaux enchantées"– les Itzá étaient un des premiers peuples mayas de la région.

Revenez sur vos pas pour voir la **Plaza de Mil Columnas** (place des Mille Colonnes), une multitude de piliers s'étirant au sud et à l'est. Principale curiosité du site, le **Templo de los Guerreros** (temple des Guerriers) est orné de sculptures de divinités animales en stuc et en pierre.

Au sud-est, **El Caracol**, un observatoire de forme circulaire, est l'un des édifices les plus fascinants de Chichén Itzá. Des masques de Chac, dieu de la Pluie, ornent les quatre portes extérieures orientées selon les points cardinaux. La position des fenêtres dans la coupole de l'observatoire correspond à l'apparition de certaines étoiles à des dates précises. Les prêtres déterminaient ainsi la date appropriée aux rituels, aux célébrations, aux semailles et récoltes du maïs.

Les archéologues pensent que l'**Edificio de las Monjas** (édifice des Nonnes) était un palais de la royauté maya. Les conquistadores lui trouvant une ressemblance avec un couvent lui donnèrent ce nom. **La Iglesia** (l'Église), petit temple accolé à l'est, est presque entièrement recouverte de sculptures.

COMMENT CIRCULER

Les cars de 1re classe au départ de Cancún, Playa del Carmen, Tulum, Mérida et d'autres grandes villes, s'arrêtent au pied du site archéologique. Selon votre lieu de départ, il se peut qu'il y ait seulement un bus par jour. Pour plus de flexibilité, vous pouvez séjourner à Valladolid (45 km à l'est) et prendre un des nombreux *colectivos* qui dessert le site et circule toute la journée.

CAMPECHE

Pour les infos pratiques, voir le Carnet d'adresses p. 392

À SAVOIR

Déjeunez, dînez ou sirotez un café à **La Casa Vieja de Río** qui vaut la peine rien que pour la vue. Elle est située en haut d'un escalier (pas facile à repérer) qui mène au café dont le magnifique balcon à colonnades surplombe la Plaza Principal et la cathédrale.

Campeche est une merveilleuse ville coloniale dotée d'un centre fortifié formant une petite enclave d'édifices pastel restaurés, de ruelles pavées, de remparts et de demeures préservées. Inscrite au patrimoine mondial de l'Unesco en 1999, la capitale d'État manque quelque peu de vie, son centre historique étant peu habité. En dehors du centre, vous découvrirez une authentique capitale provinciale mexicaine avec un marché animé, un paisible *malecón* et un vieux port de pêche.

Outre les nombreuses demeures bâties par les riches Espagnols pendant l'âge d'or de la ville, aux XVIIIe et XIXe siècles, Campeche a conservé sept des *baluartes* (bastions) qui jalonnaient les remparts. Deux forts coloniaux bien préservés gardent les abords de la ville, l'un d'entre eux abritant le Museo Arqueológico de Campeche, musée archéologique de tout premier plan. La cathédrale, l'une des plus anciennes de la région, est belle le jour et magnifique la nuit. Située au bord d'une mer couleur de jade, à mi-chemin entre Mérida et le reste du Mexique, Campeche possède en outre d'excellents restaurants.

Catedral de Nuestra Señora de la Purísima Concepción (p. 371)

EDZNÁ

Vous ne pouvez visiter qu'un seul site dans le coin ? Choisissez **Edzná**, à environ 60 km au sud-est de Campeche.

Les imposants complexes, qui couvraient autrefois plus de 17 km², furent érigés par une société qui prospéra d'environ 600 av. J.-C. jusqu'au XVe siècle. Pendant cette période, les habitants d'Edzná construisirent plus de 20 ensembles. Bien qu'Edzná soit éloigné des sites des monts Puuc, comme Uxmal et Kabah, son architecture comporte des éléments de style Puuc. Les causes de l'abandon progressif d'Edzná restent mystérieuses ; le site tomba dans l'oubli jusqu'à sa redécouverte par des paysans en 1906.

Edzná signifie “Maison des Itzáes”, référence à un clan dominant d'origine maya Chontal. Les traces des événements marquants sont conservées sur des stèles, dont une trentaine qui ornent les temples du site ; certaines sont exposées sous une *palapa* juste après la billetterie.

INCONTOURNABLES
1 Catedral de Nuestra Señora de la Purísima Concepción

VOIR
2 Calle 59
3 Malecón
4 Museo de la Arquitectura Maya
5 Plaza Principal

SE RESTAURER
6 La Parroquia
7 Chocol Ha

PRENDRE UN VERRE ET FAIRE LA FÊTE
8 La Casa Vieja de Río

À l'intérieur des remparts de Campeche

UNE VILLE FORTIFIÉE

Vous tomberez sous le charme de la ville close pour ses nombreux sites et activités, et pour sa beauté. Les maisons sont joliment décorées, comme recouvertes d'un glaçage. Certes, il y a de l'animation et de la circulation mais l'allure y est plus lente, plus détendue et plus sympathique qu'à Mérida. Flânez sur la **Plaza Principal**, observez les habitants tout en cherchant le souvenir idéal, montez sur les remparts pour voir le patchwork des toits de cette cité séculaire.

En journée, visitez le **Museo de la Arquitectura Maya**, qui donne un excellent aperçu des nombreux sites de l'État

OÙ SE RESTAURER

Chocol Ha
Le chocolat sous toutes ses formes : barres, bonbons, produits et boisson chocolatée maya. $

Los Delfines
Un des nombreux *coctelerías* qui sert de savoureux produits de la mer. Situé au nord de la ville sur le front de mer. $$

La Parroquia
Café rétro qui sert une nourriture correcte et un succulent *flan*. $$

de Campeche et de leurs principaux styles architecturaux et, en soirée, sirotez un café à **La Casa Vieja de Río**, en admirant la **Catedral de Nuestra Señora de la Purísima Concepción**, construite en pierre calcaire il y a plus de trois siècles. Vous remarquerez les statues de saint Pierre et saint Paul dans les niches de la façade baroque. L'intérieur sobre, à une seule nef, est orné de peintures de l'époque coloniale. Le soir, les illuminations diaphanes de l'église créent une atmosphère magique.

Si vous en avez assez de la ville, promenez-vous sur le beau *malecón*, la promenade du front de mer, qui s'étire sur 7 kilomètres. Idéal pour une balade au coucher du soleil, une découverte à vélo, ou une dégustation de crevettes et d'autres produits de la mer tout frais que vous aurez achetés dans une cabane de pêcheurs.

Découvrir le Museo Arqueológico de Campeche et le Fuerte de San Miguel

MUSÉE, FORT ET SUPERBE PANORAMA

Le **Fuerte de San Miguel** (fort Saint-Michel) est le plus grand fort colonial de Campeche. Planté au sommet d'une colline, il surplombe Campeche et le golfe du Mexique, à environ 4 km au sud-ouest du centre-ville. Il abrite aujourd'hui le **Museo Arqueológico de Campeche**, plus important des musées mayas, qui réunit des trésors des sites de Calakmul et Edzná, ainsi que de l'Isla de Jaina, une île au nord de la ville qui servait de site funéraire à l'aristocratie maya.

D'impressionnants bijoux de jade et des vases raffinés sont disposés par thèmes, dans différentes salles d'exposition, dont les pièces phares sont les masques funéraires en jade de Calakmul. On trouve aussi des stèles, des colliers en coquillage et des figurines en argile. Le fort, entouré de douves sèches et pourvu d'un pont-levis en état de fonctionnement, est magnifique.

Après la visite, empruntez la grande rampe qui vous conduira sur le toit du musée d'où vous pourrez profiter d'une superbe vue sur les alentours, sublimés par l'ocre lumineux et le blanc aveuglant des édifices de la ville.

Les bus au départ de Campeche ne montent pas jusqu'au fort (route pentue). Vous pourrez vous y rendre en taxi (parking au sommet) ou à pied.

CALLE 59

Campeche ne manque pas de lieux où se restaurer, boire et faire la fête autour de la place centrale.

Non loin de là se trouve la Calle 59, une rue piétonne où s'alignent les terrasses avec parasols pour manger et boire en plein air sans être gêné par la circulation.

Le soir, les lumières s'allument et le son de la musique monte ; on danse, on boit. En bref, on profite de la vie. Il est plaisant de déambuler dans la rue, à la recherche d'un endroit où se restaurer et prendre un verre.

JLAZOUPHOTO/SHUTTERSTOCK ©

Fuerte de San Miguel

COMMENT CIRCULER

Rappelez-vous que les bus ne desservent pas le Fuerte San Miguel et le Museo Arqueológico. Vous devrez donc prendre un taxi ou marcher 10 à 20 minutes à l'aller comme au retour sur une route pentue. Une fois redescendu sur la route principale, vous pourrez prendre un bus qui vous conduira en ville. Le trajet à pied peut sembler plus long lorsqu'il fait chaud et humide.

CALAKMUL

Pour les infos pratiques, voir le Carnet d'adresses p. 393

À SAVOIR

La petite ville de Xpujil, proche de nombreux sites archéologiques, est une base toute trouvée pour accéder à quelques sites mayas en taxi. Elle est située sur la route de Calakmul et d'autres sites comme Río Bec et propose quelques hôtels et restaurants corrects dans cette région de grands sites mayas.

Le sud-est de Campeche fut le premier territoire peuplé par les Mayas, le plus durablement habité et le plus densément peuplé. Vous y verrez les sites archéologiques mayas les plus élaborés de toute la péninsule.

Parmi ceux-ci, le style architectural Río Bec domine. Pour voir tous les éléments en un même endroit, prévoyez de visiter le site de Río Bec. Cependant, des sites plus accessibles comprennent certaines de ces caractéristiques particulières. Le plus remarquable est le site de Calakmul qui se niche au cœur de la Reserva de la Biosfera Calakmul. Il est comparable en taille et en importance historique à sa voisine guatémaltèque, Tikal, sa principale rivale, à l'époque maya classique. Il possède la plus grande et la plus haute pyramide connue du Yucatán et accueillait autrefois plus de 50 000 personnes. Une partie centrale de ses 72 km² a été restaurée, mais les quelque 6 000 constructions de la cité restent pour beaucoup recouvertes par la jungle. C'est vraiment *la* visite à ne pas manquer. Toutefois, d'autres lieux, tous différents, valent également d'être découverts, notamment le site de Balamkú.

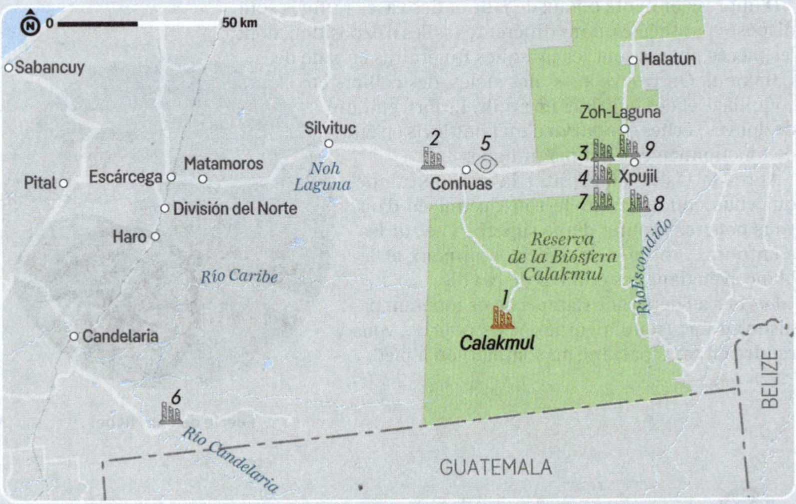

INCONTOURNABLES

1 Calakmul

VOIR

2 Balamkú
3 Becán
4 Chicanná
5 Cueva de los Murciélagos
6 El Tigre
7 Hormiguero
8 Río Bec
(voir 1) Estructura I
(voir 1) Estructura II
9 Xpuhil

IREN KEY/SHUTTERSTOCK ©

Estructura I (p. 374), Calakmul

Calakmul, le royaume du Serpent

MAGNIFIQUE ET REDOUTABLE CITÉ PERDUE

Calakmul se trouve à 60 km au sud de la route 186, au bout d'une route goudronnée en bon état. Il faut rouler à travers la jungle de la Biósphera Calakmul. C'est une expérience bien différente de la visite du site de Chichén Itzá (où se précipitent les hordes de touristes).

Les vestiges des magnifiques temples du site se dressent au-dessus de la canopée, qui s'étend à perte de vue. Si vous avez la chance d'arriver au bon moment, vous visiterez le site avec pour seuls compagnons, ou presque, des singes hurleurs curieux et des dindons ocellés.

De 250 environ à 695 apr. J.-C., Calakmul était la capitale d'une vaste région appelée le royaume de la Tête du Serpent. Son déclin fut le résultat des luttes de pouvoir et des conflits internes suivant la défaite du souverain de Calakmul, Garra de Jaguar (Griffe de Jaguar) à Tikal (Guatemala). Calakmul connut un nouvel essor à la fin de la période classique en formant une alliance avec Río Bec, dans le nord.

À Calakmul comme à Tikal, certaines indications permettent de penser que la construction s'étendit sur plus d'un millénaire.

UNE TEMPÊTE DE CHAUVES-SOURIS

Si vous roulez en direction de l'ouest, depuis Xpujil vers Calakmul, vous apercevrez un panneau énigmatique indiquant "vols de chauves-souris". Pour mieux le comprendre, revenez au crépuscule et marchez quelques mètres jusqu'à la **Cueva de los Murciélagos**, une grotte située au fond d'un cénote asséché.

Tous les soirs, deux à trois millions de chauves-souris remontent en virevoltant des profondeurs du cénote et forment une tornade ailée en direction de la forêt, à la recherche de nourriture (elles consomment chaque jour une quantité d'insectes équivalant à un tiers de leur poids). Le spectacle mérite le déplacement. Et pour une fois, c'est aux moustiques de sauver leur peau.

OÙ SE LOGER DANS LA RÉGION

Hotel Maya Balam
Un hôtel simple non loin de la route principale. Chambres à la déco sommaire. Parking sur place. $

Río Bec Dreams
Charmant hôtel-restaurant. Les propriétaires sont des experts ès sites mayas. $$

Hotel Puerta Calakmul
Un hôtel haut de gamme tout proche de l'entrée du site. $$$

LES SITES MAYAS INCONTOURNABLES DE LA RÉGION

Río Bec
Un site isolé (p. 377) dans la jungle, accessible uniquement en 4×4. Río Bec a donné son nom à un style architectural.

Becán
Des édifices fascinants entourés de douves. Faciles d'accès et proches de Xpujil.

Chicanná
Magnifiques ruines de style Chenes, parfaitement conservées.

Hormiguero
Ruines de style Chenes nichées dans la jungle. Faux temples et singes dans les arbres.

AHAU1969/SHUTTERSTOCK ©

Chicanná

Le site compte plus de 6 000 édifices, dont beaucoup n'ont pas encore été fouillés. Les archéologues continuent de faire de nouvelles découvertes comme un ingénieux système de canalisations et des réservoirs permettant au royaume de survivre malgré l'absence de lacs ou de rivières à proximité.

Grimpez au sommet de la **Estructura II** (45 m de hauteur), l'une des plus hautes et des plus imposantes pyramides de l'Empire maya, également la plus grande de l'État de Campeche. Du sommet, tentez d'apercevoir El Mirador, situé au Guatemala. Si vous le pouvez, en dépit de la fatigue, de la chaleur humide et des énormes moustiques, montez aussi au sommet de la **Estructura I**.

LES MAYAS

Les premiers individus parlant maya apparurent dans la région du Yucatán vers 2400 av. J.-C. Scrutant le ciel et relevant les mouvements des planètes et des étoiles, les Mayas étaient capables de lier leurs observations astronomiques à la pluie et aux cycles agricoles.

Découvrir Xpujil

UN CAMP DE BASE IDÉAL

La petite ville de **Xpujil**, souvent délaissée, est une base toute trouvée pour découvrir les nombreux sites de la région. La ville abrite les **ruines de Xpuhil** qui constituent un exemple remarquable du style Río Bec. Les trois pyramides (au lieu des deux habituelles) de la **Estructura I** s'élèvent au-dessus d'une dizaine de salles voûtées. La pyramide centrale (53 m), la mieux préservée, laisse

OÙ SE RESTAURER DANS LA RÉGION

Ma'alob Kin
Spot populaire. Sert hamburgers, wraps et petits-déjeuners. Également situé à Xpujil. $

Sazón Veracruzano
Spot apprécié au bord de la route à Xpujil. Sert une cuisine mexicaine authentique. $$

Río Bec Dreams
Magnifique hôtel possédant le meilleur restaurant des environs. Ouvert aux non-résidents. $$

imaginer ce que pouvait être l'ensemble à son apogée, au VIIIe siècle. Un escalier impraticable mène à un temple où l'on aperçoit encore les traces d'un masque zoomorphe. Une tête de jaguar est gravée dans le mur derrière le temple.

Le site se trouve à la pointe ouest de la ville de Xpujil ; comptez environ 1 km à pied jusqu'à l'entrée des ruines, environnées d'une belle nature.

Un chef-d'œuvre caché à Balamkú

UNE ÉTONNANTE FRISE CACHÉE

“Découvert” seulement en 1990, le site de **Balamkú** possède une frise en stuc remarquablement ouvragée qui n'a que peu de ressemblance avec les autres éléments décoratifs connus dans les styles Chenes ou Río Bec. Bien préservée, avec des traces de la peinture rouge originale, la frise présente un tableau symbolique de grande richesse qui a été interprété comme la démonstration d'une relation complémentaire entre notre monde et l'inframonde.

À la base de la frise, tout le long, des jaguars assis, stylisés, représentent l'abondance de la terre. Ces figures alternent avec plusieurs masques grotesques équipés de crocs, au-dessus desquels se tiennent des créatures ressemblant à des crapauds ou des crocodiles, qui eux-mêmes soutiennent des personnages royaux aux coiffures élaborées. Des explications en espagnol sont mises à disposition des visiteurs.

La pierre qui cachait la frise depuis des siècles a été remplacée par une protection équipée de fenêtres coulissantes qui laissent passer un peu de lumière. La porte est fermée à clé, mais le gardien du site vient généralement l'ouvrir et vous faire visiter (flash interdit).

Balamkú se trouve à 91 km à l'est d'Escárcega et à 60 km à l'ouest de Xpujil (2 km après l'embranchement de Calakmul), puis à 3 km au nord de la grande route par un chemin goudronné.

EL TIGRE

Situé à l'extrême sud-ouest de la région des grands sites mayas, non loin de Candelaria, petite ville assoupie au bord de la rivière, se trouve le site d'El Tigre.

En raison de sa situation au bord du Río Candelaria, cette cité maya avait le monopole commercial sur une grande partie de la région. Le site comprend une pyramide, un peu moins imposante que celle de Calakmul, des terrains de jeu de balle, des résidences, des palais ainsi qu'un impressionnant masque en stuc.

Il est intéressant de noter qu'El Tigre (également appelé Itzamkanac) semble être le lieu où Cuauhtémoc (vers 1497-1525), le dernier empereur aztèque de Tenochtitlán, fut exécuté par Hernán Cortés, conquérant espagnol du Mexique, après sa tentative d'insurrection et sa fuite avortée.

COMMENT CIRCULER

L'arrivée du *Tren Maya* va entraîner la destruction des routes actuelles. Difficile d'imaginer à quoi ressemblera la région à la fin du chantier. En attendant la mise en circulation du train, prévue pour le courant de l'année 2024, la voiture ou la combinaison bus et taxi restent les meilleurs moyens de circuler.

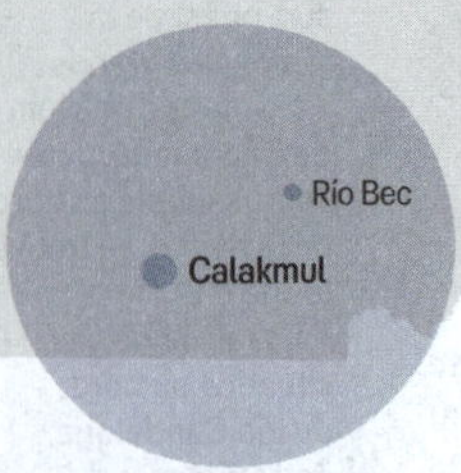

Environs de Calakmul

Quittez la route principale et découvrez une jungle luxuriante.

Pour les infos pratiques, voir le Carnet d'adresses p. 393

À SAVOIR

Chicanná et Becán, excellents exemples des styles architecturaux Chenes et Río Bec, sont deux sites facilement accessibles depuis la route 186 situés respectivement à 10 km et 8 km à l'ouest de Xpujil.

Nul ne sait de quelle manière l'arrivée du *Tren Maya* remodèlera cette région oubliée de tous, hormis quelques visiteurs passionnés. Elle pourrait conserver son identité, celle d'une région magnifique, tranquille et hors des sentiers battus, que la plupart des voyageurs délaissent pour se rendre directement à Calakmul puis à Palenque. Ou bien, la région connaîtra, au cours des prochaines années, un afflux de touristes. Cela apporterait un souffle nouveau à l'économie locale, mais dans le même temps, risquerait également de détruire les atouts qui font de cette région un lieu à part. À l'heure actuelle, le paysage se compose principalement de *milpas* (champs de maïs, de haricots et de courges) et de quelques vestiges nichés dans la jungle, qui, si vous prenez le temps, valent le détour.

RAY BARTLETT/LONELY PLANET ©

Río Bec

Río Bec, hors des sentiers battus

UN ROYAUME PUISSANT PRÈS DE XPUJIL

Dire qu'atteindre **Río Bec** n'est pas simple est un euphémisme. Il est impossible de venir ici sans guide, la piste est en si mauvais état qu'elle est seulement accessible aux 4×4, quad et VTT (pour les sportifs et les aventuriers). Vous risqueriez de vous perdre tant le parcours non fléché est compliqué. Pour organiser votre excursion, il faudra donc vous rendre à l'*ejido* (coopérative agricole gérée par la communauté locale) 20 de Noviembre, près de Xpujil, ou bien vous renseigner auprès de l'office du tourisme de la ville. Votre guide saura vous dire s'il est possible de partir ou non.

Présentant d'intéressantes petites structures réunies en 74 groupes, Río Bec couvre une surface de 100 km² au sud-est de Xpujil. C'est le seul site qui rassemble les cinq éléments décoratifs du style Río Bec en un seul édifice. L'isolement du site et la poursuite des fouilles donnent au lieu une atmosphère mystique qui manque aux sites plus établis.

Le Grupo B comprend certains des édifices les mieux restaurés, en particulier la magnifique Estructura I (700 apr. J.-C.). Découverte en 1907 par l'archéologue français Maurice de Périgny, cette structure palatiale présente deux tours jumelles à étages couronnées par des temples assortis et décorés de motifs de croix. La structure principale du Grupo A est un palais long de 15 m aux tours intactes, comportant un bas-relief composé de glyphes singuliers sur les panneaux inférieurs.

LES PLUS HAUTES PYRAMIDES DU YUCATÁN

Voici quelques chiffres :
Pyramide Nohoch Mul de Cobá : 42 m
Structure II de Calakmul : 45 m
Pyramide de Toniná (Chiapas) : 74 m

À titre de comparaison, la pyramide du Soleil de Teotihuacán (Mexico) mesure 65,5 m et la pyramide de Khéops, à Gizeh (Égypte), culmine à près de 140 m (elle est plus petite qu'autrefois, en raison de l'érosion de ses pierres).

En termes de volume, la pyramide Cholula (État de Puebla) occupe la première place (4,45 millions de mètres cubes), suivie de La Danta d'El Mirador (Guatemala, 2,8 millions mètres cubes). Ces deux pyramides sont plus massives que celles d'Égypte (2,5 millions de mètres cubes).

COMMENT CIRCULER

Circuler hors des sentiers battus demande une certaine organisation et/ou de la chance si vous n'avez pas de voiture. Pour Río Bec, il est nécessaire d'être accompagné d'un guide (en 4×4 ou quad). Renseignez-vous auprès du personnel de votre hôtel et gardez à l'esprit qu'avec l'arrivée prochaine du train, il est difficile de prédire à quoi ressemblera la région dans les années à venir.

Carnet d'adresses

À faire · *Se restaurer* · *Prendre un verre* · *Shopping* · *Se loger* · *Sortir*

CANCÚN

Museo Maya de Cancún
Voir p. 278 (998 885 3843 ; sic.gob.mx ; bd Kukulcan, km 16,5, Zona Hotelera ; adulte/enfant -13 ans 85 $M/gratuit, donne accès à San Miguelito ; 9h-18h mar-dim)

Palacio Municipal
Voir p. 279 (Carretera Cancún, Av Tulum 5, El Centro)

San Miguelito
Voir p. 278 (site archéologique ; 998 885 3843 ; www.facebook.com/museomayacancun ; Museo Maya, bd Kukulcán, km 16,5, Zona Hotelera ; 70 $M, accès inclus dans le billet d'entrée du Museo Maya ; 9h-16h mar-dim)

Zona Arqueológica El Rey
Voir p. 278 (site archéologique ; 983 837 2411 ; www.inah.gob.mx ; bd Kukulcán, km 18, Zona Hotelera ; 70 $M ; 8h-16h30 tlj)

Avant - Rent a Car
Voir p. 278 (location de voitures ; 998 892 1158 et 998 344 3708 ; avantrentacar.com ; Carretera Cancún-Tulum km 15,3 ; location de voitures à partir de 30 $US/jour ; 8h-20h lun-sam, 8h-16h dim)

Manta Dive & Snorkel
Voir p. 276 (998 224 5660, 998 224 5660 ; www.mantadivers.com ; bd Kukulcán, km 15+656, Zona Hotelera ; plongée guidée, à partir de 65 $US ; 8h-18h tlj)

Museo Subacuático de Arte (MUSA)
Voir p. 277 (musée aquatique ; 998 206 0182 ; www.musamexico.org ; Arrecife de Manchones ; sortie snorkeling à partir de 50 $US, plongée à partir de 95 $US ; 9h-14h tlj)

Scorpio Divers
Voir p. 276 (centre de plongée ; www.scorpiodivers.com ; bd Kukulcán, km 16,261 ; 8h-17h tlj)

Scuba Cancún
Voir p. 276 (plongée, sports nautiques ; 998 849 7508, 998 849 5226 ; scubacancun.com.mx ; bd Kukulcán, km 5,2 ; activités à partir de 49 $US ; 8h-20h tlj)

Hard Rock Cafe
Voir p. 277 (998 688 5491 ; www.hardrockhotels.com ; bd Kukulcán, km 9,5, Zona Hotelera)

Iberostar
Voir p. 277 (998 881 8000 ; www.iberostar.com ; bd Kukulcán, km 17, Zona Hotelera)

Le Blanc
Voir p. 277 (998 193 0285 ; cancun.leblancsparesorts.com ; bd Kukulcán, km 10)

El Fish Fritanga
Voir p. 277 (998 840 6216 ; elfishfritanga.com ; bd Kukulcán, km 12,6, Zona Hotelera ; 8h-22h30)

Harry's
Voir p. 277 (998 840 6550 ; harrys.com.mx ; bd Kukulcán, km 14,2 ; 13h-2h tlj)

La Palapa Belga
Voir p. 278 (998 883 5454 ; lapalapabelga.com.mx ; Hotel Imperial Laguna, Quetzal 13, Punta Cancun, Zona Hotelera ; 14h-23h tlj)

Peter's
Voir p. 277 (998 251 9310 ; @peterscancun ; Av Bonampak 71-72, entre Calles Sierra et Robalo, El Centro ; 18h-22h mar-sam)

Restaurante Lindo Oaxaca
Voir p. 275 (998 884 1618 ; restaurantelindooaxacacancun.com ; Av Cobá, Av Yaxchilán Esquina, Centro ; 11h-19h mar-dim)

Casitas
Voir p. 278 (998 881 0808 ; www.kempinski.com/en/hotel-cancun/restaurants-bars ; Kempinski Hotel Cancún, Calle Retorno del Rey 36, Zona Hotelera ; 19h-23h tlj)

Parole
Voir p. 278 (998 690 0279, 998 119 1382 ; parole.mx/en/cancun-restaurants ; bd Kukulcán, km 15, Zona Hotelera ; 17h-3h tlj)

11:11
Voir p. 276 et p. 280 (bar et club gay ; 998 135 2243 ; www.facebook.com/1111club ; Av Tulum 22, El Centro ; 22h-5h mer-dim)

Coco Bongo
Voir p. 276 et p. 280 (discothèque LGBTQI+ ; 998 126 9260 ; www.cocobongo.com ; bd Kukulcán, km 9,5 #30, Zona Hotelera ; billets à partir de 93 $US ; 21h-3h tlj)

H Roof Nightclub
Voir p. 276 (club et salle de concerts ; 998 840 6592 ; www.hroof.com.mx ; bd Kukulcan km 14.2, Zona Hotelera ; 23h-6h jeu-sam)

Laser Hot Bar Beer & Queer
Voir p. 280 (bar gay avec drag shows ; 998 860 0426 ; www.facebook.com/laserhot ; Av Tulum 45 ; 21h-3h mer-dim)

SARAH/STOCK.ADOBE.COM ©

Isla Mujeres

The City
Voir p. 276 (discothèque ; 998 883 3333 ; mandalatickets.com/en/cancun/disco/the-city ; bd Kukulcán, km 9 ; billets à partir de 60 $US ; 21h-3h ven)

Mercado Ki Huic
Voir p. 279 (marché artisanal ; Av Tulum 1434 ; 9h-20h tlj)

ENVIRONS DE CANCÚN

Parque Nacional Isla Contoy
Voir p. 284 (parc national et réserve ornithologique ; 988 234 9905 et 998 884 7483 ; simec.conanp.gob.mx et islacontoy.org)

Dos Ojos
Voir p. 331 (998 980 0664 ; route 307, km 124 ; entrée 350 $M, 600 $M pour la visite guidée et accès à la "grotte des chauves-souris" ; 8h-17h tlj)

Cenote (Casa Cenote)
Voir p. 282 (Tankah, 8 km au nord de Tulum ; entrée 120 $M, casiers 50 $M, kayak à partir de 150 $M ; 8h-18h tlj)

Cenote X'Canche
Voir p. 282 (985 116 6296 ; www.ekbalam.com.mx/cenote-xcanche ; Ek' Balam ; entrée 150 $M, avec activités 700 $M ; 8h-17h tlj)

ISLA MUJERES

Punta Sur
Voir p. 290 (parc écologique et ruines mayas ; accès par le parc naturel Garrafon ; ruines 30 $M ; 9h-17h30)

Aqua Adventures
Voir p. 290 (plongée et activités nautiques ; 790 9533, 633 8242 ; diveislamujeres.com ; Av Benito Juárez 13, Centro ; sorties requins-baleines à partir de 50 $US/pers ; 7h30-17h tlj)

Carey Dive Center
Voir p. 290 (plongée et activités nautiques ; 998 877 0763, 998 845 3220 ; careydivecenter.com ; angle Av Matamoros et Av Rueda Medina, Centro ; sorties requins-baleines à partir de 45 $US/pers ; 8h-17h tlj)

Cooperativa Isla Mujeres Tours
Voir p. 290 (plongée et activités nautiques ; 998 240 4721 ; islamujerestours.com.mx ; Pier 7, Av. Rueda Medina)

El Búho
Voir p. 289 (club de plage ; 998 877 0301 ; Carlos Lazo 1, Playa Norte ; 7h-19h tlj)

Garrafón de Castilla
Voir p. 289 (club de plage ; 998 877 0107 ; Carretera Punta Sur, km 6 ; entrée 150 $M ; 10h-18h tlj)

Keen M Boat Charters (Keen M International)
Voir p. 290 (location de bateau de pêche ; 998 877 0759, 998 877 1124 ; www.islamujeressportfishing.com ; Av Rueda Medina 318, Centro ; à partir de 500 $US pour 4h)

Mayan Beach Club
Voir p. 291 (club de plage ; 998 877 0523 ; www.mayanbeachclub.com ; Av Rueda Medina, Playa Norte, Centro ; 8h-22h tlj)

Museo Subacuático de Arte (MUSA)
Voir p. 290 (musée aquatique ; 998 206 0182 ; www.musamexico.org ; Arrecife de Manchones ; sortie snorkeling à partir de 50 $US, plongée à partir de 95 $US ; 9h-14h tlj)

Rentadora Joaquín (Golf Carts Joaquín)
Voir p. 292 (998 274 0292 ; www.facebook.com/Rentadorajoaquin ; Av Rueda Medina, Centro ; 9h-21h tlj)

SCUBA Musa
Voir p. 290 (plongée ; 998 201 0797 ; www.scubamusa.net ; bd Kukulcan, km 5,5, Zona Hotelera, Cancún ; excursion MUSA à partir de 50 $US/pers ; 9h-18h tlj)

Sea Hawk Divers
Voir p. 290 (plongée et activités nautiques ; 998 1379585, 998 877 1233 ; www.seahawkislamujeres.com ; Carlos Lazo s/n, Centro ; sorties requins-baleines à partir de 55 $US/pers ; 8h30-17h tlj)

Tarzan
Voir p. 291 (club de plage ; 998 148 4142 ; www.facebook.com/TarzanBeachIslaMujeres ; Av Vicente Guerrero, Playa Norte, Centro ; 9h-21h tlj)

Hostel Poc Na
Voir p. 289 (hostel-poc-na.hotelesenislamujeres.com ; Matamoros 15, Centro)

Hotel Privilege Aluxes
Voir p. 288 (998 848 8470 ; www.privilegehotels.com ; Adolfo López Mateos s/n Manzana 1, Playa Norte)

Hotel Sayil
Voir p. 289 (998 766 6933 ; www.hotelsayil.com.mx ; Av Miguel Hidalgo 11, Centro)

Ixchel Beach Hotel
Voir p. 288 (998 802 1014 ; www.ixchelbeachhotel.com ; Playa Norte Centro s/n)

Mía Reef Isla Mujeres
Voir p. 288 (998 999 2050, 993 308 1384 ; www.hotelmiareefislamujeres.com ; Calle Zazil-ha s/n Islote El Yunque, Playa Norte)

Nomads Hotel & Hostel
Voir p. 289 (998 274 9584, 998 180 7601 ; www.nomadsexperience.com ; Carretera Garrafon, km 4,5)

Los Amigos
Voir p. 289 (998 877 0624 ; www.facebook.com/Restaurantbaramigos ; Av Miguel Hidalgo 19, Centro ; 7h-22h tlj)

Olivia
Voir p. 289 (998 877 1765 ; www.olivia-isla-mujeres.com ; Av Matamoros s/n ; 17h-21h30 lun-sam jan-mars, 17h-21h30 mar-sam avril-déc)

Roosters
Voir p. 287 (998 884 4252, 998 877 0176 ; www.facebook.com/RoosterIslaMujeres ; Av Miguel Hidalgo 16, Centro ; 7h-15h tlj)

ISLA HOLBOX ET SES ENVIRONS

Cenote Yalahau
Voir p. 295 (baignade ; 15 $M pour contribuer à l'entretien des lieux ; 8h30-17h tlj)

Isla Pájaros (Isla de los Pájaros)
Voir p. 295 (réserve naturelle ; 984 108 7514 ; isla-de-los-pajaros.negocio.site ; Isla Morena s/n ; 10h-17h tlj)

El Corchal
Voir p. 299 (centre écotouristique ; 998 165 7105 ; www.facebook.com/El-Corchal-Solferino ; Av Hidalgo s/n, Solferino ; circuits en kayak dans la jungle 700 $M/pers ; 8h-17h tlj)

Taco Tour Holbox
Voir p. 297 (guide Lorena De Léon ; 554012 5681 ; www.tacotourholbox.com ; 94 $US ; circuit gustatif autour du taco)

Barco Verde Hostel
Voir p. 295 (998 388 7217 ; hotels.cloudbeds.com ; Av Pedro Joaquín Coldwell)

Che Holbox Hostel & Bar
Voir p. 295 (984 183 6501 ; hostelche.com.mx ; Av Carito Xcaret)

Tribu Hostel & Bar
Voir p. 295 (984 116 4132 ; tribuhostel.com ; Av Pedro Joaquín Coldwell s/n)

El Chapulím
Voir p. 296 (984 137 6069 ; www.facebook.com/El-Chapulim-Holbox ; Tiburon Ballena entre Damero y Coldwell ; 8h-23h tlj)

La Barracuda
Voir p. 294 (984 322 3593 ; www.facebook.com/barracudaislaholbox ; Calle Esmedregal ; 12h30-19h ven-mer)

La Sirenita (Antojitos)
Voir p. 294 (984 876 5522 ; www.facebook.com/LaSirenitaHolbox ; Calle Esmedregal ; 19h-23h lun-sam)

Le Jardin - Panaderia/Cafeteria
Voir p. 296 (boulangerie française ; 984 135 2281 ; www.facebook.com/LeJardinPanaderia ; Calle Lisa 2 ; 8h30-12h30 jeu-lun)

Limoncito (El Limoncito Breakfast)
Voir p. 296 (984 278 5507 ; www.facebook.com/El-Limoncito-Breakfast ; Av Damero ; 8h-15h ven-mer)

Painapol
Voir p. 296 (984 133 4321 ; painapol-breakfast-brunch-vegan-friendly.negocio.site ; Calle Tiburón Ballena s/n ; 8h-15h25 mer-lun)

La Pinsa
Voir p. 296 (984 156 2084 ; pizzeria-la-pinsa.business.site ; Av Pedro Joaquín Coldwell ; 8h-23h30 mar-sam, 12h-23h lun, 8h-23h dim)

Salma
Voir p. 296 (984 253 1625 ; @salmaholbox ; Calle Zofemat Entre Calle Palomino y Carito ; 18h30-3h lun-sam, 18h30-23h dim)

The Hot Corner
Voir p. 296 (984 875 2293 ; www.facebook.com/

ARKADIJSCHELL/STOCK.ADOBE.COM ©

Isla Holbox

thehotcornerholbox ; Av Pedro Joaquín Coldwell ; bar avec concerts réguliers ; 10h-23h lun-jeu, 10h-3h ven-sam, 10h-17h dim)

PUERTO MORELOS

Croco Cun Zoo
Voir p. 303 (998 850 3719 ; www.crococunzoo.com ; route 307, km 31 ; visite guidée adulte/enfant 6-12 ans 36/25 $US ; 9h30-16h30 tlj)

Jardín Botánico Dr Alfredo Barrera Marín (Jardín Botánico Yaax Che)
Voir p. 302 (réserve naturelle ; 998 206 9233 ; www.facebook.com/jbpuertomorelos ; route 307, km 320 ; adulte/3-10 ans 120/50 $M ; 8h-16h lun-ven)

Siete Bocas
Voir p. 301 (cénote ; 998 244 6875 ; www.facebook.com/cenote7bocas ; Ruta de los Cenotes, km 15,5 ; 25 $US pour étrangers ; 9h-17h tlj)

Aquanauts
Voir p. 301 (998 126 7966 et 998 206 9365 ; www.aquanautsdiveadventures.com ; Marina El Cid ; plongée, snorkeling et exploration à partir de 35 $US ; 8h-16h tlj)

Boca del Puma
Voir p. 301 (cénote ; 998 135 9367 ; bocadelpuma.com.mx ; Ruta de los Cenotes, km 16 ; circuits adulte/enfant 6-14 ans à partir de 60/50 $US, tyrolienne, quad et autres activités ; 9h-17h tlj)

La Noria
Voir p. 301 (cénote ; 998 158 5567 ; Ruta de los Cenotes, km 20 ; 10 $US/450 $M, nage, tyrolienne, équitation ; 9h-17h mar-dim)

Wet Set
Voir p. 301 (plongée ; 998 206 9204 et 998 130 3988 ; www.wetset.com ; Av Rojo Gómez s/n, Hotel Ojo de Agua ; à partir de 35 $US ; 8h-16h tlj)

Casa El Moro
Voir p. 301 (998 109 1291 et 998 871 0159 ; www.casaelmoro.com ; Av Javier Rojo Gomez 17 SM2, M5, L17)

Hacienda Morelos
Voir p. 301 (998 253 6060 ; www.haciendamorelos.com ; Av Rafael E. Melgar s/n)

Layla Guesthouse
Voir p. 301 (55 2459 7162 ; laylaguesthouse.com ; Av Rafael E. Melgar 2)

Al Chimichurri
Voir p. 302 (998 252 4666 ; chimipuerto.com ; Av Javier Rojo Gómez s/n ; 14h-23h mar-dim)

Cafe Amancia
Voir p. 302 (998 206 9242 ; cafeamancia.com ; Av Javier Rojo Gómez s/n ; 7h-21h mar-dim)

El Pirata
Voir p. 302 (998 251 7948 ; www.facebook.com/elpiratapuertomorelosrestaurant ; Av Javier Rojo Gómez s/n ; 16h-22h30 jeu-mar)

Le marché d'artisanat
Voir p. 302 (marché artisanal ; Av E. Melgar ; 8h-21h30 tlj)

PLAYA DEL CARMEN

Galerie Gastón Charó
Voir p. 307 (galerie d'art) (www.gastoncharo.com ; Calle Quinta Avenida 173, entre 6 et 8, Centro, Jardín de Marieta ; gratuit ;

10h-22h30 lun-sam, 12h-22h30 dim)

Museo Frida Kahlo Riviera Maya
Voir p. 307 (984 980 0595 ; www.facebook.com/MuseoFKRM ; angle 5 Av Norte s/n et Calle 8 ; 20 $US ; 10h-20h lun-sam)

Parque Los Fundadores
Voir p. 306 (parc ; Angle 5 Av Sur et Av Juárez ; gratuit ; 24h/24)

Ruines de Xaman-Há
Voir p. 306 (site archéologique maya ; au sud de Playacar ; gratuit)

Estación Mexico
Voir p. 306 (564 157 4996 ; www.estacionmexico.com.mx et @estacionmexico ; visites guidées à pied, paiement libre ; 10h-17h tlj)

Parque La Ceiba
Voir p. 308 (parc ; 984 390 0272 ; www.facebook.com/parquelaceiba ; angle Av 1a Sur et Diagonal 60, Colonia Ejidal ; gratuit ; aires de jeux, cours de yoga ; 8h-19h30 mar-sam, 8h-18h30 dim)

Casa de las Flores
Voir p. 306 (984 873 2898 ; www.hotelcasadelasflores.com.mx ; 20 Av Norte 150 entre calle 4 et calle 6)

Casa La Pasión
Voir p. 306 (984 879 3005 ; lapasioncolonialhotel.com ; Carretera 10 Norte s/n)

Hotel Posada Sian Ka'an
Voir p. 306 (984 873 0202 ; www.hotelposadasiankaan.com ; Calle 2 Norte entre 5a Av et ZFM)

Chez Céline
Voir p. 305 (984 803 3480 ; www.chezceline.com.mx ; angle 5 Av et Calle 34 ; 7h30-23h tlj)

La Cueva del Chango
Voir p. 305 ("La Grotte du Singe" ; 984 147 0271 ; www.lacuevadelchango.com ; Calle 38 Norte s/n, entre Av 5 Norte et plage ; 8h-22h30 lun-sam, 8h-14h dim)

La Tarraya
Voir p. 305 (www.facebook.com/tarrayaplaya ; Calle 2 Norte 101 ; 12h-20h tlj)

Chela de Playa
Voir p. 308 (984 859 7009 ; www.cheladeplaya.mx ; Calle 38 entre 1A, Calle Flamingo, Centro ; 12h-23h tlj)

Club de la Cerveza
Voir p. 307 (984 147 0635 ; www.clubdelacerveza.mx ; 5 Av Norte entre calles 34 et 38 Norte Xaman-Ha ; 16h-1h tlj)

Colectivo Mexicano Cervecero
Voir p. 307 (984 125 3254 ; www.facebook.com/CMC.playa ; 5ta av entre calle 40 y 42 ; 16h-1h tlj)

Inti Beach
Voir p. 305 (984 803 1109 et 984 169 8394 ; www.facebook.com/intibeachpdc ; entre calle 4 et 6 nte, Zona Federal Maritima ; 9h-minuit tlj)

La Bodeguita del Medio
Voir p. 307 (984 803 3951 ; www.labodeguitadelmedio.com.mx ; Tercera Bodeguita, angle 5 Av Norte s/n et Calle 34 Norte ; 13h30-3h tlj)

La Verbena
Voir p. 307 (984 128 9991 et 984 135 9012 ; www.facebook.com/laverbenaplaya ; Calle 34 Norte s/n, entre 5ta et 10 AV ; 14h-2h tlj)

Calle Corazón
Voir p. 308 (centre commercial ; 984 206 4900 ; www.callecorazon.com ; 5ta Avenida entre Calles 12 et 14, Centro ; 11h-23h tlj)

Tierra Huichol
Voir p. 308 (œuvres artisanales en laine et en perles ; 984 803 5954 ; www.tierrahuichol.com ; Local 18, Calle Quinta Avenida s/n, entre Calles 38 et 40, Gonzalo Guerrero ; 9h-22h tlj)

ISLA COZUMEL

Cenote Chempita (Caverne de Jade)
Voir p. 315 (El Cedral ; 282 $M ; 8h-18h tlj)

Chankanaab Beach Adventure Park
Voir p. 318 (987 872 1522 et 987 872 0093 ; cozumelparks.com/en/chankanaab ; Carretera Costera Sur km 9, zona Hotelera sur ; tarif plein/réduit/-3 ans 26/19 $US/gratuit ; lun-sam 8h-16h)

El Castillo Real
Voir p. 313 (le Château royal) (route de Punta Molas, accès par 4x4 uniquement ; gratuit ; 8h-17h)

El Cedral
Voir p. 315 (site archéologique ; à 3 km à l'ouest de Carretera Costera Sur, accès en voiture ; 56 $M)

Iglesia Corpus Christi
Voir p. 317 (église ; 987 872 1053 ; Av 20 Sur, Gonzalo Guerrero ; 8h-20h)

Museo de Cozumel
Voir p. 316 (987 872 0833 ; cozumelparks.com/en/cozumel-museum ; Av Rafael E. Melgar 321-Planta Alta, entre calle 4 y 6 Norte, Centro ; tarif plein/-3 ans 9 $US/gratuit ; mar-dim 9h-17h)

Parque Ecológico Punta Sur
Voir p. 313 (réserve naturelle ; 987 872 1522 et 987 872 0093 ; cozumelparks.com/en/punta_sur ; Carretera Costera Sur, km 27 ; tarif plein/4-12 ans/-3 ans 19/13 $US/gratuit ; lun-sam 9h-17h)

Pueblo del Maíz
Voir p. 315 (parc d'attractions ; 984 146 5771 ; explora-tours.com/tours/pueblo-del-maiz ; Transversal km 5, Ejido ;

400 $M/20 $US ; 10h-15h lun-sam)

Sanctuaire des abeilles mayas
Voir p. 315 (Mayan Bee Sanctuary ; 998 155 0068 ; www.mayanbeesanctuary.com.mx ; Carretera Transversal km 10 ; adulte/enfant 152/114 $M ; 9h-15h lun-sam)

San Gervasio
Voir p. 314 (987 872 1522 et 987 872 0093 ; cozumelparks.com/san-gervasio ; au nord-est de la Carretera Transversal ; tarif plein/-3 ans 216 $M ou 13 $US/gratuit ; lun-dim 8h-16h)

Aldora Divers
Voir p. 311 (987 872 3397 et 987 101 5220 ; www.aldora.com ; Calle 5 Sur 37 ; location d'équipement à partir de 10 $US, plongée, de jour comme de nuit, avec matériel à partir de 100 $US ; 7h-20h tlj)

Atlantis Submarines
Voir p. 313 (987 872 5672 ; www.atlantissubmarines.travel ; Carretera Costera Sur km 4, Zona Hotelera Sur ; plongée en sous-marin, de jour comme de nuit, avec matériel à partir de 115 $US ; 9h-15h tlj)

Blackwater Cozumel
Voir p. 318 (987 101 8956 ; blackwatercozumel.com ; Marina Fonatur, Carretera Costera Sur km 6,5, Zona Hotelera Norte ; plongée de nuit, avec location de matériel possible)

Buccanos
Voir p. 311 (987 872 0100 et 987 114 5607 ; www.buccanos.com ; Carretera San Juan km 4,5, Zona Hotelera Norte ; snorkeling avec matériel 20 $US ; 9h-16h30)

Cozumel Lighthouse Project
Voir p. 313 (987 107 8802 ; www.facebook.com/puntamolasprojectcozumel ; circuits avec nettoyage de plages)

CHRISTIAN/STOCK.ADOBE.COM ©

Plaza del Sol, Cozumel

Deep Blue
Voir p. 311 (987 872 5653 et 987 118 2639 ; www.deepbluecozumel.com ; Calle Dr Adolfo Rosado Salas 200, Centro ; location d'équipement à partir de 6 $US, plongée sous-marine et snorkeling, de jour comme de nuit, avec matériel à partir de 70 $US ; 7h-20h tlj)

Gala Naturaleza
Voir p. 312 (guide touristique ; 987 141 3620 ; www.facebook.com/galareptiles ; observation des oiseaux ; 9h-19h lun-sam)

Gozumel
Voir p. 312 (guide touristique ; 987 878 4257 ; gozumel.mx ; Calle 5 Sur con esquina Av 5 Norte Esquina, Centro ; circuits à vélo électrique à partir de 49 $US ; 8h-18h lun-sam)

Miri Adventures
Voir p. 310 (987 873 9359 ; @miri_adventures ; plongée sous-marine)

Mr Sancho's
Voir p. 311 (987 871 9174 ; www.mrsanchos.com ; Carretera Costera Sur km 15 ; promenades à cheval sur la plage 30 min 40 $US ; 9h-17h tlj)

Buggy Tours
Voir p. 313 (987 105 5892 ; www.omarsislandbuggytours.com ; circuits 74 $US/pers ; 9h-16h tlj)

Paradise Beach
Voir p. 311 (987 112 6814 ; Carretera Costera Sur, km 14,5, Zona Hotelera Sur ; paradisebeachcozumel.com ; tarif plein/ado/enfant/-4 ans 64/47/41 $US/gratuit, parc aquatique, kayak, paddle et massages ; 8h-18h lun-sam, 10h-18h dim)

Playa Palancar Beach Club
Voir p. 311 (987 101 4992 ; playapalancar.com.mx ; Carretera Costera Sur km 19,5 ; 9h-17h tlj)

ScubaTony
Voir p. 311 (plongée ; www.scubatony.com ; Carrefera Costerce Sur km Interior Marina Fonatur, Zona Hotelera Norte ; plongée avec matériel à partir de 85 $US ; 7h-20h tlj)

SINALTUR
Voir p. 315 (syndicat du tourisme) (www.facebook.com/sinalturczm ; visites guidées de sites ; 9h-20h lun-ven, 9h-14h sam)

Sky Reef
Voir p. 311 (984 164 4325 ; skyreefcozumel.com ; Carretera Costera Sur km 10 ; forfait snorkeling + massage + boisson/

nourriture à partir de 20 $US ; 8h-19h tlj)

Smiggie's Concierge Services
Voir p. 312 (agence de tourisme) (987 100 8781 ; www.facebook.com/smiggiecozumel ; circuits pédestres urbains, circuits en jeep, plongée sous-marine ; 7h-19h tlj)

Hotel B Cozumel
(987 119 5167 ; www.hotelbcozumel.com ; Carretera Playa San Juan, km 2,5)

Hotel Mary Carmen
(987 872 0581 ; www.hotelmarycarmen.com.mx ; Av 5a Sur 132)

InterContinental Presidente
(987 872 9500 ; www.ihg.com/intercontinental/hotels ; Carretera A Chankanaab km 6,5)

Kinta Kan
(987 869 2797 ; www.kintakan.com ; Calle 4 Norte 424)

The Westin Cozumel
(987 872 9200 ; www.marriott.com/en-us/hotels/czmwi-the-westin-cozumel ; Carretera Costera Norte km 4,8)

Ventanas al Mar
(987 107 1008 ; www.ventanasalmarcozumel.com ; Carretera Costera Oriente km 43,5 ; 8h-20h tlj)

Burritos Gorditos
Voir p. 315 (987 116 7214 ; burritosgorditos.wixsite.com/burritosgorditos ; Av 5a Calle 2 y 4 Norte ; 8h-17h lun-sam)

Casa Mission
Voir p. 315 (987 688 4712 et 987 105 5468 ; www.casamissionrestaurant.com ; Av Lic Benito Juárez 55, Adolfo López Mateos ; 8h-22h tlj)

Cervecería Punta Sur
Voir p. 314 (987 140 6744 ; @cerveceriapuntasur ; Av 10a Sur 229 ; 12h-23h tlj)

Kondesa
Voir p. 315 (987 869 1086 ; www.kondesacozumel.com ; Av 5a Sur, Centro ; 17h-23h tlj)

Mercado Municipal
Voir p. 317 (987 118 4823 ; Calle Dr Adolfo Rosado Salas, Centro ; 8h-16h tlj)

Nutty Treesome
Voir p. 314 (987 800 7273 ; @nuttytreesome ; Av 5a Sur 217, Centro ; mer-dim 13h-22h)

Rasta Bar
Voir p. 314 (987 103 2300 ; www.facebook.com/Rastasmexico ; Carretera Costera Sur km 29 ; 10h-18h tlj)

Taquería Molina
Voir p. 317 (tacos) (987 112 7976 ; restaurantsnapshot.com/taqueriamolina ; Mercado Municipal, Calle Dr Adolfo Rosado Salas, Centro ; 6h-13h tlj)

Alberto's Beach Restaurant
Voir p. 312 (987 876 8777 ; www.albertosrestaurants.com ; Carretera Costera Sur km 18 ; 9h-23h tlj)

Buccanos at Night
Voir p. 312 (987 114 5607 ; www.buccanos.com ; D. Private San Juan Beach, Norte)

Hemingway Lounge & Night Club Bar
Voir p. 312 (987 105 0443 ; hemingwayloungecozumel.negocio.site ; Casita Publica Casita, Rafael E Melgar s/n entre BLVD Aeropuerto y Playa Publica, Zona Hotelera Norte ; 8h30-1h lun-mar, dim, 8h30-3h mer-sam)

TULUM

Reserva de la Biósfera Sian Ka'an
Voir p. 321 (réserve nationale de biosphère ; visites avec location de véhicule ou avec guide ; 100 $M par personne ; lever-coucher du soleil)

Ruines de Tulum
Voir p. 324 (site archéologique ; 983 837 24 11 ; www.inah.gob.mx ; route 307, km 230 ; 90 $M ; 8h-17h tlj)

Ahau Tulum
Voir p. 323 (hôtel, restaurant, grill et café ; 984 147 5225 ; ahaucollection.com/ahau-tulum ; Carretera Tulum-Boca Paila, km 7,5 ; accès à la plage en dépensant 100 $US minimum par personne)

Akiin Beach Tulum
Voir p. 321 (club de plage ; 984 113 7293 ; www.akiintulum.com ; Carretera Tulum-Boca Paila, km 7,5 ; 10h-18h30 tlj)

iBike Tulum
Voir p. 319 (984 802 5518 ; ibiketulum.com ; Av Coba Sur s/n ; location de vélo et scooter à partir de 180 $M par jour ; 8h-17h lun-sam)

Asado Argentino
Voir p. 321 (Geminis Norte et Av Tulum ; 16h-1h mer-lun)

La Hoja Verde
Voir p. 321 (984 177 8638 ; www.lahojaverdetulum.com ; Beta Sur s/n ; 8h-22h mer-lun)

La Negra Tomasa
Voir p. 321 (984 156 9555 ; www.facebook.com/lanegratomasatulum ; Andromeda Ote 14 ; 12h-23h lun-ven, 11h-23h sam-dim)

Panna e Cioccolato
Voir p. 322 (glacier ; 984 142 1935 ; Av Tulum 72 ; 10h-23h tlj)

Naná Rooftop Bar
Voir p. 323 (984 256 4107 ; nanarooftopbar ; Calle Polar Oriente Lote 004 ; 17h-23h ven-mer)

Bandera
Voir p. 321 (984 377 2346 ; 116, Av Tulum ; 8h-minuit lun-sam)

Batey
Voir p. 323 (984 745 4571 ; @bateytulum ; Centauro Sur 7,

Ruines de Tulum

entre Av Tulum et Andrómeda Oriente ; 7h-1h tlj)

La Guarida
Voir p. 323 (@laguarida_tulum ; Calle Orión Sur ; 9h-minuit lun-mar, jeu, dim, 17h30-minuit mer, 10h-1h30 ven-sam)

Mistico Tulum
Voir p. 323 (984 202 7048 ; www.mistico.mx ; Andrómeda Oriente ; DJ ; 9h-2h tlj)

Papaya Playa Project
Voir p. 323 (984 871 1160 ; www.papayaplayaproject.com ; Carretera Tulum-Boca Paila, km 4,5 ; 22h-3h sam)

ReciProco Tulum
Voir p. 321 (33 2184 4502 ; @_reci_proco_ ; Calle 10 sur Lt 03 Mnz 43, entre Cobá et Xel-Ha, La Veleta ; 8h-14h mer-lun, 19h-23h30 lun, mer, ven)

Honesta Vintage
Voir p. 322 (984 265 4016 ; @honesta.vintage ; Av Tulum, angle Acuario Sur ; 13h-20h lun-sam)

Kaahal Home
Voir p. 322 (984 217 6384 ; www.kaahalhometulum.com ; Av Tulum LTE 12 ; 11h-19h30 lun-sam)

La Valentina
Voir p. 322 (magasin de vins et spiritueux ; www.facebook.com/la.valentina.tulum ; Av Tulum 24 ; 9h-22h tlj)

Mixik
Voir p. 322 (boutique d'articles de mode et d'objets ; 984 871 2136 ; Av Tulum MZA 6 LTE 22, entre Jupiter et Alfa Norte ; 10h-17h lun, 10h-18h mar-sam, 11h-17h dim)

Tulumio
Voir p. 322 (à côté de Kaahal Home, Av Tulum)

ENVIRONS DE TULUM

Cenote Corazón
Voir p. 328 (984 205 4413 ; Carretera Tulum Carrillo Puerto, km 200 ; 150 $M ; 9h-16h30 tlj)

Cenote Cristal
Voir p. 328 (984 210 0538 ; route 307 Chetumal-Cancun, km 223,8 ; 150 $M, billet avec Cenote Escondido 300 $M ; 9h-16h tlj)

Cenote Escondido
Voir p. 328 (984 210 0538 ; route 307 Chetumal-Cancun, km 223,8 ; 150 $M, billet avec Cenote Cristal 300 $M ; 9h-16h tlj)

Cenote Zacil-Há
Voir p. 331 (cénote ; 998 980 0332 ; www.facebook.com/CenoteZacilHa ; route 109, km 8 ; 300 $M ; 10h-18h)

Laguna Kaan Luum
Voir p. 330 (984 196 8804 ; 300 $M ; 9h-16h tlj)

Reserva de la Biósfera Sian Ka'an
Voir p. 327 (visites avec location de véhicule ou avec guide ; 100 $M par personne ; lever-coucher du soleil)

Ruines de Cobá
Voir p. 331 (984 206 7166 ; www.inah.gob.mx ; route 307, route 109, km 47 ; 90 $M ; 8h-16h tlj)

Ruines de Muyil
Voir p. 327 (site archéologique ; 983 837 2411 ; route 307, km 25 ; 70 $M ; 9h-15h tlj)

Aktun-Ha (Car Wash)
Voir p. 331 (cénote ; www.facebook.com/aktunhamx ; route 109, km 8 ; entrée 300 $M ; snorkeling ; 9h-17h tlj)

Cenote Dos Ojos
Voir p. 331 (998 980 0664 ; route 307, km 124 ; entrée 350 $M, 600 $M pour la visite guidée et accès à la "grotte des chauves-souris" ; 8h-17h tlj)

Cenotes Choo-Ha, Tamcach-Ha et Multún-Ha
Voir p. 333 (998 397 9251 ; Chanchen 1, Cobá ; 100 $M/cénote ; 9h-20h lun-sam)

Community Tours Sian Ka'an
Voir p. 327 (tourisme durable ; 984 114 0750 et 984 871 2202 ; www.siankaantours.org ; Osiris Sur, angle Sol Oriente ; circuits à partir de 135 $US/pers ; 7h-20h tlj)

Darwin Zetina
Voir p. 329 (guide aquatique ; 999 769 7400 ; www.facebook.com/marine.lifemx/ ; Akumal ; 8h-18h mer-lun)

Gran Cenote
Voir p. 331 (998 980 0332 ; route 109 s/n ; entrée 500 $M, casier 30 $M, équipement de snorkeling 80 $M ; 8h-16h tlj)

Laguna Yal-Kú (Caleta Yal-Kú, Cenote Yal-Kú)
Voir p. 329 (984 875 9065 ; yalku-cenote.company.site ; Calle de Acceso Etapa H Lote 5 Akumal Norte ; adulte/enfant 4-12 ans 250/180 $M ; 9h-16h tlj)

Cimetière de Xcaret

Muriano Canul Abam
Voir p. 332 (guide local ; 985 114 8630 ; www.puntalagunamx.com ; circuits et visites ; 7h-17h tlj)

Punta Laguna (Otoch Ma'ax Yetel Kooh)
Voir p. 333 (984 145 9347 et 985 114 8630 ; www.puntalagunamx.com ; route 109, km 27,5 ; activités à partir de 200 $M ; 7h-17h tlj)

Tsúuk Akumal Parque Natural
Voir p. 329 (984 875 9575 ; www.tsuukakumal.com ; México 307, playa, Akumal ; 9h-17h tlj)

Xcacel-Xcacelito
Voir p. 328 (plage ; route 307, km 112 ; 81 $M ; 10h-16h mar-dim)

Xcaret
Voir p. 330 (998 883 3143 ; www.xcaret.com ; route 307, km 282 ; adulte/5-11 ans à partir de 119/89 $US, nocturne 99/74 $US ; billet combiné avec Xplor adulte/enfant 298/224 $US, avec Xel-Há adulte/enfant 273/205 $US ; 8h30-22h30 tlj)

Xel-Há
Voir p. 330 (998 883 3143 ; www.xelha.com ; route 307, km 240 ; tarif plein/5-11 ans à partir de 125/94 $US ; billet combiné avec Xplor adulte/enfant 278/208 $US, avec Xcaret adulte/enfant 300/225 $US ; 8h30-18h tlj)

Xplor
Voir p. 330 (998 883 3143 ; www.xplor.travel ; route 307, km 282 ; adulte/5-11 ans 153/115 $US ; billet combiné avec Xcaret adulte/enfant 328/246 $US, avec Xel-Há adulte/enfant 278/209 $US ; 9h-17h et 17h30-23h lun-sam, 9h-17h dim)

Ajal Tulum
Voir p. 327 (312 961 7465 ; ajaltulum.com ; Av 30 et 36 Biz MZ930 Lote 003)

Aldea Cobá
Voir p. 331 (998 402 1130 et 998 342 0198 ; www.aldeacoba.com ; Av Principal 1)

Bayou Tulum
Voir p. 327 (55 2498 0593 ; www.bayoutulum.com ; Av 20 et 25 sur, La Veleta)

Kaab Cobá
Voir p. 331 (984 160 9985 ; kaabhotels.com/kaabcoba.html ; Carretera Tulum Novo Xcan, km 42)

Mayahau Cobá
Voir p. 331 (984 234 6350 ; mayahau.hotels-quintana-roo.com ; Quintana Roo Nuevo Durango, Coba 175, Av Principal #8 entre calle 1 et 3)

Zamna Tulum
Voir p. 327 (984 745 2631 ; www.zamnatulum.com ; Carretera Federal km 200)

Chile Picante
Voir p. 332 (984 144 3006 ; www.facebook.com/restaurantechilepicante ; Av Principal s/n, Cobá ; 7h30-22h tlj)

El Cocodrilo
Voir p. 332 (999 154 1449 ; www.facebook.com/cocodrilocoba ; Quintana Roo Nuevo Durango, Coba 175, Cobá ; 9h-17h30 tlj)

La Buena Vida
Voir p. 329 (984 875 9061 ; labuenavidarestaurant.com ; route côtière Lote 35, Akumal ; 12h-21h tlj)

La Casa de los Gorditos
Voir p. 332 (984 105 9332 ; www.facebook.com/La-Casa-de-los-Gorditos ; Carretera Tulum Coba, Cobá ; 10h-18h mar-jeu, 10h-17h sam-dim)

La Cueva del Pescador
Voir p. 329 (984 875 9002 ; www.facebook.com/La-Cueva-del-Pescador ; Plaza Ukaná, Akumal ; 12h-21h)

Turtle Bay Cafe & Bakery
Voir p. 329 (984 875 9138 ; turtlebaycafe.com ; Plaza Ukaná 1, Akumal ; 7h-22h tlj)

BACALAR ET SES ENVIRONS

Chacchoben
Voir p. 339 (site archéologique ; 983 837 2411 ; route 293, Chacchoben ; 75 $M ; 9h-15h tlj)

Fuerte San Felipe
Voir p. 336 (forteresse ; 983 834 2886 ; sic.gob.mx ; angle Av 3 et Calle 22, Laguna Bacalar ; tarif plein/réduit 50/10 $M ; 9h-19h mar-dim)

Limones
Voir p. 338 (site archéologique ; route 307, Limones)

El Roble Hotel
Voir p. 336 (983 834 2543 ; elroblehotel.mxhotel.site ; Av 5 Magisterial)

Hotel Laguna Bacalar
Voir p. 336 (983 834 2206 ; www.lagunabacalarhotel.com ; Av 479 Costera)

Yak House
Voir p. 336 (983 834 3175 ; yakbacalar.com ; Av 1, entre Calle 24 et 26, Centro)

I Scream Bar
Voir p. 337 (984 256 3421 ; i-scream-bar-bacalar.business.site ; Calle 22, Centro ; 17h-2h)

Nixtamal
Voir p. 337 (983 134 7651 ; www.facebook.com/nixtamalcocinaafuegoyceniza ; Av 5 esquina, angle Calle 12, López Mateos 525, Colonia Magisterial ; 15h-22h30 tlj)

Galeón Pirata
Voir p. 337 (centre culturel ; 983 157 7558 ; www.facebook.com/GaleonPirataBacalar ; Av Costera s/n, entre Calles 30 et 32 ; 9h-14h et 18h-1h mer-dim)

CHETUMAL

Dzibanché
Voir p. 341 (site archéologique ; 983 837 2411 ; en retrait de la route 186 ; 75 $M, billet inclus l'accès à Kinichná ; 9h-15h tlj)

Kinichná
Voir p. 341 (site archéologique ; 983 837 2411 ; en retrait de la route 186 ; entrée comprise dans le billet d'accès à Dzibanché ; 9h-15h tlj)

Kohunlich
Voir p. 341 (site archéologique ; 983 837 2411 ; en retrait de la route 186 ; 90 $M ; 8h-17h tlj)

Museo de la Cultura Maya
Voir p. 342 (983 832 6838 ; www.facebook.com/museodelaculturamaya ; Av de los Héroes 68, angle Av Gandhi ; adulte étranger/-8 ans 110 $M/gratuit ; 9h-18h mar-sam, 9h-17h dim)

Hotel Noor
Voir p. 342 (983 835 1300 et 983 184 6187 ; hotel-noor-hotel.negocio.site ; Boulevard Bahía 301, Centro ; 24h/24)

El Abuelo
Voir p. 341 (983 117 1536 ; www.facebook.com/restaurantelabuelohuaypix ; Calle Laguna Milagros, Huay-Pix ; 10h-19h tlj)

Marisquería El Taco Loco
Voir p. 341 (983 832 1213 et 983 129 2090 ; www.tacoloco.mx ; Calle José María Morelos 87, Centro ; 8h-18h tlj)

Sergio's Pizzas
Voir p. 342 (983 832 2991 ; www.sergiospizzas.com.mx ; Av Álvaro Obregón 182, angle Av 5 de Mayo, Centro ; 7h-23h30 tlj)

Vi-Salud
Voir p. 341 (983 103 7995 ; www.facebook.com/ViSaludChetumal ; Av 5 de Mayo 25, Plutarco Elías Calles ; 7h-14h lun-sam)

MÉRIDA

Casa de Montejo (Museo Casa Montejo)
Voir p. 345 (musée ; 999 253 6733 ; fomentoculturalbanamex.

org/casasdeculturabanamex/museocasamontejo ; Calle 63 n°506, Palacio de Montejo ; entrée libre ; 10h-18h mar-sam, 10h-14h dim, visites guidées gratuites 12h et 16h mar-sam, 12h dim)

Catedral de San Ildefonso
Voir p. 345 (999 928 6131 ; catedraldemerida.org.mx ; Calle 60 ; entrée libre ; 6h30-13h et 16h-20h lun-sam, 6h30-14h et 16h-20h dim)

El Minaret
Voir p. 347 (centre d'art ; 999 357 2864 ; elminaret.business.site ; Paseo Montejo 473 ; 16h-20h30 lun-ven, 10h-22h sam-dim)

Gran Museo del Mundo Maya
Voir p. 346 (999 341 0435 ; www.granmuseodelmundomaya.com.mx ; Calle 60 Norte 299e ; tarif plein/réduit 150/25 $M ; 9h-17h mer-lun)

Montejo 495
Voir p. 347 (musée ; 999 924 0037, 999 995 6761 ; montejo495.com ; Paseo Montejo 495 ; tarif plein/réduit 250/50 $M ; visites guidées à réserver ; 9h-17h mar-dim)

Museo de la Ciudad
Voir p. 346 (999 924 4264, 999 924 4273 ; sic.gob.mx ; Calle 56 n°529a ; entrée libre ; 9h-18h mar-ven, 9h-14 sam-dim)

Museo Fernando García Ponce-MACAY (Museo de Arte Contemporáneo)
Voir p. 346 (999 928 3191, 999 928 0006 ; macay.org ; Pasaje de la Revolución, entre Calles 58 et 60 ; entrée libre ; 10h-14h lun-mar, jeu-sam)

Palacio Cantón
Voir p. 347 (musée régional d'Anthropologie ; 999 923 0557, 999 928 6719 ; sic.cultura.gob.mx ; Paseo Montejo 485 ; tarif plein/-12 ans 85 $M/gratuit ; 8h-17h mar-dim)

Palacio de Gobierno
Voir p. 345 (999 930 3100 ; yucatan.com.mx ; Calle 61 s/n ; entrée libre ; 8h-20h tlj)

Quinta Montes Molina
Voir p. 347 (999 925 5999, 999 258 9629 ; www.laquintamm.com ; Paseo de Montejo 469, entre Calles 33 et 35 ; tarif plein/-12 ans 85/60 $M, visite guidée 100 $M ; 10h-18h tlj)

BiciMérida
Voir p. 343 (location de vélos ; 999 363 2307 ; sites.google.com/view/bicimeridaoficial/inicio ; Calle 56 495b, Paseo de Montejo ; location de vélo à partir de 40 $M/1h ; 9h-19h mar, jeu-ven, 14h-23h mer, 9h-15h sam, 7h-13h dim)

Estacion Mexico
Voir p. 347 (564 157 4996 ; www.estacionmexico.com.mx ; point de départ Museo Casa Montejo, Calle 63 n°506 ; 10h-17h30 tlj)

Sotuta de Peón (Hacienda Viva)
Voir p. 352 (fabrique de sisal : 999 941 6441, 999 941 6431, 999 175 9923 ; www.haciendaviva.com ; Tecoh ; visites guidées et circuits de 3h adulte/-12 ans 850/499 $M ; 7h-17h tlj, visites à 9h, 10h et 13h)

Apoala
Voir p. 346 (999 923 1979 ; www.apoala.mx ; Calle 60 n°471, Parque Santa Lucía ; 13h-0h lun-sam, 13h-22h dim)

Bird
Voir p. 345 (thebird.mx ; Calle 56 n°465 ; 17h-minuit lun-mer, dim, 17h-1h jeu-sam)

Dulcería y Sorbetería Colón
Voir p. 347 (glacier ; 999 927 6443 ; elcolon.mx ; 5 adresses à Mérida ; 10h30-23h tlj)

La Chaya Maya
Voir p. 346 (999 928 4780, 999 129 8643 ; lachayamaya.com ; angle Calles 62 et 57, autre restaurant Calle 55 n°510 ; 7h-23h tlj, autre restaurant 7h30-23h tlj)

Mercado Municipal Lucas de Gálvez
Voir p. 346 (marché ; angle Calles 56A et 67 ; 6h-17h tlj)

Picheta
Voir p. 346 (999 506 0339 ; picheta.mx ; angle Calles 61 et 60 ; 17h-1h tlj)

El Apapacho
Voir p. 345 (999 923 1385 ; www.facebook.com/ElApapacho ; Calle 62 n°354, entre Calles 41 et 43 ; 8h-22h lun, sam-dim, 12h-22h mer-ven)

La Fundación Mezcalería
Voir p. 345 (999 955 4038 ; fundacionmezcaleria.com ; Calle 59 n°509 ; 18h-3h tlj)

La Negrita
Voir p. 345 (999 267 9582 ; www.facebook.com/LaNegritaMerida ; Calle 62, angle Calle 49 ; 12h-22h tlj)

Manifesto
Voir p. 345 (www.manifesto.mx ; Calle 59 n°538, entre Calles 66 et 68, autre adresse Calle 18 n°107, entre Calles 27 et 29 ; 8h-21h lun-sam, 8h-14h dim)

Mercado 60
Voir p. 345 (999 163 8971 ; mercado60.com ; Calle 60, entre Calles 51 et 53 ; 18h-3h tlj)

Pipiripau Bar
Voir p. 345 (999 100 3481 ; www.facebook.com/Pipiripau-Cantina ; Calle 62, entre Calles 53 et 55 ; 17h-2h30 lun-ven, 13h-2h30 sam-dim)

Voltacafé Santa Lucia
Voir p. 345 (999 980 3307 ; voltacafe.mx ; Calle 62 n°450 ; 8h-23h tlj)

Casa T'hō
Voir p. 347 (999 923 2350 ; www.casatho.com/restaurante ; Paseo de Montejo 498 ; 9h-21h lun-jeu, dim, 9h-22h30 ven-sam)

Cielo Hamacas
Voir p. 347 (999 949 4109 ; cielohamacas.com.mx ; angle Paseo de Montejo 486 et Calle 41 ; 9h-19h lun-ven, 9h-13h sam)

Poshería
Voir p. 347 (999 747 1516 ; www.facebook.com/posheriamerida ; angle Paseo de Montejo 486 et Calle 41 ; 10h-22h lun-sam, 10h-16h dim)

ENVIRONS DE MÉRIDA

Convento de San Antonio de Padua
Voir p. 351 (Calle 31, Izamal ; entrée gratuite, visites guidées, musée 10 $M, spectacle son et lumière 100 $M ; 6h-20h tlj, son et lumière 20h jeu-sam, musée 9h-20h)

Gran Museo del Mundo Maya
Voir p. 351 (999 341 0435 ; www.granmuseodelmundomaya.com.mx ; Calle 60 Norte 299e ; tarif plein/réduit 150/25 $M ; 9h-17h mer-lun)

Hacienda Real de Salinas
Voir p. 350 (anciens vestiges ; près de Calle 4, Celestún ; 7h-18h tlj)

Hacienda Yaxcopoil
Voir p. 352 (musée et jardin ; 999 900 1193 ; yaxcopoil.com ; Calle 21 n°500, route 261, km 220 ; tarif plein/-15 ans 150 $M/gratuit ; 9h-18h lun-ven, 9h-14h sam)

Kinich Kakmó
Voir p. 351 (site archéologique) (www.inah.gob.mx ; Calle 27, angle Calles 26b et 28 ; entrée libre ; 8h-17h tlj)

Laguna Rosada
Voir p. 350 (lagune ; route 27, km 35, Progreso)

Museo del Meteorito
Voir p. 350 (999 942 1900 ; sic.cultura.gob.mx ; Calle 19 n°142, Malecón, Progreso ; tarif plein/réduit 350/100 $M ; 11h-19h tlj)

ECSTK22/SHUTTERSTOCK ©

Mérida

Playa de Cerditos
Voir p. 350 (plage des Cochons ; www.facebook.com/Pig-Beach-de-Progreso ; Indeco 195, Yucalpetén, Progreso ; entrée libre ; 10h-18h tlj)

Reserva de la Biósfera Ría Celestún
Voir p. 349 (réserve naturelle ; près de la route 281, Celestún ; seulement faisable avec circuit en bateau)

Xcambó
Voir p. 350 (site archéologique ; 999 913 4034 ; www.inah.gob.mx ; route Dzemul-Xtampú, km 13 ; 90 $M ; 8h-17h tlj)

Casa Bacab
Voir p. 350 (location de vélos ; @bacab_david_ ; Calle 11, Celestún ; 7h30-22h tlj)

Cenotes Hacienda Mucuyché
Voir p. 352 (999 547 6087, 999 649 9203 ; www.cenoteshaciendamucuyche.com ; Mucuyché, Abalá ; adulte/-12 ans 650/390 $M, sur réservation, billet inclus visite de l'hacienda, baignade, équipement snorkeling ; 9h-17h tlj)

Guardianes de los Manglares de Dzinintún
Voir p. 349 (coopérative ; 999 645 4310 ; www.facebook.com/Guardianesdemanglaresdzinintun ; Calle 2-D, Celestún ; excursions en kayak et canoë à partir de 900 $M ; 8h30-16h tlj)

Reserva Ecológica El Corchito
Voir p. 350 (réserve naturelle ; 999 158 5155 ; www.facebook.com/ReservaElCorchitoProgreso ; route 27, angle Calle 46, Progreso ; tarif plein/réduit 90/35 $M ; 9h-16h tlj)

Reserva Ecológica Sayachaltun
Voir p. 350 (réserve naturelle ; 999 230 8119 ; www.sayachaltun.com ; route 27, km 3,5, Progreso ; kayak 100 $M ; 9h-19h mer-lun)

Sotuta de Peón (Hacienda Viva)
Voir p. 352 (fabrique de sisal ; 999 941 6441, 999 941 6431, 999 175 9923 ; www.haciendaviva.com ; Tecoh ; visites guidées et circuits de 3h à partir de adulte/-12 ans 850/499 $M ; 7h-17h tlj, visites à 9h, 10h et 13h, visites privées sur réservation)

Perla Escondida Cabañas
Voir p. 350 (991 107 9321 ; @cabanas_perlaescondida, Calle 11, Dzilam de Bravo)

Crabster
Voir p. 350 (969 934 4534 ; www.facebook.com/CrabsterMX ; angle Calles 74 et 76, bd Malecón, Progreso ; 8h-22h tlj)

Eladio's
Voir p. 350 (999 925 0767 ; www.eladios.com.mx ; angle Calles 19 et 80, bd Malecón, Progreso ; 12h-20h tlj)

Gelatopia
Voir p. 350 (glacier ; 999 507 0593 ; www.facebook.com/gelatopiamerida ; Calle 19 150 bd Malecón, Progreso ; 13h-21h lun-jeu, 13h-22h ven, 10h-22h sam-dim)

Kinich
Voir p. 351 (988 954 0489, 999 900 2316 ; restaurantekinich.com ; Calle 27 n°299, entre Calles 28 et 30, Izamal ; 12h-19h tlj)

La Antigua
Voir p. 350 (969 103 6102 ; www.facebook.com/laantiguaprogreso ; angle Calles 21 et 60, bd Malecón, Progreso ; 8h-18h dim-jeu, 8h-22h ven-sam)

La Palapa
Voir p. 349 (999 154 4470 ; restaurant-lapalapa@hotmail.com ; Calle 12 n°105, Celestún ; 11h-19h tlj)

La Ramada de la Tía Candi
Voir p. 349 (999 351 5722 ; www.facebook.com/tiacandicelestun ; Calle 14, Celestún ; 10h-17h lun, 9h-17h mar-jeu, 10h-18h ven, 10h-18h30 sam-dim)

Los Pámpanos
Voir p. 349 (988 916 2661 ; www.facebook.com/pages/Los-Pámpanos ; Calle 12 n°97C, Celestún ; 11h30-19h tlj)

Restaurante Los Arcos
Voir p. 349 (988 954 0662 ; losarcosrestaurantcafe.negocio.site ; angle Calles 28 et 31A, Izamal ; 9h-22h tlj)

Restaurante Zamna
Voir p. 351 (988 954 0204 ; grupoizamal.com ; Parque de Los Cañones, Calle 31 n°336, Izamal ; 12h-20h tlj)

Centro Cultural y Artesanal
Voir p. 351 (produits artisanaux et équitables ; 988 954 1012 ; www.centroculturalizamal.org.mx ; Calle 31 n°201, Izamal ; 25 $M ; 19h-20h tlj)

UXMAL ET LA RUTA PUUC

Choco-Story
Voir p. 354 (musée et refuge animalier ; 999 289 9914 ; www.choco-storymexico.com ; route 261, km 78, près de l'Hotel Hacienda Uxmal ; tarif plein/réduit/6-12 ans 180/120/80 $M ; 9h-19h30)

Kabah
Voir p. 356 (site archéologique ; 999 944 4068, 999 913 4034 ; sic.cultura.gob.mx ; route 261, Uxmal ; 70 $M ; 8h-17h tlj)

Labná
Voir p. 356 (site archéologique ; 999 913 4034 ; www.inah.gob.mx ; route 261 ; 70 $M ; 8h-17h tlj)

Museo de las Momias
Voir p. 354 (sic.gob.mx ; Calle 18a s/n, Santa Elena ; 55 $M ; 8h-17h tlj)

Oxkintok
Voir p. 355 (site archéologique) (999 913 4034 ; www.inah.gob.mx ; route 180 ; 70 $M ; 8h-17h tlj)

Sayil
Voir p. 356 (999 913 4034 ; www.inah.gob.mx ; route 261 ; 70 $M ; 8h-17h tlj)

Uxmal
Voir p. 354 (site archéologique ; 999 913 4034 ; www.inah.gob.mx ; route 261, km 78 ; adulte 499 $M, son et lumière 92 $M, parking 30 $M, guide 800 $M ; site 8h-17h tlj, spectacle son et lumière 20h avr-sept et 19h oct-mars)

Grutas de Aktun Usil
Voir p. 355 (999 214 1342 ; www.facebook.com/VICTORCHIMVERGARA ; route 180 ; visites guidées ; 8h-17h tlj)

Grutas de Calcehtok
Voir p. 355 (Grutas de X'Pukil ; 999 902 0181 ; près de la route 184 ; entrée libre, visite guidée 400 $M ; 9h-18h tlj)

Grutas de Loltún
Voir p. 354 (999 913 4034 ; www.inah.gob.mx ; près de la route 184 ; 146 $M ; visites 9h30, 11h, 12h30, 14h, 15h et 16h tlj)

Hacienda Uxmal
Voir p. 355 (998 887 2495 ; www.mayaland.com ; Carretera Mérida-Kabah (route 261), km 78)

Nueva Altía
Voir p. 355 (998 106 6822, 998 219 0176 ; www.nuevaaltia.com ; Carretera Mérida-Kabah (route 261), km 159, Santa Elena)

Pickled Onion B&B
Voir p. 355 (997 111 7922 ; www.thepickledonionyucatan.com ; route 261, Santa Elena)

VALLADOLID

Casa de los Venados
Voir p. 359 (985 856 2289 ; www.casadelosvenados.com ; Calle 40 n°204, entre Calles 41 et 43 ; entrée 100 $M, visites guidées ; 10h-16h tlj, visite 10h-13h ou sur rdv)

Casa Maya
Voir p. 360 (lacasamaya.webcindario.com ; Calzada de los Frailes 217)

Choco-Story
Voir p. 360 (musée et refuge animalier ; 999 289 9914 ; www.choco-storymexico.com ; route 261, km 78, près de l'Hotel Hacienda Uxmal ; tarif plein/réduit/6-12 ans 180/120/80 $M ; 9h-19h30)

Convento de San Bernardino de Siena
Voir p. 360 (985 856 2160 ; Convento de Sisal ; angle Calles 49 et 51 ; 30 $M ; 8h-18h tlj)

Diez y Siete
Voir p. 360 (712 165 9458 ; www.horaziosanchez.com ; Calzada de los Frailes 211b ; 11h-21h lun-jeu, 9h-21h ven, 10h-21h sam-dim)

Iglesia de San Servacio
Voir p. 359 (985 856 2324 ; www.facebook.com/Parroquia-San-Servacio-Valladolid ; Calle 41)

Museo de Ropa Étnica de Mexico
Voir p. 359 (985 113 6334 ; www.murem.org ; Calle 49a 202a, angle Calles 40 et 42 ; entrée libre ; 10h-18h tlj)

Cenote Suytun
Voir p. 359 (999 227 5696 ; cenotessuytun.com ; route 180, Tikuch ; tarif plein/réduit 200/150 $M ; 9h-17h tlj)

Cenote X'Kekén y Samulá (cénotes Dzitnup)
Voir p. 359 (près de la route 180 ; tarif plein 1/2 cénotes 80/125 $M ; enfant 50/80 $M ; 8h-17h tlj)

Cenote Zací
Voir p. 360 (985 856 0721 ; www.facebook.com/CenoteZaci15 ; Calle 36 s/n, entre Calles 37 et 39 ; entrée 30 $M ; 9h-17h tlj)

Hacienda San Lorenzo Oxmán Cenote
Voir p. 359 (985 106 5066 ; Calle 54 ; cénote 80 $M, cénote et piscine 150 $M, cénote et restaurant 100/150 $M ; 7h-17h tlj)

Horazio Sánchez
Voir p. 360 (712 165 9458 ; www.horaziosanchez.com ; galerie et studio Diez y Siete, Calzada de los Frailes 211b ; 11h-21h lun-jeu, 9h-21h ven, 10h-21h sam-dim)

Ko'ox Balak
Voir p. 357 (location de vélos et scooters ; 985 858 6502 ; scooter-bike-rental-koox-balak.business.site ; Calle 48 2 ; 7h-18h tlj)

El Mesón del Marqués
Voir p. 359 (985 856 2073 ; www.mesondelmarques.com ; Calle 39 n°203 ; 8h-22h tlj)

REZNY/SHUTTERSTOCK ©

Campeche

Ix Cat Ik
Voir p. 359 (985 104 1605 ; www.ixcatik.mx ; Calle 39 entre 20 et 22 ; 12h-21h tlj)

Mercado Municipal
Voir p. 360 (angle Calles 37 et 32 ; 5h-16h lun-sam, 5h-15h dim)

Tresvanbien
Voir p. 360 (984 114 9966 ; @tresvanbien ; Calzada de Los Frailes 216 ; 8h-21h30 tlj)

Yerbabuena del Sisal
Voir p. 359 (985 1216 742, 985 856 1406 ; www.yerbabuenadelsisal.com ; Parque Sisal, Calle 54a n°217 ; 8h-17h mar-dim)

Caracol Púrpura
Voir p. 360 (bijoux et artisanat ; 999 414 7428 ; caracolpurpura.com.mx ; Calzada de Los Frailes 222 ; 9h-22h tlj)

Conesencia
Voir p. 360 (vêtements et objets artisanaux ; @ conesencia.mx ; Calzada de Los Frailes 206 ; 9h-22h tlj)

Coqui Coqui Perfumeria
Voir p. 360 (985 102 9000 ; www.coquicoqui.com/valladolid ; Calzada de Los Frailes 207 ; 11h-20h tlj)

Vernaculo
Voir p. 360 (céramique ; 985 125 2101 ; www.facebook.com/vernaculomx ; Calzada de Los Frailes 202 ; 12h-20h lun-sam)

ENVIRONS DE VALLADOLID

Ek' Balam
Voir p. 362 (site archéologique ; 999 913 4034 ; www.inah.gob.mx ; à 2 km du village Santa Rita, Temozon ; 90 $M ; 8h-17h tlj)

Iglesia de los Santos Reyes
Voir p. 362 (Église des Rois Mages ; Calle 51, Tizimín ; 7h-20h lun-ven, fin de journée sam-dim)

Cejas
Voir p. 363 (986 118 1630 Whatsapp ; San Felipe ; traversée en bateau à Isla Bonita, circuits)

Cenote Kikil
Voir p. 362 (986 866 3118 ; cenotekikil.business.site ; Carretera Tizimín – Río Lagartos, km 4,5, Kikil ; entrée 150 $M, avec plat au restaurant 200 $M ; 8h-18h tlj)

Cenote X'Canché
Voir p. 362 (985 116 6296 ; Ek' Balam ; entrée 170 $M ; cordes, descente en rappel, tyroliennes ; 8h-17h tlj)

Río Lagartos Adventures
Voir p. 362 (986 111 9288, @ riolagartosadventures_ ; Calle 19 n° 134, Río Lagartos ; circuits et visites guidées de la Reserva de la Biósfera Ría Lagartos et ses animaux à partir de 2 000 $M ; 7h-20h tlj)

Casona los Cedros
Voir p. 362 (986 114 3220 ; www.casonaloscedros.com ; Calle 26, Espita)

Genesis Eco-Oasis
Voir p. 362 (985 101 0277 ; genesisecooasis.com ; Ek' Balam)

Hacienda Kaan Ac
Voir p. 362 (998 881 1999 ; www.facebook.com/HaciendaKaanac ; Carretera Periferico Cancún-Mérida, km 3)

Ek'Balam

BISUAL STUDIO/SHUTTERSTOCK ©

CHICHÉN ITZÁ

Chichén Itzá
Voir p. 366 (site archéologique ; 998 195 4408, 998 980 3458 ; www.chichenitza.com ; en retrait de la route 180, pisté ; entrée 614 $M, spectacle son et lumière 708 $M ven-sam, 450 $M dim ; site 8h-17h tlj, spectacle son et lumière 19h-20h ven-dim été, 20h-21h ven-dim hiver)

Cenote de Yokdzonot
Voir p. 365 (985 121 2328, 999 149 9315 ; cenoteyokdzonot.weebly.com/home.html ; Calle 20, entre Calles 27 et 29, Yokdzonot ; entrée 150 $M, circuits à vélo, descente en rappel, tyrolienne ; 9h-17h tlj)

Parque Eco-Arqueológico Ik Kil
Voir p. 365 (cénote ; 999 329 3654 ; cenoteikkil.com ; route 180 (Carretera Merida-Puerto Juárez), km 122 ; entrée 180 $M, baignade, cascades ; 9h-17h tlj)

Hacienda Chichén
Voir p. 365 (999 920 8407, 999 442 7741 ; www.haciendachichen.com ; Zona Hotelera, km 120)

La Casa de las Lunas
Voir p. 365 (985 851 02 89 ; www.lacasadelaslunashotel.com ; Av Principal, Pisté)

Villas Arqueológicas
Voir p. 365 (984 188 8310 ; www.villasarqueologicaschichen.com ; Carretera Mérida-Valladolid, km 120)

CAMPECHE

Catedral de Nuestra Señora de la Purísima Concepción
Voir p. 371 (981 816 3144 ; www.facebook.com/CatedralCampeche ; Calle 55 ; gratuit ; 7h-21h)

Museo Arqueológico de Campeche Fuerte de San Miguel
Voir p. 371 (981 816 9136 ; www.inah.gob.mx/museos ; musée dans fort San Miguel, Av Escénica s/n ; 70 $M ; 8h-17h mar-dim)

Museo de la Arquitectura Maya
Voir p. 370 (Calle 8 ; 70 $M ; 8h30-17h30 mar-dim)

Templo del Dulce Nombre de Jesús
Voir p. 370 (turismocampeche.com ; Calle 55, Centro Histórico)

Edzná
Voir p. 370 (site archéologique ; 85 $M ; 8h-17h tlj)

Chocol Ha
Voir p. 370 (981 811 7893 ; www.facebook.com/ChocolHaOfficial ; Calle 59 n°30, Centro Histórico ; 8h-21h lun-sam)

La Parroquia
Voir p. 370 (981 816 2530 ; www.facebook.com/LaParroquiaCam ; Calle 55, 8, Centro Histórico ; 24h/24)

Los Delfines
Voir p. 370 (981 171 6060 ; www.facebook.com/Los-Delfines-Campeche ; Pedro Sainz de Baranda s/n Local 9 ; 8h-19h tlj)

La Casa Vieja de Río
Voir p. 371 (981 131 1316 ; www.facebook.com/casaviejadelrio ; Calle 10 n°319A, Centro Histórico ; 15h30-23h30 lun-mer, ven-dim, 20h-23h30 jeu)

CALAKMUL ET SES ENVIRONS

Balamkú
Voir p. 375 (site archéologique ; 981 816 9111 et 981 816 8179 ; www.inah.gob.mx/zonas-arqueologicas ; km 93 de la route 186, près de la commune de Conhuás ; 70 $M ; 8h-17h tlj)

Becán
Voir p. 374 (site archéologique ; 981 816 9111 et 981 816 8179 ; www.inah.gob.mx/zonas-arqueologicas ; route 186, à 8 km à l'ouest de Xpuhil ; 75 $M ; 8h-17h tlj)

Calakmul
Voir p. 373 (site archéologique ; 981 816 9111 et 981 816 8179 ; www.inah.gob.mx/zonas-arqueologicas ; km 95 de la route 186, près de la commune de Conhuás ; 90 $M ; 8h-17h tlj)

Chicanná
Voir p. 374 (site archéologique ; 981 816 9111 et 981 816 8179 ; www.inah.gob.mx/zonas-arqueologicas ; km 141 de la route 186, ville d'Escárcega ; 70 $M ; 8h-17h tlj)

Cueva de los Murciélagos
Voir p. 373 (grotte des chauves-souris ; route 186, entre Xpujil et Calakmul)

El Tigre (Itzamkanac)
Voir p. 375 (site archéologique ; 981 816 9111 et 981 816 8179 ; www.inah.gob.mx/zonas-arqueologicas ; près de la ville de Candelaria ; 70 $M ; 8h-17h tlj)

Hormiguero
Voir p. 374 (site archéologique ; 981 816 9111 et 981 816 8179 ; www.inah.gob.mx/zonas-arqueologicas ; secteur oriental de la Reserva de la Biosfera de Calakmul, 7 km au sud d'Echeverría Castellot ; entrée libre ; 8h-17h tlj)

Río Bec
Voir p. 374 (site archéologique ; au sud-est de Xpujil, seulement accessible par quad/pick-up 900/1 000 $M, guide 700 $M, entrée du parc 53 $M ; 8h-17h tlj)

Xpuhil
Voir p. 374 (site archéologique ; 981 816 9111 et 981 816 8179 ; www.inah.gob.mx/zonas-arqueologicas ; ville à la jonction des routes 186 et 269 ; 70 $M ; 8h-17h tlj)

Hotel Maya Balam
Voir p. 373 (983 871 6290 ; hotelmayabalam.com ; Calle Xpujil s/n, entre Av Calakmul et Silvituc)

Hotel Puerta Calakmul
Voir p. 373 (998 892 2624 et 998 166 5052 ; www.puertacalakmul.com ; Carretera Chetumal Escarcega 186, km 98,5)

Río Bec Dreams
Voir p. 373 (983 124 0501 ; riobecdreams.com ; Carretera 186 Escarcega-Chetumal km 142)

Ma'alob Kin
Voir p. 374 (983 154 4192 ; www.facebook.com/Ma-alob-Kiin-Fit-and-Fat ; Av Calakmul, Fundadores, Xpujil ; 6h30-14h et 17h-minuit tlj)

Sazón Veracruzano
Voir p. 374 (983 871 6299 ; sazonveracruzano.negocio.site ; Camp MX, Av Calakmul 92, Xpujil ; 7h-22h lun-sam)

CHAMPOTÓN

Laguna de Términos
(près de la route 180)

Site historique maya de Champotón
(privée mais visite possible avec frais d'entrée, Calle 23)

Italian Coffee Company
(982 828 2220 ; www.italiancoffee.com ; Isla Aguada, Carretera Ciudad del Carmen 37, Las Brisas ; 8h-23h tlj)

Restaurant Pelicano's
(982 828 1418 ; restaurantpelicanos.blogspot.com ; Av Carlos Sansores Perez s/n entre calle 11 et 13 Col. Isste ; 7h30-19h tlj)

Restaurante Los Delfines
(982 130 8448 ; Carretera Costera del Golfo, Malecón ; 8h-18h tlj)

Chutes de Misol-Ha (p. 409)

CHIAPAS ET TABASCO

RUINES ET CASCADES DANS LA JUNGLE

Lacs brumeux entourés de forêts de pins, villes coloniales en altitude et cascades de rêve… Les deux États du Sud incarnent un Mexique plein de caractère, ancré dans des traditions parmi les plus anciennes du pays.

Des jungles denses aux chutes d'eau grondantes, le Chiapas et le Tabasco recèlent de nombreux trésors naturels. Aux confins sud du Mexique, ces États sont isolés du reste du pays par d'imposantes montagnes et d'impénétrables forêts.

Les voyageurs curieux y découvrent des cultures indigènes ancestrales et s'immergent dans une nature sauvage, loin des foules de touristes qui envahissent la péninsule du Yucatán. Au centre de la région, San Cristóbal de Las Casas, la capitale culturelle, réunit dans une atmosphère envoûtante vestiges coloniaux et marchés animés, et des villages traditionnels se nichent dans les montagnes environnantes.

Non loin, le parc national du Cañón del Sumidero attire les amateurs de plein air avec ses parois rocheuses vertigineuses, sa vallée verdoyante et sa faune variée. Au nord s'étendent les lagunes et les marécages du Tabasco. C'est là aussi que se niche l'un des plus impressionnants sites mayas du pays, Palenque.

En 1994, l'insurrection armée des zapatistes a secoué le Chiapas. Si la région est désormais pacifiée, les *zapatistas* et les populations locales continuent de lutter pour l'égalité des droits et l'accès aux services publics. Les tensions politiques restent vives, mais on peut généralement voyager dans la région en toute sécurité.

SITES PRINCIPAUX

PALENQUE
Des temples mayas majestueux.
p. 400

SAN CRISTÓBAL DE LAS CASAS
La capitale culturelle du Chiapas.
p. 413

COMITÁN
Base d'excursions aux lacs et chutes d'eau.
p. 430

TABASCO
Sites olmèques et réserves naturelles.
p. 438

Tabasco, p. 438

Ce petit État qui borde le golfe du Mexique peut se prévaloir d'un ensemble de sites olmèques et de cours d'eau d'une grande richesse naturelle.

San Cristóbal de Las Casas, p. 413

Nichée au creux d'une vallée tapissée de pins, la capitale culturelle du Chiapas offre au regard ses maisons séculaires, ses rues pavées et ses marchés pittoresques.

CIRCUITS ORGANISÉS

Si vous êtes limité par le temps, un circuit organisé est une bonne option. Des tour-opérateurs comme Tulum Transportadora Turística (transtulum.com) proposent des excursions à la journée de Palenque à San Cristóbal de Las Casas, et vice versa, avec des arrêts aux cascades et sites archéologiques sur le trajet.

S'orienter

Le Chiapas et le Tabasco couvrent de vastes étendues de forêts tropicales et de fraîches pinèdes d'altitude. Nous avons sélectionné les meilleurs sites où découvrir cette nature sauvage, ainsi que la culture unique de la région.

DE GAUCHE À DROITE : ALEKSANDAR TODOROVIC/SHUTTERSTOCK ©, WIRESTOCK CREATORS/SHUTTERSTOCK ©, YONGWOOK PARK/SHUTTERSTOCK ©, KAI GRIM/SHUTTERSTOCK ©

Palenque, p. 400

Hautes pyramides et temples conquis par la jungle ponctuent l'immense zone archéologique de Palenque. Découvrez à proximité chutes grondantes et piscines naturelles scintillantes.

Comitán, p. 430

Cette ville au charmant centre historique se trouve à proximité des chutes bleu turquoise d'El Chiflón et des lacs de Montebello.

TRAIN

Le *Tren Maya* (train maya), une fois en fonctionnement (courant 2024 pour le 1er tronçon) fera une boucle à travers le Yucatán et reliera Palenque, son terminus sud. De là, les passagers pourront gagner Campeche et Mérida vers le nord, ou Bacalar, Tulum et Cancún vers le nord-est.

VOITURE

Conduire au Chiapas n'est pas de tout repos. Les routes de montagne sont parsemées de nids-de-poule et de dos-d'âne et le trafic est dense sur les routes nationales. Les agences de location sont rares. Vous en trouverez principalement aux aéroports de Villahermosa et de Tuxtla Gutiérrez.

BUS ET COLECTIVO

Le bus est le meilleur moyen d'explorer la région. ADO propose un réseau fiable d'autocars climatisés (www.ado.com.mx). Les *combis* (minibus) et les *colectivos* (taxis collectifs) vous conduisent à la campagne et dans les villages.

Planifier son séjour

Mieux vaut prendre son temps pour explorer cette région de forêts et de hauts plateaux, où vous pourrez gravir des pyramides mayas, découvrir des cultures traditionnelles ou vous baigner dans des cascades rafraîchissantes.

JESSIE REEDER/GETTY IMAGES ©

Vendeuse d'artisanat, San Cristóbal de Las Casas (p. 413)

Si vous n'avez qu'un seul jour

- Si vous manquez de temps, rendez-vous à **San Cristóbal de Las Casas** (p. 413) pour apprécier la culture du Chiapas. Après une tasse de café local au **Cafeología** (p. 419), rejoignez à pied la **Plaza de la Paz** (p. 415), place centrale, avec son étonnante **basilique** jaune et ocre (p. 415), puis empruntez la rue piétonne **Real de Guadalupe** (p. 415) jusqu'à l'**Iglesia de Guadalupe** (p. 415) pour profiter du vaste point de vue.

- Déjeunez au **Mercado Municipal** (p. 417), plus grand marché de la ville, avant de découvrir l'artisanat local au **Mercado de Dulces y Artesanías** (p. 418) voisin. Prévoyez aussi la visite du **Centro de Textiles del Mundo Maya** (p. 417), musée vraiment passionnant.

Au fil des saisons

La saison sèche, de novembre à mai, est la meilleure période pour la visite : le ciel est dégagé et les fêtes battent leur plein.

JANVIER

Chiapa de Corzo célèbre la **Fiesta de Enero** durant 2 semaines avec cuisine régionale, danseurs de Parachicos et marimbas.

FÉVRIER

La ville de Comitán accueille **défilés et feux d'artifice** en l'honneur de son saint patron, San Caralampio.

AVRIL

La **Semana Santa** est célébrée avec ferveur à travers la région : au programme, processions colorées et les fameux bûchers de Judas.

DE GAUCHE À DROITE : JOSE EDUARDO CENA VELOZ/SHUTTERSTOCK ©, KATJEN/SHUTTERSTOCK ©, ISRAEL GUTIERREZ/SHUTTERSTOCK ©

Si vous avez trois jours

- Après une journée au cœur de la magie de San Cristobal, rendez-vous au village indien voisin de **San Juan Chamula** (p. 421) pour un rituel de purification spirituelle avec un chaman. Poursuivez jusqu'à **San Lorenzo Zinacantán** (p. 422), afin de découvrir son marché aux fleurs et ses boutiques d'artisanat tzotzile.

- L'après-midi, rejoignez **El Arcotete Parque Ecoturístico** (p. 422) pour explorer des grottes et des forêts. Le lendemain, partez pour le **Cañón del Sumidero** (p. 424), où vous pourrez admirer la vue depuis les *miradores* du canyon ou faire une promenade en bateau entre les falaises.

- Terminez votre voyage à **Chiapa de Corzo** (p. 428), ville coloniale paisible sur les rives du Río Grijalva.

Si vous avez plus de temps

- Aventurez-vous jusqu'à **Comitán** (p. 430) et **El Chiflón** (p. 434), où une série de cascades se jettent dans des piscines naturelles aux couleurs paradisiaques.

- Après un bain rafraîchissant, randonnez jusqu'aux **chutes de Velo de Novia** (p. 435), hautes de 120 m. Reprenez la route vers les **Lagos de Montebello** (p. 435) et arrêtez-vous aux **Lagunas de Colores** (p. 435), étendues d'eau pittoresques aux portes du Guatemala. De là, montez en direction du nord jusqu'à **Palenque** (p. 400) pour découvrir l'un des sites archéologiques les plus stupéfiants du Mexique.

- Ensuite, explorez la **forêt lacandone** (p. 411) et appréciez les fresques mayas de **Bonampak** et les ruines de **Yaxchilán**, avant de passer la nuit dans un village traditionnel comme **Lacanjá Chansayab** (p. 412).

MAI

La **Feria Tabasco,** la plus grande fête de l'année au Tabasco, propose *charrerías* (rodéos), foires gastronomiques et danses traditionnelles.

JUIN

Au plus fort de la saison des pluies, les habitants célèbrent les festivités du Corpus Christi (le fameux **Día de las Mulas** au Mexique).

NOVEMBRE

Les habitants installent des *ofrendas* (autels) et rendent hommage à leurs proches disparus au cimetière lors du grandiose **Día de los Muertos**.

DÉCEMBRE

Les températures chutent, en particulier sur les hauts plateaux. Les célébrations de Noël mêlent traditions catholiques et rituels autochtones.

PALENQUE

Pour les infos pratiques, voir le Carnet d'adresses p. 443

À SAVOIR

L'aéroport le plus proche se trouve à 133 km au nord-ouest de Palenque, à Villahermosa (Tabasco). Des vols desservent Mexico, Cancún, Mérida, Monterrey et Guadalajara. Les bus ADO (www.ado.com.mx), directs et confortables, relient l'aéroport à la gare routière de Palenque (2 heures 15, 350 $M).

Destination phare du Chiapas, les ruines de Palenque sont les vestiges évocateurs d'un puissant royaume maya qui connut son apogée aux VIIe et VIIIe siècles. Au milieu de la jungle, des pyramides anciennes se dressent aux côtés de temples envahis par la végétation. Le plus grand souverain de Palenque, Pakal (615-683), construisit une légion de palais et d'ensembles cérémoniels, dont le superbe Templo de las Inscripciones.

La visite des ruines de Palenque constitue autant une expérience culturelle qu'écologique. Le Parque Nacional Palenque est en effet une zone hautement protégée. La jungle est peuplée de singes hurleurs, de toucans et de perroquets qui rendent cette immersion dans le passé d'autant plus sensationnelle.

À 9 km à l'est du site archéologique, la ville moderne n'offre guère d'intérêt en comparaison, mais on y trouve plusieurs restaurants et hôtels. Nombreux sont ceux qui préfèrent séjourner dans l'un des établissements installés dans la forêt à proximité de la route, entre la ville et le site, notamment à El Panchán ou dans le quartier verdoyant de La Cañada.

MARC GUITARD/GETTY IMAGES ©

Templo del Sol (p. 406)

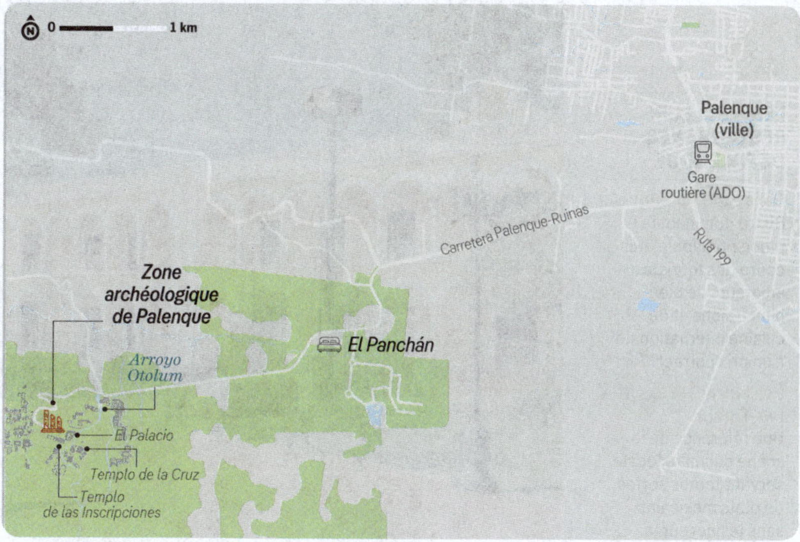

Visite de la ville

SE REPÉRER

Avec ses rues poussiéreuses et moites et son centre-ville quelconque, Palenque n'est pas la plus charmante des villes du Chiapas. Pour autant, son choix d'hébergements économiques et ses cabanes secrètes dans la jungle en font un tremplin confortable pour randonner dans la nature autour des ruines mayas et accéder aux chutes d'eau et aux écoparcs des environs.

L'entrée principale dans la ville de Palenque se trouve à la Glorieta de la Cabeza Maya, un rond-point avec une statue géante de la tête d'un chef maya. C'est là que la route 199 croise l'artère principale de Palenque, l'Avenida Juárez, et que se trouve la gare routière ADO.

La Cañada, en face de la gare routière ADO, est l'un des meilleurs quartiers où séjourner en ville. De grands *ceibas* (kapokiers) offrent un cadre verdoyant à de charmants hôtels et restaurants, notamment le Café Jade et le Chivo's, tous deux dotés d'un jardin. Le quartier est certes petit, mais il est bien situé et bien plus attrayant que le centre de Palenque.

À environ 10 minutes de marche vers l'est, le **Parque Central**, la place principale de la ville, s'anime le soir. Prenez-vous en photo devant les lettres géantes de Palenque aux couleurs vives,

LES MEILLEURS PETITS-DEJEUNERS

Café Jade
Adresse très prisée de La Cañada pour son café chiapanèque et son jardin luxuriant. $

Cafe de Yara
Endroit très gai, où déguster des spécialités mexicaines et du café local bio. $

La Tradición
Adresse exquise pour une *concha* (viennoiserie ronde), gaufre, etc. accompagnée d'un chocolat chaud. $

Kinich Kan Balam
Restaurant de style paillote pour un petit-déjeuner copieux et savoureux. $

OÙ SE LOGER DANS LE CENTRE DE PALENQUE

Hotel Maya Rue
Hôtel en plein centre-ville, moderne, abordable et sans chichis, mais d'une qualité irréprochable. $

Casa 5 B&B
Un B&B en contrebas de la place centrale, avec de grandes chambres confortables et climatisées. $$

Misión Palenque
Établissement luxueux et très bien tenu d'une chaîne hôtelière mexicaine, qui ravira les touristes aisés. $$$

LES MEILLEURS RESTAURANTS DE PALENQUE

Café Haki Palenque
Bistro dominant la place principale, très couru des touristes amateurs de bière bien fraîche et de cuisine internationale à un prix correct. $

Restaurante Las Tinajas
Une référence de la scène culinaire locale, servant toutes sortes de plats mexicains, sans lésiner sur la quantité. $$

Chivo's
Bar branché avec un grand jardin pour savourer des tacos, un ceviche ou des produits de la mer grillés.$$

Bajlum
Pépite sur le chemin des sites archéologiques, ce restaurant chic sublime la cuisine maya traditionnelle. $$$

ANTON_IVANOV/SHUTTERSTOCK ©

Palenque, Parque Central

et détendez-vous dans l'un des cafés qui bordent l'extrémité est de la place. À côté de la rangée de restaurants trône la **Parroquia Santo Domingo de Guzmán**, l'église principale de la ville, dédiée à son saint patron. La façade blanchie à la chaux présente une arche centrale bordée de jaune et des clochers de part et d'autre.

Plus à l'ouest, le **Mercado Guadalupe** est un bon endroit où apprécier la vie locale et prendre un repas peu coûteux pendant la journée. Chaque soir, la 2a Avenida Sur Ote, au sud de la place principale, se remplit de petits chariots à tacos et de stands de *marquesitas* (crêpes typiques).

Si vous marchez encore 3 km vers l'ouest sur la route menant aux ruines, vous trouverez **Aluxes Ecoparque**, le premier centre de soins pour animaux du Chiapas, qui soigne les victimes de maltraitance en collaboration avec les autorités locales.

OÙ SE LOGER À LA CAÑADA

Casa Janaab Palenque
Auberge chaleureuse et abordable, avec hamacs, chambres, dortoirs et bain à remous. $

Maya Tulipanes Express
Grand hôtel au bord de la jungle, qui ravira les amoureux de la nature. $$

Hotel Chablis Palenque
Hôtel chic pour un séjour détente, avec chambres modernes et piscine joliment aménagée. $$

BRESTER IRINA/SHUTTERSTOCK ©

Palenque

Étape nature à El Panchán

IMMERSION DANS LA MAGIE DE LA JUNGLE

La zone qui sépare Palenque du site archéologique est truffée de lieux magiques, où les singes hurleurs batifolent dans la canopée, et les cours d'eau serpentent au cœur de la jungle.

Situé à l'écart de la route vers les ruines, le domaine d'El Panchán est un complexe de *cabañas* et d'*hostales* (auberges) rustiques en pleine forêt tropicale, où les voyageurs aiment se retrouver. Jadis occupé par une ferme, il fut reboisé par la famille Morales qui s'est aussi beaucoup investie dans les fouilles à Palenque. Il attire désormais familles et voyageurs à l'esprit bohème en quête d'une expérience alternative.

Les cabanes (souvent décorées de fresques colorées) équipées d'une literie basique et de moustiquaires permettent de se loger à petit prix. On trouve aussi des logements un peu plus confortables mais qui restent très basiques. Le complexe propose plusieurs lieux où se restaurer, mais aussi des spectacles et concerts en soirée. Vous pouvez aussi purifier votre esprit dans un *temascal* (bain de vapeur parfumé par des plantes médicinales) ou pratiquer la méditation.

LES MEILLEURS HÉBERGEMENTS À EL PANCHÁN

Chato's Cabañas by Panchan
Adresse prisée de longue date des voyageurs, pour ses cabanes en bois avec des fenêtres à claire-voie et un joli intérieur. $

Cabañas Kin Balam
Cabañas disposées autour d'une piscine, à juste 3 km du parc national de Palenque, qui rencontrent un très grand succès auprès des routards. $$

Hotel La Aldea del Halach Huinic
Complexe hôtelier au toit en palapa, avec une superbe piscine en cascade qui permet de profiter de l'ambiance de la jungle dans un confort maximal. $$$

COMMENT CIRCULER

Le petit centre de Palenque se visite à pied, mais les ruines se trouvent à environ 9 km. Du centre-ville, le plus simple est de monter dans l'un des combis (25 $M) qui sillonnent la route des ruines jusqu'à la tombée du jour. Une station de taxis se situe au niveau du Parque Central.

MADRUGADA VERDE/SHUTTERSTOCK©

INCONTOURNABLE

Ruines de Palenque

Palenque est l'un des plus importants et majestueux sites archéologiques du Mexique. La cité, littéralement engloutie par la jungle, est un dédale de pyramides, de temples et de palais – on estime à un millier le nombre de constructions enfouies sous la végétation. Grimpez au sommet des pyramides pour profiter d'une vue à 360° sur les paysages luxuriants du nord-est du Chiapas.

À NE PAS MANQUER

- Templo de las Inscripciones
- El Palacio
- Tumba de la Reina Roja
- Templo del Sol
- Templo de la Cruz
- Baño de la Reina
- Museo de Sitio

Une puissante cité maya

Peuplée pour la première fois vers 100 av. J.-C., Palenque a prospéré entre 630 et 740 environ. La cité joua un rôle capital sous le règne de Pakal (règne 615-683). Représenté par les glyphes du soleil et du bouclier, qui symbolisent son nom, ce souverain né en 603 vécut jusqu'à l'âge de 80 ans, une rareté pour l'époque. Sous son règne furent bâtis à Palenque de nombreux édifices et places, dont le superbe Templo de las Inscripciones (le mausolée de Pakal). De fausses voûtes en encorbellement et de très beaux bas-reliefs en stuc caracté- risent l'architecture de cette époque.

Le fils de Pakal, Kan B'alam II (règne 684-702), représenté par les glyphes du jaguar et du serpent, et appelé Jaguar-Serpent II, contribua lui aussi à l'expansion et au développement artistique de Palenque. Il supervisa la construction des temples du Grupo de las Cruces, dans lesquels il fit placer de monumentales stèles de pierre.

Palenque connut une dernière période de gloire, entre 722 et 736, sous le règne d'Ahkal Mo' Nahb' III, à qui l'on doit la construction de nombreux autres édifices. Après 900, Palenque fut pratiquement livrée à l'abandon. Situées dans l'une des régions du Mexique où les précipitations sont les plus abondantes, les ruines furent rapidement recouvertes par la végétation. La ville resta inconnue du monde occidental jusqu'en 1746, date à laquelle des chasseurs mayas révélèrent au prêtre espagnol Antonio de Solís la présence d'un palais dans la jungle.

Le site continue aujourd'hui de dévoiler de merveilleux secrets. Très récemment encore, un ensemble de fresques et de sculptures, qui a contribué à enrichir notre connaissance de l'histoire de Palenque, a été mis au jour dans la zone de l'Acrópolis del Sur.

Groupe du Templo de las Inscripciones

Après l'entrée du site, la végétation laisse soudainement place à une superbe vue sur les plus beaux monuments de Palenque. Le premier temple sur votre droite est le **Templo XII**, appelé Templo de la Calavera (temple du Crâne) en raison de la sculpture en relief d'un crâne de lapin ou de cervidé figurant à la base de l'un de ses piliers. Le deuxième temple, le **Templo XI**, n'a guère d'intérêt.

Templo de las Inscripciones

Érigé sur huit niveaux, cet édifice, qui abrite la tombe du grand souverain Pakal, est le plus imposant du site archéologique de Palenque. Il arbore un escalier central de 25 m menant à un ensemble de petites salles. Sur un mur intérieur, trois panneaux sont couverts d'une longue inscription maya, racontant l'histoire de Palenque et de l'édifice (d'où le nom attribué au temple par l'archéologue mexicain Alberto Ruz Lhuillier).

Au sommet, un escalier descend vers la sépulture de Pakal, aujourd'hui fermée au public pour éviter sa dégradation. On peut en voir une reconstitution au Museo Nacional de Antropología de México.

La Tumba de la Reina Roja

À droite du Templo de las Inscripciones, le **Templo XIII** renferme une tombe dans laquelle fut découvert, en 1994, un squelette féminin rouge (après un traitement au cinabre). Il est possible d'accéder à la Tumba de la Reina Roja (tombe de la Reine rouge) pour en admirer le sarcophage. Lors de la découverte du squelette, les archéologues mirent également au jour un masque de malachite et un millier de pièces de jade.

El Palacio

Diagonalement opposé au Templo de las Inscripciones, El Palacio est un chef-d'œuvre divisé en quatre cours principales et renfermant un dédale de chambres et de couloirs souterrains. Il servait de centre cérémoniel

COMMENT S'Y RENDRE

Des combis desservent le site au départ du Parque Central de Palenque. Repérez la pancarte "Ruinas" derrière le pare-brise. Ces minibus prennent et déposent aussi des passagers sur la route menant aux ruines. Nous vous recommandons de descendre à l'entrée principale pour explorer le site et suivre le sentier du parc national à travers la jungle jusqu'au musée.

À SAVOIR

- Visitez le site dès son ouverture pour voir les pyramides enveloppées de brume matinale.
- Évitez l'affluence du dimanche, jour où l'entrée est libre pour les Mexicains.
- Le musée est ouvert toute la semaine de 8h30 à 17h (85 $M).
- Un bon guide donne vie aux ruines. Les associations de guides mayas proposent des visites privées de 2 heures au départ de l'entrée supérieure pour 1 300 $M.
- Près de l'entrée supérieure, quelques cafétérias servent *pozoles* et tacos brûlants.
- Des habitants vendent parfois des champignons le long de la route menant aux ruines : attention, ils sont hallucinogènes !

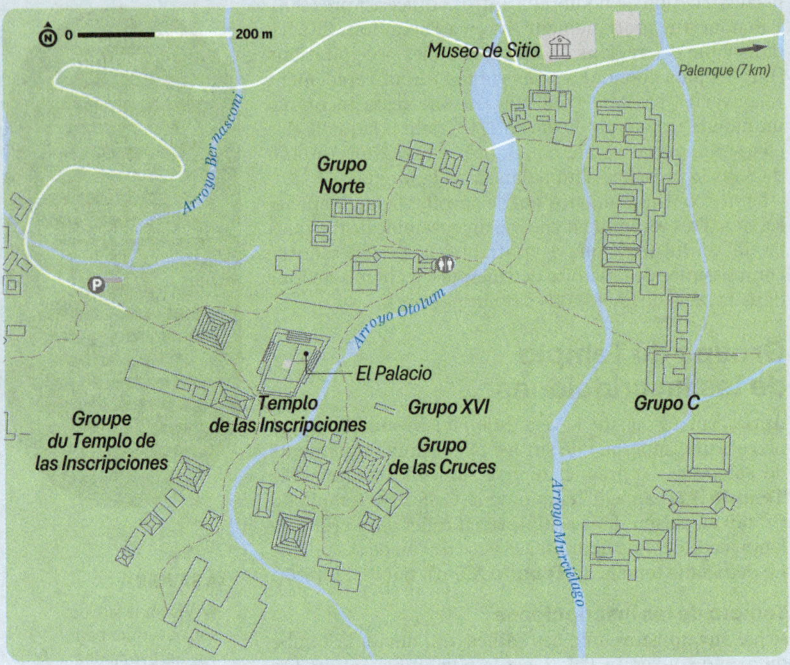

et politique et l'on y recevait les dignitaires étrangers. Cette construction massive se distingue par sa tour de quatre niveaux, dont le sommet offre une vue imprenable sur les environs (malheureusement, elle est fermée au public). Les archéologues pensent qu'elle devait permettre aux rois et aux prêtres mayas d'observer le Soleil lors du solstice d'hiver. Un ruisseau longe le palais jusqu'à un aqueduc qui contiendrait quelque 200 000 litres d'eau douce.

DANIELA CONSTANTINESCU/SHUTTERSTOCK ©

El Palacio

Grupo de las Cruces

Au sud-est d'El Palacio, les trois pyramides qui forment le Grupo de las Cruces (groupe des Croix), dédiées à la triade de divinités protectrices de Palenque, furent conçues par le fils de Pakal, Kan B'alam II.

À l'extrémité ouest de l'ensemble, le **Templo del Sol** (temple du Soleil) possède le toit le mieux conservé du site archéologique. À l'intérieur, des reliefs célébrant la naissance de Kan B'alam en 635 et son accession au pouvoir en 684 le représentent face à son père.

Des marches abruptes grimpent au **Templo de la Cruz** (temple de la Croix), le plus grand et le plus harmonieusement proportionné du groupe. Sur une plaque de pierre à l'intérieur du sanctuaire central, on distingue à droite le seigneur des Enfers fumant du tabac et à gauche Kan B'alam dans ses atours royaux. Derrière, on peut voir la reproduction d'un panneau montrant l'avènement du souverain.

Acrópolis Sur

L'acropole sud se dresse dans la jungle, au sud du Grupo de las Cruces. Le **Templo XVII**, entre le Grupo de las Cruces et l'Acrópolis Sur, renferme la reproduction d'un panneau gravé représentant Kan B'alam, armé d'une lance, devant un prisonnier attaché et agenouillé (l'original se trouve dans le musée du site). En 1999, les archéologues ont fait dans le **Templo XIX** la découverte la plus importante de ces dernières décennies à Palenque : une grande plateforme en calcaire, datant du VIIIe siècle, où sont sculptées des figures assises, accompagnées d'un long texte en glyphes retraçant les origines de Palenque. Le **Templo XX** contient une tombe ornée de fresques rouges datant de 540 : il pourrait s'agir de la dernière demeure de K'uk B'alam Ier, un ancêtre de Pakal.

Groupes nord et nord-est

Au nord d'El Palacio s'étendent un **Juego de Pelota** (jeu de balle) et le **Templo del Conde**, construit en 647.

À l'est de cet ensemble, le sentier principal traverse l'Arroyo Otolum. Quelque 70 m au-delà du cours d'eau, un embranchement sur la droite mène au **Grupo C**, un ensemble de monuments et d'esplanades recouverts de végétation, qui auraient été habités vers 750-800. En poursuivant sur le sentier principal, on descend un escalier raide jusqu'à un groupe d'édifices bas et allongés, utilisés probablement comme résidences entre 770 et 850.

Le chemin longe ensuite l'Arroyo Otolum : le cours d'eau forme à cet endroit une série de cascades et de bassins connus sous le nom de **Baño de la Reina** (baignade interdite). Puis le chemin continue jusqu'à un autre quartier résidentiel, le **Grupo de los Murciélagos** (groupe des Chauves-Souris), avant de franchir le **Puente de los Murcié lagos**, une passerelle suspendue au-dessus de la rivière. Au-delà et en allant vers l'aval, un sentier mène, après une courte ascension vers l'ouest, aux **Grupos I et II**. Ces ruines, partiellement dégagées, sont entourées d'un splendide paysage de jungle. Le sentier principal se poursuit en aval vers la route, où le musée se dresse à proximité, sur la droite.

Museo de Sitio

Ce musée est tout indiqué pour terminer la visite. Les vastes salles climatisées présentent des objets exhumés sur le site tout en informant sur l'histoire du lieu (en espagnol et en anglais). Ne manquez pas la partie consacrée à la “Reine rouge”, où vous pourrez voir les pièces retrouvées dans son tombeau et des vidéos des fouilles.

LE TRÉSOR DE PAKAL

Le squelette de Pakal, croulant sous les bijoux, et son masque mortuaire en mosaïque de jade ont été transférés au Museo Nacional de Antropología de Mexico, où l'on peut voir une reconstitution de sa tombe. Le fabuleux couvercle de pierre sculpté du sarcophage est resté dans la tombe close (on peut en admirer une réplique au musée du site).

VESTIGES ET TRAIN MAYA

Une fois en fonctionnement, le *Tren Maya* (p. 376) desservira Palenque. Les archéologues se hâtent de fouiller les zones que traverseront les voies afin de sauver les vestiges enfouis dans la jungle. Et ils sont nombreux ! 255 683 fragments de céramique et 177 tombes humaines ont été mis au jour depuis que les travaux du train ont commencé. Dernière trouvaille en date, une chambre funéraire contenant un squelette d'homme en position couchée tourné vers le nord.

Environs de Palenque

La jungle qui entoure Palenque abrite de superbes chutes d'eau, des villages lacandons isolés dans la jungle et des ruines mayas peu visitées.

Pour les infos pratiques, voir le Carnet d'adresses p. 443

À SAVOIR

Les tour-opérateurs de Palenque proposent des excursions aux chutes et ruines voisines. Les minibus qui y mènent s'arrêtent aux embranchements de la route 199.

La région de Palenque jouit d'un sublime décor préservé de forêts tropicales impénétrables, de rivières aux teintes vert émeraude et de piscines naturelles.

Suivez la route 199 vers le sud et vous côtoierez les eaux du Río Tulijá qui serpentent à travers les terres agricoles séparant Palenque d'Ocosingo. Aventurez-vous plus loin pour admirer les belles chutes de Misol-Ha, admirer les eaux turquoise d'Agua Clara du haut d'une passerelle et vous rafraîchir dans la série de bassins d'Agua Azul.

Plus au sud-est de Palenque, la route asphaltée 307, ou Carretera Fronteriza, relie des sites archéologiques peu connus et des villages lacandons. L'excursion aux anciennes cités de Bonampak et de Yaxchilán est une sacrée aventure, mais elle en vaut la peine.

JOYCE CASANOVA/SHUTTERSTOCK ©

Río Tulijá

Misol-Ha

Univers aquatique

BASSINS PROFONDS, RAPIDES ET CASCADES

Juste au sud de Palenque, la nature offre un spectacle grandiose composé de piscines naturelles, de chutes et de rapides. L'on doit ces trésors au **Río Tulijá**, ruban d'eau azurée qui a sculpté les reliefs en descendant de Palenque vers Ocosingo.

On comprend aisément pourquoi les Mayas ont nommé cette rivière Yaks-Ha (Eau bleue) : l'eau cristalline est d'un bleu vert inhabituel, dû à la réflexion de la lumière solaire sur le lit calcaire. Malheureusement, ce bleu hypnotique disparaît à la saison des pluies, d'août à janvier, quand l'eau se charge des sédiments boueux entraînés dans la rivière.

Roulez 20 km au sud de Palenque sur la route 199 pour atteindre **Misol-Ha**, chutes de 35 m qui plongent dans un bassin scintillant entouré de végétation tropicale. Pendant la saison des pluies, l'eau peut être un peu trop profonde pour la baignade. Un sentier au pied de la falaise mène à une grotte voilée de brume. Un *ejido* (propriété collective) demande un supplément pour l'accès à la grotte, dont le sentier passe sous les chauves-souris suspendues au plafond.

DANGERS SUR LA ROUTE DE PALENQUE

Les braquages occasionnels sur la route 199 entre Palenque et San Cristóbal de Las Casas rendent celle-ci risquée. Les bus ADO l'évitent en faisant un détour par Tuxtla Gutiérrez, mais des vols ayant eu lieu dans les bus de nuit, mieux vaut placer vos effets de valeur dans le compartiment à bagages. Réserver un circuit à la journée qui inclut un arrêt à San Cristóbal de Las Casas est une formule plus sûre. Si vous avez loué une voiture, évitez de rouler la nuit et préparez un peu d'argent liquide au cas où vous tomberiez sur un barrage.

OÙ SE LOGER AU BORD DU RÍO TULIJÁ

Posada Agua Azul
Auberge rustique avec des chambres simples, dotées de moustiquaires, tout près d'Agua Azul. **$**

Cabañas Yax-Ha
Bungalows récents et propres avec salle de bains privée et wi-fi, à deux pas des cascades d'Agua Azul. **$**

Centro Turístico Ejidal Cascada de Misol-Ha
Cabanes en bois spartiates dans la forêt, avec ventilateurs, moustiquaires et douches. **$$**

HORS DES SENTIERS BATTUS

À l'est de la route 199, le village de Roberto Barrios abrite les extraordinaires **Cascada de Roberto Barrios**. À 30 km au sud de Palenque, les eaux turquoise forment une série de bassins aigues-marines et de chutes écumeuses qui échappe à la cohue touristique d'Agua Azul. L'idéal est de suivre les habitants le long des sentiers et des passages (parfois boueux) jusqu'aux criques secrètes et aux plongeoirs naturels !

Pour vous y rendre, prenez un *colectivo* sur Cuarta Pte Nte, entre 5a Av Pte Nte et Sexta Av Pte Nte, au nord-ouest de la place principale de Palenque.

KAI GRIM/SHUTTERSTOCK ©

Cascadas de Agua Azul

À mi-chemin entre Palenque et Ocosingo (à 60 km au sud de Palenque), **Agua Azul** est le site le plus fréquenté. L'eau y dégringole sur plusieurs niveaux de rochers calcaires, formant des centaines de chutes, de rapides et de petits bassins, avant de plonger dans un gouffre où les habitants se défient les uns les autres de sauter. Si vous vous y baignez, méfiez-vous du courant, plus fort qu'il n'y paraît, et des dangers immergés comme les arbres morts.

Un chemin facilement praticable mène de l'entrée au sommet des chutes, se divisant en plusieurs petits sentiers conduisant à des *miradores* (points de vue) et à d'agréables zones de baignade. La foule s'amenuise au fur et à mesure que l'on monte, mais gardez toujours un œil sur vos affaires, car les vols ne sont pas rares.

OÙ SE LOGER DANS LA JUNGLE LACANDONE

Campamento Río Lacanjá
Bungalows en bois semi-ouverts près du Río Lacanjá, où l'on se sent vraiment en pleine jungle. **$**

Topche Centro Ecoturístico
Chambres en dur confortables et cabanes au toit en palapa avec moustiquaires et salles de bains communes. **$**

Santuario de Cocodrilo Tres Lagunas
Option haut de gamme où les élégantes chambres offrent une vue incroyable sur le lac. **$$**

Dans la jungle lacandone

UNE JUNGLE MENACÉE

Pour un supplément de vie sauvage et de culture indienne, il faut s'enfoncer dans la Selva Lacandona (jungle lacandone), territoire le plus reculé et le moins exploré de la région. C'est dans ces forêts que des espèces menacées évoluent en liberté et que vivent de petites communautés mayas lacandones.

Véritable trésor de ressources naturelles et de biodiversité, la Selva Lacandona recèle une quantité extraordinaire d'espèces végétales et animales, dont le jaguar, le tapir et la harpie féroce. Malheureusement, sous la pression des bûcherons, des gardes forestiers et des prospecteurs de pétrole, cette vaste zone de vie sauvage se réduit à vue d'œil : des 15 000 km² dans les années 1950, il ne reste aujourd'hui qu'environ 2 500 à 3 500 km².

Cette région est désormais accessible en suivant la **Carretera Fronteriza** (route 307), qui longe la frontière guatémaltèque de Palenque jusqu'aux Lagos de Montebello. Passant par quelques sites archéologiques mineurs et des projets d'écotourisme, cette route asphaltée mène directement du Chiapas au Petén, dans le nord du Guatemala.

DES SITES ARCHÉOLOGIQUES PEU FRÉQUENTÉS

Près de 150 km au sud-est de Palenque, **Bonampak** n'est connu du reste du monde que depuis 1946. Avec un guide lacandon, les deux explorateurs américains Charles Frey et John Bourne furent les premiers visiteurs étrangers de cette cité maya magnifiquement préservée, au cœur d'une épaisse forêt.

Le site s'étend sur 2,4 km², mais les principaux édifices entourent la Gran Plaza centrale. Les monuments les plus marquants ayant résisté au temps ont été édifiés par Chan Muwan II, qui régna de 776 à 795. Bonampak ("murs peints" en maya) doit son nom aux fresques à l'intérieur du modeste Templo de las Pinturas ("temple des Peintures") : rouge et turquoise vifs, et très détaillées, elles dépeignent la vie royale au cours du VIIᵉ siècle.

Plus vaste, le site archéologique de **Yaxchilán** jouit d'un cadre spectaculaire, en surplomb d'une boucle du Río Usumacinta, qui fait office de frontière naturelle avec le Guatemala. Grâce à sa situation géographique et de judicieuses alliances, la cité devint l'une des principales villes mayas de la région. Elle fit la conquête de colonies mineures, comme Bonampak, et combattit de plus grandes puissances, dont Palenque.

Yaxchilán a connu son apogée entre 681 et 800, sous les règnes d'Itzamnaaj B'alam II et de son successeur Pájaro Jaguar IV. Les nombreux bâtiments marqués des symboles du bouclier

LES INDIENS LACANDONS

Jusque dans les années 1950, les Lacandons, qui vivaient dans les profondeurs de la forêt, évitaient tout contact avec le monde extérieur. Aujourd'hui moins d'un millier, ils se sont regroupés dans trois villages de la même région (Lacanjá Chansayab, Metzabok et Nahá) et vivent principalement d'un tourisme modéré. Leurs tuniques blanches et leurs longs cheveux noirs coupés en frange permettent de les identifier facilement. Leur langue, le lacandon, est un langage maya proche du maya yucatèque. La majorité d'entre eux ont abandonné leur religion animiste au profit de l'évangélisme et du presbytérianisme.

OÙ SE RESTAURER DANS LA JUNGLE LACANDONE

Restaurante de Doña Mary
Établissement familial à Frontera Corozal, où se régaler de classiques mexicains. **$**

Restaurante Colibrí
Un festin de viandes grillées et de ragoûts traditionnels servis dans des marmites en terre cuite. **$**

Restaurante La Selva
Paillote sous laquelle est servie une cuisine simple, comme du ceviche et des *chilaquiles* (tortillas frites). **$$**

TERRITOIRE ZAPATISTE

En 1994, l'**Armée zapatiste de libération nationale** (l'EZLN) surgit des tréfonds de la jungle lacandone avec pour slogan slogan "¡ Ya basta !" (Ça suffit !). Ce mouvement politique révolutionnaire se fait le porte-voix de plusieurs communautés et peuples indigènes de cette région appauvrie et dominée par une oligarchie foncière.

Aujourd'hui, l'activité des rebelles zapatistes – qui n'a pas recours aux armes et œuvre à la construction d'un système de santé, à l'éducation et à plus de justice pour les communautés indigènes – se concentre surtout sur la Carretera Fronteriza et autour de la Reserva de la Biósfera Montes Azules. Des postes de contrôle militaires sont toutefois fréquents sur le trajet pour la Selva Lacandona. Ne passez jamais la frontière guatémaltèque de nuit et ayez toujours votre passeport sur vous.

ALESSANDRO BANCHELLI/SHUTTERSTOCK ©

Río Lacanjá

et du jaguar éclairent plus les archéologues sur la dynastie "Jaguar" que sur toute autre lignée ayant été au pouvoir. Yaxchilán impressionne surtout par ses façades ouvragées, ses crêtes ajourées et ses linteaux en pierre sculptés de scènes rituelles. Le temple le mieux préservé, l'Edificio 33, comporte un escalier raide, orné de splendides reliefs.

VILLAGES LACANDONS

À 12 km au sud-est de Bonampak, le plus grand village maya lacandon, **Lacanjá Chansayab**. Les familles qui le composent sont dispersées sur un vaste espace. Leurs terres verdoyantes donnent souvent sur des criques, voire sur le Río Lacanjá. Quelques-unes font office de chambres d'hôtes, fournissant aux touristes un logement sommaire, la nourriture et les hamacs. Les familles proposent aussi des visites guidées de la jungle lacandone, avec des arrêts à des vestiges partiellement mis au jour et à la **Laguna Lacanjá**, de 2,5 km de long. Le sentier Sendero Ya Toch Kusam de 2,5 km permet de marcher seul jusqu'à la cascade éponyme, mais il faut être accompagné d'un guide pour accéder aux **ruines de Lacanjá**.

COMMENT CIRCULER

La plupart des tour-opérateurs de Palenque (et de San Cristóbal) proposent des excursions quotidiennes à Misol-Ha et Agua Azul. Si vous venez de San Cristóbal, vous pourrez ensuite séjourner à Palenque. Les voyageurs indépendants peuvent prendre un *colectivo* entre Palenque et l'embranchement pour Misol-Ha, puis marcher jusqu'aux chutes (20-30 minutes).

SAN CRISTÓBAL DE LAS CASAS

Pour les infos pratiques, voir le Carnet d'adresses p. 444

À SAVOIR

L'aéroport international de Tuxtla Gutiérrez est le plus proche de San Cristóbal de Las Casas. Des minibus OCC font la navette entre l'aéroport et la gare routière (Terminal) de San Cristóbal (250 $M), qui est à 10 minutes de marche du centre historique.

Nichée au creux d'une vallée à 2200 m d'altitude, la ville coloniale de San Cristóbal de Las Casas est entourée de montagnes brumeuses, d'églises perchées et de villages mayas. Elle offre au regard ses édifices séculaires, ses maisons basses aux toits en tuile, ses rues pavées et ses marchés pittoresques.

Entourée de villages tzotziles et tzeltales, où perdure une culture traditionnelle mâtinée de touches modernes, "San Cris", comme l'appellent ses habitants, se situe au cœur de l'une des régions du Mexique les plus marquées par l'identité indienne.

San Cristóbal est une destination prisée des touristes depuis plusieurs décennies. Baroudeurs comme expatriés tombent sous le charme de cette ville à la fois moderne et traditionnelle, paisible et dynamique, populaire et branchée. Les nombreux cafés, bars et restaurants de qualité participent également à la réputation de ce *pueblo mágico* ("village magique"). Sans compter que San Cristóbal est une excellente base pour explorer la région.

San Cristóbal de Las Casas

VOIR
1 Arco del Carmen
2 Catedral
3 Centro de Textiles del Mundo Maya
4 Iglesia de Guadalupe
5 Kinoki
6 Mercado de Dulces y Artesanías
7 Mercado de Santo Domingo
8 Mercado Municipal
9 Museo del Café
10 Museo San Cristóbal de Las Casas (MUSAC)
11 Na Bolom
12 Plaza 31 de Marzo
13 Plaza de la Paz
14 Plaza Libertad
15 Real de Guadalupe
16 Templo de Santo Domingo de Guzmán

SE RESTAURER
17 Andador Turístico
18 El Fogón de Jovel
19 El Secreto
20 Esquina San Agustín
21 Restaurante Las Pichanchas
22 Restaurante Taniperla

PRENDRE UN VERRE ET FAIRE LA FÊTE
23 Cafe bar Revolución
24 Café la Selva
25 Cafeología
26 Libre Café

SE LOGER
27 Casa Lum
28 Hotel Sombra del Agua
29 Sereno Art Hotel

San Cristóbal à pied

ÉGLISES, PLACES ET POINTS DE VUE

Le cœur historique de San Cristóbal, aux parcs verdoyants et aux rues piétonnes, se visite facilement à pied. Commencez par vous imprégner de l'atmosphère sur la **Plaza 31 de Marzo**, la place principale de la ville.

À quelques pas au nord se dresse l'emblématique **cathédrale**, dont la façade baroque jaune et ocre dissimule un intérieur doré à la feuille. Sa construction débuta en 1528 et s'acheva en 1815, après plusieurs catastrophes naturelles. Au cours des années qui ont suivi, le bâtiment a été détruit par plusieurs tremblements de terre, dont une forte secousse de magnitude 8,1 qui a secoué le Chiapas en 2017. Le bâtiment a récemment rouvert ses portes après cinq ans de travaux de restauration. L'intérieur renferme 5 retables arborant des peintures de l'artiste zapotèque Miguel Cabrera (1695-1768).

La cathédrale domine la **Plaza de la Paz** (place de la Paix), lieu de nombreuses manifestations antigouvernementales et de rassemblements pacifiques.

Prenez vers l'est la rue piétonne **Real de Guadalupe**, bordée de quelques très bons cafés et de boutiques artisanales. Passez au centre culturel alternatif **Kinoki** pour découvrir ses expositions, la programmation de son cinéma, ou admirer la vue depuis le café-restaurant de son toit-terrasse. Continuez vers l'est jusqu'à la **Plaza Libertad**, galerie d'art contemporain qui met en lumière les artistes et sculpteurs locaux. Le jour, on y propose cours de peinture et ateliers de céramique ; le soir, son restaurant sert pizzas au feu de bois et cocktails à base de mezcal.

Au bout de la promenade s'élève le **Cerro de Guadalupe**, couronné par la formidable **Iglesia de Guadalupe**, église blanc et jaune érigée sur le site d'un temple aztèque en 1712. En haut des 79 marches qui y mènent, on profite d'une vue mémorable, mais allez-y dans la journée ; le secteur n'est pas très sûr le soir.

Vous arrivez ensuite à l'**Andador Turístico**, le long de la rue Miguel Hidalgo, qui réunit les restaurants et les bars les plus branchés de la ville, à l'image de

Femmes mayas devant la cathédrale

LES MEILLEURES ADRESSES OÙ SE RESTAURER ET PRENDRE UN VERRE

Cafe bar Revolución
Chaque soir, des groupes jouent de la salsa, de la pop, du jazz. On danse au sous-sol et on sirote un mojito à l'étage. $

Restaurante Taniperla
Une cuisine *chiapaneca* savoureuse. $

Restaurante Las Pichanchas
Les plats régionaux s'accompagnent ici de boissons locales et de danses traditionnelles. $$

El Fogón de Jovel
Cette institution culinaire propose tout un répertoire de plats locaux. $$

Esquina San Agustín
Grande cour branchée, où l'on peut choisir entre fusion péruvienne haut de gamme, saveurs japonaises et cuisine mexicaine contemporaine. $$

El Secreto
Une réinterprétation gastronomique des spécialités du Chiapas. $$$

OÙ SE LOGER

Hotel Sombra del Agua
Cet hôtel à prix raisonnables occupe un élégant bâtiment de 1907 dans le centre historique. $$

Sereno Art Hotel
Détendez-vous dans cet hôtel de caractère aux couleurs vives et aux peintures originales. $$

Casa del Alma
Hôtel chic de style colonial aux lignes pures, avec des chambres très sobres, mais un hall artistiquement décoré. $$

POURQUOI J'AIME SAN CRISTÓBAL DE LAS CASAS

Nellie Huang, auteure *(@wildjunket)*

San Cristóbal de Las Casas m'a captivée dès le premier jour. Est-ce son rythme de vie langoureux et son atmosphère arty ? Ses traditions ancestrales et son combat pour l'égalité des droits ? Sans aucun doute. Je ne connais guère de villes aussi charmantes et mélancoliques, profondément enracinées dans l'histoire et en même temps tournées vers l'avenir.

Ses habitants sont fiers de leur ville natale, unique en son genre avec ses paysages sensationnels et ses cultures bien vivantes.

J'ai voyagé dans de nombreuses régions du Mexique, mais je finis toujours par revenir à "San Cris".

BARNA TANKO/SHUTTERSTOCK ©

Plaza de la Paz

la très élégante halle alimentaire dans l'ensemble de l'**Esquina San Agustín** qui accueille des restaurants gastronomiques de tous styles.

Promenez-vous vers le sud jusqu'à l'**Arco del Carmen**, porte rose foncé de style mudéjar du XVIIe siècle qui marquait l'entrée de San Cristóbal. S'y tiennent souvent concerts et spectacles de rue.

Enfin, marchez vers l'ouest jusqu'à l'imposant escalier qui mène au sommet du **Cerro de San Cristóbal**, d'où la ville historique s'étend à vos pieds. Si vous êtes dans les parages le 25 juillet, grimpez les 280 marches conduisant à l'**Iglesia El Cerrito** (aussi appelée San Cristóbalito), qui déborde de musique et d'offrandes de nourriture lorsque les habitants y célèbrent leur saint patron.

La plus belle église de "San Cris"

OR, STUC ET BAROQUE

Au nord du centre-ville, le **Templo de Santo Domingo de Guzmán** est la plus belle église de San Cristóbal (XVIe siècle). Il faut la voir au soleil couchant, lorsque sa riche façade à quadruple registre de colonnes resplendit. La façade baroque a été ornée au XVIIe siècle d'une profusion de stucs. Notez l'aigle à deux têtes des Habsbourg, symbole de la monarchie espagnole de l'époque. Les ors intérieurs soulignent un beau décor sculpté, dont une chaire en chêne étonnante sous son baldaquin.

OÙ SE LOGER

La Joya Hotel
Confortable, raffiné et décoré d'objets anciens, avec un toit-terrasse offrant une vue sur les collines. **$$$**

Hotel Bo
Explosion de couleurs vives et mobilier avant-gardiste pour cet hôtel 5 étoiles ultra-moderne et novateur. **$$$**

Casa Lum
Un boutique-hôtel magnifique et intime. Son ambiance éco-chic met à l'honneur des meubles et des textiles de très grande qualité. **$$$**

Arts populaires indiens

L'ARTISANAT LE PLUS RAFFINÉ DU MEXIQUE

Le Chiapas a toujours été une région d'artisans. Ceux issus des communautés indiennes des hauts plateaux comptent parmi les plus doués du pays, et la qualité des *huipiles* (tuniques brodées sans manches), tissages et couvertures de San Cristóbal n'a pas d'égale. Perpétuée grâce à l'implication des femmes indiennes, la réalisation d'objets artisanaux est majeure dans l'expression artistique des communautés mayas actuelles.

Avec plus de 500 pièces tissées à la main par des communautés mayas du Mexique et d'Amérique centrale, le **Centro de Textiles del Mundo Maya**, situé dans l'ancien couvent de Santo Domingo, est une mine d'informations inestimable sur les textiles indiens. Les collections permanentes réparties dans deux salles présentent des *huipiles*, dont un vieux de 1 000 ans, réalisé à partir d'écorces d'arbres.

À quelques pas de là, **Sna Jolobil** ("la maison de la tisseuse" en tzotzil) expose et vend une sélection de premier choix de *huipiles*, chemisiers et tapis. Fondée en 1970, cette coopérative compte aujourd'hui plus de 800 tisserandes originaires des hauts plateaux, désireuses de préserver des techniques et modèles de tissages à demi oubliés.

Se perdre dans les marchés

SAVEURS LOCALES, PRODUITS FRAIS ET ARTISANAT

Il n'y a pas meilleur endroit où s'imprégner de la vie locale à San Cristóbal que le **Mercado Municipal**. Toute l'âme *chiapaneca* est là. Les piments et les mangues embaument l'air, les *piñatas* bariolées se balancent au-dessus des têtes, et les tacos et *tamales* fumants font monter la température. Ce méli-mélo étourdissant de stands de fruits et de bibelots mobilise tous vos sens et s'y perdre est un plaisir.

La partie culinaire du marché est sans aucun doute le meilleur endroit de la ville où goûter à l'authentique cuisine du Chiapas, notamment la *sopa de pan*, soupe préparée avec du pain, des œufs durs, de la banane plantain et des haricots. Si vous n'êtes pas suffisamment rassasié, commandez des *tamales jacuanés*, enveloppés dans des feuilles de *hoja santa*, et des *tacos de cochito*, tacos de porc mijoté dans une sauce au safran.

Pour une expérience totalement différente, rejoignez, non loin de là, le **Mercado de Santo Domingo**, un marché artisanal composé de tentes de fortune. On y vend *huipiles*, broderies, bibelots, bijoux d'ambre et articles en cuir à des prix avantageux. Même si vous n'avez pas l'intention d'acheter, allez-y pour le plaisir des yeux.

ATTENTION AUX CONTREFAÇONS

Depuis quelques années, la présence sur les marchés locaux et dans les grandes villes de contrefaçons importées de Chine est une menace pour la survie des artisans du Chiapas. En plus d'être adaptées au goût du jour, ces pièces coûtent souvent moins cher. Au moment d'acheter des souvenirs, interrogez le vendeur et n'oubliez jamais qu'un original est toujours unique !

OÙ ACHETER DES OBJETS ARTISANAUX ORIGINAUX

Táabal
Un projet qui réunit plus de 126 artisans des villages alentour pour proposer une belle variété de pièces.

Folklora
Ce magasin vend couvertures, châles et objets artisanaux originaux produits par plus de 20 communautés de la région.

El Camino de los Altos
Une collaboration entre 8 designers textiles français et 130 tisserandes mayas. Pièces tissées et brodées à la main, de grande qualité.

Prenez l'Avenida Insurgentes vers le sud jusqu'au **Mercado de Dulces y Artesanías**, qui réunit boutiques d'artisanat et étals de douceurs locales, comprenant des bonbons à la noix de coco, des fruits caramélisés et le fameux *chimbo* (gâteau cuit au four et enrobé de miel et de cannelle).

PLUS JOLIES VUES À SAN CRISTOBAL

Cerro de Don Lauro
Depuis le début du sentier sur l'Avenida Insurgentes, il faut compter 30 minutes de marche soutenue pour ce sommet d'où le panorama est exceptionnel.

Cerro de Guadalupe
Une superbe vue vous attend en haut des 79 marches qui mènent à l'église bâtie sur cette butte, à l'est de la ville.

Cerro de San Cristóbal
La vue circulaire depuis le sommet de cette colline au sud-ouest du centre historique, où se dresse une église dédiée au saint patron de la ville, se mérite : il y a 240 marches à monter !

Des musées passionnants

HISTOIRE ET CULTURE DU CHIAPAS

À la fois musée et centre de recherche, **Na Bolom** retrace la vie de ses anciens propriétaires, l'archéologue Frans Blom et son épouse suisse, l'anthropologue Gertrude Duby-Blom. Des années durant, lui explora et étudia des sites mayas dans tout le Chiapas, tandis qu'elle s'employait à protéger les Indiens lacandons vivant dans l'est de la région. Aujourd'hui, Na Bolom (jeu de mots formé à partir du patronyme des anciens propriétaires et signifie la "maison du jaguar" en langue tzotzil) expose 50 ans de photographies, de pièces archéologiques et anthropologiques accumulés par le couple. À la mort de Gertrude en 1993, Na Bolom est devenu un musée et un Institut d'études et de préservation des cultures indigènes du Chiapas en menant des programmes communautaires et environnementaux dans les zones indiennes. La bibliothèque conserve plus de 9 000 ouvrages et documents, une véritable mine d'informations sur les Mayas.

Dans le centre-ville, l'Ex-Convento de Santo Domingo abrite le **Museo de los Altos de Chiapas**. Vous y verrez plusieurs vestiges archéologiques impressionnants, dont des stèles de Chinkultic. D'autres salles sont consacrées à la conquête espagnole et à l'évangélisation de la région.

La ville a redonné une seconde jeunesse au Palacio Municipal, demeure néoclassique conçue par Carlos Z Flores en 1885, en y créant le **Museo San Cristóbal de Las Casas (MUSAC)**. Ce musée historique relate les événements majeurs qui ont forgé San Cristóbal depuis sa fondation en 1528 par les Espagnols. Le bâtiment lui-même est l'un des plus beaux de la ville.

Enfin, vous en apprendrez plus sur l'ambre du Chiapas en visitant le petit **Museo del Ámbar de Chiapas** (attention, les commerces avoisinants se sont abusivement attribué le nom de musée). Cette résine de pin fossilisée, datant d'environ 30 millions d'années, est renommée pour sa clarté et la richesse de ses couleurs. Elle est en grande partie extraite aux alentours de Simojovel, au nord de San Cristóbal. Des loupes permettent d'admirer les détails des plus belles pièces exposées et des explications (en français, entre autres) vous en apprendront plus sur le sujet. Après la visite, faites un tour à la boutique,

LE STREET ART À SAN CRISTOBAL

Avenida Cristóbal Colón
Art urbain psychédélique le long des escaliers imposants du vallonné Barrio del Cerrillo.

Calle Tonalá
Rue pavée avec des fresques murales pleines de vie.

Calle Belisario Domínguez
Rue dont les murs sont devenus le lieu d'expression de jeunes artistes locaux.

AINDIGO/SHUTTERSTOCK ©

Grains du Chiapas

où sont vendus des objets finement sculptés ou renfermant des insectes fossilisés.

Culture du café

UN GRAIN DE FOLIE

À chaque coin de rue de San Cristóbal, le doux arôme du café flotte dans l'air. La ville rassemble un nombre croissant de cafés, où l'on sert des crus bio parmi les meilleurs du Mexique.

Grâce à la richesse des sols et au climat frais des hauts plateaux, les grains du Chiapas ont acquis une renommée mondiale. La région concentre à elle seule plus de 40 % de la production totale du Mexique. Pour goûter à ce café légendaire, faites un saut au très raffiné **Cafeología**, où vous pourrez apprécier comment il est torréfié et infusé. L'établissement propose des dégustations de ses différents cafés, ainsi que d'excellentes pâtisseries.

Le **Café la Selva**, l'un des plus anciens cafés de la ville, continue de servir du café 100 % biologique provenant de la forêt lacandone. Au charmant **Libre Café**, une partie de l'espace est occupée par le torréfacteur toujours en usage, ne laissant de la place que pour quelques chaises.

Pour en savoir plus, faites un détour par le **Museo del Café**, petit musée qui retrace l'histoire du café et de sa culture au Chiapas. Il est dirigé par une coopérative regroupant plus de 17 000 producteurs de la région. Après votre visite, prenez place dans le café pour savourer une tasse.

ALCOOL CHIAPANÈQUE

Le Chiapas est la patrie du *pox* (prononcé "poch"), alcool à base de canne à sucre, de maïs et de blé. Son origine remonte à la période préhispanique, quand les Tzotziles brassaient une bière au maïs pour les cérémonies. Souvent utilisé dans des rituels religieux, le *pox* ("médicament" en tzotzil) est désormais décliné sous diverses formes, par exemple aromatisé au chocolat, aux fruits ou au miel. Vous pouvez en déguster une version raffinée au **Posheria** (posheria.mx), l'une des adresses de référence de San Cristóbal, ou vivre une expérience plus amusante à **La Espirituosa** (laespirituosa.net).

COMMENT CIRCULER

Si vous êtes en voiture, mieux vaut vous garer dans un parking couvert à l'extérieur du centre historique pour éviter de vous engager dans les rues pavées, étroites et encombrées. Si vous arrivez en bus, la gare routière ADO (Avenida Insurgentes 66) n'est qu'à 10 minutes de marche du centre, mais certains chauffeurs déposent les passagers sur la Plaza 31 de Marzo. Explorer la ville à pied est de toute façon l'idéal.

Environs de San Cristóbal de Las Casas

Les villages et la nature sauvage qui entourent San Cristóbal de Las Casas font partie des charmes de la destination.

Pour les infos pratiques, voir le Carnet d'adresses p. 445

À SAVOIR

Des *colectivos* desservent les villages alentour au départ du Mercado Municipal (Calle Utrilla), mais des excursions sont aussi proposées à prix raisonnables.

San Cristóbal et ses environs raviront les amoureux de la ville comme ceux des grands espaces. Autour du *pueblo mágico* débordant de vie, les demeures coloniales cèdent la place aux pâturages et aux champs de maïs. Quantité de merveilleuses grottes hérissées de stalactites et stalagmites se cachent dans les collines de la région. On peut notamment en contempler de près à El Arcotete. À l'ouest de San Cristóbal, l'impressionnant Cañón del Sumidero témoigne de 35 millions d'années d'histoire géologique.

Les voyageurs qui souhaitent s'immerger plus encore dans la culture maya peuvent consacrer des jours, voire des semaines, à la découverte des villages qui parsèment la région des hauts plateaux du Chiapas, dont San Juan Chamula qui vaut vraiment le détour.

SL-PHOTOGRAPHY/SHUTTERSTOCK ©

Femme tzotzile utilisant un "métier à ceinture" maya

DC_APERTURE/SHUTTERSTOCK ©

Marché aux fruits, San Juan Chamula

À la rencontre du peuple tzotzil

GUÉRISSEURS, ENCENS ET RITUELS

Les Chamulas forment un groupe de l'ethnie tzotzile farouchement indépendant. Leur principale agglomération, **San Juan Chamula**, qui s'étend à 10 km au nord-ouest de San Cristóbal, est le centre de pratiques religieuses uniques, mais il importe de respecter les sensibilités locales si vous souhaitez les découvrir.

Les hommes chamulas se vêtent d'amples tuniques de laine blanche (par temps froid, de laine noire plus épaisse). Les responsables religieux ou cérémoniels portent une tunique noire sans manches et un foulard blanc autour de la tête. Les femmes s'habillent de jupes en laine, de blouses blanches ou bleues assez simples et/ou de châles.

Sur la place principale du village se dresse le **Templo de San Juan**, la grande église de Chamula qui se distingue par sa haute façade blanche scandée de vert émeraude et son portail cerné de vert et bleu. À l'intérieur, les innombrables bougies, les nuages d'encens, les fidèles à genoux, le visage touchant presque le sol recouvert d'aiguilles de pin, forment un tableau saisissant. Les habitants de San Juan Chamula vénèrent San Juan Bautista (saint Jean-Baptiste) davantage que le Christ, et son effigie occupe une place de choix.

HABIT TRADITIONNEL CHAMULA

Les Chamulas sont fiers de porter leurs vêtements traditionnels : en principe un chemisier sobre et une jupe typique en laine noire à poils longs pour les femmes, et une tunique ample en laine blanche pour les hommes. Les chefs, eux, portent une tunique noire sans manches, avec un foulard blanc sur la tête. C'est la longueur des poils de la laine utilisée pour fabriquer les vêtements qui révèle le rang social de la personne : plus celui-ci est élevé, plus les poils sont longs et l'habit coûteux.

OÙ SE RESTAURER À SAN JUAN CHAMULA

Nichim
De bonnes soupes réconfortantes dans un cadre décontracté. $

Al Toque !
Établissement familial à la situation centrale et aux prix très corrects. $

El Mirador
L'un des rares vrais restaurants de Chamula offrant une bonne cuisine et une vue magnifique. $$

COOPÉRATIVE DE FEMMES DE ZINACANTÁN

Fondée en 2009, **la coopérative Mujeres Sembrando la Vida** ("Les semeuses de vie") réunit une soixantaine d'Indiennes. Son nom traduit le rôle majeur de l'art local dans l'épanouissement de ces femmes. En développant des motifs gais et novateurs, pas nécessairement traditionnels, la coopérative est parvenue à vendre des textiles et articles d'artisanat locaux aux niveaux national et international. Pour perpétuer la technique du tissage, elle a aussi ouvert une école, appelée Yo'onik (www.natik.org), qui donne des cours de tissage et de broderie gratuits aux enfants.

Le dimanche, dès l'aube, les habitants des collines convergent vers la ville pour se rendre au marché et à l'église – les bus de touristes aussi, de sorte qu'il est préférable d'y aller un autre jour (évitez toutefois le mercredi : ce jour-là, l'église est presque déserte en raison de superstitions).

Traditions de Zinacantán

ARTISANAT ET FLEURS

Les fleurs de **San Lorenzo Zinacantán** embaument des kilomètres à la ronde. Zinacantán, comme il est d'usage de l'appeler, est lovée dans un patchwork champêtre ceint de collines couvertes de pins, avec d'immenses serres dessinant une sorte de damier dans la vallée. En effet, depuis des années, cette bourgade animée de 45 000 habitants, à 10 km, à peine, au nord-ouest de San Cristóbal, cultive des fleurs, qu'elle exporte vers Mexico et au-delà.

Les vêtements traditionnels illustrent l'importance des fleurs à Zinacantán : ses habitants tzotziles portent des *chals* (châles), chemisiers et tuniques avec des motifs de couleurs vives, inspirés des fleurs de la région. À l'origine tissés sur un métier à sangle arrière, ces dessins sont à présent presque tous brodés à la machine. Pour admirer des tisserandes à l'œuvre, entrez dans l'une des multiples boutiques ou coopératives de femmes (ci-contre). Si vous n'achetez rien, il est de rigueur de laisser un pourboire.

Restaurée après le tremblement de terre de 2017, l'**Iglesia de San Lorenzo** vaut le détour, avec son autel disparaissant sous des décorations florales élaborées. À côté, la principale place de la ville accueille un marché le dimanche. Des femmes viennent aussi y vendre leurs textiles et des fleurs fraîchement coupées.

Les grottes de San Cristóbal

DANS LES ENTRAILLES DE LA TERRE

Le réseau souterrain de grottes escarpées et de rivières qui s'étend à 4 km à l'est de San Cristóbal a permis de créer de petits écoparcs. Si elles ne sont pas les plus marquantes du Chiapas, ces cavités offrent un grand bol de nature à 20 minutes de la ville. Mêlant pinèdes, arches en pierre et passerelles suspendues au-dessus de cours d'eau, **El Arcotete Parque Ecoturístico** est l'écoparc favori de la région. De San Cristóbal, il est desservi par un *colectivo* partant du croisement entre Nicolás Ruiz et l'Avenida Remesal, deux pâtés de maisons au nord de l'Iglesia de Guadalupe.

OÙ SE RESTAURER À ZINACANTÁN

Tio Tono Restaurante Familiar y Botanero
Bistro décontracté servant de bons petits plats 100% mexicains. **$**

Cocina Regional los Arcos
Table d'hôtes où déguster des spécialités du Chiapas faites maison **$**

Bar Garden Zinacantan
Bonne ambiance, plateaux à partager savoureux, boissons délicieuses : un lieu d'exception ! **$$**

El Arcotete Parque Ecoturistico

Le fleuron du parc est une grotte semi-ouverte fascinante de 400 m de long, traversée par une passerelle slalomant entre stalagmites et stalactites. Au fil de votre progression, vous pouvez apercevoir à l'extérieur les pinèdes à l'horizon. En contrebas de l'entrée de la grotte, un escalier mène au lit de la rivière, d'où la vue sur l'arche naturelle en pierre est spectaculaire. Sa paroi est un spot d'escalade très prisé.

Une autre expérience amusante est de prendre la tyrolienne et de se laisser glisser au-dessus de la forêt. Plusieurs chemins de randonnée sillonnent les pinèdes de l'écoparc, et vous pouvez voguer sur l'eau en *lancha* (bateau à moteur).

LES MEILLEURS ÉCOPARCS PRÈS DE SAN CRISTÓBAL

El Arcotete
Le parc le plus fréquenté, avec comme particularité une arche naturelle en pierre pour l'escalade.

Grutas del Mamut
Outre ses grottes, ce parc un peu au nord d'El Arcotete propose une tyrolienne, du kayak, de la descente en rappel, etc.

Parque Ecoturístico Rancho Nuevo
Parc doté du plus vaste système de grottes, avec un plafond cathédrale et une passerelle en béton.

COMMENT CIRCULER

Les écoparcs et les villages indiens proches de San Cristóbal sont aisément accessibles en *colectivo* depuis le centre-ville. La destination et les principaux arrêts sont généralement inscrits sur le pare-brise : il suffit de demander l'arrêt au chauffeur et de descendre. Prévoyez de l'argent liquide et comptez 15 $M le trajet. Les *colectivos* pour San Juan Chamula et Zinacantán, au nord, partent de la Calle Utrilla, à côté du Mercado Municipal, et ceux qui vont vers l'est et les écoparcs partent de l'Iglesia de Guadalupe.

On peut aussi réserver des excursions (principalement en espagnol) à prix abordables auprès des agences de la rue Real de Guadalupe.

CAÑÓN DEL SUMIDERO

Pour les infos pratiques, voir le Carnet d'adresses p. 445

A SAVOIR

Pour venir au parc national, situé à 18 km au nord du centre de Tuxtla Gutiérrez, le plus simple est de louer un véhicule. Sinon, toute agence de voyages de cette ville et de San Cristóbal de Las Casas propose des excursions à la journée, incluant un circuit de 2 heures en bateau, des arrêts aux points de vue et 2 heures de temps libre à Chiapa de Corzo.

Les eaux vertes du Río Grijalva serpentent entre d'immenses falaises hautes de 1 006 m, d'où 35 millions d'années d'histoire géologique vous contemplent. Déclaré parc national en 1980, ce canyon couvre plus de 21 850 ha de montagnes karstiques et de formations rocheuses où s'accrochent une végétation d'un vert intense.

Creusé par le fleuve à peu près à la même époque que le Grand Canyon en Arizona, il fait juste 25 km de long, mais en impose énormément. N'importe quel point de vue depuis le haut est à couper le souffle.

Être proche de Tuxtla Gutiérrez, plus grande ville du Chiapas, rend le parc national facilement accessible, mais l'expose à des menaces comme la pollution. Les sociétés d'exploitation forestière et les villages en amont génèrent beaucoup de déchets dans le canyon, surtout à la saison des pluies, de mai à octobre.

Cañón del Sumidero

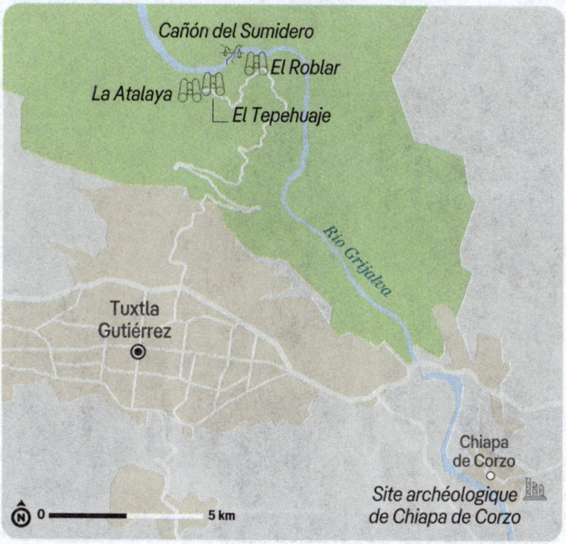

Excursion en bateau sur le Río Grijalva

LE CANYON VU D'EN BAS

Sans le Río Grijalva, il n'y aurait pas de **Cañón del Sumidero**. C'est ce cours d'eau qui l'a creusé, créant un sublime paysage de rives boisées et d'escarpements abrupts parsemés de cascades ruisselantes. Le meilleur moyen d'explorer le site est d'embarquer sur une *lancha* (petit bateau à moteur), qui se faufile entre les hautes parois rocheuses du canyon. L'embarcadère principal se trouve à quelques minutes à pied du centre de Chiapa de Corzo (p. 428).

Lors d'une excursion de 2 heures vous découvrirez la rivière jusqu'au grand barrage de Chicoasén. Vous naviguerez au milieu d'un paysage spectaculaire, entre d'imposantes falaises atteignant jusqu'à 1000 m de haut et de minuscules îlots où vivent des espèces menacées. Depuis la *lancha*, vous pourrez repérer des cormorans perchés sur les branches des arbres, des aigrettes en train de pêcher, des tortues glissant dans l'eau, et même des crocodiles qui lézardent au soleil sur les berges.

En chemin, le capitaine du bateau vous indiquera une série de formations rocheuses tout à fait étonnantes, dont la **Cueva de los Colores**, grotte escarpée à laquelle différents minéraux ont donné une teinte rose pastel. La grotte abrite un sanctuaire dédié à Notre-Dame de Guadalupe, qui attire des flottes de

LE BARRAGE HYDROÉLECTRIQUE

Avant la construction du barrage hydroélectrique de Chicoasén en 1981, le Río Grijalva avait un tout autre visage. Ses eaux étaient si tumultueuses et pleines de chutes et de remous, que même les marins les plus expérimentés ne s'y aventuraient guère. Le barrage a tout changé, faisant monter le niveau de l'eau et créant un réservoir long de 25 km, profond et calme, où les bateaux de touristes voguent sans problème. Des opérateurs dédiés sont organisés en coopératives, avec quelque 60 vedettes assurant des circuits dans le canyon.

PRINCIPALES CURIOSITÉS DU CANYON

Ruines de Berlin
Ce site fortifié érigé par l'ancienne tribu Chiapa doit son nom à l'explorateur allemand Heinrich Berlin.

Árbol de Navida
Le "Sapin de Noël" est la plus grande cascade du canyon qui dégringole sur une roche qui dessine vraiment un sapin.

Isla Maria
Cet îlot émergeant de la rivière est peuplé d'une multitude de hérons et de cormorans.

SENTIERS DE RANDONNÉE

Circuit Cañón del Sumidero
Une boucle de 6,1 km à travers des forêts tropicales. Difficulté moyenne.

Cerro Colorado
Pour une vue imprenable et apaisante, il vous faudra gravir le Cerro Colorado ! Seulement 3,9 km aller-retour, mais la randonnée est assez exigeante.

Miradores del Sumidero
Au départ du parking Mirador La Coyota, cet itinéraire de 10,8 km vous mènera à trois points de vue surplombant le Cañón.

RAFAEL RAMIREZ LEE/SHUTTERSTOCK ©

Árbol de Navidad

pèlerins le 12 décembre, lors de la messe du Día de la Virgen de Guadalupe. Plus loin se trouve l'**Árbol de Navidad** ("l'arbre de Noël"), une chute d'eau de près de 200 m de haut qui, à la saison des pluies, cascade sur une série d'épaisses mousses suspendues, évoquant en effet un arbre de Noël scintillant.

En cas de fringale, vous pouvez acheter un encas ou une boisson à l'Embarcadero Cahuaré. Une fois en bateau, vous trouverez de quoi tenir jusqu'à la fin de l'excursion dans des boutiques flottantes, qui débordent de chips, jus de fruits et bières. Pour un vrai repas, **Chiapa de Corzo** (pages ci-contre et 428) est une valeur sûre, car plusieurs bons restaurants y proposent des spécialités régionales.

Road trip au bord du canyon

PANORAMAS VERTIGINEUX

Si le parc national du **Cañón del Sumidero** est magnifique vu depuis le Río Grijalva, les panoramas sont tout simplement vertigineux depuis le bord du canyon. À cette altitude, vous verrez la rivière s'étirer à vos pieds, serpentant autour de montagnes couvertes de forêts tropicales et d'une mer de verdure qui s'étend à l'infini.

LES PLUS BEAUX POINTS DE VUE

La Ceiba
Premier mirador du Cañón del Sumidero, d'où l'on voit ce dernier prendre forme.

Los Chiapas
Point culminant (1 000 m) de la route, offrant une vue panoramique sur le canyon.

Atayala
Dernier des six miradors, avec une vue sublime, une cafétéria et une aire de jeux pour enfants.

DIEGO GRANDI/SHUTTERSTOCK ©

Vue aérienne du Canyon

Six *miradores* (points de vue) jalonnent l'itinéraire, que l'on peut facilement parcourir en une journée. Si la route très sinueuse qui mène au bord du canyon – la Calzada al Sumidero – peut être éprouvante, une fois atteint le sommet, on roule tranquillement d'un point de vue à l'autre.

Arrêtez-vous d'abord à **La Ceiba** pour voir le canyon commencer à prendre forme, puis passez brièvement à **La Coyota** pour un premier aperçu de ses parois rocheuses. Plus loin et plus haut, le canyon s'ouvre à **El Roblar**. Au détour d'un virage, le mirador **El Tepehuaje** offre un panorama grandiose. On atteint ensuite **Los Chiapa**, étape majeure pour les visiteurs, avec sa vue imprenable, son petit musée, sa boutique et ses toilettes. Le dernier point de vue, **La Atayala**, comprend une aire de jeux et une cafétéria qui sert des *tamales* chauds.

Le Parque Nacional Cañón del Sumidero est ouvert tous les jours (8h-17h), sauf le mardi. Pour vous rendre aux *miradores*, louez une voiture à Tuxtla Gutiérrez ou à San Cristóbal. Aucun transport public ne dessert les points de vue. Certaines excursions y font toutefois halte.

OÙ SE RESTAURER À CHIAPA DE CORZO

Mercado Municipal
Le meilleur endroit pour un repas authentique et bon marché. $

Jardínes de Chiapa Restaurante
Dégustez des plats régionaux comme le *cochinito al horno* (porc cuit au four) dans ce restaurant typique doté d'un patio verdoyant. $$

El Campanario
Une taverne traditionnelle qui propose des plats mexicains et chiapanèques typiques. $$

OÙ SE LOGER À CHIAPA DE CORZO

Hotel De Santiago
Une maison coloniale sans prétention à quelques pas du Templo de Santo Domingo. $

Yaxché
Un modeste et paisible hôtel, bien situé, style colonial et piscine extérieure. $

Hotel La Ceiba
L'adresse la plus chic de la ville, avec beau jardin et piscine attrayante. $$

Chiapa de Corzo et ses environs

VIE PROVINCIALE

Les excursions dans le Cañón del Sumidero partent de Chiapa de Corzo, sur la rive nord du Río Grijalva, mais c'est un tort de n'y voir qu'une ville étape, car cette bourgade coloniale, calme et bucolique, constitue une destination à part entière. Remontant à 1200 av. J.-C., elle possède notamment un riche passé.

Avant l'invasion espagnole, la ville était occupée par la tribu guerrière Chiapa. Celle-ci combattit violemment les conquistadores, leur posant un problème majeur. Quand Diego de Mazariegos prit le pouvoir en 1528, des centaines de Chiapas refusant de se rendre se suicidèrent en se jetant dans le canyon. Mazariegos fonda à cet endroit un bourg qu'il nomma donc Chiapa de los Indios.

À l'instar de moult villes mexicaines, l'épicentre de Chiapa de Corzo est sa grande place, où se dresse la fameuse **La Pila**, aussi nommée Fuente Colonial. Cette superbe fontaine en brique, terminée en 1562, fut conçue dans le style mudéjar, afin d'évoquer la couronne espagnole. Les jours de forte chaleur, cette place arborée est idéale pour se poser sur un banc avec un *elote* (épi de maïs grillé) et s'imprégner de l'ambiance animée.

L'embarcadère pour le canyon se gagne par la **Calle 5 de Febrero**, flanquée de boutiques d'artisanat. En chemin, arrêtez-vous à l'imposant **Templo de Santo Domingo de Guzmán**, rouge et blanc, et entrez dans l'ancien couvent attenant pour visiter le **Museo de la Laca**, musée dédié au fleuron de l'artisanat local : les objets en laque, notamment des récipients.

À 1,5 km à l'est de la place principale, les vestiges du **site archéologique de Chiapa de Corzo** témoignent des temps très anciens de la ville. Des années de fouilles ont mis au jour trois pyramides bâties par le peuple zoque sur des tumulus remontant jusqu'à 750 av. J.-C. En 2010, des archéologues ont découvert une crypte de 2 700 ans, l'une des plus anciennes tombes sous pyramide mésoaméricaines connue à ce jour.

Tuxtla Gutiérrez, animée et moderne

UNE TASSE DE CAFÉ SUR UN AIR DE MARIMBA

Tuxtla Gutiérrez, capitale et plus grande ville de l'État du Chiapas, est une agglomération mexicaine moderne : les églises coloniales jouxtent des bâtiments de verre et de béton, et les grandes chaînes américaines côtoyant des boutiques d'artisanat. La plupart des voyageurs se contentent d'une brève escale à son aéroport, à 35 minutes de là, ou à sa gare routière, mais la ville mérite que l'on s'y arrête un moment.

OÙ SE RESTAURER À TUXTLA GUTIÉRREZ

Taquitos Casa Blanca
Légende locale où dévorer de savoureux *tacos de cochito* (tacos de porc effiloché braisé). Elle a ouvert plusieurs gargotes dans la ville, mais l'originale se situe sur le boulevard La Salle. $

Las Pichanchas
Restaurant animé avec un grand patio, prisé pour sa cuisine chiapanèque et, en soirée, du marimba en live et des danses traditionnelles. $$

Restaurante La Mansión
Meilleur grill de la ville, pour un dîner composé de plusieurs plats. $$$

OÙ SE LOGER À TUXTLA GUTIÉRREZ

Hotel del Carmen
Situation centrale et excellent rapport qualité-prix, avec des chambres lumineuses très bien tenues. $

Hotel Casa del Agua
Hôtel colonial de charme, avec des chambres spacieuses et une grande et jolie piscine. $

The Lu'um House
Appart hôtel dont les suites chics, vastes et bien équipées réjouiront les voyageurs au long cours. $$

MARDOZ/SHUTTERSTOCK ©

Église de Tuxtla Gutiérrez

Tuxtla doit son nom au mot nahuatl *tuchtlán*, "lieu plein de lapins", auquel fut ensuite adjoint "Gutiérrez", en hommage au général Joaquín Miguel Gutiérrez, grande figure politique locale. Aujourd'hui, tous les lapins ont déserté les rues, mais celles-ci regorgent de restaurants, bars, grands magasins et autres infrastructures.

La **Plaza Cívica**, place principale de la ville, couvre deux pâtés de maisons bordés de bâtiments gouvernementaux. À l'extrême sud se dresse la **Catedral de San Marcos**, d'un blanc immaculé et connue pour son carillon qui marque les heures. Sa façade chaulée sert de toile pour un spectacle son et lumière du jeudi au dimanche, à partir de 20h.

Un bloc à l'est de la place, le **Museo del Café**, géré par l'État du Chiapas, présente la culture du café local. Vous découvrirez tout sur les crus favoris des Mexicains et dégusterez une tasse de café dans la cour. Ce musée organise aussi des événements musicaux, des projections de films et même des concours de barista.

Huit pâtés de maisons à l'ouest de la **Plaza Cívica**, une balade dans le **Parque de la Marimba** en fin d'après-midi est une bonne manière d'apprécier la vie locale. Chaque soir, ce square verdoyant accueille des concerts de marimba gratuits, et chacun peut danser autour du kiosque central. Le week-end, toute la ville semble converger vers cette scène en plein air. Le petit **Museo de la Marimba** voisin permet d'en savoir plus sur l'instrument mexicain par excellence, dont il présente des modèles anciens et modernes, ainsi que les joueurs les plus renommés.

LES MEILLEURS MUSÉES DE TUXTLA GUTIÉRREZ

Museo de la Marimba
Retrace l'histoire du marimba et présente les joueurs les plus renommés de cet instrument.

Museo Regional de Chiapas
Ce musée dédié à l'anthropologie et à l'histoire du Chiapas est le plus grand de la région et l'un des plus importants du pays.

Museo de las Artesanías de Chiapas
Présente les artisanats les plus réputés du Chiapas, en expliquant le contexte historique et leur symbolique.

Museo Chiapas de Ciencia y Tecnología
Musée des sciences et technologies interactif et amusant, avec des expositions numériques et des reproductions de dinosaures.

COMMENT CIRCULER

Vous pouvez rejoindre Chiapa de Corzo en bus ou en *colectivo* depuis Tuxtla Gutiérrez et San Cristóbal de Las Casas. À Tuxtla, des *colectivos* partent régulièrement de la la Avenida Sur Oriente (entre les Calles 5a et 7a Oriente Sur), et des bus OCC de l'Avenida Insurgentes.
Le canyon n'est qu'à quelques minutes de l'embarcadère de Chiapa de Corzo en *lancha*.

Pour sillonner le parc national, le plus simple est la voiture car il n'y a pas de transport direct. Vous trouverez plusieurs agences à Tuxtla Gutiérrez et à son aéroport, mais n'optez pour cette option que si vous êtes vraiment à l'aise sur les routes tortueuses et raides. Vous trouverez de nombreux parkings gratuits, surtout à proximité des points de vue.

COMITÁN

Pour les infos pratiques, voir le Carnet d'adresses p. 446

À SAVOIR

La route 190 traverse Comitán à l'ouest du Parque Central. De la gare routière OCC, à l'intersection de la route 190 et de Cristóbal Colón, des bus partent régulièrement pour San Cristóbal de Las Casas (2 heures) et Palenque (7 heures). Prenez un minibus pour le centre de Comitán en face de la gare routière.

Sur une haute plaine à 90 km au sud-est de San Cristóbal de Las Casas, Comitán de Domínguez compte parmi les joyaux coloniaux méconnus du Chiapas. Si des voyageurs passent par là pour gagner les chutes d'eau cristallines d'El Chiflón, peu font une halte dans ce *pueblo mágico*, ce qui en fait le grand attrait.

Fondée en 1527 par les Espagnols, Comitán dégage une atmosphère agréable. Située à 1 500 m d'altitude, la ville s'étend autour d'une charmante place ornée de sculptures d'art moderne et d'arbres soigneusement taillés. Le centre est entouré de neuf quartiers quadrillés de rues et égayés de maisons aux couleurs pastel.

Comitán est la dernière ville de la route panaméricaine (route 190) avant qu'elle ne rejoigne des lacs étincelants et, au-delà, le Guatemala. Si vous prévoyez de passer la frontière, c'est un bon arrêt où faire le plein. Ces dernières années, Comitán a amélioré ses infrastructures, ajoutant à son offre des hôtels bon marché et d'honorables restaurants.

VOIR

1 Casa Museo Dr Belisario Domínguez
2 Centro Cultural Rosario Castellanos
3 Museo Arqueológico de Comitán
4 Museo de Arte Hermila Domínguez de Castellanos
5 Museo de la Ciudad
6 Palacio Municipal
7 Parque Central Benito Juárez
8 Templo de Santo Domingo de Guzmán

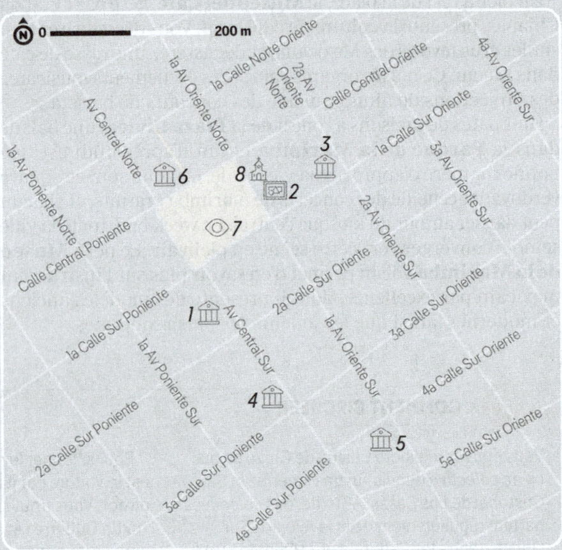

Toutes les routes mènent au Parque Central

LE CŒUR BATTANT DE COMITÁN

Peu étendu et truffé de petites *posadas* (auberges) et taquerías (stands de tacos) locales, le centre colonial est surtout apprécié pour son **Parque Central Benito Juárez**, un peu à l'est de l'intersection entre la route 190 et Central Poniente. Des arbres taillés avec soin, des parterres de fleurs et des sculptures artistiques ornent cette place qui fourmille d'activité, surtout le soir. Le week-end, des artisans montent leur stand, des vendeurs ambulants proposent des tacos fumants, et les habitants se réunissent pour danser lors de concerts de marimba gratuits.

Au bord du Parque Central se dressent le **Centro Cultural Rosario Castellanos** et le **Palacio Municipal** (hôtel de ville), mais le fleuron est l'**Iglesia de Santo Domingo**, éblouissante avec sa façade néoclassique jaune pastel. La particularité de cette église des XVIe et XVIIe siècles est sa tour-clocher de style mudéjar à arcatures aveugles. L'ancien monastère connexe comporte un charmant patio ceint de piliers en bois, où une immense fresque illustre l'histoire locale.

SUR LA ROUTE DU GUATEMALA

Des *colectivos* très fréquents (80 $M) et quelques bus (90 $M) relient Comitán à Ciudad Cuauhtémoc, située à la frontière, en 1 heure 30 environ. Soyez prévoyant, le poste frontière ferme à 21 h – dans le meilleur des cas ! Renseignez-vous au Consulat du Guatemala de Comitán, à deux blocs à l'ouest du Parque Central Benito Juárez. Un taxi vous conduira ensuite au poste de La Mesilla, côté guatémaltèque, à 4 km. De là partent des *colectivos* et des bus pour Huehuetenango et Quetzaltenango.

Hommage aux héros de Comitán

PAGE CULTURELLE

Pour une si petite ville, Comitán compte un nombre élevé de musées historiques. Juste au sud de la place principale, la **Casa Museo Dr Belisario Domínguez** est dédiée à son plus grand héros, le Dr Domínguez. Ce médecin et homme politique dont la ville tient une partie de son nom fut assassiné en 1913, à la fin de sa carrière politique. Ce qui fut son domicile et son cabinet médical est devenu un musée qui montre de manière captivante comment les gens vivaient au Chiapas, au début du XXe siècle.

Un pâté de maisons au sud, le **Museo de Arte Hermila Domínguez de Castellanos** expose une collection d'œuvres du Dr Domínguez et d'artistes mexicains

INSIGHTS/GETTY IMAGES ©

Centro Cultural Rosario Castellanos

LES MEILLEURS CAFÉS À COMITÁN

Perro Caffé
Un café et espace de travail où se rassasier de gâteaux et de bagels accompagnés de cafés frappés. **$$**

Monarca – café de especialidad
Ce café élégant, avec vue sur les toits, prépare l'un des meilleurs cafés du Chiapas. **$$**

La Comiteca 1948
Un excellent endroit pour le petit-déjeuner, avec des brioches fraîches et des pâtisseries décadentes. **$$**

SIMON MCGILL/GETTY IMAGES ©

Palacio Municipal

illustres, dont José Luis Cuevas et Rufino Tamayo. Ce musée organise aussi parfois des séminaires et des ateliers sur l'histoire et la pédagogie de l'art. À deux pas de là, le **Museo de la Ciudad** relate avec force détails les grandes étapes de l'histoire de Comitán, de l'époque maya au XIXe siècle.

Juste à l'est de la grande place, le **Museo Arqueológico de Comitán** regorge d'objets issus des nombreux sites archéologiques du secteur, dont **Tenam Puente** (p. 436). La salle principale accueille une représentation schématique du territoire des chasseurs-cueilleurs et des collections consacrées à la période préclassique. L'entrée est gratuite (toutes les explications sont en espagnol).

Retour aux sources à La Pila

UN SAINT À L'HONNEUR

Les *barrios* (quartiers) sont le cœur battant de Comitán, et qui ne s'y est pas plongé n'a pas vraiment visité la ville. Le plus ancien, La Pila, n'est qu'à trois pâtés de maisons au nord-est de la grande place.

Ses rues pavées sont bordées de maisons au toit de tuiles en terre cuite, avec des balcons en bois. Vous y serez charmé par les habitants vaquant à leurs occupations, les Coccinelles Volkswagen d'époque et les vendeurs ambulants de *paletas* (glaces à l'eau) et de *pozoles de elote* (potées à base de maïs).

Néanmoins, le joyau du quartier est le **Templo de San Caralampio**, bâtiment néoclassique (1852) orange et rouge, avec une foule de sculptures décoratives, où l'on monte par

LES MEILLEURS RESTAURANTS DE COMITÁN

Camino Secreto
Ce restaurant discret sert une bonne cuisine locale à petit prix. $

Ta Bonitio
Cette table très prisée des habitants propose un vaste choix de spécialités régionales et de plats internationaux. $$

Mercado San José
Avec son plafond en verre et ses arcades, ce marché alimentaire branché vous plonge dans une vraie ambiance cosmopolite. $$

OÙ SE LOGER À COMITÁN

Capital O Hotel Jardín de Tereza
Grandes chambres avec plafond aux poutres en bois apparentes dans un hôtel colonial doté d'un joli patio. $

Hotel Nak'An Secreto Maya
Meilleur rapport qualité-prix de la ville pour cet hôtel central, avec des chambres modernes et élégantes. $$

Hotel Casa Delina
Les 8 chambres de cette demeure de 250 ans allient faste colonial et chic industriel. $$

JCAD/SHUTTERSTOCK ©

Templo de San Caralampio

un damier de marches colorées. Comitán vénère tant le saint grec orthodoxe San Caralampio qu'elle le fête pendant 10 jours. Le 10 février, un pèlerinage traditionnel qui part d'El Chumís, au sud-ouest de la ville, marque l'ouverture de la Fiesta de San Caralampio. Des hommes masqués et déguisés en diables défilent et dansent devant l'église, puis des fidèles pénètrent à l'intérieur pour déposer des fleurs et prier.

LES SPÉCIALITÉS CULINAIRES DE COMITÁN

Comiteco Variante de mezcal à base de *maguey* (sorte d'agave) et de *piloncillo* (sucre brun non raffiné), traditionnellement distillée à Comitán.

Pozol de cacao o cacahuate Crème épaisse de *masa* (pâte de farine de maïs), eau et cacao ou cacahuètes.

Cascara preparada Épais rectangle de pâte feuilletée au froment, copieusement garni de fromage, maïs, piment et crème.

Chinculguajes *Gorditas* (petites tortillas épaisses), fourrées de haricots frits, à la coriandre et au piment.

Pan compuesto *Torta* (sandwich) rond, garni de poulet, betteraves marinées et carottes, le tout saupoudré de fromage frais.

Hueso Comiteco Jarret de porc non désossé, mijoté doucement dans une sauce aigre-douce.

COMMENT CIRCULER

Comitán peut se visiter à pied. Les *colectivos* depuis/vers San Cristóbal s'arrêtent sur la route 190 entre les 1a et 2a Calles Sur Poniente, juste au nord de la gare routière OCC. Des taxis blancs sont aussi disponibles autour de la place principale.

Environs de Comitán

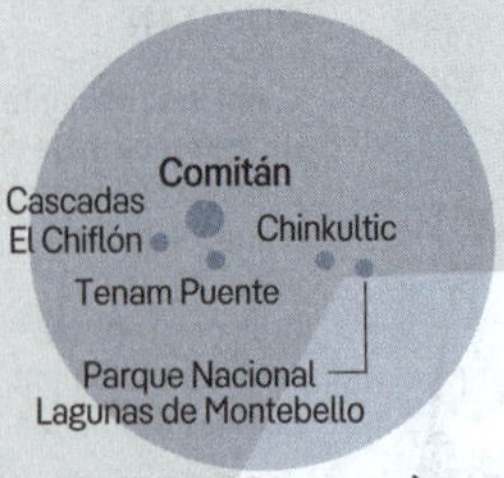

Comitán est une fantastique base pour explorer les sites naturels et historiques de la région.

Pour les infos pratiques, voir le Carnet d'adresses p. 447

À SAVOIR

Plutôt que de participer à un circuit organisé, nous vous recommandons d'explorer la région par vous-même sur plusieurs jours, avec une nuit sur chaque site.

À moins de 2 heures de route de Comitán, on peut découvrir des lacs étincelants ainsi que de passionnants sites archéologiques. Ces lieux étant nichés à l'extrême sud-ouest du Chiapas, près de la frontière guatémaltèque, rares sont les voyageurs qui s'y aventurent. Si vous vous rendez au Guatemala, l'excursion se transformera en road trip épique sur la route 190, jalonnée de merveilles naturelles.

À 41 km au sud-ouest de Comitán, les cascades d'**El Chiflón** symbolisent à elles seules toute la beauté du Chiapas et du sud du Mexique. À 55 km au sud-est se dressent les pyramides à degrés de **Chinkultic** et les ruines fortifiées de **Tenam Puente**, tandis qu'à 56 km au sud-est scintillent les lacs bordés de pins du **Parque Nacional Lagunas de Montebello**.

Cascadas El Chiflón

Les plus hautes chutes du Chiapas

DE BASSINS EN CASCADES

Entre végétation luxuriante, piscines naturelles et cascades spectaculaires, les **Cascadas El Chiflón** sont considérées comme les plus belles chutes d'eau du Chiapas. On grimpe jusqu'au point culminant, le **Velo de Novia**, où les chutes se jettent de 120 m de haut dans des bassins bleu cobalt.

À moins de 20 km au sud-ouest de Comitán, elles sont étonnamment faciles d'accès ; passerelles et chemins forestiers mènent agréablement aux différentes chutes.

Deux communautés gèrent les cascades. Le **Centro Ecoturístico Cascadas el Chiflón** gère des *cabañas* rustiques au bord de la rivière, des tyroliennes, un terrain de camping et un petit centre d'information sur la rivière et la faune régionale. Le **Centro Ecoturístico Cascada Velo de Novia** propose davantage de zones de baignade et des *cabañas* plus récentes et un peu moins chères. Les tyroliennes survolent la rivière à différents points du parcours. Si vous n'êtes pas pressé par le temps, nous vous recommandons de séjourner dans les *cabañas* et de visiter les deux centres écotouristiques pour découvrir les chutes sous différents angles.

Lagos de Montebello

DE SPLENDIDES LACS D'ALTITUDE

La région qui borde la frontière mexico-guatémaltèque est encore préservée. À 56 km au sud-est de Comitán, le **Parque Nacional Lagunas de Montebello** se compose d'une cinquantaine de petits lacs aux nuances variées, entourés d'épaisses forêts tempérées de pins et de chênes.

À l'entrée du parc, la route se sépare : une branche mène aux **Lagunas de Colores**, au nord, l'autre au village de **Tziscao**, à l'est. Cinq lacs différents, aux eaux d'un bleu-vert vif, composent les Lagunas : Laguna Agua Tinta, Laguna Esmeralda, Laguna Encantada, Laguna Ensueño et Laguna Bosque Azul, le plus grand. Au parking de la Laguna Ensueño, des habitants des environs proposent des excursions à cheval autour de plusieurs lacs et de deux cénotes dans la forêt, ou rejoignant la Laguna de Montebello. Des *comedores* (stands de nourriture) permettent de se restaurer et se désaltérer.

Après 3 km sur la route vers l'est, un chemin mène à la Laguna de Montebello, l'un des plus grands lacs de la région. L'*ejido* (coopérative rurale) local fait payer un droit d'accès pour les lacs sur la route de Tziscao ; gardez bien votre reçu. Près de ce village, un chemin rejoint l'éclatante **Laguna Pojoj**, 1 km au

CONSEILS POUR VISITER EL CHIFLÓN

Les agences de voyages de Comitán proposent des excursions en groupe quotidiennes, incluant les Lagos de Montebello (environ 400 $M), mais à un rythme trop soutenu pour espérer se baigner.

Pour visiter en indépendant, prenez un bus Autotransportes Cuxtepeques depuis sa gare routière à Comitán jusqu'à la bifurcation pour El Chiflón (un par heure de 6h à 19h).

Évitez de visiter un jour férié mexicain, comme durant la Semana Santa : il y a foule, et le tarif d'entrée double.

Maillot de bain et chaussures aquatiques de rigueur, ainsi que de l'écran total et du répulsif à insectes biodégradables.

Il y a des restaurants sur chaque Centro et des stands de nourriture sur les routes d'accès, mais vous pouvez venir avec vos provisions.

Prudence, car les zones de baignade ne sont pas surveillées.

OÙ SE LOGER AUX LAGOS DE MONTEBELLO

Cabañas Islas de Tziscao
Bungalows spacieux et confortables pour petits budgets sur la rive sud de la Laguna Tziscao. **$**

Villa Tziscao
Cabañas et hôtel classique très agréable au bord du lac. Location de kayaks pour des sorties fabuleuses. **$$**

Parador-Museo Santa María
Superbe hôtel-musée dans une hacienda restaurée, dont la chapelle a été transformée en musée d'art. **$$**

POSTES DE CONTRÔLE DE SÉCURITÉ

Les transports en commun depuis Comitán sont très pratiques, car des minibus vont jusqu'à la Laguna Bosque Azul et déposent les passagers aux bifurcations pour Chinkultic et d'autres lacs. La frontière guatémaltèque jouxtant les Lagos de Montebello, des postes de contrôle de police sont installés dans cette zone, et les voyageurs n'échappent pas aux contrôles. Ayez donc toujours votre passeport avec vous.

MADRUGADA VERDE/SHUTTERSTOCK ©

Parque Nacional Lagunas de Montebello

nord, dont l'île centrale est accessible en radeau de bambou. Peu après la bifurcation pour ce lac se dessine la **Laguna Tziscao**, à la frontière guatémaltèque. En continuant, vous arrivez finalement à **Tziscao**, charmant village de langue chuj, s'étendant jusqu'aux berges du lac.

Tenam Puente et Chinkultic

DES SITES PRÉCOLOMBIENS PEU CONNUS

À 11 km au sud de Comitán, le **site archéologique de Tenam Puente** est pratiquement inconnu des touristes, mais il vaut largement un petit détour sur la route d'El Chiflón. C'est l'un de ces sites où le cadre sauvage est aussi captivant que les histoires dont témoignent les pierres. Les vastes ruines mayas comprennent une pyramide à degrés de 20 m de haut, trois terrains de jeu de balle et d'autres constructions qui s'élèvent sur un versant boisé.

Le **site archéologique de Chinkultic**, à 39 km au sud-est de Comitán, dans un cadre spectaculaire, mérite, lui aussi, une courte halte. Seuls quelques-uns des 200 tumulus disséminés sur la vaste zone ont été fouillés, mais il est facile d'imaginer la splendeur du site à son apogée. Les ruines sont divisées en deux groupes. À l'entrée, vous atteindrez l'une des plus grandes structures de Chinkultic, E3, qui est presque engloutie par la jungle. Le chemin continue jusqu'à une place herbeuse avec plusieurs stèles non restaurées et un terrain de balle sur la droite.

AUTRES SITES NATURELS PRÈS DE COMITAN

Laguna Koila
Petite lagune offrant un lieu de baignade naturel peu profond, aux eaux claires, idéal pour se rafraîchir en été.

Piedras de Oro
Juste au sud de la Laguna Koila, ces bassins naturels dotés de toboggans artificiels sont prisés des familles le week-end.

Cenote Chukumaltik
L'un des plus beaux cénotes du Chiapas, aux eaux cristallines, à 13 km à l'ouest de Tenam Puente.

SVETLANA BYKOVA/SHUTTERSTOCK ©

Site archéologique de Tenam Puente

Un autre chemin mène à la **Plaza Hundida** (place engloutie), puis monte en pente raide jusqu'à l'**Acrópolis**, un temple partiellement restauré situé au sommet d'une corniche de pierre avec une vue imprenable sur les lacs et les forêts environnants. Un cénote, situé 50 m plus bas, était utilisé par les Mayas pour des offrandes d'os, de poteries et de couteaux d'obsidienne.

COMMENT SE RENDRE AUX SITES ARCHÉOLOGIQUES

Toutes les 45 minutes, de 7h à 16h, un combi Transporte Ejidal Tenam Puente part de sa gare routière à Comitán, 3a Avenida Poniente Sur 8, pour Tenam Puente. Un taxi coûte environ 400 $M aller-retour, avec une heure sur le site.
Pour vous rendre à Chinkultic, prenez un combi pour les Lagos de Montebello et demandez à être déposé à la bifurcation pour le site, situé 2 km au nord, au bout d'une route en dur.

COMMENT CIRCULER

De Comitán, des *colectivos* partent toutes les heures pour l'embranchement El Chiflón, sur la route 226. Leur station se situe à 500 m au nord de la gare routière OCC. On peut aussi y prendre un minibus pour les Lagos de Montebello.

Toutes les 45 minutes, de 7h à 16h, un combi Transporte Ejidal Tenam Puente part de sa gare routière à Comitán, 3a Avenida Poniente Sur 8, pour Tenam Puente. Un taxi coûte environ 400 $M aller-retour, avec une heure sur le site.

Pour vous rendre à Chinkultic, prenez un combi pour les Lagos de Montebello et demandez à être déposé à la bifurcation pour le site, situé 2 km au nord, au bout d'une route en dur.

TABASCO

Pour les infos pratiques, voir le Carnet d'adresses p. 448

À SAVOIR

Des vols quotidiens relient Mexico à l'aéroport international de Villahermosa, à 13 km à l'est du centre. Des liaisons sont aussi assurées avec Cancún, Mérida, Monterrey et Guadalajara. À l'aéroport, comme en ville (Calle Lino Merino, 925), les bus ADO desservent Palenque (comptez 2 heures 30 de route) du matin au soir.

Situé au nord du Chiapas et donnant sur le golfe du Mexique, le petit État du Tabasco est davantage connu pour ses industries pétrolières que pour ses forêts tropicales sauvages et ses monumentales sculptures olmèques. Cependant, ses réserves de biosphère et ses zones protégées en font une destination écotouristique de plus en plus prisée.

On dit que le Tabasco comporte plus d'eau que de terre, tant sont nombreuses ses lagunes, ses rivières et ses terres marécageuses. Chaud et humide, le climat offre un peu plus de fraîcheur le long du golfe du Mexique et dans les collines du Sud.

Le Tabasco est le berceau de la civilisation olmèque, la plus ancienne de Mésoamérique (2500 av. J.-C. jusqu'à 500 av. J.-C.). Visitez le Parque-Museo La Venta de Villahermosa pour admirer les vestiges de la plus grande cité olmèque jamais construite.

PHOTOSHOOTER2015/SHUTTERSTOCK ©

Autel olmèque, Parque-Museo La Venta

Villahermosa, la capitale

MUSÉES ET TÊTES OLMÈQUES

Cette agglomération plate et étendue, où règne une chaleur moite, concentre plus d'un quart des habitants du Tabasco. En dépit de ce que suggère son nom espagnol, Villahermosa n'a jamais été une "belle ville". Pour les voyageurs, elle est surtout une bonne base pour rayonner dans la région.

Le principal attrait de Villahermosa est le fascinant **Parque-Museo La Venta** : parc épatant et musée à ciel ouvert, créé en 1958 pour sauver les vestiges olmèques du site de La Venta, alors menacé par la prospection pétrolière.

Un chemin de 1 km bordé de sculptures trouvées sur le site archéologique part d'un immense *ceiba* (arbre sacré des Olmèques et des Mayas) de 120 ans, puis sillonne le parc. Les panneaux d'information sont en anglais et en espagnol. Trois pièces sont vraiment marquantes : la stèle 3, avec, en bas-relief,

LES MEILLEURS RESTAURANTS DE VILLAHERMOSA

El Teapaneco
Un régal au petit-déjeuner, avec de délicieux *tamales* en tout genre et des œufs cuits de maintes façons. $

La Cevichería Tabasco
Table extraordinaire et réputée pour les produits de la mer, aussi succulents que joliment présentés. $$

La Lupita
Produits de la mer savoureux à prix très honnête, avec une mention spéciale pour le *caldo de marisco* (soupe de poisson). $$

MAR&Co
Produits de la mer fraîchement pêchés et à prix correct au menu de ce restaurant sur l'Avenida Paseo Tabasco. $$

OÙ SE LOGER À VILLAHERMOSA

La Maja Suites
Des suites confortables, à quelques pas du centre, au bord de la rivière. Très bon rapport qualité/prix. $

Sleep Inn Villahermosa
Hôtel d'affaires de catégorie moyenne aux chambres impeccables à un pâté de maisons du Parque Juárez. $$

Hotel Boutique Menta & Cacao
Boutique-hôtel chic, qui occupe un très beau bâtiment centenaire rehaussé de couleurs vives et de touches modernes. $$$

ROBERT BRIGGS/SHUTTERSTOCK ©

Tapijulapa

PARADIS DU CACAO

Comalcalco, à 55 km au nord-ouest de Villahermosa, est réputée pour sa production de cacao et la fabrication du chocolat.

La Hacienda La Luz, à 300 m du central Parque Juárez, propose des visites guidées (1 heure) de son domaine, de sa belle demeure aux jardins et aux champs de cacaoyers. Vous découvrirez ses méthodes traditionnelles de confection du chocolat, avant d'y goûter.

un homme barbu portant une coiffe , la stèle 1, représentant une jeune déesse (une des rares figures féminines olmèques) ; et le monument 1, tête massive d'un guerrier casqué. Des coatis et des agoutis cendrés évoluent librement dans le parc.

À 4 km au sud, l'excellent **Museo de Antropología** recèle des pièces remarquables des cultures olmèque, maya, nahua et zoque du Tabasco. Parmi celles-ci figure notamment le monument 6 de Tortuguero, la fameuse stèle dont les inscriptions prédisaient la "fin du monde" pour le 21 décembre 2012.

L'ancienne Comalcalco

MONUMENTS ANCIENS ET DÉLICIEUX CHOCOLAT

Au milieu des arbres, à quelques minutes de marche au nord-est du centre-ville, les ruines de l'ancienne **Comalcalco**, les plus occidentales du monde maya, présentent une architecture unique par les matériaux employés : la brique et/ou le mortier à base de coquilles d'huîtres. La cité atteignit son apogée entre 600 et 1000, sous la domination des Chontales. Elle demeura pendant plusieurs siècles un important centre de commerce où s'échangeaient des marchandises de luxe.

Le **musée** à l'entrée expose une jolie collection de sculptures et de gravures représentant des têtes humaines, divinités, glyphes et animaux tels que crocodiles et pélicans.

À l'intérieur du site, vous tomberez d'abord sur une imposante pyramide à degrés en brique : le **Templo I**. À sa base sont dispersés les vestiges d'importantes sculptures en

OÙ SE LOGER À TAPIJULAPA

Mesón de la Sierra
Petite auberge aux allures méditerranéennes à deux pâtés de maisons au nord de la place principale. $

Hotel Comunitario Villa Tapijulapa
Hôtel géré par la collectivité, avec des chambres propres et bien aménagées. $

Kolem Jaá
À quelques kilomètres de la ville, cet écolodge propose des bungalows peints de couleurs vives et un éventail d'activités, tyrolienne notamment. $$

stuc, notamment les pattes d'un crapaud ailé géant. D'autres temples bordent la Plaza Norte, en face du Templo I. Au sud-est du site s'élève le **Gran Acrópolis**, qui offre une magnifique vue sur les palmiers s'étendant jusqu'au golfe du Mexique. Il fait face au **Templo V**, une pyramide funéraire dont les côtés étaient autrefois décorés par des sculptures en stuc représentant des figures humaines, des reptiles, des oiseaux et des poissons. À l'ouest s'élève le **Templo IX**, comportant une tombe bordée de 9 sculptures en stuc figurant un haut dignitaire de Comalcalco suivi de prêtres et de courtisans. Au-dessus du Templo V se profilent les restes d'**El Palacio**, qui fut sans doute une résidence royale, et ses 80 m de galeries parallèles aux voûtes en encorbellements.

Les bus ADO qui desservent le site depuis Villahermosa, à 55 km au sud-est, sont fréquents (100 $M, 2 heures). Des combis de la compagnie Comalli font aussi le trajet depuis leur terminal.

Aventures à Tapijulapa

UNE DESTINATION ÉCOLOGIQUE FLORISSANTE

À 85 km au sud de Villahermosa, le *pueblo mágico* de **Tapijulapa** est considéré comme la plus belle localité du Tabasco. Il se niche au bord d'une rivière parmi les collines boisées de la Sierra Tabasco, près de la frontière avec le Chiapas.

On pense que le peuple zoque s'installa ici à partir des Ve et VIe siècles. Les découvertes archéologiques faites dans les **grottes de Cuesta Chica** attestent que Tapijulapa était un centre cérémoniel lors de son âge d'or. Le pittoresque village d'aujourd'hui, autour d'une église du XVIIe siècle, se caractérise par ses maisons blanches aux toits de tuiles rouges, agrémentées de pots de fleurs.

Située au confluent des rivières Oxolotán et Amatán, à 4 km au sud de la localité, la magnifique **Reserva Ecológica Villa Luz** présente des bassins naturels, des eaux sulfureuses, et une jungle dense où se balancent des singes hurleurs. Un bateau vous y emmène en 5 minutes depuis l'*embarcadero* du village. Marchez ensuite 1 km pour rejoindre la **Casa Museo**, musée aménagé dans l'ancienne villa de Tomás Garrido Canabal, un gouverneur du Tabasco connu pour son anticléricalisme féroce. Plusieurs sentiers continuent vers des cascades de rêve qui se jettent dans des bassins rafraîchissants (on peut s'y baigner) et vers des ponts suspendus parmi la végétation. Plus loin, on atteint la fameuse **Cueva de las Sardinas Ciegas** (grotte des Sardines aveugles), où a lieu chaque année un étonnant rituel d'origine préhispanique (encadré ci-contre).

PÊCHE À LA SARDINE AVEUGLE

Pendant la Semaine sainte, Tapijulapa accueille l'un des rituels les plus originaux du Tabasco, d'origine préhispanique : la *Pesca de la Sardina Ciega* (pêche à la sardine aveugle).

Après une messe à l'église locale, les participants se rendent à pied à la **Cueva de las Sardinas Ciegas**. Vêtus d'habits traditionnels entièrement blancs, ils dansent et chantent en langue zoque, des paniers remplis de fleurs et de bougies à la main.

À l'intérieur de la grotte, les danseurs jettent du *barbasco* (plante qui a un effet narcotique sur les poissons) dans l'eau sulfureuse. La pêche commence alors et la cérémonie se transforme en grande fête.

OÙ SE LOGER À COMALCALCO

Cocina Chontal
Juste à l'extérieur du site archéologique, ce restaurant fait revivre des plats traditionnels *tabasqueños*. **$**

Barbacoa Chauly
Un établissement basique et sans chichis qui sert des burritos et des tacos garnis de *barbacoa*. **$**

Los 4 Acuerdos
Avec son parc et ses jeux pour enfants, ce restaurant moderne, coiffé d'un toit de *palapa* est prisé des familles. **$$**

"SAFARI" À YUMKÁ

Pour observer davantage d'animaux de la région, notamment singes hurleurs, jaguars, aras rouges et toucans, rejoignez Yumká, à 17 km à l'est de Villahermosa.

Ce n'est certes pas un safari africain, mais les familles devraient apprécier la balade à travers la savane à bord de carrioles tirées par un tracteur.

Le parc est divisé en trois zones – jungle, savane et lac –, représentant les trois principaux écosystèmes du Tabasco.

De mauvais traitements ont été signalés vers 2015, mais les animaux sont beaucoup mieux traités depuis le changement d'administration.

ROBERT BRIGGS/SHUTTERSTOCK ©

Atèle (singe-araignée)

Pantanos de Centla

LACS, MANGROVES ET MARÉCAGES

Couvrant plus de 3030 km² à environ 90 km au nord-est de Villahermosa, la **Reserva de la Biósfera Pantanos de Centla** est une excellente destination pour une excursion d'une journée au départ de la capitale du Tabasco. Prenez un bus jusqu'à Frontera, d'où des *colectivos* assurent le trajet (15 minutes) jusqu'à la réserve (comptez environ 100 $M en taxi). La saison d'observation des oiseaux, de mars à mai, est la meilleure période.

Réserve de biosphère depuis 1992, Pantanos de Centla offre aux amoureux de la nature un bon aperçu des zones humides qui entourent deux des plus grands fleuves du Mexique, l'Usumacinta et le Grijalva. Estuaires, mangroves, îles et savanes constituent un paisible refuge pour diverses espèces menacées, dont le lamantin des Caraïbes et le crocodile de Morelet. C'est également un habitat naturel pour tapirs, ocelots, jaguars, singes hurleurs, ainsi que 52 espèces de poissons et 255 espèces d'oiseaux.

Partez du centre d'accueil des visiteurs, **La Casa del Agua**, à 13 km au sud de Frontera, sur la route de Jonuta. Grimpez jusqu'à la tour d'observation de 20 m qui domine le confluent des Tres Brazos (trois bras) : Grijalva, Usumacinta et San Pedrito. Des communautés locales organisent des excursions en *lanchas* (petits bateaux à moteur) de 2 heures dans les mangroves, permettant d'observer caïmans, iguanes, oiseaux et, avec de la chance, singes hurleurs.

COMMENT CIRCULER

Depuis Villahermosa, des bus réguliers desservent d'autres régions du Tabasco. Ils partent généralement de la Central de Autobuses de Tabasco (angle Avenida Ruíz Cortines et Casillo). Dans le même quartier, ADO possède une gare routière moderne (Calle Lino Merino, 925).

Carnet d'adresses

À faire — Se restaurer — Prendre un verre — Shopping — Se loger — Sortir

PALENQUE

Parroquia Santo Domingo de Guzmán
Voir p. 402 (église ; www.facebook.com/ParroquiaStoDomingoPalenqueChiapas ; Primera Av Norte Oriente s/n ; 7h-14h et 16h-21h tlj)

Ruines de Palenque
Voir p. 404 (916 345 2721 ; www.inah.gob.mx ; Carretera Palenque-Zona Archaeologica, km 8 ; adulte/-12 ans et seniors 97 $M/gratuit ruines et musée inclus, plus adulte/-13 ans et +60 ans 85 $M/gratuit pour l'entrée au parc national, guide 1300 $M ; ruines 8h30-17h tlj, dernière entrée 16h, musée (9h-16h mar-sam)

Aluxes Ecoparque
Voir p. 402 (centre de sauvetage et de réhabilitation pour animaux ; (916 688 0026 ; aluxes.org ; Carretera Palenque-Ruinas, km 2,6 ; entrée adulte/2 à 10 ans 150/60 $M, circuits et activités à partir de 50 $M ; 9h-17h tlj)

Cabañas Kin Balam
Voir p. 403 (916 345 1826, 916 688 0011 ; www.kin-balam.com ; El Panchán, Carretera Palenque-Ruinas, km 4,5, Parque Nacional de Palenque ; réception 24h/24)

Casa 5 B&B
Voir p. 401 916 142 0862 ; casa-5-bed-breakfast.hotelespalenque.com ; Emilio Rabasa No. 45 Colonia Centro)

Chato's Cabañas by Panchan
Voir p. 403 (916 341 3308 ; chatos-cabanas-by-panchan.negocio.site ; El Panchán, Carretera Palenque-Ruinas, km 4,5, Sin Nombre ; 24h/24)

Hotel La Aldea del Halach Huinic
Voir p. 403 (916 345 1693, 916 345 0003 ; hotellaaldea.net ; El Panchán, Carretera Palenque-Ruinas, km 2,8)

Hotel Maya Rue
Voir p. 401 (916 34 50743 ; maya-rue.hotelespalenque.com ; Calle Aldama S/N Entre Juarez y 5 De Mayo,Centro)

Misión Palenque
Voir p. 401 (916 345 0241 , angle 6a Ote. Nte. et Av. Dr. Belisario Domíngez)

Bajlum
Voir p. 402 (916-3450424 ; bajlum.com.mx ; Carretera Palenque, Zona Arqueologica Km 2,8)

Café Jade
Voir p. 401 (916 128 3706 ; www.facebook.com/cafejadechiapas ; Prolongación Hidalgo 1 ; 8h-23h tlj)

Cafe de Yara
Voir p. 401 (916 345 0269 ; www.facebook.com/CafeDeYara ; Av. Hidalgo #66 Col. Centro)

Café Haki Palenque
Voir p. 402 (916 232 1203 www.facebook.com/CafeHakiPalenque ; Av. 5 de Mayo, Esquina Calle Jimenez)

Chivo's
Voir p. 402 (999 322 2554 ; www.facebook.com/chivosrestaurante ; Calle Hidalgo, Zona La Cañada ; 13h-23h tlj)

Kinich Kan Balam
916 345 1491 ; www.facebook.com/restaurantekinich ; Hotel Chablisn Av 1RA Norte Poniente, La Cañada)

La Tradición
Voir p. 401 (916-164-8223 ; www.latradiciónpalenque.com ; Merle Green 9A, La Cañada)

Mercado Guadalupe
Voir p. 402 (marché de produits frais ; La Esperanza ; 5h-16h tlj

Restaurante Las Tinajas
Voir p. 402 (916 345 4970 ; Av. 20 de Noviembre esq. Abasolo)

ENVIRONS DE PALENQUE

Agua Azul
Voir p. 410 (entre Palenque et Ocosingo ; 40 $M ; 8h-18h tlj)

Misol-Ha
Voir p. 409 (route 199, Salto de Agua, Palenque ; entrée 20 $M, plus 10 $M pour visite de la grotte ; 7h-18h tlj)

Ruines de Bonampak
Voir p. 411 (961 612 8360 ; www.inah.gob.mx ; Selva Lacandona, route 199, Palenque ; 5 $US/90 $M ; 8h-16h30 tlj)

Ruines de Yaxchilán
Voir p. 411 (961 612 2824 ; www.inah.gob.mx ; Selva Lacandona, Frontera Corozal, accès par route ou par bateau ; tarif plein/réduit 70/35 $M ; 8h-15h tlj)

Selva Lacandona
Voir p. 411 (forêt lacandone ; Carretera Fronteriza ; 30 $M)

Campamento Río Lacanjá
Voir p. 410 (967 631 7498, 967 674 6660 ; ecochiapas.com/tours/campamento-rio-lacanja ; Real de Guadalupe 46, Barrio de

Guadalupe, San Cristóbal de Las Casas)

Topche Centro Ecoturístico
Voir p. 410 (916 101 6959, 916 129 3357 ; topche.mx ; route principale, Lacanjá Chansayab)

Santuario de Cocodrilo Tres Lagunas
Voir p. 410 (961 192 23 52 ; www.treslagunas.com.mx ; carretera Fronteriza del Sur, Km 115)

Restaurante La Selva
Voir p. 411 (Carretera Fronteriza/route 307, au carrefour de la route menant à Bonampak)

Restaurante Colibrí
Voir p. 411 (Carretera Fronteriza/route 307, puis sur la route menant aux ruines de Bonampak)

Restaurante de Doña Mary
Voir p. 411 (Segunda Sur Pte, proche Tercera Ote Sur ; Frontera Corozal)

SAN CRISTÓBAL DE LAS CASAS

Arco del Carmen
Voir p. 416 (Miguel Hidalgo s/n, Centro)

Catedral de San Cristóbal de Las Casas
Voir p. 415 (Plaza 31 de Marzo ; 9h-13h30 et 16h30-20h tlj)

Centro de Textiles del Mundo Maya
Voir p. 417 (967 631 30 94 ; centrotextilesmayas.org ; Av 20 de Noviembre s/n ; adulte/-13 ans, étudiant, handicapé, +60 ans 65 $M/gratuit, gratuit dim ; 9h-18h mar-dim)

Iglesia de Guadalupe
Voir p. 415 (Cerro de Guadalupe, Calle Real De Guadalupe)

Kinoki
Voir p. 415 (centre culturel alternatif ; 967 678 5046 ; www.kinoki.com.mx ; Belisario Domínguez 5a, Centro ; expositions ; 11h30-23h30 tlj)

Museo de los Altos de Chiapas
Voir p. 418 (967 678 28 06, 967 678 16 09 ; Calz. Lázaro Cárdenas s/n, Barrio del Cerrillo ; 9h-18h mar-dim)

Museo del Café
Voir p. 419 (967 678 7876 ; www.facebook.com/cafemuseo ; Calle María Adelina Flores 10, Centro ; tarif plein/réduit 25/15 $M ; 8h-22h lun-sam)

Museo San Cristóbal de Las Casas (MUSAC)
Voir p. 418 (967 679 3681, 967 688 0034 ; sic.cultura.gob.mx ; Plaza 31 Marzo, Calle Diego de Mazariegos s/n, Centro ; 10h-17h mar-dim)

Na Bolom
Voir p. 418 (musée ; 967 678 1418 ; nabolom.org ; Av Vicente Guerrero 33 ; tarif plein/réduit 60/30 $M ; 9h-19h tlj)

Plaza Libertad
Voir p. 415 (galerie d'art contemporain ; 967 135 6436 ; www.facebook.com/PlazaLibertadSanCristobal ; Real de Guadalupe 117, Barrio de Guadalupe ; 11h-22h tlj)

Sna Jolobil
Voir p. 417 (coopérative ; (967 130 9051 ; www.facebook.com/PEDROMEZATM ; Ex-Convento de Santo Domingo, Lázaro Cárdenas 42 ; 9h30-17h tlj)

Templo de Santo Domingo de Guzmán
Voir p. 416 (église ; Av 20 de Noviembre ; 6h30-13h45 et 16h-20h lun-sam, 7h-21h dim tlj)

Cafeología
Voir p. 419 (967 678 7738 ; www.cafeologia.cafe/educacion ; Real de Guadalupe 13, Zona Centro ; démonstrations et dégustations, en espagnol 400 $M/pers, en anglais 500 $M/pers ; 8h-22h tlj)

Casa del Alma
Voir p. 415 (967 674 7784, whatsapp 967 341 0230 ; www.casadelalma.mx ; Av. 16 de Septiembre)

Casa Lum Boutique Hotel
Voir p. 416 (967 631 3359, 967 678 7438 ; casalum.com ; Real de Guadalupe 30, Centro)

Hotel Bo
Voir p. 416 (967 678 1515/16 ; www.hotelbo.mx ; 5 de Mayo 38, Barrio de Mexicanos)

Hotel Sombra del Agua
Voir p. 415 (967 674 9090, 967 152 0192 ; www.sombradelagua.com.mx, Calle 1o. de Marzo 15, Centro ; 9h-19h tlj)

La Joya Hotel
Voir p. 416 (967 631 4832 ; lajoyahotelsancristobal.com ; Francisco I. Madero 43A, Barrio de Guadalupe)

Sereno Art Hotel
Voir p. 415 (967 631 6494 , 967 674 9122 ; www.serenoarthotel.com.mx ; 16 de Septiembre 22b, Centro)

El Fogón de Jovel
Voir p. 415 (967 678 1153 ; www.fogondejovel.com ; Av 16 de Septiembre 11, Centro ; 8h-22h tlj)

El Secreto
Voir p. 415 (967 674 7784 ; www.casadelalma.mx/restaurante ; hôtel Casa del Alma, Av 16 de Septiembre 24, Centro ; 7h-23h tlj)

Esquina San Agustín
Voir p. 416 (967 672 7628 ; www.facebook.com/EsquinaSanAgustin ; Miguel Hidalgo 6, Centro ; 8h-23h30 tlj)

Mercado de Dulces y Artesanías
Voir p. 418 (Av Insurgentes 24 ; 8h-21h30 tlj)

Mercado Municipal
Voir p. 417 (www.sancristobal.gob.mx ; Calle Diaz Ordaz, angle M. Utrilla 38, Barrio del Cerrillo ; 7h-17h tlj)

Restaurante Las Pichanchas
Voir p. 415 (967 631 5235 ; restaurantelaspichanchas.com ; Crescencio Rosas 4, Centro ; 12h30-23h tlj)

Restaurante Taniperla
Voir p. 415 (967 688 4263 ; 227.facebook.com/Restaurantetaniperla ; angle Av Cristóbal Colón et Calle María Adelina Flores 23 ; 8h-23h tlj)

Café la Selva
Voir p. 419 (967 678 7244 ; www.facebook.com/La-Selva-Café-San-Cristóbal ; Crescencio Rosas 9, Zona Centro ; 8h-23h30 tlj)

La Espirituosa
Voir p. 419 (967 134 0429 ; www.laespirituosa.net ; Belisario Domínguez 35-interior 2, Barrio del Cerrillo ; 12h-21h tlj)

Libre Café
Voir p. 419 (967 111 7068 ; librecafetostadores.com ; Av Diego Dugelay 3, Barrio de Guadalupe ; 9h-21h lun-sam, 13h-20h dim)

Posheria
Voir p. 419 (999 747 1516 ; posheria.mx ; Real de Guadalupe 46-A, Centro Histórico ; 9h-12h lun-sam, 10h-22h dim)

Cafe Bar Revolución
Voir p. 415 (www.facebook.com/elrevomx ; Calle 1 de Marzo 11, Centro ; 11h-3h)

Camino de los Altos
Voir p. 417 (967 131 1574 ; elcaminodelosaltos.com ; Miguel Hidalgo 6 ; 12h-22h mer-mar)

Casa Folklora
Voir p. 417 (967 118 1767 ; www.folklora.mx ; Real de Guadalupe 27, Barrio de Guadalupe ; 9h-21h lun-jeu, 9h-22h ven-dim)

FRENTAN/SHUTTERSTOCK ©

Bas-relief, ruines de Palenque

El Camino de los Altos
Voir p. 417 (967 131 1574 ; elcaminodelosaltos.com ; Miguel Hidalgo 6, Centro ; 12h-22h mer-lun)

Mercado de Santo Domingo
Voir p. 417 (Av 20 de Noviembre s/n, Barrio del Cerrillo ; 9h-20h tlj)

Sna Jolobil
Voir p. 417 (Capilla del Ex-convento de Santo Domingo, Lázaro Cárdenas 42 ; lun-sam)

Táabal
Voir p. 417 (967 6885674, 967 706 5327 ; taabal.com ; 16 de Septiembre 6, Centro ; 10h-21h mer-lun)

ENVIRONS DE SAN CRISTÓBAL DE LAS CASAS

Museo de la Laca
Voir p. 428 (961 616 00 55 ; Av. Centro Cultural Ex Convento Santo Domingo, Mexicanidad Chiapaneca 10 ; 10h-17h lun-ven)

Ruines de Chiapa de Corzo
Voir p. 428 (961 612 8360, 961 612 2824 ; www.inah.gob.mx ; Calle Miguel Hidalgo, Chiapa de Corzo ; entrée libre ; 8h-17h tlj)

Cañón del Sumidero
Voir p. 426 (parc national ; Chiapa de Corzo, San Cristóbal de Las Casas ; droit d'entrée 34 $M, promenade en bateau à partir

de 200 $M ; miradors 8h-17h mer-lun, bateau 8h-15h tlj)

Embarcadero Cahuaré
Voir p. 426 (whatsapp 961 484 7726 ; embarcaderocahuare.com ; Al Embarcadero 100, Ribera Cahuare ; 235 $M/pers, 2 heures ; 8h-16h lun-dim)

El Arcotete Parque Ecoturistico
Voir p. 422 (967 101 3394 ; San Cristóbal de Las Casas ; droit d'entrée 10 $M, grotte 15 $M, tyrolienne 100 $M, bateau 20 $M ; 9h-17h tlj)

Grutas del Mamut
Voir p. 423 (Centre écotouristique ; 967 151 9698 ; Ejido Agua de Pajarito ; 8h-17h lun-dim)

Parque Ecoturístico Rancho Nuevo
Voir p. 423 (967 155 3424, 967 121 1854 ; Carretera Panamericana Km 94)

Hotel De Santiago
Voir p. 427 (961 153 1049 ; hoteldesantiago.com ; Av Capitan Vicente Lòpez s/n, Chiapa de Corzo)

Hotel La Ceiba
Voir p. 427 (612 175 0860, 612 21 86591 ; www.laceibahotel.com ; Av Domingo Ruiz 300, Chiapa de Corzo)

Yaxché
Voir p. 427 (961 616 0773 ; Av Domingo Ruiz 300, Chiapa de Corzo)

Bar Garden Zinacantan
Voir p. 422 (961 453 0758; Primera Av Isabel la Católica 6, Zinacantán)

Cocina Regional los Arcos
Voir p. 422 (967 340 2309 ; Av. Cristóbal Colón 3, Zinacantán ; 9h-17h ven-dim)

El Campanario
Voir p. 427 (961 616 0390 ; www.facebook.com/elcampanariochiapadecorzo ; Coronel Salvador Urbina 5, San Jacinto, Chiapa de Corzo ; 9h-18h tlj)

Jardínes de Chiapa Restaurante
Voir p. 427 (961 616 1675 ; jardines-de-chiapa-restaurante.negocio.site ; Francisco I. Madero 395, San Jacinto, Chiapa de Corzo ; 9h-18h tlj))

Nichim
Voir p. 421 (961 302 9811 ; Central, San Juan Chamula ; 8h-19h tlj)

Restaurante Al Toque!
Voir p. 421 (Primero Av Central, San Juan Chamula)

Restaurante El Mirador
Voir p. 421 (919 209 7410 ; www.facebook.com/Restaurant-El-Mirador ; Av Yaal Vakax 14, San Juan Chamula ; 8h30-20h mar-dim)

Tio Tono Restaurante Familiar y Botanero
Voir p. 422 (961 447 1915 ; Carretera libre Tuxtla, El Toj Km 74, Zinacantán ; 9h-18h tlj)

Cooperativa Mujeres Sembrando La Vida
Voir p. 422 (967 138 1659 ; www.mujeressembrandolavida.com ; C. Iturbide 11 ; 9h-17h tlj)

Mercado de San Juan Chamula
Voir p. 421 (marché artisanal ; Plaza de la Paz, Primero Av Central, San Juan Chamula ; dim)

Cathédrale de San Cristóbal de Las Casas

DANIELA CONSTANTINESCU/SHUTTERSTOCK ©

COMITÁN

Casa Museo Dr Belisario Domínguez
Voir p. 431 (963 632 1300 ; sic.cultura.gob.mx ; Av Central Sur Dr. B. Domínguez 35, Centro ; entrée libre ; 10h-18h45 lun-ven, 10h-14h sam-dim)

Centro Cultural Rosario Castellanos
Voir p. 431 (centre culturel ; 963 632 0624 ; sic.cultura.gob.mx ; Rosario Castellano s/s, Centro ; 8h-20h30 lun-ven, 10h-18h sam-dim)

Museo Arqueológico de Comitán
Voir p. 432 (963 632 5760 ; sic.cultura.gob.mx ; angle Calle Sur Oriente et Av Oriente Sur s/n,

Centro ; entrée libre ; 9h-18h mar-dim)

Museo de Arte Hermila Domínguez de Castellanos
Voir p. 431 (963 632 2082 ; sic.cultura.gob.mx ; Av Central Sur 35, Centro ; 10 $M, gratuit dim ; 9h-19h lun-ven, 10h-19h sam, 10h-14h dim)

Museo de la Ciudad
Voir p. 432 (963 632 8163 ; 4a Sur Oriente, angle Av Central et la Oriente Sur ; 10h-18h lun-sam)

Palacio Municipal
Voir p. 431 (hôtel de ville ; 963 632 8070 ; Central Norte 2, Centro ; 8h-16h lun-ven)

Templo de San Caralampio
Voir p. 432 (église ; Cuarta Av Oriente Norte 23, La Pila)

Templo Santo Domingo de Guzmán
Voir p. 428 (Parque Central Benito Juárez, Primera Av Norte Sur ; 7h-14h et 16h-20h tlj)

Cabañas Islas de Tziscao
Voir p. 435 (502 4983 3692 ; www.facebook.com/cabaniasislasdetziscao ; Carretera La Trinitaria, Av. del Lago de Tziscao)

Capital O Hotel Jardín de Tereza
Voir p. 432 (963 101 4155 ; 3a Calle Norte Poniente No. 56, Comitán)

Hotel Nak'An Secreto Maya
Voir p. 432 (963 63 67 385 ; nakan.mx ; 1 Av Oriente Norte No 29, Comitán)

Hotel Casa Delina
Voir p. 432 (963 101 47 93 ; www.hotelcasadelina.com ; 1a Calle Sur Poniente No.6, Comitán)

Parador-Museo Santa María
Voir p. 435 (963 134 0957, 963 251 5028 ; www.facebook.com/ParadorStaMaria ; Km. 22 Carretera Trinitaria, Lagos de Montebello, La Trinitaria)

Villa Tziscao
Voir p. 435 (502 5780 2775 ; ecotziscao.com ; Carretera Fronteriza del Sur. Km 61. Con direccion Parque Nacional, A Los Lagos de Montebello, Tziscao)

Camino Secreto
Voir p. 432 (963 632 0578 ; www.facebook.com/caminosecreto.mx ; la Calle Sur Poniente #113, Comitan ; 10h-18h mar-dim)

Ta Bonitío
Voir p. 432 (963 106 8338 ; www.facebook.com/tabonitio.mx ; 2da. Calle Nte. Poniente No. 100, Comitan tlj)

La Comiteca 1948
Voir p. 431 (963 632 0241 ; Av. Central Sur Dr. B. Dominguez 27, Comitán ; tlj)

Monarca – Café de especialidad
1702 5338 ; la. Av. Ote. Nte. 13, Comitán; tlj)

Perro Caffé
Voir p. 431 (963 266 5636 ; Calle Miguel Alemán S/N., Comitan ; tlj)

ENVIRONS DE COMITÁN

Cascadas El Chiflón
Voir p. 435 (30 $M ; 8h-17h)

Parque Nacional Lagunas de Montebello
Voir p. 435 (réserve de biosphère ; Comitán, Chiapas ; accès 34 $M/voiture et billet 25 $M ; 7h-17h tlj)

Site archéologique de Chinkultic
Voir p. 436 (963 632 5760 ; www.inah.gob.mx ; Lagunas de Montebello ou Ejido Miguel Hidalgo, Comitán ; entrée libre ; 7h-17h tlj)

Site archéologique de Tenam Puente
Voir p. 436 (961 612 83 60 ; www.inah.gob.mx ; Ejido Francisco Sarabia, Comitán ; 70 $M ; 8h-17h tlj)

Centro Ecoturístico Cascada Velo de Novia
Voir p. 435 (963 142 4055, 963 102 9819 ; www.facebook.com/CentroEcoturistico CascadasVeloDeNovia ; Comitán ; 30 $M ; 8h-17h ; cabañas)

Centro Ecoturistico Cascadas el Chiflón
Voir p. 435 (963 112 8716 ; www.facebook.com/CascadaselChiflon ; Comitán ; 30 $M ; 8h-17h)

TUXTLA GUTIÉRREZ

Office du tourisme municipal
(961 688 1946 ; 9a Calle Poniente norte ; 9h-14h et 16h-20h). Dans le Museo de la Marimba.

Bureau d'informations touristiques
961 617 0550 ; www.turismochiapas.gob.mx ; Blvd. Andrés Serra Rojas No.1090 Edicifio Torre Nivel 5, Paso Limón ; 8h-16h lun-ven). Fournit entre autres la liste des guides agréés de l'État (également disponible sur le site Internet).

Museo Chiapas de Ciencia y Tecnología
Voir p. 429 (961 691 2328 ; icti.chiapas.gob.mx ; Calzada Cerro Hueco 3000 ; adulte/enfant 170/100 $M ; 10h-15h mer-ven, 10h30-14h sam-dim)

Museo de las Artesanías de Chiapas
Voir p. 429 (961 602 6565 ; sic.cultura.gob.mx ; Blvd. Belisario Domínguez 2035, Xamaipak ; 30 $M, gratuit lun ; 10h-18h lun-ven, 10h-14h sam)

Museo de la Marimba
Voir p. 429 (961 111 3980 ; Av Central y 9a. Poniente

Norte 123 ; 10 $M ; 10h-21h mar-dim)

Museo Regional de Chiapas
Voir p. 429 (961 612 2824 ; lugares.inah.gob.mx ; Calzada de los Hombres Ilustres de la Revolución Mexicana s/n, Parque Madero ; 75 $M ; 9h-18h mar-dim)

Taquitos Casa Blanca
Voir p. 428 (961 125 2248 ; Blvd. la Salle ; tlj)

Las Pichanchas
Voir p. 428 (961 174 9485 ; restaurantelaspichanchas.com ; Av. Central Ote. 837, Asamblea de barrio ; 12h-23h tlj)

Restaurante La Mansión
Voir p. 428 (961 617 7733 ; Perif. Sur Pte. 105, Sin Nombre, Santa Elena ; 13h-23h mar-sam, 13h-18h dim)

Hotel Casa del Agua
Voir p. 428 (961 615 2778, 961 118 0700 ; casadelaguahotel.com ; 5a Ave Nte Pte # 563 Colonia Teran)

Hotel del Carmen
Voir p. 428 (961 612 3084 ; www.hoteldelcarmen.net ; 2a. Av Sur Pte. No. 826)

The Lu'um House
Voir p. 428 (the-luum-house. hotelestuxtlagutierrez.com ; Privada de la 23 Pte, entre la la et la 2a sur)

TABASCO

Museo de Antropología
Voir p. 440 (993 312 6344 ; www.facebook.com/museo.antropologia.pellicer ; Av Carlos Pellicer Cámara 511, Centro, Villahermosa ; 28 $M, gratuit mar ; 9h-16h mar-ven, 9h-18h sam-dim)

Parque Museo La Venta
Voir p. 439 (993 314 1652 ; www.facebook.com/pg/ParqueMuseoLaVenta ; Av Ruiz Cortines, Villahermosa ; 57 $M, gratuit lun ; 8h-16h tlj)

Ruines de Comalcalco
Voir p. 440 (993 3521022 ; lugares.inah.gob.mx ; Ranchería Norte, km 1,5 de la Carretera Comalcalco, Villahermosa ; 75 $M ; 9h-16h tlj)

Grottes de Cuesta Chica
Voir p. 441 (grottes ; Tapijulapa ; visite seulement avec guide et équipement ; 7h-15h)

Reserva de la Biósfera Pantanos de Centla
Voir p. 442 (993 195 9058 ; casadelagua.org.mx ; Carretera Frontera-Jonuta, km 12,5, Villahermosa ; 30 $M, randonnée, circuits en bateau ; 9h-17h mar-dim)

Reserva Ecológica Villa Luz
Voir p. 441 (932 322 4115 ; Tapijulapa ; 50 $M ; 8h-17h tlj) (avec Casa Museo Tomás Garrido et la grotte Cueva de las Sardinas Ciegas)

Hacienda La Luz
Voir p. 440 (plantation de cacao ; 993 207 8379 ; haciendalaluz.mx ; bd Leandro Rovirosa Wade 232, Centro, Comalcalco ; circuits de 2 heures tarif plein/réduit 350 $M/175 $M, visites guidées en anglais sur réservation ; 9h-15h lun-sam, circuits à 9h, 11h et 13h)

Yumká
Voir p. 442 (réserve naturelle ; 993 596 6702 ; yumka.gob.mx ; Ranchería Las Barrancas s/n, Villahermosa ; circuits à partir de 40 $M ; 9h-14h30 mar-dim)

Hotel Boutique Menta & Cacao
Voir p. 439 (993 207 5010 ; www.hotelboutiquementaycacao.com ; Narciso Sáenz 119, Centro Histórico, Villahermosa)

Hotel Comunitario Villa Tapijulapa
Voir p. 440 (993 228 3014 ; Av José López Portillo 16, Centro, Tapijulapa)

Kolem Jaá
Voir p. 440 (800 9900 933 ; kolemjaa.com ; Carretera Tapijulapa-Oxolotán, km 5, Tapijulapa)

La Maja Suites
Voir p. 439 (993 246 5486 ; Calle Malecón Carlos A. Madrazo B. 719, Centro, Villahermosa)

Mesón de la Sierra
Voir p. 440 (932 100 0598 ; hotelmesondelasierra@hotmail.com ; Av José López Portillo 24, Centro, Tapijulapa)

Sleep Inn Villahermosa
Voir p. 439 (993 800 8000 ; www.choicehotels.com ; Av Pino Suárez 216, Centro, Villahermosa)

Barbacoa Chauly
Voir p. 441 (933 123 5313 ; Reforma 442, Comalcalco ; 8h-17h mar-dim)

Cocina Chontal
Voir p. 441 (933 124 6086 ; près de la zone archéologique, Carretera a Buena Vista, Comalcalco ; 12h-17h jeu-dim)

El Teapaneco
Voir p. 439 (993 315 4430 ; Plaza Farole, Calle Vía 3 N126, Villahermosa ; www.elteapaneco.com ; 8h-18h lun-dim)

La Cevichería Tabasco
Voir p. 439 (993 195 3199 ; www.lacevicheriatabasco.com ; Plaza La Venta, Villahermosa ; 12h-20h dim-jeu, 12h-21h ven-sam)

La Lupita
Voir p. 439 (993 354 3254 ; mariscoslalupita.com ; Buena Vista, Esquina Morelos N°202, Colonia Atasta, Villahermosa ; lun-dim 10h-18h)

Los 4 Acuerdos
Voir p. 441 (933 118 8715 ; Carretera federal Comalcalco-Cardenas R/a Oriente 1era Sección, Comalcalco; tlj)

MAR& Co
Voir p. 439 (993 315 0505 ; marcompany.com.mx ; Paseo Tabasco No. 1101, Villahermosa ; tlj)

Cascadas El Chiflón

ÉTAT DE OAXACA

SUBLIME COCKTAIL DE NATURE, DE CULTURE ET DE TRADITIONS

Avec ses régions côtières, ses vallées et ses montagnes d'une remarquable biodiversité, une créativité artistique ancrée dans la culture et des traditions *indígenas* profondément enracinées, l'État de Oaxaca incarne tout ce qui fait la singularité du Mexique.

Culture, musique, gastronomie ou artisanat… tout dans cette région évoque son enracinement dans la culture indigène. Et la magie opère d'emblée. Dans la ville de Oaxaca (prononcez le *x* comme la *jota* espagnole), cœur de l'État du même nom et merveille d'architecture coloniale, la savoureuse recette du *mole* est peut-être plus ancienne que la cité elle-même. Dans certaines localités alentour, des artisans fabriquent des textiles et des poteries élaborées depuis l'époque précolombienne. Dans les ruines imposantes de Monte Albán, une cité zapotèque perchée sur une colline, flotte une atmosphère de spiritualité. Tout aussi célestes les hautes terres boisées de la Sierra Norte, couvertes de nuages. Au sud, par-delà des massifs sauvages et reculés, la côte pacifique tropicale, aux eaux peuplées de dauphins et de tortues, est bordée de longues plages de sable et émaillée d'un chapelet de stations balnéaires sûres : Puerto Escondido, paradis des surfeurs, Bahías de Huatulco, entièrement planifiée mais plaisante, ou Mazunte, Zipolite et San Agustinillo, réputées pour leur douceur de vivre.

SITES PRINCIPAUX

OAXACA
La capitale historique et culturelle de l'État.
p. 456

SIERRA NORTE
Un massif émaillé d'accueillantes localités zapotèques.
p. 481

SIERRA SUR
Plantations de café et observation de la faune et de la flore.
p. 484

PUERTO ESCONDIDO
La Mecque du surf.
p. 487

Ci-dessus : Hierve El Agua (p. 479) ; page précédente : Mazunte (p. 496)

MAZUNTE ET ZIPOLITE
Stations balnéaires bohèmes.
p. 493

BAHÍAS DE HUATULCO
Neuf baies d'une beauté sauvage.
p. 498

ISTHME DE TEHUANTEPEC
Plages bordées de dunes et culture urbaine zapotèque.
p. 503

SANTIAGO APOALA
Village mixtèque au creux d'une vallée encaissée.
p. 506

S'orienter

Oaxaca est le cinquième plus grand État du Mexique, avec une superficie à peu près équivalente à celle du Portugal. Sa capitale éponyme constitue une base pratique pour explorer les montagnes et vallées alentour, tandis que Bahías de Huatulco et Puerto Escondido figurent parmi les destinations phares du littoral.

Santiago Apoala, p. 506

Ce petit village mixtèque au cœur des montagnes se prête à des activités de plein air, à la découverte de cascades, de lacs préservés, de canyons profonds et de sculptures rupestres.

Oaxaca, p. 456

La capitale historique et culturelle de l'État fascine les visiteurs par son architecture coloniale évocatrice, sa gastronomie, ses bars à mezcals intimistes et sa créativité en matière d'art et d'artisanat.

KELLI HAYDEN/SHUTTERSTOCK ©

Puerto Escondido, p. 487

Une destination de surf en plein essor, qui abrite le *Mexican Pipeline*, une scène culinaire florissante, un environnement propice aux activités de plein air et une faune abondante.

Mazunte et Zipolite, p. 493

Un chapelet de localités balnéaires aux bâtiments bas, avec des hôtels volontairement rustiques, une ambiance de farniente décomplexée et de nombreuses occasions d'observer la faune et la flore.

VOITURE

Mieux vaut être motorisé pour rejoindre les localités de montagne isolées, certains sites archéologiques, les distilleries de mezcal et les villages côtiers peu ou pas desservis par les transports publics. En revanche, oubliez la voiture si vous comptez passer du temps dans la capitale congestionnée.

BUS

Fiables, confortables et assez abordables, les bus de 1re classe constituent généralement l'option à privilégier pour les principales destinations. Des bus de 2e classe, plus anciens, couvrent de nombreuses localités moins importantes, tandis que des minibus parcourent les routes de montagnes sinueuses reliant la côte à la Sierra Norte et à la Sierra Sur.

COLECTIVOS

Les *colectivos* (taxis collectifs) sont souvent le moyen le plus économique et le plus rapide de se déplacer en ville et en périphérie. Sur la côte et en montagne, certains de ces véhicules sont des pick-up couverts. À Oaxaca et dans les Valles Centrales, il s'agit le plus souvent de voitures à quatre portes.

Sierra Norte, p. 481

La région revêt une grande importance historique en tant que lieu de naissance du premier président *indígena* du Mexique. Ses villages de montagne zapotèques invitent à de reposantes escapades dans la nature sauvage.

Isthme de Tehuantepec, p. 503

Les plages de sable blanc dunaires de cette portion de côte assez peu urbanisée ne sont guère fréquentées par les touristes, et les villes étouffantes de l'arrière-pays proposent une cuisine régionale particulièrement savoureuse.

Sierra Sur, p. 484

La vue magique sur les montagnes embrumées depuis San José del Pacífico ainsi que les superbes plantations de café laissent un souvenir impérissable.

Bahías de Huatulco, p. 498

Neuf baies splendides sur une portion de côte accidentée et un centre-ville authentiquement mexicain, doté d'une place centrale bourdonnante, de bars de plage festifs et de restaurants de tacos abordables.

Planifier son séjour

On peut facilement passer des semaines à explorer la capitale et les vallées alentour, sans oublier les villes de montagne et les stations balnéaires, aussi nombreuses que variées.

Si vous avez peu de temps

- Posez vos valises à **Oaxaca** (p. 456), la capitale de l'État, pour découvrir ses musées de premier plan, sa scène artistique pleine de dynamisme, ses délices culinaires et l'atmosphère cool de ses bars à mezcals. Non loin, l'antique cité zapotèque de **Monte Albán** (p. 472) trônant au sommet d'une colline offre des panoramas éblouissants.

- Si vous avez le temps, direction les ateliers d'artisans de **Teotitlán del Valle** (p. 477), **San Bartolo Coyotepec** (p. 476) et **San Martín Tilcajete** (p. 476), qui fabriquent des tapis zapotèques, des objets en *barro negro* (céramique noire) et des *alebrijes* (animaux en bois sculpté et peint).

- Enfin, n'oubliez pas de rendre hommage au vénérable **El Tule**, le plus gros arbre du monde (p. 477).

JAVARMAN/SHUTTERSTOCK ©

El Tule (p. 477)

Au fil des saisons

L'hiver sec coïncide avec la présence de baleines près de la côte, tandis que l'été pluvieux marque la pleine saison du surf. La Guelaguetza (fête de danses folkloriques) bat son plein en juillet, le Día de Muertos (fête des morts) en novembre.

JANVIER

Climat agréable et période idéale pour observer la migration des **baleines à bosse** au large de Puerto Escondido.

FÉVRIER

Le temps doux et sec permet de profiter au mieux de l'extravagant **carnaval,** célébré dans de pittoresques villages d'artisans comme San Martín Tilcajete.

MARS

Le 3e lundi de mars, Oaxaca commémore la **naissance de Benito Juárez**, l'enfant du pays qui fut le premier président *indígena* du Mexique.

DE GAUCHE À DROITE : HEATHER PAUL/GETTY IMAGES ©, WANDERING VIEWS/SHUTTERSTOCK ©, DANITA DELIMONT/SHUTTERSTOCK ©

En cinq jours

- Avec quelques jours supplémentaires, consacrez du temps au site archéologique zapotèque de **Mitla** (p. 478), connu pour ses exceptionnelles frises géométriques de pierre. Au cours de la même excursion, vous pourrez prévoir une halte à **Hierve El Agua** (p. 479) pour vous baigner dans des sources chaudes au sommet de cascades pétrifiées. Dans la ville voisine de **Santiago Matatlán** (p. 475), la rue principale est remplie de distilleries de mezcal où déguster cette puissante eau-de-vie d'agave.

- Vous préférez les escapades en pleine nature ? Mettez le cap sur la Sierra Norte, où les **Pueblos Mancomunados** (p. 482), huit villages communautaires de culture zapotèque, réservent de beaux itinéraires de randonnée et de VTT dans la montagne.

Si vous avez plus de temps

- La plupart des voyageurs disposant d'une semaine ou plus prévoient une étape sur la splendide côte pacifique de Oaxaca. Tandis que les surfeurs se précipitent vers le *Mexican Pipeline* de **Puerto Escondido** (p. 487), les adeptes du mode de vie alternatif vont goûter l'atmosphère balnéaire débridée de **Mazunte et Zipolite** (p. 493). Quant aux passionnés de nature, ils apprécient la forêt vierge et le littoral protégés de **Bahías de Huatulco** (p. 498), ainsi que la plage bordée de lagunes côtières du **Parque Nacional Lagunas de Chacahua** (p. 491).

- Sur le chemin du littoral, arrêtez-vous à **Pluma Hidalgo** (p. 486), dans la région productrice de café, ou à **San José del Pacífico** (p. 485), un village montagnard nimbé de brume de la Sierra Sur.

JUILLET
La chaleur et la pluie n'enlèvent rien à l'esprit de la **Guelaguetza**, événement emblématique de la culture *indígena*.

SEPTEMBRE
Pendant que l'on célèbre en fanfare la **fête de l'indépendance**, des milliers de **tortues marines** viennent pondre sur le rivage.

NOVEMBRE
La saison des pluies s'achève avant le vivant **Día de Muertos** (1er et 2 novembre), qui correspond à la **haute saison touristique**.

DÉCEMBRE
Les températures baissent, les tarifs hôteliers montent en flèche et la capitale de l'État accueille la **Noche de Rábanos** (23 décembre), qui met le radis à l'honneur.

OAXACA

Forte d'une scène artistique et artisanale dynamique, de traditions *indígenas* très ancrées et d'une offre culinaire innovante, Oaxaca occupe une place importante dans l'histoire et la culture du Mexique. Il se passe toujours quelque chose de festif dans cette grande ville au passé colonial dont l'énergie va de pair avec une étonnante décontraction. L'animation atteint son comble en juillet et début novembre lors de la Guelaguetza et du Día de Muertos, au cours desquels des fanfares et des danseurs traditionnels défilent le long des rues étroites dans une ambiance de Mardi gras. Des musées et galeries de premier ordre exposent les œuvres de célèbres peintres mexicains et de jeunes talents, tandis que le foisonnement du street art reflète l'esprit provocateur et engagé du lieu. Enfin, la présence de nombreux hébergements, restaurants et sympathiques bars à mezcals contribuent à faire de Oaxaca une base privilégiée pour explorer les ruines précolombiennes alentour et les ateliers d'artisans des villes zapotèques voisines.

Pour les infos pratiques, voir le Carnet d'adresses p. 508

À SAVOIR

Pour apprécier pleinement le centre-ville de Oaxaca, mieux vaut se déplacer à pied. On a ainsi plus de chances de tomber sur des ateliers d'art graphique ou des petits bars et cafés tout en s'épargnant les fréquents problèmes d'orientation, de stationnement et de rues barrées.

Plaza Santo Domingo

INCONTOURNABLES
1 Museo de las Culturas de Oaxaca
2 Templo de Santo Domingo
3 Zócalo

VOIR
4 Andador Turístico
5 Basilica de Nuestra Señora de la Soledad
6 Catedral Metropolitana
7 Cerro del Fortín
8 Jardín Etnobotánico
9 La Mano Mágica
10 Museo Textil de Oaxaca
11 Espacio Zapata
12 Galería Quetzalli
13 Arte de Oaxaca
14 Museo de los Pintores Oaxaqueños
15 Centro Fotográfico Álvarez Bravo
16 Museo de Arte Contemporáneo de Oaxaca

ACTIVITÉS ET COURS
17 Alma de Mi Tierra
18 Becari Conzatti Language School
19 Mundo Ceiba
20 Ollin Tlahtoalli
21 Spanish Immersion School

SE RESTAURER
22 Casa Oaxaca
23 El Destilado
24 Los Danzantes
25 Mercado de la Merced
26 Rito

PRENDRE UN VERRE ET FAIRE LA FÊTE
27 Chimalapa Cacao on Origen
28 In Situ
29 Mezcaloteca
30 Sabina Sabe

SORTIR
31 Auditorio Guelaguetza
32 Centro Cultural San Pablo
33 Teatro Macedonio Alcalá

SHOPPING
34 Mercado 20 de Noviembre
35 Mercado Benito Juárez
36 Texier
37 Voces de Copal

OÙ PRENDRE UN CAFÉ À OAXACA

Boulenc
Ce café-boulangerie français propose notamment du café de la région mixtèque et des croissants aux amandes.

Cafébre
Une adresse moderne du centre-ville où déguster du café pure origine de la Sierra Sur.

Café Brújula
Cette mini-chaîne, qui possède plusieurs enseignes dans le centre, sert du café produit près de la côte de Oaxaca.

Centre historique

UN CONDENSÉ D'ARCHITECTURE

Les quelque 1 200 monuments anciens du Centro (centre historique) de Oaxaca lui valent d'être inscrite au patrimoine mondial de l'Unesco depuis 1987. L'itinéraire débute par le **Templo de Santo Domingo**, une superbe église principalement édifiée entre 1570 et 1608. Derrière sa façade baroque finement sculptée, l'intérieur présente une profusion d'ornements dorés et de peintures, dont une fresque au plafond représentant, sur un arbre de vie, le conquistador Hernán Cortés et d'autres personnages influents. La **Capilla de la Virgen del Rosario** (chapelle de la Vierge du Rosaire ; XVIIIe siècle), du côté sud, est la plus richement décorée de toutes.

Arpentez ensuite l'**Andador Turístico** (Calle Alcalá), une rue piétonne bordée d'édifices de l'époque coloniale hébergeant cafés, galeries d'art, boutiques d'artisanat et bars à mezcals avec toit-terrasse. Elle constitue une promenade agréable et sûre, y compris lorsqu'elle s'anime en soirée.

Plusieurs pâtés de maisons au sud, vous arriverez au ***zócalo***. À l'ombre de grands arbres et d'élégants *portales* (galeries à arcades) abritant de nombreux cafés et restaurants, cette place piétonne est l'endroit parfait pour s'imprégner de l'atmosphère de Oaxaca. Avec l'Alameda de León attenante, elle vibre de jour comme de nuit au son des ensembles de marimba, des orchestres de cuivres et des musiciens ambulants. Au nord du *zócalo* se tient la monumentale **Catedral Metropolitana**, bâtie en pierres volcaniques et dont la construction, entreprise en 1535, s'acheva (après plusieurs séismes) au XVIIIe siècle. Au sud, le **Palacio de Gobierno** (palais du Gouvernement), trésor du XIXe siècle, abrite marbres et peintures murales.

Si Oaxaca compte un nombre considérable d'églises, la **Basílica de Nuestra Señora de la Soledad**, située cinq rues à l'ouest du Zócalo en suivant l'Avenida de la Independencia, a la faveur de beaucoup d'habitants. Elle a conservé sa façade baroque d'origine (1690), tandis que l'intérieur chargé de dorures, surtout au-dessus du maître-autel, date de la fin du XIXe siècle. À l'instar du Templo de Santo Domingo, elle a été construite avec des murs très épais capables de résister aux puissants tremblements de terre qui secouent la région.

LES PLUS BEAUX MUSÉES ET GALERIES D'ART DE OAXACA

Instituto de Artes Gráficas de Oaxaca
Une vaste collection d'art graphique rassemblée par le peintre de renom Francisco Toledo (1940-2019).

Museo de Arte Prehispánico de México de Rufino Tamayo
Un édifice du XVIIe siècle sert d'écrin aux objets précolombiens que l'artiste Rufino Tamayo (1899-1991) a légués à la ville.

Centro Fotográfico Manuel Álvarez Bravo
Tournée vers la critique sociale, cette galerie présente les travaux de talentueux photographes internationaux.

Museo de los Pintores Oaxaqueños
Œuvres d'artistes contemporains de l'État de Oaxaca et d'ailleurs, parfois provocateurs, dans un joli bâtiment du centre-ville datant du XVIIe siècle.

Museo de las Culturas de Oaxaca

DES CIVILISATIONS PRÉCOLOMBIENNES AUX CULTURES INDÍGENAS

Si vous ne deviez choisir qu'un musée à visiter à Oaxaca, rendez-vous à l'incontournable **Museo de las Culturas**

OÙ SE LOGER À OAXACA

Ollin Bed & Breakfast
Petit-déjeuner gourmand, piscine, chambres au cachet résolument mexicain et du grand toit-terrasse. $

Hotel Las Mariposas
Un établissement écoresponsable : chambres avec ventilateur autour d'une paisible cour végétalisée. $$

Santa Cecilia Hotel
Excellente adresse milieu de gamme dans le quartier tranquille de Xochimilco, l'un des plus anciens de Oaxaca. $$

Templo de Santo Domingo

POUR LES AMOUREUX DE NATURE

Le **Jardín Etnobotánico** **(p. 469)**, derrière le Museo de las Culturas de Oaxaca, propose des visites guidées très instructives de sa collection de plantes provenant de tout l'État.

de Oaxaca. Comptez au moins 2 heures pour visiter les 14 salles de ses majestueux bâtiments, le musée ayant été établi dans un ancien monastère dominicain du XVIe siècle donnant sur le Jardín Etnobotánico (voir plus bas).

La collection du musée illustre l'histoire de Oaxaca jusqu'à nos jours, en mettant l'accent sur la continuité entre les traditions indiennes préhispaniques et contemporaines. Elle constitue d'ailleurs une excellente source d'informations pour ceux qui prévoient de se rendre sur les sites zapotèques et mixtèques des environs. Le **trésor mixtèque** de la Tombe nº 7 de Monte Albán (salle III, la première à droite à l'étage), qui remonte au XIVe siècle, en est la pièce maîtresse. Les Mixtèques avaient alors réutilisé une ancienne sépulture zapotèque de Monte Albán pour enterrer un de leurs souverains, accompagné de ses serviteurs sacrifiés. Des objets en argent, turquoise, corail, jade, ambre, perles, os sculptés, ainsi que des gobelets en cristal, un crâne recouvert de turquoise et de grandes quantités d'or entouraient les défunts. – un trésor découvert en 1932 par l'archéologue Alfonso Caso.

Si elle est ouverte au public, jetez aussi un coup d'œil à l'impressionnante **bibliothèque**, qui contient quelque 30 000 ouvrages, certains vieux de plus de 500 ans.

LES MEILLEURS RESTAURANTS DE OAXACA

Levadura de Olla
Étoile montante de la cuisine, Thalia Barrios a conçu une carte alléchante comprenant des plats de fête, des *moles* et des *tamales*. **$$**

Casa Oaxaca
Venez déguster le canard ou les travers de porc braisés au *mole* du chef Alejandro Ruiz sur le toit-terrasse d'un des meilleurs restaurants de la ville. Réservation de rigueur. **$$$**

Los Danzantes
Une vieille institution, toujours très renommée, grâce à sa cuisine *oaxaqueña* fusion et ses excellents mezcals maison. **$$$**

OÙ SE LOGER PAS CHER À OAXACA

Casa Ángel
Une auberge de jeunesse centrale, sympathique et bien équipée avec un agréable toit-terrasse. **$**

Azul Cielo
L'éternel chouchou des baroudeurs comporte des dortoirs et des chambres gaies autour d'un jardin ensoleillé. **$**

Hostal de las Americas
Une propreté absolue règne dans les dortoirs, les chambres et la cuisine de cette auberge de jeunesse en plein centre-ville. **$**

SACRÉ MOLE !

Sauce onctueuse de couleurs et de compositions diverses à base de piment, d'épices et de pâte de maïs, le *mole* (du nahuatl *mulli*, sauce) est devenu la signature culinaire du Oaxaca. Pour les Mexicains, cette spécialité d'origine préhispanique adaptée par les colons espagnols revêt même une importance plus grande que la viande qu'il accompagne. Il en existe sept sortes, dont la plus connue est le délicieux *mole oaxaqueño* (ou *mole negro*, *mole* noir) contenant du chocolat. Citons également le *mole coloradito* (*mole* rouge) et le *manchamanteles* (littéralement "tache-nappe"), de couleur rouge brique. Les restaurants **Ancestral**, **Casa Oaxaca** et **Levadura de Olla** préparent des *moles* parfaits, et l'on peut savourer des versions plus familiales dans des stands de marché comme **La Cocina de Frida**, à Ocotlán.

VG FOTO/SHUTTERSTOCK ©

Barro negro **(céramique noire)**

Cerro del Fortín

VUE IMPRENABLE

Pour vous mettre en condition le matin, gravissez en marchant ou en courant l'emblématique sentinelle d'Oaxaca, **Cerro del Fortín**, qui réserve une vue panoramique sur la ville. À la fin du XVe siècle, cette colline fut le siège d'une garnison militaire stratégique établie par les conquérants aztèques. L'ascension débute au niveau de la Calle Crespo, d'où des escaliers rejoignent l'**Auditorio Guelaguetza** (p. 464). Au-dessus de celui-ci, une route asphaltée mène à une **statue de Benito Juárez** (le premier président *indígena* du Mexique, natif de Oaxaca). Toutefois, mieux vaut éviter les hauteurs du parc dès que la nuit commence à tomber.

Spécialités culinaires

GASTRONOMIE ET CUISINE DE RUE

Oaxaca se classe parmi les villes gastronomiques du Mexique, ce qui n'est pas peu dire dans un pays réputé mondialement pour sa créativité culinaire. Parmi les spécialités typiques figurent le *mole*, sauce onctueuse à base de noix, de piment et d'épices, la *salsa de queso* (fromage nappé de sauce tomate

OÙ SE RESTAURER DANS LES MARCHÉS DE OAXACA

Fonda Florecita
Dans cette gargote du Mercado de la Merced, optez pour la *salsa de queso* relevée ou le *champurrado* (chocolat chaud). **$**

Mercado 20 de Noviembre
Direction le *pasillo de humo* (allée des stands de grillades) pour déguster *tasajo* (bœuf) ou *cecina enchilada* (porc pimenté). **$**

Mercado Orgánico La Cosecha
Un petit marché bio où manger des plats régionaux et siroter des boissons préhispaniques comme le *pulque*. **$**

pimentée), les *tlayudas* (grandes tortillas de maïs croustillantes garnies de fromage, *frijoles* et, en option, bœuf ou chorizo) et les *garnachas istmeñas* (tortillas de maïs frites, recouvertes de bœuf émincé et de chou mariné).

Si des tables de haut vol permettent d'apprécier toute la palette des saveurs locales, ne snobez pas les stands de rue et les marchés d'alimentation, dont les *comedores* servent une cuisine souvent considérée comme plus authentique par les locaux. Le **Mercado de la Merced** est une bonne adresse pour se régaler de plats traditionnels. Au **Mercado 20 de Noviembre**, dans le centre, vous pourrez grignoter des *chapulines* (sauterelles grillées) accompagnées de *tejate* mousseux, la "boisson des dieux", d'origine préhispanique, à base de maïs grillé et de fèves de cacao fermentées.

Un peu partout en ville, des stands et des triporteurs proposent des tacos de *barbacoa* (viande de bœuf ou d'agneau lentement mijotée), des *marquesitas* (crêpes roulées) et des *tamales*. Sans oublier les *tostiesquites*, des en-cas pour les fringales nocturnes composés de tortillas, grains de maïs grillés, mayonnaise, fromage, sauce piquante, citron vert et *sal de chapulines* (sel, sauterelles pilées et piment). Vous en trouverez le long de l'Andador Turístico.

Oaxacking organise des circuits gastronomiques conduits par Omar Alonso, un expert en la matière.

L'artisanat élevé au rang d'art

CÉRAMIQUES, TISSAGES ET ALEBRIJES

Oaxaca est renommée dans tout le Mexique pour son artisanat de haute qualité. Les nombreux magasins et galeries autour de l'Andador Turístico (p. 458) déclinent un large éventail d'objets artisanaux tels que *barro negro* (céramique noire), *alebrijes* (animaux en bois peint de couleurs vives), tapis tissés zapotèques ou vannerie en feuilles de palme. Dans le centre, les stands du Mercado Benito Juárez et du **Mercado de Artesanías** proposent des sacs tendance et des *huipiles* (chasubles brodées), ainsi que les produits artisanaux mentionnés plus haut.

Autant que possible, mieux vaut acheter directement à la source pour que l'intégralité de l'argent dépensé revienne aux producteurs et contribue à améliorer la vie des communautés locales. Le village de **Teotitlán del Valle** (p. 477) est spécialisé dans le tissage, **San Bartolo Coyotepec** (p. 476) dans la céramique et **San Martín Tilcajete** (p. 476) dans les *alebrijes* : il est d'ailleurs fascinant d'y observer de près les artisans au travail.

LES FÊTES DES MORTS LES PLUS SPECTACULAIRES

Panteones de Xoxocotlán
Les veillées aux chandelles dans les cimetières de Santa Cruz Xoxocotlán, environ 6 km au sud de Oaxaca, attirent du monde pour leurs autels bigarrés et leurs sérénades entraînantes.

Barrio de Jalatlaco
Les Avenidas Hidalgo et Aldama arborent toute l'année des fresques créatives sur le thème du Día de Muertos, décor idéal pour les *comparsas* (parades musicales) qui parcourent les rues pavées de ce quartier de Oaxaca.

Nazareno Etla
Dans cette bourgade non touristique à 20 km au nord de Oaxaca, les *muerteadas* (défilés costumés, concours de fanfares et autres réjouissances) battent leur plein jusqu'au petit matin.

OÙ SE RESTAURER À OAXACA

Terraza Istmo
Un établissement doté d'un toit-terrasse où goûter aux spécialités de l'isthme de Tehuantepec. **$$**

El Tendajón
Une cuisine *oaxaqueña* fusion bien préparée : goûtez en particulier les pâtes aux crevettes et au *huitlacoche*. **$$**

Ancestral
Une adresse de Xochimilco en plein air, qui revisite la tradition culinaire de Oaxaca sur le mode gastronomique. **$$$**

LE TOP DES BOUTIQUES D'ARTISANAT DE OAXACA

Voces de Copal
Les *alebrijes* (figurines en bois) finement sculptés et peints coûtent leur prix mais valent résolument le coup d'œil et font partie de l'artisanat réputé provenant des Valles Centrales.

La Mano Mágica
Fondé par le maître tisserand Arnulfo Mendoza, ce magasin spécialisé dans les tapis multicolores réalisés au métier à pédales offre aussi un bon choix de sculptures et de bijoux.

Aripo
Artesanias Industrias Populares (Aripo) de Oaxaca possède plusieurs petites boutiques de vêtements, bijoux en argent, *alebrijes*, sacs et céramiques.

Le **Museo Textil de Oaxaca** (gratuit) s'attache à garder vivante la tradition textile de la région à travers des expositions, des ateliers et une bibliothèque. Il rassemble quelque 10 000 pièces provenant de Oaxaca et du monde entier, certaines plus que centenaires, qui font l'objet de présentations thématiques. Sa boutique propose des vêtements de bon goût, quoique onéreux, et des livres d'art consacrés aux textiles. Si la plupart des magasins d'artisanat pratiquent des prix fixes, on peut marchander courtoisement dans les marchés.

Musées et galeries d'art à gogo

UNE MINE D'OR POUR CHINER LES NOUVEAUX TALENTS

Dans une ville connue pour manier la contestation à travers les arts graphiques, l'**Espacio Zapata** joue un rôle clé. Fondée en 2006 par le collectif Asaro (Asamblea de Artistas Revolucionarios de Oaxaca) et en renouvellement constant, cette galerie propose événements, discussions, ateliers et expositions. Même les peintures qui décorent la façade changent régulièrement. Allez-y pour jeter un œil, papoter, grignoter quelque chose au café dans la cour ou acheter un T-shirt imprimé.

De grands noms comme Francisco Toledo et Guillermo Olguín ont la faveur de la **Galería Quetzalli**, tandis que la galerie **Arte de Oaxaca** consacre une salle au travail de Rodolfo Morales, à côté d'œuvres triées sur le volet. Plus provocateur, le **Museo de los Pintores Oaxaqueños** expose des artistes contemporains de l'État de Oaxaca et d'ailleurs. Fondée par Arnulfo Mendoza (1954-2014), maître-tisserand de Teotitlán del Valle, la galerie **La Mano Mágica** vend des œuvres de Tamayo, Morales et Hernández, ainsi qu'une belle petite sélection d'artisanat.

On doit à l'artiste et mécène Francisco Toledo la création de deux lieux majeurs : le **Centro Fotográfico Álvarez Bravo**, qui présente les travaux de talentueux photographes internationaux, et l'Instituto de Artes Gráficas, qui accueille des expositions d'art graphique et l'importante collection de gravures et photographies léguées par l'artiste à l'institut avant sa mort.

Día de Muertos

UNE FÊTE DES MORTS BIEN VIVANTE

Fin octobre, l'État de Oaxaca rend hommage aux défunts lors du **Día de Muertos**, une célébration séculaire issue d'un mélange entre des traditions chrétiennes avec des rites et croyances préhispaniques. Pour le meilleur ou pour le pire, l'événement attire d'année en année un nombre croissant de

OÙ BOIRE DU MEZCAL À OAXACA

Cuish
Pour goûter à d'excellents mezcals produits à petite échelle et vendus dans de très belles boîtes.

In Situ
Sélection de mezcals artisanaux, dont une variété rare fermentée dans des cuves en peau de vache. Adresse culte !

Mezcaloteca
Mezcals, *sotol* et *destilados de agave* soigneusement sélectionnés.

MWAYOUT/ISTOCK ©

Broderie de l'État de Oaxaca

visiteurs, en particulier dans la capitale, devenue l'une des principales destinations du Mexique pour vivre ce moment. Officiellement, le Jour des Morts tombe les 1er et 2 novembre, mais les manifestations culturelles commencent dès le 28 octobre.

On devine rapidement pourquoi les célébrations dans la ville de Oaxaca séduisent autant. À la manière du carnaval, des fanfares, des danseurs folkloriques et des habitants vêtus de costumes joyeusement macabres défilent dans les rues avec une grande ferveur, tandis que les localités voisines de San Agustín Etla (p. 474), El Tule (p. 477) et Mitla (p. 478) sont connues pour leurs autels colorés et leurs fêtes nocturnes légendaires.

Pendant la journée, rendez-vous au **Mercado Benito Juárez**, où l'on vend, pour l'occasion, du *papel picado* (décorations en papier de soie découpé), du *pan de muerto* (brioche saupoudrée de sucre) et des *cempasúchil* (roses d'Inde) orange vif utilisées pour décorer les autels. Pendant ce temps, nombre de restaurants préparent du *pozole* (soupe de porc ou de poulet au maïs) et des *moles* en tout genre, deux des plats les plus typiques du Día de Muertos.

Sachez que le billet d'avion et l'hébergement pour cette période de l'année doivent être réservés longtemps à l'avance et coûtent le prix fort. Une fois sur place, faites preuve du plus grand respect si vous visitez un cimetière pendant que des familles viennent déposer des offrandes à leurs proches décédés.

L'HÉRITAGE DE FRANCISCO TOLEDO

Peintre et mécène, Francisco Toledo (1940-2019) a un impact durable sur l'art et la culture du Oaxaca. L'artiste d'origine zapotèque, célèbre pour ses représentations d'animaux imaginaires, était un ardent défenseur du patrimoine culturel de sa terre natale. On lui doit notamment la fondation du **Centro de las Artes de San Agustín**, de l'**Instituto de Artes Gráficas de Oaxaca** et du **Centro Fotográfico Manuel Álvarez Bravo** (p. 458), trois espaces artistiques gratuits de premier ordre.

Avec un peu de chance, le **Museo de Arte Contemporáneo de Oaxaca** (www.macooaxaca.com), fermé depuis 2020 en raison d'un conflit social, sera rouvert lors de votre passage. Ses salles abritent, outre des travaux de Toledo, des œuvres du grand muraliste Rufino Tamayo (1899-1991), de Rodolfo Nieto (1936-1985) ou de Francisco Toledo (1940-2019), artistes qui contribuèrent à l'émergence de la scène artistique de Oaxaca à l'échelle nationale et internationale.

AQUEDUC DE XOCHIMILCO

L'aqueduc en pierre volcanique situé dans le vieux quartier de tisserands de Xochimilco, au nord de la Hwy 190, acheminait l'eau du Cerro de San Felipe jusqu'au cœur de la ville. Bâti entre 727 et 1751, il fonctionna jusqu'en 1940 : il fait désormais partie du paysage et des points de repère connus de la région. Certaines de ces arches servent aujourd'hui d'entrée à des habitations et des petits commerces. L'ouvrage forme le mur du patio arrière d'**Ancestral** (p. 461), un charmant restaurant en plein air.

CHAMSKI/SHUTTERSTOCK ©

Aqueduc de Xochimilco

Fêter la Guelaguetza

L'UN DES TEMPS FORTS DU CALENDRIER FESTIF

La **Guelaguetza**, une grande fête culturelle *indígena* et l'une des célébrations les plus festives de l'année, met à l'honneur les danses folkloriques, mais aussi la musique et la cuisine des huit régions de l'État de Oaxaca. Habituellement organisée au cours des deux dernières semaines de juillet, elle donne lieu à d'éclatants spectacles en plein air dans l'**Auditorio Guelaguetza**, une salle de 11 000 places à flanc de colline offrant une vue imprenable sur la ville.

D'origine zapotèque, le terme "guelaguetza" se traduit approximativement par "offrande réciproque", et, bien que le format actuel de la fête date de 1932, cette célébration remonte à la période préhispanique, quand les communautés autochtones se réunissaient chaque année pour rendre hommage à Centéotl, le dieu aztèque du maïs.

En plus des spectacles de l'auditorium des deux premiers lundis après le 16 juillet, les milliers de visiteurs peuvent assister à des *calendas* (exubérants défilés de rue au son de fanfares), des concerts gratuits, des expositions d'art, des manifestations gastronomiques et une foire au mezcal et à la bière artisanale.

OÙ BOIRE DES COCKTAILS À OAXACA

Selva
Après un dîner à l'excellent Los Danzantes (p. 459), allez prendre un dernier verre dans ce repaire à la mode.

Sabina Sabe
Les cocktails très réussis de ce bar à mezcals haut de gamme ont la faveur des visiteurs comme des locaux.

El Destilado
Whisky de maïs mexicain et cocktails originaux se marient bien avec les excellents tacos de poisson.

ESDELVAL/SHUTTERSTOCK ©

Fruit d'agave

Des versions plus modestes et moins commerciales de la Guelaguetza ont la préférence de certains locaux et se déroulent dans des villes et villages alentour, dont Tlacolula (p. 475), Atzompa, Mitla (p. 478) et San Agustín Etla (p. 474). Réservez votre billet d'avion et votre hôtel à l'avance si vous prévoyez un séjour à ce moment bondé de l'année.

Hors mois de juillet, l'**Hotel Quinta Real Oaxaca** propose des dîners-spectacles Guelaguetza hebdomadaires. Le **Centro Cultural San Pablo** et le **Teatro Macedonio Alcalá** programment aussi des concerts et autres événements culturels.

Entrez dans l'univers du mezcal

L'ALCOOL EMBLÉMATIQUE DU OAXACA

Oaxaca regorge de restaurants, de *mezcalerías* (petits bars à mezcals) pittoresques et de salles de dégustation servant du mezcal, l'eau-de-vie d'agave qui connaît un boom sans précédent depuis qu'un nombre croissant de connaisseurs le préfèrent à la tequila, jugée trop “grand public”.

Même quand on ne boit pas d'alcool, le monde du mezcal se révèle fascinant du fait de l'incroyable diversité des espèces

PAROLE D'HABITANT : LA VILLE MEXICAINE DU STREET ART

Uriel Barragán Cruz (alias Bouler), artiste plasticien et muraliste, nous dévoile les lieux de Oaxaca où voir de l'art novateur. @bouleroaxaca

Jalatlaco et Xochimilco
Si le street art est présent dans toute la ville, le Centro et ces deux quartiers recèlent la plus forte concentration de fresques et d'œuvres contestataires.

EnmolArte
Ce collectif fait tout un tas de choses intéressantes, notamment des peintures murales au *mole* dans les rues – son atelier-galerie est ouvert au public.

Casa Bestia et Espacio Zapata
En matière d'art contemporain et de culture des jeunes, j'aime vraiment ces espaces. Mais pour moi, la meilleure galerie reste la rue, car c'est là que j'ai commencé.

OÙ MANGER DU CHOCOLAT À OAXACA

Chimalapa Cacao Con Origen
Si vous n'avez pas le temps pour une dégustation de cacao, offrez-vous une plaquette d'un de leurs chocolats exquis. $

Texier Chocolatería
Les bouchées de chocolat aux noisettes et les *cacao crush* rendent immédiatement *addict*. $

Caracol Púrpura
Débutez la journée par un café corsé et une plaquette de chocolat aux amandes douces-amères et sel de mer. $

d'agaves utilisées et des méthodes de fabrication ancestrales qui caractérisent chacune d'elles.

Pour apprendre à connaître les spécificités des différents types de mezcal et de *destilado de agave* (distillat d'agave) produits à Oaxaca et au-delà, réservez une séance de dégustation conduite par les experts de la **Mezcaloteca**. Vous découvrirez comment distinguer les saveurs de chaque *maguey* (un type d'agave), certains mettant 25 ans pour arriver à maturité. **In Situ** est également un bon lieu d'initiation.

Si vous souhaitez juste socialiser devant un verre, les options abondent. Pour un mezcal haut de gamme et des cocktails artisanaux, direction **Sabina Sabe**, **El Destilado** et **Selva Oaxaca** qui ont en réserve certaines des meilleures marques de l'Oaxaca et préparent des cocktails à base de mezcal et d'ingrédients locaux tels que *hoja santa* (poivre mexicain), cacao et *sal de gusano* (sel, vers d'agave pilés et piment).

En trinquant, gardez à l'esprit que le mezcal est un alcool très puissant – entre 40 et 50°, parfois plus. *¡Salud!*

MEZCAL VERSUS TEQUILA

Les deux alcools mexicains les plus commercialisés ont tous deux pour ingrédient de base l'agave, mais ils se distinguent sur plusieurs points.

Si le *mezcal* peut être élaboré avec une quarantaine de variétés de cette plante, la tequila est exclusivement fabriquée à partir d'agave bleu (*Agave tequilana*). Pour le premier, le cœur d'agave (*piña*) cuit lentement dans un four creusé dans le sol, d'où souvent un goût fumé. Pour le second, il est rôti ou cuit à la vapeur dans un four en brique ou en terre.

Enfin, l'appellation DO (*Denominación de Origen*) limite la zone de production du mezcal à dix États et celle de la tequila à cinq États : le Oaxaca et le Jalisco sont les deux producteurs phares.

Cours de langue

ESPAGNOL ET ZAPOTÈQUE

Il n'existe pas de meilleur moyen de s'immerger dans une culture que de prendre des cours de langue. Si on peut parfaitement se débrouiller en anglais dans les lieux touristiques de Oaxaca, s'adresser aux habitants dans leur langue se révèle bien plus enrichissant. Si l'espagnol ne pose pas de difficultés majeures pour les francophones, l'apprentissage du zapotèque et du mixtèque demande davantage d'efforts, particulièrement concernant les inflexions tonales. **Ollin Tlahtoalli** et la **Becari Conzatti Language School** (autre antenne appelée Bravo) enseignent l'espagnol et le zapotèque. Autrement, la **Spanish Immersion School** dispense des cours particuliers flexibles.

Cuisiner avec des chefs

LES SECRETS DES SPÉCIALITÉS LOCALES

Vous vous demandez comment on prépare un savoureux *mole* ou d'authentiques *tamales oaxaqueños* ? Un cours de cuisine vous permettra non seulement d'apprendre la composition des plats emblématiques de la région mais aussi l'histoire de spécialités comme le *tejate,* qui remonte à la période préhispanique. De nombreux restaurants de la capitale proposent des cours incluant, pour la plupart, la visite de marchés voisins. Pour une approche plus rurale, cap sur le bourg de tisserands de Teotitlán del Valle, où Reyna Mendoza, qui a collaboré avec de grands chefs, a créé **El Sabor Zapoteco**

OÙ PRENDRE UN VERRE ET DANSER À OAXACA

Txalaparta
On se bouscule sur fond de *cumbia* dans ce bar chaleureux où la musique live alterne avec les DJ-sets.

La Otra Popular
Une adresse toujours bondée où mixent des DJ. En cas de fringale, commandez le ceviche *cenizo* (cendre).

La Cantinita
Il y a souvent de l'ambiance le week-end dans ce petit bar à cocktails tamisé de l'Hotel Sin Nombre.

BALADE AU CŒUR DU STREET ART

Les artistes de Oaxaca ont fait de la ville une véritable galerie à ciel ouvert en émaillant les murs du Centro, de Jalatlaco et de Xochimilco de peintures murales aux couleurs éclatantes et d'œuvres au pochoir satiriques. Ces trois quartiers se trouvent à une courte distance à pied les uns des autres, ce qui permet de les explorer d'une traite et sans guide.

À Jalatlaco, admirez dans la **1 Calle Hidalgo**, la **2 Calle 5 de Mayo** et la **3 Calle Aldama** les fresques inspirées de Día de Muertos, dont beaucoup ont été réalisées par le célèbre muraliste Bouler (@bouleroaxaca), un enfant du pays (p. 465). Passez ensuite dans la boutique de ce dernier, **4 Escarabajo**, où il vend des T-shirts imprimés et des dessins dédicacés. L'artiste conduit aussi des circuits de street art incluant la visite de son propre atelier.

À environ cinq pâtés de maisons se trouve l'atelier/boutique d'**5 Efedefroy**, connu pour ses collages malicieux représentant des icônes du cinéma mexicain dans des scènes de films réinventés, comme l'actrice María Félix (1914-2002) habillée en Princesse Leia aux côtés de Luke Skywalker.

En vous promenant dans le **6 Centro**, vous tomberez sur certaines œuvres de street art réalisées à l'aide de techniques novatrices, notamment des fresques peintes avec la sauce *mole*.

À Xochimilco, ne manquez pas les éclatants murales de la **7 Calle Alavez** et de la **8 Calle Santo Tomas**. Quelques rues au sud, vous pourrez voir des artistes peindre au *mole* au studio **9 EnmolArte**, qui accueille quiconque souhaite prolonger son séjour à Oaxaca en résidence.

Pour les adeptes du vélo, Coyote Aventuras conduit des circuits guidés dans les trois quartiers avec la visite de plusieurs ateliers.

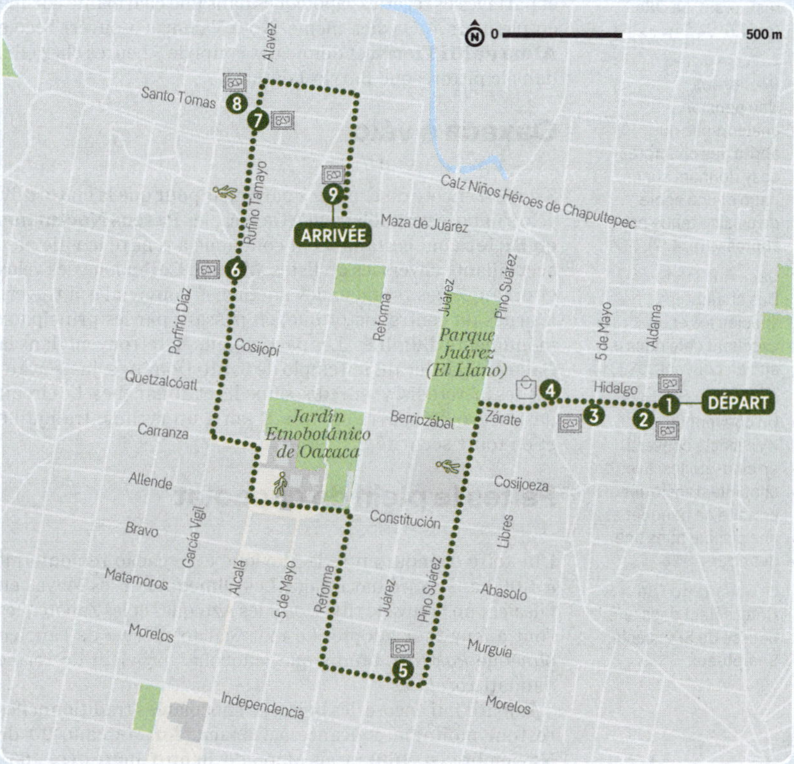

LES MEILLEURS HÉBERGEMENTS DE OAXACA

Hostal Guelaguetza
Cette auberge de jeunesse du charmant quartier de Jalatlaco compte 5 chambres, petites mais agréables. $

NaNa Vida
Situation centrale, service hors pair et chambres élégantes, agrémentées de peintures d'artistes locaux. $$$

Casa de las Bugambilias
Ce B&B possède 10 chambres colorées au joli décor mexicain et un délicieux restaurant, La Olla (p. 510). $$$

La Casa de Mis Recuerdos
Une pension chaleureuse qui abrite des chambres cosy donnant sur un patio et une école de cuisine tenue par l'hôtesse (p. 479). $$$

Casa Antonieta
Des chambres spacieuses et un excellent café dans un ancien couvent. $$$

Quinta Real Oaxaca
Un couvent du XVIe siècle converti en cinq-étoiles, avec chapelle transformée en salle de banquet et une piscine dans une des cours. $$$

La Casona de Tita
Hôtel sélect dans une bâtisse du XIXe siècle. Somptueux. $$$

POSZTOS/SHUTTERSTOC ©

Rue pavée, Oaxaca

et partage ses recettes zapotèques dans une charmante cuisine en plein air. À Oaxaca même, Nora Valencia a ouvert l'école **Alma de Mi Tierra** et donne des cours de 5 heures chez elle, dans le pittoresque Barrio Jalatlaco.

Oaxaca à vélo

BALADES NOCTURNES

S'il reste encore du chemin à parcourir pour que la culture du vélo s'impose véritablement à Oaxaca, les **Paseos Nocturnos en Bicleta** ont certainement contribué à rendre la ville plus accueillante envers les cyclistes. **Mundo Ceiba** loue des vélos et organise ces promenades nocturnes conviviales à travers les rues du centre historique, en passant par les principaux monuments illuminés. Les participants se retrouvent dans la Calle Álcalá, devant le Templo de Santo Domingo, juste avant 21h les mercredis, vendredis, samedis et dimanches. Le circuit de 1 heure 30 couvre environ 8 km à un rythme tranquille et en toute sécurité.

Faites le plein de chocolat

TOURNÉE GOURMANDE

L'histoire d'amour entre le Mexique et le cacao remonterait à 4 000 ans, voire davantage. Les Olmèques et les Mayas en faisaient un breuvage rituel, puis les Aztèques et les Zapotèques l'ont à leur tour adopté. Le mot "cacao" dérive de l'ancien olmèque *kakawa,* tandis que "chocolat" provient du terme nahuatl *xocolātl.*

Aujourd'hui encore, les boissons chocolatées traditionnelles restent monnaie courante à Oaxaca. Au Mercado 20 de Noviembre (p. 460) et au Mercado Benito Juárez (p. 463),

Fèves de cacao

des stands servent du *tejate* (à base de maïs et de cacao) froid et mousseux ainsi que du *champurrado* (chocolat, pâte de maïs, lait, eau, pain de vesou et cannelle), version mexicaine et plus sucrée du chocolat chaud.

Les fèves de cacao constituent l'élément de base du chocolat. Il en existe trois variétés différentes, que vous pourrez goûter lors d'une dégustation avec les spécialistes de **Chimalapa Cacao Con Origen**. Le fondateur, Ervit Hernández, vous montrera aussi comment préparer du *champurrado* à la mode de Oaxaca. Si vous souhaitez approfondir, ils proposent une excursion de plusieurs jours conduisant à une zone de production isolée.

Incontournable pour les gourmands, **Rito**, une *chocolatería*, confectionne, entre autres friandises, des glaces au chocolat crémeuses contenant des grains de cacao.

Enfin, faites aussi un saut chez **Texier**, où le chocolatier français David Texier crée des plaquettes de chocolat aux sauterelles pilées, au piment *pasilla* et autres ingrédients inhabituels.

LANGUES *INDÍGENAS*

Le Oaxaca abrite l'une des plus importantes populations de locuteurs autochtones du Mexique, avec environ un tiers d'habitants parlant l'une des 16 langues *indígenas* encore pratiquées dans l'État. Parmi ces dernières, le zapotèque et le mixtèque dominent largement. Certaines sont en revanche menacées d'extinction, car parler espagnol ou anglais offre aux jeunes Indiens davantage d'opportunités dans le secteur du tourisme, dont dépend largement l'économie locale. Espérons que le profond sentiment de fierté qui subsiste dans les communautés concernées permettra la sauvegarde de ces langues.

Jardín Etnobotánico

RENDEZ-VOUS AVEC LA BIODIVERSITÉ

Saviez-vous que Oaxaca, dont le nom vient du nahuatl "*huāxyacac*" signifiant "lieu des *guajes* (faux mimosas)", compte davantage de variétés de piments et d'espèces végétales en général que tout autre État du Mexique ? Vous apprendrez cela et bien d'autres choses encore au **Jardín Etnobotánico de Oaxaca**, parfait pour se familiariser avec l'incroyable

BARS DE QUARTIER À OAXACA

El Salón de la Fama
Une atmosphère de *cantina* typique vous attend derrière les portes battantes de cet établissement.

Pollos Bar
Sympathique ambiance de bar de quartier avec musique sortant d'un juke-box – que demander de plus !

Pulquería Mayahuel
Une petite adresse plaisante où boire du *pulque* (boisson peu alcoolisée à base de sève d'agave fermentée).

Jardín Etnobotánico de Oaxaca

biodiversité de la région avant de vous aventurer dans ses grands espaces naturels.

Le jardin a été aménagé en 1998, par des botanistes et des artistes locaux, sur l'ancien domaine monastique du Templo de Santo Domingo, à l'emplacement d'un verger de l'époque coloniale. Des plantes de différents climats – aride, tropical et tempéré – bordent ses allées bien entretenues, preuves éclatantes de la grande biodiversité de Oaxaca. Certains artistes ont apporté leur touche, notamment Francisco Toledo et Luis Zárate, qui ont conçu une fontaine d'inspiration zapotèque et un bassin dans lequel se reflète une rangée de cactus orgues.

En raison d'actes de vandalisme passés, il n'y a plus désormais que des visites guidées (en espagnol, français, anglais et allemand). Arrivez 15 minutes avant car la taille des groupes est limitée (voir horaires p. 508).

COMMENT CIRCULER

Le centre de Oaxaca se visite très bien à pied. Sinon, des bus, des *colectivos* (taxis collectifs) et l'application de VTC DiDi assurent des déplacements faciles et abordables. Les taxis urbains sont généralement considérés comme sûrs, mais négociez le prix de la course avant de monter. S'il peut être utile de louer une voiture pour découvrir les villes alentour, il est également possible de s'y rendre en taxis ou en transports publics depuis la gare, avec des bus de 2e classe. Depuis la principale avenue devant la gare ADO, des bus de 1re classe marqués "Juárez", conduisent à trois pâtés de maisons à l'est du *zócalo* (Plaza de la Constitución), ceux marqués "Tinoco y Palacios" à trois pâtés de maisons à l'ouest. On peut leur faire signe de s'arrêter à peu près partout et les chauffeurs ont de la monnaie pour les billets.

Environs de Oaxaca

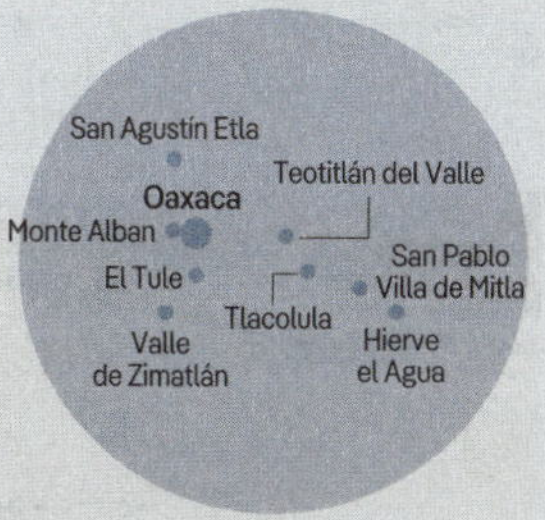

Les vallées qui rayonnent depuis la capitale de l'État regorgent de ruines précolombiennes exceptionnelles, de lieux de culture zapotèque, de marchés animés et d'art populaire.

Les Valles Centrales, trois dépressions adossées aux montagnes de la Sierra Madre, constituent un foyer de civilisation depuis l'époque préhispanique et restent en grande partie de culture zapotèque. S'étendant vers l'est sur une cinquantaine de kilomètres, le Valle de Tlacolula abrite le village de tisserands de Teotitlán del Valle, Santiago Matatlán, les cascades pétrifiées de Hierve El Agua et le site archéologique zapotèque de Mitla. Le Valle de Etla (la "terre des haricots"), au nord-est, abrite des ruines archéologiques récemment fouillées et un superbe centre artistique. Dans le Valle de Zimatlán, qui s'étire sur quelque 100 km au sud, San Bartolo Coyotepec est réputé pour ses poteries noires et Ocotlán pour son marché hebdomadaire des plus animés. Plus loin, la vallée s'étire jusqu'à San José del Pacífico et Pochutla, près du littoral. Enfin, à moins d'une dizaine de kilomètres à l'ouest de Oaxaca, l'impressionnante cité zapotèque de Monte Albán est l'un des plus impressionnants sites archéologiques du Mexique.

Pour les infos pratiques, voir le Carnet d'adresses p. 511

À SAVOIR

Les localités de la région, majoritairement de culture zapotèque, sont desservies depuis Oaxaca par des bus et des taxis collectifs et peuvent faire l'objet d'excursions à la journée. Une voiture de location sera toutefois plus confortable pour s'aventurer dans les villages les plus éloignés.

Teotitlán del Valle

Scannez ce QR-code pour connaître les tarifs et les horaires d'ouverture.

INCONTOURNABLE

Monte Albán, la mystérieuse

Avec ses temples, ses palais, ses hautes plateformes à degrés, son observatoire et son jeu de balle bien ordonnés, ce site archéologique parmi les plus impressionnants du Mexique offre un panorama spectaculaire sur la vallée en contrebas et les massifs à l'horizon. La splendide capitale zapotèque s'est épanouie durant treize siècles, de 500 av. J.-C. à 850 de notre ère, lorsque son ultime abandon commença pour des raisons qui n'ont pas été élucidées.

À NE PAS MANQUER

L'Edificio de los Danzantes et stèles gravées

La vue depuis la Plataforma Norte

Les vestiges des tombes au nord du site

La capitale des Zapotèques

En 500 av. J.-C., les zapotèques délaissèrent leur ancienne capitale de San José El Mogoten, dans le Valle de Etla, pour ce plateau situé à 2 000 m d'altitude et surplombant de 400 m la vallée en contrebas. Vers 200 av. J.-C., la cité possède des temples et compte au moins 10 000 habitants répartis sur les versants. Les pétroglyphes et les dates gravées à cette époque, suivant un système de points et de barres, semblent indiquer que l'élite de Monte Albán fut la première du Mexique à utiliser l'écriture et un calendrier écrit.

La ville connut son apogée entre 300 et 700, période à laquelle sa population atteignit jusqu'à 30 000 âmes. Des terrasses furent aménagées pour les habitations sur les collines avoisinantes. Monte Albán formait le cœur d'une société extrêmement organisée, sous la domination des prêtres qui contrôlaient les Valles Centrales. Bénéficiant d'un système d'irrigation extensif, la région comptait au moins 200 autres communautés et centres religieux.

De nombreux édifices de Monte Albán étaient recouverts d'enduit et peints en rouge. Près de 170 tombeaux souterrains de cette période ont été mis au jour, certains décorés de peintures élaborées, mais aucun n'est régulièrement ouvert à la visite. Entre 700 et 950, le site, abandonné, tomba en ruine. Les Mixtèques, venus du nord-ouest de Oaxaca, ensevelirent leurs dignitaires dans les anciens tombeaux de la cité – le fabuleux trésor qu'ils placèrent dans la tombe nº 7 peut être admiré au Museo de las Culturas de Oaxaca (p. 458).

Pyramides et édifices mystérieux

Près de l'entrée, le **musée du site** expose des objets en céramique, des stèles et des ossements humains, et donne des explications sur le développement de la cité.

La Gran Plaza et ses édifices

Le site s'organise autour de la **Gran Plaza**, l'esplanade centrale de 300 m de long sur 200 m de large, entourée des ruines de pyramides à degrés, de temples et de quartiers résidentiels destinés à l'élite. Nombre d'entre eux sont désormais clôturés afin d'éviter les dégradations liées à la fréquentation. Sur le flanc ouest de la place, l'**Edificio de los Danzantes** doit son nom à une série de stèles sculptées de personnages nus semblant danser – sans doute les chefs sacrifiés de cités voisines conquises – et dont le style trahit l'influence olmèque. En forme de flèche et truffé de tunnels et d'escaliers (interdits à la visite), l'**Edificio J** (100 av. J.-C.) était jadis un observatoire. L'astronomie permettait de suivre l'avancée des saisons, de calculer les cycles agricoles et de faire des prophéties. Les silhouettes et les glyphes gravés sur ses murs relatent les conquêtes militaires de Monte Albán. Au nord-est de la place, des terrasses en pierre constituent, avec le terrain construit en contrebas, les vestiges du **Juego de Pelota** (jeu de balle).

Plataforma Sur

De l'autre côté de la **Gran Plaza** herbeuse, l'esplanade centrale de 300 m de long sur 200 m de large, se dresse la **Plataforma Sur** (plateforme sud), accessible par un large escalier. Édifice le plus élevé de Monte Albán, elle dévoile une perspective spectaculaire qui permet d'apprécier combien il a dû être difficile pour les Zapotèques de niveler le large sommet de la colline.

Plataforma Norte

Reconstruite plusieurs fois au cours des siècles, la plateforme nord, bâtie sur une saillie rocheuse, est presque aussi vaste que la Gran Plaza. Les 12 colonnes, dont on peut voir la base en haut de l'escalier, faisaient autrefois partie d'une salle couverte d'un toit. En haut de la plateforme se trouve un ensemble cérémoniel probablement construit entre 500 et 800, constitué entre autres du **Patio Hundido** (patio enseveli) et de plusieurs temples.

VUE A 360°
Pour une vue d'ensemble, montez jusqu'en haut de l'immense **Plataforma Norte** (plateforme nord), bâtie sur une saillie rocheuse.

À SAVOIR

- Afin d'apprécier Monte Albán dans toute sa splendeur, mieux vaut arriver de bonne heure, avant la chaleur et les groupes de touristes.
- Les bus de Transportaciones Turísticas Mitla (viajesmitla.com) desservent le site toutes les heures au départ du centre de Oaxaca (501 Calle Francisco Javier Mina).
- Des guides officiels proposent leurs services devant la billetterie.
- Prévoyez de l'eau, un chapeau et de bonnes chaussures.
- Si vous êtes motorisé, les ruines zapotèques peu fréquentées d'Atzompa se situent dans les parages – vous pourriez même les avoir pour vous seuls !

LE OAXACA D'HIER ET D'AUJOURD'HUI

Les cultures préhispaniques des Valles Centrales – Zapotèques, Mixtèques puis Aztèques – rivalisèrent de grandeur avec celles du Centre. Puis vinrent les Espagnols qui fondèrent, non sans affronter une farouche résistance, la ville de Oaxaca en 1529. La population indienne chuta alors de manière dramatique.

Au XIXe siècle, Benito Juárez, d'origine zapotèque, occupa les fonctions de président du Mexique de 1861 jusqu'à sa mort en 1872. Également natif de Oaxaca, Porfirio Díaz dirigea le pays presque continûment entre 1876 et 1911, le faisant entrer dans l'ère industrielle, mais provoquant aussi une révolution en 1910.

Si, de nos jours, le tourisme prospère à Oaxaca et ses environs, l'arrière-pays reste sous-développé. Un gouffre sépare l'élite dirigeante, essentiellement composée de *mestizos* (métisses) et la population déshéritée, à majorité indienne.

Église de Tlacolula (p. 475)

San Agustín Etla

ART, RANDONNÉE ET FÊTE DES MORTS

Nichée dans les contreforts de la Sierra Norte à 18 km au nord de Oaxaca, la bourgade tranquille de **San Agustín Etla** offre un répit bienvenu après le tumulte urbain. La plupart des touristes s'y rendent dans le cadre d'une excursion à la journée pour profiter des expositions, concerts et spectacles de danses du **Centro de las Artes de San Agustín (CASA)**, une usine textile du XIXe siècle superbement reconvertie en centre artistique par le peintre Francisco Toledo (1940-2019). Conçu de manière écologique, ce complexe innovant comporte notamment des miroirs d'eau destinés à rafraîchir les bâtiments.

Si vous venez un dimanche, faites une pause déjeuner à **Los Eucaliptos**, un marché d'alimentation et d'artisanat traditionnel en plein air, puis flânez dans les jardins alentour.

Pour une promenade plus longue, un sentier grimpe dans la montagne en longeant l'**aqueduc** qui alimente la ville en eau. Il mène à un bâtiment d'adduction abandonné, qu'on dit hanté, et dévoile une vue imprenable sur la vallée de l'Etla. Les marcheurs sont théoriquement tenus de s'inscrire au préalable à l'Agencia Municipal (sur l'Avenida Independencia), mais les horaires irréguliers du bureau ne facilitent pas les choses. Sinon, **Coyote Aventuras** (p. 507) organise des randonnées guidées.

OÙ SE RESTAURER AVANT DE VISITER MONTE ALBÁN

Memelas Doña Vale
À Oaxaca, cette gargote du marché central de Abastos prépare des *memelitas* nappées de *salsa morita*. **$**

La Abuelita
Une institution du petit-déjeuner depuis cinq générations, dans le Mercado 20 de Noviembre de Oaxaca. **$**

Restaurante Monte Albán
Profitez de la vue depuis la terrasse du restaurant du site de Monte Albán. **$$**

À l'occasion du Día de Muertos, début novembre, ne manquez pas la fameuse *muerteada* (parade costumée, au son de fanfares) de San Agustín Etla, particulièrement haute en couleur.

Sur les terres du mezcal

À LA RENCONTRE DES PRODUCTEURS

La visite des distilleries de mezcal, ou *palenques*, est une expérience passionnante. Vous pourrez non seulement goûter le produit final, mais aussi découvrir comment on fabrique l'eau-de-vie d'agave emblématique de l'Oaxaca. Prenez de préférence un guide (anglophone si vous ne comprenez pas l'espagnol), qui saura vous expliquer en détail les variétés de plantes, les techniques de culture, les méthodes de distillation et l'histoire des entreprises familiales. Cela vous évitera en outre d'avoir à conduire vous-même si vous dégustez différents breuvages pendant la visite.

Pour du sur-mesure, contactez l'expert local, Leyver Ramírez de **Xolo Trips** (www.instagram.com/xolo_trips), dont les formules instructives incluent des haltes dans des ateliers d'artisanat et des lieux de restauration hors des sentiers battus. **Experience Agave**, fondée par Clayton Szczech, gourou du mezcal et de la tequila, propose des excursions d'une journée et un circuit immersif de plusieurs jours en camping qui permet de participer au processus de fabrication.

Bien sûr, rien n'empêche d'explorer la région du mezcal par ses propres moyens. À **Santa Catarina Minas**, environ 40 km au sud de Oaxaca, **Mezcal Lalocura** produit des mezcals de premier ordre selon des procédés ancestraux : les cœurs de *maguey* sont cuits à l'intérieur d'un four creusé dans le sol et broyés à la main, puis distillés dans des pots en terre cuite. **Santiago Matatlán**, la capitale du mezcal à environ 50 km à l'est de Oaxaca, regroupe, dans sa rue principale, une multitude de *palenques*. Les ruines zapotèques de Mitla (p. 478) se situent à proximité.

Tlacolula

MARCHÉ INDIEN ET SITE ZAPOTÈQUE

Le marché dominical en plein air de **Tlacolula**, l'un des plus vastes et des plus anciens de l'Oaxaca, draine chaque semaine une foule de visiteurs. Depuis des siècles, les villageois zapotèques des campagnes environnantes viennent s'y procurer des articles ménagers et y vendre de l'artisanat. Les étals de tapis tissés à la main, de *huipiles* et d'*alebrijes* côtoient des stands de cuisine de rue alléchants.

L'AMBIANCE DES CANTINAS

Jusqu'à une période récente, les *cantinas*, bars mexicains typiques, n'acceptaient pas les femmes, les militaires et les enfants (un panneau rouillé indique encore parfois cette interdiction). Aujourd'hui, tout le monde peut les fréquenter, même si certaines conservent une ambiance très virile. Elles servent de la bière, de la tequila et des cubas (rhum Coca) sur des tables carrées, où les clients jouent aux dominos ou regardent des écrans de télévision diffusant du football. Les *cantinas* servent de délicieux *botanas* (amuse-bouche), tels les *quesadillas de papa con guacamole* (*quesadillas* de pomme de terre au guacamole) ou les escargots dans une sauce au *chipotle*.

OÙ SE RESTAURER ET PRENDRE UN VERRE À SAN AGUSTÍN ETLA

Mia Arroz
Ce restaurant asiatique clair et spacieux, flanqué de champs de maïs, change un peu de la cuisine *oaxaqueña*. **$$**

Casa Maria
Outre des chambres d'un bon rapport qualité/prix, ce petit hôtel comprend un restaurant et un bon bar à cocktails. **$$**

Cervecería La Cura
Après la visite de la microbrasserie, savourez une bière artisanale sur la terrasse en plein air. **$$**

Arrêtez-vous au **Mercado Municipal**, le marché d'alimentation couvert, pour dévorer une assiette de *barbacoa* à table ou consommer sur le pouce du *pan dulce* (pain sucré) et du *tejate* (boisson typique à base de maïs et de cacao).

Après le repas, entrez dans le **Templo de Santa María de la Asunción**, une église baroque dont la décoration a été réalisée par des artistes indiens. Des statues en plâtre de martyrs tenant leur tête tranchée se détachent au milieu de murs et d'un plafond richement ornementés.

À proximité de Tlacolula se tiennent les ruines de **Yagul**, aussi connues sous le nom de "Pueblo Viejo" (vieux village), un centre zapotèque ayant pris de l'importance après le déclin de Monte Albán. En dépit de sa taille modeste, ce site archéologique à flanc de coteau épargné par le tourisme de masse possède le plus grand jeu de balle de Mésoamérique après celui de Chichén Itzá.

Artisans du Valle de Zimatlán

CÉRAMIQUE NOIRE (BARRO NEGRO) ET ALEBRIJES

Dans plusieurs villes du **Valle de Zimatlán**, des artisans proposent des visites gratuites de leurs ateliers rustiques et des démonstrations de leurs savoir-faire. Pour observer des potiers à l'œuvre, direction **San Bartolo Coyotepec**, le haut lieu du *barro negro*, à 15 km au sud de Oaxaca. Là, faites un saut à l'**Alfarería Doña Rosa**, où fut inventée, dans les années 1950, la technique de polissage au quartz qui donne désormais son lustre à la céramique noire produite dans la région depuis plus de 2000 ans. Rendez-vous ensuite sur la place principale, siège de l'intéressant petit **Museo Estatal de Arte Popular de Oaxaca**.

À 14 km au sud de San Bartolo Coyotopec, un embranchement conduit à **San Martín Tilcajete**, centre de fabrication des *alebrije*. Chez **Jacobo et María Ángeles**, vous prendrez la mesure du travail que demandent ces animaux en bois de copal sculpté et peint de couleurs vives : la réalisation de certaines pièces très élaborées peut prendre des mois, voire des années – les prix des plus belles céramiques pouvant atteindre des milliers de pesos. Si cela vous inspire, renseignez-vous au sujet de leurs ateliers de peinture et de céramique.

Almú, un restaurant en plein air rattaché à une plantation de copal vous permettra de vous sustenter. Avant de partir, n'oubliez pas de jeter un coup d'œil aux fresques créatives le long de la **Calle Progreso**.

PAROLE D'HABITANT : DISTILLERIES DE MEZCAL, MODE D'EMPLOI

Eduardo "Lalo" Ángeles, maître distillateur et propriétaire de Mezcal Lalocura, délivre ses conseils à ceux qui souhaitent visiter des *palenques*. @lalocuramezcal

Vous tomberez sur un tas de localités productrices en dehors de la touristique *Ruta del Mezcal*, promue par les entreprises commerciales et le gouvernement. Santa Catarina Minas est la ville la plus proche de Oaxaca où la distillation s'effectue dans des pots en terre cuite. Passer du temps chez les producteurs participe de l'expérience, car le mezcal est bien plus qu'un alcool à la mode : il fait partie intégrante d'une culture locale à laquelle les gens restent très attachés et qu'ils souhaitent partager.

OÙ BOIRE DU MEZCAL SUR SON LIEU DE PRODUCTION

Mezcal Lalocura
Visitez la distillerie traditionnelle de Santa Catarina Minas qui produit une douzaine de mezcals.

Fabricas de Mezcales El Sabino
Le producteur du Mezcal Macurichos, l'un des meilleurs mezcals traditionnels, basé à Santiago Matatlán.

Real Minero
Réservez une séance de dégustation dans cette fameuse distillerie située à Santa Catarina Minas.

Distillerie de mezcal, Santiago Matatlán

ARTISANAT DE QUALITÉ

La galerie **Voces de Copal** (p. 462) de Oaxaca vend des *alebrijes* et des céramiques en *barro negro* provenant de l'atelier de Jacobo et María Ángeles à San Martín Tilcajete.

El Tule

ARBRE MILLÉNAIRE, LE PLUS LARGE DU MONDE

L'histoire prend vie dans le Valle de Tlacolula, aire culturelle zapotèque depuis l'époque préhispanique. Arrêtez-vous d'abord à **El Tule** pour contempler l'**Árbol del Tule**, l'arbre qui possède le tronc le plus large du monde, de 14 m de diamètre. Cet *ahuehuete* (cyprès de Montezuma) aurait au moins 2000 ans, ce qui signifie qu'il existait déjà quand la cité zapotèque de Monte Albán a commencé à prendre son essor. Dans l'ombre de ce géant de 42 m de haut, l'église du XVIIe siècle attenante paraît minuscule. Le marché local sert de quoi déjeuner ou petit-déjeuner. Sinon, **El Milenario**, une table appréciée de longue date par les locaux, mitonne des spécialités typiques de l'Oaxaca comme la *salsa de queso* (fromage à la sauce tomate pimentée).

Teotitlán del Valle

TISSAGES ET CUISINE ZAPOTÈQUES

Après El Tule, faites halte au village de **tisserands** de **Teotitlán del Valle**, réputé pour ses tapis et couvertures zapotèques aux motifs élaborés. La tradition du tissage remonte à l'époque précolombienne, quand Teotitlán payait un tribut

ALEBRIJES

Ces sculptures emblématiques du Oaxaca représentant des animaux imaginaires ont été conçues par un *cartonero* (artisan travaillant le papier mâché) de Mexico, Pedro Linares (1906-1992). C'est toutefois le sculpteur *oaxaqueño* Manuel Jiménez Ramírez (1919-2005) qui a donné à cet art populaire ses lettres de noblesse en réalisant des créatures en bois plutôt qu'en papier mâché. L'essor du tourisme a accru l'engouement pour les *alebrijes*. Dans la bourgade de San Martín Tilcajete, à 28 km au sud de Oaxaca, des dizaines d'ateliers familiaux se consacrent à leur production.

OÙ SE RESTAURER ET PRENDRE UN VERRE À TLACOLULA

Barbacoa Juanita
Ce spécialiste de la *barbacoa* possède un stand au marché et un restaurant dans la Calle Zaragoza (uniquement le dimanche). $

Tejate Ofe
Le *tejate* rafraîchissant d'Ofelia Martínez vous attend au Mercado Municipal. $

Doña Adolfa
Une institution du marché qui sert de la *barbacoa* d'agneau ou de chèvre sur des tortillas maison. $

PAROLE D'HABITANT : UN TISSAGE DE QUALITÉ

Bulmaro Pérez, maître tisserand à Teotitlán del Valle, vous explique comment choisir un tapis de bonne facture. @bulmaroperez_rugs

Teintures naturelles
Une demi-douzaine de familles qui vivent du tissage à Teotitlán utilisent toujours des pigments naturels tels que l'indigo, l'*alfalfa* (luzerne) et la cochenille, perpétuant ainsi la tradition de nos ancêtres.

Fibres de qualité
Nous employons des fibres importées, comme le mohair et l'alpaca, pour leur texture et leur résistance. Les textiles en *ixtle* (fibre végétale de *maguey*) peuvent aussi durer des centaines d'années.

Motifs uniques
Nous nous inspirons des figures géométriques que l'on peut voir à Mitla et sur d'autres sites archéologiques zapotèques.

Tissage de tapis, Teotitlán del Valle

en tissus aux Aztèques. La variété des motifs est remarquable – des dieux zapotèques jusqu'aux dessins géométriques de style Mitla, en passant par des imitations d'œuvres de Rivera et de Picasso. Les expositions du **Centro Cultural Comunitario**, un petit musée géré par la communauté, mettent en lumière le riche patrimoine textile et culinaire de la ville. Pour un aperçu des techniques de fabrication traditionnelles, rendez visite au maître tisserand **Bulmaro Pérez** (ci-contre) dans son atelier. Il est l'un des rares artisans de la ville à utiliser encore des colorants naturels et vous montrera volontiers comment il réalise ses créations. En général, si vous souhaitez acheter, traitez directement avec les producteurs se trouvant dans les maisons et ateliers le long des rues – plutôt que ceux jalonnant les abords du village. Teotitlán offre aussi l'occasion d'apprendre les secrets de la cuisine maison à El Sabor Zapoteco (p. 479), où la chef zapotèque Reyna Mendoza dispense des cours en plein air.

Mitla

UN SITE ZAPOTÈQUE UNIQUE

À 46 km au sud-est de Oaxaca, **San Pablo Villa de Mitla** abrite les ruines précolombiennes de Mitla, moins connues que celles de Monte Albán mais sans équivalent au Mexique pour leur revêtement en "mosaïque" de pierre, qui s'étendent aujourd'hui au milieu de la ville moderne.

Mitla, qui signifie "lieu des mort" en nahuatl, a atteint son apogée entre 750 et 1520, après s'être imposé comme le principal centre religieux zapotèque. Les frises géométriques en maçonnerie, appelées *grecas* en espagnol, qui ornent ses

OÙ SE RESTAURER DANS LE VALLE DE ZIMATLÁN

La Cocina de Frida
Au Mercado Morelos d'Ocotlán, une aimable dame fan de Frida Kahlo régale sa clientèle de *moles*. **$**

Carnes Asadas Conchitas
Pour un festin de viandes grillées à Ocotlán. **$$**

Almú
Ce restaurant rural de San Martín Tilcajete offre une cuisine régionale au feu de bois. **$$**

édifices symboliseraient le ciel, la terre, le serpent à plumes et d'autres figures majeures. Taillés selon la forme voulue, tous les éléments de l'ensemble étaient fixés au mur à l'aide de mortier et peints. L'architecture complexe du site trahit l'influence des Mixtèques, qui l'occupèrent de 1000 à 1200.

Parmi les cinq groupes de monuments visibles à Mitla, intéressez-vous en priorité à l'impressionnant **Grupo de las Columnas** (groupe des Colonnes), puis empruntez le passage du **Grupo Norte** (Groupe du Nord) qui mène au palais arborant certaines des plus belles décorations en pierre du site.

Mitla ayant été un important lieu funéraire zapotèque, la célébration du Día de Muertos revêt un relief particulier à San Pablo Villa de Mitla. La semaine de festivités comprend des autels des morts monumentaux, des spectacles de danse préhispaniques et des défilés au son de fanfares.

Hierve El Agua

SOURCES THERMALES ET SUBLIMES RANDONNÉES

Même le voyageur le plus blasé succombera à la beauté époustouflante de **Hierve El Agua**, très fréquenté, dont les sources thermales au sommet d'une falaise offrent de vastes panoramas sur la campagne montagneuse environnante. S'élevant à 50 m au-dessus du fond de la vallée, la ***cascada chica*** (petite cascade) et la ***cascada grande*** (grande cascade) sont d'incroyables formations de carbonate de calcium et autres minéraux pétrifiés ayant l'apparence de cascades gelées.

Au-dessus de la *cascada chica*, dans la zone de loisirs la plus proche du parking, on peut profiter des eaux riches en minéraux de quatre piscines naturelles et artificielles, réputées pour leurs vertus curatives. Hierve El Agua signifie "l'eau bout", mais ce nom fait référence au bouillonnement des sources plutôt qu'à leur température, agréablement fraîche (22-27°C) quand le soleil tape. Le site recèle aussi des terrasses et des canaux d'irrigation zapotèques remontant à environ 2 500 ans.

Après avoir fait trempette, échappez à la foule en suivant le sentier en boucle qui conduit à la grande cascade et descend au creux de la vallée semi-désertique. La vue d'en bas permet d'apprécier l'imposante cascade blanche sous un angle complètement différent. Si vous souhaitez pousser plus loin l'exploration, des guides sur place proposent des randonnées à cheval. Sachez que les visiteurs ne sont pas autorisés à s'écarter des sentiers désignés, à moins d'être guidés.

Pour une approche plus ambitieuse, le tour-opérateur **Zapotrek** (p. 480) organise un circuit à pied de 9 km qui passe par une cascade isolée et une piscine naturelle avant de monter à Hierve El Agua.

LES MEILLEURS TABLES ET HÉBERGEMENTS DE MITLA

Panadería del Centro
Une boulangerie-pâtisserie réputée pour son *pan de muerto* et ses cours de décoration de gâteaux en novembre. **$**

Restaurante Doña Chica
Après avoir arpenté les ruines de Mitla, décompressez devant un savoureux *mole*. **$$**

Casa Lyobaa
Chambres joliment décorées, piscine accueillante et grand jardin sont les atouts de ce B&B fonctionnant à l'énergie solaire. **$$$**

OÙ SE RESTAURER À TEOTITLÁN DEL VALLE ET EL TULE

Marché de Teotitlán del Valle
Une cuisine de rue traditionnelle servie au comptoir, au cœur du pays zapotèque. **$**

El Milenario
Tortillas maison, *champurrado* mousseux et plats d'œufs relevés pour un petit-déjeuner de choix à El Tule. **$$**

El Sabor Zapoteco
Cette école de cuisine de Teotitlán sert à déjeuner les mardis et vendredis (p. 360). **$$**

LES MEILLEURS CIRCUITS ORGANISÉS À PIED OU À VÉLO

Zapotrek
Ce tour-opérateur de Tlacolula propose des excursions à pied, à vélo ou en voiture hors des sentiers battus, à la découverte de villages zapotèques.

Tierraventura
Des randonnées vers des lieux rarement visités, dont les grottes préhistoriques de Mitla, inscrites au patrimoine mondial de l'Unesco, qui présentent des peintures rupestres vieilles de 12 000 ans.

Bicicletas Pedro Martínez
Cette boutique de Oaxaca propose des circuits à pied ou à vélo autour de Mitla.

KOSHKINA TATIANA/SHUTTERSTOCK ©

Hierve El Agua (p. 479)

Notez que Hierve El Agua est pris d'assaut à midi, surtout le week-end, donc allez-y tôt. Les *camionetas* (pick-up) qui s'y rendent depuis Mitla démarrent de l'Avenida Zempoaltépetl à partir de 9h, dès qu'elles ont suffisamment de passagers. Si vous conduisez, la route *libre* (sans péage) au parcours accidenté dévoile des vues spectaculaires, mais il vaut mieux éviter l'étroite piste de terre pendant la saison des pluies. Sinon, traversez Mitla, prenez la route 179, parallèle à une route à péage. La sortie "Hierve El Agua" se situe à 18 km à l'est de Mitla.

COMMENT CIRCULER

Envisagez de louer une voiture ou un taxi privé si vous avez l'intention de faire beaucoup de trajets ou de rallier des sites archéologiques et des distilleries de mezcal difficiles d'accès.

Des *colectivos* abordables parcourent des itinéraires fixes dans Oaxaca et ses environs, tandis que des bus de 2e classe desservent la plupart des villes des Valles Centrales. Certains bus vous déposeront à des embranchements, d'où vous devrez parcourir plusieurs kilomètres à pied pour rejoindre votre destination finale.

De Oaxaca, il est assez aisé de pédaler jusqu'aux localités voisines de San Bartolo Coyotepec et Teotitlán del Valle, et une voie cyclable le long de l'Avenida Ferrocarril va jusqu'à El Tule.

Conseil pour voyager en *colectivo*
Les *colectivos* coûtent moins cher que les taxis standard, mais vous devrez partager le véhicule avec au moins trois autres passagers, comme pour le covoiturage. Les taxis bordeaux et blanc sont généralement plus rapides que les bus de 2e classe : il s'agit par ailleurs de l'option la plus économique pour gagner les villes des Valles Centrales. Les *colectivos* allant vers l'est en direction du Valle de Tlacolula partent d'un point situé juste après le stade de baseball Eduardo Vasconcelos. Ceux qui desservent le Valle de Etla stationnent autour de la Calle Trujano, près de la gare des bus de 2e classe. La plupart du temps, la destination est marquée sur le parebrise.

SIERRA NORTE

Les hautes terres boisées riches en biodiversité, les accueillants villages montagnards zapotèques et les projets d'écotourisme de la Sierra Norte (ou Sierra de Juárez) raviront les amoureux de la nature. Dans les Pueblos Mancomunados, une communauté de huit villages tournés vers l'agriculture de subsistance et le tourisme durable, les visiteurs peuvent sillonner la campagne préservée le long de quelque 100 km de sentiers propices à la randonnée, l'équitation, le VTT et l'observation des oiseaux.

Pour s'écarter encore davantage des grands axes touristiques, il suffit de pousser vers le nord jusqu'à San Pablo Guelatao, lieu de naissance de Benito Juárez, le premier président *indígena* du Mexique. Vous pourrez ensuite respirer l'air pur de la montagne dans la localité voisine de Capulálpam de Méndez, connue pour ses centres de médecine traditionnelle et ses vues magnifiques sur la *sierra*. Ces paisibles destinations donnent l'occasion de s'immerger dans la vie quotidienne des populations autochtones.

Pour les infos pratiques, voir le Carnet d'adresses p. 512

À SAVOIR

Les liaisons en bus étant limitées, louez de préférence une voiture pour explorer la Sierra Norte. Autrement, l'agence de tourisme communautaire **Expediciones Sierra Norte à Oaxaca** propose des excursions à la journée ou avec nuit sur place et des circuits de plusieurs jours.

JACK MIELL/SHUTTERSTOCK ©

Pont au-dessus du village de Benito Juárez (p. 481)

VISITER LES PUEBLOS MANCOMUNADOS

À Oaxaca, l'équipe d'**Expediciones Sierra Norte** répondra à toutes vos questions concernant la visite des Pueblos Mancomunados et les localités de la Sierra Norte. Cette agence de tourisme communautaire peut vous aider à organiser l'hébergement, les transports et les activités de plein air – en s'assurant que l'argent dépensé revient bien aux communautés locales. Si vous décidez de vous débrouiller seul, sachez que les marcheurs doivent s'acquitter d'un droit d'accès pour les randonnées de 8 km et plus. Expediciones Sierra Norte vend des cartes basiques, mais mieux vaut disposer d'une application de cartographie et de navigation GPS car certains sentiers ne sont pas balisés – Gaia GPS, par exemple, fonctionne très bien hors connexion. Prévoyez des vêtements chauds.

Pueblos Mancomunados

RANDONNÉE DANS LES FORÊTS DE NUAGES

Les huit localités de montagne zapotèques regroupées sous le nom de **Pueblos Mancomunados** ("villages communautaires") fournissent un brillant exemple d'écotourisme réussi. Créée en 1998 pour autonomiser les communautés indiennes et protéger les ressources naturelles de la région, l'entreprise de tourisme durable englobe aujourd'hui les villes d'Amatlán, **Benito Juárez**, Cuajimoloyas, La Nevería, Lachatao, Latuvi, Llano Grande et Yavesía. Hébergés dans de rustiques maisonnettes en adobe, les visiteurs sont en contact direct avec les habitants.

Réservez auprès d'**Expediciones Sierra Norte** (ci-contre) une randonnée guidée dans un paysage émaillé de gorges, de cascades et de points de vue. Les forêts de pins et de chênes abritent quelque 400 espèces d'oiseaux et près de 4 000 espèces de plantes. On peut passer des jours à arpenter les sentiers, dont l'altitude varie de 2 200 à 3 200 m. Pour une marche réalisable dans la journée, considérez l'itinéraire menant de **Cuajimoloyas** au point de vue de la **Piedra Larga** (3 heures 30), un énorme rocher d'où l'on aperçoit par temps clair le **Pico de Orizaba** (5 636 m), point culminant du Mexique. Si vous avez plus de temps, attaquez-vous au **sentier du canyon Latuvi-Lachatao** à travers des forêts

OÙ SE LOGER DANS LA SIERRA NORTE

Centro Ecoturístico Cabañas Latuvi
Ces bungalows en adobe jouissent d'une vue spectaculaire. **$**

Centro Ecoturístico Cuajimoloyas
Ces *cabañas* rustiques font un bon camp de base pour rayonner à pied ou à vélo. **$**

Cabañas Xhendaa
Des bungalows cosy avec de grands balcons sur les hauteurs tranquilles de Capulálpam de Méndez. **$$**

Capulálpam de Méndez

humides. Vous pouvez aussi randonner sans guide – mais attention, la signalisation fait parfois défaut.

Pour les vététistes, il est possible de louer des vélos à **Benito Juárez** et de suivre le **Circuito Taurino Mecinas Caballos** (30 km) jusqu'au village de **Latuvi**.

San Pablo Guelatao et Capulálpam de Méndez

VILLAGES PERDUS ET MÉDECINE TRADITIONNELLE

Plusieurs localités de montagne chargées d'histoire ayant conservé toute leur authenticité offrent l'occasion de s'évader un jour ou deux. Au départ de Oaxaca, faites halte dans la modeste bourgade de **San Andrés Huayápam** pour déjeuner tôt au restaurant **Luz de Luna**, qui prépare d'étonnantes spécialités locales.

Mettez ensuite le cap sur **San Pablo Guelatao**, où naquit Benito Juárez. Dans le centre, une statue de ce dernier en jeune berger et une réplique de la maison en adobe de son enfance se tiennent au bord d'un joli lac, tandis qu'un petit **musée** retrace sa remarquable ascension jusqu'à la présidence. Avant de reprendre la route, rendez-vous au vertigineux **Mirador de Cristal**, un point de vue au sol vitré surplombant l'ensemble.

À 13 km à l'est, le village fleuri de **Capulálpam de Méndez**, organisé autour d'une église en pierre du XVIe siècle, présente un cadre idéal pour se relaxer. Des centres de médecine traditionnelle, comme **Manos Que Curan** proposent des *limpias* (purifications spirituelles), des massages des tissus profonds et des séances de *temazcal*, dans des huttes de sudation.

L'ENFANT CHÉRI DE L'OAXACA

Le destin exceptionnel de **Benito Juárez**, premier président *indígena* du Mexique, débuta à San Pablo Guelatao, dans une famille modeste de bergers zapotèques. À l'âge de 12 ans, le jeune Benito quitta son village natal pour travailler comme domestique à Oaxaca, où il finit par étudier le droit et devenir juriste. Embrassant la carrière politique, il fut successivement gouverneur de l'État de Oaxaca et ministre de la Justice, avant d'être élu à la fonction suprême en 1861.

Parmi ses réalisations les plus notables, le leader progressiste promulgua une série de lois réformatrices visant à briser la mainmise de l'Église catholique. Il rendit également l'enseignement primaire gratuit et obligatoire. La capitale de l'Oaxaca, officiellement baptisée Oaxaca de Juárez, ainsi que d'innombrables rues, places et marchés du pays, portent son nom.

COMMENT CIRCULER

Il est plus pratique de rejoindre San Pablo Guelatao et Capulálpam de Méndez en voiture. Sinon, prenez un minibus à destination d'Ixtlán de Juárez (1 heure 15, 15 bus/jour) depuis le dépôt proche de la gare routière ADO de Oaxaca, puis un *colectivo* pour Capulálpam. Des bus à destination de Villa Alta ou Yalalag desservent Cuajimoloyas (2 heures, tlj à 8h, 12h, 15h et 17h) au départ de la gare routière 2e classe de Oaxaca.

SIERRA SUR

La plupart des voyageurs se contentent de transiter par la Sierra Sur pour se diriger vers les latitudes plus chaudes de la côte de l'État de Oaxaca. Et maintenant qu'une nouvelle autoroute promet de réduire de moitié le temps de trajet entre Mexico et Puerto Escondido, la route sinueuse qui traverse la région risque fort d'être encore moins fréquentée. Il est pourtant dommage de négliger cette destination remarquable. San José del Pacífico, perché dans la brume des montagnes au-dessus d'une forêt enveloppée de nuages, réserve des vues envoûtantes sur les vallées alentour, des escapades au vert et des *temazcal* où se purifier le corps et l'esprit.

Plus au sud, à la sortie de la route couverte de nids-de-poule qui mène à Bahías de Huatulco, une bifurcation conduit jusqu'à Pluma Hidalgo, une charmante ville de montagne productrice de café. Des randonnées à la découverte de cascades aux moments de convivialité avec les habitants devant une tasse de café fumante, tout concourt au repos de l'âme.

Pour les infos pratiques, voir le Carnet d'adresses p. 513

À SAVOIR

San José del Pacífico se situe à peu près à mi-chemin entre Oaxaca et la côte, ce qui en fait une halte pratique sur la route de montagne en lacets.

San José del Pacífico

San José del Pacífico

BAIN DE NATURE ET DE VAPEUR

S'il y a un moment incontournable à **San José del Pacífico**, c'est la *golden hour* (heure dorée) – juste avant le coucher du soleil – quand des formations nuageuses arrivent de la côte. Juché à environ 2 500 m d'altitude, le village doit l'essentiel de sa notoriété aux champignons hallucinogènes (*Psilocybe mexicana*) utilisés à des fins rituelles (mais dont la consommation est officiellement illégale au Mexique). Mais nul besoin de *hongos mágicos* (champignons magiques) pour se laisser envoûter par le paysage. De nombreux visiteurs viennent ici faire des retraites de yoga ou observer les oiseaux. **Oaxaca Birding Tours**, basé à Teotitlán del Valle, organise des excursions dans une forêt semi-caduque où vivent des ermites mexicains. Une brève randonnée monte jusqu'au **point de vue** le plus élevé de San José (repérez l'inscription "Mirador" à flanc de colline, façon Hollywood).

San José est également réputée pour le *temazcal*, un bain de vapeur rituel aux plantes, généralement accompagné de chants cérémoniels, qui vise à purifier le corps et l'esprit. L'établissement **Teteo innan Alma**, à l'extrémité sud de la localité, possède une hutte de sudation rustique. Son excellent

LES MEILLEURS RESTAURANTS DE LA SIERRA SUR

La Morenita
Le restaurant de bord de route où s'arrêter pour manger des plats bon marché tels que les *quesadillas* aux champignons. $

Huitzil
Un petit restaurant en plein air avec une prédilection pour les soupes et *moles* consistants à base de champignons sauvages. $$

Tatsu
Cet établissement panoramique à flanc de colline prépare des classiques de la cuisine asiatique, comme le *pad thai* et le bœuf sauté à la mongole. $$

Taberna de los Duendes
De généreuses assiettes de pâtes et des bières artisanales de l'Oaxaca vous attendent à la "taverne des lutins". $$

Rancho Colibri
Savoureuses spécialités italiennes et ravissants panoramas , à San Mateo Río Hondo. $$

OÙ SE LOGER À SAN JOSÉ DEL PACÍFICO ET SAN MATEO RÍO HONDO

Posada Yegoyoxi
Bel emplacement et service chaleureux pour cette adresse basique de San Mateo Río Hondo. $

Refugio Terraza de la Tierra
Bungalows rustiques alimentés à l'énergie solaire, salle de yoga et restaurant vegan en pleine nature. $

La Puesta del Sol
Bungalows lambrissés propres et cosy avec petite véranda pour assister au magnifique soleil couchant. $$

MARI TERESHUTTERSTOCK ©

Baies de caféier, Pluma Hidalgo

LES MEILLEURS HÉBERGEMENTS À PLUMA HIDALGO

Posada Isabel
Ces chambres correctes, réduites à l'essentiel, sont une aubaine pour les budgets serrés. **$**

Finca Don Gabriel
Ce gîte rural loue des chambres et bungalows sans fioritures assez confortables, mais il se distingue surtout par ses jardins luxuriants, sa piscine à flanc de falaise et son restaurant en plein air. **$$**

Casa de Niebla
La vue depuis la terrasse de ces bungalows modernes s'étend jusqu'à la côte pacifique. **$$$**

Finca Margaritas
Les perspectives sur la montagne, les cascades, le *temazcal* et l'excellent café de cette verte plantation raviront les voyageurs en quête d'évasion. **$$$**

restaurant accueille en outre une intéressante petite foire aux champignons sauvages en juillet ou août.

Aventurez-vous, si possible, jusqu'à **San Mateo Río Hondo**, 19 km au sud-est. À l'instar de San José, ce bourg décontracté séduit les adeptes des modes de vie alternatifs. Le **Rancho Colibri**, un restaurant italien isolé qui sert des pâtes et du vin, domine le beau paysage montagneux.

Pluma Hidalgo

TOURISME ET RANDO AU PAYS DU CAFÉ

Il ne se passe certes pas grand-chose à **Pluma Hidalgo**, paisible bourgade de producteurs de café, mais c'est justement là que réside son attrait. Commencez par un café corsé, de préférence à la **Cafetería Origen Mágico**, dont la terrasse à flanc de coteau dévoile un joli panorama sur la montagne. Les cafés qui bordent la place et la plupart des hôtels organisent des visites de plantations. Pour une approche plus approfondie, réservez une excursion avec Oscar Velásquez, un guide anglophone compétent qui a fondé **Oscar Tours** à Huatulco.

Une randonnée intéressante mène à l'impressionnante **Cascada Arcoirís** (cascade arc-en-ciel) de 70 m de haut, dotée d'une piscine naturelle peu profonde où se rafraîchir. Le sentier traverse une forêt tropicale humide et passe devant une plantation de café dotée d'une petite chapelle. Autrement, des motos-taxis couvrent le trajet depuis la ville.

Les restaurants ne sont pas légion, mais on peut toujours compter sur celui de la **Finca Don Gabriel**, un domaine agricole bien entretenu abritant un petit musée. Envie d'une escapade immersive dans le monde du café ? Envisagez une nuit à la **Finca Margaritas**, l'une des plus belles et des plus anciennes plantations de la région.

COMMENT CIRCULER

Les fréquents minibus Huatulco 2000 entre Bahías de Huatulco et Oaxaca s'arrêtent à San José del Pacífico (en respectivement 4 heures et 3 heures) et Pluma Hidalgo. Des *colectivos* parcourent les 7 km qui séparent l'embranchement sur la Route 175 de San Mateo Río Hondo depuis San José del Pacífico. Une fois à destination, on peut se déplacer à pied ou en prenant des motos-taxis abordables.

PUERTO ESCONDIDO

Bien avant que les routes goudronnées n'atteignent ce coin de l'Oaxaca, Puerto Escondido n'était qu'un petit village de pêcheurs qui méritait amplement son nom de "port caché". Près de cinquante ans plus tard, il est devenu une destination de surf mythique et une station balnéaire à la croissance fulgurante. Même si vous n'avez pas l'intention de braver les vagues tubulaires de 6 m de haut du *Mexican Pipeline*, vous ne risquez guère de vous ennuyer sur cette longue étendue de côte. Les journées se passent à faire du snorkeling ou de la plongée et, de novembre à mars, à observer les baleines en migration. À la nuit tombée, des restaurants, cafés et bars animés proposent de la musique live et des soirées dansantes sans prétention, surtout à Playa Zicatela, la Mecque des surfeurs. Nombre de visiteurs viennent à Puerto Escondido pour s'initier au surf ou suivre des cours d'espagnol en immersion, si bien que certaines écoles vendent un forfait combinant les deux.

Pour les infos pratiques, voir le Carnet d'adresses p. 513

À SAVOIR

La saison de surf culmine de fin avril à septembre. Les vagues sont moins grosses de novembre à mi-avril, surtout dans la baie relativement calme de Playa Carrizalillo, et conviennent mieux aux débutants. Les puissants contre-courants de Playa Zicatela rendent l'endroit dangereux pour les surfeurs et nageurs inexpérimentés.

Puerto Escondido

LES MEILLEURES TABLES DE PUERTO ESCONDIDO

Mercado de Zicatela
Aleli et d'autres petits restaurants en plein air face à la mer servent des classiques comme la *salsa de huevo*. **$**

Almoraduz
Chouchou de la scène culinaire florissante de Rinconada, cette adresse gastronomique propose un menu dégustation et des plats de fruits de mer créatifs dans un décor distingué, à l'atmosphère sans chichis. **$$$**

Chicama
Cet excellent restaurant péruvien sur le sable prépare un *ceviche* extra-frais et un délicieux tartare de poisson à la mangue et à l'avocat. **$$$**

Pez Gallo
Régalez-vous de tacos de poisson et de crevettes enrobées de noix de coco dans ce club de plage, puis allez piquer une tête dans les eaux engageantes de Playa Bacocho. **$$$**

INCONTOURNABLES	ACTIVITÉS, CLASSES ET CIRCUITS	OÙ PRENDRE UN VERRE ET FAIRE LA FÊTE
1 Playa Zicatela	**4** Big Wave Diving	**8** Mar & Wana
VOIR	**5** Gina's Tours	**9** Puerto Brewing Company
2 Mercado Benito Juárez	**6** Instituto de Lenguajes Puerto Escondido	
3 Playa Carrizalillo	**7** Omar's Sportfishing	

Activités nautiques

SURF, PLONGÉE, BALEINES ET PÊCHE AU GROS

Sans surprise, la vie de Puerto Escondido, haut lieu du surf, tourne principalement autour des activités nautiques. L'action se concentre à **Playa Zicatela**, où les vagues phénoménales du *Mexican Pipeline* attirent les surfeurs et les curieux du monde entier, surtout lors de la compétition internationale, Surf Open Puerto Escondido, qui s'y déroule en novembre. Pour autant, pas besoin d'être un pro pour passer du bon temps ici.

Puerto Surf, dans le quartier branché et plus tranquille de **Punta Zicatela**, dispense des cours individuels ou en groupe, et possède une pension de sept chambres pour ceux qui suivent des stages de plusieurs jours – le spot idéal pour les routards et les surfeurs débutants. On trouve aussi des planches à louer et des moniteurs de surf sur la jolie baie en

OÙ SE LOGER À PUERTO ESCONDIDO

Hostal One Love
Tout pour plaire aux petits budgets : bungalows rustiques, restaurant décontracté, et jardins verdoyants. **$**

Hotel Casa de Dan
Un établissement de style hacienda au-dessus de la plage de Zicatela, avec piscine et café chic, à un prix très raisonnable. **$$**

Villas Carrizalillo
Les villas privées "Mitla" et "Colorada" ont vue sur l'une des plus belles plages de Puerto Escondido. **$$$**

fer à cheval de **Playa Carrizalillo**, aussi adaptée aux surfeurs novices et l'une des plus propices à la baignade. Bordée par un chapelet de bars sous des *palapas*, on y accède par un escalier de 157 marches.

Si vous séjournez à Puerto Escondido entre novembre et mars, ne manquez pas l'occasion de voir des cétacés de près. **Omar's Sportfishing** organise des excursions de 3 heures dans une zone protégée où l'on croise généralement des baleines à bosse et des dauphins. **Big Wave Diving**, à Zicatela, propose des sorties de plongées et de snorkeling sur des sites voisins mais n'ouvre que de novembre à mai, quand les conditions de visibilité et la température de l'eau sont optimales. Des raies léopards, des tortues et de grands bancs de poissons évoluent au milieu des récifs volcaniques.

D'un quartier à l'autre

LES DIFFÉRENTES FACETTES DE PUERTO ESCONDIDO

Afin de profiter pleinement de Puerto Escondido, il faut s'aventurer dans ses différents quartiers au caractère nettement distinct. Commencez par les plages de sable à l'extrémité nord de la station, d'abord **Playa Coral**, épargnée par la foule, puis plus tard dans l'après-midi, **Playa Bacocho**, où l'on peut participer toute l'année à des lâchers de jeunes tortues.

Au sud de Playa Bacocho, le quartier résidentiel discret de **Rinconada** constitue une bonne base pour partir à la découverte de la baie de **Playa Carrizalillo**, un lieu de baignade et d'initiation au surf idéal, quoique de plus en plus fréquenté. Dirigez-vous ensuite vers la rue Benito Juárez, où les voyageurs socialisent sur les trottoirs animés des restaurants et dans les bars conviviaux, à l'image de la **Puerto Brewing Company**.

Pour une cuisine familiale économique, direction le **Mercado Benito Juárez**, doyen des marchés d'alimentation et d'artisanat de la ville, qui se tient dans le centre. Après quoi, passez du temps à Playa Zicatela et mêlez-vous aux surfeurs dans ses bars de plage tels que **Mar & Wana**. Au sud de Zicatela, **La Punta** est un quartier branché où les hôtels, bars et restaurants poussent comme des champignons.

Si vous souhaitez aller plus loin, **Gina's Tours** conduit des excursions à Playa Escobilla (p. 492), une plage où nichent des tortues, ainsi que d'amusants circuits gastronomiques au départ du Mercado Benito Juárez. Enfin, l'**Instituto de Lenguajes Puerto Escondido** est une valeur sûre pour apprendre l'espagnol en immersion et participer à des randonnées guidées vers des plages encore préservées.

PAROLE D'HABITANT : MANGER COULEUR LOCALE

L'énergique **Gina Machorro**, une guide très pro qui conduit des circuits gastronomiques et culturels à Puerto Escondido et ses environs, nous dévoile ses bonnes adresses de produits de la mer. @GinaPuerto

Le long d'El Adoquín (Av. Alfonso Pérez Gasga), j'aime le **Restaurante Alicia** pour sa vue superbe et ses succulents *camarones a la diabla* (crevette à la sauce piquante). Vous pouvez aussi aller au **Sabor a Mar**, sur la Playa Marinero de Zicatela, pour manger du poisson en papillote. Dans le centre, **Horno Escondido** réussit très bien le poisson à l'ail, cuit au four. À Rinconada, **Metxcalli** sert un délicieux poulpe sauce piment, modérément relevé.

COMMENT CIRCULER

Des *camionetas* (pick-up couverts) faisant office de taxis collectifs vont et viennent fréquemment le long de la route côtière. Des bus pas chers marqués "Zicatela" ou "La Punta" desservent la gare routière et le Mercado Benito Juárez situés dans le centre-ville, environ toutes les 20 minutes. En ville, les taxis facturent la course entre 50 et 150 $M selon la distance et votre capacité à marchander.

Environs de Puerto Escondido

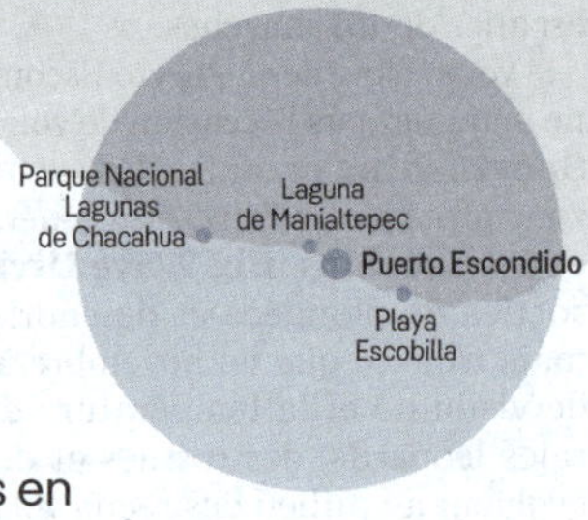

Les amoureux de la nature et les voyageurs en quête d'évasion peuvent satisfaire leurs envies en explorant l'environnement riche en faune et les vieux villages de pêcheurs authentiques au-delà de la zone balnéaire de Puerto Escondido.

L'incroyable biodiversité aux portes de Puerto Escondido se prête à des activités de plein air qui permettent d'appréhender l'aspect sauvage de la région côtière. Le Parque Nacional Lagunas de Chacahua englobe de vastes lagunes et mangroves abritant de nombreuses espèces d'oiseaux et de plantes ainsi qu'une importante population de crocodiles, sans oublier la plage idyllique du village de pêcheurs de Chacaua. Dans la Laguna de Manialtepec, très prisée des ornithologues amateurs, des excursions nocturnes en bateau emmènent les visiteurs contempler les eaux bioluminescentes. Enfin, on peut observer les tortues marines qui viennent pondre par milliers sur la Playa Escobilla, au sud de Puerto Escondido.

Pour les infos pratiques, voir le Carnet d'adresses p. 514

À SAVOIR

Les tour-opérateurs sérieux sauront vous indiquer le meilleur moment pour assister au phénomène de bioluminescence et à l'arrivée en masse des tortues sur le rivage.

Laguna de Manialtepec

Parque Nacional Lagunas de Chacahua

Parque Nacional Lagunas de Chacahua

BATEAU, SURF ET CROCODILES

À bord d'un bateau glissant comme dans un tunnel sur les canaux de la mangrove peuplés d'une multitude d'oiseaux aquatiques, vous déboucherez soudain de façon spectaculaire sur des plages parmi les plus isolées de l'Oaxaca. Bienvenue au **Parque Nacional Lagunas de Chacahua** (149 km^2), cinq lagunes d'une incroyable biodiversité et une localité balnéaire décontractée de culture afro-mexicaine (*Afromestizo*) – Chacahua et beaucoup de villages autour de la frontière entre les États de Oaxaca et du Guerrero conservent une importante population d'*Afromestizos*, descendants des esclaves ayant fui le joug espagnol.

Un **circuit en bateau** s'impose pour voir de plus près l'écosystème de la mangrove, composé de 130 espèces aviaires, de crocodiles, de tortues marines et de quelque 240 variétés de plantes.

Un estuaire divise Chacahua en deux quartiers. "La Isla", du côté ouest, où se concentre le gros des hébergements et des restaurants. La vie s'y écoule nonchalamment, entre surf, balades le long des ruelles sablonneuses et savoureux repas de poisson dans des restaurants au toit de palme en bord de mer, dont la plupart se doublent de *cabañas* rustiques. Un court trajet en bateau-taxi relie la Isla à "La Grua", la partie est, où l'on peut rejoindre à pied un **phare** offrant une vue panoramique sur les lagunes, une **arche rocheuse** sur la plage et le **Cocodrilario de Chacahua**, une petite réserve accueillant environ 200 crocodiles, ainsi que des caïmans.

LES MEILLEURS HÉBERGEMENTS DE CHACAHUA

Cabañas El Piojo
Ces bungalows et chambres basiques sur la plage, équipés de nombreux hamacs, ont depuis longtemps la faveur des petits budgets. $

Cabañas La Isla
Des bungalows de plage plutôt sommaires mais tout proches de la plage de surf et de l'estuaire, propice à la baignade. $$

Cabañas Altamar
Ces *cabañas* avec ventilateur et quelques touches modernes ont vue sur l'océan. Les chambres à l'étage, pourvues d'un balcon et d'un hamac, profitent de la brise marine. $$

Hotel Sanmara
Une option haut de gamme pour Chacahua, avec clim, literie douillette et petite piscine dotée d'un bar sur la terrasse supérieure. $$$

OÙ SE RESTAURER À CHACAHUA ET MANIALTEPEC

Restaurante 2 Hermanos
Une table bon marché sur la place, qui sert des petits-déjeuners, des soupes et des produits de la mer. $

Lia del Mar
Tenue par un pêcheur, cette adresse conviviale offre la garantie de manger du poisson fraîchement pêché. $$

El Punto
Un établissement au toit de palme qui propose un merveilleux bar et d'autres poissons entiers. $$

EXCURSIONS EN BATEAU : FAUNE ET BIOLUMINESCENCE

Plusieurs agences proposent des excursions de 3 heures pour observer les oiseaux à bord de *lanchas* à moteur, avec guides anglophones, jumelles et transport depuis/ vers votre hébergement à Puerto Escondido.

Manialtepec est le théâtre d'un curieux phénomène, l'apparition de plancton fluorescent durant quelques jours, plusieurs fois par an (notamment en juillet, août, novembre et décembre). À cette occasion, on peut faire une promenade en bateau au coucher du soleil : se baigner ou toucher simplement l'eau avec ses mains active la brillance des micro-organismes.

Bébé tortue, Playa Escobilla

Playa Escobilla

LE RENDEZ-VOUS DES TORTUES MARINES

Chaque année, plus d'un million de tortues olivâtres (*tortugas golfinas* pour les Mexicains) viennent pondre de nuit sur la **Playa Escobilla**, une plage protégée de 15 km débutant à une trentaine de kilomètres à l'est de Puerto Escondido. Leur nombre culmine pendant environ une semaine, avant et après la pleine lune, selon un phénomène spectaculaire appelé *arribada*, ou *arribazón*, qui se prolonge de juillet à février. Pour des informations plus précises, contactez **Gina's Tours** (p. 513). Si vous n'êtes pas sur place à la bonne période, vous pourrez toujours voir des bébés tortues relâchés dans l'océan en contactant le **Centro Ecoturístico Escobilla**.

Laguna Manialtepec

OISEAUX ET BIOLUMINESCENCE

Ce lac, d'une longueur de 6 km, se trouve à 18 km à l'ouest de Puerto Escondido, le long de la route 200. Ibis, spatules roses, perroquets, pélicans, faucons, balbuzards pêcheurs, hérons, martins-pêcheurs et iguanes y élisent domicile au moins une partie de l'année. La meilleure période pour observer les oiseaux s'échelonne de décembre à mars. La lagune est bordée de mangroves, mais aussi de fleurs tropicales et de palmiers du côté de l'océan. Le chenal à l'extrémité ouest serpente à travers les mangroves pour rejoindre une plage vierge.

COMMENT CIRCULER

Les minibus à destination de Pinotepa Nacional qui partent de l'Avenida Hidalgo à Puerto Escondido peuvent vous déposer à la Laguna de Manialtepec et à l'embranchement pour El Zapotalito (1 heure 15). De là, des taxis conduisent à l'embarcadère pour le village de Chacahua. Le trajet est assuré par des bateaux collectifs ou des *lanchas* (bateaux à moteur) privées qui glissent jusqu'à la plage le long de canaux pittoresques (2 heures) – prenez garde aux bateliers demandant des sommes excessives, notamment en période de vacances, à Noël ou lors de la Semaine sainte. Sinon, une autre option consiste à traverser la lagune en bateau (10 minutes), puis à rejoindre Chacahua en pick-up. De cette façon, vous économiserez, mais le paysage est moins beau. Pour rallier la Playa Escobilla, mieux vaut être motorisé ou participer à un circuit organisé par Gina's Tours.

MAZUNTE ET ZIPOLITE

Ces deux enclaves balnéaires à l'atmosphère insouciante, fréquentées par une population internationale d'adeptes du bronzage et du yoga, ont réussi, malgré leur développement rapide, à conserver une grande partie de leur attrait bohème. Zipolite, la plus grande des stations qui se succèdent le long de cette étroite bande côtière, est célèbre pour ses plages nudistes, ses restaurants de produits de la mer dans des *palapas* (paillotes) et sa petite scène culturelle alternative. Pour une ambiance plus tamisée, direction San Agustinillo, 4 km à l'ouest, où l'on peut nager et apprendre à surfer dans les eaux sublimes de la Playa Elefantes. Toujours vers l'ouest, Mazunte a beaucoup en commun avec Zipolite. On peut y observer les tortues marines du Centro Mexicano de la Tortuga, centre de recherche abritant un aquarium, et le spectacle du soleil couchant depuis le cap rocheux de Punta Cometa. À 4 km de là, le village de La Ventanilla donne l'occasion de faire des excursions en bateau sur une lagune peuplée de crocodiles, de tortues et d'oiseaux.

Pour les infos pratiques, voir le Carnet d'adresses p. 514

À SAVOIR

Une fois à Zipolite, on rejoint facilement San Agustinillo et Mazunte en *camioneta* ou en taxi. Gardez à l'esprit que Zipolite et Mazunte sont plus festives que la paisible localité de San Agustinillo. Enfin, attention aux forts courants sous-marins quand vous vous baignez à Zipolite, dont le nom signifie "plage des morts" en zapotèque.

Zipolite

INCONTOURNABLES
1 Centro Mexicano de la Tortuga
2 Punta Cometa

VOIR
3 Playa del Amor
4 Playa Elefantes
5 Playa Mermejita
6 Playa Rinconcito
7 Playa Zipolite

ACTIVITÉS ET COURS
8 Instituto Iguana
9 Piña Palmera

SORTIR
10 Cine Luciernaga

Punta Cometa (p. 496)

Avenida Roca Blanca

Zipolite la bohème

PLAGE ET MODE DE VIE ALTERNATIF

Bastion de la contre-culture depuis plusieurs décennies, **Zipolite** séduit les voyageurs indépendants attirés par ses plages où le maillot de bain est facultatif, sa vie nocturne débridée et son atmosphère de détente où tout est permis.

La longue plage et l'**Avenida Roca Blanca**, l'artère du front de mer bordée de restaurants de poisson, d'hôtels volontairement rustiques et de bars à l'ombre de *palapas*, constituent le cœur de l'action. À l'extrémité ouest de la Playa Zipolite, les gens prennent le soleil et se baignent nus dans les nombreuses criques. De même sur la **Playa del Amor**, à l'est, petite baie privilégiée par les gays.

Si vous en avez assez de lézarder sur le sable, promenez-vous sur la Calle Pelícano et entrez dans ses intéressantes boutiques d'artisanat. La **Piña Palmera**, un centre de réadaptation et d'intégration sociale pour personnes handicapées issues de communautés rurales, vend des objets artisanaux et organise des ateliers de poterie et de travail du bois. Deux pâtés de maisons au sud, le **Taller La Joya** propose des cours de teinture *tie and dye* et de fabrication de bijoux.

LES MEILLEURES TABLES DE ZIPOLITE

Orale Café
Un café aux airs de jardin tropical où prendre un bon petit-déjeuner. $

Boca del Mar
Une paillote sans prétention, réputée à juste titre pour ses tacos de poisson. $$

Mao Mau
La salade de papaye verte et le *pad thai* de ce restaurant asiatique en plein air changent des plats de fruits de mer. $$

La Providencia
Cette table de cuisine mexicaine contemporaine est l'adresse la plus gastronomique de Zipolite mais n'a rien de guindée. Réservez, surtout en haute saison, et gardez de la place pour la mousse au chocolat ! $$$

Sal y Pimienta
Le *pescado a la talla al ajo* (poisson entier grillé à l'ail) se distingue dans ce lieu d'une délicieuse simplicité où des plats généreux à de petits prix sont servis sur des tables en plastique les pieds dans le sable. $$$

OÙ SE LOGER À ZIPOLITE

Castillo Oasis
Une pension d'un bon rapport qualité/prix saluée pour son luxuriant jardin tropical et ses chambres joliment conçues. $

Las Casitas
Six bungalows à prix raisonnable, dotés d'une cuisine et d'un vaste coin détente, dans un jardin en terrasses. $$

Casa Kalmar
Piscine à débordement à flanc de falaise, jolies chambres face à la mer et service attentif. Parfait. $$$

LES MEILLEURES TABLES DE MAZUNTE

La Baguette
Cette petite boulangerie-pâtisserie confectionne notamment de délicieux *libritos* (gâteaux au chocolat composés de plusieurs couches). $

La Pizzería
Un restaurant en plein air tenu par des Italiens, réputé pour ses pizzas cuites au four à bois et ses calzones ainsi que pour son excellent tiramisu. $$

Maralto
Pain et pâtisseries maison, bons sandwichs et café corsé provenant de Pluma Hidalgo. $$

La Cuisine
Une table française à prix raisonnables dont la carte, composée d'un menu de 3 plats, change chaque jour en fonction des produits du marché. $$

Armadillo
La carte vegan comprend une savoureuse assiette marocaine et du chou-fleur rôti au curcuma accompagné de pommes de terre à goûter absolument. $$$

JOEL CARILLET/GETTY IMAGES ©

Playa Mermejita

Pour une expérience originale, rendez-vous à **La Galera de Zircolite**, une école de cirque qui vous initiera à l'acrobatie, au jonglage avec du feu et à la danse africaine moyennant une somme modique. Vous serez fin prêts pour les fêtes de plage de Zipolite !

De décembre à mars, un cinéma de fortune, le **Cine Luciernaga**, projette des films essentiellement en anglais, sous-titrés en espagnol. L'espace en plein air accueille aussi de temps à autre des concerts et des soirées karaoké.

À la rencontre des tortues de Mazunte

FAUNE SAUVAGE ET COUCHERS DE SOLEIL

Mazunte se développe rapidement, trop vite selon certains, mais reste une belle destination émaillée de plages de sable, de restaurants et d'hôtels rustiques, qui, à l'instar de sa jumelle Zipolite, vit à son propre rythme.

La station balnéaire est connue avant tout pour son **Centro Mexicano de la Tortuga**, un centre de recherche et de réhabilitation dédié aux tortues, qui évoluent dans de grands bassins en plein air et dans un aquarium intérieur. Le Mexique compte 7 espèces de tortues marines et 29 espèces de tortues d'eau douce et terrestres. Certaines, comme la tortue à écailles, ont une taille impressionnante. Les récentes mesures de protection ont permis à des espèces en voie de disparition, telles que la tortue olivâtre, de faire leur retour : sachant que seul un individu sur 1 000 atteint l'âge adulte, la tâche relève du défi.

Autre site incontournable, la falaise rocheuse de la **Punta Cometa** offre des vues spectaculaires sur le littoral, d'où les

OÙ SE LOGER À MAZUNTE

Cabañas Amaia
Un B&B avec des *cabañas* impeccables, un service au poil et de la tranquillité à revendre. $$

Oceanomar
Belles chambres avec terrasse et hamacs, bordant une superbe piscine donnant sur la Playa Mermejita. $$$

Hotel Casa Pan de Miel
Un établissement luxueux réservé aux adultes, à l'extrémité est de Mazunte, avec vue sur l'océan. $$$

hordes d'Instagrameurs qui s'y pressent au coucher du soleil. Le sentier qui y mène part de la route de terre appelée Camino Mermejita, qui débouche, vers le sud, sur la **Playa Mermejita**, une étendue de sable doré beaucoup moins prise d'assaut que la **Playa Rinconcito**, la plage principale de Mazunte. En chemin, vous passerez devant le **Mermejita Circus**, une compagnie de cirque contemporain qui donne des cours. Toutefois, si vous préférez apprendre l'espagnol, l'**Instituto Iguana** dispense des cours particuliers sur mesure.

Se détendre à San Agustinillo

BAINS DE SOLEIL ET SURF

Sur ce qui est peut-être la plus jolie portion d'un littoral lui-même d'exception, la discrète **San Agustinillo** a tout ce qu'il faut pour s'adonner au farniente. La majeure partie des hôtels et des restaurants s'aligne le long de la route côtière qui traverse la localité, mais un nombre croissant de pensions fleurissent à flanc de colline. Difficile de trouver plus paradisiaque que la **Playa Elefantes**, baptisée d'après une formation rocheuse en forme d'éléphant, pour se baigner et apprendre à chevaucher les vagues. Une école de surf avec un petit bureau sur l'artère principale donne des cours d'initiation et loue des planches. La **Casa Bagus**, un hôtel de six chambres, se tient juste en lisière de la plage. Confortables et bien tenus, la **Posada Recinto del Viento** et **Bambú Ecocabañas** assurent respectivement un hébergement économique avec vue mer et milieu de gamme, ponctué de détails originaux, comme l'arbre qui pousse au milieu de certaines *cabañas*.

La Ventanilla

EXCURSIONS EN BATEAU DANS LA LAGUNE

À environ 2 km au nord-ouest de Mazunte, un embranchement mène au petit village balnéaire de **La Ventanilla**, qui gère un projet d'écotourisme communautaire dans une lagune bordée de mangrove abritant de nombreux crocodiles de rivière, tortues marines et oiseaux aquatiques. Deux coopératives, **Lagarto Real** et **Servicios Ecoturísticos La Ventanilla**, proposent des circuits. Si elles fournissent des prestations plus ou moins identiques, la formule de la seconde inclut la visite d'une île avec des cervidés, des singes-araignées et des coatis dans des enclos. À noter que les deux agences offrent aussi des sorties ornithologiques et des lâchers de bébés tortues vertes, luths et olivâtres dans l'océan.

LES MEILLEURES TABLES DE SAN AGUSTINILLO

Bistro Paloma
Pour vous régaler de *chilaquiles* (morceaux de tortillas frites à la *salsa verde*), choisissez ce café ombragé de la modeste *posada* Paloma. $

El Navegante
Ce restaurant sur le sable décline une excellente carte, essentiellement de produits de la mer, concoctée par un talentueux chef catalan. Réservation conseillée. $$

Restaurante La Mora
Véritable institution locale, cette pension-restaurant prépare des petits-déjeuners comprenant du café équitable, de même que des spécialités italiennes et des plats de la mer. $$

La Termita
Les pizzas cuites au four à bois ont la réputation d'être les meilleures de la côte. À vous d'en juger. $$$

COMMENT CIRCULER

On peut se déplacer à pied à l'intérieur des différentes stations balnéaires. Pour se rendre de l'une à l'autre, il suffit de faire signe à une *camioneta* ou un *colectivo* n'importe où sur la route côtière. Eclipse 70 et Líneas Unidas assurent des minibus au départ de San José del Pacífico et de Oaxaca, ainsi que plusieurs liaisons quotidiennes depuis Zipolite. À Mazunte et Zipolite, des stations de taxis desservent les villes voisines et les aéroports de Puerto Escondido et Bahías de Huatulco à des tarifs élevés. Autrement, Pochutla est la plaque tournante des bus de la région.

BAHÍAS DE HUATULCO

Huatulco se résumait à une poignée de petits villages de pêcheurs lorsque, au milieu des années 1980, l'agence de tourisme Finatur, financée par des fonds publics, a été chargée d'aménager ses neuf splendides baies sauvages pour accueillir des vacanciers. S'il s'agit désormais d'une des plus grandes stations balnéaires de la côte de l'Oaxaca, qui comprend même un quai pour les navires de croisière, l'endroit n'est en rien comparable à Cancún, car son développement s'est fait d'une manière bien plus respectueuse de l'environnement. Un parc national protège des étendues de forêt vierge, de plaine et d'écosystème marin, tandis que de paisibles criques invitent à la baignade, au snorkeling et à la randonnée. Avec son église de style colonial, son marché d'alimentation et ses ateliers de tissage, La Crucecita (la localité d'origine) garde une part d'authenticité, même si elle concentre la plupart des hôtels, des bars et des restaurants.

Pour les infos pratiques, voir le Carnet d'adresses p. 515

À SAVOIR

Environ 1 km au nord de Santa Cruz Huatulco, La Crucecita abrite de nombreux hébergements économiques et de catégorie moyenne, des restaurants bon marché et des gares routières. Sur le littoral, Tangolunda accueille une rangée de complexes hôteliers de luxe, tandis que Chahué jouit d'une situation centrale et propose des logements plus abordables.

Huatulco

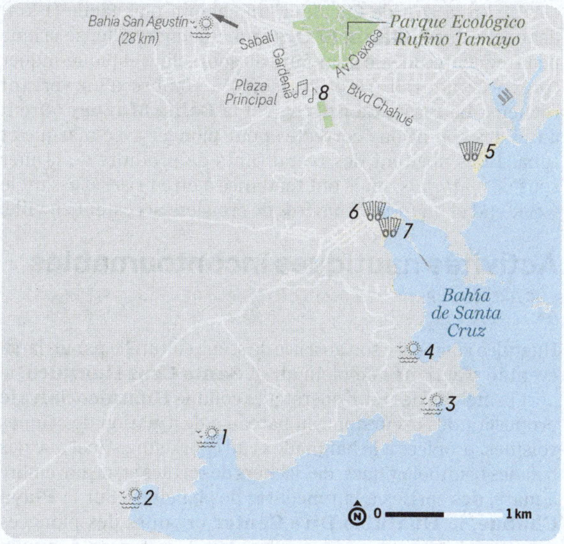

VOIR
1 Bahía El Órgano
2 Bahía Maguey
3 Playa el Violín
4 Playa La Entrega

ACTIVITÉS, COURS ET CIRCUITS
5 Huatulco Dive Center
6 Huatulco Salvaje
7 Hurricane Divers

SORTIR
8 La Crema

Parque Nacional Huatulco

RANDONNÉE ET SNORKELING EN PLEINE NATURE

D'une superficie de 119 km², le **Parque Nacional Huatulco** englobe des parcelles de jungle riches en faune, des zones humides, des rivages splendides émaillés de plages paradisiaques et 45 ha de récifs coralliens. On y dénombre quelque 9 000 espèces végétales et 300 espèces d'oiseaux, ainsi que des cétacés et des tortues marines. Attention, il faut noter que l'utilisation de crèmes solaires non biodégradables est interdite à l'intérieur du parc.

Des bateaux d'excursion à destination des baies les plus reculées lèvent l'ancre du **port de Santa Cruz**, une bonne option pour pratiquer le snorkeling et découvrir des plages. Celles-ci sont également accessibles en empruntant des sentiers à travers la forêt de Huatulco. À 4 km à l'ouest de Santa Cruz, le **Sendero Zanate** (2,5 km) mène à la **Playa Cacaluta**, rarement visitée, qui occupe l'une des cinq baies à l'intérieur des limites du parc.

LES MEILLEURES TABLES DE HUATULCO

Cafe Huatulco
Ce kiosque de parc sert du café de Pluma Hidalgo, parfait pour bien débuter la journée, ainsi qu'une nourriture correcte. $

Aroma
Le restaurant fusion du Quinta Bella Hotel propose des plats asiatiques et *oaxaqueños* créatifs. $$

Ocean Restaurant
Grande paillote lumineuse sur le front de mer où déguster du *pulpo zarandeado* (poulpe grillé) et des *garnachas istmeñas* (tortillas de maïs frites garnies de bœuf émincé, chou et sauce tomate). $$$

Rocoto
Un indémodable de La Crucecita, prisé pour son *ceviche* et son crabe bleu farci. $$$

OÙ SE LOGER À BAHÍAS DE HUATULCO

Hotel Nonni
L'un des meilleurs hébergements petit budget en ville, avec restaurant sur le toit idéal au petit-déjeuner. $

Misión de los Arcos
Bon rapport qualité/prix pour ce confortable hôtel de catégorie moyenne, l'un des plus prisés de Huatulco. $$

Quinta Bella Hotel
Cet établissement donne sur la Playa Chahué, labellisée Blue Flag, et possède un excellent restaurant. $$$

À 1,3 km à l'est de Cacaluta, un chemin plus facile (1 km) débouche sur la **Bahía El Órgano**, une merveilleuse crique peu fréquentée idéale pour faire du snorkeling et pique-niquer (prévoyez nourriture et boissons) à l'ombre d'un versant rocheux. La **Playa La Entrega** et la **Bahía Maguey** offrent aussi des conditions correctes pour plonger avec masque et tuba. Elles abritent des restaurants de produits de la mer sous des *palapas*, mais ont tendance à être prises d'assaut le week-end et quand des navires de croisière accostent en ville.

Activités nautiques incontournables

SNORKELING, PLONGÉE, RAFTING ET AUTRES PLAISIRS NAUTIQUES

Huatulco compense son absence de scène culturelle par un large éventail d'activités de plein air. À **Santa Cruz Huatulco**, le port principal, des tour-opérateurs comme **Huatulco Salvaje** proposent des excursions en bateau à destination de criques voisines, propices à la baignade et au snorkeling, ainsi que des balades ornithologiques, des lâchers de tortues et, de novembre à mars, des sorties à la rencontre des baleines. Sur la **Playa Chahué**, le **Huatulco Dive Center** organise des plongées avec deux bouteilles ainsi que des cours d'initiation dans une piscine d'eau de mer. Dotés d'une visibilité moyenne de 6 à 15 m et d'une profondeur de plus de 30 m, les quelque 30 sites de plongée de Huatulco abritent 150 espèces de poissons, des tortues marines et, en saison, des baleines à bosse.

Parmi les meilleurs spots de snorkeling figurent les bancs de coraux de la **Playa La Entrega**, de la Bahía San Agustín, de la **Playa el Violín** et du rivage de l'îlot de la Playa Cacaluta (p. 499) situé face à la côte. Si vous ne voulez pas vous lancer seul, contactez **Hurricane Divers**, à Santa Cruz. Les rapides de classe I à III du Río Copalita sont praticables en rafting de juillet à octobre, au plus fort de la saison des pluies ; adressez-vous aux professionnels de **Rancho Tangolunda Huatulco**. Juste à l'ouest de la rivière, un sentier conduit aux sables d'or de la **Playa Conejos**, une superbe baie en fer à cheval où se nichent des piscines naturelles.

Le soir, quand la température baisse de quelques degrés, vous pourrez vous déhancher à **La Papaya**, le bar de la Playa Chahué, où faire la fête sur fond de musique à **La Crema**, une institution de Huatulco qui, dans un décor rétro, diffuse de la musique live le week-end.

LES MEILLEURS RESORTS DE HUATULCO

Las Palmas
Dominant la Playa el Violín bordée d'une jungle, ces appartements et villas aménagés avec goût sont une aubaine pour les familles en quête d'un logement spacieux et disposant d'un véhicule. $$$

Quinta Real
Cet hôtel de luxe sur le front de mer de la paisible baie de Tangolunda arbore une architecture d'inspiration mexicaine et marocaine. Ses 28 suites se distinguent par leur élégance. $$$

Secrets Huatulco Resort & Spa
Fort de perspectives splendides sur la Playa Conejos, ce complexe hôtelier de la chaîne Hyatt réservé à une clientèle adulte comporte des chambres et suites immenses avec terrasse privative, certaines dotées d'un jacuzzi ou d'une piscine privée. $$$

COMMENT CIRCULER

Les stations de taxis sur les places principales de La Crucecita et de Santa Cruz Huatulco affichent les tarifs pour l'aéroport et les baies alentour. Des *lanchas* desservent la plupart des plages depuis le port de Santa Cruz (prix indiqués). Des bus bleu et blanc font la navette entre La Crucecita (depuis le centre commercial de la Plaza El Madero) et Santa Cruz Huatulco.

Si vous logez à La Crucecita, la plage la plus proche, Playa Chahué, n'est qu'à 2 km à pied ; il peut aussi être pratique de se déplacer à vélo et à scooter, les fréquents dos-d'âne (*topes*) sur les routes empêchant les voitures de rouler vite. Mieux vaut en revanche louer une voiture pour partir à la découverte des stations balnéaires isolées à la périphérie de Huatulco.

Environs de Bahías de Huatulco

Le *must* pour pratiquer le surf et passer des vacances insouciantes dans un décor naturel de rêve et une atmosphère de détente absolue, déconnectée de tout.

Les voyageurs qui ont envie de chevaucher des vagues incroyables ou simplement de se prélasser sur des étendues de sable moins fréquentées et des criques bordées de jungle gagnent à s'éloigner un peu de Huatulco. À Barra de Cuatunalco et Playa Salchi, une vingtaine de kilomètres au sud-est de l'aéroport, se trouvent plusieurs plages cachées où vous risquez fort de ne croiser personne. Environ 10 km à l'ouest du centre-ville, des panneaux indiquent la Playa La Bocana, une destination de surf discrète abritant un excellent boutique-hôtel. Les surfeurs expérimentés mettront directement le cap sur le village de Barra de la Cruz, où se déroulent de nombreuses compétitions internationales. Les énormes rouleaux y atteignent leur taille maximale en juin-juillet.

Pour les infos pratiques, voir le Carnet d'adresses p. 516

À SAVOIR

Mieux vaut disposer d'une voiture pour gagner les stations balnéaires autour de Bahías de Huatulco. Apportez des espèces et attendez-vous à une connexion Wi-Fi très irrégulière.

Barra de la Cruz (p. 502)

LES MEILLEURS HÔTELS AUTOUR DE HUATULCO

Posada Blanca
Cette adresse économique à Barra de la Cruz propose de confortables chambres climatisées. $

Hotel El Risco
Un hôtel sur les hauteurs tranquilles de Barra de Cuatunalco, à proximité de criques splendides. $$

Casa Mauna
Ce boutique-hôtel de la Playa Salchi compte six suites modernes avec terrasse privative et vue sur l'océan. $$$

Casa Bocana
Même si vous ne logez pas dans ce superbe hôtel de la Playa La Bocana, son restaurant mérite le détour. $$$

Bungalows Buena Vista
Un établissement haut de gamme sur la plage de Barra de la Cruz pour ceux qui veulent faire rimer surf et vacances de luxe. $$$

BRUCE RAYNOR/SHUTTERSTOCK ©

Playa La Bocana

Prendre la vague et bronzer

SURF, BAIGNADE ET BRONZETTE

Certes, le rythme de Bahías de Huatulco n'est déjà guère stressant, mais si vous souhaitez mettre la pédale douce, les stations alentour invitent à décompresser pour de bon, le temps d'une excursion ou d'un bref séjour. Pour une agréable journée de baignade, rendez-vous jusqu'à l'embranchement de **Barra de Cuatunalco**, à 20 km à l'est de l'aéroport, et cherchez la **Playa El Arroyito**, une crique rocheuse peu touristique dont vous aurez sans doute les eaux sublimes pour vous seul. Vous serez également tranquille sur le sable de la **Playa Salchi**, mais la mer y est plus agitée. Il ne se passe pas grand-chose dans le coin et les hébergements conçus uniquement pour le repos et la détente abondent.

Sur le chemin du retour vers Huatulco, faites halte dans le village de pêcheurs de **Bahía San Agustín**, une jolie baie de sable blanc en forme de croissant aux calmes eaux turquoise, où l'on trouve des restaurants de produits de la mer à l'ombre de *palapas*. Environ 10 km à l'est de La Crucecita en suivant le boulevard Benito Juárez, la **Playa La Bocana** possède plusieurs *comedores* de produits de la mer et une petite école de surf, la **Bocana Surf School**, qui donne des cours et loue des planches (la plage est réputée pour son *break* de droite). Les surfeurs aguerris préfèrent toutefois le long *point break* de droite de **Barra de la Cruz**, un site renommé à environ 20 km à l'est de la Playa La Bocana. On peut louer des planches de surf et des bodyboards sur la plage. De gros rouleaux déferlent ici de mars à octobre, les plus spectaculaires en juin-juillet.

COMMENT CIRCULER

Des *colectivos* pour Barra de la Cruz partent du parc national juste à l'est de la gare routière ADO de La Crucecita. Barra de Cuatunalco, Playa Salchi et Bahía San Agustín sont plus facilement accessibles en voiture ou en taxi. Une fois arrivé à destination, on peut se déplacer à pied ou héler un moto-taxi bon marché. La Playa La Bocana se situe à 15 minutes en taxi du centre-ville.

ISTHME DE TEHUANTEPEC

L'est de l'État de Oaxaca recouvre la moitié sud de l'isthme de Tehuantepec : large de 200 km, celui-ci forme la partie la plus étroite du Mexique, entre l'Atlantique et le Pacifique, d'où son rôle de nœud de transports depuis l'époque coloniale. En 1496, les Zapotèques chassèrent les Aztèques de la forteresse de Guiengola, si bien que l'isthme ne fit jamais partie de l'Empire aztèque. Un esprit d'indépendance anime encore les habitants, comme en témoignent les fréquents mouvements de protestation et les barrages routiers qui les accompagnent. Destination souvent ignorée de l'Oaxaca, *El Istmo* se distingue par ses plages dunaires au caractère sauvage, sa culture zapotèque et sa cuisine traditionnelle. Des fêtes patronales célébrées avec ferveur animent les quartiers de la ville de Tehuantepec tous les mois, tandis que les dunes côtières balayées par les vents de Playa Chipehua et Playa Azul dessinent des paysages hors du temps.

Pour les infos pratiques, voir le Carnet d'adresses *p. 516*

À SAVOIR

La principale gare routière de Tehuantepec se tient à l'extrémité nord de la ville, à 1,3 km à pied du centre. Pour rejoindre Juchitán, prenez un bus en direction de l'est sur la route, juste à la sortie du terminal (30 min). Abstenez-vous de héler un moto-taxi dans les rues de Juchitán, surtout après la nuit tombée. Il est plus pratique de disposer d'une voiture pour rallier les localités balnéaires, dotées d'hébergements plutôt sommaires.

Danseuse, isthme de Tehuantepec

LES MEILLEURES TABLES DE L'ISTHME DE TEHUANTEPEC

Mercado Jesús Carranza
Quand on demande aux habitants de Tehuantepec un endroit où manger, ils indiquent invariablement ce marché du centre-ville, dont les stands de cuisine familiale débordent dans les rues. $

Na' Vicenta
Dans le village de pêcheurs de Santa María Xadani, ce pittoresque restaurant de produits de la mer a pour spécialité le poisson cuit au feu de bois à l'intérieur d'un four en terre. $$

Lidxi Guendaro
Pour une expérience gustative typiquement *istmeña* à Juchitán, commandez ici le *mixto*, plat composé de poulet aux oignons grillés et de trois *garnachas* (tortillas frites recouvertes de bœuf émincé). $$

Playa Bamba et Playa Chipehua

PLAGES DE DUNES ET SPOTS DE SURF

Quand la chaleur devient écrasante dans les villes de l'arrière-pays, il fait bon se réfugier sur la côte sauvage de l'isthme et ses rivages de sable blanc épargnés par le tourisme de masse. Peu urbanisée, cette portion de littoral compense son manque d'infrastructures touristiques par de belles plages et des spots de surf où la saison culmine de mars à octobre. **Playa Bamba** (Concepción Bamba ou La Bamba) et sa voisine **Playa Chipehua** présentent de vastes étendues sablonneuses, d'immenses dunes et de grosses vagues. La première comporte deux *point breaks* en son milieu, ainsi qu'une zone protégée où les œufs de tortues vertes et olivâtres sont ramassés et les petits relâchés dans l'océan d'octobre à mars. Même si vous ne surfez pas, cela vaut la peine d'aller à Playa Chipehua pour contempler les imposantes formations de sable à son extrémité sud, surtout pendant la saison des pluies (mai-octobre), quand des bassins naturels d'eau douce, propices à la baignade, émaillent la grève. Il est possible de pratiquer le sandboard, à condition d'apporter son équipement.

Une dizaine de restaurants de produits de la mer sous des *palapas*, dont certains font aussi office d'hôtels bon marché, donnent l'occasion de goûter la cuisine traditionnelle de

OÙ SE LOGER DANS L'ISTHME DE TEHUANTEPEC

Hotel Central
Un établissement sans fioritures, bon rapport qualité/prix, dans le centre de Juchitán. $

Hotel Calli
Une vieille institution de Tehuantepec avec jardin verdoyant, grande piscine et chambres impeccables. $$

Punta Conejo Resort
En plein sur la plage, ce complexe hôtelier pour surfeurs se révèle relativement haut de gamme par rapport à la concurrence. $$

l'isthme : essayez par exemple le *pescado al horno* (poisson au four) de l'**Hotel Las Palmas**. Plus au nord, d'autres dunes impressionnantes se dressent à **Playa Azul**. En allant vers l'est, près du **Punta Conejo Resort** prisé des surfeurs, on peut grimper jusqu'à un point de vue parsemé de cactus pour jouir d'un large panorama sur la côte et les lagunes proches.

Juchitán

SAVEURS DE L'ISTHME

La savoureuse cuisine régionale et la culture zapotèque de **Juchitán** en font une étape à considérer pour les voyageurs qui traversent la région de l'isthme sur la route du Chiapas ou de Bahías de Huatulco. Dans le secteur du **Parque Benito Juárez** et au **Mercado 5 de Septiembre**, des femmes en tenue traditionnelle vendent du *bupú* (boisson mousseuse d'origine précolombienne à base de cacao), des *garnachas istmeñas* et des *molotes* (chaussons de pâte de maïs garnis et frits), tandis que des restaurants de la **Playa Vicente** servent du poisson cuit dans de vieux fours en terre.

Notez qu'un certain niveau de criminalité règne à Juchitán. Il est vivement déconseillé d'utiliser les services des motos-taxis et de se promener la nuit dans des lieux inconnus.

Se délecter à Tehuantepec

MARCHÉ TRADITIONNEL ET FIESTAS DE QUARTIER

Si vous faites une halte, même brève, dans la ville humide de Tehuantepec, visitez en priorité son marché central, où les spécialités *istmeñas* côtoient les *huipiles* et autres articles traditionnels de fabrication artisanale. Avec ses stands en majorité tenus par des femmes, le fascinant **Mercado Jesús Carranza** incarne le caractère essentiellement matriarcal de la société locale. Accueillante malgré son effervescence, Tehuantepec compte 15 quartiers, dont chacun possède son église coloniale et célèbre à tour de rôle son saint patron. Cela signifie qu'une fête sur fond de fanfare bat toujours son plein quelque part, surtout en juillet-août.

Les ruines de **Guiengola**, où le roi Cosijoeza repoussa une invasion aztèque en 1496, impressionnent moins que d'autres sites archéologiques zapotèques, mais donnent l'occasion de randonner dans la campagne vallonnée.

LES MUXES, "HOMMES AU CŒUR DE FEMME"

Juchitán est réputée pour ses *muxes* (prononcé "mouché", dérivé de l'espagnol *mujer*), que les Zapotèques définissent joliment comme des "hommes au cœur de femme". Ces personnes, nées de sexe masculin, adoptent dès l'enfance des comportements et des vêtements traditionnellement assignés au sexe féminin. Elles sont considérées comme un troisième genre et font partie intégrante de la société zapotèque depuis la période précolombienne. Le phénomène est loin d'être marginal puisque la ville compterait 5 000 *muxes* sur quelque 80 000 habitants. En novembre, les *muxes* célèbrent leur propre fête lors d'une *vela* (veillée), qui donne lieu à des défilés, des danses et l'élection d'une reine de beauté.

COMMENT CIRCULER

Des bus Istmeños de 2e classe relient fréquemment Tehuantepec à Juchitán par la route 185 (30 min). Les motos-taxis sont sûrs à Tehuantepec mais pas à Juchitán (prenez plutôt des taxis officiels). Les centres des deux villes se parcourent aisément à pied. Pour gagner les localités côtières, montez dans un bus Bahías de Huatulco-Salina Cruz, qui vous déposera à un embranchement, d'où un taxi ou un moto-taxi vous conduira à destination. Une voiture constitue la meilleure option pour explorer la zone littorale.

SANTIAGO APOALA

Apoala signifie “rivière d'où viennent les seigneurs” et, en effet, le village de montagne qui porte ce nom, l'une des premières implantations mixtèques d'après la légende, s'inscrit dans un paysage divin. Nichée au creux d'une vallée à 1 970 m d'altitude et flanquée de formations rocheuses spectaculaires, cette localité agricole affiche une beauté naturelle à couper le souffle, et son millier d'habitants *indígenas* a conscience de vivre dans un endroit tout à fait spécial. Deux cascades impressionnantes se déversent dans des piscines naturelles avec une puissance exceptionnelle, surtout pendant la saison des pluies. On y accède par des itinéraires de randonnée qui mènent aussi à une série de lagunes turquoise, à des grottes ornées de gravures et de peintures rupestres, et à des sites d'escalade ardus (équipement à prévoir). Si les activités de plein air laissent un souvenir impérissable, vous n'oublierez pas non plus l'accueil des villageois, qui se plient en quatre pour que les visiteurs se sentent chez eux dans leur petit coin de paradis montagnard.

Pour les infos pratiques, voir le Carnet d'adresses p. 516

À SAVOIR

À votre arrivée à Santiago Apoala, la coopérative de tourisme communautaire vous demandera de payer un droit d'entrée symbolique incluant un circuit guidé optionnel. Rien ne vous empêche de marcher seul, mais les guides locaux sont une mine d'informations sur la flore et la faune et peuvent vous indiquer où voir des peintures rupestres.

STREETFLASH/SHUTTERSTOCK ©

Cascade Cola de Caballo

Santiago Apoala, merveille mixtèque

ÉCOTOURISME ET BAIGNADE

Au cœur de la région mixtèque de l'Oaxaca, **Santiago Apoala** offre une occasion exceptionnelle de randonner, de se baigner et de pratiquer l'escalade hors des sentiers battus. En arrivant, passez à l'**Ecoturismo Comunal Yutsa To'on** (coopérative de tourisme communautaire) pour vous acquitter du droit d'entrée donnant accès à un circuit guidé facultatif sur l'un des trois itinéraires de randonnée. Le plus impressionnant, parfaitement praticable sans guide, conduit à la **Cola de Serpiente** ("queue de serpent") et à la **Cola de Caballo** ("queue de cheval"), des cascades de plus de 50 m de haut d'une beauté confondante, et à une série de bassins naturels turquoise où la baignade est généralement possible. Le long du second parcours, qui suit une rivière en direction des **Peñas Gemelas**, deux imposants pics jumeaux séparés par une étroite gorge, les guides soulignent l'existence de grottes cachées et de peintures rupestres. Le troisième itinéraire monte jusqu'à la **Cueva del Diablo** ("grotte du diable"), un *danzante* (sculpture rupestre de personnage dansant) et un **mirador** (point de vue) dévoilant un ample panorama sur la campagne verdoyante.

Si vous souhaitez rester sur place le temps d'un bref séjour, le centre d'écotourisme loue des *cabañas* rustiques et des emplacements de camping dans un endroit paisible au bord d'un cours d'eau, où paissent des moutons. Dans le village, vous trouverez une petite épicerie, plusieurs restaurants et une bibliothèque municipale conservant une copie du Códice Nuttall, un codex mixtèque du XIVe siècle, dont l'original est conservé au British Museum.

VISITER SANTIAGO APOALA

La plupart des voyageurs accèdent à Santiago Apoala par une route partant de la ville d'Asunción Nochixtlán, 83 km au nord-ouest de Oaxaca. Si vous projetez de camper ou de faire de l'escalade, il vous faudra apporter votre équipement ainsi que des provisions – que vous pouvez faire à Nochixtlán. Prévoyez aussi beaucoup d'espèces et gardez à l'esprit que la connexion Wi-Fi dans ce village de montagne isolé est, au mieux, irrégulière. Une voiture est idéale pour pouvoir s'arrêter dans les localités montagnardes peu fréquentées le long du trajet. Celles haut perchées dans la Sierra Mixteca ont des vues spectaculaires. **Tierraventura** et **Coyote Aventuras** organisent des excursions à la journée et des circuits guidés de deux jours à Santiago Apoala.

COMMENT CIRCULER

La gare des bus de 1re classe de Oaxaca assure des liaisons fréquentes avec Nochixtlán (1 heure 30-2 heures), *via* une mauvaise route non goudronnée. De cette dernière, l'option la plus rapide pour rallier Santiago Apoala consiste à prendre un taxi si vous n'êtes pas motorisé. Autrement, une *camioneta* démarre de l'angle de 2 de Abril et d'Altamirano les mercredis, samedis et dimanches vers 11h, mais les jours et l'heure sont sujets à changement.

Carnet d'adresses

À faire
Se restaurer
Prendre un verre
Shopping
Se loger
Sortir

OAXACA

Office du tourisme municipal
(951 514 1461 ; direccion-de-turismo-municipal.negocio.site ; Mariano Matamoros 102 ; 9h-14h)

Sectur
(951 502 1200, poste 1506 ; www.oaxaca.travel ; Juárez 703 ; 8h-20h). Principal bureau d'information du département du tourisme de l'État. Autres antennes dans la gare routière des bus 1re classe (5 de Mayo 900, Barrio Jalatlaco ; 9h-20h), au Museo de los Pintores Oaxaqueños (independencia 607 ; 10h-18h) et au Teatro Macedonio Alcalá (independencia 900 ; 9h-20h)

Centro Fotográfico Álvarez Bravo
Voir p. 458 (951-516-98-00 ; www.cfmab.com.mx ; M. Bravo 116 ; 9h30-20h mer-lun)

Galería Quetzalli
Voir p. 462 (951-514-26-06 ; www.galeriaquetzalli.com ; Constitución 104 ; 10h-20h lun-sam et 13h-19h dim)

Instituto de Artes Gráficas de Oaxaca (iAGO)
Voir p. 458 (951-516-69-80 ; www.institutodeartesgraficasdeoaxaca.blogspot.com ; Alcalá 507 ; 9h30h-20h, bibliothèque fermée dim)

La Mano Mágica
Voir p. 462 (951-516-42-75 ; Alcalá 203 ; 10h30-15h et 16h-20h lun-sam)

Basílica de Nuestra Señora de la Soledad
Voir p. 458 (0951-516 5076 ; www.facebook.com/Basilica.Soledad ; Av. Independencia 107 ; participation libre ; 7h-18h)

Arte de Oaxaca
Voir p. 462 (951 514 09 10 ; www.artedeoaxaca.com.mx/ ; Murguía 105 ; 11h-15h et 17h-20h lun-ven, 11h-18h sam)

Casa Bestia
Voir p. 465 (951 123 5098 ; Díaz Quintas 111, Ruta Independencia ; 9h-19h lun-sam)

Catedral Metropolitana
Voir p. 458 (Av. de la Independencia 700 ; 10h-14h et 16h-18h lun-sam)

Centro Fotográfico Manuel Álvarez Bravo
Voir p. 458 (0951-516 9800 ; www.cfmab.com.mx ; Calle de Manuel Bravo 104, Oaxaca ; 9h30-20h mer-lun)

EnmolArte Studio
Voir p. 465 (0951-516 1126 ; www.facebook.com/enmolarte ; Ignacio allende 212 ; 11h-17h lun-sam)

Espacio Zapata
Voir p. 465 (0951-126 7116 ; www.facebook.com/espaciozapata ; Calle Porfirio Díaz 509 ; 11h-20h lun-sam)

Instituto de Artes Gráficas de Oaxaca
Voir p. 458 (IAGO ; 0951-516 6980 ; www.iago.com.mx ; Calle Macedonio Alcalá 507 ; 9h-20h, bibliothèque fermée dim)

Jalatlaco et Xochimilco
Voir p. 465 (0951-516 7915 ; www.facebook.com/jardinoaxaca ; angle Constitución et Reforma ; visite 2 heures en français ou en anglais 100 $M, visite 1 heure en espagnol 50 $M)

Jardín Etnobotánico de Oaxaca
Voir p. 469 (0951-516 5325 ; jardinoaxaca.mx ; Reforma Sur ; visite guidée 50 $M ; 10h-13h et 15h-18h, visite guidée 10h, 11h, 12h et 17h lun-ven, 10h, 11h, 12h sam)

Museo de Arte Prehispánico de México de Rufino Tamayo
Voir p. 458 (0951-516 7617 ; www.rufinotamayo.org.mx/wp/tamayo/maprt-oaxaca ; Av. José María Morelos 503 ; 10h-14h et 16h-19h lun-sam, 10h-15h dim)

Museo de las Culturas de Oaxaca
Voir p. 458 (0951-516 2991 ; la. Cerrada de Macedonio Alcalá ; tarif plein/- 13 ans 85 $M/gratuit ; 10h-15h mar-ven)

Museo de los Pintores Oaxaqueños (MUPO)
Voir p. 458 (951-516-56-45 ; www.facebook.com/ELMUPO ; independencia 607 ; 20 $M ; 19h-18 mar-dim)

Museo Textil de Oaxaca
Voir p. 462 (0951-501 1617 ; www.museotextildeoaxaca.org ; Av. Miguel Hidalgo 917 ; 10h-20h lun-ven, 11h-20h sam, 11h-18h dim)

Palacio de Gobierno
Voir p. 458 (0951-501 8100 ; Valerio Trujano)

Templo de Santo Domingo
Voir p. 458 (0951-516 3720 ; angle Calles Macedonio Alcalá et Gurrión ; 7h-13h et 16h-20h sauf durant l'office)

Alma de Mi Tierra
Voir p. 468 (0951-513 9211 ; www.almademitierra.mx ; Aldama 205 ; 1 500 $M/pers ; lun-mar, jeu et sam)

Becari Conzatti Language School
Voir p. 466 (0951-151 8629 ; www.becariconzatti.com ; Valentín Gómez Farías 118 ; 210-570 $M/sem ; 9h-19h lun-ven, 9h-14h sam)

Chimalapa Cacao Con Origen
Voir p. 469 (0951-287 3407 ; www.chimalapa.com ; 5 de Mayo 210 ; ateliers 165-1 350 $M ; 10h-21h lun-sam)

Coyote Aventuras
Voir p. 474 (055-5504 7316 ; coyoteaventuras.com ; Calle Macedonio Alcalá 802 ; circuit vélo 850 $M ; 9h-18h mar-ven, 9h-14h sam)

El Sabor Zapoteco
Voir p. 479 (0951-516 4202 ; cookingclasseselsaborzapoteco.blogspot.com ; Avenida Benito Juárez 30, Teotitlán del Valle ; 95 $US ; 8h30-15h mar et ven)

Mezcaloteca
Voir p. 466 (0982 277 996 ; mezcaloteca.com/en ; Reforma 506 ; 500-650 $M/pers ; 8h-20h lun-sam)

Mundo Ceiba
Voir p. 468 (0951-192 0419 ; Calle de Berriozábal 109 ; 9h-23h)

Oaxacking
Voir p. 461 (0951-210 9835 ; www.oaxacking.com ; Av. Juárez 801 ; tarif plein/réduit 126/35 $M)

Ollin Tlahtoalli
Voir p. 466 (0951-232 3325 ; www.ollinoaxaca.org.mx ; Melchor Ocampo 710 ; 10/15/20 heures par sem 170/220/280 $US ; 9h-12h et 16h-18h lun-ven)

Rito
Voir p. 469 (0951-581 0200 ; www.ritochocolateria.com ; Calle Porfirio Díaz 708-H ; 1 100 $M ; 8h-19h30 lun-ven, 8h-17h30 sam, 9h-15h dim)

AKRAMER/ISTOCK ©

Museo de las Culturas de Oaxaca

Spanish Immersion School
Voir p. 466 (0951-1964 567 ; www.spanishschoolinmexico.com ; Mariano Matamoros 502 ; 15/20/25 heures par sem 5 400/7 200/9 000 $M ; 9h-18h lun-ven)

Texier
Voir p. 469 (0951-514 2135 ; texier.mx ; Colón 518 ; 8h-20h lun-sam)

Azul Cielo
Voir p. 459 (0951-205 3564 ; www.azulcielohostel.com ; Arteaga 608)

Casa Ángel
Voir p. 459 (0951-514 2224 ; Calle Tinoco y Palacios 610)

Casa de las Bugambilias
Voir p. 468 (0951-516 1165 ; casadelasbugambilias.com ; Reforma 402)

Casa Antonieta
Voir p. 468 (0951-688 8517 ; www.casaantonieta.com ; Miguel Hidalgo 911)

Hostal de las Americas
Voir p. 459 (0951-514 1353 ; www.hostaldelasamericas.mx ; Calle Porfirio Díaz 300)

Hostal Guelaguetza
Voir p. 468 (0951-635 2217 ; www.facebook.com/HostalGuelaguetza ; Calle Del Refugio)

La Casa de Mis Recuerdos
Voir p. 468 (0951-5158 483 ; lacasademisrecuerdos.com ; Pino Suárez 508)

La Casona de Tita
Voir p. 468 (0951-516 1400 ; www.lacasonadetitaoaxaca.com ; Calle de Manuel García Vigil 105)

NaNa Vida
Voir p. 468 (0951-501 1285 ; nanavida.com ; Murguía 405)

Quinta Real Oaxaca
Voir p. 468 (0951-501 6100 ; www.caminoreal.com/en/quintareal/quinta-real-oaxaca ; 5 de Mayo 300)

Ancestral
Voir p. 461 (0951-468 8960 ; ancestralcocinatradicional.com ; Calle José López Alavez 1347 ; 14h-22h30 lun, 9h-1h et

14h-22h30 mar-sam, 9h-12h et 14h-18h dim)

Caracol Púrpura
Voir p. 465 (0951-205 6975 ; caracolpurpura.cafe ; Calle de Quetzalcóatl 301 ; 9h-17h lun-mar, 8h30-17h mer-sam, 9h-15h dim)

Casa Oaxaca
Voir p. 459 (0951-516 8889 ; www.casaoaxacaelrestaurante.com ; Constitución 104-4 ; 13h-23h lun-sam, 13h-21h dim)

Chimalapa Cacao Con Origen
Voir p. 465 (0951-287 3407 ; www.chimalapa.com ; 5 de Mayo 210 ; 10h-21h lun-sam)

Fonda Florecita
Voir p. 460 (www.facebook.com/florecita.fonda ; Calle Morelos Mercado La Merced Int 37 ; 8h-18h mer-lun)

La Cocina de Frida
Voir p. 478 (0951-222 2683 ; www.facebook.com/cocinadefrida ; Mercado Ocotlán de Morelos ; 7h30-19h30)

La Cosecha
Voir p. 460 (0951-250 1556 ; Avenida Universidad ; 8h-20h)

Levadura de Olla
Voir p. 459 (0951-269 9068 ; restaurante.covermanager.com/reservar-en-levadura-de-olla ; Calle de Manuel García Vigil 304 ; 9h-12h30 et 13h-21h lun-mar et jeu-sam)

Los Danzantes
Voir p. 459 (0951-501 1184 ; losdanzantesoaxaca.com.mx ; Calle Macedonio Alcalá 403-interior 4 ; 13h-22h30 dim-mer, 13h-23h30 jeu-sam)

Tendajón
Voir p. 461 (0951-427 7270 ; Calle de José María Pino Suárez 409 ; 8h30-23h mar-sam, 8h30-22h dim)

Terraza Istmo
Voir p. 461 (0951-511 9890 ; Av. José María Morelos 400 ; 13h30-22h mar-dim)

Texier Chocolatería
Voir p. 465 (0951-514 2135 ; texier.mx ; Colón 518 ; 8h-20h lun-sam)

Boulenc
Voir p. 457 (0951-351 3648 ; www.facebook.com/Boulenc.oax ; Calle Porfirio Díaz 207 ; 8h30-22h30)

Cuish
Voir p. 462 (0222-455 0904 ; www.mezcalescuish.mx ; Calle Macedonio Alcalá 802 ; 13h-21h ar-dim)

Café Brújula
Voir p. 457 (www.cafebrujula.com ; Calle Macedonio Alcalá 104 ; 7h30-22h lun-sam, 8h30-21h dim)

Cafébre
Voir p. 457 (02 2311 1079 ; www.facebook.com/Cafebre.Oax ; Calle de Manuel Bravo 108 ; 8h-20h lun-mer, 8h-21h jeu-sam, 8h-22h dim)

El Destilado
Voir p. 464 (0951-516 2226 ; www.eldestilado.com ; 5 de Mayo 409 ; 17h-minuit jeu-lun)

El Salón de la Fama
Voir p. 469 (0951-516 5153 ; www.facebook.com/cantinaelsalon ; Calle Porfirio Díaz 115 ; 14h-minuit lun-sam)

La Cantinita
Voir p. 466 (0662-222 1044 ; 20 de Noviembre 208 ; 12h-23h)

La Otra Popular
Voir p. 466 (0951-122 1702 ; Calle de Manuel García Vigil 613 C ; 9h-2h mar-dim)

In Situ
Voir p. 462 (0951-514 1811 ; www.insitumezcaleria.com ; Guerrero 413 ; 14h-23h lun-sam)

Mezcaloteca
Voir p. 462 (0951-514 0082; mezcaloteca.com ; Reforma 506 ; 13h-21h lun-sam)

Pollos Bar
Voir p. 469 (Calle José López Alavez 1321 ; 12h-minuit lun-sam)

Pulquería Mayahuel
Voir p. 469 (0951-321 5754 ; www.facebook.com/PulquitoMayahuelOaxaca ; Calle Del General Porfirio Díaz 800 ; 11h-23h lun et mer-jeu, 11h-minuit ven-sam, 11h-21h dim)

Sabina Sabe
Voir p. 464 (0951-514 3494 ; 5 de Mayo 209 ; 13h-00h30 lun et mer-jeu, 13h-11h ven-sam, 13h-23h30 dim)

Selva
Voir p. 464 (0951-579 4255 ; www.selvaoaxaca.com ; Calle Macedonio Alcalá 403-int. 6, ; 17h-23h30 lun-jeu, 17h-00h30 ven-sam)

Txalaparta
Voir p. 466 (0202-555 1212 ; Mariano Matamoros 206 ; 13h-3h lun-sam, 13h-2h30 dim)

Auditorio Guelaguetza
Voir p. 464 (Carr. Internacional, Area sin Asignacion de Nombre de Colonia)

Centro Cultural San Pablo
Voir p. 465 (0951-501 8800 ; Miguel Hidalgo 907 ; 10h-20h lun-sam, 10h-18h dim)

Hotel Quinta Real Oaxaca
Voir p. 465 (0951-501 6100 ; www.caminoreal.com/en/quintareal/quinta-real-oaxaca ; Calle 5 de Mayo 300)

Panteones de Xoxocotlán
Voir p. 461 (Melchor Ocampo 24, Santa Cruz Xoxocotlán)

Teatro Macedonio Alcalá
Voir p. 465 (0951-516 8292 ; www.facebook.com/teatromacedonioalcala/ ; Av. de la Independencia 900 ; 9h-14h et 16h-20h lun-sam, 9h-14h dim)

Aripo
Voir p. 462 (0951-514 4030 ; Calle de Manuel García Vigil 809 ; 9h-19h lun-ven, 11h-15h sam)

Efedefroy
Voir p. 467 (www.efedefroy.com ; Av. José María Morelos 1107 ; 12h-18h lun-ven)

Escarabajo
Voir p. 467 (0951-191 4553 ; Calz. de la República 601 ; 14h30-20h30 lun-ven, 17h30-20h30 sam)

La Mano Mágica
Voir p. 462 (0951-516 4275 ; www.lamanomagica.com ; Calle Macedonio Alcalá 203 ; 11h-14h et 15h-19h lun-sam)

Mercado 20 de Noviembre
Voir p. 461 (mercado-20-de-noviembre.webnode.mx ; 20 de Noviembre 512 ; 7h-19h)

Mercado Benito Juárez
Voir p. 463 (Angle Flores Magón et Las Casas ; 9h-17h lun-ven)

Mercado de la Merced
Voir p. 460 (0951-321 7244 ; Av. José María Morelos 1522A ; 6h-18h)

Mercado de Artesanías
Voir p. 461 (0900 183 293 ; Gral. Ignacio Zaragoza ; 9h-19h ven-mer, 12h-19h jeu)

Voces de Copal
Voir p. 462 (0951-129 8092 ; Calle Macedonio Alcalá 303 ; 11h-21h lun-sam, 11h-20h dim)

ENVIRONS DE OAXACA

Atzompa
Voir p. 473 (Santa María Atzompa ; 25 $M ; 8h-17h)

Centro Cultural Comunitario
Voir p. 478 (Av Hidalgo y centenario, Teotitlán del Valle ; 11h30-18h30 mar-dim)

Centro de las Artes de San Agustín
Voir p. 474 (CaSa ; 0951-521 3043 ; www.casa.oaxaca.gob.mx ; Av. Independencia, San Agustín Etla ; 10h-18h)

STEVE_BRAMALL/ISTOCK ©

Marché traditionnel à Oaxaca

El Árbol del Tule
Voir p. 477 (2 de Abril, Santa María del Tule ; 10 $M ; 8h-20h)

Graphic Arts Institute
Voir p. 458 (0951-516 6980 ; www.iago.com.mx ; Calle Macedonio Alcalá 507 ; 9h-20h)

Hierve El Agua
Voir p. 479 (0951-502 1200 ; 7h-18h30)

Monte Albán
Voir p. 472 (Monte Albán ; tarif plein/- 13 ans 90 $M/gratuit, guide 1 000 $M ; 9h-15h30)

Oaxaca Popular Art Museum
Voir p. 476 (0951-551 0036 ; Independencia, San Bartolo Coyotepec ; 10h-16h mar-ven, 10h-18h sam-dim)

Ancien Mitla
Voir p. 478 (0951-568 0316 ; Cam. Nacional, San Pablo Villa de Mitla ; Grupo de las Columnas adulte/enfant 90 $M/gratuit, accès gratuit aux autres ruines ; 10h-16h mar-sam, 10h-14h dim)

Templo de Santa María de la Asunción
Voir p. 476 (0951-562 0019 ; Av 2 de Abril 42, Tlacolula de Matamoros ; 8h-18h)

Yagul
Voir p. 476 (Valle de Tlacolula ; 90 $M ; 10h-16h)

Bicicletas Pedro Martínez
Voir p. 480 (0951-514 5935 ; www.bicicletaspedromartinez.com ; Aldama 418, Oaxaca ; circuit jusqu'à Milta 3 275 $M/pers ; 9h30-20h lun-sam, 10h-15h dim)

Coyote Aventuras
Voir *Carnet d'adresses* p. 509

El Sabor Zapoteco
Voir p. 479 (0951-516 4202 ; cookingclasseselsaborzapoteco.blogspot.com ; Avenida Benito Juárez 30, Teotitlán del Valle ; 95 $US ; 8h30-15h mar et ven)

Experience Agave
Voir p. 475 (0503-592 0503 ; www.experienceagave.com ; circuit journée/4 jours 600/1 490 $US)

Tierraventura
Voir p. 480 (tierraventura.com ; 8h-18h)

Xolo Trips
Voir p. 475 (www.facebook.com/xolotravelagency)

Zapotrek
Voir p. 480 (0951-257 7712 ; 5 de Mayo 210, Oaxaca ; 10h-14h et 15h-19h)

Casa Lyobaa
Voir p. 479 (0951-186 3422 ; www.casalyobaa.com ; Calle Roogueuii, San Pablo Villa de Mitla)

Almú
Voir p. 478 (0951-462 2545 ; www.instagram.com/almu.uuuuu ; Progreso, San Martín Tilcajete ; 9h-18h mar-dim)

Carnes Asadas Conchitas
Voir p. 478 (0951-153 3035 ; restaurante-conchita.negocio.site ; Jacarandas, Ocotlán de Morelos ; 8h-19h)

Casa Maria
Voir p. 475 (0951-521 3065 ; casamaria.mx ; Av. Independencia 64, San Agustín Etla)

El Milenario
Voir p. 479 (0951-518 0775 ; www.facebook.com/RestauranteElMilenario ; Calle Vicente Guerrero, Santa María del Tule ; 9h-20h)

La Cocina de Frida
Voir p. 478

La Abuelita
Voir p. 474 (0951-516 0702 ; www.facebook.com/comedorlabuelita ; Mercado 20 de Noviembre, Oaxaca ; 6h-21h)

Los Eucaliptos
Voir p. 474 (www.facebook.com/mercadoorganicosanagustin ; Morelos, San Agustín Etla ; 8h-14h dim)

Memelas Doña Vale
Voir p. 474 (0951-309 5084 ; Cosijoeza, Central de Abasto, Oaxaca ; 7h-12h lun-sam)

Mercado Municipal
Voir p. 476 (Galeana 2, Tlacolula de Matamoros ; 6h-18h)

Mia Arroz
Voir p. 475 (0951-128 3961 ; miaarroz.com ; Avenida de la Industria, San Agustín Etla ; 13h-19h jeu-dim)

Panadería del Centro
Voir p. 479 (0951-276 6529 ; Miguel Hidalgo, San Pablo Villa de Mitla ; 9h-21h lun-sam)

Restaurante Doña Chica
Voir p. 479 (0951-568 0683 ; www.facebook.com/restdonachica ; Morelos 41, San Pablo Villa de Mitla ; 10h-20h)

Restaurante Monte Albán
Voir p. 474 (0951-516 4682 ; Monte Albán ; 10h-16h)

Teotitlán del Valle Market
Voir p. 477 (Teotitlan del Valle ; 8h-13h30)

Barbacoa Juanita
Voir p. 477 (0951-157 0843 ; Zaragoza, Tlacolula de Matamoros ; 12h-18h sam, 8h-18h dim)

Cervecería La Cura
Voir p. 475 (0951-232 7872 ; www.facebook.com/lacuracerveceria ; San Agustín Etla ; 14h30-21h mar-dim)

Fabricas de Mezcales el Sabino
Voir p. 476 (0951-518 3119 ; Carr. Internacional Cristóbal Colón 5-Km 49, Santiago Matatlán ; 10h--18h)

Mezcal Lalocura
Voir p. 476 (0951-124 5363 ; www.mezcallalocura.com ; Nicolás del Puerto 1, Santa Catarina Minas ; 9h-19h)

Real Minero
Voir p. 476 (0951 520 6139 ; realminero.com.mx ; S/N, Libertad, Santa Catarina Minas ; visite-dégustation 2-5 heures, sur réservation)

Tejate Ofe
Voir p. 477 (0982-371 5710 ; www.facebook.com/Oyster2022 ; Calle)

Alfarería Doña Rosa
Voir p. 476 (0951-551 0011 ; Juárez 24, San Bartolo Coyotepec ; 9h-19h)

Bulmaro Pérez
Voir p. 478 (0951-524 4011 ; bulmaroperezmendoza.negocio.site ; Centenario 27, Teotitlán del Valle ; 8h-20h30)

Jacobo et María Ángeles
Voir p. 476 (0951-524 9027 ; www.jacoboymariaangeles.com ; Libres 5, San Martín Tilcajete ; 8h-18h)

SIERRA NORTE

Manos Que Curan
Voir p. 483 (0951-278 3789 ; www.facebook.com/capulalpammanosquecuran ; Miguel Méndez 18, Capulálpam de Méndez ; 9h-22h)

Piedra Larga
Voir p. 482 (Unnamed Road, Santa María Yavesía)

Expediciones Sierra Norte
Voir p. 482 (0951-514 8271 ; www.sierranorte.org.mx ; Calle de Manuel Bravo 210A, Oaxaca de Juárez ; circuits 1 600-6 350 $M ; 9h-17h lun-ven)

Cabañas Xhendaa
Voir p. 482 (0951-103 2818 ; www.facebook.com/cabanasxhendaa.oaxaca ; Capulalpam de Méndez)

Centro Ecoturístico Cabañas Latuvi
Voir p. 482 (0951-596 7903 ; Privada Carranza 1, Latuvi)

Centro Ecoturístico Cuajimoloyas
Voir p. 482 (0951-524 5024 ; Av. Oaxaca 15, San Antonio Cuajimoloyas)

Luz de Luna
Voir p. 483 (0951-540 8091 ; www.luzdelunahuayapam.com ; Calle La Paz 6, Centro, San Andrés Huayápam ; 9h-18h mar-dim)

KELLI HAYDEN/SHUTTERSTOCK ©

Atelier d'*alebrijes*

SIERRA SUR

Oaxaca Birding Tours
Voir p. 485 (0982 277 996 ; oaxacabirdingtour.com ; Calle Ignacio Zaragoza 27, Teotitlán del Valle)

Oscar Tours
Voir p. 486 (0855-830 0053 ; www.oscartourshuatulco.com ; 7 Regiones Ampliacion, Huatulco)

Casa de Niebla
Voir p. 486 (0951-228 1236 ; Calle La Loma, Pluma Hidalgo)

La Puesta del Sol
Voir p. 485 (0951-596 7330 ; www.sanjosedelpacifico.com ; route 175 Km 131, San José del Pacífico)

Posada Isabel
Voir p. 486 (0958-525 8113 ; Pluma Hidalgo)

Posada Yegoyoxi
Voir p. 485 (0951-402 4942 ; San Mateo Río Hondo)

Refugio Terraza de la Tierra
Voir p. 485 (0951-361 6590 ; www.terrazadelatierra.com ; route 175 Km 128, San José del Pacífico)

Finca Don Gabriel
Voir p. 486 (0958-122 3000 ; www.facebook.com/FincaDonGabriel ; Domicilio conocido Col. Jose Palogrande, Pluma Hidalgo)

Finca Margaritas
Voir p. 486 (0951-204 5085 ; www.facebook.com/FincaMargaritasOax ; Francisco Javier Mina, Pluma Hidalgo)

Huitzil
Voir p. 485 (0951-330 1350 ; Piedras Negras-San Mateo Rio Hondo, San José del Pacífico ; 8h-21h lun, 13h-21h mer-ven, 7h30-2h sam-dim)

La Morenita
Voir p. 485 (0951-290 6381 ; Carr Oaxaca-Puerto Angel Km 131, San Mateo Rio Hondo ; 7h-22h)

Rancho Colibri
Voir p. 485 (Ixcotel, San Mateo Río Hondo ; 12h-19h30 dim-ven)

Taberna de los Duendes
Voir p. 485 (0982-371 5710 ; www.facebook.com/LaTabernaDeLosDuendes/timeline ; Carr. Federal, km 132, Oaxaca-Puerto Angel, San José del Pacifico ; 15h-21h)

Tatsu
Voir p. 485 (0777-210 0465 ; www.instagram.com/tatsusierrasur ; Calle Miguel 9b, San José del Pacífico ; 7h-20h)

Teteo innan Alma
Voir p. 485 (0951-472 6642 ; cabanas-y-temazcal-teteo-innan-alma.negocio.site ; Piedras Negras-San Mateo Rio Hondo, San José del Pacífico ; 8h-22h)

Cafetería Origen Mágico
Voir p. 486 (0958-525 8057 ; www.facebook.com/OrigenMagico ; Allende, 70960 Pluma Hidalgo ; 7h-23h)

PUERTO ESCONDIDO

Big Wave Diving
Voir p. 489 (0954-202 0511 ; Benito Juárez local 6&7 ; 8h-17h)

Gina's Tours
Voir p. 489 (0954-582 0276, 0954-582 1186 ; ginainpuerto-escondido.wordpress.com ; kiosque d'information touristique, Av Pérez Gasga ; 400 $M/pers ; 7h45-10h mer et sam)

Instituto de Lenguajes Puerto Escondido
Voir p. 489 (0954-582 2055 ; www.puertoschool.com ; Carretera Costera, Zicatela ; cours 15 $US/heure)

Omar's Sportfishing
Voir p. 489 (0954-559 4406 ; www.omarsportfishing.com ; Cam. a Puerto Angelito ; observation des baleines 50 $US/pers ; 7h-22h)

Puerto Surf
Voir p. 488 (0954-122 0172 ; www.puertosurf.com.mx ; angle Calle Nuevo Leon et Beñito Juárez, Brisas de Zicatela)

Hotel Casa de Dan
Voir p. 488 (0954-582 2760 ; www.hotelcasadan.com ; Jacarandas 14, Colonia Santa María)

Hostal One Love
Voir p. 488 (0954-129 8582 ; www.hostalpuertoescondido.com ; Tamaulipas, Brisas de Zicatela)

Villas Carrizalillo
Voir p. 488 (0954-582 1735 ; www.villascarrizalillo.com ; Av Carrizalillo 125)

Almoraduz
Voir p. 488 (0954-582 3109 ; www.almoraduz.com.mx ; Blvd Juárez 11-12 ; 16h-23h)

Chicama
Voir p. 488 (0954-149 4571 ; www.facebook.com/ChicamaBarRestaurant ; angle Calle Alejandro Cárdenas et Heroes Oaxaquenos ; 12h-23h mer-lun)

Horno Escondido
Voir p. 489 (0954-126 0587 ; Francisco Villa 427 ; 11h-17h30 mar-ven, 11h-18h30 sam-dim)

Mercado de Zicatela
Voir p. 488 (0954-108 9094 ; Carr. Costera ; 7h-19h)

Metxcalli
Voir p. 489 (0954-167 8676 ; www.metxcalli.com.mx ; Blv. Beñito Juárez entre Marlin et Barracudas ; 13h-22h mar-dim)

Pez Gallo
Voir p. 488 (0954-582 0061 ; www.facebook.com/RestaurantePezGallo ; Playa Bacocho ; 8h-20h)

Restaurante Alicia
Voir p. 489 (Av. Alfonso Pérez Gasga 500 ; 8h-20h)

Sabor a Mar
Voir p. 489 (Ent. a La Playa Marinero, Playa Zicatela ; 8h-23h)

Mar & Wana
Voir p. 489 (0229-161 6840 ; Av. Del Morro ; 17h-3h ven-sam)

Puerto Brewing Company
Voir p. 489 (www.facebook.com/PuertoBrew ; Benito Juárez 306 ; 16h-23h mar et jeu-dim)

ENVIRONS DE PUERTO ESCONDIDO

Centro Ecoturístico Escobilla
Voir p. 492 (055-1133 6942 ; www.facebook.com/ecoturismo.escobilla ; Carr. Federal Pinotepa Nacional-Salina Cruz Km 180.5, La Escobilla, Oax ; 10h-18h)

Cocodrilario de Chacahua
Voir p. 491 (Sanctuaire des crocodiles de Chacahua ; Calle Chiapas, Parque Nacional Lagunas de Chacahua ; circuit guidé sur don ; 10h-17h)

Laguna de Manialtepec
Voir p. 492 (0954-153 8982 ; www.facebook.com/LagunaManialtepec ; 7h-minuit)

Cabañas Altamar
Voir p. 491 (Carr. de Playa, Chacahua)

Cabañas El Piojo
Voir p. 491 (0954-130 2771 ; Villa de Tututepec de Melchor Ocampo)

Cabañas La Isla
Voir p. 491 (La Playa, Guyabas)

Hotel Sanmara
Voir p. 491 (0954-131 8183 ; www.hotelsanmara.com ; Villa de Tututepec de Melchor Ocampo)

El Punto
Voir p. 491 (0954-203 0810 ; Laguna de Chacahua ; 7h-22h)

Lia del Mar
Voir p. 491 (0954-201 6916 ; Carr. Chacahua, Villa de Tututepec de Melchor Ocampo ; 8h-20h)

Restaurante 2 Hermanos
Voir p. 491 (0954-132 2303 ; Calle Principal, Laguna de Chacahua)

MAZUNTE ET ZIPOLITE

Centro Mexicano de la Tortuga
Voir p. 496 (0958-100 2827 ; www.centromexicanodelatortuga.org ; Av. Principal, Mazunte ; 32 $M ; 10h-16h30 mer-sam, 10h-14h dim)

Mermejita Circus
Voir p. 497 (0958-111 5221 ; www.mermejitacircus.com ; Cam. a Playa Mermejita, Mazunte ; 8h-19h)

Piña Palmera
Voir p. 495 (0958-584 3147 ; www.pinapalmera.org ; Carr. Puerto Angel-Mazunte, Zipolite ; tarif plein/réduit 600/2 500 $M ; 9h-15h lun-sam)

Instituto Iguana
Voir p. 497 (0954-114 2768 ; www.institutoiguana.com ; Camino al Aguaje, Marunte ; 9h-14h lun-ven)

La Galera de Zircolite
Voir p. 496 (0958-220 3503 ; www.facebook.com/Zircolite ; Calle las Casitas, Zipolite ; cours 100 $M ; 9h-14h lun et ven-sam, 9h-19h mar-jeu)

Lagarto Real
Voir p. 497 (0958-130 6895 ; www.facebook.com/lagarto.real ; Playa Ventanilla, Santa María Tonameca ; circuits lagune adulte/enfant 80/40 $M ; sorties 8h-18h)

Servicios Ecoturísticos La Ventanilla
Voir p. 497 (0958-220 5797 ; www.laventanilla.com.mx ; La Ventanilla, Santa María Tonameca ; 8h-17h)

Bambú Ecocabañas
Voir p. 497 (0958-115 7426 ; www.bambuecocabanas.com ; Calle Principal, San Agustinillo)

Cabañas Amaia
Voir p. 496 (0958-109 8829 ; cabanas-amaia.negocio.site ; Punta Cometa, Mazunte)

Casa Bagus
Voir p. 497 (☎02 2571 8875 ; www.casabagus.com.mx ; Camino a la playa, San Agustinillo)

Casa Kalmar
Voir p. 495 (☎0958-589 2675 ; casakalmar.com ; Playa Camarones, Zipolite)

Castillo Oasis
Voir p. 495 (☎0958-584 3216 ; castillooasis.com ; Calle del Amor 97, Zipolite)

Hotel Casa Pan de Miel
Voir p. 496 (☎0958-100 4719 ; Cda. Museo de la Tortuga, Mazunte)

Las Casitas
Voir p. 495 (www.lascasitas.mx ; Calle las Casitas, Zipolite)

Oceanomar
Voir p. 496 (☎0958-587 6232 ; www.oceanomar.com ; Camino a Mermejita, Playa Mermejita, Mazunte)

Posada Recinto del Viento
Voir p. 497 (recintodelviento.com ; San Agustinillo)

Armadillo
Voir p. 496 (☎0958-109 8327 ; www.elarmadillomx.com ; Callejon El Armadillo 1, Mazunte ; 8h30-12h30 et 17h-22h jeu-mar)

Bistro Paloma
Voir p. 497 (☎0958-128 2201 ; Calle Principal, San Agustinillo ; 8h-12h lun-sam)

Boca del Mar
Voir p. 495 (☎0958-107 6286 ; Carr. Federal Km 175.6274, Zipolite)

Orale Café
Voir p. 495 (☎0958-117 7129 ; Calle las Casitas, Zipolite ; 8h-15h jeu-lun)

El Navegante
Voir p. 497 (☎0958-118 0842 ; Av. Principal, San Agustinillo ; 18h-22h mar-sam)

PIERO ZANETTI/GETTY IMAGES ©

Playa Carrizalillo, Puerto Escondido

La Baguette
Voir p. 496 (☎0958-109 5599 ; Callejón del Armadillo, Mazunte ; 7h-21h30)

La Cuisine
Voir p. 496 (☎0958-107 1836 ; Avenida Principal, Mazunte ; 18h-22h dim-jeu)

La Pizzería
Voir p. 496 (☎0958-119 1706 ; Mazunte ; 18h-23h ven-mar)

La Providencia
Voir p. 495 (☎0958-100 9234 ; www.laprovidenciazipolite.com ; Calle Shambala Colonia, Zipolite ; 19h-22h mer-dim)

La Termita
Voir p. 497 (☎0958-589 3046 ; www.posadalatermita.com ; Calle Principal, San Agustinillo)

Mao Mau
Voir p. 495 (☎0958-187 0266 ; zipolitethai.com/index.html ; Calle Shambala, Zipolite ; 17h-22h30 ven-mer)

Maralto
Voir p. 496 (☎0982-371 5710 ; Calle del Museo, Mazunte ; 8h-18h mer-lun)

Restaurante La Mora
Voir p. 497 (☎0958-584 6422 ; www.lamoraposada.com ; Av. Principal, San Agustinillo ; 8h-14h mer-lun)

Sal y Pimienta
Voir p. 495 (☎0958-120 0353 ; Plage, Zipolite ; 13h-22h jeu-lun)

Cine Luciernaga
Voir p. 496 (www.facebook.com/groups/FireflyCineLuciernagaZipolite ; Calle Mangle, Zipolite)

BAHÍAS DE HUATULCO

Parque Nacional Huatulco
Voir p. 499 (Santa Maria Huatulco)

Huatulco Dive Center
Voir p. 500 (☎0958-583 4295 ; www.huatulcodivecenter.com ; Playa Chahué ; 9h-17h lun-ven, 9h-14h sam)

Huatulco Salvaje
Voir p. 500 (☎0958-587 4028 et 958-119 3886 ; www.facebook.com/senderosyhumedales ; Local 2, Mitla 402, Santa Cruz Huatulco ; 9h-19h30 lun-sam)

Hurricane Divers
Voir p. 500 (0958-587 1107 ; www.hurricanedivers.com ; Playa Santa Cruz ; 8h-16h lun-ven, 8h-12h sam)

Rancho Tangolunda Huatulco
Voir p. 500 (0958-102 1138 ; ranchotangolunda.com.mx ; Santa María Huatulco ; 8h-19h)

Hotel Nonni
Voir p. 499 (0958-587 0372 ; Bugambilia 203, La Crucecita)

Las Palmas
Voir p. 500 (0958-109 1448 ; www.laspalmashuatulco.com ; Camino a Playa La Entrega, Santa Cruz Huatulco)

Misión de los Arcos
Voir p. 499 (0958-587 0165 ; misiondelosarcos.website ; Calle Gardenia 902, La Crucecita)

Quinta Bella Hotel
Voir p. 499 (0958-587 2466 ; www.quintabellahuatulco.com ; Blvd. Chahue, Crucecita)

Quinta Real
Voir p. 500 (0958-581 0428 ; www.caminoreal.com/en/quintareal/quinta-real-huatulco ; Paseo Beñito Juárez Lote 2 Bahía de Tangolunda, Bahías de Huatulco)

Secrets Huatulco Resort & Spa
Voir p. 500 (0958-583 0500 ; www.amrcollection.com/en/resorts-hotels/secrets/mexico/huatulco-resort-spa ; Blvd. Beñito Juárez, Playa Conejos)

Aroma
Voir p. 499 (0958-587 2466 ; www.quintabellahuatulco.com ; Blvd. Chahue Lote 6-mz 2, Bahías de Huatulco ; 15h-23h mer-lun)

Cafe Huatulco
Voir p. 499 (0958-587 1228 ; www.cafehuatulco.com.mx ; Calle Kiosko, Crucecita ; 8h-23h)

Ocean Restaurant
Voir p. 499 (0958-115 1797 ; restaurante.covermanager.com/reservar-en-ocean-huatulco ; Blvd. Beñito Juárez, Crucecita ; 17h30-23h mar-dim)

Rocoto
Voir p. 499 (0958-688 1778 ; www.facebook.com/RocotoHux ; Cocotillo, Crucecita ; 15h-22h mar-sam)

La Papaya
Voir p. 500 (0958-115 7680 ; Blvd. Beñito Juárez, Crucecita ; 22h-5h ven-sam)

La Crema
Voir p. 500 (0958-587 0702 ; www.lacremahuatulco.com ; Calle Gardenia 311, Crucecita 14h-2h)

ENVIRONS DE BAHÍAS DE HUATULCO

Bocana Surf School
Voir p. 502 (0958-130 1832 ; www.facebook.com/bocanasurfschool ; Playa La Bocana Copalita, Huatulco ; 8h-18h)

Bungalows Buena Vista
Voir p. 502 (0958-115 7155 ; bungalowsbuenavista.negocio.site ; Barra de la Cruz)

Casa Bocana
Voir p. 502 (0958-688 1070 ; www.casabocana.mx ; La Bocana, Bahías de Huatulco)

Casa Mauna
Voir p. 502 (0951-442 0225 ; casamauna.com ; Playa Salchi)

Hotel El Risco
Voir p. 502 (055-8040 7230 ; hotelelrisco.com ; Barra de Cuatunalco, San Pedro Pochutla)

Posada Blanca
Voir p. 502 (0958-136 8388 ; Calle Principal, Barra de la Cruz)

ISTHME DE TEHUANTEPEC

Guiengola
Voir p. 505 (Carr. Internacional, Tehuantepec ; 9h-18h)

Hotel Calli
Voir p. 504 (0971-715 0085 ; www.hotelcalli.com ; Cristóbal Colón Km. 790, Tehuantepec)

Hotel Central
Voir p. 504 (0971-712 2019 ; www.hotelcentral.com.mx ; Av Efraín Gómez 30, Juchitán)

Punta Conejo Resort
Voir p. 504 (02-2358 1914 ; puntaconejoresort.com ; Salina Cruz)

Hotel Las Palmas
Voir p. 505 (0971-119 6253 ; Carr. Panamericana Km 600, Tehuantepec)

Mercado 5 de Septiembre
Voir p. 505 (0982-371 5710 ; 16 de Septiembre, Juchitán de Zaragoza ; 9h-18h)

Mercado Jesús Carranza
Voir p. 504 (Melchor Ocampo 22, Tehuantepec ; 6h-22h)

Lidxi Guendaro
Voir p. 504 (055-3950 3049 ; Beñito Juárez 71 4tA, Juchitán de Zaragoza ; 16h-22h30 lun-dim)

Na' Vicenta
Voir p. 504 (0971-126 7491 ; Ignacio Allende, Santa María Xadani ; 9h-17h)

SANTIAGO APOALA

Coyote Aventuras
Voir p. 507 (0951-477 5515 ; coyoteaventuras.com ; Macedonio Alcalá 802, Oaxaca ; circuit à partir de 2 800 $M)

Tierraventura
Voir p. 507 (tierraventura.com ; circuit 5 200 $M/pers)

Rue de Oaxaca

Ci-dessus : Mazatlán (p. 524) ; À droite : Puerto Vallarta (p. 535)

CÔTE PACIFIQUE CENTRALE

PLAGES, SURF, CITÉS BALNÉAIRES ET VILLAGES DE MONTAGNE

Entre métropoles effervescentes au bord de l'océan, anciens pétroglyphes, spots de surf, nature sauvage et sites historiques, la côte pacifique mexicaine vous accueillera à bras ouverts.

Toute visite de la côte pacifique centrale se fait au rythme de l'océan, ses gigantesques vagues turquoise couvrant puis découvrant les somptueuses plages de la région. Les stations balnéaires se suivent mais ne se ressemblent pas : Acapulco, ancien repaire des stars d'Hollywood au charme un peu désuet est célèbre pour ses falaises spectaculaires, tandis qu'à Zihuatanejo, pleine de caractère, des villas comme englouties par la verdure surplombent une superbe baie. À Puerto Vallarta, capitale LBGT du Mexique, les boîtes de nuit vibrent jusqu'à l'aube, et les couleurs psychédéliques de l'art huichol sont à l'honneur dans les galeries bordant les rues pavées. Plus traditionnelle, Mazatlán résonne au son de la *banda* (orchestre fanfare) dans un décor néoclassique tropical.

Entre les villes s'étendent des tronçons de nature sauvage d'une époustouflante beauté, entrecoupés de villages solitaires et de spots de surf confidentiels. Plus loin de l'océan, une forêt de nuages recouvre la Sierra Madre, cachant d'anciens *pueblos mágicos* (villages magiques). Et, au cœur de la jungle comme au bord de l'océan, les pétroglyphes témoignent de l'attrait millénaire de l'homme pour la région.

Que vous préfériez vous détendre sur une plage en regardant le soleil se coucher, surfer sur les vagues en toute tranquillité, déguster les délices de l'océan entre deux cocktails, guetter les baleines à bosse ou arpenter une ancienne cité qui rivalisait jadis avec les bastions aztèques, la côte pacifique centrale saura vous ravir.

SITES PRINCIPAUX

MAZATLÁN
Cité côtière gastronomique.
p. 524

PUERTO VALLARTA
La capitale gay du Mexique et ses plages.
p. 535

TRONCONES
Nouveau havre des surfeurs.
p. 566

ACAPULCO
À la suite des dégâts de l'ouragan OTIS, nous ne sommes plus en mesure de traiter cette partie.

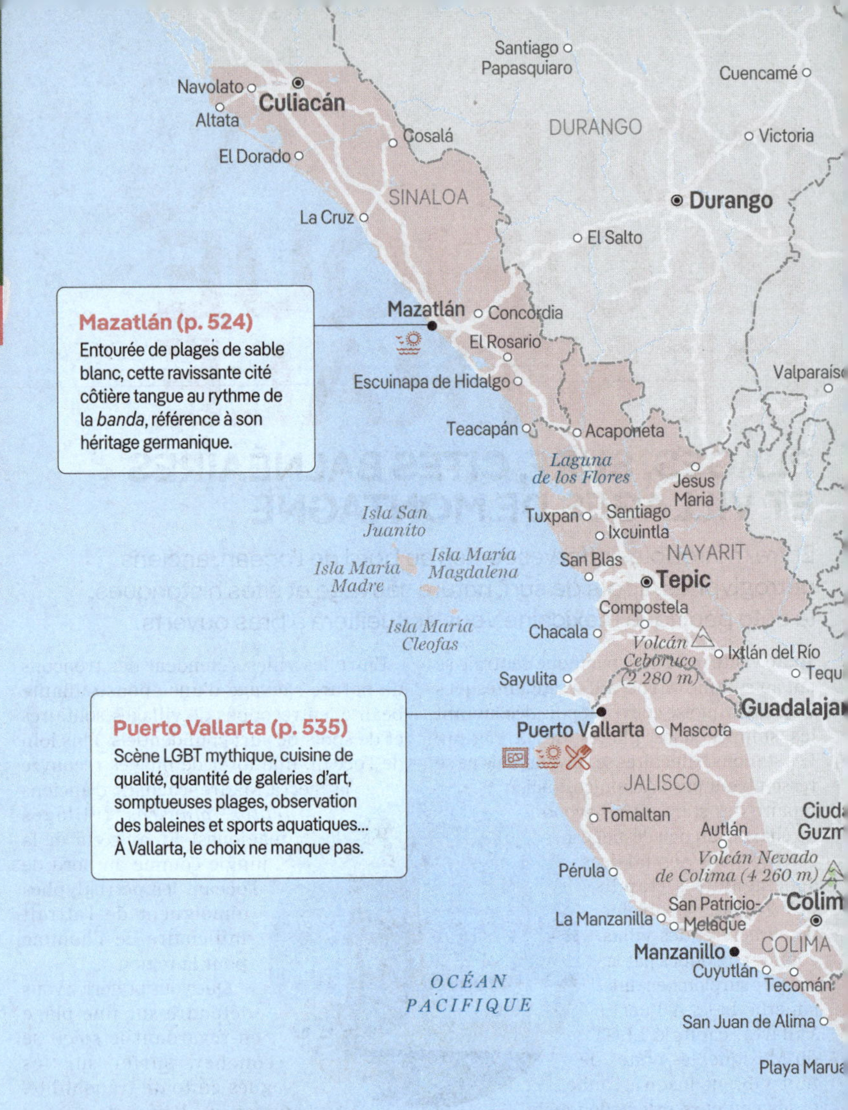

Mazatlán (p. 524)
Entourée de plages de sable blanc, cette ravissante cité côtière tangue au rythme de la *banda*, référence à son héritage germanique.

Puerto Vallarta (p. 535)
Scène LGBT mythique, cuisine de qualité, quantité de galeries d'art, somptueuses plages, observation des baleines et sports aquatiques... À Vallarta, le choix ne manque pas.

S'orienter

La côte pacifique centrale comprend plusieurs des destinations balnéaires les plus prisées du Mexique, de superbes villages montagnards et une partie de la côte du Michoacán. Voici les sites qui représentent au mieux cette région riche en beauté, histoire et nature.

BUS, TAXI COLECTIVO ET COMBIS

Si la côte entre Troncones et Manzanillo n'est desservie que par d'occasionnels bus de jour, les grandes villes sont connectées entre elles et aux villages alentour par un circuit de bus, de *combis* et de *taxis colectivos* (climatisés ou non selon les budgets).

VOITURE, TAXI ET VTC

Les meilleurs *breaks* de surf sont parfois isolés, et uniquement accessibles en voiture. Pour explorer le reste de la région, les transports en commun et les taxis peuvent suffire. Les grandes compagnies de VTC opèrent à Mazatlán, Puerto Vallarta et Zihuatanejo/Ixtapa. Notez que les allers simples sont accompagnés de frais supplémentaires conséquents.

BATEAU-TAXI

Économiques et efficaces, les bateaux-taxis relient le quai Los Muertos de Puerto Vallarta aux plages du Sud, dont Colomitos, Las Ánimas, Quimixto, Majahuitas et Yelapa. Avec un peu de chance, vous pourrez apercevoir des dauphins ou des baleines en chemin.

Troncones (p. 566)

Niché entre deux villages de pêcheurs, ce tranquille spot de surf aux *breaks* de classe mondiale propose aussi des circuits en kayak dans la mangrove.

Planifier son séjour

Comptant parmi les fronts de mer les plus sauvages du Mexique, la côte pacifique centrale a tout pour plaire : plages immaculées, excellents spots de surf, cités balnéaires artistiques, vestiges préhispaniques et villages de montagne séculaires.

ESKYSTUDIO/SHUTTERSTOCK ©

Jetée, Playa de los Muertos (p. 543)

Escapade sur un long week-end

- Si vous n'avez que quelques jours, passez-les à **Puerto Vallarta** (p. 535). Visitez les galeries d'art, arpentez le *malecón* du *centro histórico*, et grimpez le Mirador del Cerro de la Cruz pour une vue imprenable sur la ville.

- Après quelques heures sur la **Playa de los Muertos** (p. 543) de la Zona Romántica, profitez de la scène gastronomique florissante de Versalles avant de danser jusqu'au bout de la nuit dans les nombreux bars et clubs environnants.

- Prenez le bateau-taxi vers **Yelapa** (p. 547), au sud de **Vallarta** (p. 539), et guettez les baleines en chemin. Sur place, randonnées, cascades et jardins botaniques vous attendent.

Au fil des saisons

S'il n'y a pas vraiment de mauvaise période pour visiter la côte pacifique centrale, le pic de fréquentation tombe entre décembre et mars. La saison pluvieuse s'étend de juillet à septembre.

JANVIER

La meilleure période pour observer les baleines à bosse au large de Puerto Vallarta ; on aperçoit parfois requins-baleines et baleines grises.

FÉVRIER

La semaine précédant le mercredi des Cendres, Mazatlán s'embrase d'un carnaval endiablé au rythme de spectaculaires feux d'artifice.

MARS

Sur deux jours, le festival de *raicilla* de Puerto Vallarta propose des dégustations de cette liqueur locale et de spécialités culinaires, ainsi que des concerts.

DE GAUCHE À DROITE : GERARD SOURY/GETTY IMAGES ©, AUREOAU/SHUTTERSTOCK ©, SANDRA FOYT/SHUTTERSTOCK ©

Si vous avez une semaine

- Passez deux ou trois jours dans la Sierra Madre pour explorer les rues pavées de **San Sebastián del Oeste** (p. 559), gravir le **Cerro de la Bufa** (p. 560), dîner à l'exceptionnel **Jardín Nebulosa** (p. 560) et partir à la recherche de pétroglyphes anciens autour de **Mascota** (p. 560).

- Partez ensuite au nord de Vallarta pour surfer sur les *breaks* de **Sayulita** (p. 550) ou vous adonner au paddle, puis profitez de la cuisine locale et des boutiques d'artisanat équitable.

- Plus au nord, découvrez les pétroglyphes d'**Altavista** (p. 555) dans la jungle près de Chacala, et, enfin, observez les oiseaux et les crocodiles à **San Blas** (p. 556).

Si vous avez plus de temps

- On peut passer un mois entier à explorer la côte pacifique centrale. Admirez l'ancienne cité de **Xihuacan** (p. 576), savourez le café de **Zihuatanejo** (p. 572), et glissez sur les *beach breaks* de **Troncones** (p. 566) et **Saladita** (p. 571).

- Pour une escapade en voiture de quelques jours, explorez la **côte du Michoacán (p. 570)**, ses spots de surf et ses villages de pêcheurs. Au nord de San Blas, prenez le bateau pour **Mexcaltitán** (p. 533), berceau ancestral des Aztèques, et réservez quelques jours à **Mazatlán** (p. 524), son centre historique, sa gastronomie et ses plages.

- **À l'automne 2023, Acapulco a été durement touché par l'ouragan Otis, qui, outre son terrible bilan humain, a provoqué des dégâts sur l'ensemble des infrastructures, ne permettant plus l'accueil des visiteurs avant longtemps. D'autres stations balnéaires voisines ont également été impactées, renseignez-vous avant de programmer un voyage sur la portion de côte entre Lazaro Cardenas et Playa Ventura.**

AVRIL
Le populaire festival de surf Mexi Log Fest se déplace chaque année, ses participants profitant des vagues de Saladita, de Sayulita et d'ailleurs.

MAI
La Pride de Puerto Vallarta bat son plein, attirant des milliers de visiteurs avec ses concerts, défilés et plus encore.

NOVEMBRE
Pour le Dìa de Muertos, le 2 novembre, les Mexicains rejoignent les cimetières, Vallarta organise un festival gastronomique, et Mascota célèbre la *raicilla*.

DÉCEMBRE
Début décembre, le Mexique fête la Virgen de Guadalupe, sainte patronne du pays ; les festivités de Vallarta et Mazatlán sont particulièrement enjouées.

MAZATLÁN

Avec ses 20 km de plages de sable, Mazatlán ("terre des cerfs" en nahuatl) est une des destinations balnéaires les plus populaires du Mexique depuis le milieu du XXe siècle. Avant cela, elle fut un repaire de contrebandiers, puis un port florissant sur le Pacifique. Après un passage à vide remontant aux années 1980, les bateaux de croisière ont fait leur retour à Mazatlán. Dans son *centro histórico* "tropical néoclassique" en plein second souffle, de nouveaux restaurants branchés côtoient des demeures du XIXe siècle rénovées et des murs ornés de fresques. L'héritage cosmopolite de cette charmante cité portuaire imprègne son architecture, et ses influences germaniques se devinent dans certains accords de *banda* locale ou dans la fraîcheur de goût de la bière Pacifico. Quant aux voyageurs sportifs, ils pourront s'adonner à la pêche en haute mer, aux sports aquatiques, à l'équitation et à la tyrolienne.

Pour les infos pratiques, voir le Carnet d'adresses p. 578

À SAVOIR

Pour un concentré de Mazatlán, profitez des plages de la Zona Dorada, déambulez dans les rues de la vieille ville, puis flânez sur le *malecón* (promenade de bord de mer) pour admirer le coucher du soleil. Les visites durant les mois d'été, qui peuvent être humides, pluvieux et étouffants, sont à éviter.

PHOTOMATZ/SHUTTERSTOCK ©

INCONTOURNABLES
1 Isla de la Piedra
2 Vieille ville de Mazatlán
3 Plaza Machado

VOIR
4 Isla de Chivos
5 Isla de Pájaros
6 Isla de Venados
7 Mazatlán International Center
8 Playa Bruja
9 Playa Cerritos
10 Playa Las Gaviotas
11 Playa Los Pinitos
12 Playa Norte
13 Playa Olas Altas
14 Playa Sábalo
15 Punta Camarón

ACTIVITÉS
16 El Acuario Mazatlán

SE RESTAURER
17 El Muchacho Alegre
18 Mercado Pino Suárez
(voir 21) Mi Ranchito de Osuna
19 Tacos El Veneno
20 Taquería Playa Sur
21 Taquería San Pablo

SHOPPING
22 Casa Etnika
23 Gandarva Bazar
24 Nidart

MOSAÏQUES AQUATIQUES

Tout proche du centre de Playa del Mar, à mi-chemin entre le *centro histórico* et la Zona Dorada, le **Gran Acuario Mazatlán** est un des plus grands aquariums du Mexique, abritant des centaines d'espèces de poissons d'eau douce, de récifs ou pélagiques. Le bassin des méduses est particulièrement fascinant, et le musée du site présente aussi un squelette de baleine grise ainsi que d'impressionnantes mâchoires de requins. Les spectacles animaliers sont à éviter, toutefois.

Non loin du golf de la Marina Mazatlán, le **Mazatlán International Center** vaut le déplacement pour sa mosaïque de 25 mètres de haut, la plus grande au monde. Célébrant la vie aquatique, la "Mer de Cortés" recouvre un mur entier, représentant un conquistador, une sirène, et toutes sortes de sujets de Poséidon : dauphins, baleines, pieuvres, raies...

De plage en plage à Mazatlán

DU SABLE À PERTE DE VUE

Si la Grande Dépression sonna le glas de l'industrie à Mazatlán, la ville sut se réinventer. Désormais ville portuaire et balnéaire de renom, elle attire grâce à ses plages les visiteurs de tout le pays comme d'ailleurs.

Avec plus de 20 km de plage, vous aurez l'embarras du choix. Les plages suivantes sont listées géographiquement, du sud au nord.

Proche de la vieille ville, la **Playa Olas Altas** est plébiscitée par les touristes depuis les années 1920. Les vagues de cette plage en croissant de lune sont appréciées des amateurs de Bodyboard mais rendent la nage dangereuse. Juste à l'ouest du bout du promontoire, les eaux de la petite **Playa Los Pinitos** sont bien plus calmes.

Adossée à une promenade appréciée des joggeurs et des cyclistes, la vaste **Playa Norte** étend son arc doré de la vieille ville à **Punta Camarón**, pointe rocheuse coiffée d'une discothèque aux allures de château, Fiesta Land. Des bateaux de pêche échoués agrémentent le sud de la plage (on peut y voir les pêcheurs rapporter leurs prises au petit matin), et les restaurants qui la bordent n'attendent que votre attention, dont le fameux **El Muchacho Alegre** (p. 527). Le courant peut être fort, rendant la plage plus appropriée pour une balade que pour se baigner.

Au-delà de Punta Camarón, les jolies **Playa Las Gaviotas** et **Playa Sábalo** longent des hôtels de luxe, la seconde s'étirant au nord de la Zona Dorada. Abritées par de ravissantes îles, leurs eaux sont plutôt tranquilles, idéales pour nager ou s'adonner aux sports nautiques comme le parachute ascensionnel.

En dépassant la Marina El Cid et la changeante Marina Mazatlán, on atteint la paisible **Playa Bruja** – les gigantesques complexes hôteliers de Nuevo Mazatlán en arrière-plan – puis la **Playa Cerritos**. Les deux comptent de bons restaurants de poissons et fruits de mer, et les vagues sont correctes. Pour y accéder, prenez un bus "Cerritos-Juárez" sur l'Avenida Camarón Sábalo dans la Zona Dorada.

Escapades insulaires

EN BATEAU VERS LES ÎLES

Trois superbes îles émergent de l'océan à quelque 2 km au large de la Zona Dorada. Abritant une multitude de phoques et d'oiseaux marins, elles font partie d'une réserve, et leurs eaux cristallines sont parfaites pour le snorkeling. À gauche,

OÙ SE LOGER DANS LE CENTRE

Villa Serena Centro
Ancienne usine à cigares du XIXe siècle. Hauts plafonds, cuisine équipée, et piscine dans la cour. **$$**

Las 7 Maravillas
Ravissant B&B aux six chambres à thèmes géographiques. Excellent petit-déjeuner et Jacuzzi avec vue. **$$$**

Casa de Leyendas
Élégante hacienda à huit chambres, avec Jacuzzi, terrasse et bar à tequila. Réservé aux adultes. **$$$**

KHAIRIL AZHAR JUNOS/SHUTTERSTOCK ©

Isla de la Piedra

on trouve l'**Isla de Chivos** (île aux chèvres) ; à droite, l'**Isla de Pájaros** (île aux oiseaux). Au milieu trône la plus vaste des trois, et la plus populaire : l'**Isla de Venados** (île aux cerfs). Longue de 1,8 km, elle s'émaille de piscines naturelles à marée basse, et on peut louer des kayaks depuis sa plage de sable blanc. Toutes les compagnies de bateaux pourront vous y emmener ; les circuits d'une journée partent généralement de la Marina El Cid vers 9h30 pour un retour à 16h, et coûtent environ 1 500 $M (repas, boissons et activités incluses).

Populaire auprès des citadins, l'**Isla de la Piedra**, au sud-est de la vieille ville, n'est techniquement pas une île mais une péninsule. Sa longue plage de sable est bordée de cocotiers ; les surfeurs y accourent pour profiter des vagues, les familles mexicaines pour les ***palapas*** (paillottes) préparant la pêche du jour et l'*aguachile* (ceviche local), mais, en dehors des week-ends et de la haute saison, vous y serez presque seul. S'il existe des circuits organisés, il est aisé d'y aller en bateau-taxi, ils partent fréquemment de l'*embarcadero* de Playa Sur (de 6h à 18h), près de la gare maritime de Mazatlán. Les bus "Playa Sur" rejoignent l'*embarcadero* depuis le croisement de Serdán et Escobedo, à deux pâtés de maisons de la Plaza Principal dans la vieille ville.

TABLES DE QUALITÉ AU CŒUR DE MAZATLÁN

Cenaduria Chayito
Restaurant familial du Sinaloa : tacos au *machaca, chilorio* (porc mijoté), *pozole* (maïs mijoté) et *menudo* (aux tripes). $

Nao Kitchen Bar
Le créatif Andrea Lizarraga combine les ingrédients locaux aux saveurs de l'Extrême-Orient avec son *ceviche verde* et ses côtelettes coréennes. $$

Pedro y Lola
Charmant restaurant de la Plaza Machado. Au menu : petites assiettes, crevettes, poulpes, et tacos au porc rôti. Concerts de jazz le week-end. $$

El Muchacho Alegre
Véritable institution sur la Playa Norte. Concerts de banda et délicieux produits de la mer, dont l'*aguachile*. $$

OÙ PRENDRE LE PETIT-DÉJEUNER DANS LE CENTRE

Looney Bean
Excellent café près de la plage. Café corsé, jus, smoothies, et copieux petits-déjeuners mexicain ou américain. $$

La Olivia
Au menu : flocons d'avoine, œufs, gaufres, pain perdu et *chilaquiles*, le tout accompagné de délicieux café. $$

Tótem
Délicieux petit-déjeuner mexicain et cafés de spécialité servis dans un jardin sur le toit. Discothèque la nuit. $$

CIRCUIT EN VÉLO

Vieille ville de Mazatlán

Ce tour à vélo regroupe les sites emblématiques du centre historique de Mazatlán : sa place principale, ses musées, son tremplin pour plongeurs audacieux, et d'excellents points de vue. Louez un vélo chez Baikas (baikas.com.mx) pour cette excursion d'environ quatre heures, en comptant près d'une heure pour l'ascension du Faro. Partez tôt et hydratez-vous, il peut faire très chaud et la route est parfois pentue !

1 Playa Olas Altas

Démarrez sur le *malecón* de la Playa Olas Altas, cette plage en forme de croissant où fleurit le tourisme dans les années 1920. Les vagues rendent la baignade dangereuse, mais les surfeurs peuvent louer une planche à Looney Bean (p. 527).

La route : Suivez la route côtière vers le sud sur 2,5 km, avec pauses aux points de vue de Paseo Clausen et d'Observatorio Mazatlán jusqu'à la base de la colline Faro Mazatlán.

2 Faro Mazatlán

À la pointe sud de la péninsule de Mazatlán, un piton rocheux coiffé d'un phare (1879) trône à 135 mètres au-dessus de l'océan. Pour arriver à son sommet, au Miradór de Cristal, et apprécier sa vue imprenable sur la ville et sur la côte, comptez une ascension de 20 minutes sur le chemin pavé en zigzag.

La route : Revenez en arrière vers la Playa Olas Altas puis tournez à droite sur Calle Sixto Osuna.

3 Museo Arqueológico de Mazatlán

Consacré aux civilisations préhispaniques de Sinaloa, ce fascinant musée présente des poteries d'Aztatlán (900-1200), une urne funéraire, des *malacates* (fuseaux), un délicat pectoral constitué de 1 922 morceaux de corail et de coquillages, et une statue censée posséder de mystérieux pouvoirs, le *Jorobado*

Vue depuis le Faro Mazatlán

de la Nautical. Le squelette de mammouth renvoie à l'époque où ces majestueuses créatures arpentaient le Sinaloa.

La route : Continuez à l'est dans la Calle Sixto Osuna jusqu'à la Plaza Machado, bordée de palmiers et de restaurants.

4 Teatro Ángela Peralta

À deux pas de la place, ce théâtre porte le nom d'une soprano du XIXe siècle, décédée dans l'hôtel voisin. Fort de 1 366 sièges et construit entre 1869 et 1874, il fut l'épicentre de la vie culturelle de Mazatlán durant plus d'un siècle. Ses trois splendides niveaux restaurés valent le détour, comme ses expositions artistiques.

La route : Depuis la Plaza Machado, suivez l'Avenida Carnaval vers le nord sur deux pâtés de maisons, puis tournez à droite dans la Calle Flores vers la Plaza República.

5 Catedral de la Inmaculada Concepción

En face de la Plaza República, cette superbe cathédrale du XIXe siècle est flanquée de deux tours jaunes. L'intérieur est somptueux, avec ses plafonds ornés de fleurons dorés et ses pierres contrastées.

La route : Partez à l'ouest dans la Calle Flores vers le *malecón*, puis au nord sur 200 m.

6 El Clavadista

Moins célèbres que les plongeurs d'Acapulco, les *clavadistas* locaux restent impressionnants, s'élançant des plateformes de ce point de vue dans les vagues traîtresses de l'océan pour le plaisir des spectateurs. Les pourboires sont appréciés. Les performances se déroulent de 11h à la fin de l'après-midi selon la taille du public présent.

CUISINE DE RUE À VALLARTA ET ZIHUATANEJO

Si vous aimez les tacos, faites le tour des stands de cuisine des rues de Vallarta (p. 539), ou arpentez les ruelles de Zihuatanejo (p. 572).

Stand de cuisine de rue

Des taquerías aux marchés : la meilleure cuisine de rue de Mazatlán

TACOS, STANDS ET PETITS PLATS MAISON

À toute heure de la journée, on peut se régaler : rendez-vous dans les *taquerías* ou aux autres stands de cuisine de rue qui émaillent Mazatlán et ses marchés très animés. Vous pouvez les explorer en solo ou rejoindre les circuits **Flavor Teller tour** de Maaike, néerlandaise expatriée et résidente locale de longue date. Forte de ses 15 ans d'expérience, elle saura vous mener aux meilleures spécialités locales. "Mercado & More" est un circuit pédestre de la vieille ville, et "Barrio Bites" comme "Night Eats" vous conduiront plus loin en *auriga* (pick-up).

Le soir, juste au sud du centre historique, les odeurs de grillades de la **Taquería Playa** attirent une foule de clients. Ses trois spécialités : le taco de bœuf, la *chorreada* (tortilla épaisse frite dans du lard et farcie de bœuf, fromage et oignons) et la *papa loca* (pomme de terre garnie de fromage et de bœuf).

Au **Mercado Pino Suárez**, le marché central de la vieille ville, on se régale de tacos au marlin et de *tostadas de camarón* (tortillas garnies de crevettes frites) pour le déjeuner.

LES MEILLEURS BARS DE MAZATLÁN

Cervecería Tres Islas
La plus ancienne microbrasserie de Mazatlán, proposant quatre bières de choix (blonde, ambrée, stout et IPA) et cinq bières saisonnières.

Metl Mezcaleria
Rafa et Barbara seront ravis de vous initier au mezcal, servi pur ou en cocktail.

Joe's Oyster Bar
Ce bar de plage devient une discothèque endiablée dès 23h, envahie par une foule d'étudiants fêtards.

Veintiocho
Bar-restaurant de Zona Dorada tenu par des Américains. Dégustez une bière Pacífico en écoutant le concert d'un groupe local.

OÙ SE LOGER DANS LA ZONA DORADA

Wandering Monkey Guesthouse
Pension avec piscine, hamacs, cuisines et location de vélos et planches de surf. **$**

Motel Marley
Confortables appartements face à la mer aux cuisines bien équipées, avec piscine et accès à l'océan. **$$**

Inn at Mazatlán Resort & Spa
Idéal pour les familles, ce *resort* propose sports aquatiques, Jacuzzis, piscines, et un excellent spa. **$$$**

Marquant la limite sud de la Zona Dorada, l'Avenida Rafael Buelna est bordée de *taquerías* très abordables. Parmi les plus populaires, la **Taquería San Pablo** est spécialisée dans les tacos *vampiros* (spécialité du Sinaloa au fromage fondu), *asada* (bœuf grillé) et *pastor* (porc), et sert aussi tacos à la crevette et *quesadillas*.

Toujours sur l'Avenida Rafael Buelna, le compact **Mi Ranchito Los Osuna** est réputé pour la qualité de son service et ses copieuses spécialités du Sinaloa. Venez y déguster un petit-déjeuner d'œufs au marlin et de *nopales* (pousses de cactus) cuites, une assiette de *chilaquiles* au *machaca* (viande séchée) ou un plat de grillades maison.

Masques, tissages et céramiques

FAIRE LES BOUTIQUES DANS LA VIEILLE VILLE

Le centre historique de Mazatlán regorge de trésors artistiques et artisanaux provenant de tout le Mexique.

La boutique familiale **Casa Etnika** propose des souvenirs de qualités façonnés par des artisans mexicains : perles huicholes, tissages psychédéliques, minuscules squelettes de papier mâché, art contemporain, café équitable…

Au coin de la rue, vers la Plaza Machado, vous trouverez **Gandarva Bazar**, une galerie sur cour couverte de plantes grimpantes, où on traverse un petit bassin en sautant de pierre en pierre pour découvrir une sélection de masques mexicains, de poupées fabriquées avec des calebasses, et de reproductions de céramiques *chinesco* (culture du Nayarit du début du Ier millénaire), entre autres.

Juste au sud de Plaza Machado, la fantastique galerie **Nidart** est spécialisée dans les masques de cuir faits à la main par les artistes Rak Garcia et Loa Molina. Elle présente aussi de superbes sculptures et céramiques réalisées sur place, ainsi que des tableaux et des photographies d'artistes locaux.

LES MEILLEURS RESTAURANTS DE LA ZONA DORADA

Rico's Café
Chaîne locale servant crêpes, gaufres, salades, burritos, et un café des plus corsés. **$**

Pancho's
Gigantesques margaritas, bières glacées, énormes plateaux de fruits de mer et *aguachile* sur la Playa Las Gaviotas. **$$**

F.I.S.H.
Bistrot branché : demi-douzaine de ceviches, sashimis, *fish and chips* et *shooters* à l'huître. **$$**

Los Arcos
Crevettes du Pacifique farcies de marlin fumé ou cuit au chipotle, et délicieuses huîtres de Teacapán. **$$$**

PLUS DE SHOPPING ARTISANAL

Si vous descendez la côte vers le sud, ne ratez pas les céramiques, œuvres d'art et textiles des superbes galeries de Vallarta (p. 540), ou les excellentes boutiques de masques et de tissus de Zihuatanejo (p. 572).

COMMENT CIRCULER

Mazatlán est parfaite pour les cyclistes. Le *malecón* (promenade) s'étire du *centro histórico* à la Zona Dorada. Baikas (baikas.com.mx) propose des vélos simples ou hybrides selon les budgets.

Les bus Sábalo-Centro connectent le Mercado Centro du centre-ville à la Zona Dorada, et les bus Playa partent du Mercado Centro vers la gare maritime et au phare.

Les taxis *pulmonía*, ces Coccinelles modifiées spécifiques à Mazatlán, circulent sur le *malecón* entre le *centro histórico* et la Zona Dorada. Un trajet dans une zone coûte environ 50 $M, puis entre 80 et 100 $M d'une zone à l'autre selon vos talents de négociation. Les *aurigas* (pick-up avec sièges à l'ombre à l'arrière) sont un peu moins chers. On trouve aussi des taxis classiques, qui peuvent vous mener à l'aéroport pour 400 à 500 $M.

Environs de Mazatlán

En excursion d'une journée au départ de Mazatlán, vous pourrez découvrir des pétroglyphes millénaires, de ravissants villages aux rues pavées, et la terre ancestrale de la civilisation aztèque.

À 60 km au nord de Mazatlán, des centaines de pétroglyphes couvrent les roches volcaniques de Las Labradas – on leur présume un lien avec le solstice d'été. Aussi ancienne mais toujours habitée, une île en forme de bouclier se cache dans la mangrove à trois heures de route de Mazatlán. Si elle accueille désormais un paisible village de pêcheurs, certains experts estiment qu'elle abritait jadis Aztlán, berceau ancestral des Aztèques, dont les fiers guerriers migrèrent ensuite vers la légendaire Tenochtitlán (l'actuelle Mexico). Enfin, nichées dans les contreforts de la verdoyante Sierra Madre, de ravissantes bourgades pittoresques charment les visiteurs avec leurs églises anciennes, bougainvilliers en fleur et céramiques artisanales.

Pour les infos pratiques, voir le Carnet d'adresses p. 579

À SAVOIR

Renseignez-vous sur les conditions de sécurité avant de vous aventurer dans la Sierra Madre, les cartels locaux étant parfois actifs dans la région.

Mexcaltitán

JOSE LUIS CORTES VIEYRA/SHUTTERSTOCK ©

Gravures ancestrales sur l'océan

LES PÉTROGLYPHES ANCIENS DU SINALOA

Comme en témoignent les 640 pétroglyphes qui ornent ses roches volcaniques, le site de **Las Labradas** fut un lieu de cérémonie pour les peuples indigènes de la côte du Sinaloa pendant plus de 3 000 ans, avant leur abandon du site autour de l'an 1200. Figurant parmi les vestiges les plus anciens de l'art préhispanique mexicain, ces gravures auraient un rapport avec le solstice d'été, comme le révèlent les motifs solaires et géométriques qu'elles présentent. D'autres représentent des humains ou des créatures marines, comme des raies mantas. Certains pétroglyphes remonteraient à 4 500 ans, faisant de Las Labradas le site archéologique le plus ancien du Sinaloa. L'endroit est aussi parfait pour une journée à la plage.

De Mazatlán, comptez un trajet de 45 minutes en voiture en prenant la route 15 puis la 15D, puis en sortant après le km 51. Roulez sur la route de terre vers le parking et le tout récent musée du site, très informatif.

Mexcaltitán : l'origine des Aztèques

UNE ÎLE MYTHIQUE DANS LA MANGROVE

Comme oubliée par le temps, cette île en forme de bouclier se cache dans les mangroves, à trois heures de route de Mazatlán. En s'avançant en bateau à travers le labyrinthe verdoyant des marais, on aperçoit des aigrettes fouillant dans les hauts-fonds, et, au loin, les petits bateaux de pêche à la crevette revenant au bercail.

De nos jours, la crevette est la raison d'être de Mexcaltitán ; en déambulant dans les rues en terre battue de ce paisible village, vous pourrez en voir des piles entières séchant au sol, et leur odeur puissante est omniprésente. Pourtant, la "Venise de Nayarit" (ses rues devenant canaux durant la saison des pluies) aurait jadis été Aztlán, berceau ancestral des Aztèques. Selon la légende, suivant les instructions de leurs dieux, ses habitants auraient quitté le village en l'an 1091 pour rejoindre leur terre promise. Leur migration multigénérationnelle les mena à Tenochtitlán, l'actuelle Mexico. Les partisans de cette théorie la démontrent par les ressemblances frappantes entre le schéma cruciforme des rues de Mexcaltitán et les plans de l'ancienne Tenochtitlán. Autre preuve majeure avancée : un bas-relief préhispanique en pierre trouvé sur ce site, représentant un héron attrapant un serpent – référence possible au signe espéré par les Aztèques pour trouver la terre promise.

LES FIESTAS DE MAZATLÁN

Mazatlán s'enorgueillit du carnaval le plus flamboyant du Mexique, illuminant le ciel de feux d'artifice mémorables. Pendant la semaine précédant le mercredi des Cendres, toute la ville devient lieu de fête.

Le 12 décembre, à la cathédrale, on célèbre l'El Día de Nuestra Señora de Guadalupe, rendant hommage à la sainte patronne du pays. Des enfants aux costumes bariolés égaient les défilés.

Sans rapport avec la religion, le Festival Cultural Mazatlán se déroule dans le Teatro Ángela Peralta d'octobre à décembre. Au programme : théâtre, musique et danse.

OÙ SE LOGER ET SE RESTAURER À MEXCALTITÁN

Hotel La Gran Tenochtitlán
Le plus joli des deux hôtels, basiques, du village. Suites austères et climatisées. **$**

Restaurante La Alberca
Vue sur la lagune. Au menu : crevette en *empanadas*, ceviche et *albóndigas* (boulettes) dans un délicieux bouillon pimenté. **$**

La Camichina
Le *pescado zarandeado* (poisson grillé sur du bois de mangrove) et le ragoût de crevettes sont excellents. **$**

LE CHEMIN DE MEXCALTITÁN

Certains bus Mazatlán-Tepic s'arrêtent à Santiago Ixcuintla, à 7 km à l'ouest de la route 15 et à 52 km de Tepic. Depuis Santiago, prenez un *colectivo* (45 minutes, quatre/jour) ou un taxi (200 $M) vers le quai de La Batanga, 32 km plus loin, d'où partent les *lanchas* (bateaux à moteur) pour Mexcaltitán. Le trajet prend 15 minutes et coûte 150 $M (jusqu'à 5 passagers). Un tour de la lagune coûte environ 300 $M.

Si vous venez du sud avec votre propre voiture, le trajet de San Blas à La Batanga est superbe, vous menant à travers plantations de canne à sucre et de noix de coco, vergers et vertes vallées. Renseignez-vous sur l'état des routes, surtout pendant la saison des pluies (juillet-octobre) : la route de La Batanga traverse des marécages et peut être inondée.

MEDIOIMAGES/PHOTODISC/GETTY IMAGES ©

Parroquia de San Sebastián, Concordia

Pour en savoir plus sur les civilisations préhispaniques de la région, visitez le petit **musée** (sans horaire fixe) de la place principale pour admirer sa collection de céramiques et de pétroglyphes, ainsi que sa reproduction du fascinant codex décrivant les voyages des Aztèques, le *Códice Boturini*.

Trésors coloniaux de la Sierra Madre

RAVISSANTES BOURGADES HISTORIQUES

Les contreforts de la Sierra Madre sont parsemés de charmantes villes à l'architecture baroque, idéales pour une excursion depuis Mazatlán.

Fondée en 1565, **Concordia** est réputée pour ses poteries de grande qualité, ses meubles artisanaux et son église du XVIIIe siècle, dont la façade baroque est agrémentée de colonnes finement sculptées.

Copala, située à 40 km après Concordia sur la 40 (1 heure de Mazatlán), fut l'une des premières villes minières du Mexique. Elle a conservé son église (1748) et ses demeures d'époque, ainsi que ses rues pavées.

À 76 km au sud-est de Mazatlán, **El Rosario** est une ville minière fondée en 1655. Ne partez pas sans admirer l'impressionnant autel doré à la feuille de son église, Nuestra Señora del Rosario. On peut aussi y visiter la demeure de la célèbre chanteuse Lola Beltrán, qui contribua à populariser la *ranchera* ("country" mexicaine) dans les années 1950.

Magnifique village minier dans les montagnes au nord de Mazatlán, **Cosalá** fait remonter son histoire à 1550. Visitez son église du XVIIIe siècle, son **Museo De Minería**, musée consacré à l'industrie minière, et le charmant **Hotel Quinta Minera** aux airs d'hacienda.

COMMENT CIRCULER

Des bus quotidiens vers Cosalá, Concordia et El Rosario partent de la petite gare derrière la gare routière principale de Mazatlán.

Pour Las Labradas, conduisez vous-même ou rejoignez un circuit guidé depuis Mazatlán. Pour Mexcaltitán, voir encadré ci-dessus.

PUERTO VALLARTA

Bercés par les musiciens de rue du *malecón*, les vacanciers se relaxent dans les eaux tièdes de l'océan et bronzent sur les plages de sable blanc ; les autres s'amusent en bouée tractée ou profitent de terrasses dans les cours fleuries du cœur de Puerto Vallarta. Le soir venu, les bars de la Zona Romántica vibrent à un rythme endiablé, les fêtards investissant les pistes de danse et les clubs LGBT de la capitale gay du Mexique.

Avant sa découverte par Hollywood dans les années 1960, Puerto Vallarta était un simple village de pêcheurs. Un passé difficile à imaginer aujourd'hui, face à cette grande ville s'étirant autour de l'azur éblouissant de la Bahía de Banderas, les montagnes de la Sierra Madre en arrière-plan. Accueillante et dynamique, Puerto Vallarta est l'une des destinations balnéaires les plus populaires du pays, et pour cause : entre galeries d'art, sports nautiques, cuisine créative et plages de rêve, elle promet des vacances des plus mémorables.

Pour les infos pratiques, voir le Carnet d'adresses p. 579

À SAVOIR

Pour observer les baleines, venez entre décembre et mars.

Playa de Los Muertos (p. 543)

Zona Centro et Zona Romantica
Bahía de Banderas
ZONA CENTRO
ZONA ROMÁNTICA
Allende
Guadalupe Sánchez
31 de Octubre
Malecón Paseo Díaz Ordaz
Vicario
Domínguez
Matamoros
Pípila
Abasolo
Morelos
Juárez
Aldama
Corona
Galeana
Mina
Iturbide
Plaza Principal
Juárez
Hidalgo
Matamoros
Miramar
Carranza
Morelos
Zaragoza
Guerrero
Libertad
Rodríguez
Encino
Cuauhtémoc
Río Cuale
Rivera del Río
Serdán
Madero
Naranjo
Playa Olas Altas
Serdán
Constitución
Insurgentes
Aguacate
Cárdenas
Vallarta
Carranza
Badillo
Plaza Lázaro Cárdenas
Pino Suárez
Badillo
Diéguez
Jacarandas
Diéguez
Rodríguez
Rodríguez
Púlpito
Gómez
Olas Altas
Púlpito
Pilitas
Playa de los Muertos
Amapas
0
500 m
NUEVO VALLART
Los Arcos
MISMALOY
BOCA DE TOMATLÁN
Río de Tomatlán
YELAPA
1
2
3
4
5
6
7
8
9
10
11
12
13
14
16
17
19
20
23
25
26
27
28
32
38
40
41
44
45
46
47

VOIR
1 Boca de Tomatlán
2 Caballito de Mar
3 Galería Alpacora
4 Galería Colectika
5 Galería de Ollas
6 Galeria Omar Alonso
7 Galerie des Artistes
8 Mannmade Mexico
9 Mismaloya
10 Mundo de Azulejos
11 Galeria Olinala
12 Peyote People
13 Playa Caballo
14 Playa Colomitos
15 Playa Conchas Chinas
16 Playa de las Ánimas
17 Playa de Los Muertos
18 Playa de Oro
19 Playa de Quimixto
20 Playa Flamingos
21 Playa Las Gemelas
22 Playa Los Tules
23 Playa Nueva Vallarta
24 Playa Palmares
25 Posters International
26 Tierra Huichol Olas Altas
27 Yelapa

ACTIVITÉS, COURS ET CIRCUITS ORGANISÉS
28 B Tempo
29 Marina Vallarta

SE RESTAURER
30 Abulón Antojería del Mar
31 Barrio Bistro
32 Carnitas Lalo
33 Cha'
34 El Carboncito
35 El Puerco de Oro
36 Hola Arepas PV
37 Mama Chula
38 Marisma Fish Taco
39 OPA Greek Bistro
(voir 10) Tacos de Birria Chanfay
40 Tacos de Cabeza el Chulo
41 Taquería El Moreno

PRENDRE UN VERRE ET FAIRE LA FÊTE
42 Cervecería Los Cuentos
43 Espresso 45
44 Blue Chairs
45 Casa Cupola
46 Hotel Mercurio
47 Mantamar Beach Club

SHOPPING
48 La Isla

VISITE PÉDESTRE DU CENTRO

Cette promenade dans le *Centro* (vieille ville) démarre sur l'Isla Cuale, au milieu de la rivière séparant le *Centro* de la Zona Romántica. Au **1 Museo del Cuale**, admirez la collection de céramiques préhispaniques réalisées par les peuples Chupícuaro (400-200 av. J.-C.) et Aztatlán (900-1200), et les tombeaux typiques de la région.

Passez le pont puis avancez sur Calle Rodríguez vers le **2 malecón**, la superbe promenade de front de mer de Vallarta, décorée de fresques et de sculptures. À trois pâtés de maisons au nord, le ludique **3 Museo Histórico Naval** plonge dans l'histoire maritime du Mexique, des voies navigables des Mayas au commerce avec les Philippines sous l'occupation espagnole en passant par le siège de Tenochtitlán

Repartez vers les terres jusqu'à la **4 Plaza Principal**, cœur du Centro, dont le kiosque accueille des musiciens le soir venu. Un peu à l'est, la **5 Parroquia de Nuestra Señora de Guadalupe** est la cathédrale principale de la ville, ses cloches sonnant à travers les rues de Centro, et le point de ralliement pour les processions de la Guadelupe en décembre.

De retour sur le *malecón*, passez devant le **6 Caballito de Mar**, statue de 1960 représentant un garçon chevauchant un hippocampe, deux fois sauvée des eaux après de fortes tempêtes. À six rues au nord, l'amusant **7 Choco Museo** raconte le chocolat de la fève à la tablette. Un peu plus loin, les **8 Voladores de Papantla** présentent un audacieux spectacle typique de Papantla, à Veracruz : quatre “hommes volants” en costume grimpent un mât de 30 m de haut puis, le pied attaché par une corde, s'élancent vers le sol.

Enfin, gravissez la Calle Abasolo, pentue jusqu'au... **9 Mirador del Cerro de la Cruz** pour une vue panoramique sur la ville.

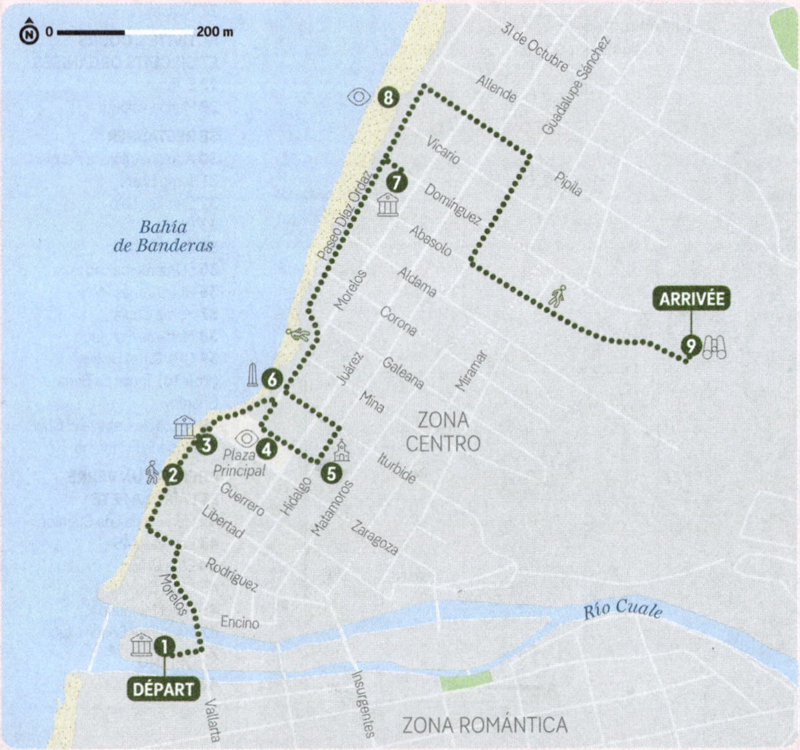

ESKYSTUDIO/SHUTTERSTOCK ©

Mirador del Cerro de la Cruz

Cuisine de rue à Vallarta

SÉLECTION DE SUCCULENTS TACOS

À Vallarta comme dans tout le Mexique, les tacos font partie du quotidien. Certaines garnitures ne se mangent que le matin, d'autres la nuit, et le reste se dévore à toute heure. Pour trouver les meilleurs stands du quartier, guettez où il y a du monde, ou rejoignez un des circuits de **Vallarta Food Tours** : le classique "Downtown" à pied, "Bikes and Bites", plus actif, à vélo, ainsi que des dégustations de tequila et de mezcal. Parmi les meilleurs stands de tacos de la ville, notons :

Tacos de Birria Chanfay Pour ses tacos tacos *blanditos* (moelleux) ou *dorados* (croustillants), cet humble stand actif depuis 1972 ne propose que quatre garnitures : *birria* (ragoût de chèvre), bœuf effiloché, porc, et pour les connaisseurs, *chafayna* (mélange de cœur, foie et poumons). Terminez avec une des trois salsas acidulées, et sirotez une tasse de bouillon épicé.

Carnitas Lalo Venez tôt – ce stand ferme dès qu'il n'a plus rien à servir, et la *mejilla de cerdo* (joue de porc) part particulièrement vite. Si vous la ratez, optez pour le savoureux mélange maison de porc effiloché et de peau de porc croustillante, et ne lésinez pas sur la salsa *pico de gallo.*

TEQUILA : LA GRANDE TOURNÉE

Si vous n'avez pas l'occasion de visiter la ville de Tequila, lieu de naissance de la célèbre eau-de-vie mexicaine, plusieurs distilleries de Vallarta vous permettront d'en découvrir les nuances, même pour les novices.

Au centre de l'Isla Cuale, le restaurant **Oscar's Tequila Distillery** propose aussi visites et dégustations à sa petite distillerie.

Située 20 minutes au nord de l'aéroport, sur la route 200, la distillerie familiale **Tequila Mama Lucia** peut être visitée sur rendez-vous.

Le temps d'une dégustation, **Vallarta Tequila Tastings** vous enseignera comment distinguer les labels artisanaux des tequilas produites en série.

Vallarta Food Tours offre une session de "Mex-ologie" où l'on goûte la tequila, le mezcal et la *raicilla* (alcool d'agave sauvage).

HÔTELS GAY-FRIENDLY À VALLARTA

Casa Cupola
Chambres sophistiquées pour une clientèle gay et lesbienne, avec Jacuzzis, trois piscines, un bar et une salle de sport. **$$**

Piñata PV Gay Hotel
Réservé aux hommes, avec chambres décorées pop'art. Entrée par un bar à smoothies. **$$**

Almar Resort
Le seul complexe hôtelier de luxe LGBT de Vallarta. Sur place : spa, rooftop, piscine à débordement... **$$$**

VALLARTA À DEUX ROUES

À Vallarta, si un réseau de pistes cyclables reste un rêve lointain, les cyclistes peuvent cependant rouler sur le *malecón*, la promenade piétonne qui longe la Bahía de Banderas sur 16 pâtés de maison. Six rues plus haut, vous pourrez louer un vélo chez **Xiutla Riders** qui propose également de formidables circuits à la découverte des monuments de la ville.

Les amateurs de sensations fortes peuvent passer de la ville à la campagne tropicale avec **Ecoride** qui propose des excursions à VTT et à vélo électrique sillonnant les contreforts de la Sierra Madre. Adaptés à tous les niveaux, les circuits durent entre 2 heures 30 et 5 heures 30. Pédalez à travers les paisibles villages de la région, admirez une cascade ou dévalez une des descentes les plus techniques de Jalisco.

ELENA BERD/SHUTTERSTOCK©

Puerto Vallarta

Taquería El Moreno Si vous n'avez jamais goûté de tripes, ou si vous pensez ne pas les aimer, cette *taquería* pourrait changer la donne. La garniture de son *taco de tripa* est moelleuse et savoureuse à souhait, accompagnée de haricots et relevée d'une bonne salsa. Les *quesadillas* à la *birria* et à la *carne asada* sont tout aussi délicieuses.

Marisma Fish Taco Cette populaire *taquería* sur la rue sert de succulents tacos aux crevettes, au marlin fumé et au poisson frit. Installez-vous sur un tabouret pour observer les cuisiniers presser les tortillas toutes fraîches et préparer les mets simples et satisfaisants qui figurent au menu.

El Carboncito La nuit tombée, les chefs s'affairent dans ce petit stand discret, coupant tranche après tranche de porc mariné. Selon les initiés, on y proposerait les meilleurs *tacos al pastor* de la ville. Le secret : du charbon de *mesquite* et une *salsa* spéciale, dont la recette est farouchement gardée.

Tacos de Cabeza El Chulo Le soir, une file se forme devant cette *taquería* spécialisée dans la tête de bœuf, dont les morceaux fumés (joues, lèvres, yeux, cervelle) sont servis accompagné d'une sauce de tomatille épicée.

Promenade artistique

DE GALERIE EN GALERIE À PUERTO VALLARTA

Dans "Vallarta", il y a "art" – un heureux hasard au vu de la richesse artistique de la ville. De fin octobre à la mi-mai, tous les jeudis soir, seize galeries du centre-ville participent à l'ArtWalk. Les galeristes restent ouverts plus tard qu'à leur habitude et accueillent chaleureusement les visiteurs

OÙ SE RESTAURER DANS LA ZONA HOTELERA ET À LA MARINA VALLARTA

El Coleguita Mariscos
Ce spécialiste des produits de la mer décline le poisson en tacos, filet mignon et ceviche. **$$**

La Leche
Les produits de saison définissent le menu élaboré et créatif de ce restaurant photogénique à souhait. **$$$**

Sonora Grill Prime
Excellents morceaux de viande, cuits à la perfection, pour le plus grand bonheur des carnivores exigeants. **$$$**

en leur offrant des boissons. Certaines de ces galeries font partie du quartier artistique de Vallarta, où nombre d'entre elles se concentrent autour de Calles Vicario, Sánchez, Juárez et Domínguez dans le *centro histórico* ; d'autres sont indépendantes. Prenez une brochure de Vallarta ArtWalk et du quartier artistique dans un des kiosques d'information dédiés aux touristes qui parsèment la ville pour vous orienter.

Si vous ne visitez qu'une galerie à Vallarta, choisissez la **Galería Colectika** et ses œuvres huicholes, dont tissages et perles uniques en leur genre, sa ferronnerie du Chiapas, sa céramique de Oaxaca et du Chihuahua... Son propriétaire, Kevin, est un ami de longue date de plusieurs des artistes exposés, dont les œuvres sont estampillées de certificats d'authenticité. L'art huichol de la perle est enseigné sur demande.

Des œuvres de perle huicholes de grande qualité sont aussi présentées à la toute proche **Tierra Huichol Olas Altas**, plus commerciale qu'unique mais néanmoins charmante. Admirez le niveau de détail des plus grandes œuvres, représentant toucans, perroquets, jaguars et squelettes du Michoacán. Une deuxième boutique se trouve dans la Zona Romántica.

Proche de la Galería Colectika, la **Galeria Omar Alonso** est la première galerie dédiée à l'art contemporain (dont la photographie et l'art abstrait) de Vallarta.

Quant à l'original **Posters International**, il présente la plus vaste collection d'affiches polonaises au monde : film, théâtre, musique, politique... On y trouve de tout. Son propriétaire est lui aussi fascinant – demandez à voir sa photo rarissime d'Elizabeth Taylor.

De l'autre côté de la rue, la **Galerie des Artistes** abrite une collection éclectique allant de sculptures de bronze de maîtres mexicains aux œuvres abstraites d'artistes contemporains. Tout proche, **Mannmade Mexico** met le design moderne à l'honneur, exposant des œuvres d'artistes mêlant l'art populaire aux techniques d'aujourd'hui.

Pour ceux qui n'ont pas le temps de visiter le village de Mata Ortiz à Chihuahua, la **Galería de Ollas** est une excellente alternative, exposant de délicats vases en céramique réalisés par plus de 300 artisans. Chacun est orné de motifs finement sculptés et teint naturellement.

À la fantastique **Galeria Caballito de Mar**, Savannah et sa mère Gloria présentent des trésors dénichés lors de leur road trip estival annuel à travers le Mexique. Réalisées par des artistes indépendants de neuf États mexicains, dont Oaxaca, Michoacán et Chihuahua, les œuvres vendues ici permettent à leurs créateurs de vivre de leur art et de faire perdurer leurs traditions artisanales. Venez admirer les

OBSERVER LES BALEINES À VALLARTA

Fermez les yeux et imaginez-vous sur un bateau au milieu de l'océan, observant un certain frémissement entre les vagues. D'un coup, une gigantesque créature s'élance hors de l'eau dans un tourbillon aquatique, virevolte dans les airs, son énorme tronc et ses nageoires s'offrant à votre regard, puis s'écrase à nouveau dans l'eau avec fracas. De décembre à mars, Vallarta offre une place de choix sur la route migratoire des baleines à bosse, qui rejoignent Bahía de Banderas pour s'y reproduire. L'écoresponsable **OceanFriendly Tours** est un des meilleurs opérateurs locaux, ses circuits de 3 à 5 heures sont menés par des océanologues parlant anglais et espagnol. Les plus chanceux pourront même apercevoir des baleines depuis les bateaux-taxis en route vers les plages du sud.

OÙ SE RESTAURER SUR LES PLAGES DE VALLARTA

Tacos Los Abuelos (Yelapa)
Les tacos de poulpe grillé sont exceptionnels, et tous les plats principaux sont servis avec d'énormes salades. **$**

Los Pescadores (Playa Mismaloya)
Camarones zarandeados (crevettes en sauce pimentée) et autres spécialités de la mer. **$**

Los Conos (Playa Los Ánimas)
Les pieds dans le sable, régalez-vous d'huîtres, de langouste et de vivaneau grillé. **$$**

AVENTURES AQUATIQUES À VALLARTA

Si le paddle se pratique sur de nombreuses plages (équipement à louer chez **Vallarta SUP & Adventure**), Puerto Vallarta est surtout connue pour la plongée. Ses récifs, grottes et épaves grouillent de vie aquatique : poissons-clowns, dauphins, baleines, tortues de mer... La visibilité est excellente, surtout en été –on peut voir jusqu'à 30 m de profondeur. Très professionnel, **Vallarta Undersea** propose de nombreuses certifications ainsi que des sorties de plongée dans le parc national marin Los Arcos et au large de l'Islas Marietas, entre autres. Los Arcos est aussi parfait pour le snorkeling, tout comme les plages de Majahuitas et Quimixto. Rejoignez-les à votre rythme ou via une agence comme **Vallarta Adventures**.

FRANCISCO J RAMOS GALLEGO/SHUTTERSTOCK ©

Jardín Botánico de Vallarta

textiles tissés, les masques d'art populaire peints à la main, l'exceptionnelle céramique noire de Oaxaca, les bijoux en argents, les lithographies et les tableaux sur écorce de murier.

Les propriétaires de la Galería Colectika gèrent également **Peyote People**, qui soutient les communautés d'artisans indigènes par la vente de perles huicholes et d'art textile d'excellente qualité, ainsi que de gravures sur bois de Oaxaca.

Dans la Zona Romántica, la **Galeria Olinala** propose d'authentiques masques de danse mexicains, de l'art folklorique et des antiquités aux collectionneurs depuis 1978.

Non loin de là, **Galeria Alpacora** enchante par sa sélection de petites figurines de bois réalisées dans l'Oaxaca, finement sculptées et peintes de milles couleurs, de céramiques du Chihuahua et de textiles tissés à la main.

Les amateurs de design aussi fonctionnel qu'original apprécieront particulièrement **Mundo de Azulejos**, une véritable institution locale réalisant des céramiques de Talavera de toutes les couleurs, et ce depuis des décennies. Si les étagères sont couvertes de carreaux fantaisistes, les murs valent également le coup d'œil. À l'étage, on peut observer les artisans peindre leurs œuvres.

Dans la jungle du Jardín Botánico de Vallarta

LE JARDIN BOTANIQUE DE VALLARTA

Orchidées, broméliacées, agaves et palmiers bordent les allées du magnifique **jardin botanique** de Vallarta. À 30 km au sud de la ville, cette propriété de 26 ha aux airs de

OÙ PRENDRE LE PETIT-DÉJEUNER À VALLARTA

Puerto Café
Spécialiste de la caféine proposant ses concoctions au son de rock classique. **$**

A Page in the Sun
Café-librairie apprécié des expats. Petit-déjeuner servi toute la journée : café, smoothies, bagels, *huevos rancheros*... **$$**

Mi Café
Excellent café et généreuses assiettes de pancakes, de gaufres, d'œufs et de *chilaquiles*. **$$**

jungle s'explore en une demi-journée minimum. Chaussures confortables et antimoustique sont recommandés pour arpenter ses 8 sentiers pédestres et admirer la flore endémique du Mexique.

Démarrez votre visite au cœur de jardin à l'excellent restaurant Hacienda de Oro, où l'on peut nourrir les colibris sur le balcon du 2e étage, et à la toute proche serre des orchidées. Empruntez ensuite le chemin du Jaguar, plutôt sportif, puis les marches du chemin Chachalaca vers le Río Los Horcones pour une baignade dans la piscine naturelle vert émeraude nichée entre les rochers. De retour sur le chemin du Jaguar, suivez la rivière jusqu'à rejoindre le kiosque. De là, une série de ponts et petits sentiers révèlent les nombreuses surprises du *jardín* : une plantation de vanille, un figuier étrangleur et l'arbre qu'il enserre dans ses racines, une serre à cactus et des nichoirs à aras, illustrant joliment les efforts de conservation du site.

Au départ de Puerto Vallarta, prenez le bus "El Tuito" (45 minutes) à l'angle de Carranza et Aguacate, un taxi (400 $M environ) ou empruntez la route 200 vers le sud en voiture.

Voir la Zona Romántica en rose

LE PUERTO VALLARTA GAY PAR EXCELLENCE

La bannière arc-en-ciel flotte fièrement sur Puerto Vallarta. Nombre de visiteurs rejoignent la Zona Romántica tous les ans, enchantés par son formidable choix de bars, restaurants, clubs et hôtels gays, ainsi que par son calendrier bien chargé d'événements LGBT. Le *Gay Guide Vallarta*, disponible en brochure et sur internet (www.gayguidevallarta.com), est une véritable mine d'informations, proposant une carte des établissements gay-friendly de la ville. Visez un séjour en février-mars pour **Mardi gras** et ses défilés de chars, ou en mai pour les neufs jours de la **Vallarta Pride**, dont les joyeuses festivités célèbrent la communauté LGBT à travers toute la Zona Romántica, attirant plus de 10 000 participants.

De jour, la pointe sud de la **Playa de Los Muertos** est particulièrement populaire auprès des touristes gays. Le *resort* **Blue Chairs** propose des forfaits journaliers pour fréquenter sa piscine sur le front de mer, et l'élégant **Mantamar Beach Club** inclut l'accès à une salle de gym ainsi qu'à des soirées destinées à leur clientèle gay.

Vous pourrez également prendre la mer avec **Diana's Gay Vallarta Day Cruise** – au programme, snorkeling et boissons à volonté – ou avec **Wet & Wild Gay Cruise** pour une excursion de snorkeling dans le parc national Los Arcos avec go-go danseurs à bord.

LES MEILLEURS CLUBS GAY DE VALLARTA

Paco's Ranch
Aussi vénérable que populaire, cette accueillante disco-cantine propose d'incroyables spectacles de drag à partir de 22h.

CC Slaughters
Dansez tout contre de beaux inconnus au rythme de la house et de la techno. Arrivée après minuit conseillée.

Anthropology
Temple de la danse torride (en sous-vêtements voire entièrement nu pour certains) et du strip-tease masculin.

Kooky Karaoke & Drinks
Si ce lounge est plutôt destiné aux clients LGBT, tous les passionnés de chants sont les bienvenus.

OÙ SE LOGER PAS CHER À VALLARTA

Casa Kraken
Excellente auberge de jeunesse avec salle commune, mur d'escalade, terrasse avec vue et activités. $

Ten to Ten
Dans cette sympathique auberge de jeunesse : rooftop et café japonais Dortoirs et chambres doubles. $

Los Muertos Hostal
Dortoirs confortables, salle douillette connectée à Netflix, et plage toute proche. $

Les *pool parties* démarrent dès l'après-midi, comme celle du samedi à **Casa Cupola** (nudité optionnelle) ou Beers, Boys & Burgers, le dimanche à l'**Hotel Mercurio**.

Réservez en ligne pour participer à la **tournée des bars gays de Vallarta** (gaybarhop.com), une amusante et conviviale introduction à la vie nocturne gay de Vallarta. Au choix : un dîner suivi d'un verre (ou plus) dans cinq bars différents, dont Garbo, Bar Frida et La Noche, ou verres uniquement.

Versalles, un quartier à savourer

AVIS AUX GASTRONOMES

À première vue, le quartier de Versalles semble plaisant mais sans grand intérêt. Pourtant, en quelques années seulement, ce quartier résidentiel niché entre le centre-ville et la Marina Vallarta est devenu un des plus branchés de Vallarta grâce à sa scène gastronomique des plus innovantes.

Les voyageurs gourmets pourraient passer des journées entières à fréquenter les restaurants du quartier sans pour autant faire le tour de tout ce que Versalles a à offrir. L'exceptionnelle *taquería* **El Puerco de Oro** est parfaite pour commencer votre exploration avec un petit-déjeuner de tacos au porc et de salsa verde, le tout servi dans des tortillas de maïs bleu, une variété ancienne.

Au coin de la rue, **Cha'** propose un brunch déclinant le pain perdu, les *chilaquiles* et les pancakes avec talent.

Son voisin, **Mami Chula**, attire une foule enthousiaste avec ses saveurs caribéennes préparées comme en Jamaïque, dont le poulet boucané, le curry de chèvre et la queue de bœuf aux haricots.

Tout proche de Mama Chula, on trouve **Abulón Antojería del Mar**, restaurant en plein air spécialiste des trouvailles de l'océan. À commander sans hésitation : poulpe grillé, tacos au poisson ou aux crevettes, et *pescado zarandeado* (poisson grillé farci et épicé).

De retour dans la Calle España, direction **Barrio Bistro**. Le chef, Memo Wulff, est réputé pour ses expérimentations à base de produits locaux et saisonniers. Le menu change toutes les semaines, et les mixologues du bistrot préparent d'incroyables cocktails de *raicilla* (p. 558). Réservations conseillées.

Plus au sud, **OPA Greek Bistro**, peint du bleu et blanc typiques des Cyclades, propose *saganaki* grillé, feuilles de vigne, poulpe à l'égéenne et crevettes à la crétoise.

Sur la Calle España, **Hola Arepas PV** satisfera vos envies de spécialités vénézuéliennes avec ses *arepas* généreusement garnies ainsi que ses énormes *cachapas* (galettes de maïs) et salsas maison.

MEILLEURS HÔTELS ET RESTAURANTS DU CENTRE

Hotel Catedral
Chambres colorées surplombant le Templo de Guadalupe, près du front de mer. $

Hotel Rosita
Plus ancien hôtel de Vallarta (1848), réservez une chambre avec vue sur le *malecón* et l'océan. $$

Hacienda San Ángel
Pleine de caractère, lits à baldaquin, arches ornées d'azulejos et fantastique restaurant. $$$

El Banquito
Minuscule taquería spécialiste du *taco de birria dorado* (tortilla sèche garnie de chèvre rôtie). $

Gaby's
Profitez des poivrons farcis, *tamales* et *enchiladas*, ou participez à un cours de cuisine. $$

Café des Artistes
Agneau à la pistache et plats franco-mexicains. Éclairage romantique. Réservations conseillées. $$$

La Capella
Dégustez les pâtes fraîches et l'ossobuco de porc. Dimanche : brunch légendaire. $$$

OÙ SE LOGER À LA ZONA HOTELERA ET À LA MARINA VALLARTA

Fiesta Inn Puerto Vallarta Isla
Complexe hôtelier proche de la plage, avec belles chambres, Jacuzzis, piscine et salle de gym. $$

Hotel Puerto de Luna
Chambres pastel et suites avec kitchenette. Animaux acceptés, et remises sur les longs séjours. $$

Casa Velas
Décor mi-contemporain, mi-traditionnel et restaurant primé. Un des meilleurs établissements réservés aux adultes. $$$

GREG VAUGHN/VWPICS/ALAMY STOCK PHOTO ©

Zona Romántica

Juste à l'angle, sur la Calle Havre, **Espresso 45** est le repaire des amateurs de café du coin, proposant (qui l'eut cru) d'excellents expressos.

Enfin, pour compléter un bon repas d'une bière artisanale, la microbrasserie **Cervecería Los Cuentos** sert IPA tropicales, stouts chocolatés et Lager bien fraîches.

Explorer la face nord de Vallarta

LES PLAGES LES PLUS CHICS DE LA VILLE

Entre le Centro et la marina, la longue et étroite Zona Hotelera comprend un trio de plages (**Playa de Oro**, **Playa Flamingos** et **Playa Los Tules**), derrière lesquelles nombre des *resorts* moins chers et plus adaptés aux familles se sont installés. Prisé par les habitants, le centre commercial **La Isla** se distingue par ses fontaines et son élégant cinéma, le Cinépolis VIP.

Plus au nord, les yachts jettent l'ancre à **Marina Vallarta**, point de départ de plusieurs croisières d'observation des baleines, et entourée de bons restaurants. Entre novembre et avril, le jeudi soir, la promenade s'anime d'un marché dynamique, avec stands de restauration et pépites artisanales.

Au nord de l'aéroport, Nuevo Vallarta semble construit spécifiquement pour les vacanciers. C'est là qu'on retrouve

POURQUOI J'AIME PUERTO VALLARTA

Anna Kaminski, auteure

Aucune autre ville ne ressemble à Vallarta. Elle est pour moi synonyme de nouvelles expériences, et ce depuis ma première visite, quand je me suis retrouvée sur le *malecón* au milieu des festivités du Día de Muertos, le visage peint pour ressembler à une *calavera* (crâne). Chaque visite révèle de nouvelles curiosités : d'incroyables *tacos de cabeza* (tacos de tête) des vendeurs ambulants, d'exceptionnelles œuvres d'art huichol, une cascade secrète, un bar à l'air clandestin que je n'avais jamais remarqué…

OÙ SE LOGER DANS LA ZONA ROMÁNTICA

Hotel Yasmin
Hôtel abordable et accueillant près de la plage. Chambres simples et piscine décorée à la mexicaine. $

Rivera del Río
Hôtel gay-friendly aux huit chambres hétéroclites : le décor varie des fresques italiennes au glamour des années 1920. $$

Casa Nicole
Vastes chambres minimalistes avec poutres apparentes, meubles en bois et succulents petits-déjeuners. $$$

LES MEILLEURS TABLES DE LA ZONA ROMÁNTICA

Maria Baja
Choix de 7 *salsas* fraîches, jus généreusement servis et sublimes tacos au poisson. Le poisson *pastór* est divin. $

Bonito Kitchen
Raviolis garnis de porc, côtelettes style Shanxi au poivre du Sichuan et bols de ramens réalisés sur mesure vous attendent ici. $$

Tintoque
Le chef Joel Ornelas éblouit par ses réinventions de saveurs classiques et ses menus-dégustation saisonniers. Réservation obligatoire. $$$

Icú
On recommande les menus-dégustation misant sur les produits frais et le *chile ancho* garni de sauce à l'ail. Réservez en avance. $$$

la plus forte concentration de complexes hôteliers de luxe, nichés entre les meilleurs terrains de golf de la ville et la **Playa Nuevo Vallarta**, avec ses 12 km de sable accueillant et ses eaux idéales pour le paddle, le kayak et le Bodyboard. Pour la planche à voile et le kitesurf, la **Playa Flamingos** est une meilleure option, juste au nord de Nuevo Vallarta (équipement à louer chez Tron). Avis aux cyclistes : le quartier est bien adapté au vélo ; louez-en un chez **B Tempo Bikes** et pédalez jusqu'au village de pêcheurs de Bucerías, à 9 km.

Les plages du sud

DES KILOMÈTRES DE SABLE DORÉ

Au sud de Vallarta, la baie est bordée de superbes plages et de criques, facilement accessibles en bus.

À 3 km au sud du centre se trouve la jolie enclave résidentielle de la **Playa Conchas Chinas**. Ici, la baie est divisée en petites criques de sable blanc aux eaux tranquilles, abritées par les récifs un peu plus au large qui font le bonheur des amateurs de snorkeling. La baignade est surveillée, et des restaurants entourent la plage.

À 6 km de la Zona Centro, la longue étendue de sable blanc de la **Playa Palmares** ne doit pas son nom aux palmiers (absents sur cette plage), mais à l'ensemble résidentiel local. Les habitants viennent souvent profiter de ses eaux bleu turquoise peu profondes et toujours limpides.

Plus au sud, la **Playa Las Gemelas** ("les jumelles") se compose de deux criques de sable blanc léchées de douces vagues. Peu fréquentée en semaine, et quasiment pas d'infrastructures sur place – pensez à apporter un pique-nique !

Décor du film *La Nuit de l'iguane* (1964), **Mismaloya** est située à 12 km au sud de Puerto Vallarta : on voit encore un panneau orné d'un iguane au bord de la route, vestige du tournage. Comme écrasée par un gigantesque complexe hôtelier, cette crique est minuscule mais ravissante, et entourée de *palapas* (paillottes) pour se restaurer. Mismaloya est aussi le point de départ pour des sorties de plongée et de snorkeling vers les îles de Los Arcos, où on peut nager parmi les poissons des récifs. Le trajet en bateau coûte environ 500 $M par personne.

À 16 km au sud-ouest de Vallarta, **Boca de Tomatlán** est un village côtier pittoresque, sillonné de routes de terre. Sur la plage, les *palapas* servent des plats typiques de la région, et les quais grouillent d'activité avec le va-et-vient des bateaux-taxis de Yelapa (p. 547) et Vallarta. De Boca, on peut aussi entreprendre une magnifique randonnée vers les plages de Las Ánimas et Quimixto ; vallonnée et entourée de

OÙ FAIRE LA FÊTE À VALLARTA

Los Muertos Brewing
Sympathique microbrasserie proposant une IPA "Revenge" et une "Hop on" maltée.

Los Otros Blondies
Savourez un (ou plusieurs) cocktail-granitas à la tequila de ce bar gay-friendly.

Nacho Daddy
Dans ce bar bruyant et accueillant, on déguste des margaritas en regardant un match sur grand écran.

BGSTOCK72/SHUTTERSTOCK ©

Playa de las Ánimas

verdure, la piste de 3 km est bien balisée et offre de superbes points de vue sur la côte, ainsi que des étapes à la **Playa Colomitos** et la **Playa Caballo**.

Très bien située, la **Playa de las Ánimas** est une longue plage aux eaux cristallines, surplombée par un modeste village de pêcheurs et jalonnée de *palapas*. Las Ánimas est idéale pour les sports nautiques, du parachute ascensionnel à la bouée tractée. On peut y accéder depuis la Playa de Quimixto via le sentier côtier (comptez environ 2 heures pour un aller).

Bordée de palmiers, la **Playa de Quimixto** entoure un village de pêcheurs. Les rochers aux alentours sont parfaits pour le snorkeling. Une piste de 1,5 km s'étire de la vallée recouverte de jungle au restaurant Los Cocos pour s'achever sous une superbe cascade avec piscine naturelle. La randonnée dure environ 30 minutes, mais peut être parcourue à cheval (400 $M).

La plage de **Yelapa**, la plus éloignée de la ville, vers le sud, est l'une des plus paisibles et des plus courues de la région. Des circuits organisés y déversent de nombreux excursionnistes, mais cette crique de carte postale se vide dès le départ des bateaux en fin d'après-midi et l'endroit compte plusieurs adresses confortables où passer la nuit.

Les bus marqués "Boca" desservent Mismaloya et Boca de Tomatlán (10 $M) ; ceux indiquant "Mismaloya" ont cette dernière pour terminus. Tous permettent de se rendre à la Playa Conchas Chinas et la Playa Palmares.

FLÂNER DANS BUCERÍAS

Ancien village de pêcheurs, Bucerías enchante les visiteurs venus de Vallarta (à vélo, pour certains) avec sa plage dorée longue de 8 km, son centre pavé typique des villages mexicains, ses délicieux produits de la mer et sa promenade artistique hebdomadaire (de 19h à 21h le jeudi, nov-déc). Plusieurs galeries du quartier des arts de Bucerías participent à l'événement. Ne ratez pas les créations élaborées des souffleurs de verre de **Splash of Glass** ou l'art et artisanat présenté à **Soñé**. Bucerías signifie "lieu des plongeurs", et le matin, on peut encore admirer les prises des pêcheurs d'huîtres au **Mariscos El Payo** de la place principale ou aux stands des poissonniers à travers la ville.

Roxy Rock House
Une foule enthousiaste se trémousse au son des reprises jouées ici, de Rammstein à Depeche Mode.

Bar Morelos Mezcalería
Les barmans vous aideront à choisir parmi la gigantesque sélection de mezcals de ce bar extravagant.

Elixir Mixology
Éclairage tamisé, bar propice à la conversation et cocktails originaux à base de produits de qualité.

TOUS AU MARCHÉ

Chaque dimanche entre novembre et avril, le paisible village de pêcheurs de La Cruz de Huanacaxtle s'anime avec les sons et senteurs du **marché paysan de La Cruz**, un des plus importants de la Bahía de Banderas. Plus de 200 vendeurs se déplacent au nord-ouest de Vallarta pour proposer leurs marchandises : fruits et légumes bio, pain et fromage frais, artisanat de qualité, céramiques... En fond sonore, les concerts de musique mariachi et de rock s'enchaînent et font vibrer la place du village. Si arpenter la Marina Riviera Nayarit à la recherche de bonnes affaires vous a donné faim, des stands de restauration s'installent en bordure du marché pour apaiser vos estomacs.

Échappée belle à Yelapa

LE RAVISSANT VILLAGE DE PÊCHEURS ET SES CASCADES

Peu fréquenté avant 2001, **Yelapa**, paisible village de pêcheurs serti de falaises, est une destination de choix pour une excursion au départ de Puerto Vallarta. Sa rue principale est bordée de maisons peintes de fresques, et son ambiance hors du temps a su séduire les célébrités aimant la discrétion, comme Bob Dylan et Jack Nicholson. Bordée de restaurants, sa plage de sable doré est un petit bijou. Sur place, vous rencontrerez peut-être une figure locale : Chelly Rodríguez, la “dame aux tartes” de Yelapa. Les recettes de ses tartes maison (citron, chocolat, crème et noix de coco) remontent à des décennies.

Toute journée à Yelapa qui se respecte se doit d'inclure une **randonnée vers les cascades**. La première option nécessite 15 minutes de marche depuis le quai de la ville pour atteindre des chutes d'eau, jolies mais pas très hautes. La seconde forme une boucle de 6 km à travers la jungle, suivant la rivière jusqu'à la vallée pour découvrir de plus hautes cascades. Le chemin est balisé. Un peu de grimpe est nécessaire pour accéder aux chutes, dont la piscine naturelle est parfaite pour se rafraîchir.

Les bateaux-taxis depuis Los Muertos de Puerto Vallarta (450 $M ; 45 minutes) et Boca de Tomatlán (250 $M ; 25 minutes) déposent leurs passagers aux quais de la plage et de la ville. Dernier départ pour Vallarta/Boca vers 17h-18h.

COMMENT CIRCULER

Le centre de Vallarta s'explore facilement à pied. Pour relier deux quartiers plus éloignés, prenez un taxi – sans compteur, leurs tarifs dépendent des zones de la ville. Décidez du prix avec le chauffeur avant de monter.

Vous pouvez aussi attendre à un des arrêts bleus où passent fréquemment des bus (10 $M) indiquant le quartier qu'ils desservent : Aeropuerto, Hotelera, Mojoneras et Juntas vers le nord, Centro vers le sud. Le bus de Mojoneras s'arrête au terminal de bus longue-distance de Vallarta. Certains des bus partant pour le sud empruntent le *tunel* plutôt que de traverser le Centro.

Les bus blanc et orange “Boca de Tomatlán” (10 $M) voyagent de l'angle de Badillo et Constitución à Boca de Tomatlán, traversant Mismaloya.

Les bateaux-taxis partent du quai Los Muertos de la Zona Romántica vers Boca de Tomatlán, Yelapa et autres destinations balnéaires plusieurs fois par jour.

Environs de Puerto Vallarta

Profitez des plages de surfeurs émaillant la côte au nord et au sud de Puerto Vallarta et des pittoresques villages pavés de la Sierra Madre.

Au nord de Puerto Vallarta, la Riviera Nayarit ne manque pas de charme : *breaks* de surf de Sayulita, observation des oiseaux à San Blas, et plages comme restaurants de choix à Punta de Mita.

Vers le sud, la Costalegre (côte joyeuse) s'explore aisément en voiture, entre villages de pêcheurs, complexes hôteliers luxueux et stations balnéaires branchées comme Barra de Navidad. En chemin, marquez une étape au jardin botanique de Vallarta et une autre sur les contreforts de la Sierra Madre.

Plus loin de la côte vous attendent les *pueblos mágicos* de San Sebastián del Oeste, Mascota et Talpa de Allende, leurs vestiges coloniaux se mêlant à des millénaires de culture indigène, et les chemins des pics isolés et pétroglyphes de la région.

Pour les infos pratiques, voir le Carnet d'adresses p. 583

À SAVOIR

Prenez des vêtements chauds avant de rejoindre la Sierra Madre ; la haute altitude des *pueblos mágicos* fait chuter les températures la nuit.

San Sebastián del Oeste (p. 559)

BOUTIQUE-HÔTELS DE CHOIX À SAYULITA

Siete Lunas
Sur les hauteurs, dans la jungle. Bungalows intimistes avec baies vitrées, lits confortables, terrasses privatives et vue imprenable sur la côte. **$$**

Hotel Playa Escondida
Refuge entouré par la jungle. Repas bio, yoga, massages et piscine à débordement sur la plage. **$$**

Avela
Hôtel design, avec quinze chambres imprégnées d'esthétique mexicaine moderne. Piscine sur place. **$$$**

Distrito 88
Havre réservée aux adultes. Huit suites lumineuses avec vue sur la piscine, l'océan et/ou les jardins luxuriants. **$$$**

GEOFFREY CHANDLER/SHUTTERSTOCK ©

Surf, Sayulita

Surfer sur la vague à Sayulita

SPOTS DE CHOIX

Avant que la gentrification ne fasse sortir de terre villas de vacances, boutiques-hôtels et magasins d'artisanat, le tout sillonné par des voiturettes de golf, Sayulita était surtout un havre pour surfeurs avertis, la plupart venant de Californie. Pour les novices, le *beach break* du sud de la Playa Sayulita et ses longues vagues tranquilles en font l'endroit idéal pour apprendre le surf. Les plus expérimentés apprécieront les *breaks* plus complexes qu'offre Sayulita, qui organise également des compétitions de surf, dont l'ambulante Mexi Log Fest.

Quelques surfeurs vétérans se sont installés ici pour de bon, et la ville ne manque pas de moniteurs. Pour louer votre équipement, on recommande **Patricia's Surf School** (Calle Las Gaviotas), **WildMex Surf School** (Calle Pelícanos) et **Lunazul Surfing** (Calle Marlín). Comptez en moyenne 10 $US pour une heure pour une planche et 75 $US pour un cours avec un ou deux élèves par moniteur.

Les amateurs de paddle fréquentent souvent la Playa Sayulita au petit matin, quand la mer est calme. Louez une planche à Lunazul pour 20 $US de l'heure.

OÙ SE LOGER À SAN SEBASTIÁN DEL OESTE

Hotel del Puente
Superbe hacienda, vieille de 200 ans, avec belles chambres et fontaine dans la cour. **$**

Hotel Los Arcos de Sol
Proche de la plage principale. Les chambres donnent sur une cour intérieure dotée d'un jardin fleuri. **$**

Hotel Mansion Real
Hôtel historique (1750) bien situé avec hauts plafonds, vastes lits et meubles de bois sombre. **$$**

La grande plage de Sayulita n'est pas le seul spot de surf de ce tronçon de la côte pacifique. Plus d'une douzaine d'autres parsèment les environs de Sayulita, San Francisco (San Panco), et Punta de Mita. Un transfert en bateau est parfois nécessaire pour y accéder ; des boutiques de surf de Sayulita et ses environs peuvent organiser le trajet. Parmi les meilleurs spots, on note :

San Pancho Une gauche puissante et rapide déferle au large de la plage principale. Les vagues sont hautes en été. Pour pros et intermédiaires.

Playa Sayulita *Breaks* gauche et droite sur la grande plage, parfaits pour les débutants et les amateurs de paddle. La houle profite aux surfeurs intermédiaires et avancés, surtout vers le *break* rapide du nord de la plage.

Playa Litibu Accessible en voiture, cette plage sauvage et peu fréquentée propose un *beach break* adapté aux débutants.

Caleta Prenez le bateau depuis El Anclote pour rejoindre cette crique aux bons *breaks*. Pour pros et intermédiaires uniquement, sur planches courtes. Venez tôt le matin !

El Faro Puissant *point break* vers le phare de Punta de Mita. Longues vagues réservées aux surfeurs pros et intermédiaires. Venez en bateau ou à pied depuis El Anclote (20 minutes).

El Anclote Le plus long *point break* de la zone, au sud de Punta de Mita. La plage est appréciée par les débutants et les amateurs de paddle. Longues planches.

Stinky's Proche d'El Anclote, ce *point break* est adapté aux novices. Les vagues ne sont conséquentes qu'en été.

Palmitas Quand la marée monte, un puissant *beach break* se forme ici. Planches courtes seulement. À 5 minutes de marche de La Lancha.

La Lancha Au sud de Punta de Mita, ce long *point break* est idéal pour les surfeurs débutants et intermédiaires. Comptez 10 minutes de marche pour rejoindre la plage.

Burros Long *point break* plutôt doux au sud-est de Punta de Mita, peut-être un peu rude pour les débutants.

Paredon *Point break* à droite. Longues vagues, encore meilleures à marée haute.

Veneros Rapides *beach breaks* pour planches courtes, à tester à mi-marée ou marée haute.

LES MEILLEURS RESTAURANTS DE SAYULITA

Don Pedro's
Institution locale sur la plage. Au menu : pâtes, pizzas, produits de la mer, légumes... Soirée salsa le lundi. **$$**

La Rústica
Bistrot branché proposant un duo toujours efficace : pizza au feu de bois et bière artisanale. **$$**

Barracuda
Installez-vous en terrasse pour déguster une pile de *tostadas* accompagné de délices de la mer tous frais : thon, crevettes, poulpe... **$$**

La Katrina
Si populaire qu'il est parfois bondé en soirée ; sert de bons faux-filets, *chiles rellenos* et ailes de poulet mariné. **$$**

OÙ SE RESTAURER À SAN SEBASTIÁN DEL OESTE

Comedor La Lupita
Grand restaurant familial coloré. Les portions de *chilaquiles*, petits-déjeuners et *mole* de poulet sont généreuses. **$**

Las Catrinas de los Arrayanes
Jus frais, *enchiladas* bien garnies et délicieux *mole* de poulet dans un décor bariolé. **$**

El Fortín de San Sebastián
Excellent café/restaurant italo-mexicain sur la place principale. La boutique vend son café et ses sauces maison. **$$**

SENSATIONS FORTES À SAYULITA

Parmi les sentiers pédestres des environs de Sayulita, la randonnée de 6 km aller-retour vers le sommet de **Cerro de Mono** (mont aux singes) est des plus satisfaisantes. Si vous ne croiserez pas de singes, la vue panoramique sur la côte et la jungle depuis la cime de ce volcan éteint vaut largement l'effort modéré nécessaire pour l'atteindre. Départ à mi-chemin sur la route de la Playa Pátzcuaro, à 2 km au sud de Sayulita.

Au **Rancho Mi Chaparrita**, élancez-vous à toute vitesse dans la canopée sur une des 13 tyroliennes ou passez d'un pont suspendu à l'autre. Adapté aux familles, le lieu propose également des sorties en quad dans la forêt et à cheval sur la plage. Finissez en beauté dans un *temascal* (bain de vapeur maya) aux **Villas Sayulita**.

De plage en plage à Sayulita

LES TRÉSORS DU BORD DE MER

Où que vous soyez à **Sayulita**, vous n'êtes jamais bien loin d'une plage. La plage éponyme de la ville en borde le centre. Sa pointe sud est particulièrement populaire, investie par les vendeurs d'en-cas et les loueurs de transats. Dans les restaurants des environs, la salsa résonne. Au-delà de l'embouchure de la rivière au nord, la plage est plus calme et caillouteuse, et les vagues plus puissantes.

Depuis le sud de la Playa Sayulita, descendez la route côtière. Après avoir dépassé l'hôtel Villa Amor, tournez à gauche et remontez à travers le cimetière. Autour du Día de Muertos, le 2 novembre, les tombes et mausolées sont joliment décorés. Ensuite, redescendez sur la droite pendant 10 minutes jusqu'à la **Playa de los Muertos**, paisible crique au sable blanc avec transats, zone de baignade et vendeurs d'en-cas.

À 20 minutes de marche du centre de Sayulita, la superbe plage de sable blanc de la **Playa las Cuevas** est accessible par un chemin parfois abrupt partant du nord de la Playa Sayulita. Son sentier bien tracé remonte sur la falaise, nécessitant un peu de grimpe, puis s'aplatit pour traverser la forêt vers le nord. La marée haute peut couper le chemin depuis Playa las Cuevas. Une fois basse, on peut contourner la pointe rocheuse vers la **Playa Malpasos** – prenez le sentier piéton si ce n'est pas le cas. Longue de 2 kilomètres, la sauvage Playa Malpasos est souvent déserte. Sa superbe étendue de sable blanc fait face au grand large. Notez que les contre-courants sont trop forts pour se baigner.

Sayulita en six boutiques

OÙ FAIRE DU SHOPPING À SAYULITA

La bohème Sayulita abrite de nombreuses boutiques spécialisées dans le fait-main, l'artisanat et le commerce équitable. On y vend des marchandises provenant de tout le Mexique, dont des vêtements de créateur, des céramiques peintes à la main de Sonora, de délicates perles huicholes... Si vous cherchez un souvenir un peu moins raffiné, les stands de Manuel Rodríguez Sanchez, Playa Azul, Pelícanos et Avenida de Palmar proposent T-shirts, hamacs et peintures.

Parmi les meilleures boutiques, on trouve :

Tierra Huichol Cette coopérative propose une excellente introduction aux sculptures de perles huicholes, vendues à bon prix. Les représentations d'animaux sont incroyablement détaillées, et on peut parfois observer les artistes à l'œuvre.

SE LOGER ET SE RESTAURER À MASCOTA

Café Napoles
Très bon restaurant proposant café et délicieuses spécialités mexicaines et italiennes. **$**

Santa Lucía Hotel Boutique
Hôtel intimiste dont les 6 chambres sont disposées autour d'un jardin avec piscine. **$$**

Santa Elena Hotel Boutique
Hacienda vieille de 200 ans aux chambres de caractère, avec excellent restaurant. Proche de la place. **$$$**

JACKKPHOTO/SHUTTERSTOCK ©

Sayulita

La vente équitable de leurs œuvres contribue aux revenus des artisans huichols.

Pinche México Te Amo T-shirts imprimés (à l'image du révolutionnaire Emiliano Zapata tenant une planche de surf, par exemple), sacs de plage branchés, bijoux décalés et décoration originale, dont de remarquables squelettes de papier mâché.

Sayulita Wine Shop Spécialistes du vin mexicain, avec une forte préférence pour ceux du Valle de Guadalupe. Également en vente : tequila, mezcal, *raicilla* et sotol artisanaux.

Manyana Boutique-concept locale proposant céramiques contemporaines, vêtements en lin, lampes en cuivre, équipement de surf et T-shirts en chanvre, entre autres.

Pachamama Les sœurs Mignot, célébrités locales, vendent ici des colliers de perles noires tahitiennes et de belles pièces brodées à la main.

Nakawé Trading Bijoux équitables, tapis tissés, vases délicats et autres articles faits main venant de tout le Mexique.

DÉTOUR À TEPIC

Fondée en 1531, Tepic est la capitale du Nayarit. Une cathédrale surplombe sa Plaza Principal, mais c'est l'excellent **Museo Regional de Nayarit** qui attire les visiteurs avec une sélection de céramiques préhispaniques (200 av. J.-C.-600), huicholes, et de l'époque d'Aztátlan (800-1350). Leurs motifs représentent des femmes enceintes, des maisons, des guerriers, des joueurs de ballon et des musiciens. Quant aux urnes funéraires anthropomorphes de la culture Mololoa (fin du Ier millénaire), elles sont ornées de visages à l'air surpris.

Au nord du centre-ville, **Artesanías Bertha Chia** propose des œuvres en perles huicholes de qualité, petites ou grandes : jaguars, coyotes, iguanes, crânes de toutes les couleurs...

À une cinquantaine de kilomètres de Tepic, découvrez la **Laguna Santa María del Oro**. Entouré de montagnes luxuriantes, ce lac idyllique se trouve dans le cratère d'un volcan.

OÙ TESTER LA RAICILLA À SAN SEBASTIÁN DEL OESTE

Hacienda Don Lalin
Complétez votre déjeuner d'un verre de *raicilla reposado* (vieillie en fût) dans cette paisible cantine.

Tesoro del Oeste
Cette distillerie de l'est de la ville propose une *raicilla* bio, distillée de l'agave *maximiliana*.

Jardín Nebulosa
Goûtez la Nimfa, la *raicilla* de la maison au goût intensément herbacé, ou achetez-en une bouteille pour plus tard.

GREG VAUGHN/ALAMY STOCK PHOTO ©

San Pancho

MEILLEURES TABLES À SAN PANCHO

Taquería Los Arbolitos
Attablez-vous dans la rue pour un véritable festin de tacos : *adobo*, chorizo, fromage et *nopal* (cactus). $

Bistro Orgánico
Poisson et produits de la ferme préparés avec talent. La cour plantée est parfaite pour un long petit-déjeuner. $$

Maria's
Petits-déjeuners de choix, dont les *huevos divorciados* et les pancakes. Plus tard, on sert salades et tacos au poisson. $$

La Perla
Cette *palapa* sur la plage propose burgers, sandwichs au poisson, *tostadas* avec ceviche, langouste et plus encore. $$

Une journée parfaite à San Pancho

SURF, PLANTES ET DÉLICES

Le soleil à peine levé, vous flottez parmi les vagues sur une planche louée au **Nativa Surf Shop**, prêt à surfer la gauche San Pancho, rapide comme l'éclair.

Après quelques heures dans l'océan, vous pagayez vers le rivage puis déambulez sur la plage jusqu'au **San Pan Cafe** pour déguster un café avec vue sur l'eau, sans oublier une pile de pancakes tout frais. Autour de vous, San Francisco se réveille.

San Francisco, ou San Pancho, est un *pueblo* de pêcheurs devenu lieu de villégiature dans les années 1970. Ses atouts : sa plage de sable blanc émaillée de bois flotté, et son ambiance artistique moins gentrifiée que celle de la toute proche Sayulita.

Après le petit-déjeuner, les artisans, artistes et vendeurs itinérants auront installé leurs stands au **Mercado de la Plaza del Sol** (9h-14h mardi), à un pâté de maisons de là. Vous admirez leurs marchandises avant de partir en excursion pour quelques heures, vers **Lo de Perla Jardín de Selva**. Accessible uniquement sur réservation, ce jardin botanique aux allures de jungle regorge de vie, abritant 300 espèces de papillons, ainsi qu'une foule d'oiseaux et d'autres insectes (vous n'avez pas oublié votre répulsif, bien évidemment). Ayant opté pour une visite guidée gratuite, vous rencontrez votre guide à Las Lomas, à mi-chemin entre San Francisco et Lo de Marcos (soit 4 km au nord de San Pancho). Ce dernier vous raconte le contexte historique indigène des lieux, entre deux pauses pour admirer les fougères, cactus, broméliacées et, surtout, la collection d'orchidées endémiques du jardin.

MEILLEURS HÔTELS DE SURFEURS SUR LA RIVIERA NAYARIT

Casa Buena Onda (Sayulita)
Choisissez entre deux chambres colorées et un bungalow au toit de chaume. $

ONDA Surf Hotel (Punta de Mita)
Anciens conteneurs devenus des chambres confortables. Location de planches et de vélos. Café. $

Punta Mita Surf Lodge
Appartements chics surplombant une piscine d'eau salée. Massages, cours et planches à louer sur place. $$$

De retour à San Pancho, vous reprenez des forces avec les *camarón adobado* (crevettes en sauce épicée) et le ceviche d'**Ikan Cocina Marina**. Ensuite, un *gaucho* du coin vous persuade de parcourir la plage à cheval.

Le soir venu, après un peu de lèche-vitrines sur l'Avenida Tercer Mundo, la rue principale, vous savourez quelques *tacos al pastór* chez **El Pocas**. Enfin, vous terminez votre journée (parfaite) bière en main en profitant des concerts de la **Ceveceria Artesanal**.

Les charmes de Chacala

PLAGES ET ACTIVITÉS AQUATIQUES

Niché dans un écrin de nature de toute beauté, le petit village de pêcheurs de **Chacala** (300 habitants) a su préserver son authenticité : ses rues sont loin d'être envahies de touristes, contrairement à certaines bourgades voisines. Situé à 96 km de Puerto Vallarta et à 10 km de La Varas par la route 200, il se compose d'une grande rue sablonneuse, de quelques ruelles pavées et d'une belle plage de sable, le tout bordé de collines verdoyantes et de formations rocheuses.

Ici, l'océan est le théâtre de la plupart des activités. Les eaux calmes de la **Playa Chacala** sont adaptées à la baignade quasiment toute l'année, mais aussi au paddle (équipement à louer chez Xplore Chacala, vers la pointe nord de la plage). Sur la Marina Chacala, les propriétaires de *pangas* (bateaux) proposent des excursions de pêche et d'observation des baleines, et peuvent vous transporter vers les plages moins accessibles. Parmi elles, la paradisiaque **Playa Chacalilla**, au nord du promontoire, et la **Playa La Caleta**, à 3,5 km au nord de Chacala (aussi accessible en 4x4), où un grisant *point break* se forme. Les adeptes du snorkeling apprécieront les caves volcaniques **Las Cuevas**, au sud de Chacala, accessibles uniquement en bateau – apportez votre propre équipement.

Sur terre, l'atout majeur de Chacala reste les pétroglyphes d'Altavista (p. 555), à visiter en autonomie ou avec **Xplore Chacala**.

OÙ MANGER ET PRENDRE UN VERRE À CHACALA

Antojitos Mexicanos Jade
On se croirait accueilli dans une famille mexicaine, avec des spécialités locales servies sur des tortillas toutes fraîches. $

Mauna Kea Cafe
Restaurant en rooftop où observer les baleines en dégustant café, pancakes et gaufres. Le B&B du site est excellent. $$

Restaurante Acela
Le poulpe grillé, le ceviche et la crevette sous toutes ses formes sont les stars de cette *palapa* décontractée. $$

Onda Brewing
Ouverte le week-end uniquement, cette microbrasserie populaire propose cinq bières (dont l'Ahora IPA et la stout Tormenta) et petits plats.

Altavista : les mystères du passé

ÉNIGMATIQUES PÉTROGLYPHES

Site de pétroglyphes le plus vaste et le mieux préservé du Nayarit, **Altavista** est niché au pied de formations volcaniques. On y accède par un bel itinéraire clairement marqué à travers la jungle – comptez trois heures de marche aller-retour. Au bout du sentier, les étonnantes formations rocheuses du

PLUS DE PÉTROGLYPHES ?

Pour plus de gravures anciennes, visitez Las Labradas (p. 533), au nord de Mazatlán.

CAMPING ET GLAMPING DE LA RIVIERA NAYARIT

Sayulita Trailer Park & Bungalows
Plantez votre tente, garez votre camping-car ou louez une chambre spartiate. $

Tailwind Jungle Lodge (San Pancho)
Vue sur l'océan depuis les terrasses privatives. Suites en *palapa* et bungalows cossus. $$

Aldea Bamboo Village (San Pancho)
Cabanes luxueuses suspendues dans la jungle. Douches extérieures. $$$

site sont recouvertes de gravures. Leur création remonterait à 2 millénaires au moins, œuvre des peuples tecoxquins qui vivaient alors dans les environs. Certaines gravures représentent des tourbillons en spirales, d'autres des figures humaines, dont un homme avec un épi de maïs pour tête. Une large pierre plate ornée de deux fentes horizontales serait le visage en pleurs de Tlaloc, dieu de la Pluie. Sa présence laisse deviner le caractère sacré du site pour les Tecoxquins, pour qui une connexion avec les divinités contrôlant les saisons et les récoltes était d'une importance vitale. Sous les gravures, les sources remplissent des piscines naturelles délicieusement fraîches. Quant aux sanctuaires du site, ils sont entretenus par les communautés huicholes locales.

Si vous prenez la route 200 depuis le sud, guettez le panneau pointant vers Alta Vista après avoir dépassé celui de Lima de Abajo. Suivez la route pavée sur 1 km, puis la route de terre sur la gauche jusqu'à atteindre la barrière. Enfin, partez à droite sur la route de pierre vers le parking payant.

LA TOVARA EN BATEAU

Parmi les activités phares de San Blas, ne ratez pas les excursions en bateau vers la piscine naturelle du parc de **La Tovara**, d'où on peut observer les crocodiles. Les bateaux remontent l'*estero* (estuaire) de San Cristóbal jusqu'à la source, traversant des marécages bordés de mangroves où s'ébattent iguanes, tortues et échassiers. Partez tôt le matin pour voir le plus d'animaux possible, et amenez du répulsif à insectes. Et ne vous inquiétez pas : la piscine naturelle n'est pas accessible aux crocodiles.

Départs réguliers entre 9h30 et 14h30 pour 3 heures de trajet. Les bateaux partent une fois complets depuis l'*embarcadero* à l'est de San Blas, et plus fréquemment depuis le quai principal, à 4,5 km à l'est de la route de Matanchén, accessible par les combis San Blas-Tepic.

Balade à San Blas

LA VILLE CENTENAIRE ET SES MONUMENTS

En visitant **San Blas** aujourd'hui, il est difficile d'imaginer que ce paisible village de pêcheurs fut un important port espagnol de la fin du XVIe au XIXe siècle. Si l'artère principale et ses alentours ne laissent pas une impression indélébile sur ses visiteurs, les façades blanchies à la chaux de l'Avenida Juárez ne manquent pas de charme. Et, avec la récente construction d'une autoroute reliant Guadalajara à la côte, San Blas a pu profiter d'un nouvel afflux de visiteurs et de l'effervescence qu'ils y provoquent.

Démarrez votre visite à la pointe est de la ville, aux vestiges du **fort de La Contaduría**. Au XVIIIe siècle, il protégeait les galions espagnols en route vers Mexico et les Philippines des pirates français et anglais. La colline coiffée par la forteresse offre un superbe point de vue sur la ville. En redescendant, admirez les ruines du **Templo de la Virgen del Rosario**, superbe église voutée bâtie en 1768. Arpentez l'Avenida Juárez vers l'ouest jusqu'à atteindre une jolie place et la **Casa de La Cultura**, récemment rénovée. Ce centre culturel propose de fascinantes expositions sur la culture indigène et l'art mexicain, et abrite d'intrigantes ruines dans son arrière-cour. À un pâté de maisons vers l'ouest, le **quai** de San Blas est embelli d'une promenade bordée de sculptures et d'un impressionnant bâtiment portuaire. Ce dernier fut construit pour gérer un nouvel itinéraire en bateau sur deux jours vers les **Islas Marías**, une réserve biologique s'étendant sur quatre îles.

OÙ PRENDRE UN VERRE À SAYULITA

YamBak
Bar branché brassant sa propre IPA. Sets de DJ presque tous les soirs, du funk au drum'n'bass.

Sayulita Public House
Première brasserie artisanale de Sayulita. Bar festif, bons burgers et jeux de précision à l'étage.

Bar Don Pato
Adonnez-vous au baby-foot entre deux concerts ou sets de DJ. Scène ouverte le mardi.

JAVIERALMEIDAJR/SHUTTERSTOCK ©

Quai de San Blas

Créatures à plumes et à écailles de San Blas

OBSERVATION DES OISEAUX ET RÉSERVE DE CROCODILES

Les sept écosystèmes qui entourent San Blas font de la région une des plus biologiquement variées d'Amérique latine, et une destination de choix pour les amoureux des oiseaux. Près de 250 espèces endémiques peuplent son ciel, dont la colombe inca, le cassique à ailes jaunes et le vacher bronzé. Pour une expérience inoubliable, venez entre fin octobre et fin mars, quand les oiseaux de San Blas et les espèces migratoires se partagent les airs. Les passionnés se rassemblent ici pour le **San Blas Christmas Bird Count** (décompte des oiseaux de Noël) depuis 1973, mais aussi pour le **Festival Internacional de Aves Migratorias de San Blas** fin janvier/début février, pendant lequel séminaires, divertissements et circuits guidés sont organisés par des ornithologues anglophones. Pour ces derniers, renseignez-vous auprès de **Westwings** et **Nayarit Adventures**.

Sur la rivière trône la pouponnière à crocodiles **Cocodrilario Kiekari**, où grandissent les reptiles avant d'être relâchés dans la nature pour rétablir leur population sauvage. Ce refuge prend aussi soin d'autres créatures blessées, comme le jaguar et le lynx. Le Cocodrilario Kiekari est accessible par la route (10,5 km depuis San Blas) et sa visite se marie harmonieusement avec une excursion en bateau à La Tovara (p. 556) si vous partez du quai de La Aguada.

VOYAGE AUX ISLAS MARÍAS

À compter de décembre 2022, les circuits organisés vers l'archipel des Islas Marías partent de San Blas (p. 556) et de Mazatlán. María Madre, une des quatre îles de cette réserve maritime, faisait partie du système carcéral mexicain de 1905 à 2019. De multiples activités s'offrent à ceux qui séjournent dans les chambres simples mais confortables qu'offre l'île. Arpentez la piste de 2,5 km vers la réplique du Christ Rédempteur sur le port de Balleto, participez à une visite guidée d'un auditorium aux fresques peintes par des détenus, et explorez les usines d'extraction de sel et de transformation de la crevette, où le travail forcé était d'une redoutable difficulté. Un séjour de deux jours incluant trajet en bateau, hébergement et repas au buffet coûte 2 500 $M.

OÙ SAVOURER DES TACOS À SAYULITA

Naty's Kitchen
Tortillas garnies de piments *poblanos*, marlin fumé, poulet au *mole* ou porc au *nopal*. **$**

Tacos Al Pastor Talivan
L'endroit parfait pour un taco au porc mariné grillé avec coriandre, oignon et ananas. **$**

Mary's
Tacos au poisson et à la crevette grillée servis dans de fraîches tortillas. Ne ratez pas les *poblano chiles* farcis ! **$**

LES MEILLEURS RESTAURANTS DES ENVIRONS DE SAN BLAS

El Choya (Aticama)
Cocktails d'huîtres, langouste grillée à bon prix, bénitier et *aguachile* sur l'"allée des huîtres" d'Aticama. $

Ofro's
Restaurant familial à la cuisine réconfortante : copieux petits-déjeuners, poisson et poulet aux légumes, riz et guacamole. $

Caballito del Mar
Une des meilleures *enramadas* (restaurant en plein air) de la Playa El Borrego. Savoureux produits de la mer, dont le *pescado zarandeado* (poisson grillé). $$

La Isla Chef Tony
Institution locale décorée de filets de pêche, spécialiste des produits de la mer. Excellents *camarones a la diabla*. Paiement en liquide. $$

REIMAR/SHUTTERSTOCK ©

San Sebastián del Oeste

Les pieds dans le sable à San Blas

LES MEILLEURES PLAGES DE SAN BLAS

Au-delà de sa faune, San Blas brille aussi par ses plages de sable particulièrement accueillantes. À 5 minutes à pied du centre, vous trouverez la **Playa El Borrego**, une longue étendue de sable gris aux vagues appréciées des surfeurs, le tout bordé de sympathiques bars-restaurants. D'excellentes plages émaillent aussi le sud-est de la ville, autour de Bahía de Matanchén. La **Playa Las Islitas** se compose d'un chapelet de criques et d'une longue étendue de sable blanc, avec quelques restaurants sur place. Juste à côté, la vaste **Playa Matanchén** est agrémentée d'une jetée en son milieu et de *palapas*, avec des complexes hôteliers en arrière-plan. Le joli *malecón* longeant l'étroite **Playa Aticama** relie le sud de la Playa Matanchén au village de pêcheurs d'Aticama, endroit rêvé pour savourer la langouste, l'huître et le bénitier.

Depuis la route principale en direction de Tepic, une rue pavée part au sud vers Matanchén, d'où un chemin de terre mène à la Playa Las Islitas à l'est.

La raicilla, eau-de-vie du Jalisco

LA RIVALE DU MEZCAL

Si la tequila et le mezcal ont le vent en poupe depuis longtemps, la *raicilla* fut longtemps reléguée au second plan. À l'instar du mezcal, elle est distillée de cœurs d'agave rôtis (et non pas cuits à la vapeur, comme pour la tequila). Vieille de plusieurs

OÙ SE LOGER PAS CHER À SAYULITA

La Redonda Sayulita
Sympathique auberge de jeunesse, proche de la plage. Dortoirs confortables, bon petit-déjeuner. $

Hotel Sayulita Central
Très central, à deux pas de la plage. Chambres exiguës, personnel accueillant et cuisine en libre-service. $

Selina Sayulita
Bel hôtel avec lits superposés aux rideaux occultants et chambres joliement décorées. $$

siècles, cette liqueur n'était longtemps consommée que par les travailleurs agricoles. Prohibée puis lourdement taxée par les colons espagnols, sa production devint alors clandestine.

Le mezcal est traditionnellement distillé deux fois, mais pas la *raicilla*. Sa seule distillation se fait dans des récipients en cuivre (importés au Jalisco par les immigrants philippins qui y distillaient la noix de coco) ou au four.

La *raicilla* est si populaire dans l'état du Jalisco qu'on la vend même en bord de route. Ce n'est pas un hasard : la région abrite la plus grande biodiversité de plantes d'agaves après Oaxaca, et le système *Denomination of Origen* du Mexique (qui classifie les liqueurs distillées localement) l'empêche de produire du mezcal.

En 2019, la *raicilla* fut enfin reconnue en tant que partie intégrante de la culture du Jalisco, et a obtenu une appellation d'origine. Pure ou en cocktail, on la retrouve désormais sur les menus de grands restaurants à travers tout l'État, du Barrio Bistro (p. 544) à Puerto Vallarta au Jardín Nebulosa (p. 560) de San Sebastián del Oeste. Comme le mezcal, la *raicilla* a un arrière-goût fumé, et ses notes de dégustation oscillent entre les épices, les herbes et les agrumes. Particulièrement douce, la *raicilla de punta* (premier litre produit pendant la distillation) se déguste pure en distillerie. Si vous souhaitez acheter une bouteille, La Venenosa est une des marques les plus populaires.

Un tour à San Sebastián del Oeste

CHARMANTE VILLE HISTORIQUE

Pour un dépaysement radical, passez de Puerto Vallarta à la fraîcheur vivifiante de **San Sebastián del Oeste**. Fondée en 1605, cette ancienne ville minière se niche au cœur d'une forêt de nuages dans les montagnes de la Sierra Madre, à 1 483m d'altitude (pensez à prendre un pull).

Jadis fort de 20 000 habitants, ce paisible *pueblo mágico* n'en abrite aujourd'hui plus que 600. Pour apprécier au mieux ses charmes, explorez ses ruelles pavées bordées de maisons aux façades blanchies à la chaux et aux toits rouges, la roseraie de la Plaza Principal et l'église néoclassique du XVIIe siècle avant de savourer une tasse de café local.

Pour visiter la mine d'argent abandonnée de **Santa Gertrudis**, quittez la ville vers l'est en suivant le Paseo del Norte sur 1 km. À l'intersection, prenez la gauche. Les 60 mètres de la mine ouverts au public s'explorent avec une lampe de poche.

LES MEILLEURS FESTIVALS DE RAICILLA DU JALISCO

Le temps d'un week-end à la mi-mai, Puerto Vallarta organise le **Damajuana Festival de Raicilla** au Centro Cultural Cuale d'Isla Cuale. Des producteurs venus de tout le Jalisco s'y rassemblent pour proposer dégustations, conférences, concerts et restauration.

La *raicilla* est aussi célébrée au **Festival de Raicilla, Mezcal y Cerveza Artesanal** de la marina de Puerto Vallarta, le premier week-end de mars. Vous pourrez aussi rejoindre Mascota (p. 560) en novembre pour le **Festival de Raicilla** : les producteurs locaux ouvrent alors les portes de leurs distilleries aux visiteurs, et, sur la place du village, se tiennent dégustations et concours de mixologie.

OÙ SE LOGER À SAN PANCHO

Hostal Shaka Surf House
Auberge de surfeurs près de la plage. Ambiance accueillante et petit-déjeuner inclus. Trois dortoirs et cuisine commune. **$**

Hotel Cielo Rojo
Hôtel plein de caractère aux chambres ornées d'objets d'art. Vélos et équipement de plage en location. **$$**

Agua de Luna
Suites minimalistes et intimistes. Toit-terrasse, piscine d'eau salée et Jacuzzis. Réservé aux adultes. **$$$**

JARDÍN NEBULOSA : LE JARDIN DES DÉLICES

Le Jardín Nebulosa propulse la cuisine locavore vers de nouveau sommets grâce aux efforts de son équipe de biologistes et du talent de son chef, Nicolás Cano. Sa brasserie et sa distillerie de *raicilla* mettent à profit les produits typiques de la Sierra Madre, des vergers comme de la forêt. Attablez-vous dans son jardin verdoyant et commandez l'artistique menu de dégustation composé de petites assiettes saisonnières : ceviche de truite, agneau mijoté à l'*hoja santa* et tacos garnis de *chapulines* (sauterelles) et de vers d'agave pourraient vous être proposés. Pour vous désaltérer, optez pour une IPA Gran Jaguar ou un cocktail de *raicilla* élaboré par l'excellent mixologue du restaurant. Réservations indispensables.

L'ascension de La Bufa

LE PLUS HAUT PIC DE LA SIERRA MADRE

Poste d'observation le plus élevé des environs, le **Cerro de la Bufa** (2 650m) trône au-dessus de San Sebastián del Oeste, offrant un point de vue époustouflant sur la Sierra Madre. Par temps dégagé, on voit jusqu'à Puerto Vallarta. La route du sommet part de San Sebastián et s'étire sur 9 km d'anciens pavés, de terre et de graviers, grimpant en lacets à travers une forêt de pins. Elle peut se gravir à pied pour une randonnée de 6 à 7 heures, mais vous les passerez à respirer la poussière levée par les quads et pick-up transportant des groupes vers le sommet, surtout le week-end. Louez un quad sur la place principale (500 $M pour 2 heures) ou participez à un circuit en quad organisé par un opérateur local (1 500 $M pour 2 heures par personne) basé près du Jardín Nebulosa. Votre guide vous aidera principalement à entreprendre les virages les plus complexes. Les circuits marquent une étape au hameau de **Real Alto** pour admirer son église du XVIIe siècle.

Reliques du passé à Mascota

PÉTROGLYPHES ET SITES FUNÉRAIRES

Depuis San Sebastián, suivez la spectaculaire route 70 vers Guadalajara pendant environ une heure pour atteindre **Mascota**, un *pueblo mágico* du XVIe siècle niché dans une vallée bordée de volcans. Entourées de maisons en adobe peintes de couleurs vives, ses rues pavées mènent à un ravissant square ombragé. Habitée par le peuple indigène Teco il y a près de 3 000 ans, la région de Mascota abrite plus de 12 000 pétroglyphes bien préservés sur plusieurs sites : El Refugio, Mesa Colorada, El Ocotillo, El Platano, Santa Rita... La plupart représentent des symboles liés à la fertilité, au soleil et à la pluie.

Visitez le **Museo Arqueológico** de Mascota (fermé le lundi), à l'est du square, pour une découverte approfondie des trouvailles archéologiques d'El Platano, ainsi qu'aux 160 autres sites funéraires des environs. Admirez les restes momifiés, bijoux, poteries et outils découverts par le grand archéologue Joseph B. Mountjoy. Pour voir le site principal des pétroglyphes de Mascota, renseignez-vous auprès du gardien du musée. Le site d'**El Refugio**, lui, peut être visité à votre rythme : son chemin est bien indiqué de la Calle Periférico Mariano Escobedo au réservoir de Corinchis vers le sud. Comptez 5 minutes de marche à travers champs pour accéder aux pétroglyphes et aux meules anciennes.

OÙ SE LOGER À CHACALA

Casa Norma
Trois chambres soignées, dont deux avec vue sur l'océan et cuisines. Propriétaires *muy amable*. **$**

Hotel Casa Chacala
Chambres simples au sol carrelé, avec vue sur l'océan. Piscine, hamacs, et petit-déjeuner inclus. **$$**

Mar de Jade
Retraite de yoga sur la plage, entourée de nature. Deux piscines, Jacuzzi, spa et buffet végétarien le matin. **$$$**

STOCKCAM/GETTY IMAGES ©

Barra de Navidad

Barra de Navidad, entre lagune et océan

SPORTS AQUATIQUES ET PLAGES

Nichée sur un isthme entre le Pacifique et sa lagune éponyme, **Barra de Navidad** séduit les visiteurs de passage depuis de nombreuses années. Barra prit de l'importance en 1564, ses chantiers navals construisant les galions de Miguel López de Legazpi et du père Andrés de Urdaneta, en route pour les Philippines sur l'ordre du roi Phillipe II d'Espagne. Cependant, dès 1600, Acapulco la supplanta pour devenir le nouveau point de départ des conquistadors. Comme assoupie durant les siècles suivants, Barra connut un regain d'intérêt avec l'arrivée des touristes américains et canadiens. Son atout principal : les eaux qui la bordent.

Plutôt étroite, la plage de galets bordant Barra sur l'océan s'érode avec le temps. Prenez plutôt la route (sur la 200 puis vers l'est) ou embarquez sur un bateau-taxi (250 $M) vers la reculée **Playa Secreta**. Son étendue de sable immaculé se situe sur l'Isla Navidad, qui est d'ailleurs une péninsule et non une île. Vous pouvez aussi prendre un bateau-taxi pour le Grand Isla Navidad Resort (25 $M) et déambuler vers la plage à travers le petit village de La Culebra (4 km). La Playa Secreta se trouve à l'extrémité de la **Playa Los Cocos** : longue de 14 km, cette plage sauvage battue par les vagues est parfaite pour une promenade.

Pour un point de vue exceptionnel sur Barra, parcourez la lagune en paddle ! Les planches se louent chez **Northswell**

OÙ SE LOGER ET SE RESTAURER À BARRA DE NAVIDAD

Hotel Delfin
Hôtel accueillant et bien situé, avec chambres climatisées, toit-terrasse et piscine. Excellent rapport qualité/prix. $$

Hotel Barra de Navidad
Réservez une chambre avec vue sur l'océan et plongez dans la piscine. $$

Tacos de Cabeza
Une des meilleures *taquería* de Barra. Ce stand ambulant propose tacos de tête et sauce épicée depuis 1982. $

La Bruja Coffee Bar
Favori des expats : excellent café de Oaxaca et gâteaux. $

El Horno Francés
Croque-monsieur, viennoiseries françaises et bon café. $

El Manglito
Dégustez huîtres locales et *aguachile* avec vue sur la lagune. $$

Bananas
Stars du petit-déjeuner mexicain et américain, des fameux pancakes à la banane aux œufs (sous toutes leurs formes) et aux *chilaquiles*. $$

OÙ SE LOGER ET SE RESTAURER À TEPIC

Hotel Real de Don Juan
Ravissante hacienda sur la Plaza Constituyentes, avec grands lits, salles de bains en marbre et bon restaurant. $$

Emiliano
Le meilleur restaurant de Tepic : excellent petit-déjeuner, puis plats régionaux de Nayarit. $$

Loma 42
Bistrot branché sur le parc, spécialiste des pâtes fraîches et pizzas au feu de bois. $$

TOUR EN VOITURE

Le meilleur de la Costalegre

Du sud de Puerto Vallarta à la balnéaire Barra Navidad, la Costalegre (côte joyeuse) s'étend sur près de 230 km de superbes plages, de points de vue sur l'océan et de collines verdoyantes réhaussées de cocotiers. Cet itinéraire en voiture sillonne les trésors de la côte, avec une étape dans une bourgade vieille de 500 ans. Peut s'effectuer en deux jours comme en une semaine.

1 Puerto Vallarta

Départ à Puerto Vallarta (p. 535), incandescente capitale du Jalisco, riche en art, en vie nocturne (gay) et en expériences gastronomiques.

La route : Suivez la route 200 vers le sud sur 52 km, suivant la côte, puis repartant vers l'arrière-pays passé Boca de Tomatlán. S'ensuivent des lacets à travers pins et chênes.

2 El Tuito

Bordées de maisons en adobe, les ruelles étroites de cette charmante ville vieille de 500 ans s'étendent depuis la place principale. À deux rues de celle-ci, la Galería Coppelia occupe l'ancienne demeure du peintre mexicain Manuel Lepe ; on y expose désormais les artistes du coin. Demandez à sa propriétaire, Maria Santander, de vous initier aux spécialités locales : tortillas de maïs bleu, *raicilla* et fromage panela frais.

La route : Tournez dans Calle Iturbide et suivez les panneaux vers Mayto, à l'ouest, sur 39 km de route pavée vers la côte.

3 Mayto, Tehuamixtle et Villa del Mar

Ces trois villages de pêcheurs trônent joliment sur la côte. Mayto s'enorgueillit d'une superbe plage de 19 km battue par les vagues, idéale pour une promenade,

JOSHUA JAY KOPPELMAN/SHUTTERSTOCK ©

et d'une réserve destinée aux tortues. Au sud, on peut déguster les huîtres de Tehua dans deux restaurants sur l'océan. Au large, une épave s'explore en plongée (excursions organisées depuis Vallarta). En face sur la baie, l'estuaire se visite en kayak depuis Villa del Mar.

La route : Revenez sur la route 200, puis partez au sud sur 90 km, tournant à droite vers la ville.

4 Pérula

Autrefois isolée, cette ville nichée entre une lagune et un promontoire est de plus en plus populaire auprès des touristes. Une dizaine d'hôtels jouxtent sa vaste plage de sable, idéale pour une baignade. Les aventuriers peuvent parcourir le chapelet d'îles qui orne la Bahía de Chamela en kayak.

La route : Continuez vers le sud sur la route 200 pour 67 km.

5 La Manzanilla

Ce populaire village de pêcheurs offre d'excellents restaurants, un joyeux marché hebdomadaire, une réserve dédiée aux crocodiles et trois belles plages : celle de la ville, la Playa Boca de Iguanas (accessible en bateau ou en voiture), et la Playa Tentacita, à quelques minutes au nord en voiture.

La route : 17 km vers le sud sur la route 200 jusqu'à Melaque.

6 Melaque

À la pointe nord de la Bahía de Navidad, Melaque (p. 563) est un point d'accès vers la superbe Playa Cuastecomates. Première plage entièrement accessible du Jalisco, bordée de bons restaurants, ses eaux peu profondes sont parfaites pour les familles.

La route : Quittez la route 200 vers le sud pour les 5 derniers kilomètres.

7 Barra de Navidad

Dernière étape, cette sympathique station balnéaire (p. 561) est idéale pour déambuler de plage en plage et s'amuser dans l'eau.

RANDONNÉES AUTOUR DE MASCOTA

Les environs de Mascota offrent de superbes randonnées faciles d'accès, dont l'ascension d'un volcan éteint et une marche vers un phénomène géologique des plus rares. Du sud de la ville, traversez la rivière vers le Parque 10 de Abril, puis empruntez le chemin non balisé qui le sillonne (30 minutes de montée). Vous atteindrez ainsi Las Piedrotas, des rochers volcaniques aux formes étranges. On en trouve de similaires ailleurs au Mexique et au Costa Rica. Vous pouvez aussi gravir le Volcán Molcajete pour une vue spectaculaire sur la ville et la vallée. Depuis le pied du volcan, à 3,5 km au nord-est de Mascota sur la Calle Aldama, suivez la piste clôturée ou tracez votre propre chemin (45 min aller).

Playa Secreta (plage secrète)

Surf Shop sur la Calle Yucatán (350 $M pour deux heures). Flottant sur de douces vaguelettes, vous pourrez observer les pêcheurs du village ramenant leurs filets, et les mangroves de l'île de la lagune où s'ébattent martins-pêcheurs, crocodiles, ibis et iguanes. Débarquez sur la face ouest de l'île pour un déjeuner de poissons et fruits de mer aux restaurants **La Isla** ou **Isla El Bajito**

Soirées à Barra Galería de Arte

ART, CONCERTS ET TEQUILA

Quand la nuit tombe sur Barra de Navidad, des échos de blues et de musique latino s'élèvent dans les airs. Ils viennent d'une cour-jardin illuminée de guirlandes, dont les tables sont éparpillées dans la verdure. Entre bar, restaurant et espace collectif, **Barra Galería de Arte** est né de l'imagination de Robert, photographe dont les œuvres ornent les murs des galeries adjacentes, et sa femme Rosy, qui prépare des recettes familiales si appréciées que certains habitués réservent des semaines à l'avance. Au menu : porc et *salsa verde*, *fajitas* de marlin et piments farcis de crevettes.

Tout au fond du jardin, l'excellent **Tequila Lounge** propose une vaste sélection d'alcools rares (réservez pour une dégustation) ; grand passionné de tequila, Robert saura vous aiguiller dans vos choix. On peut y tester toute sa collection d'eaux-de-vie, dont le mezcal, la *raicilla*, le sotol et la *bacanora* (tequila du Sonora).

Paiements en espèces uniquement, et réservations fortement conseillées.

OÙ SE LOGER À SAN BLAS

Bungalows Conny
Les bungalows confortables et 4 chambres modernes sont disposées autour d'une piscine. Propriétaires passionnés. **$**

Quinta Alberto Boutique Hotel
Bien situé et adapté aux familles, avec piscines et chambres sobrement décorées. **$$**

Hotel Hacienda Flamingos
Hacienda des années 1880 aux chambres spacieuses et à la cour intérieure verdoyante. Très bon restaurant. **$$$**

Activités aquatiques à Punta de Mita

PLAGES ET SPORTS D'EAU

Simple village de pêcheurs jusqu'aux années 1990, Punta de Mita est depuis devenue une trépidante station balnéaire. À 42 km au nord-ouest de Puerto Vallarta, elle coiffe la pointe septentrionale de la Bahía de Banderas. De nos jours, Punta de Mita est investie par les complexes hôteliers de luxe, mais est aussi un haut lieu des sports nautiques : louez une planche de paddle ou partez en excursion organisée vers les meilleurs spots de surf du coin (p. 551). En bateau, rejoignez les Islas Marietas et les plages paradisiaques des environs. Longue de 5 km, la Playa Distiladeras est appréciée des familles pour son sable fin et ses eaux calmes. Quant à la Playa El Anclote, elle fera le bonheur des amateurs de paddle et des surfeurs débutants.

Escapade aux Islas Marietas

ÎLES VOLCANIQUES AUX PLAGES SECRÈTES

À 10 km au large de Punta de Mita, les deux îles volcaniques et désertes baptisées **Islas Marietas** forment un parc naturel protégé plein de vie, regorgeant de poissons de récifs de raies mantas et tortues de mer et, selon la saison, de baleines à bosse en pleine migration. Les *islas* sont aussi réputées pour la **Playa Secreta**, située sur l'île de l'est. Celle-ci se cache au sein d'un cratère volcanique ; pour y accéder, il faut traverser un vieux tunnel de lave long de 200 m à la nage. L'accès (du mercredi au samedi uniquement) est limité à 116 visiteurs par jour, âgés de 10 à 65 ans, et bons nageurs. Sur l'île de l'ouest, la superbe **Playa La Nopalera** est plus facile à rejoindre.

Parmi les nombreux opérateurs de l'Avenida de Anclote à Punta de Mita, **Carillo Tours** propose des excursions à Islas Marietas avec snorkeling et accès à la Playa Secreta. Pour une aventure au milieu des créatures marines, réservez une journée entière de plongée avec **Vallarta Undersea**. Certains sites de plongée des *islas* sont adaptés aux plongeurs récemment certifiées PADI, d'autres nécessitent plus d'expérience.

LES MEILLEURS RESTAURANTS DE PUNTA DE MITA

Norma's Tacos
Norma nous régale de tacos garnis d'*asada*, d'*adobada* (viande marinée dans l'adobo), de tripes et de chorizo dans cette *taquería* appréciée du voisinage. $

Teresa's Tacos
Festin de tacos, *quesadillas*, burritos et *enchiladas* garnis d'*asada*, de poulet, de *deshebrada* (bœuf effiloché) et de légumes. $

ParrotFish
Makis créatifs et macaronis fromage-langouste enchantent les clients de ce temple des produits de la mer. $$

Tuna Blanca
Délicieuse cuisine terre-mer avec vue sur l'océan. Le menu de dégustation enchante les gourmets. Réservations recommandées. $$$

COMMENT CIRCULER

Des bus réguliers connectent Puerto Vallarta à Sayulita, Punta de Mita, San Blas et autres destinations au nord de la ville. Arrêt de bus près du Walmart jouxtant la route 200, vers Marina Vallarta. Les combis et *colectivos* empruntent les mêmes routes. Faites-leur signe.

Les bus longue distance Primera Plus partent du Terminal de Autobuses de Vallarta pour relier cette dernière à Melaque (certains vont jusqu'à Barra de Navidad), mais il reste plus pratique d'avoir son propre véhicule pour visiter les petits villages de la Costalegre. Bus pour Mazatlán, Mexico et plus à la gare routière de Vallarta.

TRONCONES

Destination de surf de classe mondiale toute l'année (idéale pour les débutants de novembre à mars), Troncones a réussi à conserver son charme, sa tranquillité et à éviter le surdéveloppement. La longue route qui longe la mer entre le bourg et le village de pêcheurs de La Majahua est tout de même bordée de boutique-hôtels, restaurants fusion, maisons d'expatriés et écoles de yoga. Avec le ralentissement du tourisme international lié à la pandémie de 2020, des Mexicains aisés des grandes villes ont à leur tour "découvert" Troncones.

L'attrait des lieux est évident : plages immaculées, dont la longue bande de sable de La Majahua, atmosphère détendue et possibilités de surf pour tous les niveaux. Si surfer et vous la couler douce ne vous suffisent pas, vous pourrez faire du VTT dans les montagnes ou du kayak dans les mangroves côtières et les estuaires, aller voir des pétroglyphes dans une grotte et faire trempette dans des sources chaudes. Tempêtes tropicales et ouragans sont fréquents de juillet à fin octobre, et certains commerces de Troncones préfèrent alors fermer.

Pour les infos pratiques, voir le Carnet d'adresses p. 587

À SAVOIR

Troncones est assez étendue ; louez un vélo ou venez en voiture si vous ne voulez pas passer votre temps à marcher.

À cheval sur la plage, Troncones

VOIR
1 Boca de Lagunillas
2 Cueva de Majahua

ACTIVITÉS, COURS ET CIRCUITS ORGANISÉS
3 Capitan Mantaraya
4 Costa Nativa Ecotours
5 Prime Surfboards
6 Troncones Point
7 Tsunami Surf

Surf à Troncones

LES PLUS BELLES VAGUES DE TRONCONES

On fait du **surf toute l'année** à Troncones, et vous n'aurez pas besoin d'aller bien loin pour trouver la vague parfaite. La plage déserte de plusieurs kilomètres s'étendant du village de Troncones à Troncones Point est bordée de bancs de sable qui créent des *breaks* en gauche et en droite réguliers (dont un juste devant la Casa Oasis). Ces vagues courtes et intenses sont idéales pour les surfeurs de niveaux intermédiaire et avancé, surtout en *shortboard* (renseignez-vous sur les zones rocheuses auprès des surfeurs locaux et méfiez-vous des rochers en été).

Les adeptes du *longboard* se donnent rendez-vous à **Troncones Point** pour surfer l'un des meilleurs *point breaks* en gauche du Mexique. Lorsque la vague est petite, on la prend juste au-dessus des rochers (et des oursins) pour une descente abrupte et rapide le long d'un récif peu profond. Lorsqu'elle est grande, elle est splendide, puissante, et roule sur la moitié de

LES MEILLEURS RESTAURANTS DE TRONCONES

Brisas Mexicanas
Une *marisquería* (restaurant de produits de la mer) les pieds dans l'eau servant la pêche du jour (*al ajillo* ou panée) et de l'*aguachile*. $

La Mexicana
Agréable restaurant avec concerts le jeudi et une cuisine fusion créative (mahi-mahi et quinoa, *chile en nogada* végétarien). $$

Chencho's
Cuisine mexicaine traditionnelle : *enchiladas* à la crevette *con salsa verde* et des *chiles rellenos* (piments farcis à la viande ou au fromage). $$

Toro del Mar/Johny's
Savourez du vivaneau grillé ou des crevettes à la noix de coco avec des bananes plantain frites. $$

SURF AU NAYARIT ET SUR LA CÔTE DU MICHOACÁN

En quête de nouveaux spots ? Filez à Sayulita (p. 550) ou Punta de Mita (p. 565), à Nexpa (p. 570) ou La Ticla (p. 571) sur la côte du Michoacán.

OÙ SE LOGER À TRONCONES

Troncones Point Hostel
Auberge de jeunesse dotée de dortoirs douillets, de tentes "de luxe", d'une cuisine/bar sous un *palapa* et de proprios sympas. $

Casa Oasis
Trois appartements tout équipés avec piscine en bord de mer ; idéal pour des séjours de surf longue durée. $$

Lo Sereno
Refuge réservé aux adultes ; chambres vue sur mer, piscine à débordement et restaurant gastronomique. $$$

la baie, formant parfois des rouleaux. L'accès le plus proche est l'auberge de Manzanillo Bay.

Si vous débutez ou que vous souhaitez qu'un expert du coin vous fasse découvrir les meilleurs spots locaux, allez voir Mike Linn chez **Tsunami Surf**. Avec plus de 20 ans d'expérience, c'est un pionnier du surf à Troncones. Passez au bureau de la rue principale pour louer une planche de surf ou de paddle ou pour réserver cours de surf et sorties en bateau vers les meilleurs *breaks*. Autre moniteur apprécié, **Capitan Mantaraya** (parle anglais) propose des cours en groupe et particuliers ainsi que des sorties snorkeling, voile et paddle.

Pour une planche sur mesure, une réparation ou des conseils sur les vagues du coin, passez chez **Prime Surfboards**, côté terre de la route de la plage immédiatement au nord du pont dans le village, pour discuter avec Bruce Grimes, expert en surf.

Kayak sur l'estuaire au petit matin

PAGAYER EN PLEINE NATURE

Les tours en kayak sur l'**estuaire de la Boca de Lagunillas** sont idéals pour admirer la faune et la flore locale. Embarquez à l'aube avec l'un des quatre guides de **Costa Nativa Ecotours**, qui propose des expéditions écoresponsables au cœur des mangroves, où vous pourrez apercevoir de nombreux oiseaux tels que des ibis et des aigrettes, ainsi que des iguanes, des tortues et bien d'autres espèces peuplant l'estuaire.

Randonnée dans la Sierra Madre et exploration de la grotte de Majahua

GROTTES, PÉTROGLYPHES ET CASCADES

Une randonnée modérément éprouvante d'une demi-journée à travers la forêt jusqu'à la **Cueva de Majahua** vaut la peine de s'éloigner un peu de l'océan. **Costa Nativa Ecotours** est l'un des opérateurs locaux proposant des excursions en petits groupes vers cette grotte proche du sommet de la chaîne montagneuse voisine, la Sierra Madre. Dans la grotte, des pétroglyphes vieux de plusieurs millénaires, superbement préservés, laissent à penser que l'endroit était utilisé par les premiers habitants de la région comme centre cérémoniel et observatoire astronomique afin de prédire les cycles de pluie et de sécheresse. La chambre principale de la grotte calcaire abrite d'impressionnantes stalactites étagées sur plusieurs niveaux.

Une randonnée moins exigeante d'une demi-journée mène de Troncones à l'**estuaire de la Boca de Lagunillas** puis à la **cascade El Salto** pour une baignade dans son profond bassin avant un déjeuner traditionnel chez l'habitant dans le petit village de **Boca**.

PAROLE D'HABITANTS : NOS RESTAURANTS PRÉFÉRÉS

Tom Donne et Lizzett Blanco, propriétaires du Troncones Point Hostel

Indigo
Un endroit chic idéal pour un rendez-vous galant. Steaks argentins, pizzas délicieuses, belle atmosphère. L'une des meilleures tables de Troncones.

Cenaduria Rufi
Cuisine maison délicieuse et bon marché dans le village de Troncones. Il y a plusieurs autres *cenadurias* tout autour.

Café Pacifico
Copieux petits-déjeuners mexicains, bon café et savoureux tacos de poisson.

COMMENT CIRCULER

Des navettes circulent entre Troncones et la sortie de la route 200, d'où l'on peut prendre des bus pour Zihuatanejo à l'est et pour Lázaro Cárdenas à l'ouest (pour remonter la côte du Michoacán).

Environs de Troncones

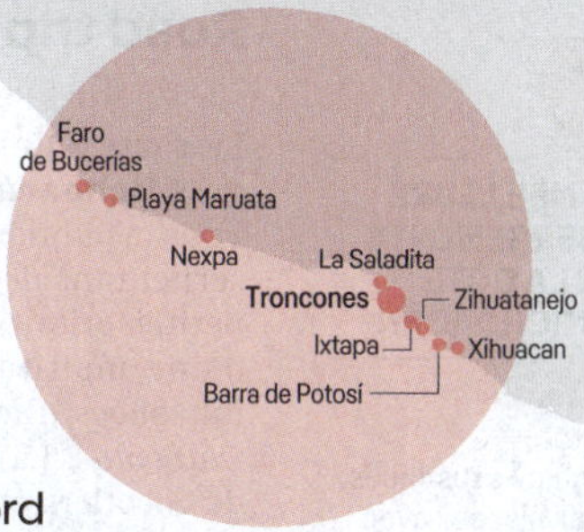

La côte sauvage du Michoacán au nord de Troncones est idéale pour le surf et les aventures hors des sentiers battus. Prenez le temps de profiter des paysages.

À 30 minutes de route au sud de Troncones, Ixtapa est une station balnéaire classique avec un front de mer très construit. Célèbre grâce au film *Les Évadés*, la ville voisine de Zihuatanejo est bien plus jolie, avec sa superbe baie et son charme historique. Plus au sud, on trouve Xihuacan, une ancienne cité en cours de fouilles, et la Laguna de Potosí, peuplée de centaines d'oiseaux et flanquée d'un petit village.

Peu de voyageurs, hormis les surfeurs, partent vers le nord de Troncones pour explorer la côte du Michoacán, très peu peuplée et bien préservée, car la région est réputée dangereuse. Mais s'y aventurer comporte son lot de récompenses : ici, les montagnes de la Sierra de Coalcomán plongent dans l'océan et le littoral sauvage est émaillé de plages désertes.

Pour les infos pratiques, voir le Carnet d'adresses p. 588

À SAVOIR

Roulez plutôt le matin le long de la côte du Michoacán pour éviter des barrages routiers inopinés. Ne roulez jamais de nuit.

Playa Madera (p. 572)

LES MEILLEURS HÉBERGEMENTS SUR LA CÔTE DU MICHOACÁN

Cabañas Alba (Nexpa)
Bungalows rustiques à deux niveaux avec cuisine et vue sur l'océan. Restaurant saisonnier et *temazcal*. $

Enramada Quirino García (Playa Maruata)
Le meilleur camping de Maruata, avec tentes à louer, salles d'eau propres et un restaurant servant des repas maison. $

Enramada y Cabañas Mauricia (Faro de Bucerías)
Cabañas douillettes au nord de la plage, avec d'excellents produits de la mer préparés à quelques mètres. $

Parador Turistico de Ticla
Bungalows à toit de chaume en face du *break*, basiques mais confortables, et un bon restaurant. $$

Road trip sur la côte du Michoacán

LITTORAL SAUVAGE ET SPOTS DE SURF

La route 200 longe la quasi-totalité des 250 km du littoral du **Michoacán**, l'un des plus beaux États du Mexique. Vous n'oublierez pas de sitôt le road trip sur ces lacets serpentant de plage en plage – vastes étendues de sable, petites criques rocheuses et majestueux estuaires peuplés d'une multitude d'oiseaux. De nombreuses plages sont inhabitées, d'autres peuplées de communautés essentiellement *indígenas*. La route est bordée de plantations de mangues, de cocotiers et de bananiers, et au-delà, vers l'intérieur des terres, pointent les sommets verdoyants de la Sierra Madre del Sur. Peu de voyageurs ont l'occasion de voir ces paysages en raison de la réputation de la région (voir p. 571), et parce que le trajet est solitaire et isolé – il y a très peu de réseau, et dans certains villages le seul moyen de joindre le monde extérieur est d'acheter un mot de passe pour le Wi-Fi le plus lent du monde. Mais ces obstacles sont le prix à payer pour des récompenses mémorables.

Au km 55,6, au nord du Puente Nexpa et à 1 km de la route 200 par une route pavée inégale, se trouve la paisible localité de **Nexpa**, balayée par les embruns. C'est depuis longtemps un repaire de surfeurs, qu'elle attire par sa barre de sable et sa longue gauche déferlant à l'embouchure du fleuve, qui peut atteindre près de 4 m (*double overhead*) et offrir des *rides* de 500 m ou plus.

Avec ses eaux turquoise limpides et son sable doré, la **Playa Maruata** (km 150) est la plus belle plage de tout le Michoacán. Ce village de pêcheurs nahuas attire hippies et amateurs de plage d'un peu partout. C'est un endroit paisible et convivial, où il fait bon camper en amoureux ou bouquiner au soleil. La plage est un important site de ponte pour les tortues vertes (la nuit, de juillet à décembre). Le village compte en fait trois plages. Celle de gauche (à l'est), est un croissant immaculé de 3 km de sable blond et de vagues tranquilles. Celle du milieu, abritée par une pointe rocheuse criblée de grottes, de tunnels et de puits, avec en face l'étonnant Dedo de Dios (Doigt de Dieu) jaillissant de la mer, est réservée aux bons nageurs. La dernière plage, côté ouest, est appelée Playa de los Muertos (plage des Morts) en raison de ses courants dangereux et de ses vagues féroces. Nichée au creux d'une crique, elle se prête à une promenade sur le sable et au naturisme discret, mais prenez garde à ne pas vous faire surprendre par la marée.

Faro de Bucerías (km 173) est une plage de sable doré en pente raide battue par les vagues. Côté sud, l'eau est suffisamment calme pour y barboter. Les Nahuas peuplant

OÙ SE RESTAURER SUR LA CÔTE DU MICHOACÁN

Lksa del Taco (La Ticla)
Établissement familial en bord de plage servant de délicieux tacos de poisson, des pizzas et des petits-déjeuners corrects. $

Mariscos El Gran Márquez (Faro de Bucerías)
Crevettes cuisinées à toutes les sauces dans cette *enramada* en bord de plage. $

El Hotel Parador (San Juan de Alima)
Produits de la mer délicieux : *camarones zarandeados* (crevettes en sauce). $$

Faro de Bucerías

l'endroit gèrent quelques *palapas* de produits de la mer ainsi que des campings où vous pourrez louer une tente sous une *palapa* et vivre pieds nus aussi longtemps que vous le souhaitez.

Autre spot apprécié des surfeurs, **La Ticla** (Km 187), à 2,5 km de la route principale, est un petit village poussiéreux et délabré, mais célèbre pour son exceptionnel *point break* en gauche, qui semble ne jamais finir. La longue plage est coupée en deux par une rivière où l'on peut se baigner, et des *palapas* servent des produits de la mer.

"Hang ten" à La Saladita

UN BREAK DE SURF LÉGENDAIRE

La Saladita fait penser à Malibu dans les années 1960. On passerait des heures à regarder surfeurs et surfeuses en *longboard* exécuter des *hang ten* (figure consistant à s'agripper à l'avant de la planche avec ses orteils) lors des *rides* infinis de cette machine à vagues, également surnommée Ubilam (Malibu à l'envers), un magnifique *point break* cassant doucement en gauche. On croirait presque entendre les Beach Boys chanter *Surfin' USA* à l'arrière-plan. Les vagues encore plus douces cassant au sud du *break* principal sont idéales pour les débutants.

VOYAGER EN SÉCURITÉ DANS LE MICHOACÁN

Les 150 km de côte du Michoacán entre Las Brisas et Caleta de Campos ont longtemps été contrôlés par les cartels. À la suite de guerres des gangs et d'opérations du gouvernement, ces organisations ont été démantelées, ce qui n'a pas fait disparaître leurs trafics. Des groupes "d'autodéfense" opèrent également dans la région : il peut s'agir de villageois se défendant contre les cartels ou d'habitants militant pour différentes causes. Il n'y a ni postes de police ni bases militaires, seulement d'occasionnels points de contrôle militaires. La situation évolue constamment.

Les cartels ne ciblent pas les touristes. Cependant, ne conduisez jamais la nuit et attendez-vous à ne pas avoir de réseau et à rester bloqué quelques heures, voire jours, par des barrages routiers inopinés. Renseignez-vous sur place sur les "points chauds" à éviter.

OÙ SE LOGER ET SE RESTAURER À LA SALADITA

Saladita Beachside Inn
Trois belles chambres avec vue sur la baie. Cuisine commune, hamacs, planches de surf et du très bon café. **$$**

La Casita
En sortant de l'eau, détendez-vous dans cette *casita* douillette et préparez votre dîner dans la cuisine en plein air. **$$**

Lourdes Bar & Grill
Adresse sur l'océan appréciée des surfeurs pour ses pizzas au feu de bois, tacos de poisson, *fajitas*, smoothies et bières. **$$**

LES MEILLEURS RESTAURANTS DE ZIHUATANEJO

Restaurante Mexicanos Any
Décor folklorique et cuisine traditionnelle du Guerrero, avec des plats aux œufs et *nopal* ou encore du *pozole* (soupe ou mijoté). $$

Angustina
Associez de délicieux ceviches et autres recettes de poisson à de bons cocktails maison au mezcal (*mezcaltinis, mazcalinas,* mojitos au mezcal...). $$

Bistro del Mar
Au bord des vagues, ce bistrot éclairé à la bougie mêle saveurs latines, européennes et asiatiques à base de produits de la mer de la région. $$

El Suspiro
Superbe thon grillé, risottos, pâtes et autres plats méditerranéens, à savourer dans une salle à flanc de colline devant le coucher du soleil. $$$

WIRESTOCK CREATORS/SHUTTERSTOCK ©

Playa La Ropa

La Saladita est à 25 minutes de route au nord de Troncones en prenant la route 200 vers Los Llanos, mais si votre voiture a une garde au sol suffisante vous pourrez mettre 20 minutes en coupant par une jolie route secondaire qui traverse deux rivières peu profondes.

Zihuatanejo : des vagues et plus encore

PLAGES ET SPORTS NAUTIQUES

Au bord d'une magnifique baie, **Zihuatanejo**, ou Zihua pour les intimes, est un ancien village de pêcheurs traditionnel devenu ville balnéaire animée dans les années 1970, sans perdre pour autant de son charme historique. Les pêcheurs se rassemblent toujours chaque matin sur la plage bordant le **Paseo del Pescador** (promenade du pêcheur) pour vendre leurs prises du jour, et le soir, les habitants viennent se promener sur le front de mer. Dans les ruelles pavées du centre se nichent *taquerías*, restaurants, bars, boutiques et ateliers d'artisans, tandis qu'au sud, des hébergements de charme occupent les collines verdoyantes surplombant les plages de sable blanc. Pas étonnant qu'Andy et Red aient choisi cet endroit pour leurs vieux jours dans *Les Évadés* (ne cherchez pas, la scène finale du film a en fait été tournée aux îles Vierges).

Les plages comptent pour beaucoup dans l'attrait de Zihua. La **Playa Municipal**, en centre-ville, est pratique si vous logez dans le quartier, mais l'eau est plus propre ailleurs dans la baie. En marchant 5 minutes vers l'est le long de la promenade, vous atteindrez la **Playa Madera**, réputée pour ses eaux peu profondes propices à la baignade.

OÙ SE LOGER PAS CHER À ZIHUATANEJO

Hotel del Pescador
Hôtel du centre coloré avec des chambres spacieuses, dotées de ventilateurs et surplombant le *malecón*. $

Hotel Adelita
Chambres doubles, triples et familiales spacieuses à une rue du front de mer. Équipe sympathique. $

Hotel JB
Sympathique et bon marché près de la Playa La Ropa, avec chambres colorées et piscine entourée de hamacs. $

De Playa Madera, traversez une colline escarpée en marchant 20 minutes le long d'une belle route offrant des panoramas spectaculaires sur l'océan pour rejoindre la **Playa La Ropa**. Certains des meilleurs hôtels et restaurants de la ville sont regroupés autour de la longue plage de sable blanc. Vous pourrez louer une planche de paddle chez **Badfish** et vous la faire apporter jusqu'à la Playa La Ropa, dont les eaux calmes (le matin surtout) sont idéales pour faire du paddle, du ski nautique ou se baigner.

De l'autre côté de la baie, la **Playa Las Gatas** est une plage protégée, bondée pendant les vacances d'été (juillet-août) et d'hiver des Mexicains. Lorsqu'il y a moins de monde, c'est un bon endroit pour faire du snorkeling. Les bateaux pour Las Gatas (aller-retour 80 $M) partent du ponton principal de Zihuatanejo, où vous pourrez aussi réserver des excursions à la journée de pêche en haute mer (autour de 4 500 $M jusqu'à 4 personnes) pour tenter d'attraper espadons voiliers (toute l'année), marlins bleus ou noirs (mars-mai), poissons-coqs (septembre-octobre), thazards noirs (octobre), mahis-mahis (novembre-décembre) et thazards atlantiques (décembre).

Pour des grosses vagues et des balades à cheval, cap sur la **Playa Larga**, à 12 km au sud du centre-ville. Prenez un combi pour "Coacoyul" à l'angle de Juárez et de Gonzalez et descendez à l'intersection pour la Playa Larga, puis prenez un autre combi jusqu'à la plage.

Près de la Playa Larga, la **Playa Manzanillo** est l'un des meilleurs spots de snorkeling de la région, avec moins de visiteurs que la très populaire Playa Las Gatas. La vie marine y est abondante en raison de la convergence des courants, et la visibilité est souvent très bonne – jusqu'à 35 m pendant les mois les plus secs. On accède à la plage en bateau.

Un aperçu du passé de Zihua

MUSÉE ARCHÉOLOGIQUE

Lors d'une promenade sur le *malecón* dans le centre de Zihuatanejo, faites un tour au **Museo Arqueológico de la Costa Grande**. Cet intéressant petit musée offre un aperçu de l'histoire, des sites archéologiques et des cultures préhispaniques de la côte du Guerrero, des premiers peuplements humains à l'arrivée des conquistadors espagnols. Réparties autour d'une cour centrale, les 6 salles exposent bijoux, outils en pierre, pétroglyphes et céramiques en provenance de sites archéologiques majeurs comme Tierras Prietas et Cerro de la Madera et dans lesquels on retrouve des éléments olmèques, de Teotihuacán, tarasques et aztèques. Explications en espagnol, mais un dépliant en anglais est disponible.

MEILLEURES ADRESSES DE CUISINE DE RUE NOCTURNES À ZIHUATANEJO

La Flechita Roja
Institution ouverte 24h/24 incarnant la cuisine mexicaine "du museau à la queue", avec des yeux, de la langue et d'autres parties servis sur des tortillas fraîches. $

Taquería Mi Barrio
On s'assoit dans cette *taquería* pour savourer de copieux *tacos de suadero*, *lengua* (langue) et *barbacoa*, ainsi qu'une multitude de *tacos especiales*. $

La Papa Loca
Pommes de terre au four garnies de fromage fondu, de *pastor* (porc mariné), de crème et d'autres délices. $

Taquería Mi Ranchito
Tacos et *quesadillas*, copieusement garnis de chorizo, *pastor*, *bistec* ou *tripa*. Fermé le mercredi. $

OÙ PRENDRE UN VERRE À ZIHUATANEJO

Tasting Room por Capricho del Rey
Ce petit bar sert les quatre bières brassées à Zihua ainsi que des bières du Guerrero.

Barracuda Bar
Rejoignez les habitants pour siroter de gigantesques margaritas devant le match sur grand écran.

Bar La Playa
Atmosphère conviviale, bières fraîches et cheeseburgers géants sont les atouts de ce bar tenu en famille.

LES MEILLEURS BOUTIQUES-HÔTELS DE ZIHUATANEJO

Hotel Tentaciones
Retraite pour adultes tout en marbre, chaume et fontaines, avec des chambres lumineuses et épurées. Superbe restaurant. $$$

Solana Boutique B&B
Trinquez au coucher du soleil dans la piscine à débordement surplombant la baie avant de regagner votre élégant studio au cœur de jardins luxuriants. $$$

La Casa Que Canta
Hôtel pour adultes, situé au sommet des falaises et coiffé d'un toit de chaume. Les suites avec vue sur la mer sont magnifiques ; certaines ont une terrasse privée avec piscine. $$$

Amuleto
Hôtel design avec cinq suites habillées de pierre, de céramique et de bois. Le restaurant fusion vaut le détour. $$$

Démons, café et tapis tissés main

SHOPPING À ZIHUATANEJO

Plusieurs rues du centre de Zihua – en particulier les plus proches du front de mer – sont émaillées de boutiques vendant de tout (matériel de surf de qualité, bijoux en argent, café bio, etc.). Même dans le grand **Mercado de Artesanías** (marché d'artisans) installé Calle 5 de Mayo, spécialisé dans les babioles produites en série (dans le genre Tee-shirts "Eat My Burrito"), on peut dénicher des objets artisanaux de qualité, comme des animaux sculptés en bois de fer du Sonora et des sacs tissés avec des matériaux recyclés. Quelques boutiques sortent du lot.

Démons, anges, jaguars et autres créatures fantastiques vous observent depuis la façade d'**El Jumil**, sur le Paseo del Pescador. Ces masques artisanaux de l'État du Guerrero sont surtout utilisés lors des fêtes de la région, mais il y a aussi des pièces décoratives sculptées dans des crânes de bovins, des masques contemporains évoquant l'esthétique *steampunk* et des sculptures antiques en bois de Jaliaca de Campo représentant les sept péchés capitaux.

Pour tout ce qui est en tissu – *sarapes* (ponchos), tapis et hamacs de haute qualité – cap sur **La Zapoteca**, près du port des pêcheurs. Tout provient de Teotitlán del Valle, dans le Oaxaca, un village réputé pour la qualité de ses textiles.

La boutique du **Café Caracol**, Calle Álvarez, vend trois variétés de délicieux café bio du village d'Atoyac de Álvarez, dans l'État du Guerrero, ainsi que de la vanille et du miel. Dégustation possible sur place.

Plaisirs en bord de mer à Ixtapa

VILLE BALNÉAIRE

Toute proche de Zihuatanejo, **Ixtapa** n'était qu'une vaste plantation de cocotiers jusqu'à sa transformation en station balnéaire à la Cancún dans les années 1970. Le résultat est une jolie plage de sable doré, la **Playa El Palmar**, bordée d'un chapelet d'immenses hôtels et d'agences de parachute ascensionnel, mais sans vraie vie locale. Ixtapa reste un endroit agréable, apprécié des visiteurs en quête d'une escapade balnéaire sans tracas. Des bateaux partent régulièrement de la Playa Linda, une plage de sable gris au nord d'Ixtapa, vers l'**Isla Ixtapa**, dont les eaux turquoise limpides bordant la **Playa Varadero**, la plage principale, sont idéales pour le snorkeling. La **Playa Corales**, à l'arrière de l'île, est plus tranquille, avec du sable blanc mais des eaux plus agitées. Les restaurants de produits de la mer à toit de chaume (*enramadas*) invitent à déjeuner au bord de l'eau.

OÙ SE LOGER À IXTAPA

Villas Victoria
Pension familiale près du Mirador Ixtapa, avec des chambres douillettes. Assez loin de la plage. $

Barceló Ixtapa
Hôtel-spa***** tout compris en bord de plage, avec plusieurs restaurants, bars et piscines. Les villas sont plus intimes. $$$

Hotel Posada Real Ixtapa
Plusieurs piscines et des équipements pour les familles dans cet hôtel du front de mer proche du golf d'Ixtapa. $$$

Littoral d'Ixtapa

Observation des oiseaux et snorkeling à Barra de Potosí

BÊTES À PLUMES ET À ÉCAILLES

Le paisible village de pêcheurs de **Barra de Potosí**, à 26 km au sud-est de Zihuatanejo, est posé tout au bout de la Playa Larga, une longue plage de sable blanc bordée de palmiers à l'embouchure de la **Laguna de Potosí**. Cette lagune aux eaux saumâtres, longue de 6,5 km, est entourée de mangroves et peuplée d'au moins 212 espèces d'oiseaux, dont des hérons, des martins-pêcheurs, des cormorans et des pélicans.

Dans les terres, à 3,5 km au nord du village, **El Refugio de Potosí** est un refuge pour animaux de 7 ha qui soigne des animaux blessés (tatous, chats sauvages, coatis et loutres), qui élève papillons et perroquets et qui sensibilise la population locale à l'écologie. La réserve abrite aras macao et iguanes, ainsi qu'un impressionnant squelette de cachalot de 18 m de long. Le refuge n'est accessible au public que le week-end, mais peut se visiter en semaine si vous êtes accompagné d'un guide.

Installée au Restaurante Rosita, la guide anglophone **Araceli "Cheli" Oregón** propose des croisières de deux heures sur la lagune pour observer oiseaux et crocodiles. Elle organise aussi des sessions snorkeling de 4 heures et des sorties de pêche de 6 heures. Vous pourrez également combiner oiseaux et animaux marins lors d'excursions aux **Morros de Potosí**, d'énormes parois rocheuses couvertes de guano à 20 minutes en bateau du rivage. Les bateaux font le tour des Morros, permettant d'observer les nombreux oiseaux marins qui y nichent, avant de poursuivre vers la Playa Manzanillo (p. 573), dont les eaux qui regorgent de poissons de récif offrent une excellente visibilité.

LES MEILLEURS BARS ET RESTAURANTS D'IXTAPA

Generals Sports Bar
Visiteurs et habitants jouent des coudes devant le match sur grand écran en buvant des Pacíficos extra-fraîches. $

Ruben's Hamburgers
Burgers avec fromage fondu, oignons grillés et bacon, accompagnés de *chayotes* (figues de barbarie) au four. $

Lili Cipriani
Le meilleur restaurant d'Isla Ixtapa, avec poisson grillé, tortillas maison, *habanero* épicé, et *salsa* au *chile de arbol*. $$

Mariscos El Tiburón de la Costa
Les plateaux de fruits de mer, poissons grillés et plats à la crevette sont accompagnés de margaritas. $$

OÙ SE LOGER ET SE RESTAURER À BARRA DE POTOSÍ

Enramada Rosita
Posez vos pieds sur le sable et savourez les *aguachiles*, ceviches et poissons grillés de cet excellent restaurant. $

Bungalows Solecito
Suites et élégants bungalows tout équipés avec vue sur l'océan, autour d'une piscine dans un jardin tropical. $$

La Casa del Encanto
Labyrinthe de chambres colorées, avec hamacs, fontaines et escaliers éclairés à la bougie. $$

LÂCHER DE TORTUES MARINES

La portion de côte du Guerrero qui englobe Troncones, Ixtapa et Zihuatanejo est une zone de nidification vitale pour les tortues luths et olivâtres, deux espèces menacées. Chaque année, entre juin et novembre, elles viennent pondre leurs œufs sur les plages, l'éclosion ayant généralement lieu entre août et début novembre. Compte tenu des prédateurs terrestres et marins, ainsi que des braconniers qui volent les œufs, les chances d'un bébé tortue d'atteindre l'âge adulte sont d'environ 1 sur 1 000. Les camps de protection des tortues de la côte, notamment le **Campamento Tortuguero Ayotlcalli** près de Zihuatanejo et le **Campamento de Tortugas Majahua** de Troncones, font de leur mieux pour maximiser les chances de survie des jeunes tortues. Les visiteurs peuvent participer aux lâchers entre août et mars.

GLASS AND NATURE / SHUTTERSTOCK ©

Côte du Guerrero

Site historique à Soledad de Maciel

UNE CITÉ ANTIQUE DIGNE DE TEOTIHUACÁN

Le village de Soledad de Maciel, surnommé “La Chole” dans la région, est bâti sur le site archéologique de **Xihuacan**, le plus vaste et le plus important de l'État du Guerrero. Depuis le début des fouilles en 2007, les archéologues ont mis au jour une place, un terrain de jeu de balle et 3 pyramides (dont une surmontée de 5 temples), tous construits par des cultures préhispaniques dont les Tepoztèques, les Cuitlatèques et les Tomiles. Sur place, on peut visiter le terrain de jeu de balle, à 500 m au sud du Museo de Sitio Xihuacan, ainsi que la pyramide Montículo B, récemment mise au jour à 300 m derrière le terrain de jeu.

La cité antique de Xihuacan, qui daterait de 800 av. J.-C., atteignit son apogée entre le IIIe et le IXe siècle. C'était alors la ville la plus peuplée entre Acapulco et Zacatula, ainsi qu'un centre cérémoniel important, où différents dieux étaient vénérés par des peuples préhispaniques tels que les Cuitlatèques, les Tarasques, les Mixtèques, les Aztèques, les Zapotèques et les Totonaques. Des pétroglyphes retrouvés sur le site suggèrent une influence olmèque encore plus ancienne, tandis qu'une pierre circulaire et des restes humains laissent penser que des sacrifices humains y étaient pratiqués.

L'Instituto Nacional de Antropología e Historia affirme que les vestiges de Xihuacan, qui s'étendent des périodes préclassique à postclassique de la chronologie mésoaméricaine, rivalisent avec ceux de Teotihuacán ou Chichén Itzá en termes d'importance. Les découvertes faites sur le site suggèrent que Xihuacan entretenait des relations commerciales de longue date avec Teotihuacán.

Xihuacan fut abandonnée autour de l'an 850 après qu'un tsunami dévastateur eut enseveli sous des tonnes de sable une grande partie de la cité, dont son palais, ses pyramides et le terrain de jeu de balle de 55 m de long – le plus vaste du Mexique après celui de Chichén Itzá.

ARTURO PEÑA ROMANO MEDINA/ISTOCKPHOTO.COM ©

Pyramide, Soledad de Maciel

Près de Xihuacan, le **Museo de Sitio Xihuacan** expose des artéfacts retrouvés sur le site, dont deux anneaux de granit du terrain de jeu de balle. Parmi les pièces maîtresses du musée, citons une pierre gravée du nom de la ville à la fin de la période préhispanique et une pierre circulaire ornée d'une représentation de Tlaltecuhtli, divinité qui dévorait dieux et hommes à la fin de leurs cycles de vie.

Soledad de Maciel se trouve à 33 km au sud-est de Zihuatanejo, vers le sud, par la route 200. De l'embranchement bien signalisé au km 214, une route suit la côte sur 4 km jusqu'au musée, puis continue sur 1 km pour atteindre le site archéologique et le village.

N'importe quel bus partant vers le sud en direction de Petatlán ou d'Acapulco vous y mènera ; demandez à descendre au carrefour de la route pour "La Chole", où vous pourrez monter à bord d'une *camioneta* (pick-up ; 10 $M) pour rejoindre le village.

COMMENT CIRCULER

De nombreux bus circulent sur la route 200 entre Zihuatanejo et Lázaro Cárdenas via la station balnéaire d'Ixtapa, et entre Zihuatanejo et Acapulco côté sud. Pour Xihuacan et Barra de Potosí, il est préférable d'avoir une voiture, même si les bus à destination de Petatlán et Acapulco peuvent vous déposer aux embranchements des deux villes.

On peut également se rendre à Xihuacan avec un circuit organisé.

Au nord de Troncones, une voiture devient vraiment nécessaire. Lorsqu'il n'y a pas de barrages routiers sur la route de la côte du Michoacán, un bus relie quotidiennement Lázaro Cárdenas au port de pêche de Manzanillo, mais une voiture est indispensable pour atteindre les spots de surf et les villages bordant la route 200.

Carnet d'adresses

À faire · Se restaurer · Prendre un verre · Shopping · Se loger · Sortir

MAZATLÁN

Catedral de la Inmaculada Concepción
Voir p. 529 (669 981 3352 ; www.facebook.com/CatedralMazatlan ; 21 de Marzo)

Gran Acuario Mazatlán
Voir p. 526 (669 689 0501 ; granacuario.com ; Av De los Deportes 111 ; tarif plein/enfant 380/280 $M ; 10h-18h tlj)

Mazatlán International Center
Voir p. 526 (669 989 6060 ; mazatlaninternationalcenter.com ; Av del Delfin 6303)

Museo Arqueológico de Mazatlán
Voir p. 528 (669 981 1455 ; mediateca.inah.gob.mx/islandora_74/islandora/object/museo%3A1430 ; Sixto Osuna 76 ; tarif 70 $M ; 10h-17h mar-dim)

Teatro Ángela Peralta
Voir p. 529 (669 982 4446 ; www.facebook.com/TeatroAngelaPeralta ; Carnaval s/n)

Casa de Leyendas
Voir p. 526 (669 981 6180 ; www.casadeleyendas.net ; Venustiano Carranza 4)

Inn at Mazatlán Resort & Spa
Voir p. 530 (669 913 5500 ; www.theinnmazatlan.com ; Av Camarón Sábalo 6291)

Las 7 Maravillas
Voir p. 526 (669 136 0646 ; www.las7maravillas.com ; Av Las Palmas 1)

Motel Marley
Voir p. 530 (669 913 5533 ; www.facebook.com/pages/Hotel-Marley/553343774699654 ; Av Gaviotas 226)

Villa Serena Centro
Voir p. 526 (334 162 0131 ; www.villaserenach.com ; Calle Heriberto Frías 1610)

Wandering Monkey Guesthouse
Voir p. 530 (669 431 3421 ; www.wanderingmonkey.info ; Calle Cerro Boludo 112)

Flavor Teller tour
Voir p. 530 (669 142 6890 ; www.flavorteller.com ; tour 65 $M/pers, à partir de 2 pers ; Plazuela Machado)

Cenaduria Chayito
Voir p. 527 (669 982 6723 ; cenaduriachayitomx.com ; Teniente José Azueta 2407 ; 8h-22h30 tlj)

El Muchacho Alegre
Voir p. 527 (669 222 4170 ; www.facebook.com/elmuchachoalegremzt ; Paseo Claussen 46 ; 9h-2h tlj)

F.I.S.H.
Voir p. 531 (669 916 3474 ; www.facebook.com/FISHMazatlan ; Av Gabriel Ruiz Local 3 ; 12h-22h lun, mer, dim et 12h-23h jeu-sam)

La Olivia
Voir p. 527 (669 985 0642 ; www.la-olivia.business.site ; Belisario Domínguez 1216 ; 8h-14h30 jeu-mar)

Looney Bean
Voir p. 527 (669 150 2192 ; looneybeanmzt.com ; Paseo Olas Altas 166-G ; 7h-22h tlj)

Los Arcos
Voir p. 531 (669 913 9577 ; restaurantlosarcos.com ; Av Camarón Sábalo 1019 ; 12h-23h30 tlj)

Mi Ranchito Los Osuna
Voir p. 531 (667 170 9517 ; miranchitolososuna.com, www.facebook.com/MiRanchitoLosOsuna ; Av Rafael Buelna 113 ; 7h30-16h lun-jeu, ven-dim 7h30-18h)

Nao Kitchen Bar
Voir p. 527 (669 176 5854 ; www.facebook.com/naokitchenbar ; Belisario Domínguez 1502C ; 12h-23h mer-lun)

Pancho's
Voir p. 531 (669 914 0911 ; www.facebook.com/panchosrestoran ; Av Playas Gaviotas 408 ; 7h-23h tlj)

Pedro y Lola
Voir p. 527 (669 982 2589 ; www.facebook.com/PedroyLola ; Machado Square ; 17h-23h30 mar-dim)

Rico's Café
Voir p. 531 (669 981 4560, Paseo Olas Altas 1220 ; 669 913 4224 Blvd Marina Mazatlan 2216 ; 669 913 1444, Av Camarón Sábalo ; www.facebook.com/RicosCafeMx ; 7h-23h tlj)

Taquería San Pablo
Voir p. 531 (669 267 7716 ; www.facebook.com/TaqueriaSanPablo.Mzt ; Av Rafael Buelna 115 ; 12h-2h dim-jeu, 12h-5h ven-sam)

Taquería Playa Sur
Voir p. 525 (669 910 3651 ; www.instagram.com/taqueriaplayasur_

oficial ; Av Carnaval 901 ; ⏲18h-0h30 tlj)

Tótem
Voir p. 527 (☎669 933 4379 ; www.totemcafe.mx ; Calle Heriberto Frías 1504 ; ⏲8h-22h30 tlj)

Cervecería Tres Islas
Voir p. 530 (☎669 688 5457 ; www.facebook.com/cerveceriatresislas ; Av Miguel Alemán 923 ; ⏲13h-22h lun-sam)

Joe's Oyster Bar
Voir p. 530 (☎669 983 5333 ; www.facebook.com/JoesOysterBarOficial ; Av Playa Gaviotas 100 ; ⏲9h-4h jeu-dim)

Metl Mezcaleria
Voir p. 530 (☎669 441 5135 ; Blvd Niños Héroes 1503 ; ⏲à partir de 18h mer-dim)

Veintiocho
Voir p. 530 (☎669 668 5026 ; www.facebook.com/VeintiochoBar ; Boca del Mar 28 ; ⏲10h-23h lun, mer-ven, 9h-23h sam-dim)

Casa Etnika
Voir p. 531 (www.facebook.com/CASAETNIKA ; Calle Benito Juárez 1218 ; ⏲10h-19h lun-sam)

Gandarva Bazar
Voir p. 531 (☎669 136 0665 ; www.facebook.com/gandarvabazar ; Constitución 616 ; ⏲9h-20h lun-sam)

Mercado Pino Suárez
Voir p. 530 (www.mercadopino-suarezmazatlan.com ; Melchor Ocampo s/n ; ⏲6h-18h lun-sam, 6h-14h dim)

Nidart
Voir p. 531 (☎669 985 5991 ; www.nidart-gallery.business.site ; angle Libertad 45 et Carnaval ; ⏲9h-15h lun-sam)

Festival de Raicilla
Voir p. 559 (Voir *Environs de Puerto Vallarta* p. 583)

Mexi Log Fest
Voir p. 550 (www.mexilogfest.com)

MARILYN NIEVES/GETTY IMAGES ©

Puerto Vallarta

Vallarta Pride
Voir p. 543 (Voir *Puerto Vallarta* p. 579)

ENVIRONS DE MAZATLÁN

Museo de Lola Beltrán
Voir p. 534 (☎694 117 7774 ; www.facebook.com/people/Museo-Lola-Beltran-Rosario-Pueblo-Mágico ; Calle Benito Juarez s/n, El Rosario ; ⏲ 9h-16h lun-sam, 10h-14h dim)

Las Labradas
Voir p. 533 (☎667 996 8450 ; lugares.inah.gob.mx/es/zonas-arqueologicas/zonas/1814-las-labradas.html ; San Ignacio ; tarif 90 $M, musée du site 50 $M ; ⏲8h-17h lun-jeu, 8h-18h ven-dim ; musée du site 9h-17h)

Museo De Minería
Voir p. 534 (Gabriel Leyva Solano 99, Cosalá ; ⏲8h-17h mar-dim)

Hotel La Gran Tenochtitlán
Voir p. 533 (☎323 235 6203 ; www.facebook.com/people/Hotel-La-Gran-Tenochtitlán/100050764128666 ; Benito Juárez & Venecia, Mexcaltitán)

Hotel Quinta Minera
Voir p. 534 (☎696 965 0222 ; www.facebook.com/HotelQuintaMinera ; Miguel Higalgo 92, Cosalá)

La Camichina
Voir p. 533 (☎323 235 6003 ; www.facebook.com/p/Restaurant-la-camichina-100063863233263 ; Mexcaltitán ; ⏲9h-18h tlj)

Restaurante La Alberca
Voir p. 533 (☎323 235 6026 ; www.facebook.com/areli.2697 ; Mexcaltitán ; plats 70-220 $)

PUERTO VALLARTA

Art Walk
Voir p. 540 (www.puertovallartaartwalk.com)

Galeria Caballito de Mar
Voir p. 541 (☎322 129 5209 ; www.galeriacaballitodemar.com ; Hidalgo 424 ; ⏲10h-18h lun-ven, 10h-15h sam)

Choco Museo
Voir p. 538 (☎322 400 3737 ; www.chocomuseo.com/mexico/puerto-vallarta ; Josefa Ortiz de Domínguez 128 ; ⏲10h30-17h30 lun-sam)

Galeria Alpacora
Voir p. 542 (322 222 4179 ; galeriaalpacora.com.mx ; Ignacio L. Vallarta 226 ; 9h-18h lun-ven)

Galería Colectika
Voir p. 541 (322 222 1007 ; www.peyotepeople.com, www.facebook.com/p/Colectika-100057477158961 ; Guadalupe Sánchez 858 ; 10h-20h lun-ven, 10h-18h sam)

Galerie des Artistes
Voir p. 541 (322 223 0006 ; galeriedesartistes.mx, www.facebook.com/galeriedesartistes ; Leona Vicario 250 ; 11h-23h lun-sam)

Galería de Ollas
Voir p. 541 (322 223 1045 ; galeriadeollas.com ; Corona 176)

Galeria Omar Alonso
Voir p. 541 (322 222 5587 ; galeriaomaralonso.com ; Leona Vicario 249 ; 10h-18h lun-sam)

Jardín Botánico
Voir p. 542 (322 223 6182 ; vbgardens.org ; Carretera Puerto Vallarta ; tarif 300 $M ; 9h-18h tlj sf avr-nov fermé lundi)

Mannmade Mexico
Voir p. 541 (322 182 7453 ; Calle Guadalupe Sánchez 672 ; 11h-17h30 lun-ven, 11h-22h mer)

Museo del Cuale
Voir p. 538 (333 614 5464 ; lugares.inah.gob.mx/es/museos-inah/museo/394-museo-del-cuale,-puerto-vallarta.html?lugar_id=394&lugar_tipo=museos ; Isla de los Niños del Río Coale s/n ; entrée libre ; 9h-17h lun-sam)

Museo Histórico Naval
Voir p. 538 (322 223 5357 ; www.gob.mx/semar ; Calle Zaragoza 4 ; tarif plein/enfant 45/30 $M ; 11h-19h mar-dim)

Galeria Olinala
Voir p. 542 (322 222 4995 ; www.facebook.com/p/Galeria-Olinala-100063578292463 ; Lázaro Cárdenas 274 ; 10h30-17h lun-ven, 10h30-14h sam)

Parroquia de Nuestra Señora de Guadalupe
Voir p. 538 (322 222 1326 ; www.parroquiadeguadalupevallarta.com ; Michel Hidalgo 370 ; 10h-14h et 16h-19h lun-ven, 10h-14h sam)

Posters International
Voir p. 541 (415 115 4616 ; www.rosenbergcollection.com ; Leona Vicario 233 ; 12h-20h mar-dim)

Soñé
Voir p. 547 (329 298 3211 ; www.facebook.com/SoneNayarit ; Calle Lazaro Cardenas 60, Bucerías)

Splash of Glass
Voir p. 547 (329 298 1814 ; www.facebook.com/p/Splash-of-Glass-100057204651708 ; Calle Lázaro Cárdenas 7A, Bucerías ; 10h-15h lun-ven)

Tequila Mama Lucia
Voir p. 539 (329 296 5024 ; Puesta del Sol 197, Mezcales ; 9h-17h lun-ven, 9h-15h sam-dim)

Tierra Huichol Olas Altas
Voir p. 541 (322 113 0323 ; tierrahuichol.com ; Olas Altas 246 ; 10h-22h)

Voladores de Papantla
Voir p. 538 (www.puertovallarta.net/fast_facts/the-papantla-birdmen/?utm_content=cmp-true ; Paseo Díaz Ordaz 764)

Vallarta Tequila Tastings
Voir p. 539 (322 728 1776 ; vallartatequilatastings.com ; Hamburgo 150-C)

B Tempo Bikes
Voir p. 546 (322 108 1095 ; www.facebook.com/btempobikes ; Blvd Nuevo Vallarta 314, Nuevo Vallarta ; 9h-14h sam-jeu)

Diana's Gay Vallarta Day Cruise
Voir p. 543 (dianastours.com ; 121 Francisco Rodriguez ; tarif 2 800 $M/pers)

Ecoride
Voir p. 540 (322 222 7912 ; ecoridemex.com ; Guerrero 349)

OceanFriendly Tours
Voir p. 541 (322 225 3774 ; oceanfriendly.com ; Blvd Francisco Medina Ascencio 1989 Local G-16 ; 9h-16h tlj)

Tron
Voir p. 546 (322 297 1448 ; tronx.mx ; Paseo de la Marina Locales 1 & 2 ; 9h-18h tlj)

Vallarta Adventures
Voir p. 542 (322 226 8413 ; vallarta-adventures.com ; Mástil 13)

Vallarta Food Tours
Voir p. 539 (322 222 6117 ; vallartafoodtours.com ; Av Mexico 1193A ; 10h-18h tlj)

Vallarta SUP & Adventure
Voir p. 542 (332 184 6330 ; www.vallartasup.com ; Calle 31 de Octubre 110 ; 10h-18h tlj)

Vallarta Undersea
Voir p. 542 (322 209 0025 ; vallartaundersea.com.mx ; Proa Sn Local 22 ; 8h-16h lun-sam, 8h-12h dim)

Xiutla Riders
Voir p. 540 (322 223 5474 ; xriderspv.com ; Av México 1260-A ; 9h-18h lun-ven, 9h-15h sam-dim)

Wet & Wild Gay Cruise
Voir p. 543 (pvsunsetpartycruise.com)

Almar Resort
Voir p. 539 (322 222 4888 ; almarresort.com ; Amapas 380)

Blue Chairs
Voir p. 543 (322 222 5040 ; www.bluechairs.com ; Malecón 4) (bluechairsresort.com)

Casa Cupola
Voir p. 539 (800 223 2484 ; www.casacupula.com ; Callejon de la Igualdad 129)

Casa Kraken
Voir p. 543 (322 222 9282 ; www.facebook.com/krakenhostel ; Calle Juárez 386)

Casa Nicole
Voir p. 545 (322 223 2444 ; www.hotelcasanicole.com ; Pino Suárez 203)

Casa Velas
Voir p. 544 (322 226 8670 ; www.hotelcasavelas.com ; Calle Pelícanos 311)

Fiesta Inn Puerto Vallarta Isla
Voir p. 544 (443 310 8137 ; www.fiestainn.com/hoteles/fiesta-inn-puerto-vallarta-isla ; Blvd Francisco Medina Ascencio 2479-A)

Hacienda San Ángel
Voir p. 544 (322 222 2692 ; haciendasanangel.com ; Calle Miramar 336)

Hotel Catedral
Voir p. 544 (hotel-boutique-catedral-vallarta.h-rez.com/index_fr.htm ; Hidalgo 166)

Hotel Mercurio
Voir p. 544 (322 222 4793 ; www.hotel-mercurio.com ; Francisca Rodríguez 168)

Hotel Puerto de Luna
Voir p. 544 (322 225 0480 ; www.puertodeluna.com ; Blvd Francisco Medina Ascencio 2500)

Hotel Rosita
Voir p. 544 (322 176 1111 ; www.hotelrosita.com ; Paseo Díaz Ordaz 901)

Hotel Yasmin
Voir p. 545 (322 222 0087 ; www.hotelyasminpv.com ; Basilio Badillo 168)

Los Muertos Hostal
Voir p. 543 (322 223 0466 ; Manuel M. Dieguez 138-D)

FRANCISCO J RAMOS GALLEGO/SHUTTERSTOCK ©

Jardín Botánico, Puerto Vallarta

Mantamar Beach Club
Voir p. 543 (322 222 6260 ; mantamarvallarta.com ; Malecón 169)

Piñata PV Gay Hotel
Voir p. 539 (WhatsApp 322 305 2409 ; www.pinatapv.com ; Venustiano Carranza 322)

Rivera del Río
Voir p. 545 (480 669 5530 ; www.riveradelrio.com ; Rivera del Río 104)

Ten to Ten
Voir p. 543 (322 315 0171 ; tentotentoten.com/en/hostel/puertovallarta ; calle Juarez 467)

Abulón Antojería del Mar
Voir p. 544 (322 293 3941 ; www.facebook.com/abulon.antojeria.delmar ; Hamburgo 137 ; 12h-22h mar-dim)

A Page in the Sun
Voir p. 542 (322 222 3608 ; apageinthesun.com ; Lázaro Cárdenas 169 ; 7h30-22h30 tlj)

Barrio Bistro
Voir p. 544 (322 372 4299 ; www.facebook.com/barriobistromx ; Calle España 305 ; 18h-0h lun-sam)

Bonito Kitchen
Voir p. 546 (322 259 5797 ; www.bonitokitchen.com ; Venustiano Carranza 512 ; 17h-22h30 lun-sam)

Café des Artistes
Voir p. 544 (322 226 7200 ; cafedesartistes.com ; Calle Guadalupe Sánchez 740 ; 17h30-23h)

Carnitas Lalo
Voir p. 539 (angle Carranza et Aguacate ; 9h-18h lun-ven, 10h-14h sam)

Cha'
Voir p. 544 (322 115 6647 ; www.facebook.com/chacocinalibre ; Calle Hamburgo 148a ; 9h-14h30 lun-sam, 9h-13h30 dim)

El Banquito
Voir p. 544 (322 141 2301 ; www.facebook.com/p/Tacos-de-birria-el-banquito-100054633181315 ; Libertad 187 ; 9h-17h tlj)

El Carboncito
Voir p. 540 (322 181 0954 ; www.restaurantwebexperts.com/clients/elcarboncito ; Calle Honduras 129 ; 19h-3h30 mar-dim)

El Coleguita Mariscos
Voir p. 540 (322 276 4495 ; www.mariscoselcoleguita.mx ; Calle Popa s/n, Local 16 y 17 ; 13h-20h mer-lun)

El Puerco de Oro
Voir p. 544 (322 596 0089 ; www.facebook.com/ElPuercoDeOroPV ; Calle España 325 ; 9h-15h mar-dim)

Gaby's
Voir p. 544 (322 222 0480 ; gabysrestaurant.com, www.facebook.com/gabysrestaurantpv ; Calle Mina 252 ; 13h-23h lun-sam)

Hola Arepas PV
Voir p. 544 (322 315 3300 ; www.hola-arepas-pv.negocio.site, www.facebook.com/arepaspuertovallarta ; Calle España 282 Local 2 ; 10h-21h30 lun-ven, 9h-15h dim)

Icú
Voir p. 546 (322 221 2743 ; www.restauranteicu.com ; Venustiano Carranza 210 ; 18h-23h lun-sam)

La Capella
Voir p. 544 (322 688 6269 ; www.bellviewhotelboutique.com/lacappellarestaurant ; Calle Miramar 363 B ; 17h-22h tlj)

Hacienda de Oro
Voir p. 543 (322 223 6182 ; haciendadeoro.com ; Carretera a Barra de Navidad km 24 ; 10h-17h mar-dim)

La Leche
Voir p. 540 (322 293 0901 ; lalecherestaurant.com ; Blvd Francisco Medina Ascencio km 2,5 ; 18h-2h tlj)

Los Conos
Voir p. 541 (322 122 3852 ; www.facebook.com/losconosrestaurant ; Playa Las Animas ; 11h-14h)

Los Pescadores
Voir p. 541 (322 160 6628 ; www.facebook.com/p/Los-pescadores-Restaurant-100070945592203 ; Playa Mismaloya ; 10h-19h tlj)

Mami Chula
Voir p. 544 (322 103 8800 ; www.casademamichula.com ; Hamburgo 144 ; 10h-23h lun-sam)

Maria Baja
Voir p. 546 (322 294 2400 ; www.facebook.com/mariabajapv ; Carretera Costera a Barra de Navidad 496 ; 10h30-18h lun-sam)

Mariscos El Payo
Voir p. 547 (322 270 4143 ; www.facebook.com/profile.php?id=100064140727721 ; Av México 8, Bucerías ; 11h-21h tlj)

Marisma Fish Taco
Voir p. 540 (322 222 1395 ; www.facebook.com/marismafishtaco ; Naranjo 320 ; 10h-18h tlj)

Mi Café
Voir p. 542 (322 222 1584 ; www.facebook.com/DeliMiCafe ; Francisco I Madero 505 ; 8h-14h30 lun-sam)

OPA Greek Bistro
Voir p. 544 (322 293 4500 ; opa.mx ; Calle Francia 199D ; 13h-22h tlj)

Oscar's Tequila Distillery
Voir p. 539 (322 223 0789 ; www.restaurantoscars.com ; Isla Rio Cuale 1 ; 11h-23h tlj)

Puerto Café
Voir p. 542 (322 189 3324 ; www.facebook.com/delpuertocafe ; Morelos 540 ; 8h-19h tlj)

Sonora Grill Prime
Voir p. 540 (322 221 3124 ; sonoraprime.com.mx ; Av Paseo de la Marina 121 ; 13h-0h tlj)

Tacos de Birria Chanfay
Voir p. 539 (322 254 3045 ; Venustiano Carranza 373 ; 10h-16h)

Tacos de Cabeza El Chulo
Voir p. 540 (322 146 9325 ; Calle Aguacate 216 ; 17h30-1h jeu-mar)

Tacos Los Abuelos
Voir p. 541 (www.facebook.com/people/Los-Abuelos/100054348108146 ; Yelapa ; 17h-22h30 lun-sam)

Taquería El Moreno
Voir p. 540 (322 320 6194 ; Calle Francisco I. Madero 343 ; 9h-0h30 ven-mer)

Tintoque
Voir p. 546 (322 221 1460 ; www.tintoque.com.mx ; Aquiles Serdán 445 ; 18h-22h45 tlj, brunch 11h-14h45 dim)

Bar Frida
Voir p. 544 (322 222 5846 ; www.facebook.com/p/Bar-Frida-40-100084292765898 ; Venustiano Carranza 493)

Cervecería Los Cuentos
Voir p. 545 (322 365 5537 ; cervecerialoscuentos.com ; Lucerna 131A ; 13h-23h mar-sam, 14h-22h dim)

Espresso
Voir p. 545 (322 888 9190 ; Calle Havre 384-B ; 7h-20h lun-sam)

Garbo
Voir p. 544 (322 223 5753 ; www.facebook.com/p/Garbo-Bar-Vallarta-100042073335821 ; Púlpito 142 ; 18h-2h tlj)

La Noche
Voir p. 544 (www.facebook.com/lanochebarpv ; Lázaro Cárdenas 263 ; 20h-3h tlj)

Tequila Mama Lucia
Voir p. 539 (329 296 5024 ; Puesta del Sol 197 ; 9h-17h lun-ven, 9h-15h sam-dim)

Anthropology
Voir p. 543 (322 244 0061 ; www.antropology-gay-dance-club.negocio.site ; Morelos 101 ; 21h-4h tlj)

Bar Morelos Mezcalería
Voir p. 547 (322 270 4103 ; www.facebook.com/BarMorelosPuertoVallarta ; Morelos 589 ; 19h-3h tlj)

CC Slaughters
Voir p. 543 (322 222 3412 ; www.facebook.com/CCSlaughtersPuertoVallarta ; Lázaro Cárdenas 254 ; 14h-6h tlj)

Elixir Mixology
Voir p. 547 (322 151 9308 ; www.facebook.com/elixirmixologybarpv ; Basilio Badillo 419 ; 18h-23h mar-dim)

Kooky Karaoke & Drinks
Voir p. 543 (322 109 9703 ; www.facebook.com/KookyPV ; Lázaro Cardenas 315 A ; 20h-4h tlj)

Los Muertos Brewing
Voir p. 546 (322 222 0308 ; www.facebook.com/losmuertosbrewing ; Lázaro Cárdenas 302 ; 11h-0h tlj)

Los Otros Blondies
Voir p. 546 (322 105 9146 ; www.facebook.com/losotrosblondiespv ; Basilio Badillo 258 ; 10h-0h tlj)

Nacho Daddy
Voir p. 546 (322 688 5566 ; www.nachodaddy.mx ; Basilio Badillo 287 ; 11h-0h ven-mer)

Paco's Ranch
Voir p. 543 (322 222 7667 ; www.pacosranchpv.com ; Ignacio L. Vallarta 278 ; 22h-6h tlj)

Roxy Rock House
Voir p. 547 (322 105 8515 ; www.roxyrockhouse.com ; Ignacio L. Vallarta 217 ; 21h-3h lun-sam)

Vallarta Pride
Voir p. 543 (311 115 5555 ; www.vallartapride.org)

La Isla
Voir p. 547 (322 688 1453 ; www.facebook.com/LaIslaPuertoVallartaOficial ; Blvd Francisco Medina Ascencio 2479 ; 11h-21h tlj)

Marché La Cruz
Voir p. 548 (www.lacruzmarket.com ; Calle del Mar, La Cruz, Huanacaxtle ; 9h-14h dim nov-avr)

Mundo de Azulejos
Voir p. 542 (322 222 2675 ; www.facebook.com/talaveratiles ; Venustiano Carranza 374 ; 9h-17h lun-sam)

Peyote People
Voir p. 542 (322 222 1007 ; Calle Juárez 222 ; 10h-18h lun-sam)

ENVIRONS DE PUERTO VALLARTA

Casa de La Cultura
Voir p. 556 (323 285 0209 ; angle Canalizo Sinaloa, San Blas ; entrée libre ; 10h-17h lun-ven)

Cocodrilario Kiekari
Voir p. 557 (311 145 6231 ; kiekari.info ; Carretera Federal 76, km 5, San Blas ; 9h-17h tlj)

El Refugio de Potosí
Voir p. 575 (Voir *Environs de Troncones* p. 588)

Galería Coppelia
Voir p. 562 (322 269 0210 ; www.facebook.com/GaleriaCoppelia ; Calle Galeana 2, El Tuito ; 11h-15h tlj)

GRAND RIVER/GETTY IMAGES ©

Tacos bœuf et guacamole

Las Labradas
Voir p. 533 (Voir *Environs de Mazatlán* p. 579)

Lo de Perla Jardín de Selva
Voir p. 554 (553 088 0540 ; lodeperla.org ; Av Las Orquids 3000, San Pancho ; 9h-15h mar-dim)

Museo Arqueológico de Mascota
Voir p. 560 (388 386 22 02 ; sic.cultura.gob.mx/ficha.php?table=museo&table_id=100 ; Allende 115, Mascota ; 9h-19h mar-sam, 10h-14h dim)

Museo Regional e Nayarit
Voir p. 553 (311 212 1900 ; www.lugares.inah.gob.mx ; Av México Nte. 91, Tepic ; 10h-16h lun-ven, 10h-15h sam)

Carillo Tours
Voir p. 565 (322 133 9665 ; carrillo-tours-islas-marietas.negocio.site ; Av El Anclote, Punta de Mita ; 8h-16h mar-dim)

Lunazul Surfing
Voir p. 550 (329 291 2009 ; lunazulsurfing.com ; Calle Marlin 4, Sayulita ; 8h-18h tlj)

Nativa Surf Shop
Voir p. 554 (322 140 9733 ; www.nativasanpancho.wixsite.com ; Av Tercer Mundo 28, San Pancho)

Nayarit Adventures
Voir p. 557 (☎311 218 0808 ; nayaritadventures.com ; Estrella de Mar 101, Tepic)

Northswell Surf Shop
Voir p. 561 (☎315 108 5382 ; www.facebook.com/northswellbdn ; Yucatán 07, Barra de Navidad ; 🕘9h-18h tlj)

Patricia's Surf School
Voir p. 550 (☎322 146 9070 ; www.facebook.com/surfsayulita)

Rancho Mi Chaparrita
Voir p. 552 (☎322 190 0302 ; michaparrita.com ; Carretera Higuera Blanca km 1,3, Sayulita ; 🕘8h-18h tlj)

Vallarta Undersea
Voir p. 565 (Voir *Puerto Vallarta* p. 580)

Westwings
Voir p. 557 (www.facebook.com/profile.php?id=100043692806981 ; Michoacan 2, San Blas)

WildMex Surf School
Voir p. 550 (☎331 454 0336 ; wildmex.com ; Calle Pelícanos 150-G, Sayulita ; 🕘7h30-20h30)

Xplore Chacala
Voir p. 555 (☎327 105 3504 ; www.xplorechacala.wixsite.com ; angle Av Chacalilla 28 et Calle Islas Canarias, Chacala)

Agua de Luna
Voir p. 559 (☎311 690 3008 ; www.aguadelunaboutiquehotel.com ; Calle Asia 8, San Pancho)

Aldea Bamboo Village
Voir p. 555 (☎311 258 4613 ; aldeabamboo.com ; Av Las Clavelinas 226, San Pancho)

Avela
Voir p. 550 (☎322 132 2664 ; www.avelahotelboutique.com ; angle Punta Mita 38 et Calle Avestruz, Sayulita)

Bungalows Conny
Voir p. 564 (☎323 285 0986 ; Chiapas 26, San Blas)

Casa Buena Onda
Voir p. 554 (☎329 291 3976 ; Niños Heroes 30, Sayulita)

Casa Norma
Voir p. 560 (☎327 219 4085 ; casanorma.business.site ; Golfo de México 13, Chacala)

Distrito 88
Voir p. 550 (☎331 417 3535 ; www.distrito88.com ; Calle Primavera 35, Sayulita ; 🕘9h-20h lun-ven, 9h-17h sam-dim)

Hostal Shaka Surf House
Voir p. 559 (☎311 688 1112 ; www.shaka-surf-house.negocio.site ; Mexico 28, San Pancho)

Hotel Barra de Navidad
Voir p. 561 (☎315 355 5122 ; www.hotelbarradenavidad.com ; Av Miguel López de Legazpi 250, Barra de Navidad)

Hotel Casa Chacala
Voir p. 560 (☎327 219 4057 ; www.hotelcasachacala.com ; Golfo de Mexico 1, Chacala)

Hotel Cielo Rojo
Voir p. 559 (☎311 258 4155 ; www.hotelcielorojo.com ; Calle Asia 6, San Pancho)

Hotel del Puente
Voir p. 550 (☎322 297 2834 ; www.facebook.com/hoteldelpuente ; Lerdo de Tejada 3, San Sebastián del Oeste)

Hotel Delfin
Voir p. 561 (☎315 355 5068 ; hoteldelfinmx.com ; Calle Morelos 23, Barra de Navidad)

Hotel Hacienda Flamingos
Voir p. 564 (☎323 285 0930 ; sanblas.com.mx/hotelhaciendaflamingos ; Calle Juarez 105, San Blas)

Hotel Los Arcos de Sol
Voir p. 550 (☎322 297 2854 ; losarcosdesol.com.mx ; Lopez Mateos 15, San Sebastián del Oeste)

Hotel Mansion Real
Voir p. 550 (☎322 297 3275 ; www.facebook.com/HotelMansionRealSanSebastian ; 5 de Mayo 36-B, San Sebastián del Oeste)

Hotel Playa Escondida
Voir p. 550 (☎866 636 7700 ; playa-escondida.com ; Playa Escondida 1, Sayulita)

Hotel Real de Don Juan
Voir p. 561 (☎311 216 1888 ; Av México Nte. 105, Tepic)

Hotel Sayulita Central
Voir p. 558 (☎329 291 3845 ; www.hotelsayulitacentral.com ; Delfin 7, Sayulita)

La Redonda Sayulita
Voir p. 558 (☎329 688 4838 ; www.facebook.com/LaRedondaSayulita ; Manuel Navarrete 14, Sayulita)

Mar de Jade
Voir p. 560 (☎327 219 4000 ; mardejade.com ; Mar de Jade 1, Chacala)

ONDA Surf Hotel
Voir p. 554 (☎813 395 9667 ; ondasurfhotel.mx ; Otilio Montaño Lote 4 Manzana 22, Punta de Mita)

Punta Mita Surf Lodge
Voir p. 554 (☎322 238 6710 ; puntamitasurflodge.com ; Av Las Pangas 19, Punta de Mita)

Quinta Alberto Boutique Hotel
Voir p. 564 (☎333 968 0907 ; www.facebook.com/QuintaAlbertoSanBlas ; Calle Parades 128, San Blas)

Santa Elena Hotel Boutique
Voir p. 552 (☎388 386 0313 ; www.santaelenahotelboutique.com ; Av Hidalgo 155, Mascota)

Santa Lucía Hotel Boutique
Voir p. 552 (☎322 322 2089 ; www.facebook.com/hotelboutiquesantalucia ; López Cotilla 79, Mascota)

Sayulita Trailer Park & Bungalows
Voir p. 555 (☎329 291 3126 ; Calle Miramar, Sayulita)

Selina Sayulita
Voir p. 558 (☎322 199 4605 ; www.selina.com/mexico/sayulita ; Calle Gaviotas 12, Sayulita)

Siete Lunas
Voir p. 550 (☎322 135 2823 ; sietelunas.mx ; Camino s/n 714 3a *sección*, Sayulita)

Tailwind Jungle Lodge
Voir p. 555 (WhatsApp ☎505 908 4357 ; Calle La Bajada del Tigre, San Pancho)

Villas Sayulita
Voir p. 552 (☎329 291 3063 ; www.villasayulita.com ; angle Calle Rosalio Tapia et Sabalo, Sayulita)

Antojitos Mexicanos Jade
Voir p. 555 (☎331 220 4134 ; Canarias s/n, Chacala ; 7h-16h tlj)

Bananas
Voir p. 561 (www.facebook.com/61551595226776 ; Av Miguel López de Legazpi 472, Barra de Navidad ; 8h-12h tlj)

Barra Galería de Arte
Voir p. 564 (☎315 109 6239 ; www.barragaleriadearte.com ; Av Mazatlan 75 ; 17h30-22h30 lun-mar et jeu-ven)

Barracuda
Voir p. 551 (☎329 298 8937 ; Calle Delfines 21, Sayulita)

JUAN CARLOS CANEZ/500PX ©

Planches de surf sur une plage, Sayulita

Bistro Orgánico
Voir p. 554 (☎311 258 4155 ; www.hotelcielorojo.com/bistro-organico ; Asia 6, San Pancho ; 8h-14h tlj sf mar et 18h-22h ven-dim)

Caballito del Mar
Voir p. 558 (☎323 106 8070 ; www.facebook.com/p/Restaurant-caballito-del-mar-100076976310351 ; Playa El Borrego, San Blas)

Café Napoles
Voir p. 552 (☎388 386 0051 ; www.facebook.com/Cafenapoles ; Zaragoza 78, Mascota ; 8h-22h mar-dim)

Comedor La Lupita
Voir p. 551 (☎322 297 2803 ; www.facebook.com/p/Comedor-La-Lupita-100054481929243 ; General Aguirre 83, San Sebastián del Oeste)

Don Pedro's
Voir p. 551 (☎322 239 8862 ; www.facebook.com/DonPedrosRestaurant ; Calle Marlín 2, Sayulita ; 9h-23h tlj)

El Choya
Voir p. 558 (☎311 395 6405 ; Aticama)

El Fortín de San Sebastián
Voir p. 551 (☎322 297 2856 ; www.facebook.com/elfortindss ; Amado Aguirre 14, San Sebastián del Oeste ; 12h-21h30 lun-mar et jeu-ven, 14h-21h30 sam, 12h30-19h30 dim)

El Horno Francés
Voir p. 561 (☎315 126 8971 ; www.facebook.com/BarraFrenchBakery ; Av Miguel López de Legazpi 127, Barra de Navidad ; 8h-20h lun-mar et jeu, 8h-22h sam-dim)

El Manglito
Voir p. 561 (☎315 355 8128 ; www.facebook.com/ElManglitoRestaurantBar ; Av Veracruz 17, Barra de Navidad ; plats 140-230 $; 12h-23h jeu-mar)

El Pocas
Voir p. 555 (Av Tercer Mundo 38c, San Pancho ; 18-23h tlj)

Emiliano
Voir p. 562 (☎311 216 2010 ; www.emilianorestaurant.com ; Calle Zapata 91 Ote., Tepic ; 8h-23h lun-sam, 8h-17h dim)

Ikan Cocina Marina
Voir p. 555 (www.facebook.com/ikancocinamarina ; America

Latina 3, San Pancho ; 13h-21h mer-lun)

Isla El Bajito
Voir p. 564 (314 142 5053 ; www.facebook.com/isloteelbajito ; Laguna de Barra de Navidad, Barra de Navidad ; 10h-19h tlj)

Jardín Nebulosa
Voir p. 560 (322 158 5043 ; www.facebook.com/jardinnebulosa ; General Aguirre 110, San Sebastián del Oeste ; 13h-21h lun-mar et jeu, 13h-22h ven-sam, 10h-16h dim)

La Bruja Coffee Bar
Voir p. 561 (315 355 0108 ; www.labrujacoffeebar.com ; Av Veracruz 230, Barra de Navidad ; 9h-12h mar-sam)

La Isla Chef Tony
Voir p. 558 (323 118 7056 ; www.facebook.com/people/Restaurant-la-isla-Chef-Tony/100057582394494 ; Paredes 33, San Blas ; 13h-21h mar-dim)

La Katrina
Voir p. 551 (329 688 1482 ; www.facebook.com/lakatrinasayulitabar ; Delfines 20, Sayulita ; 12h-23h30 mer-lun)

La Perla
Voir p. 554 (311 258 4334 ; Av Tercer Mundo 48, San Pancho ; 11h30-21h tlj)

La Rústica
Voir p. 551 (322 100 7379 ; www.larusticasayulita.com ; Av Revolución 40C, Sayulita ; 11h-23h mer-lun, 15h-23h mar)

Las Catrinas de los Arrayanes
Voir p. 551 (322 185 0294 ; www.facebook.com/LasCatrinasdeSanSebastian ; Lerdo de Tejada 16, San Sebastián del Oeste ; 17h-23h45 ven, 8h-23h45 sam-dim)

Loma 42
Voir p. 561 (311 133 6026 ; www.facebook.com/Loma42Tepic ; Paseo de la Loma 239, Tepic ; 13h30-0h tlj)

Maria's
Voir p. 554 (311 129 3349 ; www.facebook.com/mariabonitasanfranciscoayarit ; Angle Av Tercer Mundo et Mexico 14, San Pancho ; 8h-23h jeu-mar)

Mary's
Voir p. 557 (Av Revolución 36, Sayulita)

Mauna Kea Cafe
Voir p. 555 (327 101 7005 ; www.casapacificachacala.com/amenities/mauna-kea-cafe ; Los Corchos 15, Chacala ; 8h-12h mer-lun)

Naty's Kitchen
Voir p. 557 (329 291 3818 ; Calle Marlín 13, Sayulita ; 8h30-16h lun-sam sf jeu fermé, 9h-15h dim)

Norma's Tacos
Voir p. 565 (322 118 1169 ; Calle Francisco I Madero 5, Punta de Mita ; 18h-0h jeu-mar)

Ofro's
Voir p. 558 (323 285 0750 ; www.facebook.com/Ofrossanblas ; Av Benito Juárez 64, San Blas ; plats 55-130 $; 6h-22h tlj)

ParrotFish
Voir p. 565 (329 688 1535 ; parrotfishrestaurant.com ; Av de las Redes s/n, Punta de Mita ; 13h-23h mer-lun)

Restaurante Acela
Voir p. 555 (Av Chacalilla, Chacala)

San Pan cafe
Voir p. 554 (san-pan.negocio.site ; Av Tercer Mundo 11 A, San Pancho ; 8h30-16h jeu-mar)

Tacos Al Pastor Talivan
Voir p. 557 (322 351 9195 ; www.facebook.com/people/Tacos-al-pastor-Tal-Ivan/100057201679395 ; Av Revolucion, Sayulita ; 11h-23h tlj)

Tacos de Cabeza
Voir p. 561 (Av Veracruz 222, Barra de Navidad ; 8h-0h lun-sam)

Taquería Los Arbolitos
Voir p. 554 (311 258 4139 ; www.facebook.com/taquerialosarbolitos ; America Latina 7, San Pancho ; 17h-0h ven-mer)

Teresa's Tacos
Voir p. 565 (322 278 4304 ; Emiliano Zapata 179, Punta de Mita)

Tuna Blanca
Voir p. 565 (329 291 5414 ; tunablanca.com ; Av Anclote Lote 5, Punta de Mita ; 17h30-22h30 mar-dim)

Bar Don Pato
Voir p. 556 (www.facebook.com/bardonpato, Calle Marlín 12, Sayulita ; 19-3h tlj)

Hacienda Don Lalin
Voir p. 553 (322 779 0759 ; www.facebook.com/DonLalin20 ; Carretera Mascota-Las Palmas km 43, San Sebastián del Oeste)

Onda Brewing
Voir p. 555 (322 116 8617 ; www.facebook.com/OndaBrewing ; Golfo de Mexico 10, Chacala)

Sayulita Public House
Voir p. 556 (329 291 3712 ; sayulitapublichouse.com ; Calle Marlín 26, Sayulita ; 11h-0h tlj)

Tequila Lounge
Voir p. 564 (315 109 6239 ; www.barragaleriadearte.com/tequila-lounge ; Av Mazatlán 75, Barra de Navidad ; 17h30-22h30 lun-mar et jeu-ven)

Tesoro del Oeste
Voir p. 553 (322 137 2226 ; tesorodeloeste.com ; Hacienda del Cura 63, San Sebastián del Oeste ; 9h-18h lun-ven, 11h-18h sam)

YamBak
Voir p. 556 (322 131 6703 ; www.facebook.com/yambaksayulita ;

Calle Marlín 12, Sayulita ; 16h30-1h30 mar-jeu et dim, 16h30-3h ven-sam)

Ceveceria Artesanal
Voir p. 555 (322 135 0062 ; www.instagram.com/cerverceriaartesanalsanpancho ; Calle América Latina 80, San Pancho ; à partir de 17h lun-sam)

Artesanías Bertha Chia
Voir p. 553 (311 212 1268 ; www.facebook.com/bertha.chia ; Av Francisco I. Madero Pte 179, Tepic ; 8h-20h lun-sam)

Manyana
Voir p. 553 (329 298 8676 ; www.manyana.co ; Calle Marlín 18, Sayulita ; 11h-18h mar-dim)

Nakawé Trading
Voir p. 553 (331 240 4592 ; www.nakawetrading.com ; Av Revolucion 57c, Sayulita ; 9h-21h)

Pachamama
Voir p. 553 (322 193 4276 ; www.instagram.com/pachamamasayulita ; Calle Delfin 9 et 10, Sayulita)

Pinche México Te Amo
Voir p. 553 (329 291 3850 ; www.instagram.com/pinchemexicoteamolatienda ; Calle Manuel Navarrete 55, Sayulita)

Sayulita Wine Shop
Voir p. 553 (322 149 9630 ; sayulitawineshop.mx ; Av Revolución 56, Sayulita)

Tierra Huichol
Voir p. 552 (322 260 1506 ; terrahuichol.com ; Av Revolución 38, Sayulita ; 10h-22h tlj)

Damajuana Festival de Raicilla
Voir p. 559 (322 223 0095 ; www.facebook.com/DamajuanaOficial ; Puerto Vallarta ; mai)

SOLLINA IMAGES/GETTY IMAGES ©

Boutique de souvenirs, Sayulita

Festival de Raicilla, Mezcal y Cerveza Artesanal
Voir p. 559 (feramece.com, www.facebook.com/feramece ; Marina Nuevo Vallarta ; mars)

Festival Internacional de Aves Migratorias de San Blas
Voir p. 557 (www.fiamsanblas.org, www.facebook.com/fiamsanblas ; jan-fév)

TRONCONES

Capitan Mantaraya
Voir p. 568 (755 124 6576 ; www.tronconestours.com ; Av de la Playa s/n)

Prime Surfboards
Voir p. 568 (www.facebook.com/p/Prime-Surfboards-100057546726028, www.facebook.com/bruce.grimes.94)

Tsunami Surf
Voir p. 568 (755 103 0018 ; tsunamisurftroncones.com ; Av de la Playa s/n)

Casa Oasis
Voir p. 567 (oasistroncones.com ; Av de la Playa s/n)

Lo Sereno
Voir p. 567 (755 103 0073 ; www.losereno.com ; Av de la Playa s/n)

Troncones Point Hostel
Voir p. 567 (755 553 2886 ; www.tronconespointhostel.com ; Av de la Playa s/n)

Brisas Mexicanas
Voir p. 567 (755 1253 511 ; Playa Majahua ; 8h-22h tlj)

Café Pacifico
Voir p. 568 (755 125 7390 ; www.facebook.com/CafePacificoTroncones ; Av de la Playa s/n ; 8h-16h tlj et 17h-22h mer-lun)

Cenaduria Rufi
Voir p. 568 (755 138 5331 ; Junto ala primaria ; 18h-23h30 lun-sam)

Chencho's
Voir p. 567 (755 103 0061 ; Av de la Playa s/n ; 8h-22h tlj)

Costa Nativa Ecotours
Voir p. 568 (755 100 7499 ; costanativa.com.mx ; Av de la Playa s/n ; 9h-17h tlj)

Indigo
Voir p. 568 (755 142 6885 ; Av de la Playa s/n ; 8h30-21h lun-sam)

La Mexicana
Voir p. 567 (755 103 0062 ; www.facebook.com/

LaMexicanaTroncones ; Av de la Playa s/n ; 8h-23h jeu-mar)

Toro del Mar/Johny's
Voir p. 567 (La Majua)

ENVIRONS DE TRONCONES

Campamento de Tortugas Majahua de Troncones
Voir p. 576 (www.facebook.com/campamentoMajahua)

Campamento Tortuguero Ayotlcalli
Voir p. 576 (755 121 1021 ; www.ayotlcalli.org ; Carretera Aeropuerto Barra de Potosí, lote 32, Zihuatanejo)

El Refugio de Potosí
Voir p. 575 (755 557 2840 ; www.elrefugiodepotosi.org ; Camino Los Achotes-Barra de Potosí ; tarif 100 $M/pers ; 9h-13h sam-dim)

Museo Arqueológico de la Costa Grande
Voir p. 573 (755 554 7552 ; sic.cultura.gob.mx/ficha.php?table=museo&table_id=2107 ; Paseo del Pescador s/n, Zihuatanejo ; 10h-18h mar-dim)

Museo de Sitio Xihuacan
Voir p. 577 (747 471 7121 ; lugares.inah.gob.mx/es/museos-inah/museo/443-museo-de-sitio-de-la-zona-arqueológica-de-soledad-de-maciel-xihuacan.html ; Zona Arqueológica de Soledad de Maciel, Petatlán ; entrée libre ; mar-dim 9h-17h)

Araceli 'Cheli' Oregón (guide anglais)
Voir p. 575 (755 130 6829 ; Restaurante Rosita, Barra de Potosí)

Badfish
Voir p. 573 (52 755 136 13 74 ; www.facebook.com/badfishsurfandskateshop ; Calle Galeana 5, Zihuatenejo)

Cabañas Alba
Voir p. 570 (753 118 5082 ; www.facebook.com/p/Cabañas-Alba-Nexpa-100041264694846 ; Barra de Nexpa, Nexpa)

Enramada y Cabañas Mauricia
Voir p. 570 (312 140 1915 ; www.facebook.com/p/Enramada-cabañas-Mauricia-100063723243058 ; El Faro)

Enramada Quirino García (Playa Maruata)
Voir p. 570 (314 110 1014 ; enramada-quirino-garcia.negocio.site ; devant le Dedo de Dios, Maruata)

Hotel Adelita
Voir p. 572 (755 554 2028 ; www.facebook.com/hoteladelitazihua ; Juan N. Álvarez 34, Zihuatanejo)

Hotel del Pescador
Voir p. 572 (755 133 1573 ; delpescadorhotel.com ; Juan N. Álvarez 8, Zihuatanejo)

Hotel JB
Voir p. 572 (755 554 9764 ; www.hoteljb.mx ; Carretera Escenica a Playa La Ropa s/n , Zihuatanejo)

Parador Turistico de Ticla
Voir p. 570 (313 106 2577 ; parador-turistico-la-ticla.ueniweb.com ; Playa La Ticla, Michoacán ; 9h-21h lun-ven, 9h-20h sam-dim)

Amuleto
Voir p. 574 (755 544 6222 ; www.amuleto.net ; Calle Escénica 9, Playa la Ropa, Zihuatanejo)

Hotel Tentaciones
Voir p. 574 (755 544 8383 ; www.hoteltentaciones.com ; Carretera Escenica a Playa la Ropa, Zihuatanejo)

La Casa Que Canta
Voir p. 574 (755 555 7030 ; lacasaquecanta.com ; Camino Escenico a Playa La Ropa, Zihuatanejo)

Solana Boutique B&B
Voir p. 574 (755 103 6107 ; www.casasolana.com ; Calle Escenica a Playa las Gatas, Zihuatanejo)

Barceló Ixtapa
Voir p. 574 (755 555 2000 ; www.barcelo.com/barcelo-ixtapa ; Blvd Ixtapa s/n, Ixtapa, Zihuatanejo)

Hotel Posada Real Ixtapa
Voir p. 574 (755 553 1745 ; www.hotelenixtapa.com.mx ; Blvd Ixtapa s/n, Ixtapa, Zihuatanejo)

La Casita
Voir p. 571 (www.facebook.com/lacasitaplayalasaladita ; Calle Camila 16, La Saladita)

Saladita Beachside Inn
Voir p. 571 (714 374 1242 ; www.saladitabeachsideinn.com ; Playa la Saladita, La Saladita)

Villas Victoria
Voir p. 574 (800 672 7413 ; villasvictoria.com.mx ; Paseo de las Golondrinas 139, Ixtapa, Zihuatanejo)

Bungalows Solecito
Voir p. 575 (755 557 5157 ; bungalows-solecito.com ; Playa Blanca 54, Barra de Potosí, Zihuatanejo)

La Casa del Encanto
Voir p. 575 (755 125 1680 ; www.facebook.com/p/Casa-del-Encanto-BB-100038120415647 ; Calle Ing. Javier Rodriguez Aceves s/n, Barra de Potosi)

Angustina
Voir p. 572 (755 544 8566 ; www.facebook.com/AngustinaMezcal ; Paseo del Pescador 70, Zihuatanejo ; 15h-11h mar-dim)

Bistro del Mar
Voir p. 572 (755 554 8333 ; www.bistrodelmar.com ; Playa la Madera, Zihuatanejo ; 8h-22h. tlj)

El Hotel Parador
Voir p. 570 (313 327 9038 ; Blvd Oriente 1, San Juan de Alima)

El Suspiro
Voir p. 572 (Paseo de La Bahia 73, Playa las Gatas, Zihuatanejo ; 18h-23h tlj)

Enramada Rosita
Voir p. 575 (755 130 6829 ; Barra de Potosí ; 8h-18h tlj)

La Flechita Roja
Voir p. 573 (755 111 8611 ; www.facebook.com/people/Flechita-Roja/100057275717042 ; Av Jose Maria Morelos Y Pavon 56, Zihuatanejo ; 12h-0h tlj)

La Papa Loca
Voir p. 573 (755 554 8016 ; www.facebook.com/papalocazihua ; Av Heroico Colegio Militar 45, Zihuatanejo ; 17h-2h tlj)

Lili Cipriani
Voir p. 575 (755 120 0404 ; Isla de Ixtapa, Ixtapa, Zihuatanejo ; 9h-17h tlj)

Lksa del Taco
Voir p. 570 (Calle Nationes Unidas, La Ticla)

Lourdes Bar & Grill
Voir p. 571 (755 104 6759 ; www.facebook.com/lourdeslasaladita ; Playa la Saladita ; 8h-22h tlj)

Mariscos El Gran Márquez
Voir p. 570 (El Faro de Bucerías)

Mariscos El Tiburón de la Costa
Voir p. 575 (755 553 0074 ; www.facebook.com/TiburonDeLaCostaSuc.IxtapaPalace ; Calle Paseo del Rincón, Ixtapa ; 11h-19h tlj)

Restaurante Mexicanos Any
Voir p. 572 (755 554 7373 ; www.facebook.com/restauranteany ;

ARTUROGI/GETTY IMAGES ©

Poisson mariné, oignons et piments sur un cracker, Zihuatanejo

Ejido 18, Zihuatanejo ; 8h-23h tlj)

Ruben's Hamburgers
Voir p. 575 (755 553 1255 ; www.rubenshamburgers.com/ixtapa.html ; Centro Comercial Flamboyant II, Ixtapa ; 12h-23h30 tlj)

Taquería Mi Barrio
Voir p. 573 (755 121 2261 ; www.facebook.com/mibarriotacos ; Calle Vicente Guerrero 27, Zihuatanejo ; 14h-0h tlj)

Taquería Mi Ranchito
Voir p. 573 (755 141 1937 ; Paseo de la Boquita 27, Zihuatanejo ; 16h-0h jeu-mar)

Bar La Playa
Voir p. 573 (755 112 2175 ; www.facebook.com/barlaplayazihuatanejo ; Nicolás Bravo 39, Zihuatanejo ; 16h-2h mar-dim)

Barracuda Bar
Voir p. 573 (755 544 6052 ; Av Cuauhtémoc 5, Zihuatanejo ; 14h-2h tlj)

Tasting Room por Capricho del Rey
Voir p. 573 (755 130 9696 ; Pedro Ascencio 9, Zihuatanejo ; 14h-23h mar-dim)

The Generals Sports Bar
Voir p. 575 (755 139 4999 ; www.facebook.com/thegeneralsportsbar ; Blvd Paseo Ixtapa, Ixtapa ; 7h-23h tlj)

Café Caracol
Voir p. 574 (755 557 4219 ; www.cafecaracol.com.mx ; angle Calle Juan N. Alvares 15 et Vicente Guerrero, Zihuatanejo)

El Jumil
Voir p. 574 (755 120 0819 ; Paseo del Pescador, Zihuatanejo ; 8h-20h tlj)

La Zapoteca
Voir p. 574 (Av 5 de Mayo, Zihuatanejo)

Mercado de Artesanías
Voir p. 574 (755 120 0819 ; Calle 5 de Mayo 4, Zihuatanejo ; 8h-20h tlj)

OUEST DU PLATEAU CENTRAL

AUX RACINES CULTURELLES DU PAYS

Voici la contrée qui a vu naître la musique des mariachis, le Día de Muertos et la tequila. Elle abrite la deuxième métropole du pays, des volcans et plus de papillons monarques qu'on ne peut en compter.

À l'ouest de Mexico, depuis le cœur du Michoacán vers les États du Colima et du Jalisco, et jusqu'au seuil du Nayarit, se trouve la source de nombreuses traditions mexicaines telles qu'elles s'imposent à notre imaginaire. Comme la musique des mariachis, la *charrería* (tradition équestre proche du rodéo), la tequila, la *birria* (ragoût épicé de chèvre ou d'agneau) ou encore les *carnitas* (porc fondant) sont nées sur ces terres. Ce haut plateau jouit d'une météo plutôt clémente toute l'année. Guadalajara, cité riche en histoire, séduit par ses restaurants et sa vie nocturne comme par son artisanat traditionnel. Au-delà s'étendent des mers d'agaves bleus, les traces d'un passé indien millénaire, de paisibles villages sur les rives du plus grand lac d'eau douce mexicain et des ranchs où l'on élève les chevaux. Dans le Michoacán, découvrez l'une des plus belles architectures urbaines du pays, faites l'ascension du plus jeune volcan du continent américain et participez au fascinant et festif Día de Muertos, avant de faire le plein d'artisanat local. Le Colima mérite un détour pour ses montagnes coiffées de neige, ses *pueblos mágicos* ("villages magiques"), ses poupées mortuaires impeccablement préservées, ou même ses alcools artisanaux. L'ouest du plateau central n'attire pas tellement les touristes étrangers, mais cela pourrait bien changer. Alors faites comme les papillons monarques qui migrent vers l'est du Michoacán quand vient l'automne, et envolez-vous vers ces divines contrées.

RUBI RODRIGUEZ MARTINEZ/SHUTTERSTOCK ©

SITES PRINCIPAUX

GUADALAJARA
Grande métropole à l'âme jeune et artistique.
p. 596

TEQUILA
Visites de distilleries dans un *pueblo mágico*.
p. 613

MORELIA
Ville de pierre rose, à proximité des monarques.
p. 618

PÁTZCUARO
Artisans et Día de Muertos.
p. 624

COLIMA
Ruines et volcans.
p. 630

JESUS CERVANTES/SHUTTERSTOCK ©

Ci-dessus : culture de l'agave, Tequila ; à gauche : Morelia (p. 618)

Guadalajara, p. 596
La deuxième métropole mexicaine a un joli cœur historique en forme de croix, des bars branchés et elle célèbre magnifiquement l'art populaire.
Tequila, p. 613
Un *pueblo mágico* bouillonnant d'activités, où découvrir comment on fabrique la célèbre liqueur d'agave... avant d'y goûter.
Colima, p. 630
Arpentez des vestiges millénaires, faites l'ascension d'un volcan actif et visitez une jolie ville.
Zacatecas
Jerez
ZACATECAS
Huejuquilla
Villanueva
Colotlan
JALISCO
AGUASCALIENTE
Aguascalientes
Tepechitlan
Jalpa
NAYARIT
Encarnación de Diaz
Teocaltiche
San Blas
Tepic
Río Santiago
Nochistlan
San Juan de los Lagos
Compostela
Volcán Ceboruco (2 280 m)
Yahualica
San Isidro
Ixtlán del Río
Río Verde
Tequila
Magdalena
Amatitán
Tepatitlan
Ahualulco de Mercado
Puerto Vallarta
Guadalajara
Zapotlanejo
Ameca
Atotonilco el Alto
Acatlán
Ocotlán
Ajijic
Chapala
Cocula
La Barca
Lago de Chapala
JALISCO
Jiquilpan
Zamora
Sayula
Mazamitla
Autlán
Ciudad Guzmán
Volcán Nevado de Colima (4 260 m)
Parque Nacional Volcán Nevado de Colima
Los Reyes
Tuxpan
Minatitlán
Comala
Colima
Cihuatlán
San Patricio-Melaque
Tepalcatepec
Buenavista
COLIMA
Apatzingán
Río Tepalcatepec
Manzanillo
Laguna de Cuyutlán
Tecomán
Coalcomán
Aguililla
Arteaga
Playa Maruata
Caleta de Campos
Lázaro Cárdena

S'orienter

Cette région, le plus souvent plate bien qu'en altitude, s'étend sur 48 km d'est en ouest, et 224 km du nord au sud. En route, faites halte dans les *pueblos mágicos* que vous croiserez.

VOITURE

À Guadalajara, évitez autant que possible la voiture – la circulation est dingue. En revanche, ailleurs dans la région, un véhicule vous sera utile, notamment pour visiter librement les *pueblos mágicos* et autres villages d'art (*pueblos hospitales*), car les bus touristiques reviennent généralement au point de départ, sans marquer l'arrêt dans d'autres lieux. Il y a des péages sur les routes.

BUS

Guadalajara a un très bon réseau de bus municipaux. Vous pouvez utiliser l'application Moovit. Pour vous rendre en périphérie, partez de la vieille gare routière (Antigua Central Camionera). Pour les destinations plus éloignées, les départs se font à la nouvelle gare routière (Nueva Central Camionera). Dans le Michoacán, on se déplace beaucoup en *combi* (van), notamment autour de Morelia et Pátzcuaro, et à petits prix.

TRAIN

Un train au Mexique, c'est rare ! Ici, une petite folie est possible grâce au luxueux train José Cuervo Express : expérience incontournable alliée à la visite d'une distillerie et un verre de tequila.

Morelia, p. 618

Déambulez dans des rues marquées par les pierres roses, goûtez à la cuisine du Michoacán et au mezcal, avant d'aller admirer des millions de papillons monarques.

Pátzcuaro, p. 624

Artisans épatants, statue d'un héros mexicain dressée sur une île et probablement l'endroit idéal pour vivre le Día de Muertos.

Planifier son séjour

L'ouest du plateau central est un lieu où goûter, dans tous les sens du terme, à la culture locale. Parcourez la région au départ de Guadalajara ou Morelia.

ARTURO PEÑA ROMANO MEDINA/GETTY IMAGES ©

Mercado San Juan de Dios (p. 602)

Une journée à Guadalajara

- Au réveil, offrez-vous un café et de la brioche sur la **Plaza de Armas**, puis partez pour une **balade à la découverte** (p. 602) du cœur historique de Guadalajara, en forme de croix. Allez voir les magnifiques fresques de José Clemente Orozco à l'**Hospicio Cabañas** (p. 602) puis aventurez-vous dans les allées **du Mercado San Juan de Dios** (p. 602) pour le déjeuner.

- Prenez le taxi pour **Tlaquepaque** (p. 601) et arpentez la Calle Independencia pour admirer (et acheter) de l'artisanat local. Faites ensuite une pause, verre à la main, devant les mariachis d'**El Parián** (p. 603), et gardez de la place pour dîner à la **Casa Luna** (p. 601).

- S'il vous reste du jus, filez à Colonia Americana pour goûter aux cocktails d'**El Gallo Altanero** ou du **PIMP** (p. 605).

Au fil des saisons

Il fait doux toute l'année et la programmation culturelle ne faiblit pas. Aucune période n'est donc contre-indiquée. Entre le Día de Muertos, la migration des monarques et Noël, les mois d'octobre, à décembre sont le meilleur choix.

FÉVRIER

Saison haute pour l'observation des millions de papillons monarques perchés dans les sapins de la **Reserva Mariposa Monarca**, dans l'est du Michoacán.

MARS

Le **Tianguis Artesanal de Uruapan** (ou "del Domingo de Ramos"), lors de la Semana Santa, est l'un des plus grands marchés d'artisanat traditionnel d'Amérique latine.

AVRIL-MAI

Le **Festival Michoacán de Origen** à Morelia, ce sont trois semaines de festivités culturelles, artistiques et gastronomiques.

DE GAUCHE À DROITE : JOHN ELK/GETTY IMAGES ©, PEDRO MARTIN GONZALEZ CASTILLO/GETTY IMAGES ©, OCTAVIANO MERECIAS FOTOGRAFIA PHOTOGRAPHY/GETTY IMAGES ©

Trois jours bien remplis

- Après votre journée complète à **Guadalajara** (p. 596), prenez le bus, louez une voiture ou optez pour une excursion organisée à Tequila. En voiture ? Faites halte à la distillerie **Tequila Cascahuín** (p. 612) puis au restaurant-bar **Cantaritos La Tequilera** (p. 611) à El Arenal pour un taco à la crevette fort savoureux et, bien sûr, un cocktail à base de tequila.

- À **Tequila** (p. 613), choisissez votre visite – **Mundo Cuervo** (p. 616) et l'**Hacienda La Cofradía** (p. 616) sont des valeurs sûres – et explorez la place principale de la ville. Faites une pause dans vos dégustations en déjeunant à **La Taberna del Cofrade** (p. 616) ou **La Antigua Casona** (p. 615) avant de rentrer à Guadalajara, avec un petit tour chez **Cantaritos el Güero** (p. 611) pour enflammer la piste de danse.

Si vous avez plus de temps

- Passez la journée à **Morelia** (p. 618), ville à la belle architecture en pierre rose, goûtez aux recettes typiques du Michoacán et dégustez un excellent mezcal (chez **Tata**, p. 621, par exemple). Passez la soirée au **Nameless** (p. 621), bar clandestin dont l'entrée se trouve derrière un frigo de *taquería*.

- Le lendemain, vivez un moment magique en allant observer des millions de papillons venus passer l'hiver à l'est de l'État dans la **Reserva Mariposa Monarca** (p. 623 ; de novembre à mars).

- Le jour suivant, prenez un taxi partagé pour rejoindre **Pátzcuaro** (p. 624) et faire le tour de son joli lac en quête des créations artisanales que vous rapporterez chez vous. Quelques jours plus tard, grimpez sur le **Volcán Paricutín** (p. 629), le plus jeune volcan du continent américain.

JUIN

Deux événements majeurs à Guadalajara : le **Festival Internacional del Cine** pour les cinéphiles, et la **Marcha del Orgullo GDL**, l'une des plus grandes Gay Prides d'Amérique latine.

AOÛT

Des milliers de mariachis enchantent la région durant **l'Encuentro Internacional del Mariachi y la Charrería**, ponctué par une compétition nationale de cow-boys.

NOVEMBRE

Les villages autour de Pátzcuaro sont réputés pour leurs célébrations du **Día de Muertos**, parmi les plus belles du Mexique. Réservez très en avance.

DÉCEMBRE

Événements dansants dans les villes et villages sur les rives du Lago de Pátzcuaro autour de Noël ; dans les grandes villes, de belles décorations lumineuses.

GUADALAJARA

La deuxième métropole mexicaine (six millions d'habitants avec sa périphérie) se pose en équivalent moins frénétique à la capitale de la nation. Conquise en 1531 et baptisée d'après une ville espagnole au nom d'origine arabe, Guadalajara passe l'année à plus ou moins 21 °C, avec quelques gouttes de pluie seulement entre octobre et juin. Elle est le berceau culturel de la musique des mariachis, de la *charrería* et de la cuisine mexicaine. Elle jouit d'une splendide vieille ville dessinée en forme de croix où cohabitent des merveilles d'architecture héritées des XVIe et XVIIe siècles. À l'ouest, Colonia Americana est un quartier branché, avec des boutiques esprit rétro, des restaurants, bars et cafés très cool. Dans le sillage de Guadalajara, les "*pueblos mágicos*" (villages magiques) de Tlaquepaque et Tonalá feront de l'œil aux amateurs d'artisanat. Venant de l'étranger, on reste rarement à Guadalajara afin de filer vite vers Tequila, mais c'est un tort. Car le temps n'a pas de prise sur cette ville trop longtemps sous-estimée.

Pour les infos pratiques, voir le Carnet d'adresses p. 634

À SAVOIR

Vous vous trouvez sur un plateau : Guadalajara est à 1 566 m d'altitude. La fatigue peut vous gagner en cas d'effort ou de marche continue, notamment lors de randonnées comme celle de la **Barranca de Huentitán** (p. 606). Par chance, la ville est plate.

Tlaquepaque (p. 601)

INCONTOURNABLES
1 Catedral de Guadalajara
2 Hospicio Cabañas
(Voir carte p. 602)

VOIR
3 Café Correcto
4 Macondo
5 MUSA (Museo de las Artes)
6 Museo Pantaleón Panduro
7 Parque Revolución (Parque Rojo)
8 Selina
9 Templo Expiatorio del Santísimo Sacramento
10 U-Co Gdl Coliving

ACTIVITÉS
11 Son, Golpe & Tumbao

SE LOGER
12 Casa Habita
13 Dalí Plaza Hotel
14 Hospedarte Centro Histórico
15 Hotel Isabel
16 La Villa del Ensueño

SE RESTAURER
17 Birriería las 9 Esquinas
18 Bruna
19 Café PalReal
20 Cocina Prana
21 Jamaica
22 Jardín Hidalgo
23 La Flaca
24 Tacos La Choza
25 Tortas Migue

PRENDRE UN VERRE ET FAIRE LA FÊTE
26 De La O Cantina
27 El Gallo Altanero
28 Patan Ale House
29 PIMP
30 Tejuino Marcelino

SORTIR
31 Arena Coliseo de Guadalajara
32 El Parián

SHOPPING
33 Galería Antigua de México
34 Chamula
35 Del Corazón de la Tierra
36 El Baúl
37 Galerias Preciado
38 Taller Paco Padilla

TRANSPORTS
39 José Cuervo Express

POURQUOI J'AIME GUADALAJARA

Joel Balsam, écrivain

Ma première fois à Guadalajara, je m'attendais à découvrir une énième métropole. J'avais tort ! Malgré sa taille, elle est comme un grand village, avec un centre historique que l'on quadrille bien à pied et une ribambelle de bars et cafés très cool. J'ai aussi été charmé par l'artisanat de **Tlaquepaque** et **Tonalá**. Je suis retourné à Guadalajara trois fois en deux ans. Je garderais bien cette ville rien que pour moi, mais ce serait une folie tellement elle est géniale.

Mercado San Juan de Dios

LE PLUS GRAND MARCHÉ COUVERT D'AMÉRIQUE LATINE

À l'ouest du centre historique, le **Mercado San Juan de Dios** (ou "Mercado Libertad") étire ses allées dans toutes les directions. Sur les étals, des bottes de cow-boy (*charro*), des maillots de sport des tacos, et mille autres produits... Voici le marché couvert le plus vaste d'Amérique latine, couvrant plus de 40 000 m^2. C'est une vraie pagaille et on adore ça. Une halte obligatoire pour qui se rend à Guadalajara.

Le marché est vaguement découpé par thématiques. Au dernier niveau, chaussures, maillots de sport, jeux vidéo et remèdes populaires. En dessous, bijoux, sacs à main, lunettes de soleil et quelques restaurants servant du poisson. Plus bas, il y a des sacs, encore des maillots et les toilettes publiques (5 $M) côté sud du carré central. Tout en bas, vous trouverez des accessoires de *charro* (chapeaux, ceintures, bottines...), des souvenirs fantaisie et des boissons sucrées à base de tequila. Il y a aussi toute une gamme d'**étals alimentaires**, avec des photos pour vous aider à choisir. C'est l'occasion de goûter aux *tortas ahogadas* et à la *birria*, que les Tapatíos (habitants de Guadalajara ou du Jalisco) aiment tant.

Régal à Guadalajara

DES METS À DÉCOUVRIR

Les Tapatíos ont la chance de pouvoir déguster des plats hautement originaux et savoureux. La star du coin est la *torta ahogada*, un *birote* (pain) tartiné de sauce au piment (rouge et/ou vert) et garni de *carnitas*. Elle se mange à la cuillère ou, sur le pouce, dans une *bolsita* (petit sac en plastique). Si les sandwichs sont appelés *tortas* ailleurs dans le pays mais *lonches* à Guadalajara, c'est que la place est déjà prise par les *tortas ahogadas*. Chacun à son adresse préférée, mais **Tortas Migue**, à Colonia Americana, est une valeur sûre, avec une offre "satisfait ou remboursé".

À Guadalajara, et plus largement au Jalisco, le plat incontournable est sans conteste la *birria*, à savoir du *chivo* (viande de chèvre) tendre cuit dans son jus, avec une touche de jalapeño, accompagné de tortilla tiède. Pour y goûter, filez à la **Birriería las 9 Esquinas**, qui a deux salles : l'une dans une jolie cuisine à l'esprit mexicain, l'autre dans une ancienne banque du XIXe siècle.

La *carne en su jugo*, à ne pas confondre avec la *birria*, est du bœuf mariné, grillé puis recouvert d'un bouillon de haricots épicé. Commandez le vôtre chez **Karne Garibaldi**

ARTISANAT AUTHENTIQUE

Pour trouver de vraies créations artisanales, n'allez pas au Mercado San Juan de Dios, mais à **Tlaquepaque** (p. 601) ou à **Tonalá** (p. 604), à côté de Guadalajara.

OÙ SE LOGER À GUADALAJARA

Hospedarte Centro Histórico
Auberge de jeunesse animée, avec une clientèle jeune. Adresses dans le centre-ville et à Colonia Americana. **$**

Hotel Isabel
Jolies chambres d'esprit motel avec piscine chauffée, jardin d'orchidées et restaurant connu pour ses *chilaquiles*. **$**

Dalí Plaza Hotel
Hôtel bien tenu et bien placé, près du centre. Pour la vue, choisir une chambre côté est. **$$**

JUAN PABLO HINOJOSA/SHUTTERSTOCK ©

Torta ahogada

Santa Tere, qui remporta un record Guinness pour le plat préparé le plus vite au monde (13,5 secondes).

Le *tejuino*, breuvage de choix datant de l'ère précolombienne, se boit avec un certain plaisir dans tout le Jalisco, jusqu'au Chihuahua. Autrefois appelé *texuino*, c'est une boisson épaisse fermentée à base de maïs. Chez **Tejuino Marcelino**, il s'accompagne de citron vert, sel de mer et *nieve* (glaçons). Dans certains bars de Guadalajara, dont **De la O Cantina**, le *tejuino* se la joue XXIe siècle dans divers cocktails.

Le quartier de Colonia Americana

BRANCHÉ DE JOUR COMME DE NUIT

Pour le meilleur et pour le pire, **Colonia Americana** a gagné ses galons de quartier parmi les plus cool et branchés au monde. Il faut dire qu'avec ses super restos, ses cafés et ses bars où la cuisine locale est sublimée, il est épatant et séduisant. Vous y trouverez aussi des burgers à tomber, des spécialités asiatiques et du monde entier, ainsi que des breuvages à s'en réjouir le palais. Une journée passée à déambuler dans ses rues fleuries et arborées est déjà un plaisir en soi. Les **fresques** du quartier en mettent plein les yeux, font leur propre révolution et portent haut le flambeau de José Clemente Orozco.

JOSÉ CLEMENTE OROZCO

Bien avant Banksy et la renaissance du street art à caractère politique, les muralistes mexicains véhiculaient déjà des messages forts au travers de fresques portant des idéaux révolutionnaires. L'État du Jalisco en fut l'un des étendards, notamment grâce au travail de José Clemente Orozco (1883-1949), né dans la ville voisine de Ciudad Guzmán. Aux côtés de Diego Rivera et David Alfaro Siqueiros, Orozco est l'un des grands noms de cet art au Mexique. À grands coups de pinceaux, de noirs et de rouges, il a dépeint des scènes sombres et puissantes. Ses œuvres ornent des cages d'escalier, des plafonds ou encore des coupoles, de Mexico à New York, mais ses créations les plus personnelles se trouvent à Guadalajara. Découvrez ses plus belles fresques à l'Hospicio Cabañas (p. 602), au Palacio de Gobierno (p. 602) et au Museo de las Artes (p. 600).

La Villa del Ensueño
Hôtel tranquille à l'âme artistique, avec piscine, à Tlaquepaque. Draperies et coussins à renouveler. **$$$**

Villa Ganz Boutique Hotel
Retour dans les années 1930, avec literie des années 2020. **$$$**

Casa Habita
Hôtel rétro-chic dans une construction des années 1940. Possibilité d'accéder à la piscine sur le toit à la journée. **$$$**

SPECTACLES ET CONCERTS

Teatro Degollado
Théâtre aux belles dorures, à prix abordables pour voir des orchestres, pièces de théâtre et spectacles de danse. À réserver sur place.

1er Piso Jazz Club
Concerts de jazz sous les lustres, avec cocktails. Sur Google : "Segundo Piso Music".

Café Galería André Breton
Resto, bar et café français, avec concert en soirée, ambiance éclairage à la bougie.

Teatro Diana
Théâtre moderne : spectacles de Broadway, concerts et danse.

Bar Americas
Club où il fait noir sous les néons rouges, avec dark techno qui attire des grands DJ.

NICKYREDL/SHUTTERSTOCK ©

Danse sur Avenida Chapultepec

L'avenue Chapultepec est au cœur de cette animation. Bonnes tables et terrasses se disputent la place et l'espace sonore, avec de la musique jusqu'à tard. (Ne vous faites pas avoir par la queue chez Tomate, leurs tacos sont très moyens.) Le terre-plein central de l'avenue, piétonnisé, devient marché artisanal l'après-midi et en soirée. **Son, Golpe & Tumbao** propose des cours de danse près du croisement avec José G Montenegro. Salsa les mardi, vendredi et samedi, *salsa en línea* les mercredi et dimanche, *cumbia* (danse et genre musical venus de Colombie) le mercredi et *bachata* (danse née en République dominicaine) les jeudi et samedi.

Face à l'université de Guadalajara, à laquelle Colonia Americana doit son effervescence estudiantine, le théâtre du **MUSA (Museo de las Artes)** est habillé par les fascinantes fresques d'Orozco. La programmation des expos d'art y change régulièrement. Au sud, ne passez pas à côté du **Templo Expiatorio del Santísimo Sacramento**, chef-d'œuvre néogothique achevé en 1972 après 75 ans de travaux. Envie de fripes, de fringues rétro ou décalées ? Poussez la porte des boutiques du **Parque Revolución**, notamment **El Baúl**. Le samedi, le parc est envahi par plus de 100 étals, de 9h à 18h.

VOYAGER EN TRAVAILLANT

Les nomades digitaux trouveront leur bonheur à Guadalajara, mais aussi dans d'autres villes mexicaines, Mexico en tête (p. 59).

OÙ SE RESTAURER À GUADALAJARA

La Cafetería
Divins *chilaquiles* au pesto amandes-persil et courge sauce *chipotle*. Espèces uniquement. $

Tacos La Choza
Chariot ambulant avec des garnitures succulentes : lapin, confit de canard, sanglier, et très bonnes sauces. $$

Café PalReal
Brunch et café à se pâmer. Goûtez les *encacahuatadas*, les *chilaquiles* ou le *lonche* à la poitrine de porc. $$

Tlaquepaque, pueblo mágico

CITÉ D'ARTISANAT

À seulement 8 km du centre de Guadalajara, c'est le dépaysement à **Tlaquepaque**, qu'il faut absolument visiter. Cette ville, lentement absorbée par sa grande voisine, est un bijou de maisons et boutiques aux couleurs pastel, d'arbres en fleurs et de lierre vagabond. Ce *pueblo mágico* est tout indiqué pour vos achats d'artisanat, c'est même l'une des meilleures adresses du pays.

Les plus chouettes boutiques sont pour la plupart dans la Calle Independencia, mais n'hésitez pas à vous aventurer dans les rues adjacentes pour de belles trouvailles et des visites d'ateliers. Citons les **Galerías Preciado** et leur joli choix de luminaires et lustres aux accents orientaux, **Antigua de México**, avec des meubles somptueux (tout comme les prix) et un jardin très andalou ou encore **Del Corazón de la Tierra**, avec une magnifique sélection d'artisanat indigène de tout le pays. Au bout de la Calle Prisciliano Sánchez, **Taller Paco Padilla** expose les créations de l'artisan céramiste local.

Poussez la porte du **Museo Pantaléon Panduro**, ancien hôpital transformé en musée d'art populaire, pour voir certaines des œuvres les plus connues du Mexique et les gagnants du prix national de céramique, organisé depuis 1977. Demandez une visite guidée gratuite du bâtiment, qui a 450 ans. Vous pourriez bien vous retrouver au sous-sol, face à de complexes tunnels de pierre, ou sur le toit, à admirer la ville. Visitez aussi le **Museo Regional de la Cerámica** avec sa collection de céramiques réalisées dans le Jalisco et le Michoacán.

Un petit creux ? Avalez un *elote* (épis de maïs au sel et citron vert ou à la mayonnaise et fromage en poudre accompagné de sauce piquante) au **Jardín Hidalgo**, avec des pommes de terre ou des *chayotes*.

Vive les mariachis

BERCEAU DU GENRE MUSICAL

Les mariachis évoquent à eux seuls le Mexique : sombrero, *vihuela* (cousine du luth), *guitarrón* (grosse guitare), harpe et chants racontent un genre musical né à Guadalajara et dans sa région. Inscrite depuis 2011 au Patrimoine mondial, la musique des mariachis s'est développée avec l'arrivée des Espagnols et de leurs instruments à cordes. Les esclaves africains, les *indígenas* et les *mestizos* (personnes d'ascendance mixte) se les approprièrent et se rassemblèrent pour jouer et chanter, créant ainsi ce qui allait devenir la musique des mariachis. L'exode rural dans les États du Jalisco, du Nayarit, du Colima et

CITÉ DU COWORKING

Guadalajara attire fortement les nomades digitaux, ces actifs qui choisissent le travail à distance aux quatre coins du monde. Colonia Americana notamment a de quoi bien les accueillir, moyennant des loyers élevés. Le quartier compte une bonne dizaine d'espaces de coworking et de colocation, comme **Selina ou U-Co GDL Coliving**, qui compte 10 chambres. La plupart des cafés du coin acceptent aussi volontiers les clients penchés sur leur écran, à l'image du **Café Correcto** et de **Macondo** dans le quartier voisin d'Obrera. Veillez simplement à consommer assez régulièrement. Si vous cherchez à rencontrer d'autres étrangers ou à travailler votre espagnol, rejoignez le groupe "Expats in Guadalajara" ou "Intercambio Guadalajara" sur Facebook.

La Fonda de la Noche
On se sent chez Carlos, natif de Durango. Testez tous les plats en commandant des demi-portions. **$$**

Casa Luna
Le plus célèbre restaurant de Tlaquepaque épate avec ses luminaires et ses savoureuses assiettes. **$$$**

Bruna
Cadre inoubliable, galerie d'art et cuisine contemporaine digne d'être primée, comme le confit de porcelet et son *mole rosa*. **$$$**

BALADE DANS LA VIEILLE VILLE

Démarrez sur la **1 Plaza Guadalajara**, face à la **2 Catedral de Guadalajara**, bijou d'architecture achevé en 1618 après 47 ans de construction. Faites un tour dans la crypte où sont enterrés trois cardinaux. Partez ensuite vers le nord et admirez les jacarandas qui ornent la **3 Rotonda de los Jaliscienses Ilustres**, panthéon du Jalisco où reposent d'illustres enfants du pays, comme l'ingénieur Jorge Matute. À l'ouest, le **4 Palacio Municipal**, construit, contre toute apparence, entre 1949 et 1952. À l'est, le **5 Museo Regional de Guadalajara** abrite des objets huicholes, des œuvres religieuses et un impressionnant squelette de mammouth laineux vieux de 12 000 ans. Prenez la direction du sud jusqu'à la **6 Plaza de Armas** (bras droit de la croix), avec son kiosque français. Le week-end, c'est danses improvisées, orchestre ou concert de jazz. Repérez l'impact de balle tirée par le révolutionnaire Pancho Villa sur l'horloge du **7 Palacio de Gobierno**, puis entrez pour voir la fresque peinte en 1937 par José Clemente Orozco comme une prémonition des horreurs de la Seconde Guerre mondiale. Sur la **8 Plaza de la Liberacíon**, détaillez le monument représentant Miguel Hidalgo, héros révolutionnaire, brisant les chaînes de l'esclavage. À l'arrière du théâtre Degollado, la **9 Plaza Fundadores** raconte la fondation de la ville en 1542. Envisagez de faire la queue chez **10 Lonches Amparito** pour un sandwich mémorable et/ou commandez un *tejuino* à un vendeur ambulant, puis passez devant la sculpture de serpent sans tête de la **11 Plaza Tapatía**. La croix s'achève à l'**12 Hospicio Cabañas**, orphelinat du XIXe siècle inscrit au Patrimoine mondial, transformé depuis en musée, avec une fresque d'Orozco sur le plafond de la chapelle principale et des expos d'art contemporain. Achevez votre balade en faisant vos achats au **13 Mercado San Juan de Dios**.

Hospicio Cabañas

du Michoacán en direction de Guadalajara, s'accompagna d'une popularité renouvelée du genre, tout comme ce fut le cas sur la Plaza Garibaldi de la villé de Mexico.

Aujourd'hui, les mariachis sont légion à Guadalajara, surtout aux abords des restaurants touristiques. Le lieu incontournable pour profiter de leur musique demeure néanmoins **El Parián**, à Tlaquepaque. Le bâtiment circulaire abrite des bars-restaurants de cuisine mexicaine et des musiciens dans sa cour intérieure. Ce n'est pas pour la nourriture ni pour le service que l'on s'y rend, mais pour la musique et profiter d'un petit apéro (à base de *cazuelitas* et *cantaritos* – cocktails fruités à base de tequila, servis dans des contenants en terre cuite).

Vous trouverez également des mariachis, bien qu'en nombre plus réduit, sur la Plaza de los Mariachis, dans le centre-ville, autour de la statue de mariachi, à Álvaro Obregón et Lic Primo Verdad y Ramos. Commandez un *tostilocos* : porc, légumes, cacahuètes, *queso* (fromage) et jalapeños, le tout épicé, dans un sachet de Tostitos (chips tortillas) et donnez, vous aussi, de la voix.

Entre fin août et début septembre, des mariachis affluent de tout le Mexique pour des concerts, des concours et le plaisir à l'état pur à l'occasion de l'**Encuentro Internacional del Mariachi** à Guadalajara.

TUNNELS MYSTÉRIEUX

Dans les entrailles de Guadalajara, sous des sites historiques tels que la **Catedral de Guadalajara** et le **Palacio de Gobierno**, s'étend un réseau de tunnels nimbé de mystère. Certains racontent qu'ils servirent de voie d'évasion durant la guerre d'Indépendance (par endroits, on pourrait y passer des chevaux et un chariot), y compris au célèbre Miguel Hidalgo. D'autres imaginent davantage les représentants du gouvernement venir s'y cacher pour boire et festoyer, ou encore les membres du clergé s'y engouffrer pour passer d'un site religieux à l'autre. Il est aussi possible que ces tunnels aient servi à acheminer l'eau potable au cœur de la ville. Ceux qui détenaient la vérité sont malheureusement morts depuis longtemps. Trouvez la porte d'accès à ces tunnels dans la crypte à l'arrière de la Catedral de Guadalajara et laissez votre imagination prendre le relais.

OÙ MANGER VÉGÉTARIEN À GUADALAJARA

La Flaca
Les végans pourront goûter à des spécialités comme la *birria* et la *torta ahogada* dans ce resto d'extérieur chaleureux. $

Cocina Prana
Large choix de plats végétariens et végans, comme le tofu, la chakchouka au kimchi et le kombucha maison. $$

Jamaica Records
Déco en hommage au reggae et créations inventives, comme les épis de maïs façon ribs. Concerts et cocktails. $$

PAROLE D'HABITANTE : MES BARS CHOUCHOUS

Yolanda Hernández confie ses adresses traditionnelles préférées.

La Última Lucha
Avec ses masques aux murs, ses jouets et posters de catch mexicain, ce bar à *pulque* (recette préhispanique de boisson fermentée) dégage une atmosphère vraiment singulière. J'adore y aller entre amis après le travail.

Cantina La Fuente
Une *cantina* exceptionnelle située dans le centre historique de la ville, où l'on peut aller seul ou entre amis, pour déstresser ou chanter ses chagrins d'amour. Tout le monde chante en chœur quand il y a des musiciens.

Pulquería La Mestiza
L'endroit idéal pour découvrir différents types de *pulque*, avec une équipe très pédagogue.

POSZTOS/SHUTTERSTOCK ©

Catedral de Guadalajara

Tonalá : des savoir-faire ancestraux

POUR DES SOUVENIRS AUTHENTIQUES

Un peu plus poussiéreuse et parfois moins bien fréquentée que Tlaquepaque, **Tonalá**, à 16 km à l'est de Guadalajara, et aussi une ville d'artisanat où faire le plein de souvenirs. La qualité est au rendez-vous, à des prix plus abordables qu'à Tlaquepaque – d'où la présence de grossistes venus du monde entier.

La **Galería Bernabe** présente et vend de délicates céramiques. Chez eux, on est potier depuis quatre générations. Demandez une visite guidée pour observer les frères Bernabe à l'œuvre. **Mexicanía**, où acheter des créations venues de 10 régions mexicaines au total, a aussi quelque chose de spectaculaire, tout comme la **Casa de Artesanos**, avec des vêtements, des figurines et de l'art de la table à bon prix, réalisés par des artisans et artistes de Tonalá.

Au **Museo de los Tastoanes**, laissez-vous conter le savoir-faire de la ville : la confection de masques. L'entrée est gratuite et les frissons sont garantis. Les masques impressionnants représentent guerriers indiens et colons espagnols du XVIe siècle. Ils sont souvent réalisés avec de vraies dents d'animaux, du crin de cheval et des poils de vache. Faites

OÙ PRENDRE UN VERRE À GUADALAJARA

De La O Cantina
Bar à cocktails (essayez-en un avec du *tejuino*), à l'éclairage tamisé et aux murs de brique. Super ambiance.

Patan Ale House
Le rendez-vous des amateurs de bière artisanale, servie à la bouteille, à la pinte ou en dégustation. Menu façon pub.

Romea
Bar à vin éclairé à la bougie, avec tapas et en toute décontraction (laissez la cravate au tiroir).

aussi un petit tour au **Museo Nacional de la Cerámica** (entrée libre), distribué sur deux niveaux et consacré à l'art de la céramique, et admirez surtout son architecture, signée Jorge Wilmot, célèbre artisan local.

Privilégiez le mardi et le dimanche pour arpenter le **marché de rue de Tonalá**, le long de l'Avenida Tonaltecas et dans une bonne partie du centre-ville. Des milliers d'étals avec autant de T-shirts, de bougies et des *lonches* XXL. Bref, on y trouve de tout, excepté un artisanat de haute qualité (les boutiques alentour sont plus indiquées pour acheter masques et carreaux artisanaux, par exemple), avec une atmosphère authentique et inoubliable.

Les cow-boys mexicains

PLACE AU SPECTACLE

Sombreros ouvragés aux couleurs vives, gilets et pantalons équestres : dans le nord du Mexique, les *charros* (cow-boys mexicains), font partie du paysage depuis des siècles, à savoir l'arrivée des Espagnols, et le réflexe, pour les éleveurs, d'afficher leur (bonne) fortune par le biais de leurs beaux habits. Un vent nouveau souffla ensuite sur la *charrería* quand Emiliano Zapata, leader et héros de la révolution mexicaine, s'appropria le style vestimentaire des *charros*.

Aujourd'hui, la *charrería* est l'un des marqueurs forts de la culture de Guadalajara. Pour en faire l'expérience, rien ne vaut une démonstration à la façon des rodéos américains. Et ça se passe, depuis plus d'un siècle, au **Campo Charro Jalisco**, stade situé juste derrière le **Parque Agua Azul**, actuellement le dimanche à midi (100 $M). Au sein d'une arène cernée par des gradins en béton, les cavaliers (arborant souvent une épaisse moustache) épatent la foule au travers d'épreuves réclamant une vraie technique. Le cheval doit, par exemple, dessiner un cercle, s'élancer au grand galop et s'arrêter brusquement, sous leur houlette. Il y a aussi le bétail, que l'on doit renverser en le tenant par la queue – une pratique discutable. Si vous avez de la chance, vous verrez des *escaramuzas, des* cavalières vêtues de robes ouvragées effectuant des danses synchronisées. Il est possible de

ESPRIT RANCH DANS LE JALISCO

Frottez-vous à l'esprit ranch et montez à cheval sur les terres volcaniques de Tapalpa (p. 610). Sur place, profitez-en pour aller voir l'une des plus hautes cascades du Mexique.

GUADALAJARA À L'HEURE LGBTQI+

La deuxième ville mexicaine est aussi l'une des plus queer – en parallèle d'une population fortement catholique. Fin juin, Guadalajara est le théâtre d'une marche des Fiertés comptant parmi les plus grandes et les plus anciennes (40 ans) d'Amérique latine, la **Marcha del Orgullo GDL**. En novembre 2023, la ville a eu l'honneur d'accueillir les 11e **Gay Games**, plus important événement sportif LGBTQI+ au monde.

Le "quartier gay" de Guadalajara s'étend sur plusieurs rues autour de l'angle entre Ocampo et Sánchez, dans le centre-ville. L'Avenida Chapultepec compte depuis peu quelques établissements visant une clientèle homo. Pour tout connaître des lieux LGBTQI+ au Mexique : www.gaymexicomap.com.

El Gallo Altanero
Bar à cocktails branché derrière un café donnant sur cour. Palomas (cocktails) divins et musique soul.

PIMP
Glissez-vous derrière la bibliothèque d'une pizzeria et voici qu'apparaissent mobilier de velours, verres rétro et DJ.

California's Bar
Le plus sympa et le plus connu des bars gays de Guadalajara depuis près de 20 ans. Ne se remplit que tard dans la soirée.

TOUS FOUS DE SPORT

Guadalajara adore le sport, notamment le football, et adule ses équipes. Le Club Deportivo Guadalajara, alias *Las Chivas* (les Chèvres) est en activité depuis plus de 115 ans. Ses joueurs, tous Mexicains, jouent en Liga MX et s'entraînent à l'**Estadio Akron**. Il faut aussi compter avec l'Atlas FC, à peine plus récent, à l'**Estadio Jalisco**. Si l'une des équipes remporte le championnat, c'est la liesse générale, comme en 2021 pour l'Atlas, après 70 ans de défaites. Guadalajara a également une équipe de baseball, les Charros de Jalisco, avec son stade, l'**Estadio Panamericano** à Zapopan, siamoise de Guadalajara.

suivre des ateliers (presque quotidiens) pour acquérir quelques gestes de *charro*, comme le jeter et le rouler de corde, avec dégustation de tequila (600 $M). Pour une visite privative, voir www.entrecharros.com. L'**Encuentro Internacional del Mariachi**, qui se tient entre fin août et début septembre, est aussi une excellente occasion de voir des *charros* en action.

Catch mexicain : ambiance de folie

LA LUCHA LIBRE

Datée, la *lucha libre* ? Le catch mexicain, véritable discipline qui incarne des histoires intemporelles du bien et du mal et qui remonte à 1863, n'a pas pris une ride, comme on peut le voir à Guadalajara.

Le mardi soir à l'**Arena Coliseo de Guadalajara**, le public devient dingo face aux *luchadores* qui se battent sur le ring, affichant une vraie virtuosité technique et athlétique. Ils se jettent depuis les cordes, atterrissent comme des boulets de canon sur le ou les adversaires, qui peuvent être jusqu'à 12 sur le ring. Une ambiance de folie où tout pourrait finir en massacre, mais dont les catcheurs sortent miraculeusement indemnes.

À Guadalajara, on adore aussi ce qui se passe dans les gradins, notamment tout en haut, où les places sont les moins chères. Une fanfare marque le rythme et fait vibrer ses instruments, femmes et hommes portent masques et maillots aux couleurs des catcheurs, tançant les fans installés sur les sièges plus bas, chantant à pleins poumons, le poing levé. Ce qui pourrait faire peur est en réalité contagieux et les spectateurs de tous âges se joignent à l'effervescence. Les bières XXL et *micheladas* (cocktails relevés à base de bière) distribuées à tour de bras par les vendeurs ambulants n'y sont pas pour rien.

Places les moins chères sur les gradins : 200 $M, au bord du ring sur de vraies chaises : 300 $M.

Remontez la pente

SUIVEZ LES RAILS

Après toutes ces rations de *birria* et de *tortas ahogadas*, un peu d'exercice ne fait pas de mal. À Guadalajara, rien de tel pour transpirer que la **Barranca de Huentitán**. Avertissement : la pente est raide et le sentier fort fréquenté.

Au nord-est de la ville, vous repérerez aisément le point de départ à ses marchands proposant smoothies, sandwichs allégés, tacos de poisson et tranches de noix de coco au *tajín* (piment en poudre). Mais mieux vaut y revenir après la randonnée. Elle commence par une volée de marches puis un chemin de gros cailloux lisses (attention à ne pas glisser) en descente. Bientôt

SHOPPING À GUADALAJARA

Chamula Hecho a Mano
Céramique pop art, faite main. Découvrez les créations sur leur compte Instagram : @chamula.hechoamano.

Del Corazón de la Tierra
Boutique aux merveilles à Tlaquepaque, avec artisanat indien coloré du Mexique et du Guatemala.

Mexicanía
À Tonalá, des articles fabriqués dans 10 États mexicains, au sein d'un édifice de 1533. Possibilité d'expédition à l'étranger.

BARBORAKUPCOVA/GETTY IMAGES ©

Barranca de Huentitán

apparaissent en contrebas le ravin et le fleuve Santiago, pour le plus grand plaisir des yeux.

Il existe plusieurs itinéraires, certains couvrant jusqu'à 19 km, mais, si vous voulez suivre l'ancienne voie de chemin de fer (6,5 km ; 610 m d'altitude), descendez jusqu'au fleuve – où certains choisissent de se baigner. Prenez ensuite à droite jusqu'au village fantôme. De là, vous verrez une voie de chemin de fer, elle aussi abandonnée, épousant le versant très raide de la montagne. Les âmes les plus hardies pourront s'attaquer à cette montée éprouvante, parfois à quatre pattes, et gravir les 610 m qui les séparent du sommet. Comptez 2 heures 30 avec les pauses. Vous pouvez sinon rebrousser chemin et reprendre le sentier dans l'autre sens.

MEILLEURS CIRCUITS À GUADALAJARA

Camina GDL
Visites guidées gratuites, à pied, et large choix de circuits payants et thématiques (Architecture et Bière, par exemple). Excursions à Tequila (p. 613) et Guachimontones (p. 611).

José Cuervo Express
Voyage en train presque incontournable pour aller à Tequila, avec visite de Mundo Cuervo et découverte des champs d'agave (p. 633).

Experience Agave
Agence établie de longue date, avec guides anglophones, pour des dégustations organisées de tequila, mezcal et *raicilla* (agaves sauvages distillés).

COMMENT CIRCULER

L'Aeropuerto Internacional Miguel Hidalgo, très fréquenté et tout juste rénové, se trouve à 19 km au sud du centre-ville, avec des vols directs dans tout le pays. Les navettes vous déposent au Parque Agua Azul, où prendre un autre bus, un taxi ou un VTC. Ces deniers ne sont pas autorisés dans l'enceinte de l'aéroport, où seuls les taxis officiels sont admis au niveau du terminal (300 à 400 $M).

Les bus municipaux constituent une solution pas chère et efficace pour circuler, mais aussi aller à Tonalá et Tlaquepaque. Pour vos itinéraires, privilégiez Moovit.

Il y a deux grandes gares routières : Nueva Central Camionera et Antigua Central Camionera. La première concerne les destinations plus lointaines, comme Morelia, Mexico et Puerto Vallarta ; la seconde les environs de Guadalajara : Ajijic, Tapalpa et Tequila, entre autres.

Trois lignes de métro, appelé Siteur, passent sous la ville. Achevée en 2020, la ligne Mi Tren L3 relie Zapopan et Tlaquepaque au départ (notamment) de la Plaza Universidad. Il faut acheter une carte de train (30 $M, premier trajet inclus) aux automates. Comptez ensuite 9,50 $M par trajet.

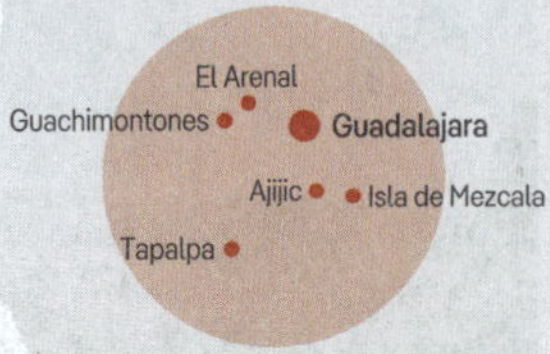

Environs de Guadalajara

Prenez la route direction Tequila, détendez-vous en bord de lac, arpentez des ruines indiennes et découvrez une incroyable cascade, le tout dans un rayon de 2 heures autour de Guadalajara.

Laissez derrière vous la bouillonnante Guadalajara et profitez des expériences en tous genres que sa région peut offrir. Entre vestiges indiens majeurs et distilleries pouvant largement rivaliser avec celles de Tequila. Au sud, le Lago de Chapala est le plus grand lac d'eau douce du pays. Sur sa rive, un joli *pueblo mágico* et ses retraités décontractés, au large, une île depuis laquelle des rebelles résistèrent avec acharnement contre les Espagnols durant quatre ans au XIXe siècle. Au sud-ouest se dressent les montagnes dont les chevaux sont les rois. Idéal pour randonner et profiter de la vie dans une *cabaña* en bois. Vous pouvez organiser vos propres excursions à la journée ou passer par un prestataire à Guadalajara.

Pour les infos pratiques, voir le Carnet d'adresses p. 637

À SAVOIR

Attention : les péages de route peuvent finir par coûter cher. Les axes concernés comportent un D après leur numéro : 54D en direction de Colima, par exemple.

Lago de Chapala

Ajijic, destination bien-être

IL N'Y A PAS D'ÂGE POUR SE DÉTENDRE

Les habitants d'**Ajijic** (prononcez "*a-hi-hic*") sont formels : vivre là, c'est gagner 10 ans d'espérance de vie. Peut-être en raison du temps idéal toute l'année – les températures oscillent entre 21 et 25 °C) – ou de la vue sur le **Lago de Chapala**, le plus grand lac du Mexique, de cette douceur de vivre, de la cuisine saine servie dans les restaurants ou du corps médical aux petits soins. Les retraités américains qui s'installent en masse à Ajijic, 1 heure à peine au sud de Guadalajara en voiture ou en bus (au départ de l'Antigua Central Camionera) ne s'y trompent pas. Venez les voir faire leur jogging sur le *malecón* (quai au bord de l'eau) ou arpenter les trottoirs pavés. Ces *gringos* n'enlèvent rien au charme des maisons colorées de ce *pueblo mágico* (depuis 2020), de ses excellents hôtels et restaurants ou encore des randonnées panoramiques à faire dans les montagnes qui dominent Ajijic.

À moins de 10 km à l'ouest, chouchoutez-vous le corps et l'esprit au **Spa Termal Tlalocan**, hôtel et *balneario* avec une douzaine de bassins et de Jacuzzis alimentés par des sources chaudes volcaniques. L'entrée est à 380 $M, avec un *temascal* (bain vapeur de tradition préhispanique) qui atteint naturellement 35,5 °C. L'expérience VIP en bord de lac justifie amplement les 220 $M : 2 heures de parcours avec 15 minutes dans une série de bassins agrémentés de minéraux aux vertus curatives. Le vinaigre de cidre traite les problèmes de peau et améliore la circulation sanguine, les pétales de fleurs font du bien au moral, le magnésium est anti-inflammatoire, le bain et masque au café vous donneront un coup de boost, quand l'avoine soignera votre épiderme. L'espace VIP comprend également une salle d'ozone et un parcours de pierres au sol pour de la réflexologie plantaire. Massages et soins du visage sont également proposés.

BAIGNADES PRÈS DE TEQUILA

Après avoir honoré la boisson nationale à Tequila, filez au **Balneario La Toma** (p. 617), avec ses bassins d'eau (froide) naturelle et sa vue sur la jungle.

Isla de Mezcala, terre de rebelles

UN BASTION HISTORIQUE

À environ 7 km en bateau de Mezcala sur le Lago de Chapala, l'**Isla de Mezcala** a une histoire digne du septième art. En 1812, des groupes d'*indígenas* qui vivaient au bord du lac (parmi lesquels les ancêtres des Cocas toujours installés à Mezcala) suivirent l'appel de Miguel Hidalgo et s'opposèrent aux colons espagnols durant la guerre d'Indépendance. Pendant quatre ans, ils furent plus de 1 000 rebelles à repousser les navires espagnols à grand renfort de frondes, canons et flèches à pointe en obsidienne.

LES MEILLEURES TABLES D'AJIJIC

Cenaduría Memo
On vient de loin pour un *pozole* (soupe). Près de la place principale. $

Vegan Town
Jardin luxuriant, recettes véganes et sans gluten : pizzas, sandwichs, salades et kombucha. $$

Kamellos
Food truck où commander des falafels et un *kamello* (chawarma), avec un soda régional. $$

Ajijic Tango
Apprécié des *gringos*, à proximité du *malecón*. Viandes, poissons, pizzas et savoureux petits pains chauds. $$$

Teocintle Maíz
Créativité et multiples saveurs dans les recettes mexicaines et les cocktails. Mieux vaut réserver. Espèces uniquement. $$$

OÙ SE LOGER DANS LES ENVIRONS DE GUADALAJARA

Las Margaritas Hotel Posada
Joli hôtel à Tapalpa, calme, propre, en marge de la place principale, avec escalier extérieur en colimaçon. $

Nueva Posada
Hôtel d'Ajijic chaleureux, avec un délicieux petit-déj, une piscine et vue sur le lac. Matelas un peu mous. $$

Hotel Villa San Francisco
Hôtel assez élégant, tableaux au thème musical et piscine, au cœur de Chapala en retrait du *malecón*. Petit-déj compris. $$$

LAC CHAPALA : ATTENTION POLLUTION

Depuis des siècles, toute la région vit et survit grâce au plus grand lac d'eau douce du Mexique. Le lac Chapala alimente Guadalajara et les exploitations agricoles qui nourrissent à leur tour la population. Pourtant, impossible de se baigner aujourd'hui dans ses eaux chargées en mercure, tout comme la chair des poissons. En cause, le Río Lerma, pollué aux métaux lourds et eaux usagées, dont le Chapala tire une partie de son eau. Les engrais que charrient les eaux de ruissellement et l'utilisation de cages en plomb n'ont fait qu'aggraver le problème. Parallèlement, la population assiste à un dessèchement progressif du lac depuis plusieurs décennies, qui n'aurait aujourd'hui plus qu'un quart de sa contenance initiale.

Le 25 novembre 1816, un armistice fut signé. À la clé, la liberté des autochtones dans les localités alentour, rebâties par les Espagnols. L'île devint une prison pour les détenus de toute l'Amérique latine. Les derniers rebelles furent eux aussi emprisonnés à vie.

Pour visiter l'Isla de Mezcala, trouvez un guide à l'embarcadère de Mezcala (500 $M pour le capitaine du bateau, plus pourboire pour le guide) ou contactez María de Los Angeles Hernández Sanabria (331 425 0753), suffisamment en avance. Le guide Coca propose des sorties en espagnol et peut vous mettre en contact avec une personne anglophone (supplément de 500 $M). Sur l'île, vous découvrirez les ruines du fort, une statue de la Vierge sortie des eaux du lac, l'église que les prisonniers durent construire de leurs mains et les anciennes cellules. Il est possible de faire une visite des prisons de nuit, à la lampe torche. Mais, attention, les lieux seraient hantés.

À pied et à cheval

ENTRE CHUTE D'EAU ET PAYSAGES SURPRENANTS

Dans les montagnes, à 2 heures (129 km) au sud-ouest de Guadalajara, **Tapalpa**, murs chaulés et toits de tuiles rouges, mérite bien son statut de *pueblo mágico*. Les sabots de chevaux résonnent sur les pavés des rues, des visiteurs se pressent sur sa place principale afin d'y acheter vêtements tissés main et créations artisanales en bois, ou encore déguster une belle pièce de bœuf dans l'un des restaurants au deuxième niveau, **Paulino's** par exemple.

À environ 6,5 km au nord de Tapalpa, **Las Piedrotas** émergent d'un pâturage en bordure de route : d'étonnantes formations rocheuses, que l'on peut grimper presque jusqu'au sommet. L'entrée est à 30 $M. Rando et balades à cheval (100 $M les 20 minutes) sont également possibles pour profiter du paysage.

Plus difficile d'accès mais plus gratifiante : la **Cascada el Salto del Nogal**, 106 m de hauteur, est à 30 minutes de Tapalpa le long d'une route pavée cahoteuse. Il faut ensuite descendre un sentier pentu durant 20 à 30 minutes, jusqu'au panneau vous indiquant de tourner à droite pour longer le ruisseau jusqu'à la chute d'eau. La vue est spectaculaire. Les montagnes dressées de part et d'autre du ravin ravissent aussi, ponctuées d'agaves accrochés à la paroi rocheuse. Prenez le temps de vous poser, car il vous faudra remonter 233 m (30 à 40 minutes) pour rentrer.

Green Sierra Tapalpa Tours propose des excursions à Las Piedrotas le week-end (250 $M), à la cascade le vendredi (450 $M) et loue des 4x4 (500 $M/heure).

Prolongez votre séjour sur un week-end en logeant dans une *cabaña*, qu'il s'agisse d'un hôtel tout en bois ou d'un petit chalet romantique avec panorama grandiose sur les montagnes. Vous en trouverez sur Airbnb ou en consultant des annonces sur place.

OÙ SE RESTAURER ET PRENDRE UN VERRE DANS LES ENVIRONS DE GUADALAJARA

La Palapa de Don Juan
Gaufres, *chilaquiles* et crêpes dans une *palapa* (paillote) face au Lago de Chapala. **$**

Paulino's
Restaurant à prix abordables, donnant sur la place principale de Tapalpa, connu pour sa *carne asada* et sa *carne adobada*. **$**

Tequila Bonanza
En selle face au lac d'Ajijic pour rencontrer des habitants et des visiteurs (le plus souvent des gringos).

FERNANDO_MOLINA_JRZ/SHUTTERSTOCK ©

Cantarito

VILLES INDIENNES SUR LES HAUTS PLATEAUX

L'histoire des ***pueblos hospitales*** (villes d'artisanat ; p. 626) précède largement l'arrivée des colons espagnols. L'artisanat y est synonyme de grand savoir-faire.

Pyramides circulaires

UN SITE EXCEPTIONNEL

À environ 1 heure 30 de route (2 heures en bus) de Guadalajara reposent d'importantes ruines de l'ouest du Mexique, celles de **Guachimontones**, découvertes à la fin des années 1960 par Phil Weigand et Celia García de Weigand. Jusqu'alors, personne n'imaginait qu'il puisse exister un site cérémoniel d'une telle dimension dans cette partie du pays.

Guachimontones était occupé en 350 avant J.-C. par les Teuchitlánes, dont les descendants vivent toujours dans la ville voisine du même nom. Le site regroupe des pyramides circulaires à gradins, dont l'usage était exclusivement spirituel (elles étaient inhabitées). La plus grande, **Gran Guachi**, a un diamètre de 125 m et est entourée par 12 plateformes rectangulaires, lui donnant, vue du ciel, des airs d'épi de maïs. À son sommet, un trou où était inséré un mât, sur lequel se tenait peut-être, et sans aucune attache, le chef spirituel, simulant le vol de l'oiseau. À ses pieds, des milliers de personnes dansaient en rangs serrés, appelant de leurs vœux la pluie et la fertilité. Le site compte en outre deux courts de *pelota* (jeu de balle) et des sépultures enfouies parfois à 21 m sous terre.

Il y a aussi un **musée**, présentant l'aménagement du site et les pratiques de ceux et celles qui le fréquentaient. Citons également

PASSION CANTARITOS

Sur la route de Tequila, vous noterez une succession de publicités pour des *cantaritos*, cocktails à base de tequila, accompagnés d'agrumes, de boisson gazeuse au pamplemousse, d'eau minérale et de sel, servis dans des tasses ou bols en terre cuite, les *cazuelas*.

Juste avant l'arrivée à El Arenal, **Cantaritos La Tequilera** sert de bons *cantaritos*, avec de la tequila de chez Cascahuín à la demande. Les plats y sont également délicieux, notamment le taco à la crevette *camarón especial*, épicé et croustillant..

Plus proche de Tequila sur la route 15, **Cantaritos el Güero** reçoit des flots entiers de visiteurs prêts à festoyer et à danser.

SHOPPING DANS LES ENVIRONS DE GUADALAJARA

Huizache
Passez une porte et une allée à deux numéros d'Estrellita, pour découvrir cette boutique d'artisanat mexicain à Ajijic.

Galeria di Paola
Boutique d'Ajijic vendant de l'artisanat mexicain, les toiles de la propriétaire (italienne) et des expressos.

Tienda de Artesanías
Sur la place de Tapalpa, jolies créations réalisées à la main : coussins, vestes, chemisier à fleurs...

HACIENDAS : UN SOMBRE PASSÉ

Au nord du Mexique, les haciendas abritaient les travailleurs qui, au début de la colonisation espagnole, s'épuisaient dans les mines ou aux champs, quand les riches propriétaires vivaient dans les villes voisines. Rappelant les plantations américaines, elles étaient bâties sur des terres volées et avaient pour force de travail des esclaves d'Afrique, des Indiens et des *mestizos* qui récoltaient quelques pièces en échange de leur labeur et de leur corps meurtri. Ce furent, entre autres, ces injustices qui poussèrent le révolutionnaire Emiliano Zapata à manifester, en 1897, aux côtés de paysans de son village à la suite de l'appropriation de leurs terres. Il lui en coûta un séjour en prison. Certaines haciendas demeurent, aujourd'hui encore, des exploitations agricoles, d'autres ont été transformées en hôtels de luxe, où sont organisés mariages et réunions de famille.

OMALY DARCIA/SHUTTERSTOCK ©

Guachimontones (p. 611)

le documentaire de 15 minutes, ainsi que les belles collections de bijoux, de céramiques et d'outils en obsidienne, dont beaucoup furent retrouvés dans les tombes. C'est que l'État du Jalisco compte le troisième plus grand gisement d'obsidienne au monde.

L'entrée (30 $M) permet l'accès au site, au musée et à la visite guidée (une par heure environ).

Tequila artisanale

VISITE ET DÉGUSTATION

Guadalajara sert souvent de point de départ vers Tequila. Mais sachez qu'une distillerie, plus authentique que le très alcoolisé *pueblo mágico*, se trouve à 48 km de là, dans la ville d'**El Arenal**.

Tequila Cascahuín raconte l'histoire d'une famille qui possédait des *agaveros* depuis 1904 mais ne s'est engagée dans le processus de fermentation et fabrication de la tequila qu'en 1955. Moins ancienne que José Cuervo, la distillerie Cascahuín fonctionne de façon plus artisanale et produit à peine 100 000 litres par an. Les visites, possibles en anglais, peuvent s'accompagner ou non de trois à cinq dégustations. Réservation sur Whatsapp.

Une visite vous permettra de découvrir les *piñas*, les cœurs d'agave à la forme d'ananas, cueillis entre les 7 et 10 ans de la plante, de vous aventurer à l'intérieur du four de 16 tonnes, de vous mesurer aux cuves de la salle de fermentation, où la levure présente dans l'air active les bulles dans les jus. Vous comprendrez également comment ils se transforment en alcool et pourrez goûter à une tequila à 70 degrés. Vous pouvez aussi découvrir le vieillissement en fûts à whisky, voir les employés étiqueter et vérifier la qualité des bouteilles, puis participer à une dégustation.

COMMENT CIRCULER

Les destinations autour de Guadalajara sont accessibles en bus, avec des départs fréquents de l'Antigua Central Camionera (gare routière).

Réseaux municipaux très pratiques à Chapala, Tapalpa et El Arenal, et taxis. Vous conduisez ? Prévoyez un péage toutes les demi-heures environ sur les routes 54D et 15D.

TEQUILA

Au Mexique, la tequila est partout ou presque. Mais qui sait que cette boisson à base d'agave est mise en bouteille dans la ville qui lui a donné son nom, située à une heure au nord-ouest de Guadalajara ? Les paysages d'agaves bleus et les anciennes installations industrielles de la région de Tequila sont classés au patrimoine mondial de l'Unesco depuis 2006. Le *pueblo mágico*, avec ses maisons colorées, ses rues pavées et sa charmante église du XVIIe siècle, attire avant tout les touristes en raison de son nectar alcoolisé, qui fait la fortune de ses deux gros producteurs, José Cuervo et Sauza. Les enterrements de vie de jeune fille ou de garçon y vont bon train, ça crie dans des fûts montés sur roues, ça tient tout juste sur ses deux jambes, *cantarito* (cocktail à base de tequila) à la main. Bref, l'animation est parfois à son comble, mais il est toujours amusant de s'y rendre à la journée depuis Guadalajara, ou d'y dormir si vous désirez en savoir (et en goûter) davantage en matière de tequila.

Pour les infos pratiques, voir le Carnet d'adresses p. 638

À SAVOIR

Réservez vos visites de distillerie. L'offre sur place n'est pas géniale et les circuits affichent rapidement complet. Pour des valeurs sûres à Tequila, voir p. 616.

Plaza Principal, Tequila (p. 615)

VOIR
1 Centro Cultural Juan Beckmann Gallardo
2 Museo Los Abuelos
3 Museo Nacional del Tequila
4 Parroquia Santiago Apóstol
5 Plaza Principal Tequila

SE LOGER
6 Casa Hotel La Gran Señora
7 Solar de las Ánimas

SE RESTAURER
8 Callejón del Hambre
9 La Antigua Casona
10 Patio Mayahua
11 El Palomar

PRENDRE UN VERRE ET FAIRE LA FÊTE
12 Bar Tequila
13 La Capilla
14 Ophe Club Tequilero

Prenez le train de la tequila

UNE EXPÉRIENCE À VIVRE

Les trains régionaux ne circulent plus autour de Guadalajara, mais vous pourrez admirer la vue sur les agaves, cocktail à la main, à bord du **José Cuervo Express**, destination Tequila. Il faut débourser 2 590 $M pour voyager en train avec la plus vieille distillerie de tequila du pays, mais c'est une expérience originale à vivre.

OÙ SE LOGER À TEQUILA

Capital O Hotel Posada
Humez les agaves bleus au sein de cette humble *posada* (auberge) de bois et de pierre, perchée sur une colline. **$**

Casa Hotel La Gran Señora
Hôtel familial proche du centre, avec un joli jardin. Les chambres sont datées, mais propres. **$$**

Solar de las Ánimas
Hôtel appartenant à la maison Cuervo avec salle de gym, piscine, sauna, bar avec vue et très bon restaurant. **$$$**

Le circuit "Sunrise", très apprécié, part de la gare du José Cuervo Express sur l'Avenida Circunvalación Agustín Yáñez, au sud du centre-ville de Guadalajara. Prévoyez d'y être pour 8h afin de vous enregistrer et d'avaler un *café de olla* (à la cannelle) ou un chocolat chaud et une *concha* (pâtisserie). À 9h, coup de sifflet, c'est le départ du José Cuervo Express. Le trajet dure 2 heures et comprend quelques cocktails, une dégustation (en espagnol) et un en-cas un peu décevant (du moins pour les passagers "Express").

Une fois à Tequila, place à une seconde dégustation, en anglais cette fois-ci, puis à la visite du **Centro Cultural Juan Beckmann Gallardo**, joli musée ouvert en 2018 avec des collections autour du pop art, de la *charrería* et de la céramique indienne. Si vous n'avez pas pris le train, l'entrée avec visite guidée coûte 135 $M.

L'aventure continue avec la découverte de la **distillerie La Rojeña**, en activité depuis 1812 et livrant 50 000 litres de tequila par jour. La visite est brève, mais impressionnante par sa dimension industrielle. Après, 2 heures 30 de temps libre permettent d'explorer Tequila à votre rythme avant de prendre un bus pour une exploitation : assistez à la récolte d'agaves par les *jimadores* (cultivateurs) et plantez le vôtre. Vient ensuite le moment de la fête et de la danse avant de rentrer à Guadalajara.

PAROLE D'HABITANT : MON QUOTIDIEN DE JIMADOR

Manuel Rivera, chez José Cuervo, raconte une journée type dans les champs d'agave.

Debout à 5h, j'avale un *café de olla* au miel d'agave, avec du pain. Début du travail à 6h. Nous coupons les feuilles d'agave avec une *coa de jima*, qui ressemble à une grosse cuillère à bord tranchant. À 10h, c'est petit-déj avec *chilaquiles* et haricots. Il y a 10 *jimadores* par équipe. Les agaves coupés sont envoyés à la distillerie le jour même, où les *piñas* sont enfournées, avant que leur jus soit fermenté et distillé.

Découvrir Tequila

IL N'Y A PAS QUE L'ALCOOL À TEQUILA

Si l'on met de côté les tonneaux de tequila géants, les enterrements de vie de jeune fille ou garçon survoltés et le fait d'être vu comme un porte-monnaie plutôt que comme un être humain, Tequila est un *pueblo mágico* assez charmant. La **Plaza Principal Tequila** est grande et toujours animée. Il se vend dans les rues des *cantaritos*, des sombreros façon *jimado*, des *chapulines* (sauterelles grillées), quand des *voladores de papantla* de Veracruz assurent le spectacle en tournoyant autour de leur mât. Des guides missionnés par l'office du tourisme proposent des visites guidées (150 $M) de la ville et de distilleries, généralement à bord de l'un des tonneaux susmentionnés (à partir de 250 $M). Attention aux jeux de pari où l'on vous fait miroiter des gains si vous atteignez un certain score – c'est une arnaque en bonne et due forme.

La **Parroquia Santiago Apóstol** (XVIIe siècle) domine la place. Admirez ses draperies bleu et or, ainsi que son rare Jésus en habits et couronne d'épines. La place de l'église compte également de nombreux marchands et une brasserie correcte, **El Palomar** (espèces uniquement), qui propose petits-déjeuners, crêpes, sandwichs, *quesadillas* et salades.

LE MEZCAL DU MICHOACÁN

Nul besoin d'aller jusqu'à l'État de Oaxaca : **Morelia** (p. 618), s'y connaît en mezcal, avec de bons plats pour l'accompagner.

OÙ SE RESTAURER À TEQUILA

Callejón del Hambre
Régalez-vous sans modération de tacos généreux à l'un de ses étals très appréciés. **$**

Patio Mayahua
Établissement branché et réputé. Brunch avec tortillas, *birria*, *menudo* et *chilaquiles* maison. **$$**

La Antigua Casona
Restaurant plutôt haut de gamme de la maison Cuervo, avec plats mexicains, burgers et salades. **$$$**

L'HISTOIRE DE LA TEQUILA

Les Indiens connaissaient les boissons à base d'agave, comme le *pulque* (sirupeux et à faible teneur en alcool), longtemps avant l'arrivée du colon espagnol. La tequila (alors appelée mezcal) fut inventée au milieu du XVIe siècle d'après les techniques européennes de distillation. Prisée au Mexique, elle fut introduite aux États-Unis durant la Prohibition et conquit bientôt le monde entier. Par crainte que le savoir-faire ne se perde, le Mexique créa, en 1974, une appellation d'origine contrôlée, selon laquelle la tequila doit être produite à base d'une seule et unique espèce d'agave *(azul)* parmi les 200 qui existent, et seulement dans les États suivants : Jalisco, Nayarit, Michoacán, Tamaulipas et Guanajuato. La tequila reçut ainsi ses lettres de noblesse, quand le mezcal tomba, jusqu'à récemment, dans l'oubli.

Les deux musées de Tequila ne sont guère convaincants. Le **Museo Nacional del Tequila** présente des informations (en espagnol) sur la ville et le volcan, ainsi que sur la culture de l'agave à tequila (en anglais et espagnol). Il peut être intéressant d'y aller si vous ne visitez pas de distillerie. Le **Museo Los Abuelos** (visite guidée gratuite, en espagnol) raconte l'histoire de la famille Sauza, avec outils agricoles, reproduction d'une cuisine traditionnelle et une étrange collection de sculptures de hiboux.

Visite d'une distillerie

HACIENDA SUR LA COLLINE

Perchée sur une colline aux reflets bleus des agaves, l'**Hacienda La Cofradía** offre l'une des meilleures visites de distillerie de Tequila, avec hébergement et repas atypiques. La distillerie est relativement récente (lancée en 1991 dans une hacienda datant de 1933) mais s'est presque taillé la part du lion avec 3 millions de litres produits par an et des exportations dans 50 pays. Un guide détaille le processus de production de la tequila et vous conduit aux cuves, où vous goûterez à l'agave cru et pourrez avaler un shot de tequila. La distillerie étant bâtie sur une pente, la gravité permet de faire passer l'agave aux meules, les jus à la cuisson avant qu'ils ne coulent dans les cuves puis dans les alambics et fûts. La visite s'achève sur une dégustation généreuse. La plupart des visites sont en espagnol, version anglaise généralement à 13h30.

Après ces dégustations, nul besoin de repartir : vous pouvez passer la nuit dans l'un des 35 tonneaux XXL aménagés assez récemment et affichant chacun une fresque peinte à la main.

La Cofradía compte aussi un grand restaurant, **La Taberna del Cofrade**, tout en voûtes et arches de pierre, avec mariachis et gastronomie de quatre États mexicains. Citons par exemple l'*arrachera* (onglet de bœuf) du Jalisco, les crevettes sauce tamarin du Michoacán ou les *enchiladas* du Guanajuato.

Envie de pousser la porte d'autres distilleries ? Voici de très bonnes adresses :

Tequila Cascahuín (p. 612) Distillerie artisanale hors de Tequila, à El Arenal. Les visites y sont plus intimistes qu'à Tequila. Désignez votre capitaine de soirée et profitez des bars à *cantarito* (p. 611) en chemin, entre fête et découverte.

Mundo Cuervo (p. 615) Au cœur de l'empire José Cuervo. Différentes formules, dont une avec trajet en train. Réservez au plus tôt.

Casa Sauza Deuxième plus grand producteur de tequila. Visite de l'usine à Tequila et possibilité de planter un agave.

Casa Orendain Troisième plus vieille distillerie en activité à Tequila. Tour en tonneau géant monté sur roues, visite de l'usine et courte dégustation. En espagnol uniquement.

OÙ PRENDRE UN VERRE À TEQUILA

La Capilla
Vieux bar de Tequila, où commander une Batanga (tequila, jus de citron vert et cola).

Bar Tequila
Bar festif avec 35 références de tequila et des cocktails à prix raisonnables. À l'étage sur Abasolo.

Ophe Club Tequilero
Club éclairé au néon, pour danser à quelques pâtés de maisons de la place principale.

Hacienda La Cofradía

Cascade et sources naturelles

UNE PARENTHÈSE REVIGORANTE

Pour faire une pause dans vos dégustations ou pour le simple plaisir, voici quelques activités à proximité. Au nord-est de la ville, une rando courte mais exigeante vous mène à une série de cascades, **Cascada Los Azules**. Depuis le point de départ, longez les champs d'agave et tenez votre droite jusqu'au mur de pierre. Si vous vous retrouvez dans les buissons, la peau couverte d'égratignures, ou à devoir descendre dans un petit canyon, vous avez tourné au mauvais endroit. Le long du mur de pierre, le sentier zigzague un peu. Quand vous ne pouvez plus aller tout droit, prenez à gauche. Le chemin sinue pour arriver à quelques petits bassins où vous pourrez vous baigner. Des tuyaux gâchent un peu la vue, mais poursuivez votre route le long de la paroi rocheuse et vous croiserez une magnifique chute d'eau qui se jette de la falaise. Faites demi-tour pour retourner au point de départ et rejoindre la ville.

Au nord de Tequila, **Balneario La Toma** est placé sous le signe de la détente, avec 10 bassins d'eau de source sur un lit de roche volcanique rouge, parfaits pour admirer le canyon et sa forêt en contrebas. Le lieu, tenu par une famille, est propice au calme, pour une parenthèse agréable. Privilégiez le taxi, la voiture, ou bien la marche (comptez environ 1 heure).

TEQUILA OU MEZCAL ?

Faisons bref : toutes les tequilas sont du mezcal, mais le mezcal n'est pas forcément de la tequila. L'alcool d'agave originel, le mezcal, était obtenu par torréfaction des *piñas* (cœurs d'agave à la forme d'ananas) dans un four en terre avant distillation, d'où son goût fumé. En 1795, lorsque la famille José Cuervo mit pour la première fois le breuvage en bouteille, il fut inscrit sur l'étiquette *mezcal de tequila*. En 1893, le premier terme disparu, le mezcal étant alors considéré comme la boisson du pauvre, et on ne parla plus que de tequila, dont la production fut industrialisée. La cuisson vapeur remplaça la torréfaction et seul l'agave bleu fut utilisé, pour un goût standardisé d'une bouteille à l'autre. Le mezcal obtint néanmoins son appellation en 1994 et fit son grand retour, au Mexique tout du moins.

COMMENT CIRCULER

Départ de l'Antigua Central Camionera de Guadalajara pour Tequila toutes les 30 minutes environ (1 heure 40). Vous pouvez aisément faire halte à El Arenal puis reprendre un bus après. Sinon, montez à bord du **José Cuervo Express** (p. 614), avec retour à Guadalajara en bus ou en train, selon la formule choisie.

Il n'y a ni bus ni VTC à Tequila. Pour un taxi, faites la queue dans José María Morelos à l'angle de Sixto Gorjón.

MORELIA

La majestueuse capitale du Michoacán, fondée en 1541 sous le nom de Valladolid et rebaptisée Morelia après la guerre d'Indépendance en l'honneur de José María Morelos, mérite qu'on s'y arrête un jour ou deux. La ville est une merveille d'architecture, avec ses édifices en pierre grise aux reflets rose, dont le plus beau est sans conteste la Catedral de Morelia – qui est peut-être même le plus beau des bâtiments de style colonial du pays. Ses restaurants et bars n'ont pas à rougir non plus, et le mezcal ici peut rivaliser avec celui de l'État de Oaxaca. Plusieurs musées et galeries d'art mettent en avant les œuvres du muraliste Alfredo Zalce, autre grand nom du genre aux côtés de José Clemente Orozco et Diego Rivera. Enfin, la création artisanale n'est pas en reste. Morelia accueille peu de touristes, probablement en raison de la mauvaise réputation du Michoacán, et c'est bien dommage car elle a largement de quoi séduire.

Pour les infos pratiques, voir le Carnet d'adresses p. 638

À SAVOIR

La présence de cartels a donné une réputation d'État dangereux au Michoacán. Le gouvernement français conseille de ne pas s'y rendre, en raison de la criminalité et de cas de kidnapping. La ville de Morelia est cependant épargnée. Si vous voyagez dans l'État, évitez plus particulièrement Tierra Caliente et la partie Sud.

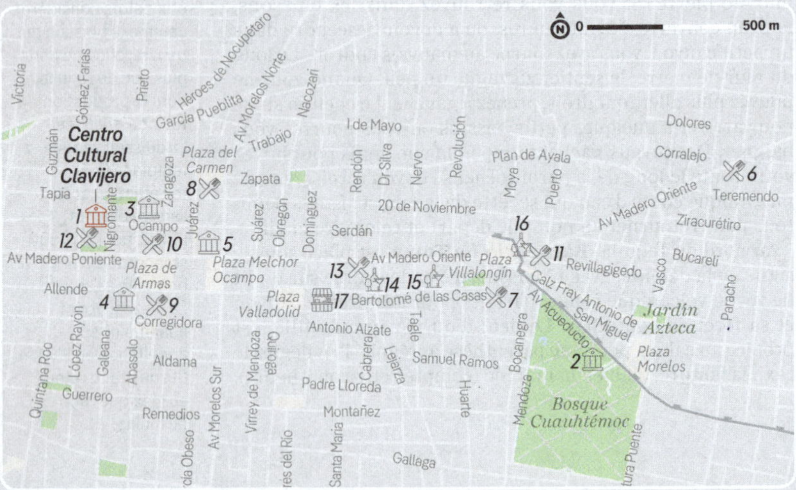

INCONTOURNABLES
Biblioteca Pública de la Universidad Michoacana
(Voir carte p. 620)
Catedral de Morelia
(Voir carte p. 620)
1 Centro Cultural Clavijero

VOIR
2 MACAZ
3 Museo del Estado de Michoacán
4 Museo Regional Michoacano
5 Palacio de Gobierno

SE RESTAURER
6 Carnitas Don Raúl
7 Chango
8 Cuish
9 Gaspachos La Cerrada
(voir 9) La Guarecita
10 LU Cocina Michoacana
11 Mammut
12 Mercado de Dulces y Artesanías
13 Museo del Dulce

PRENDRE UN VERRE ET FAIRE LA FÊTE
14 Escapulario
(voir 11) Nameless
15 Tata
16 Tatita

SHOPPING
17 Casa de las Artesanías

Dorilocos

Plaisirs sucrés à Morelia

PRÊT ? FEU ! MANGEZ !

La scène gastronomique de Morelia est spectaculaire. Il y a déjà les *carnitas* dans des tacos XXL (appelés *surtidos*) ou les *quesadillas* de **Carnitas Don Raúl**. Les *uchepos* (*tamales*, ou papillotes, de maïs souvent garnis de crème et de sauce pimentée), sont savoureux chez **Cuish**, mais vous en trouverez partout sur les étals de rue. Si vous prenez Hidalgo depuis la Plaza de Armas, vous entendrez sûrement quelqu'un crier "*Gaspacho*" Il ne s'agit pas de la célèbre soupe froide espagnole, mais d'une coupe aux fruits avec de l'ananas, du *jícama* (navet mexicain) et de la mangue, avec possible supplément de *cotija* (fromage), jus de citron vert, oignon, piment vert émincé et sauce piquante. La voix viendra probablement de **Gaspachos La Cerrada**. Si vous avez encore faim et êtes d'humeur téméraire, filez au coin d'Hidalgo et de La Corregidora pour avaler des *dorilocos* (chips Doritos recouvertes d'à peu près tout ce qui peut se manger).

Morelia est aussi connue pour ses douceurs, comme les *cocadas* (pyramides de noix de coco caramélisée qui croustille et colle aux dents), les *frutas cubiertas* (fruits confits : figue, ananas ou encore courge), les *glorias* (caramels au lait de chèvre et noix

LES MEILLEURES TABLES DE MORELIA

La Guarecita
Torréfacteur de café et chocolat, avec excellents petits-déjeuners, pizzas et spécialités du Michoacán. $

Cuish
Ambiance taverne en pierre, où manger des recettes du Oaxaca et du Michoacán, avec *atole* (boisson chaude et sucrée à base de maïs) parfumé. $$

LU Cocina Michoacana
Très chouette restaurant sur la place principale. Recettes mexicaines revisitées, petits-déjeuners et plats végétariens. $$

Mammut
Pizza à pâte fine que l'on déguste à une table sur le trottoir, comme à Naples. C'est un peu cher, mais c'est divin. $$$

Chango
Poisson et viande tout en élégance, avec une terrasse romantique à souhait face au coucher du soleil. $$$

OÙ SE LOGER À MORELIA

Hostal Mich by Rotamundos
Très bel édifice en pierre, lits superposés avec panneau de séparation bien pensé. L'accueil pourrait être plus sympa. $

Hotel Mesón de los Remedios
Jeune hôtel (15 ans) dans un bâtiment datant de 1670. Chambres propres en écho au style de la ville. $$

Hotel de la Soledad
Le tout premier hôtel de Morelia y demeure le summum du luxe 300 ans après son ouverture. $$$

MORELIA : BALADE ARCHITECTURALE

Explorez à pied l'une des plus belles architectures de pierre mexicaines. Commencez par passer une tête à la **1 Biblioteca Pública de la Universidad Michoacana**, qui date du XVIIe siècle et renferme plus de 20 000 livres et manuscrits. Ses rayonnages s'élèvent vers ses plafonds voûtés et décorés. Les peintures murales datent des années 1950. À l'angle, le **2 Centro Cultural Clavijero** est une ancienne école jésuite, qui accueille aujourd'hui des expositions autour d'une place de pierres roses et de sa fontaine. Rebroussez chemin jusqu'à l'artère principale et admirez la **3 Catedral de Morelia**, dont la construction a pris plus d'un siècle (1660-1774). À l'extérieur comme à l'intérieur, l'édifice célèbre le mariage de plusieurs styles architecturaux. Elle s'illumine le samedi soir à la faveur d'un feu d'artifice de 5 minutes, tiré à 21 heures. Poursuivrez jusqu'au **4 Palacio de Gobierno** du Michoacán. Bâti au XVIe siècle, le **5 Templo de San Francisco de Asís**, situé quelques pâtés de maisons plus loin, est souvent sublimé le soir par des jeux de lumière. Ne manquez pas **6** l'**Instituto del Artesano Michoacano**, juste à côté, qui met en valeur l'art régional. Déambulez sur Bartolomé de Las Casas, où s'alignent les meilleurs bars et restaurants de Morelia, puis tournez à gauche tout au bout pour voir la **7 Fuente de las Tarascas**, statue de trois femmes tenant une coupe de fruits. En marge du triangle animée, le **8 Callejón del Romance** voit les tourtereaux s'embrasser sous les fleurs fuchsias. Morelia a son **9 Acueducto**, qui s'étend sur 2 km et alimenta la ville en eau de 1788 à 1910. Terminez par la **10 Plaza Morelos**, où trône la statue du héros de la guerre d'Indépendance, et son **11 Santuario de Nuestra Señora de Guadalupe**, tout d'or vêtu.

de pécan), les *jamoncillos de leche* (caramels fondants rectangulaires ou en forme de noisette), les *obleas con cajeta* (deux fines gaufrettes autour d'une couche de caramel collant), les *ollitas de tamarindo* (petits pots en terre cuite remplis d'une pâte de tamarin sucrée, salée et acidulée), ou encore le *rompope* (boisson rappelant le lait de poule, à base de lait, d'œufs et d'*aguardiente*, de l'eau-de-vie d'agave). Vous pourrez y goûter au **Museo del Dulce** ou au **Mercado de Dulces y Artesanías**.

PÁTZCUARO ET SON ARTISANAT

Partez à la découverte de **Pátzcuaro** (p. 624) et des *pueblos hospitales* installés sur la rive de son lac, pour acheter un artisanat local à meilleur prix qu'à Morelia.

Musées, artisanat et shopping

ART ET SAVOIR-FAIRE DU MICHOACÁN

Derrière ses murs de pierre rose, Morelia cache de nombreux musées, de qualité inégale, mais qu'il est intéressant de visiter, notamment si vous avez envie de voir les splendides fresques d'Alfredo Zalce (1908-2003), contemporain de Diego Rivera et de David Siqueiros, né à Pátzcuaro. Certaines de ses plus belles œuvres sont à admirer dans l'escalier et autour du balcon au deuxième niveau du **Palacio de Gobierno**, ainsi qu'au **Museo Regional Michoacano**, qui accueille son *Pueblos del mundo contra la guerra atómica* (1951).

Pour en savoir plus sur le riche passé artistique de l'État, poussez la porte du **Museo del Estado de Michoacán** (gratuit), bien fait, avec des tapisseries, de la poterie en terre noire et, surtout, des masques assez dingues venus de tout le pays, exposés au dernier étage. Une petite dose d'art contemporain ? C'est encore gratuit et c'est au **Centro Cultural Clavijero**, avec des collections en rotation autour de sa fontaine centrale, ou au **Museo de Arte Contemporáneo Alfredo Zalce (MACAZ)**, avec diverses œuvres peintes mais rien d'Alfredo Zalce lui-même, ce qui est assez déroutant.

Maintenant que votre appétit artistique est aiguisé, allez faire vos achats à la **Casa de las Artesanías**, boutique jouxtant une magnifique cathédrale, avec des créations en provenance, pour la plupart, de *pueblos hospitales* du Michoacán. Vous trouverez des *catrinas* (poupées squelettes) de Capula, de *alebrijes* (créatures imaginaires) d'Ocumicho, de l'*esmalte negro* (céramique noire) de Santa Fe de la Laguna, du *cobre* (créations en cuivre) de Santa Clara, des articles en osier de *chuspata* et *tule*, ou encore des produits et habits de Tzintzuntzan, des masques, des meubles, des tableaux délicats faits en plumes... Le personnel est très aimable.

OÙ BOIRE DU MEZCAL À MORELIA

Escapulario
Petit bar très cool avec choix de mezcals, des en-cas de qualité et des assiettes végé. Concerts le week-end.

Tata
Restaurant à néons célèbre pour son mezcal et pour ses plats : le tartare de lapin ou l'osso buco.

Tatita
Le petit frère de Tata spécialisé dans la dégustation de mezcal et les plats sur le pouce, avec des BD érotiques sur le bar.

Nameless
Bar clandestin génial, tout comme ses cocktails et sa boule à facettes. Poussez la porte du frigo à la Taquería El Chiflido.

COMMENT CIRCULER

L'Aeropuerto Internacional General Francisco Mujica, est à 26 km au nord de Morelia. Les VTC (Uber) ne sont pas admis dans l'enceinte de l'aéroport ni à la gare routière (Terminal de Autobuses de Morelia). Les tarifs des taxis peuvent être exorbitants. Hélez le *combi* (van) Roja 1 sous le pont piéton (10 $M) ou commandez votre course Uber une fois hors de la gare routière. Il est plus facile de prendre le Roja 1 de retour au départ de Francisco I Madero Ote. Bus et taxis partagés (60 $M l'un ou l'autre) partent à destination de Pátzcuaro depuis le quartier de Xangari, à l'angle de la route 14 et de Cap Mariano Anzurez.

Environs de Morelia

À vous les papillons monarques par millions, l'air frais de la montagne et les mystères d'une impressionnante migration annuelle.

À l'est de Morelia, la Reserva Mariposa Monarca est une merveille de la nature que tout le monde devrait voir une fois dans sa vie. Chaque mois de novembre, des millions de monarques déploient leurs ailes au départ du Canada et couvrent les 4 828 km qui les séparent de ce site mexicain où ils passeront l'hiver. Comment cet insecte délicat, pas plus lourd qu'un trombone, peut-il parcourir l'équivalent pour un humain de 11 fois le tour de la Terre ? Les lépidoptéristes estiment qu'ils sont équipés d'un "GPS interne" ou compas solaire. Cette migration est incroyable à observer. Une ronde qui se joue depuis 20 000 ans, mais qui risque bien de prendre fin en raison des activités humaines.

Pour les infos pratiques, voir le Carnet d'adresses p. 640

À SAVOIR

Vous pouvez prendre le volant pour visiter les réserves, c'est assez simple, ou opter pour l'option encore plus facile en passant par **Mich Mex Guides** ou une autre agence.

Monarque

Monarque, papillon royal

L'EXPÉRIENCE D'UNE VIE

Lorsque les Espagnols posèrent le pied en ces contrées, ils crurent à une manifestation de la peste. Les gens du coin y voient les morts revenant au Mexique après le Día de Muertos. Peu importe la croyance : une visite à la **Reserva Mariposa Monarca** est un émerveillement. Chaque automne, des millions de monarques orange fuient le froid canadien pour venir passer l'hiver à l'abri des collines de sapins des États du Michoacán et de Mexico. En février ou mars, place à la reproduction (qui peut prendre 16 heures !). Ensuite, les mâles meurent et les femelles repartent en direction du sud des États-Unis, pour y pondre dans des asclépiades. Après cela, trois générations de monarques voyagent plus au nord, en quête de ces mêmes fleurs. Puis la "super génération", à savoir la quatrième ou la cinquième, fera le long périple pour aller au Mexique.

Quatre réserves sont ouvertes au public : **El Rosario** et **Sierra Chincua** dans le Michoacán, **Cerro Pelón** et **Piedra Herrada** dans l'État de Mexico. Le plus simple d'accès et le plus fréquenté est El Rosario, à 8 km d'**Angangueo**, une ancienne ville minière où l'on chassait l'or. Comptez 50 $M pour un véhicule, plus 80 $M de droit d'entrée, guide compris. Admirez les papillons en vol autour de vous le long d'une balade de 3 km à pied au gré de marches raides ou à dos de cheval (300 $M l'aller-retour). Tout en haut, observer les papillons qui frétillent au soleil, avant de s'envoler en quête d'eau ou de nectar. Juste à côté, Sierra Chincua (9,5 km d'Angangueo), reçoit moins de visiteurs. La marche y est moins exigeante. Cerro Pelón, dans l'État de Mexico, est plus reculé et la montée plus dure, mais la récompense est au rendez-vous. Piedra Herrada, à 24 km de Valle de Bravo, est le plus proche de Mexico. L'itinéraire est bitumé, mais les monarques y sont moins nombreux.

ÂMES VAGABONDES

On raconte ici que la migration des papillons est en réalité celles des âmes défuntes revenant au pays pour le **Día de Muertos**. Faites l'expérience de cette tradition forte en émotions à Pátzcuaro et dans les villes ou villages voisins (p. 625).

ESPÈCE EN DANGER

En 2022, les monarques migrateurs sont passés au statut d'espèce en danger sur la liste rouge de l'Union internationale pour la conservation de la nature. L'exploitation illégale des forêts, la météo très capricieuse due au changement climatique et la destruction des asclépiades (seule plante dans laquelle ces papillons pondent) par l'activité agricole perturbent fortement le nombre d'individus qui viennent passer l'hiver à la Reserva Mariposa Monarca. En 2021, les papillons couvraient une zone de 2,85 ha, soit 35 % de plus qu'en 2020, bien en deçà de l'objectif de 6,05 ha garantissant la survie de l'espèce. Des citoyens mexicains engagés dans la protection des monarques ont déjà été assassinés.

COMMENT CIRCULER

Les deux réserves du Michoacán sont à moins de 3 heures de Morelia en voiture. En bus, rendez-vous à Zitácuaro (3 heures 15 de Morelia), puis à Angangueo, où un *combi* pourra vous conduire à la réserve. Il est plus simple et instructif de prendre un guide au départ de Morelia. Les excursions à la journée coûtent autour de 900 $M, avec un minimum de deux participants.

Pour la réserve de Cerro Pelón, dans l'État de Mexico, il est aussi plus simple de partir de Zitácuaro, puis de prendre le taxi. Les *combis* Aputzio de Juárez vous déposeront à la frontière de l'État, donc il vous faudra de toute façon trouver un taxi. Piedra Herrada est à 2 heures de Mexico. Rejoignez Valle de Bravo en voiture, en bus ou via un circuit organisé et de là prenez un taxi.

PÁTZCUARO

Peu de lieux au Mexique peuvent se targuer d'avoir une culture indienne aussi riche et un savoir-faire artisanal aussi précieux que Pátzcuaro. À l'arrivée des colons espagnols, Pátzcuaro était depuis deux siècles déjà un territoire tarasque, puis devint une confédération avec les cités de Tzintzuntzan et Ihuatzio, sur les rives du même lac. Leur alliance mit à mal l'envahisseur aztèque durant des décennies. Une autre stratégie fut adoptée avec les Espagnols : le bon accueil. Grave erreur, comme le prouva le conquistador Nuño de Guzmán, qui mit la main sur la région avec la plus grande brutalité. En 1536, l'évêque Vasco de Quiroga y fonda des coopératives villageoises à l'esprit chrétien, les *pueblos hospitales*, inspirées des idéaux humanistes de *L'Utopie* (1516) de Thomas More. Cuivre, guitares, sculptures psychédéliques : aujourd'hui, la création artisanale y est foisonnante, comme le montre le film *Coco*, qui emprunte beaucoup à cette région du Michoacán. Pátzcuaro est un merveilleux *pueblo mágico*, dont la place principale est la deuxième plus grande du Mexique après le Zócalo de Mexico, avec des boutiques très tentantes et de charmants hébergements.

Pour les infos pratiques, voir le Carnet d'adresses p. 640

À SAVOIR

Pour profiter des festivités poignantes du **Día de Muertos**, rendez-vous à Pátzcuaro et dans les villes autour du lac entre fin octobre et le 2 novembre, où l'ambiance et la fréquentation sont à leur comble. Pensez à réserver longtemps à l'avance, les hébergements sont pris d'assaut.

Pêche au filet, Isla de Janitzio (p. 627)

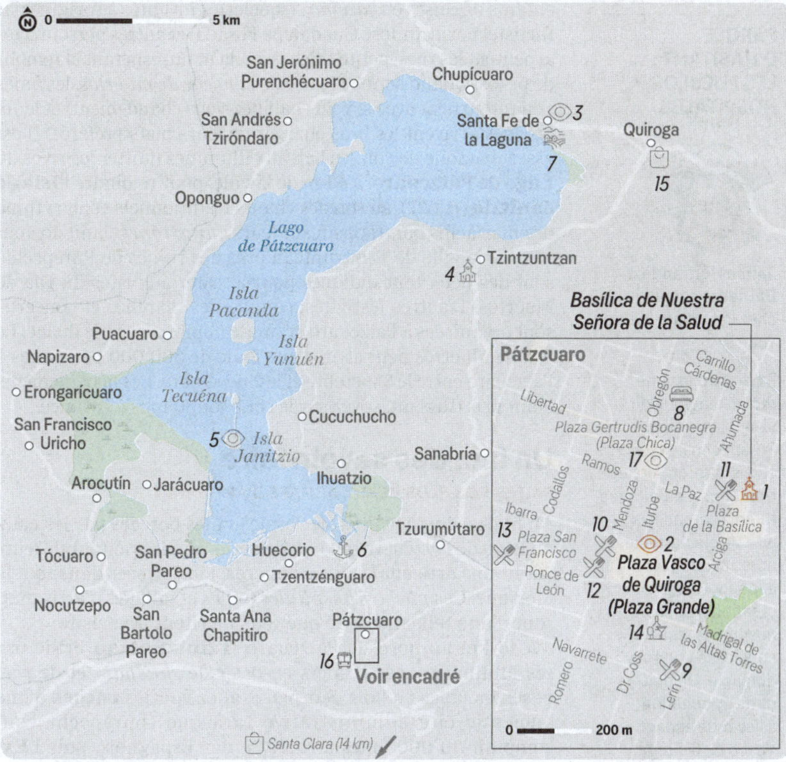

INCONTOURNABLES
1 Basílica de Nuestra Señora de la Salud
2 Plaza Vasco de Quiroga (Plaza Grande)

VOIR
3 Casa da Mamá Coco
4 Ex Convento de Santa Ana
5 Isla de Janitzio
6 Muelle General (port)
7 Santa Fe de la Laguna

SE LOGER
8 OYO Posada

SE RESTAURER
9 Cenaduria Lulú
10 La Surtidora
11 Restaurante Axolotl
12 Axolotl-Taller de pan y café
13 Verde Limone

PRENDRE UN VERRE ET FAIRE LA FÊTE
14 Mezcalería San Miguel

SHOPPING
15 Tianguis

TRANSPORTS
16 Central de Autobuses de Pátzcuaro
17 Plaza Gertrudis Bocanegra (Plaza Chica)

Pays des morts

UNE TRADITION POIGNANTE

Au Mexique, la mort n'est pas synonyme d'oubli ni de silence, comme dans de nombreuses cultures. Ici, les défunts sont honorés à grand renfort de festivités. Pátzcuaro ne déroge pas à la tradition et fait même les choses en (très) grand. Dans les semaines précédant le Día de Muertos, les habitants décorent les tombes et préparent des *ofrendas* (autels) que viennent agrémenter des *cempasúchil* (fleurs dont on dit que l'arôme attire les âmes) de couleur vive, du *pan de muerto* (brioche), des bougies et des coupes de mezcal ou de tequila, afin d'inciter les êtres aimés à venir. Le 31 octobre, des

FÊTES DES MORTS

Des différences rituelles subsistent entre le Michoacán et l'État de Oaxaca à l'occasion du Día de Muertos. Le *pan de muerto* n'y a, par exemple, pas le même aspect. Pour en savoir plus, voir p. 54.

PAROLE D'HABITANT : LES PUEBLOS HOSPITALES

Jaime Hérnandez Balderas est guide chez Pátzcuaro Magic Tours.

Pátzcuaro est une région magique où vivent les indiens Purépechas, riche en histoire, culture et traditions. Les villages furent réorganisés au XVIe siècle, juste après la conquête espagnole, avec la création de *pueblos hospitales*, chacun spécialisé dans un domaine. On doit cette appellation à l'évêque espagnol Vasco de Quiroga, dont la volonté était de christianiser les peuples autochtones et de stimuler l'économie locale. Les *pueblos hospitales* jouent aujourd'hui encore un rôle clé dans la préservation culturelle de la région et sont intéressants dans ce qu'ils disent du mariage des traditions indiennes et espagnoles.

enfants déguisés en *catrinas* (squelettes inventés à l'origine par l'artiste mexicain José Guadalupe Posada) et autres personnages arpentent les rues, petite calebasse à la main, espérant la remplir de pesos. Quand sonne l'heure de la *noche de muertos*, les âmes s'en retournent avec le vent (habillez-vous chaudement) et leurs proches arrivent les bras chargés de leurs plats préférés. Il est assez magique de voir les bateaux illuminés quitter les rives du **Lago de Pátzcuaro**, à 4 km de la ville, pour rejoindre l'**Isla de Janitzio** (p. 627), au son des chants traditionnels et au rythme des mariachis qui frappent sur leurs *guitarrónes*. Janitzio, tout comme la ville de Tzintzuntzan près des ruines de Purépecha, sont des lieux tout indiqués pour assister aux rites du Día de Muertos. D'autres festivités, comme des marchés et concerts, sont organisées à Pátzcuaro et sur de nombreuses îles du lac. Le Día de Muertos peut attirer une foule de 300 000 personnes à Pátzcuaro entre le 31 octobre et le 2 novembre. Les hébergements étant pris d'assaut, soyez sur le coup longtemps à l'avance.

Un lac, des savoir-faire

FAITES VOS PLUS BEAUX ACHATS D'ARTISANAT

Au fil des cinq derniers siècles, les villes bercées par les eaux du Lago de Pátzcuaro ont bâti de petits empires autour de leurs traditions artisanales, avec des créations prisées dans tout le Mexique. Ces *pueblos hospitales* (villes et villages d'artisanat) sont d'une telle diversité que tous méritent une visite.

À 16 km au nord de Pátzcuaro, **Tzintzuntzan** brille par ses luminaires, ses paniers en osier de *chuspata* et de *tule* et ses meubles en bois. Sur place, allez voir les **ruines** d'une ancienne cité administrative tarasque (purépecha) qui comptait 30 000 âmes à l'arrivée des Espagnols, puis l'**Ex-Convento de Santa Ana**, monastère recelant des fresques du XVIe siècle, ainsi que les masques et sculptures à fort caractère du jeune artiste contemporain Saúl Verona. À 15 minutes de là, sur la route, **Quiroga** vend un peu de tout ce qui se fait autour du lac, mais surtout des réalisations en bois, comme les plats d'Estella Hernandez, 75 ans, dont 50 au service de son art. Retrouvez ses créations (entre autres), au **Tianguis**. Un petit tour sur la **Principal de Quiroga** comblera votre petit creux grâce aux vendeurs de *carnitas* et *birria*. À 10 minutes à l'ouest, **Santa Fe de la Laguna** a inspiré Santa Cecilia dans le film *Coco*. Pour preuve de votre passage, prenez en photo les murs rouge et blanc de la **Casa de Mamá Coco**, disparue en 2022. À 30 minutes au sud de Pátzcuaro, **Santa Clara** est connu pour ses articles en cuivre. Son **Museo Nacional del Cobre**, gratuit, est l'occasion de découvrir le travail de divers artistes au gré d'une frise historique.

OÙ SE LOGER À PÁTZCUARO

Oyo Posada
Hôtel calme pour petits budgets, dont les chambres donnent sur un jardin. Pas de chauffage ou de climatisation. **$**

Posada Yolihuani
Hôtel assez magique avec 10 chambres hautes de plafond et un jardin magnifique. Petit-déj compris. **$$**

Hotel Casa Encantada
Grandes chambres carrelées, certaines avec cuisine et cheminée, autour d'un jardin. Petit-déj compris. **$$$**

Día de Muertos, Tzintzuntzan

Grimpez sur un héros mexicain

ENTREZ VOUS AUSSI DANS LA LÉGENDE

Prenez un taxi ou un *combi* (bleu) jusqu'au **Muelle General**, au nord de Pátzcuaro, et montez dans une *lancha* (bateau à moteur) pour rejoindre un *pueblo mágico* au milieu du Lago de Pátzcuaro. L'**Isla de Janitzio**, star du film *Coco,* est une destination très prisée des Mexicains, et à juste titre.

Découvrez le site emblématique de l'île : la statue de José María Morelos Pérez y Pavón, héros de la guerre d'Indépendance, érigée en 1934 (peu après celle du Christ Rédempteur de Rio de Janeiro). À l'intérieur, une longue volée de marches permet de grimper au sommet – 40 mètres ! Les murs sont ornés de fresques signées (dans les années 1930) Ramón Alva de la Canal et qui racontent l'histoire de Morelos. Beaucoup ont perdu toutes leurs couleurs au fil du temps. Un tout petit escalier final mène dans le bras du héros, panorama sur l'île et le lac à la clé. Il y a souvent la queue.

Le reste de Janitzio est très touristique, avec établissements où consommer de la *charalea* (friture pêchée dans le lac) et de la *michelada* (cocktail à base de bière) et des souvenirs de piètre qualité. Il n'en demeure pas moins agréable de déambuler dans les rues pour admirer le lac et les toits en tuile de l'île.

SE RÉGALER ET PRENDRE UN VERRE À PÁTZCUARO

Cenaduria Lulú
Prenez place dans ce resto en retrait de la place principale. Ouvert le soir du vendredi au lundi. $

Restaurante Axolotl
Les meilleures pâtisseries de la région, avec super vue en prime. Ouvert en continu. Également un café sur la place principale (Axolotl-Taller de pan y café). $

La Surtidora
Café-traiteur sur la place principale depuis 1916. Recettes savoureuses. $$

Verde Limone
Restaurant italien chic, en extérieur au centre d'une *casona*. Pâtes fraîches, pizzas au feu de bois et desserts. $$

Mezcalería San Miguel
Dégustez le mezcal maison à petites doses.

COMMENT CIRCULER

Pátzcuaro est à 1h de Morelia en voiture ou en bus (ou à 4h30 de Guadalajara en bus, 1/jour). Un taxi partagé au départ du quartier de Xangari à Morelia vous déposera au niveau d'un échangeur en triangle au Monumento a Lázaro Cárdenas. De là, le *combi* à bande bleue repartant vers le nord vous rapprochera de la place principale. Le même *combi* fait la navette vers/depuis le Muelle General, où prendre une *lancha* pour l'Isla de Janitzio. Les bus à destination de Morelia et d'Uruapan marquent l'arrêt à la gare routière (Central de Autobuses) de Pátzcuaro. De là, un court trajet en taxi ou à pied vous mènera à bon port.

Il est assez facile de se rendre dans les villes au nord en prenant une succession de *combis* : rendez-vous sur la Plaza Gertrudis Bocanegra à l'angle qui fait face à la Biblioteca Gertrudis Bocanegra.

Bus pour Tzintzuntzan et Santa Clara del Cobre fréquents, depuis la gare routière de Pátzcuaro.

Environs de Pátzcuaro

La force est avec vous ? Grimpez un volcan endormi et comptez ses rochers de lave d'un noir profond. Profitez également des villages d'artisanat autour de Pátzcuaro.

Voilà à peine plus de 80 ans que la terre a tremblé et que le Volcán Paricutín en est sorti, 88,5 km à l'ouest de Pátzcuaro. Il demeure l'un des plus jeunes volcans au monde. Il a beau avoir englouti deux villages au passage, il est assez méconnu, même parmi la population mexicaine. En réaliser l'ascension constitue pourtant une formidable aventure. Laissez-vous impressionner par le clocher de l'église restée debout dans une mer de lave. Ailleurs après Pátzcuaro, vous trouverez des *pueblos hospitales* à l'artisanat de très grande qualité. Citons ainsi **Paracho** et **Capula**, connus respectivement pour les guitares et les sculptures de *catrinas*. Beaucoup d'autres villages sont aussi à découvrir.

Pour les infos pratiques, voir le Carnet d'adresses p. 640

À SAVOIR

Uruapan, ville très animée, constitue une bonne base de départ, avec son joli parc national et ses cascades.

Antigua Iglesia de San Juan Parangaricutiro

RUBI RODRIGUEZ MARTINEZ/SHUTTERSTOCK ©

Volcán Paricutín

Sur les pentes d'un jeune volcan

IL FUME ENCORE

Le 20 février 1943, Dionisio Pulido, paysan purépecha, laboure son champ quand le sol se met à trembler et cracher de la vapeur, des étincelles et des cendres brûlantes. L'homme prend ses jambes à son cou. Grand bien lui en a pris : un volcan est en train de sortir de terre. Baptisé depuis **Volcán Paricutín**, il est le plus jeune volcan du continent américain. Durant ses neuf ans de croissance, il a noyé dans sa lave deux villages, San Salvador Paricutín et San Juan Parangaricutiro, dont les 5 000 habitants eurent par miracle la vie sauve. Seule l'**Antigua Iglesia de San Juan Parangaricutiro** tient encore debout, son clocher fièrement dressé.

Si l'idée de vous approcher d'un volcan actif (bien qu'assoupi) ne vous effraie pas, faire son ascension est une expérience extraordinaire, qui devrait figurer en haut de votre liste lors d'un voyage au Mexique. Trouvez un guide au village d'**Angahuan**. Ne vous aventurez pas sur le volcan par vos propres moyens – il est très facile de s'y perdre, comme l'a découvert un groupe de malheureux randonneurs parti sans guide, dont le sauvetage en pleine nuit a coûté une fortune. L'un des itinéraires les plus prisés vous mène à 808 m d'altitude face à une mer de sable noir et de rochers de lave, avant de grimper sec sur les cailloux en direction du sommet. Contentez-vous de passer vos mains dans les volutes de vapeur, sans trop vous approcher, au risque de vous brûler. La descente se fait sur un sol lisse et sableux, traverse une plantation d'avocatiers et rejoint l'église prise dans la lave. Vous pourrez manger sur le pouce dans l'un des étals avant de revenir en ville. Comptez 6 heures et 21 km : il faudra partir de bonne heure.

OÙ SE LOGER ET SE RESTAURER

Cabañas Vistas del Paricutín Angahuan
Hébergement le plus proche du volcan. Chalets en bois tout simples, mais avec une jolie vue. Restaurant sur place. **$**

Hotel Mi Solar
Très bon hôtel à Uruapan, dans un bel édifice du XIXe siècle. Savoureux burgers au restaurant, Uno. **$**

La Pérgola
Café-resto branché à Uruapan, où travailler confortablement en avalant sushis et ramen. **$$**

Los Arcos
À Paracho, ville de la guitare, commandez le menu du jour à quatre plats. **$$**

ASCENSION DU VOLCAN DE COLIMA

Vous pouvez également grimper le **Volcán Nevado de Colima**, volcan éteint face au **Volcán de Fuego de Colima**, qui fume toujours. Voir p. 632.

COMMENT CIRCULER

Les bus à destination d'Angahuan (30 min) partent de La Charanda, arrêt de bus à Uruapan au niveau du feu rouge à l'angle de Calz Benito Juárez et Juan Delgado. Pour le trajet du retour, départ du même endroit (dernier bus à 20h) à Angahuan, y compris pour les taxis.

COLIMA

La capitale éponyme de l'un des plus petits États mexicains fut fondée en 1523. Elle devint la troisième colonie de peuplement espagnole de la Nouvelle-Espagne après Veracruz et Mexico. Colima est aujourd'hui une cité tranquille, réputée pour ses jardins subtropicaux et ses jolies places. Son climat est le plus chaud de l'ouest du plateau central. L'université de la ville attire des étudiants du monde entier, tandis que le potentiel touristique de la région, avec ses canyons, ses forêts et ses montagnes, draine un nombre de touristes toujours croissant. Les deux sites archéologiques qu'abrite Colima sont bien préservés et peu fréquentés. La ville est le point de départ idéal pour explorer la région, avec le singulier village de Comala, l'un des plus jolis *pueblos mágicos*, ainsi que deux volcans : le Volcán de Fuego, d'où l'on peut voir s'échapper de la fumée, et le Volcán Nevado de Colima, plus ancien et endormi.

Pour les infos pratiques, voir le Carnet d'adresses p. 640

À SAVOIR

Pour se rendre à Comala, prenez le bus depuis la gare routière Central de los Rojos à Colima. Départ toutes les 30 minutes et toute la journée, le trajet dure 15 minutes. L'option taxi est rapide et peu chère également.

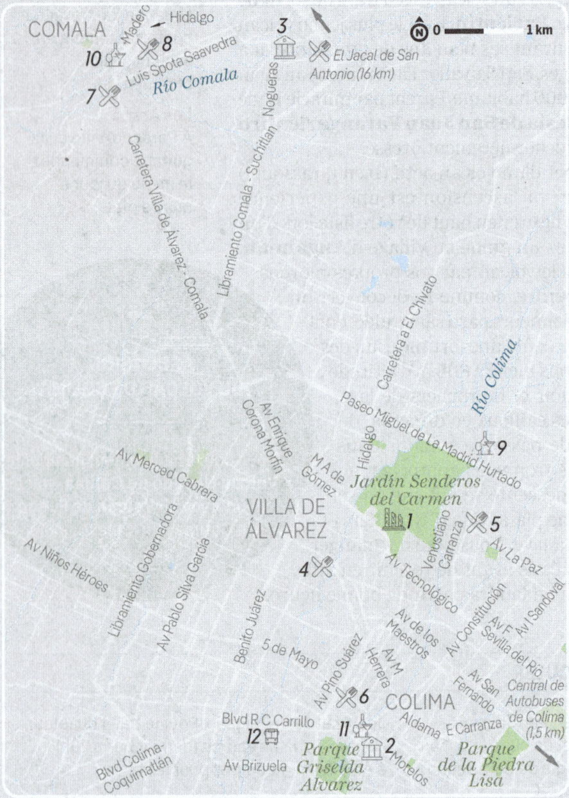

VOIR
(voir 3) Hacienda y Ecoparque Nogueras
1 Site archéologique La Campana
2 Museo Regional de Historia de Colima
3 Museo Universitario Alejandro Rangel Hidalgo Nogueras

SE RESTAURER
4 Cenaduría Julia
5 Chepe
6 El Charco de la Higuera
7 El Don Comalón
8 Oktli

PRENDRE UN VERRE ET FAIRE LA FÊTE
9 Bravo Café Bar
10 Comalala
11 DMT Rock Bar

TRANSPORTS
12 Central de los Rojos

Site archéologique La Campana

Mystérieuses pyramides

VESTIGES ET POUPÉES PRÉHISPANIQUES

Longtemps avant l'arrivée des Espagnols, le Colima avait pour habitants divers groupes indiens, dont on retrouve la trace à travers les vestiges et poupées mortuaires découverts dans la région.

Sur la place principale de Colima, le remarquable **Museo Regional de Historia de Colima** abrite une épatante collection de poupées et de sculptures nées dans la roche volcanique. Certaines sont réalistes et représentent des couples, d'autres sont des masques ou des *itzcuintli* (chiens du Mexique). Le musée, bien pensé, est une *casona* (grande maison) datant de l'époque coloniale. On peut y voir la réplique d'une tombe sous un plancher en verre, avec un squelette humain et les os d'un chien à ses côtés. Les informations sont en espagnol.

À 10 minutes au nord du centre-ville, le site archéologique **La Campana** raconte une histoire vieille de 3 500 ans au travers de mystérieuses pyramides en forme de cloche – la très faible fréquentation des lieux ajoute au mystère. Certaines étaient des habitations, d'autres des lieux cérémoniels. On peut aussi y voir un terrain de *tlachtli* (jeu de ballon). Les structures semblent être orientées au nord vers le Volcán de Fuego, qui constitue une impressionnante toile de fond par temps dégagé. Un conseil : portez des chaussettes et des chaussures fermées car les fourmis de feu sont omniprésentes.

BONNES TABLES DE COLIMA ET DES ENVIRONS

Cenaduría Julia
Dans la famille depuis quatre générations, restaurant spécialisé dans les *sopitas* (petits tacos frits). $

El Charco de la Higuera
Restaurant animé sur une petite place tranquille près de l'église San José. Service rapide. $

Don Comalón
Énorme salle en périphérie de Comala, avec musiciens, *botanas* (à grignoter) et boissons. $$

Oktli
Restaurant de Comala où la direction est suisse et les recettes sont internationales. La roche volcanique est parfois utilisée pour maintenir les assiettes au chaud. $$$

Chepe
Resto argentin de viande, toujours cuite au gril. $$$

GUACHIMONTONES

Situé à l'ouest de Guadalajara, le site de **Guachimontones** (p. 611) regroupe des pyramides circulaires. Les chefs spirituels grimpaient sur le haut d'un mât et imitaient les oiseaux.

OÙ SE LOGER À COLIMA

Hotel Aldama
Charmant hôtel à prix modique. Jolie cour, mais on se passerait bien de la moisissure dans certaines salles de bains. $

La Casona de Don Jorge
Ancienne demeure transformée en boutique-hôtel assez exquis, avec restaurant. Face au Jardin Nuñes. $$

Hotel Casa Alvarada
Hôtel de Comala avec cinq chambres et un lit d'esprit bohème dans le jardin. Chouettes salles de bains. $$

JROMEROCREATIVES/SHUTTERSTOCK ©

Colima

SÉCURITÉ À COLIMA

Au moment où nous écrivons ces lignes, l'État de Colima et sa capitale figurent sur la liste rouge des zones où il est formellement déconseillé d'aller, notamment en raison de la criminalité et des kidnappings. Cela dit, des milliers de touristes se rendent chaque année à Colima sans rencontrer de problème. Mais la violence connaît une légère hausse. En janvier 2022, une querelle a éclaté en milieu carcéral entre des membres du cartel de Colima, Los Mezcales, et le Cártel Jalisco Nueva Generación, menant à une guerre prolongée entre les deux clans.

Plus au nord, un autre site, peut-être encore plus époustouflant mais plus difficile à trouver, s'étend dans un quartier résidentiel. Le vaste site archéologique **El Chanal** connut son apogée entre 1100 et 1400 après J.-C. Il comporte des structures pyramidales, un terrain de jeu de balle, 5 patios et un modeste système de captage d'eau de pluie. Aucun panneau ne signale le site depuis les axes principaux et il n'y a pas de place pour se garer. Il se trouve dans une rue formant un coude entre Aniceto Castellanos et El Chanal/La Capacha.

À l'assaut d'un volcan

UNE ÉPOPÉE PANORAMIQUE

À moins de 32 km au nord de Colima, deux volcans imposent leur silhouette menaçante. C'est qu'ils ont maintes fois fait parler d'eux et semé la panique. Le **Volcán de Fuego de Colima**, qui culmine à 3 763 m, est le plus actif d'Amérique du Nord. Son cône est d'ailleurs coiffé d'un halo de fumée. En 2017, des éruptions firent pleuvoir des cendres sur Ciudad Guzmán, à 22 km au nord. De plus faibles éruptions s'accompagnèrent, en 2019, d'explosions et glissements de terrain.

Le **Volcán Nevado de Colima**, quant à lui, a fini de cracher sa lave. Vous pouvez grimper jusqu'à son sommet enneigé, à 4 496 m d'altitude, en 12 heures environ – comptez deux jours si vous

OÙ PRENDRE UN VERRE À COLIMA

Bravo Café Bar
Dans une déco façon jungle, ce resto-bar branché sert sa clientèle toute la journée et en soirée.

Comalala
Dégustez mezcal et bières artisanales de tout le Mexique – l'équipe en connaît un rayon.

DMT Rock Bar
Grand bar ambiance rock, avec karaoké, dégustation de mezcal et terrasse donnant sur la place principale de Colima.

n'avez pas de voiture. La présence d'un guide facilite grandement les choses. **Admire Mexico** propose ainsi des excursions qui démarrent à 5h30 et permettent un retour avant le coucher du soleil. En chemin, les panoramas sont spectaculaires, entre volutes de fumée sorties de la bouche du Fuego et vues sur le Pacifique. Le déjeuner est compris. L'agence spécialisée propose également du trek, du kayak et des sorties ornithologiques, ainsi qu'une excursion sur le thème de la bière et du cacao dans le parc national. Réservation obligatoire, minimum 2 personnes.

Si la grimpe n'est pas votre truc, vous pouvez prendre la voiture ou un taxi et monter jusqu'au restaurant **El Jacal de San Antonio**, surtout pour la vue – la meilleure place, tout en haut, donne sur le Fuego.

Une jolie ville d'art

VISITE DE MUSÉE ET D'ATELIERS

Situé à seulement 10 km de Colima, **Comala** est un *pueblo mágico* que vous ne pouvez rater. Murs blanchis à la chaux et toits de terre cuite : on se croirait dans un *pueblo blanco* andalou. Sur place, quelques boutiques mignonnes et restaurants sympas. En avril se tient la **Feria del Ponche, Pan y Café**, qui célèbre le punch, le pain et le café.

À la lisière nord-est de la ville, le **Museo Universitario Alejandro Rangel Hidalgo Nogueras** et l'**Hacienda y Ecoparque Nogueras**, juste à côté, méritent également un petit tour. Le musée, géré par l'université, met en valeur l'œuvre de l'enfant du pays, Alejandro Rangel Hidalgo (1923-2000), artiste autodidacte. On y perçoit l'étendue de sa gamme artistique, avec par exemple ses meubles peints et peintures sur toile hyperréalistes. Demandez à emprunter une loupe et détaillez chaque scène et personnage. Le musée abrite également des poupées mises au jour dans des tombeaux non loin de là et datant de 500 avant J.-C., une cuisine mexicaine traditionnelle et quelques fameux projets réalisés par Hidalgo pour l'Unicef. Pour voir l'atelier de l'artiste, demandez à un membre de l'équipe d'ouvrir la pièce voisine. La visite guidée est incluse, en espagnol et parfois en anglais. Des tirages papier des œuvres de Hidalgo sont en vente dans le bâtiment face à l'entrée principale.

Jouxtant le musée se trouve une **hacienda** où vivait l'artiste. On y admire les papillons dans un splendide jardin qui fait office d'espace éducatif : repérez les différents types d'agaves, de bananiers, ainsi que les bambous et cactus, surveillés par des tortues dans leurs mares.

ZONA MÁGICA

Si vous remontez le volcan au départ de Comala, vous croiserez des panneaux indiquant que vous entrez dans la *zona mágica*. Juste avant le MagicZone Café, passez en position neutre (ou frein moteur), votre voiture fera marche arrière… en remontant la pente. Magie ! Regardez dans votre rétroviseur, car les gens du coin n'ont pas forcément envie de s'amuser avec vous.

PUEBLOS MÁGICOS

Il y a dans l'ouest du plateau central de nombreux *pueblos mágicos*, certifiés villages touristiques. Ne ratez pas non plus **Tlaquepaque** (p. 601), **Tonalá** (p. 604), **Tequila** (p. 613), **Ajijic** (p. 609), **Tapalpa** (p. 610) et **Pátzcuaro** (p. 624).

COMMENT CIRCULER

Bus toutes les 30 minutes vers/depuis la gare routière Central de los Rojos de Colima (30 à 40 minutes) avec arrêt près de la place principale. En taxi ou VTC (Uber), comptez environ 15 minutes et 100 $M par trajet.

Carnet d'adresses

À faire · *Se restaurer* · *Prendre un verre* · *Shopping* · *Se loger* · *Sortir*

GUADALAJARA

Campo Charro Jalisco (À faire)
Voir p. 605 (www.decharros.com ; Av Dr. Roberto Michel 577, Rincon de Agua Azul ; M L1 Washington)

Catedral de Guadalajara (À faire)
Voir p. 602 (333 613 7168 ; www.facebook.com/CATEDRALGUADALAJARA.ORG ; Av Alcade 10 ; entrée libre ; M L3 Independencia ou Santuario)

Estadio Akron (À faire)
Voir p. 606 (333 777 5700 ; estadioakron.mx ; Av Circuito JVC 2800, Zapopan)

Estadio Jalisco (À faire)
Voir p. 606 (333 247 3871 ; estadiojalisco.mx ; Siete colinas 1772 ; M L3 Normal)

Estadio Panamericano (À faire)
Voir p. 606 (336 370 563 ; www.charrosjalisco.com ; Calle Santa Lucía 373, Zapopan ; M L3 Mercado del Mar)

Hospicio Cabañas (À faire)
Voir p. 602 (333 668 1642 ; www.hospiciocabanas.jalisco.gob.mx ; Calle Cabañas 8 ; tarif plein/réduit 80/30 $M, entrée libre le mardi ; 10h-17h mar-dim ; M L2 San Juan de Dios)

MUSA (Museo de las Artes) (À faire)
Voir p. 600 (331 341 664 ; www.musaudg.mx ; Av Juárez 975 ; entrée libre ; 10h-18h mar-sam, 10h-15h dim ; M L1/2 Juarez)

Museo Nacional de la Cerámica (À faire)
Voir p. 605 (333 683 2519 ; sic.gob.mx/ficha.php?table=museo&table_id=270 ; Constitución 104 ; entrée libre ; 10h-18h mar- dim)

Museo de los Tastoanes (À faire)
Voir p. 604 (331 200 3936 ; Calle Ramón Corona 73, Tonalá ; entrée libre ; 10h-18h mar-sam, 10h-15h dim)

Museo Pantaléon Panduro (À faire)
Voir p. 601 (333 639 5646 ; Calle Prisciliano Sánchez 191, Tlaquepaque ; entrée libre ; 10h-19h30 tlj ; M L3 Río Nilo)

Museo Regional de Guadalajara (À faire)
Voir p. 602 (333 614 9957 ; lugares.inah.gob.mx/es/museos-inah/museo/480-museo-regional-de-guadalajara.html ; Calle Liceo 60 ; tarif plein 90 $M, entrée libre étudiant/-13 ans ; 9h-16h30 mar-ven, 9h-16h sam-dim ; M L3 Guadalajara Centro)

Museo Regional de la Cerámica (À faire)
Voir p. 601 (333 635 5404 ; sc.jalisco.gob.mx/patrimonio/museos/museo-regional-de-la-ceramica-de-tlaquepaque ; Calle Independencia 237, Tlaquepaque ; entrée libre ; 11h-17h mar-sam, 11h-14h dim ; M L3 Guadalajara Centro)

Palacio de Gobierno (À faire)
Voir p. 602 (333 668 1825 ; Av Ramón Corona 31 ; entrée libre ; 9h30-17h lun-ven ; M L3 Guadalajara Centro)

Parque Agua Azul (À faire)
Voir p. 605 (339 688 8595 ; www.bosquesurbanos.mx/bosques/parque-agua-azul ; Calezada Independencia Sur 973 ; 7h-18h30 ; M L1 Washington)

Templo Expiatorio del Santisísimo Sacramento (À faire)
Voir p. 600 (333 825 3410 ; Calle Manuel López Cotilla 935 ; M L1/2 Juarez)

Son, Golpe & Tumbao
Voir p. 600 (331 211 4655 ; www.facebook.com/SGTGdl/ ; angle Chapultepec et Mexicaltzingo ; 1 cours 40 $M, 150 $M les 5 ; 19h-21h mar-dim ; M L1 Washington)

Camina GDL
Voir p. 607 (331 250 1286 ; caminamexico.com, www.facebook.com/caminaGDL/?locale=fr_FR ; 9h-20h lun-sam)

Experience Agave
Voir p. 607 (332 249 1961 ; www.theagaveexperience.mx ; Calle Miguel Lerdo de Tejada 2275 ; M L1 Mexicaltzingo)

Casa Habita (Se loger)
Voir p. 599 (333 679 2000 ; www.casahabita.com ; Calle Miguel Lerdo de Tejada 2308 ; M L1 Mexicaltzingo)

Dalí Plaza Hotel (Se loger)
Voir p. 598 (333 613 0420 ; www.hoteldaliplaza.com ; Calle Pedro Moreno 570 ; M L2 Plaza Universidad, L3 Guadalajara Centro)

Hospedarte Centro Histórico (Se loger)
Voir p. 598 (333 562 7520 ; www.hospedartehostels.com ; Calle Maestranza 147 ; M L2 Plaza Universidad, L3 Guadalajara Centro)

Hotel Isabel
Voir p. 598 (333 826 2630 ; www.hotelisabel.com ; Calle José Guadalupe Montenegro 1572 ; M L1 Mexicaltzingo)

La Villa del Ensueño
Voir p. 599 (333 635 8792 ; www.hotelvilladelensueno.com ; Calle Florida 305, Tlaquepaque ; M L3 Revolución)

Selina
Voir p. 601 (331 307 7236 ; www.selina.com ; Av Chapultepec Norte 20 ; M L1/2 Juarez)

U-Co GDL Coliving
Voir p. 601 (u-co.co/u-co-guadalajara ; Calle Manuel López Cotilla 802 ; M L1/2 Juarez)

Villa Ganz Boutique Hotel
Voir p. 599 (333 120 1416 ; www.villaganz.com ; Calle Manuel López Cotilla 1739 ; M L1/2 Juarez)

Birriería las 9 Esquinas
Voir p. 598 (333 613 6260 ; www.las9esquinas.com ; Calle Galeana 385 ; 8h-23h lun-sam, 8h-21h dim ; M L3 Independencia)

Bruna
Voir p. 601 (332 003 0904 ; www.bruna.com.mx ; Calle Miguel Lerdo de Tejada 2418 ; 14h-23h dim-jeu, 14h-23h30 ven-sam ; M L1 Washington)

Café Correcto
Voir p. 601 (333 713 6553 ; correcto.coffee ; Prisciliano Sánchez 1030 ; 8h-21h lun-sam ; M L1/2 Juarez)

Café PalReal
Voir p. 600 (331 983 7254 ; www.instagram.com/_palreal_ ; Calle Lope de Vega 113, Arcos Vallarta ; 8h-18h tlj ; M L1 Washington)

Casa Luna
Voir p. 601 (331 592 2061 ; Calle Independencia 211, Tlaquepaque ; 12h-23h30 dim-jeu, 12h-0h30 ven-sam ; M L3 Tlaquepaque Centro ou Río Nilo)

ELIJAH-LOVKOFF/GETTY IMAGES/ISTOCKPHOTO ©

Catedral de Guadalajara

Cocina Prana
Voir p. 603 (www.facebook.com/people/Cocina-Prana ; Emeterio Robles Gil 247 ; 8h30-17h tlj)

El Parián
Voir p. 603 (333 696 0488 ; www.instagram.com/elpariandetlaquepaque/?hl=fr ; Calle Juárez 68, Tlaquepaque ; M L3 Tlaquepaque Centro)

Jamaica Records
Voir p. 603 (331 098 9316 ; www.facebook.com/JamaicaCafeAndRecords ; Calle Lope de Vega 123 ; 19h-1h mar-sam, 12h-10h dim ; M L1 Washington)

Karne Garibaldi Santa Tere
Voir p. 598 (334 737 4884 ; www.facebook.com/karnegaribaldioficial/?locale=fr_FR ; angle Av Garibaldi 1306 et Clemente Orozco ; M L1 Refugio)

La Cafetería
Voir p. 600 (333 825 7936 ; www.casafueradecasa.com ; Calle Libertad 1700 ; 8h-22h tlj ; M L1/2 Juarez)

La Flaca
Voir p. 603 (333 616 7704 ; www.facebook.com/p/La-Flaca-100063773584244, www.instagram.com/flaca.mx ; Av Miguel Hidalgo y Costilla 1500 ; 13h-21h mar, 12h-21h mer-dim ; M L1 Refugio)

La Fonda de la Noche
Voir p. 601 (333 825 4275 ; www.facebook.com/LaFondadelaNoche ; Calle Jesus 251 ; 19h30-0h jeu-sam ; M L1 Refugio)

Lonches Amparito
Voir p. 602 (333 138 9252 ; lonchesamparito.mx ; Calle Gerardo Suárez 5 ; M L2 San Juan de Dios)

Tacos La Choza
Voir p. 600 (333 334 0536 ; www.instagram.com/tacoslachoza ; Calle Miguel de Cervantes Saavedra 81 ; 13h30-16h lun-mar, 13h30-16h et 19h-22h mer-sam ; M L1 Mexicaltzingo)

Tortas Migue
Voir p. 598 (333 825 4520 ; www.facebook.com/TortasAhogadasMigue ; Calle Mexicaltzingo 1727 ; 9h-17h30 tlj ; M L1 Mexicaltzingo)

California's Bar
Voir p. 605 (331 089 1796 ; www.facebook.com/wicho.uribe.96 ;

Pedro Moreno 652 ; 21h-5h jeu-dim ; M L1/2 Juarez)

Cantina la Fuente
Voir p. 604 (www.facebook.com/cantinalafuentemx ; Calle Pino Suárez 78 ; 12h-23h lun-sam ; M L3 Guadalajara Centro)

De La O Cantina
Voir p. 599 (331 974 9782 ; www.facebook.com/DeLaOgenovevo ; Calle Argentina 70 ; 13h-0h mer-lun ; M L1/2 Juarez)

El Gallo Altanero
Voir p. 605 (331 523 2574 ; www.facebook.com/elgalloaltanero ; Calle Marsella 126 ; à partir de 18h mer-sam, 17h dim ; M L1/2 Juarez)

La Última Lucha
Voir p. 604 (333 335 2882 ; www.facebook.com/laultimaluchapulqueria ; Calle Escorza 19, entre Morelos et Pedro Moreno ; 16h-22h mar-jeu, 16h-0h ven-sam, 13h-18h dim ; M L1/2 Juarez)

Patan Ale House
Voir p. 604 (333 826 6613 ; www.instagram.com/patanalehouse ; 18h-0h30 mar-jeu, 18h-2h ven-sam, 14h-22h dim ; M L1/2 Juarez)

PIMP
Voir p. 605 (www.facebook.com/barPIMP ; Calle Manuel López Cotilla 1498 -A ; 19h-1h mar-mer et dim, 19h-3h jeu-sam ; M L1/2 Juarez)

Pulquería La Mestiza
Voir p. 604 (331 545 0786 ; www.facebook.com/pulquerialamestiza ; Calle Prisciliano Sánchez 741 ; 18h-23h lun, 15h-23h mar-jeu, 16h-0h ven-sam, 15h-20h, dim ; M L3 Independencia)

Romea
Voir p. 604 (www.facebook.com/romea.gdl ; Calle Morelos 1349 ; 17h30-0h lun, 9h-0h mar-sam, 9h-16h dim ; M L1/2 Juarez)

Tejuino Marcelino
Voir p. 599 (333 826 2612 ; www.facebook.com/TejuinoMarcelinoOficial ; Calle Joaquín Angulo 819 ; M L1 Refugio)

1er Piso Jazz Club
Voir p. 600 (333 825 7085 ; Calle Pedro Moreno 947 ; 19h30-3h mer-sam ; M L1/2 Juarez)

Arena Coliseo
Voir p. 606 (333 617 3401 ; cmll.com/arenas/arena-coliseo-de-occidente, www.facebook.com/Arenacoliseogdloficial ; Calle Federico Medrano 67 ; M L3 Independencia)

Bar Americas
Voir p. 600 (333 060 3773 ; www.baramericas.com.mx ; Av Chapultepec 507 ; 22h-5h mer-dim ; M L1 Mexicaltzingo)

Café Galería André Breton
Voir p. 600 (333 345 2194 ; www.facebook.com/centroculturalbreton ; Juan Manuel 175 ; 8h30-18h lun, 8h30-3h mar-ven, 15h-3h sam ; M L3 Guadalajara Centro)

Encuentro Internacional del Mariachi
Voir p. 603 (333 880 9090 ; www.mariachi-jalisco.com.mx ; août-sept)

Festival Internacional del Cine
Voir p. 595 (www.ficg.mx ; juin)

Marcha del Orgullo GDL
Voir p. 605 (331 318 4884 ; www.facebook.com/marchadelorgullogdl ; juin)

Teatro Degollado
Voir p. 600 (333 658 0520 ; www.facebook.com/TeatroDegollado ; Calle Degollado s/n ; M L3 Guadalajara Centro)

Teatro Diana
Voir p. 600 (333 613 8579 ; www.teatrodiana.com ; Av 16 de Septiembre 710, M L1 Mexicaltzingo)

Casa de Artesanos
Voir p. 604 (333 586 6091 ; www.facebook.com/CasadeartesanosTonala ; Constitución 104, Tonalá)

Chamula Hecho a Mano
Voir p. 606 (333 361 7743 ; www.instagram.com/chamula.hechoamano ; Manuel M. Dieguez 13 ; 10h-14h et 15h-18h lun-ven sf mardi, 10h-17h sam-dim ; M L1/2 Juarez)

Del Corazón de la Tierra
Voir p. 606 (333 657 5682 ; www.delcorazondelatierra.mx ; Calle Independencia 227, Tlaquepaque ; M L3 Tlaquepaque Centro ou Río Nilo)

El Baúl
Voir p. 600 (www.facebook.com/localelbaul, elbaulmx.com.mx ; Marcos Castellanos 60 ; M L1/2 Juarez)

Antigua de México
Voir p. 601 (333 635 3402 ; Calle Independencia 255, Tlaquepaque ; M L3 Tlaquepaque Centro ou Río Nilo)

Galería Bernabe
Voir p. 604 ((333 683 0040 ; Cda. Hidalgo 81, Tonalá)

Galerías Preciado
Voir p. 601 (333 657 4714 ; www.galeriaspreciado.com.mx ; Calle Independencia 284, Tlaquepaque ; 10h-19h lun-sam, 12h-18h dim ; M L3 Tlaquepaque Centro ou Río Nilo)

Marché de rue de Tonalá
Voir p. 605 (Calle de 16 de Septiembre, Tonalá ; jeu et dim)

Mercado San Juan de Dios
Voir p. 598 (333 618 0506 ; www.facebook.com/p/Mercado-Libertad-o-San-Juan-de-Dios-100064780234333 ;

Av. Francisco Javier Mina 52 ; 8h-20h tlj ; M L2 San Juan de Dios)

Mexicanía
Voir p. 606 (333 683 0152 ; mexicania.com.mx ; Cda Hidalgo 13, Tonalá ; 11h-18h lun-sam, 12h-15h dim)

Taller Paco Padilla
Voir p. 601 (331 889 3582 ; www.tallerpacopadilla.com ; Calle Prisciliano Sánchez 142, Tlaquepaque ; 10h-16h lun-ven ; M L3 Río Nilo)

José Cuervo Express
Voir p. 607 (374 742 6729 ; www.mundocuervo.com/eng/jose-cuervo-express)

BRIAN OVERCAST/ALAMY STOCK PHOTO ©

Artisan, marché de Tonalá

ENVIRONS DE GUADALAJAJA

Tequila Cascahuín
Voir p. 612 (374 780 0010, What's App 333 225 7659 ; www.tequilacascahuin.com ; Ferrocarril 140, El Arenal ; 9h30-18h lun-sam, 9h30-16h dim)

Balneario La Toma
Voir p. 617 (Voir Tequila)

Green Sierra Tapalpa Tours
Voir p. 610 (341 107 2374/341 147 4962 ; www.facebook.com/p/Green-Sierra-Tapalpa-Tours-100063559061722 ; Hidalgo número 63 , Tapalpa)

Spa Termal Tlalocan
Voir p. 609 (331 599 3784 ; www.facebook.com/spatlalocan ; La Paz Ote 420, San Juan Cosalá ; 9h-17h tlj)

Hotel Villa San Francisco
Voir p. 609 (376 765 2128 ; hotelvillasanfrancisco.co ; Paseo Ramón Corona 16, Chapala)

Las Margaritas Hotel Posada
Voir p. 609 (343 432 0799 ; tapalpahotelmargaritas.com ; 16 de Septiembre 81, Tapalpa)

Nueva Posada
Voir p. 609 (376 766 1344 ; www.hotelnuevaposada.com ; Donato Guerra 9, Ajijic)

Ajijic Tango
Voir p. 609 (376 766 2458 ; www.ajijictango.com ; Calle Morelos 5, Ajijic ; 12h30-21h lun-jeu, 12h30-22h ven-sam, 12h30-19h dim)

Cenaduría Memo
Voir p. 609 (376 108 5188 ; www.facebook.com/cenaduriamemorameno ; Carretera Chapala-Jocotepec 551, Ajijic ; 18h-22h30 ven-dim)

Kamellos
Voir p. 609 (333 488 1697 ; www.facebook.com/people/Kamellos/100063817622182 ; Guadalupe Victoria 61, Ajijic ; 11h-19h lun-sam)

La Palapa de Don Juan
Voir p. 610 ((331 185 1771 ; www.la-palapa-de-don-juan.negocio.site ; Paseo Ramón Corona 32, Chapala ; 8h-14h lun-dim)

Paulino's
Voir p. 610 (343 432 0109 ; www.facebook.com/profile.php?id=100045104007119 ; Portal Morelos 8, Tapalpa ; 9h30-21h30 ven-mer)

Teocintle Maiz
Voir p. 609 (331 547 8968 ; www.facebook.com/teocintle.maiz ; Constitución 52, Ajijic ; 13h-21h mar-sam)

Vegan Town
Voir p. 609 (376 766 1365 ; www.facebook.com/Ajijicvegantown ; Calle Ignacio Zaragoza 35, Ajijic ; 12h-19h mar-ven, 12h-20h sam, 14h-19h dim)

Cantaritos La Tequilera
Voir p. 611 (331 550 8485 ; www.facebook.com/CantaritosLaTequilera ; Lázaro Cárdenas 329, El Arenal ; 11h-22h lun-ven, 8h-23h sam, 8h-22h dim)

Cantaritos el Güero
Voir p. 611 (374 100 4569 ; www.facebook.com/cantaritoselguero ; Carretera internacional libre A Tequila km 50, Amatitán ; 10h-23h lun-jeu, 10h-0h ven-dim)

Tequila Bonanza
Voir p. 610 (331 168 7058 ; Morelos 3, Ajijic ; 9h-23h lun-jeu, 9h-1h ven-dim)

Galeria di Paola
Voir p. 611 (376 766 1010 ; www.facebook.com/galeriadipaola ; Calle Colón 11, Colonia Centro, Ajijic, Jalisco ; 10h-19h30)

Huizache
Voir p. 611 (331 341 7836 ; www.facebook.com/Huizache25 ; 16 de Septiembre 22, Ajijic, Jalisco ; 10h30-16h30 lun-jeu, 10h30-17h ven, 11h-17h dim)

Tienda de Artesanias
Voir p. 611 (Matamoros 51, Tapalpa)

TEQUILA

Balneario La Toma
Voir p. 617 (374 742 3636 ; www.facebook.com/people/Balneario-LA-TOMA-de-Tequila/100063789410184 ; Camino a la Toma km 2 La Culebra)

Casa Orendain
Voir p. 616 (374 742 0128 ; www.casaorendain.com ; Tabasco 208)

Casa Sauza
Voir p. 616 (800 728 9287 ; www.casasauza.com ; Calle Luis Navarro 70)

Centro Cultural Juan Beckmann Gallardo
Voir p. 615 (374 742 6840 ; www.mundocuervo.com/esp/centro-cultural-jbg ; Calle Jose Cuervo 124 ; 10h-18h mar-dim)

Hacienda La Cofradía
Voir p. 616 (374 742 6800 ; tequilacofradia.com, maticeshotelbarricas.com.mx ; Calle La Cofradia 1297)

La Rojeña
Voir p. 615 (374 742 6717 ; www.mundocuervo.com/esp/fabrica-la-rojena ; José Cuervo 33 ; visite 1h30 510 $M/pers ; 11h-17h)

Mundo Cuervo
Voir p. 616 (374 742 0700 ; www.mundocuervo.com/esp))

Museo Los Abuelos
Voir p. 616 (374 742 0247 ; Calle Albino Rojas 22 ; tarif 10 $M ; 10h-18h mar-dim)

Museo Nacional del Tequila
Voir p. 616 (374 742 0012 ; www.tequilajalisco.gob.mx ; Ramón Corona 34 ; tarif plein/réduit 15/10 $M ; 9h-18h lun-ven, 10h-17h sam-dim)

Tequila Cascahuín
Voir p. 612 (Voir *Environs de Guadalajaja* p. 637)

Capital O Hotel Posada
Voir p. 614 (557 100 1438 ; Camino al Limon 10)

Casa Hotel La Gran Señora
Voir p. 614 (374 742 3300 ; www.facebook.com/LaGranSenoraHotelCasa ; Nicolás Bravo 72)

Solar de las Ánimas
Voir p. 614 (374 742 6700 ; www.hotelsolardelasanimas.com ; Ramón Corona 86)

Callejón del Hambre
Voir p. 615 (www.facebook.com/CallejondelHambreTequil ; Agustina Ramírez 16)

La Antigua Casona
Voir p. 615 (374 742 6770 ; www.hotelsolardelasanimas.com/la-antigua-casona ; Calle Albino Rojas 14 ; 7h-23h tlj)

La Taberna del Cofrade
Voir p. 616 (374 742 6800 ; www.tequilacofradia.com.mx/taberna-del-cofrade.html ; Calle La Cofradia 1297 ; 13h-21h mar-dim)

Patio Mayahua
Voir p. 615 (www.facebook.com/PatioMayahua ; México 21 ; 8h-14h mer-lun)

Bar Tequila
Voir p. 616 (374 100 8799 ; Abasolo 23)

El Palomar
Voir p. 615 (374 742 4429 ; www.facebook.com/palomarcafe ; Vallarta 2 ; 8h-23h)

La Capilla
Voir p. 616 (374 103 9204 ; Hidalgo 34)

Ophe Club Tequilero
Voir p. 616 (www.facebook.com/opheclubtequilero ; Niños Heroes 137 ; 19h-3h mer-sam, 16h-3h dim)

José Cuervo Express
Voir p. 614 (Voir *Guadalajaja* p. 637)

MORELIA

Biblioteca Pública de la Universidad Michoacana
Voir p. 620 (443 312 5725 ; Av Madero Poniente)

Centro Cultural Clavijero
Voir p. 620 (443 312 0412 ; www.facebook.com/centroculturalclavijero ; El Nigromante 79 ; entrée libre ; 10h-18h mar-dim)

Instituto del Artesano Michoacano
Voir p. 620 (800 400 2783 ; iam.gob.mx ; Fray Juan de San Miguel 129 ; 9h-18h lun-ven)

Museo de Arte Contemporáneo Alfredo Zalce (MACAZ)
Voir p. 621 (443 312 5404 ; sic.cultura.gob.mx/ficha.php?table=museo&table_id=1034 ; Av Acueducto 18 ; entrée libre ; 10h-20h lun-ven, 10h-18h sam-dim)

Museo del Estado de Michoacán
Voir p. 621 (443 304 5772 ; sic.cultura.gob.mx/ficha.php?table=museo&table_id=1036 ; Guillermo Prieto 176 ; entrée libre ; 10h-15h et 16h-20h lun-ven, 10h-18h sam-dim)

Museo Regional Michoacano
Voir p. 621 (443 312 0407 ; difusion_mrmich@inah.gob.mx ;

Allende 305 ; tarif plein 65 $, entrée libre étudiant/-13 ans ; 9h-17h mar-dim)

Santuario de Nuestra Señora de Guadalupe
Voir p. 620 (443 312 0981 ; www.facebook.com/sandiegomorelia10)

Hotel de la Soledad
Voir p. 619 (443 312 1888 ; www.hoteldelasoledad.com ; Ignacio Zaragoza 90)

Hotel Mesón de los Remedios
Voir p. 619 (443 313 8810 ; www.hotelmesondelosremedios.com ; Calle Abasolo 556)

Hostal Mich by Rotamundos
Voir p. 619 (443 688 2643 ; www.hostalmich.com ; Av Francisco I. Madero Pte 485)

Carnitas Don Raúl
Voir p. 619 (443 324 5443 ; www.carnitasdonraul.com ; Av Francisco I. Madero Ote 1007 ; 9h-17h30)

Chango
Voir p. 619 (443 312 6213 ; www.facebook.com/CHANGORESTAURANTEMORELIA ; Sor Juana Inés de La Cruz 129 ; 13h45-0h lun-sam, 13h45-20h dim)

Cuish
Voir p. 619 (443 312 1480 ; www.facebook.com/CuishCocinaBoutique ; Calle de Santiago Tapia 60 ; 14h-21h30 mar-sam, 10h-18h dim)

Gaspachos La Cerrada
Voir p. 619 (443 417 5625 ; www.facebook.com/Gaspachos-La-Cerrada-100077026405423 ; Hidalgo 57 ; 9h-21h tlj)

La Guarecita
Voir p. 619 (443 382 3310 ; laguarecita.com.mx ; García Obeso 185 ; 8h-22h tlj)

LINDSAY LAUCKNER GUNDLOCK/LONELY PLANET ©

***Sopa tarasca*, Lu Cocina Michoacana**

LU Cocina Michoacana
Voir p. 619 (443 313 1328 ; www.facebook.com/lucocinamichoacana ; Av Madero Pte 229 ; Petit-déj 7h30-12h tlj, repas 13h-21h30 tlj)

Mammut
Voir p. 619 (443 688 1486/What's App 443 842 5888 ; www.mammutpizza.com ; Av Madero Oriente 1044 ; 14h-23h lun-mar, 14h-1h mer-sam, 14h-20h dim)

Mercado de Dulces y Artesanías
Voir p. 621 (Centro histórico de Morelia ; 8h-19h45 tlj)

Museo del Dulce
Voir p. 621 (443 312 0477 ; www.callereal.mx ; Av Madero Oriente 440 ; 11h-19h30 dim-ven, 10h-20h30 sam)

Escapulario
Voir p. 621 (443 106 1957 ; www.facebook.com/escapulariomezcaleria ; Bartolomé de Las Casas 327 ; 16h-1h mar-sam)

Nameless
Voir p. 621 (443 933 1559 ; www.facebook.com/NamelessHiddenBar ; Av Madero Oriente 1044 ; 19h-21h15 mar-sam)

Taquería El Chiflido
Voir p. 621 (www.facebook.com/people/El-Chiflido/100079622012768 ; Av Madero Oriente 1044 ; 17h-1h mar-jeu, 17h-2h ven-sam, 17h20h dim)

Tata
Voir p. 621 (443 312 9514 ; tatamezcaleria.com ; Bartolomé de Las Casas 511 ; 13h30-23h lun, 13h30-0h30 mar-jeu, 13h30-2h ven-sam, 13h30-20h dim)

Tatita
Voir p. 621 (443 312 9514 ; www.facebook.com/TatitaMezcaleria ; Jardin Villalongín 42 ; 13h-23h

lun-mar, 13h-0h30 mer-jeu, 13h-1h30 ven, 13h-1h sam, 14h-23h dim)

Festival Michoacán de Origen
Voir p. 594 (www.facebook.com/FMichoacandeOrigen ; avril-mai)

Casa de las Artesanías
Voir p. 621 (999 920 7334 ; www.facebook.com/CasArtM ; Fray Juan de San Miguel 129 ; 11h-17h tlj)

ENVIRONS DE MORELIA

Reserva Mariposa Monarca
Voir p. 623 (715 156 8580 ; www.gob.mx/conanp/documentos/reserva-de-la-biosfera-mariposa-monarca-209460)

Mich Mex Guides
Voir p. 622 (443 672 6317 ; www.michmexguides.com.mx/en)

PÁTZCUARO

Museo Nacional del Cobre
Voir p. 626 (434 343 0151 ; Angle Av Morelos 263 et Pino Suárez, Santa Clara del Cobre)

Hotel Casa Encantada
Voir p. 626 (434 342 3492 ; www.hotelcasaencantada.com ; Dr. Coss 15, Pátzcuaro)

OYO Posada
Voir p. 626 (559 085 3625 ; www.oyorooms.com ; Títere 17)

Posada Yolihuani
Voir p. 626 (434 342 1666 ; posada-yolihuani.com ; Calle Dr. Cos 40)

Cenaduria Lulú
Voir p. 627 (434 115 9503 ; Lerín 22 ; 18h15-23h ven-lun)

La Surtidora
Voir p. 627 (434 342 2835 ; www.facebook.com/p/La-Surtidora-Restaurante-100063706295935 ; Calle Portal de Hidalgo 74)

Axolotl-Taller de pan y café
Voir p. 627 (Ponce de León 6)

Verde Limone
Voir p. 627 (346 880 030 ; www.facebook.com/VerdeLimoneRistorante ; Calle Terán 22 ; 14h-22h ven-lun et mer)

Mezcalería San Miguel
Voir p. 627 (www.mezcaleriasanmiguel.negocio.site ; Dr. Coss 9A ; 11h-0h tlj)

Tianguis
Voir p. 626 (Vicente Guerrero 19, Quiroga ; 8h-20h tlj)

ENVIRONS DE PÁTZCUARO

Cabañas Vistas del Paricutín Angahuan
Voir p. 629 (452 517 4985 ; www.facebook.com/Uanorhukuni ; Av Paricutin 26, De San Juan)

Hotel Mi Solar
Voir p. 629 (452 524 0912 ; www.hotelmisolar.com ; Juan Delgado 10, Uruapan)

La Pérgola
Voir p. 629 (452 111 1111 ; www.facebook.com/profile.php?id=100064112439721 ; Av Emilio Carranza 21, Uruapan ; 9h-23h lun-jeu, 9h-0h ven-sam, 9h-22hdim)

Los Arcos
Voir p. 629 (452 146 3752 ; www.facebook.com/people/Los-Arcos/100042923546062 ; 20 de Noviembre 762, Paracho ; 9h-18h mar-dim)

COLIMA

El Chanal
Voir p. 632 (312 313 4945 ; Camino El Chanal ; tarif 40 $M ; 9h-18h mar-dim)

Hacienda y Ecoparque Nogueras
Voir p. 633 (312 315 5717 ; www.facebook.com/ecoparquenoguerasucol ; Ex-Hacienda de Nogueras s/n ; à partir de 8h lun-ven)

La Campana
Voir p. 631 (312 313 4945 ; Av Tecnológico s/n ; tarif 50 $M ; 9h-18h mar-dim)

Museo Regional de Historia de Colima
Voir p. 631 (312 312 9228 ; lugares.inah.gob.mx/es/museos-inah/museo/483-museo-regional-de-historia-de-colima.html?lugar_id=483&lugar_tipo=museos ; angle Reforma et 16 de Septiembre ; tarif plein 75 $M, entrée libre étudiant/-13 ans ; 9h-18h mar-sam)

Museo Universitario Alejandro Rangel Hidalgo Nogueras
Voir p. 633 (312 315 6028 ; www.museorangelhidalgo.negocio.site ; Ex-Hacienda de Nogueras s/n ; tarif 30 $M ; 10h-18h mar-dim)

Admire Mexico
Voir p. 633 (312 314 5454 ; www.admiremexicotours.com ; Alvaro Obregón 105)

Hotel Aldama
Voir p. 631 (312 330 7306 ; www.facebook.com/hotelaldamacolima ; Calle Aldama 134)

Hotel Casa Alvarada
Voir p. 631 (312 315 5229 ; www.casaalvarada.com ; Alvaro Obregón 105)

La Casona de Don Jorge
Voir p. 631 (312 330 7289 ; www.hotelcasonadedonjorge.com ; Calle Juárez 88)

Cenaduria Julia
Voir p. 631 (312 312 4244 ; www.facebook.com/cenaduriajulia1920/ ; Leandro Valle 80, Villa de Álvarez ;

NORADOA/SHUTTERSTOCK ©

Monarques, Reserva Mariposa Monarca

18h-22h30 lun et mer-ven, 14h-22h sam-dim)

Chepe
Voir p. 631 (312 308 1395 ; www.chepeparrilla.com ; Av La Paz 122 ; 14h-23h30 lun-sam, 14h-17h30 dim)

El Charco de la Higuera
Voir p. 631 (312 206 5892 ; www.facebook.com/ElCharcodelaHiguera ; Calle 5 de Mayo s/n ; 7h45-23h45 mar-dim)

Don Comalón
Voir p. 631 (312 315 5104 ; www.doncomalon.com ; Prolongacion Venustiano Carranza s/n ; 13h-19h lun-jeu, 13h-20h30 ven-dim)

El Jacal de San Antonio
Voir p. 633 (314 147 0651 ; www.facebook.com/eljacaldesanantonio ; Carretera Comala Km 16,5 ; 9h-18h lun-jeu, 9h-20h ven-dim)

Oktli
Voir p. 631 (312 690 5937 ; www.facebook.com/oktlicomala ; Miguel Hidalgo 2 ; 13h30-17h30 mer-jeu et dim, 13h30-21h30 ven-sam)

Bravo Café Bar
Voir p. 632 (312 317 2869 ; bravocafebar.com ; Av Venustiano Carranza 2010 ; 8h-14h lun et dim, 8h-23h mar-sam)

Comalala
Voir p. 632 (312 303 6062 ; www.facebook.com/Comalalacerveceria ; Venustiano Carranza 58-B ; 14h-22h dim-lun, 14h-0h jeu-sam)

DMT Rock Bar
Voir p. 632 (312 312 3796 ; www.facebook.com/dmtrockbar ; Calle Degollado 28 ; 13h-2h lun-mer et dim, 13h-3h jeu, 13h-4h ven-sam)

Feria del Ponche, Pan y Café
Voir p. 633 (www.facebook.com/people/Feria-del-Ponche-Pan-y-Café-de-Comala/100057560884764 ; avril)

MICHAEL RUNKEL/ROBERTHARDING/GETTY IMAGES ©

Ci-dessus : Cascada de Tamul (p. 672) ; à droite : San Miguel de Allende (p. 655)

SITES PRINCIPAUX

GUANAJUATO
Ville incontournable, née des mines d'argent.
p. 648

SAN MIGUEL DE ALLENDE
Superbe ville coloniale, romantique et élégante.
p. 655

SAN LUIS POTOSÍ
Architecture coloniale et excellents musées.
p. 664

LA HUASTECA POTOSINA
Jardins époustouflants, cascades et eaux turquoise.
p. 671

NORD DU PLATEAU CENTRAL

HÉRITAGE COLONIAL ET MERVEILLES DE LA NATURE

Semi-déserts, anciennes mines d'argent, héritage colonial, forêts de nuage, cultures indiennes, artisanat… Découvrez toute la richesse du cœur du Mexique.

Explorer le centre du Mexique s'apparente à un voyage dans le temps. Ce territoire, aussi étendu que diversifié, englobe non seulement de nombreux États (Guanajuato, Querétaro, Zacatecas, San Luis Potosí) mais aussi le “joyau vert” du pays, la réserve de biosphère de la Sierra Gorda. Au-delà de la jungle luxuriante de la Sierra Gorda et des eaux turquoise de la Huasteca Potosina se trouve un semi-désert parsemé de cactus. Étonnamment, cette zone désertique est entrecoupée de nombreuses villes coloniales dont les églises et édifices témoignent des richesses hispaniques passées. La région est également célèbre par le rôle qu'elle a joué dans le mouvement pour l'indépendance du Mexique.

Ne manquez pas la lumière orangée de la très belle San Miguel de Allende, baignez-vous dans les eaux cristallines de la Huasteca Potosina, explorez les ruelles des “cités argentifères” de Guanajuato et de Zacatecas, et vagabondez dans les villages qui bénéficiaient autrefois de la richesse des mines d'argent, avant d'être laissés à l'abandon.

Vous découvrirez de riches cultures indiennes, des cuisines locales et une gastronomie sophistiquée. Vous arpenterez des sites préhispaniques, passerez des heures dans d'excellents musées, vous mêlerez à la vie nocturne et aux festivités locales, et dénicherez des *artesanías* authentiques. Rallier ces villes, en bus ou en voiture, demande parfois un peu de temps, mais cela en vaut la peine.

RESERVA DE LA BIOSFERA SIERRA GORDA
Nature spectaculaire et missions coloniales.
p. 683

QUERÉTARO
Histoire de l'indépendance et musées d'art.
p. 675

ZACATECAS
Musées d'art de renommée mondiale.
p. 686

S'orienter

Le nord du plateau central couvre une grande partie du pays. Pour vous imprégner de la nature, de l'histoire et de la culture mexicaines, vous pouvez suivre un circuit ou vous concentrer sur deux ou trois destinations.

Zacatecas, p. 686

Des musées d'art de premier ordre et des édifices coloniaux font la fierté de cette ville fascinante.

Guanajuato, p. 648

Il y a beaucoup à voir et à faire dans cette ancienne cité argentifère, au charme fou et pittoresque.

San Miguel de Allende, p. 655

Cette magnifique ville coloniale connaît un succès retentissant grâce à son esprit bohème, chic et romantique, ses charmants hôtels, ses bars cossus et ses boutiques haut de gamme.

Querétaro, p. 675

Autrefois aux avant-postes de la lutte pour l'indépendance, cette ville est une des plus dynamiques du pays. Ses cafés et hébergements en font la dernière halte idéale avant d'explorer la Sierra Gorda.

BUS

Si vous ne souhaitez pas conduire, un réseau de bus relie les principaux centres ainsi que la plupart des villages (à l'exception de la Huasteca Potosina et de Mineral de Pozos). Dans chaque région, des compagnies proposent deux classes de confort.

VOITURE

Pour explorer au mieux les villages et les zones reculées de la Huasteca Potosina et de la Sierra Gorda, mieux vaut disposer de son propre véhicule. La circulation peut être rapide et chaotique, et la Sierra Gorda comporte des routes sinueuses à flanc de falaise.

VISITES GUIDÉES

Des visites guidées à la journée ou plus dans les zones reculées de la Sierra Gorda et de la Huasteca Potosina sont utiles si vous n'avez pas envie de conduire ou si vous manquez de temps pour prendre le bus.

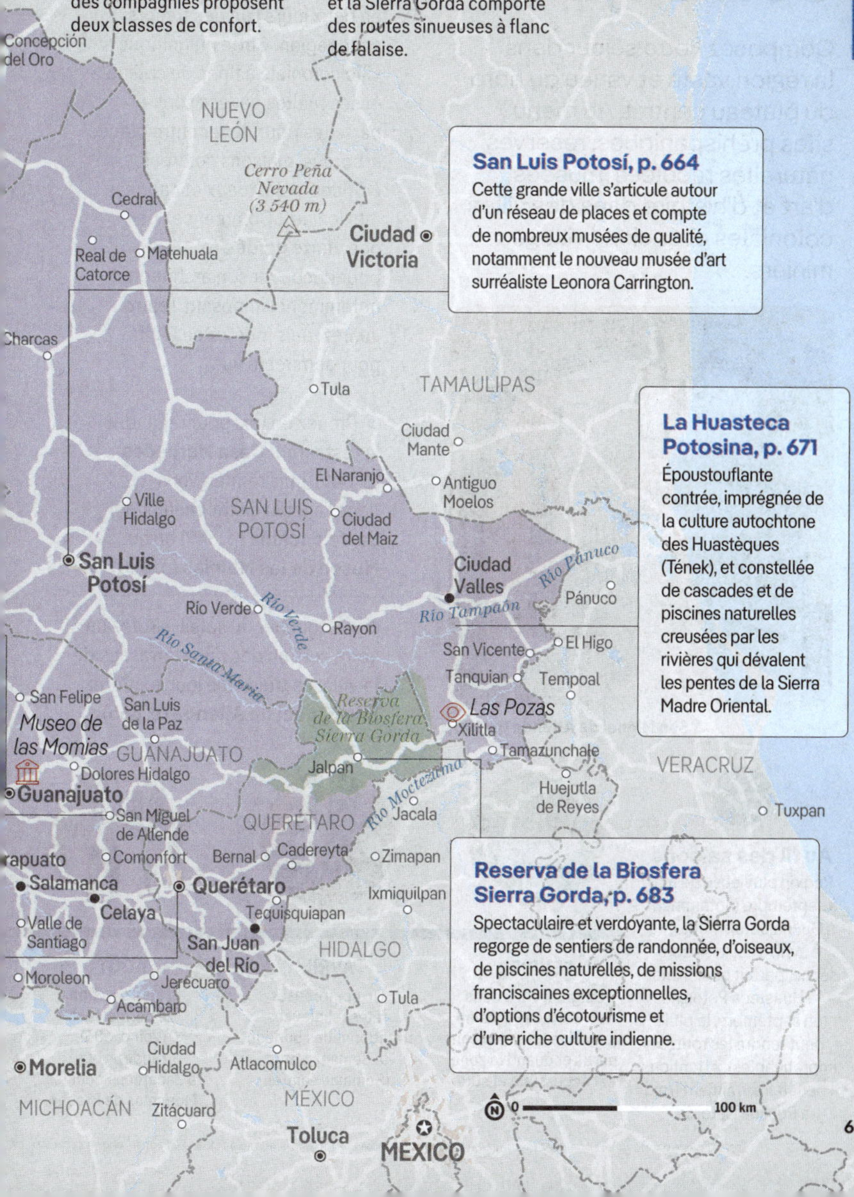

San Luis Potosí, p. 664

Cette grande ville s'articule autour d'un réseau de places et compte de nombreux musées de qualité, notamment le nouveau musée d'art surréaliste Leonora Carrington.

La Huasteca Potosina, p. 671

Époustouflante contrée, imprégnée de la culture autochtone des Huastèques (Tének), et constellée de cascades et de piscines naturelles creusées par les rivières qui dévalent les pentes de la Sierra Madre Oriental.

Reserva de la Biosfera Sierra Gorda, p. 683

Spectaculaire et verdoyante, la Sierra Gorda regorge de sentiers de randonnée, d'oiseaux, de piscines naturelles, de missions franciscaines exceptionnelles, d'options d'écotourisme et d'une riche culture indienne.

Planifier son séjour

Composez votre séjour dans la région vaste et variée du nord du plateau central. Au menu : sites préhispaniques, réserves naturelles reculées, musées d'art et d'histoire dans des villes coloniales et anciens villages miniers.

MINT IMAGES/GETTY IMAGES ©

San Miguel de Allende (p. 655)

Un long week-end

- Rendez-vous à **Guanajuato** (p. 648) pour découvrir en deux jours l'un des trésors de la région. Cette magnifique ville coloniale à flanc de colline et ses ruelles pavées sont parfaites pour flâner entre places arborées, maisons colorées, édifices majestueux et *cantinas* mexicaines. Commencez par une **visite guidée** (p. 649) pour découvrir son architecture, notamment l'imposant Teatro Juárez, puis montez au Pípila pour admirer la vue.

- Prenez un taxi pour rejoindre le restaurant **Casa Mercedes** (p. 649), puis rendez-vous dans l'ancien district minier de **La Valenciana** (p. 649) ou au **Museo de las Momias** (p. 650).

- Au coucher du soleil, sirotez un verre sur l'un des toits-terrasses de la ville. Le troisième jour, explorez **San Miguel de Allende** (p. 655).

Au fil des saisons

Région pluvieuse de mai à septembre (notamment à Guanajuato). D'octobre à avril, c'est la saison sèche, parfait pour visiter la Huasteca Potosina (en septembre, la pluie peut rendre les routes impraticables). Attention, il peut faire vraiment froid à Real de Catorce.

FÉVRIER

Baignez-vous dans la Huasteca Potosina quand les touristes sont partis et quand la zone est accessible et sûre.

AVRIL

De nombreuses fêtes religieuses traditionnelles pendant la Semana Santa (Semaine sainte).

AOÛT

Si les conditions le permettent (voir p. 686), rendez-vous à Zacatecas pour les Morismas de Bracho.

DE GAUCHE À DROITE : RUBI RODRIGUEZ MARTINEZ/SHUTTERSTOCK ©, BORIS DRAGOSANI/SHUTTERSTOCK ©, , MATT GUSH/SHUTTERSTOCK ©

En cinq jours

- Découvrez **San Miguel de Allende** (p. 655), l'une des destinations les plus attrayantes du Mexique, et notamment sa superbe architecture coloniale, sa belle lumière et ses nombreuses galeries d'objets artisanaux. Le jour suivant, visitez **Cañada de la Virgen** (p. 662), fascinant site archéologique préhispanique, avant de retourner à San Miguel pour prendre **un verre sur les toits** de la ville (p. 656).

- Le lendemain, rendez-vous au **sanctuaire d'Atotonilco** (p. 662). Baignez-vous ensuite dans des sources chaudes et déjeunez dans un **domaine viticole** (p. 662), ou partez à la découverte de l'histoire de l'indépendance mexicaine, et profitez des fameux glaciers et des ateliers de céramiques colorées de **Dolores Hidalgo** (p. 653).

- Sinon, explorez **Mineral de Pozos** (p. 660 ; vous pouvez partir visiter la ville et les mines à vélo avec Bici Burro).

Si vous avez plus de temps

- Passez une journée à **Aguascalientes** (p. 670) pour visiter deux musées dédiés à un thème cher aux Mexicains : la mort !

- Apprenez-en plus sur **le mezcal** (p. 670) à **San Luis Potosí** (p. 664). S'il vous reste une journée, découvrez le village de **Real de Catorce** (p. 669) perdu aux portes du désert et perché à 2750 m d'altitude, ou, sauf contre-indication des autorités, les musées de **Zacatecas** (p. 686).

- Vous pouvez également passer une journée à **Querétaro** (p. 675) avant de suivre un itinéraire passant par la **réserve de biosphère de la Sierra Gorda** (p. 683) et **Tequisquiapan** ou **Bernal** (p. 680).

- Prenez la route pour Xilitla et le jardin surréaliste **Las Pozas** (p. 674) avant de profiter des cascades de la **Huasteca Potosina** (p. 671).

SEPTEMBRE

Le 16 septembre, des foules de Mexicains se pressent dans la ville de Dolores Hidalgo (p. 653) pour célébrer le jour de l'Indépendance.

OCTOBRE

À Guanajuato se tient le Festival Internacional Cervantino, l'un des principaux rendez-vous artistiques d'Amérique latine.

NOVEMBRE

Le soleil et les températures douces attirent les Nord-Américains qui fuient l'hiver, mais les touristes restent peu nombreux.

DÉCEMBRE

La météo agréable et sèche permet de découvrir au mieux les merveilles naturelles de la Sierra Gorda.

GUANAJUATO

La ville de Guanajuato, capitale de l'État du même nom et classée au patrimoine mondial de l'Unesco, fut fondée en 1559, à l'époque de l'exploitation des riches gisements d'argent et d'or de la région. Ses opulents édifices coloniaux, ses remarquables places arborées et ses maisons peintes de couleurs vives sont enserrés entre les parois abruptes d'un canyon. D'excellents musées, d'élégants théâtres et une belle place de marché s'égrènent au fil de ses ruelles pavées. Les rues "principales", qui serpentent à flanc de colline, plongent par endroits dans des tunnels qui suivent le lit d'anciennes rivières.

La ville est aujourd'hui un indéniable haut lieu culturel et artistique, avec notamment le célèbre Festival Internacional Cervantino. Et, toute l'année, les quelque 20000 étudiants de l'université de Guanajuato contribuent à son animation, à son authenticité, à sa vie nocturne bruyante et à la richesse de son offre culturelle (*callejoneadas*, cinéma, théâtre, musique).

Pour les infos pratiques, voir le Carnet d'adresses p. 690

À SAVOIR

À Guanajuato, pas besoin de voiture. D'ailleurs, les rues sont souvent piétonnes et les sens uniques étroits compliquent la conduite. Les plus sensibles au bruit feraient mieux de prendre un hôtel sur le Paseo de la Presa (cette rue commerçante est à 15-30 minutes de marche du centre).

Basílica de Nuestra Señora de Guanajuato

INCONTOURNABLES
1 Basílica de Nuestra Señora de Guanajuato
2 Museo y Casa de Diego Rivera
3 Teatro Juárez

VOIR
4 Alhóndiga de Granaditas
5 Callejón del Beso
6 El Pípila
7 Jardín de la Unión
8 Museo del Pueblo de Guanajuato
9 Museo Iconográfico del Quijote
10 Templo de la Compañía de Jesús
11 Templo de San Diego

SHOPPING
12 Mercado Hidalgo

Mercado Hidalgo

Exploration des ruelles de Guanajuato

MUSÉES, ÉGLISES, PLACES, ET BIEN PLUS ENCORE

Les visiteurs qui prennent le temps de parcourir les ruelles du centre historique de Guanajuato y trouveront art, culture, architecture grandiose et édifices religieux.

Partez du cœur de la ville, où se trouve le **Templo de San Diego**, en face du **Jardín de la Unión**. Édifiée en 1663 par des membres de l'ordre religieux d'Alcántara, l'église vaut le coup d'œil notamment pour sa façade de pierre rose gravée qui est un exemple de churrigueresque mexicain (baroque espagnol tardif). Sur la gauche se trouve le **Teatro Juárez**, construit entre 1873 et 1903, et inauguré par le dictateur Porfirio Díaz. Si vous le pouvez, entrez-y, ou mieux, essayez d'assister à une représentation.

Au nord-ouest, sur la Calle Sopeña, la **Basílica de Nuestra Señora de Guanajuato**, jaune et rouge, veille sur la tranquille place de La Paz. Cette superbe basilique renferme une représentation de la Vierge, patronne de Guanajuato, incrustée de pierres précieuses. Descendez ensuite vers le **Mercado Hidalgo**, point emblématique de la ville, dont la tour de l'horloge fut conçue par Gustave Eiffel. Poursuivez vers l'est jusqu'à l'**Alhóndiga de Granaditas** (p. 651), empruntez

LE RÔLE DE L'ARGENT

L'un des filons d'argent les plus riches de l'hémisphère Nord fut découvert en 1558 dans la mine de **La Valenciana**. Pendant 250 ans, 20 % de l'argent mondial y fut extrait. En 1765, le roi Charles III provoqua la colère des magnats coloniaux en réduisant drastiquement la part des richesses qu'ils tiraient de cette manne. Le décret royal de 1767, qui bannit les jésuites des colonies espagnoles, accrut le mécontentement des barons de l'argent et provoqua celui des mineurs, fidèles à la Compagnie de Jésus. Et cette colère trouva ensuite son expression dans la guerre d'Indépendance. Pour admirer cette richesse, rendez-vous à 6 km au nord de la ville, au Templo de San Cayetano Confesor qui se distingue par son intérieur éblouissant (autels dorés, sculptures en filigrane et immenses tableaux). Deux mines d'argent à visiter s'y trouvent : **Bocamina de San Ramón** et **Bocamina de San Cayetano**.

OÙ SE RESTAURER ET PRENDRE UN VERRE À GUANAJUATO

Café Tal
Torréfaction maison, bonnes boissons à base d'expresso et délicieux chocolat chaud. **$**

Mestizo
On n'y vient pas pour le cadre, mais pour son excellente cuisine, son très bon steak et le service. **$$$**

Casa Mercedes
Meilleur restaurant : excellente cuisine traditionnelle, touches contemporaines, belle présentation. À réserver. **$$$**

PAROLE D'HABITANT : OÙ PRENDRE LES MEILLEURES PHOTOS À GUANAJUATO

Alan Vega (@alan_vega00), photographe et influenceur

Centro histórico (centre historique)
Au lever du soleil, la lumière est parfaite et les rues presque vides. J'adore voir la ville s'animer.

El Pípila
Le coucher du soleil est le moment idéal pour s'y rendre. La vue est très dégagée, et les éventuels nuages tranchent avec les belles maisons colorées.

Hotel Chocolate
C'est mon spot de nuit "secret" (mieux vaut venir en taxi). Commandez un verre en terrasse et prenez en photo Guanajuato et ses belles lumières nocturnes.

Callejón del Beso

la Calle Positos et faites un détour par la jolie Plaza de San Fernando. De retour sur la Calle Positos, dirigez-vous vers l'est où se trouvent d'intéressants musées : le **Museo del Pueblo de Guanajuato**, qui occupe l'ancienne demeure des Marqueses (marquis) de San Juan de Rayas, propriétaires de la mine du même nom, mérite une visite.

Les amateurs d'art iront à l'excellent **Museo y Casa de Diego Rivera**. La maison natale de Diego Rivera abrite désormais un excellent musée consacré à ce grand artiste (prévoyez une heure sur place – davantage si vous êtes un admirateur !). Non loin de là se trouve l'**Universidad de Guanajuato**, dont les remparts dominent presque toute la ville. Le fronton crénelé date des années 1950. Juste à côté, le **Templo de la Compañía de Jesús** est l'une des plus grandes constructions jésuites au Mexique.

Plus insolite

POINT DE VUE ET EXPLORATION SOUTERRAINE

Férus d'histoire et de civilisation, ne manquez pas le **Museo de las Momias**. Les visiteurs viennent pour voir la centaine de dépouilles déterrées, qui illustrent bien le rapport des Mexicains à la mort – entre acceptation, célébration et obsession.

Les **tunnels** (semi-ouverts) servaient à l'origine de canaux pour éviter les inondations. Aujourd'hui, il s'agit de voies de circulation, à l'instar des tunnels fermés qui permettent d'entrer et de sortir de la ville. Certaines entrées sont décorées d'œuvres de street art, mais, du fait des gaz d'échappement et de l'obscurité, ces tunnels ne sont pas le lieu idéal pour une promenade.

OÙ PRENDRE UN VERRE SUR LES TOITS DE GUANAJUATO

Bartola, El Rector
Entrez dans l'hôtel El Rector, prenez l'ascenseur et savourez une margarita en admirant la vue sur la vallée.

La Notaría
Un bar élégant avec une très belle vue depuis le toit, une ambiance musicale discrète et de bons cocktails.

Antigua Trece
Une terrasse qui fait son petit effet : de bons cocktails, une belle vue, tout ça près du Callejón del Beso.

Au sud de la vallée se trouve le **Callejón del Beso** (ruelle du baiser), la rue la plus étroite de Guanajuato. Les balcons de deux maisons s'y touchent presque. La légende raconte qu'une famille de notables y habitait et que leur fille s'était éprise d'un simple mineur. On leur interdit de se fréquenter, alors le mineur loua une chambre dans l'immeuble en face et les amoureux échangèrent des *besos* (baisers) furtifs depuis ces balcons avant d'être découverts et de connaître une fin tragique. De nos jours, ce lieu est très photographié.

Si vous aimez la littérature, visitez le **Museo Iconográfico del Quijote** dédié à Cervantès (l'auteur de *Don Quichotte*). Dans les années 1960, des étudiants ont établi un lien entre la ville et Don Quichotte. Bien qu'infondée, l'idée a pris, et c'est de là que le **Festival Cervantino** tient son nom.

Si vous aimez prendre de la hauteur, montez au monument **El Pípila** en empruntant le **funicular** (derrière le Teatro Juárez), qui permet de gravir et de descendre la colline. Le panorama sur Guanajuato et la vallée environnante vaut le détour.

PAS N'IMPORTE QUEL ÉDIFICE

Construit entre 1798 et 1808, l'**Alhóndiga** était à l'origine un silo à grains. Il fut reconverti en forteresse en 1810, et 300 soldats espagnols et dirigeants loyalistes s'y barricadèrent tandis que 20000 rebelles, conduits par Miguel Hidalgo, tentaient de prendre Guanajuato. Le 28 septembre 1810, un mineur surnommé El Pípila s'attacha une dalle de pierre sur le dos pour se protéger des balles espagnoles et mit le feu à la porte principale. Les rebelles s'engouffrèrent à l'intérieur et tuèrent les assiégés. La figure dressée au-dessus de la ville est la sienne.

Joignez-vous à une callejoneada

FAIRE LA FÊTE DE MANIÈRE TRADITIONNELLE

La *callejoneada* de Guanajuato plaît aux visiteurs mexicains et étrangers. Ce sont des étudiants qui ont démarré cette pratique en 1963, inspirée d'une tradition espagnole. Un groupe de chanteurs et musiciens professionnels en costume commence à jouer dans un lieu public du centre de la ville. Une foule se forme, puis toute la troupe chemine au fil des ruelles et des places de la ville, jouant et chantant à tue-tête. À Guanajuato, même si de nos jours les musiciens et danseurs sont rarement (voire jamais) des étudiants, on appelle toujours ces groupes *estudiantinas*. Les chants sont entrecoupés de contes et d'histoires drôles (parfois surannées ou osées). Ils sont souvent liés aux légendes des rues empruntées. Plusieurs groupes occupent le terrain des *callejoneadas* à Guanajuato. Les principales différences résident dans la durée de la procession, la qualité du chant et la capacité à entraîner le public.

Pour participer, achetez vos billets en journée, devant le Teatro Juárez, auprès des groupes costumés. Les processions partent en général vers 20h tous les jours et sont en espagnol. Mais, si vous aimez la musique forte et vous mêler à l'ambiance de fête avec les touristes mexicains, ne vous en privez pas.

L'HISTOIRE DE DOLORES HIDALGO

Si l'histoire du berceau de l'indépendance vous intéresse, ne manquez pas de visiter Dolores Hidalgo (p. 653).

SE DÉPLACER

Abandonnez l'idée de conduire dans Guanajuato. Toute la ville, avec ses rues pavées piétonnes et ses tunnels, est à parcourir à pied. Mais, attention : les trottoirs peuvent être étroits, chaussez-vous bien. Si vous venez quand même en voiture, mieux vaut se garer dans un des parkings accessibles via les routes souterraines (différentes des tunnels fermés qui permettent d'entrer dans la ville).
Le réseau de tunnels peut compliquer la conduite, mais avec un GPS et la signalisation, ce n'est pas mission impossible. Pour rejoindre des sites à la lisière de la ville (comme La Valenciana ou le Museo de las Momias), prenez un bus ou un taxi vert et blanc.

Environs de Guanajuato

Dolores Hidalgo, berceau de l'indépendance mexicaine, ravira vos yeux par ses ateliers de céramique et vos papilles par ses fameuses glaces. Cerise sur le gâteau : les routes qui y mènent sont ponctuées de nombreux vignobles.

En sortant de la ville de Guanajuato, passez par la verdoyante et vallonnée Sierra de Santa Rosa et atteignez Dolores Hidalgo, à 60 km. Vous pouvez facilement y passer une journée ou une demi-journée. Son centre historique, à l'ambiance détendue, comporte une belle place arborée ainsi qu'un marché local animé. La ville est connue pour son rôle dans l'indépendance du pays, ses céramiques colorées et ses glaciers. C'est aussi le lieu de naissance du musicien José Alfredo Jiménez. Que vous veniez de Guanajuato ou de San Miguel de Allende, vous passerez devant de récents domaines viticoles, où vous pourrez profiter d'une dégustation ou d'un repas. Dolores Hidalgo peut aussi être une étape vers ou depuis San Miguel de Allende.

Pour les infos pratiques, voir le Carnet d'adresses p. 690

À SAVOIR

Les villes de Dolores Hidalgo, Guanajuato et San Miguel de Allende forment un triangle (Dolores en est le sommet). Le trajet depuis San Miguel de Allende est plus court (1 heure), mais moins beau que depuis Guanajuato (1 heure 30).

Dolores Hidalgo

ROBERTO GALAN/GETTY IMAGES ©

Parroquia de Nuestra Señora de Dolores

UNE RÉGION VITICOLE

Le tout premier domaine de la région, **Cuna De Tierra**, se trouve près de Dolores Hidalgo. Il est ouvert depuis 2005, soit 200 ans après l'interdiction par les Espagnols afin d'imposer le vin ibérique. Pour tout savoir sur la route des vins dans cette région, voir p. 662.

Dolores Hidalgo : le berceau de l'indépendance

REVIVRE LA LUTTE POUR L'INDÉPENDANCE

Partez de la **place principale**, où se trouve la **statue de Hidalgo** et la **Parroquia de Nuestra Señora de Dolores** d'où Miguel Hidalgo lança son célèbre appel à la sédition. Chaque année, au moment de la célébration de l'indépendance du Mexique (16 septembre), l'église à la jolie façade churrigueresque du XVIIIe siècle devient le point focal de la ville. À l'ouest, le **Museo Bicentenario**, situé dans l'ancien hôtel de ville, décrit le contexte culturel et historique des 100 premières années qui suivirent l'indépendance. Le **Museo de la Independencia Nacional** témoigne sur 7 salles du déclin de la population indienne en Nouvelle-Espagne, qui passa de 25 millions en 1519 à un million en 1605. Il raconte également les 23 révoltes indiennes avant le XIXe siècle ainsi que les complots de *criollos* jusqu'en 1810, et détaille les 10 derniers mois héroïques de la vie de Miguel Hidalgo. Le **Museo de Sitio Casa de Hidalgo**, installé dans la maison où vivait ce dernier lorsqu'il prêchait à la paroisse de Dolores, est devenu une sorte de temple national où l'on commémore les glorieuses heures de l'insurrection.

Le **Museo José Alfredo Jiménez** est le lieu de naissance du roi de la *música ranchera*, adoré des Mexicains. Observez la **fresque** d'Octavio Ocampo avec ses nombreux symboles et figures.

Pour les œnophiles, le **Museo del Vino de Guanajuato** retrace l'histoire du vin dans la région, ainsi que le processus de vinification. La **Zona Artesanal** sur l'Avenida Jiménez est bordée d'ateliers de majolique, l'artisanat typique de Dolores depuis la création par le père Hidalgo du premier atelier de céramique de

MIGUEL HIDALGO ET EL GRITO

Le 16 septembre 1810, à 5 heures du matin, le prêtre Miguel Hidalgo sonnait les cloches pour réunir les fidèles. Il lança son célèbre **Grito de Dolores** ("cri de Dolores", ou "cri pour l'Indépendance"), véritable appel à la révolte contre le pouvoir espagnol. Hidalgo mena ses troupes de Dolores à San Miguel, Celaya et Guanajuato ; au nord à Zacatecas ; au sud, presque jusqu'à Mexico, et à l'ouest jusqu'à Guadalajara. Il fut capturé par les Espagnols et exécuté. Sa tête fut suspendue pendant dix ans dans une cage à un angle de l'Alhóndiga, à Guanajuato.

OÙ SE RESTAURER ET PRENDRE UN VERRE À DOLORES HIDALGO

Damónica
Petit bijou de restaurant, confortable et accueillant, qui sert lasagnes, pizzas et produits de la mer. **$$**

Cantina Bar El Faro
Cette *cantina* où règne une bonne ambiance existe depuis les années 1900. **$**

Cantina La Hiedra
José Alfredo Jiménez était un habitué de cette *cantina* traditionnelle. **$**

MARCVILN/GETTY IMAGES ©
À DROITE : ELENI MAV/RANDONI/SHUTTERSTOCK ©

Céramiques de Talavera

la ville au début du XIXᵉ siècle. Des bus partant de San Miguel de Allende (45 min) ou de Guanajuato (1h30) vous y emmènent.

Ateliers de céramique et glaciers

ADMIRER (ET GOÛTER) LA CULTURE LOCALE

La céramique aurait été introduite à Dolores Hidalgo par Miguel Hidalgo au tout début du XIXᵉ siècle, pour occuper la population locale. Cette céramique est toujours produite à l'aide d'une argile de la région. On appelle souvent ce style "Talavera", en l'honneur d'une commune en Espagne, mais cette appellation s'applique en réalité à la céramique de Puebla uniquement. Néanmoins, la technique utilisée à Dolores est aussi de type "majolique" : les couleurs sont peintes à la main sur un vernis de base blanc. Ces objets émaillés créés localement valent le coup d'œil. Même si une grande partie des ateliers et des fours ne sont pas à Dolores, vous pouvez admirer le résultat dans la **Zona Artesanal** sur l'Avenida José Alfredo Jiménez, ou dans les boutiques comme **Talavera JMB** (Puebla 60) et **Talavera Vázquez** (Puebla 58).

À l'origine, les *nieves* (glaces à l'eau) mexicaines étaient préparées avec de la glace pilée et des arômes de fruit (avant de l'être avec du lait). La réputation de Dolores Hidalgo en matière de glaces artisanales aux parfums originaux est souvent attribuée à Don Victorio González, qui a commencé à en préparer et en servir vers 1912. Des familles ont suivi et aujourd'hui, les stands sont tenus par des glaciers de troisième ou quatrième génération qui cherchent tous à proposer le parfum le plus étonnant. Selon votre envie, optez pour une saveur traditionnelle ou testez crevette, avocat et *chicharrón* (couenne de porc frite). Sauf si vous préférez les créations du glacier primé **La Flor de Dolores**.

PAROLE D'HABITANT : TROIS PARFUMS DE GLACE À GOÛTER

Señor Jesús Torres, glacier et propriétaire du stand artisanal Helados El More.

Mantecado
Le grand classique : vanille, fruits secs et noix (avec du lait) ; existe depuis 1912.

Zanahoria
Ce parfum mêlant carotte et noix est le moins sucré et le plus sain.

Garambullo
Une option traditionnelle sans lait. À base du fruit d'un cactus de la région que nous écrasons avec la peau, ce qui lui donne sa belle couleur violette.

SE DÉPLACER

Les bus Flecha Amarilla sillonnent les routes toutes les demi-heures entre Dolores Hidalgo et Guanajuato (1 heure 30-2 heures) et San Miguel de Allende (1 heure). La gare routière de Dolores est située au centre de la ville.

SAN MIGUEL DE ALLENDE

Avec sa superbe architecture coloniale, ses ruelles pavées enchanteresses et sa belle lumière, San Miguel de Allende, inscrite au Patrimoine mondial depuis 2008, est une des destinations les plus attrayantes du Mexique. Elle jouit depuis près d'un siècle d'une grande popularité auprès des esthètes et des romantiques. De nombreux Américains y vivent à l'année ou y passent l'hiver. Ils drainent avec eux une atmosphère cosmopolite qu'on ne retrouve que dans peu d'autres villes mexicaines. La ville possède de superbes restaurants, des hébergements haut de gamme, de nombreuses galeries proposant des *artesanías* (objets artisanaux) de qualité, un climat tempéré agréable et offre tout un éventail d'activités culturelles dont des festivals, feux d'artifice et parades. C'est un passage obligé pour qui visite le nord du plateau central.

Pour les infos pratiques, voir le Carnet d'adresses p. 691

À SAVOIR

Il peut être délicat de conduire dans les rues pavées et étroites de San Miguel. La voiture n'est pas nécessaire en ville, même si elle peut être utile pour explorer les environs. Dans tous les cas, des visites guidées, bus et taxis sont à votre disposition.

Centro Cultural Ignacio Ramírez El Nigromante (p. 656)

VOIR
1 Capilla de la Tercera Orden
2 Centro Cultural Ignacio Ramírez "El Nigromante"
3 Colegio de San Francisco de Sales
4 Museo Histórico Casa de Allende
5 Oratorio de San Felipe Neri
6 Parroquia de San Miguel Arcángel
7 Plaza Cívica
8 Teatro Ángela Peralta
9 Templo de la Concepción
10 Templo de Nuestra Señora de la Salud
11 Templo de San Francisco

PRENDRE UN VERRE SUR LES TOITS

La Azotea Depuis ce bar accueillant, la vue dépasse les limites de la ville. Très bon choix au coucher du soleil.

Bekeb Bar à cocktails moderne qui ne rigole pas avec la mixologie.

Fátima 7 Rooftop Lieu un peu snob mais dont la terrasse, très proche du Templo de San Francisco, vaut le détour.

Luna Rooftop Tapas Bar Dans le Rosewood Hotel, cette terrasse de bar offre un point de vue intéressant en légère contre-plongée.

Quince Ce lieu prétentieux et assez cher offre tout de même un beau cadre avec vue sur la Parroquia.

Promenade dans San Miguel

DÉCOUVRIR LE PASSÉ DE SAN MIGUEL EN FLÂNANT

Partez du cœur de San Miguel, la **Plaza Principal (El Jardín)**, devant la **Parroquia de San Miguel Arcángel**. L'édifice phare de San Miguel est caractérisé par ses tours roses qui dominent la ville. Ces étranges pinacles ont été conçus par le tailleur de pierre indien Zeferino Gutiérrez à la fin du XIXe siècle. Le reste de l'église date du XVIIe siècle. Elle renferme une statue vénérée du Christ fabriquée à Pátzcuaro à partir de tiges de maïs et de bulbes d'orchidées, probablement au XVIe siècle.

Toujours sur la place principale, le **Museo Histórico Casa de Allende** est installé dans la maison où est né le héros de l'indépendance mexicaine Ignacio Allende en 1769. On y trouve aussi le musée historique de la ville et de sa région. Ses dernières acquisitions, rassemblées dans la collection Izcuinapan, sont des pièces archéologiques préhispaniques et constituent un des rares trésors non coloniaux de la ville.

Légèrement à l'est de la place se trouve la **Capilla de la Tercera Orden**, du XVIIIe siècle. La façade de cette partie d'un monastère franciscain représente saint François et les symboles de son ordre. Non loin de là se dresse le **Templo de San Francisco**, édifice churrigueresque de la fin du XVIIIe siècle.

Dirigez-vous vers l'ouest et vous tomberez sur le **Templo de la Concepción**. Des adages sont peints dans son entrée pour susciter la réflexion chez ceux qui y pénètrent. Sa construction a commencé au milieu du XVIIIe siècle et son dôme a été ajouté à la fin du XIXe siècle par le fameux Zeferino Gutiérrez, probablement inspiré par l'hôtel des Invalides de Paris.

Derrière ce temple, le **Centro Cultural Ignacio Ramirez "El Nigromante"**, ancien monastère, accueille l'École des beaux-arts depuis 1938. Ne manquez pas les œuvres de Pedro Martínez et la **salle Siqueiros**, qui renferme une impressionnante fresque inachevée de David Alfaro Siqueiros.

Le **Teatro Ángela Peralta**, construit en 1873, est tout proche. Cet élégant théâtre est la salle de spectacle la plus impressionnante de la ville. On y présente des productions locales et on y donne des concerts classiques, entre autres événements culturels.

Marchez vers l'est pour rejoindre la **Plaza Cívica**. Le **Colegio de San Francisco de Sales** est un ancien séminaire du XVIIIe siècle fondé par l'ordre de San Felipe Neri. Aujourd'hui, il fait partie de l'Universidad de León. De nombreux acteurs de l'indépendance y ont étudié. Plus

TRÉSORS ARCHÉOLOGIQUES

Une grande partie des objets de la collection Izcuinapan à la Casa de Allende proviennent du site Cañada de la Virgen (p. 662) et aident à mieux le comprendre.

OÙ SE LOGER À SAN MIGUEL

Posada Corazón Chambres dans une belle demeure entourée d'un jardin luxuriant, au cœur de la ville. **$$**

Casa Maricela Chambre d'hôte bien située, accueillante et sans prétention, avec un bon petit-déjeuner. **$$**

Antigua Capilla Demeure élégante conçue autour d'une chapelle du XVIIe siècle. Très bon petit-déjeuner et belle cour. **$$$**

Templo de la Salud

tard, des nobles espagnols y ont été enfermés quand les rebelles ont pris San Miguel.

À l'ouest du Colegio (dont il faisait autrefois partie), admirez la façade churrigueresque, le dôme bleu et jaune et le grand coquillage sculpté au-dessus de l'entrée du **Templo de Nuestra Señora de la Salud**. Il abrite un tableau peint par Miguel Cabrera de saint François Xavier (1506-1552), un des fondateurs de la Compagnie de Jésus. L'**Oratorio de San Felipe Neri**, une église à tours et dôme du XVIIIe siècle, se trouve non loin de là. Sa façade principale rose pâle est de style baroque avec une influence indienne. Un passage à droite mène à une entrée qui recèle une image de Nuestra Señora de la Soledad (Notre-Dame de la Solitude). À l'intérieur, 33 tableaux illustrent la vie de San Felipe Neri, un Florentin du XVIe siècle qui fonda l'ordre de l'Oratoire.

San Miguel, version végétale

JARDINS DE CACTUS ET PARCS BIEN ENTRETENUS

Au début des années 1990, des habitants ont uni leurs forces pour protéger une zone au nord-ouest de la ville. C'est ainsi qu'est né **El Charco del Ingenio**, un magnifique jardin

FAIRE VIVRE LES TRADITIONS PAR LE JEU

Le musée moderne et lumineux **La Esquina: Museo del Juguete Popular Mexicano** est incontournable pour les petits et grands enfants. Angélica Tijerina a rassemblé pendant 50 ans cette collection de jouets privée pour préserver et promouvoir cette tradition mexicaine. Depuis toujours, on fabrique au Mexique une grande variété de jouets, principalement en blé, paille, tissu, bois et matériaux de récupération. Admirez les figurines articulées, funambules et autres jouets ingénieux. Pour perpétuer la tradition, le musée organise également un concours annuel de fabrication de jouets.

Une fois votre visite terminée, vous pourrez faire un tour à la boutique souvenirs du musée.

OÙ MANGER VÉGAN À SAN MIGUEL

La Cabra Iluminada
Plats 100 % végétaux dans un cadre élégant et minimaliste. Ouvert au petit-déjeuner et au déjeuner. **$$**

Don Taco Tequila
Propose des versions véganes très réussies des classiques mexicains : tacos originaux, salades de quinoa, etc. **$$**

La Raíz de la Tierra
Restaurant plus haut de gamme avec de beaux plats et une carte des thés intéressante. **$$**

ART, ARTISANAT ET MARCHÉS

San Miguel n'a pas à rougir de ses marchés, qu'il s'agisse d'*artesanía* de qualité ou de stands d'alimentation. Pour l'artisanat, direction le **Mercado de Artesanías** qui commence au **Mercado Ignacio Ramírez**, le marché alimentaire du centre de la ville (dans la Calle Colegio). Vous y trouverez de tout, des broderies otomíes aux *alebrijes* (sculptures de créatures fantastiques) peints à la main. Si vous cherchez un marché alimentaire animé avec des *comedores* (stands de nourriture) et peu de touristes, le **Mercado de San Juan de Dios** est à 15 minutes de marche à l'ouest du centre. **La Fábrica La Aurora** (sur la Calzada de la Aurora) est une usine textile réhabilitée qui renferme des galeries d'art et des studios de design (ainsi qu'un café).

R.M. NUNES/SHUTTERSTOCK ©
Artisanat en forme de crânes

botanique de 67 hectares dans un canyon. Ce sanctuaire naturel entretenu avec passion est ouvert au public depuis 1991.

Son réseau de sentiers fait passer par des zones humides et des écosystèmes de cactus et de plantes locales. Il vous réserve de nombreuses découvertes naturelles (oiseaux et plantes rares), un beau panorama (ponctué de bassins de retenue et de sculptures) et des vestiges historiques (un ancien moulin à eau). Au fond du canyon coule la source d'eau douce qui donne son nom à la réserve.

Des visites de 2 heures (en anglais) partent à 10h tous les mardis et jeudis. Sur place, vous trouverez également un centre d'information, une boutique et un café qui propose des salades fraîches.

De retour en ville, quittez l'ombre des lauriers de la place principale et dirigez-vous vers le sud pour retrouver la fraîcheur au **Parque Benito Juárez**, un endroit agréable où se détendre et se promener. Ce parc historique a été construit en 1904 sous l'impulsion de l'ancien maire Ignacio Hernandez Macías, sur le modèle de parcs européens (le président et dictateur Porfirio Díaz était un francophile). Il a été rebaptisé en 1916 en l'honneur du président Benito Juárez. Dans le coin nord-est du parc, ne manquez pas la fontaine construite en 1960 pour signaler la source d'El Chorro, à l'origine de la création de la ville.

SE DÉPLACER

Nul besoin de voiture à San Miguel de Allende. Mais ne faites pas l'impasse sur de bonnes chaussures : la ville est pentue et ses pavés sont souvent glissants. De plus, ses trottoirs sont très étroits. Cela dit, les rues et quartiers adaptés à la marche ne sont pas rares. Les bus locaux et les taxis vous emmèneront à la gare routière. Vous pouvez aussi vous faire conduire au jardin El Charco.

Environs de San Miguel de Allende

Sites préhispaniques, sources chaudes, domaines viticoles renommés, églises et sanctuaires coloniaux, gorges et désert... La campagne autour de San Miguel de Allende est très variée.

Inutile de vous aventurer loin de la ville pour découvrir la région semi-désertique de Guanajuato et ses cactus qui fleurissent pendant la saison pluvieuse. À moins que vous ne préfériez les gorges verdoyantes et les sites préhispaniques époustouflants, à l'image de la Cañada de la Virgen.

San Miguel est entourée de sites et d'activités (dont des dégustations et visites de domaines viticoles) qui méritent une excursion à la journée en taxi, en bus ou même à vélo. L'ancienne ville minière de Mineral de Pozos est un peu plus difficile d'accès sans voiture, mais ce n'est pas infaisable.

Pour les infos pratiques, voir le Carnet d'adresses p. 692

À SAVOIR

Pour atteindre Atotonilco ou Mineral de Pozos, vous pouvez envisager une excursion guidée à vélo avec Bici-Burro (bici-burro.com) depuis San Miguel.

Cañada de la Virgen (p. 662)

Ruines de mines, Mineral de Pozos

OÙ SE RESTAURER ET PRENDRE UN VERRE À MINERAL DE POZOS

Posada de las Minas
Cette hacienda du XIXe siècle dispose d'un bar-restaurant qui sert la meilleure cuisine du village. **$$**

El Secreto de Pozos
Cette petite chambre d'hôte est entourée d'un agréable jardin fleuri avec cactus et oiseaux. **$$**

Hotel Boutique Casa Diamante
Un standing auquel on ne s'attend pas forcément à Mineral de Pozos. **$$**

Mineral de Pozos

REDONNER VIE À UNE VILLE FANTÔME

Il y a à peine plus d'un siècle, les mines d'argent de Mineral de Pozos faisaient vivre 70 000 habitants. Puis, à la suite de la révolution de 1910 et de l'inondation des mines, la population décrut. À une époque, les maisons en ruine, une grande église inachevée et des puits de mine abandonnés témoignaient de ce déclin.

Depuis quelques décennies, cette bourgade semble lentement reprendre des couleurs : des maisons ont été restaurées, et les rues ont repris vie, surtout le week-end. En semaine, on retrouve la ville un peu lugubre, balayée par les vents.

Les visiteurs peuvent explorer les bâtiments en ruine et les environs passionnants. Il faut absolument pousser la visite au-delà du Jardín Juárez : gravissez la colline jusqu'à la Plaza Zaragoza, puis redescendez jusqu'à la Plaza Mineros. Les mines, elles, se trouvent en dehors de la ville et le mieux est de les visiter dans le cadre d'un circuit organisé. L'agence **Cinco Señores** propose des visites guidées (le week-end uniquement, en anglais) d'une ou de deux exploitations minières et de leurs haciendas. Les sorties comprennent le transport, le prix

ÉVÉNEMENTS À SAN MIGUEL DE ALLENDE ET DANS SES ENVIRONS

Señor de la Conquista
Le Christ de la Parroquia de San Miguel Arcángel est fêté le premier vendredi de mars.

Fiesta de la Santa Cruz (fin mai)
Fête très spirituelle : reconstitution de bataille, bœufs parés et pantins géants. Dans le Valle del Maíz.

Fiesta de los Locos (mi-juin)
Parade costumée et colorée avec chars et danseurs qui lancent des friandises à la foule.

d'entrée et la visite guidée de la mine. Un casque est fourni aux participants.

Pour vous rendre à Mineral de Pozos, vous aurez besoin d'une voiture (1 heure de route) car le trajet en bus est très long. Vous pouvez aussi vous tourner vers **Bici Burro** (bici-burro.com) à San Miguel de Allende qui propose des excursions à vélo vers Mineral de Pozos.

Le village compte plusieurs galeries et boutiques d'artisanat tenues par la communauté et vendent des poupées vêtues de costumes traditionnels faits à la main.

À l'extrémité nord du village, **Rancho Lavanda** fait pousser de la lavande utilisée dans des produits de beauté.

Si la perspective d'une nuit sans feux d'artifice, cloches d'église et musique de bar vous tente, envisagez d'y rester jusqu'au lendemain.

Sources chaudes

DÉTENTE DANS L'EAU

San Miguel est entourée de plusieurs sources d'eau chaude à quelques kilomètres les unes des autres. Elles sont exploitées sous forme de *balnearios* (piscines). La plupart du temps, les bassins font partie d'un jardin aménagé avec aires de pique-nique, snacks et services de spa. La température de l'eau peut atteindre les 38 °C. Bondés le week-end, les bassins sont plus calmes en semaine, notamment tôt le matin.

La Gruta, avec ses trois bassins de différentes températures, remporte un franc succès tant auprès des locaux que des touristes.

Escondido Place, compte sept bassins extérieurs et trois bassins intérieurs reliés, chacun plus chaud que le précédent.

Xote s'adresse davantage aux familles (piscines et toboggans). Pour s'y rendre depuis l'autoroute, on emprunte une route pavée sur 3,5 km.

Le plus récent d'entre eux, **Mayan Baths**, n'est pas accessible à toutes les bourses. Pour 2700 pesos, vous ne pouvez accéder qu'aux bassins (réservation obligatoire).

Pour vous rendre aux *balnearios*, empruntez l'autoroute au nord de San Miguel (20-30 min de route pour le plus proche). Le plus pratique est d'y aller en taxi (environ 400 pesos aller-retour). Vous pouvez aussi prendre un bus pour Dolores Hidalgo depuis San Miguel, ou un bus "Santuario" (toutes les heures) depuis Calzada de la Luz. Ils s'arrêtent devant certains *balnearios* ou à distance de marche. Pour retourner en ville, le plus simple est d'appeler ou de réserver un taxi.

UN CAFÉ POUR LA ROUTE

Vous ne manquerez pas de choses à faire autour de San Miguel. Si vous cherchez un endroit où prendre un café digne de ce nom et bien démarrer votre aventure hors de la ville, San Miguel a de quoi vous contenter.

Ki'bok ne rigole pas en matière d'expresso et vous fera profiter de sa jolie terrasse à l'étage. **Zenteno**, encore relativement confidentiel, propose un café particulièrement riche en saveurs. **Chez Lavanda**, la queue est nettement plus longue, mais le café est lui aussi de qualité.

Guanajuato International Film Festival (juillet)
Courts métrages. "Cine entre Muertos" : projections de films d'horreur dans les cimetières.

Fiestas Patrias (fin août)
Programmation culturelle sur deux mois. Consultez l'office du tourisme pour le programme complet.

San Miguel Arcángel (fin sept)
De multiples feux d'artifice et des festivités toute la nuit pour fêter le saint patron de la ville.

Cañada de la Virgen

DÉCOUVRIR LES CULTURES PRÉHISPANIQUES

Situé à 25 km au sud-ouest de San Miguel, Cañada de la Virgen est un site préhispanique comportant une pyramide qui date de l'an 540 et qui fut utilisée par différents groupes jusqu'en 1050 environ. On y a découvert les ossements de 20 corps. Bien que moins impressionnant que d'autres pyramides (notamment Teotihuacán), ce site a une atmosphère bien à lui. Il y a dix ans, à son ouverture, on pensait uniquement qu'il s'agissait d'un lieu de cérémonie du fait de l'alignement des temples et des planètes aux solstices. Cette hypothèse tient toujours, mais, grâce à la recherche, notamment celle de l'anthropologue Alberto Aveleyra, on en sait plus, comme le fait que ses bâtiments sont le reflet du paysage environnant. Selon Aveleyra, ce site, qui se trouve dans la dernière d'une série de sept gorges, serait la destination d'un important pèlerinage, véritable apprentissage pour les anciennes populations locales.

Pour vous y rendre, vous pouvez conduire ou prendre un taxi depuis San Miguel (45 min). Mais l'expérience la plus pratique et complète consiste à suivre une visite de quatre heures animée par Aveleyra (artesanosdeltiempo.mx), depuis San Miguel. Vous passerez deux heures sur place durant lesquelles le chercheur vous donnera le contexte culturel et historique du pèlerinage et des édifices : le "Temple du Nord", la "Maison de la Nuit la plus longue" et la "Maison des treize Cieux" (la pyramide principale).

Il est obligatoire d'emprunter la navette entre la billetterie et le site archéologique (trajet de 7 km, départ toutes les heures entre 10h et 16h). Portez des chaussures confortables pour arpenter les pavés et gravir les marches raides sur place.

Vin, montgolfière et équitation

L'EXPLORATION, SUR TERRE ET DANS LES AIRS

Visites de domaines viticoles

Ces dix dernières années, les domaines viticoles ont poussé comme des champignons dans les 30 km autour de San Miguel. Vous pouvez facilement en visiter deux ou trois en une journée. Certains sont des domaines familiaux, tandis que d'autres appartiennent à de grands groupes nationaux. La qualité du vin est très variable, mais le cadre, au milieu des vignes et de jardins soignés, est toujours agréable. Au programme : visites et dégustations dans des lieux à l'architecture élégante, et éventuellement, déjeuner au restaurant. Les visites durent environ 1 heure 30 et vous racontent l'histoire viticole de la

SANCTUARIO DE ATOTONILCO

À 11 km au nord de San Miguel, cette église, inscrite au patrimoine mondial de l'Unesco en 2008, est connue sous le surnom de "chapelle Sixtine mexicaine" du fait de ses fresques, œuvres de Martinez de Pocasangre.

Elle est aussi d'une importance capitale pour les Mexicains car elle est liée à l'histoire de la lutte pour l'indépendance du pays. En 1810, les héros nationalistes Ignacio Allende et Miguel Hidalgo, ainsi que des rebelles indépendantistes, y ont pris la bannière de Notre-Dame de Guadalupe et en ont fait leur étendard.

Aujourd'hui, pèlerins et pénitents affluent de tout le pays. Deux semaines avant Pâques, une procession solennelle part d'ici : la statue du Señor de la Columna est alors portée jusqu'à l'église de San Juan de Dios, à San Miguel. Des danses traditionnelles ont lieu sur place le troisième dimanche de juillet.

OÙ SE RESTAURER EN CHEMIN POUR ATOTONILCO

Los Senderos
Ce lieu détendu combine domaine viticole et restaurant, avec une plage lacustre. **$$**

El Vergel
À la sortie de San Miguel, sur la route de Dolores, ce charmant restaurant sert une cuisine honnête. **$$**

Nirvana
Un hôtel-restaurant avec jardins et cuisine mexicaine. Très proche d'Atotonilco. **$$**

HORACIO MAYA/GETTY IMAGES ©

Vignoble, San Miguel de Allende

région, avant de découvrir les caves. Vous terminerez par une dégustation, éventuellement accompagnée d'une assiette de fromages et de charcuterie. Pour ce type de visites, le plus simple est de faire appel à **Follow Me Tours** à San Miguel de Allende.

Vol en montgolfière

Les personnes plus matinales opteront probablement pour un vol en montgolfière d'une heure à l'aube avec **Globo San Miguel**. La vallée prend alors les tons roses, orange et jaunes typiques de San Miguel. Profitez également d'une vue époustouflante sur les montagnes et le lac. De quoi faire des photos parmi les plus belles de votre séjour.

Équitation

Laissez s'exprimer le cow-boy qui sommeille en vous et montez à cheval dans des gorges, au milieu des cactus ou simplement en ville. Les balades équestres durent d'une heure à une journée entière (déjeuner dans un ranch compris). **Coyote Canyon Adventures** et **Rancho Xolotar** proposent des virées à cheval quotidiennes au départ de San Miguel.

LES MEILLEURS DOMAINES VITICOLES

San Lucas
Ce domaine de grand groupe viticole est celui qui a l'infrastructure la plus développée avec son restaurant chic et son beau jardin de lavande. Un endroit où passer un agréable après-midi.

Dos Bujos
Un des domaines les plus proches de San Miguel, avec dégustations et restaurant avec terrasse.

Cuna de Tierra
Le domaine le plus ancien de la région ; très apprécié. À seulement 20 minutes de route de Dolores Hidalgo.

SE DÉPLACER

Atotonilco, Mineral de Pozos, Cañada de la Virgen et les domaines viticoles autour de San Miguel sont accessibles avec son propre véhicule. Mais, pour Cañada de la Virgen et les caves, mieux vaut réserver une excursion depuis San Miguel. Vous pourrez facilement aller à Atotonilco en taxi ou avec les bus publics. Depuis San Miguel, le taxi facturera 300-400 pesos aller-retour. Les bus à destination d'Atotonilco ou de La Cruz del Palmar partent de la Calzada de La Luz toutes les heures, à la demie (13 pesos, 45 min).

SAN LUIS POTOSÍ

La belle ville coloniale de San Luis fut fondée en 1592, à 20 km à l'ouest des gisements argentifères du Cerro de San Pedro. Les Espagnols la surnommèrent Potosí en référence à la richissime ville minière bolivienne, qu'ils espéraient égaler. Elle fut par la suite un bastion révolutionnaire, une importante ville minière et le siège du gouvernement. Aujourd'hui encore, la cité est une capitale d'État prospère, un centre industriel bien organisé et une importante ville universitaire. Elle reste néanmois peu visitée.

Le centre historique est fait de places et de parcs parfaitement entretenus, reliés entre eux par de charmantes rues piétonnes. Bien que la ville ne soit pas aussi belle que Zacatecas ou Guanajuato, ou aussi magique que San Miguel de Allende, elle est animée, forte d'une culture riche qui s'exprime à travers sa superbe architecture coloniale, son impressionnant théâtre et ses excellents musées.

Pour les infos pratiques, voir le Carnet d'adresses p. 693

À SAVOIR

Pour en savoir plus sur la ville, visitez l'office du tourisme municipal, côté est de la Plaza de Armas. Si vous voulez découvrir les superbes paysages de la Huasteca Potosina ou vous rendre à Xilitla, rendez-vous à l'office régional du tourisme de l'État, Sectur, qui fournit de bonnes cartes et vous renseignera sur les plus beaux sites à visiter.

CLAUDIO BRIONES/SHUTTERSTOCK ©

Cerro de San Pedro

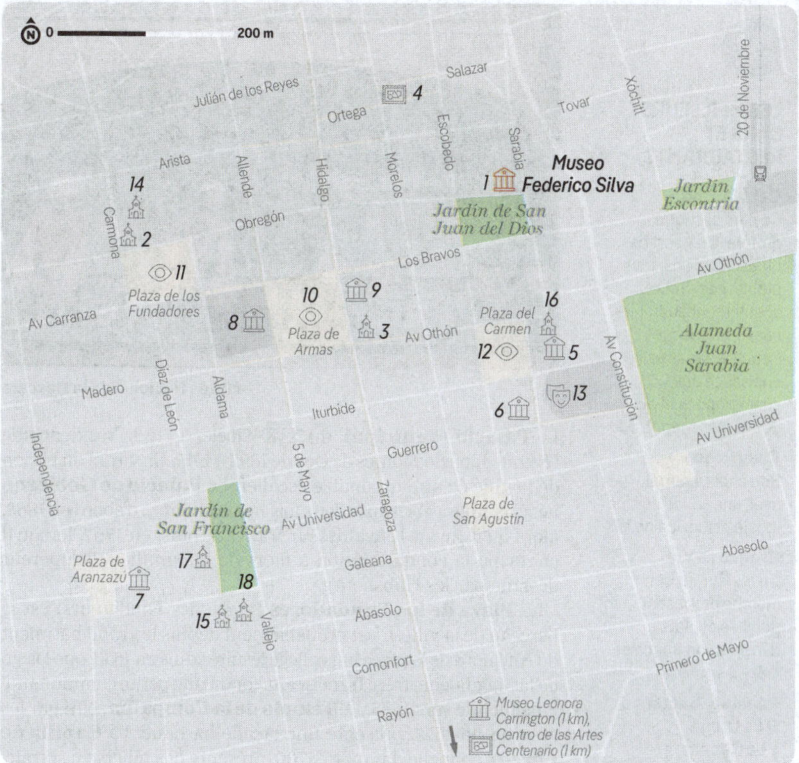

INCONTOURNABLE
1 Museo Federico Silva

VOIR
2 Capilla de Loreto
3 Catedral Metropolitana de San Luis Potosí
4 Museo de Arte Contemporáneo
5 Museo del Virreinato
6 Museo Nacional de la Máscara
7 Museo Regional Potosino
8 Palacio de Gobierno
9 Palacio Municipal de San Luis Potosí
10 Plaza de Armas
11 Plaza de los Fundadores
12 Plaza del Carmen
13 Teatro de la Paz
14 Templo de la Compañía
15 Templo de la Tercera Orden
16 Templo de Nuestra Señora del Carmen
17 Templo de San Francisco
18 Templo del Sagrado Corazón

De place en place

HISTOIRE ET RICHESSE DE L'ARCHITECTURE

Pour avoir un bon aperçu de San Luis Potosí, il faut la visiter en passant de plaza en plaza, chacune regorgeant de bâtiments anciens. Et, même si l'architecture et l'histoire coloniale vous passionnent peu, les rues piétonnes qui les relient sont délicieuses à arpenter.

Sur la **Plaza de Armas**, la **Catedral Metropolitana de San Luis Potosí** est une impressionnante église épiscopale baroque à trois nefs, construite entre 1660 et 1730. Sur la façade, les apôtres de marbre sont des répliques des statues de la basilique Saint-Jean-de-Latran à Rome.

Templo de Nuestra Señora del Carmen

LES MEILLEURS BARS ET RESTAURANTS

Café Cortáo
Ce café est notre préféré. On y sert des plats mexicains, tous plébiscités. Goûtez absolument aux *huevos abolengos* (œufs servis avec une sauce aux champignons et au *queso manchego*). $$

Chau Resto
Bon choix, central, avec une solide cuisine locale et mexicaine. $$

Croque La Vie
Un restaurant bon marché proposant quiches et plats d'inspiration française. $$

Papalote Guateque & La Oruga y La Cebada
Deux enseignes sous le même toit, idéales pour une soirée en ville. $$

La Histórica Cantina de Autor
Très bons cocktails autour du mezcal et de la tequila, entre autres. $$

La Piquería Mezcalería
Petit lieu simple pour déguster un bon mezcal ou un cocktail. $$

Museo Nacional de la Máscara

Le **Palacio Municipal**, du XIXe siècle, a été la résidence de l'évêque Ignacio Montes de Oca de 1892 à 1915. Un vitrail du blason de la ville éclaire un double escalier. Le **Palacio de Gobierno** néoclassique a abrité par deux fois Benito Juárez : d'abord en 1863, alors qu'il fuyait l'envahisseur français, puis, en 1867, lorsqu'il confirma la condamnation à mort de Maximilien, l'empereur désigné par les Habsbourg.

La **Plaza de los Fundadores** (place des Fondateurs) est le berceau de la ville. C'est probablement depuis le grand bâtiment du côté nord de la place, un collège jésuite édifié en 1653, que Diego de la Magdalena, frère franciscain, fonda une petite communauté guachichile vers 1585. Le **Templo de la Compañía**, bâti par les Jésuites en 1675, présente une façade baroque. La **Capilla de Loreto**, chapelle datant de 1700, présente des piliers en spirale.

Au pied du massif **Templo de San Francisco**, orné d'une jolie fontaine, le **Jardín de San Francisco** est une des places les plus charmantes de la ville. L'autel du **Templo de San Francisco** (XVIIe-XVIIIe siècle) a été modifié au siècle dernier mais la sacristie à droite de l'autel, en pierre rose sculptée, est d'origine, avec un joli dôme. Le **Museo Regional Potosino**, installé dans un ancien monastère franciscain fondé en 1590, présente des collections consacrées au Mexique préhispanique, et en particulier aux Huastèques. Le petit **Templo de la Tercera Orden** (édifié en 1694 puis restauré en 1960) et le **Templo del Sagrado Corazón** (construit entre 1728 et 1731), qui faisaient aussi partie de ce monastère, se dressent sur le côté sud de la place.

Le bâtiment le plus spectaculaire de San Luis, le **Templo de Nuestra Señora del Carmen** (1749-1764), domine la **Plaza del Carmen**. Sur la façade abondamment sculptée, les anges, ailes déployées, témoignent de l'habileté des artisans indiens. De petites

OÙ SE LOGER À SAN LUIS POTOSÍ

City Centro
Le petit dernier de cette chaîne hôtelière, dans le centre, est un bon choix pour le visiteur. $$

Gran Hotel Concordia
L'endroit est plaisant et sans prétention, mais son emplacement, sur la Plaza de Armas, est idéal. $$

Hotel Museo Palacio de San Agustín
Ancienne maison pour moines en retraite restaurée. Sublime et pleine d'antiquités. $$$

statues de plâtre ornent l'entrée et le toit de son *Camarín de la Virgen* (niche de la Vierge). Le **Museo del Virreinato** présente peintures et objets de la vice-royauté espagnole, ainsi que des expositions temporaires. Le néoclassique **Teatro de la Paz** (1889-1894) dispose d'une salle de concerts, d'une galerie d'exposition et d'un théâtre (n'hésitez pas à regarder sa programmation). Le superbe **Museo Nacional de la Máscara** présente une splendide collection de masques de cérémonie, du Mexique et du monde entier, et décrit l'évolution de ceux-ci depuis l'ère précolombienne.

Dans le **Jardín de San Juan de Dios**, le **Museo Federico Silva**, consacré à l'artiste mexicain **Federico Silva** (1923-2022), est un immanquable. Le bâtiment, du XVIIe siècle, a été un hôpital, puis une école. Sa transformation en musée de la sculpture mêle avec bonheur le néoclassicisme du bâtiment et les sculptures monolithiques envoûtantes de Silva.

Espaces transformés

DE L'ART MODERNE DANS DES BÂTIMENTS ANCIENS

Les habitants de San Luis sont fiers de leurs lieux d'art, dont beaucoup sont d'anciens bâtiments rénovés. Si vous êtes amateur d'architecture ou d'art, leur visite vous passionnera. Inauguré en 2018, le **Museo Leonora Carrington** est une prison du XIXe siècle superbement transformée. Cette structure panoptique modifiée (une tour centrale permettant d'observer les bâtiments qui l'entourent) accueille aujourd'hui les superbes œuvres de Leonora Carrington. L'artiste et romancière mexicaine d'origine anglaise a eu une vie tourmentée avant de s'installer à Mexico. Ses œuvres surréalistes, tableaux et sculptures, contiennent des éléments de réalisme magique. Edward James, qui créa le parc de Las Pozas à Xilitla, l'admirait et collectionnait ses œuvres. La ville de Xilitla compte d'ailleurs elle aussi un Museo Leonora Carrington (p. 674).

Plus loin, l'imposant **Centro de las Artes Centenario** a lui aussi été, jusqu'en 1999, une prison. Francisco Madero y aurait été brièvement détenu. Dix ans plus tard, elle fut transformée en centre dédié aux arts et à la culture (la structure d'origine a été conservée). Des cellules sont restées en l'état, d'autres ont été reconverties en bureaux.

Dans le centre historique, le **Museo de Arte Contemporáneo** (MAC) est installé dans l'ancien bâtiment postal de la ville. Les espaces brillamment convertis abritent aujourd'hui des expositions temporaires qui changent tous les trimestres. Une bonne occasion de découvrir des œuvres d'artistes de San Luis.

LES DÉBUTS D'UNE RÉVOLUTION

Connue au XIXe siècle pour ses belles demeures et ses biens d'importation de luxe, San Luis a été deux fois le siège du gouvernement du président Benito Juárez pendant l'intervention française des années 1860.
En 1910, le président-dictateur Porfirio Díaz a fait emprisonner son opposant libéral, Francisco Madero. Libéré après l'élection, Madero prépara sa stratégie pour renverser Díaz, et l'exposa à San Antonio (Texas) en octobre 1910 : il déclara l'élection illégale, s'autoproclama président provisoire et fixa la date du 20 novembre pour que le pays se soulève. Ce fut le début de la révolution mexicaine.

COMMENT CIRCULER

Le centre historique se visite à pied, mais certains musées nécessitent un taxi. Pour gagner le centre depuis la gare routière (Terminal Terrestre Potosina), prenez un bus indiqué "Centro" ou le n° 46. Le mieux est de descendre à l'Alameda, devant l'ancienne gare ferroviaire. Dans la gare routière, un kiosque vend des tickets de taxi pour le centre (35-70 $M).

Pour aller du centre à la gare routière, prenez un bus "Central TTP" ou n'importe quel bus roulant en direction du sud dans l'Avenida Constitución, depuis le côté ouest de l'Alameda.
Pour sortir de San Luis, des bus de 1re classe desservent les grandes villes. Les lignes qui vont à Matehuala (pour Real de Catorce) et Xilitla (Huasteca Potosina) sont aussi utiles.

Environs de San Luis Potosí

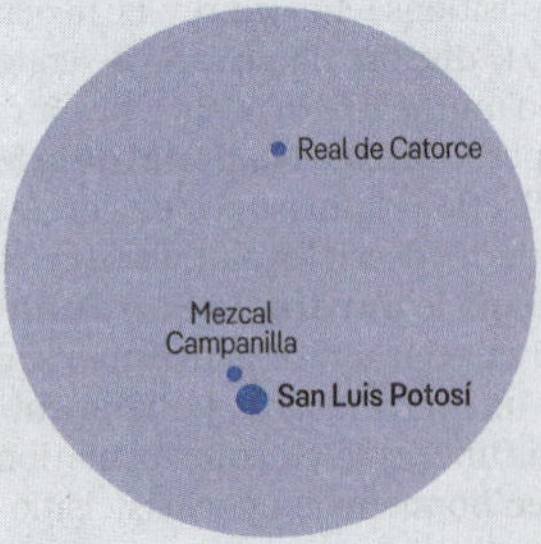

En trois jours, on peut goûter un mezcal artisanal puis explorer un désert à pied, à velo ou à cheval.

Il y a deux choses à ne pas manquer autour de San Luis : une visite chez des producteurs de mezcal et un voyage à Real de Catorce, ancienne ville de mines d'argent devenue fantôme puis ressuscitée, au cœur du désert de la Sierra Madre Oriental. Le circuit autour du mezcal se fait en une journée ; si vous poussez jusqu'à Real, 250 km plus au nord, il faut y passer la nuit – mais vous ne le regretterez pas.

Le paysage austère, les vastes panoramas du haut plateau désertique et l'ambiance de ville fantôme de western, avec des portes qui grincent dans le vent et des rues pavées qui s'arrêtent subitement, rendent la visite fantastique.

Pour les infos pratiques, voir le Carnet d'adresses p. 694

À SAVOIR

Températures extrêmes à prévoir ! Attention aux puits peu visibles, dans et autour du village. Les bombes ne sont pas fournies pour les randonnées à cheval.

Real de Catorce

Le frisson du désert à Real de Catorce

À PIED, À VÉLO OU À CHEVAL

La fascinante ville de Real de Catorce et ses environs satisferont les amateurs d'aventure et de culture.

À pied, à velo ou à cheval

Une randonnée facile mène au **Pueblo Fantasma**, village fantôme dans la montagne à une heure de Real. On peut aller au **Socavón de Purísima**, la grande cheminée d'une ancienne mine, en passant par un rocher fendu, le Cerro Trocado.

Les cyclistes de tous niveaux peuvent explorer les environs de Real grâce aux excellentes randonnées organisées par Lalo Bike qui pourra, si besoin, vous trouver un guide anglophone. Explorez à cheval les divers sentiers qui mènent dans le désert austère et fascinant entourant Real. Le parcours guidé le plus connu conduit en 3 heures à **El Quemado**, la montagne sacrée des Huicholes. Les guides équestres se retrouvent tous les matins aux abords de la place principale de Real, la Plaza Hidalgo (promenade de 2 heures 150-200 $M).

Visite du village

VILLE FANTÔME ET VILLE RESSUSCITÉE

Ville minière encore prospère au début du siècle dernier, Real de Catorce a vu son sort changer du jour au lendemain au moment où le cours de l'argent s'est effondré. La mine ferma alors ses portes et une grande partie de la population déserta la cité qui devint une ville fantôme éloignée de tout, recluse au cœur des gigantesques collines de la Sierra Madre Oriental.

Il y a encore peu, Real de Catorce était une ville quasiment déserte, avec des bâtiments en ruine, et quelques centaines d'âmes seulement y vivotaient. Puis la ville connut un regain d'intérêt et devint une destination de week-end : un boutique-hôtel ouvrit ses portes et offrit une deuxième jeunesse. Real de Catorce s'est alors mise à attirer des étrangers qui ont contribué (lentement mais sûrement) à faire de l'endroit une destination touristique. Le cadre fabuleux et l'architecture qui ne manque pas de charme font de la ville une destination plaisante à découvrir.

Commencez par visiter le **Templo de la Purísima Concepción**, l'imposante *parroquia* (église paroissiale) de style néoclassique, où des milliers de pèlerins mexicains se retrouvent chaque année (de fin septembre à début octobre) pour admirer la statue de saint François d'Assise, réputée miraculeuse.

En face, le **Centro Cultural de Real de Catorce** se trouve dans l'ancien Hôtel des Monnaies, où des pièces ont été frappées pendant 14 mois au milieu des années 1860, pour un montant de 1489 405 pesos. C'est désormais un centre culturel et un musée.

LA TERRE DES HUICHOLES

Sauvage, la Sierra Madre Occidental est la terre des Huicholes, l'une des plus anciennes ethnies du Mexique. Ce peuple indépendant fut l'un des rares groupes indiens à ne pas subir le joug aztèque.

Chaque année, les Huicholes quittent leur région isolée pour aller en pèlerinage dans la Sierra de Catorce. Dans cette zone aride, ils partent à la recherche du peyotl (*Lophophora williamsii*), un petit cactus qui pousse au ras du sol. Ses "boutons" ronds contiennent un hallucinogène puissant qui occupe un rôle central dans leurs rites.

L'usage du peyotl est illégal au Mexique (et en France). La loi mexicaine autorise les Huicholes à l'employer uniquement à des fins spirituelles. Les visiteurs qui ignoreraient la loi s'exposeraient à des sanctions sévères. Pour les Huicholes, l'usage récréatif du peyotl est considéré comme sacrilège.

OÙ SE LOGER, SE RESTAURER ET PRENDRE UN VERRE À REAL DE CATORCE

Cafe Azul
Institution locale (tenue par des Suisses), qui propose des en-cas sains et légers. $

Bar Amor y Paz
Bar à mezcal branché avec du mobilier ancien, des chaises rétro et des lustres originaux.

Mesón de Abundancia
Ce restaurant d'hôtel est le meilleur d'une offre par ailleurs assez pauvre, avec une carte italienne et mexicaine. $$

LES MUSÉES DE LA MORT D'AGUASCALIENTES

Ne manquez pas de faire une halte à Aguascalientes, où l'on trouve deux musées incroyables : le **Museo Nacional de la Muerte** et le **Museo José Guadalupe Posada**. Le premier abrite une des collections les plus complètes de représentations de la mort dans le monde, grâce au graveur et collectionneur Octavio Bajonero Gil (1940-2019), qui a amassé plus de 2500 objets, dessins, livres, textiles, jouets et miniatures sur le sujet, dont le plus célèbre squelette du pays, *La Catrina*.

Le second est passionnant et offre une perspective différente. Les *calaveras* (crânes ou squelettes) sont partout dans l'œuvre de José Guadalupe Posada (1852-1913), illustrateur né à Aguascalientes. C'est lui qui a créé *La Catrina*, le squelette habillé satirique qu'on retrouve partout.

SCHOENING/ALAMY STOCK PHOTO ©

Museo Nacional de la Muerte

Il faut surtout arpenter les rues pavées et pentues du village en les imaginant au XIXe siècle, bordées de maisons et de boutiques, tandis que l'arène servait aux distractions.

Circuits autour du mezcal

L'ESSENCE DU MEZCAL

On produit du mezcal depuis plus de 200 ans dans l'*altiplano* de San Luis Potosí. Vous pouvez visiter certaines de ces *mezcalerías*, dont beaucoup se sont réinstallées dans les haciendas d'origine. On peut observer la distillation, qu'elle soit ancestrale, artisanale et/ou industrielle, et apprendre la différence entre *pulque* et mezcal.

Sous le nom de **Route du mezcal**, plusieurs circuits passent par des distilleries de la région. Les tour-opérateurs vous proposeront leurs préférées, beaucoup sont sur la route de Zacatecas. Citons par exemple **Mezcal Campanilla** à Mexquitic de Carmona (la plus proche de San Luis), **Ex-hacienda Laguna Seca** ou **Santa Isabel**.

Durant le circuit, vous pourrez vous arrêter dans des villages, goûter aux produits locaux comme les *gorditas* et découvrir les *chinicuiles*, vers présents dans certaines bouteilles de mezcal.

Meilleurs tour-opérateurs au départ de San Luis Potosí : **Operatour Potosina** (Lori parle anglais et présente les principaux monuments du parcours) et **Auténtico San Luis** (Miguel, guide anglophone et spécialiste du mezcal, propose un très bon circuit.

COMMENT CIRCULER

En voiture : il faut suivre une route avec 25 km de pavés. En cas d'affluence, vous ne pourrez peut-être pas franchir le tunnel d'Ogarrio et devrez laisser votre voiture à l'entrée est, puis continuer en charrette ou en pick-up. En bus : vous devrez en prendre un à Matehuala (95 $M, 1 h30). Ces derniers quittent la gare routière à 8h, 12h, 14h et 18h. D'où que vous veniez, il est assez facile de s'y rendre. En arrivant à Real, les bus s'arrêtent à la périphérie de la ville avant le tunnel d'Ogarrio. Pour emprunter le tunnel qui conduit à la ville, il vous faudra monter à bord d'un bus plus petit. Il vous déposera sur la place du marché. Pour le trajet retour (Real à Matehuala), les minibus partent de la même place à 7h40, 11h40, 15h40 et 17h40 (88 $M, 1 h30 à 2 h). Il vous faudra ensuite reprendre un plus gros bus à la sortie du tunnel pour continuer. Les billets s'achètent à bord.

LA HUASTECA POTOSINA

Isolée, la Huasteca Potosina est une région à mille lieues des grandioses cités coloniales et du semi-désert qui composent une bonne partie du reste du plateau central. C'est une terre brumeuse de forêts luxuriantes, de fleurs tropicales iridescentes, de splendides cascades couleur d'aigue-marine et de piscines naturelles aux tons bleus laiteux (dus à la forte teneur en calcium des roches environnantes).

Les Mexicains sont fiers de cette région et de la riche culture de son peuple autochtone, les Huastèques (ou Tének). Il y peu de temps encore, la région était méconnue hors du pays, et peu d'étrangers s'y rendaient. Mais les voyageurs aventureux qui y passeront quelques jours seront subjugués par ses paysages extraordinaires, ses fantastiques cascades et son avifaune.

De là, on peut accéder à la Sierra Gorda par une route de montagne qui traverse le village de Xilitla, où se trouve Las Pozas, le jardin surréaliste de l'excentrique mécène Edward James.

Pour les infos pratiques, voir le Carnet d'adresses p. 694

À SAVOIR

Ne venez pas en septembre : la saison des pluies bat son plein, et les routes sont impraticables. Mieux vaut visiter la région à la saison sèche, de novembre à mars, l'accès est simple et l'eau d'une belle couleur aigue-marine.

Cascada de Tamul (p. 672)

POUR LES ORNITHOLOGUES AMATEURS

Deux extraordinaires gouffres sont réputés pour les milliers de *vencejos* (martinets à collier blanc) qui y nichent. On peut les admirer à l'aube (et au crépuscule) quand ils quittent les grottes (ou y reviennent), prenant bruyamment leur essor ou replongeant vers l'ouverture. La première, **Sótano de las Golondrinas** ("Grotte des hirondelles"), est à quelques kilomètres à l'ouest d'Aquismón. La seconde, à 30 minutes de voiture au sud d'Aquismón, se nomme **Sótano de las Huahuas**. Entourée de jungle, elle abrite des dizaines de milliers de martinets ainsi que des conures verts. Il y a moins de touristes, mais s'y rendre demande un peu plus d'effort.

Aventures aquatiques

UNE JUNGLE DE PLAISIRS AQUATIQUES

On trouve partout dans la région cascades, piscines naturelles et activités aquatiques à pratiquer. Et même si vous n'aimez pas nager, les paysages valent le voyage. Si vous êtes motorisé, vous pourrez visiter plusieurs de ces sites en deux jours, avec assez de temps pour randonner et profiter de chaque lieu.

Accessible depuis **Ciudad Valles** ou **Aquismón**, la **Cascada de Tamul** est la chute d'eau la plus spectaculaire de la Huasteca Potosina. Elle plonge de 105 mètres dans les eaux cristallines du **Río Santa Maria** (qui devient le Tampaón). Le cadre, une gorge entourée de toute part par une épaisse forêt, est tout

OÙ SE LOGER DANS LA HUASTECA POTOSINA

Hotel Salto del Meco
Charmantes *cabañas* avec piscine donnant sur l'eau turquoise d'une rivière, en aval de la Cascada El Meco. **$$**

Refugio Huasteco Hotel Boutique
Au centre de Tamasopo, un petit hôtel propre et soigné. **$$**

El Molino Hotel Boutique
Hôtel agréable, dans une ancienne sucrerie du XVIIIe siècle, pratique pour s'arrêter à Rioverde. **$$**

Puente de Dios

simplement époustouflant. À cause de son isolement, vous aurez souvent l'endroit pour vous seul.

Le meilleur et le plus sûr moyen d'approcher de la cascade est de remonter la rivière à la rame dans une *lancha* en bois (canoë). Le trajet aller-retour dure 3 heures 30. On peut organiser cette excursion en arrivant à Tanchachín ou à La Morena.

À deux heures de route au nord-ouest de Ciudad de Valles, la splendide **Cascada El Meco**, haute de 38 m, ne peut que s'admirer. Le **Restaurante El Mirador del Salto del Meco** lui fait face, et on y passe pour accéder aux plateformes d'observation. Si vous n'allez pas jusque-là, plus au sud, les jolies chutes **Minas Viejas** valent bien les 78 km de voyage vers le nord-ouest de Ciudad Valles. Il y a une chute d'eau haute de 55 m, un magnifique bassin et une série de petites cascades en terrasses. Des circuits d'aventure permettent de "sauter" d'une terrasse à l'autre.

Plus au sud encore (24 km au nord-ouest de Ciudad Valles), **Los Micos** est une série de sept cascades de hauteurs différentes qui plongent dans le lit d'une rivière. C'est un des sites les plus prisés. Beaucoup de tour-opérateurs installés sur le parking proposent des circuits en bateau (4 personnes minimum) ou des expéditions pour descendre ces 7 chutes (casques et gilets de sauvetage fournis).

Un peu à l'ouest de Tamasopo (55 km à l'ouest de Ciudad Valles), la **Cascada de Tamasopo** est une charmante série de trois chutes d'eau avec leurs bassins naturels où l'on peut se baigner facilement. Si elle est très accessible, elle est hélas très fréquentée, surtout le week-end. C'est de loin la plus "commerciale" de toutes, avec bon nombre de bars et de cafés sur place.

PAROLE D'HABITANT : LE CAFÉ ET LES PLATS LOCAUX À GOÛTER ABSOLUMENT

Lori Jones, propriétaire du tour-opérateur indépendant Operatour Potosina.

Zacahuil Un *tamale* huastèque à la farine de maïs, fourré de porc et de poulet, avec de la sauce tomate, et enveloppé dans une feuille de bananier.

Café Il y a beaucoup de caféiers sauvages dans les montagnes de Xilitla, dont les habitants récoltent et torréfient les grains. Ici, les petits établissements le servent souvent dans de grandes tasses.

Enchiladas Huastecas Ce sont des *enchiladas potosinas* – faites avec des tortillas de maïs infusées au *chile* (piment) –, garnies d'œufs brouillés et servies avec un morceau de viande, la *cecina*, et des haricots noirs (plutôt que les haricots rouges habituels).

OÙ SE LOGER À XILITLA

Hotel San Jose
À 500 mètres de la place principale d'Aquismón, de grandes chambres, propres, avec une piscine. **$$**

Hotel Tapasoli
Ces "maisons de hobbits" proposent des *cabañas* et des chambres évoquant des nids d'oiseaux. **$$**

Posada El Castillo
C'est là qu'Edward James séjournait à Xilitla. Œuvres d'art et antiquités originales. **$$$**

UN CRÉATEUR DÉLIRANT : EDWARD JAMES

Le créateur de Las Pozas, l'anglais Edward James (1907-1984), était aussi imaginatif que fortuné. Il devint mécène de Salvador Dalí à la fin des années 1930 et réunit ensuite la plus vaste collection privée d'art surréaliste au monde. Il débarqua en 1945 à Xilitla où il rencontra Plutarco Gastelum, qui l'aida à créer Las Pozas. Au début, 40 ouvriers locaux façonnèrent des fleurs de béton colorées près d'un cours d'eau, en pleine forêt. Puis, durant 17 ans, James et Gastelum créèrent des structures plus grandes et plus étranges, dont beaucoup restent inachevées, pour un montant de 5 millions de dollars américains.

À quelque 5 km au nord-est de Tamasopo, sur une route bosselée, le **Puente de Dios**, grâce à une passerelle de bois longue de 600 mètres (et 300 marches à monter), offre une vue superbe sur la forêt tropicale, avec de belles occasions de baignade. Le bassin principal à l'eau turquoise jouxte l'entrée d'une grotte (l'accès à cette dernière n'est cependant pas recommandé lorsque les eaux sont hautes).

Dernière option (plus éloignée), la **Laguna de la Media Luna** est accessible depuis Rioverde. Cet incroyable lac préhistorique est alimenté par 6 sources thermales dont les températures agréables oscillent entre 27 °C et 30 °C. Il plaît surtout aux amateurs de plongée et de snorkeling car on n'y arrive qu'après une bonne marche. On peut alors admirer, dans ses eaux cristallines, des bancs de nénuphars, une ancienne forêt pétrifiée et plusieurs espèces de poissons. On louera du matériel de snorkeling aux nombreux stands sur place.

L'option la plus simple pour la visite de plusieurs de ces cascades, combinée à une excursion à Xilitla, est de passer par Lori Jones, guide anglophone, chez **Operatour Potosina**, basé à San Luis Potosí. Ou bien par **MS Xpediciones**, meilleur choix dans la région pour son approche sympathique et professionnelle dans l'intérêt des communautés locales.

Jardins et musées surréalistes

SCULPTURES PSYCHÉDÉLIQUES, PLANTES ET CASCADES AUX ENVIRONS DE XILITLA

Il faut s'inscrire à une visite guidée pour parcourir **Las Pozas**, domaine audacieux de l'excentrique aristocrate Anglais, Edward James. Sur les pentes de la Sierra Madre Oriental, ce monumental jardin de sculptures surréalistes, construit au cœur d'une forêt, comprend une série de temples, pagodes, ponts et escaliers en béton, entourés de cascades naturelles.

Réservez votre visite en ligne (en anglais à 10h et 15h, certaines "visites privées" sont en français). Las Pozas vaut bien un détour pour qui s'intéresse, même vaguement, à l'art. On ne doit pas s'éloigner du guide qui, en environ une heure, vous fera parcourir ce dédale de chemins et vous expliquera le contexte du projet. Il peut être frustrant de ne pas visiter librement un jardin, mais c'est pour protéger les sculptures et empêcher toute dégradation.

Un **musée Edward James** a été inauguré, face à l'entrée du jardin. Ailleurs à Xilitla, visitez le **musée Leonora Carrington**, consacré aux sculptures surréalistes. Et, si vous voulez vraiment plonger dans le psychédélisme, plusieurs hôtels ont adopté le thème surréaliste.

FAN DE SURRÉALISME ?

Si vous aimez les sculptures surréalistes, notamment celles de Leonora Carrington, il y a un autre **musée Leonora Carrington** à San Luis Potosí (p. 667).

COMMENT CIRCULER

Des bus desservent les villes de Xilitla et Ciudad Valles (via San Luis Potosí, ou Jalpan si vous visitez d'abord la Sierra Gorda). Mais la région étant isolée, mieux vaut être motorisé. Il est toutefois possible d'aller à Xilitla et Ciudad Valles en passant par des tour-opérateurs locaux. Si vous manquez de temps, le plus simple est de visiter la région avec un circuit guidé au départ de San Luis Potosí (p. 670).

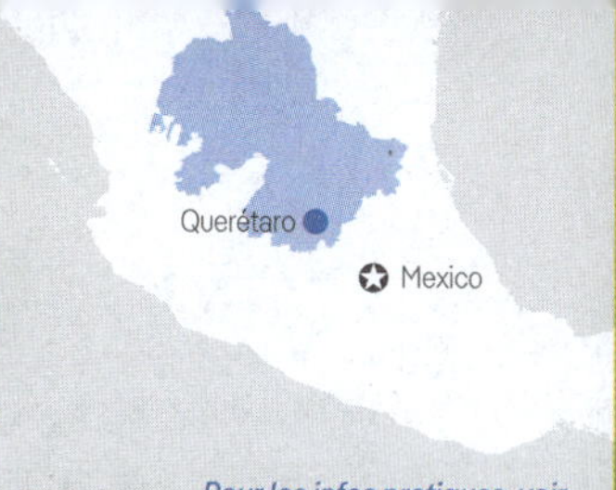

QUERÉTARO

Le centre historique de Querétaro se distingue par ses superbes places, ses charmants *andadores* (rues piétonnes), ses églises centenaires, ses grandes fontaines, ses demeures historiques et ses excellents musées et galeries. En y ajoutant des restaurants raffinés, de bons bars, de très agréables cafés et des hébergements corrects, la ville offre une plaisante escapade de deux ou trois jours. Et vous n'aurez pas à jouer des coudes à chaque arrêt touristique !

La plupart des monuments datent de la période coloniale ; il y a peu de vestiges préhispaniques, même si ce sont les Otomís qui fondèrent la localité au XVe siècle. Elle fut absorbée par les Aztèques, puis par les Espagnols en 1531. Les moines franciscains s'en servirent de base pour l'évangélisation du pays. Au XIXe siècle, Querétaro devint le théâtre de complots ourdis par des *criollos* indépendantistes. Aujourd'hui, on croise en ville de nombreux Otomís, parlant le mazahua, qui vendent parfois de l'artisanat.

Pour les infos pratiques, voir le Carnet d'adresses p. 695

À SAVOIR

Après avoir profité de tous les sites (et du bon café local), essayez les toutes récentes bières artisanales de Querétaro, au Brewer Gastro Pub, au Jardín de Cerveza Hércules et à Mutt Brewing Co. Ils disposent de *beer gardens* et la bière est parfois brassée sur place.

Aqueduc de Querétaro (p. 677)

INCONTOURNABLE
1 Museo del Calendario (Mucal)

VOIR
2 Catedral de Querétaro, San Felipe Neri
3 Jardín Guerrero
4 Jardín Zenea
5 Museo Casa de la Zacatecana
6 Museo de Arte Contemporáneo de Querétaro
7 Museo de Arte de Querétaro
8 Museo de la Ciudad
9 Museo Regional de Querétaro
10 Plaza de Armas
11 Teatro de la República
12 Templo de Santa Clara
13 Templo de Teresitas
14 Templo San Francisco
15 Templo y Convento de Santa Rosa de Viterbo

SHOPPING
16 Cedai
17 Elaborarte Manos Vivas

Querétaro

Balade dans l'histoire de Querétaro

POUR QUI AIME L'HISTOIRE ET LES PLACES

Passer une journée à se balader dans le centre de Querétaro permet d'admirer sa majestueuse architecture mais aussi d'apprécier le rôle de la ville dans l'histoire du Mexique. Partez de la **Plaza de Armas**, grande place du XVIIIe siècle, avec des édifices coloniaux, de belles demeures, de jolis arbres et une fontaine ornée de la statue du **marquis de la Villa del Villar del Águila**, qui fit construire l'**aqueduc** de la ville. Allez, au sud, jusqu'au **Museo Casa de la Zacatecana**, maison du XVIIe restaurée qui vous donnera un bel aperçu de la vie à Querétaro à l'époque coloniale.

Revenez sur la **Plaza de Armas**, passez devant le **Templo San Francisco** et allez au **Jardín Zenea** admirer un **kiosque du XIXe siècle** et une **fontaine** ornée d'une statue de Hébé, la déesse grecque. À côté, le **Museo Regional de Querétaro** présente des collections relatives aux civilisations préhispaniques, aux sites archéologiques, à l'occupation espagnole et aux divers peuples autochtones de l'État ; l'étage est consacré au rôle de Querétaro dans le mouvement pour l'indépendance, et dans l'histoire nationale après celle-ci. Plus au nord-ouest, on peut voir la statue de **Josefa Ortiz de Domínguez**.

Continuez jusqu'au **Teatro de la República**, vieux théâtre toujours en activité, où se réunit en 1867 le tribunal qui décida du sort de l'empereur Maximilien. C'est là aussi que fut signée la Constitution du pays, le 31 janvier 1917. Dirigez-vous, au sud-ouest, vers le **Jardín Guerrero** et son **Templo de Santa Clara**, puis jusqu'au **Mucal** (Museo del Calendario, voir p. 678). Plus à l'ouest, la **Catedral**, du XVIIIe siècle, mêle styles baroque et néoclassique. On dit que c'est Padre Hidalgo (voir p. 653) qui y célébra la première messe.

Art à Querétaro

ART LOCAL SOUS TOUTES SES FORMES

Entre art autochtone, fresques coloniales, architecture religieuse et jeunes artistes d'avant-garde, l'art se porte bien à Querétaro, et cela se reflète dans les nombreux musées publics, galeries et églises de la ville.

Montez au **mirador** pour découvrir une extraordinaire construction "“artistique”, l'aqueduc long de 1,28 km, composé de 74 hautes arches de grès. Non loin, le nouveau **Museo de Arte Contemporáneo de Querétaro** (MACQ) accueille dans un bâtiment superbement rénové des expositions d'artistes contemporains locaux, nationaux ou internationaux.

LE RÔLE DE QUERÉTARO DANS L'INDÉPENDANCE

Les conspirateurs, parmi lesquels Miguel Hidalgo (p. 653), se retrouvaient en secret chez doña Josefa Ortiz (La Corregidora), l'épouse de l'ancien *corregidor* (administrateur local) de Querétaro. Quand le complot fut découvert, l'histoire veut que doña Josefa, enfermée chez elle (dans l'actuel Palacio de Gobierno), parvint, en chuchotant par un trou de serrure, à prévenir un de ses co-conspirateurs, Ignacio Pérez, que les conjurés étaient menacés, ce qui conduisit Padre Hidalgo à appeler au soulèvement. Cet événement capital est fêté chaque année en septembre quand on célèbre l'indépendance du pays. Sur la Plaza de la Corregidora, on peut voir une statue (érigée en 1910) de doña Josefa Ortiz de Domínguez portant la flamme de la liberté.

OÙ SE RESTAURER ET PRENDRE UN VERRE À QUERÉTARO

Tikua
Plats authentiques du sud-est du pays, allant du *xi'i* (salade de champignons) aux recettes de chorizo de Oaxaca. **$$**

Brewer Gastro Pub
Une brasserie locale, un très bon cuisinier : que demander de plus ? **$$**

Monono Café
Petit endroit moderne qui propose de très bons petits-déjeuners gourmands et qui sert un excellent café.

PRENEZ LE TEMPS D'ALLER AU MUSÉE DU CALENDRIER

L'extraordinaire **Museo del Calendario (Mucal)**, qui occupe un hôtel particulier superbement rénové, est unique au monde. Fondé par le propriétaire des calendriers Landin, marque bien connue au Mexique depuis des années, il présente dans 19 salles des œuvres d'art originales ainsi que 400 calendriers rétro (et pas seulement mexicains). La présentation commence fort avec une explication de notre galaxie (et donc de notre perception du temps). Dans le jardin, le café est très agréable pour se détendre et pour réfléchir aux images affriolantes et politiquement incorrectes qui les illustraient.

FERNANDO MACIAS ROMO/SHUTTERSTOCK ©

Museo Regional de Querétaro

Dans le centre historique, le **Museo de Arte de Querétaro** (MAQRO) occupe un superbe monastère baroque du XVIIIe siècle orné de statues, d'anges et de gargouilles. *La Fuite en Égypte* (*Huida a Egipto*) de l'artiste baroque Juan Rodríguez Juárez a été exposée notamment au Louvre.

Dans l'ancien couvent et dans la vieille prison où l'empereur Maximilien, déposé, fut enfermé, les 11 salles du **Museo de la Ciudad** présentent de l'art contemporain. Les amateurs d'architecture néoclassique iront au **Templo de Teresitas**, du XIXe siècle, le seul édifice néoclassique de la ville en pierre de Cantera (pierre de lave), avec six colonnes ioniques.

Datant du XVIIIe siècle, le **Templo y Convento de Santa Rosa de Viterbo** est l'église baroque la plus ornée de Querétaro, avec une horloge à quatre pans, un clocher en pagode, des arcs-boutants et un intérieur richement décoré.

En matière d'artisanat local, on peut voir des Otomís fabriquer leurs poupées Lele. Pour un artisanat plus branché (bijoux, attrape-rêves faits main...), passez à **Elaborarte Manos Vivas** (Independencia 20). Au **Cedai** (Centro de Desarrollo Artesanal Indígena, Calle Ignacio Allende Sur 20), vous trouverez bijoux, jouets, poupées et décorations uniques.

COMMENT CIRCULER

Les monuments de Querétaro se visitent très bien à pied. La voiture n'est pas nécessaire. Moderne, la Central Camionera (gare routière) de la ville est à 5 km au sud-est du centre. Des taxis et des bus locaux la relient au centre-ville.

Pour vous rendre à la gare routière depuis le centre, prenez le bus indiqué "Central" (Calle Zaragoza), ou bien n'importe quel bus indiqué "TAQ" (pour Terminal de Autobuses de Querétaro) ou "Central" allant vers le sud, du côté est du parc de l'Alameda Hidalgo.

Environs de Querétaro

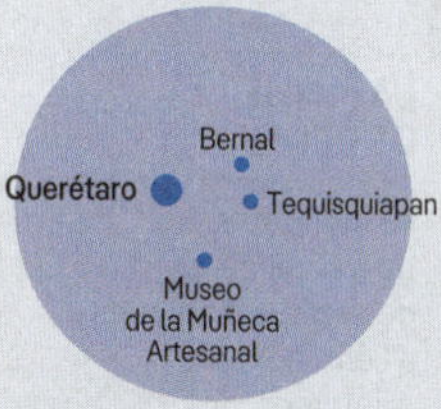

Les villages des alentours de Querétaro, centres agricoles ou villages otomís de la Sierra Gorda, montrent une tout autre facette de l'État que celle, très coloniale, de sa capitale.

L'État de Querétaro est réputé pour ses vins et ses fromages. Une bonne partie de son industrie viticole est centrée sur Tequisquiapan, petite ville à 63 km au sud-est de la capitale qui, à l'instar de Bernal, donne un bon aperçu de la vie provinciale. Quand on y passe une journée, le plaisir est de voir la vie s'y dérouler sous ses yeux. Le vendredi, les gens du coin viennent faire leurs courses, quand les touristes affluent plutôt le week-end.

Pour sortir des sentiers battus, visitez la Sierra Gorda, la région des Otomís, et notamment le village plein de cachet d'Amealco de Bonfil – ne serait-ce que pour découvrir la culture autochtone et les jolies poupées Lele qui font la réputation du village.

Pour les infos pratiques, voir le Carnet d'adresses p. 695

À SAVOIR

Le génial Mercado de la Cruz est idéal pour goûter la cuisine locale, notamment tacos et *gorditas* (tortillas de maïs repliées et garnies de fromage, de viande, ou autre).

Peña de Bernal (p. 680)

SANDORFOTOGRAFIA/SHUTTERSTOCK ©

Poupées (*muñecas*) Lele

Tequisquiapan et Bernal

DEUX VILLES MAGIQUES EN UN SEUL VOYAGE

Les deux jolies villes de Bernal et Tequisquiapan (té-kis-ki-*ap*-ann), qu'on visite facilement en un jour depuis Querétaro, sont au programme de beaucoup de voyageurs.

Surplombé par l'impressionnante **Peña de Bernal**, un énorme rocher haut de 350 m qui constitue le 3e plus grand monolithe du monde, le joli village de Bernal au style un peu vieillot n'a rien de particulier, mais il est plaisant. Il est connu dans la région pour ses fromages, ses confiseries et ses étals de cuisine de rue. La ville s'anime les week-ends quand les touristes mexicains s'y pressent. Venez en semaine si vous voulez profiter de l'atmosphère provinciale.

Bernal possède plusieurs jolies églises éparpillées dans sa vieille ville et El Castillo, un édifice construit au XVIe siècle pour le vice-roi. Pour mieux explorer les environs, adressez-vous à l'aimable personnel de l'agence La Peña Tours, qui propose tout un éventail de circuits, de même que des sessions d'escalade du monolithe de la Peña.

Plus à l'est, **Tequisquiapan** a toujours été un bourg agricole agréable, avec une superbe place à l'ombre d'une imposante église, des édifices coloniaux hauts en couleur et de très

LA MAGIE DE BERNAL

Le monolithe de Bernal aurait des vertus magiques ; à l'équinoxe de printemps, des milliers de pèlerins affluent vers le rocher pour absorber son énergie positive. Les visiteurs peuvent grimper jusqu'à mi-hauteur.

Bernal est aussi réputée pour ses excellentes *gorditas*, notamment celles aux *nopales en penca* (avec du nopal, un cactus comestible, et une sauce au fromage). Demandez qu'on vous indique le marché alimentaire. Pour faire des achats, allez au **Centro Artesanal La Aurora**, intéressante boutique d'*artesanías*, et un des derniers endroits où les tisserands utilisent des métiers traditionnels. Demandez l'autorisation d'aller les voir à l'œuvre dans l'atelier attenant.

OÙ SE RESTAURER À TEQUISQUIAPAN

Origens
Restaurant gastronomique en devenir. Bonne cuisine mexicano-méditerranéenne, belle cour décorée. **$$**

Camino a Bremen
Cadre sans aucune prétention, mais on y sert d'excellentes pizzas cuites au feu de bois et une *pasta* maison. **$$**

Los Agaves
Lieu qui vise la "grande cuisine mexicaine et internationale", et y parvient presque. **$$$**

bons marchés. Depuis peu, son atmosphère a quelque peu changé, à cause d'un afflux de touristes aisés. Restaurants chics et hôtels de charme ont vu le jour dans ses rues bordées de bougainvillées. L'endroit reste néanmoins charmant et délicieusement reposant. Les week-ends, la bourgade s'anime et les couples et familles flânent dans ses rues et admirent les étals d'artesanías (artisanat).

Amealco de Bonfil et les Muñecas Lele

POUPÉES DE TISSU ET MAMMOUTHS LAINEUX

Les voyageurs qui font l'heure et demie de trajet jusqu'à **Amealco de Bonfil** viennent surtout pour le petit mais intéressant **Museo de la Muñeca**. Des poupées du monde entier y sont exposées, ainsi que diverses versions de la Muñeca Lele qu'on trouve dans tout le pays.

La Muñeca Lele ("lele" signifie "bébé" en dialecte otomí) est une poupée colorée vêtue d'une robe traditionnelle, avec deux tresses et un diadème de rubans. Aujourd'hui, les Otomís d'Amealco, et plus spécifiquement de San Ildefonso Tultepec et de Santiago Mexquititlán, sont reconnus comme ses fabricants "officiels", peut-être à cause de leur grande production et d'un marketing volontaire. Chaque poupée demande plusieurs jours de travail ; vous aurez peut-être vu des femmes cousant et vendant ces poupées dans les rues de Querétaro.

Les fans de "Lele" voudront peut-être aller plus loin et apprendre comment fabriquer ces poupées. Le musée propose chaque samedi des ateliers où les artisans otomís viennent transmettre leurs techniques.

Quand vous n'aurez plus envie de jouer à la poupée, allez voir les fossiles de mammouths laineux exposés et passez par la jolie place centrale et par le marché, pour goûter à la cuisine locale.

Route des vins et des fromages

DÉGUSTER LES PRODUITS RÉGIONAUX

Si on peut visiter par soi-même les domaines viticoles et les fromageries de la région, un circuit organisé facilite la chose (et permet de déguster sans risque plusieurs vins). Un circuit d'une journée classique au départ de Querétaro ou de Tequisquiapan permet de visiter quelques *bodegas* (caves) et une fromagerie, avec une dégustation dans chacune, et de visiter rapidement Bernal. Depuis Querétaro, **Descubre Turismo** est un tour-opérateur sérieux qui propose des circuits en groupe. Mieux vaut réserver quelques jours à l'avance, les circuits privés étant

UNE POUPÉE PAS COMME LES AUTRES : LA MUÑECA LELE

Grâce à un marketing intelligent, la poupée de tissu appelée Muñeca Lele est devenue l'un des grands symboles de l'État de Querétaro. Ses origines sont mal connues. Certains pensent qu'elle dérive des poupées traditionnelles faites de terre cuite, de fibres de maïs et de palmier. D'autres disent qu'elle a été introduite ici par Guadalupe Rivera Marín, la fille du peintre Diego Rivera. Alors qu'elle dirigeait un programme social d'artisanat, elle aurait fait découvrir la fabrication de poupées aux femmes otomíes et mazahuas qui affluaient vers la capitale depuis divers États (Mexico, Michoacán, Querétaro et Guanajuato), en quête de travail.

QUEL(S) SOUVENIR(S) RAPPORTER D' AMEALCO DE BONFIL

Poupées Lele
Il y en a de toutes les tailles, des géantes à celles assez petites pour servir de porte-clés.

Panchito
La version masculine de la Lele, Panchito, porte un bandana et un chapeau de cow-boy.

Poterie artisanale
On trouve au marché toutes sortes de poteries, pour le jardin notamment.

PAROLE D'HABITANT : 3 ENDROITS SECRETS À VISITER DANS LA RÉGION

Mariana Álvarez Díaz Barriga, gérante de Descubre Turismo, tour-opérateur local.

Le Cañon del Caracol, Maconí
Une randonnée géniale de 3 heures dans une gorge étroite, avec d'incroyables formations rocheuses dont une en forme d'escargot. Réservée aux plus aventureux.

La Casita Ecológica, Jalpan
Un jolie *cabaña* en matériaux écologiques ; on est totalement déconnecté du "monde", mais connecté à la nature.

Une pulquería à Amealco de Bonfil
Amealco perpétue la tradition du *pulque*. La Pulquería Don Federico propose des dégustations et explique son histoire et son origine.

Vignes près de Tequisquiapan

un peu plus chers. Il est possible de visiter la fromagerie de Bocanegra, par exemple, ainsi que des domaines viticoles haut de gamme, le tout avec de très bonnes explications (en anglais).

Si vous ne voulez pas d'un circuit, demandez à l'office du tourisme de Tequisquiapan quelles sont les bodegas ouvertes à la visite. L'une des plus pratiques, qui est aussi l'une des plus importantes du pays, est la **Finca Sala Vivé**, propriété de **Freixenet México**. Les visites sont fréquentes (en anglais) et comprennent un coup d'œil aux caves et surtout une dégustation.

Il y a aussi des circuits au départ de Tequisquiapan. **Viajes y Enoturismo** est une agence sérieuse, spécialisée dans les circuits autour du vin et du fromage, qui propose d'intéressantes visites à Tequisquiapan et dans ses environs. Les prix sont un peu plus élevés que ceux au départ de Querétaro.

COMMENT CIRCULER

Des bus Flecha Amarilla desservent régulièrement Tequisquiapan (1 heure 30) et Bernal (1 heure) depuis la gare routière centrale de Querétaro. Aller de Bernal à Tequisquiapan est plus compliqué, mais faisable : il faut changer à Ezequiel Montes. Les bus Amealcenses relient Querétaro à Amealco. Pour vous rendre ailleurs ou vous arrêter en chemin, mieux vaut être motorisé.

RESERVA DE LA BIOSFERA SIERRA GORDA

Le meilleur moyen de découvrir le Mexique hors des sentiers battus est de visiter la luxuriante Reserva de la Biosfera Sierra Gorda. Connue comme le "joyau vert" du centre du pays, elle se situe dans la chaîne montagneuse de la Sierra Madre Oriental et couvre près d'un tiers de l'État de Querétaro. Nulle autre région protégée du pays ne possède une telle biodiversité. Ses étendues sauvages forment un patchwork de forêts de nuages ancestrales, de semi-déserts et de forêts tropicales.

Étonnamment, on trouve aussi dans la Sierra Gorda cinq missions franciscaines du XVIIIe siècle, que l'on peut visiter en une (longue) journée. Les églises restaurées sont notables pour leurs façades colorées et leurs statues, interprétations symboliques, fascinantes et superbes des peuples autochtones qui les sculptèrent.

Ces dernières années, de nombreuses communautés rurales de la Sierra Gorda ont mis en place des projets écotouristiques, permettant désormais aux voyageurs de découvrir cette magnifique région.

Pour les infos pratiques, voir le Carnet d'adresses p. 696

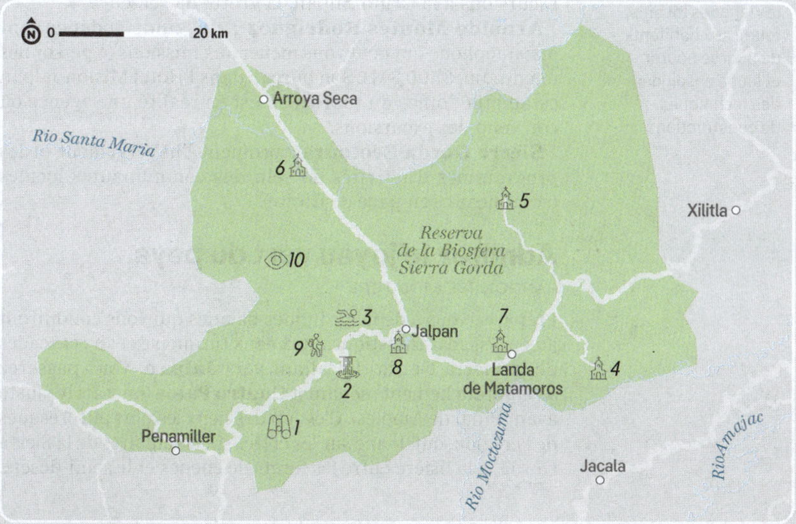

Cuatro Palos

VOIR

1 Cuatro Palos
2 El Chuveje
3 Las Adjuntas
4 Misión Francisca del Valle de Tilaco
5 Misión Nuestra Señora
6 Misión San Miguel Concá
7 Misión Santa María del Agua de Landa
8 Misión Santiago Apóstol de Jalpan
9 Puente de Dios
10 Sótano del Barro

INFLUENCE RELIGIEUSE

Jusqu'à l'arrivée des Franciscains, les peuples autochtones – Huastèques, Chichimèques, Jonaz et Pames – avaient résisté aux conquérants et aux missionnaires qui avaient tenté de coloniser et d'évangéliser la région. Pour le meilleur ou pour le pire, l'influence de Fray Junípero Serra a été capitale. Que les conversions des populations locales au catholicisme aient été forcées (comme beaucoup l'affirment) ou non, on dit qu'il a appris les langues locales, fourni aux habitants de quoi se nourrir et leur a enseigné des techniques de construction.

Les missions de la Sierra Gorda

MISSIONS, ART INDIGÈNE ET CULTURES D'UNE GRANDE RICHESSE

Au milieu du XVIIIe siècle, on édifia sous la direction d'un moine franciscain, Fray Junípero Serra, cinq missions dans la Sierra Gorda : **Santiago Apóstol de Jalpan** (la première, bâtie entre 1751 et 1758), **Nuestra Señora de la Luz de Tancoyol**, **Santa María del Agua de Landa**, **San Francisco del Valle de Tilaco**, et **San Miguel Concá**.

Ces cinq missions ont la même architecture baroque et suivent un plan en croix avec un atrium, un portail, des chapelles de procession et un cloître. Le but des missionnaires était d'enseigner l'histoire biblique à l'aide d'images et de statues ; les autochtones taillèrent dans la pierre leurs propres représentations de l'iconographie religieuse : visages d'anges, de saints et de vierges très expressifs, mais aussi faune et flore de la Sierra, jaguars, lapins et, bien sûr, l'aigle à deux têtes, l'animal symbole du Mexique.

Si vous êtes motorisé, vous pouvez visiter ces missions à votre gré. Comptez une journée pour les voir toutes. Sinon, profitez des circuits proposés par :

Aventúrate : emploie de jeunes guides passionnés qui vous conduiront aux missions, au Río Escanela (pour Puente de Dios), aux chutes d'El Chuveje, au Sotano de Barro, à Las Pozas et autres sites. C'est également le seul qui organise des excursions à la Gruta Jalpan, la grotte du secteur.

Arnoldo Montes Rodríguez : un guide indépendant hispanophone qui peut vous mener aux missions (4 personnes maximum, 3 500 $M). Son bureau dans l'Hotel Misión Jalpan estampillé "office du tourisme", est en réalité une agence où l'on vend des excursions.

Sierra Gorda Ecotours : promeut l'hébergement et les programmes d'activités au sein des communautés locales (voir encadré en page de droite).

Admirez le joyau vert du pays

RANDONNÉE ET NATURE

Préparez-vous à de magnifiques balades qui vous conduiront aux paysages fantastiques, aux eaux turquoise et aux cascades de la Sierra Gorda. En allant vers **Jalpan**, vous passerez à l'embranchement menant à **Cuatro Palos** (on y arrive juste avant Pinal de Amoles). C'est un des lieux les plus pittoresques de la région, qui donne sur les crêtes spectaculaires de la Sierra Gorda, à la lisière entre les forêts de chênes et le semi-désert.

OÙ SE LOGER DANS LA SIERRA GORDA

Éco-cabañas
Découvrez ces options écoresponsables partenaires de Sierra Gorda Ecotours. **$$**

Hotel Misión Jalpan
Belle adresse dans le centre de Jalpan ; jardins enchanteurs, bon restaurant et chambres confortables. **$$**

Cabañas Sierra Gorda
Simple, charmant, parfait pour les petits budgets, à 15 min à pied du centre de Jalpan, près de la *presa* (retenue d'eau). **$$**

El Chuveje

On pourra profiter de l'eau à **El Chuveje**, au bout d'une balade facile de 20 minutes depuis le parking principal. C'est une très belle cascade haute de 30 m, avec de jolis *alamos* (peupliers noirs) offrant de l'ombre à proximité.

Le **Puente de Dios** offre une randonnée superbe, mais un peu exigeante, de 3 heures 30 (aller-retour) le long du **Río Escanela** ; le tarif de 120 $M comprend un guide pour 1-4 personnes.

À 30 km seulement au nord de Jalpan (45 minutes de route), **Las Adjuntas** est au confluent de deux rivières : l'Ayutla et la Santa María. Sur les rives rocheuses de l'Ayutla, il y a de bons bassins naturels (l'eau est froide). La Santa María est moins fraîche et moins profonde. On peut s'y baigner si les conditions sont bonnes.

Une rude marche conduit au **Sótano del Barro**, le second gouffre naturel du monde par sa profondeur (410 m). Pour voir sortir de la grotte les *guacamayas verdes* (aras verts) qui y nichent, il faut partir en pleine nuit et arriver sur place à l'aube. Sinon, vous pouvez camper au seul hébergement de la région, une *cabaña* basique mais confortable.

SIERRA GORDA ECOTOURS

Sierra Gorda Ecotours est le principal organisme touristique de la région. Membre de l'Alliance pour la préservation de la Sierra Gorda, le groupement d'associations locales visant à protéger la réserve de biosphère de la Sierra Gorda, ses circuits écoresponsables soutiennent et recensent tous les projets locaux, notamment les hébergements (confortables écolodges, éco-*cabañas*, en principe), les lieux où se restaurer (petits restaurants, stands) et les endroits à visiter. Son site Internet est très utile pour s'organiser. Réservez suffisamment à l'avance.

COMMENT CIRCULER

Il peut être difficile de se déplacer dans cette région isolée. Pour visiter les missions, le plus simple est de passer par un circuit organisé avec un guide local (depuis Jalpan ou Querétaro) ; pour aller voir les cascades et profiter d'autres sites naturels, mieux vaut être motorisé. Pour Jalpan, il y a des bus quotidiens depuis/vers Querétaro, Xilitla ainsi que Ciudad Valles.

ZACATECAS

Classée au patrimoine mondial de l'Unesco, la fascinante ville de Zacatecas est la plus septentrionale des cités argentifères du Mexique. Elle s'étend à travers une vallée étroite dominée par une imposante colline escarpée. Son centre historique, où se dressent d'opulents édifices coloniaux, une remarquable cathédrale et des ruelles tortueuses et pleines de charme, mérite bien qu'on y passe deux jours.

Si vous aimez l'art, vous y trouverez votre bonheur : de l'art populaire à l'art abstrait en passant par des collections d'objets anciens d'une valeur inestimable, la ville regorge d'excellents musées et de très bonnes galeries. Après avoir admiré des Picasso et des Dalí, gagnez les hauteurs de la ville en empruntant le téléphérique jusqu'à l'impressionnante formation rocheuse du Cerro de la Bufa, ou enfoncez-vous dans les profondeurs de la Terre en visitant la célèbre mine Edén, un triste rappel du passé colonial cruel de la ville.

Pour les infos pratiques, voir le Carnet d'adresses p. 696

À SAVOIR

Zacatecas et les villages alentour, dont Jerez, sont au cœur de violences entre cartels de la drogue. Les meurtres y sont fréquents. Si la violence ne vise en général pas les visiteurs, les ambassades déconseillent à leurs ressortissants de fréquenter la région et la ville. Consultez les dernières recommandations avant de vous y rendre.

Zacatecas

INCONTOURNABLES
Museo del Arte Abstracto
Manuel Felguérez
(voir carte p. 688)
Museo Pedro Coronel
(voir carte p. 688)

Mina El Edén, La Bufa et Guadalupe

GRANDEUR ET DÉCADENCE DE ZACATECAS

Visiter ce qui fut l'une des mines les plus riches du Mexique (exploitée de 1586 jusqu'aux années 1960) permet de comprendre les raisons de la prospérité de la région et le prix terrible payé par la population indienne. Réduits en esclavage, les Zacatecos exploitaient les filons d'argent, d'or, de fer, de cuivre et de zinc dans des conditions inhumaines. À une époque, jusqu'à 5 mineurs mouraient chaque jour, victimes d'accidents ou de maladies telles que la silicose ou la tuberculose.

Aujourd'hui, l'expérience est différente : un train miniature vous conduit dans les entrailles du **Cerro del Grillo**, le long d'une voie étroite longue de 540 m. Les guides vous emmènent ensuite 350 m plus loin, passant par des puits inondés

MUSEO DE GUADALUPE

Guadalupe, à 7 km de Zacatecas, vaut bien une visite. Ce village s'enorgueillit d'un admirable monastère, fondé au début du XVIIe siècle, qui abrite aujourd'hui l'excellent **Museo de Guadalupe**. Le musée du couvent recèle l'une des meilleures collections d'art colonial du Mexique. On peut aussi visiter la bibliothèque et ses 9000 volumes originaux datant de 1529.

OÙ PRENDRE UN VERRE À ZACATECAS

Cantina Las Quince Letras
Ouverte en 1906, cette institution, souvent bondée, expose des œuvres d'artistes connus. **$$**

Mina Club
Faites la fête dans les tunnels de la Mina El Edén (jeu-sam). L'entrée se fait par le Socavón La Esperanza, Calle Dovalí. **$$**

Bar Quinta Real
On n'a pas souvent l'occasion de prendre un cocktail face à une arène du XVIIe siècle... **$$$**

BALADE ARTISTIQUE DE GRANDE CLASSE

Commencez au nord par l'incontournable **1 Museo Rafael Coronel**, installé dans les ruines de **2** l'**ExConvento de San Francisco** (XVIe siècle). La collection incroyable de masques et d'art folklorique mexicain vient de Rafael Coronel, artiste né à Zacatecas et gendre de Diego Rivera. Passez à l'art abstrait au **3 Museo del Arte Abstracto Manuel Felguérez**, où l'on peut admirer une splendide collection de peintures et de sculptures, notamment les œuvres de Manuel Felguérez, lui aussi originaire de la ville.

Revenez dans le centre, sur la **4 Plazuela de Santo Domingo** et dirigez-vous au **5 Museo Pedro Coronel**, l'un des plus beaux musées provinciaux du pays. Installée dans un ancien collège jésuite du XVIIe siècle, il possède des œuvres du XXe siècle signées Picasso, Rouault, Dalí, Goya et Miró, ainsi que des masques et autres antiquités préhispaniques.

Au sud-est, vous trouverez la principale **6 catedral** de Zacatecas. Bâtie entre 1729 et 1752, en grès rose, c'est l'expression ultime du baroque mexicain. Son maître autel, œuvre du célèbre artiste mexicain Javier Marín, s'orne de dix grandes statues de bronze et d'une représentation du Christ, disposées dans un décor de blocs dorés.

Marchez cinq minutes vers l'ouest jusqu'au **7 Museo Zacatecano**, musée contemporain exposant des œuvres religieuses du XIXe siècle et des sujets *zacatecanos*, dans l'ancien Hôtel des Monnaies. Ne manquez pas la partie consacrée à l'art huichol.

Enfin, tout au sud, dans le Parque Sierra de Alica, donnant sur un bel aqueduc, le **8 Museo Francisco Goitia** présente des œuvres d'artistes *zacatecanos* du XXe siècle.

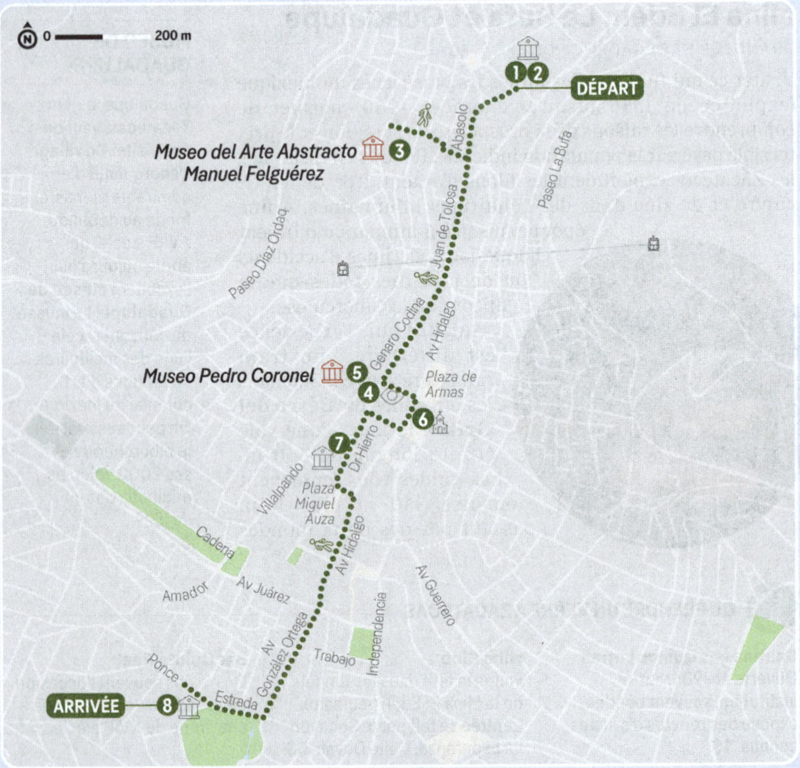

Téléphérique du Cerro de la Bufa

et traversant des bassins souterrains. Des enregistrements sonores évoquent la mine en activité, et on passe par une salle où sont exposés roches et poissons fossiles du monde entier, ainsi qu'une petite météorite et des pépites d'or et d'argent à l'état naturel. Il fait froid dans la mine, emportez un blouson.

Pour ceux qui préfèrent l'altitude, on peut grimper (ou prendre le téléphérique) jusqu'au **Cerro de la Bufa**, l'imposante colline qui offre une belle vue sur la ville. On y trouve le **Museo Toma de Zacatecas**, rappelant la bataille livrée en 1914 sur ses pentes par les révolutionnaires Pancho Villa et Felipe Ángeles contre les troupes du président Victoriano Huerta. Le musée, adapté aux enfants, est une merveille de technologie : fantômes qui prennent la parole, véritables extraits filmés de la bataille et nombreux autres contenus interactifs.

En haut de la colline, vous pourrez aussi visiter la **Capilla de la Virgen del Patrocinio**, et contempler les 3 statues équestres imposantes célébrant les vainqueurs de la bataille de Zacatecas, Villa, Ángeles et Pánfilo Natera, juste en face. Un autre sentier, qui part à droite des statues, longe la base du sommet jusqu'au **Mausoleo de los Hombres Ilustres de Zacatecas**, abritant les tombes des héros de la ville depuis 1841.

LAS MORISMAS DE BRACHO

Las Morismas de Bracho sont trois jours de festivités et de théâtre qui ont lieu à Zacatecas, le dernier week-end d'août. Cette fête religieuse donne lieu à une reconstitution spectaculaire des combats qui opposèrent les chrétiens aux maures, de la décapitation de Jean le Baptiste par Hérode aux batailles de Charlemagne, en passant par la bataille de Lépante (1571), victoire navale décisive des États chrétiens sur les Ottomans.

Deux "armées" rivales – environ 10 000 participants issus du *barrio* (quartier) de Bracho – défilent dans les rues le matin. Accompagnées de groupes de musiciens, elles se livrent ensuite une bataille simulée en deux phases, entre Lomas de Bracho et le Cerro de la Bufa.

COMMENT CIRCULER

Nul besoin de voiture à Zacatecas, la ville est faite pour les piétons. Le *teleférico* vous mènera à La Bufa. La gare routière principale, Central de Autobuses Zacatecas, aisément accessible en taxi à 3 km au sud-ouest du centre, est le point de départ et d'arrivée des bus Deluxe, de 1re et de 2e classe.

Carnet d'adresses

À faire
Se restaurer
Prendre un verre
Shopping
Se loger
Sortir

GUANAJUATO

Alhóndiga de Granaditas
Voir p. 651 (473 732 1112 ; sic.cultura.gob.mx/ficha.php?table=museo&table_id=1004/ ; Calle Mendizábal 6 ; adulte/enfant 65 $M/gratuit, entrée libre le dimanche ; 10h-18 mar-sam, 10h-15 dim)

Basílica de Nuestra Señora de Guanajuato
Voir p. 649 (473 732 0314 ; Calle Ponciano Aguilar 7)

Museo de las Momias
Voir p. 650 (473 732 0639 ; www.momiasdeguanajuato.gob.mx ; Explanada del Panteón Municipal s/n ; tarif plein/réduit 97/56 $M ; 9h30-18h lun-jeu, 9h-18h30 ven-dim)

Museo del Pueblo de Guanajuato
Voir p. 650 (473 732 2990 ; sic.gob.mx/ficha.php?table=museo&table_id=630 ; Positos 7 ; tarif plein/réduit 25/10 $M ; 10h-19h mar-sam, 10h-15h dim)

Museo Iconográfico del Quijote
Voir p. 651 (473 732 6721 ; museoiconografico.guanajuato.gob.mx ; Manuel Doblado 2 ; tarif plein/réduit 30/10 $, entrée libre le mardi ; 9h30-19h mar-sam, 12-17h)

Museo y Casa de Diego Rivera
Voir p. 650 (473 732 1197 ; sic.cultura.gob.mx/ficha.php?table=museo&table_id=621 ; Positos 47 ; tarif plein/réduit 30/10 $M ; 10h-19h mar-sam, 10h-15h dim)

Teatro Juárez
Voir p. 649 (473 732 01 83 ; sic.cultura.gob.mx/ficha.php?table=teatro&table_id=386 ; Sopeña 10)

Templo de la Compañía de Jesús
Voir p. 650 (473 732 1827 ; guanajuato.oratorio.mx/compania ; Calle del Sol 16)

Templo de San Cayetano Confesor
Voir p. 649 (473 732 3596 ; sites.google.com/view/rectoria-san-cayetano/inicio ; Carretera Guanajuato-Dolores Hidalgo, km 1,5.)

Universidad de Guanajuato
Voir p. 650 (473 732 0006 ; www.ugto.mx ; Calle Pedro Lascurain de Retana 5)

Casa Mercedes
Voir p. 649 (473 733 9059 ; www.casamercedes.com.mx ; Calle de Arriba 6 ; 14h-22h mar-sam, 14h-18h dim)

Mestizo
Voir p. 649 (473 732 0612 ; www.facebook.com/profile.php?id=100063798234178 ; Positos 69 ; 13h-22h mar-jeu, 9H-22h ven-sam, 13h-18 dim)

Antigua Trece
Voir p. 650 (473 690 7447 ; antiguatrece.com ; Antigua Plaza de Gallos 13)

Bartola, El Rector
Voir p. 650 (473 690 1512 ; www.instagram.com/bartolaskybar ; Positos 33 ; 14h-23h lun-sam, 13h-22h dim)

Café Tal
Voir p. 649 (473 732 6212 ; www.cafe-tal.com.mx ; Temescuitate 14 ; 7h-22h lun-ven, 8h-22h sam-dim)

La Notaría
Voir p. 650 (473 102 8843 ; la-notaria-terraza-bar.negocio.site ; Sopeña 5 ; 8h-23h lun-jeu, 8h-0h ven-dim)

Festival Cervantino
Voir p. 651 (festivalcervantino.gob.mx)

Guanajuato International Film Festival
Voir p. 648 (giff.mx)

Mercado Hidalgo
Voir p. 649 (Av Benito Juárez Mercado ; 8h-19h tlj)

ENVIRONS DE GUANAJUATO

Museo Bicentenario
Voir p. 653 (418 182 0801 ; sic.cultura.gob.mx/ficha.php?table=museo&table_id=152 ; Calle Zacatecas s/n, Dolores Hidalgo ; tarif plein/réduit 20/10 $M ; 10h-17h lun-sam, 10h-15h dim)

Museo de la Independencia Nacional
Voir p. 653 (418 182 8277 ; sic.cultura.gob.mx/ficha.php?table=museo&table_id=197 ; Zacatecas 6, Dolores Hidalgo ; tarif plein/réduit 20/10 $M, entrée libre le dimanche ; 9h-16h lun-sam, 9h-15h dim)

Museo de Sitio Casa de Hidalgo
Voir p. 653 (418 182 0171 ; sic.cultura.gob.mx/ficha.php?table=museo&table_id=195 ;

angle Calle Morelos 1 et Hidalgo, Dolores Hidalgo ; adulte/-13 ans 65 $M/gratuit ; ⏲9h-17h45 mar-sam, 9h-16h45 dim)

Museo del Vino de Guanajuato
Voir p. 653 (☎418 688 0154 ; www.museodelvinodeguanajuato.com.mx ; Hidalgo 12, Dolores Hidalgo ; ⏲12h-17h jeu-dim)

Museo José Alfredo Jiménez
Voir p. 653 (☎418 154 4070 ; sic.cultura.gob.mx/ficha.php?table=museo&table_id=1373 ; Guanajuato 13, Dolores Hidalgo ; tarif plein/étudiant/enfant 7-12 ans 40/20/20 $M ; ⏲11h-16h mer-lun)

Cuna de Tierra
Voir p. 653 (☎418 688 0078 ; www.cunadetierra.com ; Carretera Dolores Hidalgo - San Luis de la Paz km 11,5, Rancho el Rosillo, Dolores Hidalgo Cuna de la Independencia Nacional ; ⏲ 10h-19h lun-sam)

Cantina Bar El Faro
Voir p. 653 (☎418 182 0365 ; Yucatán 9, Dolores Hidalgo ; ⏲9h-22h tlj)

Cantina La Hiedra
Voir p. 653 (☎418 170 2432 ; www.instagram.com/cantina_lahiedra ; angle Jalisco et Tabasco 31 A, Dolores Hidalgo ; ⏲8h-22h lun-sam, 8h-17h dim)

Damónica
Voir p. 653 (☎418 182 4587 ; www.restaurantedamonica.com ; Calle Hidalgo 12, Dolores Hidalgo ; ⏲ 12h-20h jeu-dim)

Helados El More
Voir p. 654 (www.facebook.com/LaNievedelosFamosos1943 ; Principal 1810, Dolores Hidalgo)

La Flor de Dolores
Voir p. 654 (☎418 182 7915 ; www.instagram.com/laflordedolores ; Av Guanajuato 3, Dolores Hidalgo)

CRAIG LOVELL/GETTY IMAGES ©

El Charco del Ingenio, San Miguel de Allende

Talavera JMB
Voir p. 654 (☎418 182 0749 ; jmbtalavera.com.mx ; angle Puebla 60 et calle Tamaulipas, Dolores Hidalgo ; ⏲10h-18h lun-ven, 10h-16h sam, 11h-15h dim)

Talavera Vazquez
Voir p. 654 (☎418 182 2914 ; vazquezpottery.com ; Puebla Street 58, Dolores Hidalgo)

SAN MIGUEL DE ALLENDE

Centro Cultural Ignacio Ramirez "El Nigromante"
Voir p. 656 (☎415 152 0289 ; elnigromante.inba.gob.mx ; Dr. Hernandez Macias 75 ; ⏲10h-18h lun-sam, 10h-14h dim)

El Charco del Ingenio
Voir p. 657 (☎415 103 8090 ; elcharco.org.mx ; Paloma s/n ; tarif plein 50 $M ; ⏲9h-17h tlj)

La Esquina: Museo del Juguete Popular Mexicano
Voir p. 657 (☎415 152 2602 ; museolaesquina.mx ; Núñez 40 ; tarif plein/réduit 80/40 $M ; ⏲10h-18h mar-sam, 11h-16h dim)

La Fábrica La Aurora
Voir p. 658 (☎415 152 1312 ; elcharco.org.mx ; Calzada de la Aurora s/n ; ⏲10h-18h tlj sf dim 10h-17h)

Museo Histórico Casa de Allende
Voir p. 656 (☎415 152 2499 ; sic.gob.mx/ficha.php?table=museo&table_id=756 ; Cuna de Allende 1 ; tarif plein 65 $M, entrée libre étudiant et -13 ans ; ⏲9h-17h mar-dim)

Teatro Ángela Peralta
Voir p. 656 (☎415 152 2200 ; sic.gob.mx/ficha.php?table=teatro&table_id=232 ; Mesones 82)

Antigua Capilla
Voir p. 656 (☎415 152 4048 ; www.accommodationssanmiguel.com ; Callejon de Chepito 16)

Casa Maricela
Voir p. 656 (☎415 152 6631 ; casamaricela-bnb.com ; Jesús 41)

Posada Corazón
Voir p. 656 (☎415 152 0182 ; www.instagram.com/posada.corazon ; Aldama 9)

Don Taco Tequila
Voir p. 657 (☎415 154 9608 ; www.facebook.com/DonTacoTequila ;

Dr. Ignacio Hernandez Macias 83 ; 14h-22h dim-jeu, 14h-23h ven-sam)

La Cabra Iluminada
Voir p. 657 (www.instagram.com/lacabrailuminada ; Hidalgo 13 ; 9h-16h tlj)

La Raíz de la Tierra
Voir p. 657 (415 688 6832 ; www.laraizdelatierra.com ; Cuadrante 5 ; 9h-17h lun-sam, 8h30-16h dim)

La Azotea
Voir p. 656 (415 152 8265 ; www.facebook.com/pages/La-Azotea/178942275484147 ; Umarán 6 ; 15h-22h30 lun-mar, 13h-22h30 mer-jeu, 8h-22h30 ven-sam)

Bekeb
Voir p. 656 (415 688 1355 ; www.bekebsma.com ; Mesones 14 ; 14h-22h30 mer-lun)

Fátima Rooftop
Voir p. 656 (415 140 4431 ; casablanca7.com/fatima-7-cafe-casablanca-7 ; Juárez 7 ; 12h-22h mar, jeu, sam)

Luna Rooftop Tapas Bar
Voir p. 656 (415 152 9700 ; www.rosewoodhotels.com/en/san-miguel-de-allende/dining/luna-rooftop ; Nemesio Diez 11 ; 14h-23h lun, 12h-23h mar-dim)

Quince
Voir p. 656 (www.quincesma.com ; Cuna de Allende 15 ; 13h-23h lun-jeu, 13h-0h ven, 10h-0h sam, 10h-22h dim)

Mercado de San Juan de Dios
Voir p. 658 (San Rafael 7 ; 8h-18h tlj)

Mercado Ignacio Ramírez
Voir p. 658 (415 154 4011 ; www.facebook.com/MercadoIgnacio-RamirezSanMigueldeAllende ; Calle Colegio s/n ; 7h-19h tlj)

ENVIRONS DE SAN MIGUEL DE ALLENDE

Cañada de la Virgen
Voir p. 662 (473 10 22 700 ; cultura.guanajuato.gob.mx/index.php/canada-de-la-virgen ; Carretera San Miguel de Allende km 10 ; tarif plein/réduit 70/20 $M ; 10h-18h mar-dim)

Rancho Lavanda
Voir p. 661 (468 680 2964 ; Carretera San Luis de la Paz-Pozos km 6,5, Mineral de Pozos ; 8h-18h lun-sam)

Bici Burro
Voir p. 661 (415 152 1526 ; Hospicio 1, San Miguel de Allende ; 8h-18h lun-sam)

Cinco Señores
Voir p. 660 (468 106 0758 ; www.facebook.com/people/Operadora-Turística-5-Señores ; Aldama 10, Mineral de Pozos)

Coyote Canyon Adventures
Voir p. 663 (415 154 4193 ; www.coyotecanyonadventures.com ; Zacateros 56-A, San Miguel de Allende ; 9h-19h tlj sf dim 9h-16h)

Cuna De Tierra
Voir p. 663 (Voir *Environs de Guanarato* p. 690)

Dos Bujos
Voir p. 663 (415 124 7583 ; www.dosbuhos.com/wine-tour ; Carretera Querétaro – San Miguel de Allende km 6 ; dégustation 4 vins avec visite guidée adulte/sans alcool/enfant 550/200/100 $M ; 11h-16h mar-dim)

Escondido Place
Voir p. 661 (415 185 2022 ; www.escondidoplace.com/aguas-termales-san-miguel-de-allende ; Carretera San Miguel de Allende - Dolores Hidalgo km 10 ; 8h-17h30 tlj)

Follow Me Tours
Voir p. 663 (415 121 3300 ; mtours.mx ; Relox 84, San Miguel de Allende)

La Gruta
Voir p. 661 (415 185 2162 ; lagruta-spa.com.mx ; Av Dolores Hidalgo km 10, El Cortijo ; tarif plein 250 $M ; 7h-17h mer-dim)

Mayan Baths
Voir p. 661 (415 101 0045 ; www.mayanbaths.com ; Camino Hacia Xote A solo ; 10h-19h sam-dim)

Globo San Miguel
Voir p. 663 (415 114 2174 ; www.globosanmiguel.com/hot-air-balloon-rides ; Mesones 74, San Miguel de Allende)

Rancho Xolotar
Voir p. 663 (415 105 2622 ; www.xotolarranch.com)

San Lucas
Voir p. 663 (415 688 2210 ; www.vinedossanlucas.com/san_lucas ; Carretera Querétaro – San Miguel de Allende km 6,2 ; visite 1h 790 $M ; 10h, 11h30, 13h, 14h30, 16h, 17h30, 19h ven-sam)

Xote
Voir p. 661 (415 155 8330 ; www.xote.com.mx ; Carretera San Miguel A Dolores Hidalgo km 5,5 Xote ; adulte/enfant 250/125 $M ; 10h-17h30 tlj)

El Secreto de Pozos
Voir p. 660 (442 620 6032 ; www.facebook.com/ElSecretoPozos ; Jardin principal 4 A, Mineral de Pozos)

El Vergel
Voir p. 662 (415 110 2254 ; elvergelsanmiguel.com ; Camino la Alborada 17, Predio la Alborada, San Miguel de Allende ; 9h-18h mar-dim)

Hotel Boutique Casa Diamante
Voir p. 660 (468 180 5364 ; www.facebook.com/Casadiamantehotelboutique ; Juana Lucio 309, Mineral de Pozos)

Los Senderos
Voir p. 662 (415 152 8411 ; vallelossenderos.com ; Carretera Dolores Hidalgo km 3,5, San Miguel de Allende)

Nirvana
Voir p. 662 (☎ 415 185 2194 ; hotelnirvana.mx ; Calle Antigua par del Ferrocarril 21, Atotonilco ; 12h-21h30 lun-sam, 12h-19h30 dim)

Posada de las Minas
Voir p. 660 (☎ 442 293 0213 ; hotelposadadelasminas.com.mx ; Calle Manuel Doblado 1, Mineral de Pozos)

Ki'bok
Voir p. 661 (☎ 415 121 5267 ; www.facebook.com/Kiboksma ; angle Diez de Sollano et Dávalos 25 ; 8h-19h tlj)

Lavanda
Voir p. 661 (www.instagram.com/lavanda_cafe ; Loreto 48A, San Miguel de Allende ; 8h30-18h lun-sam sf mar 8h30-16h, dim café jusqu'à 16h)

Zenteno
Voir p. 661 (☎ 415 150 0135 ; mandamemicafe.wixsite.com/cafe-zenteno ; Calle del Dr Ignacio Hernandez Macias 136, San Miguel de Allende ; 8h-16h30 lun-mar, 8h30-19h mer-sam, 9h-16h30 dim)

SAN LUIS POTOSÍ

Centro de las Artes Centenario
Voir p. 667 (☎ 444 137 4100 ; www.ceartslp.gob.mx ; Calzada de Guadalupe 705 ; 10h-18h mar-jeu, 11h-18h ven-dim)

Museo de Arte Contemporáneo (MAC)
Voir p. 667 (☎ 444 814 4363 ; macsanluispotosi.com ; Calle Morelos 235 ; tarif plein/réduit 20/10 $M, entrée libre : -5 ans, mar-sam 16-18h et dim ; 10h-18h mar-sam, 10h-14h dim)

Museo del Virreinato
Voir p. 667 (☎ 444 814 0994 ; www.facebook.com/museodelvirreinato ; Villerias 115 ; tarif 15 $M ; 11h-20h mar-sam, 11h-18h sim)

ELENI MAVRANDONI/SHUTTERSTOCK ©

Museo Federico Silva, San Luis Potosí

Museo Federico Silva
Voir p. 667 (☎ 444 812 3751 ; www.museofedericosilva.org ; Álvaro Obregón 80 ; tarif plein/réduit 30/15 $M ; 10h-18h lun-sam sf mardi fermé, 10h-14h dim)

Museo Leonora Carrington
Voir p. 667 (☎ 444 137 4100 ; www.leonoracarringtonmuseo.org/slp ; Calzada de Guadalupe 705 ; tarif plein/réduit 55/27,50 $M, entrée libre -10 ans et le mercredi ; 10h-18h mar-dim)

Museo Nacional de la Máscara
Voir p. 667 (☎ 444 812 3025 ; museodelamascaráslp.org ; Villerías 2 ; tarif plein/réduit 20/10 $M ; entrée libre le mardi ; 10h-21h lun, mer-ven , 10h-20h mar, 10h-19h dim)

Museo Regional Potosino
Voir p. 666 (☎ 444 812 0358 ; www.inah.gob.mx/museos/museo-regional-potosino ; Plaza de Aranzazú s/n, angle Galeana et Independencia ; tarif plein 70 $M ; entrée libre étudiant et -13 ans ; 9h-18h mar-dim)

Sectur
Voir p. 664 (☎ 481 385 1551 ; visitasanluispotosi.com ; Manuel José Othón 516)

Teatro de la Paz
Voir p. 667 (☎ 444 814 1075 ; www.facebook.com/TeatrodelaPazSanLuisP ; Villerías 205)

City Centro
Voir p. 666 (☎ 444 804 2280 ; www.marriott.com/en-us/hotels/slpcl-city-centro-san-luis-potosi ; Calle Ignacio Aldama 405)

Gran Hotel Concordia
Voir p. 666 (☎ 558 873 8770 ; www.granhotelconcordia.com.mx ; Calle Morelos 705)

Hotel Museo Palacio de San Agustín
Voir p. 666 (☎ 444 144 1900 ; www.palaciodesanagustin.com ; Galeana 240)

Cafe Cortáo
Voir p. 666 (☎ 444 128 8172 ; www.facebook.com/cafecortaoslp ; Calle Independencia 1150 ; 8h30-21h lun-ven, 9h30-21h sam)

Chau Resto
Voir p. 666 (☎ 444 844 7120 ; chau-restaurant.negocio.site ;

Agustín de Iturbide 913 ; 8h30-20h30 lun, 8h30-21h mer-jeu, 8h30-0h ven, 9h30-0h sam, 10h-18h dim)

Croque La Vie
Voir p. 666 (444 123 4391 ; www.facebook.com/croquelavieslp ; Av Universidad 260 ; 9h-22h mar-sam, 10h-20h dim)

La Histórica Cantina de Autor
Voir p. 666 (444 555 8382 ; lahistoricarestaurante.com ; Av Damián Carmona 8 ; 12h-1h lun-sam 12h-18h dim)

La Piquería Mezcalería
Voir p. 666 (444 575 4852 ; www.facebook.com/lapiqueriamezcaleria ; Calle Independencia 1190 ; 13h30-0h mar-mer, 13h30-2h jeu-sam, 13h30-22h dim)

Papalote Guateque & La Oruga y La Cebada
Voir p. 666 (444 334 5736 ; papaloteguateque.com ; Av Universidad 169 ; 12h-1h mar-sam, 12h-0h dim-lun)

ENVIRONS DE SAN LUIS POTOSÍ

Centro Cultural de Real de Catorce
Voir p. 669 (488 887 50 72 ; Juárez 1, Real de Catorce ; 9h-18h lun-dim)

Museo José Guadalupe Posada
Voir p. 670 (449 915 4556 ; sic.cultura.gob.mx/ficha.php?table=museo&table_id=1046 ; Jardín del Encino s/n lado Nte, Aguascalientes ; tarif plein/réduit 10/5 $M ; entrée libre le mercredi ; 12h-18 mar-dim)

Museo Nacional de la Muerte
Voir p. 670 (449 910 74 00 ; museonacionaldelamuerte.uaa.mx ; Jardin del Estudiante, Aguascalientes ; tarif plein/étudiant/enfant 55/18/18 $M ; entrée libre le mercredi ; 10h-18 mar-dim)

Auténtico San Luis
Voir p. 670 (444 165 8449 ; www.autenticosanluis.com ; 9h-17h30 lun-sam)

Ex-hacienda Laguna Seca
Voir p. 670 (lagunaseca.mx ; Matehuala - Charcas)

Lalo Bike
Voir p. 669 (488 105 1981 ; www.facebook.com/MTB-Bicitours-Expeditions-297676610436596 ; Real de Catorce)

Mezcal Campanilla
Voir p. 670 (What's App 419 270 4750 ; parabellum.marketing/portfolio/web/mezcal-campanilla ; Palmar Segundo, Mexquitic de Carmona ; 9h-19h tlj)

Operatour Potosina
Voir p. 670 (444 151 2201 ; operatourpotosina.com.mx ; Juan Sarabia 120, dans l'Hotel Nápoles ; 11h-17h lun-sam)

Mesón de Abundancia
Voir p. 669 (488 887 5044 ; mesondelaabundancia.com ; Lanzagorta 11, Real de Catorce ; 9h-22h tlj)

Café Azul
Voir p. 669 (444 491 7929 ; Lanzagorta 19, Real de Catorce ; 8h30-17h jeu-mar, 8h30-22h ven-sam)

Bar Amor y Paz
Voir p. 669 (488 887 5059 ; www.hotelamorypaz.com ; Juárez 10, Real de Catorce ; 24h/24)

LA HUASTECA POTOSINA

Las Pozas / Musée Edward James
Voir p. 674 (489 123 8548 ; laspozasxilitla.org.mx ; Camino Paseo Las Pozas s/n, Xilitla ; tarif web adulte/enfant 150/80 $M ; visite en anglais 10h et 15h ; 9h-18 mer-lun)

Musée Leonora Carrington
Voir p. 674 (489 365 04 42 ; www.leonoracarringtonmuseo.org/xilitla ; Corregidora 103, Xilitla ; tarif plein/réduit 50/25 $M ; visite en anglais 10h et 15h ; 11h-17h mar-dim)

Operatour Potosina
Voir p. 674 (Voir *Environs de San Luis Potosí* ci-contre)

MS Xpediciones
Voir p. 674 (481 38 118 88 ; msxpediciones.com ; angle Blvd México Laredo et Escontria 15-B, Int. Hotel Misión ; 8h30-20h lun-sam, 9h-12h dim)

El Molino Hotel Boutique
Voir p. 672 (444 803 7334 ; www.facebook.com/elmolinorioverde/?locale=fr_FR ; Porfirio Diaz 1417, Río Verde ; 8h-23h tlj)

Hotel Salto de Meco
Voir p. 672 (477 717 2864 ; huastecasecreta.com/hotel-salto-del-meco ; Carretera El Meco - El Salto del Agua km 7, El Naranjo)

Hotel San Jose
Voir p. 673 (481 109 5617 ; www.facebook.com/profile.php?id=100038914938332 ; Damián Carmona, Aquismón)

Hotel Tapasoli
Voir p. 673 (489 116 5316 ; tapasoli.com.mx ; Calle 5 de Mayo, Xilitla)

Posada El Castillo
Voir p. 673 (489 365 00 38 ; www.elcastilloxilitla.com ; Ocampo 105, Xilitla)

Refugio Huasteco Hotel Boutique
Voir p. 672 (482 120 8111 ; www.facebook.com/p/Hotel-Boutique-Refugio-Huasteco-100071847604034 ; Calle Av Mariano Jiménez 5, Tamasopo)

Restaurante El Mirador del Salto del Meco
Voir p. 673 (☎ 482 375 4157 ; huastecasecreta.com/el-mirador-un-restaurante-con-vista-privilegiada-en-la-huasteca-potosina ; Carretera el Salto Kilómetro 7 Agricola)

QUERÉTARO

Museo Casa de la Zacatecana
Voir p. 677 (☎ 442 224 0758 ; sic.gob.mx/ficha.php?table=museo&table_id=172 ; Calle Independencia 59 ; tarif plein/réduit 80/40 $M ; 10h-18h tlj)

Museo de Arte Contemporáneo de Querétaro
Voir p. 677 (☎ 442 119 8251 ; macq.mx ; angle Manuel Acuña et Reforma s/n ; entrée libre ; 10h-18h mar-dim)

Museo de Arte de Querétaro
Voir p. 678 (☎ 442 212 2357 ; museodeartedequeretaro.com.mx ; Calle Ignacio Allende Sur 14 ; 10h-18h mar-dim)

Museo del Calendario (Mucal)
Voir p. 678 (☎ 442 212 2187 ; sic.cultura.gob.mx/ficha.php?table=museo&table_id=1681 ; Calle Francisco I. Madero 91 ; tarif plein/étudiant/enfant 40/30/30 $M ; 10h-18h mar-dim)

Museo Regional de Querétaro
Voir p. 677 (☎ 442 212 2031 ; sic.cultura.gob.mx/ficha.php?table=museo&table_id=434 ; Corregidora 3 Sur ; tarif plein 90 $M, entrée libre étudiant et -13 ans ; 9h-18h mar-dim)

Museo de la Ciudad
Voir p. 678 (☎ 442 224 0617 ; museociudadqro.com.mx/index ; Calle Vicente Guerrero 27 ; tarif 5 $M ; entrée libre étudiant et dimanche ; 11h-19h lun-dim)

Cascada de Tamul, La Huasteca Potosina

Teatro de la República
Voir p. 677 (☎ 442 212 0339 ; teatrodelarepublica.senado.gob.mx ; angle Benito Juárez et Ángela Peralta)

Monono Café
Voir p. 677 (www.facebook.com/mononocafe ; Calle Ignacio Pérez 13 Norte ; 9h-21h lun-ven, 10h-21h sam)

Tikua
Voir p. 677 (☎ 442 403 4677 ; tikua.mx ; Calle Ignacio Allende Sur 13 ; 13h-23h lun-ven, 9h-23h sam, 9h-20h dim)

Brewer Gastro Pub
Voir p. 677 (☎ 442 212 0522 ; cervezatoro.com/brewer ; José María Arteaga 55 ; 14h-22h mer, 14h-23h jeu-sam, 14h-20h dim)

Jardín de Cerveza Hércules
Voir p. 675 (☎ 442 736 5219 ; www.facebook.com/jardinhercules ; Av Hércules Oriente 1 ; 9h-0h lun-ven, 10h-0h sam, 12h-19h dim)

Mutt Brewing Co
Voir p. 675 (☎ 442 226 5060 ; www.facebook.com/muttbrewing ; Sostenes Rocha 16A)

Centro de Desarrollo Artesanal Indígena (Cedai)
Voir p. 678 (www.facebook.com/pages/Cedai-Centro-De-Desarrollo-Artesanal-Indigena/896999297050985 ; Calle Ignacio Allende Sur 20)

Elaborarte Manos Vivas
Voir p. 678 (☎ 442 224 1732 ; www.facebook.com/profile.php?id=100064278213874 ; Av Independencia 20 ; 10h-20h jeu-lun)

ENVIRONS DE QUERÉTARO

Museo de la Muñeca
Voir p. 681 (☎ 448 278 0101 ; sic.cultura.gob.mx/ficha.php?table=museo&table_id=1818 ; Morelos 68, Amealco de Bonfil ; entrée libre ; 10h-18h lun-ven sf mer 9h-17h, 9h-19h30 sam-dim)

Descubre Turismo
Voir p. 681 (☎ 442 359 6334 ; descubremex.com.mx ; Rio de la Loza 7, int. 3, Querétaro)

Finca Sala Vivé
Voir p. 682 (☎ 441 277 5100 ; Carretera San Juan del Río –

Cadereyta km 40,5 Ezequiel Montes, Querétaro ; visite classique 45min tarif plein/réduit 210/120 $M ; 11h-17h30 tlj)

La Peña Tours
Voir p. 680 (441 296 7398 ; www.lapeniatours.com ; Independencia 4, Bernal)

Pulquería Don Federico
Voir p. 682 (442 721 4210 ; www.facebook.com/ParaPulqueRicoFedericoAmealco ; Hidalgo 280, Amealco de Bonfil)

Viajes y Enoturismo
Voir p. 682 (414 273 5718 ; viajesyenoturismo.com.mx ; Juárez 16, Tequisquiapan ; 9h-19h lun-ven, 9h-21h sam, 9h-18h dim)

La Casita Ecológica
Voir p. 682 (441 117 6462 ; lacasitaecologicasierragorda.com ; Acatitlán del Río, Jalpan)

Camino a Bremen
Voir p. 680 (414 273 4113 ; camino-a-bremen.negocio.site ; Guillermo Prieto Norte 19, Tequisquiapan ; 14h-22h ven-sam, 13h-20h dim)

Los Agaves
Voir p. 680 (Guillermo Prieto 2, Tequisquiapan)

Origens
Voir p. 680 (414 119 8018 ; Calle Niños Héroes 30, Tequisquiapan)

Mercado de la Cruz
Voir p. 679 (Calle 15 de Mayo s/n, Querétaro)

Centro Artesanal La Aurora
Voir p. 680 (441 296 4162 ; www.instagram.com/centroartesanalla ; Jardín Principal 1, Bernal ; 10h-20h tlj)

RESERVA DE LA BIOSFERA SIERRA GORDA

Aventurate
Voir p. 684 (441 103 3129 ; aventurate.mx ; Calle Independencia s/n, Jalpan de Serra)

Sierra Gorda Ecotours
Voir p. 684 (441 296 0700 ; sierragordaecotours.com ; Av La Presa s/n, Jalpan de Serra ; 8h-20h lun-sam)

Arnoldo Montes Rodriguez
Voir p. 684 (441 108 8824)

Cabañas Sierra Gorda
Voir p. 684 (Voir *Sierra Gorda Eco tours*)

Hotel Mision Jalpan
Voir p. 684 (441 296 0445 ; www.hotelesmision.com.mx/destinos/queretaro/hotel-mision-jalpan ; Av Fray Junípero s/n, Jalpan de Serra)

ZACATECAS

Mausoleo de los Hombres Ilustres de Zacatecas
Voir p. 689 (Calle Cerro de la Bufa)

Mina El Edén
Voir p. 687 (492 922 3002 ; minaeleden.com/movil ; Antonio Dovali Jaime s/n ; tarif plein/étudiant/4-11 ans 150/120/80 $M ; 10h-18h tlj)

Museo de Guadalupe
Voir p. 687 (492 923 2089 ; www.facebook.com/museo.guadalupe ; Jardin Juarez s/n, Guadalupe ; tarif 65 $M, entrée libre étudiant et -13 ans ; 9h-18h lun-mer, ven, dim, 9h-16h jeu, sam)

Museo del Arte Abstracto Manuel Felguérez
Voir p. 688 (492 924 3705 ; maamf.com.mx ; Cristóbal Colón s/n ; 10h-17h mer-lun)

Museo Francisco Goitia
Voir p. 688 (492 922 0211 ; sic.gob.mx/ficha.php?table=museo&table_id=454 ; Enrique Estrada 102 ; tarif plein/réduit 30/15 $M ; 10h-16h mar-dim)

Museo Pedro Coronel
Voir p. 688 (492 922 8021 ; www.facebook.com/pedrocoronelmuseo ; Plaza de Santo Domingo s/n ; tarif plein 30 $M ; 10h-17h mar-dim)

Museo Rafael Coronel
Voir p. 688 (492 922 8116 ; www.facebook.com/MuseoRafaelCoronel ; Callejón San Francisco s/n ; tarif plein/réduit 30/15 $M ; 10h-17h jeu-mar)

Museo Toma de Zacatecas
Voir p. 689 (492 922 8066 ; sic.gob.mx/ficha.php?table=museo&table_id=637 ; Calle Cerro de la Bufa s/n ; tarif plein/étudiant 12/6 $M ; 10h-17h tlj)

Museo Zacatecano
Voir p. 688 (492 922 6580 ; www.facebook.com/MuseoZac ; Dr Ignacio Hierro 307 ; 11h-15h ven-dim)

Bar Quinta Real
Voir p. 687 (492 922 9104 ; www.facebook.com/Quinta.Real.Zacatecas ; Ignacio Rayon 434)

Cantina las Quince Letras
Voir p. 687 (492 922 0178 ; Mártires de Chicago 309 ; 13h-0h30 lun-sam)

Mina Club
Voir p. 687 (492 922 3002 ; minaeleden.com/movil/minaclub, www.facebook.com/minacluboficial ; Antonio Dovali Jaime s/n ; 16h-23h jeu-ven, 21h-2h sam)

Teleférico
Voir p. 689 (492 922 5694 ; www.zacatecastravel.com/teleferico ; tarif AR adulte/enfant 160/80 $M ; 10h-18h tlj)

FITOPARDO/GETTY IMAGES ©

Mission, Jalpan

PÉNINSULE DE BASSE-CALIFORNIE

ENTRE BEAUTÉ DU DÉSERT ET MAJESTÉ DE L'OCÉAN

Deuxième plus longue péninsule au monde, elle promet aux voyageurs un road trip époustouflant, avec des découvertes à chaque tournant.

La magnifique péninsule de Basse-Californie s'étire sur une distance de plus de 1 200 km, de Tijuana à Los Cabos. Entre les deux, on traverse un paysage composé de vignobles, de montagnes enneigées, de déserts et d'une mer turquoise à couper le souffle, avec une incroyable variété de plantes, d'animaux et d'oiseaux. Hippies en vadrouille, surfeurs ivres de soleil ou encore citadins blasés des grandes villes : ici, chacun trouvera son bonheur ! Et cela n'est pas uniquement valable pour les touristes : les habitants de la péninsule aux terres arides, et souvent stériles, sont aussi très fiers de cette terre où les *rancheros* élèvent une race de bœufs très prisée des gourmets.

Comme tant d'autres parties du Mexique, cette région fut d'abord colonisée par les missionnaires jésuites. On peut aujourd'hui découvrir leur histoire en visitant l'une des nombreuses missions disséminées sur la péninsule ; certaines sont en ruine ou réduites en tas de pierres, mais d'autres, comme celle de Loreto, sont toujours en activité.

Inspiré par la magie de la péninsule, l'écrivain américain Jim Morrison venait régulièrement à San Miguel, près d'Ensenada. Aujourd'hui, la région est connue pour la pêche sportive, la plongée, le surf et les sports liés au vent, en particulier du côté du golfe de Californie – aussi appelé mer de Cortés –, qui bénéficie d'incroyables alizés en hiver. Les surfeurs, quant à eux, raffolent des houles du Pacifique, à la régularité digne d'un métronome.

SITES PRINCIPAUX

LOS CABOS
Fête et activités nautiques.
p. 704

LA PAZ
Un charme authentique.
p. 712

LORETO
Calme et relaxant.
p. 720

ENSENADA
Une station balnéaire cosmopolite.
p. 724

TIJUANA
Brut et plein de charme.
p. 732

Ci-dessus : Divorce Beach (p. 706) ; en face : Ensenada (p. 714)

Tijuana, p. 732

Cette ville a mauvaise réputation en raison des problèmes frontaliers et de la criminalité liée à la drogue. Pourtant, malgré cette apparence brute, c'est un lieu qui bouge, où l'on peut découvrir le vrai visage du Mexique.

Ensenada, p. 724

Au sud de Tijuana, mais dans un tout autre univers, Ensenada est une destination très prisée des croisiéristes et de ceux qui voyagent vers le sud depuis la frontière américaine.

VOITURE

Un road trip sur la péninsule de Basse-Californie dévoile des vues splendides à chaque tournant de la Carretera Transpeninsular (route 1). Notez qu'il n'est pas possible de louer une voiture en aller simple sur la péninsule. Si vous envisagez de louer une voiture et de partir en direction du nord vers la frontière, vous devrez donc refaire tout le chemin en sens inverse.

BUS

Un réseau de bus fiable dessert les principales destinations de la péninsule de Basse-Californie. Si un trajet de 24 heures ne vous fait pas peur, vous pourrez facilement parcourir la péninsule d'un bout à l'autre.

BATEAU

Avec un peu de chance, vous trouverez un bateau pour profiter d'un voyage empreint de tranquillité le long de la côte céruléenne de la péninsule. Les criques et les baies, tout comme les eaux du large, sont d'une incomparable beauté. Et, durant l'hiver, les baleines grises vous tiendront peut-être compagnie.

S'orienter

La péninsule de Basse-Californie est un terrain de jeu idéal pour des aventures à la carte, avec des régions incroyablement variées du nord au sud. Nous avons sélectionné les meilleurs endroits pour vous.

Loreto, p. 720

Calme, élégante, presque sage, Loreto abrite l'une des rares missions jésuites encore existantes et offre de nombreux plaisirs en bordure du golfe de Californie.

La Paz, p. 712

Plus "mexicaine" des villes de la péninsule, La Paz dispose d'un très beau *malecón* (promenade en bord de plage) et d'excellents restaurants.

Los Cabos, p. 704

Constitués des villes jumelles de Cabo San Lucas et San José del Cabo, les "Cabos" sont une escale incontournable pour les bateaux de croisière et une destination de choix pour les fêtards.

Planifier son séjour

La péninsule de Basse-Californie se prête si bien à l'exploration qu'il y a fort à parier que vous regretterez de ne pas y passer plus de temps – que votre voyage dure une semaine, un mois ou un an. Vous pouvez aussi décider de rester à un seul et même endroit afin de mieux explorer les environs.

SCSTOCK/SHUTTERSTOCK ©

El Arco (p. 705)

Si vous avez peu de temps

- Rendez-vous à **Los Cabos** (p. 704), que ce soit par la route depuis La Paz ou par avion depuis Mexico ou ailleurs. Très différentes l'une de l'autre, l'idéal est de réussir à visiter ces deux stations balnéaires qui sont, pour beaucoup, la destination à ne pas manquer sur la péninsule.

- Faites une balade au coucher du soleil à **El Arco** (p. 705) ou la fête jusqu'au petit matin à **Cabo San Lucas** (p. 706).

- Promenez-vous, un verre de bon vin à la main, dans les rues de **San José del Cabo** lors de l'*art night* (p. 704). Paressez sur la plage et observez les baleines grises au large.

- Si vous avez le temps, faites un saut vers le Nord jusqu'à **Cabo Pulmo** (p. 711) ou **Todos Santos** (p. 710).

Au fil des saisons

Paradoxalement, le nord de la péninsule est souvent plus chaud en été (et en hiver !) que le sud, en raison des brises venant du Pacifique. Mais le temps est toujours chaud et sec, avec un possible ouragan à l'automne.

JANVIER

Rien de tel que de fêter le **Nouvel An** à Los Cabos, à condition d'aimer faire la fête et de ne pas avoir besoin de dormir.

FÉVRIER

La **migration des baleines grises** (p. 723) est à son apogée. Ces gracieuses créatures sont facilement visibles depuis le rivage ou à bord d'un bateau.

MARS

La **course à pied Baja 250**, d'une longueur de 250 km, commence – et se termine – à San Felipe, ville tranquille et hors des sentiers battus.

DE GAUCHE À DROITE : ARTURO VEREA/SHUTTERSTOCK ©, ANDREA IZZOTTI/SHUTTERSTOCK ©, GENE BLEVINS/GETTY IMAGES ©

Si vous avez trois jours

- Démarrez à **Los Cabos** (voir carte p. 701) le premier jour, puis louez une voiture et roulez jusqu'à **Todos Santos** (voir carte p. 701) pour faire un peu de surf, avant de passer la nuit à **La Paz** (p. 712).

- Abordez Espíritu Santo (p. 718) en kayak ou en bateau, et faites un tour dans la **Balandra Bay** (p. 716).

- Descendez le long de la péninsule, du côté du golfe de Californie, en passant par le parc marin **Cabo Pulmo** (p. 711).

- Si le temps le permet, faites un saut à **La Ventana** (p. 719), destination très réputée pour ses sports liés au vent et son snorkeling, avant de vous diriger vers le sud.

Si vous avez plus de temps

- Si vous avez une semaine ou deux devant vous, vous pouvez envisager un voyage à travers l'ensemble de la péninsule. Vous verrez qu'elle se divise en réalité en trois parties : le "désert vert" du cap Sud, depuis **Los Cabos** (voir carte p. 701) jusqu'à **La Paz** (voir carte p. 701) ; la partie centrale jusqu'à **Loreto** (p. 720) et enfin la zone de la *frontera*, limitrophe avec les États-Unis, avec **Ensenada** (p. 724) et **Tijuana** (p. 732).

- C'est une région d'une telle richesse qu'un court paragraphe ne suffirait pas à tout décrire. Dans tous les cas, vous serez époustouflé par les panoramas et le désert s'étendant de part et d'autre de la mer aux délicats tons azur.

JUILLET

Au cœur de l'**été**, il fait très, très chaud – la période idéale pour voyager dans la région et fuir la foule.

SEPTEMBRE

C'est la **basse saison** et de nombreux commerces et restaurants ferment pour un mois ou deux.

NOVEMBRE

La course **Baja Mil**, d'une longueur de 1 000 km, se déroule chaque année en novembre, attirant des hordes de *truggies* et d'autres véhicules tout-terrain gonflés à bloc.

DÉCEMBRE

Ho, ho, ho, le Père Noël arrive... pour faire la FÊTE ! Enfilez votre bonnet rouge et, dans une joyeuse ambiance, poussez la chansonnette avec les nombreux fêtards.

LOS CABOS

Los Cabos réunit deux villes jumelles que tout oppose : Cabo San Lucas et San José del Cabo. La première, CSL, comme on l'appelle communément, présente un cadre idylliques avec ses plages blanches et ses eaux foisonnantes, mais le tourisme y est particulièrement tapageur. On y vient pour faire la fête comme à Las Vegas : les clubs restent ouverts jusqu'à l'aube et les serveurs participent aux *congas* ("chenilles" humaines) arrosées de tequila !

San José del Cabo est en quelque sorte la sœur sage de l'agitée Cabo San Lucas, avec ses boutiques tranquilles, sa plaisante place, sa superbe église et les excellents restaurants de son centre ancien. La Zona Hotelera, à quelques kilomètres, offre une interminable bande de sable blanc ourlant un océan agité de courants de marée. Là, se concentrent grands hôtels, immeubles d'appartements et autres résidences peu esthétiques en multipropriété.

Pour les infos pratiques, voir le Carnet d'adresses p. 736

À SAVOIR

Une Art Walk est organisée tous les jeudis, entre 17h et 21h dans le centre de San José del Cabo. Boutiques et galeries ouvrent leurs portes aux visiteurs et l'événement donne lieu à des spectacles de danse et à des dégustations de vin.

KARTINKIN77/SHUTTERSTOCK ©

Souvenirs, San José del Cabo

Finisterra

DES ROCHERS EMBLÉMATIQUES

Même lorsqu'elle est gâchée par une multitude de bateaux de croisière, la Finisterra, située à l'extrémité sud de la péninsule, ne manque pas d'impresionner. Empruntez un bateau-taxi pour vous rendre à **El Arco** ("l'arche") afin d'y prendre des selfies et autres photos panoramiques. Le lieu est habité par une colonie de lions de mer ; vous pourrez aussi probablement apercevoir des pélicans.

Vous pouvez coupler cette excursion à El Arco avec la **Playa del Amor** (plage de l'Amour) voisine. La plupart des capitaines des bateaux-taxis pourront vous y déposer et vous y reprendre plus tard. Le mieux est encore d'avoir le nom et le numéro du capitaine afin de l'appeler lorsque vous êtes prêt à partir.

Le bateau-taxi est le moyen le plus économique et le plus simple pour se rendre à la Finisterra et en faire le tour. Vous pouvez aussi embarquer à bord d'un bateau à fond de verre, pour un aperçu du monde sous-marin sans plonger dans l'eau. Quelques catamarans naviguent également à différentes heures de la journée, pour des excursions au coucher du soleil ou pour des soirées festives. En général ils ne s'arrêtent pas sur les plages, mais ils sont un moyen agréable d'admirer les rochers et les colonies de lions de mer.

LE MEILLEUR DES TACOS BON MARCHÉ

La Taquiza
Lieu très fréquenté, à l'enseigne rose vif, où manger pas cher. $

Taquería el Paisa
Très populaire, pour des tacos et plus encore, sur l'artère principale Lázaro Cárdenas. $

Taquería El Venado
L'un des moins chers et des meilleurs, caché près de la Calle Niños Heroes. $

María Jiménez
À l'est de la marina, sert de délicieux tacos et bien d'autres choses encore. $$

OÙ SÉJOURNER DANS UN HÔTEL DE LUXE À LOS CABOS

Bungalows Breakfast Inn
Bungalows et chambres agréables. Jardin et piscine. Petit-déjeuner inoubliable. Service attentionné. $$

Pueblo Bonito Pacifica
Cette énorme chaîne hôtelière propose des offres qui valent souvent le détour, avec une vue magnifique sur l'océan. $$$

Sandos Finisterra
Un *resort* tout compris surplombant en grande partie le Pacifique, doté de piscines géantes et d'un joli spa. $$$

Saveurs locales

LE PARADIS DES GOURMETS

Des modestes stands de tacos aux tables gastronomiques, la scène culinaire de Los Cabos a de quoi séduire. On y trouve de tout, et pour tous les budgets, des viandes grillées aux produits de la mer frais. Vous pouvez dépenser des centaines de dollars pour un repas raffiné ou acheter un bon taco de rue pour quelques pesos seulement. La qualité est en général au rendez-vous.

La cuisine mexicaine est évidemment la meilleure option : vous aurez l'embarras du choix, notamment si vous séjournez dans un *resort*. Certains hôtels ouvrent aussi leur restaurant aux clients extérieurs, avec une très grande variété de plats. Parmi les spécialités mexicaines, citons les célèbres *chiles en nogada*, un piment farci au porc et au bœuf, accompagné d'une sauce crémeuse aux noix ; saupoudré de graines de grenade rouges, il reprend les couleurs vertes, blanches et rouges du drapeau mexicain. On trouve facilement des viandes grillées. Les produits de la mer sont souvent pêchés quelques heures à peine avant de se retrouver dans votre assiette.

La cuisine de rue de Los Cabos est aussi généralement de qualité, l'idéal étant de privilégier les lieux fréquentés par les Mexicains.

AMOUR OU DIVORCE : À VOUS DE CHOISIR !

La plage de sable blanc qui précède El Arco porte deux noms. Côté Cabo, elle est connue sous le nom de **Playa del Amor** (plage de l'Amour), lieu de bronzage très prisé. Une fois qu'on passe les rochers en direction du Pacifique, on arrive sur la **Playa del Divorcio** (plage du Divorce), sans que l'on comprenne réellement l'origine de ces appellations. En raison des forts courants du Pacifique et des vagues capricieuses, cette dernière n'est pas recommandée pour la baignade. Si vous avez de très bonnes chaussures de marche, empruntez le sentier qui grimpe le long des rochers côté nord, jusqu'au **point de vue** en hauteur. L'endroit est spectaculaire, bien que rocheux et parsemé d'épines de cactus.

Les nuits de Los Cabos

LA FÊTE JUSQU'AU BOUT DE LA NUIT !

Los Cabos (Cabo San Lucas en particulier) est une ville où l'on aime faire la fête et où l'alcool coule à flots. Si vous cherchez à lâcher prise, Cabo a tout pour plaire, avec ses clubs bruyants et tapageurs, ses concours débridés et ses salons de tatouage prêts à vous tatouer la folle idée que vous aurez sur le moment !

Le choix d'établissements est pléthorique : vous pourrez par exemple vous déhancher sur des tubes de rock au **Cabo Wabo Cantina**, faire la fête avec des demoiselles d'honneur au **Vaquita** ou regarder les serveurs danser sur les tables au **El Squid Roe**. Ce dernier fait figure d'institution à CSL. Où ailleurs voit-on les serveurs verser la tequila directement dans le gosier des danseurs qui se déhanchent à la queue leu leu ? En journée, le lieu se remarque à peine. Sa métamorphose à la tombée de la nuit est totale, alors que se retrouvent croisiéristes avides de faire la fête et Mexicains venus se défouler en fin de semaine.

À toutes fins utiles, n'oubliez pas que les substances illégales peuvent rapidement vous causer du tort. Évitez de conduire :

OÙ SE RESTAURER À CABO SAN LUCAS

Los Ajos
À la périphérie de la ville, un lieu en dehors de la *zona hotelera* avec un délicieux buffet et des plats maison. $

Mariscos Mazatlan
Idéal pour les amateurs de produits de la mer ; peintures murales sur le thème marin en bonus. $$

Mi Casa
Margaritas géantes et savoureux plats, supplément mariachis. Très touristique. Venez pour l'ambiance ! $$$

CLAUDIA G COOPER/SHUTTERSTOCK ©

Playa del Amor

il est très difficile de se garer et une politique de tolérance zéro s'applique à la conduite en état d'ébriété. Si vous décidez de rouler, assurez-vous que le conducteur désigné est totalement sobre lorsque vous quittez les lieux.

Activités nautiques

UN MONDE AQUATIQUE SAUVAGE ET MERVEILLEUX

Los Cabos, qui englobe à la fois Cabo San Lucas, San José del Cabo et Cabo Pulmo (p. 711), offre une large palette d'activités nautiques : du snorkeling au départ d'un catamaran aux excursions de pêche à bord d'un bateau de croisière, en passant par l'observation de la gigantesque houle du Pacifique.

La marina accueille toutes sortes d'embarcations, dont celles des amateurs de pêche sportive. Les adeptes du **snorkeling** verront qu'il est facile de se rendre sur les récifs et les pinacles sous-marins. On peut se rendre à un excellent site de snorkeling depuis la **Playa del Amor**, proche de la Finisterra, en nageant sur la gauche vers la marina. Si vous aimez les créatures aquatiques de belle taille, les baleines grises présentes dans les environs sont tout simplement stupéfiantes. Sans oublier les

RESERVA DE LA BIOSFERA SIERRA DE LA LAGUNA

Les baroudeurs n'hésiteront pas à enfiler leurs chaussures de marche et à remplir leur gourde pour découvrir les étendues sauvages et accidentées de la luxuriante réserve de biosphère de la **Sierra de la Laguna**, au sud du croisement de la Transpeninsular et de la route 19. La réserve ne convient pas aux marcheurs inexpérimentés ou à quiconque ne mesurant pas les défis d'une randonnée dans le désert. Cette expédition est largement récompensée : vues époustouflantes, rencontres avec la faune, une prairie unique à l'emplacement d'un ancien lac (d'où le nom de la réserve).

OÙ FAIRE DES SORTIES NAUTIQUES À CABO

Pez Gato
Établissement bien installé, qui propose sorties en catamaran avec snorkeling, coucher du soleil et autres croisières.

Cabo Blue Trimaran
Sorties de qualité au coucher du soleil, snorkeling et autres excursions dans la région.

Jungle Booze Cruise
Cette sortie en mer est la plus fun et sauvage.

SURFER SUR LES ZIPPERS

On trouve de nombreux *breaks* de surf sur la côte pacifique, tels que Cerritos (p. 710). L'un des spots les plus accessibles dans la région de Cabo, nommé Zippers, peut être rejoint à partir de la sortie de route située au km 17, entre Cabo San Lucas et San José del Cabo – zone connue sous le nom de *The Corridor*. Les Zippers s'épanouissent vraiment lorsque la houle vient du sud, mais, attention, lorsqu'elle est bien là il s'agit d'être prudent : ces vagues déferlent juste au-dessus d'un récif peu profond et ne sont pas à prendre à la légère. Les courageux qui montent sur leur planche sont récompensés par une descente en douceur jusqu'à la plage, rivalisant ainsi avec le *break* de San Miguel (p. 730), près d'Ensenada.

PATRICIA MARROQUIN/SHUTTERSTOCK ©

Catamaran, El Arco (p. 705)

autres créatures marines des alentours: baleines à bosse, raies aigles et raies mantas, lions de mer et quelques rares requins.

Pour découvrir la faune sous-marine de Los Cabos, une sortie **plongée** s'impose. De nombreux centres réputés sont installés sur place ; n'oubliez pas de demander ce qui est compris dans le tarif. Les meilleurs sites de plongée sont **Roca Pelícano**, abritant une colonie d'otaries près de la Finisterra, et le récif au large de la **Playa Chileno**, dans la Bahía Chileno à l'est de la ville.

Avec des vagues venues du Pacifique qui, même les mauvais jours, sont excellentes, la péninsule de Basse-Californie est un paradis pour les **surfeurs**. Soyez extrêmement prudent par tout temps, car des courants, des contre-courants et de gigantesques rouleaux sont dangereux, même pour des surfeurs expérimentés.

COMMENT CIRCULER

Des navettes parcourent *The Corridor* pour desservir les hôtels et les chambres d'hôte situés entre les deux Cabos. De l'aéroport, un taxi vous coûtera environ 80 $US tandis qu'en ville, il faut compter environ 10 $US pour une course en taxi-minibus. Méfiez-vous des rabatteurs à l'aéroport qui vous proposent d'assister à une présentation sur les multipropriétés en échange d'un transport ou d'autres avantages gratuits : il s'agit d'arnaques.

Environs de Los Cabos

Vivez les meilleures expériences en vous évadant vers le nord et l'est.

On peut passer de très bons moments à Los Cabos, mais il arrive un temps où l'on peut avoir envie de varier les plaisirs, et, surtout, sans se réveiller avec un violent mal de tête. N'hésitez pas à prendre la route et à vous aventurer à l'extérieur de la ville, les activités en dehors des soirées arrosées ne manquent pas ! Sur la côte pacifique, en direction de l'ouest, vous tomberez sur les pittoresques villes de Todos Santos et de Pescadero. Cette dernière, juste au sud, est toujours très animée. La plage de Cerritos est l'une des meilleures de la péninsule de Basse-Californie, avec son sable aux reflets dorés et ses vagues appréciées des surfeurs de tous niveaux. De l'autre côté, à l'est, l'aire marine protégée de Cabo Pulmo est un joyau sous-marin.

Pour les infos pratiques, voir le Carnet d'adresses p. 737

À SAVOIR

La route reliant Los Cabos à Todos Santos est désormais une autoroute à quatre voies : adieu les nids-de-poule (en tout cas pour l'instant !).

Surf, péninsule de Basse-Californie

RHFLETCHER/SHUTTERSTOCK ©

Hotel California

Todos Santos

VILLAGE MAGIQUE

Sur la côte pacifique, à environ 40 minutes de route au nord de Los Cabos, **Todos Santos** a longtemps échappé au tourisme endémique des autres villes du cap. Ses charmantes rues pavées étaient fréquentées par un mélange pittoresque de gens du cru, de pêcheurs, de surfeurs et d'adeptes de la spiritualité New Age. Tout a changé lorsque Todos Santos a été classée sur la liste des *pueblos mágicos* (villages magiques) du Mexique, provoquant un véritable essor touristique. Même si certains résidents de longue date regrettent les jours passés, les rues ne sont pas encore remplies de vendeurs à la sauvette et de restaurants touristiques. Des murs de briques et d'adobe en ruine jouxtent des bâtiments flambant neufs, tandis que de minuscules boutiques familiales côtoient des stands de produits bio et végans. Plusieurs anciens *trapiches* (moulins) réaménagés sont disséminés dans la ville. Restauré, le Teatro Cine General Manuel Márquez de León est l'un d'eux – il se situe dans Legaspi, face à la place. Le Molino El Progreso (les ruines du restaurant El Molino) en est un autre.

C'est aussi une ville prisée des amateurs d'art avec ses nombreuses **galeries** exposant des artistes s'inspirant du désert environnant. Certains la comparent à Sedona, ville d'Arizona connue pour ses vortex, ces formations rocheuses supposées contenir une énergie spéciale. On évoque ainsi régulièrement le pouvoir spirituel de la ville "de tous les saints". Quelles que soient vos croyances, Todos Santos offre une très belle excursion, aux antipodes du rythme frénétique des Cabos.

LA PLAGE DE CERRITOS

Juste au sud de Todos Santos se trouve la petite ville de **Pescadero**, qui ne rassemblait autrefois que des cahuttes et des cabanes de pêcheurs. C'est aujourd'hui un lieu apprécié, notamment pour la plage de Cerritos, qui attire des surfeurs du monde entier grâce à sa houle et son sable bien lisse, aux reflets dorés scintillant dans les vagues. Les surfeurs plus expérimentés iront vers le nord, vers le *break* de **La Pastora**, qui se brise avec fracas sur d'impressionnants rochers (non recommandé aux débutants).

OÙ SE RESTAURER DANS LES ENVIRONS DE TODOS SANTOS

Baja Beans
À Pescadero, le meilleur café du coin, de savoureuses pâtisseries et viennoiseries, et un marché de producteurs. **$**

Caffe Todos Santos
Ce restaurant, ouvert depuis longtemps, sert petits-déjeuners et déjeuners (bonne boulangerie également). **$$**

Tre Galline
Excellents plats italiens et plateaux de fruits de mer savoureux. Lieu romantique, éclairé aux bougies. **$$$**

LEONARDO GONZALEZ/SHUTTERSTOCK ©

Plongée, Cabo Pulmo

Snorkeling et plongée dans les récifs coralliens

RÉCIFS DU GOLFE DE CALIFORNIE

Cabo Pulmo est le nom d'un petit village et d'une aire marine protégée (AMP) de 9 000 ha, accessibles par un chemin de terre parsemé de bosses. Sur place, on découvre un village paisible composé de cahuttes de pêcheurs et de cabanes de plongée, avec quelques restaurants, hôtels et bungalows. Il n'y a pas grand-chose à voir sur la terre ferme, mais, une fois dans l'eau, un nouveau monde s'offre à vous.

La région abrite l'unique récif corallien du golfe de Californie, protégé depuis 1995 et inscrit en 2005 sur la liste du patrimoine mondial de l'Unesco. On y vient pour pratiquer la plongée et le snorkeling, notamment autour des fonds sablonneux d'El Bajo, où un grand banc de carangues à gros yeux forme régulièrement une étonnante sphère.

À 5 km de Cabo Pulmo, la **Playa Arbolitos**, appréciée des familles, offre un accès, via un sentier à flanc de falaise, à une jolie pointe rocheuse isolée, répondant au nom de **Cabo del Shiro**. La promenade nécessite un peu d'escalade au départ et comporte quelques difficultés. Vous serez récompensé par le spectacle des formations rocheuses balayées par les vagues. C'est l'occasion de faire du snorkeling ou de nager en toute tranquillité.

PAROLE D'HABITANTE : SUIVRE UN COURS D'ESPAGNOL

Ivonne Benítez Guzmán est la fondatrice et propriétaire de l'école d'espagnol Hablando Mexicano, basée à Todos Santos. (hablandomexicano.com)

La meilleure chose à faire lorsqu'on visite un pays étranger est de découvrir les lieux grâce à la langue. Vous verrez que même les tacos ont meilleur goût lorsque vous les commandez en espagnol, que les gens auront un plus grand sourire lorsque vous les saluerez dans leur langue, “¡Hola! ¿Qué tal?”. Apprendre l'espagnol ne s'arrête pas à la grammaire ; vous apprécierez davantage les subtilités de la culture, des saveurs, des rythmes. J'ai fondé Hablando Mexicano parce que je voulais partager un peu de mon pays, et c'est ce que nous faisons : nous vous apprenons à aimer le Mexique !

COMMENT CIRCULER

Il est possible de se rendre dans cette région plus excentrée en bus mais, si vous voyagez avec votre surf, l'idéal est d'avoir votre propre véhicule. Les tarifs de location de voiture varient, mais tournent généralement autour de 50 $US par jour.

LA PAZ

À première vue, La Paz est une ville tentaculaire et légèrement défraîchie. Après une heure ou deux, vous découvrirez qu'elle ne se résume pas à cela. Une balade le long du *malecón* et autour de la Plaza Constitución vous révélera sa sérénité et sa beauté d'antan, que reflètent également restaurants, cafés et bars raffinés cachés derrière les murs lézardés. Au fil de l'histoire, elle a été occupée par les Américains et a même temporairement proclamé sa propre république. C'est un bel endroit pour se fondre dans l'ambiance urbaine sans être importuné par des rabatteurs, mais aussi une bonne base pour des excursions d'une journée à Espíritu Santo, Cabo Pulmo et Todos Santos.

Pour les infos pratiques, voir le Carnet d'adresses p. 737

À SAVOIR

Choisissez un hôtel situé non loin du *malecón* afin d'être proche des activités touristiques. Si vous avez le sommeil léger, et dans le cas où votre hôtel donne directement sur la baie, vous pourriez cependant être dérangé par le bruit de la circulation provenant du boulevard qui jouxte la mer.

INCONTOURNABLE
1 Museo de la Ballena

VOIR
2 Baie de Balandra
3 Malecón
4 Pichilingue
5 Tecolote
6 Tesoro

ACTIVITÉS, STAGES ET CIRCUITS ORGANISÉS
7 Marina de La Paz

Formation rocheuse, Balandra Beach

DESMOCHICCO/SHUTTERSTOCK © ; PAGE DE GAUCHE : LDUARTE/SHUTTERSTOCK ©

La Paz

Le Malecón

LE CŒUR DE LA PAZ

Comme dans de nombreuses villes mexicaines, le *malecón* est le lieu de rendez-vous des habitants de La Paz. Cette longue promenade de 5,5 km en ciment longe le port, depuis la marina à l'ouest jusqu'à la fin de la zone touristique à l'est, où la route prend alors la direction de **Pichilingue** et de la **baie de Balandra**. C'est l'épicentre de toutes les activités, qu'il s'agisse de faire du sport – course, marche, yoga, avec parfois des démonstrations – ou de se donner un point de rendez-vous pour les excursions et les sorties nautiques. On y voit parfois également des artistes venus montrer leurs talents à la foule. Les familles y promènent les jeunes enfants, tandis que les équipes de volley-ball rassemblent leurs joueurs avant de s'affronter sur le sable.

C'est aussi un très bel endroit, en particulier lorsque le soleil illumine la baie peu profonde. Vous y trouverez pédalos, paddles ou kayaks en location pour partir à l'aventure. On peut aussi faire une balade en *panga* (barque) vers d'autres parties de la baie ou même en direction de l'île Espíritu Santo.

Le soir venu, alors que les pélicans et les frégates se reposent, le ciel prend des teintes orangées, la brise retombe, et les joggeurs profitent de la fraîcheur. À la nuit tombée,

MARINA DE LA PAZ

Nichée à l'extrémité ouest de la baie de La Paz, la marina est bien plus qu'un simple lieu de rendez-vous pour navigateurs. C'est le point de départ de nombreux voyagistes, et surtout un endroit agréable où les expatriés de tous horizons se retrouvent pour dîner ou boire un verre tout en échangeant des histoires et en se tenant au courant des dernières nouvelles de la journée. Même si vous ne voyagez pas sur un bateau, vous pouvez prendre une bière au bar et discuter avec d'autres voyageurs. Sans que l'on sache vraiment pourquoi, il semble qu'il soit un peu plus facile d'engager la conversation avec des inconnus ici que dans les clubs bondés situés sur le *malecón*.

OÙ SE LOGER À LA PAZ

Hotel Lorimar
Chambres simples, propres et pratiques situées dans une rue secondaire, à quelques blocs du littoral. **$**

Hotel Seven Crown
Sur le *malecón*, hôtel chic et haut de gamme, à la fois classe et pratique. **$$**

Posada de las Flores
Escapade luxueuse à l'extrême est de la ville : chambres calmes, lits moelleux, eau bien chaude et fleurs partout. **$$$**

les adolescents sortent retrouver leurs amis, les boîtes de nuit montent le son et les clients se pressent dans les restaurants. Le cœur de La Paz bat son plein sur le *malecón*, à un rythme différent selon l'heure qu'il est.

Festins en vue

LES TABLES DE LA PAZ

La Paz dispose d'un grand nombre de possibilités de restauration, depuis les incroyables – et très bon marché ! – tacos de rue jusqu'aux lieux chics et fantaisistes pour lesquels il faut prévoir un certain budget. La plupart des meilleures tables ont pignon sur rue dans les Calle Domínguez et Calle Madero, au nord de la Calle 5 de Mayo.

Cette abondance s'explique en partie par la situation géographique de La Paz : des produits de la mer à portée de main, des jardins à flanc de colline regorgeant de fruits et légumes, sans oublier des *ranchos* à proximité, d'où proviennent le meilleur bœuf et la meilleure volaille de la région. Tout est frais, local et délicieux.

Il y a quelques exceptions notables, comme les chaînes de magasins que vous verrez dans les petits centres commerciaux. Mais, pour ceux qui veulent goûter à de nouvelles recettes, La Paz est une ville où il fait bon manger. Les spécialités mexicaines sont faciles à trouver, de même que des produits de la mer (langouste, poulpe, calamar etc.).

Pour les desserts et les sucreries, rendez-vous sur le *malecón* : profitez d'une flânerie pour déguster glaces, *helados* mexicains (crèmes glacées locales), *aguas frescas* (jus de fruits frais), gâteaux et cafés. Rien de tel que de finir un excellent repas par l'une de ces savoureuses spécialités en marchant, par une nuit agréable, au son du clapotis des vagues.

POURQUOI J'AIME LA PAZ

Ray Bartlett, auteur
La Paz est une ville qui me ressemble à bien des égards. J'aime ses eaux enchanteresses, ses baies, ses plages, ses pélicans, ses frégates (oiseaux) – même les *palapas* (sortes de larges parasols en feuilles de palmiers) sur la plage à proximité du *malecón* font battre mon cœur avec tendresse. Son principal atout, à mon avis, est que La Paz – contrairement à Los Cabos, au sud – n'est pas une ville ultra-touristique. Elle a un caractère authentique et sa zone hôtelière, bien que fortement fréquentée, ne représente qu'une petite partie de la ville elle-même.

Observation des jeunes requins-baleines

LE GÉANT DES REQUINS EN VERSION MINIATURE

Il y a peu d'endroits au monde où l'on peut nager avec des requins-baleines géants, les plus grands poissons du monde. Les adultes sont tout simplement énormes – le plus grand jamais mesuré faisait 18 m de long – mais la plupart d'entre eux mesurent environ 9 m. Et c'est au large de la péninsule qui entoure la baie de La Paz que les jeunes requins-baleines se rassemblent, se nourrissant dans ces eaux chaudes avant de partir vers d'autres endroits. On sait peu de choses sur ces poissons ; des recherches sont en cours pour savoir si ces requins migrent vers d'autres parties du monde ou s'ils restent dans le golfe de Californie.

OÙ SE RESTAURER À LA PAZ

Super Tacos Hermanos Gonzales
Délicieux tacos, présentés sur un chariot devant la Pension California. **$**

Tatanka
Plats créatifs à base de produits de la mer, soigneusement préparés. **$$**

Oliva al Mare
Incroyable cuisine italienne servie dans un cadre romantique et élégant surplombant la baie. **$$$**

LEONARDO GONZALEZ/SHUTTERSTOCK ©

Lions de mer

De nombreux voyagistes vous proposent d'approcher ou même de nager près de ces créatures (mais pas avec elles, puisque c'est interdit). Les meilleures excursions sont celles qui se font en compagnie d'une équipe de biologistes, dotés d'outils spécifiques pour les étudier. Vous pourriez par exemple être chargé de mesurer la longueur d'une nageoire dorsale à l'aide d'une toise en nageant à proximité de l'animal, pendant qu'une autre personne prend une photo de la scène. Vous participerez ainsi à la recherche et en apprendrez davantage sur la biologie des requins-baleines. Les scientifiques sont formés pour les repérer plus rapidement que certains capitaines de *panga* (barque) ; vous verrez donc davantage d'animaux, et avec moins d'attente, en vous rapprochant d'eux. Les excursions coûtent 100 $US et varient selon les besoins, qui dépendent des études scientifiques en cours à ce moment-là. Plus d'informations sur www.whalesharkmexico.com/day-trips.

Les joies de la plage

DES PLAGES MAGNIFIQUES RIEN QUE POUR VOUS

Même vue du ciel, La Paz est à couper le souffle, avec son immense littoral de sable blanc bordant des baies vert azur, propices à l'exploration. Le *malecón* est un lieu apprécié pour

CES CHARMANTS LIONS DE MER

De nombreux endroits autour de La Paz abritent des colonies de lions de mer : ces pinnipèdes aussi agiles que gracieux ravissent souvent les gens avec leurs mimiques, leurs pitreries à la fois dans l'eau et en dehors, sans parler de leurs poses photogéniques.

Aussi mignons soient-ils en apparence, ce n'est pas toujours le cas dans les faits, notamment lorsque vous pratiquez le snorkeling en leur compagnie. Il est préférable de ne pas les approcher si vous en rencontrez. Toutefois, il se peut que, malgré vos bonnes intentions, ce soit le lion de mer qui s'approche de vous et non l'inverse. Dans ce cas, ne paniquez pas : restez calme et laissez-le analyser la situation. Il y a de fortes chances pour qu'il vous examine et passe à autre chose de plus intéressant, comme trouver son dîner.

OÙ ALLER SE BAIGNER À LA PAZ

Tesoro
Plage populaire du côté de la commune de Pichilingue, elle dispose d'un restaurant et de jolis coins pour la baignade.

Tecolote
Plage la plus proche d'Espíritu Santo, pour les adeptes de bains de soleil. Excellente alternative à Balandra (voir p. 716).

Pichilingue
Située juste à côté du port, c'est une plage parfaite pour observer le va-et-vient des ferries et des pétroliers.

BAIE DE BALANDRA

La plus belle plage de La Paz est située dans la baie de Balandra : ce sont en réalité trois baies reliées entre elles. Les plus aventureux peuvent marcher ou patauger depuis le rivage jusqu'au rocher en forme de queue de baleine en marquant l'entrée. Le nombre de places de stationnement étant très limité, il faut arriver le plus tôt possible pour pouvoir réussir à se garer. Certains jours, la plage est réservée aux habitants de la région. Si elle est fermée, optez plutôt pour Tecolote, Tesoro ou Pichilingue.

SPACEWALK/GETTY IMAGES ©

Baie de Balandra

prendre le soleil, mais il est encore plus plaisant de se rendre sur les nombreuses plages “de poche” situées entre la zone hôtelière de La Paz et sa plage la plus éloignée, **Tecolote**. Ces plages de taille réduite n'accueillent généralement qu'une demi-douzaine de voitures, tout en disposant de tout le nécessaire : restaurant, toilettes (souvent douteuses), carte de boissons, quelques chaises en plastique dans le sable et une eau peu profonde dépourvue de courant dans laquelle tout le monde passe un bon moment. Ces plages sont très agréables, et, si vous n'avez pas de voiture, vous pouvez facilement prendre un taxi ou même vous y rendre à vélo.

Pensez à vous munir d'une crème solaire, le soleil tape très fort dans la région.

Les crimes violents sont ici très rares. Il arrive parfois que les voitures soient cambriolées. Cachez les objets de valeur faciles à repérer et n'oubliez pas de garder votre téléphone sur vous, même sur la plage. On ne vous prendra sûrement pas votre serviette ou vos chaussures, sauf si vous y glissez votre téléphone.

COMMENT CIRCULER

Depuis le port de La Paz, à Pichilingue (23 km au nord de La Paz), deux ferries (bajaferries.com.mx) assurent la liaison avec le continent. L'un va à Mazatlán (12 heures de trajet ; mar, jeu et sam, départ à 19h ; tarif adulte/enfant 1 650/825 $M) et l'autre à Topolobampo (environ 8 heures ; lun-ven, départ à 13h30 ; sam, départ à 23h ; tarif adulte/enfant 1 460/730 $M). Les deux acceptent les véhicules. Comptez à partir de 400 $M/jour pour louer une voiture, hors assurance.

Uber opère ici : comptez 40 $M pour un trajet en ville ou dans les alentours, et 120 $M entre l'aéroport et le quartier du *malecón*.

Les compagnies locales proposent 5 bus quotidiens pour la Playa Tecolote (100 $M, 30 min) et 6 pour la Playa Pichilingue (100 $M, 20 min), entre 10h et 17h.

Environs de La Paz

La région de La Paz offre quelques-uns des paysages les plus variés et les plus beaux de la région : désert de cactus, maquis verdoyant, plages bordant l'océan, et plus encore.

Les vastes étendues autour de La Paz présentent des kilomètres et des kilomètres d'un étonnant "désert vert", où poussent cactus cardon (souvent confondu avec le saguaro), *palo verde*, cactus cholla et autres arbustes à feuilles originaires du désert. Les tempêtes peuvent provoquer des crues soudaines, les sécheresses peuvent craqueler la terre mais, quelle que soit la météo, la nature y est magnifique, avec ses oiseaux et ses animaux rares, comme les pumas. Le littoral offre aussi de magnifiques spots de baignade, de plongée, de pêche et de snorkeling. Le principal atout de la région est qu'elle est encore peu connue. La détente et l'évasion sont vraiment au rendez-vous.

Pour les infos pratiques, voir le Carnet d'adresses p. 738

À SAVOIR

N'oubliez pas votre anti-moustique, à prévoir dans votre valise car les marques locales ne sont pas aussi efficaces.

NICOLE GLASS PHOTOGRAPHY/SHUTTERSTOCK ©

Marée basse près de La Ventana

PAROLE D'HABITANT : ACTIVITÉS SOUS-MARINES

Tim Hatler dirige le complexe Palapas Ventana and Cerralvo Island Adventure Service depuis 2003. @palapasventana

La Ventana attire une faune étonnante : baleines, cétacés, raies, dauphins, boules d'appât, lions de mer...

Meilleurs spots de snorkeling et plongée :
La Reina Raies mantas géantes et lions de mer.
Punta Norte Plongée en dérive sur des coraux mémorables.
La Reinita Riches faune et flore, avec poulpes et hippocampes.
Tacote Un rêve pour vidéaste : corail brillant, tortues et plantes tropicales.
Punta Sur Terrain de jeu du lion de mer.
Pargon Villa Une cachette pour le vivaneau.
Roca Montaña Une autoroute à poissons.

Gardez votre masque et vos palmes à proximité lorsque vous naviguez : on ne sait jamais !

Espíritu Santo

Espíritu Santo

L'ÎLE ENCHANTÉE

Si vous avez la chance de visiter **Espíritu Santo** (Saint Esprit), vous comprendrez mieux la signification de son nom. Une ambiance spirituelle et même mystique règne sur cette île, où vous serez émerveillé par la beauté de la nature à chaque tournant... ou coup de pagaie, selon le cas. La meilleure façon de découvrir cette île est d'emprunter un kayak, idéalement en passant la nuit sur place. Toutefois, si vous manquez de temps, des excursions à la journée au départ de la plage de Tecolote ou même de la baie de La Paz sont possibles : vous y serez en quelques heures.

Creusées par la répétition des vagues sur le grès rose poreux, les ***finger bays*** sont nées de l'érosion en "doigts" irréguliers, devenus aujourd'hui de profonds et étroits canaux dans la roche. Les plages et les baies y sont magnifiques, aussi bien vues d'en haut que depuis un kayak ou un bateau. Si vous participez à une excursion, vous déjeunerez la plupart du temps dans un endroit privilégié, où vous pourrez faire du snorkeling ou explorer les environs. La colonie de lions de mer attire également beaucoup de curieux. Mais attention : si vous faites du snorkeling par ici, il est important de savoir que ces créatures (bien que généralement inoffensives et dociles) sont des animaux sauvages et qu'elles sont, par conséquent, imprévisibles (voir encadré p. 715). Vous pouvez être à la fois perçu comme un compagnon ou comme une menace. Le mieux est donc de garder vos distances.

Il est aussi possible de camper sur l'île, en cuisinant au feu de bois et en échangeant des récits de voyage, le tout sous un envoûtant ciel étoilé...

OÙ SE RESTAURER À LA VENTANA

Pizza Gourmet San Antonio
Super pizza, musique live et ping-pong. **$**

Marlin Azul
Cuisine mexicaine savoureuse et authentique servie sous une *palapa* claire et aérée. **$**

Palapas Ventana
Confortables *cabañas* et excellent restaurant. Location d'équipement pour activités marines et nautiques. **$$**

El Triunfo

Au gré du vent

LE PARADIS DE LA GLISSE

La Ventana, nichée à l'extrême est de la péninsule de La Paz, était encore un lieu inconnu et sans intérêt il y a 20 ans, avant de devenir une destination branchée prisée des amateurs de sports liés au vent, grâce à ses incomparables alizés hivernaux dont raffolent véliplanchistes, kitesurfeurs et autres surfeurs en tout genre. L'horizon entier est parfois rempli de voiles et de cerfs-volants colorés. On vient aussi à La Ventana pour ses excellents sites de plongée et de snorkeling, situés juste au large, autour de l'**Isla Cerralvo** et de ses étendues rocheuses. L'eau y est d'une clarté surprenante, probablement due à l'absence relative de courant dans le golfe de Californie. Si vous voulez explorer la zone depuis la terre ferme, ne manquez pas les fascinantes peintures et pétroglyphes *indígenas* sur les falaises, sans compter les excellentes randonnées qu'offrent les alentours.

Outre les activités aquatiques et de plein air, les occasions de se détendre et de se ressourcer ne manquent pas dans une région encore bien à l'abri du tourisme mexicain. Vous pouvez passer un moment en compagnie de nouveaux amis autour d'une bière, vous trouver un bout de plage vierge ou même louer une *panga* (barque) et vous rendre dans un coin de l'Isla Cerralvo qui ne sera rien qu'à vous, au moins pour la journée. Le soir, la lune argentée scintille sur les vagues !

EL TRIUNFO

Autrefois ville la plus peuplée de Basse-Californie du Sud, El Triunfo, comme tant d'autres villes minières, a connu un énorme boom suivi d'un grand déclin. Avec ses cheminées de fonderie très typiques et ses bâtiments qui ont toujours l'air de sortir d'un décor de film des années 1800, elle connaît un certain regain touristique. L'atmosphère pittoresque "vieil Ouest" qui s'en dégage n'est peut-être plus tout à fait la même qu'autrefois, mais cela reste, pour l'instant, l'endroit idéal pour une balade dans le temps.
À découvrir parmi les nombreux lieux intéressants : l'étrange et inattendu **El Triunfo Piano Museum** (musée du piano) et le **Panteón Municipal** (cimetière local), lieu photogénique dont les portes, l'enceinte et les tombes sont aussi belles que macabres.

COMMENT CIRCULER

Louer une voiture dans le centre-ville de La Paz ou dans la zone hôtelière est facile et direct. C'est le moyen le plus pratique pour vous rendre au-delà de La Paz.
Des **microbúses** circulent également ; les circuits officiels vous permettront d'atteindre facilement votre destination.
Depuis la Paz, deux bus/jour pour La Ventana à 14h (lun-sam) et à 19h (lun-dim) ; retour pour La Paz à 6h45 et 16h15 (lun-sam) ou 13h (dim).

LORETO

Loreto est l'un des rares endroits où les Jésuites réussirent, en dépit des sécheresses et des maladies, à maintenir une mission. C'est aujourd'hui une ville attrayante, bordée sur sa façade est par la vaste étendue du golfe de Californie et sur sa façade ouest par la Sierra de la Giganta (montagne de la géante), aux sommets dentelés et escarpés. Et ces montagnes portent bien leur nom puisqu'on les voit s'élever de façon spectaculaire en pics et en flèches. Loreto est nichée dans la plaine alluviale, relativement étroite et prise entre ces deux éléments naturels. C'est le lieu idéal pour profiter de toutes les activités de plein air de la région : kayak de mer, plongée, snorkeling, randonnée ou escalade. Non loin de là, d'anciennes peintures rupestres ornant des falaises témoignent des civilisations disparues qui y laissèrent leur empreinte.

Pour les infos pratiques, voir le Carnet d'adresses p. 738

À SAVOIR

Si vous êtes adepte des activités nautiques, soyez très attentif à la météo. En effet, les pagayeurs et les plaisanciers sont souvent surpris par la rapidité avec laquelle des eaux extrêmement calmes peuvent soudainement se transformer en véritables torrents. Soyez prudent et prévoyez suffisamment de temps pour sortir de l'eau en cas d'intempérie.

Misión de Nuestra Señora de Loreto Conchó

La Misión de Loreto

LA MARQUE DES JÉSUITES

Les missions de Loreto et de ses environs ont une histoire complexe, liée aux conséquences de la colonisation et des expéditions sur les cultures *indígenas*. Bien souvent, les populations locales, qui prospéraient depuis des siècles sur ces terres, ont été décimées par de nouvelles maladies introduites par les religieux. Cependant, ces bâtiments – certains encore en bon état et habités, d'autres ne présentant que des murs d'adobe en ruine – constituent un pan de l'histoire de la péninsule de Basse-Californie. Abstraction faite des routes actuelles, qui ont profondément modifié le paysage, on peut aisément imaginer les défis auxquels ces missionnaires ont dû faire face à l'époque, parcourant des kilomètres dans un désert aride ou sur une mer agitée.

Dotée d'un magnifique bâtiment, la **Misión de Nuestra Señora de Loreto Conchó** (ou mission de Loreto) est photogénique avec son clocher décentré, sa cloche et ses arches, surtout de nuit (même si ces éléments ne font pas partie du bâtiment d'origine, puisqu'ils ont été ajoutés au milieu des années 1950). Fondée à la fin du XVIIe siècle, l'édifice a survécu depuis, malgré les attaques du peuple Monqui, les tempêtes, les tremblements de terre et autres catastrophes, devenant, durant un certain temps, la mission la plus importante de la péninsule de Basse-Californie et un pilier de la présence jésuite dans la région. Subissant les assauts des Monqui, la mission et ses environs ont été protégés, pendant un moment, par un solide mur d'enceinte. L'âpreté de la région, et les ravages causés par les tremblements de terre et les ouragans, entraînèrent la fermeture de la mission en 1829. Elle accueille aujourd'hui d'importantes cérémonies catholiques.

MISSIONS À PROXIMITÉ

Sur les 27 missions qui parsemaient autrefois la péninsule, il n'en reste aujourd'hui que quelques-unes. Elles sont néanmoins appréciées par les passionnés d'histoire et les aventuriers, qui pourront s'y rendre sur la journée.

La **Misión San Francisco Javier de Viggé-Biaundó** (San Javier), aussi belle qu'isolée, est encore aujourd'hui en activité et est entourée d'oliviers anciens – la route y menant permet également de découvrir des peintures rupestres. Beau bâtiment abandonné, la **Misión San Luis Gonzaga Chiriyaqui** (San Luis Gonzaga) est, quant à elle, située au milieu du désert près de Ciudad Constitución.

Les missions ne sont toutefois pas nécessairement isolées : celle de San José del Cabo est au cœur de la place centrale, et celle de San Ignacio, au nord, est également située en ville.

OÙ SE RESTAURER À LORETO

Café Olé
Café avec terrasse qui sert des petits-déjeuners près de la mission. **$**

Alma del Sur
Restaurant convivial et décontracté, cuisine savoureuse de type sudiste : porc effiloché, travers de porc... **$$**

Loreto Islas
Un lieu apprécié, entre autres, pour ses produits de la mer, à proximité du *malecón* ; magnifique vue sur la mer. **$$**

De Loreto à Ensenada

Avec son paysage mêlant à la fois montagnes, champs, volcans et océan, cette région agricole offre un mélange aussi étrange que spectaculaire.

Loreto se trouve au cœur d'une région à l'immense variété géologique. En s'éloignant des côtes, le paysage fait place à de vastes étendues désertiques, parsemées de ranchs. Mais cette uniformité est trompeuse : des villes comme San Ignacio, Mulegé, Santa Rosalía et d'autres encore en attestent. Chacune revêt son caractère propre ; certaines ne sont même pas visibles depuis la route. Suivez le cours d'un *arroyo* (ruisseau) et vous voilà soudainement au cœur d'une véritable oasis, entouré de palmiers, de cactus et de vaches. Il en va de même tout au long du trajet qui vous mène à la frontière du nord. Malgré l'apparente monotonie de la route, on peut ici admirer les rochers lunaires de Cataviña, observer les baleines, ou encore savourer de délicieuses palourdes Pismo...

À SAVOIR

N'hésitez pas à vous arrêter pour manger un morceau en bord de route : *pitayas* (fruits du dragon), dattes et palourdes sont toutes plus fraîches les unes que les autres, vous en garderez un souvenir culinaire amusant !

GEOFFREY ROBINET/SHUTTERSTOCK ©

Misión Santa Rosalía

ANDREA IZZOTTI/SHUTTERSTOCK ©

Misión San Ignacio Kadakaamán

Autres lieux d'intérêt

VOTRE FUTUR COUP DE CŒUR

Très vaste, la région entre Ensenada et Loreto offre une grande variété de paysages et de villes. À voir :

San Quintín est connue pour ses délicieuses palourdes Pismo (p. 731) et pour ses condors de Californie visibles dans la forêt voisine de **San Pedro Mártir**. Celle-ci est si élevée qu'on peut y apercevoir de la neige. Lynx roux, lynx, cerfs et bien d'autres animaux vivent ici, malgré l'immédiate proximité du désert.

Cataviña se distingue par un champ de rochers arrondis, surgissant de nulle part sur la route, le tout, entouré de cactus.

San Ignacio est une oasis de palmiers-dattiers. Sa mission jésuite restaurée, la **Misión San Ignacio Kadakaamán**, se compose d'un petit muséum d'histoire naturelle de la région.

Mulegé se distingue par sa magnifique **Misión Santa Rosalía** restaurée. Vous trouverez de très belles plages au sud de la ville, comme Bahía Concepción, sensationnelle pour le kayak.

Santa Rosalía du côté du golfe de Californie, abrite l'**Iglesia de Santa Bárbara**, une église conçue par Gustave Eiffel. Elle offre une halte originale avec sa boulangerie de style western, son *malecón*, son musée minier et ses plages de sable noir.

Puerto San Carlos et **Puerto Adolfo López Mateos**, près de Ciudad Constitución, sont réputées pour l'observation des baleines grises. Ces animaux viennent mettre bas entre janvier et mars, et semblent peu effrayés par les bateaux qui les côtoient.

Sierra de San Francisco, classée au patrimoine de l'Unesco, est renommée pour ses superbes pétroglyphes encore nimbées de mystère. Optez pour une excursion sur la journée ou faites un trek de quelques jours dans la région en compagnie d'un *ranchero*.

HOTEL CALIFORNIA

Il existe au moins trois Hotel California en Basse-Californie (Baja California) et en Basse-Californie du Sud (Baja California Sur). Ne vous y trompez pas : d'après les Eagles, il n'y a jamais eu d'Hotel California à proprement parler ; il s'agirait en réalité d'une métaphore désignant l'État de Californie dans son ensemble, mais d'autres interprétations existent. Cela n'a pas empêché certaines personnes de tirer profit du nom – les Eagles ont même intenté un procès aux propriétaires de l'Hotel California de Todos Santos, affirmant qu'ils gagnaient de l'argent en utilisant le nom de la chanson sans qu'il existe aucun lien avéré.

Vous trouverez un Hotel California à Ensenada, un autre à Insurgentes et, bien sûr, le célèbre Hotel California de Todos Santos, très souvent photographiez.

COMMENT CIRCULER

Des bus circulent fréquemment entre le Nord et le Sud, s'arrêtant à chacun des arrêts énumérés ci-dessus. Il est donc assez facile de s'y rendre, sauf villes portuaires où l'on peut observer les baleines, accessibles par navette locale ou taxi. Par exemple, 5 bus/jour pour Santa Rosalía-La Paz (8h) et 6 bus/jour à Loreto (3h30) ; 5 bus/jour pour Mulegé-La Paz (6h) ou encore Loreto (2h).

ENSENADA

Située à 108 km au sud de la frontière, Ensenada est la sœur cosmopolite et hédoniste de Tijuana. La ville accueille une foule bigarrée de touristes venus en bateau de croisière, en voiture de Californie, ou arrivant du Mexique continental. Si les dollars US et les menus en anglais font presque oublier que l'on est au Mexique, il suffit de lever les yeux pour voir l'immense drapeau mexicain qui flotte au-dessus du *malecón* (promenade au bord de l'eau).

Ensenada fut la capitale de la péninsule de 1882 à 1915, avant d'être supplantée par Mexicali pendant la Révolution. La ville accueillit ensuite les "industries du vice" jusqu'à ce que le gouvernement fédéral interdise les jeux dans les années 1930. La ville est aujourd'hui une station balnéaire qui accueille plus de 4 millions de visiteurs par an.

Pour les infos pratiques, voir le Carnet d'adresses p. 738

À SAVOIR

L'ambiance change du tout au tout à Ensenada en fonction des arrivées et départs des bateaux de croisière. Pour trouver du monde dans les bars, privilégiez un soir où quelques navires sont à quai. La ville est plutôt calme le reste du temps.

DARRYL BROOKS/SHUTTERSTOCK ©

Boutique Papas & Beer, Ensenada

INCONTOURNABLE
1 Riviera del Pacífico

SE RESTAURER
2 Il Massimo

PRENDRE UN VERRE ET FAIRE LA FÊTE
3 Bar Andaluz
4 Hussong's Cantina
5 Mango Mango
6 Papas & Beer

Aventures nocturnes

LÀ OÙ TOUT PEUT ARRIVER

Ensenada est connue pour son *spring break*, à l'ambiance plus ou moins débridée en fonction du moment auquel vous arrivez. Les clubs laissent échapper une musique suffisamment forte pour être entendue à plusieurs rues de là ; en s'approchant, ce sont les néons et les lasers qui vous éblouiront. Mais la ville ne se résume pas à la fête. Ensenada peut aussi afficher un visage paisible ; si vous décidez de rester quelques nuits, vous trouverez certainement un lieu qui correspond à l'ambiance que vous recherchez.

Si vous voulez faire la fête, prenez la direction des avenues López Mateos et Ruiz, qui abritent la plupart des lieux de fête. Vous ne vous y ennuierez pas : **Papas & Beer**, **Mango Mango** et autres bars y servent des boissons bon marché, souvent très diluées et généralement à volonté. Juste à côté, on profite de la **Hussong's Cantina**, le plus ancien bar en activité de la péninsule de Basse-Californie, qui revendique, en concurrence avec le Bar Andaluz, la paternité de la margarita.

De l'autre côté de la ville, l'extravagant bâtiment historique **Riviera del Pacífico**, ouvert dans les années 1930 en tant qu'Hotel Playa Ensenada, aurait été un repaire d'Al Capone. Il abrite aujourd'hui le Museo de Historia de Ensenada et,

HUSSONG'S CANTINA

Quiconque visite Ensenada se doit de pousser les portes de la Hussong's Cantina, le plus ancien bar de la péninsule encore en activité. Ouvert dans les années 1800, il n'a pas bougé depuis, avec ses portes à double-battant de style saloon, son bar occupant une grande partie de la pièce et son plancher en bois, poli depuis des décennies par les pas des clients. Comme le Bar Andaluz, situé à proximité, il prétend être le lieu où la fameuse margarita fut inventée. Il semble étrange que deux établissements d'Ensenada aient pu inventer la même boisson au même moment ; l'un d'entre eux doit donc raconter des histoires. Mais, à ce stade, impossible de savoir lequel. Essayez donc les deux !

OÙ SE LOGER À ENSENADA

Capital O Hotel America
Sympathique établissement pour les petits budgets, en dehors de la zone touristique. Parking sur place. **$**

Hotel Mision Santa Isabel
Au cœur de la zone touristique, cet hôtel à l'emplacement pratique propose des chambres propres de milieu de gamme. **$$**

Hotel Santo Tomas
Élégant établissement haut de gamme à quelques pas du port. Prix doublés les vendredis et samedis. **$$**

surtout le **Bar Andaluz**, qui sert une délicieuse margarita, bien que fabriquée en série. Ici, les pichets de margaritas sont servis par dizaines ; n'espérez pas vivre une expérience de dégustation de cocktail artisanal comme on pourrait s'y attendre dans ce lieu chargé d'histoire.

Que vous souhaitiez danser et vous déchaîner sur un rythme effréné en compagnie de joyeux étrangers ou simplement siroter un cocktail, Ensenada est la destination idéale.

IL MASSIMO

Pour retrouver les saveurs mais aussi l'amosphère de l'Italie, il y a **Il Massimo**, un petit établissement confortable, chaleureux et amical sur l'Avenida Lázaro Cárdenas, à quelques minutes de la marina et du port. Les plats servis sont frais, avec le souci du détail et une qualité d'accueil qui fait trop souvent défaut, même dans les meilleurs restaurants. Le chef et propriétaire, Massimo, viendra probablement à votre table, tout sourire, et pourra vous conseiller personnellement sur le dessert à commander. Si vous en avez l'occasion, poursuivez le repas en goûtant aux liqueurs faites maison : succulentes, elles remplissent en même temps la fonction médicinale de favoriser la digestion de ce superbe repas.

La scène culinaire d'Ensenada

CUISINE LOCALE

Les plaisirs de la table sont bien au rendez-vous à Ensenada, et les menus sont aussi variés que les visiteurs. Vous apprécierez tout autant les restaurants français, espagnols, fusion, italiens et bien entendu mexicains, tous situés à quelques pas de la zone touristique.

D'une certaine manière, la cuisine reflète le caractère multiethnique et multiculturel d'Ensenada, à l'image des mineurs et chercheurs de fortune arrivés ici dans les années 1800. Pour vous régaler de *street food*, les ruelles perpendiculaires à l'Avenida López Mateos offrent les meilleures options. Plus près de l'océan, à proximité de la marina, vous trouverez d'excellents restaurants de produits de la mer. Enfin, les avenues Cárdenas et López Mateos abritent des restaurants plus onéreux mais toujours très savoureux. Les endroits dignes d'intérêt sont ici innombrables, n'hésitez donc pas à solliciter l'avis des habitants pour toute suggestion. Les vins produits dans le Valle de Guadalupe ou de San Ignacio arroseront nombre de vos repas.

Valle de Guadalupe

DÉGUSTATION DE VIN

Il fut un temps où le **Valle de Guadalupe**, avec ses collines ondoyantes et ses vastes vignobles à perte de vue, était considérée comme la jumelle de la vallée de Napa ou de Sonoma, en Californie. Quinze ans plus tard, beaucoup de choses ont changé, et certains diront que ce n'est pas pour le meilleur : la plupart des vignes ont disparu et la région n'est plus qu'un patchwork de murs, de maisons et de chemins de terre avec quelques hôtels par-ci par-là.

Fort heureusement, les dégustations de vin sont encore possibles – même si les raisins proviennent d'autres vallées, comme celle de San Ignacio. Parmi les domaines viticoles du Valle de Guadalupe qui méritent la visite pour l'excellence de leurs vins et la beauté de leur environnement, citons :

OÙ FAIRE LA TOURNÉE DES BARS À ENSENADA

La Bête Noire
Lieu idéal pour démarrer une soirée en ville, avec ses canapés en cuir confortables et ses cocktails artisanaux.

Bloodlust
Excellents cocktails et vins dans un bâtiment funky évoquant une courge géante.

Cuatros Cuatros
Dégustation de vins avec vue spectaculaire dans cet hôtel haut de gamme, situé à l'extérieur de la ville.

Vignobles, Valle de Guadalupe

Clos de Tres Cantos (Carretera Ensenada-Tecate km 81). Avec ses bâtiments en pierre, les peintures qui ornent ses murs, la vue, le personnel sympathique et, pour nous, le meilleur rosé de la vallée, voilà l'endroit idéal pour siroter un verre de vin en grignotant pain et fromages locaux.

El Pinar de 3 Mujeres (Carretera Tecate-Ensenada km 87). Cette exploitation tient son nom des 3 femmes qui en sont les propriétaires et maîtres de chai. Elle comprend un chai, un restaurant et une boutique d'artisanat ; les repas sont servis sous les arbres, devant un panorama de vignobles.

Castillo Ferrer (Carretera Ensenada-Tecate km 86,3). Sur une terrasse d'inspiration méditerranéenne, dégustez les vins (l'Aurum est particulièrement intéressant) accompagnés d'une focaccia au romarin. Au milieu d'une orangeraie.

Bibayoff (Carretera Francisco Zarco-El Tigre km 9,5). Exploitation hors des sentiers battus, dotée d'un petit musée retraçant la passionnante histoire des Russes qui immigrèrent ici au début du XXe siècle (et dont descend l'actuel propriétaire). Demandez à déguster le moscatel, fruité.

Pour découvrir la passionnante histoire du vin local, visitez l'instructif **Museo de la Vid y El Vino** (Musée de la Vigne et du Vin ; Carretera Federal Tecate-Ensenada km 81,3).

DOMAINES VITICOLES DU VALLE DE GUADALUPE

La région offre de nombreuses possibilités. En voici quelques-unes pour partir sur de bonnes bases :

Pedro Domecq
L'un des premiers établissements vinicoles de la région. Excellents tapas et autres plats pour accompagner une large sélection de vins, disponibles à la dégustation, au verre, à la bouteille ou à la caisse.

Baron Balché
Une belle villa avec jardin, pour des dégustations avec une vue magnifique.

Vena Cava à Villa del Valle
Cet hôtel et établissement vinicole a construit sa *cava* (cave à vin) à l'aide de bateaux renversés et organise des soirées de dégustation sous ceux-ci, au sous-sol.

Torres Alegre
Cette sympathique petite cave familiale est un lieu qui a une âme et du cœur, avec une belle vue sur la terrasse et d'excellents vins.

OÙ SE RESTAURER À ENSENADA

Humo y Sal
Une adresse branchée avec un menu restreint mais savoureux, et certains des tacos les plus originaux du coin. **$$**

El Rey Sol
Adresse classique ayant résisté à l'épreuve du temps, situé dans la zone hôtelière. Gardez de la place pour le dessert ! **$$**

Calma
Belle terrasse et incroyables cocktails font de ce restaurant un choix de premier ordre si on veut se faire plaisir. **$$$**

CURIEUX CURIOS

Vous aurez peut-être du mal à trouver de bons souvenirs parmi les innombrables possibilités qui s'offrent à vous dans les rues de la zone hôtelière. Mais si vous cherchez un magasin familial, sympathique et où l'on parle anglais, rendez-vous au **Rosario's Curios**, sur l'Avenida Blancarte, à l'angle de l'Avenida Cárdenas. Cette boutique bondée propose toutes sortes de souvenirs : des cartes postales aux couvertures en passant par les amulettes, les chapeaux et les T-shirts. Vous n'y trouverez pas tout, mais si vous avez quelque chose de précis en tête, discutez avec Rosario : elle pourra vous conseiller pour trouver des articles qu'elle n'a pas en magasin.

SHERRY V SMITH/SHUTTERSTOCK ©

***Arroyo* de Ensenada**

L'économie liée aux bateaux de croisière

UNE PART IMPORTANTE DE LA VIE D'ENSENADA

Les bateaux de croisière font battre le pouls de la ville. C'est en partie grâce à eux que l'économie a été revitalisée et qu'Ensenada a redoré son blason sur le plan touristique. Les navires amènent en effet des centaines de visiteurs pressés de mettre pied à terre, dont la plupart connaissent à peine le Mexique et n'abordent pas les Mexicains avec beaucoup de tact. Néanmoins, de nombreux commerces et entreprises survivent grâce à leur passage et vous constaterez que vous serez considéré comme un client potentiel, que vous séjourniez ou non à bord d'un bateau.

Baladez-vous sur les avenues López Mateos et Lázaro Cárdenas et vous trouverez tout et n'importe quoi, des excursions en VTT aux balades à cheval. Les magasins restent ouverts tard, les restaurants sont pleins à craquer et, bien entendu, les clubs et les bars accueillent plus tard ceux qui ne sont pas encore prêts à retourner à quai.

Lorsque les bateaux repartent, l'ambiance change radicalement pour redevenir soudain paisible. On peut se garer facilement et même aller au restaurant sans réservation. Que l'on approuve ou non l'industrie du croisiérisme, elle est omniprésente à Ensenada.

COMMENT CIRCULER

Ensenada est bien desservie par les transports en commun. Si vous faites une dégustation de vin dans le Valle de Guadalupe, optez pour un taxi – la principale station se trouvant à l'angle des Avenidas Lopez Mateos et Miramar (en ville, entre 50 et 120 $M ; 30 $M avec un Uber) – ou joignez-vous à une excursion qui vous y conduira.Plusieurs bus circulent pour relier Ensenada à d'autres villes de la région : pour La Paz (3/jour, 22 heures), pour Tijuana (1 heure 30).

Environs d'Ensenada

Ensenada est un bon point de départ pour de belles excursions dans la nature.

Nichée sur la côte, Ensenada est souvent perçue comme une destination à la journée. Il est pourtant possible d'expérimenter toutes sortes d'activités à quelques encablures de la ville. Les chaînes de montagnes en direction de l'est et du sud sont celles qui offrent le plus de possibilités. En quelques heures seulement, vous pouvez vous retrouver au cœur d'un paysage évoquant les Rocheuses canadiennes, entouré d'imposants pins et de luxuriantes forêts de conifères, peuplées d'oiseaux et d'animaux caractéristiques des régions les plus septentrionales.

Pour les infos pratiques, voir le Carnet d'adresses p. 739

À SAVOIR

Louez une voiture si vous le pouvez, il vous faudra en effet quitter les lignes de bus pour vous évader réellement.

DR. JUERGEN BOCHYNEK/SHUTTERSTOCK ©

Autoroute vers la Sierra de San Pedro Mártir (p. 730)

LAGUNA HANSON

Hors des sentiers battus, mettez le cap sur la **Laguna Hanson**, zone plate et marécageuse située au sommet de la Sierra Juárez. Comme la zone ne dispose pas d'écoulement naturel, elle atteint une profondeur de plusieurs mètres pendant la saison des pluies, ce qui permet de faire de la voile et d'autres sports nautiques. Il y a aussi d'excellents spots d'observation des oiseaux, pour ceux qui disposent d'une paire de jumelles ou d'un zoom convenable sur leur appareil photo.

Même au cours de la saison sèche, cette excursion vaut le détour : les pins et l'air frais offrent une pause rafraîchissante après la chaleur de la ville. On vient y passer la journée pour se détendre, discuter et profiter du grand air autour d'un pique-nique.

ENRIQUE AGUIRRE AVES/GETTY IMAGES ©

Pélican, Guerrero Negro

Parque Nacional Sierra San Pedro Mártir

FORÊT DE CONIFÈRES ET CONDORS DE CALIFORNIE

Ceux qui réduisent la péninsule de Basse-Californie au désert et au littoral n'ont pas encore découvert l'incroyable **Sierra de San Pedro Mártir**, vaste région sauvage s'élevant juste à l'est d'Ensenada sur plus de 730 km^2 dont une grande partie est constituée de forêts de conifères et de broussailles alpines denses. Le sommet le plus élevé de la région, le **Picacho del Diablo** (Devil's Peak, 3 096 m), est aussi le plus haut de la péninsule. Depuis celui-ci, la vision porte jusqu'au golfe de Californie, dont la couleur azur se détache à l'horizon. On peut aussi admirer le ciel nocturne grâce à l'un des télescopes les plus puissants d'Amérique latine, niché au sommet d'une montagne voisine.

Lynx roux, lynx et pumas ont élu domicile dans cette région, bien qu'il soit rare d'apercevoir l'un de ces félins. Encore plus rares et spectaculaires sont les condors de Californie planant dans le ciel. L'espèce a été réintroduite ici et reste stable pour l'instant. Vous les reconnaîtrez instantanément au grand chiffre qu'ils portent sur leur aile. Si vous avez la chance d'en voir un,

OÙ TROUVER DES SPOTS DE SURF À PROXIMITÉ D'ENSENADA

K-38
Un excellent *reef break* (vague sur un fond marin composé de roches ou de coraux).

Rosarito
L'embouchure de cette rivière peut parfois être prise d'assaut, mais son accès facile depuis Tijuana la rend populaire.

San Miguel
Un beau *point break* autrefois surfé par Jim Morrison, le chanteur des Doors.

ne l'approchez pas et n'entrez pas en contact avec lui : c'est à la fois une source de stress pour l'animal et illégal. Si un oiseau semble en mauvaise santé ou blessé, contactez les autorités locales plutôt que de tenter de l'aider.

Le trajet jusqu'à San Pedro Mártir constitue la moitié du plaisir – plus de deux heures de route sinueuse partant du désert, grimpant tranquillement à travers le maquis et la sauge, pour atteindre la forêt de chênes et, enfin, après quelques montées et descentes, les imposants conifères. La brise est si légère, parfois même froide, qu'il paraît impossible qu'un désert se trouve à quelques kilomètres de là.

Guerrero Negro

PLAINES DE SEL, BALEINES ET OISEAUX

Ville délabrée, **Guerrero Negro** rappelle une localité du Far West de l'époque des vieux western. Son histoire est liée à l'exploitation d'une saline isolée, qui a fait de la région l'un des plus grands producteurs de sel de la planète. De nombreux touristes viennent ainsi s'émerveiller devant les **plaines de sel** blanches qui s'étirent à l'horizon. D'autres viennent y voir les nombreuses **baleines grises de Californie** qui migrent chaque année depuis les eaux septentrionales pour donner naissance à des baleineaux dans les criques et les lagunes comme la **Laguna Ojo de Liebre** (ou Scammon's Lagoon), aux eaux peu profondes.

Ces baleines ne sont visibles qu'au cours des mois d'hiver, la meilleure période pour voir les baleineaux étant février et mars. Pendant cette saison, on trouve facilement des *pangas* (barques) qui acceptent de vous emmener en excursion, que ce soit individuellement, dans le cadre d'une visite privée, ou au sein d'un groupe plus important. S'il est tout à fait possible de rencontrer de très près les cétacés, il ne faut pas les toucher ni interagir avec elles.

Bien qu'il s'agisse d'un lieu peu animé, la région est idéale pour l'**observation des oiseaux**, avec des lagunes au nord et à l'ouest de la ville où vivent des espèces migratrices tout au long de l'année. Il règne ici une atmosphère tranquille, détendue, que beaucoup trouvent attrayante et qui rappelle une ville du Far West de l'époque des vieux westerns.

LES PALOURDES PISMO

Depuis la frontière, en direction du sud et de Guerrero Negro, on traverse la ville tranquille de San Quintín. Peu après, des cahuttes en bord de route proposent de délicieuses palourdes Pismo. La préparation habituelle consiste à ouvrir une palourde, à y ajouter oignon doux, tomate, jalapeño et avocat, puis à l'envelopper dans du papier aluminium et à la faire cuire sur le feu pendant environ 10 minutes. À la fin de la cuisson, la coquille embaume et met véritablement l'eau à la bouche ! Certaines cahuttes arborent des crânes et des squelettes de baleine, tandis que d'autres sont décorées avec des enseignes colorées et fantaisistes ; ce sont toutes de bonnes adresses, trop souvent ignorées par les touristes qui passent en trombe sans savoir ce qu'ils ratent.

COMMENT CIRCULER

Que vous voyagiez en bus, en voiture, en bateau ou en avion, traverser le Mexique sans faire tamponner son passeport n'est pas recommandé. Le plus sûr reste donc de le faire pour pouvoir ainsi séjourner sur le territoire pendant 180 jours. Dans le cas contraire, il est impossible de prouver quand on est entré dans le pays. Par conséquent, si une autorité affirme que vous avez dépassé la limite autorisée de 24 heures, vous n'aurez aucun moyen de prouver le contraire.

Beaucoup de bus desservent toute la péninsule depuis et vers Guerrero Negro : 4 bus/jour vers La Paz (11h), 2 bus/jour pour Loreto (5-6h) ou encore 3 bus/jour pour Tijuana (11h). Le petit aéroport de Guerrero Negro se trouve à 2 km au nord de la frontière de l'État et dessert des destinations locales.

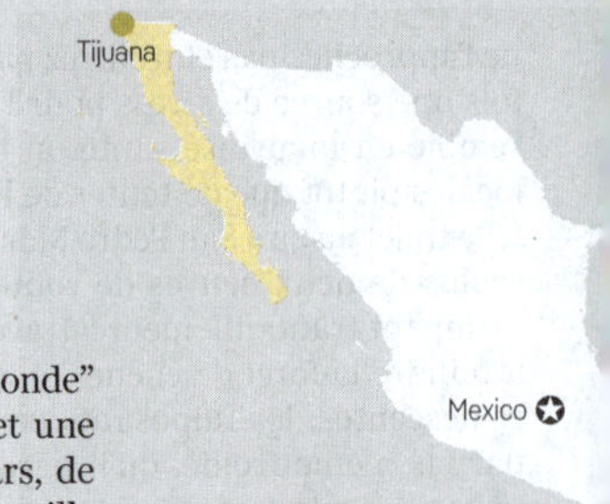

TIJUANA

Tijuana se vante d'être la "frontière la plus traversée au monde" et de fait, elle offre un vigoureux mélange de cultures et une vie nocturne trépidante, avec une grande variété de bars, de restaurants, et un sordide "quartier rouge". Certes, c'est une ville dure, au taux de criminalité élevé, mais, en fait, les touristes sont rarement visés.

La majeure partie des activités touristiques se déroulent sur la célèbre Avenida Revolucíon, aussi appelée Avenida Revo ou encore Revo. Une arche délimite le début de la zone touristique et, de là jusqu'au Frontón Palacio Jai Alai, les boutiques, restaurants, clubs et bars sont innombrables. Longeant le fleuve, Zona Río est un quartier haut de gamme qui accueille des restaurants branchés. C'est aussi là qu'est située Plaza Fiesta, la Mecque des bars et brasseries artisanales, qui incarne mieux qu'ailleurs l'âme de Tijuana, hédoniste mais typiquement mexicaine.

Pour les infos pratiques, voir le Carnet d'adresses p. 739

À SAVOIR

Le ministère des Affaires étrangères en France déconseille formellement de se rendre à Tijuana en raison des meurtres liés au commerce de la drogue. Cette violence, qui sévit au sein des cartels de narcotrafiquants, est à peine perceptible dans les lieux touristiques. Il est toutefois impératif d'agir avec bon sens : se tenir à l'écart des endroits douteux et ne pas circuler en voiture la nuit, par exemple.

INCONTOURNABLES
1 Museo de las Californias
2 Pasaje Rodríguez

VOIR
3 Frontón Palacio Jai Alai

SE LOGER
4 Hotel Caesar's

SE RESTAURER
Tras/Horizonte

PRENDRE UN VERRE
(voir 2) Norte Brewing Co

"Zébrâne"

Avenida Revolucíon

Avenida Revolucíon

C'EST ICI QUE TOUT SE PASSE

Avec ses innombrables restaurants, bars et boîtes de nuit, Avenida Revo est l'artère emblématique de Tijuana. Beaucoup de visiteurs se contentent de descendre l'avenue en s'arrêtant devant un pauvre âne affublé d'un *serape* et d'un sombrero "Viva Mexico", mais il y a bien d'autres choses à découvrir. Pour plus d'authenticité, commencez par vous engager dans les passages couverts qui débouchent sur l'avenue. Le **Pasaje Rodríguez**, aux murs couverts de peintures aux couleurs vives, regroupe des cafés bohèmes, des stands de cuisine de Oaxaca, des boutiques de créateurs locaux, des librairies et des boutiques d'artisanat. Au sud de Revo, le **Frontón Palacio Jai Alai**, construit en 1926, a abrité pendant des décennies des parties de *jai alai*, variante de la pelote basque. C'est aujourd'hui une immense salle de concert.

Tijuana est une destination de choix pour dénicher des souvenirs, mais attention en achetant des objets en or ou en argent : à bas prix, ce sont souvent des faux. Outre les boutiques de Revo, ne manquez pas d'aller sur les marchés pour découvrir un autre visage de Tijuana. Le **Mercado El Popo** (angle Calle 2a et Av Constitución) est le marché du centre le plus coloré.

Si vous voulez faire la fête, dirigez-vous vers l'agréable **Avenida Sexta**, où l'on trouve une multitude de bars, de clubs et de karaokés.

ZONA RÍO

En opposition totale avec le quartier touristique proche du poste-frontière, la Zona Río évoque une ville moderne en plein essor, avec ses centres commerciaux, ses restaurants chics et ses hôtels élégants. Certains des bâtiments les plus remarquables de Tijuana se trouvent ici, comme **The Towers**, un ensemble de gratte-ciel jumeaux actuellement géré par le Grand Hotel Tijuana, où il est agréable de loger. C'est également dans le quartier que se dresse le **Centro Cultural Tijuana** dédié aux arts et à la culture. On peut notamment y visiter le superbe **Museo de las Californias** qui retrace l'histoire de la péninsule de Basse-Californie, de la préhistoire à nos jours.

COMMENT CIRCULER

La frontière de San Ysidro est facile à franchir avec ou sans voiture. Sans véhicule, vous pouvez prendre le tramway de San Diego jusqu'au point de passage de San Ysidro, puis traverser la frontière à pied. Si c'est votre cas, faites tamponner votre passeport afin de prouver votre entrée sur le territoire. Si les bus locaux desservent toute la ville, les taxis à itinéraire fixe – plus chers – sont beaucoup plus rapides. Très appréciés à Tijuana, les véhicules Uber sont également plus abordables.

Environs de Tijuana

La région qui entoure Tijuana est riche en activités et en points d'intérêt, à la fois le long de la frontière et en direction du sud.

La région entourant Tijuana n'est pas fréquentée par les touristes. Mais, si vous souhaitez simplement passer la frontière américano-mexicaine, nous vous conseillons de le faire à Tecate et à Mexicali. Ce sera à la fois plus fluide et plus facile, et les petites villes environnantes ont beaucoup moins cet aspect austère et déprimant des villes frontalières que l'on trouve du côté de Tijuana. Visitez les villes de Tecate et de San Felipe si votre emploi du temps le permet. Tecate est le célèbre berceau de la bière Tecate Lite, devenue un must de la péninsule de Basse-Californie et au-delà, tandis que San Felipe offre de belles plages tranquilles et des excursions hors des sentiers battus. La géologie y est aussi fascinante : les rochers de gneiss de La Rumorosa prennent des formes presque humaines (voir encadré). On vient aussi ici pour observer la faune, notamment les oiseaux.

À SAVOIR

Traversez la frontière à Tecate si vous le pouvez, la circulation y est beaucoup moins dense et le passage se fait plus facilement dans les deux sens.

GUILLERMO ARIAS/GETTY IMAGES ©

Vue sur la frontière américano-mexicaine, La Rumorosa

Mer de Cortés (golfe de Californie)

Détente et villégiature

UNE ESCAPADE DANS LE GOLFE DE CALIFORNIE

Située sur le golfe de Californie, **San Felipe** est un endroit bien agréable pour profiter de la plage, boire un verre sur le paisible *malecón* en observant les passants et faire du surf. La ville vivait à l'origine de la pêche et les produits de la mer constituent toujours une part importante de l'économie locale. Plutôt tranquille, elle attire des expatriés, des camping-caristes et des familles souhaitant vivre à la mexicaine sans laisser le confort de l'autre côté de la frontière. Les montagnes alentour offrent de belles possibilités de randonnées ; San Felipe est l'un des points de départ pour le plus haut sommet de la péninsule de Basse-Californie, le Picacho del Diablo dans la Sierra de San Pedro Mártir, massif que l'on aperçoit à l'ouest (p. 730).

Chaque année, à la fin du mois de février, se tient la célèbre **San Felipe 250**, une course tout-terrain de 250 km attirant des centaines de participants et devenue un élément incontournable de l'économie locale. Gros camions, *truggies, buggies* et autres véhicules imposants envahissent la ville pour faire vrombir leurs moteurs, soulever la poussière et rouler hors des sentiers battus. Si vous recherchez le calme, mieux vaut éviter la ville à cette période, d'autant que les hôtels affichent vite complets.

LA RUMOROSA

En prenant la direction de l'ouest à la sortie de Tijuana, vous tomberez sur un étrange champ composé de blocs rocheux, notamment en suivant la direction de Tecate puis celle de Mexicali. Cette vaste région composée principalement de blocs de gneiss s'est formée au moment où des montagnes se sont élevées, avant d'être rendues visibles par le travail de l'érosion. Leur aspect, semblables à celui que l'on trouve dans le parc national de Joshua Tree ou dans d'autres parties du Sud-Ouest américain, évoquent à la fois visages, animaux et formes venues d'un autre monde. On peut aussi admirer d'anciennes peintures rupestres, des poteries et d'autres objets dans un lieu nommé **El Vallecito** (la petite vallée).
La route qui traverse La Rumorosa est pleine de virages et peut donner des sueurs froides en observant les épaves de voitures visibles en contrebas.

COMMENT CIRCULER

Cette région est desservie par les bus en provenance de Tijuana ou de Mexicali. Les chauffeurs ont la malheureuse habitude d'aborder les virages en épingle à cheveux à une vitesse effrayante. Mieux vaut louer un véhicule pour découvrir la région à votre rythme.

Carnet d'adresses

À faire
Shopping
Se restaurer
Se loger
Prendre un verre
Sortir

LOS CABOS

Cabo Blue Trimaran
Voir p. 707 (624 157 0836 ; www.caboblue.net ; Muelle Principal, Marina, Cabo San Lucas)

Jungle Booze Cruise
Voir p. 707 (624 122 5318 ; caboboozecruise.com ; Muelle Principal Dock I, Marina, Cabo San Lucas)

Pez Gato
Voir p. 707 (624 143 3797 ; pezgato.com ; Blvd Paseo de la Marina L39, Cabo San Lucas)

Bungalows Breakfast Inn
Voir p. 705 (624 125 4426 ; www.thebungalowshotel.com ; Calle Miguel Angel Herrera, Lienzo Charro s/n, Cabo San Lucas)

Casa Natalia
Ce magnifique hôtel donnant sur la place de San José dispose de chambres surplombant de luxueuses piscines en terrasses entourées de hamacs et de salons d'extérieur. (624 182 3709 ; www.casanatalia.com ; Blvd Mijares Centro Historico, San José del Cabo)

Pueblo Bonito Pacifica
Voir p. 705 (624 142 9696 ; www.pueblobonito.com/resorts/pacifica?utm_source=google&utm_medium=organic&utm_campaign=business_listing ; Predio, Paraiso Escondido, Cabo San Lucas)

Sandos Finisterra
Voir p. 705 (624 145 6700 ; www.sandos.com/sandos-finisterra/los-cabos-all-inclusive-resort?utm_source=gmbfinisterra&utm_medium=localmap ; Blvd Paseo de la Marina s/n, Marina, Cabo San Lucas)

Tacos, Cabo San Lucas

GRANDRIVER/GETTY IMAGES ©

Flora's Field Kitchen
Cette ferme est une oasis où l'on sert des repas fins à base d'ingrédients produits aux alentours, le tout dans un cadre rustique-chic tout droit sorti d'un magazine de décoration. (624 142 1000 ; www.flora-farms.com ; Animas Bajas, San José del Cabo ; 9h-10h30, 11h-14h et 17h-21h jeu-sam, 10h-14h dim)

La Lupita
Ces tacos originaux et savoureux s'accompagnent de cocktails au mezcal, de superbes margaritas, de musique live et d'une animation plaisante. (624 688 3926 ; lalupitatym.com ; Calle José María Morelos, San José del Cabo ; 14h-2h mar-dim)

La Taquiza
Voir p. 705 (624 143 5686 ; la-taquiza-restaurante-de-tacos.negocio.site ; Blvd Lázaro Cárdenas, Cabo San Lucas ; 8h-0h dim-jeu, 8h-2h ven-sam)

Los Ajos
Voir p. 706 (624 358 3052 ; www.restaurantwebexperts.com/clients/losajos ; Calle Miguel Hidalgo entre Álvaro Obregón y Venustiano Carranza, Cabo San Lucas ; 8h-18h tlj)

María Jiménez
Voir p. 705 (624 105 1254 ; www.facebook.com/mariajimenezcabo ; Calle Narcizo Mendoza, entre Revolucion de 1910 y 20 de Noviembre s/n, Cabo San Lucas ; 15h-22h mar-dim)

Mariscos Mazatlan
Voir p. 706 (624 143 8565 ; www.facebook.com/MariscosMazatlanLosCabos ;

Calle Narciso Mendoza s/n, Cabo San Lucas ; 11h-22h tlj)

Mi Casa
Voir p. 706 (624 143 1933 ; micasarestaurantcabo.com ; Calle Cabo San Lucas s/n, Cabo San Lucas ; 12h-22h tlj sf dim 17h-22h)

Taquería el Paisa
Voir p. 705 (624 144 4046 ; www.facebook.com/profile.php?id=100088306960521&-mibextid=ZbWKwL ; Av Leona Vicario 239, Cabo San Lucas ; 8h-2h tlj)

Taquería El Venado
Voir p. 705 (624 154 4012 ; www.facebook.com/taqueriaelvenadocsl ; Calle Niños Heroes, Cabo San Lucas ; 10h-7h tlj)

Cabo Wabo Cantina
Voir p. 706 (624 143 1188 ; www.cabowabocantina.com ; angle Blvd Lázaro Carenas et Vicente Guerrero, Cabo San Lucas ; 9h-2h tlj)

El Squid Roe
Voir p. 706 (624 157 4479 ; www.elsquidroe.com ; Blvd Lázaro Cárdenas 1112, Cabo San Lucas ; 9h-3h tlj)

Vaquita
Voir p. 706 (998 883 3333 ; mandalatickets.com/en/cabos/disco/la-vaquita ; Blvd Paseo de la Marina, Cabo San Lucas ; 20h-2h45 tlj)

ENVIRONS DE LOS CABOS

Hotel California
Voir p. 710 (612 145 0525 ; www.hotelcaliforniabaja.com ; Benito Juarez e/Morelos y Marquez de Leon, Col. Centro, Todos Santos)

Posada La Poza
Sublime oasis avec palmiers au bord du Pacifique, cette retraite très privée a pour slogan "l'alliance de l'hospitalité mexicaine et de la qualité suisse". (612 145 0400 ; Camino a la Poza 282, Todos Santos)

Baja Beans
Voir p. 710 (612-130-33-91 ; www.facebook.com/BajaBeansCafeteria?mibextid=LQQJ4d ; Degollado km 63, El Pescadero ; 7h-15h tlj)

Caffe Todos Santos
Voir p. 710 (505 982 3855 ; Calle Centenario 33, Todos Santos ; 7h-22h tlj)

Tre Galline
Voir p. 710 (612 145 0300 ; www.instagram.com/tregallinets ; Centenarlo 33, Todos Santos ; 14h-22h mar-dim)

REED KAESTNER/GETTY IMAGES©
Todos Santos

Hotel Seven Crown
Voir p. 713 (612 128 7787 ; hotelsevencrown.com ; Paseo Álvaro Obregón 1710 ; 8h-22h tlj)

Hotel Lorimar
Voir p. 713 (612 125 3822 ; Calle Nicolás Bravo 110)

Posada de las Flores
Voir p. 713 (612 125 5871 ; www.posadadelasflores.com ; Paseo Álvaro Obregón 440)

LA PAZ

Museo de la Ballena
Ce musée comprend 5 espaces différents avec des maquettes, des présentations audiovisuelles et des explications en plusieurs langues sur les baleines grises, qui vivent et se reproduisent dans les eaux locales. (www.museodelaballena.org ; Antonio Navarro 855 ; tarif avec/sans visite guidée 80/60 $M, gratuit -4 ans ; 9h-14h lun-sam)

Oliva al Mare
Voir p. 714 (612 688 5599 ; www.olivamerida.com ; Paseo Álvaro Obregón 440 ; 14h-23h mar-dim)

Super Tacos Hermanos Gonzales
Voir p. 714 (612 152 0527 ; www.facebook.com/SuperTacosDeBajaCaliforniaSurHnosGonzalez ; Blvd Santa Rosa e/ Nevado de Toluca y Nevado de colima ; 7h-16h mer-lun)

Tatanka
Voir p. 714 (612 122 1999 ; tatanka-baja-fish-and-steakhouse.negocio.site ; Revolución s/n, entre Bravo y Ocampo ; 16h-23h mar-jeu, 14h-23h ven-sam, 14h-21h dim)

ENVIRONS DE LA PAZ

El Triunfo Piano Museum
Voir p. 719 (México 1, El Triunfo ; 10h-17h mer-lun)

Panteón Municipal
Voir p. 719 (Carretera La Paz-San José del Cabo, El Triunfo)

Marlin Azul
Voir p. 718 (612 156 1352 ; Corredor Isla Cerralvo, La Ventana ; 14h-21h tlj)

Palapas Ventana
Voir p. 718 (612 111 9188 ; www.palapasventana.com ; Carretera La Ventana, El Sargento km 9, La Ventana ; 7h-20h tlj)

Pizza Gourmet San Antonio
Voir p. 718 (612 106 1191 ; angle Calle Isla la Raza et. Isla Guadalupe, El Sargento, La Ventana ; 16h-19h jeu-sam)

LORETO

Parque Marine Nacional Bahía de Loreto
Ce parc fait de Loreto une destination de classe internationale pour les activités de plein air. (simec.conanp.gob.mx/ficha.php?anp=31&reg=1 ; entrée payante)

Hostal Casas Loreto
Impeccables, joliment décorées et dotées de mobilier rustique et de murs en pierre, les chambres encadrent un long patio couvert. (613 116 7014 ; Misioneros 47)

Alma del Sur
Voir p. 721 (613 118 4465 ; www.facebook.com/AlmadelSurLoreto ; Calle Hidalgo s/n ; 17h-22h jeu-lun)

Café Olé
Voir p. 721 (613 135 0496 ; www.facebook.com/cafeoleloreto ; Francisco I. Madero 14, Col. Centro ; 7h-22h lun-sam, 7h-14h dim)

Loreto Islas
Voir p. 721 (613 135 2341 ; loretoislas.com ; Paseo A. Lopez Mateos 2 ; 8h-21h mar-dim)

ENSENADA

Museo de Historia de Ensenada
Voir p. 725 (646 177 0594 ; www.facebook.com/MuseoHistoriaEnsenada ; Blvd Lázaro Cárdenas 1421 ; 9h-17h mar-dim)

Museo de la Vid y el Vino
Voir p. 727 (646 156 8165 ; sic.cultura.gob.mx/ficha.php?table=museo&table_id=1662 ; Carretera Tecate-Ensenada km 81.3 ; adulte/-12 ans 50/gratuit $M ; 9h-17h mar-dim)

Baron Balché
Voir p. 727 (646 688 1032 ; baronbalche.com ; El Porvenir ; 10h-19h tlj)

Bibayoff
Voir p. 727 (646 176-1008 ; baronbalche.com ; Rancho Toros Pinto, Ensenada ; 11h-17h30 mar-dim)

Castillo Ferrer
Voir p. 727 (646 117 8059 ; castilloferrer.com ; Carretera Ensenada - Tecate km 86,3, Valle de Guadalupe ; 10h-19h tlj)

Clos de Tres Cantos
Voir p. 727 (646 977 5551 ; closdetrescantos.com ; San Antonio de las Minas km 89, Ensenada, Rancho Santa Lucia ; 10h-17h mer-dim)

El Pinar de 3 Mujeres
Voir p. 727 (646 171 5674 ; closdetrescantos.com ; Carretera Tecate Ensenada Km 87 ; 11h-17h jeu-dim)

Pedro Domecq
Voir p. 727 (646 155 2249 ; www.facebook.com/bodegasdomecqmx ; Carretera Tecate - El Sauzal, km 73, Francisco Zarco ; 10h-18h mer-lun)

Torres Alegre
Voir p. 727 (646 688 1033 ; Parcela 52, El Porvenir, San José de la Zorra, Francisco Zarco ; 11h-17h jeu-mar)

Vena Cava
Voir p. 727 (646 156 8053 ; venacavawine.com/en/home-la-villa ; Rancho San Marcos Toros Pintos sn Ejido Francisco Zarco, La Villa del Valle ; 11h-17h tlj)

Capital O Hotel America
Voir p. 725 (646 176 1333 ; Av López Mateos 1309)

Hotel Mision Santa Isabel
Voir p. 725 (646 178 3345 ; www.facebook.com/MisionSantaIsabel ; Av Adolfo Lopez Mateos 1119 y Castillo)

Hotel Santo Tomás
Voir p. 725 (646 178 3311 ; hotelsantotomas.wixsite.com/ensenada ; Blvd Costero 609)

Calma
Voir p. 727 (646 151 1439 ; calma-bar-and-restaurant.negocio.site ; Blvd Costero 448 ; 14h-23h lun-jeu, 14h-0h ven-sam, 14h-22h dim)

El Rey Sol
Voir p. 727 (646 178 1733 ; elreysol.com ; Av Adolfo López Mateos 1000 ; 7h30-22h30 tlj)

Humo y Sal
Voir p. 727 (646 174 4061 ; www.facebook.com/humoysalbaja ; Km 108 ; 14h-23h mer-sam, 14h-21h dim)

Il Massimo
Voir p. 726 (646 977 7089 ; ilmassimoensenada.com ; Blvd Costero, Lázaro 987 ; 14h-21h mer-ven)

Bar Andaluz
Voir p. 726 (646 176 4310 ; www.facebook.com/barandaluzriviera ; Blvd Lázaro Cárdenas 1421 ;

10h-23h mar, jeu, 10h-1h mer, sam, 10h-0h ven, 10h-8h dim)

Bloodlust
Voir p. 726 (646 237 44 15 ; linktr.ee/bloodlust.wine ; Doña Emilia Lt 13-2 San Marcos ; 16h-22h jeu-ven, 13h-22h sam-dim)

Cuatros Cuatros
Voir p. 726 (646 174 67 89 ; www.cuatrocuatrosreservas.com/bura ; El Tigre, Carretera Tijuana-Ensenada km 89 ; 13h-21h lun-ven, 12h-21h sam-dim)

Hussong's Cantina
Voir p. 725 (646 178 3210 ; Av Ruiz 113 ; 11h30-1h dim-jeu, 11h30-1h30 ven-sam)

La Bête Noire
Voir p. 726 (646 162 9299 ; betenoire.live ; Miramar 666, Centro Cultural Santo Tomás ; 15h-0h lun, jeu, dim, 17h-2h ven-sam)

Mango Mango
Voir p. 725 (646 178 3883 ; www.facebook.com/mangomango.ens ; Blvd Adolfo López Mateos 335)

Papas & Beer
Voir p. 725 (646 200 5618 ; papasandbeerensenada.com/#pagina-nueva ; Blvd Adolfo López Mateos 335 ; 10h-3h restaurant ; 20h-4h club)

Rosario's Curios
Voir p. 728 (646 385 2681 ; curios-ensenada.negocio.site/?utm_source=gmb&utm_medium=referral ; Blvd Costero Plaza Marina 656 ; 10h-7h lun, 9h30-19h30 mar-mer, 9h30-19h jeu, 9h30-20h ven, 8h-20h sam, 9h-20h dim)

JORGE MALO PHOTOGRAPHY/GETTY IMAGES ©

Vignoble, Valle de Guadalupe

ENVIRONS D'ENSENADA

Parque Nacional Sierra San Pedro Mártir
Voir p. 730 (646 172 3000 ; www.facebook.com/SanPedroMartir)

TIJUANA

Centro Cultural Tijuana
Voir p. 733 (664 687 9600 ; www.cecut.gob.mx ; Paseo de los Héroes 9350)

Frontón Palacio Jai Alai
Voir p. 733 (664 685 3687 ; Av Revolución, entre Calle 7a et Calle 8a)

Museo de las Californias
(664 687 9600 ; www.cecut.gob.mx ; Centro Cultural Tijuana ; angle Paseo de los Héroes et Av Independencia ; tarif plein/réduit 40 $M/20 $M ; 10h-19h mar-dim)

Pasaje Rodríguez
(Av Revolución, entre Calle 3a et Calle 4a ; 12h-22h)

Caesar's Hotel
C'est le plus célèbre hôtel de Tijuana, qui date de la Prohibition des années 1920. (664 685 1606 ; www.hotelcaesars.com.mx ; Av Revolución 1079)

Tras/Horizonte
(664 622 5062 ; www.facebook.com/orilladeviento/?locale=fr_FR ; Río Colorado 9680 ; 13h-20h mer, 13h-21H45 jeu-sam, 10h-5h15 dim)

Norte Brewing Co.
(664 638 4891 ; www.nortebrewing.com ; Calle 4ta ; 14h-0h lun-sam, 14h-22h dim)

Ci-dessus : Monterrey (p. 767) ; à droite : Canyon du Cuivre (p. 746)

CANYON DU CUIVRE ET NORD DU MEXIQUE

COW-BOYS, DÉSERTS ET CANYONS

La région frontalière du Mexique offre des paysages magiques, entre vastes déserts, canyons abrupts et villes minières pleines de charme.

Avec ses montagnes grandioses, ses déserts parsemés de cactus et ses gorges vertigineuses, le nord du Mexique évoque les innombrables westerns tournés dans la région. Sa population est aussi très variée : des figures de la révolution mexicaine comme Pancho Villa y ont laissé leur empreinte, et des *rancheros* aux airs de cow-boys entretiennent la culture *norteña*, aux côtés de communautés *indígenas* attachées à leurs traditions.

Parmi les merveilles que recèle le Nord, aucune ne rivalise avec le canyon du Cuivre (Barrancas del Cobre) et ses falaises majestueuses, ses sommets tapissés de pins, ou encore, sa fascinante culture tarahumara (ou rarámuri). Serpentant parmi d'envoûtants paysages, le train du canyon du Cuivre (Ferrocarril Chihuahua Pacífico, ou "El Chepe") effectue l'un des trajets ferroviaires les plus spectaculaires au monde. Son terminus à l'est, Chihuahua, est une ville dotée d'une riche histoire, à découvrir dans ses nombreux monuments et musées. Très différente, la métropole cosmopolite de Monterrey, dans le nord-est du pays, arbore des quartiers d'affaires rutilants, d'agréables espaces verts et une scène artistique effervescente. Au sud, la jolie Durango séduit les visiteurs avec son beau centre colonial et ses lieux de tournage de westerns hollywoodiens.

Ces dernières décennies, le Nord a souffert des guerres entre narcotrafiquants. Même si la situation s'est apaisée et que la région est bien plus sûre, rares sont les voyageurs étrangers qui s'y aventurent ; vous pourrez donc souvent découvrir ses attraits en toute quiétude.

SITES PRINCIPAUX

CANYON DU CUIVRE
Le canyon le plus spectaculaire du Mexique.
p. 746

CHIHUAHUA
Une ville de cow-boys et de révolutionnaires.
p. 759

MONTERREY
Une métropole cosmopolite.
p. 767

DURANGO
Le Far West mexicain.
p. 777

Chihuahua, p. 759

Cow-boys et héros de la révolution dominent la culture de la discrète capitale du plus grand État du Mexique.

Canyon du Cuivre, p. 746

Extasiez-vous devant cette merveille de la nature, quatre fois plus vaste que le Grand Canyon d'Arizona (États-Unis), lors d'un incroyable trajet ferroviaire à bord d'El Chepe.

S'orienter

Le nord du Mexique englobe certains des plus grands États du pays, séparés par de vastes déserts et des montagnes immenses. Pour vous aider à découvrir cette contrée souvent méconnue, nous vous présentons ici les lieux qui définissent le mieux cette région emblématique.

TRAIN

El Chepe grimpe à l'assaut des montagnes du Chihuahua et traverse le spectaculaire canyon du Cuivre – l'un des plus beaux voyages en train au monde. Il est plus facile que jamais de réserver des billets en ligne et de planifier ses étapes dans des villages au bord du canyon, pour d'extraordinaires randonnées à pied et à cheval.

BUS

Les bus permettent d'explorer la région à moindre coût. Des compagnies de bus comme Grupo Estrella Blanca, Tufesa et Azules del Noroeste circulent régulièrement entre les différentes villes. Achetez vos billets sur leur site en ligne et montrez votre QR code en montant dans le bus.

AVION

Les vols intérieurs permettent de voyager facilement et rapidement dans le Nord. Les aéroports internationaux de Monterrey, Chihuahua, Hermosillo et Torreón sont bien reliés au reste du pays. Ceux de Los Mochis et de Durango offrent de bonnes liaisons domestiques.

Monterrey, p. 767

Cette métropole sophistiquée regorge de musées de classe mondiale et de monuments, à deux pas de sentiers de montagne escarpés.

Durango, p. 777

Au cœur de l'attrayant désert de Durango, cette jolie ville séduit par sa cuisine locale originale, son beau centre colonial et des lieux de tournages de westerns.

Planifier son séjour

Le nord du Mexique possède de splendides canyons, des montagnes imposantes et des déserts hérissés de cactus. Prenez le temps de randonner, de vous balader à vélo et d'explorer l'arrière-pays en train.

ALEX BORDELINE/SHUTTERSTOCK ©

Divisadero (p. 755)

Si vous avez peu de temps

- Filez à Los Mochis (Sinaloa), sur la côte pacifique, et montez à bord du **Ferrocarril Chihuahua Pacífico** ("El Chepe" ; p. 748) pour un voyage en train inoubliable à la découverte du **canyon du Cuivre** (Barrancas del Cobre ; p. 746). Il est possible de faire le trajet d'une traite en 10 heures. Le train sillonne des terres de haute altitude, franchit des ponts et suit les bords sinueux du canyon, offrant une succession de panoramas superbes.

- La plupart des trains s'arrêtent à **Divisadero** (p. 755) pendant 15 minutes ; profitez-en pour sauter sur le quai et admirer la vue époustouflante avant de remonter. Le train redescend vers les plaines désertiques du **Chihuahua** avant d'atteindre la **ville du même nom** (p. 759), terminus de la ligne.

Au fil des saisons

La meilleure période pour visiter le nord du Mexique est de septembre à novembre, lorsque le temps est doux. Les étés sont souvent chauds et poussiéreux, et les hivers, très froids.

MARS

Chaque année, les athlètes tarahumaras s'élancent pour une longue course à travers le canyon du Cuivre, l'**Ultra Maratón Caballo Blanco**.

JUIN

Début de la saison des pluies ; la Sierra Madre fleurie. Guyamas (Sonora), célèbre le **Día de la Marina** avec la reconstitution d'une bataille navale, des parades et un feu d'artifice.

JUILLET

Les **Jornadas Villistas**, à Hidalgo del Parral, commémorent Pancho Villa par des représentations théâtrales et une reconstitution de la mort du révolutionnaire.

DE GAUCHE À DROITE : PEDRO PARDO/GETTY IMAGES ©, JEJIM/SHUTTERSTOCK ©, HULTON ARCHIVE/GETTY IMAGES ©

Si vous avez trois jours

- Divisadero est une étape de choix si vous voyagez à bord d'El Chepe, car le village est idéalement situé au bord du canyon. Le **Parque de Aventura Barrancas del Cobre** (p. 755) se rejoint facilement à pied depuis la gare (1,5 km). Logez dans le seul hôtel des lieux, l'**Hotel Divisadero Barrancas** (p. 755), et contemplez la vue sur le canyon depuis votre chambre.

- Le lendemain, assistez au lever du soleil et randonnez au bord du canyon jusqu'au parc d'aventures. Effectuez le plus long parcours en tyrolienne du monde jusqu'au point d'observation de **Mesón de Bacajípare** (p. 755), puis prenez le *teleférico*. Le troisième jour, reprenez le train El Chepe et achevez votre voyage à Chihuahua.

Si vous avez deux semaines

- Vous pouvez aisément passer une semaine à explorer la région du canyon du Cuivre. Faites d'abord étape à **Bahuichivo** (p. 756), puis descendez la route escarpée qui serpente jusqu'au village d'Urique (p. 756), au fond de la gorge, où plusieurs sentiers longent le fleuve. Passez la nuit à **Divisadero** (p. 755). Reprenez le train jusqu'à **Creel** (p. 752), riche de nombreuses cascades et sources chaudes.

- Après ce périple, découvrez la ville de Chihuahua et son passé révolutionnaire au **Museo Francisco Villa** (p. 765). Puis, envolez-vous pour la grande ville cosmopolite de **Monterrey** (p. 767) et flânez le long de la promenade fluviale **Paseo Santa Lucía** (p. 770) jusqu'au principal espace vert, le **Parque Fundidora** (p. 771).

AOÛT

Le **Festival Internacional Chihuahua** invite plus de 600 artistes de la ville à se produire lors de concerts et de spectacles de danse et de théâtre.

SEPTEMBRE

L'**Aniversario de Independencia** permet d'assister à des feux d'artifice et d'écouter de la *música norteña* ainsi que le traditionnel cri pour l'indépendance.

NOVEMBRE

Comme le reste du pays, le Nord célèbre le **Día de Muertos** par la construction d'*ofrendas* (autels) ouvragées et par des veillées dans les cimetières.

DÉCEMBRE

Dans le canyon du Cuivre, l'hiver se caractérise par des températures basses, voire des chutes de neige. On fête **Noël** avec des *posadas* (fêtes) animées et des plats gourmands.

CANYON DU CUIVRE

Rehaussé de crêtes plongeantes et de montagnes tapissées de pins, le canyon du Cuivre (Barrancas del Cobre) est l'un des sites naturels les plus merveilleux du pays. Encastrés dans un massif légendaire, la Sierra Madre, ses six canyons principaux forment un dédale quatre fois plus étendu que le Grand Canyon en Arizona, plus profond et plus verdoyant.

Guerriers morts au combat et missionnaires martyrs ont laissé leur empreinte sur cette terre d'histoire et de légendes. Aujourd'hui, la région est principalement peuplée d'*indígenos* tarahumaras (ou rarámuris).

Proche de beaux points de vue, le village d'altitude de Creel est un point de départ pratique, doté d'excellents hôtels et tour-opérateurs. Plus loin, au bord du canyon, sont perchés les villages de Divisadero, d'Areponápuchi (souvent surnommée "Arepo") et de Cerocahui, le long ou près de la célèbre ligne ferroviaire Ferrocarril Chihuahua Pacífico ("El Chepe"). Laissez-vous suffisamment de temps pour visiter les villages plus isolés (mais accessibles) de Batopilas et d'Urique, au fond du canyon.

Pour les infos pratiques, voir le Carnet d'adresses p. 782

À SAVOIR

Il est tout à fait possible de visiter la région en bus, même si le train El Chepe est l'attraction la plus célèbre du canyon du Cuivre. Les bus sont plus rapides, bien moins chers, et les liaisons sont plus fréquentes ; ils desservent les villages au fond du canyon comme Urique et Batopilas en fonction des horaires des trains.

KYLIE NICHOLSON/SHUTTERASTOCK © ; À DROITE : STACYARTUROGI/SHUTTERSTOCK ©

Valle de los Monjes (p. 752)

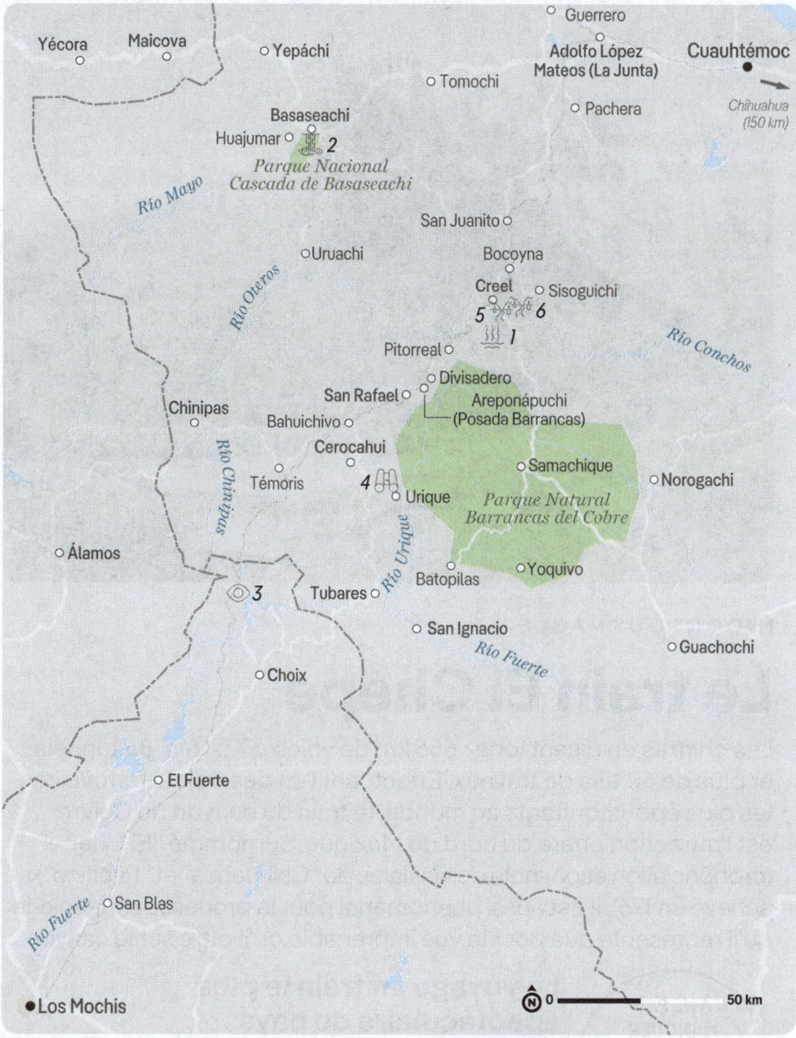

VOIR

1 Aguas Termales Recowata
2 Cascada de Basaseachi
3 Train El Chepe
4 Mirador Cerro del Gallego Cañón de Urique
5 Valle de las Ranas y los Hongos
6 Valle de los Monjes

Valle de los Monjes (p. 752)

ROBERT HARDING WORLD IMAGERY/ GETTYIMAGES ©

INCONTOURNABLE

Le train El Chepe

Les chiffres en disent long : 656 km de voies, 37 ponts, 86 tunnels et plus de 60 ans de travaux. Effectuant l'un des trajets ferroviaires les plus époustouflants au monde, le train du canyon du Cuivre est l'attraction phare du nord du Mexique. Surnommé "El Chepe" (prononciation espagnole des initiales de "Chihuahua" et "Pacífico") et achevé en 1961, il est aussi phénoménal pour la prouesse d'ingénierie qu'il représente que pour la vue imprenable qu'il offre sur le canyon.

À NE PAS MANQUER

- Divisadero
- Parque de Aventuras Barrancas del Cobre
- Creel
- Urique
- Batopilas
- El Fuerte

Le voyage en train le plus spectaculaire du pays

Le train El Chepe relie Los Mochis, sur la côte pacifique mexicaine, à Chihuahua, dans les hautes plaines du centre, en suivant un tracé sinueux qui grimpe jusqu'à plus de 2 400 m. Cette étourdissante ligne ferroviaire suit les bords du canyon du Cuivre et dévoile une succession de vues sublimes.

Il est possible de parcourir toute la ligne en 10 heures, mais il serait dommage de ne pas explorer plus avant cette région âpre et sauvage. Son point d'orgue est Divisadero, où vous pouvez contempler les profondeurs du canyon du Cuivre depuis un point d'observation proche de la gare. Passez la nuit sur place et randonnez au bord du canyon jusqu'au Parque de Aventura Barrancas del Cobre, où l'une des plus longues tyroliennes du monde permet de survoler d'impressionnants à-pics.

Les paysages dans le canyon du Cuivre

Tout au long du trajet, les passagers pourront admirer des paysages saisissants. La plupart choisissent de voyager d'ouest en est, de Los Mochis à Chihuahua, ce qui permet d'effectuer la partie la plus spectaculaire du tracé à la lumière du jour. Dans ce cas, réservez une place du côté droit pour jouir de la meilleure vue possible (à gauche dans le sens inverse).

En partant de Los Mochis, le train sillonne des terres agricoles plates, puis grimpe à travers des collines semées de sombres cactus colonnaires. Il franchit le long pont de Río Fuerte et s'engouffre dans le premier tunnel (sur les 86 du tracé), environ quatre heures après le départ. Il épouse les bords de canyons de plus en plus profonds, puis se fend d'une spectaculaire montée en zigzag dans un tunnel au-dessus de Témoris, à la sortie duquel apparaissent les premiers conifères à flanc de montagne.

À la gare de Bahuichivo, El Chepe se trouve déjà dans les hautes terres de la Sierra Madre, un beau paysage alpestre émaillé de prairies fleuries. Après Divisadero (où la plupart des trains font un arrêt de 15 minutes), le train effectue une boucle complète pour gagner de la hauteur à El Lazo (le Lasso), avant de continuer vers Creel et Chihuahua.

Chepe Regional ou Chepe Express ?

Deux trains opèrent sur cette ligne : le luxueux Chepe Express et le Chepe Regional, plus lent et moins confortable. Les billets sont assez chers ; en outre, les billets Express valent près du double des billets Regional. La plupart des touristes prennent le train Express, le seul qui propose la réservation en ligne.

Les trains Express sont relativement récents (2018) ; les wagons d'inspiration rétro sont dotés de sièges confortables, et d'excellents repas sont servis dans le wagon-restaurant. Il existe trois classes de wagons : la classe *turista* est la moins chère, la classe *ejecutiva* coûte 25 % de plus, et les prix sont multipliés par deux en classe *primera*, qui donne accès à une voiture panoramique à l'air libre. L'Express circule uniquement entre Creel et Los Mochis, et ne marque que trois arrêts (Divisadero, Bahuichivo et El Fuerte).

Les trains Regional, plus vieux, datent des années 1980. Ils ne proposent que deux classes, et il n'y a pas grande différence entre les wagons de classe *turista* et *económica* – les premiers ont un restaurant, les autres une cantine. Les deux classes sont équipées de la climatisation, du chauffage et de sièges inclinables avec beaucoup de place pour les jambes. Le Regional marque de nombreux arrêts entre Chihuahua et Los Mochis.

Achat de billets

Les billets Chepe Express peuvent être achetés en ligne, mais les billets Chepe Regional ne peuvent être réservés que par courriel (chepe@ferromex.mx), par téléphone (558 526 4804), ou bien dans les gares.

Pour le Chepe Express, réservez vos billets bien à l'avance (un mois avant en haute saison et durant les vacances scolaires). Le site Internet accepte le paiement par carte bancaire internationale et propose le chat en direct pour

DURÉE DU VOYAGE

Le trajet d'une traite à bord d'El Chepe (sans arrêt) ne prend que 10 heures, mais vous n'auriez alors pas l'occasion d'explorer le canyon du Cuivre. Nous vous conseillons de prévoir au moins une semaine pour effectuer le trajet, en faisant quatre arrêts : Creel, Divisadero, Bahuichivo et El Fuerte. Vous pouvez également voir l'essentiel de ce périple en quatre jours si vous faites étape uniquement à Divisadero et à Creel.

À SAVOIR

- Emportez vêtements chauds, chaussures de marche, chapeau et crème solaire. En hiver : veste épaisse et polaire, car la température peut descendre jusqu'à 0 °C.
- Couverture téléphonique inexistante par endroits, notamment au fond des canyons. La plupart des hôtels ont le Wi-Fi.
- Munissez-vous d'espèces car il n'y a pas de DAB dans les villages et les paiements se font en liquide (même si la plupart des hôtels acceptent les cartes).
- Engagez un guide local de confiance pour toute excursion hors des sentiers battus, afin d'éviter les secteurs où cartels et gangs sont actifs.

SI VOUS ÊTES EN VOITURE

Les routes sont en assez bon état dans la région, et une voiture peut vous faire économiser beaucoup de temps et d'argent. Une berline standard suffit, mais il est conseillé de louer un 4x4 pour descendre dans le canyon. Mieux vaut louer un véhicule à Los Mochis ou à Chihuahua.

Prudence, néanmoins, car des cartels de drogue contrôlent certaines zones. Empruntez les *cuotas* (routes à péage) le plus possible. Évitez de rouler la nuit, notamment dans les secteurs isolés. Comme toujours, renseignez-vous sur le contexte sécuritaire sur place.

obtenir rapidement une assistance. Au moment d'embarquer, présentez votre billet imprimé ou au format numérique sur votre téléphone.

Pour le Chepe Regional, il est conseillé de réserver vos billets deux semaines à l'avance en période de haute fréquentation et un jour avant le reste du temps. Il est possible de monter à bord du train sans billet si des places sont libres, puis de payer auprès du contrôleur ; toutefois, mieux vaut acheter les billets en gare.

Horaires des trains El Chepe

Les trains ne circulant que deux fois par semaine (trois fois en haute saison dans le cas de l'Express), la planification de votre trajet peut être complexe. Si vous envisagez plusieurs étapes, l'idéal est de combiner des billets Express et Regional. La plus belle partie du trajet se déroule entre El Fuerte et Creel ; vous ne manquerez pas grand-chose si vous utilisez la voiture ou le bus pour les autres parties du voyage.

En haute saison (avril, juillet, août, décembre et les deux premières semaines de janvier), le Chepe Express part de Los Mochis à destination de Creel à 8h tous les lundis, mercredis et vendredis, et effectue le trajet inverse (Creel-Los Mochis) à 8h tous les mardis, jeudis et dimanches. Le reste de l'année, l'Express Los Mochis-Creel circule tous les lundis et vendredis, et l'Express Creel-Los Mochis circule tous les mardis et dimanches. Au total, le trajet prend environ 10 heures.

Le Chepe Regional part de Los Mochis à 6h les jeudis et dimanches, et de Chihuahua à 7h les mercredis et samedis. Le voyage dure officiellement 15 heures 30 ; le train est lent et effectue de nombreux arrêts – un retard d'une ou deux heures est chose courante.

Les horaires fluctuent et les deux services ont souvent des retards ; les départs ne sont donnés ici qu'à titre indicatif. Il n'y a pas de changement de fuseau horaire entre Los Mochis et Chihuahua.

Comment s'y rendre

Les deux villes de départ du train El Chepe sont accessibles en avion et en bus. Le terminus Est, Chihuahua, possède un aéroport international et des vols intérieurs desservent Mexico, Tijuana, Cancún, Guadalajara, Hermosillo et Monterrey. Les bus arrivent à/partent de la principale gare routière de Chihuahua, située à 7 km à l'est du centre-ville. Le terminus Ouest, Los Mochis, possède un aéroport plus petit qui assure des liaisons avec Mexico, Hermosillo, Tijuana, Mazatlán et Guadalajara.

CHEPE EXPRESS (en haute saison)

Gare	lun, mer, ven	mar, jeu, dim	Classe *primera* ($M)	Classe *ejecutiva* ($M)	Classe *turista* ($M)
Los Mochis	8h (départ)	17h40 (arrivée)			
El Fuerte	10h20	15h35	2145	1625	1300
Bahuichivo	14h25	11h25	3966	2697	2023
Divisadero	16h15	9h55	4724	3212	2409
Creel	17h40 (arrivée)	8h (départ)	5641	3836	2877

CHEPE REGIONAL

Gare	Départ (lun et sam, départ de Chihuahua à 7h)	Départ (jeu et dim, départ de Los Mochis à 6h)	Classe *turista* ($M)	Classe *económica* ($M)
Cuauhtémoc	9h25	19h07	734	385
La Junta	10h24	18h12	-	533
San Juanito	12h03	16h23	1468	770
Creel	12h47	15h39	1639	860
Pitorreal	13h42	14h45	1849	970
Divisadero	14h41	14h14	1959	1028
Posada Barrancas	14h52	13h46	1981	1040
San Rafael	15h16	13h28	2037	1069
Cuiteco	15h58	12h35	2175	1141
Bahuichivo	16h12	12h24	2213	1161
Témoris	17h12	11h24	2429	1274
Loreto	19h14	9h23	-	1515
El Fuerte	20h19	8h19	3157	1657
Sufragio	21h26	7h10	-	1778
Los Mochis	22h28	6h	3604	1891

Reportez-vous aux villes qui vous intéressent, il n'y a pas de chemin prédéfini.

Aventures à Creel

CASCADES, SOURCES CHAUDES ET VALLÉES ROCHEUSES

Principal centre touristique du canyon du Cuivre, Creel constitue un excellent point de chute pour explorer les sites naturels de la région. La paisible bourgade s'étend en bordure de la voie ferrée et compte quelques bons hôtels et restaurants près de la gare.

Vous aurez souvent l'occasion de croiser des Tarahumaras (ou Rarámuris) ; vêtus de tenues colorées traditionnelles, ils viennent à Creel pour vendre des objets artisanaux aux visiteurs. Le petit **Museo Tarahumara**, à deux pas de la gare ferroviaire, propose d'excellentes expositions sur cette communauté *indígena*, avec des pièces intéressantes comme une momie découverte en 1994 dans les falaises du canyon du Cuivre.

En face du musée, de l'autre côté de la voie ferrée, la **Plaza de Creel** s'agrémente d'un kiosque à musique. Si vous souhaitez acheter des objets artisanaux tarahumaras et soutenir la communauté locale, rendez-vous à la boutique **Artesanías Misión**, au nord de la place principale. Les recettes sont reversées à la clinique Santa Teresita, qui soigne gratuitement les Tarahumaras.

Pour une vue d'ensemble de Creel, gravissez l'escalier situé à l'ouest de l'Avenida Gran Visíon jusqu'au **Cristo Rey**, une statue blanche du Christ dressée à côté d'un belvédère, au sommet d'une colline située à 2,3 km au nord du bourg.

Il est conseillé de passer une nuit à Creel pour profiter de la région alentour, riche en cascades, sources chaudes et formations rocheuses singulières. Tous ces sites peuvent se découvrir dans la journée à l'occasion d'un itinéraire à pied, à vélo ou en voiture. Louez un vélo pour explorer les environs en indépendant ou faites appel à un guide local. Un circuit d'une journée coûte environ 800 $M par personne.

À 4 km au sud-est de Creel, l'*ejido* (zone agricole communale) tarahumara de San Ignacio compte plus de 4 000 habitants, vivant dans des habitations troglodytiques et des cabanes dans les champs. Près de l'entrée de l'*ejido*, il est possible de visiter une maison troglodytique où vivent 14 Tarahumaras (dons bienvenus).

À 2 km de là, le **Valle de las Ranas y los Hongos** est un lieu captivant, ponctué de rochers en forme de grenouille (*rana*) ou de champignon (*hongo*). Vous pouvez vous y promener et monter jusqu'au sommet pour contempler l'ensemble du site. Non loin, un édifice délabré en pierre, l'église missionnaire de San Ignacio (XVIIIe siècle), accueille chaque dimanche tous les Tarahumaras de l'*ejido*.

Quelque 7 km plus à l'est, le **Valle de los Monjes** est un spectaculaire affleurement rocheux dont les colonnes minérales dominent les forêts de pins alentour, d'où son nom en tarahumara

LES TARAHUMARAS

Installés sur les pentes abruptes du canyon du Cuivre, les Tarahumaras (ou Rarámuris) ont survécu à des siècles de conquête espagnole, de maladies apportées d'Europe et, plus récemment, à la modernisation du pays. La plupart conservent un mode de vie traditionnel, vivent dans des grottes ou sous les surplombs des falaises, et se nourrissent de productions locales (maïs, haricots...).

Tarahumaras (ou Rarámuris) signifie "ceux qui courent vite" – un nom approprié, car ce peuple est connu pour son aptitude à courir de longues distances à travers la montagne, parfois jusqu'à 20 heures d'affilée. En mars, l'**Ultra Maratón Caballo Blanco** (p. 756), se tient à Urique. En 2018, María Lorena Ramírez est devenue la première femme tarahumara à participer à un ultramarathon européen.

OÙ SE LOGER À BATOPILAS

Hotel Juanita's
Excellente adresse pour les petits budgets : chambres propres et bien tenues, jolie cour face à la rivière. **$**

Hotel Casa Real de Minas de Acanasaina
Maison restaurée de caractère, avec cours et espaces publics émaillés d'objets anciens. **$$**

Riverside Lodge
Cette élégante demeure coloniale est décorée de fresques opulentes et de meubles en chêne. **$$$**

Cascada Cusárare

(Bisabírachi ; "la vallée des Verges dressées"). Effectuez le court trajet en voiture vers le sud jusqu'au **Lago Arareko**, un lac en fer à cheval aux eaux bleu-vert, où se reflètent conifères et éminences rocheuses. Vous pouvez louer un pédalo sur la berge (100 $M) et explorer le lac à la recherche du lieu de baignade idéal.

Suivez la route pendant 14 km après le lac pour rallier **Cusárare**, un village tarahumara. Visitez la Misión Cusárare, édifiée par des jésuites au XVIIIe siècle pour servir de lieu de rassemblement religieux et d'école, où les habitants pouvaient apprendre l'espagnol et divers métiers. Le **Museo Loyola** abrite une collection exceptionnelle de peintures de l'époque coloniale (visite guidée uniquement). À environ 3 km, la **Cascada Cusárare** est une jolie chute d'eau de 30 m sertie dans une vaste vallée d'altitude, avec un ravissant chemin d'accès ombragé.

De Creel, il est également possible de rejoindre les **Aguas Termales Recowata**, de populaires sources chaudes situées à 35 km au sud. L'eau délicieusement chaude est acheminée vers d'attrayants bassins nichés entre les gorges, au-dessus d'une rivière. Pour rejoindre le parking depuis la voie rapide Creel-Divisadero, suivez une piste de terre comme indiqué. Puis, descendez à pied le chemin pavé mais rocailleux (3 km) qui mène aux bassins, ou sautez dans l'un des véhicules 4x4 qui font la navette avec le parking.

Nichée à 134 km au nord-ouest de Creel, la **Cascada de Basaseachi** est l'une des plus hautes chutes permanentes du Mexique, et il existe peu de sites naturels aussi impressionnants dans la région. Elle se jette d'une hauteur de 246 m vers des bassins dont l'eau cristalline se prête à la baignade. La cascade se trouve dans un parc national qui recèle des cougars, des cerfs de Virginie

LES MEILLEURES ADRESSES OÙ SE LOGER ET SE RESTAURER À CREEL

Hotel Ecológico Temazcal
Chambres économiques et hôtes accueillants ; la meilleure adresse pour les petits budgets. $

Hotel La Estación
Cet hôtel proche de la gare, rénové sur le thème du rail, offre un excellent rapport qualité/prix. $$

Hotel Colibrí
Hôtel moderne assez récent, tenu par un ancien professeur qui connaît bien la ville. $$

Kino's
Cette adresse propose d'excellents cafés, petits-déjeuners et douceurs dans une petite salle douillette. $

El Tungar
À côté de la gare, ce restaurant populaire et décontracté sert des *pozoles* (ragoûts) et des *caldos* (soupes) réconfortants. $

La Cabaña
Véritable institution de Creel, ce restaurant très prisé est réputé pour ses viandes. $$

OÙ SE RESTAURER À BATOPILAS

Doña Mica
Cette petite cantine sans prétention propose de bons repas faits maison. $

Restaurant Carolina
Régalez-vous dans ce restaurant familial situé à un pâté de maisons de la place centrale. $$

Restaurante La Nevada
Adresse prisée pour ses produits de la mer et ses steaks, à côté de la mairie. $$

PROJET DE DÉVELOPPEMENT DU CANYON DU CUIVRE

L'aéroport international de Creel (Aeropuerto Regional Barrancas del Cobre), qui a coûté 65 millions de dollars, est censé ouvrir prochainement au moment où nous écrivons ces lignes. Des conflits avec les propriétaires de l'*ejido* (zone agricole communale) tarahumara local ont entraîné d'importants retards. L'aéroport s'inscrit dans un vaste projet de redéveloppement, le **Megaproyecto Barrancas del Cobre**. La majorité des habitants voient d'un bon œil les créations potentielles d'emplois dans la région et espèrent que le projet redynamisera le tourisme local. La création d'un parc d'attractions avec montagnes russes au bord du canyon en est encore au stade préliminaire, mais le déclin actuel du tourisme dans le canyon du Cuivre jette le doute sur son avenir.

GALYNA ANDRUSHKO/SHUTTERSTOCK ©

Batopilas

et des pécaris à collier. La vue sur le canyon de Candameña depuis le sommet de la cascade est incomparable.

Comptez une journée pour cette excursion (dont 3 heures de marche pour descendre à la cascade et remonter) ; il vous faudra louer une voiture ou réserver un circuit auprès d'une agence de Creel.

Descente à Batopilas

UNE VILLE MINIÈRE AU FOND DU CANYON

Une route ponctuée d'étourdissants virages en épingle descend les flancs abrupts du canyon de Batopilas jusqu'au charmant bourg éponyme, blotti au fond de la gorge. Les forêts de chênes cèdent la place à une végétation désertique, formée de buissons et d'acacias épineux ; la température grimpe, et le climat frais et tempéré devient subtropical et sec.

Fondée en 1708, Batopilas devint l'une des villes les plus riches du Mexique grâce à l'exploitation des mines d'argent. L'architecture opulente de ses demeures et haciendas témoigne de ce passé florissant. Il n'en reste souvent que des ruines : de l'**Hacienda San Miguel**, jadis l'un des plus beaux édifices de la ville, ne subsiste que sa majestueuse structure en pierre. Le **Museo de Batopilas** donne un aperçu de l'histoire locale, avec notamment la reconstitution d'une mine d'argent et des objets intéressants.

L'**église de la Misión Satevó** se trouve à 6 km à pied de la ville en suivant la rivière. Au détour d'un méandre, apparaît soudain la silhouette isolée de l'édifice aux murs blanchis à la chaux, niché dans une gorge boisée. L'église possède trois dômes et un gracieux clocher à trois niveaux. Aucun Tarahumara ne vit plus à Satevó, mais la taille de l'église et sa localisation à l'endroit le

OÙ SE LOGER À CEROCAHUI

Hotel Jade
Orné de belles fresques, cet hôtel simple et convivial se distingue par l'accueil chaleureux des propriétaires. $

Cabañas San Isidro Lodge
Cette ferme est une charmante base pour des randonnées à pied et à cheval dans le canyon. $$

Hotel Misión Cerocahui
Poutres apparentes, cheminées et canapés en cuir Chesterfield pour une charmante atmosphère d'antan. $$$

plus large du Río Batopilas témoignent de l'existence passée d'une communauté indienne relativement importante.

Chaque matin, du lundi au samedi, des minibus Transportes Turísticos partent de la grand-place de Creel pour rallier Batopilas. Le bourg se visite facilement en indépendant si vous êtes motorisé ; une berline suffit car la route est goudronnée. Toutefois, pour emprunter la petite route qui relie Batopilas à Urique, il vous faut un 4x4 à châssis surélevé, capable de traverser le Río Urique (de novembre à avril uniquement).

Sensations fortes à Divisadero

LA PLUS BELLE VUE SUR LE CANYON

Si vous n'avez le temps de faire qu'une seule étape à bord d'El Chepe, descendez à **Divisadero**. La gare ferroviaire est perchée au bord de la faille, et les passagers peuvent profiter d'une vue panoramique à quelques mètres des voies. La plupart des trains s'y arrêtent 15 minutes, juste le temps de sauter sur le quai, d'observer le canyon et de remonter. Toutefois, Divisadero mérite que l'on s'y attarde pour explorer le parc d'aventures voisin, effectuer une randonnée au bord du canyon et profiter de points de vue.

Bien qu'il n'y ait pas de village, un marché de souvenirs et un espace de restauration se trouvent à quelques pas de la gare. Vous y dégusterez des *gorditas* (gâteaux de maïs garnis) et des *chiles rellenos* (poivrons fourrés) cuisinés sur des réchauds à côté du quai. L'**Hotel Divisadero Barrancas** est le seul hôtel sur place (le village voisin d'Areponápuchi compte nombre d'hébergements).

En passant la nuit à l'hôtel, vous pourrez contempler la vue merveilleuse sur le canyon au lever du soleil. Cher et vieillot, l'établissement jouit toutefois d'un emplacement spectaculaire et propose un choix de randonnées au bord du canyon, de promenades équestres et d'aventures en quad, sans oublier la visite guidée gratuite d'une habitation troglodytique tarahumara, située non loin.

À 1,5 km au sud de la gare, le **Parque de Aventura Barrancas del Cobre** est l'endroit le plus visité du canyon du Cuivre. Ce parc d'aventures offre quantité d'activités passionnantes (parcours en rappel, escalade, descentes en VTT, etc.), y compris la plus longue série de *tirolesas* (tyroliennes) du pays, suspendues au-dessus d'un profond canyon.

Les sept *tirolesas* transportent les visiteurs jusqu'à **Mesón de Bacajípare**, à mi-hauteur du canyon, depuis une altitude de 2 400 m. De là, vous pouvez remonter en téléphérique. Les amateurs de sensations fortes adoreront la **ZipRider**, l'une des plus longues tyroliennes du monde (2,5 km). Si vous avez plus de temps, lancez-vous sur la via ferrata, un parcours mêlant escalade et rappel.

COMMENT SE RENDRE À AREPO

La gare ferroviaire de Posada Barrancas se trouve à distance de marche d'Arepo, mais seul le train Chepe Regional s'y arrête. Les voyageurs du Chepe Express peuvent descendre à Divisadero et prendre un bus local pour Arepo depuis la gare ferroviaire. Si vous voyagez léger, sachez qu'il est également possible de gagner Arepo à pied en empruntant le sentier qui longe le bord du canyon (3,3 km), tout en profitant du superbe panorama en chemin.

OÙ SE LOGER À AREPO

Hostal Font's
Auberge de jeunesse récente avec dortoirs au chaud, salles de bains propres et espaces communs conviviaux. **$**

Cabañas Los Portales
Grandes chambres propres avec chauffage, et personnel accueillant ; le meilleur rapport qualité/prix. **$**

Cabañas Díaz Family
Ce lodge familial propose des bungalows et de savoureux repas faits maison. **$**

Construit à flanc de canyon au-dessus d'une faille impressionnante, le bâtiment principal du parc inclut une boutique de souvenirs et un restaurant avec plateforme en verre au sol.

Étiré le long d'une route bordant le précipice, à 3,3 km au sud-ouest de Divisadero, **Areponápuchi** ("Arepo") propose un large choix d'hébergements, de la *cabaña* rustique au lodge perché au bord du canyon. Ce petit village quelconque sert de base aux voyageurs qui souhaitent visiter le parc d'aventures avant de reprendre le train El Chepe.

Un **sentier pédestre**, assorti de plusieurs points de vue, suit le bord de la faille ; il peut être parcouru sans guide. La plupart des hébergements peuvent organiser des balades à cheval, des excursions dans le canyon et des treks avec nuit sous la tente pour descendre au fond des gorges.

LES ULTRAMARATHONS D'URIQUE

Plusieurs ultramarathons sont organisés à Urique pour rendre hommage aux Tarahumaras (ou Rarámuris) qui, depuis des siècles, perpétuent la tradition des courses longue distance. La Carrera de los Pies Ligeros ("course des pieds légers") se déroule chaque année en décembre ; il s'agit d'un *rarajipari* : un relais longue distance avec deux équipes courant ballon au pied. L'Ultra Maratón Caballo Blanco suit un parcours de 82 km qui emprunte des sentiers difficiles dans les canyons. Il fut établi par Micah True, un coureur américain de légende surnommé Caballo Blanco (cheval blanc), qui vécut pendant des années dans la région du canyon du Cuivre.

Randonnées au bord du fleuve à Urique

SENTIERS PANORAMIQUES ET POINTS DE VUE

Après Divisadero, El Chepe s'arrête à **Bahuichivo**, un village se résumant à quelques maisons, une église et deux hôtels. La plupart des voyageurs gagnent directement **Cerocahui**, à 17 km au sud. Un bus local relie la gare de Bahuichivo à Cerocahui après l'arrivée du dernier train du jour.

Habituellement, Cerocahui est un village tranquille à l'ambiance conviviale et décontractée. Une charmante église coiffée d'un dôme jaune, **San Francisco Javier de Cerocahui**, domine la place centrale, bordée de quelques restaurants et *abarrotes* (épiceries). Toutefois, des fusillades liées au trafic de drogue et des kidnappings s'y sont déroulés récemment, avec la mort d'un guide et l'enlèvement de quatre touristes en 2022. Renseignez-vous sur le contexte sécuritaire avant de partir.

À 24 km au sud-est de Cerocahui, le **Mirador Cerro del Gallego** offre une vue spectaculaire sur le grandiose canyon d'Urique. Ce poste d'observation est situé au bord de la route qui serpente vers **Urique** ; tous les bus à destination du village s'y arrêtent. Depuis le mirador, on voit la route zigzaguer en contrebas jusqu'au fond du canyon.

Bien que le village d'Urique ne se trouve qu'à 40 km de Cerocahui, la périlleuse descente, parmi des paysages époustouflants, peut prendre jusqu'à 3 heures 30 à bord d'un bus local. Les nombreux mémoriaux qui jalonnent la route témoignent de sa dangerosité.

Urique jouit d'un emplacement extraordinaire au fond du canyon le plus profond, sur la rive ouest du **Río Urique**. C'est une base idéale pour la randonnée, avec un choix de balades faciles d'une journée le long du fleuve, aux sublimes eaux turquoise. Vous pouvez remonter le *río* jusqu'au village de **Guadalupe Coronado** (8 km)

OÙ SE LOGER À URIQUE

Hotel El Paraíso Escondido
Motel propre et bon marché, situé dans la rue principale. **$**

Entre Amigos
Beau lodge en bordure de fleuve avec *cabañas* en pierre, dortoirs et emplacements de camping. **$**

Hotel Villa de Urike
Cet hôtel, à moitié construit, au bord du fleuve, est le meilleur de la ville. Chambres modernes et jolie piscine. **$$**

Vue sur le canyon du Cuivre

ou bien le descendre jusqu'à **Guapalaina** (6 km) ; de là, un sentier longeant un ruisseau rocailleux mène à un bassin naturel aux eaux azurées, **Charco Verde**. Bien que la baignade soit interdite (car l'eau alimente les communautés locales), une randonnée à flanc de canyon permet de découvrir plusieurs habitations tarahumaras.

El Fuerte et son fort

RIVIÈRES, FORÊTS ET PÉTROGLYPHES

Après les montagnes, le train croise trois lacs artificiels et s'engage dans la chaleur suffocante des plaines côtières, où s'étend la ville d'**El Fuerte** (État de Sinaloa). Celle-ci est un point de départ/d'arrivée bien plus agréable que Los Mochis pour un voyage à bord du train El Chepe, et mérite qu'on s'y attarde pour une excursion sur le Río Fuerte.

Fondée en 1564, El Fuerte doit son nom à un fort érigé au XVIIe siècle sur les hauteurs du **Cerro de las Pilas** pour protéger les colons des attaques des *indígenas*. Un musée évoquant l'ancien fort a été construit au sommet : le **Museo Mirador El Fuerte** possède une collection de pièces artisanales, de céramiques et d'objets du peuple mayo. Le toit-terrasse offre une vue superbe sur les eaux transparentes du Río Fuerte.

Le **Río Fuerte** est devenu un haut lieu d'observation des oiseaux, où évoluent notamment des martins-pêcheurs, des balbuzards et des gobe-mouches ; beaucoup d'espèces observées sont endémiques. Le guide ornithologue Miguel Angel Leon (kiosque en face de la cathédrale) propose des excursions (350 $M/personne) instructives et divertissantes sur le fleuve, avec randonnée à la découverte de certains des quelque 300 pétroglyphes disséminés autour du **Cerro de la Máscara** (colline du Masque).

LES MEILLEURES ADRESSES OÙ SE LOGER ET SE RESTAURER À EL FUERTE

Mansion Serrano Hotel
Hôtel moyenne gamme dans un bâtiment colonial ; jolies chambres et piscine avec toboggan. $$

Posada del Hidalgo
Hacienda de style colonial transformée en hôtel de caractère avec de beaux espaces publics. $$$

Hotel Torres del Fuerte
Gracieuse hacienda, vieille de 400 ans, avec des chambres à décor thématique ; restaurant gastronomique. $$$

El Supremo
Restaurant populaire et décontracté, meilleur *machaca* (bœuf séché) de la ville. $

El Malecón Restaurante
Petits-déjeuners copieux et délicieux produits de la mer. $$

Restaurante El Texano
Restaurant en plein air proposant une carte variée, sur la place principale. $$

El Mesón del General
Table classique, spécialisée dans les produits de la mer et poissons de rivière. $$$

OÙ SE RESTAURER À URIQUE

Restaurante del Centro
Situé juste à côté de la place principale, ce restaurant réputé concocte de succulentes spécialités mexicaines. $$

Jardín de Mama Tita
Installez-vous dans la luxuriante cour-jardin de ce restaurant douillet, tenu par la chaleureuse Mama Tita, sa propriétaire. $$

Club 10
Excellents *aguachiles* (cocktails de crevettes épicés) et *mariscadas* (plateaux de fruits de mer). $$

LES MEILLEURES ADRESSES OÙ SE LOGER ET SE RESTAURER À LOS MOCHIS

Hotel Fénix
Petites chambres propres et peu onéreuses. $

Hotel Santa Anita
Chambres vieillottes mais spacieuses, d'un excellent rapport qualité. $$

Best Western Plus
Chambres moquettées avec salles de bains modernes. $$$

La Cabaña de Doña Chayo
Restaurant bien installé, prisé pour sa *machaca* (bœuf séché). $

Isleño
Restaurant simple de poisson et fruits de mer. Les *camarones y pulpo al ajillo* (crevettes et poulpe à l'ail) sont parmi les meilleurs de la ville. $$

El Farallón
Célèbre restaurant haut de gamme : spécialités et plats à la mode comme la *torre de mariscos* (tour de fruits de mer). $$$

La plupart des formes géométriques gravées dans la pierre dépeignent des visages humains ou des masques ; elles sont l'œuvre des anciens Mayos (ou Yoreme) et datent d'entre 100 av. J.-C. et l'an 1500. Le Cerro de la Máscara se dresse au cœur du **Bosque Secreto** (forêt secrète), l'une des dernières forêts tropicales sèches d'Amérique latine. Il y a cinq siècles, elle couvrait plus de 550 000 km² le long de la côte nord-mexicaine jusqu'au Panama. Il en reste aujourd'hui 10%, dont une grande partie est située ici.

Brève étape à Los Mochis

L'UN DES TERMINUS D'EL CHEPE

La plupart des voyageurs ne s'attardent guère à **Los Mochis**, vaste agglomération qui sert de nœud de transports, et surtout, de première/dernière station d'"El Chepe". Des ferrys permettent également de rallier la péninsule de Basse-Californie. Les voyageurs qui doivent y passer la nuit trouveront de bons hôtels et restaurants de produits de la mer, réputés pour être les meilleurs du nord du Mexique.

Fondée en 1893 par des socialistes utopiques venus des États-Unis, Los Mochis était à l'origine un centre de culture de la canne à sucre. Aujourd'hui, il n'y a pas grand-chose à voir dans cette ville relativement moderne mais dénuée de caractère. Sa place centrale, la Plazuela 27 de Septiembre s'anime juste chaque soir lorsque des *food trucks* investissent la Calle Vicente Guerrero, côté est. À l'ouest du principal espace vert, le **Museo Regional del Valle del Fuerte** retrace l'histoire de l'État de Sinaloa (en espagnol).

À un pâté de maisons au sud, le **Trapiche Museo Interactivo de Los Mochis** présente d'intéressantes expositions et expériences interactives pour enfants. En face, le splendide **Jardín Botánico Benjamin Francis Johnston** porte le nom et occupe l'ancien domaine d'un magnat américain de l'industrie sucrière.

Pour un moment de détente, ralliez la modeste ville portuaire de **Topolobampo**, située à 24 km au sud-ouest, sur la mer de Cortés. Flânez sur son *malecón* et dégustez du *pescado zarandeado* (poisson entier mariné dans de la bière et des piments séchés) grillé. Des excursions en bateau sont proposées dans le secteur ; la plus populaire rejoint l'**Isla Farallón** pour observer une colonie de lions de mer (oct-avril). Des bus Azules del Noroeste relient la gare routière de Los Mochis à Topolobampo toutes les heures.

COMMENT CIRCULER

La région du canyon du Cuivre possède un bon réseau de transports, et des bus locaux desservent fréquemment chaque gare de la ligne ferroviaire "El Chepe". La plupart ont des horaires qui coïncident avec ceux des trains : ils récupèrent les passagers à leur arrivée et les déposent peu avant le départ. Autotransportes Noroeste a des liaisons régulières depuis Creel, Divisadero et Areponápuchi. Chaque jour, des minibus Transportes Turísticos relient Creel à Batopilas, et Bahuichivo à Cerocahui et Urique. Les routes sont bitumées de Chihuahua à Creel, Divisadero, Batopilas et Bahuichivo. La route de terre qui descend à Urique est dangereuse, ne l'empruntez pas sans un 4x4. Renseignez-vous toujours sur la sécurité avant de partir, car certaines zones sont sous le contrôle de cartels.

Des ferrys relient Topolobampo à la Basse-Californie du Sud (p. 689), séparés par la mer de Cortés. Baja Ferries dessert régulièrement Pichilingue, à 38 km au nord de La Paz, et transporte les voitures. Toutes les heures, Ecobajatours assure une liaison en bus-navette entre le port et La Paz.

CHIHUAHUA

Délaissée par les touristes, ce qui ajoute à son charme, la capitale éponyme du plus vaste État mexicain est connue pour être le terminus du trajet ferroviaire Ferrocarril Chihuahua Pacifico ("El Chepe"), qui longe le canyon du Cuivre. Cette ville tentaculaire et quelque peu rude possède une identité affirmée, mélange de culture *norteña*, d'histoire révolutionnaire et de bohème. Dans ses rues flottent souvent des airs de *banda* (musique de Big Band du Nord) joués par des cow-boys et le fumet appétissant de la *carne asada* (bœuf mariné grillé).

Des années durant, les violences entre gangs de narcotrafiquants dans l'État de Chihuahua ont freiné le tourisme local. De nos jours, l'endroit est relativement sûr pour les visiteurs à condition de faire preuve de prudence. Toutefois, évitez le "Triangle d'Or", où convergent les États de Chihuahua, Durango et Sinaloa, une zone de production d'opium où règne la violence. Ne vous aventurez pas hors des sentiers battus sans guide.

Pour les infos pratiques, voir le Carnet d'adresses p. 784

À SAVOIR

Situé à 15 km au nord-est de la ville, l'aéroport de Chihuahua assure des vols internationaux et des vols intérieurs (Mexico, Tijuana, Cancún, Guadalajara, Hermosillo et Monterrey). À l'intérieur, vous pouvez réserver un taxi à prix fixe au guichet officiel pour rejoindre le centre-ville (environ 300 $M).

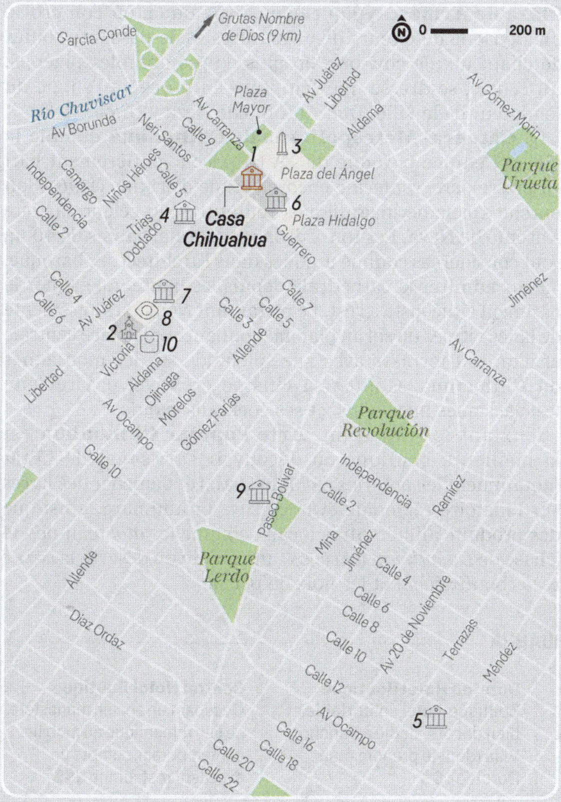

INCONTOURNABLE
1 Casa Chihuahua

VOIR
2 Catedral Metropolitana de Chihuahua
3 Homenaje al General Francisco Villa
4 Museo de la Lealtad Republicana Casa Juárez
5 Museo Histórico de la Revolución
6 Palacio de Gobierno
7 Palacio Municipal de Chihuahua
8 Plaza de Armas
9 Quinta Gameros

SHOPPING
10 Arte Popular Chihuahua

Catedral Metropolitana de Chihuahua

OÙ SE RESTAURER ET PRENDRE UN VERRE À CHIHUAHUA

Escuadrón Montados y Burritos
Les résidents vantent les *montados* (genre de burritos) préparés ici. $

Nómada
Stimulez vos papilles en goûtant des plats éclectiques et inventifs, tout en admirant la vue sur la ville. $$

Los Mezquites
Prisé des résidents pour ses excellents *cortes clásicos* (morceaux de viande), spécialité de Chihuahua. $$

La Casona
Goûtez les célèbres steaks locaux et de succulents produits de la mer dans une élégante demeure du XIXe, dotée d'un beau patio central. $$$

La Sotolería
Bar amusant au décor western revisité. Vaste choix de *sotoles* (eau-de-vie locale) et de cocktails ; viandes grillées et en-cas.

La Antigua Paz
Étudiants, cow-boys et *millennials* fréquentent cette cantine classique, décorée de souvenirs de la révolution.

MARISOL RIOS CAMPUZANO/SHUTTERSTOCK ©

Casa Chihuahua

Plaza de Armas

LE CŒUR BATTANT DE CHIHUAHUA

Le quartier historique, traversé par plusieurs artères piétonnes, se prête à une agréable promenade. Son atout phare est la **Plaza de Armas**, typiquement hispanique, où l'on croise une kyrielle de cireurs de chaussures et de passants coiffés de chapeaux de cow-boy, en plus d'innombrables pigeons. Au centre, se dresse une sculpture en bronze à l'effigie du fondateur de la ville, Don Antonio de Deza y Ulloa.

La **Catedral Metropolitana de Chihuahua** domine la place. L'édifice baroque du XVIIIe siècle, entièrement bâti en pierre ocre, renferme encore l'orgue d'origine (1796). Son porche s'orne de magnifiques sculptures du célèbre artiste Antonio de Nava. Les tours de la cathédrale, hautes de 40 m, sont considérées comme uniques dans l'architecture baroque.

Pour admirer la cathédrale depuis les hauteurs, gagnez le bâtiment situé juste à l'est. Le restaurant Nómada s'agrémente de baies vitrées du sol au plafond donnant sur la place centrale et d'un toit-terrasse avec vue splendide sur les montagnes du Chihuahua. Goûtez sa cuisine créative, qui revisite les classiques mexicains, et ses cocktails exquis.

Jouxtant le restaurant, **Arte Popular Chihuahua** est la meilleure boutique où découvrir l'artisanat de l'État (notamment les poteries de Mata Ortiz) et dénicher des livres sur l'histoire régionale et la culture tarahumara, ainsi que des produits alimentaires locaux comme le *sotol* (eau-de-vie à base de *Dasylirion wheeleri*, une plante du désert), la *carne seca* (bœuf séché) et les noix de pécan.

OÙ SE LOGER À CHIHUAHUA

Hostal Kuira Bá by Rotamundos
Auberge de jeunesse branchée dans le centre-ville, au décor original et coloré. $

Doroteo Hotel Boutique
Boutique-hôtel confortable et bien décoré, dédié à Pancho Villa (dont le prénom était Doroteo). $$

Central Hotel Boutique
Occupant un ancien monastère, ce lieu romantique au mobilier contemporain, compte un excellent restaurant. $$$

Sur le côté nord-est de la Plaza de Armas, le majestueux **Palacio Municipal de Chihuahua** abrite l'hôtel de ville et les bureaux du président de l'État. Avec ses colonnes corinthiennes et ses fenêtres ornées de vitraux, l'édifice illustre parfaitement l'architecture néoclassique, tendance Beaux-Arts français, qui primait durant le Porfiriat.

Monuments et palais

DÉCOUVERTE ÉCLAIR DE L'HISTOIRE DE CHIHUAHUA

Première ville des Provincias Internas de Nueva España, Chihuahua a joué un rôle essentiel dans l'histoire du Mexique. Une balade dans son centre historique donne un aperçu de son passé mouvementé.

Dans la rue piétonne Calle Libertad s'élève le **Palacio de Gobierno**, l'austère siège du gouvernement de l'État, un édifice en pierre grise à la façade parfaitement préservée. Pénétrez dans la cour pour admirer les fresques saisissantes réalisées dans les années 1950-1960 par Aarón Piña Mora, retraçant l'histoire mouvementée de Chihuahua, de la période précolombienne à la colonisation et à la révolution mexicaine. C'est ici que les Espagnols exécutèrent l'indépendantiste Miguel Hidalgo en 1811. Vous en saurez plus sur ce prêtre révolutionnaire et la guerre d'Indépendance en visitant le **Museo de Hidalgo** et la **Galería de Armas**, sis dans le palais.

Juste en face, la **Casa Chihuahua** est l'ancien Palacio Federal de Chihuahua, construit entre 1908 et 1910. Tour à tour hôtel de la Monnaie, monastère jésuite et hôpital militaire, il abrite désormais un centre culturel et un musée doté de remarquables collections (le plus souvent présentées en espagnol et en anglais). La galerie la plus connue est le Calabozo de Hidalgo, le cachot souterrain où Miguel Hidalgo fut détenu avant son exécution. Une plaque rappelle les vers que le prêtre révolutionnaire inscrivit sur les murs de sa cellule au cours de ses dernières heures, remerciant ses geôliers de leur gentillesse.

De l'autre côté de l'Avenida Venustiano Carranza, de grandes lettres colorées épellent “Chihuahua”, et un imposant monument en bronze, le **Homenaje al General Francisco Villa**, représente Pancho Villa, son armée, et l'épisode de son assassinat au volant de sa Dodge.

Plus au sud, sur l'Avenida Juárez, un vaste édifice bordeaux abrite le **Museo de la Lealtad Republicana Casa Juárez**. C'est ici que vécut en exil l'ex-président Benito Juárez de 1864 à 1866, durant l'expédition française au Mexique. Une exposition et des documentaires décrivent comment la campagne militaire de Juárez, dirigée depuis Chihuahua, contribua au retrait des troupes françaises.

SPÉCIALITÉS DE CHIHUAHUA

Queso Chihuahua
Fromage traditionnel au lait de vache. Moelleux, doté d'une saveur peu prononcée rappelant le beurre, il s'utilise souvent dans les plats cuits au four pour son fondant.

Montado
Plat *chihuahuense* à base de tortillas de blé contenant différents ragoûts du Nord, nappé d'une couche de fromage artisanal crémeux.

Sotol
Spiritueux à environ 40% d'alcool, à base de *Dasylirion wheeleri*, une plante du désert du Chihuahua semblable à un yucca. Il y a 800 ans, les Tarahumaras faisaient déjà fermenter le jus de *sotol* pour obtenir une sorte de bière alcoolisée.

Tesgüino
Les Tarahumaras fabriquent une bière de maïs, le *tesgüino*, depuis des siècles. Les grains sont bouillis et fermentent avec des herbes, des racines ou de l'écorce jusqu'à obtention d'une épaisse boisson alcoolisée.

LES MEILLEURS DOMAINES VITICOLES PRÈS DE CHIHUAHUA

Bodegas Pinesque
Établie en 2009 après plus de 15 années d'élaboration de vins en amateur. Visites guidées et dégustations sur place.

Vinícola Casa Chávez
Quatrième génération de vignerons dans le Valle de Delicias.

Ruta del Vino Tres Ríos
Élabore des vins qui reflètent l'identité nord-mexicaine. Journée découverte avec dégustation.

Demeure de Pancho Villa

UN HÉROS LOCAL TRÈS AIMÉ

HIDALGO DEL PARRAL

Les admirateurs de Pancho Villa pousseront jusqu'à **Hidalgo del Parral** (p. 765), situé plus au sud. L'édifice depuis lequel il fut abattu abrite le Museo Francisco Villa.

Durant la révolution mexicaine, les troupes de Pancho Villa s'emparèrent de Chihuahua et leur chef établit son quartier général dans cette hacienda de 48 pièces. Il fit réaliser des projets d'intérêt public, qui contribuèrent à forger son statut de héros local. Aujourd'hui, sa demeure transformée en musée est un passage obligé pour quiconque apprécie les histoires de crime à l'hollywoodienne. Après l'assassinat de Pancho Villa en 1923, 25 de ses "épouses" revendiquèrent cette propriété.

Le gouvernement, après enquête, déclara Luz Corral de Villa l'épouse légitime du *generalísimo*, et elle hérita de cette demeure, la Quinta Luz. En 1981, peu avant sa mort, elle en fit don à l'armée pour y créer un musée. L'Institut national d'anthropologie et d'histoire consacra plus d'une année à la restauration du site. Ouvert en 1982, le **Museo Histórico de la Revolución** possède la plus importante collection mexicaine de photos et d'objets ayant appartenu à Pancho Villa.

L'avant du musée comprend la chambre, la cuisine et la salle à manger de Villa, autour d'un patio de style mudéjar. Meubles, photos et appareils ménagers sont exposés dans les différentes pièces. Dans la cour arrière, se trouve la Dodge noire criblée de balles qu'il conduisait quand il fut assassiné. L'arrière du musée, principalement dévolu à l'histoire de la révolution mexicaine, présente des armes et d'autres objets, avec explications en espagnol et en anglais.

LE HÉROS DE LA RÉVOLUTION MEXICAINE

Francisco "Pancho Villa", voleur et séducteur invétéré avant de prendre la tête de la révolution mexicaine, est un personnage haut en couleurs et pétri de contradictions, unique dans l'histoire du Mexique. Né José Doroteo Arango en 1878, dans une famille d'ouvriers agricoles de l'État de Durango, il tomba dans le banditisme à 16 ans et prit le nom de Francisco Villa en l'honneur de son grand-père. En 1910, Abraham González, responsable local du mouvement révolutionnaire, lui demanda de participer à la lutte. Villa leva des troupes pour rejoindre la révolution, qui débuta le 20 novembre 1910.

Une splendide demeure de style européen

OPULENCE ARCHITECTURALE

Bâtie en 1907 par un riche propriétaire de mines, Manuel Gameros, pour son épouse, la **Quinta Gameros** est l'une des plus extraordinaires demeures du pays. Temple du raffinement, cet édifice de style Belle Époque s'agrémente d'une myriade de vitraux, de boiseries richement sculptées et de moulures ouvragées. Les pièces meublées d'époque recèlent des œuvres d'art anciennes. Elle est considérée par les historiens comme la plus belle propriété Art nouveau du Mexique.

La Quinta Gameros occupe une place importante dans l'histoire de Chihuahua. Après la fuite de son propriétaire en 1913, durant la révolution, les forces armées occupèrent la demeure. Elle devint la résidence de l'homme d'État Venustiano Carranza, puis fut transformée en hôpital militaire et en

AUTRES MUSÉES À CHIHUAHUA

Museo Casa de Juárez
Petit musée occupant l'ancienne résidence du président Benito Juárez.

Museo Sebastián
Cette demeure restaurée des années 1880, abrite des versions réduites de sculptures de l'artiste *chihuahuense*.

Museo Casa Redonda
Ancien atelier d'entretien de locomotives, il héberge le musée d'Art moderne de la ville, petit mais intéressant.

MARISOL RIOS CAMPUZANO/SHUTTERSTOCK ©

Quinta Gameros

bâtiment gouvernemental. Le musée actuel appartient à la Universidad Autónoma de Chihuahua.

Ceinte de grands jardins avec fontaines en pierre, la demeure compte quatre niveaux. Le rez-de-chaussée accueille la majeure partie d'une splendide collection de meubles Art nouveau ; scannez le QR code dans les différentes pièces pour un circuit autoguidé. Au dernier étage, une salle présente le site archéologique de Paquimé, l'un des plus importants du nord du Mexique.

Les grottes de Nombre de Dios

UNE PORTE SUR LE MONDE SOUTERRAIN

Découvertes en 1896 dans la Sierra de Nombre de Dios, ces grottes souterraines situées à 10 km au nord de Chihuahua exhibent stalagmites, stalactites et autres formations rocheuses.

Un itinéraire a été aménagé dans la pierre calcaire à travers les 17 chambres et galeries, avec rampes et escaliers en béton. Des guides vous présentent les formations remarquables, comme *La Torre de Pisa* et *La Cascada*. La plus célèbre est peut-être *El Corazón de la Gruta*, une salle dont l'entrée est en forme de cœur.

La visite d'une heure se fait uniquement avec un guide, par groupes (15-20 personnes). Elle peut être en anglais, à condition de le notifier lors de l'achat des billets. Pour atteindre les grottes, prenez un taxi (environ 100 $M). Chihuahua Bárbaro propose également des circuits en groupe (300 $M/personne). Il peut faire chaud et humide dans ces cavernes, et la visite est à proscrire si vous êtes claustrophobe.

CIRCUIT EN TROLLEYBUS

Chihuahua Bárbaro propose des circuits en trolleybus pour découvrir les grands sites historiques de Chihuahua et des environs (en espagnol). Le circuit de 3 heures (130 $M) part des bureaux du prestataire, parcourt le centre-ville puis gagne le musée Pancho Villa et la Quinta Gameros. L'agence organise également des excursions d'un ou deux jours à destination du site archéologique de Paquimé, des fermes mennonites de Cuauhtémoc, et du Parque de Aventuras Barrancas del Cobre, dans le canyon du Cuivre.

COMMENT CIRCULER

Chihuahua possède un réseau de bus récent, Vivebús, dont les véhicules climatisés et accessibles en fauteuil roulant circulent sur des voies réservées. Pas de paiement en espèces à bord ; achetez une carte dans les machines situées au bord des voies (chaque trajet coûte 10 $M). On trouve facilement des taxis et des taxis collectifs dans le centre-ville. Comptez environ 50 $M pour rejoindre la gare ferroviaire, 100 $M pour la gare routière, et 200 $M pour l'aéroport.

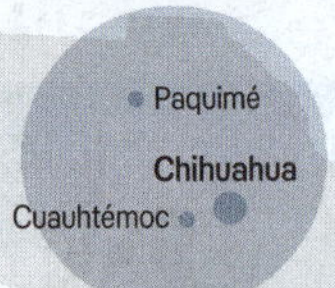

Environs de Chihuahua

La ville de Chihuahua n'est pas particulièrement attrayante, mais les fascinantes communautés mennonites et les sites précolombiens tout proches valent que l'on s'y aventure.

Comme le proclament les plaques d'immatriculation locales, l'État de Chihuahua est une "*Tierra del Encuentro*" ("Terre de découverte"). Le désert de Chihuahua (*Desierto Chihuahuense*), le plus vaste d'Amérique du Nord, recouvre la majeure partie de son territoire. D'une âpre beauté, cette région aride et semée de cactus compte de nombreux ranchs, donnant l'impression de s'aventurer dans un western (c'est à Durango, plus au sud, que nombre de westerns célèbres ont été tournés).

Ralliez Nuevo Casas Grandes, au nord-ouest : cette ville provinciale aux rues poussiéreuses est un bon point de chute pour explorer les ruines précolombiennes de Paquimé et le centre de poterie de Mata Ortiz. Gagnez ensuite la petite ville de Cuauhtémoc, au sud, où réside la plus importante communauté de mennonites du Mexique. Vous pourrez visiter le Museo y Centro Cultural Menonita et sillonner leurs *campos* (champs).

Pour les infos pratiques, voir le Carnet d'adresses p. 785

À SAVOIR

La principale gare routière de Chihuahua dessert régulièrement Cuauhtémoc, Nuevo Casas Grandes et Creel. Les compagnies de bus les plus importantes sont Rápidos Cuauhtémoc et Autotransportes Noroeste.

Désert de Chihuahua

ALTRENDO IMAGES/SHUTTERSTOCK ©

Museo y Centro Cultural Menonita

Les mennonites du Chihuahua

LA PLUS GRANDE COMMUNAUTÉ MENNONITE DU PAYS

Installés au Mexique depuis plus d'un siècle, les mennonites vivent principalement dans la petite ville de **Cuauhtémoc**, à 103 km à l'ouest de Chihuahua. Leurs croyances vont à l'encontre de nombreux gouvernements, ce qui explique leurs migrations de masse. Dans les années 1920, quelque 6 000 mennonites quittèrent le Canada pour gagner le nord du Mexique. Ils forment désormais des petites communautés dans les environs de Cuauhtémoc.

Il n'est pas rare de croiser des mennonites aux cheveux blonds et aux yeux bleus dans les champs alentour. Les hommes sont vêtus d'une salopette large et d'une chemise à carreaux ; coiffées d'un foulard, les femmes portent une longue robe sombre. Ils parlent un dialecte du bas allemand, ainsi que l'espagnol et l'anglais pour la plupart. Les mennonites vivent essentiellement de l'agriculture, notamment de l'élevage, et produisent le fameux *queso menonita* (fromage mennonite).

Au nord de la ville, le **Museo y Centro Cultural Menonita** est un musée bien conçu qui présente la reconstitution d'une ferme mennonite traditionnelle, où sont exposés outils et objets ayant appartenu aux premiers mennonites de la région. Après cet aperçu de leur mode de vie, parcourez la boutique d'artisanat et dégustez des pâtisseries traditionnelles maison dans le café. Pour visiter les *campos*, l'idéal est de réserver une excursion à Chihuahua ou à Creel ; vous en apprendrez davantage et pourrez rencontrer des membres de la communauté mennonite. Renseignez-vous au musée si vous n'avez pas réservé d'excursion. Un taxi depuis le centre de Cuauhtémoc coûte environ 200 $M.

PANCHO ET PARRAL

À 250 km au sud de Cuauhtémoc, la petite ville de Hidalgo del Parral occupe une place importante dans l'histoire mexicaine : c'est ici que Pancho Villa fut assassiné le 20 juillet 1923. L'édifice depuis lequel Pancho Villa fut abattu abrite le **Museo Francisco Villa**. Des photographies en noir et blanc de Villa y sont exposées sur deux niveaux, ainsi que ses armes et divers effets personnels. Si vous vous trouvez dans les environs vers le 20 juillet, ne manquez pas d'assister aux **Jornadas Villistas**, de spectaculaires célébrations qui marquent sa mort.

OÙ SE LOGER ET SE RESTAURER À NUEVO CASAS GRANDES

Quiero Ligero
Ce café moderne du centre-ville sert des smoothies, des sandwichs et des salades sains et à prix doux. **$**

Pompeii
Cuisine mexicaine moderne qui fait la part belle au *pavo* (dinde), spécialité du coin. **$$**

Hotel Hacienda
Hôtel d'inspiration Far West, doté d'un emplacement central et de chambres rénovées. **$$**

JEJIM/SHUTTERSTOCK ©

Paquimé

Ruines de Paquimé

LE PLUS GRAND SITE ARCHÉOLOGIQUE DU CHIHUAHUA

Située dans une large vallée à 300 km au nord-ouest de Chihuahua, **Paquimé** était la plus importante cité marchande du nord du pays à l'époque précolombienne. Le site, classé au patrimoine mondial de l'Unesco depuis 1998, est constitué d'un dédale de ruelles étroites et de petites salles en adobe vermeille.

Paquimé était le centre de la culture de Casas Grandes, qui s'étendait au nord jusqu'au Nouveau-Mexique et à l'Arizona, et sur presque tout l'État de Chihuahua. Les élites contrôlaient le système d'irrigation, la production agricole et le commerce depuis l'ancienne cité. Le désert, les vallées et les montagnes étaient reliés par des routes ponctuées de tours de guet. La cité fut mise à sac, peut-être par les Apaches, vers 1340. Les fouilles et la restauration ont débuté dans les années 1950.

Ne manquez pas de visiter le **Museo de las Culturas del Norte** (inclus dans le prix du billet), qui présente les cultures indiennes du nord du Mexique et du sud-ouest des États-Unis et leurs liens. Les panneaux explicatifs (en espagnol et en anglais) foisonnent de détails ; le musée présente notamment les fours creusés dans le sol qui servaient à élaborer le mezcal, la maison d'un *curandero* (guérisseur) et une "maison des crânes". Excellents potiers, les habitants de Paquimé fabriquaient des pièces en argile couleur crème, ornées de motifs géométriques rouges ou noirs. De superbes poteries originales sont exposées au musée, et des reproductions modernes sont en vente.

LE VILLAGE POTIER DE MATA ORTIZ

Cette bourgade poussiéreuse, nichée à 27 km au sud de Paquimé, est un important centre de poterie. Les artisans utilisent des techniques et des styles de décoration inspirés de la culture Paquimé. Nombre de pièces se vendent dans le monde entier à des prix extravagants. Juan Quezada Celado, potier décédé en 2022, a commencé à faire revivre la tradition potière dans les années 1970. En flânant dans le village, vous pourrez admirer de nombreuses poteries et voir les artisans à l'œuvre. Allez-y en taxi depuis Nuevo Casas Grandes (environ 600 $M).

COMMENT CIRCULER

Il est relativement facile d'explorer les environs de Chihuahua en indépendant, car la principale gare routière de la ville (Bulevar Juan Pablo II) dessert régulièrement des destinations alentour. Pour vous y rendre, prenez un bus "Circunvalación Sur" en direction du nord-ouest sur l'Avenida Carranza. Rápidos Cuauhtémoc possède un nouveau terminal de bus dans le centre-ville de Chihuahua, mais arrivez tôt ou réservez vos billets à l'avance. Les circuits en trolleybus de Chihuahua Bárbaro sont pratiques pour explorer la région si vous n'envisagez pas de conduire.

MONTERREY

La métropole cosmopolite de Monterrey est dotée d'une scène culturelle dynamique et d'un important centre financier. Moteur de l'économie, la troisième ville du Mexique a sa part de gratte-ciel vertigineux et de gigantesques galeries marchandes. Mais elle compte également un éventail de musées d'envergure mondiale, de centres artistiques et de lieux de divertissement.

Le cœur de la ville est la Macroplaza. À l'est, le Barrio Antiguo (quartier historique) est en pleine renaissance grâce à l'ouverture de bars branchés et de boutiques bohèmes, et à son marché dominical. À l'ouest, la Zona Rosa est un quartier moderne et animé, sillonné de rues commerçantes piétonnes. Plus à l'est, le Parque Fundidora est le poumon vert de la ville.

Monterrey, qui signifie "roi des montagnes", s'étend effectivement au pied des montagnes spectaculaires de la Sierra Madre Oriental, terrain de jeu fabuleux pour d'innombrables aventures.

Pour les infos pratiques, voir le Carnet d'adresses p. 785

À SAVOIR

À 27 km du centre-ville, l'aéroport dessert les grandes villes du Mexique. Toutes les heures, un bus Noreste relie l'aéroport à la gare routière (Central de Autobuses), située à 2 km au nord du centre-ville.

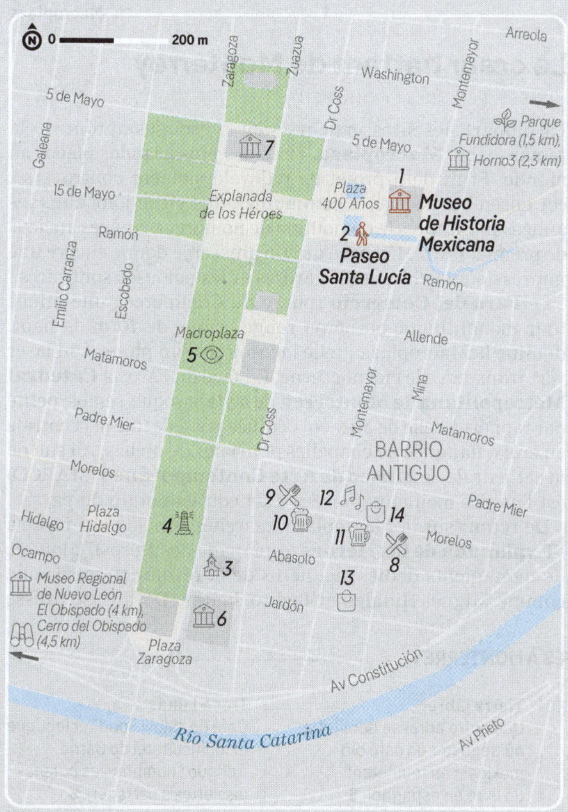

INCONTOURNABLES
1 Museo de Historia Mexicana
2 Paseo Santa Lucía

VOIR
3 Catedral Metropolitana de Nuestra Señora de Monterrey
4 Faro del Comercio
5 Macroplaza
6 Museo de Arte Contemporáneo
7 Palacio de Gobierno

SE RESTAURER
8 Me Muero de Hambre
9 Mercado Barrio Antiguo

PRENDRE UN VERRE ET FAIRE LA FÊTE
10 Almacén 42
11 La Oveja Negra

SORTIR
12 Café Iguana

SHOPPING
13 D'michaus Antiques
14 Libros Café Y Detalles

ROBERTO GALAN/SHUTTERSTOCK ©

PAROLE D'HABITANT : OÙ ASSISTER À DES CONCERTS ?

David Navas, danseur et artiste de djembé africain, enseigne à la TTMDA (Tam Tam Mandingue Djembe Academy) au Mexique ; il recommande certains des meilleurs bars et salles de concerts de Monterrey.

Café Iguana
Cette institution de la ville propose des concerts en tout genre, de l'ethnic dance au hip-hop.

Almacén 42
Un bar de hipsters animé, avec 42 bières artisanales à la pression, logé dans d'ancien conteneurs industriels.

Topazdeluxe
Le meilleur endroit pour la musique électronique, assidûment fréquenté par la jeunesse locale.

Saxy Jazz Club
Cette nouvelle adresse propose des concerts de jazz et de musique latino à une clientèle chic.

ELIJAH-LOVKOFF/GETTY IMAGES ©

Macroplaza

Le cœur battant de Monterrey

MUSÉES, PLACES ET MONUMENTS

La plupart des sites majeurs sont regroupés autour de la remarquable **Macroplaza**, l'une des plus grandes places au monde. Fruit d'un projet de redéveloppement controversé, cet ensemble de places communicantes vit le jour dans les années 1980, après la démolition de nombreux édifices anciens de premier ordre. L'espace urbain ainsi créé donne encore une impression de vide, car les arbres et les pelouses sont rares.

Le **Faro del Comercio** (phare du Commerce), une mince tour monolithique en béton rouge brique de 70 m de haut, domine la Macroplaza ; telle la lumière d'un phare, son laser vert transperce le ciel nocturne. En face du Faro, la **Catedral Metropolitana de Monterrey**, de style baroque, semble petite par rapport à celle de Mexico. L'édifice possède une nef centrale en croix, flanquée de chapelles pourvues de niches. Au sud de la cathédrale, le **Museo de Arte Contemporáneo** (MARCO) est l'un des meilleurs musées d'art contemporain du pays.

De retour sur la Macroplaza, marchez vers le nord jusqu'à l'**Explanada de los Héroes** (esplanade des Héros), jalonnée de monuments dédiés aux héros de la révolution mexicaine comme Miguel Hidalgo et Benito Juárez. Devant, se dresse

LES MEILLEURS CAFÉS À MONTERREY

Libros Café Y Detalles
Les bibliophiles adorent ce café et son délicieux menu, assorti d'une librairie aux murs recouverts de livres. **$**

Tierra Libre
Une autre adresse douillette où déguster un café bio mexicain en feuilletant un livre en espagnol. **$**

Trece Lunas
Café de "Slow Food" éclectique et multiculturel du Barrio Antiguo ; nombreuses *botanas* (assiettes à partager). **$**

le **Palacio de Gobierno** (1908), dont la majestueuse façade néoclassique est ornée de fenêtres à vitraux.

À l'est, la **Plaza 400 Años**, pourvue de fontaines et de bassins, fait un impressionnant prélude au **Museo de Historia Mexicana** ; logé dans un bâtiment moderniste de plusieurs niveaux, ce musée retrace l'histoire du Mexique, de l'ère précolombienne au XXe siècle. Plus de 1 200 artefacts y sont exposés, notamment des têtes olmèques en pierre et une authentique locomotive. Le billet inclut l'entrée au **Museo del Noreste** ; relié au premier par une passerelle aux parois de verre, il présente la géographie, la culture et l'histoire du nord-est du Mexique.

Balade dans le Barrio Antiguo

CURE DE JOUVENCE POUR LE CENTRE HISTORIQUE

Depuis quelques années, le Barrio Antiguo de Monterrey connaît une certaine renaissance. Les violents affrontements entre gangs du début des années 2000 se déroulaient souvent dans les bars et discothèques de la vieille ville, et nombre de commerces mirent la clé sous la porte. Toutefois, l'horizon s'éclaircit et les visiteurs commencent à revenir, attirés par les cafés misant sur la qualité, les magasins de bières artisanales et les boutiques indépendantes qui investissent les lieux. Il y a encore beaucoup à faire, mais l'espoir est là.

Quittez la Macroplaza par l'est en empruntant la Calle Morelos, une rue piétonne jalonnée de bars branchés, de *biergarten* et de boutiques spécialisées. Faites halte au **Mercado Barrio Antiguo**, un espace de restauration animé où l'on peut déguster différentes cuisines de rue en sirotant une bière artisanale. Achetez un *antojito* (en-cas) et continuez la balade jusqu'au **Libros Café Y Detalles**, une formidable librairie doublée d'un café, dont les étagères croulent sous les livres et les babioles.

À l'angle opposé, le flamboyant restaurant **Me Muero de Hambre** occupe plusieurs maisons peintes de couleurs vives. Située sur le carrefour le plus animé du quartier, cette cantine éclectique compte un espace décontracté où savourer des tacos, un autre servant des plats mexicains inventifs, et un toit-terrasse avec une jolie vue où l'on se régale de pizzas cuites au feu de bois.

Perpendiculaire à la Calle Morelos, la rue piétonne Calle Mina devient le **Corredor del Arte** (couloir de l'art) le dimanche, à la fois marché aux puces et marché d'art et d'artisanat. Le quartier tout entier prend vie ; joignez-vous aux habitants qui fouillent parmi les piles de vêtements d'occasion, les vinyles vintage et les objets de déco anciens. Continuez vers le sud

FESTIVALS DE MUSIQUE À MONTERREY

Monterrey est un must pour les passionnés de musique : elle accueille de nombreux festivals réputés et compte des salles de concerts d'excellente qualité. Voici certains des plus grands événements annuels :

Tecate Pa'l Norte
Chaque printemps, cet immense festival investit le Parque Fundidora pour des concerts exceptionnels de grands noms de la musique, tel Carlos Santana.

Hellow Festival
Le festival le plus ancien de Monterrey fait un tabac chaque mois d'août, avec une programmation diverse couvrant différents genres, du hip-hop à l'EDM.

Beyond Wonderland
Ce festival extravagant sur le thème d'*Alice au Pays des merveilles*, qui se déroule en divers lieux, propose des concerts d'EDM, des expositions interactives et un spectacle de sons et lumières.

Coffee with Aliens
Venez savourer des cafés de spécialité ou à base de grains torréfiés maison, puis restez pour l'ambiance. $$

BreAd Panaderos Artesanales
Boulangerie de San Pedro spécialisée dans le pain et les viennoiseries de style européen, pour un fabuleux petit-déj. $$

Mon Paris – Gomez Morin
Installé à San Pedro, ce café français sert de succulents pains au chocolat et crêpes garnies. $$

GABRIELBAHENA/SHUTTERSTOCK ©

Paseo Santa Lucía

pour explorer les boutiques de brocante de la Calle Jardón. **D'michaus Antiques** possède une cour remplie de trésors en métal, et l'intérieur foisonne de sculptures en bronze, de répliques de tableaux de l'ère victorienne et de chaises longues en cuir vieilli.

Le soir relaxez-vous à l'**Almacén 42**, un bar urbain installé dans des conteneurs, prisé des hipsters. Y sont constamment disponibles en pression plus de 42 bières artisanales, toutes mexicaines, à accompagner de plats à partager et de tacos. En face, **La Oveja Negra**, une taverne dédiée à la bière artisanale, sert des bières allemandes et des spécialités comme la *bratwurst* (saucisse grillée) et l'*eisbein* (jarret de porc rôti). Non loin, le **Café Iguana** est une institution à Monterrey ; les plus grands groupes s'y sont produits, dans des genres musicaux divers. La boîte de nuit est au cœur de la scène alternative locale.

SÉCURITÉ À MONTERREY

En 2012, Monterrey a connu de près la guerre entre narcotrafiquants. Après une résurgence en 2017, les faits de violence et de crime ont considérablement diminué les cinq années suivantes. Le Barrio Antiguo, à l'est de la Macroplaza, et le secteur animé de la Zona Rosa, à l'ouest, sont considérés comme sûrs dans l'ensemble, de jour comme de nuit. Il est toujours conseillé de s'en tenir aux artères principales et de ne pas se déplacer à pied le soir. Le principal quartier à éviter absolument est celui de Colonia Independencia, au sud du centre-ville et du Río Santa Catarina.

Le poumon vert de la ville

BALADES AU FIL DE L'EAU, PISTES CYCLABLES ET MUSÉES

Une rivière artificielle serpente au cœur du Monterrey industriel, assortie d'une superbe promenade longue de 2,4 km. Achevé en 2008, le **Paseo Santa Lucía** est un parfait exemple de réaménagement urbain. Baladez-vous le long de cette agréable allée verdoyante, ou montez dans l'un des bateaux qui partent du quai de la Plaza 400 Años (le temps d'attente peut être long certains week-ends). Plusieurs restaurants se trouvent à l'extrémité ouest de la promenade fluviale, ponctuée de 27 ponts et de 13 fontaines.

AUTRES SITES D'INTÉRÊT DANS LE PARQUE FUNDIDORA

Parque Expedición Amazonia
Semé de statues de dinosaures, ce parc abrite 80 espèces d'oiseaux et d'autres animaux, et offre des activités d'aventure.

Papalote Museo del Niño
Musée distrayant pour enfants, avec fossiles de dinosaures, expositions hydroponiques interactives et cinéma IMAX.

Arena Monterrey
Le plus grand stade de Monterrey accueille la plupart des concerts et des événements sportifs d'envergure.

MONICA GARZA 73/SHUTTERSTOCK ©

Cerro de la Silla

À l'extrémité est du Paseo Santa Lucía s'étend le **Parque Fundidora**, une ancienne zone industrielle sinistrée transformée en un immense parc urbain. L'endroit est sillonné de sentiers de footing et de pistes cyclables d'où l'on peut admirer un sommet emblématique, le **Cerro de la Silla**. Vous pouvez facilement passer la journée dans le parc : louez un vélo ou canotez sur le plan d'eau, puis allez visiter les divers musées et écoparcs qui émaillent ce vaste espace vert.

Si le temps vous manque, rendez-vous au **Museo del Acero Horno3**. Cet ancien haut-fourneau est devenu un extraordinaire musée high-tech interactif, consacré à la sidérurgie mexicaine. Aucun détail n'a été négligé, depuis les pierres fumantes à l'entrée jusqu'à l'ascenseur extérieur grillagé menant au sommet, qui offre une vue saisissante sur Monterrey. Ne manquez pas le spectacle du haut-fourneau en activité, transmis toutes les heures depuis la structure du Horno3. Si vous aimez les sensations fortes, venez le week-end : vous pourrez faire une descente de la tour métallique en tyrolienne et en rappel. Réservez en ligne car ces activités sont très prisées. Le café-restaurant contemporain du musée, **El Lingote**, est une destination à part entière pour les fins gourmets ; on y déguste une cuisine fusion inventive et des bières artisanales en admirant la vue sur le parc.

OÙ SE RESTAURER À MONTERREY

Mercado Barrio Antiguo
Cet espace de restauration branché, où on s'installe sur des tables communes, bourdonne d'activité avec plusieurs échoppes de cuisine de rue. **$**

El Rey de Cabrito
Adresse insolite mais amusante où vous pourrez goûter la spécialité culinaire de Monterrey : le *cabrito al pastor* (chevreau rôti). **$$**

Madre Oaxaca
Décoré d'une collection d'artisanat et d'art populaire, ce charmant restaurant sert d'authentiques plats de Oaxaca. **$$**

Points de vue panoramiques

S'IMPRÉGNER D'HISTOIRE EN ADMIRANT LE PAYSAGE

La ville de Monterrey est entourée de montagnes, et les environs recèlent de nombreux sommets et miradors offrant une vue époustouflante sur la région. Le plus facile à rallier

OÙ SE LOGER À MONTERREY

Hoteles Antigua Casona Allende
Boutique-hôtel chic dans le Barrio Antiguo, avec sols en mosaïque et murs en brique. **$**

Gamma Monterrey Gran Hotel Ancira
Chambres à prix raisonnables dans un bâtiment néoclassique de 1912 en centre-ville. **$$**

Safi Royal Luxury Metropolitan
Hôtel de luxe dans le quartier de San Pedro, avec vue à 360° sur la Sierra Madre. **$$$**

SERGIO MENDOZA HOCHMANN/GETTY IMAGES ©

Cerro del Obispado (p. 772)

AUTRES SITES PANORAMIQUES À MONTERREY

Cerro de la Silla
L'emblématique "colline de la Selle", non loin de Monterrey, recèle une esplanade de téléphérique abandonnée avec vue panoramique imprenable (comptez environ 1 heure 30 d'ascension).

Cerro del Chupón
Au sud du centre-ville, une boucle de randonnée de 4,8 km permet de rallier ce sommet, qui offre une vue superbe.

est le **Cerro del Obispado** (colline de l'Évêché), situé à 4 km à l'ouest du centre-ville et accessible en voiture.

Au sommet de cette "colline" (775 m), le **Mirador del Obispado**, un vaste belvédère circulaire offre une merveilleuse vue à 360° sur Monterrey et les montagnes de la Sierra Madre Oriental qui l'encerclent. Au centre, le plus haut drapeau du pays coiffe un mât de 100 m de haut. Des spectacles de danse et de sons et lumières ainsi que des feux d'artifice s'y déroulent le jour de la fête de l'Indépendance. Il y a un parking, des bancs et des toilettes à l'entrée du parc.

En contrebas du mirador se dresse l'édifice ocre jaune du **Palacio del Obispado**, qui était à l'origine l'évêché de l'État du Nuevo León. En 1902, le président Porfirio Díaz initia sa transformation en **Museo Regional de Nuevo León El Obispado**, mais celui-ci ne vit le jour qu'en 1952. Il abrite une collection d'art sacré en lien avec l'histoire religieuse de l'édifice.

COMMENT CIRCULER

La circulation est difficile à Monterrey. Au-delà du centre-ville et du Barrio Antiguo, la métropole s'avère tentaculaire, et une voiture est nécessaire pour parcourir le dédale de voies rapides et de ponts routiers. Si vous prévoyez de conduire, armez-vous de patience et méfiez-vous des fous du volant.

Un réseau de métro moderne, le Metrorrey, dessert principalement le centre-ville. Il compte actuellement trois lignes : la Línea 1 (aérienne) part du nord-ouest de la ville et rejoint les faubourgs est ; la Línea 2 part de la station souterraine de Macroplaza et file vers le nord ; la Línea 3 relie la station Zaragoza, en centre-ville, avec les banlieues nord-est. Des bus fréquents permettent de gagner les quartiers non desservis par le métro ; conservez de la monnaie à cet effet. Taxis et taxis collectifs sont légion et pratiquent des tarifs raisonnables.

Environs de Monterrey

Au-delà des faubourgs tentaculaires de Monterrey, les montagnes grandioses de la Sierra Madre Oriental vous promettent d'innombrables escapades.

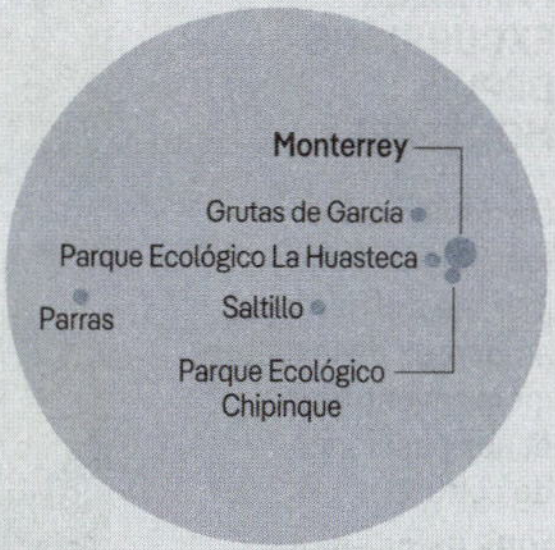

Les splendides montagnes sauvages de la Sierra Madre Oriental qui entourent Monterrey comptent une myriade de sentiers de randonnée et de voies d'ascension, facilement accessibles depuis la ville, et chaque jour peut être l'occasion d'une nouvelle aventure.

Le quartier aisé de San Pedro est situé à une heure de marche seulement du plateau où s'étend le **Parque Ecológico Chipinque**, qui abrite encore des ours en liberté. À l'ouest de la ville, les amateurs de sensations fortes peuvent escalader les falaises à pic du **Parque Ecológico La Huasteca**. Plus loin, le réseau souterrain des **Grutas de García**, long de 3,5 km, impressionne tous les voyageurs.

Si vous avez plus de temps, gagnez l'État de Coahuila, à l'ouest, riche en vignobles et en singuliers écosystèmes désertiques. Explorez notamment la charmante ville de Parras, paradis du vin ; les *pozas* (bassins) bordées de stromatolites fossilisés de Cuatro Ciénegas ; et la ville de Saltillo, dans le désert.

Pour les infos pratiques, voir le Carnet d'adresses p. 787

À SAVOIR

Mieux vaut louer une voiture pour explorer les montagnes près de Monterrey, mais les routes sont raides et il y a beaucoup de virages en épingle à cheveux.

Parque Ecológico La Huasteca

PAISIBLES EXCURSIONS DEPUIS MONTERREY

De nombreuses excursions d'une journée s'offrent aux amoureux de la nature moins aventureux et aux passionnés de culture.

Villa de Santiago
Le week-end, les résidents de Monterrey rallient cette jolie ville située à 45 km au sud-est, séduits par son atmosphère paisible et ses restaurants au bord de l'eau.

Cascada Cola de Caballo
La cascade la plus impressionnante de Monterrey, à la périphérie de Santiago ; admirez-la depuis le pont qui franchit les chutes.

Termas San Joaquín
Source chaude naturelle, avec bains de style mauresque et installations hôtelières, en plein désert du Coahuila.

Linares
À 130 km au sud-est de Monterrey, ce *pueblo mágico* est connu pour ses *glorias* et ses *marquesitas*, des confiseries à base de *dulce de leche* et de noix.

ESKYSTUDIO/SHUTTERSTOCK ©

Geai de Wollweber, Parque Ecológico Chipinque

Territoires sauvages près de Monterrey

PICS, CANYONS ET GROTTES

Dominant la métropole, une série de pics dentelés forment le **Parque Nacional Cumbres de Monterrey**. Ce parc protège plus de 1 770 km² de canyons abrupts, de cascades, et nombre des *cerros* (collines) qui ponctuent la ligne d'horizon de Monterrey. Sachant que les habitants appellent "colline" toute montagne de moins de 1 800 mètres de haut, on imagine la taille des imposants sommets qui l'entourent !

Randonnées matinales au Chipinque

La section la plus accessible du parc national est le **Parque Ecológico Chipinque**, situé à 12 km au sud-ouest du centre-ville et à 20 minutes en voiture (par une montée raide) du quartier chic de San Pedro. Cette réserve à flanc de montagne, dans le nord de la Sierra Madre Oriental, est incroyablement bien protégée. Elle a l'attrait d'excellentes randonnées jusqu'à des sommets rocheux, notamment le Copete de las Águilas (pic des Aigles ; 2 200 m), et de sentiers de VTT à travers une forêt de feuillus.

PRESTATAIRES D'AVENTURES À MONTERREY

Ibo Adventures
Le plus important prestataire d'aventures local propose du canyoning, du saut à l'élastique et du saut en parachute.

Hiking MTY
Randonnées en groupe près de Monterrey, et expéditions de canyoning et d'alpinisme en des lieux plus éloignés.

Yeti Adventures
Ce prestataire propose du canyoning et des randonnées en petits groupes aux alentours de Monterrey.

À l'entrée du parc, le centre des visiteurs propose plans, conseils de randonnée et permis d'accès. Attention, le parc abrite des ours noirs et il n'est pas rare d'en voir. Ne partez pas en solo et restez sur les sentiers. Les billets d'entrée (70 $M) doivent être achetés en ligne à l'avance. Avec son atrium à papillons et sa maison des insectes, le musée interactif du parc plaira particulièrement aux enfants.

Prenez le bus n°130 depuis l'angle des Avenidas Gómez et Vasconcelos à San Pedro ; le trajet en Uber depuis le centre ne devrait pas dépasser les 150 $M.

Escalade dans le canyon de La Huasteca

Les alpinistes et les randonneurs en bonne condition physique peuvent faire le plein d'adrénaline au **Parque Ecológico La Huasteca**, situé à 16 km à l'ouest du centre-ville, à l'orée de Santa Catarina. Intégré aux Cumbres de Monterrey, La Huasteca possède d'âpres paysages bien différents de Chipinque. De gigantesques colonnes de calcaire karstique s'étirent vers le ciel en surplomb du vertigineux canyon de La Huasteca. Gravées de glyphes préhistoriques, ses parois évoquent le peuple méconnu des Huicholes, qui, durant des millénaires, effectuèrent ici des pèlerinages annuels.

Le canyon compte nombre de voies d'ascension pour tous les niveaux d'aptitude et attire les amateurs d'escalade du monde entier. Prenez le bus n°505 depuis l'Avenida Doctor Ignacio Morones Prieto ou un taxi collectif (environ 200 $M l'aller simple).

Les Grutas de García

L'un des plus impressionnants réseaux de grottes du pays, les **Grutas de García**, s'étend sur plus de 3,5 km dans la Sierra del Fraile, à 64 km au nord-ouest du centre-ville de Monterrey. Ces cavernes auraient été formées sous la mer il y a quelque 60 millions d'années, comme en témoignent les fossiles marins incrustés dans les parois.

Un *teleférico* panoramique grimpe 750 m jusqu'aux grottes en seulement 5 minutes (il était fermé pour réparations lors de notre visite ; renseignez-vous au préalable). Sinon, la montée se fait à pied par un sentier bitumé en bon état (1,5 km). À l'entrée des grottes, deux itinéraires s'offrent à vous : l'un d'eux (2,5 km) traverse 16 salles ; l'autre, plus court (1 km), mène à 11 salles. Ils permettent de découvrir d'impressionnantes chambres remplies de stalactites et de stalagmites. Parmi les formations remarquables, citons *La Octava Maravilla* (la Huitième Merveille), une immense colonne formée par une stalactite et une stalagmite soudées, et *El Mirador de la Mano* (le Mirador de la main), une stalagmite qui évoque une main géante toute flétrie.

SPORTS D'AVENTURE PRÈS DE MONTERREY

Canyoning
Le canyon de Matacanes, dans la Sierra de Santiago, au sud de Monterrey, offre un itinéraire de 12 km au fil de rivières souterraines, de cascades et de toboggans naturels en été.

Escalade
À 45 km au nord-ouest de Monterrey, découvrez Potrero Chico, la capitale mexicaine de l'escalade, célèbre dans le monde entier.

Via ferrata
Le Parque Ecológico La Huasteca compte deux itinéraires de via ferrata, la Ruta Vertigo et la Ruta Ignis, pour randonneurs et alpinistes chevronnés.

Parapente
À 45 km au sud-est de Monterrey, survolez les montagnes de Santiago en tandem avec un moniteur de parapente.

Gaia Xtreme
Canyoning, parapente et randonnée dans les environs de Monterrey, et activités dans d'autres régions.

Emoción Extrema
Sorties d'alpinisme, de canyoning et de descente en rappel avec un prestataire expérimenté, basé à Monterrey.

GEO Aventura
Via ferrata et circuits de canyoning de plusieurs jours, en logeant dans son lodge de la Sierra Madre Oriental.

MEILLEURES ADRESSES OÙ SE LOGER DANS L'ÉTAT DE COAHUILA

Hotel Rancho el Morillo
Bâtie en 1934, cette hacienda pleine de caractère, à l'orée de Saltillo, possède un vaste domaine, avec sentiers autour d'un verger. $$

Finca del Rocío
Chambres à prix étudiés dans une plantation familiale à Parras, avec jardin luxuriant et piscine extérieure. $$

Casona del Banco
Hôtel luxueux au cadre grandiose de style colonial, aménagé dans une banque historique à Parras. $$$

Hacienda 1800
L'hôtel le plus cossu de Cuatrociénegas loue d'élégantes villas et organise des activités au cœur du désert du Coahuila. $$$

État de Coahuila

VIGNOBLES, DÉSERTS ET BASSINS

À 50 km à l'ouest de Monterrey, l'État de Coahuila, bien plus paisible et décontracté (hormis à Torreón) que les États voisins, est quasi inconnu des visiteurs étrangers.

Cette région du Nord possède une nature unique. L'un de ses sites phares est l'**Area de Protección de Flora y Fauna Cuatrociénegas**, une réserve naturelle de 843 km² au cœur du désert de Chihuahua, riche de centaines de *pozas* (bassins) d'un bleu céruléen scintillant. Cuatrociénegas recèle plus de 75 espèces endémiques et une abondance d'organismes primitifs appelés stromatolites, la plus ancienne forme de vie sur terre.

À l'intérieur de la réserve, les dunes de gypse **Dunas de Yeso** d'un blanc étincelant (les 2e plus grandes d'Amérique du Nord) se détachent superbement des 6 reliefs rocheux qui entourent la vallée. Pour visiter le site, vous aurez besoin d'un moyen de transport et d'un guide officiel (la porte menant aux dunes est fermée, et eux seuls en ont la clé), que vous pourrez choisir au centre d'accueil des visiteurs de Poza Azul. Les dunes se situent à 18 km au sud-ouest de la ville, au bout d'une route sablonneuse.

Pour explorer le désert du Coahuila, filez au **Museo del Desierto**, dans la ville de Saltillo. Richement doté, ce musée d'histoire naturelle est très plaisant et instructif, même pour qui ne parle pas l'espagnol. Il comprend aussi un vivarium de reptiles, des statues de dinosaures et un jardin botanique avec plus de 400 espèces de cactus.

Prenez le temps de découvrir **Saltillo** : fondée en 1577, la plus ancienne cité du Nord-Est est fière de ses beaux édifices coloniaux et de sa vie culturelle.

À 160 km à l'ouest de Saltillo, la charmante oasis de **Parras** est la principale région viticole depuis la fin du XVIe siècle, grâce à un climat délicieusement tempéré et à une irrigation naturelle par des cours d'eau souterrains en provenance de la sierra. La célèbre **Casa Madero** est la doyenne des exploitations viticoles des Amériques. Le week-end, elle propose des visites guidées d'une heure dans les vignobles, à cheval ou en carriole. Il est possible de faire une dégustation seule – 300 $M pour 3 vins – dans le bâtiment jouxtant la chapelle. Chaque mois d'août, Parras organise une **Feria de la Uva** (fête du Raisin) qui s'achève à la Casa Madero.

COMMENT CIRCULER

Les bus à destination des parcs nationaux et des États voisins partent de la gigantesque gare routière de Monterrey, le Central de Autobuses. Si des bus desservent régulièrement Saltillo et Parras (départ toutes les 45 minutes), mieux vaut être motorisé pour visiter les réserves naturelles et les zones sauvages. Il est difficile de visiter la réserve de Cuatrociénegas sans guide, car les pistes ne sont pas toujours indiquées dans le désert. Mieux vaut également engager un guide pour partir en randonnée et pratiquer l'escalade.

DURANGO

Pour les infos pratiques, voir le Carnet d'adresses p. 787

Pris entre les montagnes de la Sierra Madre et un vaste désert, l'État enclavé de Durango est l'un des plus reculés du Mexique. Cet isolement a forgé une identité régionale particulière, caractérisée par une cuisine spécifique... et un humour grinçant.

Ses paysages désertiques ont rendu la région célèbre dans le monde entier, car c'est ici que furent filmés nombre des plus grands westerns. Les lieux de tournage, situés à quelques kilomètres de la ville de Durango, sont devenus des parcs de loisirs sur le thème du Far West, avec duels divertissants entre rois de la gâchette.

Dotée d'un riche passé et de nombreux lieux culturels, la cité de Durango est une destination aussi surprenante que passionnante, loin des sentiers battus. La jolie capitale de l'État éponyme est bien entretenue et très hospitalière. Son charmant centre-ville compte plus de 70 édifices historiques, dont bon nombre ont été réaménagés pour accueillir d'intéressants musées.

À SAVOIR

L'Aeropuerto Guadalupe Victoria, à 15 km au nord-est de Durango sur la route 40D, est relativement calme. Il propose des vols pour Mexico et Tijuana. La course en taxi depuis/vers le centre de Durango coûte entre 300 et 350 $M. Le Central Camionera de Durango, la principale gare routière, se trouve à 5 km à l'est du centre-ville ; bus fréquents pour Zacatecas, Mazatlán, Los Mochis et Chihuahua.

INCONTOURNABLES
1 Museo de la Ciudad 450
2 Museo Francisco Villa

VOIR
3 Catedral del Basílica Menor
4 Mirador de los Remedios
5 Museo de Arqueología de Durango Ganot-Peschard
6 Museo de las Culturas Populares
7 Museo Regional de Durango
8 Templo de los Remedios
9 Paseo Teleférico

Catedral del Basílica Menor (p. 778)

OÙ SE RESTAURER À DURANGO

Wallander
Merveilleux café-traiteur proposant des produits de la ferme familiale des Wallander et des plats faits maison. $

Fonda Antigua Usanza Cocina Duranguense
Cette modeste cantine passe facilement inaperçue, mais son *pollo pipián verde* (poulet dans une sauce verte épicée) est le meilleur de la ville. $

Fonda de la Tía Chona
Pleine de cachet, cette institution de Durango met à l'honneur des plats locaux comme le *caldillo duranguense* (ragoût de bœuf). $$

Esquilón
Restaurant incontournable pour goûter la cuisine locale dans une demeure haute de plafond, aux murs percés d'arches, et dotée d'un splendide patio. $$

Promenade dans le centre historique

MOMIES, LÉGENDES ET STARS HOLLYWOODIENNES

Doté d'une atmosphère merveilleusement détendue, le centre-ville de Durango compte le plus grand nombre d'édifices historiques du nord du Mexique. Sa pièce maîtresse est la splendide **Catedral del Basílica Menor**, qui trône sur la Plaza de Armas, arborée et agrémentée de fontaines. Construit aux XVIIe et XVIIIe siècles, l'édifice est flanqué de deux clochers notables et possède une belle façade baroque.

Au centre de la Plaza de Armas se trouve l'entrée du sombre mais captivant **Paseo Túnel Minería Durango**, un passage souterrain consacré à l'histoire minière de Durango et à ses terrifiantes légendes, à travers une exposition et des présentations visuelles. Deux des pièces les plus curieuses sont les momies d'un enfant vampire, qui serait apparu à Nombre de Dios, et d'un *chaneque*, genre de gobelin mythique qui apparaîtrait dans les mines.

Bordée de cafés et de restaurants, la **Calle Constitución**, à l'ouest de la Plaza de Armas, est l'une des rues piétonnes les plus plaisantes du Mexique. En l'empruntant vers le sud, vous croiserez des statues grandeur nature de personnalités du cinéma qui tournèrent à Durango. Cette promenade immortalise des stars hollywoodiennes comme Jack Nicholson (pour *En Route vers le sud*), le réalisateur Tony Scott et Kevin Costner (pour *Revenge*), ainsi que Penélope Cruz (pour *Bandidas*). Elle rend également hommage à des icônes du cinéma mexicain telles que María Rojo, Diana Bracho, Felipe Cazals et Dolores del Río (qui vécut à Durango).

Continuez vers le sud jusqu'au **Paseo Las Alamedas**, un paisible espace vert qui se prête idéalement à la flânerie dans l'air du soir. Musardez sur la longue promenade en vous arrêtant pour admirer une exposition de photos ou des sculptures, avant d'atteindre la fontaine dansante. Traversez le Puente de las Alamedas pour gagner le **Templo de Analco**, une église néogothique de 1778. Agrémentée d'une façade de style mudéjar et d'un toit conique, elle se distingue par sa grande horloge circulaire, très ornée.

Découverte des musées de Durango

HISTOIRE DE LA RÉVOLUTION ET CULTURE LOCALE

Maints bâtiments historiques de Durango ont été transformés en musées et en établissements d'enseignement. Le **Museo de la Ciudad 450** est peut-être le plus imposant de tous ; ses expositions interactives retracent l'histoire de la ville, de la période précolombienne à nos jours en passant par la colonisation. Logé dans un édifice de 1901, le musée possède

OÙ SE LOGER À DURANGO

La Casona Real
D'un excellent rapport qualité/prix, cet hôtel économique loue des petites chambres d'une propreté impeccable. $

Hostal de la Monja
Face à la cathédrale, chambres luxueuses dans une demeure du XIXe siècle, avec joli patio coiffé d'un haut plafond. $$

Posada de Maria
Demeure coloniale aux chambres désuètes mais de caractère ; piscine et terrasse avec vue sur la cathédrale. $$$

Museo Francisco Villa

une section consacrée à l'industrie cinématographique, qui met en lumière les 130 films tournés en ville et aux alentours, notamment *Le Masque de Zorro* (1997) et *Texas Rising* (2015).

À deux pâtés de maisons au nord, le **Museo Regional de Durango** occupe une magnifique demeure de style français. Il présente l'histoire et la culture de l'État de Durango dans le détail, en faisant la part belle au héros de la révolution Pancho Villa, natif de l'État. Les plus passionnés visiteront le **Museo Francisco Villa**, situé à l'ouest de la Plaza de Armas ; il conte l'histoire (essentiellement en espagnol) du plus célèbre enfant du Durango et expose ses effets personnels.

Juste au nord du Museo Villa se dresse le **Museo de Arqueología de Durango Ganot-Peschard**. Ce petit musée quelque peu démodé possède une collection d'objets anciens liés aux diverses communautés *indígenas* qui ont vécu dans la région depuis le paléolithique. Les enfants apprécieront le site de fouilles reconstitué, avec éclairages tamisés, squelettes et poteries.

Plus à l'ouest, le **Museo de las Culturas Populares** met à l'honneur l'artisanat des Indiens tepehuanes et huichols de l'État de Durango. Admirez les masques finement sculptés, d'une beauté troublante.

FERIA NACIONAL DE DURANGO

La grande fête annuelle de Durango est sans doute le meilleur moment pour visiter la ville. Durant trois semaines en juillet, elle rend hommage au patrimoine agricole de la région avec des *charreadas* (rodéos mexicains) et un festival culturel et musical *duranguense*. Manèges et stands de nourriture complètent les festivités. Des transports gratuits permettent habituellement de rejoindre le champ de foire, qui s'étend à 9 km du centre. Consultez le site Web pour en savoir plus.

CHIHUAHUA

Pancho Villa, l'un des chefs de la révolution mexicaine, établit son quartier général à Chihuahua. L'une de ses demeures a été transformée en **Museo Histórico de la Revolución** (p. 762), le meilleur endroit du pays pour découvrir ce personnage.

LES MEILLEURS CAFÉS ET BARS À DURANGO

Wirikuta Cafe
L'une des rares adresses du nord du Mexique qui prend au sérieux la "culture du café". **$**

Luum Coffee Bar
Des baristas expérimentés concoctent de succulents breuvages dans ce café privilégiant la qualité. **$$**

Cantina Tradicional Juan Matador
Prisé des résidents, ce bar-restaurant est animé et bruyant les soirs de week-end. **$$**

LE PLUS HAUT PONT DES AMÉRIQUES

Stupéfiant tour de force d'ingénierie et plus haut pont des Amériques, le **Puente Baluarte** s'élève à la hauteur vertigineuse de 402 m au-dessus du Río Baluarte. Il fait partie des nombreux ouvrages du même type émaillant la route à péage Durango-Mazatlán, laquelle, avec ses tunnels et ses virages en épingle, traverse des paysages parmi les plus époustouflants du pays. Si vous ne parcourez qu'une seule route au Mexique, optez pour celle-ci.

PIXELESAEREOS/SHUTTERSTOCK ©

Puente Baluarte

Parcs à thème western

DÉCORS DE FILMS HOLLYWOODIENS

Des années 1950 aux années 1990, les déserts sauvages et les rudes montagnes de l'État de Durango servirent de lieux de tournage aux studios de cinéma hollywoodiens et mexicains. John Wayne, Steve McQueen et Clark Gable passèrent tous devant la caméra dans l'État. *Bandidas*, le blockbuster de 2006 avec Salma Hayek et Penélope Cruz, a également été tourné sur place.

Situé à 12 km de la ville de Durango, le **Paseo del Viejo Oeste** est un ancien lieu de production cinématographique où de nombreux cow-boys du grand écran se sont illustrés. Aujourd'hui, c'est un parc d'attractions gorgé de souvenirs, où chaque week-end, des bandits armés caracolent devant le saloon et déclenchent des bagarres (spectacles à 13h30 et 15h30 les samedis et dimanches). Restaurants, boutiques de souvenirs et balades à cheval et en carriole achèveront de divertir toute la famille.

Le week-end, un bus s'y rend depuis la Plaza de Armas, 30 minutes avant chaque représentation, et revient 2 heures plus tard (vous pouvez rester plus longtemps, voire la journée). En semaine, prenez n'importe quel bus allant vers le nord et indiquez votre destination au chauffeur. Pendant les vacances scolaires, un spectacle supplémentaire a lieu à 17h30. La course en taxi depuis le centre-ville coûte environ 200 $M, temps d'attente exclu.

PARCS NATURELS DANS LES ENVIRONS DE DURANGO

Parque Natural Mexiquillo Durango
Superbes cascades, forêts et ravins se prêtant à la descente en rappel et à l'alpinisme.

Parque Ecológico El Tecuán
Randonnez à travers des forêts de pins et observez des élans dans un parc sauvage, à 67 km au sud-ouest de Durango.

Providencia Sierra Durango
Cet immense écoparc abonde en ravins, plateaux et forêts de chênes ; randonnées, VTT et parcours en tyrolienne.

M. ÁNGEL NAVA/ALAMY STOCK PHOTO ©

Mirador de los Remedios

Découverte en téléphérique

PRENEZ DE LA HAUTEUR !

Pour jouir d'une vue d'ensemble de Durango, empruntez le **Paseo Teleférico** (10h-21h mar-dim) au Cerro del Calvario, petite colline située dans le centre-ville. Ce téléphérique moderne, doté d'installations presque neuves, rutilantes et bien entretenues, emporte les visiteurs jusqu'au **Mirador de los Remedios**, point d'observation situé 680 m plus loin.

Perché au sommet du *cerro* éponyme, le **Templo de los Remedios** fut bâti en 1640 sur un site considéré comme sacré par le peuple tepehuan. Cette église toute blanche, d'une grande sobriété en façade, possède un intérieur peint en turquoise pâle, rehaussé de belles représentations de la Virgen de los Remedios.

Admirez la vue éblouissante depuis le belvédère, prisé des jeunes couples au coucher du soleil et à la nuit tombée, lorsque scintillent les lumières de la ville. Il y a aussi une cafétéria et une boutique de souvenirs. De nombreuses manifestations culturelles se déroulent régulièrement ici, comme la projection de films en plein air et des spectacles de danse.

LES ANCIENNES PYRAMIDES DE DURANGO

La Ferrería, le site d'anciennes pyramides le plus septentrional des Amériques, se trouve à 9 km seulement au sud de Durango. Il faut faire preuve d'une certaine imagination car peu de vestiges subsistent.

En se basant sur les fondations des temples circulaires, des terrains de jeu de balle et des pyramides, les archéologues pensent que la Ferrería fut autrefois le site le plus vaste et le plus peuplé du Valle de Guadiana.

COMMENT CIRCULER

Le Central Camionera de Durango est la principale gare routière. Tous les bus qui desservent des localités dans l'État ou dans les États voisins de Zacatecas et Sinaloa partent d'ici. Les bus direction "Centro" ou "ISSSTE" partent du parking pour rejoindre la Plaza de Armas. Pour aller du centre-ville à la gare routière, prenez un bus direction "Camionera" dans la Calle Negrete, à un pâté de maisons au sud du Museo Regional.

La course en taxi coûte entre 50 et 70 $M.

Carnet d'adresses

À faire · Shopping · Se restaurer · Se loger · Prendre un verre · Sortir

CANYON DU CUIVRE

Jardín Botánico Benjamin Francis Johnston
Voir p. 758 (668 818 1814 ; jbbfj.org ; Blvd Antonio Rosales 750, Los Mochis ; été : 4h30-21h lun-ven, 4h30-20h sam-dim ; hiver : 4h30-20h lun-ven, 4h30-19h sam-dim)

Museo de Batopilas
Voir p. 754 (Donato Guerra s/n, Batopilas ; 9h-17h lun-sam)

Museo Loyola
Voir p. 753 (635 456 0150 ; sic.gob.mx/ficha.php?table=museo&table_id=2327 ; Cusárare ; tarif 20 $M ; 10h-17h tlj)

Museo Mirador El Fuerte
Voir p. 757 (698 107 29 83 ; sic.cultura.gob.mx/ficha.php?table=museo&table_id=1865 ; Prolongación Calle 5 de Mayo, El Fuerte ; 9h-16h mar-dim)

Museo Regional del Valle del Fuerte
Voir p. 758 (668 812 4692 ; sic.gob.mx/ficha.php?table=museo&table_id=316 ; Blvd Antonio Rosales s/n, Los Mochis ; tarif plein/réduit 15/10 $M ; 9h-18h lun-ven, 10h-13h sam-dim)

Museo Tarahumara
Voir p. 752 (635 456 0080 ; sic.cultura.gob.mx/ficha.php?table=museo&table_id=863 ; Av Ferrocarril 178, La Estación Creel, Bocoyna ; tarif plein/étudiant/enfant 10/7/5 $M ; 9h-18h lun-sam, 9h-13h dim)

San Francisco Javier de Cerocahui
Voir p. 756 (635 456 5264 ; www.jesuits.org/es/acerca-de-nosotros/los-jesuitas/ ; Urique)

Trapiche Museo Interactivo de Los Mochis
Voir p. 758 (668 816 7110 ; www.trapiche.org.mx ; Blvd Rosendo G. Castro Pte. 711, Los Mochis ; tarif plein/réduit 75/50, $M, gratuit -2 ans ; 15h-19h jeu, ven ; 10h-19h sam-dim)

Aguas Termales Recowata
Voir p. 753 (635 119 2693 ; route 77 km 7 ; tarif 40 $M ; 9h-19h tlj)

Cascada Cusárare
Voir p. 753 (Route 25 km 112 ; tarif 40 $M ; 8h-18h tlj)

Cascada de Basaseachi
Voir p. 753 (635 116 0478)

Parque de Aventura Barrancas del Cobre
Voir p. 755 (614 194 0271 ; parquebarrancas.com ; activités 300-1000 $M 9h-17h tlj)

Best Western Plus
Voir p. 758 (668 816 3000 ; www.bestwestern.com/es_ES/book/hotels-in-los-mochis/best-western-plus-los-mochis/propertyCode.70150.html ; Av Álvaro Obregón 691 Pte, Los Mochis)

Cabañas Díaz Family
Voir p. 755 (635 578 3008 ; www.facebook.com/p/Caba%C3%B1as-D%C3%ADaz-Family-100040873847747 ; Areponapuchi)

Cabañas Los Portales
Voir p. 755 (635 578 3037 ; www.facebook.com/losportalescabanas ; Areponapuchi)

Cabañas San Isidro Lodge
Voir p. 754 (635 118 4852 ; www.facebook.com/people/Caba%C3%B1as-San-Isidro-Cerocahui/100064896944082 ; Cerocahui, Urique)

Entre Amigos
Voir p. 756 (602 946 4139 ; www.facebook.com/amongamigos ; Principal s/n, Urique)

Hostal Font's
Voir p. 755 (614 125 2635 ; Urique, Areponapuchi)

Hotel Casa Real de Minas de Acanasaina
Voir p. 752 (614 427 3097 ; coppercanyonlodges.com ; Calle Donato Guerra 1, Batopilas)

Hotel Colibrí
Voir p. 753 (614 220 4056 ; hotelcolibricreel.com ; Av Gran Visión 567, Creel)

Hotel Divisadero Barrancas
Voir p. 755 (614 415 1199 ; www.hoteldivisadero.com ; Carretera Ferrocarril km 622, Bocoyna)

Hotel Ecológico Temazcal
Voir p. 753 (635 105 9851 ; www.facebook.com/hotel.temazcal ; Calle Bakusuki y Manuel González Olivas s/n, Creel)

Hotel El Paraíso Escondido
Voir p. 756 (635 592 7404 ; www.facebook.com/p/Hotel-paraiso-escondido-de-urique-100027308752923 ; Calle Principal, Urique)

Hotel Fénix
Voir p. 758 (668 812 2623 ; General Angel Flores 365, Los Mochis)

Hotel Jade
Voir p. 754 (635 456 5275 ; Plaza del Poblado ; Cerocahui)

Hotel Juanita's
Voir p. 752 (614 120 5652 ; www.facebook.com/p/Hotel-Juanitas-100054544445728 ; Nigromante 7, Batopilas)

Hotel La Estación
Voir p. 753 (635 456 0472 ; hotellaestacion.mxhotel.site/fr ; Calle Enrique Creel 0 int. 7, Creel)

Hotel Misión Cerocahui
Voir p. 754 (635 456 5294 ; hotelmision.com ; Plaza del Poblado ; Cerocahui)

Hotel Santa Anita
Voir p. 758 (668 816 7046 ; santaanitahotel.com ; Calle Gabriel Leyva s/n, Los Mochis)

Hotel Torres del Fuerte
Voir p. 757 (698 893 1974 ; www.facebook.com/TorresdelFuerte ; Calle Rodolfo G. Robles 102, El Fuerte)

Hotel Villa de Urike
Voir p. 756 (614 345 4056 ; www.facebook.com/VilladeUrike ; Calle Malecon s/n, Urique)

Mansion Serrano Hotel
Voir p. 757 (698 893 0505 ; mansionserrano.com ; Ignacio Zaragoza 200, El Fuerte)

Posada del Hidalgo
Voir p. 757 (698 893 1194 ; hotelposadadelhidalgo.com ; Miguel Hidalgo y Costilla 101, El Fuerte)

VERSOCA/SHUTTERSTOCK ©
Cascada de Basaseachi

Riverside Lodge
Voir p. 752 (614 427 3097 ; coppercanyonlodges.com/riverside-lodge ; Juárez, Batopilas)

Club 10
Voir p. 757 (Calle Principal 1210, Urique)

Doña Mica
Voir p. 753 (Nigromante 7, Batopilas)

El Farallón
Voir p. 758 (668 812 1273 ; www.farallon.com.mx ; Av General Álvaro Obregón 499, Los Mochis ; 8h-23h dim-jeu, 8h-0h ven-sam)

El Malecón Restaurante
Voir p. 757 (698 115 4879 ; www.facebook.com/MaleconRestauranteRio ; Montés Claros 55, El Fuerte ; 8h-1h jeu-dim)

El Mesón del General
Voir p. 757 (698 893 0260 ; elmesondelgeneral.com ; Benito Juárez 202, El Fuerte ; 11h-21h tlj)

El Supremo
Voir p. 757 (698 893 0021 ; angle Constitución et Antonio Rosales ; El Fuerte ; 7h-20h lun-sam, 7h-15h dim)

El Tungar
Voir p. 753 (635 456 0130 ; Station de train, Creel ; 8h-17h lun-sam, 8h-13h dim)

Isleño
Voir p. 758 (668 117 5066 ; www.facebook.com/IslenosRestaurant ; Av General Álvaro Obregón, Los Mochis ; 10h-18h mar-jeu, 10h-0h ven-dim)

Jardín de Mama Tita
Voir p. 757 (Urique)

Kino's
Voir p. 753 (635 118 4921 ; www.facebook.com/kinosonmainstreet ; angle Av Adolfo López Mateos et Elfido Batista Caro, Creel ; 8h-13h, 15h-23h tlj)

La Cabaña
Voir p. 753 (635 456 0664 ; www.facebook.com/people/Restaurante-la-Caba%C3%B1a/100063713723324 ; Adolfo López Mateos 36, Creel ; 7h30-22h tlj)

La Cabaña de Doña Chayo
Voir p. 758 (668 812 5340 ; www.facebook.com/LaCabanaLM/?locale=es_LA ; Av Independencia 853, Los Mochis)

Restaurant Carolina
Voir p. 753 (☎ 614 235 1048 ; www.facebook.com/restaurantcarolinabatopilas ; Plaza de la Constitución 10, Batopilas ; 8h-20h lun-sam, 8h-15h dim)

Restaurante del Centro
Voir p. 757 (☎ 614 372 1041 ; Calle Principal 764, Urique)

Restaurante El Texano
Voir p. 757 (☎ 698 113 5014 ; www.facebook.com/eltexanorestaurante1/?locale=es_LA ; Antonio Rosales 202, El Fuerte ; 7h-22h)

Restaurante La Nevada
Voir p. 753 (☎ 649 116 3375 ; centre de Batopilas ; 8h-21h lun-sam, 8h-12h dim)

Artesanías Misión
Voir p. 752 (☎ 635 456 0097 ; cacstac.org/es/artesanias-mision ; Calle Parroquia s/n, Creel ; 9h-19h lun-sam)

El Chepe
Voir p. 748 (☎ 800 122 4373 ; chepe.mx)

CHIHUAHUA

Casa Chihuahua
Voir p. 761 (☎ 614 429 3300 ; www.casachihuahua.org.mx ; Calle Libertad 901 ; tarif 50 $M, gratuit le dimanche ; 9h-17h mer-lun)

Catedral Metropolitana
Voir p. 768 (☎ 614 410 3877 ; www.catedraldechihuahua.org ; Calle Libertad 814)

Galería de Armas
Voir p. 761 (☎ 614 410 4258 ; sic.cultura.gob.mx/ficha.php?table=museo&table_id=928 ; angle Venustiano Carranza et Libertad sn ; 10h-16h mar-dim)

Museo de la Lealtad Republicana Casa de Juárez
Voir p. 761 (☎ 614 410 4258 ; sic.gob.mx/ficha.php?table=museo&table_id=921 ; Av Benito Juárez 321 ; tarif plein/réduit 10/5 $M ; 9h-19h mar-dim)

Museo Casa Redonda
Voir p. 762 (☎ 614 414 9061 ; www.facebook.com/museocasaredonda/?locale=fr_FR ; angle Av Colón et Escudero s/n ; 10h-19h mar-dim)

Museo de Hidalgo
Voir p. 761 (☎ (614 410 4258 ; sic.cultura.gob.mx/ficha.php?table=museo&table_id=927 ; angle Av Venustiano Carranza et Libertad ; 9h-19h mar-dim)

Museo Histórico de la Revolución
Voir p. 762 (☎ 614 416 2958 ; Calle Décima ; tarif plein/réduit 15/10 $M ; 9h-13h et 15h-19h mar-sam, 9h-17h dim)

Museo Sebastián
Voir p. 762 (☎ 614 200 4800 ; www.facebook.com/MuseoSebastian ; Av Benito Juárez 601 ; 10h-18h mar-dim)

Palacio de Gobierno
Voir p. 769 (☎ 614 429 3300 ; chihuahua.gob.mx ; Calle Juan Aldama 901 ; 9h-18h tlj)

Palacio Municipal
Voir p. 761 (☎ 614 439 9100 ; Av. Independencia 209 ; 9h-15h tlj)

Quinta Gameros
Voir p. 762 (☎ 614 238 2005 ; uach.mx/visitantes/quinta-gameros ; Simon, Paseo Bolívar 401 ; tarif 35 $M, gratuit le dimanche 11h-19h mar-sam, 10h-16h dim)

Bodega Pinesque
Voir p. 761 (☎ 614 434 0587 ; www.pinesque.com ; Calle Autopista 1301 ; 9h30-18h lun-ven, 9h30-13h sam)

Grutas Nombre de Dios
Voir p. 763 (☎ 614 200 4800 ; www.municipiochihuahua.gob.mx/CCS/Prensa/Visita_y_conoce_en_familia_las_Grutas_Nombre_de_Dios ; Vialidad Sacramento s/n ; 10h-16h mar-dim)

Ruta del Vino Tres Ríos
Voir p. 761 (☎ 614 381 2675 ; www.facebook.com/RutaTresRios/?locale=es_LA)

Vinícola Casa Chávez
Voir p. 761 (☎ 639 472 9222 ; www.facebook.com/VinicolaCasaChavez/?locale=es_LA ; Av Cuarta Pte Poniente Delicias ; 9h-18h lun-sam)

Central Hotel Boutique
Voir p. 760 (☎ 614 415 3285 ; centralhb.com ; Calle Victoria 202)

Doroteo Hotel Boutique
Voir p. 760 (☎ 614 415 2322 ; doroteohotelboutique.com ; Calle Ignacio de la Llave 401)

Hostal Kuira Bá by Rotamundos
Voir p. 760 (☎ 614 153 9965 ; www.kuirabahostal.com ; Calle 10a 1608 ; réception 9h-21h tlj)

Escuadrón Montados y Burritos
Voir p. 760 (☎ 614 410 0927 ; www.escuadronmontados.com ; Xicoténcatl 2603 ; 7h30-15h lun-ven, 7h30-14h30 sam)

La Antigua Paz
Voir p. 760 (☎ 614 410 1466 ; www.facebook.com/LaAntiguaPazCantina ; Calle Francisco Xavier Mina Calle 12a ; 11h-0h tlj)

La Casona
Voir p. 760 (☎ 614 410 0063 ; www.facebook.com/lacasonachihuahua/?locale=fr_FR ; Av Melchor Ocampo 430 ; 8h-0h lun-sam, 13h-18h dim)

Los Mezquites
Voir p. 760 (☎ 614 411 6699 ; losmezquites.com.mx ; Av Cuauhtémoc 2809 ; 12h-23h tlj)

Nómada
Voir p. 760 (☎ 614 538 3723 ; www.instagram.com/nmd.cuu ;

Calle Victoria 200-6o piso ; 9h-0h mar-dim)

La Sotolería
Voir p. 760 (614 410 0034 ; www.facebook.com/LaSotoleria ; Av Independencia 815 ; 13h-0h dim-mer, 13h-2h jeu-sam)

Arte Popular Chihuahua
Voir p. 760 (614 437 1292 ; www.facebook.com/artepopularchihuahua ; Av Niños Heroes 1101 ; 9h-18h lun-ven, 10h-15h sam)

ENVIRONS DE CHIHUAHUA

Museo Francisco Villa
Voir p. 765 (627 525 3292 ; Gabino Barreda s/n, Hidalgo del Parral ; entrée libre ; 10h-17h mar-dim)

Museo de las Culturas del Norte
Voir p. 766 (636 692 41 40 ; sic.cultura.gob.mx/ficha.php?table=museo&table_id=947 ; Av Zona arqueológica Paquimé s/n, Casas Grandes ; tarif 85 $M, gratuit -12 ans et le dimanche ; 9h-17h mar-dim)

Museo y Centro Cultural Menonita
Voir p. 765 (625 156 5613 ; www.museomenonita.org ; km. 10 Corredor Comercial Manitoba 1024, Cd Cuauhtémoc ; 9h-16h30 lun-sam)

Hotel Hacienda
Voir p. 765 (636 694 1046 ; hotelhacienda.com.mx ; Av Benito Juárez 2603, Nuevo Casas Grandes)

Pompeii
Voir p. 765 (639 661 4603 ; pompeii-restaurant.com.mx ; Av Benito Juárez 2601, Nuevo Casas Grandes ; 12h-23h lun-sam)

Quiero Ligero
Voir p. 765 (636 694 7516 ; www.facebook.com/quieroligero ; Calle Minerva 408A, Nuevo Casas Grandes ; 8h-16h lun-ven, 8h-15h sam)

MONICA GARZA 73/SHUTTERSTOCK ©

Museo de Historia Mexicana, Monterrey

MONTERREY

Catedral Metropolitana de Nuestra Señora de Monterrey
Voir p. 768 (811 158 2280 ; www.facebook.com/CatedralMty ; Juan Zuazua 1100 Sur ; M General I. Zaragoza)

Museo de Arte Contemporáneo
Voir p. 768 (818 262 4500 ; www.marco.org.mx ; angle Juan Zuazua et Padre Raymundo Jardón s/n ; tarif plein/réduit 90/60 $M, gratuit le mercredi et dimanche ; 10h-18h mar-dim sf mer 10h-20h ; M General I. Zaragoza)

Museo de Historia Mexicana
Voir p. 769 (812 033 9898 ; www.3museos.com/sobre-3-museos/museo-de-historia-mexicana ; Dr. Coss 445 Sur Centro ; tarif 2 musées (avec Museo del Noreste) 40 $M, gratuit -18 ans ; 10h-20h mar-dim, 10h-18h mer-sam ; M General I. Zaragoza)

Museo del Acero Horno3
Voir p. 771 (818 126 1100 ; www.horno3.org ; Parque Fundidora, Av Fundidora y Adolfo Prieto s/n ; tarif plein/réduit 165/120 $M ; 11h-18h mar-jeu, 12h-19h ven-dim ; M "Y" Griega)

Museo del Noreste
Voir p. 769 (812 033 9898 ; www.3museos.com/sobre-3-museos/museo-del-noreste ; Dr. Coss 445 Sur Centro ; tarif 2 musées (avec Museo de Historia Mexicana) 40 $M, gratuit -18 ans ; 10h-20h mar-dim, 10h-18h mer-sam ; M General I. Zaragoza)

Museo Regional de Nuevo León El Obispado
Voir p. 772 (818 333 9588 ; www.facebook.com/MuseoRegionalde-NuevoLeonElObispado ; Rafael José Verger s/n ; tarif 90 $M ; 9h-16h mar-dim, 9h-17h30 mer-sam ; M Edison)

Palacio de Gobierno
Voir p. 769 (812 020 1021 ; www.nl.gob.mx ; 5 de Mayo ; M General I. Zaragoza)

Papalote Museo del Niño
Voir p. 770 (811 642 3161 ; papalotemty.org.mx ; Parque Fundidora s/n ; 10h-18h mar-ven, 10h-19h sam-dim ; M Fundidora)

Parque Expedición Amazonia
Voir p. 770 (813 087 7339 ; parqueamazonia.com ; Av Fundidora s/n, Parque Fundodira ; tarif plein/réduit 190/165 $M ; 10h30-20h30 tlj ; M Santa Lucia)

Parque Fundidora
Voir p. 771 (818 126 8500 ; www.parquefundidora.org ; Av Fundidora y Adolfo Prieto s/n ; 6h-22h tlj ; M Fundidora)

Gamma Monterrey Gran Hotel Ancira
Voir p. 771 (443 310 8137 ; www.gammahoteles.com/hoteles/gamma-monterrey-gran-hotel-ancira ; Av Melchor Ocampo 443 ; M General I. Zaragoza)

Hoteles Antigua Casona Allende
Voir p. 771 (813 038 3233 ; www.antiguasantalucia.mx ; Nicolás Martinez 610 ; M General I. Zaragoza)

Safi Royal Luxury Metropolitan
Voir p. 771 (812 519 0000 ; safihotel.com ; Av Lázaro Cardenas 2400, San Pedro Garza Garcia)

BreAd Panaderos Artesanales
Voir p. 769 (812 138 0677 ; www.breadpanaderos.com ; angle Humberto Lobo et Río Nilo ; 7h-22h lun-sam, 8h-21h dim)

El Lingote
Voir p. 771 (818 191 7717 ; www.ellingoterestaurante.com ; horno3 Interior Parque Fundidora ; 13h-23h30 mar-dim ; M "Y" Griega)

El Rey de Cabrito
Voir p. 771 (818 345 3232 ; www.facebook.com/reydelcabritopte ; Av Constitucion 817 ; 11h30-23h tlj ; M General I. Zaragoza)

Madre Oaxaca
Voir p. 771 (818 342 7200 ; www.facebook.com/MadreOaxaca.Mty ; Padre Raymundo Jardón 814 ; 13h-22h lun-jeu, 13h-23h ven-sam, 13h-18h dim ; M General I. Zaragoza)

Me Muero de Hambre
Voir p. 769 (818 344 3622 ; memuerodehambre.com ; Francisco Javier Mina 1003 ; 12h-23h lun-mer, 12h-0h jeu, 12h-2h ven-sam, 11h-23h dim ; M General I. Zaragoza)

Mercado Barrio Antiguo
Voir p. 771 (818 031 4683 ; www.mercadobarrioantiguo.com ; José María Morelos 839 ; 8h-22h tlj ; M General I. Zaragoza)

Coffee with Aliens
Voir p. 769 (www.coffeewithaliens.com; Blvd Acapulco 1000-1 ; 7h30-20h lun-ven, 8h30-20h sam, 8h30-17h dim)

La Oveja Negra
Voir p. 770 (811 605 2763 ; ovejanegra.com.mx ; José María Morelos 924 ; 15h-23h tlj ; M General I. Zaragoza)

Libros Café Y Detalles
Voir p. 768 (José María Morelos 949-991 ; 9h-22h lun-ven, 9h-21h sam-dim ; M General I. Zaragoza)

Mon Paris – Gomez Morin
Voir p. 769 (812 091 5030 ; www.monparis.mx ; Plaza Las Palmas, Av Manuel Gómez Morín 911, Colonia Del Valle, San Pedro Garza García ; 8h30-23h lun-ven, 9h-23h sam-dim)

Tierra Libre
Voir p. 768 (What's App 812 402 0572 ; tierralibre.com ; Calle Mariano Matamoros 929 ; 13h-22h mar-dim)

Trece Lunas
Voir p. 768 (811 352 1127 ; www.facebook.com/eltrecelunas ; Calle José Mariano Abasolo 870-C ; 8h-0h tlj ; M General I. Zaragoza)

Almacén 42
Voir p. 768 (818 343 2817 ; almacen42.com ; José María Morelos 852 ; 17h-0h mar-mer, 14h-2h ven-sam, 14h-22h dim ; M General I. Zaragoza)

Arena Monterrey
Voir p. 770 (818 126 2100 ; web.arenamonterrey.com ; Av Francisco I. Madero 2500 ; M Alameda)

Café Iguana
Voir p. 768 (818 343 0822 ; cafeiguana.com.mx/en/home ; Calle Diego de Montemayor 927 Sur ; 19h-1h jeu, 20h-2h ven-sam ; M General I. Zaragoza)

Hellow Festival
Voir p. 769 (hellowfestival.com)

Saxy Jazz Club
Voir p. 768 (What's App 812 013 5606 ; www.facebook.com/saxyjazzclub ; Sótano Plaza O2, Av José Vasconcelos 150, San Pedro Garza García ; 19h-1h mar-jeu, 19h-2h ven-sam)

Tecate Pa'l Norte
Voir p. 769 (www.tecatepalnorte.com)

TOPAZdeluxe
Voir p. 768 (818 344 3803 ; Calle Padre Mier 1248 ; 19h-1h jeu, 19h-2h ven, 17h-2h sam, 17h-0h dim ; M Fundadores)

Corredor del Arte
Voir p. 769 (www.facebook.com/CorredorDelArte ; Calle Francisco Javier Mina ; 12h-19h dim ; M General I. Zaragoza)

D'michaus Antiques
Voir p. 770 (www.facebook.com/profile.php?id=100057573455924 ; Padre Raymundo Jardón 935 ; 11h-19h dim ; M General I. Zaragoza)

ENVIRONS DE MONTERREY

Museo del Desierto
Voir p. 776 (☎844 986 9000 ; www.museodeldesierto.org ; Blvd Carlos Abedrop Dávila 3745, Saltillo, Coahuila ; tarif plein/réduit 225/145 $M ; ⏰10h-17h mar-dim)

Casa Madero
Voir p. 776 (☎818 390 0305 ; madero.com ; Carretera Parras, Paila km 7,5, Coahuila ; visites avec dégustations sur réservation 1 050-2 750 $M/pers ; ⏰10h-15h40 lun-ven, 9h20-16h20 sam-dim)

Cascada Cola de Caballo
Voir p. 774 (Santiago)

Emoción Extrema
Voir p. 775 (☎818 371 6941 ; www.emocionextrema.com ; Dolores del Río 6564, Monterrey ; ⏰10h-18h lun-sam)

Gaia Xtreme
Voir p. 775 (☎811 941 2057 ; gaiaxtreme.com ; Av Eugenio Garza Sada 3820, Monterrey ; ⏰9h-19h lun-sam)

GEO Aventura
Voir p. 775 (☎811 234 4123 ; geoaventura.com ; Gustavo M. García 310, Monterrey ; ⏰9h-17h lun-sam)

Grutas de García
Voir p. 775 (García)

Hiking MTY
Voir p. 774 (☎811 059 9793 ; www.hikingmty.com)

Ibo Adventures
Voir p. 774 (☎(818 376 7623 ; ibo.com.mx ; Antonio Caso 431, Monterrey)

Parque Ecológico Chipinque
Voir p. 774 (☎818 303 0000 ; www.chipinque.org.mx ; Carretera a Chipinque km 2,5, San Pedro Garza García ; tarif 80 $M ; ⏰5h30-19h30)

DARIO TAMEZ/SHUTTERSTOCK ©
Parque Fundidora, Monterrey

Parque Ecológico La Huasteca
Voir p. 775 (www.parquelahuasteca.com ; Santa Catarina)

Yeti Adventures
Voir p. 774 (☎811 106 9121 ; www.facebook.com/YetiAdventuresMX)

Termas San Joaquín
Voir p. 774 (☎818 154 1400 ; www.termasdesanjoaquin.com.mx ; Carretera Villa de García-Paredón km 10, Ramos Arizpe, Coahuila)

Casona del Banco
Voir p. 776 (☎842 422 1954 ; lacasonadelbanco.com.mx ; Ramos Arizpe 285, Hacienda del Rosario, Parras de la Fuente, Coahuila)

Finca del Rocío
Voir p. 776 (☎871 145 6398 ; www.facebook.com/hotelfincadelrocio ; 5 De Mayo 38, Parras de la Fuente)

Hacienda 1800
Voir p. 776 (☎869 696 0530 ; www.hacienda1800.com ; Calle Las Parras 1007, Cuatrociénegas, Coahuila)

Hotel Rancho el Morillo
Voir p. 776 (☎844 417 4078 ; ranchoelmorillo.com ; Calle del Morillo 264, Saltillo, Coahuila ; réception ⏰9h-10h30)

Feria de la Uva
Voir p. 776 (☎842 115 3319 ; www.facebook.com/profile.php?id=100083332172368 ; Calle Ramos Arizpe y Treviño, Parras de la Fuente)

DURANGO

Catedral del Basílica Menor
Voir p. 777 (☎618 812 5077 ; www.facebook.com/people/Catedral-Bas%C3%ADlica-Menor-de-Durango/100080676360283 ; Av 20 de Noviembre s/n)

Museo de Arqueología de Durango Ganot-Peschard
Voir p. 779 (☎618 813 1047 ; sic.cultura.gob.mx/ficha.php?table=museo&table_id=297 ;

Zaragoza 315 ; tarif 10 $M ; 9h30-19h mar-dim)

Museo de la Ciudad 450
Voir p. 778 (618 137 8756 ; sic.cultura.gob.mx/ficha.php?table=museo&table_id=1645 ; Av 20 de Noviembre ; tarif plein/réduit 31/8 $M ; 10h-18h mar-ven, 11h-18h sam-dim)

Museo de las Culturas Populares
Voir p. 779 (618 825 8827 ; sic.cultura.gob.mx/ficha.php?table=museo&table_id=897 ; 5 de febrero 1107 ; tarif plein/réduit 10/5 $M ; 9h-18h mar-dim)

Museo Francisco Villa
Voir p. 779 (618 811 4793 ; sic.gob.mx/ficha.php?table=museo&table_id=1548 ; 5 de Febrero 800 ; tarif plein/réduit 25/15 $M, gratuit -5 ans ; 10h-18h mar-ven, 11h-18h sam-dim)

Museo Regional de Durango
Voir p. 779 (618 813 1094 ; museo.ujed.mx ; Calle Victoria 100 ; tarif 10 $M, gratuit -7 ans ; 8h-15h lun, 8h-18h mar-ven, 11h-18h sam-dim)

Paseo del Viejo Oeste
Voir p. 780 (331 266 1471 ; www.facebook.com/paseodelviejooestedgo/?locale=fr_FR ; Carretera Parral km 12 ; 11h-19h tlj)

Paseo Túnel Mineria Durango
Voir p. 778 (Calle Lic. Benito Juárez 313 ; 10h-20h mar-dim)

Templo de Analco
Voir p. 778 (618 811 6025 ; Volantin 710 ; www.facebook.com/sanjuanbautistadeanalco)

Parque Ecológico El Tecuán
Voir p. 780 (618 137 9904 ; Carretera Durango - Mazatlán km 54 ; entrée libre ; 8h-20h jeu-sam)

Paseo Teleferico
Voir p. 781 (Av Florida 1145 ; tarif plein/réduit 20/10 $M ; 10h-21h mar-dim)

Providencia Sierra Durango
Voir p. 780 (618 159 2255 ; www.facebook.com/paseodelviejooestedgo ; Llano Grande)

Hostal de la Monja
Voir p. 778 (618 837 1719 ; www.hostaldelamonja.com.mx ; Calle Constitución 214 Sur ; ch 1693-2124 $M)

La Casona Real
Voir p. 778 (618 143 2361 ; casonarealhotel.com ; Calle Juárez 305)

Posada de Maria
Voir p. 778 (618 425 6830 ; www.facebook.com/posadademariaDGO ; Calle 5 de Febrero 912)

Esquilón
Voir p. 778 (618 811 1632 ; www.facebook.com/restaurante.esquilon/?rf=161690633884964 ; Calle Hidalgo 411 ; 8h-23h lun-sam, 8h-18h dim)

Fonda Antigua Usanza Cocina Duranguense
Voir p. 778 (618 133 1608 ; www.facebook.com/p/Antigua-Usanza-Cocina-Duranguense-100062949955460 ; Florida 1137 ; 14h-23h mer-lun)

Fonda de la Tía Chona
Voir p. 778 (618 811 7748 ; www.facebook.com/laschonasdgo ; Calle Nogal 110 ; 17h-23h mar-sam, 13h-17h dim)

Wallander
Voir p. 778 (618 811 7705 ; www.wallander.mx ; Calle Independencia 128 ; 8h-21h lun-sam, 9h-16h30 dim)

Cantina Tradicional Juan Matador
Voir p. 779 (618 811 9191 ; cantinatradicionaljuanmatador.negocio.site ; Florida 1123 ; 11h-2h tlj)

Luum Coffee Bar
Voir p. 779 (www.facebook.com/luumcoffeebar ; Av Francisco Sarabia 601 ; 9h-22h lun-sam, 15h-22h dim)

Wirikuta Cafe
Voir p. 779 (618 688 1050 ; Del Guadiana 98-local 1 ; 8h-22h lun-sam, 15h30-22h dim)

Plaza de Armas, Durango

CARNET PRATIQUE

Ce chapitre présente toutes les informations pratiques essentielles dont vous aurez besoin pour voyager dans la péninsule du Yucatán.

Centro Histórico, Mexico (p. 64)

Arriver au Mexique

La plupart des visiteurs arrivent au Mexique par la voie aérienne. Les aéroports internationaux de Mexico, Cancún, Monterrey et Puerto Vallarta sont les plus fréquentés. Seuls ceux de Mexico et de Cancún accueillent des vols directs réguliers venant d'Europe, des Caraïbes, d'Amérique centrale et d'Amérique du Sud. Outre l'avion, on peut arriver au Mexique en voiture ou en car depuis les États-Unis, le Guatemala et le Belize.

Visas

Les ressortissants de l'UE, de la Suisse et du Canada n'ont pas besoin de visa pour se rendre au Mexique en visite touristique. Ils doivent être munis d'un passeport en cours de validité et d'un billet d'avion aller-retour pour séjourner jusqu'à 180 jours.

Cartes SIM

Les cartes SIM vendues dans les boutiques des aéroports n'offrent pas un bon rapport qualité/prix. Les supérettes OXXO en vendent avec une couverture beaucoup plus étendue (la compagnie de téléphonie mobile Telcel dispose du meilleur réseau).

À LA FRONTIÈRE

S'il n'est plus nécessaire de remplir de formulaire migratoire (FMM) en version papier, celui-ci ne disparaît pas. Il continue à être généré électroniquement aux points d'entrée au Mexique par les services de l'immigration.

Wi-Fi

Les quatre terminaux de l'aéroport de Cancún disposent du Wi-Fi gratuit, même s'il est parfois lent et peu fiable. Ailleurs dans la région, on trouve le Wi-Fi gratuit dans les hôtels, dans certains restaurants et dans les parcs publics.

Transports depuis les aéroports ($M)

Mexico

TAXI	20 min	270 $M
BUS	40 min	30 $M
METRO	35 min	5 $M
VTC	20 min	140 $M

Cancún

TAXI	30 min	600 $M
BUS	55 min	110 $M
NAVETTE	45 min	à partir de 270 $M

Transit par les États-Unis

Même pour un simple transit aux États-Unis, il est obligatoire de faire une demande d'autorisation de voyage électronique, appelée ESTA. Connectez-vous au site https://esta.cbp.dhs.gov/esta pour remplir le formulaire en ligne. Il est conseillé de s'acquitter de cette formalité au moins 72 heures avant le départ. Une taxe de 21 $US est exigée (payable en ligne).

Aéroports

Seuls les aéroports de Mexico et de Cancún accueillent des vols directs réguliers venant d'Europe, des Caraïbes, d'Amérique centrale et d'Amérique du Sud ; c'est à Cancún qu'il y a le plus de vols provenant d'Europe.

La compagnie aérienne nationale du Mexique est **Aeroméxico** (www.aeromexico.com).

Aeropuerto Internacional Benito Juárez (Mexico)
(☎55-2482-2424 ; www.aicm.com.mx ; Capitán Carlos León s/n, Colonia Peñón de los Baños ; 📶; Ⓜ Terminal Aérea)

Aeropuerto Internacional de Cancún
(☎998-848-72-00 ; www.asur.com.mx ; route 307, km 22)

Aeropuerto Internacional de Guadalajara
(☎33-3688-5248 ; www.aeropuertosgap.com.mx/es/guadalajara ; Carretera Guadalajara Chapala km 17,5, Tlajomulco de Zuñiga)

Aeropuerto Internacional de Puerto Vallarta
(☎32-2221-1298 ; www.aeropuertosgap.com.mx/es/puerto-vallarta-3 ; Carretera a Tepic km 7,5, Área Militar de Vallarta)

Depuis la France

Aeroméxico (☎0800 916 754 ; www.aeromexico.com/fr-fr) et **Air France** (☎09 69 39 36 54 ; wwws.airfrance.fr) assurent 2 liaisons directes quotidiennes entre Paris-Charles de Gaulle et Mexico et plusieurs liaisons directes hebdomadaires pour Cancún. **Air Caraïbes** (☎0820 83 58 35 ; www.aircaraibes.com) dessert Mexico et propose jusqu'à 3 vols directs hebdomadaires pour Cancún depuis Paris-Orly.

Différentes compagnies européennes (Iberia, Lufthansa ou British Airways) ou nord-américaines (United, American Airlines ou Air Canada) proposent des liaisons Paris-Mexico avec escale. Ces vols sont souvent moins chers et ajoutent généralement 2 à 3 heures à la durée du voyage). Ils permettent également d'atterrir dans d'autres villes que Mexico.

Depuis la Belgique

Il n'y a pas de vol direct au départ de Bruxelles pour Mexico, mais plusieurs compagnies, dont **Brussels Airlines** (www.brusselsairlines.com), opèrent des vols avec escale au départ de Bruxelles.

La compagnie low cost belge **TUI Fly Belgium** (www.tuifly.be) propose un vol direct Bruxelles-Cancún (13 heures 30).

Depuis la Suisse

Pour rallier Mexico depuis Genève ou Zurich, vous devrez faire une escale avec, notamment, les compagnies **Swiss** (www.swiss.com) et **Lufthansa** (www.lufthansa.com) :

Swiss (www.swiss.com) assure un vol direct Zurich-Cancún (13 heures de vol environ), tout comme **Edelweiss Air** (www.flyedelweiss.com).

Depuis le Canada

Montréal, Québec, Toronto et Vancouver proposent des vols directs vers le Mexique, mais les prix sont souvent plus intéressants avec un changement aux États-Unis.

Air Canada (www.aircanada.com/ca/fr) et **Air Transat** (www.airtransat.com) desservent Cancún au départ de Montréal sans escale (4 heures 35 de vol). **United Airlines** (www.united.com/fr/ca) propose un vol avec une escale (8 heures de vol environ).

UN FIL D'ARIANE

Vous êtes ressortissant français ? Pensez à vous enregistrer sur le **portail Ariane** (pastel.diplomatie.gouv.fr/fildariane) du ministère des Affaires étrangères. Ce service gratuit vous permet de recevoir des alertes si la situation le justifie. Crise politique, catastrophe naturelle, attentat... recevez en temps réel des consignes de sécurité lors de votre voyage.

Il existe une application pour les Smartphones et les tablettes, intitulée *Conseils aux voyageurs*.

QUITTER L'AÉROPORT DE MEXICO

Les taxis d'aéroport officiels et les services de VTC comme Uber et Didi sont le moyen le plus sûr et le plus pratique de gagner la ville. Ne hélez pas de taxi à l'extérieur de l'aéroport. Doté d'une station proche du Terminal 1, le métro est la solution la plus économique, mais il s'avère parfois peu commode avec des bagages, en particulier aux heures de pointe. Le Metrobús, une ligne de bus rapide qui dessert les deux terminaux de l'aéroport, est une option sûre et abordable pour rallier le centre.

Comment circuler

Les tarifs des vols intérieurs et des locations de voitures s'envolent aux périodes de pointe : la Semana Santa (semaine de Pâques), les vacances scolaires mexicaines de juillet-août et les semaines de Noël et du Nouvel An.

BUDGET

Location de voiture
À partir de 700 $M/jour

Essence
Environ 23 $M/litre

Bus entre Mexico et Puerto Vallarta
1 400 $M

Vol aller-retour Mexico-Cancún
env. 2 000 $M

Louer une voiture

La plupart des contrats de location incluent le kilométrage illimité et une assurance responsabilité civile. Les principales cartes bancaires comprennent souvent une assurance collision. Vous devez être titulaire d'un permis de conduire valide, d'un passeport et d'une carte bancaire.

Sur la route

Évitez de rouler la nuit en raison des ralentisseurs mal indiqués, des routes peu éclairées et des risques de braquage sur les autoroutes. Pour les longs trajets, préférez les routes à péage, mieux entretenues. Les conducteurs font un appel de phare ou utilisent leur clignotant gauche pour indiquer qu'ils veulent vous dépasser.

À SAVOIR

Pour bénéficier gratuitement d'une assistance routière et d'un service de remorquage sur les autoroutes fédérales, appelez la hotline des Ángeles Verdes au 078.

CONDUIRE AU MEXIQUE

Au Mexique, la plupart des automobilistes n'ont pas le permis de conduire ; c'est pourquoi circuler en voiture tient de la mêlée générale. Les conducteurs considèrent parfois les feux rouges et les limites de vitesse comme de simples suggestions. Soyez vigilant, notamment si vous roulez sur des routes mal entretenues ; la nuit, soyez conscient des risques de vol de voiture et de kidnapping dans les villes et sur les routes sans péage.

CODE DE LA ROUTE

Conduite à droite

110

La vitesse est limitée à 110 km/h sur autoroute ; emportez des espèces pour les routes à péage.

0,8

Le taux d'alcool à ne pas dépasser est de 0,8 g/L.

Bus

Le Mexique possède un bon réseau de bus confortables et économiques. Certaines compagnies vendent les billets en ligne. Les bus de *lujo*, *ejecutivo* et *primera plus* ont des sièges inclinables, la climatisation et des écrans de TV. Les bus *segunda clase*, plus lents, sont spartiates.

Avion

Hors saison, il est possible de dénicher des vols intérieurs à prix réduits, parfois moins chers que le bus. Les compagnies low cost comme VivaAerobus et Volaris ont en général les meilleures offres. Aeroméxico, la compagnie aérienne nationale, propose parfois des prix très bas.

Colectivos, combis minibus

Ces transports collectifs circulent sur des itinéraires fixes. En général, ils sont plus fréquents et moins chers que les bus. Hélez-les à l'angle de n'importe quelle rue, et indiquez au chauffeur où vous souhaitez descendre .

Bus interurbains

La plupart des villes ont une gare routière où convergent les bus longue distance, appelée Terminal de Autobuses, Central de Autobuses, Central Camionera ou La Central (à ne pas confondre avec *el centro*, le centre-ville !). En règle générale, les gares routières des grandes villes sont propres, sûres et très fonctionnelles.

Pour les trajets jusqu'à 4 à 5 heures sur des itinéraires très fréquentés, vous pouvez vous rendre directement à la gare routière, acheter un billet et embarquer immédiatement.

Pour des voyages plus longs, des parcours inhabituels ou durant les périodes de vacances, réservez une place au moins 24 heures à l'avance, voire 2 ou 3 jours avant. Il est généralement possible de choisir son siège en achetant sa place.

Les billets des bus 1re classe, deluxe et classe affaires (*ejecutivos*) doivent être achetés à la gare routière avant le voyage ; selon le transporteur, il est parfois possible de se les procurer en ligne et de le recevoir par e-mail. Pour réserver des places sur les lignes de 1re classe tels ADO et OCC, vous pouvez passer par **Mi Escape** (www.miescape.mx), une centrale de réservation avec des bureaux à Mérida, Cancún, Cozumel, Campeche et San Cristóbal de Las Casas. Mi Escape ajoutant des frais de 10% au prix du billet, vous économiserez de l'argent en achetant votre billet à la gare routière.

Voitures et motos

Conduire au Mexique n'est pas simple. Néanmoins, disposer d'un véhicule vous donnera de la flexibilité et de la liberté. Idéalement, le conducteur devrait disposer de rudiments d'espagnol, de beaucoup de patience et d'espèces en cas de pépins. Les très grosses voitures ne sont guère pratiques sur les petites routes de campagne de la péninsule. Les amortisseurs et les suspensions doivent être en bon état.

Pour plus de sécurité, optez pour une canne antivol. Rouler à moto au Yucatán est pour le moins sportif. La route et la circulation peuvent être mauvaises et il est difficile de trouver des pièces détachées et des mécaniciens, mais vous pouvez très bien visiter les Isla Mujeres et Cozumel en scooter. Le port du casque est obligatoire au Mexique.

Bus locaux

Généralement appelés *camiones*, les bus locaux restent le moyen de transport le plus économique pour découvrir les environs des grandes villes. Les bus s'arrêtent en principe uniquement aux *paradas* (arrêts), même si certains accepteront de s'arrêter à l'angle d'une rue si vous leur faites signe. La plupart ont de la monnaie.

Taxi

Les taxis sont nombreux en ville. Si le véhicule est équipé d'un compteur, demandez au chauffeur s'il fonctionne (*¿Funciona el taxímetro?*). Si ce n'est pas le cas, convenez du prix de la course avant de monter.

Plusieurs aéroports et grandes gares routières ont instauré un service de taxis agréés : vous achetez un ticket à prix fixe pour votre destination auprès d'une *taquilla* (billetterie) et vous le remettez ensuite au chauffeur au moment de payer. Vous évitez ainsi marchandage et risque d'escroquerie.

Le prix de location d'un taxi à la journée pour une excursion dans les environs est à peu près le même que celui d'une voiture de location bon marché.

Avion

Les compagnies low cost décollent le plus souvent de Mexico. Les avions de **VivaAerobus** (www.vivaaerobus.com) et **Volaris** (www.volaris.com) desservent Cozumel, Cancún et Mérida.

Carburant

Au Mexique, *gasolina* (essence) et diesel sont vendus par la compagnie Pemex (Petróleos Mexicanos). La plupart des villes, même les plus petites, ainsi que les principaux axes routiers, ont une station Pemex. Dans les endroits plus reculés, il est recommandé de faire le plein dès que possible.

Assurance locale

Il est imprudent de conduire au Mexique sans avoir souscrit une assurance locale. En cas d'accident, vous risquez d'être emprisonné et votre véhicule sera immobilisé le temps que votre responsabilité soit évaluée. Contactez, par exemple, l'assurance mexicaine Sanborns (www.sanborns.com).

Routes à péage

La principale route à péage du Yucatán relie Cancún et Playa del Carmen à Valladolid, Chichén Itzá et Mérida. Cette route est onéreuse (un trajet Mérida-Cancún revient à 610 $M), mais elle est en meilleur état que les autres routes gratuites et permet d'arriver plus rapidement à destination.

$ Argent

MONNAIE : PESO ($M)

Distributeurs

Les DAB (*cajeros automáticos*) sont nombreux dans les villes moyennes et grandes ; en zone rurale, la répartition est inégale. Ils acceptent les principales cartes bancaires. Des frais compris entre 30 et 70 $M sont appliqués par l'entreprise qui gère le DAB, ainsi que les frais facturés (pour des retraits hors zone euro) par votre banque. Pour plus de sécurité, utilisez les DAB uniquement à l'intérieur d'un bâtiment et en plein jour.

Cartes bancaires

Les cartes sont couramment acceptées dans les grandes villes, notamment dans les restaurants, magasins et hôtels moyenne et haut de gamme. La plupart des stations-service acceptent les principales cartes.

Pourboires

Restaurant Entre 10 et 15% de l'addition, si le service n'est pas compris.

Hôtel Pas obligatoire, mais le personnel de ménage appréciera (20 $M à 100 $M par jour).

Portier 25 $M par bagage

Pompiste et parking 5 $M à 10 $M

Chauffeur de taxi Pas de pourboire nécessaire, sauf en cas de service complémentaire.

Guides Entre 10 et 20% du montant de la prestation.

COMBIEN COÛTE…

Une nuit dans un hôtel moyenne gamme **800-1 200 $M**

Un court trajet en taxi **35-50 $M**

Une visite guidée **2 000-3 000 $M**

Un trajet en bus de 2 heures **250-300 $M**

Attention aux frais cachés

Pour tenter de faire payer deux fois le service, certains bars et restaurants peu scrupuleux ajoutent automatiquement des frais de service ou un pourboire "obligatoire" sans en informer le client. Or, le pourboire est facultatif et cette pratique est illégale. Payez avec une carte bancaire reconnue afin d'éviter les frais de transaction exorbitants ou les taux de change médiocres dans les DAB.

À SAVOIR

Gardez toujours des espèces sur vous ; même dans les grandes villes, il arrive que les terminaux de carte bancaire ne fonctionnent pas. N'emportez que l'argent nécessaire aux dépenses du jour.

POURBOIRE ET MARCHANDAGE

Au Mexique, nombre de travailleurs perçoivent des salaires de misère, et les pourboires sont une source de revenus importante. En principe, on donne quelques pièces aux personnes qui emballent les courses ainsi qu'aux employés des stations-service et des parkings. Un pourboire correct peut également faire toute la différence pour les employés dans l'hôtellerie-restauration. Enfin, si le marchandage est une pratique acceptable avec les vendeurs de rue, n'oubliez pas qu'ils vivent uniquement de ce qu'ils gagnent.

Hébergement

Du B&B raffiné à l'hôtel de luxe

Le Mexique abonde en hébergements haut de gamme, de la villa privée avec vue sublime à l'élégant B&B dans une demeure historique, en passant par le *resort* tout compris et l'hôtel de luxe. Les établissements haut de gamme augmentent considérablement leurs tarifs durant les périodes de pointe.

Pensions et cabañas

Dans la catégorie moyenne, délaissez les chambres d'hôtel exiguës pour une spacieuse *cabaña* (bungalow) ; beaucoup sont équipées d'une vraie cuisine, d'une salle à manger et d'un balcon ou d'une véranda. Les *casas de huéspuedes* (pensions) vous offrent l'occasion de rencontrer d'autres voyageurs, et, parfois, de retrouver vos hôtes au petit-déjeuner ou autour d'un verre l'après-midi.

Adresses pour petits budgets

Dans cette catégorie, on trouve des auberges de jeunesse bon marché avec dortoirs, des chambres privées spartiates, et des hébergements propres et modernes proposant une kyrielle d'activités. Leur ambiance conviviale permet de rencontrer d'autres voyageurs. Renseignez-vous sur les remises en cas de paiement en espèces et de séjour de plusieurs nuits.

COMBIEN COÛTE UNE NUIT EN...

auberge de jeunesse
200-500 $M

pension
800-2 500 $M

B&B ou *resort* haut de gamme
2 000-5 000 $M

Dormir à la belle étoile

Il fait beau la majeure partie de l'année ; la plupart des campings acceptent les tentes. Près des plages ou en zone rurale, certains restaurants ou pensions vous laisseront planter votre tente pour une somme dérisoire. Pour profiter encore mieux de la voûte céleste, rien de tel qu'un hamac : la location est courante au Mexique, notamment en bord de mer (et surtout sur les plages les moins touristiques). L'antimoustique est indispensable. S'il y a trop d'insectes ou s'il fait froid, certaines plages louent aussi des cabanes sommaires.

Les *posadas*, une option intéressante

Il existe quantité de *posadas* (auberges souvent familiales), d'un bon rapport qualité/prix. Certaines s'apparentent à des *casas de huéspedes* ; toutefois, les *posadas* sont habituellement des adresses économiques ou de moyenne gamme. Celles qui sont situées dans des lieux reculés, sans couverture téléphonique, utilisent souvent des applications comme WhatsApp ou Messenger pour les réservations.

LOCATIONS ET AIRBNB

Les locations de vacances sont légion, et, avec un site comme Airbnb (www.airbnb.fr), trouver un hébergement n'a jamais été aussi facile. Mais tous ne voient pas d'un bon œil l'essor rapide de ce marché. À Tulum, les résidents accusent Airbnb de jouer un rôle dans le tourisme de masse, et selon les habitants de Mexico, l'afflux de nomades numériques au portefeuille bien garni entraîne une hausse des loyers et contraint les locataires à quitter leurs quartiers. Le sujet est épineux, mais on trouve sur le Web de nombreuses alternatives aux grandes plateformes de location privée.

Avec des enfants

Le Mexique est un pays très accueillant pour les familles. Excepté dans certains hôtels haut de gamme, les enfants sont les bienvenus partout. Les petits voyageurs apprécient les places bigarrées et les marchés d'artisanat colorés, les musées interactifs et les sites archéologiques propices à éveiller l'imagination, sans oublier une faune inoubliable et d'exaltantes activités aquatiques.

Meilleures destinations en famille

Cancún, la Riviera Maya et plusieurs îles voisines sont idéales avec des enfants : *resorts* conçus pour les familles, plages splendides, parcs aquatiques, piscines naturelles, lieux de snorkeling... Sur la côte Pacifique, les sorties en bateau permettent d'observer de gigantesques baleines, des dauphins sauvages et des tortues marines. Quant à la capitale, elle a tout pour plaire aux plus jeunes, notamment le Bosque de Chapultepec, qui offre d'innombrables activités.

Hébergement

La variété des hébergements enchantera les enfants. Les *cabañas* (bungalows) rustiques donnent l'impression de vivre une grande aventure (mais prenez-en une équipée de moustiquaires !). Nombre d'hôtels sont pourvus de cours intérieures, de piscines ou de grands jardins. Les hôtels des plages de tout le littoral du pays sont conçus pour recevoir des familles. Les chambres familiales et les logements équipés de cuisine sont très répandus, et beaucoup d'établissements acceptent d'ajouter un ou deux lits dans une chambre, moyennant un petit supplément.

NOTRE SÉLECTION

"El Chepe" (train du canyon du Cuivre ; p. 748)
Ce train célèbre dans le monde entier fait étape dans des bourgs de montagne offrant quantité d'activités amusantes.

Cobá (p. 331)
Un ancien site maya avec une tyrolienne et des vélos pour parcourir des sentiers sylvestres.

Bosque de Chapultepec (p. 116)
Ce parc de Mexico abrite un musée interactif pour enfants et un éblouissant château.

Playa Escobilla (p. 492)
Une plage du Oaxaca où des milliers de tortues viennent pondre leurs œufs dans le sable en été.

Réductions

Les musées, les sites archéologiques, les parcs aquatiques et certains hôtels proposent des réductions pour les enfants. Certaines attractions familiales proposent également des forfaits famille. Lorsque vous achetez des billets d'avion ou de bus, guettez les offres à moitié prix pour les 5-12 ans.

Au restaurant

Les en-cas typiques comme les *quesadillas*, *burritos* et tacos – ou encore les épis de maïs fumants que l'on achète aux étals de rue – permettent de se familiariser avec les saveurs locales. Sinon, quantité d'établissements mexicains servent des plats internationaux, ainsi que beaucoup de fruits frais.

SANTÉ ET SÉCURITÉ

Les enfants risquent davantage d'être affectés par la chaleur ou par le décalage horaire. Faites très attention aux coups de soleil. Prévoyez des hauts à manches longues, des pantalons et un antimoustique pour les protéger du soleil et des insectes. Surveillez-les étroitement à la plage, car il peut y avoir de puissants contre-courants. Faites également très attention en traversant la rue à Mexico – les voitures ne laissent pas toujours passer les piétons. Si vous avez envie de sortir le soir entre adultes, sachez que certains *resorts* disposent de baby-sitters fiables.

Voyage et handicap

De plus en plus d'hôtels, de restaurants, de bâtiments publics et de sites archéologiques disposent d'un accès pour les personnes à mobilité réduite, mais les trottoirs aménagés restent très rares. Prendre le bus peut être une gageure ; avions et taxis sont plus accessibles. L'absence d'aménagements est en partie compensée par la bonne volonté des Mexicains, qui improvisent volontiers pour vous aider.

Bus

À Mexico, certains bus disposent de rampes d'accès en fauteuil roulant ; les systèmes de bus rapides comme le Metrobús sont en principe plus accessibles. Les métros de Mexico et de Guadalajara sont équipés de bandes podotactiles pour les malvoyants.

Aéroports

Principaux points d'entrée au Mexique, les aéroports de Mexico et de Cancún offrent une assistance aux passagers à mobilité réduite (fauteuils roulants, transport). Certains grands aéroports ont un service similaire pour les personnes handicapées.

Hébergements

En général, les déplacements sont plus faciles dans les grands complexes touristiques et les hôtels haut de gamme. Dans les établissements dépourvus de rampes d'accès et d'ascenseurs, le personnel se rend disponible pour aider les hôtes handicapés.

TOILETTES

Les grandes villes mexicaines ne disposent pas toujours d'un nombre suffisant de toilettes accessibles aux handicapés. Les hôtels, les musées et les restaurants de chaîne sont souvent les mieux équipés.

Plages accessibles

La soixantaine de plages mexicaines labellisées **Blue Flag** (www.blueflagmexico.org/playas.php) proposent au minimum des rampes permettant un accès partiel, destinées aux personnes à mobilité réduite. Elles se trouvent dans des lieux touristiques comme Cancún, Puerto Vallarta et Los Cabos.

Villages et villes anciennes

Il est parfois difficile de circuler en fauteuil roulant dans les villes coloniales, dotées de rues pavées aux trottoirs étroits. En outre, certaines d'entre elles sont en pente raide, comme Guanajuato.

SITES WEB

Wheelchair Traveling *(wheelchairtraveling.com)* est une mine d'informations sur les circuits organisés, les transports et les hôtels adaptés aux personnes handicapées.

Wheel the World *(wheeltheworld.com)* est un service de réservation qui répertorie les hôtels, les circuits organisés et les activités accessibles aux handicapés dans des lieux populaires comme Los Cabos, Puerto Vallarta et la Riviera Maya.

APF France Handicap *(apf-francehandicap.org)* peut fournir des renseignements utiles sur les voyages accessibles.

À Cancún, Puerto Vallarta et Los Cabos, des navettes et des minibus accessibles en fauteuil roulant permettent de se déplacer et de faire des excursions. Des prestataires louent des fauteuils roulants amphibies pour la plage et d'autres équipements de mobilité.

Santé

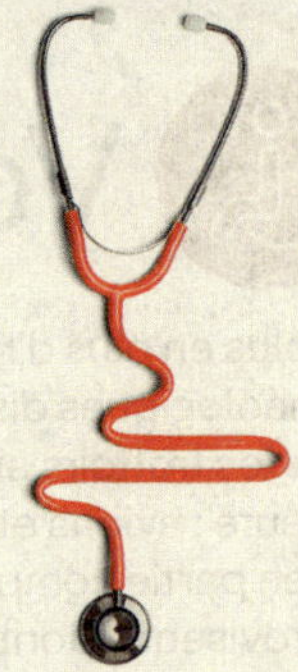

Les voyageurs doivent surtout se méfier des maladies liées à la nourriture ou aux moustiques. Pensez à emporter un bon répulsif contre les insectes et à être attentif à ce que vous mangez et buvez. Les soins médicaux au Mexique sont généralement de qualité, surtout dans les hôpitaux privés des grandes villes.

Piqûres et maladies infectieuses

Les maladies transmises par les moustiques constituent un risque (le paludisme, le virus Zika et la dengue étant les plus connues). Pour éviter les piqûres, portez manches longues, pantalons, chapeaux et chaussures (plutôt que des sandales). Évitez de vous exposer au crépuscule et à l'aube, lorsque les moustiques sont en pleine activité. Utilisez un répulsif à base de DEET sur les parties du corps découvertes.

Mal des montagnes

Le mal d'altitude se produit souvent lors d'une ascension rapide à plus de 2 500 m. Symptômes : manque de souffle, toux sèche irritante, vertiges, fatigue, maux de tête, perte d'appétit, nausée et vomissements. Si vous visitez des villes de haute altitude comme Mexico et San Cristóbal de Las Casas, sachez que les efforts excessifs et la consommation d'alcool aggravent les symptômes.

EAU DU ROBINET

L'eau du robinet n'est pas potable. La plupart des filtres à eau portatifs ne protègent pas contre les virus. Pour stériliser l'eau, faite-la bouillir ou traitez-la chimiquement avec des comprimés comme Micropur.

NAGER EN TOUTE SÉCURITÉ

- Baignade autorisée
- Nagez avec précaution, conditions présentant un danger
- Baignade déconseillée, soyez extrêmement attentif
- Danger maximal, baignade strictement interdite

Tremblements de terre

Situé dans une zone à risque, le Mexique est sujet à des séismes fréquents et parfois puissants, notamment dans l'État de Oaxaca et à Mexico. Dans certaines villes, un système d'alerte se déclenche en cas de séisme imminent. Si vous entendez la sirène, dirigez-vous calmement vers un espace ouvert, loin des grands immeubles et des lignes électriques. Sur la côte, gagnez les hauteurs.

VACCINS RECOMMANDÉS

Si aucun vaccin n'est obligatoire au Mexique, les vaccinations suivantes sont néanmoins conseillées :

- **Diphtérie** Les voyageurs se rendant dans les régions rurales
- **Hépatite A** Tous les voyageurs hormis les moins de 12 mois
- **Hépatite B** Les voyageurs effectuant un long séjour
- **Rougeole** Les enfants de 6 à 11 mois
- **Rage** Les voyageurs effectuant un long séjour ou dans des zones reculées
- **Tétanos** Tous les voyageurs
- **Tuberculose** Tous les voyageurs
- **Typhoïde** Tous les voyageurs

Sécurité

Si la guerre liée au trafic de drogue au Mexique est sans conteste terrifiante, cette violence est presque exclusivement limitée aux cartels de la drogue et les touristes en sont rarement victimes. Nous déconseillons bien sûr aux voyageurs d'acheter de la drogue. Autrement, le Mexique est un pays relativement sûr.

Papiers et billets d'avion

Faites des copies de votre passeport et de vos billets d'avion pour les refaire plus facilement. Envoyez ces copies en pièces jointes sur votre adresse mail.

Vols et agressions

Si vous êtes victime d'une agression, faites une déclaration à un office du tourisme, à la police ou au consulat de votre pays. Il est aussi recommandé de contacter son ambassade.

Narcos

La violence liée aux cartels de la drogue touche plus particulièrement certaines régions : le Nord, les États de Tamaulipas et d'Acapulco, le sud du Michoacá. Une hausse des délits a été constaté dans le Quintana Roo et certaines zones du Yucatán. Pour autant, la ville de Mérida est considérée comme l'une des villes les plus sûres d'Amérique du Nord.

CONSEILS AUX VOYAGEURS

Le ministère des Affaires étrangères de votre pays, ainsi que les sites Internet des ambassades et consulats au Mexique, renseignent sur les lieux marqués par les violences en lien avec le trafic de drogue. Notons toutefois qu'ils sont souvent extrêmement précautionneux.

Ministère des Affaires étrangères français (www.diplomatie.gouv.fr)

Ministère des Affaires étrangères de Belgique (diplomatie.belgium.be)

Département fédéral des Affaires étrangères suisse (www.eda.admin.ch/eda/fr/dfae.html)

Ministère des Affaires étrangères du Canada (www.voyage.gc.ca)

NUMÉROS D'URGENCE

078
Ángeles Verdes
En cas de panne sur la route
8h-20h tlj

911
Urgences
Tous types d'urgences (santé, incendie, agression, accident, etc.).

55 9171 9700
Consulat général de France à Mexico
7j/7 et 24h/24

PRÉCAUTIONS ÉLÉMENTAIRES

Voyagez de jour, si possible sur les routes à péage ; ne vous aventurez pas la nuit dans les quartiers non touristiques..

Sauf besoin immédiat, laissez l'essentiel de votre argent et vos objets de valeur dans le coffre de votre hôtel.

En cas d'agression, ne manifestez aucune résistance.

Dans les taxis, fermez le loquet de sécurité de la porte.

Manger, boire et sortir

Les repas

Desayuno (petit-déjeuner, 8h-11h). Généralement constitué de fruits frais, de *chilaquiles* (morceaux de tortilla en sauce) et d'œufs, commes les *huevos rancheros*.

Comida (déjeuner, 13h30-16h30). Il se compose d'une soupe ou d'une entrée, d'un plat de résistance et d'un dessert léger. Dans les restaurants, c'est la *comida corrida*, ou *menú del día* (menu du jour), une formule bon marché à prix fixe.

Cena (dîner, 18h-22h). Les Mexicains dînent léger ou savourent des en-cas comme les *tamales* et le *pan dulce* (pain au lait).

Où se restaurer

Cantinas Bars traditionnels proposant des collations. On y sert parfois des en-cas gratuits à chaque tournée.

Fondas et comedores Restaurants simples servant une cuisine familiale et des *comidas corridas*.

Mercados On se régale de plats réconfortants à prix serrés sur les marchés.

Puestos Stands de rue ou de marché servant un choix de plats et d'en-cas alléchants.

Taquerías Étals ou petits restaurants plein d'atmosphère, spécialisés dans les célèbres tacos.

Restaurantes Établissements allant des cantines bon marché aux adresses haut de gamme où l'on mitonne des *moles* (plats en sauce).

COMPRENDRE LA CARTE

A la parilla Cuit au gril
Agua (mineral) Eau (minérale)
Al pastor Au porc mariné et rôti à la broche
Aves Volailles
Aguacate Avocat
Arrachera Viande de bœuf coupée finement
Arroz Riz
Atún Thon
Barbacoa Viande marinée et cuite à couvert
Bebidas Boissons
Botanas En-cas, souvent gratuits dans les bars
Camarones Crevettes
Cangrejo Gros crabe
Carne Viande
Carne de res Bœuf
Cerveza Bière
Empanada Chausson fourré
Ensalada Salade
Entradas Entrées ou en-cas
Frijoles (*negros*) Haricots (noirs)
Helado Glace
Huevos Œufs
Jugo Jus
Leche Lait
Licuado Smoothie
Mariscos Fruits de mer
Pan Pain
Papas fritas Frites
Pastel Gâteau
Pescado Poisson
Plátanos Bananes
Pollo Poulet
Postre Dessert
Puerco, cerdo Porc
Pulpo Poulpe
Queso Fromage
Sopa Soupe
Ternera Veau
Vegetariano Végétarien
Verduras, vegetales Légumes
Vino (*tinto/blanco*) Vin (rouge/blanc)

L'ART DE…

La politesse

Pendant le repas, si des vendeurs s'approchent de votre table et que vous ne souhaitez rien commander, dites poliment : *"Gracias, ahorita no"* ("Merci, pas maintenant"). Il peut arriver que d'autres clients vous souhaitent un *"buen provecho"* (bon appétit) ; répondez-leur : *"Gracias, igualmente"* (Merci, à vous aussi). Enfin, sachez qu'au Mexique, il faut en principe demander l'addition (*"La cuenta, por favor"*), car la plupart des établissements considèrent qu'il est discourtois de l'apporter avant que les clients aient terminé leur repas ou leur verre.

COMBIEN COÛTE…

un taco dans la rue
15-40 $M

un plat sur le marché
50-80 $M

une *comida corrida*
60-100 $M

un dîner dans un restaurant haut de gamme
500-1 000 $M

un cappuccino
40-80 $M

une bière
50 $M

un cocktail
à partir de 150 $M

L'ART DE…

Manger comme un Mexicain

Suivez nos conseils pour une aventure mémorable au cœur de l'une des scènes culinaires les plus créatives du monde. Dans les *taquerías*, commandez un *campechano*, un taco garni de plusieurs viandes, comme le bœuf et le chorizo. Pour déguster une cuisine familiale bon marché, il n'y a pas mieux que les comptoirs du *mercado* (marché). Comme dans les petits restaurants, vous pourrez opter pour la *comida corrida,* copieux menu du jour de 3 plats mettent à l'honneur une cuisine des plus authentiques pour quelques euros ; ils incluent souvent des tortillas maison et de l'*agua fresca* (boisson aux fruits rafraîchissante). Dans les bars à *botanas* (en-cas), profitez des petits plats qui accompagnent gratuitement chaque tournée ; certaines *cantinas* à l'ancienne en préparent de succulents, et si les tournées sont nombreuses, ils constituent l'équivalent d'un repas. Surtout, osez les nouvelles expériences gustatives, car la cuisine mexicaine est très variée : grignotez des *chapulines* (sauterelles croustillantes), régalez-vous de *moles* (plats en sauce), de *chiles en nogada* (piments poblanos farcis de viande et nappés de sauce aux noix) et d'inoubliables *tacos al pastor* (tacos au porc cuit à la broche). Les plus audacieux goûteront des *escamoles* (larves de fourmis), des *gusanos* de maguey (vers d'agave), des *sesos* (cervelle de bœuf) et des *tacos de lengua* (tacos à la langue de bœuf).

¡Vamos a desayunar! (C'est parti pour le petit-déjeuner !)

Le saviez-vous ?

La cuisine traditionnelle mexicaine est désormais classée au Patrimoine culturel immatériel de l'humanité. L'Unesco distingue une cuisine "élaborée et chargée de symboles", qui utilise des techniques anciennes.

UNE SOIRÉE EN VILLE

Dans les grandes villes, la soirée commence vers 19h par un dîner léger dans un restaurant ou une échoppe informelle proposant des plats variés : tacos, *tortas* (sandwichs), en-cas à base de de maïs comme les *tamales* et les *tostadas* (tortillas frites). C'est le moment idéal pour retrouver d'autres voyageurs rencontrés en chemin ou des gens de votre groupe.

Après le repas, filez dans une *cantina* ou un bar à mezcal intimiste. Attention, les spiritueux à base d'agave, comme le mezcal et la tequila, sont puissants ! Les *mezcalerías* restent souvent ouvertes plus tard que les *cantinas* classiques, qui ferment vers minuit.

Il est ensuite temps de rallier une boîte de nuit effervescente, une salle de concerts ou un élégant bar à cocktails. Dans nombre de ces établissements, il n'y a pas d'ambiance avant 23h ; mieux vaut s'y rendre lorsque la fête bat son plein. Toutefois, il est possible d'arriver plus tôt dans les clubs de salsa comme Mama Rumba, à Mexico, ou la Bodeguita del Medio, à Playa del Carmen, pour profiter de cours de danse gratuits avant l'apparition en masse des habitués.

Après une soirée passée à faire la fête et à vous trémousser, allez manger un morceau dans une *taquería* bondée. Tout cela, bien sûr, n'est possible que dans les grands centres urbains : vous ne trouverez rien à grignoter en pleine nuit dans une paisible petite ville de montagne.

Voyage responsable

Voyage et changement climatique

L'impact des voyages sur l'environnement est aujourd'hui bien connu, et impose de faire ce qui est en notre pouvoir pour le limiter. Lonely Planet recommande ainsi aux voyageurs de se renseigner sur l'empreinte carbone de leurs déplacements. Divers outils en ligne permettent de calculer les émissions de CO_2 générées par chaque trajet, notamment celui de l'Ademe. De nombreuses plateformes de réservation et compagnies aériennes proposent de compenser leurs émissions de gaz à effet de serre par une contribution financière à des projets respectueux de l'environnement, partout dans le monde. Chez Lonely Planet, nous continuons à compenser l'empreinte carbone de tous nos auteurs, tout en étant conscients que ce n'est qu'une solution partielle.

Sanctuaires de tortues marines

Découvrez ce qui est fait pour protéger ces chéloniens à la Tortugranja (ferme aux tortues) de l'Isla Mujeres et dans d'autres sanctuaires sur la Riviera Maya, ainsi que dans les États du Nayarit et du Michoacán. Grâce aux efforts de conservation en cours dans tout le pays, certaines espèces de tortues marines menacées d'extinction ont vu leurs nombres remonter.

Empreinte carbone

Vous pouvez calculer votre empreinte carbone en avion, en voiture ou en bateau sur le site Web de Sustainable Travel International (sustainabletravel.org), qui vous permet également de faire un don à diverses organisations environnementales pour compenser vos émissions.

SITES UTILES

goabroad.com	transitionsabroad.com	florafaunaycultura.org
Projets de conservation de l'environnement et de la nature	Liste les possibilités d'études et de travail à l'étranger	Aidez à protéger les tortues marines sur la côte des Caraïbes

Faites des randonnées à pied et à vélo dans des villages zapotèques isolés, au cœur de superbes terres d'altitude boisées. Les Pueblos Mancomunados (sierranorte.org.mx), regroupant huit localités de montagne, est l'un des projets écotouristiques les plus florissants du pays.

Préservation de l'eau

Le Mexique rencontre de graves pénuries d'eau, notamment dans le Nord, en proie à la sécheresse. Dans les métropoles comme Mexico et Monterrey, où la situation empire, les voyageurs peuvent aider en prenant des douches plus courtes et moins fréquentes.

Tous au vert

Découvrez la riche flore mexicaine puis baignez-vous dans une rivière bordée d'arbres au Jardin Botánico de Vallarta, l'un des nombreux parcs botaniques du pays. Outre un important projet de préservation de la nature, il mène des actions de sensibilisation auprès des communautés locales.

Hébergements authentiques et écologiques

Envisagez de séjourner dans des écolodges qui tentent réellement de trouver des solutions aux grands problèmes environnementaux du Mexique, comme la gestion des déchets et le développement durable. Dans certains lieux branchés comme Tulum, les pratiques de certaines adresses soi-disant "éco-chics" tiennent davantage de l'écoblanchiment.

Observation respectueuse des baleines

Extasiez-vous devant une baleine bleue, le plus gros animal de la planète, lors d'une sortie en bateau avec **Sea & Land Tours** (www.toursloreto.com). Basée à Loreto, en Basse-Californie du Sud, cette agence réputée et respectueuse de l'environnement interdit le snorkeling avec les baleines pour atténuer le stress de ces doux géants.

Doté de 67 parcs nationaux et de 40 réserves de biosphère classées par l'Unesco, le Mexique est une destination écotouristique de premier plan.

La déforestation, la pollution, l'étalement urbain et la dépendance au pétrole sont au nombre des problèmes écologiques les plus urgents du Mexique.

À cheval sur deux zones climatiques, l'une tempérée et l'autre tropicale, le Mexique offre l'une des biodiversités les plus riches de la planète ; mais c'est aussi l'un des 15 plus gros émetteurs de carbone au monde.

De nombreuses ONG cherchent des bénévoles à court et long terme pour les aider à préserver la faune du Yucatán. Contactez les Centro Ecológico Akumal, Campamento Majahuas et Pronatura.

Lors de votre visite des jardins sur l'eau de Xochimilco à Mexico, profitez de votre sortie en barque pour acheter des produits frais et locaux auprès de petits producteurs.

Achetez des objets d'art et d'artisanat directement à leurs créateurs afin que ces derniers perçoivent une rémunération juste, tout en donnant aux économies locales les moyens de se développer, en particulier dans les communautés *indígenas* des zones rurales.

Voyageurs LGBTQI+

L'attitude du Mexique à l'égard de l'homosexualité est de plus en plus ouverte, même si l'influence conservatrice de l'Église catholique reste très forte. Les gays et les lesbiennes ne s'affichent pas beaucoup, mais il est rare qu'ils soient victimes de discriminations homophobes. Les 32 États du Mexique ont approuvé le mariage homosexuel, et les quartiers gays de certaines grandes villes sont des plus dynamiques.

Destinations gay-friendly

La légalisation du mariage homosexuel à Mexico a donné une impulsion nouvelle à la scène gay de la capitale, riche en bars et clubs. La Zona Rosa est de longue date le quartier gay, en particulier la Calle Amberes. Pourtant, de nombreux oiseaux de nuit préfèrent aujourd'hui la scène "alternative", plus centrale, le long de República de Cuba. De même, les quartiers branchés de Roma et de Condesa recèlent une kyrielle d'hôtels gay-friendly.

Dans l'État de Oaxaca, la station bohème Zipolite possède une plage prisée des gays, la Playa del Amor. Le Blue Chairs Beach Resort (bluechairsresort.com), à Puerto Vallarta, et Mamitas Beach, à Playa del Carmen, sont également populaires, tout comme les quartiers gays des villes de Guadalajara, Cancún, Tulum et Mérida.

GAY PRIDE DE MEXICO

Plusieurs villes du Mexique accueillent une marche des Fiertés avec parade de chars colorés, spectacles de danse et événements dans les bars et les clubs. La plus importante se déroule à Mexico sur l'Avenida Paseo de la Reforma ; les fêtes nocturnes qui s'ensuivent sont légendaires.

LE 3e SEXE

La culture zapotèque reconnaît un troisième sexe, appelé *muxes* (prononcé "mou-chès") : il concerne des personnes nées de sexe masculin qui s'identifient comme femmes. La tradition des "hommes-femmes" remonterait à l'époque précolombienne, mais la figure des *muxes* travesties a gagné en popularité à partir de la seconde moitié du XXe siècle. Juchitán, dans l'État de Oaxaca, est l'une des villes les plus tolérantes du pays à cet égard. En novembre, les *muxes* sont célébrées lors de la Vela de las Auténticas Intrépidas Buscadoras de Peligro, avec défilés, danses et cérémonie de "couronnement".

Puerto Vallarta, capitale balnéaire gay

Chaque année, une foule de plus en plus nombreuse investit la ville, et notamment la Zona Romántica (p. 543), qui abonde en hôtels, restaurants et bars gay-friendly. Fin mai, des milliers de visiteurs débarquent dans cette station balnéaire de la côte Pacifique pour la Vallarta Pride, une semaine de festivités avec défilés joyeux et fêtes extravagantes. Les hébergements situés dans la Zona Romántica se louent souvent des mois à l'avance.

SITES UTILES

Pour en savoir plus sur les destinations LGBTQI+ conseillées, consultez les sites Internet gaymexicomap.com et gaycities.com. Le site de Out Adventures (outadventures.com) répertorie les circuits organisés, recommande des hôtels et présente des informations générales sur les destinations gay-friendly au Mexique.

Santé sexuelle

À Mexico, la Clínica Condesa (condesa.cdmx.gob.mx) est un centre public qui s'adresse particulièrement aux LGBTQI+ ; les traitements sont gratuits, même pour les étrangers. Pour un dépistage gratuit du VIH (*prueba rápida de VIH*), adressez-vous à AHF Mexico (pruebadevih.com.mx), implanté dans plusieurs villes

Bon à savoir

HEURES D'OUVERTURE

Les heures d'ouverture varient selon les régions. Dans les centres touristiques, certains commerces et restaurants ferment en moyenne et basse saison.

Banques 9h-16h du lundi au vendredi, 9h-13h le samedi (pour certaines)

Bars 13h-minuith

Restaurants 9h-23h

Magasins 9h-20h

Toilettes

Les toilettes publiques coûtent habituellement 5 $M. Emportez toujours du gel désinfectant pour les mains et un rouleau de papier toilette pour les longs trajets.

Cigarettes

Il est interdit de fumer dans tous les espaces publics, y compris les hôtels et les lieux ouverts comme les plages et les parcs. Les contrevenants paient une lourde amende.

EN BREF

Fuseau horaire
GMT-6 en hiver ; GMT-5 en été

Indicatif du pays
+52

Numéro d'urgence
911

Population
128,5 millions

JOURS FÉRIÉS

Año Nuevo (Nouvel An) 1er janvier

Día de la Constitución (fête de la Constitution) 5 février

Día del Nacimiento de Benito Juárez (anniversaire de Benito Juárez) 21 mars

Día del Trabajo (fête du Travail) 1er mai

Día de la Independencia (fête de l'Indépendance) 16 septembre

Día de la Revolución (fête de la Révolution) 20 novembre

Día de Navidad (Noël) 25 décembre

De nombreux bureaux et commerces ferment aussi à l'occasion des fêtes suivantes :

Día de la Bandera (fête du Drapeau) 24 février

Viernes Santo (Vendredi saint) 2 jours avant le dimanche de Pâques

Día de la Raza (commémoration de l'arrivée de Christophe Colomb dans le Nouveau Monde) 12 octobre

Día de Muertos (Jour des Morts) 1er et 2 novembre

Día de Nuestra Señora de Guadalupe (fête de Notre-Dame de Guadalupe) 12 décembre

Wi-Fi

Le Wi-Fi est disponible presque partout dans les grandes et moyennes villes, mais il est difficile de se connecter dans certaines régions rurales isolées.

Eau du robinet

Évitez de boire l'eau du robinet, et consommez seulement des glaçons à base d'*agua purificada* (eau purifiée).

Électricité 120V/60Hz

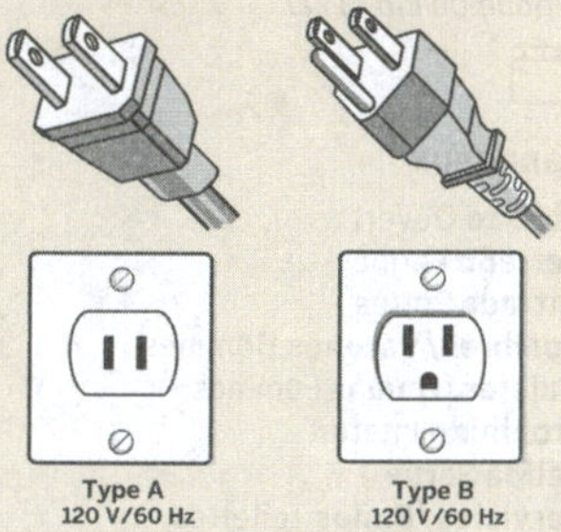

Langue

La prononciation de l'espagnol mexicain ne pose pas de difficultés, la plupart des sons ayant un équivalent en français.

Les essentiels

Bonjour Hola *o·là*
Au revoir Adiós *a·dyos*
Comment ça va ? ¿Qué tal? *ké tal*
Bien, merci Bien, gracias *bièn gra·sias*
Excusez-moi Perdón *pèr·don*
Désolé Lo siento *lo si·ènn·to*
Oui/Non Sí/No *si/no*
S'il vous plaît Por favor *por fa·vor*
Merci Gracias *gra·sias*
Je vous en prie De nada *dé na·da*
Je m'appelle... *Me llamo... mé lya·mo*
Comment vous appelez-vous/ t'appelles-tu ? *¿Cómo se llama Usted? ko·mo se lya·ma ou·sté)*
¿Cómo te llamas? ko·mo té lya·mass)
Parlez-vous/parles-tu (français) ? *¿Habla (francés)? a·bla (fran·sès)*
¿Hablas (francés)? a·blas (fran·sès)

Orientation

Où est... ? ¿Dónde está...? *donn·dé èss·ta*
Quelle est l'adresse ? *¿Cuál es la dirección? koual ès la di·rèk·thyonn*
Pourriez-vous me l'écrire ? *¿Puede escribirlo, poué·dé èss·kri·bir·?*
Pourriez-vous me montrer (sur la carte) ? ¿Me lo puede indicar *mé lo poué·dé inn·di·kar*

Panneaux

Abierto Ouvert
Cerrado Fermé
Entrada Entrée
Hombres/Varones Hommes
Mujeres/Damas Femmes
Prohibido Interdit
Salida Sortie
Servicios/Baños Toilettes

Heure et date

Quelle heure est-il ? *¿Qué hora es? ké o·ra èss*
Il est (10) heures *Son (las diez) sonn (las dyèth)*
Il est (une heure) et demie *Es (la una) y media èss (la ou·na) i mé·dya*
après-midi tarde *tar·dé*
aujourd'hui hoy *oï*
demain mañana *ma·nya·na*
hier ayer *a·yèr*
matin mañana *ma·nya·na*
soirée noche *no·tché*

Urgences

Au secours ! ¡Socorro! *so·ko·ro*
Va-t'en ! ¡Vete! *vé·té*
Appelez... ! ¡Llame a ...! *lya·mé a*
un médecin un médico *ounn mé·di·ko*
la police la policía *la po·li·si·a*

Au restaurant

Puis-je voir le menu, s'il vous plaît ? *¿Puedo ver el menú, poué·do ver el me·nou por favor? por fa·vor*
Que conseillez-vous ? *¿Qué recomienda? ké ré·ko·myènn·da*
Je ne mange pas (de viande). *No como (carne). no ko·mo (kar·ne)*
C'était délicieux ! *¡Estaba buenísimo! èss·ta·ba boué·ni·ssi·mo*
Santé ! *¡Salud! sa·lou*
La note, s'il vous plaît *La cuenta, por favor la kouènn·ta por fa·vor*
Je voudrais Quisiera *ki·ssyé·ra*
réserver reservar *ré·ssèr·var*
une table una mesa *ou·na mé·ssa*
pour para *pa·ra*
(2) (dos) *(doss)*
personnes personas *pèr·sso·nass*

NOMBRES

1 **uno** *ou·no*
2 **dos** *doss*
3 **tres** *trèss*
4 **cuatro** *koua·tro*
5 **cinco** *thinn·ko*
6 **seis** *seïss*
7 **siete** *ssyé té*
8 **ocho** *o·tcho*
9 **nueve** *noué vé*
10 **diez** *dyèth*

Espagnol mexicain

La prononciation de l'espagnol mexicain est conforme à l'orthographe, sachant que toutes les lettres se prononcent. Seules quelques consonnes diffèrent du français : *ch* (prononcé tch), *j* (la "jota" gutturale, *kh*), *ll* ("l mouillé" français), *ñ* (gn), *r* (roulé) et *v* (b). Seuls les mots échappant à la règle générale d'accentuation portent un accent écrit (ex : *porción*, portion). En espagnol comme en français, les noms sont soit masculins soit féminins et les terminaisons des adjectifs varient en fonction du genre du nom qu'ils accompagnent. Par exemple perdu/perdue (*perdido*/*perdida*).

POUR ALLER PLUS LOIN

Procurez-vous le *Guide de conversation espagnole latino-américain* édité par Lonely Planet.

Questions

Comment ?	¿Cómo?	*ko·mo*
Où ?	¿Dónde?	*donn·dé*
Pourquoi ?	¿Por qué?	*por ké*
Quand ?	¿Cuándo?	*kouann·do*
Qui ?	¿Quién?	*kyènn*
Quoi ?	¿Qué?	*ké*

MAYA YUCATÈQUE

Bien que la langue dominante au Mexique soit l'espagnol, quelque 50 langues indigènes constituent la première langue de plus de 7 millions de personnes. Plus de 30 langues appartenant à la famile maya sont parlées aujourd'hui.

Au Chiapas, le tzeltal, le tzotzil et le chol forment le groupe linguistique le plus important tandis qu'au Yucatán, la langue indigène dominante est le maya yucatèque.

QUI PARLE L'ESPAGNOL MEXICAIN ?

COMPRENDRE

LE MEXIQUE

Nos auteurs proposent une découverte des multiples facettes du Mexique.

Participant à un défilé, Zócalo de Mexico (p. 68)

UNE HISTOIRE DU MEXIQUE EN 15 LIEUX

Riche et complexe, l'histoire du Mexique suscite intérêt et perplexité. Ses terres et ses peuples furent ravagés par des envahisseurs, mais l'héritage des ancêtres lointains est omniprésent. Fragilisée dès ses début, la jeune République surmonta les luttes intestines et prospéra. Aujourd'hui, les difficultés demeurent mais, toujours, le Mexique, surprend par son énergie et sa capacité d'adaptation.

1. Area de Protección de Flora y Fauna Cuatrociénegas

AUX ORIGINES DE LA VIE

Des centaines de *pozas* (bassins) turquoise scintillent dans la vallée de Cuatrociénegas, au nord de Mexico, laissant entrevoir un milieu naturel tel qu'aux origines : une mer chaude et peu profonde parsemée de stromatolites, des petites structures géologiques formées par d'organismes primitifs. Ce début de vie microbienne transforma l'atmosphère de la planète en l'enrichissant en oxygène. Les stromatolites, pour la plupart vieux de plus 3,5 milliards d'années, tapissent encore nombre de ces *pozas*. Le désert de Chihuahua, qui entoure la vallée, est quant à lui devenu l'une des réserves de biodiversité les plus riches au monde. Étudiée depuis les années 1960, elle reste une source inestimable de données pour la recherche sur l'évolution menée par la NASA et l'UNAM (Universidad Nacional Autónoma de México).

Pour en savoir plus, voir p. 776

2. Parque Museo La Venta

L'AUBE DE LA CIVILISATION

Dans ce parc de Villahermosa (photo), un sentier sinueux débouche sur d'impressionnantes stèles et têtes de pierre colossales issues de la zone archéologique de La Venta, distante de 130 km. Les Olmèques, qui ont prospéré de 1200 à 400 av. J.-C. le long de la côte du golfe du Mexique, ont fondé la première civilisation mésoaméricaine identifiée comme telle. On leur connaît de grandes cités, une ébauche de système d'écriture, des croyances religieuses polythéistes et un indéniable talent artistique. Considérés comme la "culture mère", les Olmèques ont profondément influencé les civilisations indiennes ultérieures du Mexique et d'ailleurs. On ignore encore les raisons de leur déclin, mais les archéologues tiennent un changement climatique et des guerres pour des causes probables.

Pour en savoir plus, voir p. 439

3. Cobá

L'ASCENSION ET LA CHUTE DES MAYAS

La civilisation maya a connu son apogée entre 250 et 900 de notre ère. Elle était formée de cités-États indépendantes disséminées de la péninsule du Yucatán au Chiapas et à l'Amérique centrale. Les Mayas ont atteint des sommets, autant en matière d'expression artistique et architecturale, que de connaissances astronomiques et mathématiques. Avec quelque 40 000 habitants, Cobá, dans la péninsule du Yucatán, était l'une de leurs plus grandes cités. Elle doit une part de son renom à son vaste réseau de *sacbeob* (routes surélevées) et à sa pyramide haute de 42 m. Cobá a été abandonnée au Xe siècle, après que ses habitants ont été décimés par la sécheresse et les conflits.

Pour en savoir plus, voir p. 331

4. Le Templo Mayor

CENTRE DE L'UNIVERS AZTÈQUE

Les Aztèques établirent leur puissance entre le XIVe et le XVIe siècle jusqu'à exercer leur domination sur plus de cinq millions de personnes à travers le Mexique, exerçant leur férule sur plusieurs peuples soumis à tribut. Leur capitale était Tenochtitlán, une remarquable cité lacustre de 400 000 personnes, érigée à l'emplacement actuel de la ville de Mexico. Son plus grand temple, le Templo Mayor, occupait le centre de l'univers aztèque, et en constituait le cœur de la vie religieuse, politique et sociale. En 1521, les conquistadores espagnols, alliés à des Indiens en révolte contre l'Empire, s'emparèrent de la ville au terme d'un siège mouvementé. La destruction, dans la foulée, du Templo Mayor, marqua la fin de la domination aztèque et le début de la colonisation espagnole.

Pour en savoir plus, voir p. 230

5. Misión de Nuestra Señora de Loreto Conchó

LA COLONISATION PAR LA RELIGION

Fondée en 1697, la Misión de Nuestra Señora de Loreto Conchó fut la première mission permanente dans la colonie espagnole des Californies, qui couvrait toute la péninsule, et servit de base à l'expansion des missions jésuites et dominicaines dans la région. Comme les autres missions établies ailleurs dans le Mexique au cours des XVIe et XVIIe siècles, le travail de l'Église à Loreto a contribué à étendre le contrôle de l'Espagne sur ses colonies en convertissant des millions d'Indiens au catholicisme et en les amenant à abandonner leurs modes de vie traditionnels. Avec les moines, arrivèrent également des maladies européennes, qui firent des ravages dans les communautés indiennes.

Pour en savoir plus, voir p. 721

6. Campeche, une ville fortifiée

ATTAQUES DE PIRATES

Durant la période coloniale, nombre de ports mexicains étaient en butte aux attaques de pirates, dont beaucoup étaient soutenus par les grands rivaux de l'Espagne qu'étaient alors la France et l'Angleterre. À la pointe sud du golfe du Mexique, Campeche, riche ville portuaire connue pour ses exportations de bois tropicaux, d'or et d'argent, était une cible privilégiée. Après un assaut particulièrement violent, en 1663, ses habitants entreprirent d'ériger un mur de protection. Construit par une main-d'œuvre autochtone à partir de calcaire extrait des grottes de la région, il formait une ceinture longue de 2,5 km et haute 8 m autour du centre de la ville. Il fallut plus de 50 ans pour l'achever, mais il se révéla efficace. Aujourd'hui, la ville fortifiée de Campeche est inscrite au patrimoine mondial de l'Unesco.

Pour en savoir plus, voir p. 369

7. Real de Catorce

UN TRÉSOR D'ARGENT

L'intérêt premier de l'Espagne pour le Nouveau Monde résidait dans ses ressources naturelles. L'argent, très abondant dans le sol mexicain, fut exploité par les Espagnols qui le firent extraire par de la main-d'œuvre indienne. À la fin des années 1700, les mines entourant la ville de Real de Catorce (photo), dans le désert de San Luis Potosí, comptaient parmi les plus productives du Mexique, et la majeure partie de l'argent extrait était expédié en Espagne. Les mines continuèrent de produire bien après l'indépendance du Mexique, et Real de Catorce prospéra jusqu'à ce que le marché de l'argent s'effondre, au début du XXe siècle, la réduisant à l'état de ville quasi fantôme.

Pour en savoir plus, voir p. 669

8. Parroquia de Nuestra Señora de Dolores

L'APPEL A L'INDÉPENDANCE

Si le mécontentement envers la domination espagnole couvait depuis la fin du XVIIIe siècle, l'étincelle de la rébellion se produisit en 1808, lorsque la France occupa l'Espagne et que le Mexique se retrouva un temps coupé de Madrid. Le 16 septembre 1810, le père Miguel Hidalgo y Costilla fit sonner les cloches de la Parroquia de Nuestra Señora de Dolores pour y rassembler ses paroissiens. Il lança alors le célèbre Grito de Dolores (appelé aujourd'hui El Grito, littéralement "l'appel"), marquant le début officiel de la guerre d'indépendance du Mexique. En 1821, après de lourdes pertes dans les deux camps, fut signé un traité reconnaissant la souveraineté du Mexique, qui marqua la fin de trois cents ans de domination espagnole.

Pour en savoir plus, voir p. 653

9. Castillo de Chapultepec

GUERRE AVEC LES ÉTATS-UNIS

Le Castillo de Chapultepec, alors académie militaire au cœur de Mexico, fut, en 1847, le théâtre d'une bataille décisive de la guerre américano-mexicaine. Surpassé en nombre par les troupes des États-Unis, un contingent de soldats et de cadets mexicains reçut l'ordre de battre en retraite. Six jeunes cadets refusèrent d'obéir et se battirent jusqu'à la mort. De nos jours honorés sous le nom de Niños Héroes (les enfants héros), ils ont été érigés en symboles du patriotisme mexicain. La bataille de Chapultepec fut malgré tout une défaite, qui signa la chute de Mexico et, en aval, la capitulation du Mexique. En vertu du traité de Guadalupe Hidalgo, le Mexique céda 55 % de son territoire aux États-Unis.

Pour en savoir plus, voir p. 120

10. Museo Histórico de la Revolución

VIVA LA REVOLUCIÓN

Le Museo Histórico de la Revolución de Chihuahua revient sur l'histoire tragique de la révolution mexicaine (1910-1920) qui mit fin à la dictature de Porfirio Díaz. Motivé par les profondes inégalités régnant dans le pays, le soulèvement fut conduit par plusieurs chefs charismatiques, dont les divergences de points de vue firent traîner le conflit en longueur. S'il en sortit des réformes aussi importantes que pérennes, notamment en matière de propriété foncière, cette guerre coûta la vie à près d'un Mexicain sur huit. Le musée occupe l'ancien quartier général et demeure personnelle du général, chef guérillero et héros populaire Pancho Villa.

Pour en savoir plus, voir p. 762

11. Palacio Nacional

LE RÈGNE DU PARTI UNIQUE

Le Palacio Nacional de Mexico a rang de palais et de siège du gouvernement depuis la chute de l'Empire aztèque. Nulle formation politique à y avoir installé son administration n'exerça plus d'influence que le Parti révolutionnaire institutionnel (PRI). Fondé après la révolution, avec l'égalité sociale pour objectif originel, le PRI ne cessa de se replier sur lui-même et de dériver vers l'oppression. Il maintint son pouvoir d'une main de fer, en jouant à la fois sur le clientélisme et la répression. Malgré une corruption généralisée et des accusations de violations des droits de l'homme, le PRI ne quitta le pouvoir qu'au bout de 70 ans, après sa défaite aux élections présidentielles de 2000.

Pour en savoir plus, voir p. 68

12. Hospicio Cabañas

RENAISSANCE MURALISTE MEXICAINE

Pendant les 30 années qui suivirent la révolution, le gouvernement demanda à des artistes de peindre des fresques murales, afin d'instruire le peuple sur l'histoire du pays et sur la nécessité du changement social. L'Hospicio Cabañas de Guadalajara fait partie des lieux les plus emblématiques de cette période qualifiée de Renaissance mexicaine. La chapelle de cet ancien orphelinat reconverti en musée d'art fut ainsi recouverte de 57 peintures murales

réalisées par l'artiste mexicain José Clemente Orozco. En dépeignant le Jalisco préhispanique et la conquête espagnole sous un jour sombre et inquiétant, son œuvre se voulait emblématique de la lutte pour la liberté. Le muralisme mexicain a profondément influencé le monde de l'art et fait du Mexique l'un des chefs de file du mouvement moderniste.

Pour en savoir plus, voir p. 602

13. Puerto Morelos

ESSOR DE L'ÉCOTOURISME BALNÉAIRE

Dès les années 1920, Acapulco était devenue la première grande station balnéaire du Mexique, tout d'abord à destination des vacanciers du pays puis vers les touristes internationaux et notamment États-Uniens. Un nouvel élan fut donné à ce modèle de tourisme hôtelier de plage dans les années 1970, avec la création de Cancún, puis Ixtapa, San José del Cabo ou Loreto. Aujourd'hui, le Mexique essaie de proposer des pratiques alternatives, plus qualitatives et tournées vers les modes de vie locaux, comme à Puerto Morelos, sur la Riviera Maya, qui a su préserver son splendide récif corallien.

Pour en savoir plus, voir p. 300

14. Plaza de la Paz

LE SOULÈVEMENT ZAPATISTE

La cathédrale jaune de San Cristóbal de Las Casas s'ouvre sur la Plaza de la Paz, point de convergence populaire des manifestations antigouvernementales depuis 1994. Cette année-là, l'Armée zapatiste de libération nationale (EZLN, *alias* les zapatistes), formation de gauche dirigée par des Indiens, lança un soulèvement au Chiapas pour protester contre l'accord de libre-échange nord-américain (ALENA) et les menaces qui pesaient déjà de longue date sur leurs droits et leurs moyens de subsistance. Le soulèvement attira l'attention de la communauté internationale, qui prit le parti des droits des peuples autochtones, et les accords de paix de San Andrés furent signés deux ans plus tard. Aujourd'hui, les zapatistes et leurs célèbres cagoules sont devenus un symbole de résistance, et des manifestations pacifiques se poursuivent à San Cristóbal et ailleurs.

Pour en savoir plus, voir p. 415

15. Barrio Antiguo

CHANGEMENT D'AMBIANCE

Le Barrio Antiguo de Monterrey est un quartier très vivant, dont les rues pavées mènent à des bars à bière artisanale ouverts sur des jardins et à de singulières boutiques. De nos jours, c'est un quartier prisé et sûr, mais il n'en a pas toujours été ainsi. Comme d'autres endroits du Mexique, en particulier dans le Nord, il fut un temps où le Barrio Antiguo était en proie aux affrontements entre narcotrafiquants. Les cartels mexicains pesaient déjà lourd dans le trafic de drogue international depuis les années 1980, mais c'est au début des années 2000 que la violence liée à leurs activités atteignit son paroxysme, au point d'entraîner l'intervention de l'armée. Si elle connaît, depuis, des hauts et des bas, cette violence n'affecte que rarement les touristes.

Pour en savoir plus, voir p. 769

À LA RENCONTRE DES MEXICAINS

Peuple pluriel, chaleureux et fier, les Mexicains aiment leur famille, leur religion et leur pays. Liza Prado nous présente ses compatriotes.

LORSQU'ON VISITE LE MEXIQUE, la diversité ethnique de la population saute immédiatement aux yeux. La majorité des Mexicains (environ 60 %) sont des *mestizos*, d'ascendance mixte, essentiellement espagnole et indienne. La plupart se montrent fiers de leurs racines *indígenas* et font souvent référence à tel ou tel aïeul nahua, maya, zapotèque, purépecha (tarasque), rarámuri (tarahumara), etc. Pourtant, de façon ironique, les 30 % d'*indígenas*, descendants directs des peuples autochtones précolombiens, font partie des habitants les plus pauvres du pays, avec un accès limité aux services publics et une vie souvent aux marges de la société. Présentes dans presque tous les États, les communautés *indígenas* appartiennent à 63 groupes linguistiques différents, dont elles conservent les traditions, les croyances et l'habit traditionnel. Les 10 % de Mexicains restants ont des ancêtres blancs, africains ou asiatiques.

Toutes origines confondues, la famille joue toujours un rôle prépondérant et ses membres se retrouvent fréquemment autour d'un repas copieux ou d'un verre, même s'ils ne peuvent s'offrir que des *frijoles de olla* (soupe de haricots noirs) et de l'*horchata* (boisson à base de riz). Les proches sont toujours les bienvenus, qu'il s'agisse de parents ou d'amis, et cette hospitalité est sincère. J'ai des cousins au deuxième et troisième degrés que je ne vois pas régulièrement, mais je sais que je peux les appeler et rester chez eux un jour, une semaine, un an, sans avoir à me justifier. De même, le souci d'aider financièrement leur famille est la principale motivation des 10 % de Mexicains qui émigrent à l'étranger, en majorité aux États-Unis. Les 12 millions qui y vivent envoient chez eux quelque 52 milliards de dollars par an, soit 4 % du PNB du Mexique, pour financer l'alimentation, l'habillement et les frais de santé des leurs.

La religion constitue un autre dénominateur commun, les catholiques formant environ 82 % de la population. Le nombre d'églises et de cathédrales en témoigne. Même les personnes qui se considèrent peu croyantes baptisent leurs enfants, se marient à l'église et reçoivent les derniers sacrements de la main d'un prêtre. Notre-Dame de Guadalupe, la sainte patronne du Mexique, sorte de manifestation locale de la Vierge Marie, figure un peu partout, des porte-clés aux panneaux d'affichage, et son effigie trône dans la plupart des foyers. Cela dit, un petit nombre croissant de Mexicains, en particulier dans les communautés *indígenas*, sont de confession protestante ou évangélique. Le plus souvent, ces congrégations cohabitent pacifiquement avec la majorité catholique.

Par-dessus tout, nous sommes un peuple profondément fier. Fier de notre pays, de son histoire, de son art et de sa cuisine. Le goût de vivre, authentique et durement acquis, forme un trait essentiel de l'identité mexicaine, le meilleur, au dire de certains.

ÉCARTS DE RICHESSE

Au Mexique, le fossé entre les riches et les pauvres n'a jamais été aussi profond qu'aujourd'hui. Le magnat des télécommunications Carlos Slim Helú possède la plus grosse fortune du pays, évaluée à quelque 82 milliards de dollars. Pendant ce temps, 44 % de la population vit dans la pauvreté, devant parfois subsister avec un revenu n'excédant pas 2 $ par jour.

DE L'AUTRE CÔTÉ DE LA FRONTIÈRE, PAR LIZA PRADO

Comme des millions de Mexicains, je vis aux États-Unis. En fait, je suis la première de ma famille née en dehors du Mexique. Quand j'étais petite, c'était pour moi une source de fierté d'avoir cette double identité.

En grandissant, j'ai passé des étés à Monterrey et à Mazatlán, entourée de mes cousins, à circuler à bord de bus bringuebalants, à traîner sur la plage du lever au coucher du soleil, à courir au *depósito* pour acheter du soda à l'orange et des tortillas fraîches. Je revenais ensuite dans l'ouest de l'État de New York, reprenant ma vie de banlieusarde américaine comme si de rien n'était, mais en rêvant toujours du Mexique.

Peu après avoir acquis la double nationalité, j'ai quitté les États-Unis pour sauter d'un endroit à l'autre au Yucatán et au Chiapas, avant d'atterrir à Guadalajara, où je me suis mariée dans une hacienda productrice de tequila, accompagnée de mariachis.

J'habite maintenant dans le Colorado avec mon mari, mais pas une semaine ne passe sans que je ressente l'appel du Mexique.

ARTISANAT MEXICAIN

Qu'il s'agisse de céramiques, de tissus colorés ou de "peintures de fils" éclatantes, l'*artesanía* mexicain sublime les objets du quotidien. Par Anna Kaminski.

LE MEXIQUE est remarquablement riche en matière d'art populaire. À la fois décoratifs et utilitaires, ces objets, issus de traditions ancestrales, sont faits de matériaux disponibles sur place, qu'il s'agisse de cuir, d'argile, d'argent, de cuivre, de bois ou de fibres d'origines diverses. Nombre de techniques et de motifs encore en usage ont des origines préhispaniques, et ce sont les peuples autochtones, héritiers directs de ces cultures précolombiennes, qui dominent la production de ces *artesanías*.

VÊTEMENTS ET AUTRES TEXTILES

Au Mexique, on produit des textiles en fibre de yucca, d'agave, de palmier ou de coton, teints avec des produits naturels et tissés sur l'antique "métier à ceinture", depuis au moins 1 400 ans avant notre ère. Ce furent les Espagnols qui introduisirent la soie, la laine et les métiers à pédale. Ils bannirent également certains vêtements préhispaniques (jugés non civilisés) et leur substituèrent des habits européens, dont les corsages pour femmes superbement brodés qu'on trouve aujourd'hui.

Aujourd'hui, les derniers ateliers textiles traditionnels se trouvent principalement dans les États de Oaxaca, du Chiapas et de Mexico. Les tissages sont le plus souvent en coton ou en laine mais les fibres synthétiques deviennent assez courantes. Les teintes naturelles – bleus tirés de l'indigo, rouges et bruns de diverses essences de bois, rouges et violets de la cochenille – reviennent en grâce.

Pour tisser, l'outil de base, utilisé uniquement par les femmes, est un *telar de cintura* (métier à ceinture), sur lequel les fils de chaîne sont tendus entre deux barres horizontales, l'une fixée à un poteau ou à un arbre, l'autre à une ceinture serrée sur les reins de la tisserande. Les *huipiles* (tuniques sans manches) de Oaxaca ou du Chiapas, dans le sud du pays, sont parmi les plus beaux vêtements qui soient. Parmi les autres vêtements préhispaniques qu'on trouve encore aujourd'hui, figurent le *quechquémitl* (poncho avec une fente pour la tête, porté dans le centre et le Nord) et l'*enredo* (jupe portefeuille).

Les métiers à tisser à pédale, utilisés surtout par les hommes, servent plutôt à faire des tapis (photo en haut à droite), des *rebozos* (châles), des *sarapes* (grands ponchos) ou des tissus dans lesquels on taille des jupes.

ÉVOLUTION DE LA CÉRAMIQUE

La céramique existe au Mexique depuis des millénaires mais, après la conquête espagnole, les méthodes et les formes européennes ont pris le pas sur les techniques autochtones. Certains objets ont malgré tout survécu, à l'exemple du *comal* (plat pour cuire la *tortilla*). Les jolies poteries très travaillées faites par les villageois de Mata Ortiz (Chihuahua) s'inspirent aussi des techniques et des motifs de la culture préhispanique de Paquimé. Ceux-ci ont été relancés dans les années 1970 par Juan Quezada Celado, céramiste autodidacte. Les plus belles pièces produites à Mata Ortiz figurent en bonne place dans les musées.

Présente surtout dans l'État de Puebla, la poterie de type Talavera, influencée par l'Espagne et l'Italie, est caractérisée par des motifs floraux et des couleurs vives où bleu et jaune dominent. La majolique de Guanajuato (faïence émaillée avec des motifs historiques ou mythiques) est aussi très appréciée, tout comme la poterie dite *barro negro* (argile noire), qu'on ne produit que dans le Oaxaca et qui se distingue par son lustre métallique et ses motifs singuliers.

L'*árbol de la vida* (arbre de vie) est une autre forme de poterie typiquement mexicaine. Cet objet complexe est façonné à la main, notamment à Metepec, dans l'État de Mexico. Les *árboles* postérieurs à la conquête espagnole ont commencé à dépeindre des scènes bibliques de la Création, puis ont ensuite adopté d'autres thèmes comme le Día de Muertos.

L'ART DE LA FABRICATION DES MASQUES

Les Mexicains ont de tout temps porté des masques, lors de danses, de cérémonies ou de rites chamaniques. Aujourd'hui encore, on arbore souvent un masque pour fêter un saint patron, Carnaval ou Noël, par exemple. On en trouve la plus grande collection du pays au Museo Rafael Coronel de Zacatecas, mais on peut aussi en admirer dans les musées de San Luis Potosí ou de Colima, ainsi que dans des localités réputées pour leur production, telles Tócuaro (Michoacán), San Francisco Ozomatlán (Guerrero) ou Suchitlán (Colima).

La plupart sont faits en bois mais il en existe aussi en papier mâché, en terre cuite, en cire ou en cuir. Beaucoup sont peints, ou ornés de vrais cheveux, de dents, de plumes et autres accessoires. Les masques de danse traditionnels peuvent représenter des diables, des *pascolas* (doyens des cérémonies), des géants, des jaguars, le souverain aztèque Cuauhtémoc et des guerriers-jaguars. Les Pharisiens, Maures et chrétiens s'y sont ajoutés, après la conquête espagnole. La plupart des masques d'oiseaux ou d'animaux, en général loufoques, sont plus décoratifs que cérémoniels. Les créateurs contemporains donnent parfois un tour moderne à des sujets anciens.

Les Huicholes (dans les États de Jalisco, Durango, Zacatecas et Nayarit) couvrent leurs masques et leurs oiseaux et animaux en bois sculptés de motifs fantaisistes, faits de perles de couleur collées à la cire et à la résine. Cette tradition des perles date du milieu du XXe siècle mais les symboles et les motifs sont séculaires. Autre forme d'art particulière aux Huicholes, les "peintures de fils", faites en étalant de la cire d'abeille sur du bois et en y pressant méticuleusement des fils colorés pour créer des tableaux compliqués, représentant êtres humains, animaux ou plantes, à l'aspect onirique. Dérivées des *nierika* (tablettes de cérémonies), ces peintures restituent les visions obtenues lors des cérémonies autour du peyotl (un cactus hallucinogène).

SCULPTURE ET DÉCORATION

Depuis l'Antiquité, au Mexique, les calebasses servent de bols, de tasses et de contenants divers. Les plus spectaculaires sont laquées, c'est-à-dire couvertes de pigment ou de peinture, puis vernies. La méthode sert aussi à décorer boîtes, plateaux et meubles en bois, dont les plus beaux viennent souvent d'Olinalá, dans le Guerrero. Les artisans créent des motifs selon la méthode du *rayado* (sgraffite) : ils grattent une partie de la couche de peinture de la surface selon un motif voulu, ce qui laisse apparaître la couleur du dessous.

Les Seris du Sonora sculptent dans du bois de fer des formes humaines, animales et marines, polies jusqu'à être totalement lisses. Dans les villages autour de Oaxaca, on fabrique des animaux imaginaires en bois de copal peint de couleurs vives, les *alebrijes* (en haut à gauche, et p. 477).

C'est à l'artisan mexicain Pedro Linares (1906-1992) qu'on doit l'immense popularité actuelle des figurines de *calacas* (squelettes), centrales dans l'identité mexicaine, associées au Día de Muertos. La *calaca* la plus célèbre se nomme La Catrina, squelette féminin vêtu d'une robe et d'un boa de plumes, accompagné d'un dandy tout aussi squelettique, El Catrín.

FAUNE ET PAYSAGES

Des baleines, otaries et cactus géants de la péninsule de Basse-Californi aux grands félins, singes hurleurs et forêts de nuages du Sud-Est, le Mexique possède une faune et une flore exotiques et fascinantes. Par Anna Kaminski.

COUVRANT près de 2 millions de kilomètres carrés, le Mexique possède 10 000 km de littoral et la moitié de son territoire se situe au-dessus de 1 000 m d'altitude. Grâce à la diversité de ses habitats, le pays abrite plus de 10% des espèces répertoriées sur la planète. Les zones protégées, telles que parcs nationaux et réserves de biosphère, couvrent 13% du territoire.

UNE CHAÎNE VOLCANIQUE

La Cordillera Neovolcánica traverse le centre du Mexique d'est en ouest. Elle comprend le célèbre Popocatépetl (5 452 m), à 70 km au sud-est de Mexico, et le Fuego (3 820 m), à 30 km au nord de Colima, deux volcans en activité. Le Popocatépetl connaît des éruptions d'intensité faible depuis 2005. Le pays est régulièrement soumis à des séismes de magnitude variable.

La ceinture volcanique compte aussi deux volcans endormis, le Pico de Orizaba (5 636 m) et l'Iztaccíhuatl (5 220 m), deux des plus hauts sommets du pays. Le Paricutín (2 800 m) n'a vu le jour qu'en 1943, dans le Michoacán.

L'ALTIPLANO CENTRAL

Une série de hauts plateaux, appelée l'Altiplano central, traverse le nord du Mexique. Elle est encadrée par deux longs

Dans le sens horaire : canyon du Cuivre (p. 746) ; Agua Azul (p. 410) ; bruant ligné ; Volcán de Fuego (p. 632)

massifs, la Sierra Madre Occidental et la Sierra Madre Oriental, qui abritent de petites populations de jaguars.

Le désert du Chihuahua, qui s'étend au nord jusqu'au Texas et au Nouveau-Mexique, occupe la majeure partie de l'Altiplano septentrional. Au-dessus des plaines brunes et poussiéreuses tournoient aigles, vautours et faucons *aplomados*. Ce désert abrite un tiers des 1 500 espèces de cactus du monde, et on y trouve la plus grande colonie de chiens de prairie du continent, ainsi que des loups du Mexique, des pumas et des ours noirs.

Composé essentiellement de collines et d'immenses vallées, l'Altiplano méridional comprend certaines des meilleures terres de culture et d'élevage d'El Bajío. Chaque hiver, on peut assister à un spectacle inoubliable à la Réserve de biosphère du papillon monarque, lorsque ces insectes y arrivent par millions.

Très accidentée, la Sierra Madre Occidental s'ouvre par endroits sous la forme de canyons vertigineux, notamment la fameuse Barranca del Cobre (canyon du Cuivre) et la Barranca de Urique, profonde de 1 870 m, qui la prolonge.

PÉNINSULE DE BASSE-CALIFORNIE

Longue bande de terre aride parsemée de saguaros (cactus), la Península de Baja California longe la côte nord-ouest du Mexique sur 1 300 km entre le Pacifique et la mer de Cortés. Mosaïque de déserts, de *mesas* volcaniques, de canyons hérissés de palmiers, de forêts de conifères et de plages, elle a pour épine dorsale la Sierra San Pedro Mártir.

Les baleines grises parcourent 10 000 km depuis l'Arctique pour mettre bas le long du littoral de la péninsule tandis que les baleines à bosse suivent les courants riches en plancton qui longent la côte Pacifique du Mexique entre décembre et mars. La mer de Cortés abrite plus d'un tiers des espèces de mammifères marins du monde : lions de mer, otaries, éléphants de mer, baleines de Minke, baleines bleues, grands cachalots et orques, entre autres.

PLAINES CÔTIÈRES

Des plaines côtières s'étendent le long du Pacifique, jusqu'aux basses terres du Tabasco, sur le golfe du Mexique. Les deux côtes sont ponctuées de centaines de lagunes, d'estuaires et de zones humides, qui en font un habitat appréciable pour la faune sauvage, dont les crocodiles et une multitude d'espèces d'oiseaux.

L'estuaire du Teacapán, au sud de Mazatlán, et les lagunes de la région de San Blas sont particulièrement riches en oiseaux migrateurs et limicoles. De la Basse-Californie au Chiapas et du Nord-Est au Yucatán, les côtes mexicaines comptent parmi les principaux sites de ponte des tortues marines au monde. Sept des huit espèces existantes sur la planète fréquentent les eaux mexicaines.

L'État de Veracruz voit passer chaque automne plus de 4 millions de rapaces. Quant aux zones protégées de la forêt pluviale tropicale du sud-est du Veracruz, comme Los Tuxtlas, elles restent de véritables sanctuaires pour les ocelots, jaguarondis, daguets et singes hurleurs.

SIERRA MADRE DEL SUR

Cette chaîne montagneuse iconique s'étend à travers les États du Guerrero et de Oaxaca, et se termine sur les terres de basse altitude de l'isthme de Tehuantepec, la partie la plus étroite du Mexique avec seulement 220 km de large.

Au sud de cet isthme, les basses terres du Pacifique s'étalent sur fond de Sierra Madre de Chiapas. Les jungles et les forêts de nuages du Sud-Est sont les repaires d'aras multicolores, de toucans, de pénélopes panachées et même de quelques quetzals et oréophases cornus, dont l'espèce est menacée. On trouve d'autres oiseaux spectaculaires, comme l'urubu à tête jaune, des singes hurleurs, tandis que tapirs et jaguars vivent toujours dans le Parque Nacional Lagos de Montebello.

Derrière les hauts plateaux du Chiapas, la terre descend vers les plaines de la forêt lacandone et les étendues de l'immense plateau calcaire qui constitue la péninsule du Yucatán. Le calcaire tendre du Yucatán s'érode si facilement que d'innombrables rivières souterraines ainsi que 6 000 bassins (appelés cénotes) se sont formés. Nombre d'entre eux font de superbes piscines naturelles.

Au large de la côte caribéenne du Yucatán s'étend la deuxième plus grande barrière de corail au monde, qui abrite plus de 400 espèces de poissons.

INDEX

Référence des cartes **000**

Référence des cartes **000**

Référence des cartes **000**

Q

R

Référence des cartes **000**

U

V

X

Y

Z

LES GUIDES LONELY PLANET

Une vieille voiture déglinguée, quelques dollars en poche et le goût de l'aventure, c'est tout ce dont Tony et Maureen Wheeler eurent besoin pour réaliser, en 1972, le voyage d'une vie : rallier l'Australie par voie terrestre via l'Europe et l'Asie. De retour après un périple harassant de plusieurs mois, et forts de cette expérience formatrice, ils rédigèrent sur un coin de table leur premier guide, *Across Asia on the Cheap*, qui se vendit à 1 500 exemplaires en l'espace d'une semaine. Ainsi naquit Lonely Planet, dont les guides sont aujourd'hui traduits dans le monde entier.

À PROPOS DE CET OUVRAGE

Cette 14e edition du guide *Mexique* est une traduction-adaptation de la 18e édition de *Mexico*, écrite par Joel Balsam, Ray Bartlett, John Hecht, Nellie Huang, Anna Kaminski, Regis St Louis, Phillip Tang, Ashley Harrell et Liza Prado.

Traduction
Vincent Guilly, Frédérique Hélion-Guérini, Sophie Lecoq, Virginie Lochou, Flore Mathieu, Margaux Montagnier, Marie Springinsfeld, Alcime Steiger, Laurence Stewart et Antoine Thibault

Direction éditoriale
Dominique Bovet

Responsable prépresse
Jean-Noël Doan

Coordination éditoriale
Sandrine Gallotta et Stéphanie Go

Maquette
Sébastienne Ocampo

Cartographie
Cartes originales d'Anthony Phelan adaptées en français par Caroline Sahanouk

Couverture
Adaptée par Laurent Briard et Laure Wilmot pour l'édition française

Remerciements à
Colette Angeli, Clara Barfety, Geoffrey Durand, Jean-Victor Rebuffet et Sacha Serero pour leur contribution précieuse au texte ; à Jacqueline Menanteau et Christiane Mouttet pour la relecture affûtée ; à Hugo Gadroy, Lena Neuilly, Caroline Faure et Vahagn Terzian pour la préparation du texte, les carnets d'adresses et le référencement. Merci à Dominique Bovet pour son aide éditoriale et à Stéphanie Rian pour son efficacité. Enfin, merci à Luan Angel, Kim Else et Nigel Longuet à Londres et à Jean-Pierre Masclef à Melbourne.

Mexique
14e édition
Traduit et adapté de l'ouvrage *Mexico, 18th edition, May 2023*

92 avenue de France - 75013 Paris

Dépôt légal Janvier 2024
ISBN 978-2-38492-409-7
Photographes © comme indiqué 2023
Imprimé par Grafica Veneta, Trebaseleghe, Italie

#lisez! engagé
www.lisez.com
Imprimé sur du papier issu de forêts gérées durablement.
Plus d'information ci-dessus

En Voyage Éditions | un département édi8